ÄDTE UND GEMEINDEN) MIT IHRER UMGEBUNG

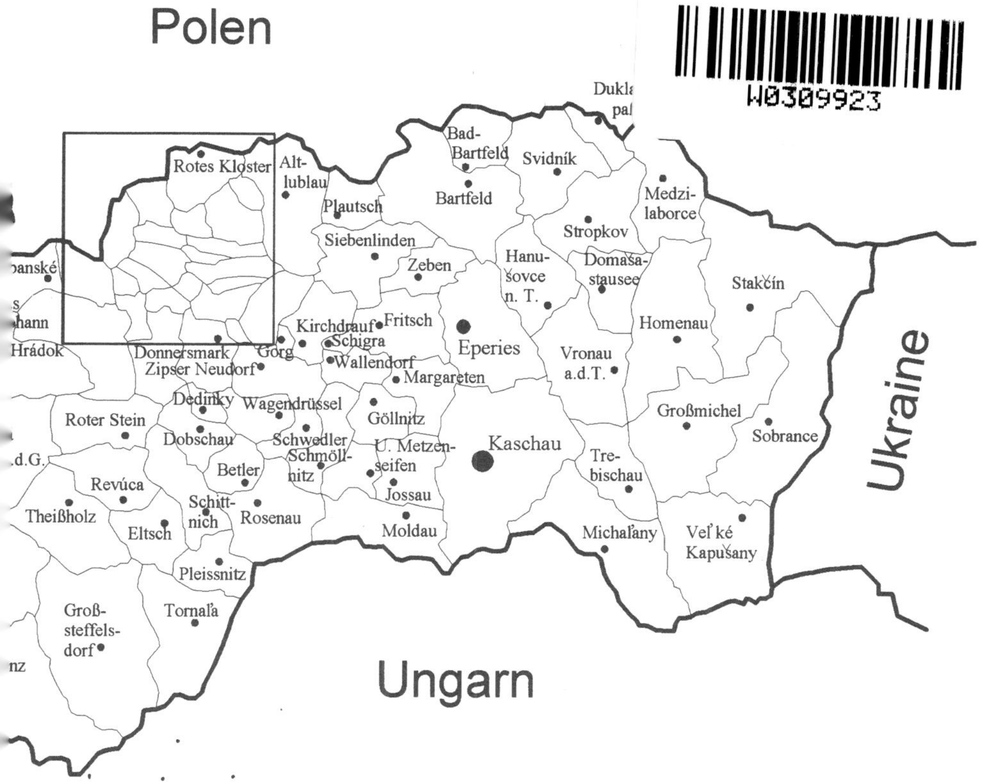

G

DIESEM BUCH DURCH DIE SLOWAKEI

Namen (falls vorhanden oder gebräuchlich)

- Fortsetzung im Nachsatz -

Ernst Hochberger

SLOWAKEI

Im gleichen Verlag erschienen:

Ernst Hochberger

HOHE TATRA - GEBIRGE DER NORDSLOWAKEI
Berg- und Wanderführer
967 Seiten, Karten- und Anstiegsskizzen

Im Kraft - Verlag Würzburg erschienen:

Karol Kállay - Ernst Hochberger

DIE HOHE TATRA UND DAS ZIPSER UMLAND
Bild- und Textband
135 Seiten

Bei Langen Müller erschienen:

Ernst Hochberger - Anton Scherer -
Friedrich Spiegel-Schmidt

DIE DEUTSCHEN ZWISCHEN KARPATEN UND KRAIN
Band 4 der Studienbuchreihe der Stiftung
Ostdeutscher Kulturrat Bonn
159 Seiten

Ernst Hochberger

Das große Buch der SLOWAKEI

3000 Stichworte zur
Kultur, Kunst, Landschaft,
Natur, Geschichte, Wirtschaft

Mit 350 Federzeichnungen
von
Karl Kiraly
und
32 Farbfotos,
170 Abbildungen, Karten- und Grundrißskizzen

HOCHBERGER, SINN 2003

Einband vorn:
Die Lomnitzer Gruppe der Hohen Tatra
mit dem Rathausturm von Kesmark (Kežmarok)

Texte: Ernst Hochberger
Farb- und Schwarz-Weiß-Fotos: Ernst Hochberger
Federzeichnungen und Kartenskizzen: Karl Kiraly
Grundrißskizzen: Ernst Hochberger
Historische Bilder: Archive Hochberger und Karpatendeutsches Kulturwerk Slowakei, Karlsruhe
Einbandfoto: Mikuláš Lipták

2003
4. ergänzte Auflage

Satz und Repro: Verlag VIVIT, Ing.Mikuláš Lipták, Kežmarok, Slowakei
Gestaltung: Pavlína Wassermannová, Kežmarok, Slowakei
Druck und Verarbeitung: Polygraf Print, Prešov, Slowakei
Lektorat: E.-O.Luthardt, Rauhenebrach

ISBN 3-921888-10-7

INHALT

AUSFÜHRLICHE ANGABEN ZUM INHALT BEI DEN JEWEILIGEN KAPITELN

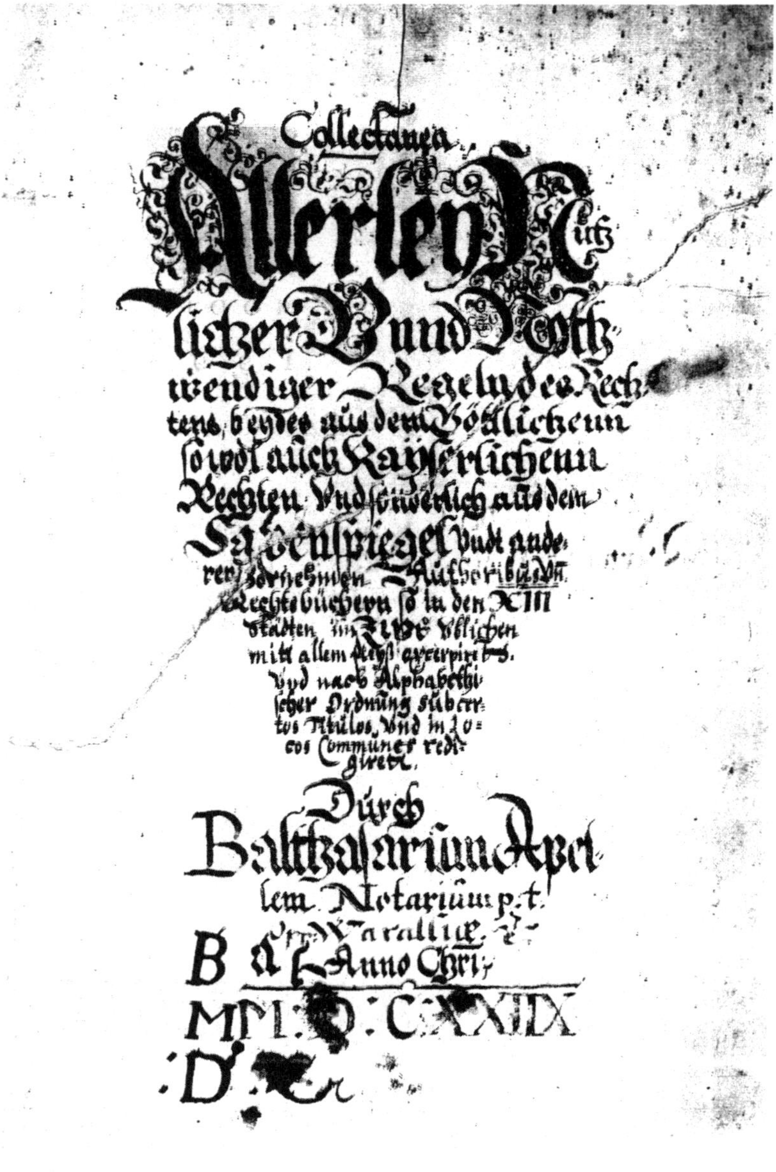

Collectanea
Allerley Nutz-
licher Unnd Noth-
wendiger Regeln des Rech-
tens, beydes aus dem Göttlichen
so wol auch Kayserlichen
Rechten
Durch
Balthasarum Apel-
lem Notarium p. t.

lthasarum Apel: Collectanea Allerley Nutzlicher Unnd Nothwendiger Regeln des Rechtens..."
n deutsches Rechtsbuch von 1628 aus der Slowakei. Edition, rechts- und sprachhistorische läuterungen von Ilpo Tapani Piirainen - Arne Ziegler, Leutschau 1995

DIE SLOWAKEI HEUTE

ALLGEMEINES UND WISSENSWERTES

TEXTE

BILDER

1. DER BESUCHER UND DIE SLOWAKEI

Die Slowakische Republik (Slovenská Republika), kurz Slowakei genannt, ist ein außergewöhnlich schönes, sehr abwechslungsreiches und äußerst interessantes Land.

Drei wesentliche Faktoren werden sich jedem Besucher einprägen:

1. die **LANDSCHAFT**, die sich von Süden nach Norden, in einer großartigen dramatischen Steigerung, aus der Tiefebene von den lieblichen Auwäldern an der Donau über die ausgedehnten, teilweise bewaldeten Mittelgebirge zu den reich gegliederten, wilden, abweisenden Hochregionen der Hohen Tatra entfaltet;
2. die **KUNST**, die neben einigen bedeutenden Bauwerken ganz hervorragende Werke der bildenden Kunst zu bieten hat, die auf dem Gebiet der Plastik das Niveau der großen europäischen Bildschnitzer erreichen bzw. überbieten, und die selbst in kleinen unbedeutenden Dorfkirchen zahlreich vertreten sind;
3. der **RAUM**, in dem Deutsche mehr als 800 Jahre friedlich neben Slowaken, Magyaren, Ruthenen, Juden, Zigeunern gelebt und über die drei Siedlungsgebiete hinweg (Preßburg, Hauerland, Zips) das Land im städtischen wie ländlichen Bereich geprägt haben und nach dem 2. Weltkrieg vertrieben wurden.

rot *weiß* *blau*

Wappen der Slowakei

Vom Ufer der Donau spannt sich zu den Gebirgsstöcken ein weiter Bogen, mit einer Überfülle an Möglichkeiten für alle Besucher:

- **NATURFREUNDE** werden die Landschaft und die Flora genießen, aber auch die zahlreichen Höhlen besuchen,
- **KUNSTFREUNDE und KUNSTHISTORIKER** werden auch abseits der großen Plätze so manche überraschende, beachtliche Entdeckung machen,
- **HISTORIKER** werden eine von Multinationalität geprägte Geschichte vorfinden,
- **WANDERER** werden die langen, aussichtsreichen Kämme der Mittelgebirge überschreiten, in die zahlreichen romantischen Klammtäler eindringen und das Hochgebirge auf steilen Pfaden begehen,
- **KLETTERER** werden in der Hohen Tatra die luftigen Grate und die düsteren Wände auf leichten bis schwersten Routen absolvieren,
- **WASSERSPORTLER** werden die zahlreichen, teilweise schweren Flüsse und die großen Wasserflächen der Stauseen befahren,
- **JÄGER** werden in den ausgedehnten, stillen Wäldern dem zahlreichen Rotwild, den vielen Hirschen und auch den Bären nachstellen,
- **ERHOLUNGSSUCHENDE** und **KRANKE** werden in den vielen Kurorten und Bädern neue Kräfte, Linderung und Heilung finden.

2. LAGE IN EUROPA. RELIEF

Die Slowakei umschließt den Raum, der zwischen 16°15' und 22°34' Länge ö (siehe "Abkürzungen" auf Seite 14) von Greenwich und 47°44' bis 49°40' n Breite liegt. Sie gehört geographisch zum ö Mitteleuropa und nicht zu Osteuropa, wie nach dem 2. Weltkrieg häufig genug falsch angegeben wurde. Als Binnenland, nur die internationale Großschiffahrtsstraße der Donau vermittelt einen indirekten Zugang zu den Weltmeeren, ist sie umgeben von Österreich, der Tschechischen Republik, Polen, der Ukraine und Ungarn. In der Reihe der europäischen Staaten steht die Slowakei der Größe nach noch vor Dänemark.

Die Slowakei liegt, bis auf den kleinen Teil der Marchniederung nw der Kleinen Karpaten, dem Záhorie, im inneren Bereich des großen Karpatenbogens, der in der Nähe von Preßburg an die Donau stoßend, den Anschluß an die Alpenkette findet. Von der Donautiefebene im S bzw der Theißniederung im SO verändert sich das Relief der Landschaft nach N hin, über Hügel zu Mittelgebirgen mit beachtlicher Ausdehnung, um schließlich im zentralen Karpatenhauptkamm, das höchste (wenn auch nicht das einzige) Hochgebirge der Karpaten, die wilde Hohe Tatra, aufzubauen. Mit ihren Trabanten und Nachbargebirgen bildet sie die größte Massenerhebung der Karpaten. Die Staatsgrenze quert die Donau auf einer Höhe von 100 m und die Bodrog auf einer von nur 94 m, dagegen ist die Gerlsdorfer Spitze, der höchste Berg der Hohen Tatra, der Karpaten und der Slowakei (früher Ungarns, und der Tschechoslowakei), 2655 m hoch.

Bis auf das Einzugsgebiet der Popper, die zur Ostsee hin entwässert, fließen alle Flüsse der Slowakei in die Donau und damit ins Schwarze Meer. So verläßt die europäische Wasserscheide den Karpatenhauptkamm im Bereich der n Staatsgrenze nur ganz kurz.

Die Hauptstadt Preßburg (Bratislava) befindet sich im äußersten SW des Landes. Die Wahl Preßburgs (nach der Gründung der Tschechoslowakei) zum Verwaltungssitz der Slowakei und nicht einer zentral gelegenen Stadt der Mittelslowakei hatte politische Gründe.

3. DIE SLOWAKEI HEUTE UND FRÜHER

Unfreiheit wenn nicht Unterdrückung kennzeichnen über Jh hinweg die geschichtliche Entwicklung der Völker der Slowakei, die am 1.1.1993 nach der friedlichen Auflösung der Tschechoslowakei ein unabhängiger Staat geworden ist. Nur kurz sind die Phasen der Freiheit, zu ungünstig die geopolitischen Verhältnisse, zu mächtig die Nachbarn, die - zeitweise als Verbündete oder sogar als "Brüder"- die Situation schamlos ausnutzend, rigoros den Ablauf bestimmten, und das bis in die jüngste Vergangenheit hinein.

Die bis in das 5. Jh hinein häufig wechselnden Besiedlungen hinterließen kaum prägende Spuren, aber dann kamen die Slawen, die Vorfahren der Slowaken, und später die Magyaren und (schon vor 1000 Jahren vereinzelt und vor 800 Jahren verstärkt), die Deutschen, die diesem Raum ihren Stempel aufdrückten, während die Einflüsse der Türken und die Okkupationen von Teilgebieten durch die Polen zu keinem im Lande verbleibenden Bevölkerungsanteil führten. Ganz anders und unübersehbar wirkte dagegen die Anwesenheit der Juden, der Wallachen und der Zigeuner.

Die Glaubensspaltung und die folgenden Jh mit dauernden Auseinandersetzungen bürdeten der Bevölkerung Lasten, Leid und Armut auf, für deren Ursachen sie nicht verantwortlich war. Später hatten die Bewohner der Slowakei mit ihren jeweiligen "Staatsvölkern" keine Freude, und umgekehrt war es nicht anders. Alle hatten sie mit den großen Neuordnungen Europas kein Glück, weder Bismarck, noch die Alliierten am jeweiligen Ende zweier Weltkriege konnten gerechte und damit dauerhafte Lösungen finden. Aber gerade diese Situationen ließen die Akzeptanz der Angehörigen der 3 wesentlichen Völker - der Slowaken,

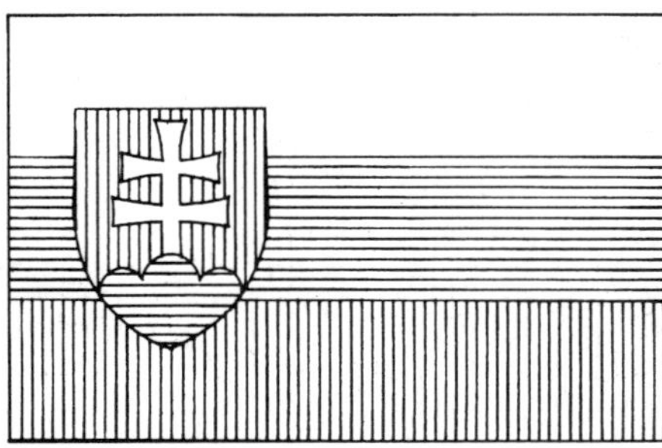

Fahne der Slowakei

Deutschen und Magyaren - wachsen. Die ethnische Vielfalt verschaffte der Slowakei, verbunden mit einem Jahrhunderte währenden vorzugsweise friedlichen Zusammenleben verschiedener Nationen und Religionen, eine Sonderstellung besonderer Art. Sicher war dieses Miteinander nicht ganz frei von Auseinandersetzungen und Eifersüchteleien. Aber es war frei von gegeneinander gerichteten Aufständen, frei von größeren blutigen Auseinandersetzungen und Exzessen, die zu schlimmen Eskalationen hätten führen können. Wo sie doch auftraten, waren sie nicht auf dem Boden des Landes gewachsen; sie wurden bis in die jüngste Zeit hinein von außen eingebracht. Die sehr differenzierte, für den Außenstehenden schwer verständliche Situation kann nicht besser dargestellt werden als mit dem folgenden Zitat: "Das Schicksal der Slowaken, Magyaren, Deutschen, Juden, Ruthenen und Polen in der Slowakei wurde in der ersten Hälfte des 20. Jh durch eine Reihe von Faktoren bestimmt, zBsp durch die Zugehörigkeit zum Königreich Ungarn (seit 907), zur Tschechoslowakei (seit 1918), zur Slowakischen Republik (seit 1939) und wieder zur Tschechoslowakei (seit 1945). Ebenso haben politische Ideologien (Nationalismus, Demokratie, Kommunismus, Nationalsozialismus etc.) und die Religionen (evangelische, katholische, jüdische und orthodoxe) das Leben für längere oder kürzere Zeit geprägt. Man darf deshalb die jüngste Geschichte der Slowakei nicht allein vom slowakischen, tschechischen, ungarischen, bourgeoisen, proletarischen, faschistischen, antifaschistischen, kommunistischen, nationalsozialistischen, katholischen, evangelischen, jüdischen usw Standpunkt deuten. Erst die Vielschichtigkeit wird den Ereignissen gerecht, sie macht sie interessant und lebendig" (Paul Brosz).

Die Slowakei gehört zu dem großen, alten, einzigartig zu nennenden Kulturbereich Mitteleuropa, der sich sehr deutlich und in jeweils verschiedener Art und Weise vom Westen (Frankreich), vom Süden (Italien), Südosten (Balkan), Osten (Rußland und Polen) und Norden (Skandinavien) abhebt. Mit dem Verlust zweier ethnischer Gruppen, der mit dem Ende des 2. Weltkrieges verbundenen Vertreibung der Deutschen und der chronologisch noch davor erfolgten Deportation der Juden, beides direkte und indirekte Auswirkungen des verbrecherischen nationalsozialistischen Regimes, ist das Bild unvollständig geworden, das zusätzlich durch die ebenfalls verbrecherische 40-jährige Zwangsherrschaft des Sozialismus nachhaltig getrübt wurde: Es fehlen zwei Farben.

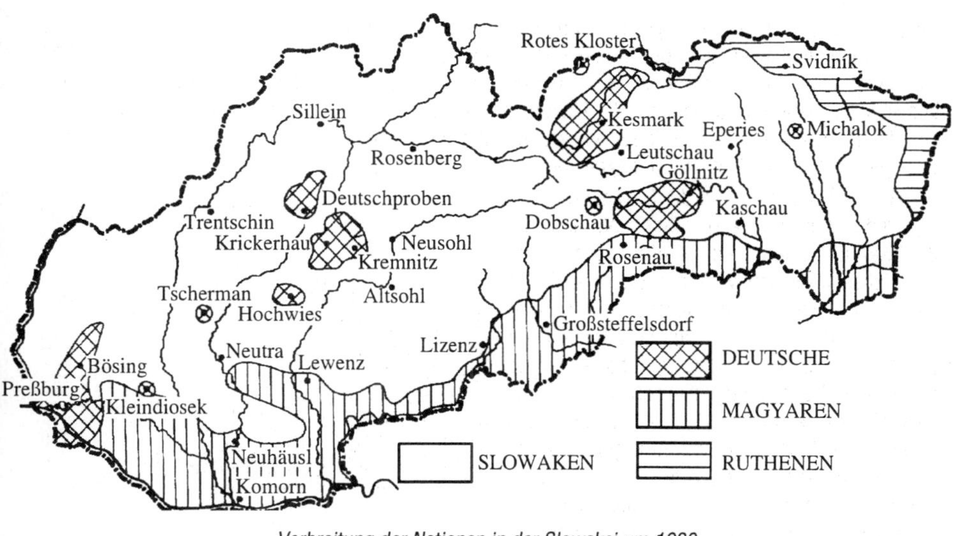

Verbreitung der Nationen in der Slowakei um 1930

4. DER NAME SLOWAKEI

Für die Slowaken erscheint im 12. und 13. Jh "Sclavi" (u.a. Agricola), im 14. Jh "Slovienin" und "Sclavus", schließlich 1444 "Slowaken" (Bartfeld) und "slowakisch" 1294 belegt ist (Großbitsch). Das Land wurde im 15. Jh "Slováky" (böhm. Publik.), 1511 "Sclavonic" (Leipzig) genannt. In Ungarn, also bis 1918, kein politisch-administratives Gebiet - es wurde (in der Negierung seiner Existenz) Oberungarn geheißen. In dieser Publikation wird der Begriff "Slowakei" bezogen auf die heutige Ausdehnung, ausschließlich verwendet.

Vorderseite der 100-Kronen-Banknote der Slowakischen Republik (Madonna des Meisters Paul)

5. GRÖßE, BEVÖLKERUNG, NATIONEN, RELIGIONEN

Die Ergäbnisse der ausgewählten Volkszählungen verdeutlichen die politischen Veränderungen:

Jahr	**1930**	**1940**	**1980**	**1991**	**2001**
Periode	**Tschechoslowakische Rep.**	**Slowakische Rep.**	**Tschechoslow. Sozial. Rep.**	**Tsch.u.Slow. Föd. Rep.**	**Slowakische Rep.**
Größe km²	49.021	38.055	49.014	49.014	49.014
Einwohner	3.329.793	2.655.053	4.991.168	5.274.335	5.379.455
Dichte	68	70	102	108	110
Slowaken	2.224.983	2.254.053	4.317.008	4.519.328	4.614.854
Tschechen	120.926	25.000	57.197	52.884	44.620
Mährer	—	—	—	—	2.348
Deutsche	147.501	135.408	2.918	5.629	5.405
Magyaren	571.988	69.031	559.490	567.296	520.528
Ruthenen	91.079	63.721	36.850	17.197	24.201
Ukrainer	—	—	—	13.281	10.814
Juden/Israeliten	65.385	87.617	—	—	218
Polen	933	—	2.053	2.969	2.602
Zigeuner/Roma	30.626	—	—	75.802	89.920
röm-kath	2.384.355	1.968.241	—	3.187.383	3.708.120
griech-kath	213.725	183.129	—	178.733	219.831
orthodoxe	9.076	7.405	—	34.264	50.363
evang AB	406.756	388.723	—	326.397	372.858
evang HB	149.144	12.921	—	84.691	109.735
israelitische	136.737	86.629	—	—	2.310
ohne Konfess.	—	—	—	515.551	697.308
ohne Angaben	—	—	—	917.835	160.598

Für die mit Strichen geschlossenen Anteile sind keine Zählungen durchgeführt worden. Die Zahlen der Juden und israelitischen Gläubigen (1930, 1940 und 2001) decken sich nicht, da die Juden/Israeliten auch als Nation geführt werden und sich viele Glaubensjuden (besonders 1930 und 2001) zu anderen Nationen bekannt haben. Die Zahl der Deutschen 1991 und 2001 dürfte etwas höher liegen, da sich viele nicht eintragen ließen. Auch die Zahl der Zigeuner/Roma ist sicher zu niedrig, da viele als Slowaken und Magyaren votiert haben. Auffällig ist die nach dem 2. Weltkrieg nicht im Rahmen der Bevölkerungszunahme liegende Entwicklung der nicht röm-kath Religionen, und interessant ist im Vergleich zu Böhmen und Mähren die relativ niedrige Zahl der Konfessionslosen und "Angabenlosen", die als Zeichen des wieder hergestellten Vertrauens, sehr stark abgenommen haben. Die Bewohner der Slowakei können daher immer noch als sehr religiös bezeichnet werden.

6. POLITISCHE UND KIRCHLICHE GLIEDERUNG

An die Stelle der traditionsreichen alten ungarischen **Komitate**, die im Laufe der Jahrhunderte (abgesehen von einigen Aufteilungen) kaum Veränderungen erfuhren, traten 1923 ca. 80 Bezirke und, als übergeordnete Mittelinstanzen, die in der Anzahl öfters wechselnden Gaue (Großgaue). Die Neugliederungen der 60-er Jahre schufen ca. 30 Großbezirke und drei Landschaftsverbände, die mit der **Verwaltungsreform** Mitte der 90-er Jahre wieder auf ca.80 Bezirke und 8 Landschaftsverbände aufgestockt wurden.

Im Bereich der **Röm-kath Kirche** wurden die einst großen Bistümer im 18./19. Jh in kleinere Einheiten geteilt. Erst 1978 wurde der bis dahin als Apostolische Administratur des Erzbistums Gran (Esztergom, Ungarn) geführte Bereich Tyrnau zum Erzbistum erhoben und damit sehr spät eine selbständige slowakische Kirchenprovinz geschaffen, zu der 1995 Kaschau als zweites Erzbistum hinzukam. Die **Griechisch-Kath. (unierte) Kirche** hatte einen Bischofsitz in Eperies, 1997 ist Kaschau dazugekommen. Die **Evangelische Kirche A.B.** gliedert sich in zwei Distrikte, mit je einem Bischof an der Spitze. Der Westdistrikt (Altsohl) umfaßt die Seniorate (ähnlich den Probsteien) Preßburg, Myjava, Waag, Donau-Neutra, Hont, Neuburg, Altsohl, Großsteffelsdorf, und zum Ostdistrikt (Kaschau) gehören Turz, Liptau-Arwa, Tatra, Gemer, Kaschau, Scharosch-Semplin. Den Überbau bildet das Generalbischöfliche Amt in Preßburg mit dem Generalbischof an der Spitze. Der Bischofsitz der **Reformierten Kirche** befindet sich in Großsteffelsdorf. Die **Orthodoxe Kirche** hat Eparchien in Eperies und Großmichel (Bischofsitz).

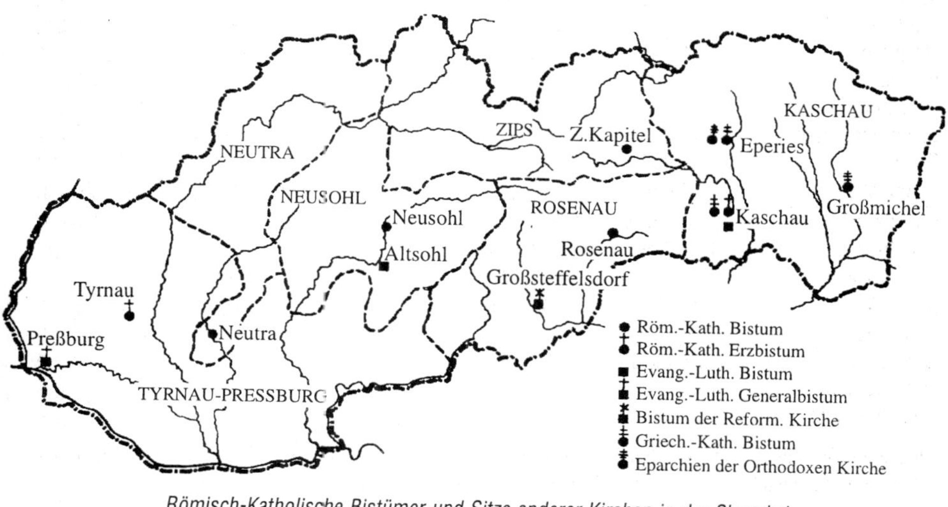

Römisch-Katholische Bistümer und Sitze anderer Kirchen in der Slowakei

7. KLIMA, JAHRESZEITEN. FLORA, FAUNA, ÖKOLOGIE

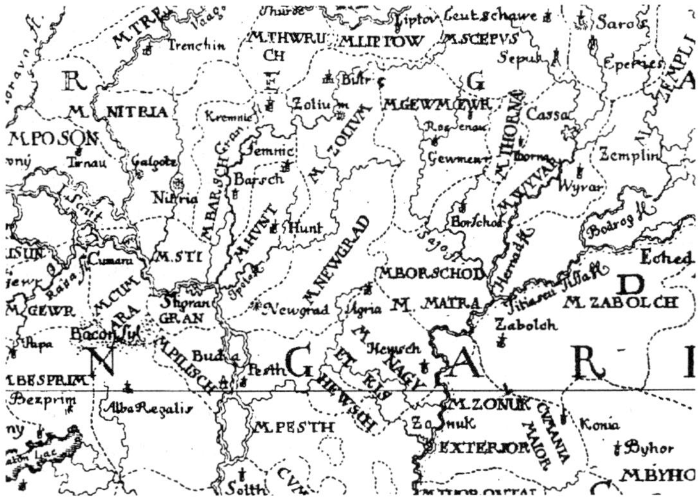

Detail einer Karte Ungarns von 1750

Das **Klima** in der Slowakei wird durch die Grenze zwischen dem ozeanischen und dem kontinentalen Klima bestimmt, wobei das letztere im Laufe der vergangenen Jahrzehnte, parallel zur allgemeinen "europäischen Erwärmung", stark an Einfluß verloren hat. So ist heute kaum mehr ein deutlicher Unterschied zum Wetterablauf in Zentralmitteleuropas zu beobachten. Allerdings sind die Winter in vergleichbaren Höhenlagen etwas kälter geblieben. Die zahlreichen Luftmassenwechsel der vorherrschenden W-Strömungen, sie werden in der Slowakei ein paar Tage später als in Zentralmitteleuropa wirksam erreichen im April ein Maximum, während der August und vor allem die zweite Septemberhälfte, die ruhigsten und durch beständige Witterung ausgezeichneten Abschnitte sind. Die Bildung von Haufenwolken bei Schönwetterlagen im Hochgebirge (Nebel ab ca.2000 m) ist häufig, während im Land und in den niedrigeren Gebirgen kaum Bewölkung aufzieht. Die lokalen Temperaturunterschiede sind zwischen dem S und der Mitte, bzw dem N des Landes und auch zwischen Tag und Nacht besonders groß. Das gleiche gilt für die Niederschlagsmengen, die besonders in den Bereichen des W-Staus (Arwa) und im N-Stau (N-Seite der Hohen Tatra und der Liptauer Alpen) hohe Werte erreichen.

Die **Vegetation** reicht von den typischen Auwaldlandschaften der Donau (den größten Mitteleuropas) über die ausgedehnten Wälder der Mittelgebirge, bis zu jener des Hochgebirges, die mehrere Besonderheiten gegenüber vergleichbaren Regionen der Alpen aufzuweisen hat (Bereicherung, wie auch Ausfälle). Nach der fast vollständigen Ausrottung des Bären und des Luchses in den 20-er Jahren des Jh, sind heute, neben Hirschen, Rehen, Wildschweinen, Gemsen und Murmeltieren, beide Arten wieder vertreten. Überraschend sind der Reichtum an Vogelarten (auffallend viele Störche) und die großen Fischbestände in den Seen.

Die unausgewogene Industrialisierung und der bedenkenlose Raubbau an der Natur, haben - im Verein mit der absoluten Vernachlässigung des **Umweltschutzes**, durch die Überdüngung des landwirtschaftlich genutzten Bodens, ja selbst durch den organisierten Sozialmassentourismus zu Schäden geführt, die in einigen, oft eng begrenzten Gebieten über das Aussterben mancher Pflanzenarten und das Waldsterben bis zur totalen Vernichtung der Pflanzendecke reichen. Erfreulich, daß im Durchschnitt die Schäden nicht größer sind als in Zentraleuropa.

8. SPRACHEN. LESEANLEITUNG UND KLEINES WÖRTERBUCH

Die Slowakei war das typische Beispiel eines mehrsprachigen Raumes. Dort war es üblich, und etwas davon hat sich heute noch erhalten, **drei Sprachen** zu sprechen: Slowakisch, Deutsch und Magyarisch. Eine weitere, Tschechisch, wird ohne Schwierigkeiten verstanden, was bei der Nähe des Slowakischen zum Tschechischen und der in den letzten Jahrzehnten uneingeschränkten, gemeinsamen Verwendung beider Sprachen innerhalb der Tschechoslowakei, verständlich ist. Dazu kommt noch eine fünfte Sprache, Polnisch, die zumindest im grenznahen n Bereich der Slowakei verstanden wird.

Auch heute ist ein Besucher aus dem d Sprachraum, der keine slawische Sprache spricht, nicht auf sich allein gestellt. **Deutsch** wird häufig gesprochen, meistens verstanden, und in den Hotels ist es eine Selbstverständlichkeit, daß man sich mit dem ausgebildeten Personal d unterhalten kann und daß d Speisekarten aufliegen. Es ist nicht die Aufgabe dieses Buches, mehr als eine ganz bescheidene Hilfestellung zu geben, hier soll nur ganz kurz auf einige **Besonderheiten**, die erfahrungsgemäß große Schwierigkeiten bereiten, eingegangen werden:

* im Slowakischen wird ausschließlich die erste Silbe betont.
* vom d Alphabet abweichende Buchstaben bzw Laute:

  - Die Akzente auf den Vokalen á, é, í, ú, ó, ý sind Längenzeichen, also "á" (=M**aa**s), usw.

  - Buchstabengruppen werden durch einzelne Buchstaben ersetzt:

  č "tsch" (=**Tsch**ako), **ď** "dj" (=Na**dj**a), **ľ** "lj" (=**Lj**ubliana), **ň** "nj" (**Nj**emen), **š** "sch" (**Sch**ule), **ť** "tj" (engl **Tu**dor), **ž** "sch" (**Jour**nal)

  - andere Lautwerte:

  ck "tzk" (=Hi**tzk**opf), **ie** "je" (=N**je**men), **z** "s" (=Rei**s**e), **v** "w" (im Slowakischen gibt es das "w" nur in Fremdwörtern, umgekehrt zum Polnischen!)

Einige häufig wiederkehrende Wörter und Redewendungen:

Slowakisch	Deutsch	Slowakisch	Deutsch
dobré ráno!	Guten Morgen!	dobrý deň!	Guten Tag!
dobrý večer!	Guten Abend!	dobrú noc!	Gute Nacht!
do videnia!	Auf Wiedersehen!	prosím/ďakujem	bitte/danke
hej oder áno	ja	nie	nein
nedeľa	Sonntag	pondelok	Montag
utorok	Dienstag	streda	Mittwoch
štvrtok	Donnerstag	piatok	Freitag
sobota	Samstag	týždeň/mesiac	Woche/Monat
január	Jänner (Januar)	február	Feber (Februar)
marec	März	apríl	April
máj	Mai	jún	Juni
júl	Juli	august	August
september	September	október	Oktober
november	November	december	Dezember
muž/muži	Mann/Männer	žena/ženy	Frau/Frauen
pozor	Achtung	zakázané	verboten
stanica	Bahnhof	parkovisko	Parkplatz
vlak	Zug (Eisenbahn)	rýchlik	Schnellzug

Detail einer der ältesten Karten Ungarns von Wolfgang Lazio 1556 (beachten: "Schneperg")

osobný vlak	Personenzug	reštauračný vozeň	Speisewagen
lôžkový vozeň	Schlafwagen	ležadlový vozeň	Liegewagen
autoopravovňa	Autowerkstatt	čerpacia stanica	Tankstelle
pošta	Post	chata	Hütte
lekár	Arzt	lekáreň	Apotheke
štít	Spitze (Berg)	dolina	Tal
Nemecko	Deutschland	Maďarsko	Ungarn
Rakúsko	Österreich	Švajčiarsko	Schweiz
nárez	Aufschnitt	rebierko	Kotelett
rezeň	Schnitzel	sviečková	Lende
pečienka	Braten	pečeň	Leber
ražeň	Spieß, Grill	vyprážaný	paniert
bravčové mäso	Schweinefleisch	teľacie mäso	Kalbfleisch
hovädzie mäso	Rindfleisch	paradajky	Tomaten
pstruh	Forelle	kurča	Huhn
uhorky	Gurken	hrach	Erbse

9. ABKÜRZUNGEN HÄUFIGER BEGRIFFE

ALLGEMEINES:

N	Nord	**n**	nördlich	**Jh**	Jahrhundert	**u.a.**	unter anderem(n)
S	Süd	**s**	südlich	**sh**	siehe	**EW**	Einwohner
O	Ost	**ö**	östlich	**mk**	markiert (Wegmark.)	**Mk**	Wegemarkierung
W	West	**w**	westlich	**R**	Richtung	**Bez**	Bezirk

Sl	Slowaken	**sl**	slowakisch
D	Deutsche	**d**	deutsch
Ma	Magyaren	**ma**	magyarisch
P	Polen	**p**	polnisch
Ru	Ruthenen (Rusinen)	**ru**	ruthenisch (rusinisch)
J	Juden	**j**	jüdisch
U	Ungarn	**lat**	lateinisch
kath	römisch-katholisch	**evang**	evangelisch
ref	reformiert	**orthod**	orthodox
griech-kath	griechisch-katholisch		

ADPARATVS
AD
HISTORIAM
HVNGARIAE,
SIVE
COLLECTIO MISCELLA,
Monumentorum ineditorum partim,
partim editorum, ſed fugientium.
Conquiſiuit, in Decades partitus eſt,
& Præfationibus, atque Notis illuſtrauit,
MATTHIAS BEL.
Cum Cenſura Ampliſſ. Senatus Poſoniens.

Sumtu Philohiſtorum Patriæ.
Posonii, Typis Joannis Paulli Royer,
A. MDCCXXXV.

Matthias Bél, Publikation von 1735

POLITISCHE BEGRIFFE (auch im Land gebräuchlich):

SR	Slovenská Republika (=Slowakische Republik) ab 1.1.1993
Č-SFR	Česká a Slovenská Federálna Republika (=Tschechische und Slowakische Föderative Republik) bis 31.12.1992
ČSSR	Československá socialistická republika (=Tschechoslowakische Sozialistische Republik)
SSR	Slovenská socialistická republika (=Slowakische Sozialistische Republik)
ČSR	Československá republika (=Tschechoslowakische Republik) 1918-1938
Č-SR	Česko-Slovenská republika (=Tschecho-Slowakische Republik) 1938/1939
SL	Slovenská republika (=Slowakische Republik) 1939-1945
NSR	Nemecká spolková republika (=Bundesrepublik Deutschland, wörtlich: Deutsche Bundesrepublik), daher ab 1991:
SRN	Spolková Republika Nemecko (=Bundesrepublik Deutschland)
NDR	Nemecká demokratická republika (=Deutsche Demokratische Republik, DDR) bis 1990
SNP	Slovenské národné povstanie (=Slowakischer Nationalaufstand)
ČSD	Československé dráhy (=Tschechoslowakische Staatsbahnen)
ČSAD	Československá autobusová doprava (=Tschechoslowakischer Autobusverkehr)
SŽ	Slovenské Železnice (=Slowakische Eisenbahnen) 1939-1945
ČSA	Československé aerolínie (=Tschechoslowakische Fluggesellschaft, internat. Kürzel: OK)
ŽSR	Železnice Slovenskej Republiky (=Eisenbahnen der SR), 1993
SAD	Slovenská autobusová doprava (=Slowakischer Autobusverkehr) 1993, nach 1993 zuerst zeitweise ADSR
Kčs	Währung der ČSR und Č-SFR (1 koruna = 100 halierov, 1 Krone = 100 Heller)
Kč	Währung der ČSSR (Einheiten wie oben)
Sk	Währung der SL und SR (Einheiten wie oben)

TOURISTISCHER BEREICH:

TANAP	Tatranský národný park (=Tatranationalpark in der Slowakei)
PIENAP	Pieninský národný park (=Pieninennationalpark, Slowakei)
NAPANT	Národný park Nízke Tatry (=Nationalpark Niedere Tatra)

TPN	Tatrzański Park Narodowy (=Tatranationalpark in Polen)
PAN	Pieniński Park Narodowy (=Pieninennationalpark, Polen)
KČST	Klub československých turistů (=Klub tschechoslowakischer Touristen)
KSTL	Klub slovenských turistov a lyžiarov (=Klub slowakischer Touristen und Skiläufer)
KST	Klub slovenských turistov (=Klub slowakischer Touristen)
KV	Karpathenverein (auch: Ungarischer Karpathenverein)
MKE	Magyarországi Kárpátegyesület (ma Name des KV)
MTE	Magyar Turista Egyesület (=Ungarischer Touristenverein)
TT	Towarzystwo Tatrzańskie (Vorläufer des PTT)
PTT	Polskie Towarzystwo Tatrzańskie (=Polnischer Tatraverein)
PTTK	Polskie Towarzystwo Turystyczno-Krajoznaczowe (=Polnischer Touristen- und Landeskundeverein)
HS	Horská služba (=Bergrettungsdienst in der Slowakei)
GOPR	Górskie Ochotnicze Pogotowie Ratunkowe (=Freiwilliger Bergrettungsdienst in Polen)
TOPR	Tatrzańskie Ochotnicze Pogotowie Ratunkowe (Vorläufer des GOPR)

JAMES oder IAMES Slowakischer Hochtouristenverband

PARTEINAMEN UND GLIEDERUNGEN VON PARTEIEN (bis 1960):

SdP	Sudetendeutsche Partei
KdP	Karpathendeutsche Partei
ZDP	Zipser Deutsche Partei
DP	Deutsche Partei
FS	Freiwillige Schutzstaffel
DJ	Deutsche Jugend
SLS	Slovenská ľudová strana (=Slowakische Volkspartei)
HSLS	Hlinkova slovenská ľudová strana (=Hlinkas sl Volkspartei)
HG	Hlinkova garda (=Hlinka-Garde)
HM	Hlinkova mládež (=Hlinka-Jugend)
KSČ	Komunistická strana Československa (=Kommun. P.d. Tschechosl.)
KSS	Komunistická strana Slovenska (=Kommun. P.d. Slowakei)

Hotel "Kosodrevina" in der Niederen Tatra

10. GELD. REISEDOKUMENTE

Gültiges Zahlungsmittel in der SR ist die Slowakische Krone und zwar die ab 1993 herausgegebenen Scheine (5.000, 1.000, 500, 200, 100, 50, 20 Sk) und Münzen. Banken sind in der Regel Mo-Fr 9.00-14.00 Uhr geöffnet, Umtauschstellen in den Hotels ganztägig. Gängige Kreditkarten werden akzeptiert, Eurocheques können mitgenommen werden. Für die Einreise, zum Aufenthalt bis zu drei Monaten und zur Ausreise sind ein gültiger Reisepaß oder Personalausweis erforderlich. Die Ein- und Ausreise von

Angehörigen der Nichtanliegerstaaten kann nur über internationle Grenzübergangsstellen erfolgen. Das Einreisen oder Wechseln in ein anderes Land über die "grüne Grenze", zBsp im Gebirge, ist verboten!

Autofahrer sollten die "grüne" Versicherungskarte mitnehmen (Unfälle! Ausreise in bestimmte Länder, zBsp Polen, ist ohne sie nicht möglich!). Sind die Reisenden nicht mit dem Besitzer des Fahrzeuges identisch, muß eine formlose Benutzungserlaubnis mitgeführt werden (Verdacht auf Diebstahl!).

11. UNTERKÜNFTE. ESSEN UND TRINKEN

Die **Hotels** in der Slowakei sind in Kategorien eingeteilt, die durch Buchstaben, aber auch durch Sterne sichtbar gemacht werden. Wie in jedem Land gibt es Unternehmen, die weit über dem Durchschnitt ihrer Kategorie anzusiedeln sind, und andere, die ihren Status nicht verdienen. Die Preise liegen, einige Spitzenhotels in Preßburg ausgenommen, niedriger als es der Besucher aus Zentralmitteleuropa gewohnt ist, wobei der Komfort der Zimmer und Bäder (nicht der übrigen Einrichtungen) in einigen Fällen etwas unter demjenigen vergleichbarer Häuser in Deutschland liegen mag. Bestellungen und Reservierungen können über Reisebüros, aber auch direkt vorgenommen werden. Einige Besucher werden die gewohnte kleine Pension oder das gutgeführte Dorfgasthaus vermissen, diese Gattungen sind im Sozialismus "ausgestorben", dafür gibt es aber zahlreiche Privatunterkünfte und Möglichkeiten, Ferienhütten zu mieten, wenn der Besitzer sie nicht selbst benötigt, und in den Gebirgen der N-Slowakei gibt es zahlreiche Berghütten, die heute nicht mehr zweckentfremdet belegt sind.

Die **Restaurants** (reštaurácia) sind in Preisgruppen, die römische Ziffern verdeutlichen, eingeteilt und erheblich preisgünstiger als in Zentralmitteleuropa. Meistens werden nur in den Restaurants und in den Weinstuben (vináreň) warme Speisen angeboten, in den Cafés (kaviareň) und in einer Tagesbar (denný bar) werden Kleinigkeiten, eventuell auch kalte Speisen angeboten. Das gleiche gilt für die Nachtlokale mit oder ohne Programm (nightclub). Betriebszeiten sh bei "13. Öffnungszeiten". Die **Küche** bietet in sehr guter Qualität Speisen mit internationalen Standard an, der oft einen leichten ungarischen, österreichischen, böhmischen Einschlag hat. Landesspezialitäten sind meistens nur in den ländlichen Restaurants (salaš), in Raststätten (motorest) oder in Spezialitätenlokalen zu bekommen. Besonders zu empfehlen sind u.a. "bryndzové halušky" (Kartoffelteignockerln mit Bryndza, dem landesüblichen Schafskäse), "pirohy" (Pirogen, etwa wie Maultaschen). Bei den Fleischspeisen ist das Gewicht der betreffenden Fleischart vor dem Namen des Gerichtes angegeben. Die Slowakei ist bekannt für ausgezeichnete Weißweine (Limbacher Riesling etc.) und einige Rotweine, von denen die aus dem SW leichten, spritzigen, die aus dem SO schwereren Charakter haben. Ferner sind sehr gute Biere im Ausschank (10°, bzw. Lagerbiere mit 12° "Grad Plato", entspricht etwa dem Stammwürzegehalt, die Alkoholmenge beträgt ca.1/3 dieser Zahl). Häufig muß man die Garderobe benutzen, und besonders in Hotelrestaurants besteht manchmal Rauchverbot.

Hotel "Bellevue" in Schmecks (Hohe Tatra)

12. VERKEHR

Karfunkelturmhaus in der Hohen Tatra

Die heutigen Verkehrswege und Verkehrsmittel erlauben es jeden beliebigen Platz in der Slowakei schnell bzw. in angemessener Zeit zu erreichen. Ganz im Gegensatz zur Zeit vor dem 2. Weltkrieg, wo längere Reisezeiten wegen der mangelhaften **Straßenverhältnisse**, der schlecht aufeinander abgestimmten Anschlüsse und der schütteren Zugfolge mit entsprechend niedrigen Reisegeschwindigkeiten üblich waren. Der heutige Straßenzustand ist sehr gut und befindet sich in einem Zustand, der demjenigen im Herzen Europas gleicht (mit einer noch erheblich geringeren Verkehrsdichte). Oft sind die Altstadtkerne, wenn sie nicht überhaupt als Fußgängerzonen ausgewiesen sind, umständlich zu erreichen und mit vielen Parkverboten gespickt, um Ortsfremde zum Abstellen der Autos auf Parkplätzen zu zwingen. Zu beachten sind die Verkehrsvorschriften, absolutes Alkoholverbot und teilweise ungewohnte Geschwindigkeitsbegrenzungen, mit häufigen Kontrollen und empfindlichen Geldstrafen. Im Land ist auf die oft weit vor den ersten Häusern stehenden Ortsschilder, als Beginn der Begrenzung, zu achten, und in Orten ohne ausgebaute Bürgersteige sind fast immer nur 40 km/h zugelassen! Das Netz der Tankstellen ist etwas dünner als gewohnt, und an Sonn- und Feiertagen sowie in der Nacht sind sehr viele geschlossen. Angeboten werden: "špeciál" (Normalbenzin verbleit, 91 Oktan), "super" (Super verbleit, 96 Okt.), "natural" (Benzin bleifrei, 95 Okt.) und "nafta" (Dieselkraftstoff).

Das **Eisenbahnnetz** ist relativ dicht, für den schnellen Durchgangsverkehr sind aber nur die Waagtal-Hernadtalstrecke (Preßburg-Kaschau) sowie die von internationalen Zügen benutzten Strecken, die über Preßburg führen (Berlin-Prag-Budapest), ausgebaut. Die Preise sind trotz eines nicht abgestuften Schnellzugzuschlages sehr niedrig, das gilt auch für Schlafwagenplätze, die sehr sauber und ordentlich angeboten werden. In den Schnellzügen ist schon wegen der niedrigen Preise die 1. Klasse zu empfehlen. Lokalzüge führen nur die 2. Klasse. Manche Züge sind platzkartenpflichtig, für andere Schnellzüge (vor allem um das Wochenende) werden Platzkarten empfohlen. Abweichend vom bekannten Reservierungssystem gibt es für Platzkarteninhaber eine sehr praktische Regelung, besonders gekennzeichnete Wagen (miestenkový voz), in die andere Fahrgäste nicht einsteigen dürfen. Ausgenommen IC-Züge, dort gilt das übliche System (Zettel an den Plätzen). Verspätungen sind bei normalen Schnellzügen, nicht bei IC-Zügen und kaum bei den Lokalzügen häufig.

Das sehr dichte **Autobusnetz** ermöglicht fast jeden kleinen Ort der Slowakei, oft mehrmals am Tag, zu erreichen. Außerdem gibt es zahlreiche Überlandverbindungen mit weniger Haltepunkten als bei den normalen Linienbussen. Die Preise sind im Vergleich zur Eisenbahn etwas niedriger.

Flugverbindungen bestehen zwischen folgenden Orten: Preßburg "Bratislava" (Kürzel BTS) mit internationalen Verbindungen, Kaschau "Košice" (KSC), Deutschendorf "Tatry-Poprad" (TAT) ebenfalls mit internationalen Verbindungen, Sliač zwischen Neusohl und Altsohl "Sliač" (SLD) und Pistyan "Piešťany" (PZY). Inlandsflüge sind billiger als international üblich.

Taxis stehen in den größeren Städten und Kurorten ausreichend zur Verfügung.

Auf der Donau bestehen im Sommerhalbjahr regelmäßige **Schiffsverbindungen** mit Wien und Budapest, die mit Tragflügelbooten bedient werden. Die Anlegestelle in Preßburg befindet sich am Quai Fajnorovo nábrežie 2.

13. BETRIEBS-, GESCHÄFTS- UND ÖFFNUNGSZEITEN

RESTAURANTS UND GESCHÄFTE:

Hotelrestaurants und andere **Gaststätten** (reštaurácia) sind nur über die Mittagszeit und abends geöffnet, sie schließen meistens um 22.00 Uhr, bzw. 24.00 Uhr. Durchgehend sind die Cafés (kaviareň) der Hotels und die Einzelbetriebe geöffnet, und zwar bis 23.00 teilweise bis 24.00 Uhr.

Andenkenläden und **Konditoreien** haben die ganze Woche von 9.00 bis 18.00 Uhr geöffnet.

Motorest "Zubor" (Mittelslowakei)

Geschäfte sind Mo-Fr 8.30 oder 9.00 bis 18.00 Uhr offen, **Kaufhäuser** wie Geschäfte, jedoch Do bis 20.00 und Sa bis 12.00 Uhr, **Lebensmittelläden** Mo-Fr 6.00 bis 18.00, Sa bis 12.00 Uhr. Oft wird über Mittag geschlossen, meistens von 12.00 bis 15.00 Uhr.

BANKEN (banka) und **SPARKASSEN** (sporiteľňa sh 9. Geld.)

APOTHEKEN (lekáreň): Mo-Fr 8.00 bis 18.00 Uhr, Sa bis 12.00 Uhr.

TANKSTELLEN sh 12. Verkehr.

MUSEEN, GALERIEN, SCHLÖSSER und **BURGEN:** Di-So 10.00 bis 17.00 Uhr. Mo und an Tagen nach Feiertagen fast immer geschlossen!

HÖHLEN: Mo geschlossen, die meisten sind nicht das ganze Jahr über geöffnet, sh Angaben bei den einzelnen Objekten.

SEILBAHNEN, KABINENBAHNEN, SESSELLIFTE: sind meistens im November außer Betrieb (Revisionszeit), Sessellifte auch in der Vor- und Nachsaison, in reinen Skigebieten evtl. auch im Sommer.

14. WICHTIGE ZUFAHRTEN IN DIE SLOWAKEI

Die **Flugverbindungen** sind von den sich oft ändernden Möglichkeiten und Plänen abhängig. Direkte Verbindungen von Berlin nach Deutschendorf "Tatry-Poprad", von Frankfurt, Zürich, München und Stuttgart nach Preßburg "Bratislava" werden seit Jahren zeitweise angeboten. Über Prag ist die Slowakei sehr gut erreichbar, da von dort gute Verbindungen bestehen. Von Wien (Schwechat) gibt es eine Flughafenbusverbindung nach Preßburg.

Die **Eisenbahnverbindungen** berühren entweder Prag und führen direkt (zBsp von Berlin) nach Preßburg oder mit Umsteigen nach Preßburg, in die Mittel-, N- und O-Slowakei, wobei Prag von Deutschland leicht zu erreichen ist, oder sie führen über Wien mit Umsteigen und Bahnhofwechsel nach Preßburg. Von Budapest sind Preßburg, Kaschau, Eperies und Deutschendorf direkt zu erreichen, das gleiche gilt für Warschau, allerdings ohne Deutschendorf.

Achtung für Flug- und Eisenbahnverbindungen nach Deutschendorf! Der Bahnhof heißt "Poprad-Tatry" und der Flugplatz "Tatry-Poprad (TAT)"! Das führt oft dazu, daß der eine bzw. der andere Name in den internationalen Verzeichnissen nicht gefunden werden!

Die **Zufahrten auf der Straße** können nur über die internationalen Übergänge erfolgen (Die Übergänge, die nur für "Anlieger" eingerichtet sind, werden nicht aufgeführt.):

ÖSTERREICH

Wien - Preßburg über Berg/Bratislava-Petržalka, und Kittsee/Jarovce (Autobahnanschluß)

TSCHECHISCHE REPUBLIK

Prag - Brünn - Kutti - - Preßburg (zwei Übergänge)

Prag - Brünn - Göding (Hodonín) - - Weißkirchen

Prag - Brünn - Weseli an der March (Veselí nad Moravou) - Sudoměřice - Skalitz

Prag - Brünn - Weseli an der March (Veselí nad Moravou) - Myjava

Prag - Brünn - Weseli an der March (Veselí nad Moravou) - - Neustadt an der Waag (zwei Übergänge)

Prag - Brünn - Ungarisch Brod (Uherský Brod) - Trentschin

Prag - Brünn - Ungarisch Brod (U. Brod) - Bylnice - Trentschin sowie: Bylnice - Ilava

Olmütz - Vsetín - Střelná - Puchau

Olmütz - Vsetín - Karolinka - Makov - Sillein sowie: Horní Bečva - Makov - Sillein

Olmütz - Bílá - Turzovka

Mährisch Ostrau - Teschen (Těšín) - - Čadca - Sillein (zwei Überg.)

UNGARN

Raab - Rajka - Preßburg

Raab - Medveďov - Preßburg

Budapest - Komárom - Komorn

Budapest - Gran - Štúrovo

Budapest - Parassapuszta - Šahy

Budapest - Balassagyarmat - Slovenské Ďarmoty

Budapest - Salgótarjan - Lizenz

Miskolc - Bánréve - Großsteffelsdorf

Miskolc - Aggtelek - Rosenau

Miskolc - Kaschau,

Miskolc - Sátoraljaújhely - Slovenské Nové Mesto

POLEN

Krakau - Żywiec - Zwadroń - Sillein, sowie: Żywiec - Námestovo

Krakau - Chabówka - Rosenberg

Krakau - Zakopane - Javorina - Kesmark

Krakau - Pivniczna - Altlublau

Gorlice - Zborov

Tarnow - Svidník

Sanok - Medzilaborce (nur mit der Eisenbahn)

UKRAINE

Kiev - Ungvar - Großmichel - Kaschau.

15. VORSCHLÄGE FÜR HAUPTROUTEN IN DER SLOWAKEI

Um die landschaftlichen Schönheiten der Slowakei und die in diese eingebetteten Kunstschätze - neben den zahlreichen Burgen und Schlössern, sowie den Höhlen und Kalkklippen - alle erreichen zu können, kann kaum eine befriedigende, alle Bereiche abdeckende Route durch das Land gefunden werden. Fast immer engt auch die zur Verfügung stehende Zeit den zu besuchenden Raum sehr stark ein. Aber eine Woche kann schon einen groben Überblick geben, wobei die gründliche Beschäftigung mit ein paar wenigen, ausgewählten Plätzen durchaus

Hotel "Forum" in Preßburg

möglich ist. Wenn etwas mehr Zeit zur Verfügung steht oder beabsichtigt ist, öfter in die Slowakei zu kommen, bieten sich drei große Routen an, die (mit Abstechern und Querverbindungen) sehr viel vermitteln und die natürlich beliebig miteinander verbunden werden können. Die hier wiedergegebenen drei längeren Routen und der 1-wöchige Extrakt sind ein individuell veränderbarer "Stamm", Abstecher sind jederzeit möglich. Als Ausgangspunkt wurde in allen Fällen Preßburg gewählt, aber ein "Einsteigen" unterwegs ist natürlich möglich.

A. Die Nordroute: *Preßburg (Bratislava) - Tyrnau (Trnava) - Pistyan (Piešťany) - Trentschin (Trenčín) - Sillein (Žilina) - Rosenberg (Ružomberok) - Hohe Tatra (Vysoké Tatry) - Kesmark (Kežmarok) - Leutschau (Levoča) - Bartfeld (Bardejov) - Medzilaborce.*

Diese Route ist, abgesehen von Abstechern, wegen der Länge (Preßburg-Medzilaborce ca. 600 km) und den zahlreichen, sehenswerten Orten die umfangreichste und anspruchvollste. Sie führt durch die landschaftlich allerschönsten Gebiete der Slowakei. Zuerst durch die Talschaft der Waag (Váh), die u.a. durch die Berge der Kleinen Karpaten (Malé Karpaty), der Weißen Karpaten (Biele Karpaty), des Inowetz (Považský Inovec), des Javornikgebirges (Javorníky), der Kleinen Fatra (Malá Fatra), der Großen Fatra (Veľká Fatra), des Chočgebirges (Chočské vrchy), der Liptauer Alpen (Západné Tatry) und der Niederen Tatra (Nízke Tatry) deutlich geprägt ist. Mit der unübersehbaren gewaltigen Landmarke der Hohen Tatra (Vysoké Tatry) wird der Übergang in die Hügellandschaft des Leutschauer Gebirges (Levočské vrchy) und zu den Niedrigen Beskiden (Nízke Beskydy) eingeleitet.

Wegen vieler Bauwerke und der zahlreichen hervorragenden Kunstwerke, deren Dominante im n Teil der Zips, der Oberzips, zu finden ist, gehört die Route zu den eindruckvollsten der Slowakei. Siedlungsgeschichtlich nicht minder interessant, führt sie aus dem einst d bestimmten Preßburger Raum mit seinen Weinbaugebieten und den Habanersiedlungen - über alte Kulturräume, die an ihren nw Rändern erst in der Neuzeit durch die walachische Besiedlung ein besonders charakteristisches Gesicht bekommen haben - in die ehemals d Oberzips mit ihren kulturellen Zentren und ehemaligen Handelsmetropolen, um dann im ruthenischen Sprachgebiet zu enden.

B. Die mittlere Route: *Preßburg (Bratislava) - Neutra (Nitra) - Schemnitz (Banská Štiavnica) - Kremnitz (Kremnica) - Neusohl (Banská Bystrica) - Göllnitz (Gelnica) - Eperies (Prešov) - Homenau (Humenné) - Stakčín.*

Die Route durch die Mittelslowakei ist, wieder abgesehen von Abstechern, kürzer als die N-Route (Preßburg-Stakčín ca. 510 km), aber die Dichte der Sehenswürdigkeiten in der Mittelslowakei verlangt ebenfalls einen entsprechenden Zeitaufwand. Sie führt ebenfalls durch landschaftlich sehr schöne Gebiete, auch wenn die begleitenden Gebirge der wesentlichen Talschaften, also das Tal der Gran (Hron) und das Tal der Göllnitz (Hnilec), das Tribetzgebirge (Tríbeč), das Vogelgebirge (Vtáčnik), die Kremnitzer Berge (Kremnické vrchy), die Schemnitzer Berge (Štiavnické vrchy) und das umfangreiche Slowakische Erzgebirge (Slovenské Rudohorie) nicht zu einer so gewaltigen Kulisse wie die der Hohen Tatra führen. Am Weg stehen auch hier, neben einigen Architekturdenkmälern, hervorragende Werke der bildenden Kunst, die teilweise zu Unrecht weniger bekannt sind als diejenigen der Route A.

Alter Hochofen in der Mittelslowakei

Die Siedlungsgeschichte, beginnend in dem einst d Preßburg, führt, über die Reste an Zeugnissen der Christianisierung der Slawen, in einen großen, ausgedehnten Raum im Bereich der Gran und der

Göllnitz, der seine große Zeit dem mittelalterlichen und spätmittelalterlichen Bergbau von teilweise europäischem Rang, der auf den Kenntnissen der d Bergleute fußt, zu verdanken hat. Im weiteren Verlauf wird wieder der Handel, zBsp in Eperies und seiner Umgebung, bestimmend.

Johann Tomka Szaszky: Atlas von 1750-51, Titelblatt

C. Die Südroute: *Preßburg (Bratislava) - Komorn (Komárno) - Lizenz (Lučenec) - Großsteffelsdorf (Rimavská Sobota) - Rosenau (Rožňava) - Kaschau (Košice) - Großmichel (Michalovce) - Sobrance.*

Die Route ist das Gegenstück zur Route A und relativ grenznah angelegt; sie ist nur etwas länger als die Route B (Preßburg-Sobrance ca. 530 km), aber durch die geringere Dichte der sehenswerten Orte, wohl die kürzeste.

Die Landschaft wird von zwei Komponenten bestimmt: der weiten Tiefebene mit dem breiten Strom der Donau und der größten Flußinsel Europas, der Schüttinsel, sowie der Hügellandschaft des S-Randes des Slowakischen Erzgebirges, die schließlich in die Ostslowakische Tiefebene führen.

Mehrere wertvolle Bauwerke und viele Werke der bildenden Kunst, zahlreiche davon auf dem so seltenen Gebiet der Decken- und Wandmalereien, und auch hervorragende, größtenteils noch unbekannte Werke der Holzplastik sind zu besichtigen.

In der Siedlungsgeschichte steht das ehemals d Preßburg mit den d Dörfern auf der Schüttinsel am Beginn der Route, die dann durch den teilweise ma besiedelten Raum der S-Slowakei führt, um über einige, ebenfalls d Gründungen (mit heute noch teilweise ma Einschlag neben der sl Mehrheit) in die alte und heutige zweite Metropole der Slowakei, nach Kaschau, weiterreichen.

DIE KURZE ROUTE DURCH DIE SLOWAKEI:

Diese Route (für ca. 8 Tage, einschließlich Rückfahrt) vernachlässigt den S, den NW, den NO und den SO mehr oder weniger, so daß auf einer mittleren und n Lage der Route, zumindest die dort erreichbaren Glanzpunkte erfaßt werden können.

Preßburg (Bratislava) - Neutra (Nitra), oder Tyrnau (Trnava) und Trentschin (Trenčín) - Schemnitz (Banská Štiavnica) - Kremnitz (Kremnica) - Neusohl (Banská Bystrica) - Rosenberg (Ružomberok) - Hohe Tatra (Vysoké Tatry) - Kesmark (Kežmarok) - Leutschau (Levoča) - Kirchdrauf (Spišské Podhradie) - Kaschau (Košice), oder Eperies (Prešov) und Bartfeld (Bardejov).

Folgende Seite 23:
Detail der Predella des Marien-Altars in Neusohl (Banská Bystrica): Barbara, Katharina und Margarete

Preßburg (Bratislava) bei Nacht: Die angestrahlte Burg erhebt sich über der Donau

Der Hof der Probstei in Preßburg (Bratislava): Die eng mit Preßburg verbundene Elisabeth von Ungarn bzw. Thüringen

Im Hof des Palugyay-Palais in Preßburg (Bratislava): Der Wandbrunnen stammt vom Auerschen Haus, dem Vorgänger des Palais

Im Primatialpalais in Preßburg: Die sechs Gobelins aus Mortlake stellen die Sage von Hero und Leander dar

Die Perspektive läßt den Martins-Dom in Preßburg (Bratislava) gegenüber der Nikolaus-Kirche klein erscheinen

Katholische Kirche von Pukanz (Pukanec): Unter den prachtvollen Altären wird gerade Religionsunterricht gehalten

Zu den schönsten Klammtälern des Slowakischen Paradieses (Slovenský raj) gehört die Suchá Bela mit dem Liftner-Wasserfall

Über das Chočgebirge (Chočské vrchy) hinaus beherrscht der einzeln stehende Veľký Choč die Umgebung

In Nehre (Strážky) steht, neben der katholischen Kirche, einer der schönsten Glockentürme der Zips

In der evangelischen Holzkirche in Kesmark (Kežmarok) findet, neben der Einrichtung, die Ausmalung großes Interesse

Ein Blick aus dem Flugzeug: Der verschneite westliche Teil der Hohen Tatra (Vysoké Tatry) überragt das Wolkenmeer

Chočgebirge (Chočské vrchy): Am Eingang der Klamm der Prosiecka dolina

SELTEN VERBINDEN SICH IN EINEM MITTELEUROPÄISCHEN LAND DIE LANDSCHAFT UND DIE NATUR MIT DER ARCHITEKTUR UND DER BILDENDEN KUNST ZU SO EINER EINMALIGEN SYMBIOSE WIE IN DER SLOWAKEI

Als uneinnehmbar galt früher die sehr gut erhalten gebliebene Arwaburg (Oravský zámok)

Das Kloster von Jossau (Jasov): Eine große, prächtige Anlage barocker Baukunst

Ruhig fließt die Donau bei Komorn (Komárno), sie bildet die Staatsgrenze zwischen der Slowakei und Ungarn

Wild ragen die Kalkklippen bei der Burg Löwenstein (Vršatecký hrad) in den Himmel

Die Zapolya-Kapelle in Donnersmark (Spišský Štvrtok): Ein Höhepunkt der Gotik in der Slowakei

Das herbstliche Klostertal im Slowakischen Paradies (Slovenský raj)

Vom Bildstock am Zipser Kapitel (Spišská kapitula) mit der Martins-Kathedrale reicht der Blick bis zur Zipser Burg

Detail der zahlreichen Fresken in der katholischen Kirche von Schigra (Žehra): Das Alte und Neue Testament

Im Herbst bei Siebenlinden (Lipany): Alte Holzhäuser und neuere Massivbauten

DIE HOHE TATRA VERBINDET HIMMEL UND ERDE, VERKNÜPFT DAS GRÜN DER WIESEN UND WÄLDER UND DAS GRAU DES STEINES MIT DEM BLAU DES FIRMAMENTS, DIE ANMUT MIT DER HERAUSFORDERUNG, DIE SEHNSUCHT MIT DER ERFÜLLUNG

Am Tschirmer See (Štrbské pleso), einem der größten und schönsten Seen der Hohen Tatra

Jakobs-Kirche in Leutschau (Levoča): Die Madonna von Meister Paul aus Leutschau

Der Johannes Elemosynarius aus dem Nikolaus-Altar von Meister Paul aus Leutschau in der Jakobs-Kirche

DIE GROßEN WERKE MEISTER PAULS, IN DENEN SICH DIE SCHÖNHEITSIDEALE DER SPÄTGOTIK UND DER FRÜHRENAISSANCE VERBINDEN, VERKÖRPERN DIE GROßE SPANNE DER MENSCHLICHEN EMPFINDUNGEN ZWISCHEN SCHMERZ, TRAUER UND VERZWEIFLUNG BIS ZUR FREUDE, DEMUT UND ERLÖSUNGSGEWIßHEIT

(Seite 23,46,47)

Der Botzdorfer See (Batizovské pleso) in der Hohen Tatra

Himmelstrebende Felswände umstellen den Grünseekessel (Hohe Tatra)

Die Klopferin in Schemnitz (Banská Štiavnica): Die mittelalterliche Fabrikssirene der Bergleute

Am steilen Marktplatz in Kremnitz (Kremnica): Die beherrschende Katharinen-Kirche

Ladomírová: Eine der schönsten griechisch-katholischen Holzkirchen

Ein Teil des wertvollen Ikonostas in der kleinen griechisch-katholischen Holzkirche von Jedlinka

Nach dem Gewitter liegt eine Nebelbank vor der Hohen Tatra

REISELAND SLOWAKEI

SEHENSWERTES, LAND UND LEUTE

HINWEISE ZUR ALPHABETISCHEN ORDNUNG
UND ERLÄUTERUNGEN ZUR GLIEDERUNG
IM VORSATZ UND IM NACHSATZ

● **ALBERT KASIMIR,** Herzog von **SACHSEN-TESCHEN**, *1738 Moritzburg, +1822 Wien. Gemahlin: Maria Christine, Lieblingstochter Maria Theresias. 1765-1780 Statthalter in Ungarn. Seine auf der Preßburger Burg angelegte Kunstsammlung wurde Grundstock der Albertina.

● **ALBRECHT, ALEXANDER,** *1885 Arad, +1958 Preßburg. Komponist, Dirigent. Ausbildung u.a. bei Forstner, Kössler, Bartók. Domorganist, Leiter des Preßburger Kunstvereins. Lieder, Kirchenmusik, Chor- und Orchesterwerke (u.a. Symphonien, "Tobias Wunderlich").

● **ALEXANDER, ADALBERT,** *1858 Kesmark, +1916 Budapest. Arzt, Radiologe. Direktor des Radiolog. Institutes in Budapest. Besaß das erste Röntgengerät in der Slowakei, erfand die plastische Darstellung am Röntgenschirm. Schrieb Gedichte in Zipser Mundart.

● **ALEXY, DESIDER,** *1905 Bierbrunn, +1963 Stuttgart. Evang Pfarrer in Hedwig/Bries, Ratzersdorf, 1940 bischöflicher Sekretär, 1946 Gründer des "Hilfskomitees der Evang.-Luth. Slowakeideutschen", Pfarrer in Hedelfingen/Stuttgart, Publizist, Redakteur.

■ **ALTGEBIRG (STARÉ HORY)**, Bez Banská Bystrica, 472 m. Zentrum des ehemaligen großen Bergbaugebietes n von Neusohl (Richtersgrund/Richtárová, Ratzersgrund/Potkanová, Jelenec, Turecká, Prašnica u.a.). SAD. Namen: ma Óhegy, d selten Altgebirge, Alterberg, Alt-Gebürg, 1356 Altgepürg, 1563 Altengepürg, 1808 Sztare Hory. Wahrscheinlich wurde schon in der Bronzezeit Kupfer abgebaut, für später gibt es mehrere Hinweise über den Gold- und Silberreichtum des Berges Helia (Hela). Nach dem Mongoleneinfall kam es zur systematisch betriebenen Ansiedlung d Bergleute. In den Jahren 1510-26 erreichte die Gewinnung von Silber ihren Höhepunkt. Mitte des 16. Jh waren die Lagerstätten erschöpft, und 1575 wurde die Förderung eingestellt. Erst 1611 in geringem Umfang wieder aufgenommen, wurde sie bis in das 18. Jh aufrecht erhalten. Zu Beginn des 16. Jh stand die Verhüttung im Vordergrund, obzwar 1564 von den zehn Schmelzöfen acht nach Neusohl verlegt wurden. Die Frauen befaßten sich

Altgebirg: Wallfahrtskirche

mit der Herstellung von Spitzen, die auch heute noch in Heimarbeit hergestellt werden. Die **kath Kirche** wurde 1448 im Auftrag von Michael Königsberger, einem reichen Neusohler Bergbauunternehmer, als einschiffiger Bau, der 1499 mit einem Netzgewölbe versehen wurde, errichtet. 1850 wurde der Bau, inzwischen eine beliebte Wallfahrtskirche, (noch im 17. Jh wurden von den d Bergleuten Passions- und Weihnachtsspiele aufgeführt), um die Seitenschiffe erweitert. Aus dieser Zeit stammt auch die Umgestaltung der Hauptfassade im späten Empirestil. Im spätbarocken Hauptaltar mit Statuen des Joachim, der Anna und der Darstellung von Engeln, steht als Zentralfigur eine Madonna mit dem Kind. Diese ganz hervorragende Arbeit in die Nähe Meister Pauls aus Leutschau zu rücken, ist eine Spekulation, zumal sie außerdem wahrscheinlich älter (von ca. 1470) sein dürfte als dessen Werke. **5 Kapellen**, eine an der Straßengabel nach Turecká, stehen im Ort und auf dem Kalvarienberg. Am S-Rand des Ortes die schöne und große ehemalige **Bergverwaltung**, Barockbau, nach 1750 errichtet.

⊕ 1930: 1.380 EW (1.367 Sl, 11 D), 1940: 1.567, 1991: 411, 2001: 459 EW.

◉ UMGEBUNG: In sw R (9 km) • HARMANEC (d selten Hermannsdorf), in mehrere Teile zersplitterter, im Bystricatal gelegener Ort. Eines der Zentren der Papierherstellung in der Slowakei (948 EW). Ausgangspunkt für Wanderungen in der Großen Fatra. 1540 als Bergbausiedlung gegründet. Bald wurde eine Kupferschmelze errichtet, 1564 mit 200 Beschäftigten, 1602 nur noch mit 45. Mit dem Ende des 18. Jh erlosch die Aufbereitung des Kupfers ganz. F.S. Leicht gründete 1829 eine Papiermühle, die 1842 von M.V. Schloß modernisiert, in den folgenden Jahren den Übergang vom Handschöpfverfahren zum Maschinenbetrieb schaffte, im 19. Jh größter Papierhersteller der Slowakei.

In der Umgebung befinden sich mehrere Höhlen. Die allgemein zugängliche **Harmanecer Tropfsteinhöhle** (Harmanecká jaskyňa) ist von der Straße in 25 Min zu erreichen (blau mk, Besichtigung ca. 1 Std, 1.5.-31.10.). Zu dieser Höhle wurde 1932 von Michael Bcúrik, aus der schon lange bekannten kleinen Höhle Izbica ein Durchbruch gegraben, und seit 1950 ist die gesamte Höhle auf einer Länge von 2100 m geöffnet. Auffallend sind die schneeweißen Stalagmiten und Stalagtiten.

In w R (2 km) • TURECKÁ, kleine Gebirgsgemeinde, Häuser mit Glasveranden (127 EW). Sessellift auf die O-Schulter der Krížna, Bergstation 1440 m, Gipfel 1574 m, weite und sehr schöne Aussicht. Die freien Grasflächen sind im Juni ein Blütenmeer der Narzissenblütigen Windröschen! Ausgangspunkt für Wanderungen in der Großen Fatra, im Winter Abfahrtspisten.

Im Altgebirger Tal und im Bystricatal entwickelt sich die O-Rampe einer der interessantesten Gebirgsbahnen der Slowakei (Linie Neusohl-Vrútky, zwischen den Stationen "Banská Bystrica" und "Turčianske Teplice", 1936-40 erbaut). Ähnlich dem "Slowakischen Semmering" mit großen Schleifen, dazu mehrere große Viadukte, fast 1/3 der Strecke führt durch Tunnels, darunter durch den 4,7 km langen Scheiteltunnel unter dem • KLEINEN ŠTUREC (ca. 900 m), den längsten der SR. Eine Fahrt auf dieser Strecke ist mit dem "Semmering" über Kremnitz gut zu verbinden. Der Paß trennt die Große Fatra von den Kremnitzer Bergen, und die über ihn führende schöne, sehr gut ausgebaute Straße überwindet den großen Höhenunterschied auf der O-Seite mit zahlreichen Haarnadelkurven (begrenzte, aber schöne Aussicht zur Krížna).

◉ ZENTREN IN DER WEITEREN UMGEBUNG: Bad Stuben, Donovaly, Neusohl, Herrengrund.

■ **ALTLUBLAU (STARÁ ĽUBOVŇA)**, 545 m. Bezirkshauptstadt, alter, an der Popper, in der n Zips gelegener Verwaltungssitz. Straßenknoten. ŽSR, SAD. Namen: ma Ólubló, 1292 Libenow, 1299 Lublow, 1408 Olyblyo, 1808 Lubowná. Wahrscheinlich entstand der Ort Ende des 13. Jh. 1301 erhielt ihn die Familie Görgey. Wahrscheinlich wurde um diese Zeit (nicht vor 1301) auch der Kern der **Lublauer Burg** (Ľubovniansky hrad) als bedeutende Grenzfestung gebaut. 1412 wurden Lublau, Kniesen und Pudlein mit 13 Zipser Städten an Polen verpfändet. Die Burg wurde zum Sitz der p Starosten, der Statthalter, die wesentlich zu ihrem weiteren Ausbau beitrugen und sie auch nach dem vernichtenden Brand von 1553 wieder rekonstruierten (1554-57). Diese Maßnahmen gaben der Burg ihre heutige Ausdehnung und auch ihr heutiges Aussehen. 1655-61 waren in der Burg die p Krönungsinsignien vor den Schweden versteckt worden. In späterer Zeit war es aus finanziellen Gründen nicht mehr möglich, den alten Kern zu erhalten, man beschränkte sich auf den

Altlublau: Lublauer Burg

Wohnteil. Nach dem Ende der Verpfändung (erste Teilung Polens, 1772) wurde die Burg vorerst Kaserne, während die Stadt in die Provinz der 16 Zipser Städte aufgenommen wurde. Später wurde die Burg Privatleuten zum Kauf angeboten und kam 1880 in die Hände der Familie Zamoyski, die sie bis zur Enteignung nach dem 2. Weltkrieg behielt. Die **kath Kirche** am Marktplatz wurde um 1280 als einschiffiger frühgotischer Bau errichtet und während der großen Barockisierung in der 2. Hälfte des 17. Jh wurde sie zu einer dreischiffigen Anlage erweitert. Ende des 18. Jh wurde die Fassade klassizistisch angepaßt und Ende des 19. Jh kamen noch einige historisierende Details hinzu. Von den 7 Altären ist der im s Seitenschiff stehende Altar der Heiligen Familie der weitaus wertvollste, barock, mit einem gemalten Zentralbild, das von den Erzengeln Gabriel und Raphael flankiert wird. Auf dem Altar ist eine geschnitzte gotische Madonna von etwa 1360, die "Lublauer Madonna", aufgestellt worden. Am Markt stehen einige bemerkenswerte **Häuser**.

Altsohl: Schloß

Kleinere Industriebetriebe, Ziegelei, Eisenbahnwerkstatt.

M *"Vlastivedné múzeum"* (=Heimatkundliches Museum): 1966 in den erhalten gebliebenen Räumen der Burg eingerichtet, wird durch ein Freilichtmuseum ergänzt, in dem heute ca. 25 Objekte stehen, die aus der weiteren Umgebung nach hier umgesetzt wurden, darunter das wohl wertvollste, die griech-kath Kirche aus Matysová, eine Holzkirche von 1833, in der auch die ursprüngliche Einrichtung (Ikonostas und freie Ikonen) vorhanden ist.

T *Hotel. Hallenbad.*

⊕ 1930: 2.109 EW (1.489 Sl, 71 Ru, 64 D, 7 Ma, 244 J), 1940: 2.227, 1991: 13.995, 2001: 16.227 EW.

◉ UMGEBUNG: In w R (4 km) • KNIESEN (HNIEZDNE), an der Popper gelegene Gemeinde (1930: 1.142 EW; 389 Sl, 566 D, 30 J; 1991: 1355 EW), Straßenknoten. D Gründung durch den Richter Nikolaus um 1270. War an Polen verpfändet, nachdem es unmittelbar davor zur Stadt erhoben wurde. Nach der Verpfändung in der Provinz der 16 Zipser Städte. Bekannte Märkte. Neben mehreren interessanten Häusern steht am Marktplatz die kath Kirche, zu Beginn des 19. Jh durch einen im klassizistischen Stil erfolgten Umbau einer älteren Renaissancekirche entstanden. Die Inneneinrichtung stammt aus dem frühen 20. Jh. Nur 4 Seitenaltäre sind älter. Um die Mineralquelle entstand ein kleines Bad mit lokaler Bedeutung, das 1928 einging.

In ö R (2,5 km) • HOBGART (CHMEĽNICA), am n Popperufer etwas abseits gelegene Gemeinde (1930: 685 EW; 81 Sl, 563 D, 5 Ma, 1991: 880 EW, 2001: 914 EW). Die ersten d Siedler (12 Familien aus Schlesien), kamen um 1248 unter dem Schulzen Peter. Um 1315 Pfarrstelle und weiterer Zuzug unter dem Schulzen Nikolaus. Zur Lublauer Herrschaft gehörend, verfiel es während der Verpfändung. Von der Vertreibung waren nur wenige Familien betroffen, so daß eine beträchtliche Anzahl d EW zurück geblieben ist. Kath Kirche barock-klassizistisch von ca. 1739, 1941 erweitert. Einrichtung aus dem 19. und 20. Jh, das einzige alte Stück, eine wertvolle Madonna von etwa 1480, steht im Museum in Turz-St-Martin.

7 km sö • BAD LUBLAU (ĽUBOVNIANSKÉ KÚPELE, auch Novoľub.k.): Mineralquellen, Kurbetrieb seit 19. Jh, nach dem 2. Weltkrieg eingegangen.

T *Hotel mit Hallenbad. Vier Skilifte.*

◉ ZENTREN IN DER WEITEREN UMGEBUNG: Pudlein, Plautsch, Rotes Kloster.

■ **ALTSOHL (ZVOLEN),** 293 m. Bezirkshauptstadt, bedeutende alte Stadt am S-Rand des mittleren Granbeckens, am gleichnamigen Fluß gelegen. Bis 1785 Sitz der Verwaltung des comitatus Zoliensis/Gespanschaft Sohl/Zvolenská Župa (im 13. Jh bereits das erste Mal erwähnt), dann trat Neusohl an die Stelle Altsohls. Erst 1923-28 wieder Sitz einer übergeordneten Verwaltung, uzw der Župa XVII (Zvolenská). Wichtiger Eisenbahn- und Straßenknoten, Luftverkehr (von Sliač). SAD. Namen: ma Zólyom, lat Veterosolium, Vetusolium, 1135 Zolium, 1224 Zoulum, verschiedene Schreibweisen zwischen Zolum und Zolom, 1773 Zwolen, 1808 Ztarý Zwolen, 1920 Zvolen.

Alter Siedlungsplatz (Jungsteinzeit, Bronzezeit - große Funde!, Zeit der Quaden und Puchauer Kultur). Die sw der Stadt auf einem bewaldeten Bergrücken gelegene Ruine ("Pustý hrad" genannt) war eine der ausgedehntesten Burgen der Slowakei, die erste Niederlassung der Gegend, Sitz der königlichen Verwaltung. Sagen berichten von dem unglücklichen Kastellan, der die Tochter eines ihm nicht geneigten Fischers erringen wollte. Der diesem zugedachte Pfeil tötete die Tochter, vor Gram stürzte er sich in die Fluten und spukt heute mit dem Fischer in den Ruinen. Im Schatten des nahen und rasch wachsenden Neusohl und des ebenso nahen, reichen Schemnitz entwickelte sich Altsohl nur langsam, obzwar es zahlreiche Privilegien erhalten hatte. Als Ergänzung zur Burg "in den Bergen" wurde in der Hälfte des 14. Jh mit dem Bau des heutigen **Schlosses** (vorerst als gotisches vierflügliges Jagdschloß konzipiert), n der Gran, in der Nähe der als offener Angermarkt angelegten Stadt begonnen. In den folgenden Jh mehrfach umgebaut, wurde sie während der heraufziehenden Türkengefahr befestigt. 1548 wurde der große Umbau im Renaissancestil durchgeführt (Aufstockung um 1 Geschoß, Attika, Ecktürmchen, Arkaden des Hofes) und ein neuer Putz mit Sgraffitis aufgetragen (die alte gotische Bemalung ist nur in Fragmenten erhalten). Der Umbau wurde wahrscheinlich von dem Meister ausgeführt, der in Schemnitz die Kirche zur Festung umfunktionierte. Von den späteren barocken Umgestaltungen waren nur die Innenräume betroffen, die teilweise sehr reich ausgestattet wurden. Sehr schön und interessant ist die Kassettendecke im Rittersaal, die in 48 Feldern die römischen Kaiser, endend mit Karl VI., zeigt. Die Zinnenattika, die der Barockisierung zum Opfer gefallen war, wurde bei den Restaurierungsarbeiten 1894-1906 wieder erneuert. Die Burg zum Bezirksamt zu machen, wurde nicht verwirklicht, und während der Funktion als Forstmuseum kam es zu großen Schäden, so daß nach dem 2. Weltkrieg eine zeitraubende und kostspielige Restaurierung für die Nutzung als Museum erforderlich wurde.

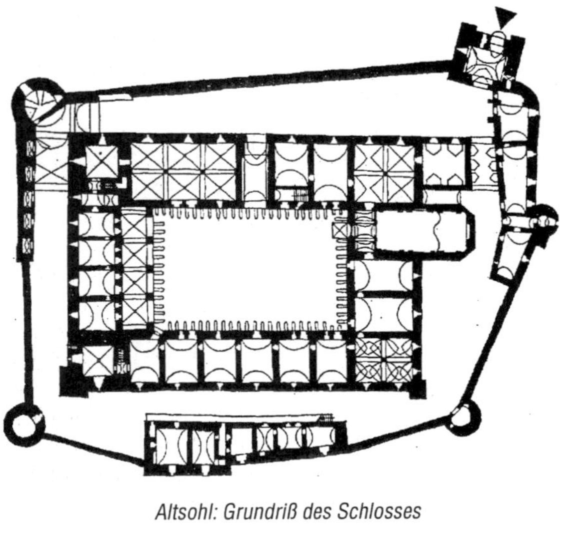

Altsohl: Grundriß des Schlosses

Auf dem **Marktplatz** stehen einige schöne Häuser (Nr 36, 43, 45-51, 68, 70, 71), deren Fassaden zum größten Teil im Renaissancestil gestaltet sind.

Die auf dem Marktplatz errichtete **kath Pfarrkirche** wurde im gotischen Stil 1381-90 gebaut und um 1650 barockisiert. Damals bekam der Turm den schönen, mit einer Laterne versehenen Helm.

Die **evang Kirche** wurde 1921-23 an der Stelle einer Holzkirche aus dem 19. Jh, im neogotischen Sezessionsstil errichtet, wobei aus dem alten Bestand der damals schon massiv aufgeführte, von einer Arkade durchbrochene, spitze Turm übernommen wurde (die

(die Glocken wurden 1856 in Bochum bei Mayer & Kuhn gegossen).

Industrie: Holz, Lebensmittel, Eisenbahnreparaturwerkstatt, mehrere Unternehmen gingen zZt der Weltwirtschaftskrise ein (Stahl- und Blechwalzwerk Union). Hochschule für Forst- und Holzwirtschaft (einzige in der SR).

Geburtsort von Bálint Balassa (1. bedeutender ma Dichter).

M *"Slovenská národná galéria"* (=Slowakische Nationalgalerie) im Schloß (alte europäische Kunst, Schnitzkunst, Kopien von Werken Meister Pauls aus Leutschau). *"Vlastivedné múzeum"* (=Heimatkundliches Museum) am Hauptplatz.

T *Hotels, Campingplatz (Neresnická cesta). Hallenbad, 2 Freibäder (Neresnická cesta, Stausee Môťová), Winterstadion.*

🌐 1930: 11.214 EW (10.566 Sl, 164 D, 269 Ma, 63 J), 1940: 14.342, 1991: 41.984, 2001: 43.789 EW.

◉ UMGEBUNG: In sö R (8 km) • OSTRÁ LÚKA, kleine abgelegene unbedeutende Gemeinde (256 EW), aber neben Hronsek die zweite Artikulargemeinde des Komitates Sohl. Von der **evang Artikularkirche** existieren nur noch Fundamentreste und die Krypta der Familie Osztroluczky, da sie am Ende des 2. Weltkrieges zerstört wurde. Sie ist 1742 in der Form eines griechischen Kreuzes, an der Stelle einer 1682 errichteten Holzkirche gebaut worden, Turm von 1904. Die Plastiken zweier Apostel, ein Christus am Kreuz (17. Jh), ein Renaissanceepitaph und ein wertvolles Bild sind in der Ersatzkirche (ehemalige Scheune des Pfarrhauses). Großes, sehr schönes **Schloß** von 1636-41, mit zwei mächtigen Türmen, im 18. Jh teilweise umgebaut.

In w R (6 km) • KOVÁČOVÁ, kleines Bad (1.393 EW). Die warmen Quellen (45°C) dienen der Behandlung von rheumatischen Erkrankungen. Sie wurden bei den Sondierungen nach abbauwürdigen Kohlevorkommen, die es nicht gab, angefahren und später erschlossen (1892). **T** *Hotels, Sanatorien, Thermalfreibad, Campingplatz.*

• STRÁŽE NAD ZVOLENOM, ein altes traditionsreiches Gasthaus steht an der Umgehungsstraße (3 km, großer Parkplatz).

Ostrá Lúka: Ehemalige evangelische Artikularkirche

◉ ZENTREN IN DER WEITEREN UMGEBUNG: Sliač, Neusohl, Detva, Karpfen, Schemnitz, Dilln, Heiligenkreuz, Kremnitz.

● **ANDRÁSSY,** ma Adelsgeschlecht. Politiker (darunter der letzte Außenminister von Österreich-Ungarn: Julius A. *1860 Trebischau, +1927 Budapest), Unternehmer, Generäle, Großgrundbesitzer. Besassen in der Slowakei weite Gebiete (Betler, Krásna Hôrka, Trebischau, Homenau).

● **ANDREAS II.,** König von Ungarn. *1176 (1177), +1235. Zahlreiche Kriegszüge ohne bleibende Gewinne, seine zweite Gemahlin, Gertrud von Andechs-Meran hatte auf die d Besiedlung der Zips großen Einfluß.

■ **ANTOL (SVÄTÝ ANTON),** 452 m. Bez Banská Štiavnica. Alte Köhler- und Bergarbeitergemeinde s von Schemnitz. Schloß. SAD. Namen: ma Szentantal, d selten Sankt Anton in der Au, 1266 Scent Antollo, 1276 Sanctus Antonius, 1342 Zenth Antal, 1808 Swatý Antal, 1920 Svätý Anton, 1960 Antol, 1996 wieder Svätý Anton.

Alter Siedlungsplatz (jüngere Bronzezeit). Das **Schloß** ließ Andreas J. Koháry 1744, an der Stelle einer gotischen Burg errichten. Ausbesserungs- und Umbauarbeiten im 19. Jh. Symbolisierung des Jahres: 4 Tore, 12 Kamine, 52 Räume, 365 Fenster. Die sehr große vierflüglige Anlage mit großem quadratischen Innenhof, außen schlicht, innen mit zahlreichen hervorragend ausgestatteten und eingerichteten Räumen (Treppenhaus, Chinesischer Salon, Empfangssaal, Goldener Salon u.a.), zeigt einen spätbarocken, schon zum Klassizismus sich neigenden Stil. 1826 erbte das Schloß das Haus Coburg und nachdem Ferdinand I. Zar von Bulgarien 1918 zugunsten seines Sohnes auf den Thron verzichtet hatte, wurde es zu seinem beliebtesten Aufenthaltsort (er war auch während des SNP dort). Er brachte noch zwischen 1930-40 mehrere äußerst wertvolle Einrichtungsgegenstände ein. Die monumentale, reich ausgestattete Kapelle besitzt spätbarocke Fresken und ist äußerlich durch den großen Turm und einen mit Fresken ausgefüllten Tympanon markiert. Der Große Naturpark mit sehr schönen alten Bäumen geht übergangslos in die anschließenden Wälder über. Nach der Enteignung wurde ab 1954 stufenweise ein Jagdmuseum und eine Falkenausstellung eingerichtet (die Forst- und Holzabteilung befindet sich wieder in Altsohl).

In der spätbarocken **kath Kirche** (1754-55): Sehr wertvolle spätgotische Madonna (Beginn 16. Jh) und ein sehr gutes Tafelbild, die Geburt Christi, vom Meister MS (1508), das wahrscheinlich zu den Tafelbildern der Katharinen-Kirche von Schemnitz gehört.

⊕ 1930: 1.429 EW (1.408 Sl, 1 D, 8 Ma), 1940: 1.421, 1991: 1.123 EW.

◉ UMGEBUNG: In w R (3 km) • ILIJA: Ehemalige Köhler- und Bergarbeitersiedlung (358 EW). Befestigungsanlage der Quaden auf dem Burghügel, die zu dem nach O gerichteten Abwehr- und Sicherungssystem gehörte, das sich von der Eipel bis zum Sitno erstreckte. Die spätere Burg wurde 1703 beim Abzug der Truppen des Franz II. Rákóczi zerstört. Kleine romanische, einschiffige kath Kirche vom Beginn des 13. Jh, der barocke Turm und die Sakristei wurden erst im 18. Jh angebaut. Eine hervorragende Steinmetzarbeit ist das reich gegliederte romanische Kirchenportal mit seinen symmetrischen Kapitellen, links florale, mit Vögeln verzierte Motive, rechts Weinranken und Rautenwerk. Rechts am Boden starke Verwitterungen der Darstellungen, die durch den Anbau des Turmes Schutz bekamen. Einige Stücke der reichen Einrichtung der Kirche kamen in verschiedene Museen: In Budapest (gotische Bilder etc.), in Turz-St-Martin (Tafelbilder und 4 Plastiken). In der Kirche blieb u.a. eine gotische Pieta, die zum Kreis der "schönen Madonnen" gehört. Sie wurde etwas barockisiert und erhielt den barocken Korpus erst später. Eine spätgotische Madonna aus der Zeit um 1500 wurde im Barock neu gefaßt, die alte Polychromie ist nicht freigelegt worden.

Ilija: Portal der katholischen Kirche

◉ ZENTREN IN DER WEITEREN UMGEBUNG: Pukanz, Schemnitz, Karpfen.

▲ **ARWA (ORAVA)**, Fluß in der N-Slowakei. Rechter, relativ flacher Seitenfluß der Waag, 60,3 km lang. Sehr schöne und abwechslungsreiche, von Gebirgen umgebene Tallandschaft.

◆ **ARWA (ORAVSKÁ STOLICA),** comitatus Arvensis, Arwer Gespanschaft, Arva vármegye. Landschaftlich sehr schönes Komitat, einige wertvolle Bauten, erst nach dem 2. Weltkrieg industrialisiert. Existierte bis 1922. Der Name Arwa ging auf die Landschaft über.

■ **ARWABURG (ORAVSKÝ ZÁMOK,** Ort: **ORAVSKÝ PODZÁMOK),** Bez Dolný Kubín, 520 m. Die imposanteste und schönste der erhalten gebliebenen Burganlagen der Slowakei. ŽSR, SAD. Namen: ma Arwaváralja, 1297 Arwa.

Alter Siedlungsplatz (Bronzezeit). Die Dominante des gesamten Arwatales, ist die großartig auf dem bis zu 105 m hohen, teilweise überhängenden, direkt über der Arwa aufragenden Kalkfelsen stehende **Burganlage**. Neben dem Blick vom Zentrum des Ortes, verschaffen Standorte auf der Arwabrücke sehr schöne Blicke, während von der im Arwatal nach N führenden Straße der grandiose Rückblick den überhängenden Teil des schlanken Felsens deutlich zeigt. Schon sehr früh wurden an diesem strategisch einmaligen Punkt Befestigungen angelegt und 1267 wird zum ersten Mal von einer gemauerten Festung geschrieben. Die Anlage zerfällt in 3 Abschnitte, die obere, mittlere und untere Burg. Der obere, auf dem Scheitel des Felsens gelegene älteste Teil wurde schon im 13. Jh errichtet. Seit dem großen Brand 1800 ist er leer (spätere Zwischendecken), lediglich die Dächer wurden wieder erneuert.

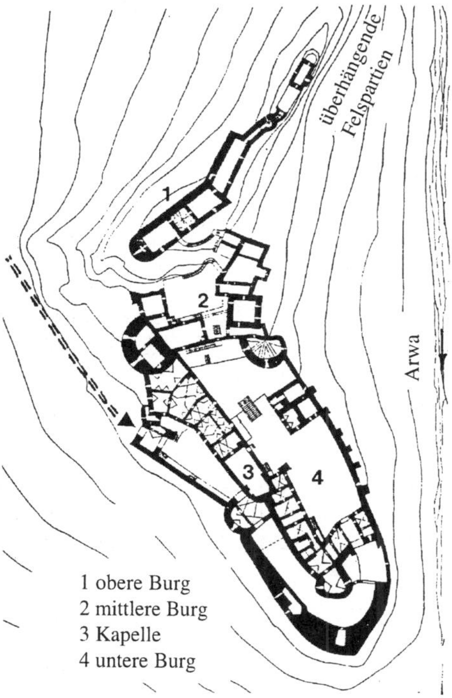

Arwaburg: Grundriß

Herrliche Aussicht auf das Arwatal und die ö anschließenden Berge, hinter denen am Horizont die 2000-er der Liptauer Alpen aufragen. Im 15. und 16. Jh wurden große Teile der mittleren Burg einschließlich eines neuen Tores, dem heutigen zweiten Tor, errichtet. Nach einer Renovierung der oberen Burg erhielt die Gesamtanlage durch die Zubauten im unteren Teil und durch Umbauten im mittleren Bereich unter der Fam Thurzo, ihr heutiges Aussehen, das auch der Brand von 1800 nicht verändert hat.

Andere Probleme rissen aber nicht ab und führten zu laufenden Ausbesserungen, die 1953 schließlich in eine 13-jährige (!) gründliche Restaurierung mündeten, bei der auch die Quaderung der Fassaden aus der Renaissance wieder aufgemalt wurde. Während dieser Arbeiten wurden zahlreiche Malereien freigelegt. Die schwierigen geologischen Verhältnisse (verschiedene Gesteine, Spalten) und die damit verbundene problematische Wasserführung und Wasserhaltung im ganzen Bereich des Burgfelsens (das Wasser stand in dem 91 m tiefen, aber bis auf eine Tiefe von 65 m zugeschütteten Brunnen nur 7 m unterhalb des Schachtrandes, also 55 m über dem Niveau der Arwa), führten immer wieder zu neuen Rissen und Schäden am Bauwerk, so daß über die Substanzsicherung hinaus statische und hydrologische Probleme zu lösen waren. Der Hauptaltar der Kapelle kam 1752 in die evang Kirche von Necpaly. Die heutige Einrichtung der Kapelle stammt aus der Zeit der Barockisierung und die sehr schöne schlichte Kreuzigungsgruppe, deren Figuren keine Fassung besitzen, wurde in der 2. Hälfte des 18. Jh geschaffen. Zur ursprünglichen Ausstattung gehört das Epitaph des Georg Thurzo von 1616 (vom Augsburger Bildhauer K. Menneler), sowie Bilder von ihm und seiner Frau aus jener Zeit. Sehr schön ist auch die auf der untersten Terrasse stehende Gloriette.

M *Burgmuseum (Geschichte, Möbel, Naturwissenschaft, Ethnographie).* **T** *Hotel.*

Arwaburg

◉ ZENTREN IN DER WEITEREN UMGEBUNG: Unterkubin, Arwastausee, Trstená.

▲ **ARWAER MAGURA (ORAVSKÁ MAGURA),** 36 km langes Gebirge der N-Slowakei, parallel zur Arwa verlaufend, zwischen 1200 und 1300 m (Minčol 1396 m), künstliche freie Lagen. Stilles Wandergebiet.

■ **ARWASTAUSEE (ORAVSKÁ PRIEHRADA),** 602 m. Schön gelegener, größter Stausee der Slowakei. SAD.

Der See (350 Mill. m³ Inhalt, 35,1 km² Wasserfläche) ist ein Wassersportzentrum ersten Ranges. Pläne, in den sumpfigen Niederungen des Zusammenflusses der Weißen mit der Schwarzen Arwa einen Stausee zu errichten, sind alt. Bereits 1730 wurde an eine hölzerne Sperre gedacht (Modell im Museum), 1870 an die erste Betonsperrmauer und 1918 sollte das Stauziel ca. 11 m höher liegen als heute mit 601,0 m. Die Arbeiten begannen im Herbst 1941 und wurden bei Kriegsende eingestellt. Geopolitische und wehrwirtschaftliche Gründe führten 1948 zur Fortführung des Projektes, dem auch schon früher zahlreiche Einwände der Geologen entgegenstanden, und das die Räumung von 5 Dörfern und Teilen von Námestovo notwendig machte. Der Austausch zahlreicher unfähiger Verantwortlicher (teilweise mit Haftstrafen) ermöglichte 1954 den Abschluß, nachdem 1953 die erste Turbine anlief.

M *Insel (Slanický ostrov) mit einer alten Kirche, 1766-89 barock errichtet, 1843 klassizistisch umgebaut, heute Museum (Volksplastik, Malerei, Lokalgeschichte).*

T *Zahlreiche touristische Einrichtungen, vor allem im Bereich des SW-Ufers: Hotels, Hüttenkolonien, Camping- und Zeltplätze. Bootsverkehr.*

◉ UMGEBUNG: Direkt am See: • NÁMESTOVO, abgelegene Stadt (8.135 EW), früher Bezirksverwaltung, heute "Seestadt". Walachische Gründung von 1558. Handwerkerstadt (u.a. Leinenweberei). Einschiffige kath Kirche, im 17. Jh im Renaissancestil errichtet. Größere Dörfer im Tal der Weißen Arwa: • LOKCA (7 km), kath Kirche 1665 im Renaissancestil errichtet, später barockisiert, • ZAKAMENNÉ (15 km), und • ORAVSKÁ LESNÁ (22 km), 1732 von Georg Erdödy gegründete Holzfällersiedlung. Der auffallende goralische Einschlag in der Bauweise nimmt mit größer werdender Entfernung von der p Grenze ab.

◉ ZENTREN IN DER WEITEREN UMGEBUNG: Čadca, Trstená, Arwaburg.

● **ATTERSEE (LUDWIG), CHRISTIAN,** *1940 Preßburg. Bekannter Maler. Studien in Wien. Vielseitiger postmoderner Künstler: Objektgestalter, Bühnenbildner, Sänger, Komponist, Sprachschöpfer, Filmemacher, Aktionist. Sportler (Segeln). Viele Ausstellungen.

● **AUGUSTINI AB HORTIS, CHRISTIAN,** *1598 Kesmark?, +1650 Georgenberg. Arzt, nach einer Behandlung des Kaisers Hofarzt in Wien. Erfand das Balsamum Hungaricum. Anlage des kaiserlichen botanischen Gartens. Publizist. **SAMUEL,** *1729 Großlomnitz, +1792 Georgenberg. Evang Pfarrer in Georgenberg, Naturforscher, Enkel des Vorigen. Studien in Leutschau, Eperies, Wittenberg, Berlin. Prof. in Kesmark. Mehrere Publikationen.

◆ **AUSWANDERUNG.** Gründe: die relative Übervölkerung (niedrige landwirtschaftliche Erträge), schlechte wirtschaftliche Bedingungen (Wirtschaftskrisen), und der soziale Aufstieg (bessere Aufstiegsmöglichkeiten für die Intelligenz in Budapest). Im 18. Jh zogen zahlreiche Zipser in die Bukowina, 1871-1938 ca. 750.000 Sl und D nach Übersee (ca. 550.000 in die USA!), ca. 260.000 in europ. Länder, von der Zipser d Intelligenz ca. 35.000 nach Budapest.

▲ **BABIA HORA**, kleines Gebirge in der N-Slowakei. Je 50% verteilen sich auf sl und p Territorium, 1000-1700 m (Babia Hora 1725 m).

▲ **BABIA HORA**, höchster Berg des gleichnamigen Gebirges und der gesamten Äußeren Westkarpaten. 1725 m, mit prächtiger, sehr weiter Aussicht vom freien Gipfelkamm, Waldgrenze 1500 m, Knieholzgrenze 1600 m. Sehr schöner Skiberg.

◉ UMGEBUNG: Am Fuß der Babia Hora • SLANÁ VODA, 800 m, *Berghütte (Restaurant, Unterkunft)*. SAD. 1863-1918 befand sich hier ein kleiner Badeort (Polhorské kúpele). Die Jod-, Brom- und Chlorquellen wurden bei der Behandlung der Arteriosklerose, der Zuckerkrankheit, aber auch bei Hauterkrankungen, Magen- und Darmleiden verwendet. Eine Wiederbegründung ist im Gespräch, unwahrscheinlich. 2,5 km weiter, am gelb mk Weg zur Babia Hora • HVIEZDOSLAVOVA HORÁREŇ (=Hviezdoslavs Forsthaus). Gedenkzimmer für den großen sl Dichter, Schauplatz seines Werkes "Hájniková žena" (=des Försters Weib).

◉ ZENTREN IN DER WEITEREN UMGEBUNG: Arwastausee, Trstená.

■ **BAD BARTFELD (BARDEJOVSKÉ KÚPELE),** Bez Bardejov, 325 m. Schön gelegenes beliebtes Staatsbad in der NO-Slowakei. Gehört politisch zu Bartfeld. SAD.

Das Bad, in dem Krankheiten der Verdauungsorgane, des Stoffwechsels und der oberen Atemwege behandelt werden, liegt zwischen ausgedehnten Nadelwäldern, in einem klimatisch günstigen Gebiet. Die alkalisch-eisenhaltigen Säuerlinge und die heilende Wirkung der ausgedehnten Moore waren schon lange bekannt, und 1505 wurden die ersten Badekabinen gebaut. Mit dem schrittweisen Ausbau des Bades, der vom wirtschaftlichen Niedergang der Stadt kaum behindert wurde, wuchs sein guter Ruf, so daß neben dem u und p Adel auch gekrönte Häupter hier weilten: Josef II., Maria Louise, Zar Alexander I., Kaiserin Elisabeth ("Sissi"), ihre 1903 aufgestellte Statue hat alle politischen Änderungen, teilweise mit Hilfe von jeweils aktuellen Lügen überdauert (Nennung falscher Namen, angebliche Liebe zum Proletariat etc.). Unter den älteren Gebäuden fällt das 1893-97 im neobarocken Stil errichtete **Kurhaus** "Astoria" auf. Der **Kurpark** ist eine der ältesten Anlagen der Slowakei.

M *"Múzeum Ľudovej architektúry"*, Freilichtmuseum mit ca.35 Objekten, u.a. die griech-kath Holzkirchen von Mikulášová und Zboj. *"Národopisná expozícia", Ethnographische Ausstellung* in der benachbarten Rákóczi-Villa.

T *Hotels, Sanatorien, Thermalfreibad.*

◉ UMGEBUNG: In nö R (5 km) • ZBOROV: Kleinstadt (2.707 EW), alter Siedlungsplatz. Die **Burg** wurde um 1320 wegen des Handelsweges nach Polen und der Grenze errichtet. Im 16. Jh Umgestaltung im Renaissancestil zur fast ausschließlichen Verbesserung der Verteidigungsbereitschaft. Ab 1601 gehörte sie den Rákóczis, 1683 durch

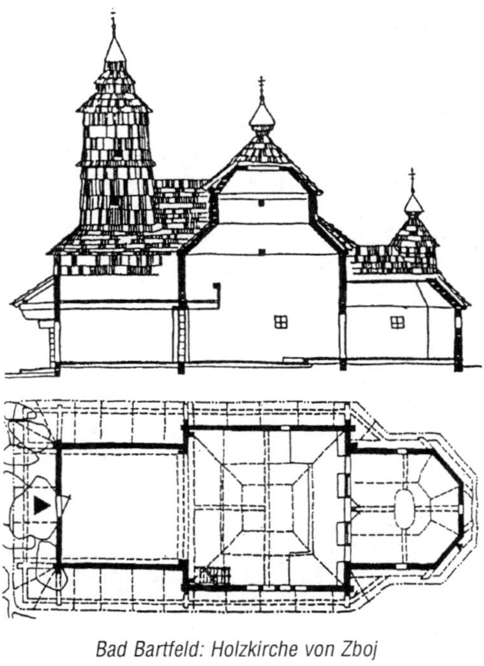

Bad Bartfeld: Holzkirche von Zboj

kaiserliche Truppen zerstört. Im Winter 1914/15 während der schweren Kämpfe russischer und österreichisch-ungarischer Truppen wurde das **Rákóczi-Kastell** zerstört und schwer mitgenommen die zum Kastell gehörende dreischiffige, zweitürmige Kirche, bei der Sicherungsmaßnahmen nach dem 1.Weltkrieg den Totalverlust verhinderten. Die **kath Kirche**, einschiffig, gotisch, vom Beginn des 14. Jh, erhielt später als Teil eines Kapellenkranzes 2 Kapellen, zu denen aber 1550 nur zwei hinzukamen, die quasi ein Querschiff bilden. Barockisierung des Schiffes 1662. Turmanbau bzw. Vollendung, Umgestaltung der Fassade im historisierenden Stil. Nicht vollendeter, 1945 begonnener Umbau. Reich gestalteter Renaissance- und Barockaltar von 1646. Friedhof vom 1. Weltkrieg, großer **deutscher Soldatenfriedhof** vom 2. Weltkrieg, verwüsteter j Friedhof (die harten Grabsteine verschwanden als Bauelemente (Treppenstufen).

In nö R (11 km) • JEDLINKA: Kleiner Ort (86 EW) mit barocker dreiräumiger griech-kath Holzkirche von 1763. Rokokoaltar, reichhaltiger, sehr schöner Ikonostas vom Ende des 18. Jh. Gemauerte orthod Kirche von 1993.

◉ ZENTREN IN DER WEITEREN UMGEBUNG: Bartfeld, Svidník, Eperies.

■ **BAD RAJETZ (RAJECKÉ TEPLICE)**, Bez Žilina, 423 m. Kleines, sehr schön im Rajetztal, s von Sillein gelegenes Bad. ŽSR, SAD. Namen: ma Rajecfürdő, 1376 Tapolcha, 1496 Toplycza, 1926 Konská-Rajecké Teplice, 1951 Rajecké Teplice.

Behandelt werden unspezifische rheumatische Erkrankungen und Nervenkrankheiten. Wahrscheinlich waren die 5 warmen Quellen (38,5°C) schon im 14. Jh bekannt, genutzt wurden sie in größerem Umfang erst durch die Thurzos, den Besitzern der Gegend und der Burg Lietava. Im 17. Jh stand ein gemauertes Haus mit 7 Zimmern und einer Gastwirtschaft. Ende des 18. Jh kam es nach einer längeren Periode der Stagnation zu einer Erweiterung um 1 Gebäude durch den neuen Besitzer Johann Kalis. Ende des 19. Jh bemühte sich die AG Smialovský-Pichl um einen weiteren Ausbau und 1895 wurde das 1. Hotel (Agrarius Gamrinus) gebaut. Zu Beginn des 20. Jh waren die Eigentümer zahlungsunfähig, und das Bad wurde zwangsverwaltet. Erst nach dem 1.Weltkrieg kam es zu einem Aufschwung, als 1925 die Bruderlade der Bergknappen des Ostrauer Reviers das Bad erwarb und verschiedene Einrichtungen sowie Unterkünfte errichten ließ. 1937 baute die Nationalbank 2 Hotels, und 1941 kam das Bad in den Besitz der Arbeitersozialversicherung. Ende des 2. Weltkrieges dienten die Einrichtungen als Lazarett. Ab 1957 wird das Bad vom Staat verwaltet. Ausgedehnter Naturpark mit vielen Spaziergängen.

T *Hotels, Sanatorium. Thermalfreibad. Campingplatz.*

🌐 1930: 331 EW (250 Sl, 24 D, 14 Ma), 1940: 600, 1991: 2.540, 2001: 2.677 EW

◉ UMGEBUNG: In ö R (6 km) in den Bergen der s Kleinen Fatra: Schloß • KUNERAD. Es gehört zu den wenigen späten Bauten des Sezessionismus in der Slowakei. 1916 errichtet, wurde es während des SNP als Sitz des Stabes einer Partisanenbrigade von d Truppen niedergebrannt (25.9.1944). Nach dem 2. Weltkrieg wieder aufgebaut, dient es heute als Sanatorium. Pläne, das Gebäude zu einem erstrangigen Hotel umzubauen, haben sich nicht verwirklicht. Ausgangspunkt für Wanderungen.

Schloß Kunerad

In sw R (5 km) • RAJETZ (RAJEC): Schön gelegene Kleinstadt (6.074 EW), Ausgangspunkt für Wanderungen im Rajetzer Gebirge und in der s Kleinen Fatra. Um Chr Geburt Siedlung der Puchauer Kultur. Die Burgruine (1644 noch erwähnt), diente als Steinbruch für die Errichtung des Turmes der **kath Kirche** (1647-48) und anderer Gebäude. Sie wurde in der ersten Hälfte des 14. Jh als gotischer Bau angelegt und nach mehreren Umbauten und Ergänzungen im 18. Jh barockisiert. Im Hauptaltar ein Bild von J. Zannussi, der Heilige Ladislaus. Das frei auf dem Marktplatz stehende **Rathaus** wurde im 16. Jh in Renaissance errichtet und später barockisiert, wobei die Arkaden zugemauert wurden. Neben einigen interessanten **Häusern** (Nr 9, 10, 17, 30, 35, 36), die meistens barockisiert oder im Jugendstil umgestaltet wurden, steht am Marktplatz das barocke, ursprünglich renaissancene alte **Pfarrhaus** (heute Verwaltung der Staatsgüter) von 1657. Während der Reformation wurde in Rajetz eine städtische Lateinschule gegründet, die wahrscheinlich bis 1655 existierte. Im ausgehenden Mittelalter gab es zahlreiche Zünfte, darunter Schuhmacher, die Stiefel aus rot gefärbtem Ziegenleder (sogenannte Kordovanstiefel) herstellten. Tuchfabrik.

M *"Mestské múzeum" (=Stadtmuseum) für Geschichte, Naturwissenschaften.*

T *Hotels. Thermalfreibad.*

◉ ZENTREN IN DER WEITEREN UMGEBUNG: Sillein, Turz-St-Martin, Gaidel.

■ BAD STUBEN (TURČIANSKE TEPLICE),

518 m. Bezirkshauptstadt. Altes, schön am Fuß der Großen Fatra, im s Turzbecken gelegenes Staatsbad. Ausgangspunkt für Wanderungen. Straßenknoten. ŽSR, SAD. Namen: ma Stubnyafürdö, d selten Stubenbad, 1351 Thopolcha, 1399 Tepliche, 1402 Therme Thurocienes, 1502 Thermae Stubnenses, 1927 Štubnianske Teplice, 1946 Turčianske Teplice.

Siedlungsplatz zum Ende der Bronzezeit. Die 6 alkalisch-erdigen Quellen des Bades gehören zu den wärmsten der Slowakei (38-47,5°C) und werden bei der Behandlung von Rheuma, Haut- und Frauenkrankheiten eingesetzt. 1281 wurden sie bereits

Schloß Diviaky

erwähnt (aqua calida), und 1412 soll sich hier Kaiser Sigismund kuriert haben. 1535 ging das Bad in den Besitz von Kremnitz über, das in der 2. Hälfte des 16. Jh viel für die Entwicklung getan hat, so daß es im 17. Jh zu den bedeutendsten Bädern Ungarns aufstieg, in dem sich besonders der Hochadel aufhielt. Ein weiterer geplanter großzügiger Ausbau konnte im 18.Jh nur zum Teil ausgeführt werden (Blaues Bad, Anlage des 2 km langen Kurparkes). Bis 1949 gehörte das Bad Kremnitz, dann wurde es Staatsbad. Keine Industrie, das Sägewerk Lichtenstein & Wilček ging ein.

T *Hotels, Sanatorien. Thermalfreibad.*

🌐 2001: 7.031 EW

◉ UMGEBUNG: Unmittelbar n eingemeindeter Ort • DIVIAKY. Renaissanceschloß aus der 2. Hälfte des 17. Jh, 1762 umgebaut. Ein schöner, massiger, mit 2 Türmen versehener Bau, der in ähnlicher Disposition häufig in der Mittelslowakei anzutreffen ist, aber die unkonventionelle Lage des Einganges von der Hofseite ist eine Ausnahme. Hier schlossen am 5.4.1666 der Palatin Franz Wesselenyi und Peter Zriny den Bund gegen Leopold I. Zwischen 1952-58 erfolgte für die Zwecke der Matica Slovenska eine gründliche Renovierung. **T** *Hotel. Campingplatz.*

Unmittelbar s eingemeindeter Ort • UNTERSTUBEN (DOLNÁ ŠTUBŇA). Kath Kirche im Renaissancestil 1596 gebaut, 1933 renoviert und 1945 ausgemalt. Barockausstattung, Taufe im Stil der Spätrenaissance. 2 km s befindet sich das Motorest • "ŠTUREC" und in dessen unmittelbarer Nähe die Straßengabel; links führt die

Paßstraße über den Kleinen Šturec, rechts über Oberstuben nach Kremnitz.

◉ ZENTREN IN DER WEITEREN UMGEBUNG: Priewitz, Deutschproben, Mošovce, Altgebirg, Oberstuben.

■ **BANOWITZ (BÁNOVCE NAD BEBRAVOU)**, Bezirksstadt, 216 m. Lebhafte alte Stadt der Mittelslowakei, zwischen dem Waag- und Neutratal. Straßenknoten. ŽSR, SAD. Namen: ma Bán, 1234 Ben, 1295 Baan, 1389 Banovice, 1454 Fortalicium Ban, 1461 Castellum Baan, 1471 Banowcze, 1927 Bánovce nad Bebravou.

Brodzany: Schloß (Puschkin-Museum)

Alter Siedlungsplatz (jüngere Bronzezeit). Wahrscheinlich ließen sich im 17. Jh auch d Habaner hier, in einer Stadt mit einer typischen d Zentralanlage, nieder. Im 17. und 18. Jh lebhafte Handwerkerstadt mit zahlreichen Zünften. Die klassizistische **kath Pfarrkirche** wurde 1802 errichtet. Die **Nikolaus-Kirche** auf dem Friedhof stammt aus dem 1. Drittel des 15. Jh. Diese ursprünglich gotische Anlage wurde sowohl in der Zeit der Renaissance, wie in der des Barock umgestaltet und erweitert. Die **Synagoge** wurde im Sezessionsstil in der 2. Hälfte des 19. Jh gebaut.

Aufstrebende Industriestadt (Armaturen, Autozubehör, Möbel), früher Sägewerk Ludwig Grün, Ziegelei. Alte Brautradition (ab 1633).

Wirkungsort von Jozef Tiso (kath Ortspfarrer, Politiker, Präsident der SL).

⊕ 1930: 3.271 EW (2.901 Sl, 27 D, 15 Ma, 273 J), 1940: 3.805, 1991: 19.893, 2001: 20.901 EW.

◉ UMGEBUNG: In nö R (6 km) • UHROVEC, abgelegene, durch ihre Glasindustrie bekannte Kleinstadt (1.607 EW). Das **Renaissancekastell** stammt von 1613 und wurde 1767 umgebaut. Klassizistische **kath Kirche** von 1817 und **evang Kirche** von 1940 (Plan von M. Harminc). 1875 richtete Albert Zay, mit Unterstützung des Vereins zur Förderung der Hausindustrie und handwerkliche Ausbildung, eine Schule ein, die einen ausgezeichneten Ruf erlangte, zumal mit ihr Künstler wie Johann Fadrusz und Stefan Sovánka, der mehrere Erfindungen im Bereich der Herstellung von Glasartikeln, (besonders von künstlerisch gestalteten) machte, verbunden waren. Sie wurde 1895 nach Banowitz verlegt. Ende des 19. Jh wurden 2 Glasfabriken gegründet. Geburtsort von Ľudovít Štúr (Schriftsteller, Sprachwissenschaftler), Karl Sovánka (Maler, Bildhauer). **M** *Glasmuseum, Štúr-Geburtshaus (Museum).* Von Uhrovec ist der • JANKOV VŔŠOK (533 m) auf einer Straße zu erreichen (5 km). Sehr schöne Aussicht! **T** *Berghotel.*

In sö R (18 km): • PARTIZÁNSKE, Industriestadt im mittleren Neutratal (24.907 EW). Die ursprünglich spätromanische **kath Kirche** (Mitte 13. Jh) wurde 1750 barockisiert, im 17. Jh. erfolgte der Anbau einer Renaissancekapelle, die später eine reiche barocke Stuckausstattung erhielt. 1943 Baubeginn der damals sehr modernen **neuen kath Kirche** (Planung V. Karfík), die 1946 fertig wurde. **Kastell** (16. Jh), eine typische gotische Festung, leider nicht mehr in der ursprünglichen Form erhalten. Die Stadt ist durch die 1938 "auf der grünen Wiese" erfolgte Gründung einer Fahrradfabrik durch die **Baťa-Werke**, deren Produktion noch in der Bauzeit durch T. Baťa auf Schuhe umgestellt wurde (die selbständig gewordene Slowakei besaß keine), entscheidend geprägt worden und entstand durch die Zusammenlegung mehrerer Dörfer (u.a. Šimonovany) mit den Industrieanlagen und neuen Wohnquartieren. 1948/49 Baťovany. Neben den großen, damals sehr modernen Stahlbetonskelettbauten errichtete der "Schuhkönig" entsprechend seinen sozialen Ansichten, ähnlich wie in seiner Zentrale in Zlín (Mähren), Wohnungen für die Beschäftigten.

In sö R (20 km): • BRODZANY, kleiner Ort (Teil von Partizánske), schönes Schloß mit kräftig vortretenden wehrhaften Türmen, im 17. Jh mit vorerst 3 Flügeln im Renaissancestil gebaut. Ende des 18. Jh Barockisierung, im 19. Jh Anbau des neobarocken 4. Flügels und eine romantisierende Anpassung sowie Wiederherstellung der Renaissancequaderung und einiger Sgraffiti, Anlage des Naturparkes. 1844 erwarb Gustav Vogel von Friesenhof den Besitz. Seine erste Frau war eine Kusine der Gemahlin Puschkins, seine zweite die Schwester des Dichters. Die Einrichtung war durch die engen Kontakte zu Rußland geprägt, und 1979 wurde das **M** *"Literárne múzeum A.S. Puškina" (=Puschkin-Literaturmuseum) gegründet.*

Die Schwelle zum Waagtal überwindet die Straße in einem Sattel (365 m, Grenze zwischen dem Inowetz und dem Rajetzer Gebirge). 8 km abseits der Straße: • UNTERDERSCHKOWETZ (DOLNÉ DRŽKOVCE, Ortsteil von Veľké Držkovce). 1890 Niederlassung schlesischer Siedler, die 1905 Zuzug aus dem Hauerland erhielten, aber zum größten Teil slowakisiert wurden (1930 von 294 EW nur noch 33 D).

◉ ZENTREN IN DER WEITEREN UMGEBUNG: Topoltschan, Nováky, Goldmorawitz, Trentschin.

◆ **BARSCH (TEKOVSKÁ STOLICA)**, comitatus Barsiensis, Barscher Gespanschaft, Bars vármegye. Ausgedehntes Komitat im Grantal, Mittelslowakei. Im S starke Bedrängnis durch die Türken, im N Reichtum durch den Bergbau (Kremnitz).

■ **BARTFELD (BARDEJOV)**, 277 m. Bezirkshauptstadt, wirtschaftliches Zentrum der NO-Slowakei, sehr bedeutende Stadt im Mittelalter. Wertvolle Bausubstanz und zahlreiche Kunstwerke, Innenstadt Denkmalszone. Straßenknoten. ŽSR, SAD. Namen: ma Bártfa, 1321 Bardfolua, 1363 Barduyow, 1808 Bardiow, 1927 Bardejov. Der Name soll angeblich mit dem d Begriff Schönfeld in Verbindung stehen (?).

Entstand wahrscheinlich in Verbindung mit der Gründung eines Zisterzienserklosters um 1245. Stephan V. schenkte die Lokalität dem Ritter Otto von Bieberstein. Später wieder Besitz der Krone. Mehrere Privilegien führten 1376 zur Erhebung als königliche Freistadt, und 1402 erhielt Bartfeld das Stapelrecht. 1412 verpfändete Sigismund die Stadt dem p Adeligen Andreas Balicki. Aus dieser Abhängigkeit wurde es zu Beginn des 16. Jh befreit, Mitglied des Städtebundes Pentapolitana. Die Slowakisierung setzte früh ein, schon in der Mitte des 16. Jh kamen Sl in höchste Ämter, trotz der Anordnung, die Ferdinand I. erlassen hatte und die den weiteren Zuzug von Sl und P verboten hatte. Im 15. Jh hatte die Stadt ihre größte Blüte erreicht, 1537 hatte sie 517 Häuser und ca. 3000 EW, von denen viele in den zahlreichen Zünften organisiert waren. Nach Preßburg und Kaschau war hier wohl die größte Anzahl an Zünften tätig. Hervorragend entwickelte sich die Herstellung von Leinen und Barchent, die zu einer Monopolstellung führte, um die Bartfeld allerdings mit Eperies kämpfen mußte. Der Handel mit Polen führte zu einer starken Stellung der Stadt. Die Auseinandersetzungen des 16. und 17. Jh trafen Bartfeld besonders hart. Zu Beginn des 16. Jh ging das Leinenmonopol verloren. Zahlreiche Brände und die Pest führten zu weiteren schweren Einbußen (1710-11: ca. 2.000 Tote). Dagegen kam es auf geistigem Gebiet zu einem großen Aufschwung, der Persönlichkeiten wie Leonhard Stöckel zu verdanken ist, und in dessen Umfeld es u.a. zur Gründung der Druckerei von David Gutgesell kam (1578). Auch das Handwerk konnte sich noch einmal erholen. 1728 arbeiteten

Bartfeld: Marktplatz, Rathaus, Ägidius-Kirche

Bartfeld: Dicke und Kleine Bastei

in 36 verschiedenen Branchen 171 Meister, 1781 waren es bereits 45 Branchen mit 583 Beschäftigten, bis 1841 als Folge der allgemeinen Stagnation nur noch 29 verschiedene Branchen vertreten waren.

Der wesentliche Teil der **Stadtbefestigungen** entstand mit vorerst 3 Toren in den Jahren 1352-76. Sie wurden 1405-39 ergänzt und verbessert, so daß sie einschließlich der Tore 23 Basteien aufzuweisen hatten. Von den Mauern sind vor allem im O, S und N noch große Abschnitte vorhanden, und die Anzahl der noch stehenden Basteien (ca. 11) ist beachtlich, darunter einige auffallende Objekte - wie die Dicke Bastei im SO, die Kloster- und Schulbastei im W, die Halbrunde Bastei im N. Vor dieser steht frei im Park die Archivbastei, ferner die nicht ganz erhaltene Renaissance-Bastei im NO, sowie die Rote und die Große Bastei im O. Von den Toren ist das untere Tor (NO-Ecke) noch am besten erhalten, während vom oberen Tor nur noch Teile vorhanden sind. Auf dem nahezu exakt genau rechteckigen Marktplatz, mit den anschließenden Straßen eine typische d Zentralanlage, sind fast alle bedeutenden Bauwerke Bartfelds vereinigt.

Dominanten dieses Platzes sind die kath Ägidius-Kirche und das in der geometrischen Mitte des Platzes stehende **alte Rathaus** *(Museum)*. Zweigeschossiger Bau, 1505 spätgotisch vom Meister Alexander (Lapicidus) begonnen und vom italienischen Meister Alexius 1508 um wesentliche Teile (Portale, Erker, Fenster) im Stil der Renaissance erweitert und umgestaltet. Das Untergeschoß war die Markthalle, die Räume darüber dienten der Verwaltung. 1509 vollendete Meister Johann den Bau im spätgotischen Stil. Auf der Giebelspitze steht der Roland (Blechfigur, Original im Museum). Im Obergeschoß befindet sich eine schöne Renaissancekassettendecke. Alte lat Inschriften: S-Seite "Habitacula justorum benedicentur", O-Seite: "Felix civitas que tempore pacis cogitat bella", N-Seite "Domus justorum permanebit", über dem Erker "Priusquam incipias consulto", auf der Innenseite des Portales "Diligite numen sapienciae", sowie auf dessen ö und n Seite "Omnes qui praeestis populis ut in aeternum regnetis et proderit vobis". Im Erker ein angeblich vom geringen Lohn enttäuschter Steinmetz (Fratze mit nacktem Po). Florians-Statue am Marktplatz (Kirche).

Fast die gesamte N-Seite des Platzes nimmt die **kath Ägidius-Kirche** ein. Um 1415 als dreischiffige Basilika am Platz einer ehemaligen Zisterzienserkirche begonnen, errichtete 1448-58 Meister Nikolaus aus Bartfeld das Presbyterium, die Sakristei mit dem darüber befindlichen Oratorium und die Katharinen-Kapelle. 1464 wurde das Gewölbe des Presbyteriums durch Meister Stefan aus Kaschau erneuert, während Meister Urban das Schiff erhöhte und mit einem unregelmäßigen Netzgewölbe versah. Er errichtete 1482-86 die s Vorhalle und die Maria-, Andreas- und Elisabeth-Kapelle. Er begann auch den Turm, den J. Stemasek aus Ansbach 1486-94 vollendete. 1669 beschädigte ein Brand die Kirche schwer. Zur Aufnahme der Glocken mußte ein freistehender Renaissanceturm errichtet werden, der erst 1900 fiel, nachdem der Hauptturm der Kirche 1856 erneuert und 1886-98 nach Plänen von F. Schulek, der die Regotisierung der Kirche leitete, vollendet wurde. 1886 wurden auf der N- und S- Seite des N-Schiffes Fragmente eines christologischen Zyklus aufgedeckt und auf der O-Seite ein mariologischer Zyklus gefunden. Auch auf der S-Seite des Turmes befinden sich Bilder von 1521: Stephan, Ladislaus, Emmerich und Christophorus (schlecht zu sehen). In der W-Front befindet sich eine sehr schöne Rosette. Schönes spätgotisches Sakramentshäuschen vom Bildhauer Stefan aus Kaschau 1464-65. Spätgotische Taufe von 1485. Neben zahlreichen Sitzgelegenheiten besitzt die Kirche schöne Bänke von Ch. Kolmitz (Ende 17.

Jh). Besondere Aufmerksamkeit verdienen die 12 Flügelaltäre, die wegen ihrer Güte und Anzahl die Kirche, in ihren Schiffen wirken sie wie Kulissen, zu einer Rarität machen.

Der spätgotische *CHRISTI-GEBURTSALTAR* (auch Anbetungsaltar), ein Flügelaltar von hervorragender Qualität, wurde 1480-90 von Stefan aus Kaschau (?) geschaffen. Ungewöhnlich reichhaltig und sehr schön aufgebaut ist der Schrein, der, eigentlich als Relief, zahlreiche freie Plastiken enthält und in dem eine liebliche Madonna von zahlreichen Engeln, Hirten und anderen Personen, zusammen 23 Stück, sowie von Architekturelementen umgeben ist. Flankiert wird die Szene durch jeweils 2 übereinanderstehende Plastiken: Katharina, Barbara und Margarete, Dorothea. Details zeigen die nahe Verwandschaft zur Kunst Meister Pauls aus Leutschau. In der Predella befinden sich 3 Gruppen von Statuen, in der Mitte die Anbetung der Drei heiligen Könige und auf den Seiten die Heimsuchung und die Verkündigung. Die ikonographische Idee des Altars wird auch durch die farbenfrohen Tafelbilder mitverwirklicht, die Szenen aus dem Leben Marias (4 Tafeln der Vorderseiten) und einen Passionszyklus (8 Tafeln der Rückseiten und der Standflügel) bringen und sehr gut, nach Stichen Schongauers, gemalt worden sind. Der große Ladislaus des Gesprenges wurde wahrscheinlich erst später aufgenommen, ferner stehen dort noch Adalbert, Anna Selbdritt, Maria und Ägidius.

Der *MARIEN-ALTAR* in der Veronika-Mager-Kapelle, wird oft nach dieser reichen Kaufmannswitwe benannt, die 1481-82 die Kapelle und 1489 auch den Altar stiftete. Die Plastiken dieses Flügelaltars, ein Viereraltar, werden häufig dem Meister Stefan aus Kaschau zugeschrieben. Im Schrein wird die ca.1,20 m große Madonna von übereinanderstehenden Plastiken (Petrus, Hedwig und Paulus, Johannes der Evangelist) flankiert. Die Innenseiten der Flügel tragen 4 hohe Reliefs: Verkündigung, Geburt und Heimsuchung, Anbetung der Drei heiligen Könige. Auf den anderen Seiten sind 4 Bilder mit je 2 Heiligen (Barbara/Katharina, Kosma/Damian, Ursula/Heilige, Andreas/Erasmus) zu sehen. Die gemalte Predella bringt ein Fragment des Vir dolorum, und im Gesprenge steht der Sebastian mit 2 Engeln. Beide Teile sind wahrscheinlich aus dem 19. Jh.

Ein weiterer schöner Flügelaltar ist der spätgotische *BARBARA-ALTAR* von 1450-60. Neben der liebreizenden Barbara stehen in der Anordnung eines Viereraltars jeweils übereinander: Elisabeth, Hedwig und Katharina, Lucia. In der Predella befindet sich eine erst später (1897?) aufgestellte sehr schöne Gruppe, Gottvater zeigt den Schmerzensmann (Gnadenstuhl), die verwandt mit der Madonna und dem Andreas aus Nehre sein dürfte (ca.1480-90). Sie wird auch Meister Paul aus Leutschau zugeschrieben (unwahrscheinlich). In der Predella stehen 2 im Barockstil geschnitzte Evangelisten,

1 Rathaus
1 Ägidius-Kirche
3 human. Gymnasium mit 4-eckiger Bastei
4 kath Pfarramt
5 Haus Nr 13
6 Stadthaus
7 Naturwiss. Museum
8 evang Kirche
9 griech-kath Kirche
10 Franziskanerkirche
11 Unteres Tor
12 Rote Bastei
13 Große Bastei
14 Dicke Bastei
15 Oberes Tor
16 Klosterbastei
17 Schusterbastei
18 Halbrunde Bastei
19 Archivbastei
20 Renaissancebastei

Bartfeld: Stadtgrundriß

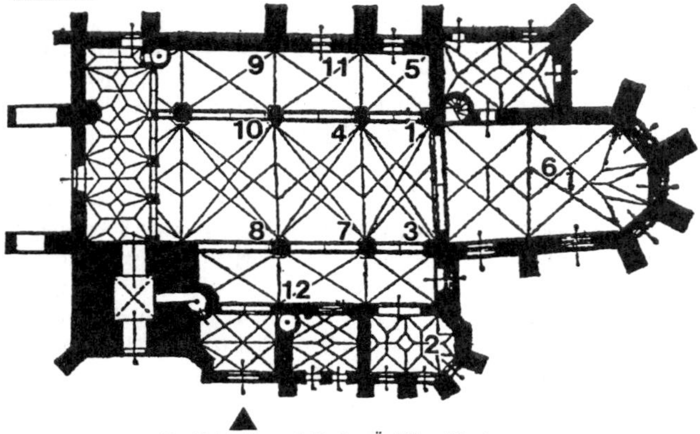

Bartfeld: Grundriß der Ägidius-Kirche

1 Christi-Geburtsaltar
2 Marien-Altar (Veronika Mager-Altar)
3 Barbara-Altar
4 Kreuzigungsaltar
5 Vir dolorum-Altar
6 Hauptaltar
7 Elisabeth-Altar
8 (Kleiner) Marien-Altar (früherer Anna-Altar)
9 Altar der Pieta
10 Apollonia-Altar
11 Nikolaus-Altar
12 Andreas-Altar

Markus und Johannes (18. Jh). Auf den Innenseiten der Flügel sind gemalte Szenen aus dem Leben der Barbara und auf den Rückseiten eine Verkündigung. Die dreieckigen Giebelbilder sind bis auf 2 Stück (Museum) verloren gegangen.

Auch aus der Zeit um 1480-90 stammt der gotische *KREUZIGUNGSALTAR*. Im Schrein steht unter einem mächtigen Maßwerkbaldachin die schöne Kreuzigungsgruppe, die von 2 übereinander, diagonal angeordneten Logen flankiert wird, mit Büsten von 4 Propheten (Amos, Jesaia, Zacharias, Jeremia). Die Innenseiten der Flügel zeigen jeweils 3 Bilder übereinander mit den 12 Aposteln, auf den Außenseiten ist ein 6-teiliger Zyklus über das Kreuz. In der Mitte der mit Ornamenten ausgefüllten Predella ist ein gemalter Christuskopf mit der Dornenkrone. In der mächtigen Predella stehen neben Christus 2 Engel. Der schlanke gotische *VIR DOLORUM-ALTAR* stammt aus der Zeit zwischen 1460-1510. Im Schrein steht die Plastik des Vir dolorum (1460-1470), auf den geöffneten Innenflügeln sind 4 Bilder der Passion, während die Außenseiten der Flügel 4 Bilder aus dem Leben der Katharina und der Barbara zeigen. Im neogotischen Gesprenge steht die Maria mit Engeln. Die Tafeln stammen aus der Zeit um 1500-10, die gemalte Predella mit 6 weiblichen Heiligen ist wahrscheinlich älter.

Den neogotischen *HAUPTALTAR* schuf der Schnitzer Moritz Hölzel nach einem Entwurf von I. Steindl 1878, nachdem der ursprüngliche gotische Hauptaltar von 1655 einem barocken weichen mußte, der wiederum der Regotisierung verfiel. Im Schrein stehen Ägidius, König Stefan und Ladislaus und, auf den Flügeln sind Szenen aus dem Leben des Ägidius zu sehen. Vom ursprünglichen gotischen Altar existiert noch ein Ägidius von 1466 (Marien-Kapelle), vom barocken Nachfolger u.a. das Hauptbild, eine Kreuzabnahme von Peter Stöckl von 1655 (N-Seite).

Der gotische *ELISABETH-ALTAR* wurde wahrscheinlich um 1480 geschaffen (die Engel im Schrein und auf dem Gesims sind ca.10-20 Jahre jünger). Im Schrein befindet sich die Skulptur der Elisabeth, von 4 kleinen Engeln flankiert. Auf den Innenseiten der Flügel 4 Bilder aus dem Leben der Elisabeth (Betreuung der Kranken, Gastmahl auf der Wartburg, Rosenwunder, Abschied von ihrem Gatten), das mit 4 weiteren Bildern der Außenseiten eine Fortsetzung findet (Geburt der Elisabeth, Verjagung der Elisabeth, Verlobung, undankbare Bettlerin). Im Gesprenge steht eine alttestamentliche Elisabeth, und in der Predella verläßt Christus das Grab, begleitet von Maria und Johannes. Die Bilder werden häufig dem Meister Severin zugeschrieben, der diejenigen des Marien-Altars gemalt hat. Die Bilder auf den Außenseiten der Flügel sind aber sicher im 17. Jh übermalt worden. Sie tragen die Signatur MG (Matthias Grünwald aus Bartfeld?). Ein weiterer Seitenaltar ist der *MARIEN-ALTAR* (auch Kleiner Marien-Altar, früher Anna-Altar genannt) von 1390-1410, dessen 8 Bilder

(Szenen mit Joachim, Maria, Anna, Christina und Apollonia sowie Gestalten einer Verkündigung) sicher Meister Severin aus Kaschau gemalt hat. Im Schrein sind die kleineren Plastiken der Begleitfiguren (Apollonia, Dorothea und Elisabeth, Barbara) ursprünglich, während die Madonna (Ende 15. Jh), erst später in den Altar integriert wurde.

Der gotische *ALTAR DER PIETA* enthält im quadratischen Schrein eine Pieta aus dem frühen 15. Jh. Die Gruppe ist aus einer feinen, weichen Steingutmasse, mit neuer Fassung, in der Art der "schönen Madonnen" hergestellt worden. Die 12 Bilder (1. Hälfte 16. Jh) sind alle kräftig übermalt worden (1850), bringen auf den Vorderseiten 4 Szenen mit Christus und auf den Rückseiten und Standflügeln zahlreiche Heilige, während die Predella die Aussendung der Apostel zeigt.

Der gotische *APOLLONIA-ALTAR* ist ein Flügelaltar von 1485, bzw. 1500-10, im Schrein befindet sich eine Dreiergruppe, die Anna-Selbdritt, flankiert von Georg und Apollonia, und auf den Tafeln der Flügel sind eine große Zahl an Heiligen und viele verschiedene Szenen zu sehen. Auf dem Gesims steht die Katharina.

Der *NIKOLAUS-ALTAR* (auch: Maria-Erasmus-Nikolaus-Altar) ist ein gotischer Flügelaltar von 1505. In seinem Schrein stehen die Plastiken der Maria, des Erasmus und des Nikolaus. Die 12 Bilder, auf der Vorderseite ein mariologischer Zyklus, auf den Rückseiten fast ausschließlich Szenen mit Nikolaus, stammen vom Meister AR. Der *ANDREAS-ALTAR* ist ein gemalter gotischer Flügelaltar von ca. 1460, einige Bilder, insgesamt sind es 24 Stück, mit zahlreichen Heiligen und einigen Szenen mit Christus bzw. Maria, vor allem die aufgesetzten Dreiecke sind älter (um 1440-50). Die auf den Balken im Triumphbogen stehende *KALVARIENGRUPPE*, die sogenannte "große", stammt von 1479-85. Eines der aussagekräftigsten Werke Meister Pauls aus Leutschau, die 1520 oder 1520-30 entstandene *KLEINE KREUZIGUNGSGRUPPE*, Kruzifixus (56 cm) mit feingeschwungenem Lendentuch, Maria und Johannes (beide 44 cm), steht wiedervereinigt im Museum (Rathaus), früher waren sie getrennt in der Kirche bzw. im Museum (Haus 13) aufgestellt. Selten ist Meister Paul die Darstellung des Schmerzes in seiner ganzen Größe und Bedrückung so eindringlich gelungen wie bei dieser Maria und bei diesem Johannes, so daß diese Darstellung geradezu einen Vergleich mit der Gruppe in Zipser Neudorf herausfordert.

Unter den zahlreichen schönen alten Häusern des Marktplatzes, die meist einen gotischen Kern besitzen, aber oft im jeweiligen Stil der Zeit umgestaltet wurden, fallen einige auf. Bei fast allen wurden in den letzten Jahren die hohen Giebel wiederhergestellt und die nicht ursprünglichen Walme beseitigt.

Unmittelbar hinter der Ägidius-Kirche steht das alte Gebäude des **Humanistischen Gymnasiums**, ein spätgotischer Bau von 1508, der 1612 im Stil der Renaissance und schließlich 1841 und 1878 im klassizistischen Stil umgebaut wurde. Der unregelmäßige in sich verschachtelte Baukörper steht in Verbindung mit der Stadtmauer und der viereckigen Bastei.

Auf der anderen Straßenseite befindet sich das **kath Pfarramt** (Nr 3), das unter Verwendung alter

Bartfeld: Häuser am Marktplatz

Bartfeld: Wort- und Bilddarstellung am Gantzauge-Haus

Fundamente 1837 im klassizistischen Stil errichtet wurde. Das an einer Gebäudeecke befindliche Fragment eines Sgraffitos enthält einen nicht mehr lesbaren Text.

Auf der O-Seite des Platzes steht das **Haus Nr 13** (heute gehört es zum Scharoscher-Museum). Ursprünglich gotisch im 13. Jh errichtet, wurde es 1566 im Renaissancestil, teilweise auch im Barockstil umgestaltet. Das schöne Renaissanceportal mit der Jahreszahl 1566 trägt die Inschrift: "Wer Gott Trawt, Der Woll Baut". Die sehr interessanten Fresken der Fassade stammen von 1778. Sie sind eine mittelalterliche Bild- und Wortdarstellung, die nur dann ihren Sinn preisgibt, wenn man beide Elemente, die Textbruchstücke und die Bilder miteinander kombiniert. Das Dreieck mit dem Auge und den Strahlen symbolisiert Gott, die Kugel, die von einer Hand gehalten wird, die Erde. Mit diesen Bildern ergeben die einzelnen, oben zusammenhanglos angeschriebenen Wörter "Wenn... GANTZ... Mus... Vübner AUGH Tag und Nacht über seine Christen Wacht" folgenden Satz: "Gott allein erhält und regt/Was die ganze Erde trägt/Und sein Auge Tag und Nacht/Über seine Christen wacht". Die hervorgehobenen Worte GANTZ und AUGH sind der Schlüssel für den Namen der Hausbesitzer (Wappen über dem Eingang): Gantzauge!

Das heutige **Stadthaus** (Nr 16) war früher eine Schule, die auf 3 Parzellen errichtet wurde. Neben gotischen Elementen (Kellergewölbe, Umfaßungswände), Details aus der Renaissance (Fassade, Portal, anschließender Gang, Gewölbe) und aus der Barockzeit (Gewölbe).

An der SW-Ecke des Platzes (Bereich der anschließenden Straße) steht ein **Haus mit Arkaden** (Nr 1) und daneben zurückgesetzt das Naturwissenschaftliche Museum. Ihr gotischer Kern, wurde in der Renaissancezeit umgestaltet.

N des Platzes, außerhalb der Mauern, steht die klassizistische **evang Kirche** (Toleranzkirche, 1798-1808). Eingang mit einem nur schwach vortretenden Risalit und einem auf der Giebelspitze stehenden Türmchen. Der längliche Saal ist mit einem halbrunden Altarraum abgeschlossen. Am entgegengesetzten Ende der Altstadt, also im SW, befindet sich ebenfalls außerhalb der Stadtmauern die **griech-kath Kirche**, ein eklektischer, zweitürmiger Bau von 1901-02, mit einigen neoromanischen Elementen. Der Ikonostas stammt von 1914, der Hauptaltar von 1903. In der Nähe, zwischen der Kloster- und der Schulbastei, steht die **Franziskanerkirche** mit anschließendem Kloster. Im Besitz der Augustiner als gotische Kirche nach 1460 errichtet, ab 1528 leer, ab 1643 durch die sl Evangelischen und ab 1670 durch die Franziskaner benutzt (Einwölbung des Presbyteriums, des Schiffes erst 1756 mit Erweiterung des Klosters). Die Einrichtung ist neogotisch aus der 2. Hälfte des 19. Jh. Sehr interessantes jüdisches Suburbium mit **Synagoge** (1771-73). **Jüdischer Friedhof** mit alten verfallenen Gräbern.

Bartfeld hat eine reiche Theater- und Musiktradition. Im 14.-16. Jh wurden d und lat Weihnachts- und Osterspiele aufgeführt. 1435 wird eine schon länger bestehende Lateinschule erwähnt (existierte bis 1777), die eine Reihe guter Rektoren und Lehrer zu verzeichnen hatte (Leonhard Coxe, Valentin Eck). Die herausragendste Persönlichkeit war jedoch der Rektor Leonhard Stöckel. Vor 1945 kaum Industrie (Spielwaren, Sägewerk), nach 1945: Lebensmittel, Lederverarbeitung.

Geburts-, Wirkungs-, Sterbeort: L. Stöckel (Pädagoge von Weltruf, Verfasser der Confessia Pentatapolitana). Geburtsort: David Gutgesell (Drucker), Adalbert Keler (Komponist), Kornel Chyser (Arzt).

M *"Šarišské múzeum" (=Scharoscher Museum) in verschiedenen Gebäuden (u.a. Rathaus) mit wertvollen Sammlungen und Einzelstücken.*

T *Hotels.*

◍ 1930: 7.730 EW (5.125 Sl, 213 Ru, 235 D, 128 Ma, 1.068 J), 1940: 8.508, 1991: 30.812, 2001: 33.247 EW.

◉ UMGEBUNG: In w R (20 km) • LUKOV, abgelegener kleiner Ort (560 EW). Im Ortsteil Venécia (Glasbläser kamen aus Venedig): Architektonisch interessante griech-kath Holzkirche, Übergangsform zwischen dem Zentraltyp und dem Langhaustyp von 1708. Die schön abgesetzten Türme durchbrechen die Dachfläche, die einen teilweisen Umgang überdacht und unter dem Hauptturm eine offene Vorhalle bildet. Im Innern mehrere wertvolle Ikonen, von denen das Jüngste Gericht aus dem 16. Jh streng byzantinischen Vorlagen folgt. Die Kleidung der Personen ist noch zeitlos und nicht auf eine bestimmte Gegend festgelegt, wie bei späteren Darstellungen. Interessant ist ferner auch die Zarentür des Ikonostas mit einer Verkündigung und den 4 Evangelisten sowie mit einem sogenannten "nicht von Menschenhand geschaffenen Bild" Christi und Szenen mit dem Schweißtuch der Veronika, Jüngstes Gericht.

In sw R (14 km) • KRIVÉ, abgelegener kleiner Ort. Griech-kath Holzkirche von 1826, Blockbau mit durchgezogenem Satteldach, schöne Ikonen und Bilder (Taufe Christi, Michael, Apostel), schöner Ikonostas. In sw R (9 km) • HERVARTOV (Herbertsdorf, d Gründung), abgelegener kleiner Ort. Wertvolle röm-kath Holzkirche, eine der ältesten der Slowakei (um 1500), monumentale, spätgotische, vom Massivbau übernommene Bauweise, mit konisch zulaufendem Turm. Mehrfach ergänzte (Reformationszeit und danach) Wandgemälde (Georg, Adam und Eva, kluge und törichte Jungfrauen, Johannes d.T.). Tafelbilder (Franz von Assisi, Abendmahl, Golgota). Gotischer Hauptaltar (1460-70), Zentralbild: Katharina, Maria, Barbara (Reformationszeit: Augen ausgestochen, umgemalt, Maria durch Dorothea ersetzt). Flügel in Budapest. Altar von M.Hölzel z.Zt zerlegt. In NW R (21 km) weit abgelegen • FRIČKA (251 EW). Griech-kath Holzkirche (18. Jh), 1829 umgebaut, Satteldachtyp. Marien-Ikone (Schutzmantelmotiv), Ausmalung 1933 (Jos. Wagner).

In s R (15 km) • FRIČKOVCE und • OSIKOV, abgelegene kleine Orte (691, 901 EW). Kath Kirchen. 1: Klassizistische Martins-Kirche (1821-22), mit barocken Elementen, glatter Fassade und reich gegliederten Gesimsen. 2: Michaels-Kirche von 1612, Renaissance, auf gotischer Grundlage, trotzdem große Geschlossenheit, typische Turmattika. In s R (15 km) • TROČANY, abgelegener Ort (323 EW) mit bemerkenswert schöner griech-kath Holzkirche (1739 als Ersatz für eine verfallene Holzkirche von 1338) mit quadratischen, unterschiedlich hohen Einheiten: Vorraum (konisch zulaufender Turm, spitzer Aufsatz), Schiff (Zeltdach, spitzer Aufsatz), Altarraum (abgewalmtes Satteldach ohne Aufsatz oder Kuppel, evtl. spätere Änderungen). Hauptaltar (Kreuzabnahme), Ikonostas aus Einzelikonen (Apostelgestalten) und Ikone (Christus als Weltenrichter), Jüngstes Gericht aus dem 18. und 19. Jh.

Hervartov: Römisch-katholische Holzkirche

In s R (19 km) • RASLAVICE (Nižné und Vyšné Raslavice): Ende 12.

Jh u Grenzwächtersiedlung (2.484 EW). Im w Ort (Vy.R.) kath Kirche neoklassizistischer Bau von 1862, im ö Ort (Ni.R.) ursprünglich romanische kath Kirche (Mitte 13. Jh), Turm (barocke und klassizistische Zutaten), 2 Kastelle (Nr 232: Barock, klassizistisch umgestaltet, Nr 2: Klassizistisch, beide 18.-19. Jh).

◉ ZENTREN IN DER WEITEREN UMGEBUNG: Altlublau, Bad Bartfeld, Svidník, Eperies, Zeben, Siebenlinden.

● **BÁTHORY, ELISABETH,** *1560 Nyírbátor, +1614 Schächtitz. "Blutgräfin von Schächtitz", Gemahlin von Franz Nádásdy, sadistische Mörderin von ca.80 jungen Mädchen, mit deren Blut sie sich wusch. 1610 Prozeß, Justizskandal, auf Lebenszeit im Schloß festgesetzt, sh Schächtitz.

● **BAUER, JAKOB,** *1894 Schmiedshau, +1997 Straubing. Kath. Pfarrer, in Schmiedshau, 1946 in Parnkofen. Vermittelte Jugendliche ins Sudetenland, Organisator des Karpatendeutschen Katholikentages 1934, Gründer des "Hilfsbundes der Karpatendeutschen Katholiken", Publizist.

● **BÄUMLER, JOHANN ANDREAS,** *1847 Preßburg, +1926 Preßburg. Zuerst Fleischer, Studium der Botanik. Pilzkundler mit europäischen Rang, erforschte erstmalig 70 Arten, 11 tragen seinen Namen. Mitbegründer des Diakonissenhauses in Preßburg. Publizist.

● **BELA IV.,** König von Ungarn. *1206, +1270 Margitsziget. Mutter: Gertrud von Andechs-Meran wurde ermordet (Grillparzer "Ein treuer Diener seines Herrn"), 1241 Niederlage gegen die Mongolen am Sajó, intensive Besiedlung durch D mit Erteilung von Rechten.

▲ **BELAER KALKALPEN (BELIANSKE TATRY),** 15 km langes in W-O-Richtung verlaufendes Gebirge, n an die Hohe Tatra anschließend, mit ganz anderem Charakter als diese, 1000-2100 m hoch (Havran 2152 m), zum größten Teil ohne Wald (früher Weiden), herrliche Flora.

● **BÉL, MATTHIAS,** *1684 Očová, +1749 Preßburg. Einer der größten Gelehrten der Zeit. Evang Pfarrer, Studien in Neusohl, Preßburg, Halle. Rektor in Neusohl und am Evang. Lyzeum in Preßburg. Sah sich als "lingua Slavus, natione Hungarus, eruditione Germanus". Viele Publikationen, etc. "Hungariae antique et novae prodomus".

● **BENYOVSZKY, KARL,** *1886 Preßburg, +1962 Bad Aussee. Schriftsteller. Zuerst Kriminalpolizist, dann Journalist, Redakteur "Preßburger Zeitung", "Grenzbote". Zahlreiche Werke, Vorträge, fachwissenschaftliche Beiträge, Hörspiele, Auslandsreisen.

● **BENYOVSZKY, MORITZ,** *1746 Werbau, +1786 Mauretánia. König von Madagaskar. Bewegtes Leben, Überseehandelsvorschläge wurden abgelehnt, über Polen, Rußland und Macao nach Frankreich und Madagaskar (1774), König (1776), überwarf sich mit Frankreich, in britischen und amerikanischen Diensten, fiel im Kampf mit Frankreich.

● **BERNOLÁK, ANTON,** *1762 Slanica, +1813 Neuhäusl. Kath Pfarrer in Neuhäusl. Sprachwissenschaftliche Arbeiten über die Kodifikation einer sl Sprache. Blieb aber der Vorläufer von Ľudovít Štúr.

● **BERZEVICZY, GREGOR,** *1763 Großlomnitz, +1822 Großlomnitz. Jurist, Volkswirtschaftler. Studien in Kesmark, Göttingen. Hohe Verwaltungsposten, Auslandsreisen und Studien, für gesellschafts- und wirtschaftspol. Fragen bekannter Fachmann der Zeit. Publizist.

● **BETHLEN, GÁBOR,** *1580 Marosillye, +1629 Alba Iulia. Fürst von Siebenbürgen, Reichsfürst, ungekrönter König von Ungarn, Führer des anti-

Matthias Bél

Schloß Betler

habsburgischen Aufstandes, Mitverlierer der Schlacht am Weißen Berg, schloß Wallenstein in Göding ein.

■ **BETLER (BETLIAR),** Bez Rožňava, 341 m. Alter Bergbau- und Montanstandort in der SO-Slowakei, Schloß der Fam Andrássy. ŽSR, SAD. Namen: ma Betlér, 1330 Bethler, 1713 Betlar, 1920 Betliar.
Im 13. Jh durch d Bergleute gegründet, die Gold-, Silber-, Kupfer- und später Eisenerze abbauten. Weiterer Aufschwung im 18. Jh als 2 Hochöfen, 2 Hammerwerke und 1 Walzwerk arbeiteten, bis die Betriebe Ende des 19. Jh und nach dem 1.Weltkrieg aufhörten zu existieren.

Eine Sehenswürdigkeit ersten Ranges sind **Schloß** Betler und sein Park. Ursprünglich im Übergangsstil der Renaissance zum Barock zu Beginn des 16. Jh errichtet, wurde die Anlage 1792-95 im klassizistischen Stil umgebaut und mit einem 74 ha großen englischen Garten, den der Lübecker Gartenarchitekt Heinrich Neblien plante, umgeben. Bei dieser Gelegenheit wurde durch die Familie Andrássy eine kleine gotische Burganlage aus dem 15. Jh, sie stand neben dem Neubau aus dem 16. Jh, in den Baukörper einbezogen. Der heutige Bestand geht auf eine Ende des 19. Jh eingeleitete und 1886 beendete Umgestaltung im historisierenden Stil zurück und zeigt trotz der ausgezeichneten Gliederung der einzelnen Baukörper und dem Zueinander von den Ecktürmen zu den Risaliten und anderen Details doch einige Verfallserscheinungen der damals zu Ende gehenden Stilepoche.

Im Schloß selbst, das nach der Enteignung zu einem Museum wurde, befinden sich - neben einigen wertvollen Gemälden alter Meister - auch ein bedeutender Querschnitt u Malerei des 19. Jh, aber vor allem eine Sammlung kostbaren Mobiliars vom 17.-20. Jh. Darunter neben heimischen Stücken (u.a. gotischer Tisch aus Bartfeld, 15. Jh, Renaissancetruhe aus Kesmark, 16. Jh, Hochzeitstruhe aus der Zips, 1. Hälfte 17. Jh), prachtvolle Wiener Möbel und zahlreiche Stücke aus der ganzen Welt. Die Bibliothek umfaßt 20.000 Bände. Für sie war im **Park** Ende des 18. Jh eine Rotunde errichtet worden, die aber nicht den Anforderungen zur Aufbewahrung von Büchern entsprach, so daß man diese wieder im Schloß unterbringen mußte. Außerdem stehen im sehr gut erhaltenen Park, neben zahlreichen Steinplastiken, Fontänen, einem künstlichen Wasserfall, dem Hermes-Brunnen, ein Freimaurerpavillon mit einer typischen illusionistischen Ausmalung, sowie ein kleines Tierheim und ein Fischteich.

Die **kath Elisabeth-Kirche**, ursprünglich gotisch vom Anfang des 14. Jh, wurde in der 2. Hälfte des 18. Jh eingewölbt. Sie fällt durch ihre relativ kleinen Fenster und dem ungegliederten Turm auf, die ihr einen festungsähnlichen Charakter geben. Eine weitere **kath Kirche** stammt ebenfalls aus dem frühen 14. Jh. Die schön gegliederte **evang Kirche**, eine klassizistische Toleranzkirche von 1794, erhielt 1834 den kräftig überhöhenden Turm. Klassizistischer Altar (1834) mit einem Bild von J. Czauczik: Christus und die Samariterin am Brunnen.

⊕ 2001: 1.012 EW

◉ UMGEBUNG: 2 km nw zweigt von der Hauptstraße die Paßstraße über die • SÚĽOVÁ (911 m) ab, Teilstück der kürzesten Verbindung zwischen Zipser Neudorf und Rosenau, zahlreiche Haarnadelkurven, in stiller, schöner und abgelegener Gegend, die in den ebenso abgelegenen mittleren

Abschnitt des Göllnitztales mündet, ein heute wenig frequentierter Übergang.

◉ ZENTREN IN DER WEITEREN UMGEBUNG: Dobschau, Rosenau, Schittnich.

■ **BIBERSBURG (ČERVENÝ KAMEŇ,** Ort: **SCHATTMANSDORF/ČASTÁ)**, 339 m. Sehr schön eingerichtete Burganlage am Fuß der Kleinen Karpaten. Namen: Rotenstein, Piberspurch. Wegen der roten Dächer soll die Bibersburg den sl Namen (=Roter Stein) erhalten haben. Fraglich, da es zZt der Namensbildung noch keine Dachziegel gab.

Die Geschichte der Burg läßt sich bis in das 13. Jh verfolgen, aber über die damaligen Eigner (angeblich ein Brautgeschenk für Constanze, die Tochter Bela III. und Schwester Andreas II., anläßlich ihrer Hochzeit mit Přemysl Ottokar I.) existieren nur zweifelhafte Quellen. Auch später liegt vieles im Dunkeln. Das heutige Aussehen, ein vierflügliger Bau mit 4 dicken Ecktürmen, erhielt die Burg nach 1535, als sie in den Besitz Anton Fuggers kam, der sie von Alexius Thurzo auf dem Wege einer Schuldentilgung erhielt. Sie wurde nach den theoretischen Grundsätzen, die Albrecht Dürer geliefert hatte, zu einer perfekten Festung, die für den Warenumschlag ausgedehnte Lager erhielt, darunter einen dreigeschossigen Weinkeller, ausgebaut. An dem Äußeren der Burg änderte sich nichts, als sie nach 1583 in den Besitz von Nikolaus Pálffy kam, der mit Maria Fugger verheiratet war (Wappen der Familien über dem Tor), und der die Burg zu einem Renaissanceschloß umgestalten ließ. Nach dem Brand von 1646 erfolgte die äußerst reiche, prachtvolle, und sehr schöne, barocke Ausstattung der Räume mit Stuck, Gemälden und kostbaren Fußböden. Nach weiteren Bränden wurde jeweils der ursprüngliche Zustand hergestellt. Nicht jedoch nach dem letzten Brand im Jahre 1785, von dem der Eingangsflügel betroffen war, der nicht mehr restauriert wurde. 1945 wurden die Pálffys enteignet, der Eingangsflügel wieder hergestellt und ein Museum eingerichtet (Möbel, Keramik, Waffen).

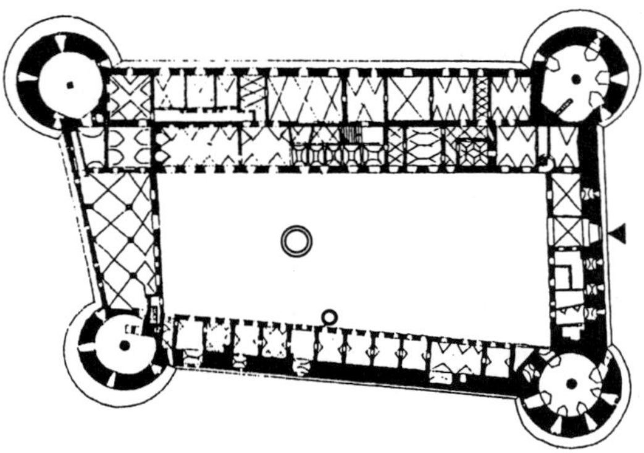

Bibersburg: Grundriß

◉ UMGEBUNG: N von Schattmansdorf (4-15 km): Weinorte • OTTENTAL (DOĽANY), • UNTERNUßDORF -Windischnußd.- (DOLNÉ OREŠANY), und • OBERNUßDORF -Deutschnußd.- (HORNÉ OREŠANY) und Ferienkolonie • MAJDAN (Hütten, Freibad), früher Siedlung d Waldarbeiter, die Mitte des 18. Jh einem Ruf der Pálffys folgend, aus der Steiermark kamen.

◉ ZENTREN IN DER WEITEREN UMGEBUNG: Smolenitz, Tyrnau, Modern.

■ **BÍŇA,** Bez Nové Zámky. 127 m. Kleinstadt am Unterlauf der Gran in der S-Slowakei, wertvolle Sakralbauten. ŽSR, SAD. Namen: ma Bény, 1135 Byn, 1295 Been, 1920 Bíňa.

Alter Siedlungsplatz mit Funden aus fast allen historischen Epochen. Wenig bekannt sind die kunsthistorisch bedeutenden Sakralbauten. Die **Rotunde (Kapelle) der 12 Apostel**, ursprünglich romanisch, Anfang des 12. Jh, vielleicht noch älter, da sichtbare byzantinische Einflüsse, die typisch für die Kirchen des Großmährischen Reiches sind. Wurde 1683 teilweise zerstört, danach mehr als 70 Jahre der Witterung ausgesetzt, bis sie 1755, barock erneuert wurde. Während eines Bombenangriffs 1944 fiel die barocke Stuckausschmückung herunter, so daß nach 1954 der alte ursprüngliche Zustand wieder hergestellt wurde. In der dicken Wand des kreisrunden Bauwerkes sind 12 Nischen eingelassen und eine Apsis, etwas vorstehend, eingearbeitet. Die Einwölbung stammt von 1755, während die aufgedeckten Fragmente der Wandmalerei (12 Apostel) vom Beginn des 12. Jh sind. Der Maler beherrschte die italienischen Wandmalkunst und verwendete byzantinische Elemente.

Bíňa: Romanische Kirche

Die romanische **kath Marien-Kirche** wurde als Kirche eines Prämonstratenserklosters (Fundamente noch vorhanden) etwa 1217 gebaut. 1683 wie die Rotunde schwer beschädigt und zwischen 1722-32 wieder erneuert. Nach weiteren Renovierungen wurde sie 1944 bei einem Bombenangriff so schwer beschädigt, daß 1945 mit dem Abbruch begonnen wurde. Glücklicherweise wurde 1951-55 eine Rekonstruktion durchgeführt, so daß dieser einmalige zweitürmige Bau, der mit seiner beeindruckenden, stilsicheren, handwerklich sehr guten Ausführung zu den wertvollsten spätromanischen Bauwerken n der Donau gehört, erhalten geblieben ist. Auch der vor der Turmfront stehende, im Karpatenraum kaum auftretende, in der Höhe abgestufte Nartex fügt sich ausgezeichnet in das Gesamtbild ein. Die wahrscheinlich angestrebte Dreischiffigkeit wurde nicht vollendet, es blieb bei ihrer Andeutung.

An das einschiffige Langhaus schließt das, durch eine Apsis abgeschlossene, Presbyterium an, das von 2 Kapellen, die auch jeweils mit einer Apsis nach O begrenzt sind, flankiert wird. Hervorragende Details sind das Portal und die Kapitelle. Neben Blättern wurden von dem Künstler, der nicht nur mit der Formensprache der Antike vertraut war, auch Jagdszenen und eine betende Figur (vielleicht der angebliche Klostergründer Amadeus von Hunt?) verwendet und mit charakteristischen Zügen versehen gestaltet.

⊕ 1930: 2.011 EW (236 Sl, 1.647 Ma, 10 J), 1940: 1.756, 1991: 1.454, 2001: 1.438 EW.

◉ UMGEBUNG: In w R (13 km) • SVODÍN, Kleinstadt (2.734 EW), ca. 10 ha große Fundstätten der Bronzezeit: Befestigungen, Häuser, Gräber. Früher zwei getrennte Orte: Magyarisch-Seldin ab 1156 im S und Deutsch-Seldin ab 1241 im N. Zerstört von den Türken und Wiederbesiedlung vom Niederrhein, inzwischen längst magyarisiert. Ende 1944 wurde durch Kriegshandlungen die romanische, zweitürmige **kath Michaels-Kirche** zerstört und die bedeutende **kath Kirche zur Maria Himmelfahrt**, 1792-99 wahrscheinlich nach einem Projekt von J. Thalherr gebaut, ebenfalls schwer beschädigt. Sie wurde aber wegen ihrer Schönheit 1957-58 wieder hergestellt. Die Gestaltung im Stil des Louis-seize ist innen wie außen sehr gut gelungen und eine Antwort auf die Zeit des Hochbarock. Auffallend ist die beinahe trennende Funktion, die der, über die ganze Breite der Hauptfassade geführte, Tympanon zwischen dem Block des mit Blindfenstern gestalteten Unterbaues und dem Teil des Turmes einnimmt. Die Ausmalung des Innenraumes, der aus 2 ovalen Teilen besteht, zeigt schon sezessionistische Einflüsse (20. Jh) und bildet mit dem Hauptaltar und den 2 Seitenaltären (ca.1800) ein geschlossenes Ganzes.

◉ ZENTREN IN DER WEITEREN UMGEBUNG: Komorn, Neuhäusl, Zelis, Štúrovo.

▲ **BODVA,** Fluß der s Unterzips und der SO-Slowakei, am Rand des ö Slowakischen Erzgebirges und des ö Slowakischen Karstes, fließt in Ungarn in die Slaná, Länge auf sl Territorium 48,4 km.

● **BOHÚŇ, PETER MICHAEL SLAVOMIL**, *1822 Veličná, +1879 Bielitz-Biala. Maler, Grafiker. Studium: Leutschau, Kesmark, Prag. Reifer, sehr fruchtbarer Maler (Trachten, Porträts), Anhänger L. Štúrs.

● **BOHUS, GEORG,** *1687 Neusohl, +1722 Kesmark. Geograph, Historiker, Pädagoge. Studium: Neusohl, Wittenberg. 1711 sl evang Pfarrer und Rektor des Lyzeums in Kesmark, zahlreiche Publikationen.

● **BORN, IGNAZ,** *1742 Capnic, +1791 Wien. Geologe, Montanist. Studium: Hermannstadt, Wien, Prag. Ämter in Schemnitz und Wien. Erfand eine neue Methode der Silbergewinnung, organisierte den 1. montan. Kongreß in Glashütten (1786), Gründung der Sozietät f. Bergbauk.

● **BORUTH, ANDREAS,** *1873 Slovenské Nové Mesto, +1955 Weszterheim. Maler. Studium und Aufenthalte: München, Paris, Madrid, Budapest. Lebte ab 1911 in Weszterheim (Gemahlin: Hermine Guhr). Zahlreiche Porträts, Familienbilder, Tatrabesucher, Landschaften.

■ **BÖSING (PEZINOK)**, Bezirkshauptstadt, 156 m. Im Zentrum des Weinanbaugebietes am SO-Abhang der Kleinen Karpaten gelegene alte Stadt. Straßenkonten. ŽSR, SAD. Namen: ma Bazin, lat Basinium, 1208 Bozen, Bozym, Pösing, Bossen.

Bösing, Marktplatz: in der Mitte evangelische Kirche, rechts Rathaus

Der lange betriebene Goldbergbau erlosch im 18. Jh (Erschöpfung der Lagerstätten) und wich dem zeitweiligen Abbau von Pyrit und Antimon. 1376 Marktrecht, über die Grafen von St Georgen und Bösing sh Sankt Georgen, 1647 königliche Freistadt. Von den Befestigungen sind nur einige Mauerreste vorhanden. Mittelpunkt Bösings ist der rechteckige Marktplatz, eine d Zentralanlage, an dem die wichtigsten Bauten und auch einige beachtenswerte **Häuser** (Fassaden meist barock oder klassizistisch gestaltet) stehen.

Die **"untere Kirche"** am Markt ist 1655-59 von den Protestanten gebaut worden (Spätrenaissance), die sie bald wieder abgeben mußten; ein Saalbau mit umlaufender Empore, im 18. Jh barockisiert, wobei ein Teil der Emporen beseitigt, und eine Dreischiffigkeit hergestellt wurde. Ein schöner Bau ist das vierflüglige **Rathaus**, das um 1800 am Markt errichtet wurde.

Die **evang Kirche** wurde 1783 entsprechend den Vorschriften als unauffälliger Saalbau errichtet. Den Turm im historisierenden Stil erhielt sie erst Mitte des 19. Jh. Im Altar (letztes Drittel 18. Jh) befindet sich eine Beweinung Christi, die Kupecky zugeschrieben wird.

Die gotische **kath Pfarrkirche** von 1347 besitzt eine sehr schöne, reichverzierte Marmorkanzel von 1573, im Stil der Frührenaissance mit einem barocken Baldachin, sehr schöne Gruppe im Seitenaltar der Pieta. Etwas abseits steht die turmlose **kath Dreifaltigkeitskirche**, 1718 von den Kapuzinern barock errichtet. Das **Kastell** im Park wurde an der Stelle einer Wasserburg 1608 gebaut, heute der größte Weinkeller der SR. Ausgedehnter Weinanbau. Abbau von Antimon. Holzindustrie. Geburtsort von Johann Kupecky (Maler), Paul Libay (Goldschmied), Ludwig Pitthordt (Maler), Eugen Suchoň (Komponist).

M *"Malokarpatské múzeum" (=Kleinkarpatenmuseum): Stadt, Weinbau.*

T *Hotels, Hütten. Freibad.*

◍ 1930: 6.079 EW (4.259 Sl, 1.325 D, 234 Ma, 161 J), 1940: 8.586, 1991: 20.515, 2001: 21.082 EW.

◉ UMGEBUNG: In s R (2 km) • GRÜNAU (MYSLENICE), ehemals d, nach Bösing eingemeindeter Weinbauort.

Bries: Marktplatz mit Stadtturm

◉ ZENTREN IN DER WEITEREN UMGEBUNG: St Georgen, Limbach, Modern.

■ **BRIES AN DER GRAN (BREZNO),** 489 m. Ehemalige Bergstadt, heute das aufstrebende Zentrum des oberen Grantales und Sitz eines Bez. Straßenknoten. ŽSR. SAD. Namen: ma Breznóbánya, Brisen, 1265 Berchun, 1380 Brizna, 1404 Brezenbanya, 1406 Briznobanya, 1516 Brezna, 1567 Brezno, 1927 Brezno nad Hronom.

Alter Siedlungsplatz (Jungsteinzeit, Bronzezeit). Neben der frühen slawischen Siedlung kam es im frühen 13. Jh durch d Bergleute zu der typischen Anlage eines fast viereckigen zentralen Marktes.

In der Umgebung wurde Gold und Silber gewonnen. Bries erhielt auch verschiedene Rechte und wurde 1650 zur königlichen Freistadt erhoben. Trotzdem bestand eine Beeinträchtigung der Entwicklung durch die Neusohler Bergkammer, später durch mächtige adlige Häuser, ferner durch die Türkenkriege und die antihabsburgischen Auseinandersetzungen, so daß die politischen Errungenschaften wieder verloren gingen. Auch der im 18. und 19. Jh aufgenommene Abbau von Eisenerz führte nicht zu einem Durchbruch in der Entwicklung.

Am Marktplatz stehen einige schöne **Häuser**, die vielfach eine klassizistische Umgestaltung ihrer Fassaden erfuhren. Der freistehende klassizistische **Stadtturm**, mit Blindarkaden und schön geschwungenem Helm, wurde 1830 an der Stelle eines Vorgängers aus dem 16. Jh errichtet. In der Nähe des Turmes steht die **Marien-Säule** von 1741, die Barockstatue ist eine Kopie. Das **ehemalige Rathaus** (heute Museum) wurde nach einem Feuer im klassizistischen Stil 1779-80 errichtet.

Die **kath Kirche**, klassizistisch mit einigen frühbarocken Details, wurde 1781-85 als einschiffiger Bau, vorerst ohne den barocken Turm, der erst 1792-93 dazu kam, gebaut. Ihre Vorgängerin, die abseits des Marktplatzes stand, brannte 1779 ab, das übrig gebliebene Presbyterium wurde zu einer Kapelle. Für das Rathaus und die kath Kirche lieferte P. Grossmann die Pläne.

Die **evang Kirche** steht im O-Teil der Stadt. Als klassizistische Toleranzkirche 1785-87 errichtet (1863-64 erweitert), wurde der Turm erst 1906 dazugebaut. Altar aus dem 19. Jh, das sehr starke Bild des ursprünglichen alten Altars, eine Kreuzigung von J.J. Stunder, hängt heute am linken Pfeiler. Die **Synagoge** wurde 1900 gebaut.

Größere Bedeutung erreichte die eisenverarbeitende Industrie, im 18. Jh 2 Hammerwerke und Anlagen zur Herstellung von Konstruktionen aus Gußeisen. Die letzteren wurden nach 1945 zu einer größeren Stahlbaufirma ausgebaut.

Wirkungsstätte von Franz Reger (Komponist), Martin Rázus (Schriftsteller und Politiker).

M *"Horehronské múzeum" (=Obergranmuseum) altes Rathaus, Lokalgesch.*

T *Hotel. Winterstadion, Hallenbad, Freibad.*

◍ 1930: 4.664 EW (4.478 Sl, 31 D, 65 Ma, 38 J), 1940: 6.308, 1991: 22.469, 2001: 22.875 EW.

◉ UMGEBUNG: In s R (6 km) • SCHWARZWASSER (ČIERNY BALOG), Kleinstadt (5.099 EW), Zentrum der Holzverarbeitung. Die Bergkammer gründete: "Holzhandlung Schwarzwasser". 132 km langes Netz an Schmalspurwaldeisenbahnen, 1982 endgültig aufgelassen, heute 17 km (Štiavnička-Schwarzwasser-Vydrovo) als Touristenattraktion erhalten (Betrieb an Sonntagen). Kath Kirche, klassizistisch von 1797-1804, Hauptaltar und Kanzel aus Tirol. Alte Holzhäuser.

Im Grantal aufwärts liegen siedlungsgeschichtlich und durch ihre industrielle Entwicklung interessante Orte: • BENUŠ, im 14. Jh Bergbau, heute Holzwirtschaft, barocke kath Kirche von 1778-80 mit einem sehr guten Bild Maria-Geburt vom Ende des 18. Jh, • BACÚCH und • POLOMKA, kath Barockkirche aus dem 17. Jh mit Wehrmauer.

Mischdorf: Hügelgrab aus der älteren Eisenzeit während der Ausgrabungen

◉ ZENTREN IN DER WEITEREN UMGEBUNG: Podbrezová, Liptovský Hrádok, Roter Stein, Theißholz, Detva.

● **BROCKOFF, JOHANN,** *1652 Georgenberg, +1718 Prag. Barockbildhauer. Schuf das Gußmodell für die Nepomuk-Statue auf der Prager Karls-Brücke und schmückte die Schlösser zahlreicher böhmischer Adliger. Bedeutend: 10 Holzplastiken (Heilige) der Kirche in Tachau.

■ **BRUCK (MOST PRI BRATISLAVE)**, Bez Senec, 130 m. Kleinstadt auf der w Schüttinsel. SAD. Namen: ma Hidas, 1283 Pruk, 1920 Bruck, Bruck an der Donau, 1927 Most na Ostrove.

Typisch für die w Schüttinsel ist die geduckt erscheinende massige Bauweise bei den Wohnhäusern und den Kirchen. Der Kern der ursprünglich gotischen kath Kirche stammt aus der 1. Hälfte des 14. Jh. Mehrere Umbauten und Erweiterungen (noch 1910) führten zu dem heutigen Bestand mit zwei, keine gemeinsame Front bildenden Türmen. Einige alte Wandmalereien im alten Teil, im neuen aus dem 18. Jh, Kanzel aus dem 14. Jh.

🌐 1930: 1.471 EW (29 Sl, 1.343 D, 82 Ma, 5 J), 1940: 1.502, 1991: 1.494, 2001: 1.555 EW.

◉ UMGEBUNG: In s R (7 km) • MISCHDORF (NOVÉ KOŠARISKÁ), • SCHILDERN (JÁNOŠÍKOVÁ), • TARTSCHENDORF (NOVÁ LIPNICA), zusammengefaßt in • DUNAJSKÁ LUŽNÁ (zus 2.735 EW). Früher d Gemeinden. Sehr alte Siedlungsplätze mit **6 Hügelgräbern** (Kurgane) in der Mischdorfer Gemarkung, in denen skythische Fürsten in der älteren Eisenzeit bestattet wurden. Im Volksmund "Holeba" (von "hohe Lehne"), verschieden groß, Durchmesser zwischen 23-45 m, Höhen 1,5-3 m, vor 2500 Jahren etwa doppelt so hoch, über die kleineren wurde hinweggeackert. Die im tischebenen Land auffällige Existenz führte zu zahlreichen Vermutungen und Sagen, bis die Ausgrabungen von 1960-67 150 Gefäße und Metallgegenstände und damit eine Bereicherung der Erkenntnisse über die ostalpine Hallstattkultur brachten. Die Toten wurden mit ihrer ganzen persönlichen Habe verbrannt und dann mit den Grabbeigaben bestattet. Diese sind im Slowakischen Nationalmuseum in Preßburg. Leider wurde nicht ein einziger Hügel in seiner äußeren Form wiederhergestellt, sie wurden alle einplaniert.

Evang Kirche (Mischdorf) klassizistischer Bau von 1814, **kath Kirche (Mischdorf)** ursprünglich gotisch, 1730 barock umgestaltet, **kath Kirche (Schildern)** von 1797, mit frühgotischer Madonna im Altar, wahrscheinlich eine Kopie der Barockzeit.

In w R (5 km) • BISCHDORF (PODUNAJSKÉ BISKUPICE), früher Kleinstadt vor den Toren Preßburgs (damals überwiegend ma), seit 1960 dorthin eingemeindet, mit großem Bevölkerungszuwachs. Einer der ältesten Siedlungsplätze der Schüttinsel, Funde auch aus der Römer- und Quadenzeit. Kath Kirche, romanisch von 1221, im 14. Jh gotisch umgebaut. Hohe Dreifaltigkeitssäule (Statuen 18. Jh). In sw R (6 km) • WALTERSDORF (ROVINKA), früher überwiegend d Gemeinde (1.274 EW). Klassizistische kath Kirche mit einigen barocken Elementen von 1798. Bilder aus dem 17. Jh. Die Attraktion "Insel der Kormorane" (Schutzgebiet seit 1931!) versank im Stausee.

◉ ZENTREN IN DER WEITEREN UMGEBUNG: Preßburg, Gabčíkovo.

Unterkrupa: Schloß der Fam Brunswick

● **BRUNSWICK,** u Adelsfamilie, Schloß in Unterkrupa, durch die Verknüpfung mit L.v. Beethoven bekannt geworden, der 1800, 1801, 1806 und evtl. 1810 zu Gast war, im Gartenpavillon wohnte. Schrieb dort u.a. die Mondscheinsonate. **JOSEF,** *1750 Unterkrupa, +1827 Preßburg, Gastgeber Beethovens. **JOSEFINE** und **THERESE**, Nichten von Josef, Schülerinnen Beethovens, die letztere, *1775 Preßburg, +1861 Budapest, Sozialarbeiterin, gründete die ersten Kindergärten der Monarchie, Beethoven widmete ihr die Klaviersonate Fis-dur op 78, sie ist aber nicht die "unsterbliche Geliebte" (sondern Antonie von Brentano). Josefine widmete er das Lied "Hoffnung" op 32. **MARIA HENRIETTE** Chotek (1863-1946), Urenkelin von Josef, "Rosengräfin", legte ein weitbekanntes Rosarium an (Gedenktafel).

■ **BRUSNO**, Bez Banská Bystrica, 410 m. Sehr schön, etwas abseits, s des engen oberen Grantales gelegener Badeort. Ausgangsort für Wanderungen (Niedere Tatra und Slowakisches Erzgebirge). ŽSR, SAD. Namen: ma Borcszno, 1424 Bruzno, 1961 Hronov, 1971 Brusno.

Die 5 alkalisch-schwefeligen Quellen sind 1839 analysiert worden und besonders zur Behandlung von Erkrankungen des Magens und der Leber verwendet worden. 1880 errichtete Ludwig Rosenauer eine Kneippsche Wasserheilanstalt. 1892 hatte das Bad 100 Betten und von dieser Zeit an einen dauernd anwesenden Badearzt. Im 20. Jh wechselten die Besitzer sehr häufig, und 1950 wurde es schließlich zum Staatsbad. Zu den verstreut, sehr schön in einem lichten Park gelegenen klassizistischen Gebäuden, die später im Sezessionsstil renoviert wurden, kam nach dem 2. Weltkrieg ein modernes Sanatorium ("Poľana") hinzu. Die erhöht stehende Kapelle wurde im neogotischen Stil 1910 errichtet. Auf dem Fußweg zu ihr bzw. zum Sanatorium steht eine starke, eigenwillig gestaltete Steinskulptur von J. Bártfay, Christus in Gethsemane.

⊕ 1930: 692 EW (685 Sl, 2 Ma), 1940: 840, 1991: 2.086, 2001: 2.086 EW.

◉ UMGEBUNG: Im Grantal, an mehreren Orten wurde Bergbau betrieben, (3 km ö) • NEMECKÁ (1.778 EW), petrochemische Werke, im Spätsommer 1944 von amerikanischen Bomberverbänden fast ganz zerstört. Gedenkstätte (ehemaliger Kalkofen), in dem Anfang 1945 von einer d Sondereinheit mehrere 100 Personen umgebracht wurden.

◉ ZENTREN IN DER WEITEREN UMGEBUNG: Libethen, Slowakischliptsch, Podbrezová.

● **BUCHHOLTZ,** Naturwissenschaftlerfamilie, zahlreiche Publikationen. **GEORG dÄ,** *1643 Zeben, +1724 Großlomnitz, evang Pfarrer, Pädagoge, Studium: Wittenberg. Erstbesteiger der Schlagendorfer Spitze. **GEORG dJ,** *1688, +1737 Kesmark, Sohn des Vorigen, Pädagoge, erforschte und kartierte die Dämenovaer Eishöhle. **JAKOB,** *1698, +1758 Kesmark, Bruder des Vorigen, Nadlermeister, durchwanderte die Gebirge der Heimat.

▲ **BURDA**, kleines Gebirge in der S-Slowakei zwischen Gran und Eipel. 7,5 km lang, 3 km breit, Burdov 888 m. Bewaldet, am Fuß Weinbau.

▲ **BYSTRÁ**, höchster Berg der Liptauer Alpen, 2248 m, dem Hauptkamm etwas nach S vorgeschoben. Schöne Aussicht nach S, nach N von der benachbarten Schulter Blyšť (2169 m, Staatsgrenze). Seen am Fuß.

● **CARAFFA, ANTON,** * ? Neapel, +1693 Wien. Feldmarschall, Diplomat, in Diensten von Leopold I. Bei der Niederschlagung des Thökölyschen Aufstandes Oberbefehlshaber, verantwortlich für das "Eperieser Blutgericht" mit 24 hingerichteten Protestanten.

Chatam Sófer

● **CHATAM SÓFER** (MOSCHE SCHREIBER), *1762 Frankfurt/M., +1839 Preßburg. Gelehrter. 1806 Rabbiner in Preßburg, Gründer der Rabbinerschule mit Weltruf. Publizist mit Exegesen zum Talmud, Buch Mose etc. Beigesetzt im Mausoleum unter dem Preßburger Burgberg.

▲ **CHOČGEBIRGE (CHOČSKÉ VRCHY)**, sehr stark gegliedertes Gebirge n des Liptauer Beckens in der N-Slowakei, ohne Hauptkamm, Veľký Choč 1611 m. Sehr schöne, abwechslungsreiche Landschaft, sehr schönes, nicht überlaufenes Wandergebiet.

● **CIKKER, JÁN,** *1911 Neusohl, +1989 Preßburg. Sl, religiös geprägter Komponist, Musikpädagoge, einer der bekanntesten der Nachkriegszeit. Studium: Prag, Wien. Prof., Dramaturg in Preßburg. Bedeutende Opern mit internationalen Stoffen, aber auch Orchestermusik, Volksmusik.

● **COBURG, FERDINAND GEORG AUGUST,** Graf von **SACHSEN-COBURG-GOTHA**, *1785 Coburg, +1851 Wien. Gemahlin: Antonia Maria Koháry, durch die der Grundstock der Besitzungen in der Slowakei an die Coburger kam, Brüder: Albert (Gemahl der Königin Viktoria), Leopold (König von Belgien). Erwarb mehrere Eisenwerke und baute sie aus (damals die besten Ungarns). **AUGUST LUDWIG VIKTOR,** Graf von **SACHSEN-COBURG-GOTHA,** *1818, +1881. Sohn des Vorigen. Erbe und Verwalter des sl Besitzes, ordnete das Koháry-Archiv. **PHILIPP FERDINAND MARIA,** *1844 Paris, +1921. Sohn des Vorigen. Nach mißglückten Modernisierungsversuchen der sl Eisenwerke, 1913 Umwandlung in eine AG, ohne größeren Einfluß in der Fam. **FERDINAND MAXIMILIAN**, Fürst von **SACHSEN-COBURG-GOTHA, ZAR VON BULGARIEN**, *1861 Wien, +1948 Coburg. Bruder des Vorigen. 1918 Verzicht auf den bulgarischen Thron zu Gunsten seines Sohnes Boris, lebte fast ausschließlich in Antol, das ihm 1920 nach der Konfiszierung des Eigentums durch die ČSR blieb, verließ die Slowakei Ende 1944.

● **CSAK, MATTHEUS,** *um 1260, +1321. Einer der höchsten Beamten der u Krone, Oligarch. Verweigerte mehrmals die Gefolgschaft der u Krone, hielt bis zu seinem Tod trotz der Niederlage von Rozhanovce weite Gebiete der Slowakei (vor allem um Trentschin) besetzt.

● **CSÁKY,** weitverzweigtes u Adelsgeschlecht mit hohen und höchsten Staatsbeamten. Bekamen im 17. Jh Lewenz, dann das Erbe der Thurzos und der Drugeths, erwarben weitere große Besitzungen, darunter die Eisenwerke Prackendorf, 1945 enteignet.

● **CYPRIAN, FRATER** (FRATER CYPRIANUS, JAISGE), *1724 Lübben, +1775 Rotes Kloster. Kamaldulensermönch im Roten Kloster, Naturforscher. Schuf das älteste Herbarium (mehr nach der Medizin als nach der Botanik aufgebaut) der Slowakei, Apotheker (die älteste Apotheke der Zips), Arzt, Alchemist, Sage um den fliegenden Mönch.

● **CYRILL (KONSTANTIN),** *827 Solun, +896 Rom. Philosoph, Religions- und Schriftforscher, Bruder des Method. Kamen beide 863 in das Großmährische Reich, versuchten es von der Oberherrschaft Roms zu Gunsten von Konstantinopel zu lösen. C. schuf mit der Glagolithischen Schrift (Hlaholica) die Grundlage für das Kyrillische. Beide übersetzten die Bibel.

● **CZAUCZIK, JOSEF,** *1781 Leutschau, +1857 Leutschau. Maler. Studium: Wien. Bekannter, sehr fruchtbarer Maler von Altarbildern, gesuchter Porträtist. Hatte schließlich mehrere Mitarbeiter.

■ **ČADCA,** Bezirkshauptstadt, 420 m. Früher unbedeutende Kleinstadt, heute aufstrebende Industrie, in der äußersten NW-Slowakei. Straßen- und Eisenbahnknoten. ŽSR, SAD. Namen: d selten Tschadsa, ma Csáca, 1598 Chatza, 1658 Čatsa, 1808 Cžáca, 1920 Čadca.

Barocke **kath Kirche** von 1734-35 am Platz einer alten Holzkirche. Barocker Hauptaltar von 1762 (Bild von J.B Klemens, Mitte 19.Jh).

M *"Kysucké múzeum", "Kysucká galéria" (=Kischützer Museum, Galerie).*

◍ 1930: 6.633 EW, (6.561 Sl, 23 D), 1940: 7.257, 1991: 25.183, 2001: 26.699 EW.

◉ UMGEBUNG: Das sö (8-27 km) gelegene Bystricatal ist ein Gebiet der wallachischen Kolonisation, viele Streusiedlungen und größere Orte: • KLUBINA, am Ortsrand verschalter hölzerner Glockenturm, vorgesehen für das Freilichtmuseum von Vychylovka, • STARÁ BYSTRICA, neugotische Kirche (1900) und verfallende Synagoge (1900), • NOVÁ BYSTRICA, Holzhäuser, alte Mühle (1808), klassizistische kath Kirche (1857), Stausee. 5 km weiter: • VYCHYLOVKA, **M** *"Múzeum kysuckej dediny" (Freilichtmuseum) mit zahlreichen Holzhäusern der Region und einem beachtlichen Rest der großen Waldeisenbahn (ehemals: Krásno nad Kysucou -Lokca, mit Abzweigungen zusammen ca.110 km).* Den wesentlichsten Teil bauten italienische Kriegsgefangene im 1.Weltkrieg und die Bergstrecke, mit einem Höhenunterschied von 250 m, wurde 1925-26 fertig (keine Kurven, waagrechte Stichstrecken zum Richtungswechsel, eine Besonderheit in Europa!), 1972 aufgelassen. Touristenverkehr auf der Bergstrecke.

In ö R (10 km) in einem Seitental: • OŠČADNICA, Wintersportzentrum. Sessellift von Laliky (Ausgangspunkt für die Veľká Rača, 1236 m, höchster Berg der Mittleren Beskiden, weite schöne Aussicht, 1/2 Std von der Bergstation). **T** *Schlepplifte in Dedovka. Berghütten, Unterkünfte, Restaurants.*

◉ ZENTREN IN DER WEITEREN UMGEBUNG: Sillein, Großbitsch, Arwastausee, Arwaburg.

● **DAMKO, JOSEF,** *1872 Deutschproben, +1955 Budapest. Bildhauer. Studium: Budapest, Paris, Rom. Lebte in Budapest, Deutschproben, Rom. Grabmale, Gefallenendenkmäler, Porträts, Terrakotten, Münzen. Vom Naturalismus beeinflußt, mit eigenständiger, verinnerlichter, dem Monumentalen und Heroischen abgewandter Darstellung.

■ **DEDINKY**, Bez Rožňava, 795 m. Sehr schön am Palzmann-Stausee, im oberen Göllnitztal gelegener kleiner Erholungsort. ŽSR, SAD.

1927 durch Zusammenlegung von Emrichsdorf (Imrichovce) und Stefansdorf (Štefanovce) gebildet. Die beiden kleinen Orte entstanden im 14. und 15. Jh als Ansiedlungen d Bergleute, die nur relativ kurze Zeit Erze abbauten. Der sehr schöne **Palzmann-Stausee** (Palcmanská Maša) wurde 1956 fertiggestellt, Fläche 0.85 km^2.

T *Hotels, Camping, Hütten. Sessellift auf das Geravyplateau, Schlepplift. Schwimmen und andere Wassersportarten (ohne Motorboote!). Wanderungen im s Slowakischen Paradies.*

◍ 2001: 340 EW

◉ UMGEBUNG: In ö R (1 km) • MLYNKY, Zusammenschluß mehrerer kleiner Ansiedlungen, die durch den Bergbau (Kupfer, Eisen) und als Kolonien der Hüttenbetriebe (beide existieren nicht mehr) entstanden sind und heute zusammen mit dem nahen Dedinky ein Touristenzentrum bilden (zus 691 EW). **T** *Hotels, Schlepplifte.*

◉ ZENTREN IN DER WEITEREN UMGEBUNG: Dobschau, Zipser Neudorf, Deutschendorf, Roter Stein.

■ **DEMÄNOVATAL (DEMÄNOVSKÁ DOLINA,** Ort: **DEMÄNOVÁ)**, Bez Liptovský Mikuláš, 653 bis 2024 m. S von Liptau-St-Nikolaus gelegenes, bis zum Hauptkamm der Niederen Tatra vordringendes ca. 12 km langes Tal, das zu den interessantesten und schönsten der Slowakei zählt, zahlreiche große Höhlen.

Touristenzentrum, Wanderungen in der Niederen Tatra, Skistation mit Pistenzirkus (unter dem Namen Jasná bekannt, einzige der Slowakei mit internationalem Rang). SAD.

"Die Felsen des Demänovatales wurden durch Giganten getürmt", so charakterisierte Karl Siegmeth (1845-1912) die schon lang bekannte Talschaft, die im N durch den Kalk der Seitenkämme und im S durch das Urgestein des Hauptkammes der Niederen Tatra gebildet wird. Aber bis zum Ende der

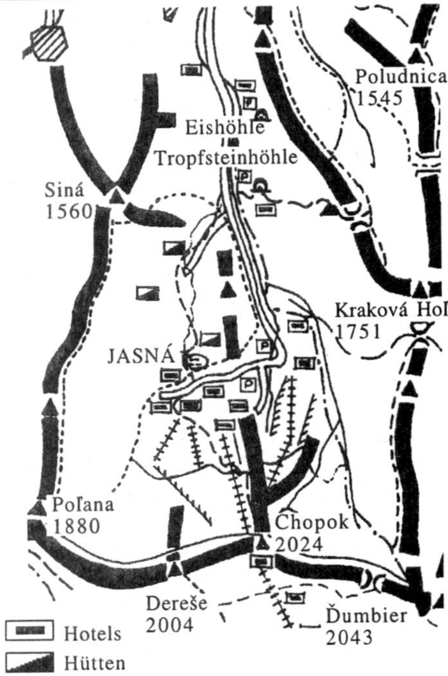

Das Demänovatal

40-er Jahre führte die 1935 verbreiterte Straße nur bis zur Tropfsteinhöhle, und die s Abschnitte, mit dem bereits im Urgestein, unter dem Hauptkamm liegenden imposanten kesselartigen Talabschluß, gehörten zu den ganz selten besuchten Gebieten. Erst der Bau der Hütte unter dem Ďumbier und eines Weges dorthin sowie die Errichtung einer Hütte am kleinen Vrbické pleso (alles zwischen 1924-1938) zogen mehr Wanderer in das Gebiet von **Jasná**. Seit 1939 wurden die einmaligen Möglichkeiten des Geländes zu Skiwettkämpfen genutzt (1942 erstmalig Staatsmeisterschaften, Sieger im Abfahrtslauf: Tibor Lehotský), bei denen die Teilnehmer noch einen mehrstündigen Anstieg zum Start (ab 1942 auf dem Chopok) absolvieren mußten.

Bereits 1936 lagen Pläne für eine Seilbahn auf den Chopok vor, die erst 1949-53 durch den Bau der **Chopoksesselbahn-Nord** realisiert wurden, 2 Sektionen, 765 m Höhenunterschied, Betriebszeiten: Sommer 8-17, Winter 9-16 Uhr, in der Zwischensaison 2-4 Wochen lange Unterbrechungen. Diese Bahn auf der N-Seite erlaubt mit ihrem Gegenstück auf der S-Seite, der Chopoksesselbahn-Süd (vergl Podbrezová) eine bequeme Überschreitung des Gebirges und eine Einbeziehung der S-Seite in den Skizirkus. Die Aussicht vom doppelgipfligen **Chopok** (2024 m) gehört zu den schönsten in der Niederen Tatra. Die beiden Bahnen ermöglichen weite Wanderungen am Hauptkamm und seinen Seitenkämmen. Im Laufe der Jahrzehnte kamen zahlreiche Übernachtungsmöglichkeiten, die vom Campingplatz über Hütten bis zu Hotels reichen hinzu. Seit 1964 selbständige politische Gemeinde **Demänová**. Die bekannteste Höhle des Tales ist die **Demänovaer Tropfsteinhöhle** (Demänovská jazkyňa Slobody), die 1921 durch Alois Král und Adam Mišura entdeckt wurde und bereits 1924 bei der Zugänglichmachung elektrische Beleuchtung erhielt (Besichtigung ca.1 Std, ganzjährig). Der Eingang befindet sich im Berghotel (Horský hotel pri Demänovskej jazkyni Slobody), oberhalb des Parkplatzes, 15 Min blau mk Weg oder Sessellift. Die Höhle gehört zu den schönsten ihrer Art, denn selten ist eine derartige Vielfalt in den Formen und Farben im Zusammenspiel der verschiedensten Gebilde mit den unterirdischen Gewässern vorhanden. Kein Wunder, daß die Schatzsucher bis in die jüngste Vergangenheit hinein glaubten, reines Gold vor sich zu haben, das sich nur dann gewinnen ließe, wenn die Gebilde mit viel Hokuspokus herausgebrochen würden. Zahlreiche abgebrochene Tropfsteine zeugen von diesem Wahn, der manchen Unbedarften glauben ließ, wenn nicht Gold, so doch kostbares Porzellan vor sich zu haben. Von den 8,9 km ihrer Gesamtlänge werden dem Besucher 1,6 km gezeigt. Die Höhle ist ein Teil des großen, ausgedehnten, 22 km langen Systems, zu dem mehrere andere Höhlen gehören, und das bis in das Nachbartal von St Johann reicht. Ihre Entdeckung war seinerzeit nur durch einen außerordentlich niedrigen Wasserstand der Demänovka möglich, der die Einlauföffnung freilegte. Heute führt ein künstlicher Eingang in die Höhle, und der ebenfalls künstliche Ausgang liegt ein paar Meter oberhalb des Hotels. Eine zweifellos interessante Stelle ist der **Wiederaustritt der Demänovka** (Vyvieranie), n des Parkplatzes, bei der Einmün-

Georg Buchholtz d.J.: Plan der Eishöhle (Veröffentlichung von 1723)

dung eines kleinen Seitentales von O. Zu den am längsten bekannten Höhlen der Welt, bereits 1299 erwähnt, gehört die **Demänovaer Eishöhle** (Demänovská ľadová jaskyňa), früher auch als Deménfalver Höhle oder Drachenhöhle bekannt (Besichtigung ca.3/4 Std, 15.5.-15.9.). In ihr wurden Mammutknochen gefunden, die seinerzeit Drachen zugeschrieben wurden. Sie war sicher schon sehr früh bewohnt gewesen, und eine siedlungsgeschichtliche Verbindung mit den warmen Quellen von St Johann wird nicht ausgeschlossen. Schon 1719 erforschte sie G. Buchholtz d.J., der von ihr genaue Zeichnungen, die ältesten ihrer Art, anfertigte. In den 80-er Jahren des 19. Jh wurde sie von der Sektion Liptau des KV zugänglich gemacht und in ihrer Nähe das Julius-Haus (nach dem Vorsitzenden Julius Kubinyi) gebaut, das nach einem Brand 1906 durch ein massives Haus (heutige "Kamenná chata Odboj") ersetzt wurde. Der künstliche Eingang ist 90 m über dem Talboden (Serpentinenweg). Im untersten der vier Geschosse befinden sich die verschiedensten Eisgebilde, der Rauhreif an den Decken ist nur im Frühjahr vorhanden. Früher reichte das Eis weiter hinauf, Zirkulationsprobleme und ab 1880 der Verkauf des Eises für Kühlzwecke verminderten den Bestand der lange Jahre nicht zugänglichen, erst 1952 wieder offenen Höhle. Von 1,7 km Länge werden 0,56 km gezeigt.

Die **Demänovaer Friedenshöhle** (Demänovská jaskyňa Mieru) mit sehr schönen Tropfsteinen wird seit Jahren für den allgemeinen Zugang vorbereitet. Alle anderen Höhlen bleiben der Öffentlichkeit verschlossen.

T *Zahlreiche Hotels und andere Unterkünfte, Camping. Chopoksesselbahn, Kabinen- und Sesselbahnen, Schlepplifte.*

◉ ZENTREN IN DER WEITEREN UMGEBUNG: Liptau-St-Nikolaus, St Johann, Podbrezová, Svätý Kríž.

● **DERNSCHWAM, HANS,** *1494 Brüx, +1567 Schattmansdorf. Humanist, Handelsherr. Studium der Phil.: Wien, Leipzig. Reisen: Italien, Ungarn. Im Dienst der Thurzos, 1520-1549 hervorragender Faktoreileiter der Thurzo-Fuggerschen Gesellschaft in Neusohl. Erwarb ein Gut in Schattmansdorf. Zahlreiche Publikationen, Besitzer einer umfangreichen wertvollen Bibliothek.

■ **DETVA**, Bezirkshauptstadt, 400 m. Volkskundlich sehr interessanter kleiner Ort in der Mittelslo-

Detva: Holzkreuze auf dem Friedhof

wakei, auf dessen Gemeindegebiet nach dem 2.Weltkrieg ein Industriezentrum(Maschinenfabrik) und neue Wohnsiedlungen entstanden. ŽSR, SAD. Namen: ma Dettva, 1696 Detua, 1773 Detva, Guetva.

Alter Siedlungsplatz (Bronzezeit, Großmährisches Reich). Von Köhlern aus Libethen angelegtes Waldhufendorf, dessen Bewohner sich nach dem Niedergang des Bergbaues mit der Landwirtschaft und der Anfertigung von Holzartikeln beschäftigten. Typisch für die Umgebung sind die **Einzelgehöfte und Heustadeln** aus Holz mit ihren schönen, die Sonne symbolisierenden Holzgiebeln und den handwerklich erstklassigen Hoftoren. Im Ort, infolge eines Brandes, nur selten zu sehen (Nr 257). Auf dem Friedhof stehen aber noch die zahlreichen, sehenswerten, geschnitzten, bemalten **Holzkreuze**, die beim Begräbniszug mitgeführt werden. Vor der **kath Kirche** (klassizistisch von 1804-05, mit Übernahme des Turmes der älteren Kirche) stehen auch zwei Kreuze. Altarbild Cyrill und Method von J.B. Klemens (2. Hälfte 19. Jh). Im Ort, früher ein beliebtes Ziel von Malern, heute alljährliche Folklorefestivals.

◍ 1930: 7.324 EW (7.222 Sl, 9 D, 14 Ma, 21 J), 1940: 8.078, 1992: 15.039, 2001: 15.122 EW.

◉ UMGEBUNG: In ö R (11 km) • HRIŇOVÁ, Stadt (8.289 EW), Maschinenfabrik, früher Glashütte, s und w zahlreiche Einzelgehöfte, Heustadeln. Weitere 18 km in nö R: • LOM, • DRÁBSKO, • SIHLA, kleine Dörfer in ca.1.000 m Höhe, früher Glashütten, Papiermühlen, Endpunkt der 1923 aus dem Grantal gebauten, nicht mehr existierenden Waldeisenbahn. In w R (9 km) • VÍGLAŠ (1.636 EW): Schloß, seit 1945 Ruine (Kriegshandlungen), gotisches Jagdschloß zwischen 1390-1400, Stützpunkt gegen die Türken, im 18. Jh herrschaftliches Schloß, 1905-18 im Besitz der Habsburger. Ab 1860 Mineralwasserverkauf. Weiter in nö R (7 km) • OČOVÁ: Abgelegener Ort (2.602 EW), Geburtsort von Matthias Bél. Wertvolle Kunstwerke in der kath Kirche (14. Jh, Festung, Ende 18. Jh barockisiert): Der **Schrein des linken Seitenaltars**, ein Marien-Tod mit einer großen Zahl lebhaft agierender Personen, stammt aus der Werkstatt Meister Pauls aus Leutschau (Beginn 16. Jh), gehörte zu einem Flügelaltar, von dem auch der Johannes stammt. Die Plastiken und die Predella des **Nikolaus-Antonius-Altars** (1514) sind ebenfalls Fragmente eines älteren Altars. Gotische **Wandmalereien** in zwei Schichten, u.a. Ladislaus-Legende, versch. Heilige. In der **evang Kirche** (1945 schwer beschädigt) Altarbild (1868) von J.B. Klemens. Auf dem Friedhof **Holzkreuze**.

◉ ZENTREN IN DER WEITEREN UMGEBUNG: Altsohl, Neusohl, Libethen, Divín.

■ **DEUTSCHENDORF (POPRAD)**, 652 m. Bezirkshauptstadt, bedeutendes Industriezentrum mit einer außerordentlichen Bevölkerungsexplosion, früher eine eher unbedeutende Stadt des Zipser Städtebundes. Sehr schön im Vorland der Hohen Tatra, deren Kette von hier aus am besten zu übersehen ist, im Zipser Becken, an der Popper gelegen, das "Tor in die Hohe Tatra". Eisenbahn- und Straßenknoten, ŽSR, ADSR, Flugplatz "Tatry-Poprad" (TAT). Namen: ma Poprád, Teutschendorff, Dewchendorff, 1256 Poprad, 1268 Villa Theutonicalis, 1300 Poppart, 1310 Villa Tedecha, 1346 Popradzaza, 1786 Poprad.

Deutschendorf wurde im 13. Jh als d Siedlung mit einem geschlossenen Straßenmarkt gegründet, gehörte zur Bruderschaft der 24 königlichen Pfarrer, auch zum Bund der 24 Zipser Städte, zu den an Polen verpfändeten Zipser Städten und danach zur Provinz der 16 Zipser Städte. Seine Entwicklung verlief nicht so günstig wie die des benachbarten Georgenberg. Erst der Bau der Kaschau-Oderberger-Eisenbahnlinie brachte Deutschendorf den zuerst langsamen, nach dem 2. Weltkrieg stürmischen Aufschwung mit der starken Industrialisierung, so daß es schließlich alle seine unmittelbaren Nachbarn hinter sich ließ.

Die alte **kath Kirche**, früher als einziges Gebäude auf dem Marktplatz, ist ein frühgotischer Bau vom Ende des 13. Jh, und gehört zu den 17

Die Türme Deutschendorfs vor der Kulisse der Hohen Tatra

zweischiffigen Kirchen der Zips. Die Zweischiffigkeit ist hier durch die Einwölbung im 15. Jh mit Hilfe einer zusätzlichen Mittelstütze geschaffen worden. Die mittelalterlichen Wandmalereien aus der 2. Hälfte des 15. Jh zeigen auf der N-Wand die Drei heiligen Könige und auf dem Triumphbogen das Letzte Gericht. Sie sind 1877 übermalt worden. Ob die im Hintergrund sichtbaren Berge, von denen angenommen wird, daß sie die ersten Darstellungen der Bergwelt in der Slowakei sind, bereits auf der ursprünglichen alten Bildfassung vorhanden sind, wurde bisher nicht bewiesen.

Neben der Kirche steht der **Glockenturm**, einer der zahlreichen der Zips. Leider sind der reiche Sgraffitoschmuck und die mit Stuck aufgetragene Quaderung am Renaissanceturm von Deutschendorf 1957 (letzte Restaurierung) nicht wieder hergestellt worden. Das überlieferte Chronostikon, das zweimal am Turm angebracht war: "**IV**n**IV**s appos**I**te pos**VI**t f**V**n**D**a**MI**na t**V**rr**I**s // Prospere at a**V**g**V**st**V**s **C**ont**I**n**V**a**VI**t op**V**s" (frei: der Juni hat die Fundamente des Turmes gelegt, der August hat unter günstigen Verhältnissen das Werk vollendet) ergibt die Jahreszahl 1659. Zweifeln kann man nur an der Berücksichtigung des allerersten Großbuchstabens, dem I, da in der zweiten Zeile der Anfangsbuchstabe P auch groß geschrieben ist, so daß sich noch 1660 ergeben könnte. Aber in der Literatur wird häufig als Baujahr 1658 oder auch 1663 angegeben. Die oben angeführte Unsicherheit verleitete die vorletzten Restauratoren 1925 dazu, in einer ergänzenden Inschrift festzustellen: "Aedificatum A.D. MDC?/ Flammis dirutum MDCCCXLIV" (=erbaut iJ 16??/ durch Brand zerstört 1844).

Auf dem Marktplatz steht auch die **evang Kirche**, die 1829-34 im klassizistischen Stil mit einem aufgesetzten Turm errichtet wurde. Der klassizistische Altar stammt von 1840, die Kanzel aus der Zeit um 1845.

Auch das klassizistische **Stadthaus** von 1798 steht auf dem Marktplatz, dessen Bild sich durch den Abriß der S-Seite und durch die Errichtung von Großtafelbauten an dieser Stelle ganz verändert hat. Das ist typisch für die Orte, deren alte Kerne man nicht für wertvoll genug befunden hat, um eine Denkmalzone (Stadtreservat) einzurichten und wo man sich nicht scheut, den Bestand total "herunterzuwohnen", um eine Begründung für seinen Abriß zu haben. In vielen Fällen ist keine wertvolle Substanz verloren gegangen, aber sicher ist, daß einige vereinzelte wertvolle Gebäude, die dazwischen standen, zerstört wurden (von der Problematik der Einbindung und Gestaltung der modernen Ersatzbauten ganz zu schweigen).

Die neue **kath Pfarrkirche** steht außerhalb des alten Zentrums und ist 1939-42 nach einem Entwurf von G. Schreiber gebaut worden. Die klassizistische **Synagoge**, die um 1830 errichtet wurde, ist 1944 umgebaut worden (heute Druckerei).

Industriestandort, vor 1955: Zentrum der Papierherstellung, 1692 als Papiermühle von der Familie Cziser gegründet, ab 1899 im Besitz der Familie Hamburger, ab 1937 in dem der SOLO und schließlich ab 1939 in dem des Vereins für chemische und metallurgische Produktion, 1980 Einstellung der Produktion (in Felka arbeitete eine Papiermühle von 1632-1860 und im nahen Teplitz 1613-1855), um 1904 Waggon- und Maschinenfabrik, Ziegelei, Sägewerke (Jerga & Co., Glesinger), Lebensmittel (Konservenfabrik, bekannte Brauerei), nach 1945: Bedeutende Ausweitung der Waggonfabrik.

M *"Podtatranské múzeum" (=Museum unter der Tatra), sehr interessant. Ist 1945 durch die Zusammenlegung zweier alter bekannter Museen entstanden: 1876 wurde vom KV das "Karpathen-Museum" gegründet, während Felka 1881 mit dem "Tatra-Museum" folgte. Nach dem 2. Weltkrieg kamen mit der Neuordnung der Museumsbereiche alle Exponate über die Erschließung der Hohen Tatra in das neugegründete Museum des TANAP in Tatralomnitz. Beachtenswerte Expositionen (u.a. über den Neandertaler von Gehansdorf). Außenstellen befinden sich in Georgenberg und Grenitz (Blaudruck, Flora, Fauna, Mineralogie, Blaudruckwerkstätten).*

T *Hotels. Winterstadion, Hallenbad. 1994 Thermalquelle (Heilbad?).*

◍ 1930: 4.029 EW (2.200 Sl, 1.052 D, 153 Ma, 286 J), 1940: 3.966, 1991: 52.914, 2001: 56.157 EW.

◉ UMGEBUNG: In n R (2 km) • FELKA (VEĽKÁ), nach Deutschendorf eingemeindete Zipser Stadt (1930: 2.530 EW; 1.872 Sl, 515 D, 43 M, 21 J). Über die Herkunft und den Sinn des Namens gibt es zahlreiche Hypothesen. Sie reichen von keltischen Stämmen über das slawische "groß" bis zum deutschen "Falken". Ähnlich ist es mit der "geschichtlich richtigen Schreibweise". Alter Siedlungsplatz (Jungsteinzeit, Bronzezeit). Hatte als d Gründung die selbe Geschichte (Bruderschaft, 24 Zipser Städte, Verpfändung, 16 Zipser Städteprovinz) wie Deutschendorf. Die EW befaßten sich mit der Landwirtschaft, auch mit der Pferdezucht und der Leinenweberei. Die **kath Kirche** wurde Mitte des 13. Jh gotisch errichtet. Von diesem Bau sind noch der Turmschaft und die Außenmauern des Schiffes erhalten geblieben. Das Presbyterium und die Wölbung des Schiffes über 2 nachträglich eingezogene Mittelstützen, wodurch die Zweischiffigkeit entstand, sind aus dem 15. Jh. In den Nebenräumen sind mittelalterliche Wandmalereien vorhanden (bis heute noch nicht freigelegt). Während der Barockzeit einige wesentliche Änderungen bzw. Zutaten, die den schönen Turmhelm und die Vorhalle betrafen. Barocke Altäre aus der 1. Hälfte des 18. Jh und sehr schönes Bronzetaufbecken von 1439 aus der Werkstatt J. Weygels. Der wertvolle gotische Flügelaltar von ca.1480 befindet sich im Museum in Gran. Die **evang Kirche**, 1817 klassizistisch errichtet, zählt zu den größten Kirchen ihrer Art. Der Grundriß bildet ein wenig ausgeprägtes Kreuz, und die äußeren Wandflächen sind durch Risalite, Lisenen, Pilaster und einer entsprechenden Anlage der Fenster harmonisch gegliedert. Der Rokokoaltar stammt aus den 80-er Jahren des 18. Jh. An den Seiten stehen die Statuen von Luther undMelanchthon. Am Marktplatz, der durch eine teilweise erfolgte Parzellierung und Bebauung sowie der Bepflanzung der Freiräume in seiner ursprünglichen Dreieckform kaum mehr zu erfassen ist, stehen zahlreiche schöne **Bürgerhäuser** mit barocken und klassizistischen Fassaden. Die klassizistische **Synagoge** wurde im 1. Drittel des 19. Jh errichtet.

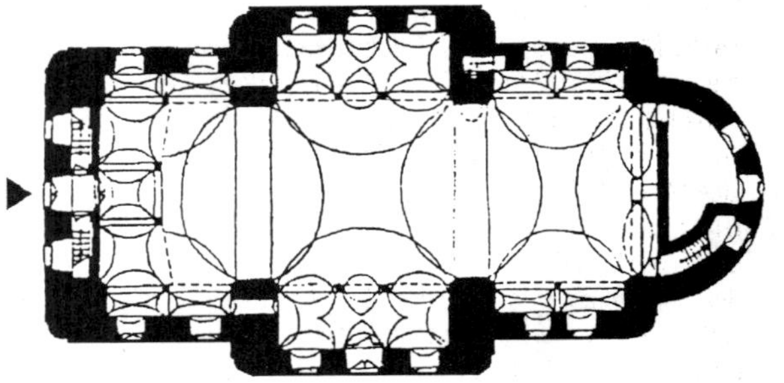

Felka: Grundriß der evangelischen Kirche

Nach der Einstellung der Papierherstellung entstand ein Betrieb zur Erzeugung von Hafermehl und Kindergries. Im beginnenden Fremdenverkehrszeitalter mangelte es an guten und bodenständigen Andenken, das kleine Angebot war qualitativ schlecht, oder man verkaufte übermalte oder überarbeitete Gegenstände, die im Alpenraum billig eingekauft wurden. Daher gründete Ladislaus Krompecher mit seinem Partner Adalbert Strauch die Tatra-Hausindustrie AG, die ab 1889 ihre Erzeugnisse anbot; auch hochwertige Keramik, deren Produktion Armin Löwinger betreute. Nach sehr guten Jahren kam es um 1900 zur Einstellung. Geburts- und Wirkungsort von Wilhelm Aurel Scherfel (Apotheker, Botaniker, Gründer des Tatra-Museums). **T** *Hotel.*

In ö R (2 km) • MICHELSDORF (STRÁŽE POD TATRAMI), wie Felka nach Deutschendorf eingemeindet (1930: 761 EW; 509 Sl, 198 D, 3 M. 1940: 778 EW). Eine Grenzschutzsiedlung, im frühen 13. Jh von d Siedlern wieder begründet, mit der Anlage eines Straßenmarktes, der ein großes Quergefälle besitzt. Gleiche Geschichte wie Deutschendorf. Die EW befaßten sich mit der Landwirtschaft, der Herstellung von Leinen und Branntwein. Die kath Kirche wurde als gotischer Bau im 14. Jh errichtet und 1777 barockisiert. Das sehr schöne Bronzetaufbecken aus der Zipser Neudorfer Werkstatt stammt aus dem 14. Jh mit Inschrift: "In dem Namen Jesw Christ dyze tof gegesen ist". Die klassizistische evang Kirche (gegenüberliegendes Marktende) wurde 1784 gebaut. Glockenturm, Marien-Säule, Stadthaus, Schütthaus, zahlreiche schöne Häuser.

In sö Richtung (5 km) • GEHANSDORF (GÁNOVCE), kleiner, abseits gelegener Kurort (1.005 EW) mit großer prähistorischer Vergangenheit, durch die bewiesene Anwesenheit von Neandertalern. Vielleicht das älteste Bad der Slowakei, da die warmen alkalischen Quellen schon sehr lange bekannt sind. Aber erst Mitte des 19. Jh kam es durch den Besitzer, August von Korponay, zu einem Ausbau, der trotz der Erschließung neuer Quellen später keine Fortsetzung fand, so daß heute nur bescheidenste Möglichkeiten vorhanden sind. Bedeutende, lange übersehene Kunstwerke. In der frühgotischen kath Kirche (2. Hälfte 13. Jh): Mittelalterliche Wandmalereien, christologischer Zyklus, Mitte 14. Jh; ein bemerkenswerter Seitenaltar, obzwar er, der **Stanislaus-Altar** von ca.1500, heute unvollständig ist (Gesprenge und Flügel fehlen, bis 1808 stand er in Hoheselz), mit der hervorragenden Figur des Stanislaus (1,60 m, manchmal auch als Nikolaus bezeichnet), mit einem weisen, geläuterten Gesicht und einigen kleineren Figuren (60-70 cm, König Stefan, Märtyrer Stefan, Ladislaus und Markus). Andere Kunstwerke befinden sich im Museum in Kaschau.

Travertinfüllung der Hirnschale des Neandertalers von Gehansdorf

Der kleine Ortsteil • FILLENDORF (FILICE) war ein Lanzenträgerort und gehörte zum "Kleinen Komitat". 4 km s von Deutschendorf Europäische Wasserscheide mit • BLUMENTAL (KVETNICA), im Wald gelegener kleiner Erholungsort. Von Deutschendorf 1880 (auf eine Initiative des rührigen Unternehmers Paul Geruska) gegründet, Kaltwasserkuren, Knieholzbäder. 1916 Militärinvalidenheim, 1920 Lungenheilanstalt der ČSD, auch heute. Vom s anschließenden Riegel schöner Blick in das Hernadtal und zur Niederen Tatra und dem Slowakischen Paradies.

Die Straße führt durch • GRENITZ (HRANOVNICA) an der Hernad (2.442 EW) in das enge Tal (Felsentor) von • VERNÁR (681 EW) hinein und mit vielen Kurven auf den Paß der • POPOVÁ (1055 m). Alte Verbindung, obzwar der älteste Übergang nicht mehr verwendet wird.

◉ ZENTREN IN DER WEITEREN UMGEBUNG: Georgenberg, Menhard, Dobschau, Roter Stein, Svit.

◆ **DEUTSCHER KULTURVERBAND**. 1919 in Prag als Fortsetzung des in Wien ansässigen, "ausländisch" gewordenen Deutschen Schulvereins zur Unterstützung von Schulen in national gefährdeten Gemeinden (unter Ausschluß jeder politischen Betätigung). War in der Slowakei, besonders im Hauerland, aber auch in anderen d Gebieten erfolgreich tätig.

■ **DEUTSCHLIPTSCH (PARTIZÁNSKA ĽUPČA,** früher **NEMECKÁ ĽUPČA)**, Bez Liptovský Mikuláš, 560 m. Im Liptauer Becken etwas abgelegener ehemaliger Bergbauort. SAD. Namen: ma Némethlipcse, 1252 Lipche, 1364 Lypcha, 1471 Lypz Theutonicalis, 1773 Nemecka Lypča, 1808 Nemecká Ľupča, 1946 Partizánska Ľupča.

Deutschliptsch, Marktplatz: Grundrißskizze

Siedlungsplatz in der Bronzezeit (große Funde). Nach dem Zuzug d Bergleute erteilte Bela IV. am 8.4.1263 die Stadtrechte, damit war Deutschliptsch die älteste Stadt der Liptau. 1270 weitere Rechte, die auch den Gold-, Silber-, Kupfer- und Antimonabbau betrafen. Die großzügige, lange, rechteckige Zentralanlage war in Anbetracht des erwarteten Bergsegens geschaffen worden. Aber der Bergbau versiegte wegen der raschen Erschöpfung der Lagerstätten und verlagerte sich nach Magurka. In der 2. Hälfte des 19. Jh wurden die letzten kümmerlichen Betätigungen eingestellt. Für die Slawisierung des d Elementes waren auch die auf der Burg Likava sitzenden Hussiten verantwortlich. Die letzten d Eintragungen stammen schon von 1500. Diese und andere Umstände führten mit den verheerenden Bränden von 1631 und 1856 zum heutigen dörflichen Charakter des Städtchens.

Mit der Errichtung der mit einem mächtigen Turm versehenen gotischen **kath Kirche** wurde im letzten Drittel des 13. Jh begonnen. Bereits 1320 wurde sie um ein Schiff erweitert. 1459 kamen das Presbyterium und die Sakristei hinzu und 1554 wurde der Turm errichtet. Große Umbauarbeiten (u. a. Renaissanceeinwölbung) wurden während der Befestigungsarbeiten 1620-30 durchgeführt, die dem Turm den Umgang und der Kirche die Wehrmauer mit der in der Renaissance üblichen schwalbenschwanzförmigen Attika einbrachte. Im 18. Jh wurde der Turm barockisiert und erhielt seinen hohen, mehrfach abgestuften Helm. Die neogotischen Schallfenster des Turmes wurden erst im 19. Jh gebrochen. Die Ausmalung des Presbyteriums (12 Apostel) führte 1855 J.B. Klemens aus. Hinter dem heutigen neogotischen Hauptaltar steht der Hauptaltar von 1620 (ein noch älterer ist in der Nationalgalerie in Preßburg), ein ungewöhnlicher Flügelaltar im Stil der Wende von der Renaissance zum Barock, die hier von einer typischen protestantischen Ikonographie beeinflußt ist. Im Andreas-Seitenaltar befindet sich ein Bild von J.B. Klemens. Die bemalte Empore stammt aus der Zeit, als die Kirche evang war.

Die **kath Friedhofskirche** stammt von der Mitte des 13. Jh, wurde im 17. und 18. Jh erweitert und im Stil der Renaissance und des Barock umgestaltet. Der Hauptaltar mit Bildern von T. Kolbay und A. Springer stammt aus der Mitte des 19. Jh.

Die neoklassizistische **evang Kirche** wurde 1887 an der Stelle eines älteren Bauwerkes von 1783, als dreischiffige Hallenkirche errichtet. Das Altarbild, eine Kreuzigung, stammt von P. Bohúň.

Neben einigen schönen Häusern am **Marktplatz**, dessen ursprüngliche Bebauung nur teilweise erhalten ist, die im 17. Jh errichtete und im 20. Jh umgestaltete 11-achsige Bergverwaltung, dann der ehemalige städtische Gasthof (Nr 340) und die kath Pfarrei (Nr 332).

🌐 1930: 2.024 EW (2.002 Sl, 7 D, 8 Ma). 1940: 1.997, 1991: 1.283, 2001: 1.285 EW.

◉ UMGEBUNG: In w R (3 Km): • SLIAČE. Im mittleren der drei Ortsteile (Stredný Sliač) beachtenswerte **kath Simon und Judas-Kirche**, 1326-34 im gotischen Stil erbaut, 1570 in der Renaissance eingewölbt, 1680-1706 Bau des Turmes, 2. Hälfte 17. Jh Befestigung durch eine Wehr-

Sliače: Fresko Judas-Kuß (Anfang 15. Jh)

mauer, 1. Hälfte des 18. Jh Barockisierung mit Erweiterung um eine Seitenkapelle und schließlich 1898 Verlängerung des Schiffes.

1956-61 aufgedeckte **hervorragende Fresken** und zwei **bedeutende Flügelaltäre**. Während an den Außenseiten des Turmes nur ein Renaissancesgraffito sichtbar ist, ist der gesamte Innenraum und der Dachraum (infolge der Einwölbung) mit Fresken aus dem 14. und 15. Jh und mit Wandmalereien von J. Hanula (Cyrill- und Method-Zyklus von 1899) ausgestattet. Die verschiedenen Szenen, u. a. Christus auf dem Ölberg, der Judas-Kuß, die Grablegung oder eine Darstellung der beliebten Schutzmantelmadonna, sind mit einem lebhaften Bewegungsablauf erfaßt, aber mit flächenhaften, volkstümlich gezeichneten Figuren dargestellt worden. In die frühbarocken Architekturteile des Hauptaltars sind spätgotische Tafelbilder (Madonna mit Petrus und Paulus) von 1517 eingebaut worden. Der Marien-Seitenaltar ist ein Flügelaltar, in dessen Schrein die Skulptur einer Madonna (1510-20), begleitet von 4 gemalten Heiligen (Katharina, Margarete, Barbara, Dorothea) steht. Auf den Flügeln, neben Darstellungen aus dem Leben Marias und dem von Christus, die Apollonia und die Katharina. Der andere spätgotische Seitenaltar, auch ein Flügelaltar von 1510-20, zeigt im Schrein die Figur des Nikolaus und ist im Aufbau wie in der Ausführung der Bilder dem Marien-Altar sehr ähnlich und stammt sicher aus der gleichen Werkstatt.

In s R (15 km) • ŽELEZNÉ, 970 m hoch, in der Niederen Tatra gelegener kleiner, früher schwer erreichbarer Kurort. SAD. 4 Mineralbrunnen (Zusammensetzung ähnlich Bad Pyrmont), seit 1861 von einer Aktiengesellschaft betrieben (4 Zimmer), später erfolgte durch eine andere Gesellschaft ein bescheidener Aufschwung zu einem Bad der minderbemittelten Kreise, heute werden Kinder behandelt. 3 km unterhalb von Železné ("Tajch", ehemaliges Staubecken für die Flößerei) zweigen das Tal und der Weg nach • MAGURKA ab (3,5 km). 1036 m unter dem Hauptkamm der Niederen Tatra gelegene, kleine, ehemalige Bergbaugemeinde. Gründung d Bergleute von Deutschliptsch im 13. Jh. Wahrscheinlich wurden hier schon früher goldhaltige Oberflächenerze abgebaut, vielleicht der Ort mit dem ältesten Bergbau in der Liptau. Dieser war zu Beginn des 18. Jh eingestellt worden, nachdem die Probleme mit der Wasserhaltung von den einzelnen kleinen Gesellschaften nicht gelöst werden konnten. In der 2. Hälfte des 18. Jh kam es durch die Bergkammer in Schemnitz und durch örtliche Zusammenschlüsse ("Magurkaer mindere Gesellschaft") zur Wiederaufnahme des Betriebes und zu dem Bau mehrerer Erbstollen, so daß es in den 30-er Jahren des 19. Jh zum Höhepunkt der Bergbautätigkeit in diesem Revier kam. Wegen Erschöpfung der gold- und silberhaltigen Adern verlagerte sich der Abbau immer mehr auf Antimonerze, bis auch dieser 1923 endgültig eingestellt wurde. Reste der Bergbautätigkeit: Eine ca.5 km lange Halde aus der Zeit, in der das Gold noch durch Waschen gewonnen wurde, Halden tauben Gesteins, Wege, Seilbahnstützenfundamente, Erzaufbereitungsstätten (Ruinen) und zahlreiche Eingänge zu den Stollen, von denen auch einige noch gangbar sind (im am tiefsten gelegene Stollen Kilian 1,2 km, im Ruseger 1,0 km, im Ritterstein 1,3 km) und weitere Stolleneingänge im Gelände: Joachim (höchstgelegener Stollen),

Leopold, Furtner, Aloisia ua. Am 27.10.1944 wurden oberhalb der Straße, im Bachbett, 69 D aus dem Hauerland (63 stammten aus Kuneschhau), die sich im zusammenbrechenden SNP nach Hause durchschlagen wollten, von Partisanen ermordet. Im Gebäude der Grubenverwaltung wurde Ende der 20-er Jahre die "Chata v Magurke" eingerichtet (Unterkunft, Restaurant), die zu Beginn der 40-er Jahre vom KSTL übernommen wurde, heute KST. Bedeutender Stützpunkt für Touren im w Bereich des Hauptkammes der Niederen Tatra. **T** *Hüttenkolonie.*

◉ ZENTREN IN DER WEITEREN UMGEBUNG: Rosenberg, Liptau-St-Nikolaus, Svätý Kríž, Donovaly.

■ **DEUTSCHPROBEN (NITRIANSKE PRAVNO,** früher **NEMECKÉ PRAVNO)**, Bez Prievidza, 348 m. Im Talschluß des Neutratales gelegenes w Zentrum des ehemals d Siedlungsgebietes der Mittelslowakei, des Hauerlandes. Straßenknoten. ŽSR, SAD. Namen: ma Némethpróna, Teuto- Prona, Teutonica Prona, Deutsch-Pravno, 1393 Prona, 1416 Aranprowna, 1773 Nemeczke Prawno, 1920 Nemecké Pravno, 1948 Nitrianske Pravno.

Deutschproben: Christkönigstatue

Siedlungsplatz in der Bronzezeit, zZt der Puchauer Kultur. Gegen 1337, im Kern eine d Zentralanlage, für d Bergleute, die hier den Abbau der Golderze intensivieren sollten, gegründet. Die Größe des Platzes zeugt auch hier von den Erwartungen, die man an den Bergbau knüpfte, der aber nach seiner Blüte im 15. Jh immer mehr zurückging. Dafür entwickelte sich das Handwerk, und 9 Zünfte wurden gegründet. Zu den bedeutendsten zählten die Tuchmacher, deren Zunft 1884 in eine Genossenschaft überführt wurde, die eine Tuchfabrik gründete. Dann die Lohgerber und die Töpfer, deren Keramik sehr bekannt geworden ist und die schließlich ihre Kenntnisse in der 1942 gegründeten, d Fachschule für Keramik weitergeben konnten.

Waren die anderen d Gründungen in der s Umgebung relativ schnell slowakisiert worden, konnte sich das Deutschtum in Deutschproben und vor allem im N und W halten. Trotz der schwierigen Situation auf dem Schulsektor, eine d Bürgerschule (Haupt- bzw. Realschule) wurde erst 1939 genehmigt, sorgten die Vereine, später der Deutsche Kulturverband sowie andere Einrichtungen (Jugendfürsorge) und der enge Familienverband dafür, daß die Orte des oberen Neutratales d blieben. Den politischen Parteien kam kein Verdienst zu. Die wirtschaftlichen Schwierigkeiten, der Mangel an Arbeitsplätzen, der ungenügende Ertrag der schlechten Böden mit den in diesem Bereich auch noch zu klein zugeschnittenen Flächen, die nur für den Nebenerwerb der im Bergbau tätigen Siedler gedacht waren, führten zu einer großen Arbeitslosigkeit, der die Betroffenen durch Saisonarbeit und als Gast- und Wanderarbeiter zu entgehen versuchten. Trotz der nach der Gegenreformation neuen tiefen Verwurzelung im kath Glauben fanden die Versprechungen der radikalen Parteien einen günstigen Boden. 1935 wählte die Region zwar nicht überwiegend kommunistisch, aber in einigen Gemeinden konnten diese große Erfolge erzielen (Deutschproben: KSL 235 Stimmen, KdP 355). Ein paar Jahre später ging deren Stimmenanteil, infolge des unter dem Deckmantel der hilfreich auftretenden "sympatischen und kundigen Volkstänzer" (K. Hanesch) mitgeführten nationalsozialistischen Ideengutes zurück. 1934 fand auf Anregung von Pfr. Jakob Bauer der 1. und einzige Karpatendeutsche Katholikentag statt, der in einer wirtschaftlich und politisch schwierigen Zeit zur Stärkung des Glaubens beitragen sollte und konnte.

Die **kath Kirche** wurde im spätgotischen Stil im 14. Jh errichtet und 1715 umgebaut bzw. erweitert, nachdem sie 1560-1660 im Besitz der Evangelischen war. Nach dem verheerenden Brand von 1827 wich ein Provisorium erst 1904-07 einem Neubau im neogotischen Stil, der weitgehend den alten Bestand verwendete. In der Marien-Kapelle befindet sich neben einer volkstümlichen Pieta (Ende 18. Jh) ein Bild von J.B. Klemens (Anna und Maria).

Fundstollen: Altes Kirchlein

Die Harmonie des **Marktplatzes** wird schon lange durch eine schlechte Verkehrsführung und einige Neubauten gestört. Neben einigen beachtenswerten Häusern, meist klassizistisch hergerichtet oder im Renaissancestil gebaut, steht im w Bereich die Christkönigstatue von 1934 mit der Widmung, den Namen der Gefallenen des 1.Weltkrieges und einem Text entsprechend 1. Tim. 1. 17 (auf den Seiten der aufgeschlagenen Bibel: Joh. 18. 36-37). Das nicht in der Mitte des Platzes stehende städtische Gasthaus (vulgo "Weinstübel") nahm nach 1815 zusätzlich die Verwaltung auf und wurde nach dem Brand von 1927 umgebaut. Die Marien-Säule von 1746 stand früher vor dem Stadthaus. Monumentaler, schöner **Kalvarienberg** von 1934. Die vor 1945 vorhandenen Textil- und Keramikbetriebe wurden nach dem 2. Weltkrieg erweitert. Geburts- und zeitweiliger Wirkungsort des Bildhauers Josef Damko. Geburtsort von Josef Lányi (Abt und Titularbischof, Lehrer am Hofe von Franz Ferdinand, sah durch ein telepathisches Traumgesicht dessen Schicksal).

⊕ 1930: 1.916 EW (573 Sl, 1.291 D, 17 Ma, 19 J), 1940: 1.886, 1991: 2.988, 2001: 3.134 EW.

◉ UMGEBUNG: Teilweise unmittelbar ö befinden sich die nach dem 2. Weltkrieg eingemeindeten ehemals d Siedlungen • BENESCHHAU (VYŠEHRADNÉ, früher Majzel) und • BETTELSDORF (SOLKA) mit 451, bzw. 308 EW (1930). Landwirtschaft. In w R (5 km) • FUNDSTOLLEN (CHVOJNICA). Kleine (223 EW), im engen Gebirgstal des Fundstollner Wassers, landschaftlich sehr schön gelegene ehemalige d Bergbaugemeinde (1940: 1.090 EW, davon 1.074 D), heute Erholungsort, Ausgangspunkt für Wanderungen. Gründung wahrscheinlich im 14. Jh, mit raschem Niedergang des Goldbergbaus, später Aufnahme einer beschränkten Almwirtschaft, die durch die Lage im Gebirge ermöglicht wurde. Die kath Kirche wurde als moderner Saalbau unter starker Beteiligung der Gemeindemitglieder 1935-36 errichtet.

In sw R (3 km) • ZECHE (MALINOVÁ früher Cech), kleine (867 EW), ehemals d Bergbaugemeinde am Fundstollener Wasser (1940: 1.190 EW, davon 1.147 D). 1339 durch den Richter Heinrich mit d Bergleuten, die sich der Goldwäsche widmeten, als doppelzeiliges Waldhufendorf angelegt. Mitte des 17. Jh Goldausbeute ca.28 kg/Jahr, die Mengen des durchgearbeiteten Materials, sind heute noch an den mit dem Grobmaterial bedeckten Flächen abschätzbar (w des Ortes). Anfang des 18. Jh wurde kaum mehr Gold gefunden und die Arbeiten eingestellt. Die Verarmung führte in den 30-er Jahren zu erheblichen Erfolgen der KSS (Vorsitzender Georg Schön, 1935: KSS 178 Stimmen, KdP 173), wie zur Gründung verschiedener

Organisationen (u.a. "Bund der Ungläubigen"), die einige Übergriffe (13./ 14.4. 1939 und 7.11.1944) auslösten, bei denen mehrere Einwohner ins Konzentrationslager kamen und dem Ort den Namen "Kleinmoskau" einbrachten. Neogotische, mit einigen neoklassizistischen Anklängen versehene kath Kirche (1893-96), klassizistische Marien-Kapelle (1869) und ebenfalls klassizistische Dreifaltigkeitssäule (1822).

◉ ZENTREN IN DER WEITEREN UMGEBUNG: Schmiedshau, Gaidel, Kloster, Mošovce, Priewitz, (Weinitz).

■ **DIAKOVCE**, Bez Šaľa, 115 m. In der Donautiefebene, nahe Šaľa gelegene Kleinstadt mit sehr schöner, interessanter Kirche. ŽSR, SAD. Namen: ma Deáki, 1002 Wag, 1102 Uaga, 1138 Sala, 1187 Vag, 1212 Sala et Wac, 1236 Sala nunc Dyaky, 1773 Deakowcze.

Alter Siedlungsplatz. Die romanische kath Kirche ist ein großer, monumentaler, zweitürmiger Bau, der aus einer kleineren Einheit (dreischiffige Basilika mit seitlich stehenden Türmen von 1228 und gleichem Lisenenschmuck wie in Čierny Brod) entstanden ist. 1872-75 wurde nach Plänen von F. Schulek an der Turmseite ein um ca. 20% längeres, nach beiden Seiten um je eine halbe Turmbreite vergrößertes, dreischiffiges neoromanisches Langschiff angebaut. Dadurch kamen die Türme fast in die Mitte der neuen Längsfronten, und der alte Teil wurde zum Presbyterium. Alte Mönchszellen (?) im Dachraum in der Nähe der Türme, Ausmalung von 1938-41.

Kirche von Diakovce

T *Thermalfreibad, Camping- und Zeltplatz.*

◍ 1930: 2.999 EW (104 Sl, 2.682 Ma) 1940: 2.857, 1991: 2.170, 2001: 2.187 EW.

◉ ZENTREN IN DER WEITEREN UMGEBUNG: Galanta, Neutra, Neuhäusl.

■ **DILLN (BANSKÁ BELÁ)**, Bez Banská Štiavnica, 745 m. Kleine, ehemals durch den Bergbau bekannt gewordene Stadt, mit dem in der Nähe gelegenen Schemnitz war sie oft vereinigt. ŽSR, SAD. Namen: ma Bélabánya, 1228 Bela, 1352 Dilln, 1387 Feierbanya.

Wurde von Schemnitz am Ort mehrerer Silbererzgruben gegründet. 1450 königliche Freistadt, 1453 das kleinste Mitglied der 7 niederungarischen Bergstädte, 1552 und 1664 von den Türken zerstört. Als der Bergbau (Stollen: Siebenweiber, Falkenstein, Georg, Schächte: Nikolaus, Ferdinand, Leopold) nachließ, kam Dilln 1788 zu Schemnitz. Die spätere Wiederbelebung (Stollen: Mariahilf, Goldene Sonne etc.) brachte 1848-65 die Selbständigkeit, die wieder in die Abhängigkeit (bis 1954) mündete. Spätere Versuche (19./20.Jh), den Bergbau zu beleben (Kronprinz Ferdinand), führten zu keinen großen Erfolgen.

Ein interessantes Bauwerk ist die **kath Kirche**, die mit ihrer wehrhaften Mauer und dem Umgang auf dem schönen, charakteristischen, mit einem barocken Helm versehenen Turm als Festung diente, und die über eine überdachte Treppe zu erreichen ist. Spätromanisch aus dem 13. Jh, wurde sie bis 1563 im Stil der Gotik und der Renaissance umgestaltet. Ausmalung von 1932.

Hinter der Kirche steht die **Marien-Kapelle** von 1708, die 1840 klassizistisch umgestaltet wurde. Das Bild des Evangelisten Johannes schuf J. Czauczik. Die **Nepomuk-Kapelle**, ein Rokokobau von 1758, besitzt schöne Schmiedeeisenarbeiten und eine ursprüngliche Ausstattung.

◍ 1970: 1.444 EW und 1991: 1.241, 2001: 1.218 EW.

◉ ZENTREN IN DER WEITEREN UMGEBUNG: Schemnitz, Eisenbad, Glashütten

Die Kirchen von Dilln

■ **DIVÍN**, Bez Lučenec, 265 m. Nö von Lizenz, noch im Randbereich des Slowakischen Erzgebirges, gelegen. SAD. Namen: ma Dévén, 1329 Dyun, 1467 Dywyn, 1473 Dewen, 1808 Diwín.

Der Kristallisationspunkt der Gemeinde war die Burg aus dem 13. Jh, die 1575 von den Türken erobert wurde, die sie 18 Jahre behielten und die hier die n Nahie (Verwaltung) einrichteten. Nach mehrmaligem Besitzwechsel gehörte sie der Familie Balassa, sie wurde 1683, da von ihr eine Drangsalierung der Umgebung ausging, zerstört (Ruinen).

Schon um 1670 hatten sich die Balassas ein erhaltenes, befestigtes **Kastell** errichtet, das aus einer fast regelmäßigen viereckigen Anlage besteht, in der die Wohn- und Lagergebäude in einer der durch Türme geschützten Ecken konzentriert sind. In der zweitürmigen **kath Kirche** (1675 auf alten Fundamenten erbaut, 1909 um die Seitenschiffe erweitert, (Wehrmauer aus dem 17. Jh) befinden sich nur wenige alte Stücke.

◍ 1930: 1.610 EW (1.510 Sl, 7 D, 32 Ma). 1940: 1.836, 1991: 2.045, 2001: 2.030 EW.

◉ UMGEBUNG: Unmittelbar s liegt der • RUŽINAER STAUSEE (VODNÁ NÁDRŽ RUŽINA) mit 196 ha, Bademöglichkeit, Wassersport, Hüttenkolonie, Camping- und Zeltplatz. Im nahen Ort • RUŽINA (857 EW) ist der Hauptaltar der kath Kirche (1755) ein Werk aus Tirol von 1915. In ö R (6 km) • LOVINOBAŇA, kleiner Ort (2.086 EW), eines der Zentren (das bis nach Ružiná reicht) der Magnesitgewinnung und -verarbeitung in der Slowakei (1924 Aufnahme, 1932 Einstellung, im Rahmen der Kriegswirtschaft weiter ausgebaut), nachdem im späten Mittelalter Eisenerze abgebaut wurden und 2 Hammerwerke bis Ende des 17. Jh arbeiteten.

Evang Kirche, spätklassizistisch von 1863, an der Stelle einer alten gotischen Kirche errichtet, Portikusaltar mit einem Bild von P. Bohúň "Christus auf dem Meer".

In nö R (2 km) • MÝTNA, kleiner Ort, ehemals Mautstelle, klassizistische Kurie (Mitte 19. Jh), gotische Kirche, spätbarocker Glockenturm.

◉ ZENTREN IN DER WEITEREN UMGEBUNG: Detva, Großsteffelsdorf, Lizenz.

■ **DOBSCHAU (DOBŠINÁ)**, Bez Rožňava, 468 m. In den Bergen des ö Slowakischen Erzgebirges gelegene ehemals d Stadt mit alter Bergbautradition. ŽSR, SAD. Namen: ma Dobsina, 1326 Dobsina, 1378 Dopsina, 1429 Dobsyna, 1430 Dapsina, 1773 Dobssyna.

Die frühe Siedlungsgeschichte liegt weitgehend im Dunkel. Wahrscheinlich kamen die ersten d Bergleute relativ spät in die Gegend, und die vermutlich erste sichere Nachricht ist die Gründungsurkunde von 1326, in der von einem Schulzen Nikolaus die Rede ist und die das Karpfener Recht der Neugemeinde zusicherte. Gefördert wurde Kupfer-, Gold-, Silber- und Eisenerz. 1417 bekam Dobschau das Marktrecht, der Nachweis der Stadterhebung fehlt, obzwar es im 18. Jh für kürzere Zeit eine freie Stadt war. Die Türkenüberfälle (1584 wurden 362 EW verschleppt und als Sklaven verkauft) und die vielen Auseinandersetzungen während der antihabsburgischen Aufstände, schließlich Raubritter und clevere Geschäftsleute setzten der Stadt sehr zu. Zu den letzteren zählte Johann Lányi, der neben seinen Gruben und Hochöfen auch eine Kneipe und eine "Gemischtwarenhandlung" betrieb. Für diesen Teil seiner Unternehmungen schuf er sich 1723

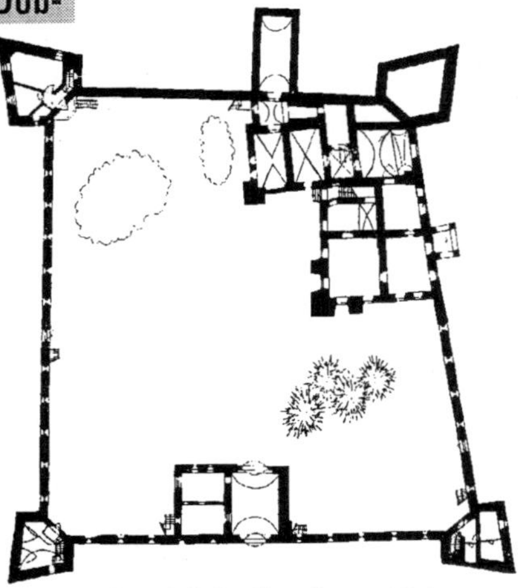

Grundriß des Kastells von Divín

eigenes Papiergeld, das erste in Ungarn, so daß die Bergleute nur bei ihm einkaufen konnten. Dieses Geschäft blieb eine Episode, nachdem der Staat dem Treiben ein Ende setzte. 1680 war schon der erste größere Hochofen nach Plänen von Daniel Fischer gebaut worden. In den folgenden Jahren verlagerte sich der Bergbau über den Abbau von Kobalt und Nickel zum Asbest. Der Niedergang des Bergbaues im 19. Jh führte nicht nur zu einem Schrumpfungsprozeß unter den d EW, sondern zu einem der gesamten Gemeinde. 1900 zählte Dobschau zwar noch 5.115 EW, davon 2.790 D, aber der Rückgang der EW-Zahlen war, abgesehen von einer kurzen Erholung zwischen 1930-45, nicht aufzuhalten. Auch die lange geplante Bahnlinie von Deutschendorf nach Dobschau, eine weitere Querverbindung durch die Slowakei, an deren Planung auch Adalbert Gerster schon 1850 maßgeblich beteiligt war, wurde nicht verwirklicht. Eine wohl vorhandene planmäßige Anlage des Ortes wurde durch die Topographie, die jede Entwicklung in die Breite unmöglich machte, sehr stark an der Umsetzung gehindert. Einige schöne alte und siedlungsgeschichtlich interessante Häuser sind erhalten geblieben. Die **kath Kirche** wurde im barock-klassizistischen Stil 1792 an der Stelle einer alten Holzkirche errichtet. Das große Kruzifix für den Verfasser religiöser Schriften A. Szuszayi stammt von J. Fadrusz. Die **evang Kirche**, spätgotisch von 1480 (eine der wenigen evang Kirche aus vorreformatorischer Zeit!), wurde 1891 fast ganz neogotisch umgebaut. **Rathaus** im Stil der Neorenaissance von 1870. Industrie vor 1945: "Asbest" Bergbau- und Industrie AG, Eisenerzgrube, Sägewerk. Bekanntes Handwerkszentrum. Nach 1945: Asbestabbau und -verarbeitung, 1969 Einstellung des Eisenerzbergbau (Erschöpfung der Lagerstätten), Maschinenfabrik.

T *Camping- und Zeltplatz, Hüttenkolonie. Das unterhalb von Dobschau gelegene Pumpspeicher- und Ausgleichsbecken gehört zum Palzmann-Stausee (nutzbarer Höhenunterschied 250 m), Badeverbot!*

⊕ 1930: 4.681 EW (2.939 Sl, 1.291 D, 247 Ma, 113 J). 1940: 4.829, 1991: 4.569, 2001: 4.896 EW.

◉ UMGEBUNG: In nw R (16 km) befindet sich in einem engen Abschnitt des Göllnitztales, nahe eines charakteristischen, allein im Talboden stehenden felsigen Hügels die • DOBSCHAUER EISHÖHLE (DOBŠINSKÁ ĽADOVÁ JASKYŇA), ŽSR, SAD. Der Eingang in die weltberühmte Höhle, sie ist wohl die schönste der wenigen Eishöhlen Europas, liegt 20 Min oberhalb des Talbodens und ist auf einem Serpentinenweg zu erreichen (Besichtigung ca. 1 Std, 15.5-15.9.). Besonders schön ist die Höhle im Frühsommer, wenn neben den dauernd vorhandenen zahlreichen Eisgebilden der sich im Winter an den Felswänden bildende Rauhreif noch nicht abgetaut ist. In der Nähe des Einganges sind Tafeln angebracht worden, die auf die Entdecker, Eugen Ruffinyi, Andreas Méga und Gustav Lang, alle Dobschauer Bürger, hinweisen. Sie stiegen am 15.6.1870 in die Höhle ein, deren Eingang, ein Spalt, aus dem schon immer ein eisiger Luftzug wehte, seit langem als "Eisloch" bekannt war. Der Aufgeschlossenheit der Stadt Dobschau ist es zu verdanken, daß die Höhle bereits 1871 zugänglich war und 1878 als die zweite Höhle (die erste war die Beler Tropfsteinhöhle) mit einer elektrischen Beleuchtungsanlage versehen wurde. Von den 1,4 km langen Gängen sind ca.0,5 km zugänglich. Sehr schön ist der Große Saal, in dem man Eislaufen könnte, sehr interessant ist der Rieseneisblock (ca.125.000 m^3), der einen Teil des Höhlensystems ausfüllt und die in diesen geschlagene Kapelle, sowie u. a. der Ruffinyi-Korridor. Unter der Eishöhle befindet sich eine Tropfsteinhöhle, die um 1950 von Amateuren erforscht wurde. Durch die Öffnung mehrerer Räume kam es zu einer Änderung der Luftzirkulation und zu einem Schwund der Eismasse, der aber rechtzeitig aufgehalten werden konnte. **T** *Hotels, Hüttenkolonie.*

Ö der Dobschauer Eishöhle führt die Göllnitztalstraße durch einen landschaftlich einmalig schönen Talabschnitt, der durch Schleifen und enge Meander der Göllnitz, die zwischen wilden Kalkklippen liegen, gebildet wird, in die • STRATENAUER ENGE (STRATENSKÝ KAŇON), selten Verlorenseifener Enge genannt. Der große, in das Tal hineinragende Bergrücken zwingt die Göllnitz und die Straße zu einer großräumigen Umgehung, während die Eisenbahnlinie ihn mit einem Tunnel durchbricht. Am Scheitel dieser Schleife zweigt eine nach Kabsdorf führende, landschaftlich sehr schöne Straße ab. Die sich beim folgenden Straßentunnel, das Gleis verschwindet wieder im Berg, ausbreitenden mäanderartigen

Dobschau: Evangelische Kirche

kleinen Schleifen sind der Höhepunkt der romantischen Enge. Sehr schöne Wanderung auf der schmalen, alten Straße, die allein in diesem Abschnitt über 8 Holzbrücken führt, denn der Straßentunnel schneidet dieses sehenswerte "Verkehrshindernis" ab (ca.1 Std). Auf den Felsklippen wachsen zahlreiche seltene, warme Standorte im Kalk bevorzugende Pflanzen. Am ö Schlund der Enge (Parkplatz) ist an einem Felsen, gleich am Beginn der alten Straße, eine Gedenktafel zur Erinnerung an den 1840, auf Veranlassung des Grafen Ferdinand Georg August von Coburg, durchgeführten Straßenbau angebracht worden, der eine direkte Verbindung zwischen den verschiedenen, im Göllnitz- und im Grantal gelegenen Betrieben der Familie Coburg herstellte.

Der Fels, auf dem die Tafel befestigt ist, gehörte früher zu einem Felsentor, dessen w Hälfte bei den Kämpfen während des SNP gesprengt und damit zerstört wurde.

Ö der Stratenauer Enge nimmt das Göllnitztal mit seinen Steilwiesen einen sehr schönen, alpenländischen Charakter an. Hier liegt • VERLOREN-SEIFEN (STRATENÁ): Sehr kleiner (167 EW) ehemaliger Berg-und Hüttenort. Der Špital genannte Ortsteil auf dem rechten Göllnitzufer gehörte ursprünglich zu Dobschau. Der sl und der d Name gehen von dem Begriff "verloren" aus. In der Nähe des Ortes befinden sich mehrere Karsterscheinungen, darunter eine Stelle, wo ein Bach plötzlich verschwindet, "verloren" geht, während "Seifen" auf die frühere Goldwäsche hinweist. Schon im 16. Jh wurde mit dem Abbau von Kupfer-, Nickel- und Kobalterzen begonnen. 1723 wurden von der Familie Csáky Hochöfen errichtet, die 1840 in den Besitz der Familie Coburg übergingen. Bereits 1837 wurden hier Winderhitzer verwendet. Die Eisenwerke waren bis 1927 in Betrieb. In der kath Kapelle, neogotisch von 1909, befindet sich die Plastik der knieenden Maria Magdalena, ein ausgezeichnetes Werk, das zu der Kreuzigungsgruppe in Zipser Neudorf gehört und ein Werk Meister Pauls aus Leutschau ist (früher in der Holzkapelle). Sw des Ortes liegt die große • STRATENSKÁ JASKYŇA (=Verlorenseifner Höhle), die 1972 entdeckt und bis 1976 begangen sowie vermessen wurde. Die lange, auch sehr große Räume aufweisende

Maria Magdalena von Verlorenseifen

schöne Tropfsteinhöhle bleibt für die Öffentlichkeit unzugänglich (Naturschutz und die Sorge, daß die benachbarte Dobschauer Eishöhle durch eine evtl. eintretende Erwärmung beeinträchtigt werden könnte). Zwischen den genannten Plätzen und Dobschau befindet sich der • DOBSCHAUER SATTEL (DOBŠINSKÉ SEDLO) 851 m, dicht neben dem Kopfgartenberg (921 m). Straßengabel mit herrlicher Aussicht nach S und auf die nach Dobschau führende Straße hinunter.

◉ ZENTREN IN DER WEITEREN UMGEBUNG: Dedinky, Betler, Roter Stein.

● **DOHNANYI, ERNST von,** *1877 Preßburg, +1960 New York. Komponist, Dirigent, Pianist, Pädagoge. Studium: Preßburg, Budapest. Tätig in Berlin, Budapest, Österreich, Argentinien und USA. Mehr als 50 Werke, stand zwischen Franz Liszt und Bela Bartók. Sohn: Hans von (Reichsgerichtsrat, Widerstandskämpfer), Enkel: Christoph von (Dirigent, Operndirektor), Klaus von (Politiker).

■ **DOMAŠASTAUSEE (VODNÁ NÁDRŽ VEĽKÁ DOMAŠA)**, Bez Vranov nad Topľou, 170 m. 4.-größter Stausee der Slowakei, in den Bergen des Vorlandes der Niedrigen Beskiden gelegen, SAD. Der Stausee wurde zur Abwendung der großen Frühjahrsüberschwemmungen, die durch die vom Karpatenhauptkamm nach S führenden Flüsse verursacht wurden, errichtet (Bauzeit 1962-66). Gefüllt: 146 Mill. m^3 Inhalt, 14,22 km^2 Wasserfläche, 14 km lang, max 4 km breit.

Sehr beliebtes Wassersportzentrum, mit allerdings schwankendem Wasserstand, Bootsverkehr im s Bereich, **T** *Touristenzentren: Holčíkovce (SO-Ufer, Hütten, Camping, Zeltplatz), Nová Kelča (O-Ufer, Hotel, Camping, Hütten), Poľany (S-Winkel, sehr schöne Lage, Hotels, Hütten, Camping), Dobrá und Vlakov (W-Ufer, sehr schöne Lage, Hotels, Hütten, Camping), Mládežnická osada (SO-Ufer, Jugendzentrum, Hütten), Turany nad Ondavou (n O-Ufer, Zeltplatz, "fällt" oft "trocken").*

◉ ZENTREN IN DER WEITEREN UMGEBUNG: Stropkov, Homenau, Vronau an der Töpl, Hanušovce nad Topľou.

▲ **DONAU (DUNAJ)**, der zweitgrößte Strom Europas ist auch ein Teil der Slowakei: 7,5 km bildet er die gemeinsame Grenze mit Österreich, 142 km die mit Ungarn, und dazwischen fließt er 22,5 km durch sl Gebiet. Alter Verkehrsweg, seit 1831 Dampfschiffahrt, sl Häfen: Preßburg und Komorn. Bei Preßburg 260 m breit, 2020 m^3/s Durchfluß. Zwischen Preßburg und Komorn befinden sich die größten Auwälder in Europa und der umstrittene Kraftwerksbau Gabčíkovo.

▲ **DONAUTIEFEBENE (PODUNAJSKÁ ROVINA)**, ebenes, reiches Agrargebiet, das im Mittelalter durch entsprechende Entwässerungsmaßnahmen (von flämischen Siedlern durchgeführt) um die Schüttinsel erweitert wurde, deckt etwa den Raum zwischen Preßburg-Galanta-Neuhäusl-Komorn ab.

● **DONNER, RAPHAEL**, *1693 Eßlingen/NÖ, +1741 Wien. Hervorragender Bildhauer, der seine reifsten Werke in seiner Preßburger Werkstatt schuf (u. a. Dom: Bauleitung und Ausstattung der Johannnes-Kapelle, Hl. Martin; Dreifaltigkeitskirche: Altar; Plastiken für verschiedene andere Kirchen, auch in anderen Orten). Sein etwa 20-jähriger Aufenthalt in Preßburg hinterließ tiefgehende Anregungen.

■ **DONNERSMARK (SPIŠSKÝ ŠTVRTOK)**, Bez Levoča, 560 m. Zipser Landgemeinde im Hügelland zwischen Slowakischem Paradies und dem Leutschauer Gebirge, mit bedeutender, weithin sichtbarer Kirche.

Von hier stammt das Adelsprädikat "von Donnersmark" für die Leutschauer Familie Henkel, den Vorfahren des Adelsgeschlechtes Henckel von Donnersmarck. Wichtiger Straßenknoten, SAD. Namen: ma Csütörtökhely, d selten Donnersmarkt, Donnersmarck, lat Quintoforum, 1263 Villa Sancti Ladislai, 1294 Sanctus Ladislaus alias Quintoforum, 1330 Forumquitum, 1344 Zenthlazzlou, 1479 Chetherthekhel, 1502 Donners Marckt, 1773 Stwertek, 1786 Ctwrtek, 1920 Štvrtok, 1927 Spišský Štvrtok.

Alter Siedlungsplatz, Jungsteinzeit, dann ältere Bronzezeit: In den 80-er Jahren unseres Jh wurden am **Mäuseberg** (Myšia hôrka) Reste einer Siedlung ausgegraben, die einen deutlichen Einfluß durch die mykenische Kultur bezeugen. Später von d Siedlern nach dem Mongoleneinfall gegründet (wahrscheinlich wiederbegründet). Gehörte zur Bruderschaft der 24 königlichen Pfarrer und zu den 24 Zipser Städten. In diesem Verband versuchte Donnersmark im 14. und 15. Jh vergeblich, die Führung zu übernehmen. Zeitweise fanden hier die Zusammenkünfte des Kleinen Komitates der Lanzenträgerorte statt, obzwar Donnersmark nicht dazugehörte. Wurde nicht an Polen verpfändet und stellte sich an die Spitze der 11 nicht verpfändeten Städte. 1465 verlor Donnersmark seine Privilegien und kam unter die Herrschaft der Zipser Burg. Zwischen 1880-90 kam es durch die Auswanderungswelle zu einem erheblichen Rückgang der EW und damit auch zur bereits 1608 begonnenen endgültigen Slowakisierung.

Am Ende eines nach drei Seiten (W, S und O) abfallenden Bergrückens steht als Dominante der Landschaft, die **kath Ladislaus-Kirche**, deren First von demjenigen der angebauten **Zapolya-Grabkapelle** überragt wird. Durch die Verbindung zwischen der ursprünglich romanischen Kirche mit ihrem ungegliederten, massigen Umriß, dem ein starker W-Turm vorgesetzt ist, und der hochgotischen, straff gegliederten Grabkapelle entstand ein äußerst interessantes Bauwerk, dessen Teile in einem starken, reizvollen, spannungsgeladenen Kontrast zueinander stehen. Die Kapelle selbst gehört zu den schönsten gotischen Bauwerken der Slowakei. Die ursprüngliche Kirche wurde 1263 im spätromanischen Stil, der schon einige gotische Elemente aufweist, errichtet und später den Minoriten überlassen. 1473 ließ der Palatin Stefan Zapolya auf der S-Seite der Kirche eine zweigeschossige hochgotische Grabkapelle anbauen, die sich über mehr als die Hälfte des Schiffes und etwas über das Presbyterium ausdehnt. Die Pläne lieferte Hans Puchsbaum, der sich sehr stark von den französischen Palastkapellen, besonders der ca. 250 Jahre älteren Ste. Chapelle in Paris, inspirieren ließ. So entstand, vor der Errichtung der Zapolya-Grabkapelle am Martins-Dom des Zipser Kapitels, auf dem Sockel des Untergeschosses ein die Wände weitgehendst entmaterialisierender Skelettbau, der in den Details mehrere Anklänge an den Wiener Stephans-Dom aufweist.

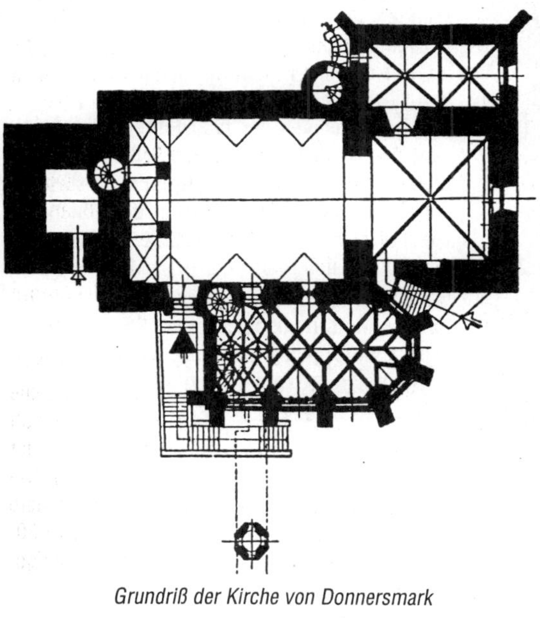

Grundriß der Kirche von Donnersmark

Beide Räume, die gedrückte Unterkapelle (durch einen unterirdischen Gang, dem eine Laterne aufgesetzt ist, mit dem benachbarten Kloster verbunden) und die im großen Kontrast zu jener stehende, aufstrebende lichte Halle der Oberkapelle, sind mit schönen Netzgewölben abgeschlossen. Im Gegensatz zu der später errichteten Kapelle am Martins-Dom besteht hier als Verbindung zur Kirche nur ein schmales Portal, so daß die Gewölbe der Kapelle auf der ehemaligen Außenmauer der Kirche ruhen. Dieser Abschluß unterstützt die zusammenfassende Geschlossenheit des Kapellenraumes, zumal sich hier bei einer aufgelösten Wand (wie es im Martins-Dom der Fall ist) im Gegensatz zu dort kein harmonisches Zusammenspiel der Räume eingestellt hätte. Während das quadratische Presbyterium der Kirche bereits im 14. Jh ein Kreuzgewölbe erhielt, wurde das Schiff erst im Rahmen einer nach 1493 durchgeführten und 1747 erneuerten Barockisierung durch eine Tonne mit eindringenden Stichkappen eingedeckt. Dieses Gewölbe ersetzte die bis dahin vorhandene flache Holzdecke, die vielleicht durch eine oder mehrere Mittelstützen abgetragen wurde (Konsole über

Donnersmark: Innenraum der Zapolya-Grabkapelle

dem Triumphbogen!). Schon die Zapolyas verloren das Interesse an der Kapelle (kein Familienmitglied ruht in der Grabkapelle), so daß diese zu verfallen begann. Während der 1899-1901 unter der Leitung von L. Steinhausz durchgeführten Restaurierung erhielt die Grabkapelle ihre Ausmalung, der Turm den von 4 Türmchen eingefaßten schlanken Helm, während in der Kirche die barocken Zutaten entfernt wurden.

Der **Altar in der Oberkapelle**, ein Flügelaltar, ist ein pseudogotisches Werk vom Ende des 19. Jh, in dem ein bedeutendes und sehr schönes Tafelbild, der Tod Marias, aus der Zeit um 1450 Aufnahme fand, nachdem es vermutlich früher zum alten gotischen Hauptaltar der Kirche gehört hat. Es ist eindeutig eine Nürnberger Arbeit, die auf den Meister des Tucher-Altares (Nürnberg, Frauenkirche) deutet: Viele Parallelen in der Komposition, in der Gestaltung der Figuren, in der Verwendung der schweren satten Farben. In Erlangen wurde eine Skizze des Bildes gefunden, die der Meister des Tucher-Altares angefertigt hatte.

Das **Vesperbild**, Teil einer Pieta (ein Holzrelief), erinnert mit vielen Eigentümlichkeiten an Meister Paul aus Leutschau, stammt aber aus seinem Umkreis aus der 1. Hälfte des 16. Jh.

Die **Pieta der Unterkapelle**, die als Altar dient, ist ein spätbarockes Stück aus der 1. Hälfte des 18. Jh. Der barocke **Hauptaltar der Kirche** stammt von 1704, allerdings sind die Bilder der Apostel jünger. Im rechten der **zwei Seitenaltäre** steht eine Magdalena (?), die aus der Schule Olaf Engholms stammen dürfte. Der **sitzende Christus** mit der "Seele" der Maria ist ein für den Übergang vom "weichen" zum "eckigen" Stil typisches Werk aus der Zeit um 1450.

Das unterhalb der Kirche stehende ehemalige frühbarocke **Minoritenkloster** ist ein Pflegeheim für geistig zurückgebliebene Mädchen.

🌐 1930: 826 EW (692 Sl, 5 D, 95 Z), 1940: 996, 1991: 2.135, 2001: 2.273 EW.

◉ UMGEBUNG: In sw R (6 km) • KABSDORF (HRABUŠICE), größere Gemeinde (2.173 EW), alter Siedlungsplatz (Puchauer Kultur), später mit ähnlicher Geschichte wie Donnersmark; auch hier kam es nach der Aufhebung der Privilegien zu

Betelsdorf: Renaissancekastell

H.L. Schäufelein gemalt sind. Hervorragende Arbeiten vom Meister der Antonius-Legende (Hans Moler). Interessante Rokokokanzel mit zwei Evangelisten (ca. 1760).

Ebenfalls in sw R liegt 2 km weiter • BETELSDORF (BETLANOVCE), alte kleine Gemeinde (629 EW), Sitz der ursprünglich sicher niederösterreichischen Familie Thurzo (Adelsprädikat "de Bethlenfalva"). Gehörte zu den Lanzenträgerorten und war ab 1725 ihr Verwaltungszentrum.

Das **Renaissancekastell** (heute Rathaus) ist ein schönes ausgewogenes Gebäude, das 1564-68 von Peter Feigel und seiner Frau Helene Probst de Bethlenfalva, einer Enkelin Johannes Thurzos errichtet wurde. Eines der ersten Renaissanceschlösser, die ohne Türme und Befestigungen gebaut wurden. Vom reichen Sgraffitoschmuck ist kaum etwas erhalten, und der hölzerne Söller wurde nicht mehr dem Original entsprechend wiederhergestellt. Noch weiter sw (1 km): • PODLESOK, unmittelbar am Fuß des Slowakischen Paradieses, direkt an der Mündung des Klammtales Suchá Belá und nicht weit vom Beginn des Hernaddurchbruches, ein hervorragender Ausgangspunkt für Wanderungen.
T *Hütten, Restauration.*

Der • ZUFLUCHTSTEIN oder LAPIS REFUGII (KLÁŠTORISKO) ist zu Fuß zu erreichen (mit PKW nur dann, wenn eine Unterkunft gemietet wurde!). Hochfläche (um 750 m) mit der "Hütte auf dem Zufluchtstein" (Restaurant), fast im Zentrum der Klammtäler des Slowakischen Paradieses gelegen. Geschichtsträchtiger Boden, keltische Fliehburg, während des Mongoleneinfalls 1241 brachte Jordan von Gargau einen großen Teil der Zipser auf dem unzugänglichen Plateau in Sicherheit. 1299 Karthäuserkloster mit sehr wechselvoller Geschichte, 1534 zerstört, 1543 geschleift, um den Räubern keinen Unterschlupf zu bieten. In den letzten Jahren umfangreiche und erfolgreiche Aus-

einer raschen Slowakisierung. Die kath Laurentius-Kirche ist mit ihrem romanischen Äußeren aus der Mitte des 13. Jh und der im Laufe der Jh angebauten und erneuerten Teile sowie der 1782 durchgeführten Einwölbung ein sehr interessantes Bauwerk. 1962 wurden auf der s Außenwand, oberhalb eines romanischen Portals, gotische Fresken aufgedeckt.

Ganz besonders wertvoll ist der spätgotische **Hauptaltar**, ein Flügelaltar von 1510-20 aus der Werkstatt Meister Pauls aus Leutschau. Im Schrein steht neben der Maria mit dem Kind die ebenfalls lebensgroße Plastik des Laurentius und des Stephanus, die der Meister des Kabsdorfer Altares geschnitzt hat. Während hier, entgegen der Maria und Barbara im Neusohler Marien-Altar, eine Charakterisierung der Personen versucht wurde, entspricht das Faltenschema genau demjenigen von Neusohl. Die Predella ist leer, aber im Gesprenge stehen die u Könige Ladislaus, Stephan und Emmerich. Die bekrönende, barocke, schöne Statue des Michael ist eine spätere Zutat. Auf den Innenseiten der beweglichen Flügel sind 4 Tafelbilder aus dem Leben des Laurentius (Austeilung der Schätze an Anna, Marter, Papst Sixtus und sein Diakon Laurentius vor dem Kaiser Decius, Laurentius stirbt auf dem glühenden Rost) zu sehen. Auf den Rückseiten und den Standflügeln sind 8 Szenen aus der Passion Christi, von denen 4 (Dornenkrönung, Ecce homo, vor Pilatus, Geißelung) nach Holzschnitten von

Ausgrabungen auf dem Zufluchtstein: Eine Kachel mit Petrus

grabungen (darunter ein Siegel des Priors Frankus, der ab 1517 residierte), mit Freilegung der Klosterruinen. **T** *Camping, Hütten.*

Auch der • IHRIK (651 m, Siedlung in der Steinzeit, Karstloch "Ihriker Hajts-Trichter") und der • GRÜNBERG (ZELENÁ HORA), ein strategisch wichtiger Punkt (654 m, Steinzeitsiedlung, "Marcels Burg" des Markus, befestigter Platz der Hussiten) sind nur zu Fuß (gelb mk Weg) erreichbar.

In w R (12 km) • SCHAWNIK (SPIŠSKÝ ŠTIAVNIK), großes, 2 km ö des Ortes (2.019 EW) gelegenes Schloß. Steht mit seinen 4 Ecktürmen (die ö sind rund, die w eckig) auf dem Platz eines um 1200 gegründeten Zisterzienserklosters, das trotz seiner Größe (vielleicht deswegen?) nicht lange existierte. Mit den Steinen der Ruinen wurde im 16. Jh eine Festung gebaut, die im Laufe der Zeit, vor allem in den Jahren als die Thökölys ihre Besitzer waren, immer mehr die Gestalt eines Renaissanceschlosses annahm. 1669 kam die Kapelle hinzu, die später ein Bild J. Czauczіks aufnahm. 1926 brannte fast die gesamte Anlage aus, 1927-29 wieder hergestellt (heute Fachschule).

In sö R (4 km) • EMAUS (ARNUTOVCE), kleiner, abgelegener Ort (549 EW). Inneres der kath Kirche (15. Jh, 16. Jh Turm, 18. Jh Umbau): An der N-Wand Tafeln eines bemerkenswerten gotischen gemalten Marien-Altars (ca.1485) von Meister Martin aus Leutschau. Auf der Mitteltafel sind neben der Maria und der Hedwig (mit dem Kirchenmodell) Elisabeth von Ungarn dargestellt. Auf den Innenseiten der beweglichen Flügel sind Rochus, Agnes, Sebastian, Lucia (oder Ottilie?) zu sehen (geschlossen werden Martin, Stephan, Adalbert, und Emmerich sichtbar). Die Verbindung der Elisabeth von Ungarn mit der "schlesischen" Hedwig klärt die Tatsache, daß der Altar eine Stiftung Stephan Zápolyas anläßlich seiner Vermählung mit Hedwig von Schlesien-Teschen ist. Meister Martin, Zeitgenosse des Meisters Nikolaus von Leutschau, ist M. Schongauer weit weniger verpflichtet als dieser, dafür aber um so mehr der schwäbischen Malerei. Früher galten er und der Meister von Okoličné, der höchstwahrscheinlich auch den Altar von Smrečany gemalt hat, als eine Person. Sicher ist aber die Identität des früheren sogenannten "Emausmeisters" mit dem Meister Martin aus Leutschau. Barocker Seitenaltar (S-Wand) mit einem starken Tafelbild, die Marter des Sebastian, die vor einer schön gemalten Landschaft dargestellt ist. Der Künstler steht zwischen dem Meister des Katharinen-Altars in Leutschau und dem Meister der Antonius-Legende (Hans Moler). An der Straße nach Deutschendorf liegen mehrere Orte: 2,5 km entfernt • MACHELSDORF (MACHALOVCE) • JOHANNESDORF (JÁNOVCE) und 1 km abseits • ZUNKENDORF (ČENČICE), nach weiteren 5 km • HORKE (HÔRKA), mit den Teilen Horke (Hôrka), St Andrä (Ondrej), Kischendorf (Kišovce) und Primsdorf (Primovce). Alle waren Lanzenträgerorte, Siedlung ca.2. Jh vChr in Machelsdorf (Burgwald), Mineralbrunnen in Johannesdorf, Manganerzgruben in Kischendorf, 2 Altarbilder von J. Czauczik in St Andrä. Nach weiteren 3 km • SCHWABSDORF (ŠVÁBOVCE) und • HOHESELZ (HOZELEC), Manganerzgrube in Schwabsdorf (kurze Zeit in der Bruderschaft der 24 königlichen Pfarrer), in der Kirche Fresken aus dem Leben des Philippus und Jakobus, Hoheselz war Lanzenträgerort (schöner Blick zur Hohen Tatra!).

◉ ZENTREN IN DER WEITEREN UMGEBUNG: Deutschendorf, Menhard, Zipser Neudorf, Dedinky, Dobschau.

■ **DONOVALY**, Bez Banská Bystrica, 988 m. Zusammenschluß mehrerer kleiner Gemeinden am gleichnamigen Paß in der Niederen Tatra, Wintersportzentrum, Sommerfrische, Ausgangspunkt für Wanderungen in der Niederen Tatra, SAD.

Die weit auseinanderliegenden Köhlergemeinden, 1618 bis 1820 gegründet, lieferten für die Hütten in Altgebirg und Neusohl Holzkohle und sind für die großen, reizvollen, freien Flächen verantwortlich. Die ersten, damals d Gründungen erhielten den Namen des Köhlermeisters. Die Häuser, sie haben eine große verglaste Veranda, weichen stark von der in der Umgebung üblichen Bauweise ab und zeigen deutliche alpenländische Einflüsse. Der große touristische Aufschwung kam erst mit der Verlegung der Paßstraße vom Großen Šturec zum Donovaly, die in den ersten Nachkriegsjahren erfolgte, obzwar das "Športhotel Donovaly", das damals nur von S auf einem schmalen steilen Sträßlein zu erreichen war, schon 1938 gebaut wurde und "Kenner" des Tourenskilaufes das Gebiet schon immer aufsuchten.

T *Hotels, Hütten, Camping, Sessellift zum Zvolen (1402 m), Schlepplifte.*

⊕ 2001: 162 EW

◉ UMGEBUNG: 15 km w liegt der • GROßE ŠTUREC (VEĽKÝ ŠTUREC), ein 1010 m hoher alter Übergang, über den später die steile, mit zahlreichen Haarnadelkurven gespickte Paßstraße, die nach dem Krieg vom Neubau über den Donovaly abgelöst wurde, führte (heute nicht mehr befahrbar!). In nö R (6 km) liegt unter dem Hauptkamm der Niederen Tatra (Prašivá 1753 m) der Kurort • KORYTNICA, 825 m, abseits der Paßstraße (1,5 km von der Abzweigung, bei der sich auch die Endstation der ehemaligen, von Rosenberg ausgehenden Schmalspurbahn befand, die leider nach dem Krieg abgebaut wurde. Kunstbauten sind im schönen Revúcatal noch sichtbar). Die eisensulfathaltigen Mineralquellen und die Eigentümer der Gegend lassen sich bis 1325 zurück verfolgen. Zur Zeit der antihabsburgischen Aufstände ein bevorzugter Ort für Zusammenkünfte der Verschwörer. Bis 1869, als Dr. Siklóssy das kleine Bad erwarb und es 1870 in die 1. Ungarische Hydrotherapeutische AG einbrachte, geschah, außer der Errichtung eines Badehauses 1835, kaum etwas. Aber es dauerte nicht lange, bis Korytnica zu einem gesuchten Ort von Patienten, die an Erkrankungen des Magens, des Darmes und der Leber litten, wurde. Außerdem wurde es von den reichen Gesellschaftsschichten, und das nicht nur von denen des Liptauer Komitates, sehr gerne aufgesucht. 1885 erwarb Dr. Josef Ormay (seit 1873 leitender Badearzt) das Bad. Unter ihm kam es zu einem stetigen Aufschwung, und 1896 konnte Korytnica mehr als 300 Gästezimmer anbieten. U.a. war hier auch Nikolaus Szontagh dÄ Badearzt. Nach 2 Bränden (1911 und 1921) kam es zu ernsten finanziellen Schwierigkeiten, zur Zwangsverwaltung durch den Hauptgläubiger, der Liptscher Sparkasse und schließlich 1925 zum Verkauf an Kornel Stodola und Ján Žuffa für 2 Millionen Kčs. 1936 mußte Korytnica seine recht erfolgreiche Werbung, es sei das "Slowakische Karlsbad" (die Zusammensetzung der Quellen von Korytnica ist ähnlich mit denen von Karlsbad und Vichy), auf Einspruch dieses Weltbades hin einstellen. 1939 kommt Korytnica in den Besitz des Staates. Wie allgemein üblich kann das Wasser von allen Interessenten geholt werden. Holzkapelle von 1859. Ausgangspunkt für Wanderungen in der Niederen Tatra. Im obersten Revúcatal liegen die 3 Ortsteile von • LIPTOVSKÉ REVÚCE (Nižná, Stredná und Vyšná Revúca, zus 1.733 EW), früher Kup-

Donovaly: Haus mit Glasveranda

Donovaly: Niedere Tatra (Prašivá und Kečka)

fererzgruben, Ausgangspunkte für Wanderungen in der Großen Fatra und bei der Einmündung des Korytnicatales liegt • LIPTOVSKÁ OSADA (1.674 EW), Straßenknoten, zwei Kirchen (die mit dem hohen Turm gehörte den Böhmischen Brüdern), ferner 5 km w das 10 km lange Straßendorf • LIPTOVSKÁ LUŽNÁ (3.022 EW). **T** *Camping, Zeltplatz.*

◉ ZENTREN IN DER WEITEREN UMGEBUNG: Rosenberg, Deutschliptsch, Altgebirg.

■ **DRAUZ (DRAVCE)**, Bez Spišská Nová Ves, 648 m. Kleine, einst bekannte, zwischen Leutschau und Donnersmark in den Ausläufern des Leutschauer Gebirges gelegene Gemeinde. SAD.

Namen: ma Szepesdaróc, d selten Autz, 1263 Draucariorum, 1264 Drauch, 1277 Daraciorum, 1378 Daroucz, 1520 Dravecz, 1773 Drawcze. Wahrscheinlich besteht eine Verbindung zur Falkenzucht, da die ersten EW dem König Falken zu stellen hatten und deren Jungen "ätzten".

Bei dem 1288 gegründeten Antoniterkloster, das bis 1335-38 bestand, wurde Ende des 13. Jh das älteste "Krankenhaus" der Zips errichtet, das mit einem Armenhaus und einer Unterkunft für Reisende verbunden war, die sich bis zum Ende des 16. Jh halten konnten. In vielen Publikationen wird ein alter Fehler wiederholt, es habe sich bei dem Orden um Kreuzherren (teilweise sogar Kreuzritter) oder Templer gehandelt. Vom Kloster, das unmittelbar an die Kirche anschloß, sind nur Fundamentreste und die auf dieser Seite vorhandenen unregelmäßigen Stützpfeiler, die den alten Quermauern entnommen wurden, vorhanden.

Die 1288 wahrscheinlich zusammen mit dem Kloster erbaute **Klosterkirche** besaß einen massigen W-Turm, der, nach einem Blitzschlag im 19. Jh schwer beschädigt, abgetragen wurde. Die an dieser Seite der Kirche so auffallenden weit überdimensionierten massigen Stützpfeiler sind Reste der Turmwände. Die flache Holzdecke der Kirche wurde um 1440 durch ein auf zwei neu eingezogenen Mittelstützen ruhendes Gewölbe ersetzt, so daß die Zweischiffigkeit entstand. Bei dieser Gelegenheit wurden das ursprünglich relativ niedrige Schiff erhöht und die Fenster entsprechend geändert. Großes Aufsehen erregten die 1928-31 bei Malerarbeiten, nach Abdeckung weniger wertvoller Schichten, entdeckten und freigelegten *WANDGEMÄLDE*. Dieser Vorgang, damals in der Zips einer der ersten dieser Art, ließ die anderen Kunstwerke der Kirche gering erscheinen. Von den Wandgemälden geht ein großer Reiz aus, der durch die hervorragende Qualität und auch durch den starken byzantinischen Einfluß in der Darstellung der Personen (vor allem derjenigen in der Umgebung der Hauptpersonen) bewirkt wird. Es sind 2 Gruppen, die erste entstand zu Beginn des 14. Jh und die zweite um 1400.

Zur ersten gehören 3 Bilder: Die Verkündigung mit dem beinahe schwebenden Erzengel Gabriel und einer sehr befangenen Maria (das Kind zwischen beiden soll den kleinen Johannes den Täufer, als Vorläufer Christi, darstellen) sowie die Kreuzigung mit einem durch den Tod nicht entstellten Christus (beide Bilder sind auf der O-Wand, getrennt durch ein Fenster, hinter dem Altar). Das dritte, die Antonius-Legende, ist auf der N-Wand des Presbyteriums, in einer unschematischen Darstellung, die jeder Perspektive entbehrt, angebracht worden. Die 2. Gruppe, Teile eines Passionszyklus, erreicht nicht die maltechnische und darstellerische Qualität der ersten Gruppe, die vielleicht von einem Meister Z oder ZZ (diese Buchstaben sind unmotiviert an verschiedenen Stellen angebracht) gemalt worden ist. Von nicht geringerem Wert ist die *STATUE DES ANTONIUS*, ein strenges, im Faltenschema noch der Symmetrie verpflichtetes Werk aus der Zeit

Die Kirche von Drauz

um 1450 (Frühwerk vom Schnitzer des Georgenberger Marien-Altars?). Am jetzigen *HAUPTALTAR* fehlen die Flügel, früher ein Seitenaltar, der erst nach 1960 gegen den Elisabeth-Altar ausgetauscht wurde (auch nicht der ursprüngliche Hauptaltar, der sich, als heute unvollständiger Antonius-Altar, in Budapest befindet). Im Schrein stehen aus dem 15. Jh stammend, Maria, Vir dolorum und Johannes, während die gemalte Predella mit den 4 Kirchenvätern um Christus, aus dem 16. Jh stammen dürfte. Das Gesprenge ist neu (19. Jh). Die 3 *SEITENALTÄRE* wurden im 18. Jh aufgestellt, in einem kamen 3 gotische Plastiken einer Verkündigung (Gabriel mit Maria) von ca 1470 zur Aufstellung. Die *KREUZIGUNGSGRUPPE* des Triumphbogens stammt aus dem 15. Jh. Mehr als 2 Jh liegen zwischen der wahrscheinlich 1747 erfolgten Auseinandernahme oder einer Wiederherstellung, als damals der Balken erneuert, der Kruzifixus entfernt und in der Vorhalle aufgehängt wurde. An seine Stelle trat ein barocker Kruzifixus. Die Madonna zeigt eine gewisse Ähnlichkeit mit der Rißdorfer Plastik (heute in Preßburg), an der vom Schnitzer die Prinzipien des Stils der "schönen Madonnen" konsequent angewendet wurden. Teile eines *CHORGESTÜHLS* aus dem 15. Jh. Der niedrige gemauerte **Glockenturm** trat erst in unserem Jh an die Stelle einer hölzernen Konstruktion, die als Ersatz für den abgebrochenen W-Turm diente.

🌐 1930: 431 EW (329 Sl, 13 J), 1940: 550, 1991: 715, 2001: 772 EW.

◉ ZENTREN IN DER WEITEREN UMGEBUNG: Leutschau, Zipser Neudorf, Donnersmark, Menhard.

● **DUBČEK, ALEXANDER,** *1921 Uhrovec, +1992 Autounfall. Reformkommunist, einer der bekanntesten Politiker der Slowakei. 1939 Eintritt in die KSL, durchlief zahlreiche Stationen der Parteihierarchie, 1963 1. Sekretär der KSL, 1968 1. Sekretär der KSČ, Initiator des "Prager Frühlings", 1970 aus der Partei ausgestoßen, Mitstreiter bei der Verwirklichung der Wende, nach dieser mehrmals in hohen Staatsämtern, ging über die Reformpartei zur Sozialdemokratie. An den Unfall knüpften sich Spekulationen.

■ **DUKLAPAß (DUKLIANSKY PRIESMYK)**, Bez Svidník, 563 m. Die sanfte Einsattelung im Karpatenhauptkamm an der Grenze zu Polen, erfüllt absolut nicht die Vorstellungen, die sich mit dem Begriff "Paß" verbinden. Als einer der leichtesten Übergänge ein alter Handelsweg und bevorzugtes Einfallstor für Heere. In beiden Weltkriegen hart umkämpft (Winter 1914/15, Sept.-Okt. 1944), Reste von Kriegsmaterial, Befestigungen, Aussichtsturm auf sl Seite, Soldatengräber (d Friedhof in Hunkovce und Zborov). SAD. Nachdem die

Schlachtfeld am Duklapaß: Denkmal

sowjetischen und tschechischen Truppen mit fünffacher Übermacht den zu lange hinausgezögerten Angriff am 8.9.1944 auf der Linie Krosno-Sanok, ca. 30 km vom Paß entfernt begonnen hatten, war schon in den ersten Tagen das strategische Ziel, in 5 Tagen in Eperies zu sein und dem SNP zu Hilfe zu kommen, verspielt. In dem leicht zu verteidigenden Gelände, das einen massierten Panzereinsatz verbat, wurden die d Truppen nur schrittweise zurückgedrängt. Schwere Krisen traten in den Kämpfen auf beiden Seiten auf, die sich über ein größeres Gebiet,10-15 km w des Passes erstreckten ("Tal des Todes" ca. 5 km n von Svidník). Als die Kämpfe am 28.10., s des Passes abflauten, waren auf sowjetischer Seite ca 100.000 Mann gefallen oder verwundet, auf d ca die Hälfte; nutzlos, denn der Einbruch in den Karpatenraum war inzwischen längst an einer anderen Stelle erfolgt, in Rumänien.

◉ UMGEBUNG: S des Passes: • VYŠNÝ KOMÁRNIK (1,5 km), winziger Ort (85 EW), 1924 errichtete griech-kath Holzkirche, Ersatz für die im 1. Weltkrieg zerstörte, • NIŽNÝ KOMÁRNIK (4,5 km), Dorf (165 EW), wie andere teilweise zerstört, 1933 gebaute griech-kath Holzkirche, die durch die Symmetrie der 3 Kuppeln auffällt, • KRAJNÁ POĽANA (6 km), kleiner Ort, griech-kath Kirche von 1924.

In sö R (8 km) • BODRUŽAL, winziger Ort (59 EW) mit sehr schöner **griech-kath Holzkirche** von 1658, die zweimal restauriert wurde (1692, 19. Jh). Die Aufgliederung der üblichen 3 Räume ist außen deutlich sichtbar. Die 3 Türme, die über dem Schiff und dem Presbyterium sind mehrfach abgesetzt, sind einheitlich barock, mit je einer Zwiebel gestaltet. Ikonostas mit 2 Reihen an Bildern, Ornamentik im Stil des Barock und Rokoko. Die oberen erinnern stark an Personen in alten Renaissancedarstellungen. Zum Hauptaltar wurde eine alte steinerne Mensa mit einer gemalten Kreuzigung kombiniert. Im Kirchenschiff Reste barocker Wandmalerein (Jüngstes Gericht, Kreuzigung) vom 18. Jh. Neben der Kirche ein kleiner hölzerner Glockenturm (19. Jh.).

Miroľa: Griechisch-katholische Holzkirche

In sö R (11 km) • PRÍKRA, Siedlung (7 EW), 1944 zerstört, sehr schöne interessante **griech-kath Holzkirche**, 1777 erbaut. Von den 3 üblichen Räumen ist die Überdachung des auf verschalten Stützen stehenden Turmes deutlich von derjenigen des auffallend breiten Schiffes und des Presbyteriums abgesetzt. Ikonostas und dahinter stehender Hauptaltar (Kreuzigung) aus dem 18. Jh im Mischstil zwischen Barock und Rokoko. Die 4 sehr älteren, auf der Tür angebrachten Bilder haben byzantinische Vorlagen.

In sö R (11 km) • MIROĽA, kleiner Ort (85 EW), **griech-kath Holzkirche**, eine der schönsten, 1770 an Stelle einer 100 Jahre früher gebauten Kirche errichtet. In der Anordnung der 3 Elemente werden deutliche Akzente gesetzt, die das Schiff zusätzlich durch die mehrfach abgesetzte Kuppel betonen. Mit der vom Turm zum Presbyterium sehr stark abnehmenden Höhe werden auch die barocken Doppelzwiebeln etwas kleiner. Im Innern ein dreigeschossiger Ikonostas, mit einem mariologischen Zyklus, in dem Hirten und Frauen sl Trachten tragen.

◉ ZENTREN IN DER WEITEREN UMGEBUNG: Svidník, Stropkov.

▲ **ĎUMBIER,** 2043 m. Höchster Berg der Niederen Tatra, langer Gipfelkamm, der nach N mit Felswänden und nach S mit einem großen teilweise grasigen Dach abfällt. Auf ausgebauten mk Wegen leicht zu erreichen, herrliche Aussicht.

Spuren des Bergbaues (verfallene Stolleneingänge, kleine Halden, Fahrwege). **T** *Am Fuß steht die "Štefánikova chata na Ďumbieri" (Unterkunft, Verpflegung).*

▲ **DUNAJEZ (DUNAJEC)**. 251 km langer Seitenfluß der Weichsel, der in seinem interessantesten Abschnitt auf 17 km Länge die Grenze zu Polen und die in Europa einmalig schöne Durchbruchsschlucht des Flusses durch die Pieninen im Hauptkamm der Karpaten bildet. Die Floßfahrten durch die von Felsen eingerahmte Schlucht sind eine internationale Attraktion.

■ **DUNAJSKÁ STREDA,** 118 m, Bezirkshauptstadt, Zentrum der Schüttinsel. Straßenknoten, ŽSR, SAD. Namen: ma Dunaszerdahely, d sehr selten Niedermarkt, 1254 Suridahel, 1270 Zeredahel, 1354 Zredahel, 1786 Serdahely, 1920 Dunajská Streda.

Alter Siedlungsplatz (Bronzezeit, Quaden, Großmährisches Reich), im 16. Jh Stadt- und Marktrechte, Ende des 18. Jh kamen zahlreiche Juden. Wirtschaftliches Zentrum der Schüttinsel. Neogotische **evang Kirche** von 1883, halbkreisförmiger Abschluß mit Kuppel, Schiff flach eingedeckt. **Kath Kirche** gotisch vom Ende des 14. Jh, öfter erweitert, renoviert, an den Pfeilern Reste alter Malerei, im Presbyterium mittelalterliche Wandmalerei und auf der S-Seite eine aus dem 14. Jh, Ausstattung aus dem 18. und 19. Jh. **"Gelbes Schloß"** barock aus dem 18. Jh, im 19. Jh klassizistisch umgebaut. Das **"Weiße Kastell"** wurde im romantisierenden Stil Ende des 19. Jh gebaut. Früher großer j EW-Anteil: vulgo "Jerusalem der Schüttinsel".

Nach dem 2. Weltkrieg Industriestandort (Lebensmittel: Zucker und Konserven, Baustoffe: Betonfertigteile).

M *"Žitnoostrovské múzeum" (=Schüttinselmuseum) im Gelben Schloß.*

T *Thermalfreibad (7 Becken, davon 2 überdacht).*

⊕ 1930: 6.280 EW (503 Sl, 73 D, 2.944 Ma, 2.186 J), 1940: 6.584, 1991: 23.236, 2001: 23.519 EW.

◉ UMGEBUNG: In w R (4 km) • KRÁĽOVIČOVE KRAČANY, Ortsteil • LESNÉ KR.: Sehr schönes, 1830 errichtetes klassizistisches Schloß, dessen Hauptfassade durch einen vortretenden Portikus, der (einen Balkon überdachend) auf einer durch

Schloß in Kráľovičove Kračany - Lesné

Arkaden gebildeten Durchfahrt steht, geschmückt ist. 1 km weiter w liegt • HOLICE (1.824 EW): Mächtige, den Baugewohnheiten auf der Schüttinsel entsprechende, zweitürmige, einschiffige spätromanische kath Kirche, 1. Hälfte des 13. Jh, deren Langhaus später ein Renaissancegewölbe erhielt. N-Seite des Presbyteriums: Ein P. Parler nachempfundener Kopf, 14. Jh (König Ladislaus?). Mariensäule von 1686.

In sö R (20 km) • VEĽKÝ MEDER (zeitweise Čalovo), Mittelzentrum (9.113 EW). Neoklassizistische, einschiffige kath Kirche (1740-55) ref Kirche (1783, Turm von 1801), Synagoge (19. Jh).

T *Hotels. Thermalfreibad. Campingplatz.*

◉ ZENTREN IN DER WEITEREN UMGEBUNG: Gabčíkovo.

▲ **EIPEL (IPEĽ)**. 232,5 km langer linker Seitenfluß der Donau, der u.a. auf 140 km die Grenze zu Ungarn bildet und durch eine leicht gewellte Hügellandschaft fließt, nachdem ihr Ursprung auf ca. 1000 m Höhe im Slowakischen Erzgebirge liegt.

■ **EISENBAD (VYHNE)**, Bez Žiar nad Hronom, 350 m. Kleine alte Bergbaugemeinde in den Schemnitzer Bergen, die sich im Mittelalter zu einem kleinen Bad entwickelt hat. SAD. Namen:

ma Vyhnyepeszerény, d selten Eisenbach, 1326 Vihine, Isenpach, 1426 Wyhne, 1773 Wichnorany, 1808 Wyhňany, 1920 Vyhne. In Eisenbad und in der Umgebung haben wahrscheinlich schon die Kelten geschürft. In dem tief eingeschnittenen, zur Gran hin gerichteten Tal entwickelte sich aus dem Gold- und Silberbergbau der später vorherrschende Abbau von Eisenerzen, die hier auch verhüttet wurden. In der 2. Hälfte des 17. Jh übernahm die Kammer in Schemnitz die Anlagen, zu denen 3 Stollen gehörten.

Die warmen (37°C) eisenhaltigen Quellen wurden wahrscheinlich während des Erzabbaues angefahren, und 1497 gründete der Schemnitzer Unternehmer E. Rössl das **Bad**, das 1563-1917 der Stadt Schemnitz gehörte. Sehr beliebt war es bei Franz II. Rákóczi, der sich hier sehr oft aufhielt und es der Stadt Schemnitz abkaufen wollte. Zu Beginn des 18. Jh richtete die Stadt ein Heilzentrum für Bergleute ein. Im 19. Jh wurden in den damals vorhandenen Badehäusern Frauen-, Nerven- und innere Krankheiten sowie Rheuma behandelt. 1917-39 in privater Hand mit zunehmendem Verfall. Anschließend verstaatlicht, Konzentrationslager für Juden. Während der Kriegshandlungen brannte das Bad 1945 ab, und der Kurbetrieb wurde nicht wieder aufgenommen.

Ein merkwürdiger Bau ist die einschiffige **kath Kirche** (1776), deren Turm mit einer großen Laterne abgeschlossen ist. Das Bild des Hauptaltars, der heilige Antonius, stammt von J. B. Klemens. Auf dem die Kirche umgebenden Friedhof sind einige schöne, gegossene Kreuze und Grabmäler im Empirestil zu sehen. Der Maschinenbau entwickelte sich aus dem Eisenhüttenwerk vom 15. Jh und 2 Hammerwerken, die 1839 Karl Kachelmann erwarb und erheblich vergrößerte (Herstellung von Maschinen für den Bergbau und später für die Landwirtschaft). 1934 Konkurs in der Weltwirtschaftskrise. Die 1937 gegründete Aktiengesellschaft (nach dem 2. Weltkrieg erheblich erweitert) widmete sich hauptsächlich der Herstellung von Rüstungsmaterial. 1884 baute Kachelmann ein ursprünglich den Jesuiten gehörendes Gebäude zu einer Mälzerei und Brauerei um, die ein bekanntes Bier herstellte.

Eisenbad: Stollen Antonius von Padua

T *Thermalfreibad (50 m-Becken), Zeltplatz, Skilift.*

⊕ 1930: 1.280 EW (1.247 Sl, 7 D, 18 Ma), 1940: 1.448, 1991: 1.595, 2001: 1.391 EW.

◉ UMGEBUNG: An der Straße nach Schemnitz: (3 km) rechts • DEUTSCHLEITEN (DOJČLAJTŇA) und links • WINDISCHLEITEN (VINDIŠLAJTŇA), kleine alte Bergbausiedlungen (die Namen bezogen sich auf die Nationalität der dort wohnenden Bergleute, interessant ist die Schreibweise der sl Namen!), die Stollen waren bis 1851 in Betrieb, alte Bergmannshäuser (wie im gesamten Schemnitzer Revier), weiter im steiler und noch enger werdenden Tal, abseits (2 km): • SCHÜTTERSGRUND (BANKY), 670 m, alte Bergbausiedlung, mehrere Schächte und Stollen, der bedeutendste ist der Hoffer-Stollen. Oberhalb des Ortes wurde im 19. Jh der • HOFFERSTOLLNER TEICH (BANČIANSKE JAZERO) gebaut (9,4 m tief, 0,10 km², 20.000 m³), Badeplatz. Weiter gegen Schemnitz (1 km) • ROßGRUNDER TEICH (ŠTIAVNICKÉ, oder ROSSGRUNDSKÉ JAZERO), ca. 700 m, diese Stauanlage wurde 1743-49 von Samuel Mikovini gebaut (22,3 m tief, 0,57 km², 960.000 m³), Trinkwasserbecken. Der höchste Punkt (791 m) der Straße ist der Sattel • ROTBRUNN (ČERVENÁ STUDŇA), Straßenknoten, Aussicht, unterhalb ein alter aufgelassener Teich.

◉ ZENTREN IN DER WEITEREN UMGEBUNG: Scharnowitz, Glashütten, Dilln, Schemnitz.

● **EKBERT von ANDECHS-MERAN,** *um 1170, +1237 Wien. Bischof von Bamberg, erster Kolonisator der Zips, bedeutendes Mitglied des angesehenen Geschlechtes von Andechs-Meran (oder Meranien). 1208 wegen angeblicher Mitschuld an der Ermordung König Philipps von Schwaben geächtet, floh zu seinem Schwager Andreas II., dessen Gemahlin Gertrud eine Schwester Ekberts war. Gründete in der Zips mit Siedlern, die er von seinen Besitzungen in Tirol und Bayern holte, Eisdorf. Von der Acht befreit, konnte er 1211 nach Bamberg zurückkehren. Bamberger Einfluß auf die Kirche am Zipser Kapitel und Dankesschuld an Ungarn: Der "Bamberger Reiter" soll wahrscheinlich Stephan den Heiligen von Ungarn darstellen.

● **ELISABETH VON UNGARN (THÜRINGEN),** *1207 Preßburg, +1231 Marburg. Tochter König Andreas' II. und Gertruds von Andechs-Meran, 1221 verheiratet mit Landgraf Ludwig von Thüringen, widmete sich besonders nach seinem Tod charitativen Diensten, lebte schließlich unter strenger Zucht Meister Konrads in Marburg. 1235 heiliggesprochen. Beliebte Heilige, umrankt von Legenden und Wundern.

■ **ELTSCH (JELŠAVA)**, Bez Revúca, 258 m. Kleinstadt im hügeligen Vorland am S-Rand des Slowakischen Erzgebirges. Zentrum der Magnesitförderung und Verarbeitung, davor Gold- und Silberbergbau, Hammerwerke, später Handwerk (Glockengießer). Straßenknoten. ŽSR, SAD.

Namen: ma Jolsva, d auch, aber selten Ilsau, Jelschau, lat Alnovia, 1243 Illawa, 1271 Elswa, 1344 Ilsua, 1564 Jelsawa, 1573 Jolssawa, 1594 Oltcz, 1598 Josuach.

Am Ende der 1. Hälfte des 13. Jh von d Bergleuten gegründet. Die unregelmäßige Anlage ist durch die ungünstige Konfiguration des Geländes bedingt. In der sehr wechselvollen Geschichte spielten neben den Türken, und Bürgerkriegen auch Krankheiten (Pest) und mehrere Feuersbrünste eine negative Rolle. Die klassizistische **evang Kirche**, eine Toleranzkirche von 1784-85, 1834 mit dem mächtigen Turm im Stil des Empire vervollständigt, ist ein typischer protestantischer Emporenbau. Altar und Kanzel sind mit Holzschnitzarbeiten reich geschmückt. Die zweitürmige **kath Kirche** ist ein klassizistischer Bau von

Eltsch: Katholische Kirche

1849. In ihr befinden sich 2 Bilder, die dem Kreis um J.L. Kracker zugeschrieben werden (Madonna, Bild Christi an der Kanzel). Das **Rathaus** wurde 1781 gebaut (barock). Am langgezogenen Marktplatz stehen einige bemerkenswerte **Häuser**. Die alte Burg stand auf dem Hügel über dem Ort, wurde bereits im 14. Jh durch einen anderen Bau und dann durch das **Kastell** im Ort ersetzt, einen mächtigen klassizistischen Bau, von dem 3 Flügel erhalten geblieben sind. Nach dem 2. Weltkrieg wurde die Magnesitindustrie ausgeweitet.

⊕ 1930: 3.493 EW (2.781 Sl, 197 D, 255 Ma, 181 J), 1940: 2.672, 1991: 2.508, 2001: 3.287 EW.

◉ UMGEBUNG: In nw R abseits der Talstraße (5 km) • CHYŽNÉ. In der kath Kirche steht ein hervorragender **Flügelaltar**, den Meister Paul aus Leutschau geschaffen hat (1508). Im Schrein befindet sich das 1,62 m hohe Relief der Verkündigung Marias, das sich durch die sehr realistische Darstellung der Figuren (Engel, Maria) auszeichnet und an dem noch Reste der alten Fassung vorhanden sind. Die Meinungen über den Schöpfer gingen oder gehen, zum Teil auch noch heute, auseinander und reichen von der Autorschaft Meister Pauls über eine Werkstattarbeit bis zu einem unbekannten Künstler aus dem Kreis um Meister Paul (die letzte Annahme hat keine überzeugenden Argumente!). Auf den Vorder-

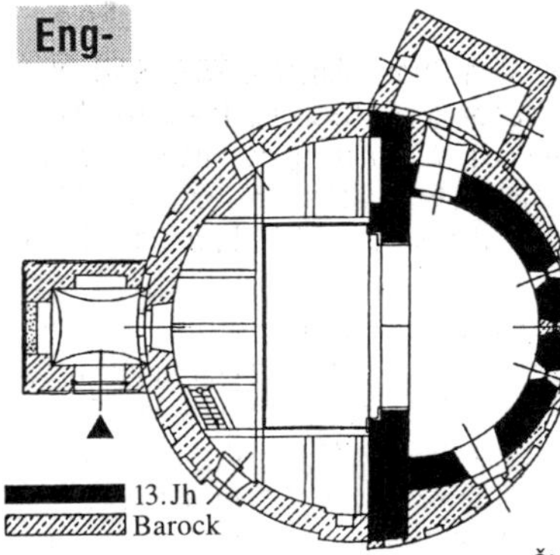

Šivetice: Katholische Kirche

seiten der beweglichen Flügel ist ein mariologischer Zyklus zu sehen, der in der Bildkomposition wie in der Darstellung der Hauptfiguren Ähnlichkeiten zu dem Bild Anna Selbdritt in der Rosenauer Kathedrale aufweist. Die Innenbilder bringen die Kreuzigung und die Abnahme. In der Predella sind die Krönung Marias, an den Seiten die Könige Stefan I. und Ladislaus zu sehen. Gesprenge vom 17. Jh (u.a. Antonius). Aus den, an den Wänden vorhandenen, hervorragenden **Fresken** ragen zwei fast lebensgroße Apostelgestalten heraus. Charakteristische, dekorative Gestaltung der Gewänder mit bewußter Zurückdrängung der Körperkonturen. Werk zweier Maler, letztes Drittel 14. Jh.

In nw R (4 km) • LUBENÍK (1.289 EW), im Mittelalter Eisenverarbeitung. Die Hammerwerke und die Hütte erwarb 1864 Georg Heinzelmann, der für einen weiteren Ausbau sorgte. Ende des 19. Jh waren 3 Hochöfen und eine Gießerei in Betrieb. Das Zentrum des Erzabbaues lag bei Sirk, und eine Seilbahn sorgte für den Transport, bis die Eisenwerke 1928 bzw 1929 den Betrieb einstellten und die Einrichtungen nach Tyrnau verlagert wurden. Zu Beginn des 20. Jh begannen mit Unterbrechungen der Magnesitabbau und die Verarbeitung. 1934 sind die Arbeiten im Magnesitbereich wieder aufgenommen worden, die ab 1941 eine große Ausweitung erfuhren. In sö R (5 km) • ŠIVETICE, kleiner Ort (398 EW) mit Töpfertradition. **Kath Kirche** auf einer Anhöhe im Friedhof, Rotunde, Kreisgrundriß, geteilt durch den Triumphbogen. Dieser und die Apsis sind aus der 1. Hälfte des 13. Jh. Der etwas größere Teil wurde im 18. Jh anstatt des zerstörten ursprünglichen Schiffes gebaut. 1596 evang, 1712 kath. Eingangstrakt inzwischen abgerissen. Bedeutende Wandmalerein in der Apsis: Romanischer Zyklus der Margarete (oben) und christologischer Zyklus (unten), Secco Ende 13. Jh, ferner gotische Fresken, Mitte 14. Jh: Triumphbogen und Apsis (die romanische Schicht war überdeckt, Fragmente in Preßburg SNG), drei Maler (A: Kreuzigung, Pieta, B: Apsidenbilder, Michael wiegt die Seele, C: Christus zwischen Engeln, Ladislaus-Legende). Hölzerner, unten gemauerter barocker Glockenturm. **Evang Toleranzkirche**, klassizistisch 1785, Turm 1831.

In sw R (14 km) • KAMEŇANY: Bergbauort (696 EW), Eisenerz wurde bis ca. 1555 gewonnen und verhüttet. Beachtenswerte **evang Kirche**. Der romanische Kern aus der 1. Hälfte des 13. Jh wurde im 18. Jh durch mehrere barocke Zubauten ergänzt. Die unter der Tünche vorhandenen mittelalterlichen Wandgemälde sind noch nicht alle aufgedeckt worden. Klassizistischer Altar, frühes 19. Jh mit einem Bild, Jesus mit den Engeln, von J. Czauczik. An der SO-Seite der Kirche Glokkenturm, rokoko-klassizistisch, Beginn 19. Jh.

◉ ZENTREN IN DER WEITEREN UMGEBUNG: Revúca, Schittnich, Pleissnitz

● **ENGLISCH, KARL ARTUR RITTER von**, *1881 Krakau, +1945 Konzentrationslager Stein/Ö. Jurist, 1904 hohe Staatsämter in Wien, 1918 Diplomat, 1936 p Geheimdienst, 1941 im p Untergrund, von der Gestapo verhaftet und ermordet. Hervorragender Bergsteiger, Miterschließer der Hohen Tatra mit mehreren Erstbesteigungen, darunter die spektakulärste, die des Spitzen Turmes. Ging mit seiner Mutter Antonia und Zipser d Bergführern. Geriet unberechtigt in die Kritik, er faßte seine d Berichte mehr literarisch als sachlich ab.

■ **EPERIES (PREŠOV)**, Bezirkshauptstadt, 255 m. Neben Kaschau, im Mittelalter wie in der Neuzeit, das zweite Zentrum der O-Slowakei, heute die drittgrößte Stadt der Slowakei, liegt an der Torysa, an einem alten Handelsweg, etwa in der Mitte zwischen der p und ma Grenze. Bis 1922 Sitz der Verwaltung des comitatus Sarosiensis/Scharoscher Gespanschaft/ Šarišská stolica, 1922-38 kein übergeordneter Verwaltungsort, 1938-45 Sitz der Verwaltung der Šarišsko-zemplínska župa, 1946-60 Sitz der Verwaltung des Prešovský kraj, der 1960 im neugegründeten LV Ostslowakei aufging. Heute wieder Prešovský kraj. Wertvolle Baudenkmäler und Kunstwerke, die Altstadt ist Denkmalszone (Stadtreservat). Sitz des einzigen griech-kath Bistums der SR (1816 durch Teilung des Bistums Munkatsch entstanden, 1950-1968 zwangsweise aufgelöst). Universität. Industriestandort. Partnerstadt von Remscheid. Wichtiger Eisenbahn- und Straßenknoten. ŽSR, SAD. Namen: ma Eperjes, d ab 1939 auch Preschau (Neukonstruktion zur Vermeidung des ma Stammes), lat Eperiessinum, Fragopolis, 1247 Epuryes, 1248 Eperyes, 1272 Eperies, 1474 Epperias, 1773 Pressow.

Alter Siedlungsplatz (Mittel- und Jungsteinzeit, Bronzezeit). Die starke d Ansiedlung führte 1299 zur Erteilung der Stadtrechte, die denen der Zipser d Städte entsprachen, 1374 königliche freie Stadt. Die folgenden Jahrzehnte brachten eine rege Entwicklung des Handwerks und des Handels. Die stark expandierende Leinenherstellung führte zu einer Konfrontation mit Bartfeld, die diese Stadt für sich entscheiden konnte. 1480 wurde Eperies Mitglied der Pentapolitana (Leutschau, Kaschau, Bartfeld, Zeben). Die Synode von 1546 diente nicht nur der Abgrenzung des evang Glaubens gegenüber den Randgruppen der Reformation, sondern auch zur Vorbereitung der Confessio Pentapolitana. Nach der Erteilung des Stapelrechtes 1536 kam es durch die Pest und kriegerische Ereignisse zu einem Niedergang, dessen Tiefpunkt

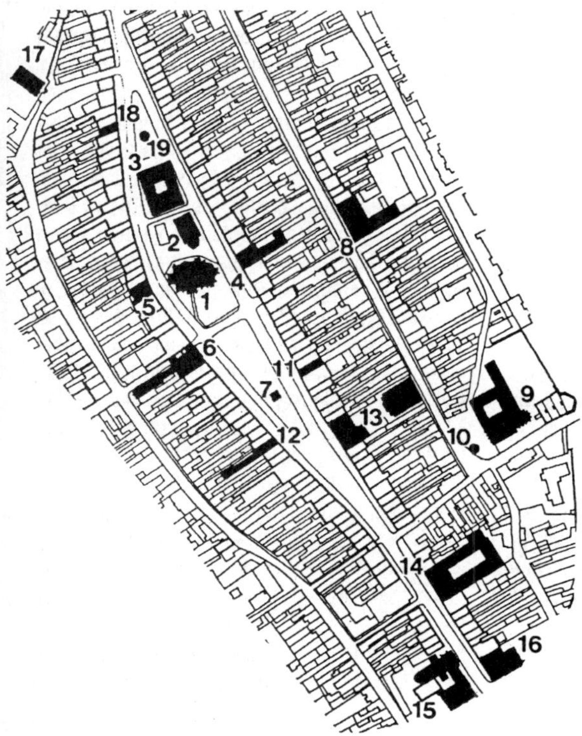

1 Kath Nikolaus-Kirche
2 Evang Kirche
3 Evang Kollegium
4 Rákóczi-Haus
5 Kath Pfarramt
6 Rathaus, Caraffa-Gefängnis
7 Neptun-Brunnen
8 Komitatshaus
9 Franziskanerkirche und Kloster
10 Rochus-Gruppe
11 Markthalle
12 Wéczenyi-Haus (Galerie)
13 Redoute (ehem. Theater)
14 Klobuschitzky-Palais
15 Griech-kath Kirche, Bischofspalast und theol Fakultät
16 Hotel Dukla
17 Synagoge
18 Caraffa-Haus
19 Immaculata

Stadtgrundriß von Eperies

Eperies: Katholische Kirche

mit den Blutgericht des Generals Anton Caraffa 1687 erreicht wurde. Im 16. und 17. Jh zogen zahlreiche Magyaren ("Ungarische Gasse") und Slowaken ("Windische Gasse") zu. 1831 beteiligten sich viele EW an dem großen Bauernaufstand. 1918 wurde Eperies von heimkehrenden Soldaten drangsaliert, von denen ca. 50 hingerichtet wurden, und 1919 wurde hier die kurzlebige Slowakische Räterepublik ausgerufen.

Von den **Stadtmauern** und den Befestigungen sind Reste erhalten, Mauerabschnitte im SO, N und W, 2 Basteien, die der Schneider und die Wasserbastei (sl "Kumšt", von d Kunst und zwar von der hier eingebauten "Wasserkunst", die höher gelegene Abschnitte des Grabens mit Hilfe eines Schöpfwerkes mit Wasser zu versorgen hatte). In der Mitte des typisch d, leicht gebogenen Straßenmarktes steht die gotische **kath Nikolaus-Kirche**, die in der Mitte des 14. Jh vorerst einschiffig errichtet wurde. In 2 weiteren Bauetappen wurde zwischen 1502 und 1505 unter Beteiligung der Meister Nikolaus, Johann und Michael, die S- und anschließend die N-Wand beseitigt und die Kirche zu einer mit mächtigen vieleckigen Pfeilern versehenen, dreischiffigen Halle umgebaut, die ebenso wie das Presbyterium sehr schöne Netz- und Kreuzgewölbe besitzt. Eine gotische Konsole, die sich auf einen bärtigen Männerkopf stützt, als Symbol der die Last abtragenden lebendigen Kraft, stammt noch von der ersten Kirche. Der 1514 errichtete Turm wurde nach Plänen von F. Schulek 1903-04 regotisiert. Die von den Evangelischen eingebauten Emporen wurden später beseitigt, die letzte 1949. 1788 wurde das schöne klassizistische S-Portal gebaut. Im Inneren sind einige Fragmente von Wandmalereien aus dem 15. Jh und dem 17. Jh erhalten.

In den mächtigen barocken *HAUPTALTAR* von 1696 wurde der Schrein des ursprünglichen gotischen Flügelaltars eingebaut, nachdem bereits 1674 12 (!) gotische Altäre aus der Kirche entfernt und 1696 der alte gotische Hauptaltar auseinandergenommen wurden. Der Schrein hat denjenigen des Kaschauer Hauptaltares zum Vorbild und zeigt 3 hervorragende Plastiken, Maria, Nikolaus und Adalbert (ca. 1,70-1,80 m groß). An den beiden Seiten stehen übereinander je 4 kleinere Statuen, von denen jedoch nur die Hälfte (die 4 Evangelisten) im Original vorhanden sind. Den Schrein und die Plastiken schuf 1490 Johann Weiss aus Eperies. Die auf dem Hauptgesims stehenden 2 seitlichen Plastiken und die kleinen Engel stammen aus der Werkstatt Meister Pauls aus Leutschau (um 1510).

Der Schöpfer des in der Mittelnische stehenden Sebastian ist unbekannt, dagegen sind die auf der Ebene des Schreins stehenden 4 (je 2 auf jeder Seite) barocken Plastiken höchstwahrscheinlich von J. Hartmann geschaffen worden. Die 14 Bildtafeln des gotischen Hauptaltars werden Albert Gode und Meister Peter aus Eperies zugeschrieben. Sie sind teilweise (u.a. Szenen aus dem Leben Marias und des Nikolaus) erst Ende des 18. Jh bei der Herstellung der im Chor befindlichen Senatorenbänke verwendet worden, und um 1990 wurde der Passionszyklus im linken Seitenschiff aufgebaut. Alle zeugen von der hohen Fähigkeit des Malers (oder der Maler), biblische Szenen in das Leben zu übertragen, so daß mit der genau beobachteten und naturgetreu wiedergegebenen Wirklichkeit ein Bild damaliger bürgerlicher Lebensweise entstanden ist. In der Kirche stehen 7 *SEITENALTÄRE* aus dem 18.,19. und 20. Jh. Die *KALVARIENGRUPPE* im Triumphbogen stammt vom Ende des 14. Jh. Neben dem sitzenden *ECCE HOMO* von ca. 1510-20 steht im Presbyterium noch der *ERZENGEL GABRIEL* eine Plastik Meister Pauls aus Leutschau von ca. 1510; ebenso wird ihm der Christus am Kreuz, in der *KREUZIGUNGSGRUPPE* auf der N-Seite, zugeschrieben. Direkt neben der kath Kirche steht die **evang Kirche**, ein sehr bedeutender Bau der Spätrenaissance der Jahre 1637-42, er wurde mehrfach renoviert (zuletzt 1947 mit Hilfe der Evang Kirche von Hessen-Nassau). Sie, die außerdem einen bemerkenswerten Standort hat, ist eine der ganz wenigen evang Kirchen, die nicht auf den Ödenburger Artikeln und nicht auf dem Toleranzpatent fußen, sondern schon 40 bzw. 140 Jahre früher gebaut wurden und den Evangelischen erhalten geblieben ist. Der neoromanische Altar wurde 1917 aufgestellt. Die Emporen werden von offenen Arkaden getragen. Die Brüstung der Orgelempore ist aus Holz mit frühbarocken, dekorativ gestalteten Zwischenräumen und 5 Statuen, Christus und die Evangelisten. Die reiche Verzierung des Orgelgehäuses stammt vom selben Künstler, der die Brüstung geschaffen hat. Im Äußeren der turmlosen Kirche, sie hat nur einen kleinen Dachreiter, spiegelt sich die Raumgliederung wider. Neben dem Eingang steht auf einer Marmortafel

Eperies: Griechisch-Katholische Kirche

in sl Sprache das Bibelwort "So wollen wir das Haus unseres Gottes nicht verlassen" (Nehemia 10.39). Unmittelbar n der evang Kirche steht das ausgedehnte alte Gebäude des ehemaligen **Evangelischen Kollegiums**. 1666-68 im Renaissancestil erbaut, war es ursprünglich ein zweigeschossiger, dreiflügliger Bau, dessen nach N hin abschließender 4. Flügel 1724 errichtet wurde, während die Aufstockung im Laufe des 18. und 19. Jh erfolgte.

In dieser Zeit wurden auch die Fassaden im neoklassizistischen Stil überarbeitet. Im Innern befindet sich ein monumentales Treppenhaus. Die älteren Gebäudeteile sind mit Gewölben im Stil der Renaissance, die jüngeren mit flachen Decken versehen. An der NW-Ecke des Gebäudes befindet sich das Denkmal, das an die Opfer des sogenannten "Eperieser Blutgerichtes" erinnert, das der General A. Caraffa zu verantworten hat.

Nahe dem s Ende des Marktplatzes steht die **griech-kath Kirche**, die als ursprünglich gotische Spitalkirche vom Karmeliterorden 1429 gebaut wurde. Nach der Wiederübernahme der Kirche durch die Katholiken von den Evangelischen wurden der Bau 1753-54 barockisiert und die Fassade wie das Innere reich mit Stuckarbeiten ausgestattet. Auf dem segmentförmigen Giebelaufbau stehen 2 Plastiken von J. Hartmann, Stefan und Ladislaus (1754).

Die Kirche wieder Bischofskirche der griech-kath Kirche, nachdem sie in der Zeit des Verbotes im Besitz der orthod Kirche war, fällt eigentlich noch mehr durch den sehr schlanken Turm auf. Vor dem Altar steht ein mit 3 Toren und 2 Bilderreihen aus dem 19. und 20. Jh versehener Ikonostas. Neben 5 Altären besitzt die Kirche eine schöne, geschnitzte, vergoldete und teilweise mit Bildern ausgestattete Kanzel vom Ende des 18. Jh. Daneben befindet sich die griech-kath theologische Fakultät. Der ganze Komplex wurde nach dem Bombenangriff von 1944 umgebaut. Nicht am Marktplatz, sondern am s Ende der Slowakischen Gasse (Slovenská ul.) steht die 2-türmige **Franziskanerkirche** mit dem anschließenden Kloster. Ihr heutiges Aussehen erhielt die Kirche, mit ihrer Disposition erinnert sie etwas an die Jesuitenkirche in Kaschau, deren Kern ursprünglich gotisch war, durch Umbauarbeiten und im Zuge der

Barockisierung in den Jahren 1709-18. In der Fassade stehen 2 Plastiken, Rochus und Florian von S. Griming, aus dem Jahr 1734. 7 Altäre, Barockkanzel. Vor der Kirche steht die barocke **Rochus-Gruppe** von 1730 (Rochus, schlafende Rosalia, Sebastian, Antonius von Padua, Johann Nepomuk). Ebenfalls in der Slowakischen Gasse steht das ehemalige **Komitatshaus** (Nr 40), ein reich verzierter rokoko-klassizistischer Bau, der um 1770 errichtet wurde. Im Tympanon befindet sich ein Flachrelief der Gerechtigkeit (Salomos Gericht). Die früher auf dem Gesims stehenden 2 Plastiken wurden 1955 abgenommen, die 3 Vasen sind geblieben. W vom N-Ende des Marktplatzes steht die noch benützte **Synagoge** von 1888, die von A. Martinelli sehr geschmackvoll ausgestaltet wurde und 1944, als Pferdestall, bei einem Luftangriff der Alliierten schwer beschädigt wurde. Auf der Empore befindet sich eine Ausstellung über das Judentum. Außerhalb der Stadt steht auf dem Kalvarienberg die bedeutende, reich ausgestattete, barocke **kath Kreuzkirche** (Mitte 18. Jh), deren sehr schöne, teilweise illusionistische Ausmalung K. Trtina zugeschrieben wird.

Auf den schmalen mittelalterlichen Parzellen des Marktplatzes stehen zahlreiche schöne Häuser, die im Stil sehr unterschiedlich- für ein sehr abwechslungsreiches Bild sorgen. Darunter das **Rathaus** (Nr 73). 1511-20 auf 2 Parzellen errichtet, wurde es nach einer klassizistischen Umgestaltung um 1780 im neobarocken Stil 1887 verändert. Erstreckt sich über die Parzelle bis zur Parallelstraße, zum sogenannten Gefängnis des Caraffa, einem wuchtigen Bau, der durch einen abgesetzten, südländisch anmutenden Giebel aufgelockert ist.

Das **Rákóczi-Haus** (Nr 86) wurde aus 2 älteren Häusern (Kaspar Güttler, erster Drucker in Eperies), die Ende des 16. Jh Fürst Siegmund Rákóczi erwarb, zu einem Renaissancepalast ausgebaut. Nach dem 2. Weltkrieg Beseitigung der stilistisch störenden Zutaten des 19. Jh (Museum). Das **kath Pfarramt** (Nr 81) ist ein relativ junger Bau, der zu Beginn des 17. Jh errichtet und 1780 umgebaut wurde. In der Mitte der Fassade steht die Figur des Nikolaus und in der Attika befindet sich das Auge Gottes. Ein großes vierflügliges Gebäude ist das **Klobuschicky-Palais** (Nr 26), das 1760-80 im Barockstil errichtet wurde. Unter dem reichen sehr schönen Stuck der Fassade befindet sich auch eine Verkündigung Marias. Das **Wécsenyi-Haus** (Nr 51) wurde 1784 gründlich umgebaut und die Fassade barock-klassizistisch gestaltet (Galerie). In der **Redoute** (Nr 50) vom 17. Jh befand sich früher der Gasthof "Schwarzer Adler", und bis zum Neubau des neuen Theaters (sö der Altstadt) wurde hier gespielt (Theatermuseum). Die **städtische Markthalle** (Nr 64) von 1505 ist mit ihren je 11 Nischen einem Durchgang ähnlich, in der vor allem die Fleischer verkauften. Bescheiden wirkt das schmucklose **Caraffa-Haus** (Nr 115). In diesem Renaissancebau, dessen Hofteil noch gotisch ist, soll der General gewohnt, bzw. zumindest von hier aus die Hinrichtungen beobachtet haben. Im n Teil des Marktplatzes steht die hochbarocke **Marien-Säule** (1751) mit zwei noch erhaltenen Plastiken (Johann Nepomuk und Nikolaus). Im s Bereich der **Neptun-Brunnen** (früher Zisterne), in dem 1. Viertel des 19. Jh vom Kaschauer Bildhauer V. Staviarsky geschaffen, ist er eine Stiftung von Markus Holländer, der sich als erster Jude 1786 in Eperies niederlassen durfte. Der Neptun soll seinen Kopf tragen

Eperies: Rákóczi-Haus

(hämische Bemerkung der "Deutschen Stimmen" 19.9.1942).

1871-73 erschien die d Zeitung "Oberungarischer Lloyd". Mit dem Beginn der Reformation berief die Stadt Lehrer aus Wittenberg, der erste war Emericus Fortanus. Über mehrere Zwischenstufen entstand ein Lyzeum, das 1667 einging, aber schon ab 1665 (Wurzeln bis 1531) bestand das Kollegium mit Hochschulcharakter, 1673-82 von den Jesuiten, dann wieder von den Evangelischen betrieben, die es zu einem Gymnasium umgestalteten. In diesem ab 1815 rechtswissenschaftliche Vorlesungen, 1860 Rechtsakademie. 1880 wurde die griech-kath Priesterakademie gegründet, die nach 1919, wie die evang Akademie und das evang Kollegium, eingingen. Heute: Philosophische, pädagogische, griech-kath theologische Fakultäten der Universität Kaschau, ferner eine Maschinenbaufakultät der Technischen Hochschule Kaschau. Handwerk und Kleingewerbe prägten die Stadt, in der sich mehrere Sägewerke befanden. Vor 1943 Gründung nur eines größeren Betriebes, der Kleiderfabrik "Magura", nach 1955 erheblich erweitert. Zahlreiche Neugründungen in anderen Bereichen, zBsp Maschinenbau, Elektrotechnik, Baustoffindustrie und Lebensmittelindustrie. Geburtsort von Kornel Divald (Kunsthistoriker), Theodor Fuchs (Geologe), Rose Pauly-Dreesen (Sängerin). Wirkungsstätte von Johannes Bocatius (Humanist, Rektor des Kollegiums), Johannes Bayer (Philosoph), Max Kurth (Maler), Johannes Rombauer (Maler), Nikolaus Moyzes (Komponist).

🏛 *Zwei Theater.*

M *"Vlastivedné múzeum" (=Heimatkundliches Museum) im Rákóczi-Haus. Lokalgeschichte (Räterepublik), Kunstgeschichte, Feuerwehrtechnik (hervorragende Unikate!). "Šarišská galéria" (=Scharoscher Galerie) im Wécsenyi-Haus: Regionalkünstler, besonders Johann Rombauer. 1928 Gründung des Museums für jüdische Kultur, 1938 geschlossen, 1945 nicht wieder eröffnet, 1952 in das Jüdische Museum in Prag einverleibt. Heute besteht eine Exposition in der Synagoge.*

Das Salzlager (die "Kammer") in Salzburg

T *Hotels. Eisstadion, Hallenbad, Freibad. Camping- und Zeltplatz Haniska mit Hüttenkolonie. Erholungsgebiet in Cemjata (7 km sö) Mineralbrunnen (ehemaliger Badeort) und in Sigord/Zlatá Baňa (17 km ö) Freibad, Mineralquelle, Wanderungen, Skilift, Loipen.*

⊕ 1930: 21.775 EW (16.625 Sl, 557 Ru, 947 D, 937 Ma, 1.702 J), 1940: 24.391, 1991: 87.765, 2001: 92.786 EW.

◉ UMGEBUNG: 2 km ö: • SALZBURG (SOLIVAR), 1970 nach Eperies eingemeindet, früher bedeutender Ort mit Salzgewinnung. Alter Siedlungsplatz (Jungsteinzeit, Wandalen). Die **Burg** wurde von den Mongolen zerstört, 1537 abermals, und das letzte Mal 1715 so gründlich, daß nur unbedeutende Ruinenreste blieben. Seit dem 13. Jh Salzgewinnung aus den Solequellen, 1572 Anlage des Leopold-Schachtes, 1592 übernahm der Staat die Herstellung und 1573 wurde Salzburg zur Bergstadt erhoben. 1752 Überflutung der Abbaustätten, (wiederholte sich mehrfach). 1782 kamen im Rahmen der Siedlungspolitik Josefs II. 48 Bauernfamilien aus dem Rheinfränkischen und aus SW-Deutschland und gründeten den später "Šváby" (=Schwaben) genannten Ortsteil. Zerstreut stehende Gebäude zur Salzgewinnung: Das öfter abgebrannte **Salzlager**, die sogenannte "Kammer" ein sehr großer Bau, 1674 ursprünglich im barocken Stil errichtet, 4-geschossig (2 Geschosse verbergen sich im hohen Mansarddach), erhielt um 1810, nach dem Anbau der Arkaden, den klassizistischen Turm, der sogenannte **Göpel** aus dem 17. und 18. Jh, in dem die Vorrichtungen für die Soleförderung untergebracht sind, ferner das

Solereservoir von 1518 und die **Klopferin**, ein einfacher mit Holz verkleideter Turm (steht auf einer Anhöhe), sw des Salzlagers steht die **Franziskus-Salzsiede**, barock-klassizistisch, im 18./19. Jh für die moderne Gewinnung errichtet. **Kath Pfarrkirche** gotisch von 1413, 1757 barockisiert, dreischiffiger, pseudobasilikaler Bau. Klassizistische **evang Kirche** von 1824-26, Hauptaltar (auf die Wand gemalte illusionistische Architektur) mit einem Bild von J. Czauczik. Klassizistische **Rochus-Kapelle** (1832). Oberhalb des Ortes steht noch eine barocke **kath Kirche** (1728).

In nw R (6 km): • GROßSCHAROSCH (VEĽKÝ ŠARIŠ). Alter Siedlungsplatz (Jungsteinzeit, Bronzezeit), Kleinstadt (4.018 EW). Mit einer der ältesten, außergewöhnlich ausgedehnten Burganlagen der Slowakei, von der nur Ruinenreste auf dem 573 m hohen kegelförmigen Burgberg vorhanden sind (1678 ausgebrannt, nicht wieder erneuert, da die Verwaltung der Scharoscher Gespanschaft nach Eperies umzog). Im 13. Jh kamen d Siedler, der Ort bekam die Rechte der 24 Zipser Städte und wurde 1299 königliche Freistadt. Der streng geplante, kaum mehr erkennbare Straßenmarkt sollte der Kern einer zukünftigen bedeutenden Stadt werden. Aber zwischen den zwei aufstrebenden Zentren Eperies und Bartfeld gelegen, war sie in Ermangelung größerer Möglichkeiten (Bergbau oder Handel), zum Niedergang verurteilt und verlor bereits im 15. Jh ihre Privilegien. Das Schloß am Fuß des Burgberges, ein Renaissancebau, wurde im 1. Weltkrieg schwer beschädigt und 1947 abgetragen. Seine Kapelle, einschiffig, gotisch, 14. Jh., war früher von den Bäumen des Schloßparkes umgeben, steht heute am Straßenrand. Die dreischiffige kath Kirche ist dagegen älter, 2. Hälfte 13. Jh, frühgotisch, 1686 Barockisierung mit Neueinwölbung, großer mächtiger Turm vom 13. Jh. Neue Ausmalung der Kirche (1946).

In nö R (3 km) eingemeindeter Ort • NIŽNÁ ŠEBASTOVÁ. Kleines **Barockschloß** (Nr 10), im 17. Jh als Renaissancebau an Stelle einer zerstörten Burg errichtet, im 18. Jh erheblich vergrößert (Festungsmauer und Türme), durch die Barockisierung entstand die heutige, beachtliche Anlage. **Franziskanerkloster mit Kirche**, 17. Jh, zahlreiche Umbauten und Erweiterungen, viele Altäre (18./19. Jh), im Seitenalter (vom Triumphbogen rechts) ein Bild J.L. Krackers, in der S-Kapelle Ausmalung von A.I.K. Trtina und ein in die Komposition einbezogener Altar. **Kastell Nr 21**, dreiflüglig, 19. Jh.

In nö R (9 km) • KAPUŠANY, Dorf (2.044 EW), mit Burgruine (12. Jh, 1715 zerstört), Kastell (Rokoko, 2. Hälfte 18. Jh), kath Kirche (Seitenaltar: 2 Bilder von J. Rombauer: Joh. Nepomuk, Grablegung). In nö R (17 km) • DEMJATA, kleiner Ort (1.062 EW) mit 2 Kastellen (1.: Ortsmitte, 4-flüglig, 17. Jh, barockisiert 1754, Abnahme der Renaissanceattika, Zweites: W-Rand, 17. Jh, barockisiert 1736). In sö R (13 km) • RADATICE, kath Kirche mit Renaissanceattika (ursprünglich gotisch 13. Jh), geschützter Baum: Angeblich größte Weide der SR.

◉ ZENTREN IN DER WEITEREN UMGEBUNG: Fritsch, Zeben, Bartfeld, Hanušovce nad Topľou, Kaschau, Margareten.

● **ERDÖDY**, ma Adelsgeschlecht, deren Mitglieder den Habsburgern in hohen Ämtern (Politik, Armee, Kirche) und als Obergespane mehrerer Komitate dienten. Besaßen im 17. und 18. Jh ausgedehnte Gebiete, u.a. in der Slowakei, von

J. Fadrusz: Maria-Theresia-Denkmal, Preßburg

denen ihnen im 19. Jh nur Freistadtl blieb, 1945 enteignet.

● **ESZTERHÁZY,** weitverzweigtes, sehr bekanntes ma Adelsgeschlecht, das vom 18. Jh an zu den größten Grundbesitzern der Monarchie gehörte (vom Burgenland mit den bekannten Plätzen Eisenstadt, Forchenstein, bis in die O-Slowakei), stellte zahlreiche hohe Würdenträger (Politik, Armee, Kirche), Mäzene (J. Haydn, J.N. Hummel, F. Schubert waren in ihren Diensten). In der Slowakei 1945 enteignet.

● **FADRUSZ, JOHANN,** *1858 Preßburg, +1903 Budapest. Bekannter Bildhauer, Studien in Preßburg, Uhrovec und Wien, vom Neobarock und dem Naturalismus beeinflußt, schuf zahlreiche monumentale Werke, u.a. Maria-Theresia-Denkmal in Preßburg (1897, zerstört: 1919), Matthias-Corvinus-Denkmal in Klausenburg (1902), Skulpturen, Büsten.

● **FEIGLER,** Architekten- und Baumeisterfamilie: **IGNAZ dÄ**, *1791 Preßburg, +1847 Preßburg, trug zum heutigen Bild der Stadt bei, zuerst dem Barock verpflichtet (Tiefenwegkapelle), dann dem Klassizismus (Spitalkirche, zahlr. Häuser), und dem romantisierenden Stil (Komitatshaus). **IGNAZ dJ,** *1820 Preßburg, +1894 Preßburg, Sohn des Vorigen, 30 Jahre hindurch der fruchtbarste Projektant (Hotelumbauten, Krankenhaus, Tempel, Kirchen, Hauptbahnhof, Schulen, Fabriken, Häuser). **KARL,** *1824 Preßburg, +1896 Preßburg, Bruder des Vorigen, wie dieser vertrat er den romantisierenden Stil, beschränkte sich aber auf bescheidenere Objekte (Häuser).

● **FERDINAND I.**, *1503 Alcalá de Henares, +1564 Wien, der zweite Habsburger auf dem u Thron, 1526 böhmischer und u König (Gegenkönig Johann von Zapolyas), ab 1531 Vertreter seines Bruders, Karl V., ab 1556 Kaiser, vereinigte zum ersten Mal Österreich, Böhmen und Ungarn, verliert weitere Teile Ungarns an die Türken (Belagerung Wiens 1529), konnte die Ausbreitung der Reformation in Ungarn nicht verhindern (Confessio Pentapolitana, Confessio Montana).

● **FERDINAND II.,** *1578 Graz, +1637 Wien. Enkel des Vorigen, 1617 böhm., 1618 u König, 1619 Kaiser. Gegenreformation. Mußte sich in drei Kriegen den Angriffen Bethlen Gábors erwehren und den Wiener Frieden von 1606 bestätigen, die SO-Slowakei wird 1626 zu einem Nebenkriegsschauplatz des 30-jährigen Krieges.

● **FERDINAND III.,** *1608 Graz, +1657 Wien. Sohn des obigen, 1625 böhm., 1627 u König, 1636 Kaiser. Schließt 1645 mit Georg I. Rákóczi den Linzer Frieden, mit dem auch die Untertanen die Religionsfreiheit erhalten (Stände und Städte bereits seit 1606).

● **FERENČÍK, JÁN,** *1888 Kesmark, +1950 Leopoldau. Kath. Geistlicher, 1923-38 Prof. am Zipser Kapitel, Prälat, ab 1938 Pfarrer in Rosenberg, Autor und Übersetzer geistlicher Schriften. Gehörte zum gemäßigten Flügel der HSLS, 1938-45 Abgeordneter, als solcher boykottierte er die Abstimmung über die Judengesetze.

● **FISCHER, SAMUEL,** *1859 Liptau-St-Nikolaus, +1934 Berlin. Verleger. Arbeitete in Wien, ab 1883 in Berlin (Buchhandlung und Verlag mit Hugo Steinitz), gründete 1886 den bekannten "Fischer-Verlag", den er bis zu seinem Tod leitete.

● **FORGÁCH,** eines der ältesten ma Adelsgeschlechter, rückten in hohe Positionen in Staat und Kirche, große Besitzungen in der Slowakei, um 1900 ca. 21.000 ha, 1945 enteignet.

● **FRANZ I. (II.),** *1768 Florenz, +1835 Wien. 1792 böhm., u König, und d Kaiser (als Franz II.), 1806 österr. Kaiser. Napoleonische Kriege, von denen auch die Slowakei betroffen war, 1831 Bauernaufstand in der O-Slowakei. Mit geringen Ausnahmen vom u Adel unterstützt. In Österreich Übergang von den Manufakturen zur Industrie, dagegen blieb in U die wirtschaftliche Entwicklung zurück.

● **FRANZ I. STEPHAN,** *1708 Nancy, +1765 Innsbruck. Herzog von Lothringen, Gemahl Maria Theresias, 1745 d Kaiser. Gründete in der Slowakei u.a. 2 bedeutende Manufakturen (Schoßberg).

● **FRANZ JOSEPH I.**, *1830 Wien, +1916 Wien. 1848 österr. Kaiser, 1867 u König. Errichtung der Doppelmonarchie, ohne Aufwertung der Rechte der anderen Nationen, in U fortschreitende Magyarisierung.

● **FRECH, KARL,** *1883 Gaisburg/Wtbg., +1945 bei Steyr. Sehr fruchtbarer Graphiker und Maler. Die vielen Darstellungen Preßburgs haben, neben dem künstlerischen, einen hohen dokumentarischen Wert, da heute viele Gebäude und "alte Winkel" nicht mehr existieren.

■ **FREISTADTL (HLOHOVEC),** Bezirkshauptstadt, 156 m. Industriestadt mit altem Kern, an der unteren Waag, am S- und W-Rand des Inowetz gelegen. Straßenknoten, ŽSR, SAD. Namen: ma Galgóc, d früher auch Freistadt, oder Freistadl, lat Eleutheropolis, 1113 Golguz, Golgoc, 1209 Golgouc, 1222 Golgouch, 1276 Galgouch, 1365 Galgocz antiqua, 1369 Wygalgoch, Ogaloch, 1786 Frassták, 1920 Hlohovec (von Haseldorn). Alter Siedlungsplatz (Jungsteinzeit, Quaden, Großmährisches Reich). Vor 1365 kam es neben der sl Siedlung zur Gründung der d Stadt, die mit einem trapezförmigen Marktplatz einer Zentralanlage aufgebaut wurde. Unter den späteren Auseinandersetzungen hatte die Stadt viel zu leiden. 1704 wurden in der Weihnachtszeit im Franziskanerkloster, als Vergeltung für die in Tyrnau vom General Heister durchgeführten Hinrichtungen Evangelischer, ca. 80 kath Flüchtlinge ermordet, deren Massengrab 1936 gefunden wurde.

Die kath gotische **Michaels-Kirche**, schon 1242 erwähnt, wurde mehrmals umgebaut. Sie besitzt, wie die Kirche des ehemaligen Franziskanerklosters und wie die Spitalkirche, zahlreiche Altäre, darunter einige sehr schöne.

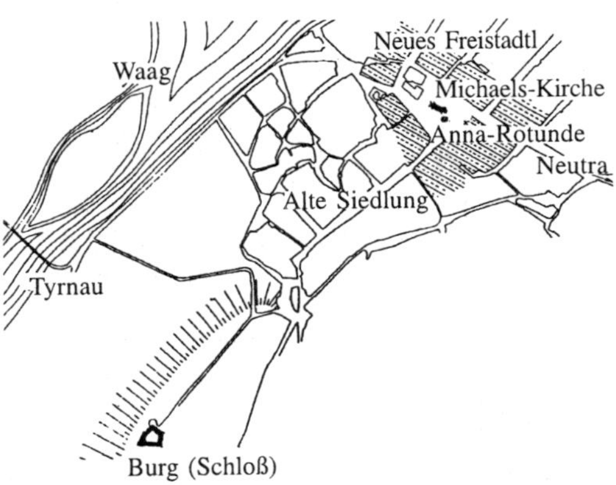

Das mittelalterliche Freistadtl

Neben der Michaels-Kirche steht die auf einem polygonalen Grundriß errichtete **Anna-Kapelle** von 1748. Das 3-flüglige, einen unregelmäßigen 4-eckigen Hof einschließende **Schloß** (mit auffallend hohen Schornsteinen) wurde im 18. Jh an der Stelle der von den Türken zerstörten und nur teilweise erneuerten Burg errichtet (heute Internat). Der wertvolle mittlere Teil des Hauptaltars der Kapelle (um 1490 von Meister Alexander aus Kaschau geschaffen) ist im Schloß von Altsohl, die Christi-Geburtsgruppe mit der sehr schönen Freistadtler Madonna steht in Preßburg (SNG). Im großen englischen Park befindet sich das 1802 erbaute **Kleine Theater** mit einer sehr schönen Ausmalung.

Im 16. Jh wurde von den Thurzos eine evang Schule, an der später Philosophie und Theologie gelehrt wurden, gegründet. Besonderheit: Es wurde nicht nur dreisprachig unterrichtet, sondern auch die Lehrkräfte mußten im Verhältnis 1:1:1 den 3 Nationen angehören. Nach dem Landtag von Ödenburg 1681 geschlossen.

Industrie: Bekleidung, Pharmazie, Möbel.

M *"Vlastivedné múzeum" (=Heimatkundliches Museum), Komenského 15.*

T *Hotel. Freibad (Schloßpark).*

🌐 1930: 9.055 EW (8.260 Sl, 161 D, 109 Ma, 398 J), 1940: 9.176, 1991: 23.409, 2001: 23.729 EW.

◉ UMGEBUNG: W (4 km), auf dem rechten Ufer der Waag • LEOPOLDSTADT (LEOPOLDOV), Eisenbahn- und Straßenknoten (3.999 EW). Die einem unregelmäßigen 12-zackigen Stern nachgebildete, 56 ha große **Festung** wurde 1665-69, nach dem Verlust von Neuhäusl an die Türken, auf Veranlassung Leopolds I. errichtet. Nachdem sie im weiteren Verlauf der Türkenkriege keine Rolle spielte, gelang es auch Franz II. Rákóczi nicht, sie zu erobern. Sie blieb immer in der Hand des Kaisers, bis sie 1854 zu einem Staatsgefängnis umgebaut wurde, das bis heute einen sehr schlechten Ruf hat und Schauplatz zahlreicher menschlicher Tragödien war. Schöne Marien-Säule (Rokoko 18. Jh), Nepomuk (18. Jh), Pranger (17. Jh, seit 1957 im Park).

◉ ZENTREN IN DER WEITEREN UMGEBUNG: Tyrnau, Pistyan, Neutra, Sereď.

■ **FRITSCH (FRIČOVCE),** Bez Prešov, 450 m. Größerer Ort auf der O- Seite des Branisko. SAD. Namen: ma Frics, 1320 Frich, 1330 Furich, 1786 Fričowze. Die Gemeinde gehörte verschiedenen Adelsgeschlechtern, und für die Familie Barthody wurde das **Renaissanceschloß** 1623-30 vom Baumeister Michael Sorger errichtet. Festungsähnlicher Charakter durch zahlreiche Schießscharten und den früher vorhandenen Wassergraben. 1630 schuf Martin Walmann die schöne Attika, in der in jedes Feld ein Sgraffito mit historischen und mythologischen Motiven gemalt wurde. 1840 wurden die Fenster klassizistisch umgestaltet.

T *Hotels, Skilifte in Lipovec (5 km n).*

⊕ 1930: 643 EW (623 Sl, 5 D, 2 Ma), 1940: 1.007, 1991: 1.024, 2001: 1.064 EW.

◉ UMGEBUNG: In nö R (6 km) • HERMANOVCE, Dorf (1.467 EW), barocke **kath Kirche**, 1650 am Platz einer gotischen Kirche gebaut, Turm von 1860-64, schöner Hauptaltar mit neogotischer Architektur, aber alten gotischen Tafeln und gotischen Skulpturen von zwei älteren Altären. Dorothea, Maria und Barbara stehen im Schrein, die Begleitfiguren (Katharina, Ursula, Barbara, Agnes) sind gemalt. Auf den Vorderseiten der Tafeln befinden sich: Auferstehung, Geburt, Anbetung, Marias Tod, auf den Rückseiten: Eduard-Emmerich-Ludwig, Florian-Sebastian-Erasmus, Martin-Wolfgang-Georg, Augustin-Nikolaus-Laurentius.

Brežany: Griechisch-Katholische Holzkirche

3 km weiter: • JAROVNICE (4.051 EW) mit großem 2-geschossigem **Kastell** (70-er Jahre des 18. Jh) barock-klassizistisch, auf älteren Grundlagen aus der Spätrenaissance. In ö R (12 km): • SVINIA (1.323 EW), kath Kirche (1274, öfter umgebaut, Renaissanceturm mit Sgraffiti, 1628). Klassizistisch hergerichtetes Barockkastell (18./19.Jh), Landwirtschaftsausstellung des Museums in Eperies.

In ö R (16 km): • ŽUPČANY (1.211 EW), klassizistisches Kastell (19. Jh), Literaturausstellung des Museums in Eperies. In sö R (34 km) • BREŽANY, kleines Dorf (165 EW) mit kleiner **griech-kath Holzkirche** von 1727-33, interessant ist der mit seinen ausgeschmierten Balken und dem Satteldach eher einem Wohnhaus entsprechende Charakter, an das ein aus der Durchdringung von 4 Pyramiden entstandener, unten offener Turm angesetzt ist. Schöner raumhoher Ikonostas.

Fritsch: Schloß

◉ ZENTREN IN DER WEITEREN UMGEBUNG: Zipser Kapitel, Zeben, Eperies.

● **FRÖLICH, DAVID,** *1595 Leibitz, +1648 Leutschau. Hofmathematiker, Astronom, Erstbesteiger der Kesmarker Spitze, gab Kalender heraus, zahlreiche Publikationen, Privatgelehrter in Kesmark.

● **FUGGER,** bekanntes, mächtiges Handelshaus in Augsburg, das (mit den Thurzos doppelt verschwägert) der Erzgewinnung und dem Metallhandel der Mittelslowakei eine marktbeherrschende Stellung in Europa verschaffte. **JAKOB (DER REICHE),** *1459 Augsburg, +1525 Augsburg, bedeutendster Handelherr seiner Zeit, gründete mit Johannes Thurzo den "Gemeinen ungarischen Handel", ein frühkapitalistisches Großunternehmen. **ANTON,** *1493 Augsburg, +1560 ?, Neffe und Nachfolger des Vorigen, zog sich 1546 aus den Geschäften in der Slowakei zurück. **RAYMUND,** Neffe von Jakob, Gemahl der Katharina Thurzo. **ANNA,** Schwester des Vorigen, Gemahlin Georg Thurzos. **MARIA,** Gemahlin Nikolaus Pálffys.

● **FULLA, ĽUDOVÍT,** *1902 Rosenberg, +1980 Preßburg. Vielseitiger Maler, Graphiker, Pädagoge. Studium in Preßburg und Prag. Sein umfangreiches Werk, zuerst beeinflußt von Cézanne und Chagall, führte über den Kubismus und verschiedene Zwischenstufen zu monumentalen-dekorativen Darstellungen. Es ist heute in seiner Galerie in Rosenberg untergebracht. Zahlreiche internationale Preise.

■ **GABČÍKOVO,** Bez Dunajská Streda, 116 m. Kleinstadt in der Donautiefebene. Durch die Auseinandersetzungen um die Verwirklichung des Hauptstückes "Gabčíkovo", des in der Planung von Preßburg bis Budapest reichenden Donauprojektes Gabčíkovo-Nagymaros bekannt geworden. SAD. Namen: ma Bös, 1264 Beus, 1773 Böös, 1927 Beš, 1948 Gabčíkovo. Der Name bezieht sich auf einen der beiden Heydrich-Attentäter, Jozef Gabčík, der aus der NO-Slowakei stammte.

Das große Interesse konzentriert sich nicht auf die zwei Kastelle, die kath Kirche, die Synagoge oder die Dreifaltigkeitssäule, sondern auf das einst tschechoslowakisch-ungarische Projekt Gabčíkovo-Nagymaros, von dem nach dem Ausscheiden U das **Donauwerk Gabčíkovo** von der Č-SFR. bzw. der SR realisiert wurde. Durch die plötzliche Verminderung des Gefälles der Donau unterhalb von Preßburg, ist durch den Rückstau zwischen Preßburg und Komorn die größte Auenlandschaft Mitteleuropas entstanden. Die sich laufend ändernde Fahrrinne mit ihren immer neuen Sand- und Schotterbänken und der nicht mehr als 1,70 m vorhandenen Tiefe waren ein Nadelöhr, das weder in der Nacht benutzt werden konnte, noch erlaubte, die sich nach der Fertigstellung des Rhein-Main-Donaukanals bietenden Möglichkeiten, wirtschaftlich zu nutzen. Ein weiterer, wesentlicher

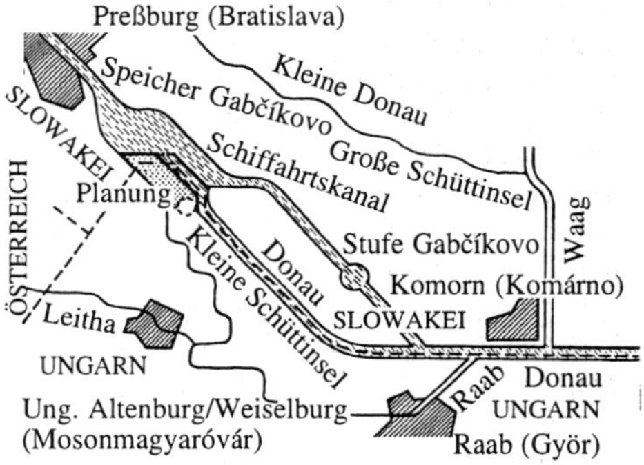

Gabčíkovo (Ausführung)

Grund für eine Änderung war die dauernde Hochwassergefahr (Dammbrüche 1965: Überflutung der Schüttinsel und weiter angrenzender Gebiete, ca. 140.000 ha). Ein militärischer Grund, die Donauflotille an den Eisernen Vorhang heranführen zu können, entsprang wohl einer Unterschätzung der Verwundbarkeit solcher Bauten. Vorschläge, diesen letzten (Regensburg-Passau ausgenommen) schwierigen Donauabschnitt zu

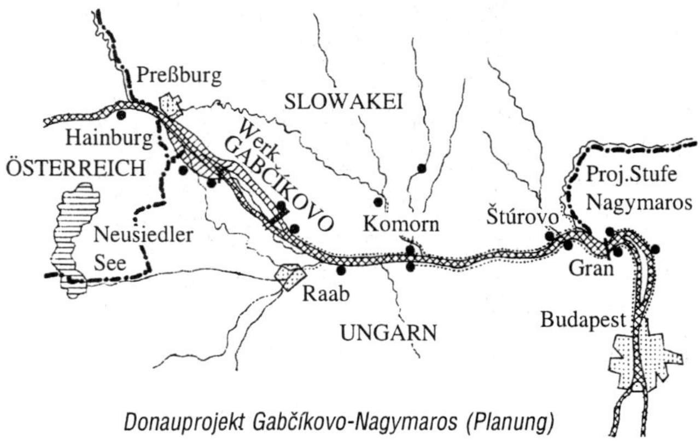

Donauprojekt Gabčíkovo-Nagymaros (Planung)

Kormoran

sanieren, hat es viele gegeben. Diejenigen, die sich intensiv und nicht nur oberflächlich mit diesen Problemen beschäftigten, darunter auch G. E. Lanfranconi, schlugen einen von der Donau getrennten Schiffahrtskanal vor. Die Idee der Ausführung war also nicht neu, neu waren die in der stalinistischen Zeit geborenen gigantischen Dimensionen und Probleme, die durch die Verknüpfung mit der Stromerzeugung, an einer Stelle, die dafür nicht geeignet ist, aufkamen. Um diese (720 MW Leistung) durch einen entsprechenden Niveauunterschied zu ermöglichen, mußten zahlreiche Objekte und Sicherungsmaßnahmen zwischen Preßburg und Komorn vorgesehen werden. Während das Teilprojekt Gabčíkovo zwischen Preßburg und Komorn fast ganz auf sl Boden liegt, befindet sich Nagymaros, der andere Teil (eigentlich nur ein normales Flußkraftwerk) im großen Donauknie ganz auf u Boden. Das Projekt Gabčíkovo ist sowohl in technischer Hinsicht (es hält Vergleichen mit Suez und Panama stand) als auch in Bezug auf den Landschaftsschutz, die Ökologie des Raumes und wegen der vielen, durch den Mangel an Vergleichsmöglichkeiten offen gebliebenen Fragen ganz außergewöhnlich.

Nach der 1963 gefällten Entscheidung, das Projekt zu verwirklichen und der 1977 zwischen der ČSSR und Ungarn getroffenen Vereinbarung über die Aufteilung der Arbeiten und des gewonnenen Stromes (1:1) sowie der Termine, begannen 1978 die vorbereitenden Arbeiten und 1981 der Bau des Abschnittes Gabčíkovo. Dazu gehört der Speicher Hrušov-Dunakiliti sö von Preßburg (Inhalt 197,5 Millionen m^3, Fläche ca 50-60 km^2), in dessen Mauer, dem Stauwerk Dunakiliti (sö von Sommerein auf u Boden), für alle Fälle eine in die Donau führende Schleusenkammer 24x124 m eingebaut wurde. Das Oberwasser des 17 km langen Umleitungskanals führt etwa am N-Rand der Donauauwälder (Sohlbreite 270-700 m, Wassertiefe 8-14 m) zwischen bis zu 16 m hohen Dämmen zur Kraftwerksstufe Gabčíkovo (hydrostatisch nutzbare Differenz 23,3 m). Für die Schiffahrt sind 2 Schleusenkammern von 34 x 275 m eingebaut worden. Über das Wehr und die Schleusenkammern führt die neue Straße zu den drei s des Kanals liegenden Ortschaften. Der 8 km lange Kanal des Unterwassers (Sohlbreite 185 m) mündet bei Palkovičovo in die Donau, die bis Komorn zu vertiefen war. Das Kraftwerk Gabčíkovo sollte vorerst nur zu den Spitzenzeiten arbeiten, und zur Beruhigung der bis zu 3 m hohen Flutwellen war die Stufe Nagymaros (Leistung 160 MW) vorgesehen. Zwischen Komorn und Nagymaros waren erhöhte Dämme und viele Schöpfwerke (die einmündenden Gewässer liegen tiefer als die Donau) als Hochwasserschutz vorgesehen. Bei den Arbeiten gab es wesentliche Verzögerungen (3-4 Jahre), und in Nagymaros wurde erst 1988 (Rückstand 7 Jahre) nach der Einschaltung österreichischer Firmen (Österreich sollte mit Stromlieferungen abgegolten werden) mit den Arbeiten begonnen.

Aber schon 1989 wurden von Ungarn die Arbeiten in Nagymaros und eine Beteiligung an Gabčíkovo "für immer" eingestellt bzw. aufgekündigt. Ohne eine Zusammenarbeit mit Ungarn konnte Gabčíkovo nur als normales Laufkraftwerk arbeiten, und die Inbetriebnahme wurde nur durch eine kleinere Version im Bereich des Stausees mit

Donauauwälder

neuen Dammbauten, die u Territorium nicht berühren, möglich. Das bereits fertige Stauwerk Dunakiliti konnte nicht verwendet werden. Begleitet war die Fertigstellung von zahlreichen internationalen Verwicklungen, die Ungarn heraufbeschwor. Die Schäden in der Natur sind groß, u.a. der Verlust der Auwälder im Bereich des Speichers, die nach den Wattenmeeren die produktivsten biologischen Lebensräume bilden. Die enge Nachbarschaft von Wasser und Wald, belebt durch die Hochwässer, erzeugt auf engstem Raum eine große Vielfalt verschiedener Biotope und damit eine einmalige, überaus artenreiche Fauna und Flora. Als Ende 1984 der Baubeginn der Staustufe Hainburg/Ö (zwischen Wien und Preßburg) anstand, wurde dieses Projekt mit einem Spektakel sondergleichen zu Fall gebracht. Ein Pyrrhus-Sieg, denn schon Jahre vorher war das Bauvorhaben Gabčíkovo angelaufen, das eine mehr als zehnmal größere Fläche der letzten großen Auwälder Mitteleuropas berühren sollte. Aber zahlreiche Horrorvisionen sind nicht eingetroffen, sondern das Gegenteil trat ein. Eine wesentliche Verbesserung der bisherigen Situation, die durch die laufende Vertiefung der Fahrrinne immer problematischer wurde, war bei den Auwäldern zu verzeichnen, deren Wasserarme wieder gefüllt sind. Ferner stieg der Grundwasserspiegel, und die Erhöhung der Einspeisung in das zwischen Neusiedler See und Donau sehr labile u Gewässersystem führte zu seiner Stabilisierung. Andere Fragen blieben offen.

🌐 1930: 3.101 EW (83 Sl, 11 D, 2.878 Ma, 56 J), 1940: 3.410, 1991: 4.910, 2001: 5.084 EW.

◉ UMGEBUNG: In nw R (41 km) • HAMULIAKOVO (d selten Gutern), kleiner Ort (945 EW), direkt am Stausee des Werkes Gabčíkovo gelegen. Die stilistisch rein erhaltene romanische kath Kirche stammt aus der Mitte des 13. Jh. Der einschiffige Bau (im 19. Jh renoviert) hat ein polygonal begrenztes, gewölbtes Presbyterium und ein flach eingedecktes Schiff, Setzungen unter dem Turm (60 cm aus dem Lot). Bilder aus dem 18. und 20. Jh, Statuen aus dem 18. Jh. Große Bedeutung haben die **Wandmalereien**, die 1978-81 entdeckt, freigelegt und soweit sie noch vorhanden waren, restauriert wurden. Sie sind alle aus

Wandmalerein in Hamuliakovo

gotischer Zeit, die jüngsten (O-Wand des Schiffes, Innenseite des Triumphbogens) aus dem 14. Jh. Hervorragend sind die Szenen des Presbyteriums, am Gewölbe: Christus mit den Symbolen der Evangelisten, Sonne, Mond und Sternen, an den Wänden: Die Apostel und ganz unten schlecht sichtbar Szenen aus dem Leben der Heiligen. Die alte Liturgie, der Bischof zelebriert die Messe mit dem Rücken zur Gemeinde, am Triumphbogen, ebenso 12 Propheten. In nw R (35 km): • SOMMEREIN (ŠAMORÍN), Kleinstadt (12.143 EW). Im Mittelalter Donauhafen, an einem heute längst versandeten bzw. zugeschütteten Flußarm. Neben der Landwirtschaft entwickelte sich eine rege handwerkliche Betätigung, zahlreiche Flußmühlen. Die Rechte einer königlichen Freistadt verlor Sommerein jedoch bald wieder. Bekannt wurde es durch die grausamen Urteile in den Hexenprozessen des 17. Jh. **Ref Kirche**, ursprünglich kath und spätromanisch, von etwa 1238, nach ca. 100 Jahren durch ein auf der S-Seite angebautes Schiff erweitert. Größere Umbauten der inzwischen dreischiffigen Anlage Mitte 15. Jh: Das ursprüngliche Hauptschiff, das mit einer flachen Holzdecke versehen war, wurde eingewölbt und durch zwei neu eingezogene Mittelstützen zweischiffig. Diese Arbeiten wurden von einer Preßburger Bauhütte ausgeführt. Vermutet wird, daß H. Puchsbaum hier die Verwendung von sphärischen Vierecken und geschweiften Rippen ausprobieren wollte, bevor er sie im Martins-Dom in Preßburg und im Stephans-Dom in Wien anwandte. Sehr schöne und wertvolle gotische *WANDMALEREIEN* im Presbyterium (wahrscheinlich von 1370-80), die von zwei verschiedenen Malern ausgeführt wurden und aus einem christologischen und mariologischen Zyklus bestehen. Sie ähneln denen von Hamuliakovo und gehören zu einer Strömung in der gotischen Malerei, in der ein flächiger Zeichencharakter in der Darstellung der Formen noch nicht von einer plastischen Modellierung derselben abgelöst worden ist. Die **kath Kirche** und das ehemalige Kloster wurden kurz vor oder unmittelbar um 1778 im barocken Stil gebaut. Die Kirche wurde zur Hauptkirche der Katholiken, als 1789 die Reformierten die alte, aus dem 13. Jh stammende Kirche erhielten. Einschiffig, im 19. Jh renoviert, nicht vollständige Ausmalung der Kirche vom Ende des 18. Jh. Die **evang Kirche** klassizistisch von 1784-85. In dem saalförmigen Bau mit flacher Decke steht ein Kanzelaltar mit einem Bild von F. Oelenhainz, die Auferstehung (1785). Die 2-geschossige **Synagoge** wurde 1912 im romantisch-historisierendem Stil errichtet. In der Stadt stehen einige schöne Häuser, ferner das Rathaus im Renaissancestil und das evang Pfarrhaus (spätbarock, 1. Hälfte des 18. Jh). Zwei j Friedhöfe. **T** *Hotels. Zwei Thermalfreibäder.*

In nw R (47 km) • LOIPERSDORF (ŠTVRTOK NA OSTROVE), Dorf (1.639 EW) mit interessanter 2-türmiger romanischer Kirche (13. Jh), im 16. Jh erweitert, durch zwei eingezogene Stützen zweischiffig. 4 km ö • HUBICE (504 EW), englischer Park mit Reitwegen, zwei Kastelle. Unterkunft, für Reiterferien hervorragend geeignet. In nw R (31 km) • BÁČ, Dorf (566 EW), klassizistisches Kastell, frühes 19. Jh, ehemaliges barockes Franziskanerkloster von 1660-74 mit Kirche, im Sezessionsstil ausgemalt.

Arkadenhof des Schlosses Rohovce

In nw R (25 km): • ROHOVCE, (1.037 EW). **Schloß**, im Renaissancestil 1570 errichtet, barock und klassizistisch umgebaut. Sehr schöner Arkadenhof, W-Fassade mit einem auf 4 toskanischen Säulen stehenden Balkon, hinter dem ein mit einem Tympanon abgeschlossener Risalit aus der Fassade hervortritt. Einschiffige **kath Kirche** ca. in der Mitte des 13. Jh im romanischen Stil errichtet. An den flach eingedeckten, mit einer halbkreisförmigen Apsis versehenen Bau ist im 18. Jh die Sakristei und der Turm angebaut worden. Im 19. Jh kam noch die heutige Sakristei dazu. Renaissanceepitaph von 1655.

In sö R (15 km): • MEDVEĎOV (583 EW), Donaubrücke, klassizistische, einschiffige kath Kirche (1800). Donauauwälder. **T** *Badeplätze.*

In sö R (26 km): Naturschutzgebiet • ČIČOVSKÉ MŔTVE RAMENO (LION), erstreckt sich um einen toten Donauarm, Auwälder, sehr interessante Flora und Fauna (Purpurreiher, Große Tauchente etc.). **T** *Badeplätze, Zelten außerhalb des Schutzgebietes, weitere Bade- und Zeltplätze an der Donau (1,5 km).* Dort befindet sich beim Stromkilometer 1.800 der sogenannte "Donauäquator", die Hälfte der Entfernung von der Quelle zur Mündung. In der Nähe: • ČIČOV, Dorf (1.397 EW), alter Siedlungsplatz (Jungsteinzeit, zZt der Skythen, Römer und Quaden). Klassizistisches Kastell von 1776, im 2. Viertel des 19. Jh außen umgestaltet, nach 1945 zu einer Schule umgebaut. Kath Kirche, barock um 1677 errichtet, Ende des 18. Jh umgestaltet. Klassizistische ref Kirche von 1784, der Turm von 1792. Das ehemalige Kloster ist ein Bau im historisierenden Stil von 1889. Noch 4 km weiter sö: • KLÍŽSKA NEMÁ, kleiner Ort (606 EW), direkt am Hochwasserschutzdamm. An der Donau, die durch den hier nur ca. 500 m breiten Auwaldgürtel zu erreichen ist: **T** *Bade- und Zeltplatz, Restaurant.*

◉ ZENTREN IN DER WEITEREN UMGEBUNG: Preßburg, Bruck, Dunajská Streda, Komorn.

■ **GAIDEL (KĽAČNO),** Bez Prievidza, 368 m. Sehr langes, im obersten Neutragraben an der Vereinigung des Holundergrundes mit dem Bärengrund unter dem Massiv des Nasensteines gelegenes Waldhufendorf. SAD. Namen: ma Nyitrafö, 1511 Geydel, 1464 Gajdellehota, 1808 Gajdel, 1848 Kľačno. Unklare Herkunft (Gadem = als Jagdhaus, oder von einem Schulzen, dessen Name nicht erhalten ist).

Die Gründung erfolgte durch d Siedler, wahrscheinlich in der 2. Hälfte des 14. Jh. Die Lage am Hauptdurchgangsweg brachte eine relative Wohlhabenheit, (die EW befaßten sich trotz des schlechten Bodens mit der Landwirtschaft, der Forstwirtschaft und dem Obstanbau, sie waren auch als Schmiede tätig), sie brachte aber auch viele Gefahren und viel Drangsal mit sich (Hussiten, Polen, Türken, Aufständische). Auch hier war die Saisonarbeit (Bauhandwerk) weit verbreitet, und die wirtschaftlichen Probleme schlugen sich auch in den Wahlergebnissen nieder (1935: 357 Stimmen für die KdP, 247 Stimmen für die KSL), und während des SNP schlossen sich, ähnlich wie in einigen d Gemeinden des obersten Neutratales, mehrere Männer den Partisanen an. Nach dem Aufstand sollen ca. 30 Gaideler ihr Leben in d Konzentrationslagern verloren haben, während andere von den Partisanen erschossen wurden und im 2. Weltkrieg 48 gefallen waren. In Gaidel gibt es noch verschiedene alte Hausformen (ein Haus stand auf der Weltausstellung in Wien 1873) soweit sie nicht verfallen sind, da in vielen Gemeinden des Hauerlandes die heutige Einwohnerzahl weit unter derjenigen von 1940 liegt. Durch diese Tatsache bedingt, stehen viele Häuser leer (in manchen Fällen 50%), die meisten sind dem Verfall preisgegeben.

Gaidel: Marien-Kapelle

Die ursprünglich gotische **kath Kirche** wurde wahrscheinlich im 14. Jh gebaut. Von 1580-1691 war sie evang, 1686 wurde sie erweitert und verlor 1898 bei einem Brand ihren schönen barocken Turmhelm, der leider nicht wieder in seiner ursprünglichen Form erneuert wurde. 1945 wurde die Orgel ein Opfer der Kriegshandlungen. Vor der Kirche steht eine spätbarocke Marien-Säule von 1749. Weiter oben im Ort befindet sich eine klassizistische Marien-Kapelle von 1820, deren Satteldach auf dem ovalen Grundriß und in Verbindung mit dem quadratischen Holzturm zu einer schwierigen Durchdringung führte. Im Inneren hängt ein Bild des Stifters, des Domherren Georg Palesch. Geburtsort der Brüder Palesch: Georg (Erzdechant, Pädagoge) und Heinrich (Pfarrer, Pädagoge, Dichter).

🌐 1930: 2.005 EW (67 Sl, 1.935 D), 1940: 2.294, 1991: 1.048, 2001: 1.094 EW.

◉ UMGEBUNG: In nw R (7 km) • FATSCHENHAUER SATTEL (FAČKOVSKÉ SEDLO), 802 m hoher Sattel (Straßenübergang), an der Grenze zwischen der Kleinen Fatra und dem Rajetzer Gebirge, das hier mit dem Gerstberg (1063 m) anschließt. Schöner Blick nach N und zum beherrschenden Nasenstein (1351 m). SAD. **T** *Restaurant (salaš), Skilifte.*

Der Nasenstein (Kľak) ist auf dem zuerst rot, dann gelb mk Weg, am Vorgipfel Reváň (1204 m) vorbei, in 1 3/4 Std zu erreichen. Weite, sehr schöne Aussicht!

Weiter nach N (5 und 9 km) liegt • FATSCHENHAU (FAČKOV), Dorf (765 EW), kath Kirche vom Beginn des 17. Jh, Ende 18. Jh barockisiert. Abseits der Straße • FREIWALD (RAJECKÁ LESNÁ), Dorf (1.294 EW), neogotische Kapelle, die früher das Presbyterium einer 1863 abgetragenen Kirche bildete. In der spätgotischen Kirche, die 1860-63 errichtet wurde, steht die sehr wertvolle Plastik einer Madonna aus der Zeit um 1500. Großes Bethlehem.

In mehr w R (16 km) befindet sich die hochgelegene (655 m) Gemeinde • ZIMMERMANNSHAU (ČIČMANY), ein besonderer Anziehungspunkt, (229 EW). Die Hausformen sind zwar nicht einmalig, ähnlichen begegnet man in mehreren ehemals d Gemeinden des Hauerlandes, an dessen N-Rand der Ort liegt, aber, die auf das sonst unbehandelte Holz angebrachte weiße Bemalung ist vollkommen untypisch und in keinem anderen Ort der Slowakei anzutreffen. Sie besteht aus Runen, geometrischen Figuren, aus Pflanzen- und Tiermotiven. Wie es zu diesen volkstümlichen Arbeiten gekommen ist, ist unklar. Sicher waren d und sl Siedler daran beteiligt, von denen die d im Laufe der Jh sl wurden. Die heute noch vorhandenen bemalten Holzhäuser (zwei Typen: das zweigeschossige Haus mit Walmdach und das eingeschossige mit Satteldach) sind fast alle nicht ursprünglich, da fast sämtliche Häuser durch 3 große Brände, zuletzt 1922, vernichtet wurden. Die heutigen Häuser sind nach dem letzten Brand, nach bereits 1906 angefertigten Bestandsaufnahmen, aufgebaut worden. Im Inneren hat man den äußerlich unverändert errichteten Kopien, neben einer zusätzlich besseren Isolierung, auch eine den neueren Wohngewohnheiten entsprechende Raumaufteilung gegeben.

Zimmermannshau: typisches bemaltes Haus

◉ ZENTREN IN DER WEITEREN UMGEBUNG: Bad Rajetz, Kloster, Mošovce, Deutschproben, Schmiedshau.

■ **GALANTA,** Bezirkshauptstadt, 118 m. Im n Bereich der Donautiefebene gelegener Industriestandort. ŽSR, SAD, wichtiger Straßen- und Eisenbahnknoten. Namen: ma Galánta, 1237 Galantha. Gräber aus der La Téne-Zeit. Das neogotische, stark an die englische Gotik erinnernde schöne **Schloß** wurde 1860 gebaut. Die **kath Kirche** ist ein 2-türmiger, monumentaler klassizistischer Bau, der 1805 barocke Zutaten erhielt. Das Bild des Hauptaltars schuf J. Zanussi, ikonographisch interessantes Kreuz von etwa 1670: Christus segnet mit einer freien, nicht angenagelten Hand. **Kastell** im Zentrum (Rathaus), Renaissance mit Barockfassade aus dem 17. Jh, bzw später.

Nach dem 2. Weltkrieg aufgebaute Industrie: Maschinenbau, Lebensmittel, Holzverarbeitung.

M *"Vlastivedné múzeum" (=Heimatkundliches Museum) im Schloß.*

T *Kleinere Hotels. Vincov les: Erholungsgebiet, Thermalfreibad. Unovce (am Waagstausse, 5 km ö): alle Wassersportarten.*

⊕ 1930: 4.375 EW (1.467 Sl, 54 D, 1.679 Ma, 878 J), 1940: 6.275, 1991: 16.978, 2001: 16.365 EW.

Galanta: Schloß

◉ UMGEBUNG: In sw R (8 km) • ČIERNY BROD und • MOSTOVÁ, Doppelort (1.524 und 1.600 EW) am Dudváh. In Čierny Brod steht eine kleine romanische Kirche, ein Ziegelbau von 1220, der 1915 ausbrannte. Bei der Wiederherstellung wurden die Zutaten späterer Zeiten (Seitenschiffe) entfernt und die ursprüngliche romanische Substanz, erinnert mit ihren Pfeilerarkaden an die Apsis von Diakovce, wiederhergestellt. In Mostová befindet sich eine kleine, aber typische spätbarocke Kirche, geplant von J. Fellner, und 1763 an der Stelle einer abgerissenen gotischen Kirche errichtet, Wandmalerein von 1959. Gefallenendenkmal von A. Rigele (1927), eine Kalvariengruppe (1780) und eine Dreifaltigkeitssäule (1817).

In w R (7 km) • KLEIN- und GROßDIOSEK (SLÁDKOVIČOVO), Stadt (6.078 EW) am Dudváh. Großdiosek war schon zur Jungsteinzeit besiedelt, Kleindiosek, 1505 als Weiler gegründet, entwickelte sich durch den 1785-86 erfolgten Zuzug von d Siedlern vom Mittelrhein und aus Westfalen (im Rahmen der Güteraufteilung unter Joseph II.) sehr rasch. Starke Magyarisierung beider Orte (1930: 4.474 EW, davon 1.256 Sl, 442 D, 2.436 Ma). Das neogotische, auf einem Bestand aus der Renaissance fußende, L-förmige, reichgegliederte Schloß wurde Mitte des 18. Jh gebaut (heute Fachschule). Kath Kirche, um 1620 von den Evangelischen errichtet, 1736 umgebaut, 1926 ausgemalt. Das Mausoleum der Fam. Kuffner von 1926 entwarf M. Harminc.

◉ ZENTREN IN DER WEITEREN UMGEBUNG: Wartberg, Sereď, Diakovce.

◆ **GEMER (GEMERSKÁ STOLICA),** comitatus Gömöriensis, Gemerer oder Gömörer Gespanschaft, Gömör vármegye. Zum größten Teil im Slowakischen Erzgebirge gelegenes, altes Komitat, geprägt durch den mittelalterlichen und neuzeitlichen Bergbau. Nur ein kleiner Teil war von den Türken vereinnahmt worden, aber fast das ganze übrige Gebiet war tributpflichtig.

● **GENERSICH**, Brüder, Wissenschaftler, die zahlreiche Publikationen verfaßten. **CHRISTIAN**, *1759 Kesmark, +1825 Kesmark. Evang Theologe, Pädagoge (Kesmarker Lyzeum), Mineraloge, Topograph. Studium: Jena, Göttingen, Utrecht. U.a.: "Reise in die Carpathen mit vorzüglicher Rücksicht auf das Tatra-Gebirge", "Merkwürdigkeiten der Königlichen Freystadt Késmárk". **JOHANN,** *1761 Kesmark, +1823 Wien. Historiker, Pädagoge. Studium: Preßburg, Jena. Prof. an der Evang. Theol. Lehranstalt in Wien. U.a.: "Gesch. der österreichischen Monarchie". **SAMUEL,** *1768 Kesmark, +1844 Leutschau. Arzt, Botaniker. Studium: Wien. Prakt. Arzt in Kesmark, Amtsarzt in Leutschau. Hervorragender Kenner der Flora der Zips und der Hohen Tatra. U.a.: "Flora Scepusiensis Elenchus".

■ **GEORGENBERG (SPIŠSKÁ SOBOTA)**, eingemeindet nach Deutschendorf, 675 m. Einer der kunsthistorisch bedeutendsten Plätze der Zips, die Innenstadt ist Denkmalszone. Namen: ma Szepesszombat, 1256 Forum Sabbathe, 1268 Sanctus Georgius, 1314 Mons Sancti Georgii, 1408 Zenthgere, 1786 Spiska Sobota.

Eine d Siedlung bestand schon vor dem Mongoleneinfall, danach wurde der Ort mit seinem langgestreckten Marktplatz von d Siedlern wiederbegründet. Das relativ kleine Gemeindegebiet konnte nicht alle EW ernähren, so daß sich viele dem Handwerk widmeten. Gehörte zur Bruderschaft der 24 königlichen Pfarrer, zum Bund der 24 Zipser Städte und konnte sich trotz der Verpfändung eine gewisse Vormachtstellung schaffen, die es aber nach dem Bau der Kaschau-Oderberger Eisenbahn und der Verlegung einiger Ämter nach

Deutschendorf, die bis dahin unbedeutende Schwester, einbüßte. Gehörte nach der Verpfändung zur Provinz der 16 Zipser Städte.

Die schöne **kath Georgs-Kirche** wurde als spätromanischer Bau 1273 erwähnt und 1464 gotisch umgestaltet: Die romanische Apsis wurde durch ein gotisches Presbyterium ersetzt, genau so breit und so lang wie das Kirchenschiff, das über einen eingezogenen Pfeiler eingewölbt wurde, so daß eine Zweischiffigkeit entstand (bis dahin war es flach mit Holz eingedeckt gewesen) und das Seitenschiff angebaut. Die selbst für Zipser Verhältnisse überaus reiche Ausstattung bietet 5 wertvolle Altäre, darunter den *HAUPTALTAR* (Georgs-Altar), 1516 von Meister Paul aus Leutschau fertiggestellt. Im Schrein steht vor dem Hintergrund eines bereits von der Renaissance beeinflußten Reliefs (Architekturobjekte und Personengruppen), die Vollplastik des Helden, wie üblich auf dem Pferd sitzend, mit dem Drachen kämpfend. Auffallend ist das ebenmäßig schöne, kindliche Gesicht des Georg, das zu der Situation, in der sich dieser befindet, einen großen, sicher von Meister Paul gewollten Kontrast bildet. Sehr eindringlich ist die Predella, das letzte Abendmahl, die keine Kopie derjenigen des Hauptaltares in Leutschau ist. Sie zeigt zwar wie in Leutschau den gleichen historischen Augenblick, auch die Jünger gehen absichtlich alltäglichen Beschäftigungen nach (besonders schön der Wein einschenkende und der ein Tier ausnehmende Jünger), aber der Judas ist nicht ganz so furchtbar betroffen. Das schlichte Gesprenge, ebenfalls von der Renaissance beeinflußt, enthält, neben dem im Jüngsten Gericht thronenden Gottvater, Christus und Maria. Auf den Innenseiten der beweglichen Flügel sind Johannes der Täufer, Florian, Christoph und Stanislaus zu sehen. Bei geschlossenem Schrein erscheinen auf den Außenseiten der beweglichen Flügel und auf den festen Flügeln 8 Bilder aus dem Leben des Georg. Alle Bilder stammen vom Meister der Antonius-Legende (Hans Moler). Rechts neben dem Hauptaltar stehen der spätgotische *ANTONIUS-ALTAR* von 1503-06. Heute gilt als sicher, daß der im Schrein stehende Antonius ein Frühwerk Meister Pauls ist. Auf den Innenseiten der beweglichen Flügel sind je 2 übereinanderstehende Bilder aus dem Leben des Antonius zu sehen. Eine hervorragende Reihe bilden die 8 Bilder, die sogenannte Antonius-Legende, die bei geschlossenen Flügeln sichtbar ist, das beste Werk des oben bereits erwähnten Meisters der Antonius-Legende, der auch die übrigen Bilder dieses Altars gemalt hat. Gemalte Predella, mit Vir dolorum, Johannes und Maria. Einfaches, später aufgesetztes Gesprenge. Links neben dem Hauptaltar steht der gotische *MARIEN-ALTAR* von ca 1470. Im Schrein steht eine sehr jugendliche, etwas S-förmig aufgestellte Madonna, die vom Schnitzer der Katharina des Leutschauer Katharinen-Altars sein dürfte, und an den Seiten je 2 Plastiken übereinander: Dorothea/Margarete und Katharina/Barbara, während im Gesprenge Petrus und Paulus zu sehen sind. Auf den Innenseiten der beweglichen Flügel (Meister Johann) sind 4 Bilder aus dem Leben Marias und des kleinen Jesus aufgetragen worden, während beim geschlossenen Altar, der keine Standflügel besitzt, nur 2 große Bilder sichtbar sind: die Verkündigung Annas und die Begegnung Annas mit Joachim am Goldenen Tor. Die ebenfalls gemalte Predella zeigt Christus mit den 12 Aposteln in einer einfachen aufgereihten Darstellung.

Georgenberg mit der Hohen Tatra

Vor dem Triumphbogen stehen 2 sehr schöne, verwandte Altäre, die beide im schwäbisch-fränkischen Stil der Kaschauer Werkstätten geschaffen wurden und 1503-10 bzw. um 1520 entstanden sind. Rechts steht der *NIKOLAUS-ALTAR*, in dessen Schrein mit ähnlichen Gesichtern neben Nikolaus Augustinus und Hieronymus stehen. Im sehr durchsichtigen Gesprenge Laurentius, Antonius, Sebastian und der Leonhard. Auf den Innenseiten der beweglichen Flügel sind Szenen aus dem Leben des Nikolaus und auf den Außenseiten der Flügel, Standflügel sind keine vorhanden, Johannes, Matthäus, Jakobus, Judas Thadäus zu sehen. In der gemalten Predella wird die Ermordung der Ursula und ihrer Gefährtinnen dargestellt. Links steht der gotische *ANNA-ALTAR* mit der Darstellung der Anna Selbdritt im Schrein. Das neogotische Gesprenge ist jünger, da 1813 das ursprüngliche während des Erdbebens zerbrach. In der Predella sind in 3 Nischen Büsten untergebracht: Maria, Vir dolorum, Johannes. Auf den gemalten geöffneten Flügeln sind zu sehen: Magdalena, Elisabeth, Apollonia und Helena, während die geschlossenen Flügel 8 Tafelbilder von der Verwandschaft Christi zeigen.

Die volkstümliche *KREUZIGUNGSGRUPPE* im Triumphbogen stammt aus der 2. Hälfte des 15. Jh und zeigt als einzige in der Zips auch die Schächer. Der schöne frühbarocke Schrank der *ORGEL* wurde in der 2. Hälfte des 17. Jh von P. Gross dÄ geschaffen. Von ihm stammen auch die schöne *KANZEL* mit den Skulpturen der Evangelisten sowie die Brüstung vor dem Hauptaltar, während sein Sohn P. Gross dJ den Epitaph des Georg Gross geschnitzt hat.

Vor der kath Kirche steht der **Glockenturm**, der 1588 im Renaissancestil vom Kesmarker Meister U. Materer gebaut wurde. Er ist als einziger der Zips 1728 barockisiert worden und damit stilistisch eine Rarität. Wie in allen an Polen verpfändet gewesenen Städten üblich, steht am Marktplatz auch eine **Marien-Säule** (1772). Am nö Ende des Marktplatzes steht die kleine **evang Kirche**, 1777 errichtet und 1897 renoviert. Im klassizistischen Altar aus der Mitte des 19. Jh befindet sich ein sehr schönes Bild von J. Czauczik, Christus auf dem Ölberg (1852).

Viele der schönen alten **Häuser des Marktplatzes** sind sich in ihrem Äußeren ähnlich, bringen jedoch zahlreiche Varianten, u.a. in der Anordnung der Fenster, der Lisenen und der Tore. Außerdem sind 2 Typen zu unterscheiden: die mit den Giebeln zum Platz stehenden Häuser, deren Giebeldreieck aus der Durchdringung eines einfachen Satteldachgiebels mit einem Walmdach entstanden ist und diejenigen, die in späteren Jahren den First und die Traufe parallel zur Straße umgebaut bekamen. Noch bevor die Krankenhäuser der Umgebung gebaut wurden, war das Georgenberger schon weithin sehr bekannt.

Geburtsort von Johann Brokoff (Barockbildhauer, Geburtshaus im nw Winkel des Markplatzes mit

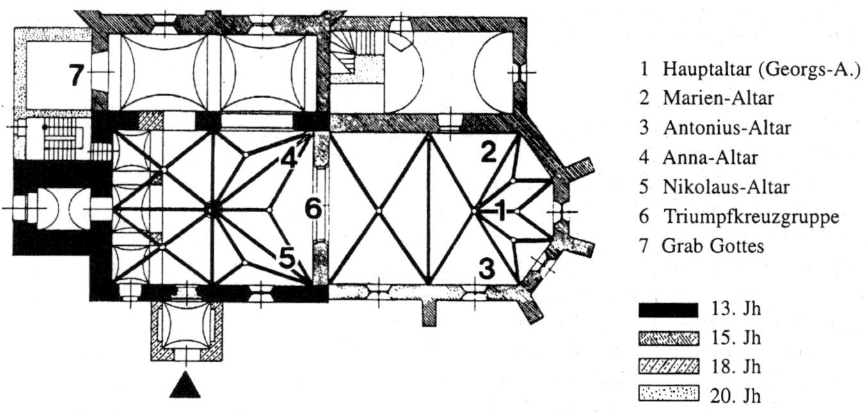

Georgenberg: Grundriß der Georgs-Kirche

1 Georgs-Kirche
2 Glockenturm
3 Marktplatz
4 Brokoff-Haus
5 Evang. Kirche

Der Marktplatz von Georgenberg

Gedenktafel und Resten von Wandmalereien), Wirkungs- und Sterbeort von S. Augustini ab Hortis (Naturforscher, evang Pfarrer), Geburts- und Sterbeort von Gedeon Majunke (Architekt), Wirkungsort von Wilhelm Forberger (Lehrer, Maler), Geburtsort von Susanne Hensch (Gattin von Moritz Benyovszky, König von Madagaskar), Aurel Hensch (Mundartdichter), Eugen Walachy (Maler, Lehrer).

M *Zweigstelle des "Podtatranské múzeum" (Tatramuseum) in Deutschendorf, im Werner-Haus (Marktplatz Nr 27).*

⊕ 1930: 2.074 EW (1.277 Sl, 580 D, 17 Ma, 27 J), 1940: 2.506 EW.

◉ UMGEBUNG: In n R (2 km) ebenfalls nach Deutschendorf eingemeindet: • MATZDORF (MATEJOVCE), früher weitgehend d Industrieort (1930: 1.593 EW; 332 Sl, 1032 D, 16 Ma). ŽSR. Siedlung in der Bronzezeit. Anfangs kurze Zeit bei der Bruderschaft der 24 königlichen Pfarrer, dann beim Bund der 24 Zipser Städte, unter den verpfändeten Städten und danach in der Provinz der 16 Zipser Städte. Der Straßenmarkt ist durch die spätere Bebauung (ursprünglich stand nur die kath Kirche auf dem Platz) schwer zu erkennen.

Diese **Kirche** wurde im gotischen Stil 1312 (?) errichtet und 1422 über 2 neu eingezogene Mittelstützen (die w ist 8-eckig, die ö ist 4-eckig, ob eine nachträgliche Änderung, ist unklar) zweischiffig eingewölbt. Neben der Kirche stehen ein Renaissanceglockenturm (17. Jh) und in der Nähe die Marien-Säule (1728). Der **Hauptaltar** ist ein gemalter Flügelaltar ohne Predella. Er ist neogotisch gestaltet worden (um 1880), unter der Einbeziehung von Bildern eines alten gotischen Altars der Jahre nach 1450, da erst in jenem Jahr der auf einem Bild gezeigte Bernhardin von Siena kanonisiert wurde! Von dem Maler, dem Meister von Matzdorf, einem hervorragenden Könner, existieren in der Zips und in Polen mehrere Arbeiten, die von der Umsetzung des gotischen Idealismus in den spätgotischen Realismus geprägt sind und dessen künstlerische Eigenständigkeit die Sandezer Schule mit deutlichen nürnbergerisch-böhmischen Einflüssen als Grundlage hat. Das Mittelbild zeigt Stephan und Emmerich vor einem von Engeln gehaltenen Brokatvorhang. Auf den Innenseiten der beweglichen Flügel sind 4 Szenen aus dem Leben der beiden Heiligen zu sehen, während die 4 Bilder der Rückseiten (Standflügel sind keine vorhanden) Maria, Christophorus und Vir dolorum, Bernhardin (als "neu eingeführter" Heiliger ohne eine vorhergegangene Schematisierung, vom Meister ganz besonders sorgfältig behandelt) zeigen. Im ebenfalls pseudogotischen Seitenaltar steht eine Madonna von ca 1500. Außerdem besitzt die Kirche ein sehr schönes Bronzetaufbecken aus der Zipser Neudorfer Werkstatt, die eine kraftvoll gezeichnete, aus gotischen Großbuchstaben bestehende, zum ersten Mal d (nicht lat) verfaßte Inschrift trägt: VEN DV EIN VORER DER VOSER BIST NV BIST ON ERRE VATER IN CHRIST/MACH VNS VON SENDEN FREI II (?) AB VT (?) SV VNS HEVTN BEI. Die **evang Kirche**, klassizistische Toleranzkirche von 1765, ist turmlos, mit sehr schöner Rokokokanzel (2. Hälfte des 18. Jh) und einem geschmackvollen spätbarocken Altar (Ende des 18. Jh).

Aus einem Eisenhandel, zu dem 1845 unter Carl August Scholtz eine Werkstätte zur Herstellung von Pferdestriegeln kam, entwickelte sich unter seinen Nachfolgern ein Großbetrieb, der u.a. Küchengeräte und später hauptsächlich emailliertes Geschirr herstellte. Um 1940 beschäftigte die Firma C.A. Scholtz mehr als 1000 Arbeitnehmer, für die neben zahlreichen freiwilligen Sozialleistungen auch Werkswohnungen gebaut wurden. Nach dem 2. Weltkrieg und der Enteignung wurde der Betrieb weiter ausgebaut. Vor 1955 gab es auch hier einige Blaudruckwerkstätten, darunter die von David Blásy.

In n R (7 km) • MÜHLENBACH (MLYNICA), ehemals d Gemeinde etwas abseits des Poppertales (1930: 604 EW; 161 Sl, 389 D, 34 Ma; 1941: 304, 2001: 360 EW). War in der Bruderschaft der 24 königlichen Pfarrer, und im Bund der 24 Zipser Städte, wurde nicht verpfändet, daher im Bund der 11 Zipser Städte. Da sich der Ort seit seiner Gründung durch d Siedler nicht recht weiter entwickelte, konnte der großzügig, auf geneigtem Gelände angelegte Marktplatz nicht richtig eingebunden werden.

Die **kath Kirche** steht am Rand des Platzes, der an der Kirche eine Geländedifferenz überwindet. In der Mitte des 13. Jh als romanische Kirche errichtet, blieb bei dem 1425-34 erfolgten Umbau der Turm im Verhältnis zur Kirche viel zu dick. Über die Außenwände des Schiffes und einen neu eingezogenen Mittelpfeiler führte die Einwölbung zur Zweischiffigkeit. Gleichzeitig erhielt die Kirche ein neues Presbyterium, das breiter wurde als das ursprüngliche. Das hervorragendste Stück der Kirche ist der **Hauptaltar**, den Meister Paul aus Leutschau um 1515-20 geschaffen hat. Im Schrein steht die 1,60 m große Margarete, mit einem verklärten Lächeln, daneben sind auf gemalten Bildern, jeweils 2 übereinander zu sehen: Lucia/Elisabeth und Apollonia/Barbara. Auf den Innenseiten der beweglichen Flügel sind 4 Tafeln mit Szenen aus dem Leben der Margarete und auf den Standflügeln, wie auch auf den Außenseiten der beweglichen Flügel, 8 Bilder mit Heiligen und Märtyrern. Im Gesprenge stehen die etwas derben Plastiken des Antonius mit Kosmas und Damiam. Sowohl diese Plastiken wie auch die Gemälde stammen von unbekannt gebliebenen Meistern oder Gehilfen. Der Nikolaus-Altar, ein Flügelaltar mit 8 Bildern und der Figur des Heiligen im Schrein, stammt aus der Zeit um 1500-10. Die in der Nachkriegszeit nicht verwendete, zu einer Ruine gewordene klassizistische **evang Kirche** von 1830 bekam eine andere Funktion (Autosalon). Auf der anderen Straßenseite steht der **Glockenturm**. Aus Mühlenbach kamen auch einige Bergführer.

Mühlenbach: Glockenturm mit evangelischer Kirche

In nw R (4 km) • GROßSCHLAGENDORF (VEĽKÝ SLAVKOV), schon fast am Fuß der Berge der Hohen Tatra gelegene, ehemals d Gemeinde (1930: 1.611 EW; 470 Sl, 879 D, 86 Ma, 14 J; 1941: 1.034, 2001: 1.121 EW). ŽSR, SAD. Alter Siedlungsplatz (Jungsteinzeit, Bronzezeit, Puchauer Kultur). 2 km nw der Gemeinde befindet sich ein 4-eckiger Wall, eine sagenumwobene vorgeschichtliche Erdfestung. D Gründung, deren EW sich mit der Landwirtschaft, vor allem mit der Viehzucht, der Holzkohleherstellung und dem Flachsanbau beschäftigten. Gehörte zum Bund der 24 Zipser Städte. War verpfändet und anschließend Mitglied der Provinz der 16 Zipser Städte. Die frühgotische **kath Kirche** wurde im 13. Jh gebaut,

Großschlagendorf: Evangelische Kirche, Hohe Tatra

bei der Einwölbung im 15. Jh entstand durch einen neu eingezogenen Pfeiler die Zweischiffigkeit. Im 17. Jh Barockisierung und Errichtung des Turmes. Der frühbarocke Hauptaltar stammt aus der 2. Hälfte des 17. Jh und wurde 1776 von Eulenbach hierher gebracht. Dagegen stehen 2 gotische Seitenaltäre im Budapester Museum. Barock-klassizistische **evang Toleranzkirche** von 1786-88, Kanzelaltar aus der Zeit um 1800, Taufbecken vom Ende des 18. Jh und hölzerne Empore aus derselben Zeit. Geburtsort der Brüder Johann und Paul Hunfalvy (Geograph/Sprachwissenschaftler), Dr. Michael Guhr (Mitbesitzer von Weszterheim, Pionier der Klimatotherapie), Margarete Ehlers (Mundartdichterin), Tibor Ehlers (Maler und Instrumentenbauer).

◉ ZENTREN IN DER WEITEREN UMGEBUNG: Schmecks, Kesmark, Deutschendorf, Svit.

▲ **GERLSDORFER SPITZE (GERLACHOVSKÝ ŠTÍT),** höchster Berg der Hohen Tatra, der SR, und der Karpaten, 2655 m. Als solcher auch andere kurzlebige politische Namen: Franz-Joseph-Spitze, Stalin-Spitze. Vom Hauptkamm etwas nach S vorgeschoben, bildet eines der größten Massive der Hohen Tatra, sehr weite und schöne Aussicht.

● **GEZA II.,** König von Ungarn. *1130, +1162. Thronwirren, verliert vorübergehend Preßburg an den Bayernherzog Heinrich II. (1146). Während des II. Kreuzzuges beginnt er mit der planmäßigen Besiedlung mit D, hauptsächlich in der Zips und Siebenbürgen.

■ **GLASHÜTTEN (SKLENÉ TEPLICE),** Bez Žiar nad Hronom, 360 m. Kleiner, schön gelegener Badeort im Schemnitzer Bergland n von Schemnitz. SAD. Namen: ma Sklenófürdö, 1340 Topliche, 1388 Theplica, 1773 Haitsspad, Skleno Teplicze, 1920 Sklenô nad Hronom, 1927 Sklené Teplice.

Hier wurde im 14. Jh eine Glashütte eingerichtet, die in der zweiten Hälfte des 16. Jh aufgelassen wurde. Geringe Ruinenreste stammen von der Burg Teplice, die auf dem Berg (629 m) w vom heutigen Bad angelegt wurde, 1471 während der Auseinandersetzungen mit den Polen beschädigt, 1485 restauriert, im 17. Jh verlassen und als Steinbruch benutzt (vor allem für die klassizistische kath Lukas-Kirche). Die 12 warmen (28-55 °C) alkalischen, gipshaltigen Quellen waren im 16. Jh bekannt. Auch die Höhle, das "Schwitzloch", wo heute die dort hineinlaufenden 42°C warmen Gewässer in einem künstlich angelegten Becken zum Baden verwendet werden. An mehreren Stellen sind am Bach die Ablagerungen der Quellen zu sehen. In der 2. Hälfte des 17. Jh kam der Ort in den Besitz der Kammer von Schemnitz, die nicht nur das klassizistische Badehaus errichtete, einen Park anlegen ließ, sondern 1786 eine Hütte zur Aufarbeitung der Silbererze eröffnete. Die dort angewandte Amalgamierungsmethode hatte Ignaz Born (Gedenktafel) erfunden und während des montanistischen Kongresses vorgeführt.

🌐 1930: 408 EW (390 Sl, 11 Ma), 1940: 453, 1991: 463, 2001: 452 EW.

◉ ZENTREN IN DER WEITEREN UMGEBUNG: Heiligenkreuz, Dilln, Schemnitz, Eisenbad.

● **GMELIN, HANS,** *1911 Tübingen. SA-Sturmbannführer, in den 40-er Jahren "rechte Hand" des Gesandten (vor allem Volkstumsfragen) in Preßburg, Exponent des nationalsozialistischen Unrechtsregimes. Nach dem 2. Weltkrieg OB von Tübingen, Vizevorsitzender des DTSB. Tochter: Herta Däubler-Gmelin, Politikerin (*1942 Preßburg).

■ **GOLDMORAWITZ (ZLATÉ MORAVCE),** Bezirkshauptstadt, 196 m. In einer nach S offenen kesselartigen Einbuchtung des Tribetzgebirges gelegen. Ab 1735 bis zur Auflösung, bzw dem Aufgehen in größeren Einheiten (1922) Sitz der Verwaltung des Komitates Barsch. ŽSR, SAD. Eisenbahn- und Straßenknoten. Namen: ma Aranyosmarót, 1113 Morawa, 1284 Mavuth, 1323 Moroth, 1773 Morawcze, 1920 Zlaté Moravce.

Alter Siedlungsplatz (Jungsteinzeit, Bronzezeit, Quaden). Hatte unter den Einfällen der Türken sehr zu leiden. Später kam es zu einer regen Entwicklung des Handwerkes. Die **kath Michaels-Kirche** wurde 1785 im klassizistischen Stil an der Stelle einer gotischen Kirche gebaut. Aus der alten Kirche kamen mehrere wertvolle Tafelbilder nach Budapest und in die Nationalgalerie nach Preßburg. **Renaissancekastell** von 1630, 1779 barock umgestaltet (heute Museum). Der Kern des Gebäudes der ehemaligen Komitatsverwaltung ist im Renaissancestil errichtet worden, 1789 kam es zu einem barocken Umbau.

Weinbaugebiet. Früher ohne Industrie (1 Andesitsteinbruch, 1 Ziegelei, mehrere Druckereien), heute: Maschinenbau, Lebensmittelindustrie und weiterhin Herstellung von Baustoffen. Hier lebte von 1862 bis zu seinem Tod Janko Kráľ (Dichter).

M *"Mestské múzeum" (=Städtisches Museum) im Renaissancekastell.*

T *Hotel. Städtisches Freibad.*

🌐 1930: 3.583 EW (3.075 Sl, 32 D, 229 Ma, 113 J), 1940: 4.358, 1991: 15.820, 2001: 15.618 EW.

◉ UMGEBUNG: In w R (15 km) • JELENEC-REMITÁŽ, im Tribetzgebirge schön gelegenes Erholungszentrum (1.942 EW): **T** *Stausee (0,025 km²), Bademöglichkeit, Hotel, Camping- und Zeltplatz, Hüttenkolonie, Restaurant.*

Auf dem bewaldeten, kegelförmigen Berg (514 m) steht die ausgedehnte, stark zugewachsene Ruine • GÝMEŠ. Im 13. Jh errichtet, im 15. Jh erweitert, im 17. Jh von den Türken erobert und zerstört, im 18. Jh wiederhergestellt, Umbau des spätgotischen Palastes zur Grabkapelle der Familie Forgách. Obzwar bis 1855 bewohnt, verfiel die Anlage. Schöne Aussicht. Ist auf einem rot mk Weg zu erreichen (1 1/4 Std), der durch ein Reservat führt, in dem 300-400 Jahre alte Edelkastanien stehen.

Kostoľany pod Tribečom: Romanische Kirche

In w R (17 km) liegt im Nachbartal • KOSTOĽANY POD TRIBEČOM, Dorf (368 EW) mit der frühromanischen **kath Georgs-Kirche**. Sie gehört zu den ältesten Kirchenbauten der Slowakei. Sicher stand sie schon in der ersten Hälfte des 11. Jh und erinnert mit ihrem archaischen Aussehen sehr an einen schon im 7. Jh gängigen Kirchentyp. Im 13. Jh etwas umgebaut und im 17. durch den Anbau eines Vorraumes erweitert. Der Innenraum, in dem eine frühromanische Kanzel und ein frühromanisches Taufbecken stehen, war an der N- und S-Seite mit Wandmalereien bedeckt, die wahrscheinlich mit dem Bau des Schiffes entstanden sind. Die Christus- und Marien-Zyklen reihen sich ikonographisch in horizontalen Bändern aneinander. Sie zeigen deutliche byzantinische Ausdrucksformen. 1964-1972 Restaurierung der Malereien und Beseitigung des barocken Vorraumes.

In w R (18 km) • KOLÍŇANY, größerer Ort (1.444 EW). Baugeschichtlich interessante **kath Kirche**. Der romanische Kern entstand Ende des 12. Jh, 1933 wurde quer durch den alten Bestand hindurch ein erheblich längeres Schiff gebaut, das unsymmetrisch zum alten Bau steht (auf der S-Seite ragen nur 2 Achsen des neuen Schiffes aus dem Altbau, auf der N-Seite 4 Achsen, zu denen noch das neue Presbyterium hinzukommt).

Durch diese Maßnahme wurde die Disposition geändert und das Reststück des alten Schiffes mit der halbrunden Apsis (wie der Bereich vor dem Turm) zu einem kapellenartigen Raum.

In sw R (10 km) • BELADICE (1.536 EW). Das eingeschossige **Schloß** wurde barock Ende des 18. Jh errichtet, nach dem Brand von 1810 umgebaut, 1874 aufgestockt, erweitert und im pseudoklassizistischen Stil umgestaltet. Heute Schule. Die reiche Ausstattung ist bis auf einige Stücke, die in der Nationalgalerie in Preßburg stehen, durch kriegsbedingte Umstände (Diebstahl) abhanden gekommen. Im Park steht, im historisierenden Stil, ein mit einer großen Kuppel versehenes Mausoleum der Familie Szentiványi. Sarkophage und Figuren stammen von J. Fadrusz. Sehr alte Bäume, darunter 2 Linden mit einem Stammdurchmesser von mehr als 5 m.

In n R (5 km) • TOPOĽČIANKY. Kleinstadt (2.888 EW), zeitweise Sitz des Komitates Barsch. Um 1347 wurde in geringen Mengen Gold gewaschen. Zu den bekanntesten Gebäuden der Slowakei zählt das große repräsentative **Schloß**. Bis zur Enteignung nach dem 1.Weltkrieg im Besitz des Hauses Habsburg, zuletzt des Erzherzog Josef, der vergeblich einen Prozeß zur Wiedergewinnung seines Eigentums anstrebte. Dann von 1923-50 die Sommerresidenz des Staatspräsidenten der ČSR. Die ältesten Teile des Schlosses wurden im spätgotischen Stil im 15.-16. Jh errichtet, im 17. Jh teilweise im Renaissancestil umgebaut und gegen die Türken befestigt. Nach einigen barocken Zutaten wurde 1820-40 der älteste der 4 Flügel, die einen Hof mit 2-geschossigen Arkaden einschließen, abgerissen und durch den großzügig disponierten, monumentalen klassizistischen Bau ersetzt. Charakteristische große Kuppel, vor der in der Fassade ein 3-achsiger Portikus steht, der mit dem durch 4 Säulen begrenzten und durch einen Tympanon abgeschlossenen Balkon beherrschend wirkt. Die erlesene Einrichtung stammt teilweise aus dem 17. Jh, weiter aus dem 19. Jh und vor allem aus den 30-er Jahren unseres Jahrhunderts und bildet mit den architektonischen Details das ausgewogene Innere der Räume, die der Öffentlichkeit zugänglich sind. Zu dem Schloß gehört ein ausgedehnter 40 ha großer Park (Jagdschloß-Orangerie, und Skulpturen von A. Strobl).

M *Museum (Möbel, Porzellan, Waffen, Bücher).*
T *Hotel im Schloß. Pferdezucht, Reiten.*

Topoľčianky: Schloß

In n R (10 km) • RUINE HRUŠOV, war früher eine größere Anlage, deren Kern auf der höchsten Stelle des Berges schon im 13. Jh errichtet wurde. Später kam es zu mehreren weiteren Ausbauten, bis die Burg nach der Niederschlagung des Aufstandes von Franz II. Rákóczi 1711 von den kaiserlichen Truppen zerstört wurde. Rot mk Weg zur Ruine (1 Std).

In n R 2 km weiter • SKÝCOV: Dorf (1.057 EW), altes Kastell. Beide 1945 bei Kriegshandlungen abgebrannt, bisher wurden nur die neueren Teile des Kastells wieder hergerichtet. Nach 1663 auf den Fundamenten einer älteren gotischen Anlage als typisches befestigtes Renaissancegebäude errichtet. Verfiel im 18. Jh zunehmend, inzwischen verlassen, kam es 1883 zu einer Renovierung, wobei ein pseudoromanischer Wohnturm errichtet wurde.

In ö R (22 km) • CHATA NA VEĽKOM INOVCI (871 m), unter dem Gipfel des Veľký Inovetz (901 m), weite sehr schöne Aussicht! Straße (evtl. zeitweise Verkehrsbeschränkungen), zu Fuß gelb mk ca. 2 Std.
T *Hütte (Unterkunft, Restaurant), Skilift,*

◉ ZENTREN IN DER WEITEREN UMGEBUNG: Neutra, Topoltschan, Hochwies, St. Benedikt.

● **GOLIAN, JÁN,** *1906 Palárikovo, +1945 Konzentrationslager Flossenbürg?. Brigadegeneral, hervorragender Stratege, Schöpfer der militärischen Konzeption des SNP und 1. Befehlshaber der Aufstandsarmee. Militärakademie: Mährisch-Weißkirchen, Prag. Bis 1943 im Divisionsstab der "Schnellen Division", 1944 Chef des Stabes des Landheeres in Neusohl.

■ **GÖLLNITZ (GELNICA)**, Bezirkshauptstadt, 372 m. Politisches und wirtschaftliches Zentrum des Göllnitztales mit Beeinträchtigungen durch den auslaufenden Bergbau, mehrere Jahrzehnte ohne eigene Bezirksverwaltung. ŽSR, SAD. Namen: ma Gölnicbánya, 1246 Gylnychbanya, 1276 Gelnic, 1280 Gulnychbanya, 1379 Gulnicha, 1773 Gelnicza.

Hinweise auf eine bereits vor ca. 1000 Jahren einsetzende Bergbautätigkeit, die Oberflächenerze abbaute. Zum organisierten Abbau kam es im 13. Jh mit dem Eintreffen d Bergleute. Schon 1264 wurde Göllnitz zur Bergstadt erhoben, so daß ihr eine führende Rolle zufiel. Als der Silber- und Kupfererzabbau bereits in voller Blüte stand, wurde sie 1317 königliche Bergstadt mit Schemnitzer Recht, schließlich 1435 königlich freie Bergstadt. Schon früher war Göllnitz der Vorort der 7 oberungarischen Bergstädte (Göllnitz, Schmöllnitz, Rosenau, Zipser Neudorf, Jossau, Ruda, Telken). Mit dem Ende des 15. Jh eintretenden Niedergang ist ein bis 1527 fortschreitender Verlust an Privilegien verbunden. Auch die 7 oberungarischen Bergstädte existierten eigentlich nur mehr auf dem Papier und bezeichneten sich mit einer geänderten Zusammensetzung (Göllnitz, Schmöllnitz, Stoß, Schwedler, Einsiedel) als "königliche Bergstädte". Nach einiger Zeit wurden Ober- und Untermetzenseifen, schließlich auch Wagendrüssel inkorporiert, während Schmöllnitz die führende Rolle übernahm. Nach dem Ende der antihabsburgischen Aufstände hatte wieder eine langsame Erholung eingesetzt, die Ende des 18. Jh auch zur Vermehrung der EW führte (5.024), die sich bis zur allgemeinen, nicht lange dauernden Wiedererringung von Privilegien (1844) hielt, dann aber langsam sank.

Von den früher zahlreichen hölzernen **Bergarbeiterhäusern** sind nur noch wenige vorhanden (Nr 222-224 in der Hauptgasse), mit den in der Zips häufig anzutreffenden zweimal oder auch nur einmal gebrochenen, mit Kleinwalmen ausgestatteten Giebeln.

Göllnitz: Betender Bergmann

Aber auch andere **Häuser** sind beachtenswert, so in der Slowakischen Gasse (Nr 86,87,90), die entweder im klassizistischen oder im barocken Stil errichtet oder zumindest im Bereich der Fassaden umgestaltet wurden. Das **Rathaus**, das auf dem sehr stark abfallenden Marktplatz steht und dessen rechteckige Zentralanlage noch sehr gut zu erkennen ist, besitzt einen Renaissancekern, dem die Nachbarhäuser einverleibt wurden. Mit der Umgestaltung im Theresianischen Barock, erhielt es als Dominante den mächtigen, über dem Risalit des Eingangsportales sich aufbauenden barocken Turm. Vor dem Rathaus steht in exponierter, beherrschender Lage der überlebensgroße **Betende Bergmann**, der um 1900 von E. Szamovolszky als Grabdenkmal für den Privatfriedhof der Familie Jacobs geschaffen wurde und den die Stadt erworben hatte. Auf dem **Burgberg** sind nur noch ein paar Ruinenreste der ehemaligen Thurzo-Burg vorhanden. Ihr Kern wurde 1234 errichtet, später erweitert und ausgebaut. Nach mehreren Besitzern war sie 1447-62 in den Händen der Soldaten Johann Giskras von Brandeis. 1839 bekam die Stadt nach weiteren Eignern die Ruine, nachdem die Burg 1685 oder 1712 zerstört wurde.

Die **kath Kirche** wurde als gotischer Bau im 2. Drittel des 14. Jh begonnen und zwar an der Stelle eines älteren Bauwerkes, von dem ein Rest zum s Anbau gehört. Die 2. Bauetappe der Anlage mit dem Schema der Jakobs-Kirche in Leutschau war bis zur Mitte des 15. Jh abgeschlossen. Während über dem Hauptschiff 1769 eine gotisierende, aber barocke Einwölbung ausgeführt wurde, blieben die alten gotischen Gewölbe der Seitenschiffe aus der Zeit vor 1450 erhalten. Der hohe Turm wurde Mitte des 19. Jh noch erhöht und erhielt bis 1869 sein heutiges Aussehen. Im Inneren befinden sich 3 gotische Sitznischen (15. Jh) und die wertvolle Bronzetaufe vom letzten Drittel des 14. Jh aus der Zipser Neudorfer Werkstatt, die im Guß etwas unscharf ausgefallen ist. Unterhalb der Kirche steht das große **kath Pfarrhaus**, ein klassizistischer Bau von 1774 mit barocken Plastiken, die Bergleute darstellen.

Göllnitz: Evangelische Kirche

Die **evang Kirche** wurde als klassizistische Toleranzkirche, im Grundriß einem griechischen Kreuz entsprechend, 1784-87 errichtet. Neben dem Eingang, jeweils über einem kleinen Fenster, sind 2 Metalltafeln angebracht worden, die sich in lat und d Sprache auf den Bau der Kirche beziehen. Das Altarbild, Christus mit der Samariterin am Brunnen, schuf K. Jakoberg 1887. Die Orgel ist eine der größten und besten Arbeiten des Orgelbauers M. Podkonicky (um 1792).

1876-86 erschien die Wochenschrift "Nach der Schicht". Industrie vor 1945: Berg- und Hüttenwerksgesellschaft Prag, Mariahütte-Sockelsdorf, Ketten- und Nagelfabrik Walko Emils Witwe, Eisenwarenfabrik Anthony Ludwig & Söhne, Sägewerke (Kučera & Co, Reiter Adolf & S), nach 1945: neben dem inzwischen eingestellten Bergbau Fa Anthony und Maschinenfabrik.

M *"Banícke múzeum" (=Bergbaumuseum), sehr interessante Sammlungen.*

T *2 Skilifte in der Umgebung.*

⊕ 1930: 3.975 EW (1.549 Sl, 58 R, 1.867 D, 91 Ma, 169 J), 1940: 3.947, 1991: 6.227, 2001: 6.404 EW.

◉ UMGEBUNG: Unmittelbar n liegt • BAD THURZO (THURZOVSKÉ KÚPELE), früher eine Kaltwasserheilanstalt, 1899 angelegt, mit einem sehr wechselvollen Schicksal, die 1937(damals im Besitz der Familie Gansel aus Preßburg) versteigert wurde (heute psychiatrische Anstalt für Kinder).

In n bzw. nö R (4 km) • SOCKELSDORF (ŽAKAROVCE): Früher bedeutender Eisenerzabbau (776 EW), der - in immer tiefere Regionen vordringend-schließlich vom Boden des Göllnitztales aus betrieben wurde.

In sw R (7 km) • PRACKENDORF (PRAKOVCE): Industrieort (3.415 EW) mit Gießerei, Maschinenfabrik etc.

◉ ZENTREN IN DER WEITEREN UMGEBUNG: Wallendorf, Margareten, Schmöllnitz.

▲ **GÖLLNITZ (HNILEC),** Fluß in der Unterzips. Rechter Seitenfluß der Hernad (Mündung bei Margareten), Quelle am Königsberg (Niedere Tatra), 88,9 km lang. Durchfließt sehr schöne Abschnitte (Stratenauer Enge) und bildet den Palzmann-Stausee.

■ **GORG (SPIŠSKÝ HRHOV),** Bez Levoča, 475 m. Im Hügelland zwischen Leutschau und Kirchdrauf gelegene Gemeinde mit bedeutenden Bauwerken. SAD. Namen: ma Görgö, 1243 Gergew, 1260 Gyrgow, 1278 Gargov, 1280 Gargou villa Sclawonicalis, 1320 Teutonicalis Gargou, 1342 Thoutgargow, Nemetgargow, 1369 Thotgargov, Nemesgargov, 1773 Harkow, 1920 Harkov, 1948 Spišský Hrhov.

Alte Siedlung, bestand wahrscheinlich im 12. Jh. Bedeutung erlangte sie, als sich im 13. Jh die Familie Gargau (Görgö, später Görgey), die mit zu den großen Kolonisatoren der Zips gehörte, hier niederließ und den Ort bis 1885 in ihrem Besitz hatte. Zu dieser Zeit bestand Gorg aus einer d und sl Siedlung, die Namen beweisen es und verdeut-

Gorg: Schloß

lichen diese Zweiteilung bis weit in das 14. Jh hinein. 1885 erwarb die Familie Csáky die Besitzungen, die sie bis zur Enteignung nach dem 2. Weltkrieg behielt. Eine der wenigen noch erhalten gebliebenen alten Brücken führt in den Ort hinein, sie stammt aus dem frühen 19. Jh.

Die **kath Kirche** wurde sicher unmittelbar nach dem Mongoleneinfall im frühgotischen Stil errichtet, und die Einwölbung des Presbyteriums mit Kreuzrippen erfolgte noch im 14. Jh. Im 15. Jh wurde das Schiff mit Hilfe von 3 neu eingezogenen Mittelstützen eingewölbt, so daß eine zweischiffige Anlage entstand. Nach dem Brand von 1708 wurde bei der Neueinwölbung die Einschiffigkeit wieder hergestellt und der ursprünglich auffallend hohe Turm mit einem Renaissancezinnenkranz versehen. Der barocke Hochaltar von 1694 wurde durch die Spätrenaissanceplastik der "Gorger Madonna", die den Aufbau der Leutschauer Madonna von Meister Paul kopiert, bereichert. Zwei Seitenaltäre, darunter ein guter Johannes-Altar von 1730, Kanzel von 1670, Triumphkreuz von 1669.

Ein schönes Bauwerk ist das spätbarocke **Schloß**, das 1893-95 nach Plänen von Heinrich Adam von der Familie Csáky errichtet wurde. Der ausgewogene Bau besitzt eine besonders schöne Gartenfront, an der sich eine Terrasse mit einer 2-armigen schwungvollen Treppe befindet. Die Gelöstheit der ganzen Anlage, die in einem riesigen, verwilderten Park steht, wird durch den asymmetrisch angeordneten Turm und elegante Tore unterstützt (heute Ausbildungsstätte für schwer erziehbare Mädchen). Während der Reformationszeit gründete Graf Arnold de Gara eine Adelsschule, die bis 1666 existierte.

🌐 1930: 742 EW (663 Sl, 16 D, 7 Ma), 1940: 814, 1991: 836, 2001: 963 EW.

◉ ZENTREN IN DER WEITEREN UMGEBUNG: Leutschau, Kirchdrauf, Zipser Neudorf.

● **GÖRGEY (GARGAU),** Adelsfamilie d Ursprungs, Kolonisatoren der Zips, Zipser Grafen, Militärs, hohe Beamte. **JORDAN II. von GARGAU**, Zipser Graf, *1200, +1270, brachte 1241 die Zipser auf dem Zufluchtstein vor den Mongolen in Sicherheit, erwarb 1267 Gorg (ma Görgö, daher der Name Görgey). **GUSTAV,** *1816, +1882, Mitbegründer der Zipser Bank in Leutschau, 1. Vorsitzender des KV. **ARTHUR,** *1818 Topporz, +1916 Visegrád, General, erfolgreicher Führer des u Revolutionsheeres, Gegner der radikalen Linie von Kossuth, nach der Kapitulation bis 1867 in Klagenfurt interniert.

▲ **GRAN (HRON),** 298 km langer, linker Seitenfluß der Donau, durchfließt die gesamte Mittel- und S-Slowakei, Quelle am Königsberg (Niedere Tatra), bis in die 30-er Jahre wurde Holz geflößt.

● **GREISIGER, MICHAEL,** *1851 Forberg, +1912 Zipser Bela. Amtsarzt in Zipser Bela, Naturforscher. Studium: Wien. Botaniker, Chemiker, entdeckte in der Beler Tropfsteinhöhle ein Kerbtier (Lipura Greisigeri), Archäologe (zahlreiche Grabungen in der Zips), Geologe, Mineraloge. Bekämpfte den Alkoholismus, zahlreiche Publikationen.

■ **GROßBITSCH (BYTČA),** Bezirkshauptstadt, 308 m. Mittelzentrum im Waagtal, viele Jahrzehnte ohne eigene Bezirksverwaltung. Bedeutendes Schloß. Straßenknoten, ŽSR, SAD. Namen: ma Nagybicscse, 1250 Byucha, 1318 Biccha, 1372 Bichche, 1415 Bicza, 1598 Bittch, 1680 Bicze, bis 1971 Veľká Bytča.

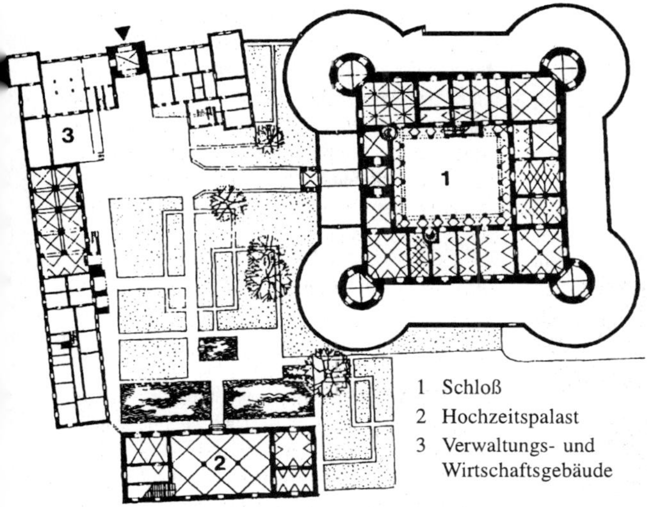

Großbitsch: Grundriß des Schlosses

Alter Siedlungsplatz (Puchauer Kultur, Großmährisches Reich). Vom 16.-19. Jh eine lebhafte Handwerkerstadt, deren Aufstieg mit der Übernahme der Herrschaft durch die Thurzos begann. Das große, einen genau quadratischen Grundriß einnehmende von 4 dicken Ecktürmen flankierte **Schloß** stammt von 1571. Es wurde im Stil der Renaissance-als eines der schönsten Zeugnisse dieses Stils in der Slowakei-am Ort einer ehemaligen gotischen Wasserburg für Franz Thurzo durch den italienischen Meister Kilian aus Mailand errichtet. Dem wohlproportionierten monumentalen Bau entragt aus dem W-Flügel ein hoher Turm, an dem Sgraffiti angebracht sind. Im Hof sind auf allen 4 Seiten Arkaden mit späteren Wandmalereien (von 1736, 1929 erneuert), die ältere von 1612 überdeckten (Restaurierung nach 1994). Anläßlich der Hochzeit der Tochter Judith ließ 1601 Georg Thurzo im Garten den **Hochzeitspalast** errichten. Es ist ein italienischer Blockbau mit einem prächtigen Portal, sehr schönen Verzierungen der Fassade und einem großzügig angelegten Prunksaal. Die Feierlichkeiten bei dieser Hochzeit sollen bis weit über die Geburt des ersten Kindes hinaus gedauert haben. Nach den Akten wurden hier 8 Hochzeiten und 3 Beerdigungen in feierlichem Rahmen abgehalten. 1624 erbten die Eszterházys den Bau, und 1868 erwarb ihn der j Großkaufmann und Holzhändler Leopold Popper, der schon mehrere Jahrzehnte hindurch einige Gebäudeteile angemietet hatte. Entgegen dem großen kaufmännischen Geschick seines Vaters, konnte der Sohn das Erbe nicht halten. Die Gebäude verfielen, 1950 wurden sie Eigentum des Staates, der in einer langen Restaurierungsphase die nach mehreren Bränden eingebrachten, den Gesamtcharakter störenden Umgestaltungen beseitigen ließ.

Die kath **Allerheiligenkirche**, ursprünglich gotisch, wurde 1590 umgebaut und erst 1787 mit dem Turm versehen. Die Ausmalung ist neu (50-er Jahre). **Synagoge** gegenüber dem Schloß (wertvolle Tür).

Industrie (Holzverarbeitung, Mechanik, Kühlschränke, landw. Maschinen).

M *"Považské múzeum" (=Waagtalmuseum) im Hochzeitsbau. Oblastný archív (=Bereichsarchiv) im Schloß.*

T *Freibad.*

⊕ 1930: 4.419 EW (4.013 Sl, 44 D, 285 J), 1940: 4.571, 1991: 12.139, 2001: 11.550 EW.

◉ UMGEBUNG: In s R (7 km) • SULOVER FELSEN (SÚĽOVSKÉ SKALY). Eine bizarre Felsenstadt, die aus zahllosen, zwischen 500-800 m hohen Zacken, Riffen und Türmen, die aus Kalkmergel bestehen, zusammengestellt ist, den Eingang vermittelt ein Felstor. In • SÚĽOV (904 EW): Zwei kleine Renaissancekastelle, eine kath und eine evang Kirche, die im 19. Jh anstelle einer Artikularkirche errichtet wurde. Die Sulover Burg (Ruinenreste) vom 15. Jh steht auf einem sehr schwer zugänglichen Felsen (587 m), Streitigkeiten und das Erdbeben von 1763 beschädigten sie schwer, nicht mehr erneuert. In ö R (6 km) • DOLNÝ HRIČOV (1.454 EW): Etwas abseits die Ruinen der Burg Hričov, die mit den Felsen eng verwachsen scheinen. In der Geschichte der gotischen Burg, mit dem Übergang vom Raubrittergeschlecht der Lahar zu den Thurzos, verbinden sich Wahrheit und Sage: Vom reichen Erbe angelockt, kamen viele Freier, um die Witwe des Ritters Lahar zu gewinnen. Erfolglos - bis der junge feurige Franz Thurzo kam, der offiziell (wegen des großen Altersunterschiedes) adoptiert wurde. Bald war er der alten Frau überdrüssig und warf sie in den tiefen Kerker. Nach ihrem Fluch kamen böse Geister, darunter ein greiser Mönch. Von Thurzo hinausgeworfen wurde er zum großen steinernen Standbild, das immer wieder, nach jeder Zerstückelung, neu erstand. Als Thurzo die Gefangene freilassen wollte, war sie tot, er konnte dem nächtlichen Geistertreiben nicht länger widerstehen und sprang aus dem Fenster (K. Benyovszky). **T** *Motel.*

In n R (17 km) Sattel im Hauptkamm des Javornikgebirges (Straßenübergang), **T** *Gasthaus "Javorník" (800 m), unter dem Sattel Skilift, Hütten.*

Darunter im oberen Kischütztal: • MAKOV (21 km) und • TURZOVKA (34 km), Kleinstädte (1.932, bzw. 7.854 EW). Liegen in einem Gebiet, es reicht im S fast bis zum Lysapaß, das durch die Einwanderung der Walachen eine Aufstockung der niedrigen EW-Zahlen erfuhr. Charakteristisch sind zahlreiche Weiler, Einzelgehöfte und Sommerwirtschaften, die auch die schnell wieder eingegangenen Genossenschaften der 50-er Jahre überdauerten. Der Mangel an Arbeitsplätzen (Landwirtschaft und Weidebetrieb) zwang viele Bewohner, auf Wanderschaft zu gehen. In fast ganz Europa waren die "Rastelbinder" (drotári) dieser Gegend bekannt, die Draht- und Kesselflickarbeiten ausführten und teilweise auch noch Seifen, Messer und Galanteriewaren verkauften, bis die Schließung der Grenzen nach dem 1. Weltkrieg den Niedergang einleitete, so daß schließlich sogar Werkstätten eingerichtet werden mußten.

Über den Seitenkamm (Staatsgrenze) des Javornikgebirges führen von Makov über benachbarte Pässe zwei Straßen nach Mähren: • MAKOVSKÝ PRIESMYK (801 m), **T** *Motel* und • BUMBÁLKA (859 m), **T** *Skilifte, Hütte "Bumbálka", in ca. 30 Min sind auf dem rot mk Kammweg bequem die Hütte "Beskyd" und von dort sind der gleichnamige Gipfel, 900 m, mühelos zu erreichen. 10 Min).*

◉ ZENTREN IN DER WEITEREN UMGEBUNG: Waagbistritz, Čadca, Sillein.

▲ **GROßE FATRA (VEĽKÁ FATRA),** sehr schönes und großes Gebirge (45 x 22 km) der Mittel- und N-Slowakei, zwischen 600 bis 1590 m hoch, Ostredok 1592 m. Abwechslungsreiches Relief: Von tief eingeschnittenen bewaldeten Tälern bis zu ausgedehnten freien (Waldgrenze um 1300-1400 m) Kuppen, mit sehr schöner Aussicht. Nicht überlaufenes prachtvolles Wandergebiet, sehr schönes Tourenskigebiet.

■ **GROßLOMNITZ (VEĽKÁ LOMNICA),** Bez Kežmarok, 639 m. Im Zipser Becken, an der Popper, nahe der Hohen Tatra, zwischen Kesmark und Deutschendorf gelegen. Eisenbahn- und Straßenknoten, ŽSR, SAD. Namen: ma Nagylomnic, 1257 Lomnicza, 1285 Lumpnicz, 1329 Lompnycha, 1447 Kakaslompnicza, 1454 Kakaslumpnicz, 1808 Welká Lomnica, 1920 Lomnica, 1927 Veľká Lomnica. Der Name stammt vom sl Namen des Baches.

Großlomnitz: Evangelische Kirche mit Hoher Tatra

Ladislaus-Legende

Alter Siedlungsplatz (Jungsteinzeit, Bronzezeit). Entstand 1209 durch eine Schenkung Andreas' II. an den Zipser Probst Adolf und seine Schwester (ehemalige Hofdame der Königin Gertrud), die Gattin des Rüdiger von Matrei. Sie erhielten die weiten Gebiete am Lomnitzbach, einschließlich der beiden Kohlbachtäler und der Lomnitzer Spitze. Wenn auch die Nachkommen Rüdigers, die Familie Berzeviczy, diesen Riesenbesitz nicht halten konnten, entwickelte sich Großlomnitz zu einem Gemeinwesen, dessen EW sich neben der Landwirtschaft als Handwerker und Lederhändler betätigten. Gehörte später zu der Bruderschaft der 24 königlichen Pfarrer, zum Bund der 24 Zipser Städte, wurde nicht verpfändet, daher im Bund der 11 Zipser Städte.

Die spätromanische **kath Kirche** ist vor 1300 gebaut worden, und bei einem Umbau um 1412 wurde der große massige Turm kaum verändert. Im 15. Jh wurde das Schiff über 2 neu eingezogene runde Pfeiler mit einem Kreuzrippengewölbe überdeckt und die Zweischiffigkeit hergestellt. Großes Aufsehen, nicht nur in der Fachwelt, erregte der großartige Freskenzyklus, eine *LADISLAUS-LEGENDE* (der König im Kampf mit den Kumanen) aus dem 14. Jh, die nach dem 2. Weltkrieg in der Sakristei aufgedeckt wurde. Auch an den Wänden des Schiffes und des Presbyteriums hat man mit Hilfe von Sonden Wandmalereien (teilweise in 2 Schichten übereinander) festgestellt, und an einigen Stellen vorerst kleine Putzflächen abgetragen. Die beiden spätgotischen *SEITENALTÄRE*, beides Flügelaltäre, stammen aus der Zeit um 1490. In einem steht die Plastik einer Maria mit dem Kind, im anderen eine Nikolaus-Statue. Die Flügel und teilweise die unmittelbare Umgebung der Statuen sind gemalt.

Die **evang Kirche** wurde 1784-85 als Toleranzkirche ohne den schlanken Turm gebaut, der 1907-08 dazukam und der sich sehr gut in das Gesamtbauwerk einfügt. Der klassizistische Altar stammt von 1856 und wurde von Johann Lingsch angefertigt. Das im 2. Weltkrieg zerstörte Altarbild von J. Czauczik "Christus auf dem Meer" wurde nach 50 Jahren durch eine Kopie von O.Brázda ersetzt.

Rechts der Bahnlinie und der Straße nach Tatralomnitz befand sich von 1893-1919 der Pferderennplatz des u Jockey-Clubs. Vor 1945: Sägewerk, Mühle.

Geburtsort von Samuel Augustini ab Hortis (Naturforscher), Gregor Berzeviczy (Volkswirtschaftler). Wirkungsstätte und Sterbeort von Christian Augustini ab Hortis (Arzt, Botaniker), Georg Buchholtz dÄ (evang Pfarrer, Naturforscher).

🌐 1930: 1.461 EW (310 Sl, 971 D, 19 Ma, 11 J, 93 Z), 1940: 1.660, 1991: 3.052, 2001: 3.573 EW.

◉ UMGEBUNG: In nö R (2 km) • HUNSDORF (HUNCOVCE), früher starke d Gemeinde (1930: 1.600 EW; 552 Sl, 821 D, 56 Ma, 52 J; 1991: 1.831, 2001: 2.272 EW). Zahlreiche Spekulationen um den ungewöhnliche Namen: "Polnisches Dorf" (bestimmt falsch, da vom Eigennamen eines Verwandten der Familie Berzeviczy abgeleitet), über Hunnendorf, Huhndorf, Höhendorf bis zur wahrscheinlichsten Möglichkeit - der eines Hundezüchterdorfes für die nahen königlichen Jagdreviere. Vermutlich schon zur Karolingerzeit, spätestens um 900 gegründet. Nur kurze Zeit in der Bruderschaft der 24 königlichen Pfarrer. Während der Gegenreformation versteckte sich der evang Pfarrer Simon Bielek von 1672-77 in der Hohen Tatra unter dem Kleinen Ratzenberg. Es ist möglich, daß er in jener Zeit dort 3 Stollen angelegt und Silber abgebaut hat.

Im 19. Jh beachtliche j Mehrheit mit einer bekannten, 1879 gegründeten Rabbinerschule. Ihre Absolventen waren in der ganzen Welt als Rabbiner oder Religionslehrer gesucht. Der Oberrabbi Elisier Horovicz, der 1919 die Leitung übernommen hatte, wurde 1931 zum Oberrabbiner von Frankfurt/Main berufen. Die Schule bestand bis zum Sommer 1943 (Evakuierung der j EW).

Von der romanischen **kath Kirche** (Mitte 13. Jh) ist nur der Turm, ähnelt sehr dem von Mühlenbach, übrig geblieben, da sowohl das Schiff als auch die Sakristei im 14. Jh im gotischen Stil neu errichtet wurden. Hauptaltar (Ende 19. Jh) mit Kreuzigungsgruppe, die von gemalten Tafeln umgeben ist, von denen die Kreuzabnahme älter ist als die anderen, 17. Jh.

Neoklassizistische **evang Kirche** von 1859, die Außenmauern um den saalartigen Raum sind gegliedert und die Stirnseite mit einem Giebel, in dem ein kleiner Turm eingebunden ist, ausgestattet. Altarbild zZ nicht ursprünglich. Die **Synagoge** (heute Lager) wurde 1821 im klassizistischen Stil errichtet. Früher im freien Feld in R Großlomnitz, heute am Ortsrand steht die barock-klassizistische Kapelle von 1814.

◉ ZENTREN IN DER WEITEREN UMGEBUNG: Kesmark, Menhard, Georgenberg, Deutschendorf, Schmecks, Tatralomnitz.

■ **GROßMICHEL (MICHALOVCE),** Bezirkshauptstadt, 115 m. Wirtschaftliches und kulturelles Zentrum der s O-Slowakei. 1919-22 Verwaltungssitz der kurzlebigen Zemplínska župa. Am Laborec, unweit der S-Abdachung des Vihorlat und in Nachbarschaft des Sempliner Stausees gelegen. Wichtiger Straßenknoten, ŽSR, SAD. Namen: ma Nagymihály, 1244 Myhal, 1284 Nogmihal, 1332 Michali, 1342 Nagmichal, 1773 Michalowcze, 1808 Michalowce.

Alter Siedlungsplatz (Jungsteinzeit, Bronzezeit), im 15. Jh zeitweilige Besetzung durch die Hussiten. Ein sehr schönes, ausgewogenes Gebäude ist das **Schloß**, das am Ufer des Laborec, in einem weiten, mehrfach umgestalteten Park steht. Es wurde als rechteckiger Renaissancebau mit offenen Arkaden im 17. Jh, an der Stelle eines älteren Bauwerkes, wahrscheinlich einer mehrfach erwähnten Burg, errichtet. Im 18. und 19. Jh erfolgte durch die damaligen Besitzer, die Familie Sztáray, der Anbau zweier Flügel, so daß ein Ehrenhof entstand. Gleichzeitig wurde der alte Teil mit seinen polygonalen Türmen entsprechend umgestaltet. Heute Museum. Im Park stehen einige Bauelemente, die während der Restaurierung des Kaschauer Domes ausgesondert wurden, ferner die Fundamente einer romanischen Rotunde und einige alte Grabmale.

Die daneben stehende 1-türmig gebliebene **kath Kirche** (14./15. Jh) war ursprünglich ein gotischer Bau, von dem nach dem Brand 1684 und einer bis 1749 dauernden Pause nur noch die Außenmauern verwendet werden konnten. Nach einer weiteren Unterbrechung wurde das Bauwerk einschließlich der Fassaden 1784 fertig, wobei aus der einschiffigen Halle durch das Einziehen zweier Pfeilerreihen Dreischiffigkeit erzielt wurde. Der barocke Hauptaltar von 1720 wurde nach Auflösung des Jesuitenordens bei der Ordenskirche in Ungvar angekauft. Bemerkenswert sind ferner die schönen Bänke und das Patronatsgestühl (18. bzw. 19. Jh). Die 2 **griech-kath Kirchen** wurden 1772 und 1931-34, die 2-türmige ältere im rokoko-klassi-

Großmichel: Schloß

Am Sempliner Stausee

zistischen, die jüngere im neobyzantinischen Stil errichtet. An diesem Bau fallen die Kuppeln auf, die die Silhouette bestimmen. Nach einer ähnlichen Konzeption ist der abseits stehende Glockenturm geplant und gebaut worden. Auf dem Hügel Hrádok steht das **Mausoleum** der Familie Sztáray, das als freie Nachbildung der Michaels-Kirche in Kaschau im neogotischen Stil 1893-98 errichtet wurde. Die **Synagoge** ist 1888 im neogotischen Stil in Anlehnung an die orientalische Baukunst gebaut worden.

Weinbau und Pferdezucht. Industrie vor 1945: Ziegelei, Dampfmühle, Steinbruch, nach 1945: u.a. zusätzlich Bekleidung, Keramik. Wirkungsstätte von Theodor Mousson (Maler).

M *"Zemplínske múzeum" (=Sempliner Museum) im Schloß.*

T *Hotels. Winterstadtion. Badegelegenheit sh Sempliner Stausee.*

⊕ 1930: 11.602 EW (7.614 Sl, 192 Ru, 315 D, 462 Ma, 2.196 J), 1940: 14.215, 1991: 38.323, 2001: 39.948 EW.

◉ UMGEBUNG: In ö R (10-18 km), mit den Bergen des Vihorlat (1076 m) im Hintergrund befindet sich der sehr beliebte attraktive • SEMPLINER STAUSEE (ZEMPLÍNSKA ŠÍRAVA), mit 33,5 km² (334 Millionen m³ Inhalt) der größte Stausee der Slowakei. Neben Baden und Schwimmen (durchschnittliche Wassertemperatur 20 °C) können fast alle Wassersportarten ausgeübt werden. Auf dem See verkehren auch kleine Ausflugsboote. SAD.

T *Seit er 1966 in Betrieb genommen wurde (Bauzeit 1961-65), sind am N-Ufer zahlreiche Erholungsgebiete entstanden: Hôrka (Zentrum mit Hotel, Camping- und Zeltplatz, große Hüttenkolonien), Medvedia hora (sehr schöne Lage auf einer Halbinsel, Hotel, Campingplatz, Hütten), Kamenec (Motel, Zeltplatz, Hütten), Paľkov (Zeltplatz, Hütten), und am W-Ufer, in Nähe von Großmichel: Biela hora (Campingplatz, Hütten).*

In nö R (7 km) • VINNÉ, Kleinstadt am Fuß des Vihorlat (1.450 EW), nahe am Sempliner Stausee. Alter Siedlungsplatz (Jungsteinzeit). **Burg** (einige Ruinen), 2. Hälfte des 13. Jh erwähnt, später mehrmals zerstört und wieder aufgebaut, zu Beginn des 18. Jh endgültig vernichtet. Die einschiffige **kath Kirche**, frühgotisch Ende des 13. Jh, wurde im 15. Jh umgebaut und nach größeren Schäden im 17. Jh und nochmals nach 1735 erneuert, wobei das Schiff barock eingewölbt wurde, während das Presbyterium sein an P. Parler erinnerndes Netzgewölbe behielt. Die Ausmalung ist neu (1949), einige schöne alte Epitaphe. **Kastell** im Stil der Spätrenaissance, im 17. Jh barock umgestaltet. Der 2 km vom Ortskern entfernt liegende Natursee • VINIANSKE JAZERO (0,08 km²) ist wegen seines guten Wassers und der sehr schönen Lage ein gern aufgesuchter Badeplatz. SAD. **T** *Zeltplatz, 2 Hüttenkolonien.*

In nö R (36 km) liegt im Vihorlatgebirge, 618 m hoch, der 0,138 km² große See • MORSKÉ OKO. Umgeben von tiefen Buchenwäldern und ca. 400 m höheren Bergen, hat er seine ursprüngliche romantische malerische Unberührtheit bis heute erhalten, zählt zu Recht zu den schönsten Ausflugszielen in der O-Slowakei. SAD.

In sw R (5 km) • POZDIŠOVCE, kleiner Ort mit alter Tradition in der Keramikherstellung (seit 1416), die unter Verwendung der alten Formen und Muster weitergeführt wird. Renaissanceschloß von 1648, im 19. Jh neogotisch umgestaltet. Ensemble von nahe stehenden Kirchen dreier Konf.

◉ ZENTREN IN DER WEITEREN UMGEBUNG: Trebischau, Homenau, Snina, Sobrance.

■ **GROßSTEFFELSDORF (RIMAVSKÁ SOBOTA),** Bezirkshauptstadt, 210 m. 1883-1922 Sitz der Verwaltung des Komitates Gemer. Bedeutende Stadt an der Rima im s Hügelvorland des Slowakischen Erzgebirges. Straßen- und Eisenbahnknoten, ŽSR, SAD. Namen: ma Rimaszombat, 1270 Rymoa Zumbota, 1321 Ryma Zumbath, 1387 Rymazombatya, 1773 Rimanska Sobotta.

Alter Siedlungsplatz (Jungsteinzeit, Bronzezeit). Ist als typische Zentralanlage von d Bergleuten gegründet worden, erhielt 1335 die Stadtrechte. Obzwar längere Zeit erfolgreich Gold gewaschen wurde, entwickelte sich der Bergbau (auch in der unmittelbaren Umgebung) ungünstig, und die Türkeneinfälle, die Stadt war 1554-93 in ihrer Hand (anschließend lange tributpflichtig), waren die Ursache für den schnellen Rückgang der d Bevölkerung. Später entwickelte sie sich zu einem Zentrum des Handwerks und Handels. Die auf dem **Marktplatz** (sein "Rückbau ins Mittelalter" erfolgte Ende der 90-er Jahre) stehende **kath Kirche** wurde im klassizistischen Stil, mit einigen frühbarocken Elementen (u.a. Turmhelm) 1774-90 gebaut, die einschiffige Anlage ist sehr schön eingewölbt und 1942 teilweise ausgemalt worden. Der Hauptaltar bildet mit seinen Säulen und dem Tympanon den Rahmen zu einem Bild V. Fischers. In den Seitenaltären sind Bilder von J. Zannussi und J. Czauczik zu sehen. Die **evang Kirche** wurde als barock-klassizistische Toleranzkirche 1784-90 gebaut, der Turm kam 1847-56 dazu. 1898 wurden die Fassaden neogotisch umgestaltet. Portalaltar von F.F. Herzog mit Bild Christus am Kreuz (1898). Die **ref Kirche**, ebenfalls eine barock-klassizistische Toleranzkirche, wurde 1784 gebaut und Ende des 19. Jh erweitert sowie mit dem schlanken neogotischen Turm versehen (mit einigen Änderungen in der Fassade). An den Turm ist 1909 die Grabkapelle für den Bildhauer S. Ferenczy angebaut worden. Das **kath Pfarrhaus** (Nr 17/29) ist ein schöner spätbarocker, 9-achsiger Bau (1772-75 errichtet, obzwar das Chronostikon 1758 ergibt). Ein sehr schöner repräsentativer Bau ist mit seinem durch Halbsäulen gegliederten Risalit das ehemalige **Komitatshaus** (Nr 9, heute Sitz der Bezirksverwaltung), das 1798 im klassizistischen Stil gebaut wurde und einen Arkadenhof einschließt. Das **Rathaus** (Nr 5/2) ist ein 6-achsiger, mit einem Mittelrisalit versehener klassizistischer Bau von 1801. Abseits des Marktplatzes das **alte Komitatshaus**, das eigentlich als Redoute begonnen, aber während der Bauzeit zu einem 12-achsigen Verwaltungsbau umfunktioniert wurde (40-er Jahre des 19. Jh). Schöne **Synagoge** von 1868.

Großsteffelsdorf: Marktplatz

Industrie vor 1945: landwirtschaftliche Maschinen (Hindrichs & Hringer), nach 1945: Lebensmittel.

Geburts- und Wirkungsort von Stefan Ferenczy (Bildhauer).

M *"Gemerské múzeum" (=Museum von Gemer), nám. M. Tompu, alte Kaserne, eines der ältesten der Slowakei.*

T *Hotels. Hallenbad, Freibad (Stadtgarten), Winterstadion. Bademöglichkeit, Hütten, Camping- und Zeltplatz, Erholung am Stausee Kurinec (5 km s).*

⊕ 1930: 8.044 EW (2.939 Sl, 79 Ru, 116 D, 3.504 Ma, 423 J), 1940: 7.023, 1991: 24.471, 2001: 25.088 EW.

◉ UMGEBUNG: In nö R (20 km) • KRASKOVO, Dorf (156 EW): Frühgotische **evang Kirche**, letztes Drittel 13. Jh, im 15. Jh mit einer wehrhaften Mauer umgeben. Fast quadratischer Raum

Kraskovo: Evangelische Kirche mit Glockenturm

taphs. In der Predella ein gemaltes Tryptichon, darüber stehen zwischen kleinen Säulen Bilder der Geburt Christi, von denen das mittlere mit "PS 1629" signiert ist.

In n R (17 km): • RIMAVSKÁ BAŇA (461 EW): Eine der ältesten Gründungen im Rimatal, die durch d Bergleute im 11. Jh erfolgte. Die Goldgruben waren zuerst sehr ergiebig, so daß es zu mehreren Tochtergründungen (u.a. Großsteffelsdorf) kam. Im 16. und 17. Jh den Türken tributpflichtig. Im 19. Jh wurden Eisenerzgruben erschlossen, die später aufgegeben wurden. Abweichend von der in der Gegend üblichen Bauweise haben die Häuser zum Hof hin gerichtete Arkaden. Die auf einer Anhöhe stehende **evang Kirche**, mit einer Wehrmauer im Renaissancestil umgeben, ist ursprünglich spätromanisch gebaut worden (letztes Drittel 13. Jh). Im 14. und 15. Jh gotisch umgebaut und im Renaissancestil renoviert, 1783 abermals restauriert. Reste gotischer Wandmalereien auf der S-Wand. Bedeutend sind der Innenraum und die Einrichtung. Besonders schön die nach Vorbildern aus der Renaissance phantasievoll bemalte Kassettendecke (1783, M. Medzibrodský) und der christologische Zyklus auf den Wänden des Presbyteriums (14. Jh), während im Hauptschiff die Ladislaus-Legende (Kampf mit den Kumanen) dargestellt ist (stammt von einem an der norditalienischen Malerei geschulten Künstler). Archaisch gestaltete, geschnitzte Barockkanzel von 1747 und barocker Säulenaltar von 1746. Schöne Magistratsbänke (1737 und 1747). Die Emporenbrüstungen wurden 1726 bemalt.

mit einer 1758 bemalten Kassettendecke. Sehr wertvolle Wandmalereien im Presbyterium, am Triumphbogen (Verkündigung mit Hilfe des "fliegenden" Jesuskindes), im Schiff (u.a. Ladislaus-Legende, beachtenswerte Kamele), wie auch an der Außenwand (Christophorus), teilweise letztes Viertel 13. Jh, 1906 zum Teil aufgedeckt und 1983-86 restauriert. Mariologischer Zyklus (Schiff, 14. Jh): Von einem Maler, der unter einem starken Einfluß ähnlicher Arbeiten in Siebenbürgen gestanden hat. Reich mit Schnitzarbeiten gestaltete Kanzel von 1668, Altar aus demselben Jahr. Interessanter hölzerner Glockenturm von 1657.

In nö R (24 km), • KYJATICE, Weiler (101 EW): **Evang Kirche**, frühgotisch letztes Drittel 13. Jh. Tür aus der Zeit, als die Kirche gebaut wurde. Sehr schöne, gotische, umfangreiche Wandmalereien (1986-89 restauriert). Kassettendecke, 1637 bemalt, allerdings nur mit einem Blumendekor im Stile der Renaissance. Im Renaissancealtar (1678) stehen 3 Plastiken von Aposteln aus den 30-er Jahren des 16.Jh. Kanzel aus dem 18.Jh, aber sehr alter steinerner Taufstein aus der Zeit um 1300.

In n R (12 km)• HRACHOVO (864 EW): Früher eine Festung, später gegen die Türken ausgebaut und während der anschließenden kriegerischen Auseinandersetzungen zerstört. Infolge des ansässigen Handwerkes kleinstädtischer Charakter. Auf dem Gelände der ehemaligen Festung erhöht stehende evang Kirche mit einem Mauerrest der Anlage im Turm. Wurde um 1800 an der Stelle einer abgebrochenen Holzkirche im klassizistischen Stil als Toleranzkirche gebaut. Beachtenswerter **Renaissancealtar** von 1629 (stammt aus der alten Kirche) in der seltenen Form eines Epi-

In s R (6 km) • RIMAVSKÉ JANOVCE (1.207 EW): Romanische **kath Kirche**, 2. Hälfte des 12. Jh. Nach mehreren Schäden und einem Großfeuer 1857 nach Plänen von F. Schulek restauriert, 1875-76 ausgemalt. Ursprünglich die Kirche der während der Reformation aufgelassenen Benediktinerabtei, sie folgte dem Stil der einschiffigen Basiliken mit der halbkreisförmigen Apsis. Die früher zweitürmige Hauptfassade, die Türme sind nur bis zur Höhe des Gesimses erhalten, läßt eine dreischiffige Planung vermuten. Kassettendecke im Schiff. Die zweite Kirche des Ortes ist die ref Kirche, ursprünglich gotisch, vom Beginn des 14. Jh als kath Kirche errichtet. Im 15. Jh umgebaut und 1882 erweitert. Die heutige Kassettendecke stammt von 1792. Ferner stehen im Ort 5 Kurien.

In s R (6 km) • PAVLOVCE (352 EW): Einige interessante Häuser. Sie haben zum Hof hin Loggien, die von gemauerten Säulen gebildet werden und stammen aus dem 19. Jh (Nr 9,11,77,80,90).

In nö R (11 km) • VEĽKÝ BALOG (1.192 EW, früher V. Blh): Neben den Ruinen der Burg vom 14. Jh (im 18. Jh zerstört) steht eine der größten **Schloßanlagen** der S-Slowakei, ein sehr ausgewogener Bau. 1720 unter Einbeziehung der Reste eines Renaissancekastells aus dem 17. Jh errichtet, zu Beginn des 19. Jh erweitert und um 1815 klassizistisch umgestaltet (um den Repräsentationsbedürfnissen der in den Fürstenstand erhobenen Besitzer, den Koháry s, zu genügen). Die Hauptfront des 3-flügligen Gebäudes wird durch den Portikus, der auf einer, durch 3 Arkaden gebildeten Zufahrt steht, sehr schön betont. Die 4 Säulen tragen einen Tympanon. Ausgedehnter englischer Park mit einem künstlich angelegten See (Plan: H. Neblien). Heute Pflegeheim.

In nö R (14 km) • TEPLÝ VRCH (324 EW): Sehr schön gelegener, ca. 1 km² großer Stausee, Klassizistische evang Kirche, 1827 an der Stelle einer Holzkirche (1754 erwähnt) errichtet, mit einem bemerkenswerten Altar (aus der alten Kirche), der unter dem Einfluß des Manierismus ca. 1640 geschaffen wurde.

T *Badeplatz und andere Wassersportarten, Camping- und Zeltplatz.*

Haus in Pavlovce

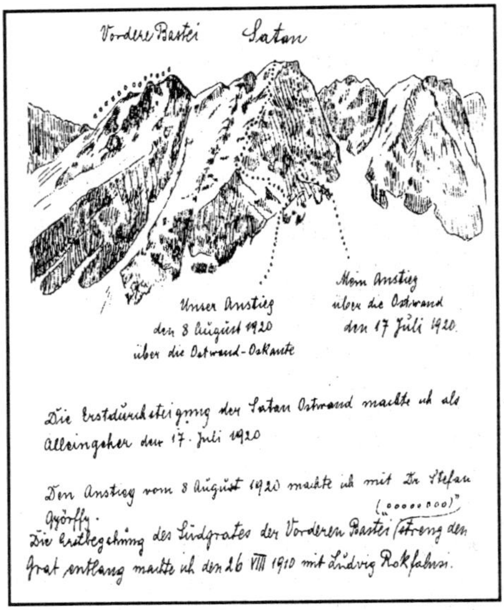

Seite aus dem Tourenbuch von Alfred Grosz

◉ ZENTREN IN DER WEITEREN UMGEBUNG: Theißholz, Eltsch, Lizenz.

● **GROSZ, ALFRED,** *1885 Kesmark, +1973 Kesmark. Prof. für Geographie und Turnen am Deutschen Evang. Gymnasium AB in Kesmark, Alpinist und Erschließer der Hohen Tatra (weit über 100 Erstbegehungen), Heimatkundler, Funktionär im KV, Fotograph, Schriftsteller, führte die Jugend zur Natur, in die Berge, zum Wintersport. Humanist, Gegner des Nationalsozialismus, Mitte 1944 entlassen (ohne Auswirkung, da es in Kesmark kein Schuljahr 1944/45 gab).

● **GUHR, MICHAEL,** *1873 Großschlagendorf, +1933 Georgenberg. Arzt und Besitzer von Weszterheim (Pionier der Klimatotherapie in der Hohen Tatra), Bergsteiger und Skitourist (Einführung des Wintersportes, Organisation der ersten Skiwettkämpfe), Funktionär (Präses des KV, Mitglied des Olympischen Kom. der ČSR, Vertreter in der FIS), Menschenfreund.

● **GWERK, EDMUND,** *1859 Schemnitz, +1956 Preßburg. Maler. Studien: Budapest, Wien, München, Berlin, Paris, Rom, Florenz. Durchlief verschiedene Phasen, als Mitglied der KSS einer der ersten "Arbeitermaler", hinterließ ein sehr umfangreiches interessantes Werk und viele Schriften. Vize- und erster Bürgermeister in Schemnitz.

● **HANULA, JOZEF,** *1863 Sliače, +1944 Zipser Neudorf. Maler. Studium: Budapest, München. Bilder verschiedener Gattungen, die später vom kritischen Realismus beeinflußt waren. Er war der bekannteste Kirchenmaler der Neuzeit, der mehr als 40 Objekte ausmalte, Besonderheiten: Personen in Tracht, starke Lichtkontraste.

Hanušovce: Barockschloß

■ **HANUŠOVCE NAD TOPĽOU,** Bez Vranov nad Topľou, 207 m. An der mittleren Töpl in der Hügellandschaft am N-Rande des Sovarer Gebirges gelegene Kleinstadt. ŽSR, SAD. Namen: ma Tapolyhanusfalva. 1355 Johannis, 1359 Hanuswagasa, 1773 Hanussowcze, 1927 Hanušovce nad Topľou.

Alter Siedlungsplatz (Jungsteinzeit, Bronzezeit). Sehr schönes **Barockschloß** von der 1. Hälfte des 18. Jh. Ein typischer Blockbau mit vier 4-eckigen Ecktürmen, die in der Disposition an die Renaissance erinnern, daher wahrscheinlich 100 Jahre älter. Eine schöne, rhythmisch gestaltete Silhouette bilden die Türme mit dem Mansardendach. Auf einer Längsseite befinden sich Arkaden. Im Inneren sind die Gewölbefelder mit reichen Stuckarbeiten verziert worden. Heute Museum. Das **Renaissancekastell** ist viel älter, es wurde 1564 errichtet und erhielt in späteren Jahren mehrere Zutaten, die sich sowohl an den Fassaden wie auch im Inneren bemerkbar machen. Das 2-flüglige Gebäude hat einen runden Eckturm. Heute Rathaus und Kunstschule. **Die kath Kirche** wurde als ursprünglich frühgotischer Bau, der noch zahlreiche Anklänge an die Romanik aufweist, im 18. Jh barockisiert. 1280 bereits erwähnt, als sie den Johannitern gehörte, die bis 1303 den Ort besaßen. Die Konsolen der Gewölbe über dem Presbyterium sind reich gestaltet, darunter befinden sich archaische Gesichter (Masken). Auf der einen Seite stellen sie einen Mann, auf der anderen eine Frau dar. Auch die Gestaltung der Fenster und Gesimse des Turmes ist sehr interessant. Die **evang Kirche** von 1783, 1820 kam der Turm dazu, ist ein klassizistischer Bau. Von der ursprünglichen Einrichtung ist nur noch die rokoko-klassizistische Kanzel übrig.

M *"Vlastivedné múzeum" (=Heimatkundliches Museum) im Schloß, mit sehr guten Exponaten.*

T *Motels, sowie Camping- und Zeltplatz am linken Töplufer.*

⊕ 1930: 1.351 EW (1.079 Sl, 1 D, 37 J, 150 Z), 1940: 1.780, 1991: 3.144, 2001: 3.582 EW.

◉ UMGEBUNG: In n R (11 km) • GIRALTOVCE: Kleinstadt (4.189 EW), früher Bezirkshauptstadt. Drei Kastelle: Das erste Spätrenaissance, 1. Hälfte 17. Jh, umgebaut 1738, das zweite barock-klassizistisch, Mitte 18. Jh, und das dritte klassizistisch 2. Hälfte 19. Jh, heute Landwirtschaftsschule, im Hof steht eine ca. 250 Jahre alte Buche. Evang Kirche, 1798 barock-klassizistisch an einen älteren Renaissanceturm (von 1654) angebaut, der 1810 klassizistisch umgestaltet wurde. Die sezessionistische kath Kirche wurde erst 1940 gebaut. Noch jünger ist die orthod Kirche, die im neobarocken Stil 1948 errichtet wurde. **T** *Hotel. Motel, Camping- und Zeltplatz, Hüttenkolonie, 2 km nö, R Svidník.*

◉ ZENTREN IN DER WEITEREN UMGEBUNG: Eperies, Svidník, Stropkov, Domašastausee, Vronau an der Töpl.

● **HARMINC, MICHAEL, MILAN,** *1869 Kulpin/Serb, +1964 Preßburg. Ausgezeichneter Architekt. Kam vom eklektischen Bau (Bauten zur 1000-Jahrfeier Ungarns in Budapest, Wohnhäuser, Banken, Museen) über den monumentalen (Sanatorien, Hotels, Banken, Museen) zum funktionalen (Sanatorien, Kirchen, Museen, Kur- und Krankenhäuser).

◆ **HAUERLAND.** Bezeichnung für die ehemals d besiedelten Gebiete der Mittelslowakei, die sich an Stelle von Einzelbegriffen (Kremnitz-Deutschprobner, Hochwieser Sprachinsel) Ende der 30er Jahre durchgesetzt hat, stammt wahrscheinlich von J. Hanika, und wurde von Ambros Grosz propagiert.

● **HECKENAST, GUSTAV,** *1811 Kaschau, +1878 Preßburg. Verleger, Buchhändler. Pionier des Verlagsbuchhandels in Ungarn, hatte einen untrüglichen Blick für zukunftsträchtige Schöpfungen, u.a. Verleger Stifters und Roseggers, brachte Kunstblätter sowie Zeitungen und Musikwerke heraus.

■ **HEILIGENKREUZ (ŽIAR NAD HRONOM),** Bezirkshauptstadt, 226 m. Liegt am Ausgang des engen, bei Altsohl beginnenden Talabschnittes der mittleren Gran. Durch die Gründung der einzigen Aluminiumhütte der ČSSR und SR und anderer Industriebetriebe (Lebensmittel) nahm die ursprünglich kleine unbedeutende Gemeinde einen stürmischen Aufschwung. Seit 1960 Sitz der Verwaltung des neuen gleichnamigen Bez (damals mit den Bez Kremnitz, Königsberg und Schemnitz). Straßenknoten. ŽSR, SAD. Namen: d auch Heiligenkreuz an der Gran, ma Garamszentkereszt, 1075 Kerestur, 1237 Cristur, 1246 Villa Sancta Crusis de Susal, 1773 Swaty Kriss, 1927 Svätý Kríž nad Hronom, 1955 Žiar nad Hronom.

Alter Siedlungsplatz (Lausitzer Kultur). Die um 1060 gegründete Ortschaft gehörte dem Erzbistum Gran, kam 1776 in den Besitz des Bistums Neusohl und beherbergte bis 1941 die Sommerresidenz des Bischofs: Das **Schloß**. Mit seinen kubischen Türmen wurde es auf älteren Fundamenten 1631 in einem renaissancenen-barocken Mischstil errichtet, später klassizistisch umgebaut und im 17. Jh befestigt. Heute Schule. Park. Die **kath-Kirche**, ein 2-türmiger klassizistischer Bau, wurde 1806-13 an der Stelle einer abgetragenen gotischen Kirche gebaut. Das Bild des Hauptaltars malte A. Schröer (1809). In der Krypta liegt Štefan Moyses begraben. Sonst ist vom alten Heiligenkreuz nicht viel übrig und die ehemalige Zentralanlage nicht mehr zu erkennen.

Die früher überhaupt nicht oder nur unzureichend gereinigten Abgase der Aluminiumhütte zwangen zur Aufgabe einiger benachbarter Siedlungen (Apfelsdorf ad Gran/Horné Opatovce).

Wirkungsstätte: J.L. Bella (Komponist). Häufiger Aufenthalts- und Begräbnisort: Štefan Moyses (Bischof von Neusohl, 1. Vorsitzender der Matica Slovenská).

T *Hotel.*

🌐 1930: 1.358 EW (1.296 Sl, 12 D, 10 Ma, 20 J); 1940: 1.409, 1991: 21.516, 2001: 19.945 EW.

◉ UMGEBUNG: In ö R (2 km) Ruinen der • BURG SACHSENSTEIN (ŠAŠOVSKÝ HRAD). In der 2. Hälfte des 13. Jh (ebenso wie die Burg Revište) zum Schutz des Weges nach Kremnitz bzw. nach Neusohl angelegt. Wegen der Geländeverhältnissen stand der Wachturm der Vorburg an der Stirn des Felsvorsprunges, unter dem auch der Zugang zum eigentlichen Burgareal erfolgte. Die Ruinen zeugen von einem sehr guten technischen Verständnis der Planenden. Zeitweise Schlupfwinkel der schlimmsten Raubritter, 1677 von den Soldaten Thökölys schwer beschädigt und seit dieser Zeit nicht mehr erneuert.

Heiligenkreuz: Schloß

◉ ZENTREN IN DER WEITEREN UMGEBUNG: Kremnitz, Altsohl, Dilln, Glashütten, Krickerhau.

◆ **HEIMATRECHT.** In Österreich-Ungarn und der ČSR Recht für die in einer Gemeinde geborenen oder bei Zuzug nach 4 (10) Jahren auf dauernden Aufenthalt und bei Notfällen auf Versorgung durch die Gemeinde. Vorgänger: Konskriptionsgesetz von 1804 zur Erfassung Wehrpflichtiger.

Dokument: Heimatschein, Vorraussetzung für die Staatsbürgerschaft. Heute auf eine höhere Ebene gehoben (KSZE).

● **HELL,** Naturwissenschaftler- und Technikerfamilie mit beachtlichen Ergebnissen. **MATTHÄUS KORNELIUS,** *Schlackenwerth/ČR (Ort nicht sicher), +1743 Schemnitz, Maschinenmeister, Konstrukteur, viermal verh., 23 Kinder. Zuerst in Diensten des Fürsten Fürstenberg bei der Entwässerung der Schemnitzer Gruben, dann in denen der Bergkammer, schützte die Gruben entgegen dem Befehl Franz II. Rákóczi vor dem Absaufen, schuf erstmals mit Hilfe von Wasserkraft (Teiche) Wasserhebe- und Zerkleinerungsmaschinen. **JOSEF KARL,** *1713 Windschacht, +1789 Schemnitz, Sohn des Vorigen, lt. Maschinening. der mittelsl. Bergstädte. Pionier des Bergmaschinenbaus mit europäischem Rang: Hebung großer Wassermengen, Entlüftung (Grundlage für die Erdölförderung), Zerkleinerungsmaschinen. **MAXIMILIAN,** * 1720 Schemnitz, +1792 Wien, Bruder des Vorigen, Astronom, Mathematiker, Jesuit. Förderte den Bau zahlreicher Sternwarten, bekannt in ganz Europa, zahlreiche Publikationen.

Maximilian Hell

● **HENKEL (HENCKEL), JOHANNES**, *um 1490 Leutschau, +1535 Breslau, Pfr., Hofkaplan der Königin Maria, Humanist, Kontakte mit Erasmus von Rotterdam und Melanchthon, vergeblich um den Ausgleich bemüht, Stadtpfarrer in Schweidnitz, Domherr in Breslau. 1417 Wappenverleihung von Sigismund an die Brüder Peter, Jakob und Nikolaus "Henkel Quintoforo" (=Donnersmark), 1593 Adelsbestätigung für das Gesamtgeschlecht. Bekannte Vertreter: Lazarus I. Henkel von Donnersmark (*1550 Leutschau,+1624 Wien) und Lazarus II.

● **HENNEBERG, JOSEF FREIHERR von,** *1858 Preßburg, +1917 Lawine (Front in den Karnischen Alpen), Generalmajor. Kam über verschiedene Kriegschauplätze (Duklapaß, Galizien) als Kommandeur nach Kärnten, war, entgegen der häufigen Opferbereitschaft, ein seine Leute schonender Truppenführer ("der Vater", wie er oft genannt wurde).

▲ **HERNAD (HORNÁD),** 286 km langer (auf sl Gebiet 212 km), linker Seitenfluß der Slaná, der durch die sehr abwechslungsreiche Landschaft des Slowakischen Paradieses, der Unterzips und der Kaschauer Gegend fließt.

▲ **HERNADDURCHBRUCH (PRIELOM HORNÁDU),** eine der romantischsten und schönsten Durchbruchsschluchten der Slowakei, die auf ca. 16 km Länge durch die Hernad im Slowakischen Paradies gebildet wird. Seit 1974 auf seiner ganzen Länge, teilweise über Trittroste und gesicherte Wege gangbar (Schwindelfreiheit erforderlich!).

■ **HERRENGRUND (ŠPANIA DOLINA),** Bez Banská Bystrica, 728 m. Eine der interessantesten Bergbauorte der Mittelslowakei. Sehr schön, hoch in den Bergen, abseits der Verkehrswege gelegen, auf einer teilweise steilen Bergstraße zu erreichen. Gehörte ehemals zum Bereich des "Kupfernen Neusohl". SAD. Namen: d alt Grund des Herren, Herren Grund, ma Úrvölgy, lat Vallis Dominorum, 1263 Montana, 1458 Grueb, 1535 Herrengrundt, 1920 Špania Dolina.

Herrengrund: Kirche

In der Bronzezeit, wahrscheinlich schon früher, wurde das an die Erdoberfläche tretende Kupfer abgebaut. Infolge der später immer geringer werdenden Ergiebigkeit der Gruben des Reviers von Altgebirg verlagerte sich um die Wende des 14. zum 15. Jh der Abbau immer mehr in die Berge: In das politisch zu Herrengrund gehörende, heute winzige (1930: 20 Häuser), teilweise schon ganz verlassene und verwahrloste Sandberg/Piesky (775 m) und vor allem nach Herrengrund selbst. Es wurde in der Zeit der Thurzo-Fuggerschen Gesellschaft zum Zentrum der Kupfererzförderung und erreichte im 1. Drittel des 16. Jh eine EW-Zahl von 2.000. Sitz der Selbsthilfeorganisation der Bergleute, der "Fraternitas Corporis Christi", die ihren wachen Geist durch ihre Teilnahme an dem großen Bergarbeiterstreik 1526 bewies. Trotz des langsamen Niederganges wurde die Förderung erst 1888 endgültig eingestellt. Der größte Teil der Bergleute verließ den Ort. Die Klöppelschule erreichte einen hohen Stand, so daß die Herrengrunder Spitzen sehr bekannt und gesucht waren. Auch heute werden noch Spitzen hergestellt. Inzwischen hat man auch in kleinem Umfang die Kupfergewinnung wieder aufgenommen. Als Rohmaterial dient nicht im Berg abgebautes Erz, sondern Bestände der großen Halden, in denen sich noch verwertbare Kupferanteile befinden, so daß die Aufarbeitung lohnt. Ein untrügliches Zeichen für das Vorhandensein von Kupfer sind der kaum vorhandene Bewuchs der Halden, bzw. eine auf besondere Arten beschränkte Flora. An der Vereinigung von 3 stark ansteigenden und durch steile Bergflanken gebildeten kleinen Tälern konnte nur ein kleiner Marktplatz verwirklicht werden.

An ihm stehen einige Häuser und die **Klopferin**, ein Renaissancebau des 16. Jh, der in den 2 folgenden Jh einige Umbauten erfuhr, sowie auf der S-Seite die **Kapelle** von 1794, die als Grab Gottes gebaut wurde. Die übrigen Häuser des Ortes stehen in den engen Tälern oder verstreut auf den Steilhängen.

Ebenso die **kath Kirche**, die über eine der Hangneigung angepaßte, gedeckte hölzerne Treppe mit 140 Stufen zu erreichen ist. Sie besaß einen romanischen Kern, wurde aber mehrfach verändert, erweitert, klassizistisch umgebaut und mit einem schönen Gewölbe versehen. Neben dem barocken Hauptportal (1723) ist in der rechten Seitenkapelle ein Renaissanceportal (1593) erhalten geblieben. Die geschmackvolle, das Raumerlebnis unterstreichende Ausmalung schuf J. Hanula (1934). Der Barockaltar wurde 1720-30 aufgestellt, der Seitenaltar mit einem Motiv aus den Gruben und das Grab Gottes (auch dieses ist mit Szenen aus dem Bergbau versehen) sind vom Ende des 18. Jh. Die Kirche bildete mit dem anschließenden Pfarrhaus, das im Stil der Spätrenaissance in der 1. Hälfte des 17. Jh gebaut wurde, eine kleine Festung, und am Ende des Pfarrgartens steht eine kleine Bastei. An der Außenwand befinden sich einige Sgraffiti, allerdings nur Fragmente. Herrengrund war bekannt für seine außergewöhnliche Wasserleitung sowie jene kostbaren Becher in Museen oder in privater Hand (über ganz Europa verstreut). Als die verbesserten Bergbaumaschinen immer mehr Energie zum Antrieb (also Wasser) benötigten und in Herrengrund selbst keine neuen Quellen erschlossen werden konnten, wurde im 16. Jh die **"Herrengrunder Wasserführung"**, die vorerst bis in die Gegend von Donovaly ("Na Kumšt" =kommt von der sl Veränderung des d Begriffes "künstlich", im Sinne von künstlicher Wasserführung) reichte, gebaut. Sie wurde dann im frühen 18. Jh bis in die NW-Fla nke der Prašivá, wo sich ergiebige Quellen befanden, verlängert. So entstand eine ca. 33 km lange Wasserleitung (1763 im "Goldbuch" mit dieser Länge schon erwähnt), die denjenigen im Wallis und in Südtirol ähnelte. Das Wasser wurde auf einer Länge von mehr als 25 km in Holzrinnen sowie in künstlich angelegten Gräben zugeführt. Es handelte sich um eine hervorragende technische Leistung, deren Planung und Umsetzung ohne die heutigen Nivelliergeräte und andere technischen Hilfsmittel nur mit primitiven, aus Birkenrinde bestehenden "Wasserwaagen" durchgeführt wurde. Kein Wunder, daß sich an den Bau Sagen knüpften, die von einem zum Tode Verurteilten, der sich mit dieser Spitzenleistung freikaufen konnte, bis zu 2 Tiroler Familien reichen. Die letzte dürfte der Wahrheit nahe kommen, zumal sie durch eine Eintragung in der Pfarrchronik von Donovaly, die allerdings erst von 1904 stammt, belegt ist. Sicher ist, daß für dieses Werk zwei aus dem Vinschgau in Südtirol stammende Fachleute geholt wurden, sie hießen angeblich Bulla und gründeten die Ansiedlung Bully. Aber auch die laufende Wartung der Anlage, sie war immerhin 400 Jahre in Betrieb, stellte große Anforderungen und erforderte zahlreiches Personal. In den Matrikeln der Pfarrei von Donovaly taucht häufig als Beruf "custos aquaeductus" auf. Diese Eintragungen enden mit dem Jahr 1895, als die Gruben bereits stillgelegt waren und nur noch die Ansiedlung Polianka, durch deren Gärten die Wasserleitung führte und deren Bewohner das Wasserrecht hatten, bedient wurde. 1912 endete auch diese Versorgung, und die Bewohner mußten sich das notwendige Wasser in Fässern aus Bully holen. Heute ist im Gelände nur die verwachsene 1-2 m breite Trasse sichtbar, die als Auflage für die Leitungen und als Kontrollweg diente. Vergl dazu Kremnitz "Turzer Wasser". Diente die Herrengrunder Wasserführung zum Transport der dringend benötigten Energie, waren die **Herrengrunder Becher** zur Aufnahme von anderen Flüssigkeiten gedacht. In der Regel waren es Trinkgefäße, die mit Wein gefüllt wurden. Ihre Entstehung fällt mit der sensationellen Entdeckung von 1606 zusammen, als festgestellt wurde, daß ein in das sowohl in Herrengrund wie auch in Sandberg aus dem Berg austretende kupfervitriolhaltige Wasser (die Bergleute nannten es "Zementwasser") geworfenes Stück Eisen sich mit einer Kupferschicht überzug. Blieb es länger in der Flüssigkeit, löste es sich ganz auf, und es blieb Kupfer in Form von "Schlamm" zurück. Diese Tatsache beflügelte die Alchemisten in der ganzen Welt, die sich kurz vor der Verwirklichung des Menschheitstraumes, aus einem unedlen Metall Gold herstellen zu können, wähnten. Auch die Herrengrunder Becher haben einen Eisenkern, der mit Kupfer überzogen wurde. Manche Becher oder Schalen wurden auch zusätzlich vergoldet. In den Inschriften wird sehr oft auf das vermeintliche Wunder eingegangen, so zBsp: "Als ich noch Eisen war, ward alles vor mir still/ Da ich jetzt Kupfer bin, alles mich will" oder: "Das findet man in herren Grundt/Da werden dergleichen Wunder kundt". Unter den Gefäßen befinden sich halbkugelige Becher, Doppelbecher (auch in der Form eines Fäßchens), Doppelschenkelschalen sowie Rauch- und Schnupftabakdosen. Alle 264 bekannten Stücke, von denen besonders die Schalen das dekorative Prinzip über die Funktion stellen, sind mit Inschriften versehen. Fast alle sind in einem teilweise urwüchsigen Deutsch abgefaßt, lat sind nur 38 und sl nur 3 Inschriften.

Herrengrunder Goldbecher

T *Hotel in der Klopferin.*

🌐 1930: 847 EW (842 Sl), 1940: 842, 1991: 144, 2001: 169 EW.

◉ ZENTREN IN DER WEITEREN UMGEBUNG: Altgebirg, Donovaly, Neusohl.

Andrej Hlinka auf Briefmarken 1939 und 1992

● **HLINKA, ANDREJ,** *1864 Černová, +1938 Rosenberg, kath Geistlicher, Politiker. Eine der markantesten sl Persönlichkeiten der Neuzeit. Ab 1905 Pfarrer in Rosenberg, 1906 wegen nationaler Tätigkeit suspendiert, 2 Jahre Gefängnis. Gab Zeitungen heraus, gründete Unternehmen (Ľudová banka), Wiederbegründer und Vorsitzender der SLS nach 1918 (1925 in HSLS umbenannt), nach der Wiedereinsetzung als Pfarrer in Rosenberg 1924 päpstl. Kämmerer, 1927 apost. Pronotar. Wegen "schwarzer" Teilnahme an der Friedenskonferenz abermals verurteilt. Steuerte einen autonomistischen Kurs, war nicht für die Zerschlagung der ČSR, ging nicht auf Vorschläge d Stellen ein. Starb noch vor der Erteilung der Autonomie.

■ **HOCHWIES (VEĽKÉ POLE),** Bez Žarnovica, 556 m. Liegt zwischen Tribetz- und Vogelgebirge. Mit der näheren Umgebung siedlunggeschichtlich interessant: Der Ortskern ist eine Waldhufengründung, in der Umgebung liegen viele Einzelgehöfte und Weiler, die sogenannten "Stauden", sl "štál" (auf Stall zurückgehend), die alle nach dem jeweiligen Gründer benannt sind. "Staude" ist nicht bodenständig, um 1920 außerhalb des Gebietes entstanden. Heute werden viele als Ferienwohnungen verwendet. SAD. Namen: d Hochwiesen, Hoch-Wiesen, ma Pálosnagymezö, 1332 Prato, 1352 Velikapole, 1354 Welkypolya, 1773 Welkapola, 1880 Welké Pole.

Um 1332-37 wurde ein Einsiedler Matthias erwähnt. Um 1390 kam Hochwies in die Hand der Paulaner. Zahlreiche Spuren deuten auf den Abbau von Erzen hin, wann und mit welchem Erfolg ist unklar. Wahrscheinlich kam der Bergbau spätestens mit den Türkeneinfällen zum Erliegen. Ähnlich wie in Paulisch wohnte der größte Teil der Bewohner außerhalb des eigentlichen Ortes, der "Stadt", in der 1930 in 188 Häusern 1.021 Einwohner lebten, während in den "Stauden" mit ihren 417 Häusern 2.293 wohnten. Von der ursprünglich spätgotischen kath Kirche (1511 erwähnt) sind bei der Barockisierung (1716) nur der Turm und das anschließende Schiff erhalten geblieben, während mit der Verlängerung des Schiffes auch ein neues Presbyterium geschaffen wurde. Der gemauerte klassizistische Altar stammt aus der 1. Hälfte des 19. Jh.

⊕ 1930: 3.314 EW (73 Sl, 3.218 D), 1940: 3.038, 1991: 486, 2001: 471 EW.

◉ UMGEBUNG: Oberhalb des Ortes in w R: Straßenübergang ins Neutratal (ca. 620 m), in der Nähe: • REICHBERG (STRÁŽ), 857 m hoch, schöne Aussicht vom sw Kamm.

In sö R (2 km) • PAULISCH (PÍLA), kleiner ehemals d Bergbauernort (1930: 1.553 EW; 116 Sl, 1.436 D, 1 Ma; 1991: 194, 2001: 165 EW). Siedlungsstruktur wie in Hochwies. Der Name geht auf die Paulaner in Oberelefant zurück, denen der Ort zeitweise gehörte. Barocke kath Lukas-Kirche von 1744, im 20. Jh Fassadenumgestaltung, das Bild des Hauptaltares zeigt Lukas den Evangelisten und stammt von P.J. Kern (1923).

In s R (7 km) • KLEINHAU (MALÁ LEHOTA), Dorf (1.060 EW), nahe der Straßengabel: Interessantes "steinernes Meer", ausgedehnte Ansammlung von kleinen und größeren Andesitblöcken (einige 600 bis 700 kg schwer).

◉ ZENTREN IN DER WEITEREN UMGEBUNG: Nováky, Heiligenkreuz, Königsberg, Goldmorawitz.

● **HOEPFNER**, Unternehmerfamilie, die zur wirtschaftlichen Entwicklung der Zips beitrug. **GUSTAV** (sen) *1833 Annaberg/Sa, +1900 Wien. Geschäftsmann, ab 1860 in Kirchdrauf, ab 1864 in Zipser Neudorf, Direktor der Zipser Creditbank in Leutschau ab 1872, gab ab 1876 den "Zipser Boten" heraus, unterstützte den Fremdenverkehr. **GUIDO** *1868 Kirchdrauf, +? Budapest, Sohn des Vorigen. Architekt, entwarf u.a. die Grandhotels in Altschmecks, Tatralomnitz und am Tschirmer See. **GUSTAV** (jun) *1872 Leutschau, +1932 Budapest, Bruder des Vorigen. Ab 1902 Direktor der Zipser Kreditbank, die durch ihn zahlreiche Beteiligungen im Bereich des Fremdenverkehrs erwarb.

E.T. Compton: Poduplaskital in der Hohen Tatra

▲ **HOHE TATRA (VYSOKÉ TATRY),** höchstes Gebirge (Gerlsdorfer Spitze 2655 m) der Karpaten, relativ klein (Hauptkamm 27 km), aber durch eine überaus reiche Gliederung mit einer Überfülle an Naturschönheiten und touristischen Möglichkeiten (Wanderungen, Klettertouren I-VII, Skihochtouren, wenige Pistenstandorte). 4/5 sl und 1/5 p Territorium. Waldgrenze bei 1500 m. Zahlreiche Kur- und Erholungsorte. Nationalpark. Je eine Seilbahn in P und der SR. Lifte.

● **HOHENLOHE-ÖHRINGEN, CHRISTIAN KRAFT** 5. FÜRST von, HERZOG von **UJEST,** entstammte einem bedeutenden d Geschlecht. *1848 Öhringen/ Wtbg, +1926 Somogyszob/U. Unternehmer, Großgrundbesitzer, Politiker (Herrenhaus 1880-81, Reichstag 1883-1912). Ritterakademie Liegnitz, Jurastudium Bonn. Stabilisierte den Grubenbesitz in Schlesien, gründete die Hohenlohe-Werke AG (ca. 10.000 Beschäftigte). Erwarb ab 1879 große Gebiete (ca. 15.000 ha) in der Hohen Tatra und den Beler Kalkalpen (Javorina, Landeck, Hochhagi, Teile von Botzdorf und Ždiar). Details sh Javorina und Hochhagi!

■ **HÖHLENHAIN (TATRANSKÁ KOTLINA),** 760 m. Am Fuß der Beler Kalkalpen, in einem parkähnlichen Gelände gelegener Kurort (Erkrankungen der oberen Luftwege sowie Tuberkulose). Gehörte früher zu Zipser Bela, heute zur Großgemeinde Vysoké Tatry. Straßenknoten, SAD. Ausgangspunkt für Wanderungen. Bekannte Höhle. Namen: d selten Tatra-Höhlenhein, ma Barlangliget.

Nach dem 1882 errichteten Häuschen des Höhlenführers kam es durch die Initiative Kaltsteins schon 1883 zur Errichtung von 2 Ferienheimen (15 Zimmer) und einem Restaurant. Um die Jahrhundertwende standen bereits 31 Gebäude (370 B). Im Badehaus wurden Kneipp-Kuren durchgeführt. Der Großteil der Gebäude gehörte Zipser Bela und einigen Privatleuten. 1920 verkaufte die Familie Loisch-Forberger ihren Anteil an J. Ondřich, der kurz darauf auch den Besitz Zipser Belas übernahm. Er konnte den Kurort nicht halten, der um 1925 in einem etwas verwahrlosten Zustand (auch die Zugangsstraße war kaum befahrbar) in die Hände Dr. Ctibor Zelenýs überging, der 1926 mit der Behandlung der Lungentuberkulose begann und nach dem Brand von 1930 ein neues Sanatorium errichtete. Die Zusammenarbeit mit der Krankenversicherungsgesellschaft ermöglichte ihm auch den Ankauf der Privathäuser.

Die für die Gründung des Kurortes verantwortliche **Beler Tropfsteinhöhle** (Belianska jaskyňa) ist seit 1882 zugänglich (z.Zt. ganzjährig geöffnet). Daß eine Höhle existierte, muß im 18. Jh zumindest den Schatzsuchern bekannt gewesen sein, davon zeugen die an die Wände gekritzelten Namen wie "Michael Scholtz 1718" oder "Thomas Meier, Jakob Haas, Jakob Herzog 1731". Später geriet die Höhle in Vergessenheit, und erst am 5.8.1881 wurde gelegentlich einer Jagd der Eingang von den Zipser Beler Jägern Johann Britz und Julius Huß wieder gesehen und ein kurzes Stück der Höhle begangen. Die "Wiederentdeckung" der Höhle erfolgte 20 (10?) Tage später, als der vermögende Zipser Beler Unternehmer und Naturfreund August Kaltstein mit Johann Britz und dem Lehrer Emmerich Verbowsky fast alle heute bekannten Gänge und Räume abging. Kaltstein konnte die Stadt Zipser Bela für die Zugänglichmachung interessieren, und mit dem Lehrer und 30 Arbeitern bewerkstelligte er bis zum 6.8.1882, dem Tag der feierlichen Eröffnung, alle notwendigen Arbeiten. Der beschwerliche natürliche Eingang wurde noch Ende des Jahres durch einen 82 m tiefer gelegenen, künstlich anlegten 27 m langen Tunnel ersetzt (ca. 15 Min oberhalb des Talbodens, gelbe Mk). 1896 wurde bereits die elektrische Beleuchtung eingeführt. Nach dem 1.Weltkrieg verfiel ein Teil der hölzernen Stege und Treppen, und erst 1933, inzwischen hatte der KČST die Höhle übernommen, wurden Betontreppen eingebaut. Die Höhle mit ihren sehr schönen Tropfsteingebilden gehört heute zu den frequentiertesten der Slowakei. Von der Gesamtlänge (1,25 km) sind 1,0 km zugänglich. Zum 100-jährigen Jubiläum wurde 1981 in der Höhle ein Konzert veranstaltet.

◉ ZENTREN IN DER WEITEREN UMGEBUNG: Ždiar, Landeck, Tatralomnitz.

■ **HOMENAU (HUMENNÉ)**, Bezirkshauptstadt, 156 m. Am Laborec, auf der N-Seite des Vihorlat gelegen, neben Großmichel das Zentrum der O-Slowakei. Straßen- und Eisenbahnknoten. ŽSR, SAD. Namen: ma Homonna, 1322 Homonna, 1332 Humenna, 1391 Humonna, 1479 Homonna, 1773 Humenne.

Alter Siedlungsplatz (Jungsteinzeit, Bronzezeit). Die Entwicklung war mit der langjährigen Herrschaft des mächtigen Adelsgeschlechtes der Drugeths (ca. 1320-1684) verbunden, die in der O-Slowakei zum größten Grundbesitzer mit mehr als 300 Dörfern aufstiegen und Homenau zu ihrem Sitz machten.

Das **Schloß**, eine der größten und schönsten Anlagen der O-Slowakei, wurde 1610 als 4-flügliger, einen 4-eckigen Arkadenhof einschließender und mit 5 Türmen (4 Ecktürme und 1 Turm über der Einfahrt) ausgestatteter Renaissancebau von Gabriel Drugeth errichtet. Hier stand vom Ende des 13. Jh spätestens zu Beginn des 14. Jh eine gotische Burg, ein Blockbau, der mit einem Wassergraben umgeben war. 1654 wurde die Schloßkapelle gebaut. Nach dem Brand von 1684 ließen die neuen Besitzer, die Csákys, das Schloß wieder herrichten. Änderungen späterer Jh betrafen nur einzelne Gebäudeteile wie die Kürzung und Umgestaltung der Türme zu Risaliten, die zu einem uneinheitlichen Bild führten. Dagegen wurde im Inneren, besonders nachdem das Schloß zu Beginn des 19. Jh in den Besitz der Familie Andrássy kam, eine prachtvolle Ausstattung (Salla terrena, Münzkabinett, Maria-Theresia-Salon, Saal der ungarischen Könige, Chinesischer Salon etc.) verwirklicht, die im Geiste des Spätbarock figurale Szenen (Einzug Maria Theresias usw.) wie auch illusionistische Deckengemälde, ebenso Veduten und eine üppige, scheinbar aus Stuck bestehende, aber gemalte Ornamentik beinhaltet. Auch die Fehler des Äußeren wurden an der Wende des 19. zum 20. Jh durch die von Alexander Andrássy angeordnete Umgestaltung der Fassaden nach dem Vorbild französischer Schlösser beseitigt. Ende des 2. Weltkrieges beschädigt - 1945 wurden die Andrássys enteignet - brannte es 1946 aus, so daß nur Reste der wertvollen Einrichtung und der Bibliothek erhalten geblieben sind. Beim Wiederaufbau wurden die Arkaden durch Glasflächen geschlossen und ein Museum eingerichtet. Im Park ist ein Skansen mit ländlichen Wohnhäusern und Gebäuden anderer Funktionen aufgebaut worden. Seit 1976 steht hier die ehemalige **griech-kath Holzkirche von Nová Sedlica**, ein sehr schöner, 3-teiliger, mehrfach abgestufter, mit einer durchgehenden Haupttraufe ausgestatteter Bau von 1754, der einen sehr wertvollen 2-stöckigen Ikonostas besitzt.

Die **Kirche des Franziskanerklosters** wurde im 14. bzw 15. Jh gemeinsam mit dem Kloster errichtet. Mehrfach abgebrannt und wieder hergestellt, hat der einschiffige gotische Bau, dessen Presbyterium einen polygonalen Abschluß hat (der Turm steht auf der Seite des anschließenden Klosters) seine ursprüngliche Form fast ganz erhalten, so daß die Kirche zu den wenigen monumentalen gotischen Bauten der O-Slowakei zählt.

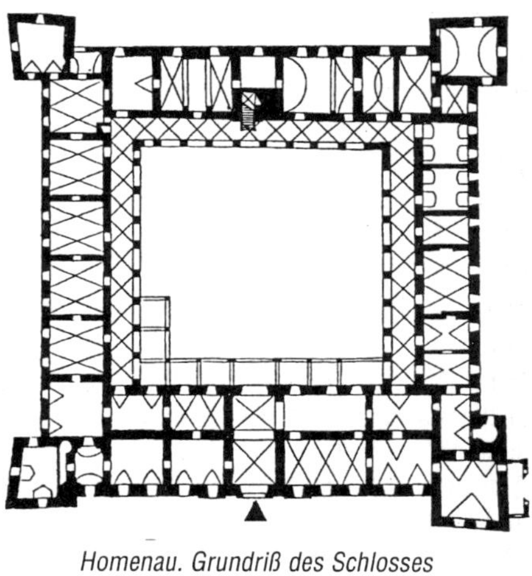

Homenau. Grundriß des Schlosses

Schloß Homenau

Die 1642 angebaute s Kapelle wurde im 18. Jh mit einem pseudogotischen barocken Sterngewölbe und Stuckrippen versehen. In der Stadt stehen 2 weitere Gotteshäuser, eine **ref Kirche** (neugotisch, spätes 19. Jh) sowie eine **orthod Kirche** (barock-klassizistisch von 1767 mit einer abgestuften Zwiebel auf dem Turm) und auf dem Kalvarienberg eine weitere **kath Kirche** (neoklassizistisch von 1891). Die **Synagoge** wurde im rokoko-klassizistischen Übergangsstil 1795 gebaut. Neben ein paar interessanten Häusern ist das klassizistische Gebäude des ehemaligen **Salzamtes** (Nr 55) bemerkenswert.

Industrie bis 1945 nur 5 Sägewerke, nach 1945: Chemie, Lebensmittel, Baustoffe.

M *"Vlastivedné múzeum" (=Volkskundliches Museum) im Schloß.*

T *Hotels. Freibad, Hallenbad. Bei Brestov und Grusovce (ca. 7 km n): Freibäder, Hütten, Skilift; Podskalka (2 km s): Hotel, Camping- und Zeltplätze.*

🌐 1930: 5.632 EW (4.441 Sl, 76 Ru, 112 D, 77 Ma, 253 J), 1940: 7.067, 1991: 34.638, 2001: 35.157 EW.

◉ UMGEBUNG: In s R (3 km) Ruine der • BURG JASENOV (JASENOVSKÝ HRAD). Die selben Besitzverhältnisse wie beim Schloß, seit 1644 verfallen. Die Drugeths ließen hier im 16. Jh falsche Münzen schlagen, der "Münzmeister" wurde in Eperies hingerichtet.

In sw R (7 km) • BREKOV (1.249 EW): Heute noch umfangreiche Ruinen der Burg, die an einer strategisch wichtigen Stelle stand. Kern aus der 2. Hälfte des 13. Jh, 1698 noch bewohnt, verfiel im frühen 18. Jh. Sehr schöne Aussicht auf das Tal und die Umgebung. Kath Kirche von 1937-38, Erweiterung und Umbau einer barocken Anlage von 1742.

In sw R (11 km) • STRÁŽSKE, Kleinstadt (4.474 EW). ŽSR, SAD. Als u Grenzwächtersiedlung gegründet. An der klassizistischen kath Kirche wurde 32 Jahre (1808-40) gebaut, und 53 Jahre später mußte sie nach einem Brand wiederhergestellt werden. Einschiffig, innen wie außen reich gegliedert, Turm an der vorderen rechten Ecke, ausgemaltes Presbyterium. Klassizistische orthod Kirche von 1794. In sw R (19 km) • NIŽNÝ HRABOVEC (1.441 EW): Kath Kirche ursprünglich zu Beginn des 16. Jh von den Evangelischen errichtet, 1856 um 1 Schiff erweitert. Orthod Kirche von 1825. 2 Kurien (Nr 4: von 1666; Nr 109: klassizistisch, 19. Jh, englischer Park) und ein Kastell (barock von 1748, 1840 klassizistisch umgestaltet, seit 1954 Schule).

◉ ZENTREN IN DER WEITEREN UMGEBUNG: Vronau an der Töpl, Domašastausee, Snina, Großmichel.

◆ **HONT (HONTIANSKA STOLICA),** comitatus Honthiensis, Honter Gespanschaft, Honth vármegye. Von der Donau bei Gran bis über Schemnitz hinausreichendes, von der Landwirtschaft und dem Bergbau geprägtes Komitat, das zum größten Teil von den Türken okkupiert war, geistiges und wirtschaftliches Zentrum war Schemnitz, die Verwaltung wechselte oft die Orte, zuletzt in Šahy.

● **HORVATH STANSITH de GRADECZ, GREGOR,** *1558 Körmend/U, +1597 Nehre. Baron, Großgrundbesitzer, Wissenschaftler, Pädagoge. Studium: Padua, Basel, Straßburg, Wittenberg. Gründer der Adelsschule in Nehre (sh Nehre), vertrat die Lehre Luthers gegen den Kryptokalvinismus, war gegen das Ausräumen der evang gewordenen Kirchen (somit einer der ersten Denkmalschützer).

■ **HRONSEK,** 312 m. Früher Artikularort, sonst unbedeutende Landgemeinde, aber mit beachtlicher Artikularkirche. Seit 1971 nach Neusohl eingemeindet. Namen: ma Garamszeg, 1500 Zyklafalu, 1506 Czwiklina, 1515 Galowycz, 1565

Hronsek: Hölzerner Glockenturm

Garanzegh, 1808 Hronec, 1927 Garansek, 1946 Hronsek.

Die nur aus Holz errichtete wertvolle und sehr originelle **evang Artikularkirche** gehört zu den ganz wenigen noch erhalten gebliebenen Kirchen dieser Art. Sie ist die einzige, die nur eine Innenverschalung besitzt, so daß die tragende Fachwerkkonstruktion nach außen hin offen liegt. Eine weitere Ausnahme, an der 1725-28 gebauten Kirche ist die nicht übliche Erlaubnis, massive Fundamente auszuführen. Im Grundriß entspricht sie nicht ganz der Form des griechischen Kreuzes, da das Querschiff kürzer ist als das Langschiff. Die 1771 von S. Mialovič gemalten 7 Altarbilder werden entsprechend dem Ablauf des Kirchenjahres in einem Wechselrahmen gezeigt. Der freistehende hölzerne, abseits stehende **Glockenturm**, einer der schönsten seiner Art (öfters auf Briefmarken zu sehen), dürfte sofort nach Fertigstellung der Kirche errichtet worden sein. Ebenfalls eine Ausnahme.

Im Ort zwei Kastelle: Das nüchterne gotische vom 15. Jh, später innen im Renaissancestil umgestaltet und das barocke von 1775.

⊕ 1930: 304 EW (304 Sl), 1940: 308, 2001: 596 EW.

◉ UMGEBUNG: Auf der anderen Seite der Gran (3 km): • BADÍN (1.683 EW) mit 2 interessanten Kirchen: Die spätklassizistische evang Kirche, 1865 als Saalkirche mit der typischen protestantischen Empore errichtet, Bild von J.B. Klemens (1866) und klassizistische kath Kirche, in ihrer heutigen Form vom Ende des 19. Jh, die aus einer gotischen Kirche von 1397 entwickelt wurde, Wehrmauer, Schießscharten (1636), hölzerner Glockenturm (1859).

◉ ZENTREN IN DER WEITEREN UMGEBUNG: Neusohl, Sliač, Altsohl.

● **HUDAK, ADALBERT,** *1911 Großlomnitz, +1986 Nürnberg. Evang Theologe, Politiker, Pädagoge, Schriftsteller. Der profilierteste Karpatendeutsche der Gegenwart. Studium: Preßburg, Tübingen. Pfarrer in Stoß, Prof. in Kesmark, ab 1958 an der Univ. Erlangen. Stadtrat, MdB. Zahlreiche Publikationen (Bücher, Artikel). Redakteur "Erneuerung und Abwehr". Vertrat die Reinheit der Lehre gegenüber den wechselnden Erscheinungen des Zeitgeistes.

● **HUMMEL, JOHANN NEPOMUK,** *1778 Preßburg, +1837 Weimar/D. Komponist, Kapellmeister, Pianist. 1804 Nachfolger Haydens in Eisenstadt, 1816-19 Kapellmeister in Stuttgart, ab 1819 Hofkapellmeister in Weimar. Sehr umfangreiches Werk (125), darunter 9 Messen, schrieb im Stile Mozarts.

● **HUNFALVY (HUNSDORFER),** Brüder, Wissenschaftler. **JOHANN** *1820 Großschlagendorf, +1888 Budapest. Begründer der u wissenschaftlichen Geographie. Publikationen, Redakteur. **PAUL** *1810 Großschlagendorf, +1891 Budapest. Linguist, Ethnograph, zahlreiche Publikationen.

● **HUSÁK, GUSTÁV,** *1913 Dúbravka, +1992 Preßburg. Jurist, sl Kommunist. Mehrere Wandlungen, 1944 als Vorsitzender der KSS Zusammenarbeit mit den Bürgerlichen, 1950-60 inhaftiert wegen Abweichung, 1963 rehabilitiert, 1968 Vertreter des "Prager Frühlings" (Stv. Ministerpräsident), dann Exponent der "Normalisierung", 1971 Generalsekretär KSČ, 1975 Staatspräsident, 1989 Rücktritt.

● **HVIEZDOSLAV, PAVOL ORSZÁGH,** *1849 Oberkubin, +1921 Unterkubin. Dichter, Schriftsteller, der größte der Slowaken. Sehr umfangreiches Werk, übersetzte zahlreiche Werke (auch Weltliteratur) ins Slowakische.

▲ **INOWETZ (POVAŽSKÝ INOVEC),** 44 km langes, gestrecktes, dem Waagtal unmittelbar benachbartes, fast ganz bewaldetes, zwischen 500-1000 m hohes Gebirge (Inovec 1041 m). Stille Wanderwege, vor allem im n Bereich. Um Verwechslungen zu vermeiden, wird der früher allgemein zum Vogelgebirge gerechnete Stock des Veľký Inovec als eigenes Gebirge mit dem Namen Pohronský Inovec geführt.

● **JANOŠÍK, JURAJ,** *1688 Terchová, +1713 Lipt-St-Nikolaus hingerichtet, Räuberhauptmann, legendärer Volksheld. Soldat, dann in einer Räubergruppe, später Führer einer eigenen, wurde zum Symbol des Kampfes gegen die Feudalherrschaft, der "Slowakische Michael Kohlhaas". Zahlreiche Legenden, Namen von Lokalitäten, Kunstwerke.

■ **JAVORINA (TATRANSKÁ JAVORINA),** Bez Poprad, 1000 m. Sehr schön unter dem w Eckpfeiler der Beler Kalkalpen und damit bereits wieder im Bereich der Hohen Tatra gelegene Gemeinde, von ihrem letzten privaten Besitzer, dem Fürsten Hohenlohe-Öhringen geprägt. 1918 und 1938 polnisch, aber 1918 an die ČSR zurückgegeben, während es vom Nov. 1938 bis Sept. 1939 bei Polen blieb, das hier eine rigorose, auf eine Polonisierung ausgehende Verwaltung einrichtete. Bis 1947 selbständig, dann in der neu gegründeten Großgemeinde Vysoké Tatry, 1960 ausgeschieden. SAD. Ausgangspunkt für Wanderungen und Klettertouren in der Hohen Tatra. Namen: d selten Urengarten (mundartlich von Ahorngarten, falsch Uhrengarten), ma Jávorkert.

Nachdem früher sich hier nur zeitweise Hirten aufgehalten hatten, entstand nach 1759 eine Siedlung, als der damalige Eigentümer des ausgedehnten Besitzes, Baron Alexander Horváth de Palocsa, einen Hochofen zur Verhüttung der in der Nähe (nicht in den Hinteren Kupferschächten, wie oft behauptet wird!) abgebauten Eisenerze errichtete, der 1837 um mehrere Frischfeuer, ein Hammer- und ein Walzwerk vergrößert wurde. Die wenig ergiebigen Erzgruben und der geringe Eisengehalt führten zur Einstellung des Abbaues, und der Rohstoff wurde von den Gruben zwischen Deutschendorf und Zipser Neudorf angefahren (nicht von Kużnice bei Zakopane, dem größten Konkurrenten von Javorina!). Der lange Transport war durch das fast kostenlos zur Verfügung stehende Holz, das zur Verhüttung benötigt wurde, tragbar. 1875 kam die Herrschaft Javorina auf dem Erbwege an Aladár Salamon, der die Eisenerzeugung einschränken und nach ein paar Jahren aufgeben mußte. Um das billige Holz weiterhin verwerten zu können, wurde Holzschliff und Pappe hergestellt. Daran änderte sich auch nicht viel als 1879 bei dem nächsten Besitzwechsel (für 500.000 Gulden) Christian Kraft Fürst von Hohenlohe-Öhringen die Herrschaft Javorina und einen Teil von Landeck, zusammen ca. 80 km^2, erhielt. 1892 legte er den letzten Hammer still, während er die Holzschliffproduktion (keine Papierherstellung, wie oft behauptet wird) aufrecht erhielt.

Mit einem enormen finanziellen Einsatz bemühte sich der Fürst, nicht nur das vorhandene Wild zu hegen, sondern auch fremde Arten heimisch zu machen: Steinböcke, Wisente und Bisons. Die Versuche schlugen fehl, 1932 gab es noch eine Bisonkuh (sie kam in den Zoo nach Prag) und 1938 noch ca. 50 Steinböcke, 1945 noch 5. Die Stein-

Schloß des Fürsten Hohenlohe in Javorina

Kirche in Javorina

bockkolonie wurde noch einmal 1953 von der ČSSR ohne Erfolg aufgebessert. Um seinen Jagdinteressen ungestört nachgehen zu können, erließ der Fürst Verbote, die zur "Javorina-Affaire" führten (sh "Erschließung des Hochgebirges. Entwicklung des KV"). Die großen wirtschaftlichen Schwierigkeiten, in die er geriet, zwangen ihn, einen Käufer zu suchen, aber die mit dem Prinzen von Hessen-Darmstadt laufenden Verhandlungen blieben im 1. Weltkrieg ohne Ergebnis. Danach stellte die neugegründete ČSR den sehr stark verschuldeten Besitz für ein paar Jahre unter eine wenig erfolgreiche Zwangsverwaltung. Zähe Verhandlungen beseitigten diese, aber der Tod des Fürsten 1926 unterbrach neu angelaufene Verkaufsverhandlungen. Schließlich kam es durch den Erben, Prinz August von Hohenlohe-Öhringen, 1932 zu einem Abschluß: Für 18,2 (nach anderen Quellen 27,0) Mill. Kčs übernahm die ČSR am 1.1.1936 den gesamten Besitz und erließ dem Verkäufer die inzwischen aufgelaufene Steuerschuld von 23 Mill. Kčs.

Oberhalb des Ortes in n Richtung stehen auf dem schönsten Platz der ganzen Gegend das 1893 nach Plänen von G. Majunke errichtete Schloß des Fürsten Hohenlohe, daneben das Verwaltungsgebäude (1910) und einige andere kleinere Bauten. Sie waren Teil einer Erholungsstätte des Zentralkomitees der KSČ, das hier eine komfortable Unterkunft errichtete. Heute Hotel "Poľana". Die kath Holzkirche wurde 1902 anstelle einer älteren, die abgerissen wurde, auf Kosten des Fürsten Hohenlohe erbaut. Auf dem Friedhof befindet sich das schlichte Grab des Fürsten und seiner bereits 1922 verstorbenen Gefährtin (Ottilie Lubranic-Dambská, geb Brauns). Die Inschriften lauten: "Da gehet leise/Nach seiner Weise/Der liebe Herrgott durch den Wald/Der liebe Gott geht durch den Wald" und "Über alles die Pflicht", darunter "Schnell tritt der Tod den Menschen an/Es ist ihm keine Frist gegeben/Er reißt ihn mitten aus der Bahn/Er reißt ihn aus dem vollen Leben." Der griechische Spruch Pindars lautet übersetzt: "Ein Schatten Traum sind die Menschen". Nicht weit von diesem Grab entfernt steht das kapellenänliche Grabmahl der Familie Kegel, deren Mitglieder dem Fürsten als Direktoren und Verwalter gedient haben.

🌐 1930: 529 EW (420 Sl, 31 Ru, 38 D, 2 M), 1940: 384, 2001: 223 EW.

◉ UMGEBUNG: In ö R (3 km) • PODSPÁDY, Forsthaus und einige Häuser, (früher Gasthof mit Fremdenzimmern), SAD.

In w R (2 km) • LYSÁ POĽANA, internationaler Grenzübergang nach Polen (Grenze im Weißwasser), gemeinsames Abfertigungsgebäude auf dem p Ufer (p ŁYSA POLANA). Hier befand sich schon lange ein Übergang, eine Furt, die 1905 nach 9-jährigen Bemühungen durch eine Brücke ersetzt wurde. SAD. Wanderungen und Klettertouren.

◉ ZENTREN IN DER WEITEREN UMGEBUNG: Ždiar, Höhlenhain.

▲ **JAVORNIKGEBIRGE (JAVORNÍKY),** Grenzgebirge zu Mähren, 50 km lang, teilweise durch zwei parallel verlaufende Kämme gebildet, 600-1.000 m hoch (Javorník 1071 m). Fast durchgehend bewaldet, stille Wanderwege, siedlungsgeschichtlich interessante Gebiet (sh Turzovka).

● **JEDLIK, ŠTEFAN, ANIÁN,** *1800 Zemné, +1895 Raab/U, Physiker, Erfinder, Prof. an der Uni in Budapest. Neben anderen Erfindungen und Verbesserungen schuf er 6 Jahre vor W. Siemens den Protoptyp des einpoligen Elektromotors.

■ **JOHANNESBERG (KREMNICKÉ BANE),** 765 m. Ab 1960 nach Kremnitz eingemeindete alte d Bergbaugemeinde. ŽSR, SAD. Wandergebiet. Namen: d Johannisberg, Pejag (mundartlich), ma Jánoshegy 1361 Villa Johannis, 1808 Perk, 1920 Piarg, 1927 Piargy, 1948 Kremnické Bane. Herkunft: Vom Schutzpatron der Kirche, vielleicht auch vom Ortsgründer Johannes, Perk geht auf Berg zurück. Die Gründung, wahrscheinlich um 1330, erfolgte von Kremnitz aus. Liegt dicht s unter dem Johannesberger Sattel (ca. 770 m, Wasserscheide Waag - Gran), wird im O vom Dornstein (Trnovník, 990 m) überragt, im SW von der Vollen Henne (Jarabica, 938 m), dem ursprünglichen Zentrum des Kremnitzer Goldbergbaues. "Voll" hat sicher nichts mit dem Begriff der Fülle (entsprechend einer später entstandenen Sage) zu tun, sondern kommt wohl von "fahl"=blaß. Im Vorfeld des befestigten Kremnitz gelegen, mußte Johannesberg unter zahlreichen Heerscharen leiden, die sich um die Einnahme der begehrten Bergstadt Kremnitz abmühten. Schließlich kam es während des SNP auch hier, wie in allen d Gemeinden des Hauerlandes, zu schweren Übergriffen der Partisanen, obzwar sich auch hier einige wenige D denselben anschlossen. Den Haupterwerb boten die Gruben und die Landwirtschaft.

Die außerhalb des Ortes, auf dem Paß und direkt auf der Gemeindegrenze zwischen Johannesberg und Oberturz stehende kath Johannes-Kirche gehört zu den ältesten Kirchen der Gegend und diente zuerst noch 4 weiteren Gemeinden (daher die nach N hin verschobene Lage!). Zu Beginn des 13. Jh noch als dreischiffige romanische Hallenkirche angelegt, wurde sie im 15. Jh teilweise neu und im gotischen Stil aufgeführt, im 16. und 19. Jh renoviert und 1910 durch eine Kapelle ergänzt. Hauptaltar (Pseudorokoko) von 1910, wobei ein Bild aus dem 17. Jh zur Verwendung kam. Die Plastiken der knieenden Bergleute stammen aus dem späten 18. Jh, die gotische steinerne Taufe aus der Mitte des 15. Jh und die barocke Kanzel mit einigen Details im Renaissancestil vom Ende des 17. Jh. Die Marien-Kapelle, sie besitzt eine volkstümliche Schnitzarbeit, den Nepomuk, stammt vom Ende des 18. Jh, wurde 1726 barock errichtet, 1910 im pseudogotischen Stil umgebaut.

Freistehende Johannes-Kirche

Zur Verbesserung der Verdienstmöglichkeiten: 1889 staatliche Klöppelschule, die bis 1945 viele Frauen für die in Heimarbeit betriebene gewerbliche Spitzenherstellung ausbildete.

🌐 1930: 854 EW (71 Sl, 775 D, 6 Ma), 1940: 965 EW (914 D), 2001: 250 EW.

◉ UMGEBUNG: In w R (2 km) • KUNESCHHAU (KUNEŠOV), ehemals d Gemeinde (1930: 1.839 EW; 52 Sl, 1.785 D; 1991: 261 EW, 2001: 244 EW). SAD. Die Gründung erfolgte wahrscheinlich um 1326 (Bergbausiedlung in Waldhufenform), hatte viel unter den vorbeiziehenden Heerscharen zu leiden. Nach dem Rückgang des Bergbaues in Kremnitz bot der einsetzende Braunkohlenbergbau in Krickerhau einen Ersatz, trotzdem mußten zahlreiche EW als Saisonarbeiter in die Fremde gehen. Eine Verbesserung der Lebensgrundlagen brachte die Herstellung von Holzspielzeug, sowie die von Spitzen, die durch eine seit 1912 bestehende Klöppelschule unterstützt wurde. Während des SNP kam es zu schweren Auseinandersetzungen, zumal ca. 26 kommunistisch orientierte Männer mit 6 Zigeunern eine Partisanengruppe bildeten. Ein Großbrand von 1921 und die Zerstörungen, die 1945 beim Durchgang der Front entstanden sind, haben einen Teil des Ortes verändert und ihn teilweise der typischen großen Holzhäuser, die in der Gegend üblich sind, beraubt. Auch das massive 3-geschossige "Erbrichterhaus", ein siedlungsgeschichtliches Zeugnis aus dem 16. Jh, wurde

Karl Frech: Erbrichterhaus in Kuneschhau

damals sehr in Mitleidenschaft gezogen. Die kath Michaels-Kirche entstand als gotischer Bau Anfang des 15. Jh, wurde mehrfach umgebaut, 1766 renoviert. Damals erhielt sie auch den neuen wuchtigen Turm, während 1922 eine Seitenkapelle angebaut wurde. Das Bild des Hauptaltars, 1929 durch eine Unachtsamkeit verbrannt, wurde durch ein Relief von Josef Damko, der hl. Michael im Kampf, ersetzt. Auch für die Kanzel schuf derselbe Künstler ein eindrucksvolles Relief (Pieta) und für den Seitenaltar eine Herz-Jesu-Statue. Die auf Konsolen stehenden barocken Plastiken, Augustinus und Hieronymus, wurden 1735 aus der Franziskanerkirche in Kremnitz nach Kuneschhau gebracht. Im Vorraum befindet sich ein Relief zum Andenken an die Gefallenen des 1. Weltkrieges, das ebenfalls Josef Damko (sein Bruder war Pfarrer der Gemeinde!) schuf. Es ist ein hervorragendes, erschütterndes Werk des großen Bildhauers, ein, freilich unbeachtetes, Zeichen gegen zahlreiche, damals wie heute dem jeweiligen Zeitgeist huldigende Kriegerdenkmäler, Partisanengedenkstätten und ähnliche Arbeiten.

In n R (3, bzw 5 km) • UNTER- und OBERTURZ (DOLNÝ a HORNÝ TURČEK, heute nur TURČEK), die beiden ehemals überwiegend d Orte (1930: 1.909 EW; 683 Sl, 1.215 D; 1991: 726, 2001: 716 EW) wurden 1951 vereinigt. Schöne Lage innerhalb einer großen Schleife der Eisenbahnlinie. Ausgangspunkt für Wanderungen. ŽSR, SAD. Wahrscheinlich um 1350 gegründet, ab 1523 endgültig im Besitz der Stadt Kremnitz. Am Hauptverbindungsweg gelegen, viel Drangsal von durchziehenden Truppen. Lebensgrundlage waren zZt des florierenden Bergbaues in Kremnitz die Herstellung von Holzkohle und die Lieferung von Grubenholz, die Wartung der Turzer Wasserleitung (sh Kremnitz), dann die Arbeit im Sägewerk und die Saisonarbeit. Einschiffige kath Kirche in Oberturz von 1935, Kapelle in Unterturz 1901-02 an der Stelle einer älteren, kleineren errichtet.

◉ ZENTREN IN DER WEITEREN UMGEBUNG: Kremnitz, Oberstuben.

● **JOSEF I.**, *1678 Wien, +1711 Wien. 1687 u König, 1705 böhm. König und Kaiser. Übernahm von seinem Vater Leopold I. ein schweres Erbe: Zerrüttung, Kriege, Aufstände (den von Franz II. Rákóczi konnte er niederschlagen). Ließ der Privatinitiative in der Wirtschaft Freiraum (1706 Gründung der Wiener Bank), der sich zwar in Österreich, aber in Ungarn kaum positiv auswirkte.

● **JOSEF II.**, *1741 Wien, +1790 Wien. 1765 Kaiser, Mitregent seiner Mutter Maria Theresia, 1780 böhm. und u König (ließ sich nicht krönen: "ungarischer Hutkönig"). Viele seiner von Aufklärung und Rationalismus geprägten Reformen ("Josefinismus") hatten keinen Bestand; die wichtigste, die für die Slowakei blieb: Toleranzpatent (1781). Gab der Siedlungstätigkeit weitere Impulse.

■ **JOSSAU (JASOV)**, Bez Košice - okolie, 280 m. Berühmtes Kloster. ŽSR, SAD, Straßenknoten. Namen: d auch Joss (Joß), ma Jászó, 1243 Jazow, 1251 Jazou, 1280 Iasov, 1470 Jossa, 1639 Jaszov. Alter Siedlungsplatz (mittlere Steinzeit, Jungsteinzeit, Bronzezeit). Die Verwirklichung des ursprünglich mit Hilfe von d Bergleuten geplanten Bergbauzentrums (1243 wurde Jossau Bergstadt, Mitglied der 7 oberungarischen Bergstädte) scheiterte wegen der unergiebigen Vorkommen. Die Bergleute zogen in andere Reviere, der Ort entwickelte sich als regellose Anlage.

Die Dominante von Jossau ist das große **Prämonstratenserkloster**. Nach Abbruch der alten Anlage wurde 1750-66 nach den Plänen von Anton Pilgram dieser außerordentliche Bau errichtet. Seine

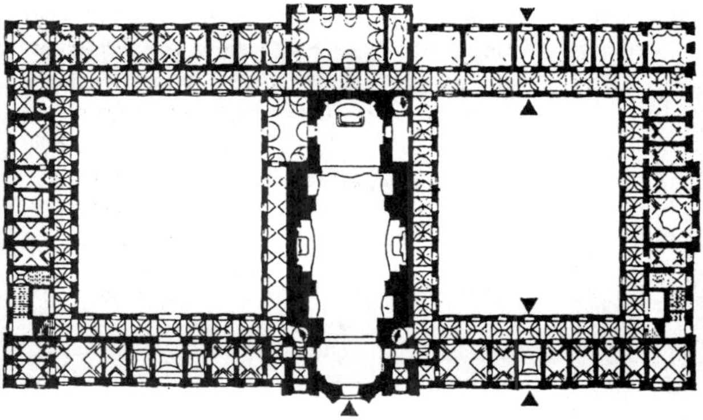

Kloster Jossau: Grundriß

Geschlossenheit verdankt der ausgedehnte Baukörper, bestimmt der schönste ö der March, auch der Anwesenheit A. Pilgrams auf der Baustelle und der Heranziehung von drei hervorragenden Künstlern. Der Grundriß wiederholt die Disposition der großen süddeutschen und österreichischen Barockklöster -mit der zentralen Kirche, die bis zum rückwärtigen Flügel reicht und 2 quadratische Höfe abtrennt. In den Nischen der Kirchenfassade stehen mehrere Plastiken (Stephan, Ladislaus) von J. Hennevogel. Links der Kirche ist die Prälatur mit prunkvollen Empfangsräumen und rechts der Konvent. Die Fassaden des Klosters sind mit ihrer reichen Gliederung denen der Kirche ebenbürtig: Schöne Portale, Risalite mit Giebeldreiecken, die auf Pilastern stehen und mit Fresken ausgefüllt sind. Hinter dem Kloster befindet sich ein französischer Garten.

Die Ausmalung der Kirche (Zentralgemälde: Predigt Johannes des Täufers) führt mit ihrer illusionistischen Perspektive in weite Höhen hinauf. Auch das Bild des Hauptaltars, ebenfalls Johannes der Täufer und die Bilder der Seitenaltäre sind von J.L. Kracker, während die Plastiken der Altäre, die an den Konsolen stehenden Figuren und den sonst noch anzutreffenden figürlichen Schmuck J. A. Krauss geschaffen hat. Mit Ausnahme der beiden Statuen des Hochaltars sind die anderen Plastiken, wohl im Sinne A. Pilgrams, mehr mit der Architektur der Kirche verbunden (die durch die hohen Säulen und Pilaster mitbestimmt wird) als zur Erbauung gedachte Einzelstücke. Die markant modellierten Gesichter, die dramatischen Gesten und der reiche Faltenwurf der Gewänder unterstützen die Gesamtkomposition des Raumes, für den die hochbarocke Stuckarbeiten von J. Hennevogel den Rahmen bilden. Auch für die Bibliothek (80.000 Bände mit einigen sehr wertvollen Erstdrucken) schuf J.L. Kracker die Deckengemälde, in denen er mit Hilfe allegorischer Figuren die 4 Fakultäten (Theologie auf dem Sternglobus sitzend, rechts die Rechtswissenschaft, links die Philosophie als Greis und darunter eine junge Frau als Verkörperung der Medizin) die Kunst und die Wissenschaft sowie das Leben und den Tod darstellt.

Inzwischen haben die Prämonstratenser das Kloster zurückbekommen, in dem 1950 ein Konzentrationslager für Mönche und Geistliche eingerichtet worden ist und später eine psychiatrische Anstalt einzog, die heute auf Mietbasis einen Teil des Klosters benützt.

Die **kath Kirche** (gotisch 15. Jh), auf den Fundamenten einer romanischen Anlage errichtet, wurde im 18. Jh eingewölbt. Die Sprengung gegen Ende des 2. Weltkrieges zerstörte den Chor und den W-Turm. Von der alten **Burg**, die auf dem vorspringenden Felsen stand, um 1315 errichtet, sind nur wenige Mauerreste übrig, da sie schon aufgelassen wurde, als um 1436 die Vorgängerin des heutigen Klosters zu einer Festung ausgebaut wurde.

Die **Jossauer Höhle** (Jasovská jaskyňa), ganzjährig geöffnet, ist eine Tropfsteinhöhle, die am längsten zugängliche Höhle der Slowakei, nachdem schon 1846 der Abt des Klosters, A. Richter, Treppen einbauen und Sicherungsmaßnahmen durchführen ließ. Nach dem Verfall dieser Anlagen und einer Zeit geringen Interesses wurde sie 1924 wieder zugänglich gemacht. Die Höhle diente schon in der Urzeit als Aufenthalts- und später als Zufluchtsort während zahlreicher Kriegszüge. 1452 hielten sich in ihr Truppen Johann Giskras auf. 1780-1870 arbeitete hier ein Hochofen und eine Gießerei.

Kloster Jossau: Der hl. Norbert

T *Badesee, Camping- und Zeltplatz, Hüttenkolonie.*

🌐 1930: 1.617 EW (203 Sl, 30 D, 1.133 Ma, 50 J, 93 Z), 1940: 1.795, 1991: 2.385, 2001: 2.661 EW.

◉ ZENTREN IN DER WEITEREN UMGEBUNG: Untermetzenseifen, Kaschau, Moldau ad Bodva, Rosenau.

● **KARIN (KNECHTSBERGER), MICHAEL,** *1908 Preßburg, +1988 Preßburg, Pianist, Dirigent. Studium: Preßburg, Wien. Tätigkeit beim Rundfunk (Mähr. Ostrau, Brünn, Preßburg), zahlreiche Konzerte und Schallplattenaufnahmen. 1950 Konzertmeister, 1953-73 Solist der Sl. Philharmonie, Leiter von dessen Trios, Lehrer am Konservatorium.

● **KARL III. (VI.),** *1685 Wien, +1740 Wien. Sohn Leopold I., Bruder Josef I., Vater Maria Theresias, 1711 Kaiser, böhm. König, 1712 u König. 1711 Frieden von Shatmar, 1723 Pragmatische Sanktion, 1731 Resolutio Carolina (Bestätigung der Erklärung Leopolds I. 1681), 1743 Gliederung der evang Kirche in vier Distrikte.

● **KARL IV. (I.),** *1887 Persenburg/Ö, +1922 Funchal/Po. 1917 österr. Kaiser, u König. 1917 zerschlugen sich Bemühungen um ein Ausscheiden aus dem 2. Weltkrieg, 1918 kam ein föderativer Umbau der Österr.- Ungarischen Monarchie zu spät, 1921 schlugen zwei Versuche, die Macht in Ungarn an sich zu reißen fehl, die Alliierten internierten ihn auf Madeira.

● **KARL ROBERT von ANJOU (KARL I.),** *1288 Neapel, +1342 Visegrad. 1300 zum u König gekrönt, 1307 anerkannt, zweite Frau: Beatrix (Tochter Heinrichs VII.). Einer der fähigsten Herrscher Ungarns, dem er großes Ansehen verschaffte, sorgte für die Einheit und die Ordnung, organisierte die Finanzen ("Kremnitzer Dukaten").

■ **KARLSRUHE,** Hauptstadt Badens, seit 1957 Patenstadt der Karpatendeutschen aus der Slowakei, Sitz des Karpatendeutschen Kulturwerkes, weitere Verbindungen: Mit dem Preßburger Frieden 1805 wird Baden zum Großherzogtum.

Wappen der Stadt Karlsruhe

● **KARMASIN, FRANZ,** *1901 Olmütz, +1970 Steinbach/D. Nationalsozialistischer Politiker, selbsternannter, landesfremder Volksgruppenführer in der Slowakei, Führer der Karpathendeutschen Partei, die er in das nat.-soz. Fahrwasser brachte und der Deutschen Partei. Absolvent der Landwirtschaftlichen Hochschule Tetschen-Liebwerd, kam 1926 in die Slowakei (Kulturverband, Genossenschaftswesen), angeblich Mitbegründer der KdP, deren Abgeordneter im Prager Parlament (1935-39), in der SL Staatssekretär für d Belange. Zu jung für die Politik, eitel und charakterlich nicht gefestigt. Übereifriger, den Spielraum noch überschreitender Erfüllungsgehilfe Berlins (im Gegensatz zu einigen seiner "Kollegen" im Südosten), mitverantwortlich für die ab 1942 wachsende Distanz der Sl zu den D, durch Vorspiegelung einer staatsrechtlich nicht vorhandenen Machtfülle. 1948 in Abwesenheit zum Tode verurteilt, entging der Auslieferung. Wegen seiner Vergangenheit keine Kontakte mit karpatendeutschen Organisa-

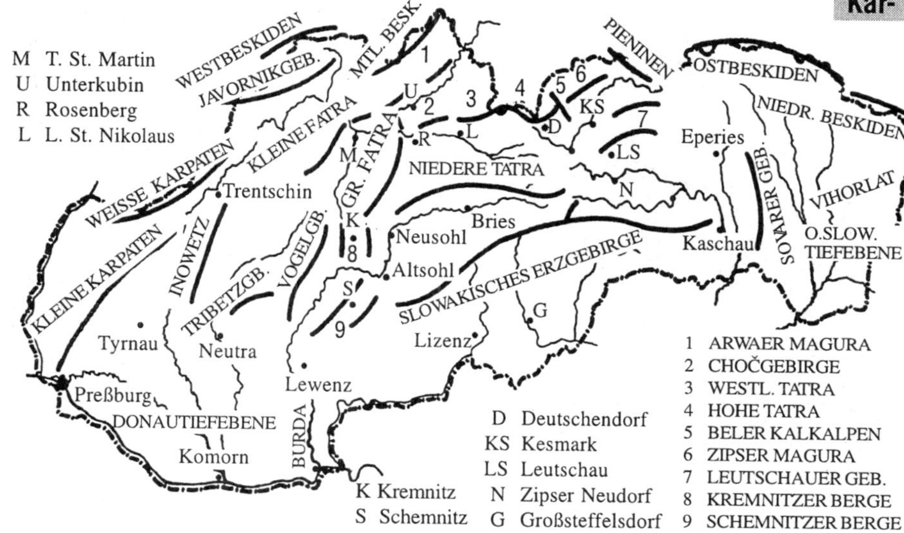

Die Karpaten in der Slowakei

tionen, aber mit sudetendeutschen (1957-70 Geschäftsführer des Witiko-Bundes etc.).

▲ **KARPATEN (KARPATY),** früher "Karpathen" geschrieben, eines der ausgedehntesten Gebirge Europas, von der Thebener Pforte bei Preßburg bis über das Eiserne Tor (Rumänien/Serbien) hinweg ca. 1400 km lang, umfaßt sämtliche Gebirge der Slowakei, wo sich die größte Massenerhebung und die höchste Gruppe (Hohe Tatra) mit dem höchsten Berg (Gerlsdorfer Spitze) sowie (nach Rumänien) die zweitgrößte Flächenausdehnung befindet. Das Relief wechselt zwischen bewaldeten Mittelgebirgen (in der Slowakei große waldfreie Gebiete) und wilden hochalpinen Gruppen.

◆ **KARPATENDEUTSCHE**. Begriff für die Deutschen der Slowakei, der sich, obzwar relativ jung und weniger deutlich als "Slowakeideutsche", schnell eingebürgert hat.

◆ **KARPATENDEUTSCHE ORGANISATIONEN NACH 1945.** In Deutschland war die Gründung von Hilfsorganisationen infolge der Einschränkungen der Militärregierung vorerst nur auf kirchlicher Basis möglich: 1946 gründeten Pfarrer Desider Alexy in Stuttgart das "Hilfskomitee für die Evang.-Luth. Slowakeideutschen" und 1948 Pfarrer Jakob Bauer den "Hilfsbund karpatendeutscher Katholiken" in München. Zum selben Zeitpunkt wurde von beiden Organisationen, unter Beibehaltung ihrer Selbständigkeit, die "Arbeitsgemeinschaft der Karpatendeutschen aus der Slowakei" gegründet, und erst 1949 konnte die "Karpatendeutsche Landsmannschaft" konstituiert werden. In Österreich und in den USA entstanden ebenfalls karpatendeutsche Organisationen. 1990 konnte auch in der Slowakei ein Verband gegründet werden, der "Karpatendeutsche Verein in der Slowakei".

◆ **KARPATENDEUTSCHES KULTURWERK SLOWAKEI, KARLSRUHE.** Zentrales Kulturinstitut der Karpatendeutschen. Erst nach der langen Zeit der Eingliederung begannen profilierte Einzelpersonen mit der Sammlung von Gegenständen, um die breite Kulturleistung zu dokumentieren. Aber erst 1969, mit der Gründung des Kulturwerkes, wurden die Möglichkeiten geschaffen eine Dauerausstellung aufzubauen, die 1993 mit der Verwirklichung einer breiten, umfassenden Neukonzeption im Rahmen des Karpatendeutschen Museums in der Karlsburg in Karlsruhe-Durlach auf eine akzeptable wissenschaftliche und didaktische Ebene gehoben wurde. Angegliedert wurden eine Bibliothek und ein Archiv.

■ **KARPFEN (KRUPINA),** Bezirkshauptstadt, 262 m. Am O-Rand der Schemnitzer Berge gelegene, interessante alte Bergstadt. ŽSR, SAD. Namen: ma Korpona, 1238 Carpona, 1503 Körppen, 1507 Kerpen, 1773 Krupina.

Siedlungsplatz in der Bronzezeit. Bereits vor dem Mongoleneinfall von d Bergleuten gegründet, 1238 als "Saxones de Carpona" erwähnt. Nach der Wiederbesiedlung (Anlage einer Zentralanlage mit rechteckigem Marktplatz) bereits 1244 königliche Freistadt. Das auf der Grundlage des Magdeburger Rechtes zusammengestellte Karpfener Recht wurde die Basis für viele Städte der Mittel- und N-Slowakei. Aber der erwartete Bergsegen hielt sich in Grenzen, die Silber- und Goldgruben waren schon im 14. Jh erschöpft. Die Bewohner widmeten sich der Landwirtschaft und dem Handwerk, sie mußten durch die Scharen Johann Giskra von Brandeis (20-jährige Besetzung) schwere Verluste hinnehmen, die in der Zeit der Türkenkriege zu einer weiteren Verminderung des d Anteils führten, da viele Ma und Sl hier vor den Türken Schutz suchten. Zeugnis sind die Matrikeln des evangelischen Pfarramtes. Getauft wurden: 1568 noch 66 d Kinder, 1615 waren es 23 d und 54 sl, und 1644 nur 16 d gegenüber 155 sl. Das große, die ganze Stadt überziehende Feuer 1708 und die Pest 1710 führten zu Rückschlägen, von denen sich Karpfen nur sehr schwer mit Hilfe des Handwerks erholte, 1770 gab es 150 und 1828 bereits 230 Betriebe.

Von den 1551-64 angelegten **Stadtbefestigungen** ist nur eine freistehende Bastei sichtbar, da an längeren Abschnitten der Stadtmauern Häuser angebaut wurden. Einige **Häuser** im Renaissancestil sind am Marktplatz erhalten geblieben (Nr 13,15,17,18,22), während das Rathaus erst 1901 errichtet wurde. Die auf dem Marktplatz stehende spätbarocke **Dreifaltigkeitssäule** wurde 1752 aufgestellt. Die **evang Kirche** wurde 1784-88 im klassizistischen Stil als Toleranzkirche gebaut, 1824-29 durch einen Turm ergänzt und 1841 in ihrem Äußeren umgestaltet.

Ein interessanter Bau ist die **kath Kirche**, die als dreischiffige romanische Basilika im 1. Drittel des 13. Jh errichtet wurde. Die Apsis des rechten Seitenschiffes ist erhalten geblieben, die des Hauptschiffes wurde im 15. Jh durch ein spätgotisches Presbyterium ersetzt, und die Apsis des linken Seitenschiffes ist durch die 1924 angebaute Sakristei verdeckt. 1699-1705 wurden die Schiffe barock eingewölbt. Schon im 15. Jh existierten Befestigungen um die Kirche, die in der Zeit der Errichtung der Stadtmauer verstärkt wurden. Vorhanden sind noch der Torturm und eine gotische Kapelle vom 15. Jh, die mit dem Presbyterium der Kirche nahe verwandt ist, obzwar ihr Äußeres klassizistisch umgestaltet wurde.

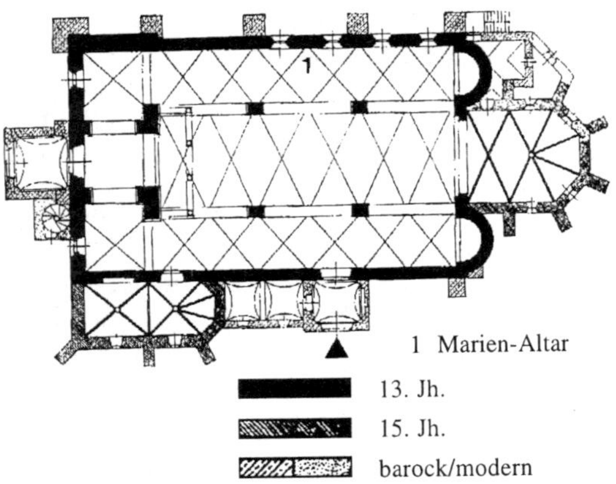

Karpfen: Grundriß der katholischen Kirche

Sehr schön und wertvoll sind die Skulpturen, die im Schrein des Marien-Altars stehen: Maria mit dem Kind, Katharina (mit Schwert) und Barbara (mit Kelch). Sie stammen aus der Zeit zwischen 1515-20 und werden öfters dem Meister MS zugeschrieben. Er war aber kaum ein Bildschnitzer und ist daher auch nicht mit dem Meister der Schemnitzer Figuren gleichzusetzen. Diesen Figuren stehen sie in vielen Details sehr nahe, obzwar sie konventioneller sind. So bleiben auch hier letzte Zweifel, ob ihr Schöpfer der Meister der Schemnitzer Figuren ist, dem auch das Kruzifix zugeschrieben wird. Der Altar und seine Plastiken haben eine bewegte Vergangenheit. Der heutige Altar ist erst 1947 aufgebaut worden, er bekam neben dem neuen Schrein eine moderne Mensa und eine Predella. Dagegen sind die 4 Reliefs der feststehenden Flügel, in jedem Feld stehen 3 Apostel, ein Werk des Meisters des St Benedikter Christus-Grabes, etwa vom Ende des 15. Jh. Beide, die Skulpturen und die Reliefs, waren schon einmal in einem Altar vereint (keine Bilder oder Skizzen), der 1890 wegen großer Schäden zerlegt worden ist. In dem wenig geschmackvollen Nachfolgealtar stand nur die Madonna, ohne die beiden Heiligen. Erst die Neukonzeption von 1947 brachte wieder alle Teile zusammen. Die Figuren des Gesprenges sind freie Barockkopien alter gotischer Vorbilder in einer sehr gefühlvollen Darstellung, sehr schön ist der Kopf des Christus!

Geburtsort von Andrej Sládkovič (Dichter). Wirkungsort von Štefan Moyses.

M *"Múzeum Andreja Sládkoviča" (A. Sládkovič-Museum), Gedenkstube, Stadtgeschichte u.a..*

🌐 1930: 5.103 EW (4.681 Sl, 116 D, 108 Ma, 23 J, 97 Z), 1940: 5.230, 1991: 7.971, 2001: 7.991 EW.

◉ UMGEBUNG: S der Stadt (ca. 1 km) steht ein alter WACHTURM, der als einer der wenigen eines ganzen Netzes, das seinerzeit zur Abwehr der Türken angelegt wurde, erhalten geblieben ist. In sw R (10 km) • BAIERNDORF (HONTIANSKE NEMCE): Dorf (1.495 EW), mit einem der wenigen heutigen Namen, in denen noch ein Hinweis auf die d Besiedlung erhalten ist. Wie in das benachbarte Siebenbrot kamen auch d Siedler hierher und auch hier verlief die Entwicklung wie dort. Die heutige kath Kirche geht auf eine weitgehend erhalten gebliebene dreischiffige romanische Basilika (2. Hälfte 13. Jh) zurück. In der ersten Hälfte des 16. Jh spätgotisch erneuert und nach einem Feuer 1788 barock umgestaltet, so daß neben den romanischen Schiffen mit gotischen Elementen (im 16. Jh eingewölbt) ein barockisierter romanischer Turm, eine barocke Sakristei und ein Renaissancechor vorhanden sind. Ausmalung neu (1954), Altäre (18. und 19. Jh) mit teilweise älteren Elementen (Statue der Maria vom 16. Jh im Gesprenge des Hauptaltars, Bild im Seitenaltar vom 17. Jh). Die Marien-Säule (Rokoko) wurde in der 2. Hälfte des 18. Jh aufgestellt.

In sw R (13 km) • SIEBENBROT (SEBECHLEBY): Interessanter Ort (1.202 EW). Der zweite Teil des sl Namens soll auf "gleb" bzw. "chleb" (=Brot) zurückzuführen sein, zumal Namen nach Reichhild von Klib, aus dem für die Ortsbezeichnung auch zeitweise Klieb wurde, nachgewiesen sind. Hier hatten sich in einer sl Siedlung schon vor dem Mongoleneinfall D niedergelassen, die Sonderrechte erhielten. Die Entwicklung der Stadt, der Weinbau spielte eine große Rolle, wurde durch die Zerstörungen der Türken zum Stillstand gebracht. Die kath Michaels-Kirche ist mit einem Teil der Umfassungsmauern eine romanische Anlage von 1233, die nach den Schäden (teilweise zerstört, damit sie die Türken nicht als Stützpunkt verwenden konnten) und einem Feuer umgebaut sowie erweitert wurde. Die umgebende Mauer ist von 1945, hatte also keine ältere Festungsfunktion. Hauptaltar von 1765, das Bild von 1928, zwei Seitenaltäre vom 18. Jh, gotischer Taufstein von ca 1520. Sehr interessant sind die alten Weingärtnerhäuser und Weinkeller (teilweise in den Berg gehauen) im Ortsteil • STARÁ HORA (3 km nw, abseits). 2 km n (Mladá hora) befindet sich ein 1974 vollendeter Stausee (0,012 km²). **T** *Badeplatz.*

In sö R (6 km) • BZOVÍK: Dorf (982 EW), sehr interessante Klosterfestung. Die Prämonstratenserabtei wurde von Stephan II. um 1127-31

Siebenbrot, Stará Hora: Weingärtnerhäuser

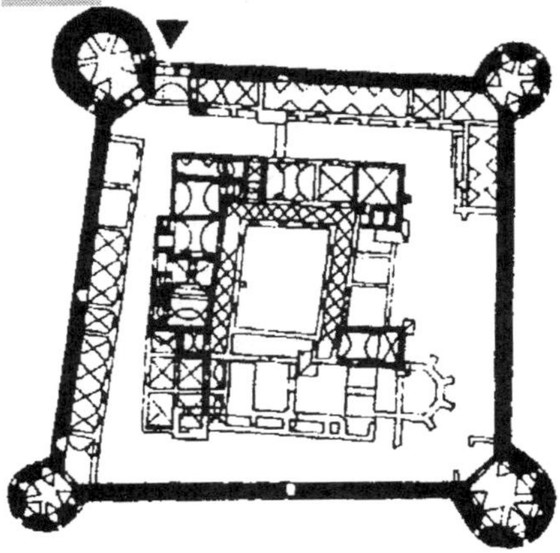

Grundriß der Klosterfestung Bzovík

gegründet. 1433 überfielen die Hussiten die Abtei, und Kämpfe mit Karpfen folgten. Mitte des 15. Jh wurde die romanische Kirche durch ein gotisches Presbyterium verlängert und das Kloster im spätgotischen Stil mit dem Kreuzgang und dem Paradiesgarten neu hergerichtet. 1530 übernahm Siegmund Balassa den romanisch-gotischen Mischbau und baute ihn unter Schleifung der Kirche (heute Fundamentreste) in ein Renaissancekastell (in den der N-Turm der Kirche einbezogen wurde) um bzw. umgab ihn mit einer mächtigen Wehrmauer mit vier, im Grundriß fast kreisrunden, aber unterschiedlich dicken Ecktürmen und einem Wassergraben. Als Kirche genügte die Sakristei (steht heute noch). Nach dem Brand von 1678 wurde das Kloster 1680-86 wieder aufgebaut und die Außenwände der Wehrmauern mit Sgraffitis geschmückt. 1945 wurde durch Kriegshandlungen der gesamte Komplex fast gänzlich zerstört, und erst 1964-67 kam es zu Wiederherstellungsarbeiten, die bisher die Wehrmauer mit den Türmen und die Sakristei umfaßten. In den Türmen sind Ferienwohnungen vorgesehen.

In n R (10 km) • FRAUENSTUHL (BABINÁ): Dorf (453 EW), das die 1254 erteilten Rechte einer d Bergstadt ca. 200 Jahre später wegen mangelnder Entwicklung verlor. Im 16. Jh den Türken tributpflichtig. 1828 hatte es 27 Häuser mit 638 EW. Kath Kirche, Mitte des 13. Jh im romanischen Stil einschiffig errichtet. Aus dieser Zeit blieben nach der barocken Einwölbung von 1754 und dem Presbyterium von 1771 nur die Umfassungsmauern und der Turmschaft. **T** *Stausee, Bademöglichkeit, Zeltplatz.*

In sö R (15 km) • DEUTSCHPLEIßEN (SÁSA): Dorf (916 EW). Bekam 1351 die Privilegien von Frauenstuhl und Döbring. Romanische einschiffige kath Kirche vom frühen 13. Jh. Barockes Gewölbe und Turm. In n R (15 km) • DÖBRING (DOBRÁ NIVA): Heute bedeutungslose Gemeinde (1.728 EW) mit dem Schicksal von Frauenstuhl. Kath Kirche, eine dreischiffige romanische Basilika, um 1241 gebaut, wahrscheinlich von der Schemnitzer Bauhütte. Im 17. Jh eingewölbt, 1731 barockisiert, nur das quadratische Presbyterium und die Turmempore behielten ihr altes Gewölbe sowie die Seitenschiffe ihre halbkreisförmigen Apsiden. Die barock-klassizistische evang Kirche wurde 1784-85 errichtet und 1865 mit dem Turmbau neogotisch umgestaltet. 1957 Feuer, anschließend neogotisch hergerichtet und ausgemalt.

3 km n: Ruine der • DÖBRINGER BURG (DOBRONIVSKÝ HRAD), im 13. Jh zur Sicherung des alten Handelsweges gebaut. Wies die Türken ab, und noch im 17. Jh hatte sie eine dauernde Besatzung von ca. 150 Mann. Ende des 18. Jh verlassen und dann verfallen.

◉ ZENTREN IN DER WEITEREN UMGEBUNG: Altsohl, Šahy, Pukanz, Schemnitz, Ilja, Antol, Dilln.

■ **KASCHAU (KOŠICE),** 211 m. Zweitgrößte Stadt und zweites Zentrum der Slowakei, seit jeher eine der bedeutendsten Städte Ungarns, im Hügelland an der mittleren Hernad gelegen. Sitz der Verwaltungen eines Landschaftsverbandes und der verschiedenen Bez Košice. Bis 1919 Sitz der Komitatsverwaltung Neuburg, der Oberaufsicht der ö Komitate, in der ČSR verschiedener übergeordneter Verwaltungen. Bedeutender großer Industriestandort, wichtiger Eisenbahn- und Straßenknoten, ŽSR, SAD. Luftverkehr. Universität, Technische Hochschule. Bistum seit 1804, Erzbistum seit 1.1.1995. Bedeutende Bausubstanz, Innenstadt Denkmalszone. Zahlreiche wertvolle Kunstwerke. Die erste Stadt, die noch vor der Wende mit einer Stadt der BRD, Wuppertal, eine Partnerschaft aufnahm. Namen: ma Kassa, lat Cassovia,

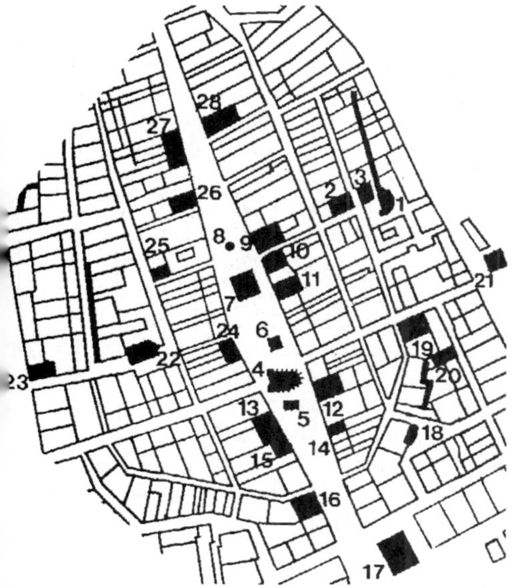

1	Henkerbastei	15	Kath. Pfarrhaus
2	Nikolaus-Gefängnis	16	Forgach-Palais
3	Ref. Kirche	17	Hotel Slovan
4	Elisabeth-Dom	18	Gotische Bastei
5	Michaels-Kapelle	19	Evang. Kirche
6	Urban-Turm	20	Synagoge
7	Theater	21	Jakab-Palais
8	Immaculata	22	Dominikanerkirche
9	Jesuitenkirche	23	Griech-kath. Kirche
10	Leutschauer Haus	24	Csáky-Haus
11	Ehemaliges Rathaus	25	Ursulinerkirche
12	Ehemaliges Komitatshaus	26	Dessewffy-Palais
13	Bischöfliche Residenz	27	Rákóczi-Palais
14	Schwarzer Adler	28	Franziskanerkirche

Kaschau: Grundriß der Altstadt

1230 Kassa, 1282 Kossa, 1307 Cascha, 1324 Casschaw, 1394 Cassow, 1420 Caschovia, 1441 Košice.

Alter Siedlungsplatz (Jungsteinzeit, Bronzezeit). Im 13. Jh wuchs die Bedeutung an einer der bedeutendsten Handelsstraßen und durch den Zuzug zahlreicher D, die Sl wohnten in der "Windischen Gasse". Königliche Freistadt seit 1347, erhielt im 14. Jh das große Stapelrecht und das Münzrecht. Im 15. Jh in der Gewalt Johann Giskras, im 16. Jh in die Fehden zwischen dem Haus Habsburg und Johann Zapolya verwickelt, im 17. und 18. Jh Brennpunkt der antihabsburgischen Aufstände und Residenz von Franz II. Rákóczi. Im Sommer 1919 kurze Zeit Sitz der Slowakischen Räterepublik, 1938-45 ohne ma Mehrheit bei Ungarn, 1945 vorübergehend Sitz der Tschechoslowakischen Regierung und des provisorischen Parlamentes, die am 5.4.1945 das "Kaschauer Programm" beschlossen.

Die umfangreichen Stadtbefestigungen wurden zum größten Teil dem Verkehr geopfert. Ein größerer Teil befindet sich u.a. im Bereich des Ostslowakischen Museums, das 1920-30 die Reste in seinen Komplex aufnahm: Die **Henkerbastei** (Katová bašta). Sie schließt eine Gartenanlage (Außenseite Stará Baštová ul.) mit dem Haus (Replik) Franz' II. Rákóczi, das er im Exil in Rodosto/Türk. bewohnte, ein. In der Nähe steht das **Nikolaus-Gefängnis**, das aus der Verbindung zweier spätgotischer Stadthäuser im 16. Jh entstanden ist. 1909 wurde das Gefängnis aufgelassen, das Gebäude verfiel. 1940-42 folgte die Restaurierung und die Nutzung für museale Zwecke. Bei diesen Arbeiten sind neben alten, ausschmückenden Elementen auch Reste und vor allem Scherben (an die 15.000 Stück) einer alten Töpferei, die hier im 15. Jh gearbeitet hat, gefunden worden. Neben diesen kulturhistorisch sehr interessanten Funden sind zahlreiche Hinweise auf die Praxis der Gefangenenhaltung und etliche Kritzeleien wie auch Skizzen der Gefangenen zu sehen. Neben dem Museum steht die **ref Kirche**, die aus einem ehemaligen Waffenlager 1805-11 entstanden ist. Mit dem 1853 errichteten Turm (Renaissanceturmhahn von 1589) wurde die gesamte Fassade im neoromanischen Stil umgestaltet. Im Innern ist neben den protestantischen Emporen ein Tischaltar aus Marmor von 1874 vorhanden. Die Kirche besitzt mehrere wertvolle Einrichtungsgegenstände, u.a. einen Renaissancekelch des Leutschauer Goldschmiedes E.Wüstemann (17. Jh). Ferner eine frühbarocke Patene des Kaschauer Goldschmiedes E. Kammerschreiber (1644). Am Rand sind die Wappen der Stifter (Georg II. Rákóczi und seine Gemahlin) eingraviert, und umlaufend ist ein Zitat aus dem Neuen Testament angebracht.

Die Dominante von Kaschau ist ohne Zweifel der **Elisabeth-Dom**, ein hervorragendes gotisches Bauwerk, das in beherrschender Lage, auf dem spindelförmig erweiterten, langen Straßenmarkt steht.

Diese größte Kirche der Slowakei wurde anstelle eines noch älteren Bauwerkes und nach einem Brand von 1357, unter Abriß der damals vorhandenen Schiffe, zu einer fünfschiffigen Anlage erweitert, die in der Disposition große Ähnlichkeit mit derjenigen des Domes in Xanten hat. 1402 war der Bau, an dem eine große Bauhütte mit spätparlerischer Tradition tätig war, noch nicht vollendet. In einer zweiten Bauphase von 1420-40, mehrere schlesische Bauhütten waren beteiligt, wurde der Grundriß geändert. Ein Querschiff wurde einfügt, so daß 2 weitere großartige Hauptfassaden mit Portalen entstanden. In einer dritten Phase, die in die Zeit von Matthias Corvinus fällt, wurden vom Meister Stephan die Gewölbe des Schiffes sowie 3 Seitenkapellen und ein großes Sakramentshäuschen errichtet und der S-Turm vollendet. Ein weiterer Baumeister, Nikolaus Krompholz aus Neiße, vollendete den Bau, indem er bis 1508 die Chorräume anbaute. Nach dem Brand von 1775 bekam der N-Turm den Barockhelm. 1834 verursachte ein Erdbeben sehr große Schäden, und der Dom wurde geschlossen. Die Überschwemmung 1845 und der Orkan 1875 bedrohten die Standfestigkeit des Domes so sehr, daß zwischen 1877-96 umfangreiche Rekonstruktionsarbeiten notwendig wurden (Imre Steindl), die u.a. auch zum Austausch der in ihrer Statik gestörten Pfeiler führten sowie Änderungen an den Gewölben der Seitenschiffe erforderlich machten. Bei dieser Gelegenheit wurde auch eine puristische Restaurierung durchgeführt, die viele alte Architekturelemente vernichtete.

Kaschau: Elisabeth-Dom und Urban-Turm

Der Figurenschmuck der 3 Portale wurde ebenfalls verändert und ergänzt. Charakteristisch ist die Flächigkeit der Portale- im Gegensatz zu denen der im W gelegenen Dome mit ihrer vielfach einladenden, trichterförmigen, nach innen führenden Art. Außerdem überkreuzen sich hier verschiedene Entwürfe. Das w Eingangsportal hat rechts und links Sattelportale, die von ihm abgesetzt sind. Diese tragen einen Aufsatz, der oben in einem Spitzbogen endet. Im Tympanon befindet sich ein Relief, das Christus am Ölberg zeigt. Das S-Portal befindet sich in der Vorhalle unterhalb des königlichen Oratoriums. Es hat 2 Öffnungen und ist durch ein System von Spitzbögen und 3-eckigen Bogenfeldern betont. Am Gewölbe ist ein hängender Schlußstein, dessen Vorlage, der erste in dieser Art gestaltete Schlußstein war, den Peter Parler für den Prager Veits-Dom schuf. Die Steinplastiken zeigen u.a. Adalbert, Andreas, König Kolomann und Elisabeth. Am üppigsten ist das N-Portal aufgebaut, das aus einem pyramidenförmig angeordneten System architektonischer Bauteile und Reliefs besteht, die auf der zwischen 2 Stützpfeilern befindlichen Wandseite angebracht sind. Der ikonographische Aufbau dieser Reliefs geht von dem Kontrast zwischen dem gekreuzigten (3 Reliefs) und dem siegreichen Christus (mittleres Relief) aus. Im Tympanon ist das Jüngste Gericht dargestellt; in einer Art, wie sie häufig an Portalen anderer europäischer Kathedralen zu

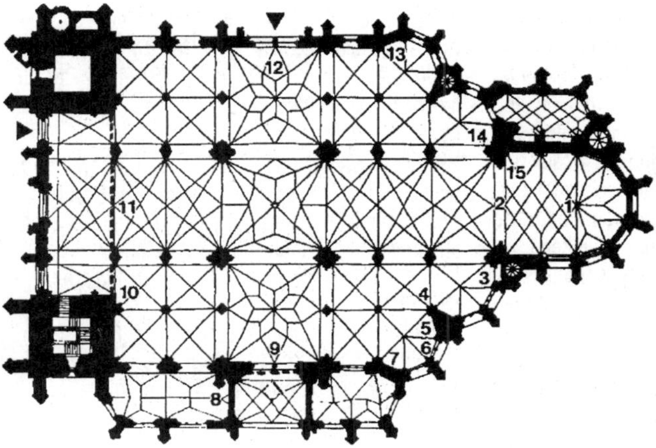

Kaschau: Grundriß des Elisabeth-Domes

1 Hauptaltar
2 Immaculata
3 Heimsuchungsaltar
4 Maria
5 Jüngstes Gericht (Fresko)
6 A.v. Padua-Altar
7 Auferstehung (Fresko)
8 Anna-Altar
9 Kreuzweg
10 König-Matthias-Laterne
11 Plastiken am Chor
12 Apotheose des Franz II. Rákóczi
13 Kreuzabnahme (Fresko)
14 Elisabeth-Relief
15 Pastophorium

sehen ist. 2 seitlich angebrachte Reliefs zeigen Szenen aus dem Leben der Elisabeth. Unter den Steinplastiken findet man Karl Robert von Anjou, Ludwig d Großen, Königin Elisabeth von Anjou etc.

In der Slowakei sind, im Gegensatz zu den w gelegenen Domen und Kathedralen, Steinplastiken nur sehr selten vertreten. Und von diesen wenigen sind diejenigen am Kaschauer Dom nicht alle aus der gotischen Epoche, sondern teilweise viel später geschaffen worden. Die wesentlichsten Reliefs des N- und W-Portales stammen von einem einzigen Künstler (Meister der Reliefs des Kaschauer Domes), der im 15. Jh an der Schwelle des "weichen" ("schönen") zum "festen" spätgotischen Stil stand. Bei den Sicherungsarbeiten wurden Fragmente alter gotischer Wandmalereien (Jüngstes Gericht, Auferstehung) freigelegt. Wie an vielen gotischen Domen (typisch ist Köln) haben sich die verwendeten und auch später ausgetauschten Bausteine als nicht besonders dauerhaft erwiesen, so daß auch in Kaschau laufend Renovierungsarbeiten durchgeführt werden müssen. 1906 wurden die sterblichen Überreste des Franz II. Rákóczi aus der Türkei in den Dom überführt und in der von A. Aigner und F. Schulek hergerichteten Krypta beigesetzt.

Zu den schönsten Altären der Slowakei gehört der Hauptaltar, der *ELISABETH-ALTAR*. Diesem spätgotischen, Elemente des Überganges zur Renaissance zeigenden Altar, der 1474-77 geschaffen wurde, sind viele Schöpfer zugewiesen worden. Eine Einordnung ist durch das Fehlen von anderen Arbeiten in der Slowakei, die vom unbekannten Meister der großartigen Plastiken des Schreins, rechts die Elisabeth von Ungarn (bzw. von Thüringen), links die Elisabeth des Alten Testamentes und in der Mitte die Maria, stammen könnten, sehr problematisch. Gedacht wurde auch bei diesen außergewöhnlich großen Plastiken (ca. 2,50 m) an einen Import, nachdem sie zuerst den Kaschauer Meistern Stephan und Alexander zugeschrieben worden waren. Am ehesten könnten sie aus dem Nachfolgekreis von Nicolaus Gerhaert stammen, am wahrscheinlichsten von Gregor Erhardt aus Ulm. Beziehungen bestehen auch zu Arbeiten in Straßburg und in Nördlingen. Selbst wenn die Annahme, daß Gregor Erhardt die Plastiken geschaffen habe, stimmen sollte, bleibt weiterhin ungeklärt, wer dieses monumentale Werk - mit seinen Abmessungen (11 m hoch, 8 m breit) zählt es zu den großen Flügelaltären der Welt - entworfen und zusammengestellt hat.

Der ikonographische Aufbau stützt sich auf die Schutzpatronin der Kirche, die Elisabeth von Ungarn, der auch der Altar geweiht ist. Auf den geöffneten Altarflügeln sind in einer starken Darstellung 12 Szenen aus dem Leben der Elisabeth zu sehen. Auf dem Postament sind die 5 klugen und die 5 törichten Jungfrauen dargesellt, ein Hinweis, daß die Entscheidung der Elisabeth, ein Leben der Buße und Mildtätigkeit zu führen, richtig gewesen ist. Bei geschlossenen Innenflügeln sind 24 Bilder mit einem Passionszyklus sichtbar. Bei geschlossenen Außenflügeln sind 12 Bilder von einem mariologischen Zyklus zu sehen. Alle 3 Zyklen beginnen, infolge einer späteren Änderung der Anordnung, in der jeweils unteren linken Ecke und enden oben rechts! Die zweifellos monumentalen Bildtafeln stammen von 3 verschiedenen Malern aus ein und derselben Werkstatt. Der Elisabeth-Zyklus vom Meister der Werkstatt selbst, ein ganz bedeutender, stark von der spätgotischen niederländischen Malerei beeinflußter Künstler (Meister des Kaschauer Altars). Die anderen Zyklen stammen von je einem seiner Gehilfen. Das spätgotische Gesprenge ist vom 19 Jh. und wurde bei der Wiederaufstellung des Altars angefertigt (das alte ging mit seinen Figuren beim Abbau des Altars, Beginn des 19 Jh., verloren). Die als Relief ausgeführte Predella zeigt Vir dolorum, Maria und Johannes.

Der *ALTAR DER HEIMSUCHUNG,* ein spätgotischer Flügelaltar, von M. Günther 1516 gestiftet, zeigt im Schrein Maria und Elisabeth. Die Figuren von 1470-90 und die älteren 11 Plastiken des Gesprenges sind auch nicht einzuordnen. Ähnlichkeiten bestehen zu den Plastiken des Hauptaltars, aber auch zu Arbeiten von Veit Stoß in Krakau. Die 8 Bilder und die Predella zeigen verschiedene Szenen und Heilige. Am benachbarten Pfeiler Holzplastik der *MARIA* vom frühen 16. Jh. Daneben Fresken vom 15. Jh: *JÜNGSTES GERICHT* (mit Aposteln) und *AUFERSTEHUNG* (mit Teilen der Passion). Davor der *ANTONIUS VON PADUA ALTAR*, der aus den Resten zweier Altäre vom 16. Jh (Brandschäden) und dem modernen Zentralbild von 1860 zusammengestellt wurde. Interessant ist der neogotische *ANNA-ALTAR* (Anna-Selbdritt) mit dem Bild von 1516, eine Arbeit aus St Ulrich (Tirol): Wurzel Jesse. Auf dem Oratorium stehen die überlebensgroßen Plastiken der *KREUZIGUNG* vom frühen 15. Jh.

Am S-Turm befindet sich die gotische *KÖNIG-MATTHIAS-LATERNE,* und an der Empore stehen einige sehr gute *PLASTIKEN* (Stephan, Ladislaus, Martin, Emmerich) von der Mitte des 15. Jh (von Johann Weiß?). Auf der N-Wand befindet sich ein großes Fresko: Die *APOTHEOSE DES FRANZ II. RÁKÓCZI* von 1914-19. Das *ELISABETH-RELIEF* ist von 1470, es wird Meister Stephan zugeschrieben.

Zahlreiche weitere Seitenaltäre, Epitaphe, die gotische Kanzel (19. Jh) mit Plastiken der Propheten und Kirchenväter, das gotische Taufbecken (14. Jh) und das Pastophorium von Meister Stephan (1477) vervollständigen die Ausstattung. Die farbigen Glasfenster stammen aus Wien, Budapest und Innsbruck. Außergewöhnlich große und sehr wertvolle, schöne Monstranz von J. Szilassy (1770). Neben dem Elisabeth-Dom wurde im 14. Jh die gotische **Michaels-Kapelle** als Kirche des s vom Dom gelegenen, später aufgelassenen Friedhofes gebaut. Sie ist eigentlich ein alleinstehendes Presbyterium, das in der ursprünglichen Planung zu einer größeren Kirche gehören sollte. Der Triumphbogen wurde mit Mauerwerk geschlossen, ein Türmchen aufgesetzt und ein Treppenhaus angebaut. Das reich profilierte Portal stammt aus der Zeit um 1400. Das Relief zeigt den Erzengel Michael, der mit einer Waage die Seelen der Verstorbenen abwägt, ein beliebtes

Kaschau: Michaels-Kapelle

Motiv. Der Altar, er besitzt eine alte gotische Mensa, ist 1904 aufgestellt worden. Zahlreiche Grabdenkmäler an den Wänden, unter dem Kirchenraum eine Krypta. Auf der anderen, n Seite des Domes steht der **Urban-Turm**. Ursprünglich gotisch, diente er als Glockenturm und wurde 1628 im Renaissancestil umgebaut. Er hatte die große Urban-Glocke aufgenommen, die bei einem Brand herunterfiel und heute vor dem Turm steht.

1912 wurden die Arkaden angebaut und an den Wänden die aus dem Dom entfernten bzw. vom Friedhof stammenden Grabplatten eingemauert. Unter diesen befinden sich einige sehr schöne Exemplare. Heute Museum. Auch das **Theater** steht frei auf dem Marktplatz. Ein sezessionistischer Bau, der 1897-99 errichtet wurde. Die lebhaft gegliederte, große Baumasse wird von malerisch gestalteten Dächern, die mit allegorischen Figuren geschmückt sind, gekrönt. Ebenfalls am Marktplatz steht eine sehr schöne Figurengruppe, deren Zentralfigur die **Immaculata** ist, 1720-23 auf der Stelle des Richtplatzes aufgestellt. Einige Relieftafeln befinden sich im Museum, und ein Teil der Statuen wurde durch Kopien ersetzt.

Kaschau: Theater

Ein interessantes und schönes Objekt ist die auf der O-Seite des Marktplatzes stehende **Jesuitenkirche** (mit anschließendem Kloster, das nach der Auflösung des Ordens durch die Prämonstratenser übernommen wurde). 1671-84 errichtet, folgt die Kirche dem Schema der bedeutenden Jesuitenkirchen der Slowakei, und eine einmalige Besonderheit der Barockbaukunst des Landes ist die unverputzte, aus behauenen Quadersteinen bestehende, monumentale Fassade. Das Hauptschiff ist auf beiden Seiten durch Kapellen erweitert worden. Die darüber befindlichen Oratorien sind durch Holzgitter bzw. durch ein Ornamentgesims vom Hauptschiff getrennt. Die illusionistische Malerei des Presbyteriums ist ein weiterführendes Element der Gesamtgestaltung, in der der Hauptaltar mit seiner Säulenarchitektur (1854, Himmelfahrt Marias) eine wesentliche Rolle spielt. Sie stammt von E. Schrött und wurde 1798 angebracht. Die übrigen Gemälde der Kirche (1657-1773 auch Universitätskirche), stammen von 1928-32. Die Universität war im Jesuiten- (dem späteren Prämonstratenserkloster, ab 1811), das neben der Kirche steht, untergebracht. Neben der Kirche, getrennt durch eine Gasse, steht das **Leutschauer Haus** (Nr 69). Ein spätgotisches Bürgerhaus, das Alexius Thurzo 1542 der Stadt Leutschau schenkte, 1569 erwarb das Gebäude die Stadt Kaschau und richtete in ihm den städtischen Gasthof ein, im 17. Jh teilweise im Renaissancestil umgestaltet und im Hof mit Arkaden versehen. Nach der Barockisierung kam es 1908-10 zu einer Regotisierung, und nach dem 2. Weltkrieg wurde das Nachbarhaus (Nr 67) in den Komplex einbezogen und entsprechend angepaßt. Auch heute ein Restaurant mit Räumen, die mit Netzgewölben überdeckt sind. Das **ehemalige Rathaus** (Nr 63) ist ein barock-klassizistischer Bau, mit 7 Achsen, von 1779-80. Die Reliefs schuf J.A. Kraus, die Wandmalereien stammen von E. Schrött. Im Hof Kino "Slovan". Das ehemalige **Komitatshaus** (Nr 31), zeitweise Museum des Kaschauer Regierungsprogrammes (Verkündung am 5.4.1945), heute Galerie, ist ein barock-klassizis-

Kaschau: Leutschauer Haus

tisches Gebäude, das 1779 errichtet und 1887 im Hofbereich neu aufgebaut wurde. Im 1. Obergeschoß befindet sich der mit einer schönen Stuckdecke versehene Sitzungssaal, der alle Wappen der Städte des Bez Kaschau vereinigt. Die **bischöfliche Residenz** (Nr 32+34) besteht aus dem ursprünglichen Bischofspalais von 1804 und einem 1893 integrierten benachbarten Bürgerhaus. Beide haben eine gemeinsame rokoko-klassizistische Fassade und im 1. Obergeschoß üppige Stuckdecken. Heute Sitz des Erzbischofs. Ein barock-klassizistisches Gebäude ist das 1782 gebaute **ehemalige Hotel zum Schwarzen Adler** (Nr 29). Früher ein berühmtes Hotel mit mehreren Trakten und einem Innenhof, in den die Gäste mit ihren Wagen hineinfahren konnten. Der erhöhte Mittelteil, an dem ein Balkon angebracht ist, wurde zum Vorbild für zahlreiche nischenartige Balkone, die man häufig an Kaschauer Häusern sieht. Hier fand u.a. die Hochzeit Gábor Bethlens mit Katharina von Brandenburg statt (1 Woche Dauer mit 2500 Gästen). Das **kath Pfarrhaus** (Nr 30) wurde 1901-02 gebaut, enthält in seiner prunkvollen Fassade barocke Architekturelemente und ist durch eine Reihe hoher Pilaster gegliedert. Auch die üppige Stuckverzierung enthält verschiedene Stilelemente (Jugendstil, klassische Ornamente).

Ein sehr schönes Gebäude ist das **Forgách-Palais** (Nr 12), heute Staatliche wissenschaftliche Bibliothek. Die markanten Proportionen der Fassade im Empirestil kommen durch den Kontrast zwischen dem vertikal orientierten Risalit und der horizontalen Gliederung der anschließenden Gebäudeteile sehr schön zur Geltung. Das **Haus Nr 42**, Renaissance, Ende 16. Jh, im 18. Jh erweitert, hat eine interessante Raumaufteilung. Im 1. Obergeschoß befindet sich ein steinerner Renaissancekamin, der an den Seiten von Karyatiden, die einen Architrav mit einem Tympanon tragen, begrenzt wird. In der Mitte befindet sich eine Signatur BS 1592, und auf dem Sims des Tympanons steht WIGANDUS. WEINSPERGER + KATARINA. ZASKOWSIN 1592. Auf dem Architrav ist geschrieben: CURIS FRANCISCI BOUCHARD ACOUISITA ANNO 1873. Das **Csáky-Haus** (Nr 48), wurde im klassizistischen Stil in der 1. Hälfte des 19. Jh, vorerst 1-geschossig errichtet. Das 2. Geschoß kam in der 2. Hälfte des Jh dazu. Das 7-achsige Gebäude hat, wie fast alle Häuser des Marktplatzes, die auf schmalen langgestreckten Parzellen stehen, einen Innenhof mit schön gestalteter Fassade. Die **Ursulinenkirche** (Nr 72) wurde im Renaissancestil 1650-63 als ref Kirche errichtet, 1698 erhielten sie die Ursulinerinnen, die sie durch Kapellen vergrößerten. Um 1706 bekamen die Reformierten die Kirche zurück, später mehr als 20 Jahre verlassen, brannte sie 1840 aus. Die Inneneinrichtung stammt von 1898. Sie wurde 1917 durch einige Statuen ergänzt. Das anschließende Kloster mit 2 Innenhöfen (1652-55, beendet 1663) wurde wie die Kirche 1731 barockisiert. Die strenge, spätbarock-klassizistische Fassade hat einen regelmäßigen Rhythmus (gekoppelte Fenster, Pilaster), der den dahinter liegenden Zellen entspricht. Das **Dessewffy-Palais** (Nr 78) ist ein 2-geschossiger, sehr schön gegliederter, durch einen Balkon verzierter Bau. Der mittlere 3-achsige Risalit wird von einem großen Giebel gekrönt. Das **Rákóczi-Palais** (Nr 94), heute Museum, ist ein dreigeschossiges, 8-achsiges Gebäude, hat eine barocke Fassade, die auf ältere Dispositionen im Renaissancestil zurückgeht. Den Namen bekam das Gebäude nach dem hier 1706-07 residierenden Franz II. Rákóczi.

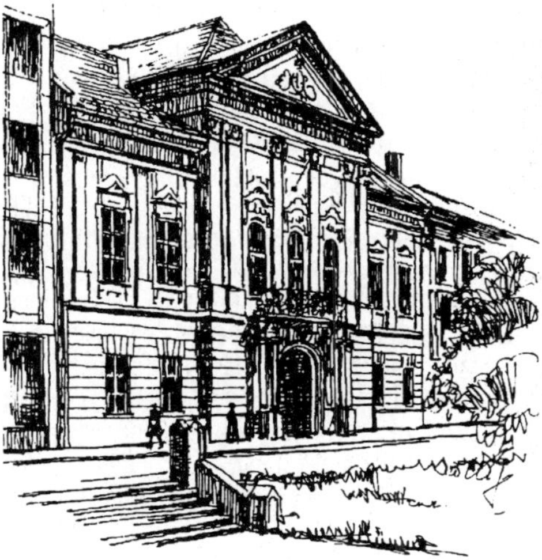

Kaschau: Ehemaliges Komitatshaus

Eine reiche Fassade besitzt auch das neobarocke, 8-achsige **Andrássy-Palais** (Nr 85) von 1899. Die **Franziskanerkirche** (Nr 93) ist ein ursprünglich gotischer Bau aus dem 14. Jh. Umgebaut und nachher ausgebrannt, wurde sie 1718-24 barockisiert, wobei das gotische Presbyterium erhalten geblieben ist, das mit einem Sternrippengewölbe eingedeckt ist.

Die Wandgemälde stammen von Fr. Wretlund (1862), und über dem Portal ist ein Relief der Kreuzigung (14. Jh) erhalten geblieben. Der Hauptaltar im Stil des Rokoko stammt aus der Zeit um 1790 und die zahlreichen Seitenaltäre aus verschiedenen späteren Jh. Das danebenstehende Kloster wurde im 15. Jh errichtet, brannte ab und wurde, ähnlich wie die Kirche, als Militärmagazin verwendet, bis es 1868 wieder in die Hand der Franziskaner kam. Bei der Rekonstruktion der Kirche wurden auch hier größere Baumaßnahmen durchgeführt. Nach der Auflösung des Ordens kam das Kloster in die Hand des Staates, der es nach einer klassizistischen Umgestaltung (1810-20) als Seminargebäude verwendete. Das ehemalige **Adelskonvikt** (Nr 95), 1647-57 im Renaissancestil erbaut, wurde nach dem Brand von 1759 barockisiert und erhielt eine schöne interessante Fassade.

Die **evang Kirche** steht in der Bahnhofstraße (Mlynská ul). Der im Grundriß einem griechischen Kreuz entsprechende klassizistische Zentralbau ist 1804-16 nach Plänen von J.J. Kitzling gebaut worden. Die Vierung wird durch eine Kuppel mit aufgesetzter Laterne überspannt und die Straßenfassade von 2 niedrigen Türmen flankiert. Im Altar, in der üblichen Säulenarchitektur, befindet sich ein Bild von J. Czauczik von 1816, Christus in Gethsemane. 2 Taufsteine (von 1816 und 1911). In derselben Straße, am Stadtpark, befindet sich das neogotische **Jakab-Palais**, das nach einem Projekt des Architekten A. Jakab aus ausgesonderten, angewitterten Steinen des Elisabeth-Domes Ende des 19. Jh als Mietshaus errichtet wurde. Der Bau fällt durch seine reiche Gliederung (sowohl in der Baumasse, wie in der Silhouette) auf, aber auch durch den Einsatz verschiedenster Baumaterialien. Im W der Altstadt, an der Moyzesova ul., steht die **griech-kath Kirche**, die im neoromanischen Stil 1882-86 gebaut wurde. Die Türme wurden 1896 hinzugefügt. Sie besitzt sowohl eine schön geschnitzte Kanzel wie einen geschnitzten, mit Bildern versehenen Ikonostas. Auf halbem Wege zum Dom steht auf einem kleinen Platz die **Dominikanerkirche** mit dem benachbarten Kloster. Sie wurde als frühgotischer Bau schon um 1290 gebaut, 1556 durch einen Brand vernichtet und ab 1578, nach dem Weggang des Ordens von Kaschau, als städtisches Lager verwendet. Nach der Rückkehr der Dominikaner wurde die Kirche zu Beginn des 18. Jh barockisiert und 1754 das Kloster errichtet, dessen klassizistische Fassade aus dem Jahr 1828 stammt. Nach einem Feuer kam es 1894 zu einer romantisierenden Wiederherstellung. Der neogotische Turmhelm stammt von 1903. Das Gewölbe des Presbyteriums trägt illusionistische barocke Fresken, ebenso das des Schiffes (falsche Kuppel mit einer Marien-Krönung). An den Wänden sind ebenfalls Fresken. Der neoromanische Hauptaltar mit einem Bild der Himmelfahrt Marias stammt von 1872. Kaschau hatte zwei **Synagogen**, die im W (Grešákova ul.) wurde in das Haus der Kunst integriert, während die zweite (Puškinova ul.) wieder den Gläubigen dient.

Nach dem Bau des Theaters (1899) wurden hier Opern, Operetten, Theater- und Ballettstücke

Kaschau: Jakab-Palais

aufgeführt. Die frühere reiche Musiktradition der Stadt, die von d, ma und sl Vereinen getragen wurde, mündete 1945 in die Umwandlung der bestehenden Musikschule in ein Konservatorium. Die 1933 gegründete Philharmonie wurde nach 1945 in ein Rundfunkorchester, ein Kammerorchester und ein Symphonieorchester gegliedert (Grešákova ul.).

🏛 *Sehr bekanntes Puppentheater (Rooseveltova). Magyarisches Theater "Thália" (Timonova). Romatheater "Romathan".*

Sitz zahlreicher, auch evang Bildungseinrichtungen. Jesuitenuniversität seit 1657 (Fakultäten: Theologie und Philosophie), nach Auflösung des Ordens städtisch, 1777 königliche Akademie (Filiale der Budapester Universität, juridische Fakultät, Umwandlung in eine Rechtsakademie) mit der Gründung der ČSR aufgelöst. Ca 10 Jahre (1667-74) existierte die Hochschule der ref Kirche. Handelsschule von Julius Fiedler 1842-64. 1937 erste Technische Hochschule der Slowakei (1938 nach Eperies und für kurze Zeit nach Turz-St-Martin verlegt). Nach dem Ende des 2. Weltkrieges wurden mehrere der vor 1938 existierenden Schulen erneuert, bis schließlich 1959 die P.J.-Šafárik-Universität (Medizin, Recht, Naturwissenschaften) gegründet und 1952 die Technische Hochschule (Maschinenbau, Berg- und Hüttenwesen, Elektrotechnik, Bauwesen) neu belebt wurde. Ferner Veterinärmedizinische Fakultät und Hochschule für Ökonomie.

In Kaschau wurden zahlreiche Zeitungen herausgegeben, darunter d wie zBsp "Panonia" (1867-1900), "Oberungarische Zeitung" (1852), "Oberungarische Gewerbe- und Handelszeitung" (1877-78), "Das Kaschau-Eperjeser Kundschaftsblatt" (1839-71), "Kaschauer Wochenblatt", "Kaschauer Zeitung" (1872-1914).

Die Industrie entwickelte sich in der vom Handel und Handwerk geprägten Stadt nur langsam (1840 Zuckerfabrik, Tabakfabrik, Frankh-Kaffee etc.). Nach 1945-48 kam es zu einem explosionsartigen Ausbau durch die Gründung der Ostslowakischen Stahlwerke, die sich ohne Rohstoffbasis (allerdings kein sozialistisches Charakteristikum!), der Koks kommt aus Mährisch-Ostrau, das Eisenerz aus der Ukraine (für das eine vom Eisenbahnnetz unabhängige Breitspurbahnlinie bis zu den Hochöfen gebaut wurde), zu einem beachtlichen Zentrum entwickelten. Neben diesem "Riesen" wurden auch noch andere Betriebe gegründet (Keramik, Lebensmittel, Chemie, Baustoffe, Kosmetik etc.).

Geburts- und zeitweiliger Wirkungsort: Wolfgang Schustel (Reformator, u.a. Briefe an Bartfeld). Wirkungs- und Sterbeort: Joachim Rheticus (Mitarbeiter von J. Kopernikus), Meister Alexander von Kaschau (Bildhauer), Erasmus Schrött (Maler), Herta Ondrušová-Victorin (Malerin).

M *"Východoslovenské múzeum" (=Ostslowakisches Museum), bedeutendes, altes (1872) Museum:*

1. Hauptgebäude (1899, Projekt: E. Lechner), Hviezdoslavova 3 (Kunstgeschichte, im Garten die griech-kath Holzkirche aus Kožuchovce von 1741, dreiräumiger, deutlich abgesetzter Bau, 3 interessante Zwiebeln),

2. Divízny dom, nám. Maratónu mieru 2 (hervorragender Goldschatz, Numismatik, Schmuck, Altertum),

3. Urban-Turm (Metallgießerkunst),

4. Nikolaus-Gefängnis (Stadtgeschichte, Zünfte, Strafrecht, Gefängniswesen),

5. Henkerbastei (Geologie, Zoologie, Rákóczi-Haus von Rodosto/Türkei).

"Slovenské technické múzeum" (=Slowakisches Technisches Museum) im Rákóczi-Palais (sehr gute Expositionen).

"Galéria Júliusa Jakobyho" (=Julius-Jakoby-G.), ehem Komitatsgebäude und Alžbetina 22 (19. und 20. Jh) und "Múzeum Vojtecha Löfflera" (=V. Löffler-M.) Alžbetina 20 (Nachlaß des Bildhauers V. Löffler).

T *Hotels. Hallenbäder, Freibäder, Badesee mit Hüttenkolonie, Winterstadion.*

⊕ 1880: 26.097 EW (10.667 Sl, 4.358 D, 10.387 Ma), 1930: 70.117 EW (42.245 Sl, 3.354 D, 11.504 Ma, 5.733 J, 801 Ru, 230 Z), 1940: 66.968, 1991: 237.701, 2001: 236.093 EW.

◉ UMGEBUNG: In nö R (26 km) • HERLEIN (HERĽANY): Badeort (276 EW). Interessanter Geysir. Die alkalisch-eisenhaltigen Quellen waren schon im 17. Jh bekannt, im 18. Jh begann der Ausbau des Bades (Josef-Gebäude). Da der artesische Brunnen und 2 Quellen zu wenig Wasser gaben, wurde 1869 mit einer Bohrung zur Erschließung einer zusätzlichen Quelle begonnen. Als 1875 die Bohrung bei einer Tiefe von 404 m eingestellt wurde, war es im Verlauf der Arbeiten öfters zu Eruptionen gekommen, die sich im Laufe der Jahre, (sowohl was die Intervalle als auch die herausgeschleuderte Wassermenge, die Höhe des Strahles und die Dauer der Erscheinung betrifft), sehr stark verändert haben. Heute wird das Mineralwasser in Abständen von 32-34 Std in eine Höhe von 30-40 m geschleudert. Nach dem 2. Weltkrieg wurde der Badebetrieb nicht wieder aktiviert, die Gebäude kamen in den Besitz der Gewerkschaft. Schöne Lage in einer Höhe von 366 m mit Kastanien- und Buchenalleen und Beständen alter Bäume. **T** *Heute wieder freie Hotels.*

In ö R (18 km) • SVINICA: Kleiner Ort (801 EW). Neben 2 neueren Kirchen steht eine bedeutende ref Kirche. Das spätromanische-frühgotische Schiff und der Turm wurden in der 2. Hälfte des 13. Jh, als Bestandteil eines Herrschaftssitzes, der in die Hände der Paulaner geriet, gebaut. Das Presbyterium wurde in der 1. Hälfte des 15. Jh errichtet, der Turm um 3 Geschosse erhöht und für

Der Geysir von Herlein

Verteidigungszwecke ausgebaut (heutiges mächtiges Aussehen). Das Schiff hat eine flache Decke, das Presbyterium ist eingewölbt. Das gesamte Innere der Kirche war ursprünglich mit Wandmalereien bedeckt gewesen, die außerdem noch öfters übermalt wurden. Auf der S-Seite des Schiffes sind Fragmente aus dem 14. und 15. Jh vorhanden, die Gott-Vater, Nikolaus und eine frühgotische italienisch-byzantinische Madonna zeigen. Ferner sind ein christologischer Zyklus und das Letzte Gericht vom Beginn des 15. Jh sichtbar. An den Außenwänden haben sich noch einige Sgraffiti (Quaderung etc.) aus dem 16. Jh erhalten. Teilweise erhalten gebliebene figürliche Darstellungen aus der Barockzeit.

In ö R (25 km) • DARGOPAß (DARGOVSKÝ PRIESMYK), 473 m hoher, alter Übergang im Sovarer Gebirge, um den im 2. Weltkrieg erbittert gekämpft wurde. Die d Truppen konnten die Befestigungen, weite Bereiche waren vermint, in den Wintermonaten 1944-45 7 Wochen gegen laufende Angriffe sowjetischer Einheiten verteidigen.

◉ ZENTREN IN DER WEITEREN UMGEBUNG: Margareten, Eperies, Trebischau, Jossau, Moldau.

● **KATONA (KLEINBERGER), FERDINAND,** *1864 Zipser Altendorf, +1932 Budapest. Maler. Studien: Budapest, Paris. Schuf unter Einfluß Mednyánszkys melancholisch-lyrische Landschaften (Zips), dann, mehr dem Impressionismus zugewandt, auch Bildnisse. Zahlreiche Ausstellungen und mehrere Preise.

● **KELER, ADALBERT,** * 1820 Bartfeld, +1882 Wiesbaden. Komponist, Dirigent. Studien: Leutschau, Debrezin, Eperies, Wien. Musikprof. in Eperies, Violinist in Wien, Dirigent in Berlin, Wien und Wiesbaden (ab 1863). Schuf mehr als 200 Stücke (Vorspiele, Szenen, Lieder, Märsche, Walzer, Polkas, Masurken), darunter: Am schönen Rhein gedenk ich Dein. Großenkel: Hans von Keler (Evang Landesbischof von Württemberg).

● **KEMPELEN, WOLFGANG,** *1734 Preßburg, *1804 Wien. Polytechniker, Erfinder, Sprachgenie. Studium: Jura und Philosophie in Raab und Wien, Rat der Ung. Kammer (Preßburg), der Ung.-Siebenbürgischen (Wien), Vertrauter Josefs II., verbesserte die Salzgewinnung, führte den Flachsanbau im Banat ein, rekonstruierte die Ofener Burg, konstruierte die Wasserversorgung der Preßburger Burg und die Wasserkunst in Schönbrunn, entwarf die Pontonbrücke in Preßburg, erfand eine Schreibmaschine für Blinde, schrieb Schauspiele und Musikstücke. Weithin bekannt wurden sein Schachautomat und die Sprechmaschine. Starb wegen der teuren Experimente in Armut.

■ **KESMARK (KEŽMAROK),** 626 m. Alte Stadt am Fuß der Hohen Tatra, das geistige Zentrum der Zips und eines der D in der Slowakei, mit wertvoller Bausubstanz und schönen Kunstwerken, Altstadt: Stadtreservat (Denkmalszone). Industrie. Straßenknoten, ŽSR, SAD. 1996 wieder Bezirkshauptstadt (1960 zum Bez Poprad geschlagen). Namen: d auch Käsmark (besonders ab Ende der 30-er Jahre), ma Késmárk, lat 1251 Villa Saxonum aput ecclesiam sancte Elisabeth, 1269 Kesmark, 1270

Diorama von Ernst Scholz (1938): Kesmark und die Oberzips mit der Hohen Tatra

Keßmargkt, Kesmark, 1272 Keysmarch, 1295 Kesmarkt, 1307 Forum Casaeorum, 1404 Kesmarkt, 1449 Kesmarek, 1660 Kaisersmarck, 1683 Kaysermarckt, 1918 Kežmarok.

Alter Siedlungsplatz (Jungsteinzeit, Bronzezeit, Kelten). Aus dem Nebeneinander dreier verschiedener Niederlassungen, einem sl Fischerdorf, einer ma Grenzwache um St Michael und einer d Ansiedlung um die Kirche St Elisabeth entstand schon vor dem Mongoleneinfall ein Gemeinwesen, das nach dieser Katastrophe von D wieder begründet wurde. Neben den 2 Plätzen, an denen schon früher die Kirchen gestanden haben, kam es zu der Anlage eines großen, durch die Gabelung der alten Verkehrswege bedingten, abgewinkelten Straßenmarktes, an dem sich in den folgenden Jh die für Kesmark typische Bebauung entwickelte, die etwa die Mitte hält zwischen den großbürgerlichen, den bodenständigen Formen schon entrückten Bauten Leutschaus und derjenigen der Zipser Bauernhäuser. In der Bruderschaft der 24 königlichen Pfarrer, 1269 Stadtrechte, im Bund der 24 Zipser Städte bis 1380, dann königliche Freistadt mit weitgehenden Privilegien. Neben Kaschau und Leutschau einer der wichtigsten Handelsplätze Ungarns, geriet in eine scharfe Konkurrenz zu Leutschau. Auch die sonstige Entwicklung war durch Abhängigkeiten (gegenüber den Zapolyas, den Łaskis, Thökölys) ins Stocken geraten. Erst 1655 wurde Kesmark das Statut einer königlichen Freistadt abermals zuerkannt. An der Seite der antihabsburgischen Aufständischen stehend, mußte es manchen Schlag hinnehmen bzw. "Disziplinierungsmaßnahmen" verkraften. 1709 wurde die Stadt auf Befehl des kaiserlichen Generals Heister vom Obersten Löffelholtz belagert und eingenommen. Der Stadtrichter Jakob Kray, der Senator Martin Lanyi und der Zunftmeister Sebastian Topperzer wurden am 16.12.1709 als Rebellen und Ketzer hingerichtet. Der Pest erlagen schätzungsweise drei Viertel der damaligen EW. 1720 konnte die Stadt die Burg, das "Thököly-Schloß", kaufen und wurde zur Eigentümerin von 20 Untertanendörfern, auch von Weinbergen, die im heutigen Ungarn lagen. Nach der großen Zeit des Handels entwickelte sich das Handwerk auf ein hohes Niveau, und schon 1715 gab es 263 Betriebe. Besondere Bedeutung erlangten jene Zünfte, die sich mit der Herstellung und Veredelung von Textilien befaßten: Leinenweber, Färber, Blaudruckehersteller. Als die Kaschau-Oderberger-Eisenbahn Deutschendorf und nicht Kesmark berührte, kamen die Stagnation, der Niedergang, die Kesmark in seinen alten Formen erstarren, aber auch als Kleinod einer mittelalterlichen Stadt erhalten ließen. Nach dem 1. Weltkrieg schlugen die politischen Wogen öfters sehr hoch, obzwar von zeitweise 9 Parteien mit Vertretern von 3 Nationen eine für die Bürger der Stadt zufriedenstellende Arbeit geleistet wurde. U.a. führten 1931 zwingende Gründe

1 Evang. Holzkirche
2 Evang. Lyzeum
3 Ehem. Deutsches Evang. - Luth. Gymnasium
4 Neue evang. Kirche
5 Prof.-Grosz-Park
6 Viereckbastei
7 Rathaus
8 Redoute

9 Alte Schule
10 Glockentrum
11 Kath. Kreuzkirche
12 Kath. Pfarrhaus
13 Haus der Blaufärber
14 David-Frölich-Haus
15 Paulanerkirche
16 Unteres Tor
17 Thököly-Schloß
18 Hotel "Club"

Die Altstadt von Kesmark

zur Wahl des Kommunisten Johann Warhol zum Bürgermeister, die mit den Stimmen der ZdP erfolgte.

Kesmark: Evangelische Holzkirche

Die **evang Holzkirche** ist eine Artikularkirche, die ca. 100 m vor den Mauern der Stadt (von ihnen wurde nach 1960 ein Teil freigelegt) an der Stelle einer anderen, bereits 1688 erbauten Holzkirche (G. Buchholtz d.Ä. hielt dort seine Antrittspredigt), die zu klein war, errichtet wurde. Um die Baukosten aufzubringen, wurde eine 2 1/2 Jahre dauernde Sammelaktion in den protestantischen Länder durchgeführt (bis nach Stockholm und Kopenhagen). 792 u Gulden waren das Ergebnis. Bei Reisekosten von 518 Gulden blieb ein Reinertrag von 274 Gulden. Nach dem Abbruch der alten Kirche wurde 1717 die neue Holzkirche, in ihren Abmessungen ähnlich der heute nicht mehr existierenden Leutschauer Artikularkirche und etwas kleiner als diejenige von Paludza, von Georg Müttermann in der Form eines griechischen Kreuzes, geometrisch als Durchdringung zweier Prismen mit darunter liegenden Tonnengewölben, errichtet. In den Bau wurde die evang Schule, früher ein alleinstehendes Gasthaus, als einziger gemauerter Teil einbezogen. Nach der Errichtung des alten Lyzeums wurde sie zur Sakristei. 1890

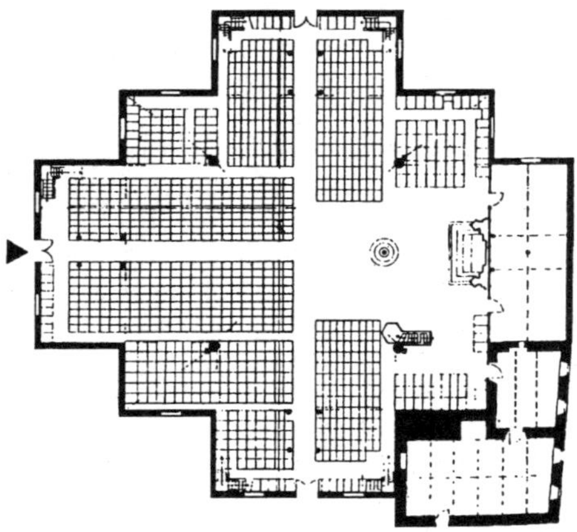

Kesmark: Grundriß der evangelischen Holzkirche

wurde der Lehmbewurf mit der Außenputzschicht angebracht. 1892 wich das Vierungstürmchen dem gestalteten großen Kreuz. Im selben Jahr wurden auch eiserne Zuganker eingebaut, da wahrscheinlich viel früher die aussteifenden hölzernen Verbände herausgeschnitten wurden. Die sehr schöne Raumwirkung ist auch den 3 kleinen, offenen, einschneidenden, in den einspringenden Ecken befindlichen Anbauten, dazu kommt die Ecke vor der Sakristei, zu danken. Die Wandmalereien, Szenen aus der Bibel mit langen Textstellen, wurden vom Maler Mayer geschaffen. In den Schiffen waren sie durch Löschwasser weitgehend zerstört worden. Dem Verfall nahe, wurde die Kirche nach einigen wenig erfolgreichen Sanierungsmaßnahmen 1990-96 mit wesentlicher Hilfe der Karpatendeutschen im Ausland (ca. 20%) gründlich restauriert.

Den barocken *ALTAR* und die *KANZEL*, hervorragende Arbeiten, schuf Johann Lerch 1718. Im Altar kniet Maria unter dem Kreuz, während Johannes und Maria Magdalena stehen; weiter außen befinden sich Moses und auf der anderen Seite Aron. Der oberste Teil des Altares soll die Dreifaltigkeit versinnbildlichen. Die Kanzel ruht auf einem vergoldeten Engel. An der Treppenwand wurden Daniel, Jesaia und Hesekiel und über dem Portal Jeremias, auf der Brüstung die vier Evangelisten, zwischen ihnen Christus angebracht. Neben der langen Inschrift sind die Wappen der Familien Bethlenfalvy (früher die im Text erwähnten

Goldberger) und Mauksch (Steinbock) angebracht worden. Der mit einem durchbrochenen Gitterwerk versehene Verschlag, Figuren und Verzierungen von Johann Lerch, war die ursprüngliche Sakristei. Das *SANDSTEINTAUFBECKEN* von 1690, stammt aus der alten Holzkirche, die kupferne Schüssel wurde erst 1768 angefertigt.

Neben der Holzkirche steht die "neue" **evang Kirche**, die 1872-92 nach einem Projekt von Theophil Hansen im historisierenden, neobyzantinischen Stil (mit mehreren Details aus der Renaissance) gebaut wurde. Der der alttestamentarischen Grundlage des evangelischen Glaubens entsprechende orientalische Charakter erschien vielfach als fremdartig, überrascht aber im Innern durch die Fülle des Lichtes. Die beiden Kanzeln, eine Seltenheit, sind eine Erinnerung an jene Zeit, als im 17. Jh Disputationen üblich waren. Das Thököly-Mausoleum wurde 1909 angebaut, um Emmerich Thököly, der 1705 in der Türkei im Exil gestorben war, aufzunehmen. Auf der gegenüberliegenden Wand befindet sich das 1925 errichtete, von Elemér Köszeghy-Winkler entworfene Ehrenmal für die Gefallenen des 1. Weltkrieges. Vom Turm der evang Kirche ist die Aussicht auf Kesmark sehr schön, ebenso der Blick zur Hohen Tatra.

S der Holzkirche steht das **alte evang Lyzeum**, das 1775 (das Chronostikon ergibt 1773) gebaut, 1820 und 1865 (zweites Chronostikon) erweitert wurde. Die einmalige Schulbibliothek ist eine der größten der Welt und besitzt, trotz großer Verluste ca 150.000 Bände, wertvolle Erstdrucke, meistens in Deutsch. Daneben, früher auf einem Grundstück, steht das neue evang Lyzeum, das spätere **Deutsche Evang.-Luth. Gymnasium AB**, das in 2 Bauabschnitten (1893 und 1906) errichtet wurde.

Im Zentrum des Marktplatzes und der Stadt steht das **Rathaus**. Sein Vorläufer wurde 1461 als gotischer Blockbau errichtet und 1515 durch ein Feuer zerstört. Vom alten Bau sind nur wenige Mauerabschnitte und ein gotisches Portal in den Neubau, der 1541-53 mit hoher Attika im Renaissancestil errichtet wurde, eingegangen. Der Haupteingang befand sich früher auf der S-Seite und ist als zugemauertes Portal erhalten geblieben. Der barocke Turm von 1641 ist eine Kopie desjenigen von St Peter in Salzburg. Nach einem abermaligen Brand wurden 1799 die Fassaden ohne

Kesmark: Thököly-Schloß

den Turm klassizistisch umgestaltet. Bei dem Großfeuer am 22.5.1922 stürzte der Turmhelm ab und durchschlug das Dach. Gleichzeitig mit den Wiederherstellungsarbeiten wurde hinter der hohen Attika ein 3. Geschoß ausgebaut und die Fassade entsprechend angepaßt.

Am n Ende des Marktplatzes steht in unmittelbarer Nähe des Unteren Tores (Barbakan, Mauerreste), das **Thököly-Schloß**. Der gotische Kern der Burg wurde im 15. Jh (teilweise auf dem Platz, wo die frühere Elisabeth-Kirche stand) errichtet. Im Laufe der Jh kam es zu zahlreichen Erweiterungen und Veränderungen, im 16. Jh zur Umgestaltung im Renaissancestil, die 1624 und 1658 noch ergänzt wurde und etwa zu dem heutigen Aussehen führte, zumal im zuletzt genannten Jahr auch die sehr schöne frühbarocke Kapelle gebaut wurde. Ihre Stuckarbeiten sind von in Wien tätigen italienischen Meistern ausgeführt worden. Die Wandgemälde und der Altar befassen sich mit dem Neuen Testament. Die Bilder des Altars führen von der Kreuzigung zur Himmelfahrt Christi, während in den Nischen Stephan I., Ladislaus, Emmerich und Adalbert stehen und Engel das Wappen Thökölys hochhalten. Ein prächtiger Renaissancebetstuhl stand früher in der kath Kirche (heute im Museum). Er wurde von Johann Lang und seinem Sohn Christian 1544 angefertigt. Eindrucksvoll ist die gute Perspektive der auf der Stuhlwand angebrachten Innenarchitektur, eine Meisterleistung der damaligen Zeit! Zu Beginn des 18. Jh wurde das auf der SO-Seite des Schlosses stehende städtische Armenhaus in den Komplex, der schließlich zur Kaserne wurde, einbezogen. Für diesen Zweck wurde auch der W-Flügel niedergerissen und der neuen Bestimmung entsprechend wieder aufgebaut. Später wurde im Eingangsbereich eine Kunststickerei untergebracht und zu Beginn des 20. Jh wurde im Eingangsturm das städtische Museum eingerichtet und verschiedene Kellerräume als Weinlager vermietet. Im 2. Weltkrieg wurde der N-Flügel für die Benutzung durch die d Jugend hergerichtet. Zwischen 1960-80 wurde das ganze Schloß für Museumszwecke umgestaltet. Der W-Flügel wurde abermals abgetragen und in der ursprünglichen Form wieder aufgebaut. Ebenso wurden die häßlichen, zum Teil privaten Anbauten am sö Bereich der Schloßmauer entfernt. Relief von 1628 am Torturm, der 1465 erbaut wurde: Neben den Wappen der Familien Thököly und Thurzo eine Inschrift, die an Stephan Thököly erinnert: "Turris fortissima/nomen Domini Stephanus Teökely de Késmark." Im Hof wurden die Fundamente der spätromanischen Elisabeth-Kirche, einige Bautrackte und der Brunnen freigelegt.

Nicht weit vom Thököly-Schloß entfernt steht die **Paulanerkirche.** Der Orden kam 1670, während der Gegenreformation nach Kesmark und erhielt 1741, nachdem er sich in der Zwischenzeit mit einem ganz kleinen Bau behalf, die von den Katholiken kurz vor 1654, am Ort von drei Bürgerhäusern, errichtete kleine Kirche. Den Platz hatte 1650 die damals noch evang Stadt den kath Gläubigen für ihre guten Dienste im Streit mit der Familie Thököly geschenkt. Diese Kirche brannte 1741 ab und 1747 wurde der barocke, einschiffige, mit einer ansprechenden, einfachen Fassade versehene Bau von den Paulanern errichtet. Der reich verzierte hochbarocke Hauptaltar, dessen Zentralbild fehlt, wurde um die Wende zwischen dem 17. und 18. Jh in Polen geschaffen und hierher gebracht. Auch die beiden Seitenaltäre aus dem frühen 18. Jh sind in ihrer Architektur sehr reich gestaltet worden, und die Zentralbilder stammen aus dem Kreis um O. Engholm. Schöne barocke Kanzel aus dem 17. Jh.

Mit der evang Holzkirche zählt die **kath Kreuzkirche** zu den bedeutendsten Bauwerken Kesmarks. Abseits vom Zentrum steht diese massige Kirche, die hinter ihren schweren Mauern eine hohe, lichtdurchflutete, dreischiffige spätgotische Halle präsentiert. Sie steht auf altem historischem Boden, auf dem einst eine romanische Kreuzkapelle, dann eine in der Mitte des 14. Jh errichtete gotische Pfarrkirche, die 1443 ausbrannte, standen. Bei dem Neubau 1444-98 wurde nur ein Teil des Turmschaftes und die n Außenwand der alten Kirche verwendet. Als erster Bauabschnitt wurde das lange (mit einem sehr schönen, an P. Parler erinnernden Netzgewölbe abgeschlossene) Presbyterium errichtet. Aus den 2 fratzenhaften Masken an den Konsolen wollte man einen "ungarischen Typus" herauslesen oder in ihnen auch den Baumeister und seine Frau sehen (?!). 1486-98 wurde dann die mit schönen Sterngewölben eingedeckte dreischiffige Halle errichtet. Das s Seitenschiff hat das Netzgewölbe des Presbyteriums übernommen, während das n Seitenschiff mit einem einfachen Netzgewölbe abgeschlossen wurde. Durch die Verwendung der n Umfassungsmauer blieb der Turm (infolge der größeren Breite

Kesmark: Glockenturm

der neuen Kirche) außerhalb der Achse, so daß eine unsymmetrische W-Front in Kauf genommen wurde. Beide Eingänge, besonders die s Vorhalle, sind schön gestaltet, auch wenn die Figuren von einem durchschnittlich begabten Künstler stammen. Als bei dem Brand von 1521 der Turm beschädigt wurde, bekam er 1525 den massiven Umgang und nach der Errichtung des freistehenden Glockenturmes die Renaissanceattiken mit den Blechfahnen. Damit entstand der erste der 3 charakteristischen, aber grundverschiedenen Türme in der Silhouette Kesmarks. Die Ausmalung des Presbyteriums (frühe 30-er Jahre, seinerzeit sehr kritisch bedacht) wurde bei der Restaurierung 1993 bis auf den umlaufenden Figurenfries entfernt.

Der *HAUPTALTAR*, ein spätgotischer Flügelaltar, ist 1869 nach Plänen von Viktor Myskowszky neu zusammengestellt worden, nachdem der Vorgänger im 18. Jh entfernt worden war. Vom alten gotischen Altar wurden die Plastiken des Schreins, Maria, Johannes und Maria Magdalena, übernommen sowie der wuchtige Kruzifixus, von denen die ersten zwei angeblich etwas barock überschnitzt wurden, aber alle aus dem Kreis um Meister Paul aus Leutschau, aus dem frühen 16. Jh stammen sollen. Wahrscheinlich trifft diese Herkunft nur auf den Kruzifixus zu, während Maria und Johannes, wahrscheinlich aus der frühen Barockzeit, nicht überschnitzt wurden. Ebenfalls vom alten Altar sind die 16 Tafeln aus dem frühen 16. Jh, die einen christologischen Zyklus bringen. Die 4 Bilder auf den Rückseiten der Standflügel sind in einem sehr schlechten Zustand. Während die 8 auf den Innenseiten der beweglichen Flügel und den Standflügeln 1639 sehr schlecht übermalt wurden, blieben diejenigen der Außenseiten auf den beweglichen Flügeln unangetastet.

Der gemalte spätgotische *KATHARINEN-ALTAR* im rechten Seitenschiff, mit seit dem 19. Jh feststehenden Flügeln (die Szenen der nicht mehr zugänglichen Flügelseiten sind unbekannt) ist von 1493 und erinnert in der Darstellung an Schongauers kluge und törichte Jungfrauen. Zu sehen sind: Katharina, Barbara und Margarethe, dann links Dorothea und Apollonia, rechts Agnes und Ursula. Freude machte dem Künstler der überall vorhandene perspektivisch gemalte Fliesenboden. Auch die Flügel des *APOSTELALTARS* im linken Seitenschiff von 1470-80 wurden im 19. Jh unbeweglich gemacht und ihre Szenen sind unbekannt! Zentralbild: Jesus zwischen Peter und Paul, auf den Tafeln sind 12 Heilige dargestellt. Zwei weitere Seitenaltäre aus dem 16. und 15. Jh stehen in der Nähe der beiden Eingänge: Auf der S-Seite eine sehr schöne *MARIENKRÖNUNG*, auf der N-Seite die *HEILIGE FAMILIE* (Anna und Joachim lehren die Maria lesen).

Ein hervorragendes Werk ist die überlebensgroße *STATUE DER MADONNA*, die, aus dem frühen 16. Jh stammend, auch dem Kreis um Meister Paul aus Leutschau zugeschrieben wird. Die neogotische *KANZEL* aus der 2. Hälfte des 19. Jh besitzt einen Baldachin im Stil der Renaissance aus dem 17. Jh. Die *BRONZETAUFE* wurde 1772 in der Zipser Neudorfer Werkstatt gegossen. Interessant ist das seiner ursprünglichen Funktion entkleidete *RENAISSANCEEPITAPH* der Susanna Dóczy (Gemahlin von Sebastian Thököly) aus ro-

Kesmark: Redoute

Das Kesmarker Wappen

tem Marmor, das als Altar verwendet wurde. In der Kirche befinden sich einige sehr schöne Bänke.

Als die Kreuzkirche im Besitz der Evangelischen war (1548-1673), wurde der freistehende **Renaissanceglockenturm** errichtet. Einer der schönsten, wenn nicht der schönste Turm dieser Art! Dies gilt sowohl für die Architektur wie für den Sgraffitoschmuck. Er wurde früher im Volksmund auch als "Goldener Turm" bezeichnet. Das Chronostikon hat folgenden Text: "**I**gnea **C**ont**I**gerat **LI**brae so**L** **LVCIDV**s astra//ho**C** a**V**tor q**V**an**D**o **C**ont**I**n**V**a**VI**t op**V**s" (frei übersetzt: Die leuchtende Sonne berührte das strahlende Sternbild der Waage, als der Urheber sein Werk fertigstellte). Trotz dieser eindeutigen Buchstabenfolge, die das Jahr 1591 ergibt, kam es zu Fehlern bei der Datierung: Viktor Myskovszky zählte 1888 "1586", Viktor Bruckner berichtet 1908 über die schlechte Lesbarkeit und übermittelt "**LVCID**us" mit ebenfalls "1586". Im 1969 von der Stadt zum 700-jährigen Jubiläum herausgegebenen Buch wird das inzwischen renovierte Chronostikon richtig wiedergegeben, aber wieder "1586" genannt. Auf der Rückseite des Turmes steht "H.B. Anno MDXVI - XVIII. septem" (also: 1591 - 18. September). Die Initialien H.B. stehen für Hans Birchenzweig, der die Sgraffiti geschaffen hat, während der Turm selbst von U. Materer gebaut wurde. Später, als die Katholiken die Kreuzkirche wieder in Besitz hatten, läuteten die städtischen Glocken des Glockenturmes bei Begräbnissen beider Konfessionen, zumal darüber 1688 ein Abkommen geschlossen wurde. 1933 kam es zu einem Eklat, als der kath Pfarrer sich weigerte, die Glocken bei einer evang Beerdigung läuten zu lassen und die Stadt das Läuten mit Gewalt erzwingen mußte.

Unmittelbar neben dem Glockenturm, getrennt durch ein "nicht autochtones" Renaissanceportal (es wurde von einer anderen Stelle nach hierher versetzt), steht der unscheinbare Bau der **alten evang Schule**, die solange benutzt wurde, bis den Evangelischen der Gasthof vor den Mauern (später Teil der Holzkirche) zugewiesen wurde. N der Kirche steht das barocke **kath Pfarrhaus**.

Neben der **Redoute**, einem monumentalen klassizistischen Bau von 1818, ist die Zahl der schönen **Häuser**, die im Zentrum und am Alten Markt stehen, groß. Darunter befinden sich auch noch meist 3-achsige Häuser mit den typischen Holzgiebeln und mit vorspringenden Walmdächern. Die Gewölbe vieler Häuser sind mit mehr oder weniger umfangreichen Stuckornamenten ausgestattet. Die meisten Fassaden erfuhren zahlreiche Veränderungen, so daß heute viele ihren gotischen Kern mit einer barocken oder dem Rokoko verpflichteten, vielfach auch klassizistischen Ansicht verdecken. Im Zentrum selbst blieb die Anzahl der Neubauten in den 30-er Jahren auf nur 2 bis 4 Objekte beschränkt, so daß die Harmonie nicht gestört ist. Dagegen wurden aber in den Außenvierteln schon in den 20-er Jahren viele moderne Bauten (Architekt Josef Kovács) vorzugsweise mit Flachdächern (ein Novum für Mitteleuropa!) errichtet.

Aus der um 1382-92 erwähnten Pfarrschule wurde in der 2. Hälfte des 15. Jh eine städtische Lateinschule, die nach der Reformation um 1533 einen evang Charakter erhielt. Eine gründliche Reform führte um 1550 der bekannte Pädagoge Leonhard Stöckel im Sinne Melanchthons durch. Eine neue Schulordnung verfaßte 1595 Johann Mylius, wodurch der höhere Organisationsgrad der Schule bestätigt wurde. Nach schwierigen Jahren, in denen schließlich die evang Kirche die Schule weiterführte, wurde die Anstalt 1787 zur Hochschule (bis 1852), an der es, neben dem theologischen Lehrstuhl, einen philosophischen und juridischen gab. Auch als Lyzeum behielt die Schule ihr hohes Niveau, das sie weithin bekannt gemacht hatte, und sie konnte dieses als Gymnasium in die Jahre des 2. Weltkrieges hinüberretten. Im September 1944 wurden die ersten 6 Klassen nach Österreich verlegt, und mit dem Kriegsende erlosch das "Deutsche Evang.-Luth. Gymnasium AB Kesmark".

In Kesmark wurden auch einige bekannte Zeitungen herausgegeben: "Karpathen-Post" (1880-1942), "Evangelischer Glaubensbote für die Zips" (1908-15, 1920-38).

Industrie: Die Herstellung von Leinen dürfte schon in frühen Jahren eingesetzt haben, und im 16. Jh wurde die Zunft der Leinenweber gegründet. 1860 mechanische Flachsgarnspinnerei und Leinenweberei (zwischen Kesmark und Nehre). 1880 Zipser Leinwand- und Baumwollbleiche AG. 1884 mechanische Damast- und Leinenwarenfabrik, Leinengarnbleiche, Färberei, Karl Wein, 1945 enteignet "Tatraľan". 1892 Schickedanz & Co, Kunststickerei, 1908 Textilindustrie AG, 1895 J. Ph. Glesinger Dampfsäge, 1860 Stärkefabrik.

Geburtsort von: Adalbert Alexander (Röntgenologe), Georg Buchholtz d.J. (Pädagoge, Naturforscher), Jakob Buchholtz (Nadlermeister, Mineraloge), Christian Genersich (evang Pfarrer, Mineraloge), Johann Genersich (Pädagoge, Literat), Samuel Genersich (Arzt, Botaniker), Alfred Grosz (Pädagoge, Bergsteiger, Miterschließer der Hohen Tatra), Thomas Mauksch (evang Pfarrer, Historiker und Naturforscher), Emmerich Thököly (Führer des nach ihm benannten antihabsburgischen Aufstandes). Wirkungsort von: Christian Augustini ab Hortis (Arzt, Mineraloge), Georg Bohus (Lehrer, Geograph), Johann Liptak (Pädagoge, Historiker), Adalbert Hudak (Theologe, Politiker), Karl Sovanka (Maler und Bildhauer), Theodor Sauter (Verleger).

Kesmark hatte große Bedeutung bei der Erschließung der Hohen Tatra, die durch die 1873 erfolgte Gründung des Karpathenvereins (KV) sehr belebt wurde.

M *"Múzeum Kežmarok" (=Kesmarker Museum) im Thököly-Schloß mit sehr guten, sachlichen und umfassenden Darstellungen aller Bereiche der Geschichte der Zips. Lyzealbibliothek im alten Lyzeum, eine Fundgrube besonderer Art!.*

T *Hotels. Freibad.*

🌐 1720: 2.950 EW, 1785: 4.170 EW, 1869: 3.944 EW, 1880: 4.475 EW (3.326 D), 1910: 7.367 EW (3.242 D), 1930: 7.228 EW (3.025 Sl, 2.577 D, 133 Ma, 702 J), 1940: 8.097 EW (2.765 D), 1991: 20.294 (wegen der Eingemeindungen von Leibitz und Kleinschlagendorf ist die Vergleichszahl 11.274 EW), 2001: 17.383 EW (ohne Leibitz).

◉ UMGEBUNG: In nw R (5 km) • FORBERG (STRÁNE POD TATRAMI), kleiner Ort (1.147 EW), entstand als d Ansiedlung auf dem städtischen Maierhof, das "Vorwerk" von Kesmark. Die kath Martins-Kirche wurde zum Ende des 13. Jh im frühgotischen Stil errichtet, im 15. Jh mit einem neuen Presbyterium erweitert und im 17. Jh mit einem Gewölbe im Stil der Spätrenaissance überzogen. Im mächtigen Turm sind unter den zahlreichen Anstrichen Sgraffiti festgestellt, aber bisher nicht freigelegt worden. Die evang Kirche wurde 1802 im klassizistischen Stil erbaut. Mit einer Zwiebel abgeschlossenes, aufgesetztes Türmchen. Barockaltar (2. Hälfte 18. Jh), Barockkanzel (1. Drittel 18. Jh).

In nw R (6 km) • ROKS (RAKÚSY): Dorf (1.929 EW). Wahrscheinlich um 1263 von Kesmark besiedelt. Abhängigkeit bis in das 19. Jh. Evang Kirche, (klassizistisch) von 1797, Turmbau 1897. Pseudoklassizistischer Altar mit einem Bild von V. Kiss: Jesus in Gethsemane, von 1924. Kath Kirche, pseudogotisch in der 2. Hälfte des 20. Jh gebaut, Altar im selben Stil, in der 2. Hälfte des 19. Jh zusammengestellt. Sein alter Kern ist ein gotischer Flügelaltar von ca. 1500, Schrein mit Madonna, gemalte Begleitfiguren (Barbara, Margarete und Katharina, Elisabeth), auf den Flügeln christologischer Zyklus (4 Tafeln, Außenseiten) und Heilige (4 Tafeln, Rückseiten). **T** *Camping- und Zeltplatz "Šarpanec", Hotel, Hüttenkolonie, weitere 2 km nw von Roks.*

◉ ZENTREN IN DER WEITEREN UMGEBUNG: Nehre, Zipser Bela, Leibitz, Menhard, Deutschendorf, Großlomnitz, Schmecks, Tatralomnitz.

● **KESTENBERG, LEO,** *1882 Rosenberg, +1962 Tel Aviv. Pianist, Musikpädagoge. Studium in Ber-

Zipser Burg mit Kirchdrauf

lin. 1919-33 in Berlin (Ministerium, Musikhochschule, gründete den Volkschor, Konzerte), 1933-38 in Prag (Konzerte), ab 1939 in Tel Aviv (Direktor des Palästinaorchesters, Gründer der Musiklehrerschule, Konzerte).

■ **KIRCHDRAUF (SPIŠSKÉ PODHRADIE),** Bez Levoča, 430 m. Früher ein bedeutender Ort, der zwischen dem Zipser Kapitel mit unmittelbarer Nachbarschaft im W und der Zipser Burg im O, in einem flachen Tal liegt. Jh hindurch in einem interessanten Spannungsfeld, zwischen der weltlichen Macht auf der Burg und der geistlichen auf dem Kapitel. Straßenknoten, ŽSR, SAD. Namen: ma Szepesváralja, lat 1249 Villa Saxorum sub castro, 1268 Suburbium, 1274 Villa Saxorum de Suburbio, 1321 Kirchdorf, 1326 Varalia, Kyrchdorff, 1421 Suburbium castri Scepusiensies vulgo Varalia, 1786 Podhradze, 1811 Kirchdrauf, 1920 Spišské Podhradie. Der d Name ist wohl eine Veränderung des Namens "Kirchdorf".

Beginn als Siedlung von Bediensteten der Burg und des Kapitels. Mit der Ansiedlung der D wurde es von der Burg unabhängig. Im Kreis der 24 königlichen Pfarrer und dem Bund der 24 Zipser Städte. Wurde an Polen verpfändet und war anschließend Mitglied der Provinz der 16 Zipser Städte. Besonders günstige Entwicklung des Handwerks (Nähe der Burg und des Kapitels!). 1614 Ort der evangelischen Synode, 1671 tagte hier das Judicium compositum, das die evang Pfarrer der 13 Zipser Städte vertrieb.

Die **alten Häuser**, die in der Regel mit einer Durchfahrt ausgestattet sind, stammen meistens aus der Renaissancezeit, in vielen Fällen barockisiert, teilweise auch klassizistisch umgestaltet. Das **alte Rathaus** (Nr 281) ist ein Renaissancebau von 1546 (im 18. und 20. Jh restauriert und umgestaltet). Über dem Eingang befindet sich das Wappen: Eine Hand mit der daraufgestellten Kirche. Mahnender Text: WO. FÖLLEREI. UBER. HANT. Nem. MAG. NICHT. LANK. EYN. GUT. REGIMENT. BESTEN. ANN. O. DOMINI. 1.5.4.6.

Die **kath Kirche** steht etwas abseits der zum Markt verbreiterten Durchgangsstraße auf einem freien Platz. 1258 im gotischen Stil errichtet, 1462-97 umgebaut und um 1 Kapelle erweitert, 1794 ausgebrannt, 1824-25 auf den Resten der alten Kirche, nur der Turmschaft blieb erhalten, klassizistischer Neubau. Hauptaltar in neoromanischer illusionistischer Architektur vom Beginn des 20. Jh und 2 weitere Altäre aus dem 19. Jh. Interessanter gotischer Marien-Altar. Ein Flügelaltar mit einem alten Schrein und Flügeln von etwa 1500-21, der 1906 eine neue Predella und ein neues Gesprenge erhielt. Die im Schrein stehende Maria war vor den Änderungen eine Katharinen-Statue. Die Tafeln zeigen Barbara, Margarete und Ursula, Genoveva, die Rückseiten weitere Heilige. Ein besonders schönes Stück ist die Bronzetaufe, die im 15. Jh in der Zipser Neudorfer Werkstatt gegossen wurde.

Die im W der Stadt stehende **Kirche der Barmherzigen Brüder** und das anschließende Kloster sind von 1643-58, nachdem der Orden das Gelände mit der mittelalterlichen Krankenpflegestelle übernommen hatte, wobei ein Krankenhaus eingerichtet wurde (existierte bis in unser Jh, heute psychiatrische Anstalt). 1727-36 wurde der gesamte Komplex barockisiert, und 1949 wurde die Kirche im pseudobarocken Stil ausgemalt. Die Altäre, die Kanzel und fast die gesamte Einrichtung der Kirche stammen aus dem 18. Jh, eine spätgotische Plastik der Maria aus dem 15. Jh, und ein frühbarockes Bild der Pieta von 1650.

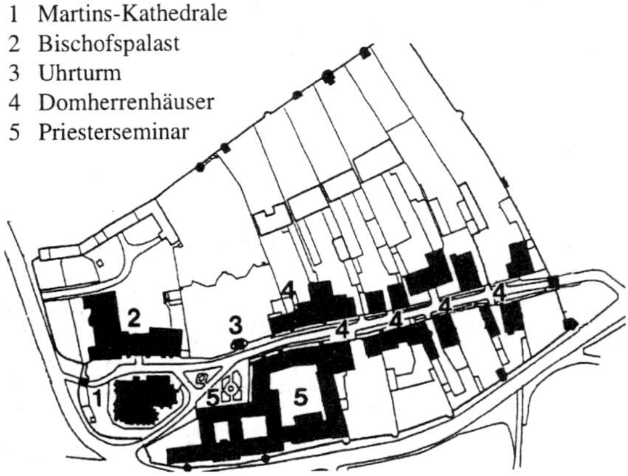

Plan des Zipser Kapitels

Am ö Ende des Marktes steht die klassizistische **evang Kirche**, 1799-1808 erbaut. Im Altar dieser Saalkirche befindet sich ein Bild von J. Czauczik, Christus auf dem Ölberg. Der gleiche Künstler schuf auch ein Bild für die **Friedhofskapelle**. Auf dem Friedhof einige beachtenswerte Grabsteine, die vom in Kirchdrauf geborenen Bildhauer Alexius Lux stammen. Die **Synagoge** wurde für den relativ hohen Anteil der jüdischen Bevölkerung 1905 im spätklassizistischen Stil gebaut. Am Markt steht eine barocke **Marien-Säule** von 1726.

🌐 1930: 3.313 EW (2.516 Sl, 274 D, 58 Ma, 300 J), 1940: 3.436, 1991: 3.454, 2001: 3.780 EW.

◉ UMGEBUNG: Direkt w (1 km): • ZIPSER KAPITEL (SPIŠSKÁ KAPITULA), Sitz des Zipser Bischofs, sehr wertvolle Kunstwerke (Denkmalszone), bis 1848 ein selbständiges Gemeinwesen. Ausgedehnte Anlage, mit Mauern, Basteien und Toren befestigt, liegt am Abhang des Martin-Berges, der nach W über den langen Rücken in den Kreuzhügel mit der Sivá Brada übergeht. Ausgrabungen beim Marterl w des Zipser Kapitels (sehr schöner Blick über das Kapitel zur Burg) ergaben, daß hier schon spätestens im 11. Jh ein größeres Benediktinerkloster gestanden hat. Die mit weitgehenden Privilegien ausgestatteten D wollten auch in kirchlicher Hinsicht unabhängig sein und erreichten um 1198 die Errichtung der Zipser Propstei. Mit den Änderungen in der kirchlichen Verwaltung Ungarns wurde sie 1776 zum Bistum. Das Zipser Kapitel hatte durch die vielen vorbeiziehenden Heerscharen zu leiden, die Befestigungen sind erst 1662-65 gebaut worden, öfters aber auch durch die Herren der Zipser Burg, die gleichzeitig die Herrschaft über die Zips ausübten, und es mußte mit dem Erzbistum Gran um seine Rechte kämpfen.

Die romanisch-gotische **Martins-Kathedrale** gehört zu den bedeutendsten Kirchen der Slowakei. Nachdem hier bereits seit Mitte des 11. Jh eine romanische Rotunde gestanden hatte, wurde nach den Zerstörungen des Mongoleneinfalls 1245-1273 eine größere spätromanische, dreischiffige Basilika errichtet. Sie reichte mit ihren Apsiden bis über das Ende der heutigen Schiffe hinaus und hatte zuerst nur den S-Turm. Gleich nach 1273 kam der zweite etwas breitere (Fehler beim Anlegen?) Turm hinzu. Die 8-eckigen Helme sind verschalte Holzkonstruktionen, mit einer dicken Mörtelschicht überzogen, die ein Steinplattendach vortäuschen. Die sehr große Anlage wurde bald zu klein, so daß 1382 auf der S-Seite eine Kapelle

1 Marien-Krönungsaltar
2 Marien-Todaltar
3 Dreikönigsaltar
4 Hauptaltar
5 Michaels-Altar
6 Leo albus
7 Krönung Karl Roberts
Vir dolorum
8 Altar der Pieta

13. Jh
15. Jh
18. Jh
19. Jh

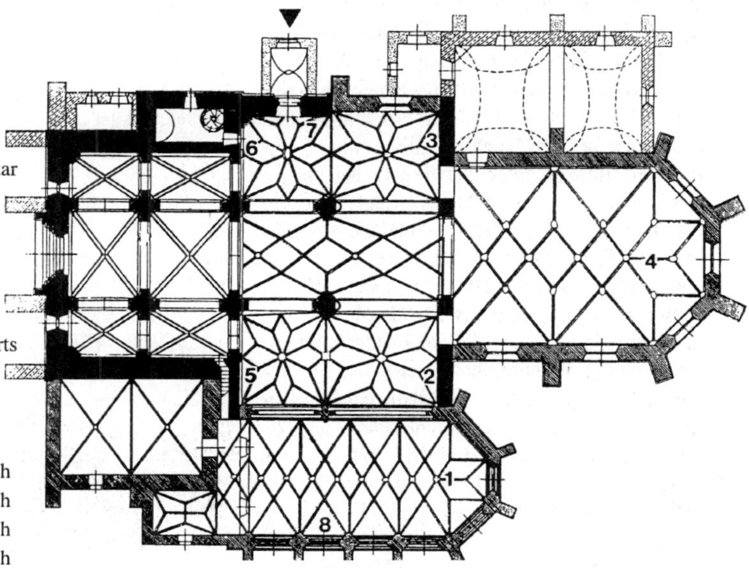

Grundriß der Martins-Kathedrale

hinzukam. 1433, 1443 und 1447 wurde die Kirche während der Hussiteneinfälle stark beschädigt und das Kapitel mehrfach ausgeplündert. Propst Johann II. (Johann Stock) konnte 1460 den Umbau bzw. die Erweiterung der Kirche durchsetzen, und nach Überwindung zahlreicher Schwierigkeiten (Veruntreuung der Baugelder etc.) begannen 1462 die Bauarbeiten.

Die Apsis (bzw. die Apsiden) und das romanische Gewölbe wurden entfernt und noch im selben Jahr die Mauern des neuen großen, die Grundfläche der Kirche um ca. 50% erweiternden Presbyteriums bis zur Fensterhöhe aufgeführt. Politische Wirren (der Tod Johanns II. etc.) verzögerten die Vollendung bis 1478. Das Presbyterium wurde eingewölbt und die dreischiffige Halle erhielt nach Erhöhung der Pfeiler (deutlich sichtbar) nur ein provisorisches flaches Holzdach. Die Einwölbung der 3 Schiffe kann aus bautechnischen und statischen Gründen (Gewölbeschub!) nur zusammen mit derjenigen der Zapolya-Grabkapelle erfolgt sein, deren Bau 1488 an der Stelle der abgerissenen alten Kapelle begann und der sich bis 1499 hinzog. Der (wie in Donnersmark) von Stephan Zapolya veranlaßte Bau der Grabkapelle des Kapitels fiel ohne eine Unterkapelle/Krypta schlichter aus als in Donnersmark. Ungelöst ist die Frage, ob die so schöne harmonische Raumwirkung als vierschiffige, lichtdurchflutete Halle überhaupt beabsichtigt war (die Gewölbejoche der Kapelle nehmen keine Rücksicht auf die Joche der dreischiffigen Kirche). Der Bereich unter den Türmen blieb mit der Vorhalle romanisch. 1777-79 erfolgte eine Barockisierung, die 1873-88 rückgängig gemacht wurde: Altäre wurden entfernt, barocke Malereien übertüncht, mit neogotischen Rankenwerk von F. Daberto wurde das Gewölbe des Presbyteriums und der Zapolya-Kapelle (in der es 1973 wieder entfernt wurde) ausgemalt.

Von den einst vorhandenen 13 Altären besitzt die Kathedrale noch fünf hervorragende Stücke. In der Zapolya-Kapelle steht der spätgotische *MARIEN-KRÖNUNGSALTAR* von 1493-99. Ein Doppelflügelaltar mit der sehr schönen Krönung Marias durch Gottvater und Sohn, wahrscheinlich vom Meister des Leutschauer Maria-Schnee-Altars geschaffen, mit großer Ähnlichkeit zu dem

Romanischer Teil der Martins-Kathedrale mit Leo albus

in Maria Gail (Kärnten) stehenden Altar des gleichen Themas, der von einem unbekannten Meister geschaffen wurde. Die Nischen der Predella sind leer, dafür stehen im sehr hohen, filigranen Gesprenge 11 ca. 60 cm hohe Statuen (u.a. Martin, Georg, Maria Magdalena, Nikolaus). Auf den Innenseiten der beweglichen Flügel sind die Verkündigung, die Geburt, die Heimsuchung und die Anbetung zu sehen; auf den Außenseiten der beweglichen Flügel und den Standflügeln 8 Bilder von einem Passionszyklus. Die erstklassigen Tafeln hat ein sonst in der Zips und der Slowakei nicht nachgewiesener, bedeutender Künstler der niederdeutsch-niederländischen Schule gemalt.

Der *MARIEN-TODALTAR* ist auch ein spätgotischer Flügelaltar, dessen Schrein 1470-78 geschaffen wurde, während das Gesprenge und die Predella erst zZt der Regotisierung der Kirche im neogotischen Stil angefügt wurden. Das Hochrelief des Schreins vereinigt in einer sehr schön gestalteten, bewegenden Gruppe eine große Zahl an Personen, Maria und die 12 Apostel. Darüber schwebt, flankiert von 2 Engeln, die Halbfigur Christi mit der "Seele" der Maria im Arm. Die

Zipser Kapitel: Uhrturm

Schnitzarbeit zeigt den typischen schwäbisch-fränkischen Charakter, der auch in den Arbeiten der Kaschauer Werkstätten nachweisbar ist. Auf den Innenseiten der beweglichen Flügel sind König Stephan, Ladislaus, Emmerich, Johannes Elemosynarius (der Almosengeber) und auf den anderen Flügeln (bei geschlossenem Altar) Blasius, Georg, Barbara, Adalbert und in der unteren Reihe Heimsuchung, Christophorus, Elisabeth, Verkündigung zu sehen. Die Bilder wurden 1470-80 in der Kapitelschule gemalt. Ein weiterer spätgotischer Flügelaltar, der *DREIKÖNIGSALTAR*, enthält in seinem Schrein die geschnitzte Gruppe der Anbetung der heiligen drei Könige, eine sehr schöne und gute Arbeit, die auch um 1470-78 in derselben Werkstatt geschaffen wurde wie der Marien-Todaltar. Die Predella (2. Hälfte 19. Jh) ist gemalt und zeigt neben Vir dolorum, Maria und Johannes. Im ebenfalls neuen Gesprenge steht eine alte Kreuzigungsgruppe. Die Bilder der Innenseiten der beweglichen Flügel zeigen Salvator, Petrus und Johannes den Täufer, Paulus. Auf den nur bei geschlossenem Altar sichtbaren Seiten der Flügel sind 8 Einzelgestalten zu sehen: Martin, Nikolaus, Antonius, König Stephan, und unten Johannes Elemosynarius, Ladislaus, Emmerich, Bernhard. Mit diesen 3 bedeutenden Altären harmoniert der große 1888-89 neogotisch hergerichtete *HAUPTALTAR*, dessen spätgotischer Kern 1470-78 geschaffen wurde. Es handelt sich um Plastiken (Martin, Maria und Nikolaus) und die Tafelbilder der Flügel, die ausgezeichnet gemalt sind. Leider sind die drei Plastiken radikal umgeschnitzt worden. Auf den Innenseiten der Flügel sind zu beiden Seiten des Schreins jeweils 2 Bilder mit je 3 Personen übereinander angeordnet. Links: Ladislaus/Emmerich/ Stephan und Apollonia/Margarete/Elisabeth. Rechts: König Eduard/ Ludwig von Toulouse/König Ludwig und Katharina/Barbara/ Ursula. Auf den Außenseiten ist ein 8-teiliger Passionszyklus zu sehen.

Kaum bescheidener ist der gemalte spätgotische *MICHAELS-ALTAR*, ein Flügelaltar von 1470-75, der im Zentralbild einen jugendlichen Michael mit der Waage in der Hand zeigt. Auf den Flügeln sind Heilige zu sehen (vorn: Hieronymus, Ambrosius, Papst Gregor, Augustinus, hinten: in der Mitte die 4 Evangelisten und zu beiden Seiten Blasius, Nikolaus und Ägidius, Erasmus).

Das große *WANDBILD* von 1317 zeigt die Krönung des Karl Robert von Anjou, der, vor Maria mit dem Jesuskind im Schoß knieend, im Beisein hoher Würdenträger die Krone erhält. Zahlreiche schöne Epitaphe, meist frühere Sarkophagplatten (u.a. Emmerich und Stephan Zapolya) und Gedenktafeln befinden sich an den Wänden. Ein sehr wertvolles schönes Stück ist die romanische Steinplastik des liegenden *LEO ALBUS* (=weißer Löwe), die (aus der 2. Hälfte des 13. Jh stammend) zu den ältesten und wenigen ihrer Art in der Slowakei gehört. Sie war früher Teil des nicht mehr vorhandenen S-Portales, und stand später längere Zeit in der Straße der Domherren. Über dem Eingang befindet sich in einer Nische ein *VIR DOLORUM* vom Ende des 15. Jh, ein Werk der Kaschauer Werkstätten. Sehr schön und reich ausgestattet sind die Brüstungen der *BÄNKE* aus dem Jahr 1630, die von Ch. Kolmitz stammen (Geburt, Anbetung, Flucht nach Ägypten und Christus auf dem Ölberg), hervorragende Arbeiten!

Gegenüber der Kathedrale steht das **bischöfliche Palais**, dessen romanischer Kern aus der 2. Hälfte des 13. Jh stammt. Im 14. und 15. Jh gotisch umgestaltet, ging er schließlich in den Renaissancebau von 1652 ein, der 1753-66 barockisiert wurde. In dem langgestreckten Gebäude befinden sich ein schönes Treppenhaus, mehrere reich aus-

Zipser Kapitel und Zipser Burg

gestattete Räume, und eine geschmackvoll eingerichtete Kapelle. Eine schöne Ergänzung bildet der **Uhrturm**, der 1739 im Barockstil gebaut wurde und früher auch einen zusätzlichen Eingang in den französischen Garten des Bischofspalastes vermittelte. Das 1815 eröffnete Priesterseminar (Bauperioden der Gebäude: 1510, 1647, 1780, bzw 1818), dem 1932-34 die nicht in das Ensemble passende Aufstockung und der Neubau der Lehrerbildungsanstalt angefügt wurde, stehen daneben. Beide Gebäude, nach der 1950 erfolgten gewaltsamen Auflösung der Institutionen Sitz der Polizei und Archiv der Geheimpolizei, gehören heute der **kath theologischen Fakultät**. Unter den anschließenden **Häusern der Domherren** (vulgo Kanoniker) gibt es einige schöne, ausgewogene Gebäude mit verschiedenen interessanten Fassadendetails (u.a. Nr 17).

Auf dem w des Kapitels gelegenen Travertinrücken Kreuzhügel (Sivá Brada/Pažica) gibt es zahlreiche Mineralquellen, einen winzigen See (ständiges Austreten von CO_2 und H_2S), direkt an der Straße einen Geysir (alle 5-6 Std, 3-5 m hoch, 1-2 Std Dauer) und einige Kapellen. Von der Mitte des 16. Jh bis 1945 befand sich hier ein kleines, bescheiden eingerichtetes Bad (Gelenkerkrankungen), das dem Kapitel gehörte. Restaurant "Spišský salaš" (Landespezialitäten, Parkplatz, schöner Blick zur Zipser Burg). Seltene und reiche Flora im ganzen Bereich!

In sw R (4 km) • ERKERSDORF (BALDOVCE), Dorf (216 EW): Bis 1945 ein kleines Bad mit lokaler Bedeutung, mit im 18. Jh erschlossenen 5 Glaubersalz- und Kohlensäurequellen (gehören zu den ergiebigsten in der Slowakei), die für Rekonvaleszente nach chirurgischen Eingriffen und zur Behandlung von Magen- und Darmkrankheiten verwendet wurden. Nach der Enteignung 1945 wurde das in einem schlechten Zustand befindliche Bad nicht wieder eröffnet. Heute Abfüllanlage für das in großem Umfang vertriebene Mineralwasser.

Im O von Kirchdrauf (4 km): • ZIPSER BURG (SPIŠSKÝ HRAD). Die Ruine (früher auch Zipser Haus, Zipser Schloß genannt) liegt auf einem hohen felsigen Kegel (634 m). Auf der O-Seite befindet sich der Parkplatz unter dem Burgtor (10 Min, April-Oktober 9.00-16.30, außer Montag). Die Burg gehört mit einer Ausdehnung von 0,04 km^2 zu den größten Burganlagen Europas. Solange die Burg noch einen kriegstechnischen Wert hatte, war sie der Sitz der Verwalter der Zips.

Siedlungsplatz in der Jungsteinzeit, in der keltischen Zeit, bzw zZt der Puchauer Kultur. Dieses relativ dicht besiedelte Zentrum war durch Erdwälle geschützt, wurde aber Ende des 2. Jh zu Gunsten des benachbarten, besser zu schützenden Hügelzuges des Drevenik (ebenfalls in der Steinzeit besiedelt) aufgegeben. Dieser aus romantischen Travertinformationen bestehende und blumenreiche Rücken wurde mehrfach zum Naturschutzgebiet erklärt (1925, 1930,1953,1982), trotzdem wurde immer wieder illegal Travertin abgebaut. Schließlich wurde die Siedlung wieder auf den heutigen Burgberg verlegt, in der Hälfte des 12. Jh entstand auf diesem Kalkfelsen, dort wo heute die Ruinen des obersten Hofes stehen, im Laufe der Jahre ein mittelalterlicher Burgkomplex, dessen Zentrum der große kreisförmige Wohnturm war, der Ende des 12. Jh einstürzte (tektonische Störung). Danach wurde ein neuer starker Turm und der "römische Palast" erbaut, der unter 9 m dickem Schutt begraben, erst 1969-79, während den systematischen archäologischen und architektonischen Untersuchungen freigelegt wurde. Nachdem die Burg dem Mongolenansturm standgehalten hatte, wurde sie um die Mitte des 14. Jh, nachdem schon mehrere Kämpfe um die Burg stattgefunden hatten, um den heutigen mittleren Burghof erweitert. Johann Giskra gelang es die Burg durch eine "Vermittlung" in die Hand zu bekommen. Mit ihm ist der Ausbau der Burg zu ihrem heutigen Umfang verbunden. Die militärische Nutzung des untersten großen Hofes fand aber nur in seiner Zeit statt, da nach ihm niemand mehr mit so einer großen Besatzung in der Burg anwesend war, der Hof diente dann nur wirtschaftlichen Zwecken. 1460 kam die Burg wieder in die Hand des Königs, der sie bald darauf den Zapolyas schenkte. Zu ihrer Zeit wurde der romanische Palast im gotischen Stil umgestaltet und mehrere Erweiterungen vorgenommen. Dann erhielten die Thurzos die Burg, die sie im Stil der Renaissance umgestalteten und mehrere Umbauten ausführten, um die Anlagen der neuesten militärischen Technik anzupassen. Auf den Resten des alten, seinerzeit eingestürzten Wohnturmes bauten sie eine Zisterne, denn die Wasserversorgung war der wundeste Punkt der Festung, da kein Brunnen vorhanden war. Nach 1636 bemächtigten sich die Csákys der Burg, und zu Beginn des 17. Jh kam es zu einer großzügigen Verbindung der bisher vereinzelt stehenden Gebäude. Da die Anlage für die weiter entwickelte Kriegstechnik nicht mehr verwendbar und als Wohnstätte zu unbequem geworden war, verließen die Csákys die Burg. Nach 1710 brannte sie ab, und nach einem weiteren Schadenfeuer 1780 wurde sie auch von der letzten Militärgarnison verlassen. Nach der Enteignung 1945 geschah mit der Riesenruine, in der kein einziger Raum mehr eine Decke oder ein Dach hatte, lange nichts, bis mehrere Räume, darunter auch die Kapelle, überdacht wurden, um sie für Ausstellungszwecke zu nutzen. Sehr schön ist die Aussicht aus den Fenstern der Burg, die ca. 200 m über dem Talboden liegt, auf die umliegende Landschaft, besonders auf Kirchdrauf und zum Zipser Kapitel.

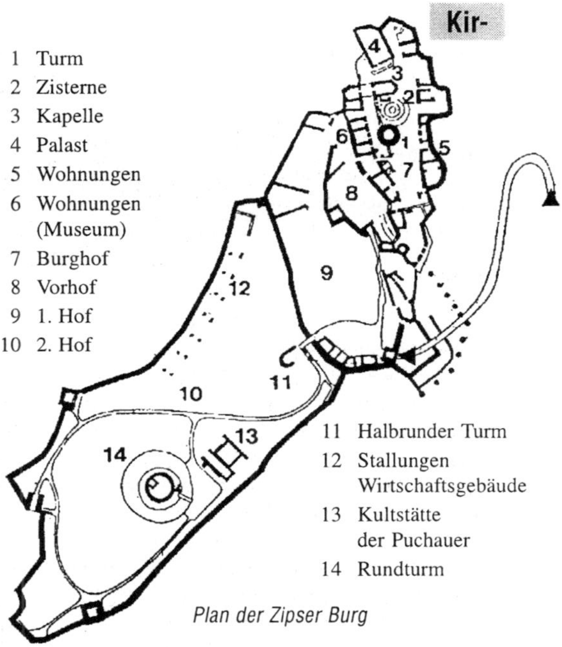

1 Turm
2 Zisterne
3 Kapelle
4 Palast
5 Wohnungen
6 Wohnungen (Museum)
7 Burghof
8 Vorhof
9 1. Hof
10 2. Hof
11 Halbrunder Turm
12 Stallungen Wirtschaftsgebäude
13 Kultstätte der Puchauer
14 Rundturm

Plan der Zipser Burg

In nö R (5 km) • BETENDORF (BIJACOVCE), Dorf (818 EW) mit interessanten Bauten. Das spätbarocke **Schloß** (heute für Schulzwecke genutzt), das in einem großen Park steht, wurde 1780-85 auf Veranlassung von Nepomuk Csáky gebaut. Neben den schlichten Seitenflügeln tritt der 5-achsige, verzierte, von einem Tympanon gekrönte Risalit des Zentralbaues besonders hervor. Die **kath Kirche** steht auf einem kleinen Hügel. Noch vor 1280 im gotischen Stil mit einer flachen Holzdecke errichtet, wurde sie mehrfach umgebaut. Bei der Einwölbung 1747 wurde keine Rücksicht auf die wertvollen Wandmalereien genommen, die durch den Gewölbeanschluß verdeckt wurden. So liegt die von einem Könner (der durch die italienische Schule gegangen war) gemalte Ladislaus-Legende (mit ihrer beachtlichen Länge von 12 m) zum größten Teil oberhalb der Gewölbe im Bereich des Dachbodens. Auf der N-Wand des Presbyteriums ist nur ein Fragment, 6 Apostel mit dem segnenden Christus, zu sehen, das früher und nicht ganz in der Qualität der Ladislaus-Legende gemalt wurde. In der Nähe der Kirche steht eine **romanische Rotunde**, deren Alter noch nicht bestimmt ist, sie wurde 1740-57 barockisiert. Von den damals überstrichenen Wandgemälden, die vom selben Maler stammen wie die Ladislaus-Legende, konnten nur 2 Figuren aufgedeckt werden.

Ö (4 km) • HOTZENDORF (HODKOVCE): unselbständiges Dorf (267 EW) mit einem Schloß der Csákys (heute Jugendheim), 1702 im spätbarocken Stil errichtet, bereits 1780 umgebaut. Der niedrige Bau, aus dem sich 2 Türme herausheben, ist 1810-20 noch einmal umgestaltet worden. Einst umgab ihn ein französischer Park (Kapelle, künstliche Ruine und Grabdenkmäler von Familienangehörigen der Csákys). Eine Lindenallee führt von hier hinauf auf den Dreveník.

In ö R führt die Hauptverbindungsstraße 18 (E 50) nach 5 km vorbei an • GRANTSCH-PETERSDORF (GRANČ-PETROVCE, 590 EW) mit seiner kleinen Kirche (1626 erbaut, Grundriß romanisch, Zinnenattika aus der Zeit der Renaissance), weiter an den Fuß des quer zur Fahrtrichtung, also in N-S-Richtung verlaufenden bewaldeten Höhenzuges des Branisko (1120 m, 1200 m).

In der zweiten Haarnadelkurve der kräftig ansteigenden Straße zweigt eine Nebenstraße nach S, nach dem nahen • HARACHSDORF (HARAKOVCE, 70 EW) ab, wo ein kleines Kirchlein mit einem Renaissanceturm steht (2. Hälfte 13. Jh). Die Straße 18, eine sehr alte Verbindung, schwingt sich mit mehreren weiteren Kurven, (jede hat einen besonderen Namen aus der Zeit, als hier noch die Fuhrleute mit Ochsen- und Pferdegespannen die Höhe überwinden mußten) auf den • BRANISKO-PASS (751 m) hinauf. Bezeichnend für die einstigen Schwierigkeiten bei der Überwindung der W-Seite dieses Bergriegels sind der alte d Name Purzelgrund und der Name der letzten Kurve "Gott sei Dank". Auf der O-Seite des Passes führt die Straße in ein hügeliges sanft abfallendes, ganz anders geartetes Gelände. Tunnel für die Autobahn.

Das Kirchlein in Harachsdorf

◉ ZENTREN IN DER WEITEREN UMGEBUNG: Schigra, Fritsch, Krompach, Gorg, Leutschau, Zipser Neudorf.

▲ **KISCHÜTZ (KYSUCA),** ca. 66 km langer, teilweise wilder rechter Seitenfluß der Waag, die er bei Sillein erreicht, entwässert den n Teil des Javornikgebirges. Der Oberlauf durchfließt einen siedlungsgeschichtlich interessanten Teil (sh Großbitsch/Makov).

● **KITAIBEL, PAUL,** *1757 Mattersburg/Ö, +1817 Pest. Gründer der modernen Botanik Ungarns, Naturwissenschaftler. Studium: Raab, Ofen. Professor an der Uni in Ofen, Lehrstuhlinhaber für Chemie und Botanik, Direktor des Botanischen Gartens. Befaßte sich sehr eingehend mit der Slowakei, die er fast ganz durchwanderte, beschrieb 80 unbekannte Pflanzen, stellte erstmalig Chlorkalk her, untersuchte ca. 150 Mineralquellen. Hatte in der Slowakei mehrere Helfer (u.a. Thomas Mauksch). Zahlreiche Publikationen, Mitglied vieler Vereinigungen.

▲ **KLEINE FATRA (MALÁ FATRA),** 55 km langes Gebirge, durch den Waagdurchbruch bei Strečno in zwei, etwa gleich große Teile getrennt, von denen der n deutlich höher ist (Veľký Kriváň, 1709 m) und zu den beliebtesten Wandergebieten der Slowakei zählt. Fast waldfrei, abwechslungsreich (Kalk und Urgestein, Klippen, steile Grasberge), weite Aussichten, reiche Flora, Sessellift auf das Snilovské sedlo (im Winter Pisten), anspruchsvolle Skitouren.

▲ **KLEINE KARPATEN (MALÉ KARPATY),** ca. 85 km langes, bewaldetes Gebirge, das, in den Straßen Preßburgs und an der Thebener Pforte beginnend, nach NO streicht (Záruby 768 m),

Der nördliche Teil der Kleinen Fatra von Podšíp

Wandergebiet. Auf der SO-Seite Weinanbau, auf der NW-Seite zahlreiche Burgruinen.

● **KLEMENS, JOZEF BOŽETECH**, *1817 Lipt-St-Nikolaus, +1883 Wien. Maler, Bildhauer, Naturwissenschaftler, Erfinder. Studien in Prag. Lehrer. Porträts, zahlreiche Altarbilder, vom Klassizismus, aber auch von der Romantik beeinflußt.

● **KLESCH, DANIEL,** *1619 Zipser Neudorf, +1697 Berlin. Evang Geistlicher, Dichter. Studien: Wien, Prag, Helmstedt, Gießen, Marburg, Straßburg, Wittenberg. Pfarrer in St Georgen, Kirchdrauf, Wallendorf, nach der Vertreibung (Gegenreformation): Lehrer in Jena, Weißenfels. Wegen Irrlehre (Offenbarung) suspendiert. Wanderprophet. 50 Bände Dramen, Predigten, Erbauungsschriften etc.

■ **KLOSTER (KLÁŠTOR POD ZNIEVOM),** Bez Martin, 510 m. Früher ein bedeutender Ort, liegt am W-Rand des Turzer Beckens. SAD. Ab 1850 Bezirksverwaltung, 1911 nach Bad Stuben verlegt. Namen: ma Znióváralja,1243 castrum Turuz, 1253 Turuch, 1251 Turch, 1503 Castrum Znio, 1773 Kloster, Klaster, 1808 Zniovárolya, Kloster-Kühhorn, 1920 Kláštor pod Znievom.

Bedeutende Funde aus der Bronzezeit und der Zeit der Puchauer Kultur. 1248 kamen die Prämonstratenser und gründeten 1252 (1251?) das Kloster. Der Ort entwickelte sich als abhängige Siedlung und gehörte lange Jahre zum Turzer Konvent, der im Kloster seinen Sitz hatte. Der erste Abt hieß Gebhard, der letzte, er trat zum Protestantismus über, Uriel Majthényi (1504-41). Später kamen die Jesuiten, und nach deren Abzug geriet das Kloster mit seinen Ländereien, nach mehreren Zwischenbesitzern, in die Hand der Universität Tyrnau (1773), dann in die der Universität Budapest (1785). Ihr Restbesitz wurde 1945 verstaatlicht. Das traditionelle Sammeln von Heilkräutern, der Anbau von Safran und die Herstellung von Ölen gingen von den Mönchen auf weite Teile der EW über, die einen regen Handel bis in weit entfernte Gebiete wie Polen und Rußland ausübten und auch als "Doktoren" auftraten.

Die einschiffige **Klosterkirche**, 1251-60 gotisch errichtet, hat in der Disposition Anklänge an die Zisterzienserklöster in Burgund. Im 16. Jh wurden einige Veränderungen im Renaissancestil durchgeführt. Die Altäre sind erheblich jünger (17., 18. Jh). Im Hauptaltar der **Pfarrkirche**, ebenfalls frühgotisch, 2. Hälfte des 13. Jh, 1728 barockisiert, befindet sich ein Bild von J.B. Klemens. Die **Florians-Säule** (Rokoko) und die **Dreifaltigkeitssäule** (klassizistisch) stammen von 1768 und 1837.

Die **Burgruine Zniov** (Hrad Zniev), früher Burg Turz genannt, liegt 500 m oberhalb des Ortes. Sie ist im 13. Jh errichtet worden und soll Bela IV. nach der verlorenen Schlacht gegen die Mongolen als Versteck gedient haben. Später war sie in der Hand der Hussiten, und in der Zeit der Kriege zwischen den Aufständischen und den Kaiserlichen wurde sie mehrmals (1681, 1705) angezündet und dann nicht wieder erneuert. Die wenigen Ruinen sind auf einem grün mk Pfad in 1 1/2 Std zu erreichen. Sehr schöne Aussicht auf das Turztal und die gegenüberliegende Große Fatra!

Im 17. Jh begannen im Ort 2 Papiermühlen zu arbeiten, im 18. Jh wurde eine Schnitzerschule gegründet, 1869 eines der ersten sl Gymnasien, das 1874 geschlossen wurde. An seine Stelle trat eine ma Lehrerbildungsanstalt (1911 nach Bad Stuben verlegt). Wirkungsort von Peter Pázmány (Propst), Janko Kráľ (Dichter), Mikuláš Moyzes (Komponist), hier studierten: Martin Kukučín (Schriftsteller), Jozef Škultéty (Redakteur).

Münnichwies: Katholische Kirche und Glockenturm

🌐 1930: 1.307 EW (1.190 Sl, 102 D, 6 Ma), 1940: 1.351, 1991: 1.516, 2001: 1.457 EW.

◉ UMGEBUNG: In w R (6 km): • MÜNNICHWIES (VRÍCKO), früher ein d Ort (1930: 2.172 EW; 149 Sl, 2.021 D, 1940: 2.414 EW; 2.394 D, 1991: 422, 2001: 401 EW), in einem sehr schönen Gebirgskessel am Fuße des Nasensteines, in einem Bereich, der den W-Rand des Turzer Beckens einnimmt und die kurzen Täler mit ihren kargen Böden einschließt, etwa von Losen (Lazany) im N bis nach Dauben (Dubové) im S, wo die im Gebirge liegenden Orte (außer Münnichwies, Bries, Hedwig) ihre d Mehrheit behalten konnten, während die in der Ebene ziemlich schnell slowakisiert wurden. Der d Name bezieht sich auf die Gründer (wahrscheinlich im 14. Jh) und die Besitzer des Ortes, die Mönche von Kloster. Die EW befaßten sich mit der Land- und Forstwirtschaft und wurden von den Mönchen zum Sammeln von Heilkräutern angeleitet. Die kath Kirche wurde im 17. Jh im Renaissancestil errichtet, in der ersten Hälfte des 18. Jh barockisiert und Ende unseres Jh verlängert. In der Nähe steht der barocke, 2-geschossige Glockenturm, aus der ersten Hälfte des 19. Jh.

In sö R (10 km) • BLATNICA, kleiner Ort (861 EW) mit krönender Ruine. Sehr schön am Fuß der Großen Fatra, an der Vereinigung dreier Täler (Gaderská und Blatnická dolina sowie des Konský dol) gelegen. Ausgangspunkt für Wanderungen in der Großen Fatra, die Gaderská dolina zählt zu den schönsten Tälern der Großen Fatra. Der Ort entwickelte sich als Landgemeinde im Schutz der Burg. Später ein Zentrum des Safrananbaues und des Ölhandels mit einigem Wohlstand. Bis heute sind noch einige **typische Häuser** mit ihren großen Toren erhalten geblieben, auch eines im sogenannten "sibirischen Stil" (Nr 12).

Die **evang Kirche**, 1785-86 als klassizistische Toleranzkirche erbaut, erhielt 1815 den Turm und wurde 1838 erweitert. In der mit Emporen versehen Predigtkirche steht ein Kanzelaltar aus der Zeit der Errichtung, obzwar das Bild Christus in Gethsemane, ebenso wie die Kanzel, aus der 1. Hälfte des 19. Jh stammen dürften. Die **kath Kirche** (14. Jh), ursprünglich gotisch, im 19. Jh klassizistisch renoviert, folgt auch der Bautradition der Prämonstratenser von Kloster, sie steht in dem früher selbständigen Ortsteil Sebeslavce, 2 km nö.

In Blatnica stehen **2 Kastelle**. Das barock-klassizistische (Nr 2) stammt aus der 1. Hälfte des 18. Jh und fällt durch den schönen, 1785 angebauten kreisrunden Porticus mit seinen 6 korinthischen Säulen auf, heute **M** *"Múzeum Karola Plicku" (K. Plicka-M., dem hervorragenden Fotografen gewidmet).* Spätbarockes Kastell (Nr 1), im 2. Drittel des 18. Jh gebaut. Die **Burg** wurde nach 1252 auf dem schmalen Felskamm, der in der Breite keine Ausdehnung erlaubte, errichtet. 1744 erfolgte die letzte große Renovierung, aber als die Burg ab 1790 nicht mehr bewohnt war, verfiel die Anlage, von der heute nur noch Teile des Turmes und des anschließenden Palastes erhalten geblieben sind. **T** *Campingplatz mit Hüttenkolonie, 0,5 km talaufwärts in der Gaderská dolina, Zeltplatz auf der Straße in Richtung Mošovce.*

In nö R (7 km) • PRÍBOVCE, kleiner Ort (999 EW). Ursprünglich gotisch errichtete kath Kirche, 1640 weitgehend unter dem Verlust ihres mittelalterlichen Charakters umgebaut. Evang Kirche 1902 im barock-klassizistischen Stil errichtet, ihr Turm gehört zu den schönsten in der Turz. Im Ort stehen 2 Kurien (Nr 1 und 31, 19. Jh) und 1 Kastell (Nr 32, 16. Jh).

In der unmittelbar s an Príbovce anschließenden Gemeinde • RAKOVO (287 EW) hängt im Kirchturm eine Glocke mit kyrillischer Schrift und einem russischen Adler, die angeblich durch Safran- und Ölhändler in die Turz gekommen ist. Auch das Gemälde der Kirche ist ungewöhnlich: Maria sitzt mit dem Jesuskind, das einen Blitzstrahl in der Hand hält (gleich Jupiter) auf einem roten Kissen. 3 reformierte Doktoren zu Füßen der Madonna schützen sich mit der Bibel vor dem Blitzstrahl. Wahrscheinlich stammt das Bild aus der Zeit der Gegenreformation.

◉ ZENTREN IN DER WEITEREN UMGEBUNG: Turz-St-Martin, Mošovce, Gaidel, Deutschproben.

● **KOHÁRY,** ma Adelsgeschlecht, mit großen Besitzungen, wesentlich am Aufbau der Eisen- und Stahlerzeugung in der Slowakei beteiligt. Sehr erfolgreich war: Fürst Franz Josef Anton (1766-1826), hatte keine männlichen Nachkommen, seine Tochter, Antonia Maria, heiratete Ferdinand Georg August Graf von Sachsen-Coburg-Gotha, womit der Besitz an die Coburger überging.

● **KOLLÁR, JÁN,** *1793 Mošovce, +1852 Wien. Dichter, Ideologe, Historiker. Studium: Jena (Theologie, Philosophie). War tief beeindruckt vom Wartburgfest, seine Poesie beflügelte seine spätere Frau, Friederike Schmidt. Schrieb zahlreiche Gedichte, Prosa, wissenschaftliche Arbeiten, sammelte sl Volkslieder.

● **KOMARNICKY**, Brüder, hervorragende Bergsteiger, Miterschließer der Hohen Tatra. Urgroßvater: Gallus Ritter von Hochberger, Badearzt in Karlsbad, Leibarzt der Kaiserin Elisabeth ("Sissi"), der Urgroßonkel des Verfassers. **GYULA**, *1885 Budapest, +1975 Budapest, Direktor der u Staatsbahnen MÁV, der u See- und Flußschiffahrtsgesellschaft, ca. 100 Erstbegehungen (erste große Wanddurchstiege), ging viel mit seinem Bruder, d, ma, p, und sl Bergsteigern, Verfasser ausgezeichneter Führer. **ROMAN,** *1887 Budapest, +1973 Budapest, Rechtsanwalt, zahlreiche Erstbegehungen mit seinem Bruder und anderen Bergsteigern.

■ **KOMORN (KOMÁRNO),** 112 m. Bezirkshauptstadt, an der Einmündung der Gran in die Donau, unmittelbar an der Grenze zu Ungarn gelegen (der s kleinere Stadtteil auf dem rechten Ufer gehört zu Ungarn). Bis 1922 Sitz der Verwaltung des comitatus Comaromiensis/Komorner Gespanschaft/Komárňanská stolica. Gehörte 1938-45 zu Ungarn. Bedeutende Stadt, Donauhafen, Werft und Industriestandort. Eisenbahn- und Straßenknoten, ŽSR, SAD. MÁV auf dem u Donauufer. Namen: ma Komárom, lat Comaromium, 1075 Camarum, 1260 Kamarum, 1218 Karmarn, 1223 Kamaron, 1230 Kamarium, 1235 Kamarun, 1245 Komaron, 1317 Kumarun, 1345 Kamarun.

Alter Siedlungsplatz (Jungsteinzeit, Zeit der Römer: castrum Brigetio am rechten, castellum Celemantia bei Iža am linken Donauufer). 1218 Stadtrechte, 1265 königliche Freistadt. Die zZt der Türkeneinfälle und während der Revolution sehr bedeutende **Festung** steht am Platz einer alten Burg, an der strategisch wichtigen Landspitze zwischen der Donau und der Einmündung der Waag. Größte Festung Österreich-Ungarns, wurde nie eingenommen ("NEC ARTE NEC MARTE") und ist ganz erhalten geblieben. Im 16. Jh war aus der Burg die "alte" Festung entstanden, der im 17. Jh die "neue" hinzugefügt wurde, wobei der breite Wassergraben zwischen Waag und Donau erhalten blieb und beide Festungen trennte. Schon "privatisiert", wurde sie während der

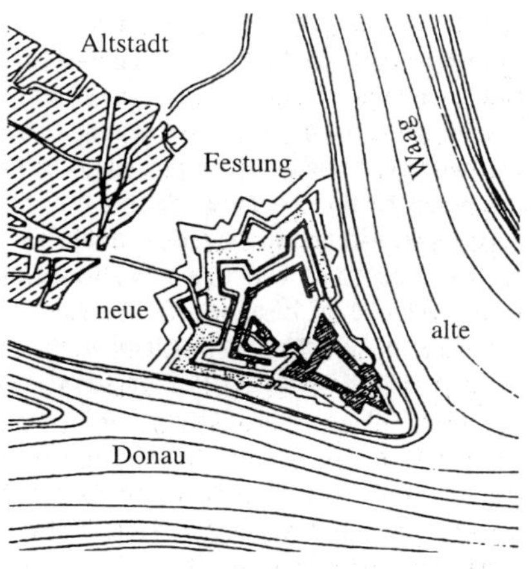

Die Festung Komorn

Komorn: Rathaus

napoleonischen Kriege wieder hergerichtet und um die 9 Vorfeldbastionen ergänzt (u.a. klassizistisches Preßburger Tor von 1844). Letzte Verbesserungen an den Anlagen erfolgten 1918-19 und noch 1938-39.

Die Verbindung zur Stadt stellt der heutige Park (früher Schußfeld der Festung) her. Dort steht das neogotische ehemalige Offizierskasino von 1858-63. Das 3-geschossige **Rathaus** wurde 1875 auf den Grundmauern eines 1725 errichteten Gebäudes im Neorenaissancestil gebaut. Auffallend ist der hohe schlanke Turm. Auf dem Platz steht neben dem Rathaus und dem Denkmal des Generals G. Klapka, das Jahrzehnte in den Park verbannt war, das mehrfach umgebaute **Zichy-Palais** (Museum). Nicht weit davon stehen vor dem Hauptgebäude des Museums (1891) das **M. Jókai-Denkmal** (von J. Berecz, 1937) und gegenüber die einschiffige, spätbarocke **kath Pfarrkirche**, die 1748-56 auf dem Platz einer schon 1268 erwähnten Kirche gebaut wurde. Die 2-türmige Hauptfassade ist reich gegliedert, und in den Nischen stehen mehrere spätbarocke Heiligenfiguren. Die ursprüngliche Ausmalung von A.F. Maulbertsch aus dem Jahr 1760 wurde nach den schweren Schäden durch das Erdbeben des Jahres 1763 von J.L. Kracker erneuert, 1848 durch Feuer vernichtet, 1860 von Sörensen, (ohne auf die ursprünglichen Motive Bezug zu nehmen) neu gestaltet (Skizzen und Beschreibungen der alten Ausmalung sind im Barockmuseum in Wien). Neben der Kirche steht das Jesuitenkollegium (barock 1654, bzw 1748-57), das später von den Benediktinern übernommen wurde. Am w Ende der Straße befindet sich das Geburtshaus von Franz Lehar (Tafel, Gedenkstätte). Seit 2000 interessanter **Europahofplatz** mit Bauten europäischer Länder.

Auf der w Seite der Zufahrt zur Brücke steht die interessante **orthod Kirche**, 1754 im spätbarocken Stil errichtet und nach dem Feuer 1849-51 erneuert, ebenfalls auf dem Platz einer viel älteren Kirche aus dem frühen 16. Jh. Schöne, reichgegliederte Fassade, die den niedrigen Turm mit einbezieht. Sehr wertvolle Einrichtung (14.-18. Jh), die während der Türkenkriege hierher gebracht wurde. Sehr schön ist der Ikonostas, 3-stöckig, barock um 1770. Schöne Rokokokanzel, schönes Gestühl mit Schnitzarbeiten des Wiener Bildhauers F.X. Seegen.

Im NW des Zentrums stehen: 1. die **ref Kirche**, 1788 im klassizistischen Stil als Toleranzkirche, Turm von 1832, errichtet. Die monumental gestaltete Fassade wird durch eine Reihe ionischer Säulen, die einen breiten Architrav mit abschließendem Tympanon tragen, bestimmt. Gegenüber der Kirche steht das ehemalige ref Kollegium (1796, 2-geschossig, klassizistisch), das einen reich gestalteten Risalit besitzt,

2. die **evang Kirche**, ebenfalls eine klassizistische Toleranzkirche von 1796, erhielt den Turm erst 1899 mit der neoklassizistischen Umgestaltung des Äußeren. In der Fassade ist ein römischer Sarkophag eingebaut worden. Altar, Kanzel und Taufbecken aus dem 18. Jh.

3. die **Militärkirche** von 1768 (ursprünglich die Kirche des Franziskanerklosters, die bei dem Erdbeben 1763 fast ganz zerstört wurde), das anschließende mächtige Klostergebäude wurde 1809 zur Kaserne.

Im N befindet sich die **Kirche der hl Rosalia**, 1848 klassizistisch errichtet, mit einer großen beherrschenden Kuppel, Ballustradenattika und zwei Fassadentürmchen.

Technische Universität. Landwirtschaftsschulen, 1606-72 höhere Schule, wo nach der Trotzendorfschen Methode auch Poetik, Rethorik, Logik und

Theologie unterrichtet wurde. Geburtsort von Franz Lehár (Komponist), M. Jókai (ma Dichter), Franz Rotter (Bildhauer). Wirkungsort: György Klapka (ma General, Verteidiger der Festung).

M *"Podunajské múzeum" (=Donaumuseum), Hauptgebäude, Palatinova 13 (Geschichte, Zünfte, Volkskunde, Kunst), Zichy-Palais (Geschichte 1848-1945). "Bašta VI" (=Bastei VI), Okružna (Römisches Lapidarium, Grabsteine, Sarkophage). Orthodoxe Kirche, Palatinova 32 (Gedenkausstellung für Franz Lehar und Mór Jókai).*

T *Hotels. Zeltplatz, Badeplatz (Waagmündung in die Donau). Thermalfreibad (Nähe Festung). Hallenbad. Winterstadion.*

◍ 1930: 21.158 EW (5.335 Sl, 1.024 D, 12.645 Ma, 653 J, 185 Z), 1940: 17.465, 1991: 37.346, 2001: 37.366 EW.

◉ UMGEBUNG: In ö R (13 km) • PATINCE (485 EW), früher Besitz der Fam. Konrad von Aldenburg. **T** *großes Thermalfreibad, Hotel, Hütten, Restaurant, Camping- und Zeltplatz.* 6 km weiter ö: • RADVAŇ NAD DUNAJOM (738 EW), Ruine einer gotischen Kirche aus dem 15. Jh, Renaissancekastel (18./19.Jh), **T** *Badeplätze an der Donau.*

◉ ZENTREN IN DER WEITEREN UMGEBUNG: Neuhäusl, Štúrovo, Gabčíkovo.

◆ **KOMORN (KOMORŇANSKÁ STOLICA),** comitatus Comaromiensis, Komorner Gespanschaft, Komárom vármegye. Beiderseits der Donau gelegenes, von der Landwirtschaft geprägtes Komitat, das fast ganz und zumindest im sl Teil ununterbrochen von den Türken besetzt war, obzwar sie die Festung Komorn nicht erobern konnten.

■ **KÖNIGSBERG AN DER GRAN (NOVÁ BAŇA),** 221 m. Alte Bergstadt mit wechselvoller Geschichte, in einem engen Seitental, unmittelbar an der mittleren Gran gelegen. Bis 1960 Sitz eines eigenen Bez, heute Bez Žarnovica. Straßenknoten, ŽSR, SAD. Namen: ma Ujbánya, lat Monte Regis, Regiomontum, 1337 Seunych, 1345 Seunyche, 1346 Königsperg, 1382 Kungsberg, 1424 Vybanya, 1430 Kunisperg Wybanya, 1773 Nowa Banya, 1880 Nowá Baňa.

Erst 1337 ließen sich hier d Bergleute aus Kremnitz, vor allem aber aus Pukanz nieder. 1345 freie

Königsberg: Rathaus

königliche Bergstadt, später bei den sieben niederungarischen Bergstädten. Die vorerst großen Erfolge des Goldbergbaues führten mit begehrlichen Nachbarn zu heftigen Auseinandersetzungen. 1535 mußte der Bergbau eingestellt werden, da es nicht gelang, das Wasser aus den immer tiefer werdenden Gruben zu heben. Später machte die drohende Türkengefahr jede größere Investition unmöglich. Die Pest (1645) und die Türkeneinfälle (1664 wurden die in die Stollen geflüchteten Bewohner durch Rauch erstickt und 600 weitere Bürger in die Sklaverei geführt) rissen große Lücken. Bereits 1630 amtierte der Rat in sl Sprache, und Neusiedler kamen aus den sl Gemeinden der Umgebung. Anfang des 18. Jh wurden wieder Golderze abgebaut, und 1721-24 stellte Isak Potter beim Schacht "Althandel" seine erste Wasserhebemaschine auf, ohne daß der Bergbau an die große Zeit des 14. Jh (erster Schacht 1383 "Reissenschuch") anknüpfen konnte. 1888 wurde er ganz eingestellt, 1920 scheiterte die Wiederbelebung. Die andauernde große Arbeitslosigkeit wurde auch nicht durch die Weiterführung der seit dem 16. Jh betriebenen Herstellung von Mühlsteinen wie durch die wenigen Handwerksbetriebe gemildert.

Das um 1353 als Festung im gotischen Stil errichtete **Rathaus** wurde 1730 umgebaut und durch den Turm vervollständigt. Bei diesen barocken Änderungen wurden u.a. das ursprünglich vorhandene 4. Geschoß entfernt. Die am unteren Beginn des langgestreckten Marktes stehende kleine kath **Elisabeth-Kirche** (auch Untere Kirche oder Spitalkirche genannt) wurde 1391 errichtet, 1664 von den Türken besetzt und beschädigt, bis sie schließlich in den Besitz der Evangelischen kam. Weit oberhalb des Rathauses steht die **kath Pfarrkirche**, die ursprünglich gotisch in der 2. Hälfte des 14. Jh gebaut wurde. Sie wurde zweimal zerstört und schließlich 1775 im Barockstil wieder aufgebaut und durch zwei Seitenschiffe erweitert. Vor dem 2. Weltkrieg kaum Industrie: Fa. Johann Schnier (Steinguterzeugung), später wurde eine Glashütte gegründet.

Oswald von Wolkenstein kam auf seinen abenteuerlichen Reisen auch nach Königsberg und soll hier an seinen Verserzählungen gearbeitet haben (14. Jh).

M *"Vlastivedné múzeum" (=Heimatkundliches Museum) im Rathaus (Geschichte, Nachbildung der Potter-Maschine).* **T** *Freibad. "Tajch" 3 km oberhalb der Stadt: Hotel, Hütten, Zeltplatz. Badeplatz. Skilift, Slalomhang.*

⊕ 1930: 5.706 EW (4.948 Sl, 19 D, 52 Ma), 1940: 5.336, 1991: 8.534, 2001: 7505 EW.

◉ UMGEBUNG: Im engen Grantal in nö R (11 km) • SCHARNOWITZ (ŽARNOVICA): Industrieort (6.596 EW). Burg vom 15. Jh, von der nur der 2-geschossige Palast erhalten geblieben ist. Mehrfach umgebaut, barg er in den 40-er Jahren unseres Jh die Verwaltung der Staatswälder. Viele Türkeneinfälle, die 1664 hier eine empfindliche Niederlage erlitten. Die kath Kirche, ursprünglich gotisch vom Ende des 14. Jh, ist nach der Zerstörung durch die Türken Ende des 17. Jh erneuert worden. Vom alten Bau sind nur Reste des Schiffes übernommen worden, das - barock eingewölbt - erheblich niedriger als früher ausfiel. Seit dem 19. Jh Ziegelei und Sägewerke. Nach dem 2. Weltkrieg wurde die Holzverarbeitung erheblich erweitert.

◉ ZENTREN IN DER WEITEREN UMGEBUNG: St Bendikt, Heiligenkreuz.

"Die weiße Frau von Leutschau" (Julie Korponay)

● **KORPONAY, JULIE,** um *1680 Ožďany, +1714 Raab. Die "Weiße Frau von Leutschau" vermittelte 1710 im Auftrage des Stadtkommandanten Stephan Andrássy und Major Du Prés (Adjutant) mit dem belagernden kaiserlichen Obersten Löffelholtz die Kapitulation Leutschaus. M. Jókai verarbeitete den Stoff ("Die weiße Frau"): Er machte sie zur Geliebten von Andrássy, den sie verriet und in der Nacht den Kaiserlichen eine Tür in der Stadtmauer öffnete. Bild W. Forbergers im Rathaus (im weißen Nachthemd). 1712 erhielt sie Briefe von Franz II. Rákóczi, die mehrere hohe Würdenträger, inzwischen auf der Seite des Kaisers, hätten belasten können und die deshalb die Frau beseitigen wollten. Justizskandal: Das Adelsgericht verurteilte sie und ließ sie hinrichten.

● **KOSSUTH, LAJOS,** *1802 Monok/U, +1894 Turin. Kompromißloser ma Politiker für die Unabhängigkeit U, Jurist. Viele seiner Handlungen waren überzogen, verließ schon vor der Niederlage der Aufständischen U und konspirierte im Exil weiter gegen Österreich-Ungarn.

● **KÖSZEGHY-WINKLER, ELEMÉR,** *1882 Rosenberg, +1954 Budapest. Maler, Kunsthistoriker. Studium: Preßburg (Jura), Budapest und

Wien (Zeichnen, Kunst). 1914-18 Direktor des Kaschauer Museums, 1923-35 Sekretär der Zipser Histor. Ges., Chefredakteur des "Szepesi hiradó" (Leutschau), wegen promagyarischer Betätigung ausgewiesen, in Budapest 1939-45 Direktor des Museums für Kunsthandwerk. Wiederentdecker der Fresken in Drauz, malte naturalistische, das Spiel mit dem Licht bevorzugende Landschaften, Illustrationen.

● **KOTTANER, HELENE,** *um 1400 Ödenburg, +nach 1470. Geb Wolfram, Kammerfrau und Vertraute von Elisabeth (Tochter Sigismunds, Gattin Albrechts II.). Entwendete die Stephans-Krone in Visegrád (22.2. 1440) für die Krönung von Ladislaus Postumus. "Denkwürdigkeiten" (um 1450), älteste d Frauenmemoiren (spannend, verläßlich).

● **KRACKER, JOHANN LUKAS,** *1717 Wien, +1779 Erlau/U. Maler, hervorragender Vertreter des mitteleurop. Spätbarocks. Studium: Wien. Ab 1765 im Dienst des Bischofs von Erlau. Zahlreiche Arbeiten in der Slowakei, großes Hauptwerk: Fresken in Jossau (neben denen der Niklas-Kirche in Prag).

● **KRÁĽ, JANKO,** *1822 Lipt-St-Nikolaus, +1876 Goldmorawitz. Dichter. Beteiligte sich an der Revolution 1848/49, inhaftiert, 1862-67 Beisitzer am Gericht des Komitates in Goldmorawitz. Zahlreiche Gedichte, Balladen, in die er seine Einstellung einfließen ließ.

Stausse Krpeľany mit Veľký Kriváň (1709 m) und Chleb (1647 m), Kleine Fatra

■ **KRAĽOVANY,** Bez Dolný Kubín, 440 m. Kleine Gemeinde mit der unmittelbar ö gelegenen herrlichen Einmündung der Arwa in die Waag, die vom Šíp (1169 m) mit seinen zahlreichen, den Wald durchbrechenden Kalkklippen beherrscht wird, während den Talausschnitt der Arwa, Stoh (1608 m) und Rozsutec (1610 m), beide charakteristische Berge der Kleinen Fatra, überragt. W des Ortes befindet sich der Durchbruch der Waag durch die Nahtstelle zwischen Großer und Kleiner Fatra, und die Waagschleife ist bereits Teil des landschaftlich sehr schön gelegenen, langgestreckten Stausees von Krpeľany (Vodná nádrž Krpeľany), der 2.-ältesten (1951-57) Waagstufe (Fläche 1,3 km^2). Straßen- und Eisenbahnknoten, ŽSR, SAD. Ausgangspunkt für Wanderungen in die Kleine Fatra. Namen: ma Kralován, 1363 Kralowenen, 1420 Kralowany, 1682 Kyralowa.

Großer Steinbruch. Früher Kalkwerk A. Kubelka.

🌐 1930: 2.251 EW (2.210 Sl, 6 D, 14 J), 1940: 2.381, 1991: 495, 2001: 469 EW.

◉ UMGEBUNG: Nur zu Fuß erreichbar: • ŠÚTOVSKÁ DOLINA, ŠÚTOVSKÝ VODOPÁD, und • TESNO, ein sehr schönes Tal mit krönendem, 38 m hohem Wasserfall und anschließender 300 m langer Klamm. 2 Std, blaue Mk, Abzweigung von der Hauptdurchgangsstraße beim Steinbruch.

◉ ZENTREN IN DER WEITEREN UMGEBUNG: Vrútky und Turz-St-Martin, Unterkubin, Ľubochňa und Rosenberg.

● **KRAUSS, JOHANN ANTON,** *um 1728, +1795 Jossau. Bildhauer des Rokoko. Studium: Wien. Neben vielen anderen Arbeiten das hervorragende Hauptwerk: Die plastische Ausgestaltung der Klosterkirche von Jossau.

● **KRAY,** angesehene Kesmarker Familie. **JAKOB dÄ,** *1661 Bartfeld, +1709 Kesmark, 1685 im Dienste der Stadt Kesmark, 1704 Stadtrichter, Beauftragter Franz II. Rákóczi bei Verhandlungen mit Ludwig XIV., 1709 nach dem Fall Kesmarks hingerichtet. **JAKOB dJ,** *1686 Kesmark, +1753 Preßburg, Sohn des Vorigen, Notar und Senator in Kesmark, suchte, fand und tötete im Duell den

Kremnitz: Markt und Katharinen-Kirche

für den Tod des Vaters Verantwortlichen, trat unter falschem Namen in die Armee ein, zeichnete sich in vielen Kämpfen aus, offenbarte sich vor Prinz Eugen, rehabilitiert, erhielt den Besitz wieder, Historiker. **PAUL von KRAJOVA,** *1735 Kesmark, +1804 Pest, Sohn des Vorigen, Feldmarschall, Mathematiker und Ingenieur, gewann mehrere Schlachten, eroberte Mantua, projektierte die Brücke in Bartfeld und Straßen in der Zips, Großkreuz des Maria-Theresia-Ordens. **PAUL von ROKUSZ,** *1686 Kesmark, +1720 Roks, Bruder Jakobs dJ, Kartograph, Ingenieur, Offizier, kämpfte in zahlreichen Schlachten, Karte der Zips, der Hohen Tatra. **MAXIMILIAN,** *1815 Kesmark, +1897 Leutschau, Jurist und Politiker (Vater: Johann, Senator in Kesmark), bekleidete verschiedene hohe Ämter in der Zips, in Kaschau und in Eperies.

■ **KREMNITZ (KREMNICA),** Bez Žiar nad Hronom, 550 m. In den Bergen der Mittelslowakei gelegene, alte berühmte Bergbaustadt des Mittelalters und der Neuzeit, das "Goldene Kremnitz". Mit einigen sehr wertvollen kunst- und kulturhistorischen Denkmälern, die Altstadt ist eine Denkmalszone (Stadtreservat). Seit 1326 Münze. Früher selbst Bezirkshauptstadt, nach dem 2. Weltkrieg zu Heiligenkreuz geschlagen. ŽSR, SAD. Namen: ma Körmöcbánya, lat Cremnicium, 1328 Cremnychbana, 1332 Cremnic, 1355 Cremnech, 1343 Chrempnuch, 1389 Chrempnichya, 1476 Krembnicia, 1526 Kremnica. Der Name wird öfters auf sl "kremeň" (=Kiesel, Quarz) zurückgeführt.

Da relativ spät (1328) zur königlichen freien Bergstadt erhoben (damit waren die Voraussetzungen für die Bildung der 7 niederungarischen Bergstädte gegeben), ist es sehr wahrscheinlich, daß schon viel früher Bergbau betrieben wurde. Im Andreas-Stollen sind vor mehreren Jahren Holzstücke gefunden worden, deren Datierung das Jahr 1070 (+/-16 Jahre) ergab. Ein Hinweis, daß zu dieser Zeit schon d Bergleute, nur diese beherrschten damals die unterirdische Abbautechnik, hier arbeiteten. Nach der großen zweiten d Siedlerwelle begann der schnelle Aufstieg der Stadt, um 1400 wurden bereits pro Jahr ca. 165 kg Gold gewonnen, und ca. 24.000 Dukaten geschlagen. 1335 begann die Prägung dieser sogenannten "Kremnitzer Dukaten", eines bis 1919 sehr geschätzten Zahlungsmittels. In späteren Jahren kamen, besonders bei Sammlern und Leuten, die Geld anlegen wollten, die beliebten Georgs-Münzen hinzu. Auf ihnen war der drachentötende Heilige als Schutzpatron der Reiterei dargestellt, so daß die Georgs-Münze auch bei den Soldaten als Amulett sehr beliebt war. Als die Privilegien 1699 abermals erneuert wurden, allerdings ohne die freie Richterwahl, hatte auch Kremnitz schon den ersten Rückschlag im Bergbau (Erschöpfung der bodennahen Zonen und problematische, in größeren Tiefen erforderliche Wasserhaltung) hinter sich. Die damit verbundenen, immer unwürdiger sich gestaltenden Verhältnisse führten unter den unzufriedenen Bergleuten auch hier zu einer Welle des Widerstandes (1519), und am großen Bergarbeiterstreik von 1525-26 beteiligten sich auch Kremnitzer Bergleute. Die Bedeutung, die beim Hof in Wien dem Bergbauland in der Mittelslowakei zugemessen wurde (kein Wunder bei den immer leeren Staatskassen), kommt auch in den Besuchen von Franz I., der vom 7.-9.6.1751 in Kremnitz weilte, und denen seiner Söhne, die vom 20.-31.7.1764 nicht nur Kremnitz, sondern das gesamte Bergbaugebiet intensiv kennenlernten, zum Ausdruck.

Nachdem 1545 der gesamte private Bergbau vorübergehend eingestellt werden mußte, wurde 1549 die Kremnitzer Hauptbergkammer aufgelöst und Schemnitz zum Sitz des Hauptkammergrafen (später Hauptberggraf) bestimmt. In Kremnitz residierte weitere 100 Jahre nur ein "Unterkammergraf". Innerhalb von 100 Jahren ging in Kremnitz die Bevölkerungszahl um 1500 Personen zurück (1442-43: 3450 EW, 1542: 2000 EW). Zu Beginn des 17. Jh besaßen nur noch 14 Kremnitzer Bürger eigene Gruben, die anderen waren im Besitz des Staates (verwaltet durch die Niederösterreichische Kammer, später durch die Wiener Hofkammer) und einige im Besitz der Stadt. Die stetig abgesunkene Silberproduktion lag 1630 nur bei 59,8 kg (13,5 kg Private, 46,3 kg Staat), während von Gold überhaupt nicht gesprochen wird. Erst nach dem Frieden von Sathmar (1711) besserten sich die Verhältnisse langsam. 1720 gab es in Kremnitz wieder 354 Häuser mit ca. 3.500 EW, aber immer noch weniger als im 15. Jh, und die Produktion stieg im Laufe der Jahre auf ca. 180 kg Gold und ca. 5.800 kg Silber im Jahr. Aber schon 1809 ging der Ertrag abermals stark zurück, da durch die Beseitigung der Schäden des Großfeuers von 1777 der Spielraum für die notwendigen Investitionen sehr klein geworden war. Erst 1841 konnte mit dem Bau eines weiteren größeren Erbstollens begonnen werden, der es ermöglichen sollte, an die in größerer Tiefe noch vorhandenen ergiebigen Lagerstätten heranzukommen. Der Bau zog sich bis 1931 hin, dann war der neue Haupterbstollen, der 222 m unter dem Tiefen Erbstollen liegt, und 15,5 km lang ist, fertiggestellt. In unserem Jh wurden bis zum 1. Weltkrieg durchschnittlich 48 kg Gold und 110 kg Silber pro Jahr, mit ca. 700 Bergarbeitern aus einer geförderten Erzmenge von 27.000 Tonnen hergestellt. Nach der Weltwirtschaftskrise wurde zu Beginn der 30-er Jahre eine moderne Flotationsanlage in Betrieb genommen, um die Metallverluste, die beim bisher angewendeten Amalgamierungsverfahren auftraten, zu verhindern. Auch die Leistung des im Viererschacht in einer Tiefe von 245 m untergebrachten Elektrizitätswerkes, das noch heute arbeitet, wurde erhöht. 1936 wurden 465 Bergleute beschäftigt, die zum großen Teil aus den umliegenden d Orten kamen. Die unterhaltenen Stollen bzw. Sohlen hatten eine Gesamtlänge von ca. 50 km und wurden durch 4 Schächte (Ferdinand 302 m tief, Ludwig 377 m, Anna 446 m und den genannten Viererschacht) bedient. Die großen Zielsetzungen, ca. 300 kg Gold im Jahr, gingen nicht in Erfüllung, 1935 nur 221,5 kg, 1936 waren es 148,6 kg, 1938 188 kg, 1939 125,8 kg und 1941 132,6 kg. Zu Beginn der 70-er Jahre wurde der Bergbau eingestellt, aber je nach dem Niveau der Weltmarktpreise wurde zwischendurch ab und zu gearbeitet.

War in vielen anderen Bergbauorten der Mangel an Wasser ein Grund für deren ungenügende Entwicklung, teilweise sogar für die Einstellung der Förderung, hatte Kremnitz von Anfang an im Kremnitzbach genügend Wasser. Als der Bedarf immer größer wurde (in Schemnitz wurden Teiche angelegt, in das bevorzugte Abbaugebiet von Neusohl, Her-

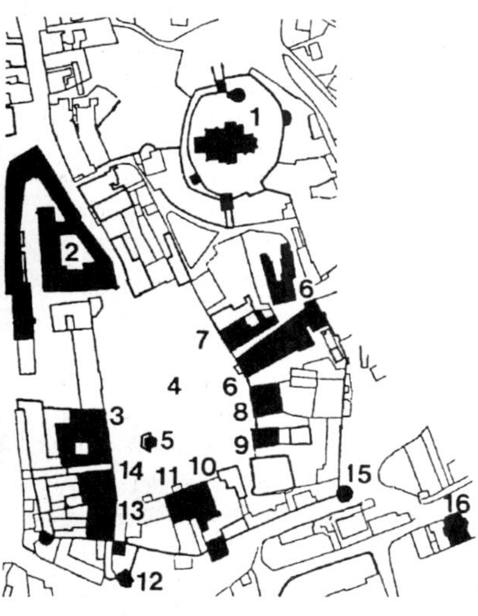

1 Stadtburg (Katharinen-Kirche)
2 Münze
3 Franziskanerkirche
4 Marktplatz
5 Pestsäule
6 Rathaus
7 Bella-Haus (35)
8 Katholisches Pharrhaus
9 Haus 3 (4/7)
10 Museum
11 Alte Apotheke
12 Unteres Tor
13 Haus 12 (34/42)
14 Haus 13
15 Rote Bastei
16 Evangelische Kirche

Die Kremnitzer Altstadt

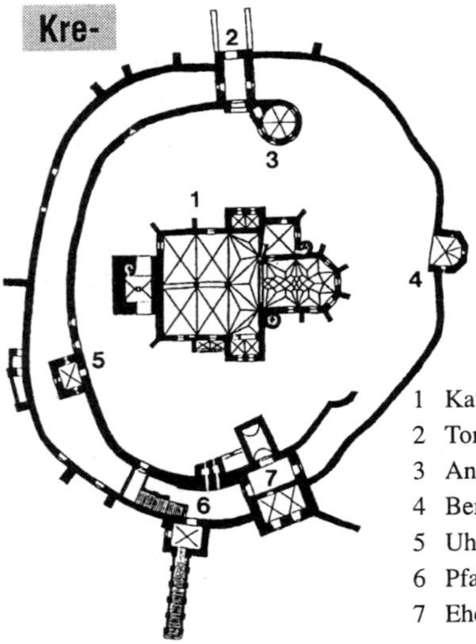

1 Katharinen-Kirche
2 Torturm
3 Andreas-Rotunde
4 Bergknappenbastei
5 Uhrturm
6 Pfaffenbastei
7 Ehem. Rathaus

Die Kremnitzer Stadtburg

rengrund, führte eine Wasserleitung), wurde im 15. Jh auch nach Kremnitz eine Leitung, das "Turzer Wasser", gebaut. Sie beginnt ca. 3 km nö von Oberturz in einer Höhe von 837 m und führt leicht fallend über den Johannesberger Sattel weiter. Damals war die Leitung bei einem Gefälle von 62 m ca. 20 km lang. Zu den seinerzeitigen 4 Tunnels (zwischen 23 und 29 m lang) kamen in unserem Jh 2 lange Tunnels (567 und 990 m), die zu einer Verkürzung der Leitung (die seit 1936 in betonierten Gräben verläuft) auf 17,5 km führte. Heute werden mit dem Wasser, das aus dem Einzugsgebiet der Waag in das der Neutra überleitet wird, noch immer die Dynamos im Viererschacht angetrieben.

Die weithin sichtbare Dominante der Stadt bildet die Katharinen-Kirche, die von den Befestigungsanlagen der **Stadtburg** umgeben ist. Vom doppelten Mauerring des 14. Jh wurde im O der innere entfernt, und bei der Restaurierung von 1884-86 erhielten die etwas abgetragenen Mauern den Zinnenkranz. Die Burg diente als Lagerplatz für die Edelmetalle, war 1328-87 Sitz der Bergwerks- und der Münzkammer und gleichzeitig Sitz des Kammergrafen, der die Betriebe leitete. Zu Beginn des 15. Jh wurde sie auch Sitz der kirchlichen und städtischen Verwaltung. Die Schießscharten des 4-geschossigen Torturmes der N-Seite wurden später teilweise durch Fenster ersetzt. Die anschließende Andreas-Rotunde, spätromanisch Mitte 13. Jh, war ursprünglich ein Karner, im Untergeschoß befand sich das Beinhaus, darüber eine Kapelle, die im 16.-18. Jh als Waffenkammer benutzt wurde. In ihr sind vor ein paar Jahren monumentale gotische Wandmalereien, die mit ihrer Thematik auf den Bergbau Bezug nehmen, aufgedeckt worden. Die im O der Anlage stehende Bergknappenbastei wurde als polygonales Presbyterium einer nicht gebauten Kirche auf einem halbkreisförmigen Fundament errichtet. Auf der w, entgegengesetzten Seite steht eine auffallend hohe, die Silhouette der Burg mitbestimmende Bastei, der Uhrturm (auch "Türl" genannt, da er die Ausfälle der Besatzung in den Stadtbereich ermöglichen sollte). Er wurde später, im 17. und 18. Jh, als Pulverlager verwendet. Die benachbarte ursprüngliche Pfaffenbastei, zu ihr führt die erst im 19. Jh angelegte gedeckte Treppenanlage aus der Stadt hinauf, ist ganz umgebaut worden. In der Nähe befinden sich Ruinen des ehemaligen Rathauses, das in der ersten Hälfte des 15. Jh im Zwinger gebaut wurde. Es ist aus statischen Gründen (Einsturzgefahr infolge Bergsenkungen) 1887 abgerissen worden. Das bedeutendste Bauwerk der Burg, der Stadt und der gesamten Gegend ist die **kath Katharinen-Kirche** (auch Bürgerkirche, selten deutsche Kirche genannt). Von der schon im 13. Jh entstandenen Michaels-Kirche blieb nur der Kern des schlanken schönen Turmes erhalten, dem seine ursprüngliche frühere Funktion, die eines befestigten Wohnturmes, anzusehen ist. Der Umbau der alten Kirche, die eine Katharinen-Kapelle besaß, bzw. der Neubau schufen eine zweischiffige gotische Hallenkirche, deren gotische Rippengewölbe über dem quadratischen Grundriß der beiden Schiffe auf 2 schlanken Pfeilern ruhen. Das relativ schmale Presbyterium mit seinem sehr schönen Netzgewölbe wurde 1488 vollendet. Die Ausführung weist große Ähnlichkeit mit den Bauten der Hütte des Michael Chnab (u.a. Erbauer der Herzogkapelle des Wiener Stephans-Domes) auf. 1560 wurde die Kirche, vor allem der Turm, durch einen

Brand beschädigt, die Wiederherstellungsarbeiten dauerten volle 19 Jahre. Im 16. und 17. Jh gehörte die Kirche den Evangelischen, im 18. Jh wurde das Innere barock ausgestattet. Die um 1880 durch die Bergsenkungen aufgetretenen Schäden wurden 1884-86 ausgebessert und die barocke Ausstattung durch eine neogotische ersetzt. Daran beteiligt war auch Meister Rasner aus Brixen. Auch später waren nach Schäden Wiederherstellungen notwendig: 1926-30 Restaurierung der gesamten Kirche, 1954 Zerstörung des Turmhelmes durch Sturm mit anschließendem Neuaufbau, in den 80-er Jahren abermalige gründliche Restaurierung.

Der Hauptaltar ist von 1885, der Seitenaltar der Maria ebenso. Im letzteren steht auf der Mondsichel, neben neogotischen Plastiken (Anna, Joachim, Elisabeth, Zacharias), eine sehr schöne, ca. 1,60 m große, hervorragende *MADONNA* aus der Zeit vor 1500. Sie gehört zum Kreis der Arbeiten des Meisters der St Benedikter Figuren und stand ursprünglich in der abgebrochenen Ringkirche. Drei weitere *PLASTIKEN* gleicher Größe: Helena (mit Krone), Elisabeth (mit Kanne) und eine nicht identifizierte Heilige (Maria?), kommen auch aus der obigen Kirche und standen mit der Madonna wahrscheinlich in einem Altar. Der Seitenaltar zum heiligen Kreuz ist ein neogotischer Flügelaltar, dessen Hauptbild mit "ST" und "1885" signiert ist. Auch die anderen Tafeln sind, außer dem Predellabild, Werke des Meisters ST. Das Taufbecken, das ebenfalls aus der Ringkirche stammt, schuf K. Füssel 1561. Mehrere Epitaphe und eine interessante Kanzel! Ö der Kirche steht eine Kopie (Original im Museum) der barocken Statue der **Immaculata** von D. Stanetti, von 1760-65.

Das stark fallende Gelände unter der Burg war für die Verwirklichung einer d Zentralanlage nicht günstig. Trotzdem gelang den Planenden mit der Anlage des fast quadratischen **Marktplatzes** die Basis für ein Ensemble, das einen der schönsten Plätze der Slowakei bildet. Am eindruckvollsten ist der Blick aus der SW-Ecke des Platzes, der über die hochaufragende Pestsäule, über den ansteigenden Platz und die entsprechend hochstehenden Häuser der NO-Ecke, zur Burg mit der Katharinen-Kirche führt. Verschiedene schöne Häuser bilden die Fronten des Platzes, auch wenn sie nicht den beinahe großstädtischen Charakter derjenigen von Neusohl oder den Reichtum des Fassadenschmuckes des Schemnitzer Marktes erreichen. Der Platz erfuhr mehrere Veränderungen, die größte war jene, mit Unterbrechungen fast 20 Jahre dauernde, 1880 begonnene Beseitigung der **Ringkirche** (Marien-Kirche). Wahrscheinlich vor 1393 errichtet, ließen Um- und Erweiterungsbauten einen großflächigen Barockbau entstehen, dessen niedriges Dach von den zwei Türmen nur wenig überragt wurde. Ende 1879 traten durch den Einsturz von aufgelassenen,

Kremnitz, Marktplatz: Marien-Kirche (Ringkirche, Ende 19. Jh abgebrochen)

teilweise nicht versetzten, unter dem Platz verlaufenden Stollen erhebliche Schäden auf, die die Schließung der Kirche veranlaßten. Nicht bewiesen ist die Vermutung, daß der Abbruch beschlossen wurde, um den hohen Sanierungskosten zu entgehen.

Das **Rathaus** (Nr 1/1) richtete die Stadt in einem 1738 erworbenen, ursprünglich gotischen, heute mit einer klassizistischen Fassade versehenen Privathaus ein, in dem sie einen bemerkenswerten Sitzungssaal einbaute, aber ansonsten den Charakter eines bürgerlichen Mashauses nicht beseitigte. Zum Rathaus gehört heute die Nr 36 (542/3) der Kollárova ul., ein spätgotisches Bürgerhaus mit auffallenden Details wie zBsp dem Portal, dem Durchgang mit den Sitznischen, dem Erker und einem interessanten Zellengewölbe. Das **kath Pfarrhaus** (Nr 3/5) wurde vor der Mitte des 18. Jh in einem ursprünglich gotischen Bürgerhaus aus dem 14. Jh eingerichtet und bei dieser Gelegenheit mit der klassizistischen Fassade versehen. An der Außenwand sind einige alte gotische Wandmalereien aufgedeckt worden. Das **Hellenstein-Haus** (Nr 10/19) stammt ebenfalls aus dem 14. Jh und wurde im 15. Jh erweitert (heute Museum). Andere schöne **Häuser**: Nr 3 (4/5), interessantes sogenanntes "Diamantgewölbe", eigentlich die Durchdringungen sich gegenseitig abstützender Kappengewölbe, ferner Nr 8 (11/21) früher Apotheke, 12 (34/42), 13, 35.

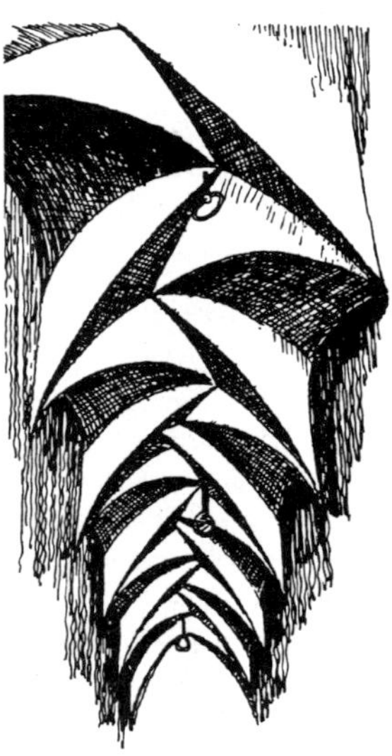
Kremnitz: Diamantgewölbe

Auf der W-Seite des Platzes steht die **Franziskaner-Kirche** mit dem Kloster. Beide Bauten wurden an der Stelle von 2 Bürgerhäusern zwischen 1653-60 errichtet. Die einschiffige barocke Kirche hat ein Kreuzgewölbe und einen schönen, in das Gesamtbild des Platzes sich gut einfügenden Turm. Die vier Flügel des Klosters umschließen einen Innenhof mit dem Kreuzgang. Die 19 m hohe **Pestsäule** mit der Dreieinigkeit auf der Spitze, ausgestattet mit 67 (!) Statuen, sowie 3 Relieftafeln, ist ein ausgezeichnetes Werk, das an der Stelle einer einfachen Säule, die den Kremnitzer Bürgern nicht genügte, 1765-77 errichtet wurde. Sie wurde von mehreren Künstlern geschaffen, darunter D. Stanetti und M. Vogerl. Neben der Immaculata auf dem Areal der Burg und neben der Mitarbeit an der Pestsäule schuf D. Stanetti für Kremnitz noch 3 weitere Statuen und den Brunnen am Marktplatz. Die **Münze** ist im Laufe der Jh zu einem großen Komplex angewachsen. Heute werden hier Medaillen und Plaketten hergestellt, während für die Erzeugung von Münzgeld (Aufträge kommen aus zahlreichen Ländern der Welt) 1977 ein neues Gebäude in der Nähe des Bahnhofes gebaut wurde.

Von den erhalten gebliebenen Befestigungen der Stadt ist das **Untere Tor** sehenswert, das sich im Laufe der Zeit aus einem einfachen Tor entwickelt hat. 1539 wurde es durch einen Barbakan verstärkt und auf der Außenseite geschmückt: Reliefs mit der Darstellung des Bergbaues und des Münzwesens, Plastiken eines Bergmannes und eines Metallgießers. Die im SO stehende **Rote Bastei** wurde noch vor 1441 errichtet und war später ein Kerker.

1688 errichteten die Evangelischen außerhalb der Stadtmauern eine Artikularkirche aus Holz, die in den Jahren 1824-26 dem heutigen massiven Zentralbau der **evang Kirche**, der mit einer Kuppel versehen ist, weichen mußte. Im S steht die kleine einschiffige gotische **Spitalkirche** (nach 1382, Turm 1712-13).

Gründung der städtischen Lateinschule im 14. Jh, im 16. Jh sehr bekannt (Rektor Stefan Poller), eine der ersten Schulen in der Slowakei, die sich nach den Empfehlungen von J.A. Komenský richtete. Für die Metallverarbeitung wurde 1966 eine mittlere künstlerisch-industrielle Schule gegründet.

Neben dem dominierenden Bergbau gab es nur wenig Industrie. Vor dem 2. Weltkrieg: Mehrere Jahrzehnte Papiermühle (1652 gegründet), ab 1893 Herstellung von Kachelöfen und Gebrauchsgeschirr. Ziegelei, Sägewerk. Nach dem 2. Welt-

"Fernkreuz" (1464), Lampenträger in der südlichen Vorstadt von Kremnitz

krieg: Herstellung von Einrichtungen für den Stromtransport.

Wirkungsort von D. Stanetti (Bildhauer), J.L.Bella (Komponist), Ján Kollár (Dichter), P. Krížko (Historiker) und zahlreicher Stempelschneider und Medailleure, so u.a. Christoph Füssel, Lukas Richter, Abraham Eyszkler (im 16. Jh), Familie Roth von Rothenfels (17. Jh), Maximilian König von Paumshausen (19. Jh), Geburts-, Wirkungs- und Sterbeort von Geza Angyal (Maler).

M *"Múzeum mincí a medailí" (=Münz- und Medaillenmuseum), Marktplatz 10/19 (hervorragende Darstellung des Münzwesens). Abteilungen: "Dejiny lyžovania na Slovensku" (=Geschichte des Skilaufs in der Slowakei), Marktplatz 14 (32/38) und "Kremnickí výtvarníci včerajška a dneška" (=Kremnitzer Künstler der Vergangenheit und von heute), Marktplatz 13 (u.a. wertvolle Plastik, auch D. Stanetti).*

T *Hotel. Hallenbad. Thermalfreibad mit Camping- und Zeltplatz.*

⊕ 1930: 5.389 EW (4.270 Sl, 715 D, 136 Ma, 114 J), 1940: 5.678 (1.730 D), 1991: 7.130, 2001: 5.822 EW.

◉ UMGEBUNG: In nö R (8 km) • BLAUFUß (KRAHULE), kleiner ehemals d Ort (1930: 720 EW; 2 Sl, 715 D, 3 Ma. 1940: 849 EW; 849 D; 2001: 144 EW), auf einer direkt oberhalb von Kremnitz 880 m hoch gelegenen Terrasse. 1960 nach Kremnitz eingemeindet. Sehr schön gelegen, wahrscheinlich um 1331 als Waldhufengemeinde angelegt, die EW waren zum größten Teil Bergleute. Ab 1895 staatliche Klöppelschule. Barock- klassizistische kath Kirche von 1806. Leider verschwinden immer mehr alte typische Holzhäuser von früher (heute zum größten Teil Ferienwohnungen). **T** *Wandergebiet, Skilift.*

In ö R (10 km) • SKALKA (1188 m), sehr schön gelegenes Erholungsgebiet, schon früher eine Berghütte und ein Berghotel, nach dem 2. Weltkrieg weitere Erholungsheime, Skilifte. Gipfel (1287 m) in ein paar Min zu erreichen (Sender). Die Fortführung der Straße nach Neusohl scheiterte aus Naturschutzgründen. Rot mk Kammweg: 1. Nach S (4 km) Sattel • DREIKREUZE (TRI KRÍŽE) mit einem 1834 errichteten, inzwischen mehrfach ausgebesserten Holzkreuz mit 3 Querbalken. Die ma Inschrift berichtet von der Errichtung, den Initiatoren (Touristen aus Neusohl) und dem ausführenden Zimmermann, 2. Nach N (1 km) • GÖRGEY-TUNNEL (1150 m), ein Durchbruch im Kamm, den der Führer der revolutionären Truppen A. Görgey anlegen ließ (Jänner 1848), um den Troß seines Verbandes durchschleusen zu können. Später verfiel der Tunnel, wurde während des SNP wieder aufgefahren, um die Gold- und Silberbestände der Kremnitzer Münze nach Neusohl bringen zu können.

In w R (3 km) • HONNESHAU (LÚČKY) ehemals d Gemeinde (1930: 1.206 EW; 9 Sl, 1.197 D. 1940: 1.412 EW; 1.409 D; 2001: 207 EW), die vom Lokator Hans als Waldhufengemeinde angelegt, lange Zeit der Bergkammer in Kremnitz gehörte, seit 1960 wieder nach Kremnitz eingemeindet. Die EW waren im Bergbau und in der Landwirtschaft tätig, die Frauen fertigten Klöppelarbeiten an. Die einschiffige **kath Kirche** wurde 1487 spätgotisch erbaut, 1912 und 1935 restauriert, ihr spätgotischer Charakter blieb erhalten. Bemerkenswert ist das aus Naturstein gemeißelte 3,5 m hohe Sanktuarium. Spätgotisches Taufbecken aus der Zeit um 1500. Die

Honneshau: Katholische und evangelische Kirche

Auch hier liegt, wie allgemein im Hauerland, die heutige EW-Zahl weit unter derjenigen zZt der d Besiedlung. Kaum erhöht stehende kath Martins-Kirche von 1349, gotisch, 1743 umgebaut, wobei das Presbyterium verlängert, das Gewölbe erneuert und der Turm wie auch andere Teile barockisiert wurden. 1929 wurde ein 2. Schiff, dessen Gewölbe auf einer Stahlbetonsäule ruht, angebaut. Barocker Hauptaltar von 1743, allerdings ist das Bild wesentlich (?) jünger, barocker Seitenaltar von 1744 mit ähnlicher Gliederung wie der Hauptaltar. Steinerne gotische Taufe aus der Mitte des 15. Jh und eine weitere Taufe vom Ende des genannten Jh. Barocke Kanzel von 1736, hölzerne Empore, auf der die 12 Apostel dargestellt sind. In der Kapelle aus dem 18. Jh steht eine Holzplastik vom Ende des 15. Jh, deren teilweise noch erhaltene Fassung grob überstrichen worden ist.

drei sehr guten gotischen gemalten Flügelaltäre (Meister von Honneshau) kamen vor 1912 nach Budapest, als die hohe Kosten verursachende Renovierung anstand. Außerdem zwei ganz besonders wertvolle Plastiken der Kreuzigungsgruppe (Ende 15. Jh), Maria und Johannes, von denen die sehr ernste, tieftraurige, aber gleichzeitig demutsvolle Maria besonders auffällt. Deutlich sind Einflüsse J. Kaschauers sichtbar wie auch die Nähe der Kreuzigungsgruppe zu den Kremnitzer Statuen. Die **evang Kirche**, Honneshau ist die einzige ehemals d Gemeinde des Hauerlandes, die einen nennenswerten evang Bevölkerungsanteil hatte (881 Katholiken gegenüber 325 Evangelischen), wurde neoklassizistisch 1923 gebaut. Ihr Äußeres ist durch den hohen Turm und dem in seinen äußeren Abmessungen kaum größeren Schiff gekennzeichnet. Der klassizistische Altar vom 19. Jh, enthält ein älteres barockes Bild der Kreuzigung (17. Jh).

Weiter in w R (3 km), nach einem aussichtsreichen, trennenden Rücken: • DEUTSCHLITTA (KOPERNICA), ebenfalls eine ehemalige d Gemeinde (1930: 1.588 EW; 53 Sl, 1.534 D, 1 J; 1940: 1.650 EW; 1.634 D; 1991: 416 EW, 2001: 429 EW). Als Waldhufengemeinde gegründet, gehörte der Ort um 1346 dem Erzbistum in Gran, später dem Neusohler Bistum. Die EW arbeiteten im Bergbau, als Bauern und stellten außerdem Mühlsteine her.

Kremnitz liegt fast am Scheitel der landschaftlich ganz hervorragenden Eisenbahnlinie Zvolen-Vrútky, deren Bergstrecke durch die Kremnitzer Berge (zwischen Hronská Dúbrava im Grantal und Horná Štubňa im Turztal) als • SLOWAKISCHER SEMMERING bezeichnet wird. Eine Fahrt (ca. 1 1/2 Std) gehört zu den schönsten und interessantesten "Eisenbahnerlebnissen" in der Slowakei. Aus dem Boden des Grantales bis hinauf auf den Johannesberger Sattel überwindet die 1868-72 gebaute eingleisige Bahnlinie einen Höhenunterschied von mehr als 500 m, um von dort nach Oberstuben 200 m zu fallen. Der zur Überwindung der Höhenunterschiede notwendige Anlauf wurde mit Hilfe mehrerer großer, weit in die Täler hineingreifender Schleifen geschaffen, so daß laufend neue Ausblicke möglich sind (zumal keine größeren Tunnels die Sicht behindern). Sehr schön ist die Kombination mit der Strecke Vrútky-Neusohl.

◉ ZENTREN IN DER WEITEREN UMGEBUNG: Krickerhau, Oberstuben und Johannesberg, Altgebirg, Neusohl und Altsohl, Heiligenkreuz.

▲ **KREMNITZER BERGE (KREMNICKÉ VRCHY),** weitgehend mit Wald bedecktes Mittelgebirge, das sich s an die Große Fatra anschließt, zwischen 800-900 m hoch (Flochová 1318 m). Wandergebiet.

■ **KRICKERHAU (HANDLOVÁ),** Bez Prievidza, 440 m. Im Bergland der Mittelslowakei gelegenes Zentrum der Braunkohlegewinnung. ŽSR, SAD. Namen: d früher auch Krickerhaj, Krickerhäu, ma Nyitrabánya, 1367 Crykershaw, 1430 Henellehota, 1571 Hendlowa, 1920 Handlová. Die Namen (außer dem ma) gehen auf den Gründer (sh unten) zurück, die d auf seinen Familiennamen, die sl auf seinen Vornamen (mundartlich "Heindl", von Heinrich).

Alter Siedlungsplatz (Jungsteinzeit), dann wahrscheinlich nur sporadisch besiedelt. 1367 gründete der Kremnitzer Bürger Heinrich Chrikeer den Ort. 1599, 1682 und 1684 kamen die Türken, 1680 die Aufständischen Thökölys. Es gab mehrere Zünfte. ZZt der Jahrhundertwende veränderte der Kohleabbau die Verhältnisse entscheidend.

Der schnelle Zuwachs an Einwohnern, von denen die meisten als "besitzlose" Sl in den Ort kamen und hauptsächlich in der "Kolonie" eine Wohnung fanden, führte zu Spannungen zwischen der Kolonie mit sl Mehrheit und dem "Dorf" mit d Mehrheit, zumal die "Dörfler" sich mit ihrer Landwirtschaft besser durch die schwierige Zeit bringen konnten. Im 1. Weltkrieg fanden sich aber beide Gruppen zu Streiks gegen die unwürdigen Arbeitsverhältnisse zusammen, und es waren die Frauen, die bei den Demonstrationen in der ersten Reihe standen, in der Hoffnung, daß die Gendarmen nicht auf sie schießen würden (über den großen Bergarbeiterstreik 1940 und die Auseinandersetzung zwischen Bürgermeister Paul Herzog und der DP in Preßburg 1939/40 sh "Geschichte"). 1913 wurden die Eisenbahnlinie nach Priwitz und 1931 die Transversale nach Oberstuben fertig.

Die einschiffige kath **Katharinen-Kirche**, die am N-Rand des langen, fast rechteckigen Marktplatzes inmitten einer Parkanlage steht, wurde 1340-60 im gotischen Stil errichtet. 1630 erhielt der Turm den schönen, charakteristischen Renaissancehelm, und das Schiff wurde unter Verwendung einer Mittelsäule eingewölbt. 1941 wurde durch den Bau eines neuen, quer zum alten Schiff verlaufenden Hauptschiffes die Disposition um 90° verändert, so daß das ursprüngliche Presbyterium zu einer großen Seitenkapelle wurde. Bei einem Luftangriff 1945 wurde besonders das neue Schiff zerstört, so daß beim Wiederaufbau 1957-58 die alte Disposition ohne Gewölbe hergestellt wurde. Die am S-Rand von Krickerhau stehende **kath Kirche zum guten Hirten** ist 1941 gebaut worden.

Ab 1828 gelegentlicher Abbau von Braunkohle, aber erst mit der Gründung einer Aktiengesellschaft begann 1909 der Abbau im großen Stil: 1910 Eröffnung des Hauptstollens und der O-Grube, 1913 der W- und N-Grube, 1914 der S-Grube. Das vorerst nur für den eigenen Bedarf errichtete Elektrizitätswerk übernahm die Versorgung eines

Krickerhau: Katharinen-Kirche

Teils der Mittel- und N-Slowakei. 1936 übernahm der Verein für chemische und metallurgische Produktion die Aktienmehrheit bei der Handlováer Kohlenbergbau AG und errichtete 1940 eine Fabrik zur Herstellung von Karbid und Ferrosilizium. Um 1910 wurden zwischen 4000 bis 6000 to gefördert, später gingen die Entwicklung, auch die Zahlen der Beschäftigten und der EW steil nach oben: 1912 - 16.800 to mit 552 Beschäftigten (damals hatte der Ort ca. 4.300 EW), 1920 - 183.560 to, mit 2.502 Beschäftigten, 1930 - 564.300 to mit 2.471 Beschäftigten und 1944 - 656.690 to mit 2.906 Beschäftigten. Heute werden ca. 1,6 Millionen Tonnen gefördert, allerdings verlagert sich der Abbau sehr stark in das benachbarte Neutratal (Cígeľ).

Drexlerhau: Gefallenendenkmal

🌐 1930: 10.442 EW (4.588 Sl, 5.349 D, 306 Ma, 47 J), 1940: 12.686 (7.671 D), 1991: 17.834, 2001: 18.018 EW.

◉ UMGEBUNG: In s R (7 km) • NEUHAU (NOVÁ LEHOTA), ehemals d Gemeinde (1930: 1.168 EW; 44 Sl, 1.111 D, 1940: 1.399 EW; 1.385 D, 2001: 250 EW), liegt auf der s Seite des Sattels Wetterkreuz (602 m), der das Vogelgebirge (Weißer Stein, 1136 m) von den Kremnitzer Bergen (Drauschel, 798 m) trennt. Seit 1976 nach Krickerhau eingemeindet. Um 1380 von Krickerhau und Drexlerhau auf kargem Boden als Waldhufengemeinde gegründet. Nur kurzer Silberbergbau, dann Ausweitung der Forstwirtschaft (Waldeisenbahn und Sägewerk). Trotzdem weit verbreitete Saisonarbeit (Maurer, Zimmerer), und erst ab 1910 gab es in Krickerhau Arbeitsplätze in der Braunkohlengrube. Da ein Teil der Flöze weit in das Gemeindegebiet reichte, konnte sich die Gemeinde mit der Absicherung ihrer Schürfrechte zeitweise gute Einnahmen verschaffen. Kath Kirche von 1785, teilweise auf älteren Fundamenten, barock-klassizistisch errichtet. Inneneinrichtung vom 20. Jh. Die kleine, stilsicher gestaltete, klassizistische Wendelin-Kapelle stammt von 1847.

In s R (12 km) • DREXLERHAU (JANOVA LEHOTA), ehemals d Waldhufengemeinde (1930: 2.846 EW; 85 Sl, 2.749 D, 1940: 3.301 EW; 3.248 D; 1991: 852, 2001: 850 EW). Wahrscheinlich um 1370-80 gegründet. Land- und Forstwirtschaft, früh aufgenommene Saisonarbeit (Maurer und Beton-, später Stahlbetonbauer), schließlich Arbeit in den Krickerhauer Kohlegruben. Große gotische kath Kirche 1487 auf älteren Fundamenten errichtet, mehrfach erneuert und erweitert (1932). Schöner barocker linker Seitenaltar (Anfang 18. Jh), kelchförmiges Taufbecken (Anfang 16. Jh). Bei der Kirche das aus 4 prismatischen Pfeilern bestehende Denkmal für die Gefallenen des 1.Weltkrieges (1938), das durch die nach dem 2. Weltkrieg erfolgte Entfernung (nach entsprechender Verunstaltung) des seinerzeit vom Geist der Zeit geprägten wuchtigen Soldaten nur gewonnen hat.

◉ ZENTREN IN DER WEITEREN UMGEBUNG: Priwitz, Kremnitz.

● **KRÍŽKO, PAVEL,** *1841 Neusohl, +1902 Kremnitz. Archivar, Historiker. Zahlreiche Veröffentlichungen über die verschiedensten Sachgebiete, sammelte Wasserzeichen, sl Lieder und Geschichten.

● **KÜHMAYER, ROBERT,** *1883 Preßburg, 1972 Wien. Bildhauer mit malerisch-poetischen und

Robert Kühmayer: "Der Krückenbrecher" von Pistyan

verinnerlichten Darstellungen. Studium: Budapest, Paris. Zahlreiche Werke: Großplastiken ("Entenbrunnen" Preßburg,"Krückenbrecher" Pistyan etc.), Grabmäler, Kleinplastiken (mehrere hervorragende Frauenakte u.a.), Porträtplaketten.

● **KUKUČÍN, MARTIN,** *1860 Jasenová, +1928 Pakrac/Kroa. Schriftsteller, Arzt. Lebte in der Slowakei, in Südamerika und in Dalmatien, war karitativ tätig. Schrieb Romane, Novellen, Reiseberichte, Theaterstücke. Sie zählen zum Besten der realistischen sl Prosa.

● **KUPECKY, JOHANN,** *1667 Bösing, +1740 Nürnberg. Einer der größten Porträtmaler des Barock, mit deutlichem niederländischen Einfluß. Günstling des Wiener Hofes, ab 1716 in Dresden, um 1725 in Nürnberg.

● **KURTH, MAX,** *1869 Kayna/D, +1962 Eperies. Maler. Studium: Berlin, zweimaliger Menzel-Preisträger. Kam durch seine Frau in die Slowakei, lebte ab 1901 in Eperies. Porträts, Arbeitsleben, Altarbilder. Detailreiche Darstellungen mit öfters melancholischen Zügen.

◆ **KURUZZEN (KURUCI),** Bezeichnung für die antihabsburgischen aufständischen Soldaten Emmerich Thökölys und Franz II. Rákóczis, übernommen von den Aufständischen Dózsas. Mehrere Deutungen: vom lat "crux" (Kreuzfahrer Dózsas), von türkisch "khurudsch" (=Aufständischer), von "Kruzitürken" (Schimpfwort für die Christen, die sich mit den Türken verbanden).

● **KUSSER,** Musikerfamilie. **JOHANN,** +1626 Preßburg, +1695 Stuttgart, Organist, Komponist, war von der hochbarocken italienischen Schule beeinflußt. **JOHANN SIEGMUND,** *1660 Preßburg, +1727 Dublin, Dirigent, Komponist, Sohn des Vorigen, Kapellmeister in Stuttgart, Braunschweig, Wolfenbüttel, führte die Hamburger Oper auf ihre Höhe. 11 Opern, stand unter dem Einfluß von J.B. Lully, reformierte die d Orchestermusik.

● **KUZMANY,** Schriftsteller-, Wissenschaftler- und Künstlerfamilie. **KARL,** *1806 Bries, +1866 Bad Stuben, Schriftsteller, Übersetzer, evang Seelsorger, mußte wegen seiner panslawistischen Einstellung Ungarn verlassen, in Wien Prof. an der Theol. Lehranstalt, dann in Preßburg Superintendent. Zwei seiner drei Söhne, Karl Ladislaus und Paul Michael, sind als Schiffsingenieur und Unternehmer bekannt geworden, beide waren schriftstellerisch tätig. Die Tochter des Letzteren, Elfriede Kuzmany, war eine bekannte Schauspielerin.

● **LABAN, RUDOLF,** *1879 Preßburg, +1958 Weybridge/GB.Ballettkünstler, Choreograph, Pädagoge, Erfinder der nach ihm benannten Tanzschrift, Lebte und lehrte in Preßburg, Zürich, Hamburg und Berlin (Ballettdirektor), 1938 Emigration nach England, schuf den modernen Bühnentanz.

◆ **LABANZEN (LABANCI),** Bezeichnung für die kaiserlichen Soldaten zZt der antihabsburgischen Aufstände, später auch in abfälliger Weise für die Habsburger. Herkunft zweifelhaft: ma lafanz (=unrein, unflätig), d von "Lauf Hans!" (?).

▲ **LABOREC,** 135 km langer, fast genau in N-S-Richtung verlaufender Fluß der O-Slowakei, der in Nähe der p Grenze entspringt und ca. 12 km n der u Grenze in die Latorica mündet.

Landeck: Inneres der Stiftskirche

■ **LANDECK (LENDAK)**, Bez Kežmarok, 725 m. Altes, am Fuß der Beler Kalkalpen, am Rand des Zipser Beckens gelegenes Zentrum der Weidewirtschaft. SAD. Namen: ma Lándok, 1288 Landok, 1808 Lendák.

Im Jahr 1330 gaben die Berzeviczys den Ort im Tausch an die Kreuzritter (nicht dem Deutschritterorden!), die hier ein Kloster gründeten. Ruinen der später barockisierten Gebäude sind noch vorhanden. Das d Element ist hier aber spätestens im ausgehenden 19. Jh untergegangen. Die EW waren bekannt als gute Viehhalter, und die Männer gingen als Viehhirten nicht nur in die nähere, sondern auch in die entferntere Umgebung. Nach mehreren Wechseln kam der Ort in den Besitz des Fürsten Hohenlohe. 1946 brannte fast der gesamte Ort ab.

Die Stiftskirche zum Heiligen Nikolaus der Kreuzritter zu Landeck ist ein kunsthistorisch bedeutendes Bauwerk. Hier wurde zum ersten Mal der Raumtypus der **Zweischiffigen Zipser Kirchen** verwirklicht, der später bei mehr als 30 Kirchen zur Anwendung kam (von denen noch 17 vorhanden sind). In der Regel handelt es sich um quadratische, selten rechteckige Schiffe aus der frühgotischen Zeit, die mit Holzdecken flach eingedeckt waren (13. Jh). Ca. 100 Jahre später hatten sich die finanziellen Mittel der Gemeinden erheblich verbessert und die geistigen Grundlagen gewandelt. Als in der Spätgotik auch die Schiffe eingewölbt werden sollten (bei den meistens schmäleren Presbyterien war das schon beim Bau geschehen), standen diesem Wunsch damals nicht rechenbare statische Probleme und die Angst, so breite Räume zu wölben, im Weg, so daß die in Europa schon stellenweise praktizierte, nachträglich hergestellte Zweischiffigkeit (mit einer, selten zwei, in einem Fall mit drei neu eingezogenen Mittelstützen zur Abfangung der Gewölbe) zur Anwendung kam. Das entsprach auch einem neuen religiösen Empfinden, das durch die Minoritenprediger aus Leutschau verbreitet wurde und durch die Vergrößerung der Fenster, durch neue Altäre, sowie durch eine ausgefeilte Ikonographie belegt wird: Seitenaltar auf der N-Seite (Frauenseite) weibliche Heilige und derjenige auf der S-Seite (Männerseite) männlicher Heiliger (oft der Nikolaus). Die Stütze, meistens war sie 8-eckig (selten rund, oder 12-eckig), wurde oft zum Lebensbaum stilisiert und in ihrer Nähe der Taufstein aufgestellt.

Die **Stiftskirche** wurde um 1313 (teilweise Verwendung älterer Fundamente) errichtet. Schon 1340 erfolgten die Einwölbung mit einer Mittelstütze und die Erhöhung der Außenmauern. 1925 wurde die Kirche renoviert und auf der N-Seite eine Kapelle angebaut. Der spätgotische Flügelaltar, um 1950 leider nicht gut restauriert, ist von etwa 1500. Im Schrein stehen neben der Madonna mit dem Kind, Nikolaus und Johannes der Täufer. Im Gesprenge Christus zwischen 2 Bischöfen und darüber Hieronymus. Die um 1930 veränderte Predella zeigt die Reliefs von 12 Aposteln. Wahrscheinlich stammen die Holzarbeiten vom Schnitzer des Leutschauer Maria-Schnee-Altars. Auf den Außenseiten der beweglichen Flügel sind 4 Bilder aus dem Leben Marias und auf den Innenseiten der beweglichen Flügel und den Standflügeln 8 Bilder von der Passion Christi zu sehen. 7 davon hatten Schäufeleins "Speculum passionis" zum Vorbild. Der Maler war sicher der Meister der Antonius-Legende, also Hans Moler. 3 weitere Altäre stammen aus dem 18. Jh bzw. 19. Jh. Aus dem späten 14. Jh ist die Holzplastik der Prozessionsmadonna, die stark an die

Bierbrunn: Kassettendecke der katholische Kirche

Altöttinger Gnadenmaria erinnert. Noch älter ist der Kruzifixus von 1260 (frühgotisch mit einigen romanischen Anklängen). Im Triumphbogen steht eine sehr schöne Kalvariengruppe, die im 19. Jh nach alten Vorlagen ergänzt wurde, so daß aus dem 15. Jh nur der Johannes im Original vorhanden ist.

◍ 1930: 1.391 EW (1.375 Sl, 8 D), 1940: 1.769, 1991: 3.776, 2001: 4.473 EW.

◉ UMGEBUNG: In ö R (3 km) • BIERBRUNN (VÝBORNÁ), kleine Landgemeinde (823 EW). Die sehr interessante kath Kirche wurde gotisch im 14. Jh mit teilweise mächtigen Mauern und einem gewölbten Presbyterium errichtet. Im 16. Jh wurde das Schiff neu und das Presbyterium (Abbruch der Gewölbe) mit einer flachen Holzdecke eingedeckt, die auf 2 spiralförmig bearbeiteten Holzstützen ruht. In den 48 Kassetten der Decke befinden sich gute Renaissancemalereien, auch in den Feldern der Brüstungen sind reizvolle Szenen. Schon von der Chronologie her ist es falsch, in dieser Kirche den Vorläufer der später zweischiffig gewordenen Kirchen sehen zu wollen (wie häufig geschehen). Sie ist höchstens ein Ausklang dieser Konstruktionen und eine der wenigen Kirchen der N-Slowakei (im Gegensatz zu den zahlreichen der S-Slowakei), die vor der Veränderung (abgesehen vom Presbyterium) nie mit einem Gewölbe abgeschlossen gewesen ist. Taufstein von 1585, Hauptaltar von 1720. Auf dem ursprünglichen Holzbalken steht die Kalvariengruppe, eine barocke volkstümliche Arbeit, deren Figuren Kopien alter gotischer Plastiken sind.

In ö R (6 km) • WINDSCHENDORF (SLOVENSKÁ VES), mittlere Gemeinde (1.789 EW). Der Name bedeutet "Slowakisches Dorf", d von den Wenden bzw. den Windischen abgeleitet. Gehörte mehreren Großgrundbesitzern. Die EW arbeiteten in der Landwirtschaft, im Wald und stellten Leinen her. Die **kath Kirche**, mit mächtigen Stützpfeilern, wurde zu Beginn des 14. Jh gotisch errichtet. Im 15. Jh wurde das Schiff mit einer neu eingezogenen Mittelstütze eingewölbt und dadurch zweischiffig. 1789 wurde die Kirche barockisiert und das Gewölbe des Schiffes einschließlich der Stütze abgerissen und mit einer flachen Tonne neu eingewölbt. Im barocken Hauptaltar von 1760-70 steht die aus der Werkstatt Meister Pauls aus Leutschau stammende *WINDSCHENDORFER MADONNA* von etwa 1510-15. Die 1,78 m hohe Holzplastik stellt eine sehr schöne, auf der Mondsichel stehende Frauengestalt dar. Das Bronzetaufbecken aus dem 15. Jh, das in der Zipser Neudorfer Werkstatt von Johann Weygel (nach dem "W") gegossen wurde, ist ein sehr schönes Werk (früher in der kath Kirche von Rißdorf). Der reiche Ornament- und Figurenschmuck bringt u.a. Petrus und Paulus sowie 2 sitzende Figuren, von denen 1 nackt ist (wohl nicht die Stifter!). Sehr schöner, aus rotem grobem Marmor hergestellter Grabstein für den 1597 mit 32 Jahren verstorbenen Georg Schwabowsky. Auch die **Marien-Säule** aus dem 18. Jh stand früher in Rißdorf. Die **evang Kirche** wurde 1908 im pseudogotischen Stil errichtet.

◉ ZENTREN IN DER WEITEREN UMGEBUNG: Höhlenhain, Tatralomnitz, Pudlein, Zipser Bela, Nehre, Kesmark.

● **LANFRANCONI, GRAZIOSO ENEA,** *1850 Pellio/I, +1895 Preßburg. Bauingenieur, Archäologe, Unternehmer. Studium: in Polen, Mailand. Betrieb die Thebener Steinbrüche, befaßte sich mit der Regulierung der Donau, sammelte Kunstwerke, suchte nach dem Grab Arpads, hinterließ ein neunsprachiges Wörterbuch.

● **LEHAR, FRANZ,** *1870 Komorn, +1948 Bad Ischl. Operettenkomponist. Studium: Prag. Violinist in Elberfeld, Wien, Kapellmeister in Lizenz, Pula, bereiste ganz Europa. Schrieb zahlreiche, weltbekannte Werke. Viele Ehrungen.

● **LEHMDEN, ANTON,** *1929 Neutra. Maler. Nach dem 2. Weltkrieg in Wien, ab 1968 in Deutschkreutz. Mitbegründer des Wiener Phantastischen Realismus. Hervorragende Werke, die vielfach das Grauen des Krieges und die Angst zum Thema haben. Zahlreiche Preise und Ehrungen, viele Ausstellungen.

■ **LEIBITZ (ĽUBICA),** Bez Kežmarok, 636 m. Traditionsreiche Handwerkerstadt, am ö Rand des Zipser Beckens, in unmittelbarer Nachbarschaft von Kesmark (Jahrzehnte dorthin eingemeindet). SAD. Namen: ma Leibic, lat Leibicium, 1251 Lubicha, 1268 Lewbitza, 1271 Leybicz, 1294 Lybicha, 1399 Lyubicz, 1404 Lubicz, 1407 Leubitz, 1786 Lubiza, 1808 Lubica.

Schon vor dem Mongoleneinfall d besiedelt, 1251 wieder begründet. Erhielt 1271 die schon früher erteilten Stadtrechte bestätigt. Gehörte zur Bruderschaft der 24 königlichen Pfarrer, zum Bund der 24 Zipser Städte, war an Polen verpfändet und gehörte anschließend zur Provinz der 16 Zipser Städte. Aufnahmen im Gelände deuten darauf hin, daß hier zumindest kurzfristig Bergbau (Gold?) betrieben wurde. Außerdem fand man beim Abbruch alter Häuser ehemalige Schmelzöfen. Die Qualität der früher hier hergestellten Stoffe (1773 arbeiteten von 153 Handwerksbetrieben allein 49 auf diesem Gebiet) wurde in ganz Ungarn sehr hoch eingeschätzt. 1887 wurde der Selbsthilfeverein gegründet, der 1939 als einer der größten in der Zips in den Zentralverband der Deutschen Genossenschaften in der Slowakei Aufnahme fand.

Die **kath Kirche zur Himmelfahrt Marias** steht, wie so oft nicht am Marktplatz, der heute teilweise verbaut (evang Kirche), durch eine Straßenverbreiterung gebildet wurde, sondern ö auf einem niedrigen Hügel. Sie ist die größte zweischiffige Anlage der Zips, deren Einwölbung wahrscheinlich noch vor der Mitte des 15. Jh (wegen ihrer Länge über 3 eingezogene Stützpfeiler) erfolgte und die einzige, bei der diese Anordnung erhalten geblieben ist. Hier waren Könner unter den Steinmetzen am Werk. Das beweist nicht nur die hohe Qualität, sondern auch die sorgfältig durchgearbeiteten Kämpfer- und Kapitellzonen. Vom 1. Bau (um 1250 frühgotisch errichtet, einige Elemente weisen auf einen romanischen Ursprung hin) blieben nur der Turm und ein Teil der Außenmauern des Schiffes erhalten, zumal die Kirche während der antihabsburgischen Aufstände mehrfach ausbrannte. Auf der Stirnseite des außen im Stil des Spätbarock hergerichteten Turmes, der noch in den 30-er Jahren demjenigen der Georgs-Kirche in Georgenberg ähnelte, befindet sich ein großes Fresko, das ebenso wie der Turmhelm umgestaltet wurde. Sehr gut und in ihrer Anpassung sehr harmonisch fügt sich die im 18. Jh ausgeführte Rokokobemalung ein. Ebenso die von modellierten Stuckornamenten umgebenen Fresken von 1750 (die 4 Weltteile) des Presbyteriums.

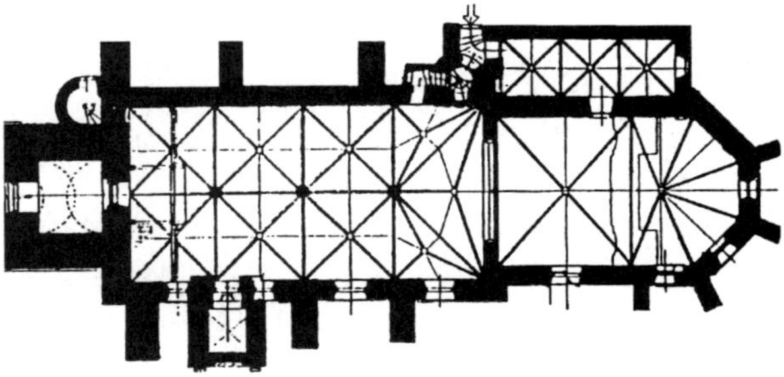

Leibitz: Grundriß der katholischen Kirche

Den barocken Hauptaltar schuf 1680 Olaf Engholm, der in die großzügige 2-geschossige Konzeption den Schrein eines gotischen Marienaltars, in dem eine sehr schöne, 1,72 m hohe

Madonna steht, einbezogen hat. Trotz zahlreicher, aber verschiedener Leitlinien ist die Einordnung dieser Plastik schwierig. Sie mit Meister Paul aus Leutschau bzw. mit seiner Werkstatt in Verbindung zu bringen, ist abwegig, obzwar manches in der Darstellung ohne Meister Paul kaum denkbar ist. Der schwäbische Zug (vergl Hasslacher Altar von 1493) weist aber in die unmittelbar vor Meister Paul liegende Zeit. Ein 1,30 m hoher Kruzifixus erinnert ebenfalls an Leutschauer Arbeiten, während die Kreuzigungsgruppe (Christus, Maria, Johannes, Maria Magdalena) aus der 2. Hälfte des 18. Jh stammt. Zwei weibliche Heilige, die stilistisch eng mit der Matzdorfer Madonna verwandt sind, stehen heute in der Nationalgalerie in Preßburg. Eine sehr schöne Arbeit ist das Chorgestühl (N-Seite 8 Sitze, S-Seite 9) von 1511, das im 18. Jh geringfügig verändert wurde und, im Gegensatz zu den meisten anderen in der Zips, durch den in meisterhafter Flachrelieftechnik gehaltenen figuralen Schmuck auffällt. Schön ist auch das Epitaph des Tobias Joni von 1658 und eine ausgezeichnete Arbeit der Zipser Neudorfer Werkstatt ist das Bronzetaufbecken von 1463 mit seinem figürlichen Schmuck (Petrus und Paulus, Kreuzabnahme).

Das **ehemalige "Schloß"** (kath Pfarrhaus, heute Schule) ist 1729 auf den Ruinenresten einer älteren Anlage (wahrscheinlich Kloster) gebaut und 1772 bzw. 1817 rokoko-klassizistisch umgestaltet worden. Die **evang Kirche**, ursprünglich eine 1784-86 errichtete klassizistische Toleranzkirche, erhielt 1858 den Turm, wurde 1870-85 erweitert und im neoromanischen Stil umgestaltet. Im w Bereich, unterhalb der Straße steht die turmlose **kath Kirche zum heiligen Geist**, die im 14. Jh gotisch errichtet wurde und 1761 sowie 1786 ein barockes Aussehen erhielt. Das Bild des barocken Hauptaltars, die Ausgießung des heiligen Geistes, schuf J. Czauczik.

Geburtsort des Martin von Leibitz (Abt des Wiener Schottenstiftes, Gelehrter), David Frölich (Mathematiker).

Rißdorf vor der Zerstörung

🌐 1880: 3.083 EW, davon 2.203 D, 1890: 3.025 EW, davon 2.077 D. 1930: 3.259 EW (1.839 Sl, 956 D, 9 Ma, 31 J, 191 Z), 1940: 3.377; 2001: 3.737 EW.

◉ UMGEBUNG: In ö R (8 km) lag das • LEIBITZER SCHWEFELBAD (ĽUBICKÉ KÚPELE), mit lokaler Bedeutung, um 1718 entstanden, 1852 sowie 1876 erweitert und umgebaut, wurde es zerstört, als es nach dem 2. Weltkrieg in den Bereich des militärischen Sperrgebietes fiel. In sö R (7 km) erlitt das gleiche Schicksal • RIßDORF (RUSKINOVCE). Die kath Kirche gehörte zu den zweischiffigen Zipser Kirchen. Ihre Einwölbung wurde über 2 eingezogene Pfeiler durchgeführt. Sie besaß ein schönes schlichtes Portal. Die Kunstwerke sind auf andere Orte verteilt worden: Die bekannte Madonna ist in der Nationalgalerie in Preßburg, das Bronzetaufbecken, die Kanzel und die schöne Mariensäule in Windschendorf, ein Bild der Agnes im Kesmarker Museum.

● **LENARD, PHILIPP,** *1862 Preßburg, +1947 Messelhausen/D. Physiker, Nobelpreisträger (bisher der einzige der Slowakei). Studium: Budapest, Wien, Berlin, Heidelberg. Forschte und lehrte in Budapest, Bonn, Breslau, Aachen, Kiel, ab 1907 in Heidelberg (Direktor des Radiologischen Institutes). Leistete Wesentliches im Bereich der Röntgenstrahlen, erhielt den Nobelpreis für die Erforschung der Kathodenstrahlen, schuf den Vorläufer des Atommodells von Rutherford, die Grundlagen der Planckschen Luftquantentheorie, erkannte die Schwächen der Relativitätstheorie von Einstein, zu dem er, auch wegen der zeitweiligen antisemitischen Einstellung ("Deutsche Physik"), in scharfe Konfrontation geriet.

● **LENOIR, ANDRÉ GEORGE,** *1825 Kassel, +1909 Meran. Unternehmer. Erwarb 1878 Sliač, das er zu einem bekannten Bad ausbaute und um zahlreiche Bauten bereicherte. War auch in Meran tätig. Näheres sh unter "Sliač".

● **LEOPOLD I.,** *1640 Wien, +1705 Wien. 1655 böhm. und u König, 1658 Kaiser. Eigentlich für den geistlichen Stand vorgesehen. Schwere Auseinandersetzungen im W und mit den Türken, Verluste in der Slowakei (1662 Neuhäusl), Aufstand Emmerich Thökölys, 1683 Niederlage der Türken vor Wien und bis 1697 Hinausdrängen derselben aus Ungarn. Höhepunkt der Gegenreformation, erstes Entgegenkommen (1681 Landtag von Ödenburg) und erneuter Rückschlag (Blutgericht von Eperies). Komponierte, gründete das Hoftheater, die Academia Leopoldina und die Akademie der bildenden Künste.

● **LEOPOLD II.,** *1747 Wien, +1792 Wien. 1790 Kaiser, u König, 1791 böhm. König. Besuchte mit seinem Bruder Josef die Bergstädte.

● **LERCH, THEODOR von,** *1869 Preßburg, +1945 Wien. Generalstabsoffizier. Instrukteur der japanischen Armee, führte in Japan den Skilauf ein, im 1. Weltkrieg in Galizien, am Isonzo und an der Westfront. Vorträge (über seine Reisen, Südtirolfrage), einige Publikationen.

● **LEUDISCHER, GEORG,** *in Leutschau, +1560 Nehre. Evang Geistlicher. Page, Schneider- und Kürschnerlehre in Krakau, Studium (Theologie): Krakau. Pfarrer in Kesmark, Leibitz und Nehre, als Anhänger Luthers und Verbreiter der Reformation häufig angefeindet und öfters untergetaucht. Durch ihn (?) wurde die Kesmarker Lateinschule ein Lyzeum.

■ **LEUTSCHAU (LEVOČA),** Bezirkhauptstadt, 570 m. Auf einer ansteigenden, im S niedrigen Geländeschwelle liegende, vieltürmige, berühmte und einst bedeutende Stadt. Kunsthistorisch ein ganz besonderes Zentrum. Unter Berücksichtigung aller Bereiche wohl das bedeutendste der Slowakei. Die Altstadt ist Denkmalszone (Stadtreservat). Schöner Anblick, besonders von S, der demjenigen von Rothenburg ob Tauber ähnelt, mit dem es oft als das "Zipser Rothenburg" verglichen wird, obzwar in manchen Publikationen "Zipser Nürnberg", oder "Slowakisches Nürnberg" genannt wird - ein Vergleich, der ganz falsch ist! Einst administratives Zentrum der Zips. Im 16. Jh wurde es zum Sitz des comitatus Scepusiensis/Zipser Gespanschaft/ Spišská stolica. In keinem anderen Komitat gab es eine derartige Vielzahl an Organisationsformen der Selbstverwaltung, wie in der Zips. Neben den königlichen Freistädten und den 7 oberungarischen Bergstädten (3 lagen außerhalb der Zips), gab es vor allem die 24 Zipser Städte, die infolge der Verpfändung in 2 Gruppen zerfielen (13 und 11), dann das Kleine Komitat der 10 Lanzenträgerorte und nach dem Ende der Verpfändung die Provinz der 16 Zipser Städte. Ferner den Städtebund Pentapolitana, in dem Leutschau allerdings die einzige Stadt der Zips war. 1923 verlor Leutschau die übergeordnete Verwaltungsstellung und war nur noch Bezirksstadt, die 1960 im Bez Spišská Nová Ves aufging. Seit jeher eine gern aufgesuchte Wallfahrtstadt, die besonders nach dem 2. Weltkrieg (und da vor allem in den 80-er Jahren) und heute noch Massen anzieht. ŽSR,

Leutschau: Rathaus, Jakobs-Kirche

SAD, Straßenknoten. Namen: ma Löcse, 1249 Leucha, 1268 Lyucha, 1271 Lewcha, 1284 Leuche, Lyuche, Leiuche, 1408 Lewcsen, 1479 Lewcsouia, 1497 Leutschau, 1773 Lewucža, 1786 Lewoče. Viele zweifelhafte, weit hergeholte Deutungen reichen vom Sumpf (sl Herkunft) über die Verbindung mit dem Schießen und zum Löwen bis zur Aufforderung, gegenüber den Feinden wachsam zu sein ("Leut schaut!").

Alter Siedlungsplatz mit Funden der Jungsteinzeit, Bronzezeit und La Téne-Zeit. Die falsche Meinung, Leutschau wäre eine der jüngeren Städte der Zips, kann sich nur auf die Wiederbegründung nach dem Mongoleneinfall beziehen, wo zuerst andere Siedlungsplätze ausgesucht und wieder aufgegeben wurden, bis schließlich jene Terrasse bevorzugt wurde, auf der Leutschau zu stehen kam. Im Bereich der "alten Leutsch" ("Altleutsch") s des Stadtzentrums, sind um 1985 Fundamente einer romanischen Kirche ausgegraben worden (25 m lang, 12. Jh, im 14. Jh auf insgesamt 33 m verlängert), die im 16. Jh aufhörte zu existieren. Mauerreste sind dort bereits um 1930 gefunden worden, ohne daß sie jedoch damals gedeutet werden konnten. Die in der Form einer typischen d Zentralanlage mit schachbrettartig angeordneten Straßen konzipierte Stadt wurde schon sehr früh befestigt. 1271 Sitz der Organisation der 24 Zipser Städte, nachdem Leutschau auch zu den Städten der 24 königlichen Pfarrer gehört hatte. Als königliche Freistadt (ab 1317), schied es aus diesem Verband aus. 1321 großes Stapelrecht, ab 1406 Ausweitung der Handelsrechte (konnte seine Waren ohne Rücksicht auf das Stapelrecht anderer Städte frei und ohne Zoll zu zahlen im gesamten Land transportieren). Gehörte als königliche Freistadt nicht zu den verpfändeten Städten. Bildete im 14. Jh zur Wahrung seiner Rechte mit den

1 Kaschauer Tor
2 Menharder Tor
3 Polnisches Tor
4 Jakobs-Kirche
5 Rathaus
6 Glockenturm
7 Evang. Kirche
8 Stadthaus
9 Thurzo-Haus
10 Meister-Paul-Haus
11 Breuersche Druckerei
12 Hainsches Haus
13 Mariássy-Haus
14 Krupek-Haus
15 Spillenberger-Haus
16 Kath. Pfarramt
17 Theater
18 Schwab-Haus
19 Komitatshaus
20 Kleines Komitatshaus
21 Neue Minoritenkirche
22 Alte Minoritenkirche

Leutschau: Plan der Altstadt

Städten Kaschau, Eperies, Bartfeld und Zeben die Pentapolitana.

Aber nicht nur der Handel fand eine laufende Ausweitung, und der Stadt und seinen Bürgern hohe Gewinne, sondern auch das Handwerk erreichte ein hohes Niveau. 42 Zünfte, also mehr als in fast allen anderen Städten, waren hier tätig. Dazu 11 Bruderschaften (darunter die "Corporis Domini", der auch Meister Paul und Hans Moler angehörten), die - wie üblich - meistens auf karitativem Gebiet tätig waren. Eine kurze Unterbrechung verursachte der katastrophale Großbrand von 1550, der die ganze Stadt einäscherte und dem auch das Stadtarchiv zum Opfer fiel. Im Gegensatz zu Kesmark kaisertreu, fiel es u.a. in die Hände Franz II. Rákóczi, und erst in seinem Schicksalsjahr 1710 eroberte es der kaiserliche General Löffelholtz zurück, wobei die "Weiße Frau von Leutschau" eine Rolle spielte (sh Julie Korponay).

Wie Kesmark mußte sich Leutschau mit einer Stichbahn zur Kaschau-Oderberger-Eisenbahnlinie begnügen, während Deutschendorf und Zipser Neudorf in den Genuß der seinerzeit verkannten und gering geschätzten Entwicklungsmöglichkeiten des neuen Verkehrsmittels kamen. Diese Randlage zu den neuen Verkehrswegen und die geänderten wirtschaftlichen Verhältnisse führten zur Stagnation und ließen das mittelalterliche Antlitz der Stadt erstarren, so daß es der Neuzeit erhalten blieb (ähnlich wie bei der durch die Jh hindurch bekämpften Konkurrentin Kesmark). Trotzdem lebte in der verschlafenen Beamtenstadt ein wacher Geist, und 1924-26 kam es zu einigen Prozessen mit 111 Beschuldigten (u.a. dem Mesner der evang Kirche und einigen Ausländern). Wegen kommunistischer Umtriebe wurden sehr milde (max 1 Jahr Gefängnis) Urteile gefällt.

Die 2,5 km langen **Stadtmauern** sind nur im s Bereich der Altstadt auf einer Länge von ca. 600 m geschleift worden und können innen wie auch außen abgegangen werden. Sie wurden mehrfach ergänzt und 1569 werden 13, später sogar 15 Basteien erwähnt, von denen heute noch 6 existieren. Von den 4 Toren bestehen noch 3, von denen das stark frequentierte Kaschauer Tor, mehrfach umgebaut, 1840 sein klassizistisches Aussehen erhielt, ebenso das Menharder Tor.

Die nach dem Elisabeth-Dom in Kaschau zweitgrößte Kirche der Slowakei, die **kath Jakobs-Kirche**, ist nicht nur architektonisch und baugeschichtlich ein äußerst interessantes Gebäude, sondern sie gehört mit ihrer einmaligen Reichhaltigkeit an sehr wertvollen und sehr schönen Werken der bildenden Kunst und des Kunsthandwerks zu den Spitzenobjekten der europäischen Kunst überhaupt. Wie fast alle kunsthistorisch wertvollen Bauten, ausgenommen die Neue und die Alte Minoritenkirche, steht auch die Jakobs-Kirche am großen Marktplatz und beherrscht diesen trotz der im Laufe der Zeit hochgeschossenen Bepflanzung. Mit ihr zieht die reife Gotik mit ihrem wuchtigen Hallenschema in die Zips ein, das für einige andere Kirchen zum Vorbild wurde. Reizvoll sind die Aufeinanderfolge und die Durchdringung der verschiedenen Planungen, die mehrere Rätsel aufgegeben hat. Sie beziehen sich auf die Gestalt der Kirche von ca. 1280, von der Teile des Presbyteriums in die Mauern der heutigen Sakristei einbezogen wurden. Sie war offensichtlich für Leutschau zu klein angelegt gewesen. Aber war sie jemals ganz fertig geworden? Der Baubeginn der großen Kirche lag im 1. Drittel des 14. Jh, und das Ergebnis, eine pseudobasilikale Halle, deren Seitenschiffe um ca. 4 m niedriger sind als das Hauptschiff mit der

Leutschau: Kaschauer Tor

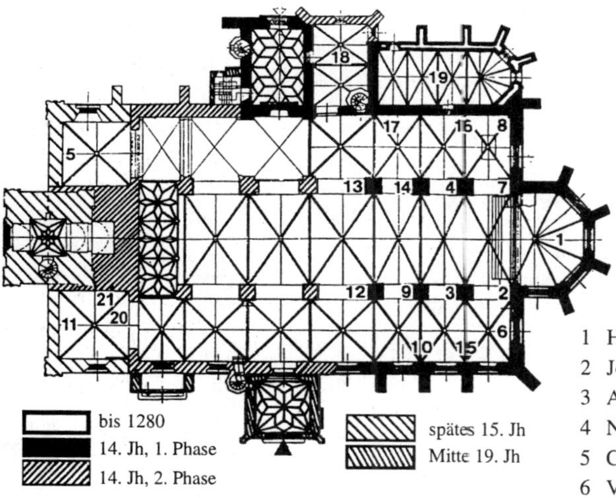

Leutschau: Grundriß der Jakobs-Kirche

1 Hauptaltar
2 Johannes-Altar
3 Anna-Altar
4 Nikolaus-Altar
5 Csáky-Altar
6 Vir dolorum-A.
7 Peter-Paul-Altar
8 Maria Schnee-A.
9 Katharinen-Altar
10 Weihnachtspredella
11 Elisabeth-Altar
12 Michaels-Altar
13 Guter Hirte-Altar
14 14 Nothelfer-Altar
15 Marien-Altar
16 7 Werke der Barmherzigkeit, 7 Todsünden
17 Dorotheen-Legende
18 Georgs-Kapelle
19 Sakristei
20 Taufbecken
21 Alexius-Thurzo -Epitaph

glatten N-Wand, das in ein gleich breites, sehr kurzes Presbyterium übergeht, hat mehrere Planungsänderungen hinter sich. Innen ist die während der Bauzeit vorgenommene Erhöhung des Hauptschiffes und des Presbyteriums deutlich zu sehen. Ferner wurde nach den 2 an das Presbyterium anschließenden Jochen (Seitenverhältnis 1:2), ein etwas breiteres Joch aufgeführt, auf das 3 weitere, beträchtlich breitere (ca. 1:1,4) folgen. Erst das unmittelbar vor dem Block des ursprünglichen Turmes stehende Joch hat wieder die schmale Breite. Wahrscheinlich erfolgten die Planänderungen bereits vor der Mitte des 14. Jh (eher noch früher) - mit der Übernahme der Bauhütte durch diejenige der Alten Minoritenkirche. Warum es zur großzügigeren Gestaltung des Mittelteiles kam, ist unklar. Eine weitere Ausdehnung nach W, durch den evtl bereits angelegten Turm und die schon recht nahe Häuserflucht, war unmöglich. So wurden 1 Joch der geplanten 8 weggelassen und die restlichen 4 vergrößert. Die Frage der massigen 4-eckigen Pfeiler, bei denen wegen der Planänderungen eine evtl. Ummantelung bereits bestehender Pfeiler wegen der größeren Lasten vermutet wurde, haben Maueruntersuchungen nach dem 2. Weltkrieg beantwortet: Es gibt keine Verstärkungen. Als die auf der N-Seite mit einem reichen Netzgewölbe versehene Vorhalle u.U. noch vor 1350 fertig war, wurde als Abschluß zwischen ihr und der Sakristei die Georgs-Kapelle errichtet, in der 1392 ihr Stifter, Pfarrer Johannes Ullenbach, beigesetzt wurde. 1530-50 wurden beide Räume zur Unterbringung der Bibliothek aufgestockt, während die Vorhalle der S-Seite mit ihrem schönen Netzgewölbe schon 1480-90 angebaut wurde und im Obergeschoß das königliche Oratorium erhielt. Große Sorgen bereitete der Turm, der 1823 wegen Baufälligkeit abgetragen werden mußte. Der bis 1857 fertiggestellte Ersatz ist keine Kopie des alten. Er wurde etwas niedriger und um die halbe Turmtiefe nach vorn versetzt sowie zur Hälfte in die 2 benachbarten, neuen Kapellen eingebunden. 1859 und 1923 setzten ihm weitere Brände zu. Ende des 15. Jh wurde bereits die Orgelempore mit dem sehr schönen Sterngewölbe, das später eine reiche Verzierung erfuhr und mit dem steinernen Parapet (vom Leutschauer Steinmetzen Peter ?) eingebaut. Im n Schiff wurde 1650, während der Zeit als die Evangelischen die Kirche besaßen, die schöne Schusterempore mit ihrer reich verzierten Brüstung im Stil der Renaissance errichtet.

Wegen teilweise großflächiger Absperrungen empfiehlt es sich, zum Betrachten der Plastiken und Bilder ein Fernglas mitzunehmen! Jede andere Kirche würden die **Wandmalerein** der Jakobs-Kirche zu einem gesuchten Objekt machen. Hier stehen sie im Schatten der Altäre. Im Bereich des Sterngewölbes des Presbyteriums wurden 1951-53 spätgotische ornamentale Deckenmalereien aus dem 14. Jh aufgedeckt und restauriert. Schon seit 1863 sind die gotischen, vom Ende des 14. Jh stammenden Fresken an der Abschlußwand des Presbyteriums, sie stellen verschiedenste Szenen dar, bekannt. Von diesen sind die in der untersten Reihe mit den sitzenden Aposteln die ältesten. Fortgeschrittener sind die Darstellungen an der N- Wand, vor denen das schlanke Sakramentshäuschen (Ende 15. Jh) angebracht ist. Sie müssen nach 1370 entstanden sein, da das u.a. abgebildete Hostienwunder in der Brüsseler Gudula-Kirche genau in jenem Jahr geschah.

Sehr interessant sind die Wandmalereien im n Seitenschiff *"DIE SIEBEN WERKE DER BARMHERZIGKEIT UND DIE SIEBEN TODSÜNDEN"* (14 Bilder), die mit d Texten in 2 Reihen angeordnet sind. Die kaum publizierten, schwer lesbaren Texte lauten: Obere Reihe (Werke der Barmherzigkeit): 1) "Begraben der Toten" durch got wyr dich begraben, got mus deyne sele haben, 2) "Trösten der Gefangenen" deyn gevenknus (=Gefängnis) tut uns we, ach got culdestu (=solltest du) mit

Leutschau: Inneres der Jakobs-Kirche

uns gen, 3) "Kleiden der Nackten" ach du nactir krankyr man, durch got so cseuch du cleydir an, 4) "Tränken der Durstigen" eya no bystu also krank, durch got so trynk desin trank, 5) "Speisen der Hungrigen" durch gotis lybe speyse wyr dych, das her uns gebe seyn hymelrich, 6) "Beherbergen der Reisenden" gank her yn das haws meyn, durch got du ellendir pylgerym (=elender Pilger), 7) "Pflege der Kranken" uns ist leyt dy krankheyt deyn, gehabe dich wol in dyser peyn.

Untere Reihe (Todsünden): 1) "Faulheit" reyt her nach vir sind vörlorin (=verloren), an gotis dinste wir trege vorin, 2) "Bosheit" der csorn uns obirwonden (=überwunden) hot, das wir nicht hildyn gotis gebot, 3) "Neid" wir worin beyde neides vol, des leide wir ebiclychyn (=ewigliche) quol, 4) "Völlerei" mit vros und mit tranke vir vole sesin (=sitzen), die armen hat wir gar vorgessin, 5) "Unzucht" unkeusheit vas unsir beider wil, des mus wir bringen an endes csyl (sinngemäß: führt uns an das schlechte Ende), 6) "Geiz" in geyrheit (=Geiz) so stund unsir mut, däryme lis wir (=darum verloren wir) das ebige gut, 7) "Hochmut" hochvart wir triben csu aler stund, des mus wir in der helle grunt. Die sehr lebendigen, in der Zeichnung wie der Technik vorzüglichen und teilweise sehr originellen Darstellungen erinnern an die mittelalterlichen Moritatenbilder und sind wahrscheinlich um 1385 unter böhmisch-luxemburgischem Einfluß entstanden.

Auf der selben Wand befindet sich die aus 20 Szenen bestehende *"DOROTHEEN-LEGENDE"*, die umfangreichste die es gibt und die um 1400 unter westdeutschem (kölnischen) Einfluß gemalt worden ist. Folgende Szenen sind zu sehen (Reihenfolge: oben von rechts nach links, unten von links nach rechts!): 1) Der Vater läßt sich zum Götzendienst bereden, 2) Er verläßt mit seinen 2 Töchtern die Heimat, 3) Geburt der Dorothea, 4) Ihre Taufe, 5) Sie weist die Werbung des Statthalters zurück, 6) Marter in heißem Öl, 7) Gefängnis, 8) Vor dem Statthalter, 9) Marter am Gerüst, 10) Besuch Christi, 11) Ablehnung der Anbetung eines Götzen, 12) Die Schwestern sollen sie vom Glauben abbringen, 13) Bekehrung ihrer Schwestern, 14) Auspeitschung, 15) Die Schwestern werden auf den Scheiterhaufen geworfen, 16) Drohung mit der Enthauptung, 17) Bekenntnis zum

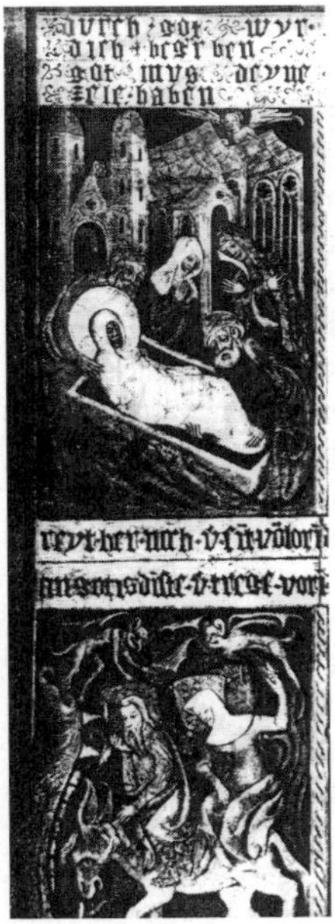

"Begraben der Toten" (Sieben Werke der Barmherzigkeit) und "Faulheit" (Sieben Todsünden)

Glauben und Leiden, 18) Enthauptung, 19) Der höhnende Schreiber erhält das Körbchen mit den Äpfeln und Rosen, 20) Himmelfahrt. Diese beiden großen Zyklen waren zZt der Reformation übertüncht und wurden in der 2. Hälfte des 19. Jh freigelegt.

Auf der Abschlußwand des s Schiffes, hinter dem Vir dolorum-Altar, befinden sich eine Kalvarienszene aus der Zeit um 1380 und am Pfeiler ein Fragment Christus als Dulder. In der n Vorhalle befinden sich ein Tryptichon (Maria, Johannes, Jakobus) von ca. 1370 und Erasmus mit Dorothea von ca. 1410 sowie in der s Vorhalle das Jüngste Gericht mit einem umfangreichen lateinischen Text von ca. 1520. Unter der Schusterempore wurden 1955-56 Malereien im Stil der Spätrenaissance, etwa aus dem 1. Viertel des 17. Jh, aufgedeckt und restauriert, die verschiedene Schilde, Wappen, allegorische Figuren etc. zeigen.

Von unschätzbarem kunsthistorischen und materiellen Wert sowie von vollendeter Ästethik ist die Mehrzahl der 15 meist gotischen und im Stil der Renaissance geschaffenen **Altäre** (2 sind aus der Barockzeit), von denen einige erhebliche Abmessungen aufweisen. Neben dem Hauptaltar, mit 18,62 m der höchste gotische Altar der Welt (andere Altäre: Michael Pacher in St Wolfgang 11,10 m, Veit Stoß in Krakau 13,00 m, Gregor Erhardt in Blaubeuren 13,70 m, Leinberger in Moosburg 14,00 m und Brüggemann in Schleswig 16,00 m), sind 2 weitere mehr als 10 m hoch. Allein 5 Altäre, dazu zählt auch der Hauptaltar, sind von MEISTER PAUL AUS LEUTSCHAU bzw. stammen aus seiner Werkstatt! Meister Paul, von dem wir nicht viel wissen und von dem die Fachwelt außerhalb seiner Heimat kaum Notiz nahm (zumal er in dieser selbst bis fast an das Ende des 19. Jh als greifbare Person nicht bekannt war), war nicht nur der größte Schnitzer Ostmitteleuropas und O-Europas. Er ist mit seinen spätgotischen Plastiken (als Vollender dieses Stils, aber auch als Neuerer, der schon mit der Renaissance vertraut war) in eine Reihe mit Tilman Riemenschneider, Veit Stoß und Michael Pacher zu stellen. Seine Figuren, die das Schönheitsideal der Spätgotik und das der Frührenaissance verkörpern und sich durch eine volkstümliche Note auszeichnen, denen die Strenge ihrer Vorläufer fremd ist, die aber trotzdem von tiefer Gläubigkeit durchdrungen sind, vermögen meisterhaft die große Spanne aller menschlichen Empfindungen realistisch zu verdeutlichen. In seinen Werken "sitzt" jede Stellung, und jede Geste hat ihren Sinn. So sind sie auch eine Antwort auf den Naturalismus, die an der Schwelle der Neuzeit, im Spätherbst des Mittelalters noch einmal an die große gotische Epoche anknüpfen und die die Befreiung des Individuums und damit die große Revolution der Renaissance einleiten. Sie besitzen durch die Überwindung der rein geistigen Gestaltung (ohne Aufgabe der überlieferten sakralen Aussage) einen hohen Darstellungswert. In seinen Werken spiegeln sich aber auch die

Leutschau: Meister-Paul-Haus

Werte der sich durchsetzenden Reformation, die zu schlichteren Gefühlen und Beziehungen führte.

Sein größtes und geschlossenstes Werk ist der *HAUPTALTAR*. So einmalig die fein abgestimmte Verwirklichung der ikonographischen Idee ist, so großartig ist die Harmonie der einzelnen Teile dieses überdimensionalen Flügelaltars, der zwischen 1507-17 geschaffen wurde. Wahrscheinlich in 3 Etappen, das Gehäuse bis 1508, die Plastiken und Gemälde bis 1515 und die Vergoldung bis 1517 (Plastiken vielleicht auch schon 1508). Im monumentalen Schrein stehen die 3 weit überlebensgroßen Plastiken der Madonna (ca. 2,50 m), des Jakobus und des Johannes des Evangelisten (beide ca. 2,3 m). Reizvoll ist der Gegensatz des verinnerlichten Johannes zu dem tatkräftig erscheinenden Jakobus. Typisch für Meister Paul ist der etwas eingefallene Brustkorb der breitschultrigen, mit enger Taille versehenen, das Knie des Spielbeins leicht durchdrückenden Personen. Untypisch dagegen gewisse Ähnlichkeiten zu anderen Werken wie die des Jakobus zum Rochus von Veit Stoß oder, beim Johannes, zur gleichnamigen Figur von Tilman Riemenschneider in Würzburg. Früher wurden daraus Abhängigkeiten, ein Schüler-Lehrer-Verhältnis konstruiert, die aber (einschließlich eines oft apostrophierten engen Verhältnisses Stoß-Paul) nicht bewiesen sind. Die Versuche, solche Kontakte zu konstruieren, gehören in den Bereich des historischen Romans. Für die fast ausschließlich als Auftragswerke entstandenen Arbeiten wurden Vorlagen benötigt, und diese bestanden in der Regel aus Holzschnitten, weniger aus Tafelbildern eines kleinen Kreises damals bekannter Künstler. Außerdem war das Kriterium eines Kunstwerkes nicht die Originalität des Themas, sondern allein die Vollkommenheit der Ausführung und die Gestaltung.Zu berücksichtigen ist auch, daß viele Meister die Arbeiten ihrer Zeitgenossen durch die Übermittlungen der wandernden Gesellen kannten. Sorgfältige stilkritische Untersuchungen haben ergeben, daß sich weder zu Krakau (mit Ausnahme der Madonna des Csáky-Altars), noch zu Nürnberg oder zu Würzburg Beziehungen nachweisen lassen und zu Blaubeuren allenfalls in der Stellung der Figuren des Hauptaltars.

Leutschau: Jakobs-Kirche, Hauptaltar, Judas

Von einmaliger Ausdruckskraft ist die Predella, deren Personen mit Hilfe der optischen Wirkung von Licht und Schatten (im Verein mit der Schnitzkunst Meister Pauls) die Illusion der Körperlichkeit vermitteln, obzwar sie meist nur auf 2 bis 3 Seiten bearbeitet sind. Festgehalten ist jener dramatische Augenblick als Jesus sagt, daß ihn einer der Anwesenden verraten werde. Meister Paul geht noch über den Bericht der Bibel hinaus, indem er die Apostel völlig unbeteiligt darstellt - bis auf einen, den rothaarigen Judas, dessen Betroffenheit ihn zur Hauptfigur der Predella werden läßt. Niemals wurde dieses Erschrecken des Judas, im Kontrast zu den essenden schwatzenden, wie auch schlafenden Jüngern, die als Statisten die historische Stunde absolut nicht begreifen, so eindringlich herausgearbeitet!

Die Innenseiten der beweglichen Flügel bilden 4 große Relieftafeln, bei denen sich Meister Paul helfen ließ. Viel Akzent, Schmerz und bevorstehende Vereinsamung bringt die linke obere Tafel "Abschied der Apostel" (Jakobus/Andreas und Johannes/Paulus). Auch auf der darunter angebrachten Tafel "Enthauptung des Jakobus" ist der menschliche Akzent unübersehbar. Beachtlich das verbissene, von Bosheit gezeichnete Gesicht des Scharfrichters und der zufriedene Herodes Agrippa. Gleiches gilt für die ergebene Haltung des

"Johannes auf Patmos", dem die Madonna als apokalyptisches Weib erscheint. Hier ist die Tiefe der Landschaft, wie auf der ersten Tafel, meisterhaft erfaßt. Auf der rechten unteren Tafel "Sieden des Johannes im Kessel" finden wir ausgezeichnete Porträtstudien: den bösen, etwas angestrengten, aber sonst unbeteiligten Schergen und den interessiert dabeistehenden Kaiser Domitian. Als Vorlage für die Relieftafeln dienten Arbeiten von Veit Stoß, Martin Schongauer und Albrecht Dürer.

Entsprechend der ikonographischen Idee des Altars, die vom Ablauf des Kirchenjahres bestimmt wird, wurde in der Passionszeit der prunkende Schrein durch die Innenflügel abgedeckt, und die mit satten leuchtenden Farben gemalten 8 Tafeln der Passionsgeschichte, die auf den Innenseiten der beweglichen Flügel und den Standflügeln angebracht sind, bildeten einen großen, gewollten Gegensatz zum vorherrschenden Goldton der plastischen und architektonischen Elemente des Schreins und seiner Reliefs. Die Bilder zeigen von links oben nach rechts unten: Gethsemane, Geißelung, Aufsetzen der Dornenkrone, Ecce homo, Vor Pilatus, Zusammenbruch Christi, Unter dem Kreuz und Himmelfahrt. Jahrzehnte hindurch konnte man die Bilder überhaupt nicht sehen (beinahe 2 Generationen), und man wußte nur mehr sehr vage, was auf den Tafeln zu sehen war. Ganz zu schweigen davon, wer sie überhaupt gemalt hatte. Der Hauptaltar war gegen Ende des 19. Jh vom Holzwurm befallen und in einem so schlechten Zustand, daß die Flügel nicht bewegt werden durften. Noch mehrere Jahre nach dem Ende des 2. Weltkrieges drohte der Totalverlust. Erst die in letzter Minute eingeleiteten Restaurierungsarbeiten (1952-54) retteten das Gesamtwerk.

Die Tafeln deuten auf den Maler der Antonius-Legende, den bevorzugten Mitarbeiter Meister Pauls, von dem man erst vor ein paar Jahren festgestellt hat, daß er mit dem Maler Hans Moler identisch sein muß. Auch die Frage nach der Herkunft der Vorlagen für die kongenial zu den plastischen und architektonischen Elementen des Altars passenden, schon eindeutig den ästhetischen Prinzipien der Renaissance entsprechenden Tafeln wurde beantwortet, und die frühere Vermutung, daß sie vielleicht aus der Holzschnittpassion von Lucas Cranach dÄ stammen könnten, wurde für 6 Tafeln bestätigt, während 2 andere H.L. Schäufeleins Illustrationen zur Vorlage hatten. In dem architektonisch meisterhaft gelösten, einer Kathedrale gleichenden Gesprenge steht ein Zyklus von Aposteln aus der 2. Hälfte des 14. Jh, die in einem älteren, wahrscheinlich dem ursprünglichen Hauptaltar, der abgebrochen wurde, gestanden haben. Die Plastiken stammen wahrscheinlich nicht von einem einzigen Meister, dieser (oder diese) gehörten zu den Vertretern des "weichen Stils".

Johannes-Altar, Detail (Johannes der Evangelist)

Ein bedeutender Altar ist der *JOHANNES-ALTAR* (auch Vier-Johannes-Altar genannt), den Meister Paul auf Bestellung von Johannes Henkel 1520 geschaffen hat und der bereits ganz dem Geist der Renaissance entspricht. Im Schrein stehen links Johannes der Täufer (Lamm) und rechts Johannes der Evangelist (Kelch), beide ca. 2,10 m hoch. Trotzdem sie relativ flach geschnitzt sind, vermittelt der prächtige Faltenwurf mit der Behandlung der Oberfläche durch die Fassung die Illusion der vollkommenen Körperlichkeit. Die Außenseiten sind Flachreliefs, links Johannes Elemosynarius (der Almosengeber) und rechts

Johannes Chrysostomus. Auf den Innenseiten der beweglichen Flügel und den Standflügeln sind 8 Tafeln, die unter deutlichem Einfluß der Dürer-Schule von Theophil Stanzel aus Bartfeld gemalt wurden. Obere Reihe von links: Taufe Christi, Gastmahl des Herodes und Tanz der Salome, Johannes d.E. erweckt Drusiana (angeblich ist der Mann mit dem Barett der Maler, und neben ihm der Schnitzer??), Johannes d.E. in der Zelle, unten: Enthauptung Johannes d.T., (Monogramm TH? und Jahreszahl 1520 auf einer Fußbodenplatte!), Gastmahl des Herodes mit dem Kopf des Johannes d.T., Johannes d.E. wird vom Gift nicht getötet, Johannes-Altar mit Betenden, darunter Johannes von Gerson, der die Züge Johannes Henkels tragen soll (?). Diese Tafel führte zu einer Änderung der Stellung der Plastiken im Schrein, dort standen früher der Evangelist links und der Täufer rechts, da auf dem Bild die umgekehrte Reihenfolge sichtbar ist. Der Aufsatz wurde öfters gegen den des Anna-Altars getauscht, heute wieder mit der ursprünglichen, auf dem Bild sichtbaren Himmelfahrt der Maria Magdalena und Erzengel Michael, obzwar die Taufe Christi des Anna-Altars ikonographisch richtiger wäre! An den Gesimsecken stehen ca. 60 cm hohe Figuren: Georg und David. Mit der ergreifenden und bewegten Grablegung in der Predella gelang Meister Paul eine seiner schönsten Kompositionen. Die Gesichter und die Gesten der meisterhaft gestellten Gruppe zeigen eindringlich den Schmerz und alle möglichen Äußerungen der Klage und der Trauer.

Der am Pfeiler davor stehende *ANNA-ALTAR* ist in seiner äußeren Konzeption, mit fast gleichen Abmessungen, aber noch mehr entfalteter Renaissanceornamentik, dem Johannes-Altar ähnlich. Kaum viel später als 1520 entstanden, zeigt dieser Altar Anna und die Maria mit dem Kind, hinter denen ein Engel einen Teppich hält. Auf den Innenseiten der beweglichen Flügel ebenfalls Halbreliefs: Links Paulus der Eremit, rechts Antonius. Der rechte Standflügel fehlt (er war dem Epitaph im Weg), auf den Rückseiten der beweglichen Flügel und dem Standflügel sind daher nur 6 Bilder zu sehen, die Personen der Sippe darstellen. Ihre derbe Darstellungsweise reicht nicht an die Kunst Theophil Stanzels oder gar an die Hans Molers heran. Die Figurengruppe der Predella fehlt, wahrscheinlich war eine vorhanden (Spuren von Konturen).

Die stärksten Figuren Meister Pauls, die ihn ganz auf der Höhe seiner Kunst zeigen, stehen im *NIKOLAUS-ALTAR* von 1506. Die Hauptfigur des Schreins, der Nikolaus, der in der Mitte steht, stammt nicht von Meister Paul, sondern aus der 2. Hälfte des 14. Jh und wurde in diesen Altar einbezogen. Links daneben steht die reifste Figur, der mit einem prächtigen Bart ausgestattete, 106 cm hohe Johannes Elemosynarius (der Almosengeber) und rechts der 102 cm hohe Leonhard, auch ein eindringliches Werk. Kein ursprüngliches Gesprenge, heute mit einem barocken Aufsatz. Die gemalte Predella zeigt Jesus in der Mitte der 14 Nothelfer, und auf den beweglichen Flügeln befinden sich je 2 Tafelbilder. Links: Johannes Elemosynarius beschenkt einen Armen (ihm wird zugeraunt, daß der Bettler schon bereits in anderen Kleidern eine Gabe empfangen habe), Auferstehung des Heiligen (Rückgabe des Bekennerbriefes einer Sünderin), rechts: Leonhard befreit einen Gefangenen, Leonhard findet den Schleier seiner Frau Agnes (mit der Jahreszahl 1507, an jener Stelle gründete er später Klosterneuburg).

Csáky-Altar: Hirt ohne Hut

Vir dolorum-Altar: Schrein

Die Innenseiten zeigen auf 4 Bildern einen Passionszyklus. Mit ganz großer Wahrscheinlichkeit hat die Bilder Meister Martin von Emaus gemalt.

Prächtige Charakterköpfe haben mehrere Figuren der von Meister Paul um 1500 geschaffenen Weihnachtsgruppe, die im *CSÁKY-ALTAR* (auch Weihnachtsaltar) steht. Die 7 Plastiken, Maria (auch Csáky-Madonna genannt), Josef, 2 Hirten (einer mit, der andere ohne Hut) und 3 Engel (vom Kind und den Tieren ist nicht bekannt, ob sie ursprünglich existierten!), waren für einen nicht näher bekannten Altar bestimmt und wurden vor erwarteten, aber in der Slowakei nicht eingetretenen bildersturmähnlichen Ausschreitungen, in einer Nische des Rathauses eingemauert und vergessen! Erst 1698 wurde bei Umbauarbeiten das zusätzlich durch einen schweren Schrank verstellte Versteck gefunden, und 1752 stiftete Nikolaus Csáky den Rahmen für diese herrlichen Figuren (in Form eines barocken Altars). Wie kam es zu dem Vergessen? Warum wurden nicht auch Plastiken anderer Altäre versteckt? Oder sind evtl. einige für eine kurze Zeit von ihren Standorten entfernt worden? Die knieende, ca. 1,60 m große, in ein weites fließendes Gewand gehüllte Maria ist wohl die innigste, mit besonderer Schönheit ausgestattete Figur, die Meister Paul geschaffen hat. Im Gegensatz dazu steht der Hirt ohne Hut (ohne Bart), ca. 1,00 m groß, als ein Mann des einfachen Volkes. Auch die enganliegende Kleidung stempelt ihn, der die Stunde erfassend, nach innen gekehrt ist, dazu. Unbedarfter erscheint der Hirt mit Hut (mit Bart), 0,90 m groß. Erwartungsvoll, aber etwas gequält ist der Gesichtsausdruck des Josef (1,35 m groß), lieblich sind die Engel.

Einige der anderen Altäre der Jakobs-Kirche sind etwas älter als die Arbeiten Meister Pauls. Der gotische *VIR DOLORUM-ALTAR* (auch Corvinus- oder Corpus domini-Altar) wurde um 1480 geschaffen. Im Schrein stehen neben Vir dolorum (ca. 1,60 m) Maria und Johannes (beide ca. 1,40 m), die mit ihren langgestreckten ernsten Gestalten verschiedene Anklänge an andere Arbeiten zeigen (J. Kaschauer, Freisinger Altar etc.). Während in das filigranhafte Gesprenge zwei Engel und oben der Andreas eingearbeitet wurden (der zwischen den beiden Engeln stehende Florian fehlt), ist der Raum der Predella bis auf den ganz rechts stehenden Jona durch Blatt- und Rankenwerk geschlossen. Auf den Innenseiten der gemalten Flügel sind zu sehen: Links oben Sebastian und Christophorus, darunter Barbara und Katharina, rechts oben Johannes der Täufer und Jakobus dÄ, darunter Margarete und Dorothea. Auf den Außenseiten der Flügel steht links oben die Verkündigung, darunter die Geburt Christi, rechts oben die Heimsuchung und darunter die Anbetung. Von den mit satten leuchtenden Farben gemalten Bildern stehen diejenigen der Innenseiten auf einem altertümlichen goldenen Rankenmuster. Einige von ihnen lehnen sich an Stiche Schongauers an und sind wahrscheinlich vom Meister Nikolaus von Leutschau um 1480-90 gemalt worden. Der Altar ist wohl keine Stiftung des Königs Matthias Corvinus, obzwar die Predellainschrift auf seine Heirat iJ 1476 mit Beatrix von Neapel Bezug nimmt und er selbst 1474 in Leutschau war.

Der gotische *PETER-PAUL-ALTAR*, ein Doppelflügelaltar, in dessen Schrein die beiden Heiligen in der obigen Reihenfolge von links nach rechts (ca. 1,60 m groß), getrennt durch eine schlanke Säule, auf der sich eine kleine Figur befand, ste-

Schrein des Katharinen-Altars

hen. Predella: Vir dolorum zwischen Maria und Johannes. In den Nischen des Gesprenges: Sebastian, Maria, 2 Apostel (ein dritter fehlt) und Andreas. Die Plastiken schuf 1495 der Meister des Maria-Schnee-Altars. Gemalte Flügelbilder, teilweise auf brokatiertem Goldgrund mit Szenen aus dem Leben der beiden Heiligen. Vier der Standflügel malte Nikolaus von Leutschau, die anderen sind frühe Arbeiten von Hans Moler.

Vom Meister des Peter-Paul-Altars stammt auch der gotische *MARIA-SCHNEE-ALTAR* von 1494, spätestens von 1500. Im Schrein stehen eine liebliche, schöne, ebenmäßige Madonna (ca. 1,80 m), links und rechts je zwei Begleitfiguren: Barbara/Dorothea und Katharina/Margarete. Predella: Thronender Christus zwischen Rankenwerk, Wappen von Polen und Leutschau (Hinweis auf die Stiftung von 1494, anläßlich des geheimen Treffens der Brüder Wladislaw II. von Ungarn und Albert von Polen?). Gesprenge: Vir dolorum, darüber Jakobus. Der benachbarte Christus und der Nepomuk sind aus der Barockzeit, in dieser wurde der Altar zum größten Teil neu gefaßt. Der Schnitzer hat vielleicht die Werkstatt jenes Meisters weitergeführt, der den Vir dolorum-Altar geschaffen hat. Sicher hat er schwäbische Arbeiten gekannt, die sich auch in anderen ihm zugeschriebenen Arbeiten spiegeln, wie im Peter-Paul-Altar, der Mittelgruppe des Marien-Krönungsaltars im Zipser Kapitel, in Altären in Farksdorf und Landeck. Die Außenseiten der Innenflügel bringen in derselben Anordnung die 4 Szenen des Vir dolorum-Altars (Verkündigung, Geburt und Heimsuchung, Anbetung). Auf den anderen Seiten sind je ein christologischer und ein mariologischer Zyklus zu sehen. Die Bilder stammen von einem Könner, der es verstand, ähnlich wie Meister Nikolaus von Leutschau, große Flächen zu gestalten und saubere Brokate zu malen. Sein durch eine feinfühlige Zeichnung charakterisierter Stil spricht dafür, daß er Nürnberger Arbeiten gekannt hat. Wahrscheinlich hat er auch die Standflügel des Marien-Krönungs-Altars im Zipser Kapitel gemalt.

Seltsam, aber schön ist der *KATHARINEN-ALTAR*, der aus Elementen verschiedener Altäre zusammengestellt wurde und wahrscheinlich schon seit 1469 in der Kirche steht. Der älteste Teil ist die Predella, die 1410-20 als Triptychon (Sophia, Dreieinigkeit, Traum des Jakobus) gemalt wurde. Der Schrein wird durch eine schöne Plastik der Katharina (1,20 m), mit dem Rad in der Hand (sicher eine Arbeit des Meisters des Georgenberger Marien-Altars) und zwei schmalen Bildern (Meister Johann), auf denen Margarete und Barbara zu sehen sind, ausgefüllt. Auf den Innenseiten der beweglichen Flügel sind 4 Bilder aus dem Leben der Katharina zu sehen (Disput, Enthauptung, Marter, Zerbrechen des Rades) und auf den Außenseiten Maria und Vir dolorum. In den zwei 3-eckigen Bildern: Halbfiguren der Propheten Samuel und Jesaia.

Der früher auf dem Schrein stehende kleine Altar wurde 1961 abgenommen und mit einem langen niedrigen Bild (Weihnachtsgeschichte) als Predella zu einem neuen Altar zusammengesetzt, dem *ALTAR DER WEIHNACHTSPREDELLA*. Im Schrein stehen Jakobus, Johannes der Evangelist, Johannes der Täufer und Georg, Plastiken aus der Zeit um 1420-30, während das Gehäuse 40-50 Jahre jünger sein dürfte. Auf den Flügeln (von ca. 1470-80) sind Hieronymus und Bartholomäus zu sehen, innen Maria und Vir dolorum. Das lange Bild (Predella) wurde in den 30-er Jahren verstaubt und verdreckt in der Georgs-Kapelle gefunden, es stammt aus dem 16. Jh und zeigt deutliche Einflüsse der Donauschule und der Renaissance. Die anderen Bilder sind, wie diejenigen des Katharinen-Altars, vom Meister der Bilder des Georgenberger Marien-Altars.

In der Taufkapelle steht der *ELISABETH-ALTAR*, ein gemalter Flügelaltar. Seine Tafeln von 1493 (1492?) fanden in einem neugotischen Umbau Platz. Zentralbild: Elisabeth zwischen Stephanus und Florian. Innenseiten der Flügel: Szenen aus dem Leben des Stephanus (darunter eine sehr realistische Steinigung) und der Elisabeth (darunter das selten dargestellte Kreuzwunder). Auf den Innenseiten sind verschiedene andere Heilige (Bernhard, Hedwig, Alexius, Helena). Wahrscheinlich ist der Maler durch die Tiroler Schule gegangen (Nikolaus von Leutschau?).

Weitere vier Altäre gehören zur Ausstattung: Der im Stil der Spätrenaissance im 18. Jh gemalte *MICHAELS-ALTAR*, mit einer Plastik des Florian aus dem 15. Jh, dann 2 barocke Altäre von 1696, der *ALTAR DES GUTEN HIRTEN* und der *ALTAR DER 14 NOTHELFER* und schließlich der *MARIEN-ALTAR*, im frühen 16. Jh wahrscheinlich von einem Gehilfen Meister Pauls geschnitzt, der die 3 Marien auf dem Weg zum Grab darstellt.

In der Georgs-Kapelle steht der Georg zu Pferde, eine sehr schöne, von Meister Paul ganz anders konzipierte Gruppe wie die in Georgenberg, zu der Georg, eine Magdalena und der Drache gehören. Wahrscheinlich um 1515 geschaffen und vor einer auf die Wand gemalten Landschaft aufgestellt.

Leutschau, Jakobs-Kirche: Taufbecken

Die zwei Figuren Rochus und Hieronymus (ca. 1,00 m), die an der W-Empore im Hauptschiff stehen, sind spätgotische Arbeiten von ca. 1510. In der Kirche stehen zwei Kalvariengruppen: Die Figuren der älteren Gruppe, die in der n Vorhalle steht und neben Christus am Kreuz (ca. 2,00 m), Maria, Johannes und Maria Magdalena (zwischen 1,50-1,10 m) umfaßt, wirken statisch, in sich versunken. Sie stammen aus der Zeit um 1460-80, während die andere Gruppe, etwas jünger (bis ca. 1500), mit gleichem Personenkreis, von dem allerdings einige etwas größer als die der vorigen Gruppe sind, mehr Aktion vermittelt. Sie steht schlecht sichtbar auf dem königlichen Oratorium. Am Pfeiler neben dem Altar der 14 Nothelfer steht die wohl älteste Plastik der Kirche, ein sehr realistischer, knorriger Kruzifixus von 1330-60, vielleicht auch 10-20 Jahre jünger.

In der Jakobs-Kirche stehen zahlreiche **Epitaphe**, einige von beachtlichem Format und hervorragender, stilsicherer Gestaltung. Darunter auch mehrere für Angehörige der Thurzos, die bis 1753 ein Familiengrab im Schiff vor dem Hauptaltar, abgeschlossen durch ein Gitter, besaßen. Sehr schön ist das heute in der Elisabeth-Kapelle stehende Epitaph für Alexius Thurzo, sicher ein Import, den Loy Hering in Eichstätt geschaffen hatte. Sehr schöne **Kanzel**, 1626 im Stil der Renaissance, zZt als die Kirche im Besitz der Evangelischen war, vom Schnitzer Christof Kolmitz geschaffen. Moses als Träger, Schmuck mit den Evangelisten und ihren Symbolen. Nicht weniger wertvoll und ebenso schön ist das **Bronzetaufbecken**, das im letzten Drittel des 14. Jh, wie üblich in 2 Teilen, der Fuß ist etwas unscharf ausgefallen, in der Zipser Neudorfer Werkstatt gegossen wurde. Einige sehr schöne Stücke sind auch unter den **Bänken**, den Einzel- und Mehrfachsitzen, die teilweise mit Einlegearbeiten, Bildern mit illusionistischer Architektur ausgestattet sind, zu finden. Die berühmte **Orgel**, eine der größten in Ungarn, wurde 1624-31 von Hans Hummel in Zusammenarbeit mit dem Tischler Andreas Härtel und dem Schnitzer Hans Schmied errichtet.

In unmittelbarer Nähe der Jakobs-Kirche steht das **Rathaus** (bis 1955 Sitz der Stadtverwaltung, heute Museum). Der ursprünglich gotische Kernbau, nach dem Schema der d Rathäuser, wurde im letzten Drittel des 15. Jh gebaut. 1555 ausgebrannt, 1556-59 wieder aufgebaut, aber schon damals weitgehend umgestaltet (Anfügung der teilweise 2-geschossigen Renaissancearkaden der W- und S-Seite). Nach einem weiteren Feuer 1599 kam es beim Wiederaufbau zu weiteren Ergänzungsarbeiten, die bis 1615 dauerten. 1656-61 wurde zwischen der Jakobs-Kirche und dem Rathaus der Renaissanceglockenturm gebaut, der auch die Uhren aufnahm. 1768 kam der Glockenturm zum Komplex des Rathauses, er wurde barockisiert und auf dem Rathaus das große Mansarddach mit seinen zusätzlichen Räumlichkeiten aufgesetzt. Ohne den Turm erfolgte 1893-95 eine Umgestaltung im historisierenden Renaissancestil und zwar nach Plänen von F. Schulek und B. Jaumann. Auf der S-Seite sind 1615 allegorische Fresken angebracht worden: Gerechtigkeit, Tapferkeit, Tücke, Klugheit, Mäßigkeit. Ein sehr schöner Raum ist der große auf 3 Säulen gewölbte Saal und ebenso auch der Ratssaal. In der Nähe der SO-Ecke des Rathauses steht der **Pranger**, das "Ketterhäuschen", aus dem 16. Jh, in dem schuldig gesprochene Frauen dem Hohn und dem Spott der Öffentlichkeit ausgesetzt wurden (stand ursprünglich etwas weiter weg vom Rathaus). Als seine Funktion wegfiel, erwarb ihn 1823 die Familie Probstner als Taubenschlag für ihren Garten. 1933 wurde der Pranger auf Bitten der Stadt zurückgegeben und zwar mit der Auflage, eine d und ma Inschrift über die Rückgabe anzubringen. Diese Bitte wurde nicht erfüllt, erst 1939 wurde ein mehrsprachiger Text angebracht. Nach dem 2. Weltkrieg erweitert, fehlt heute der russische und magyarische Teil.

Das im n Teil des Marktplatzes stehende **Stadthaus**, ein großer, gegliederter Block, der im späten 19. Jh durch Zusammenschluß mehrerer, bis dahin selbständiger Gebäude (städtische Schule, Goldschmiedewerkstatt, Waffenkammer) für Schulzwecke (Volksschule und Gymnasium) entstand, dient heute kulturellen Zwecken.

Im s Bereich des Marktplatzes steht die große **evang Kirche**, die im klassizistischen Stil 1825-37 (Pläne von A. Povolný) als Ersatz für die Holzkirche errichtet wurde. Ein im Grundriß dem griechischen Kreuz entsprechender Zentralbau mit Emporen, gekrönt durch eine große Kuppel. Der klassizistische, einem Portikus entsprechende Altar enthält ein Werk von J. Czauczik: Christus auf dem Meer. Die Kirche besitzt noch zahlreiche andere Bilder des Künstlers (Luther, mehrere Pfarrer, Mitglieder der Familie Horváth Stansith de Gradecz etc.) und mehrere ältere Bilder, die - wie die Barockorgel - schon der alten Kirche gehört haben. Diese alte Holzkirche war aber nicht die ursprüngliche Artikularkirche der königlichen Freistadt Leutschau, die 1687-88 außerhalb der Mauern, ebenfalls in der Form eines griechischen Kreuzes, ganz aus Holz errichtet wurde. Ihr Ausbau dauerte bis 1702, da immer wieder auf die Rückkehr der früheren Zustände, als die Evangelischen die Jakobs-Kirche in Besitz hatten, gewartet wurde. 1705 war es soweit, aber schon nach 5 Jahren verloren die Evangelischen die Jakobs-Kirche wieder, und da die ursprüngliche Artikularkirche 1709 während der Belagerung durch General Löffelholtz abbrannte, wurde in den Jahren 1712-13, auf dem selben Platz, mit den selben Maßen und nur mit einer Abweichung im Altarbereich, die Holzkirche wieder aufgebaut. Sie wurde 1838 nach der Errichtung der neuen massiven Kirche am Marktplatz leider abgerissen. Sehr wertvoll ist die umfangreiche Bibliothek, die zahlreiche Erstdrucke enthält und die auch das Archiv des evang Gymnasiums aufnahm.

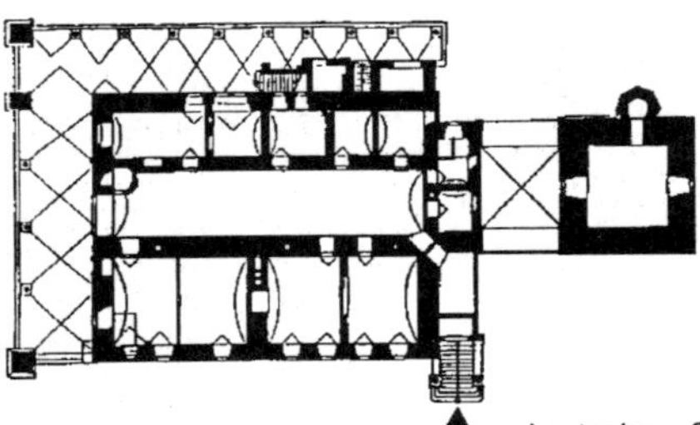

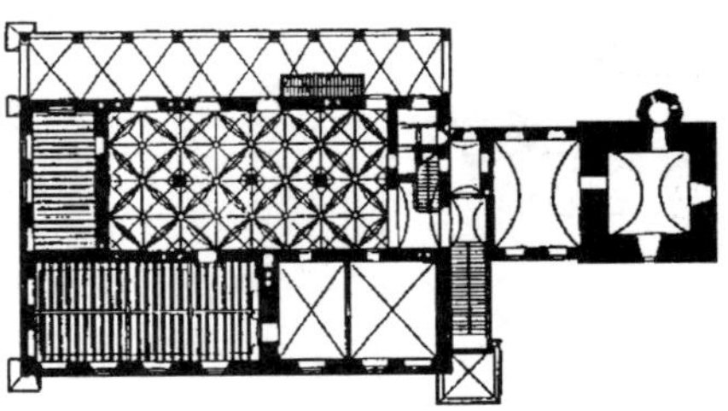

Leutschau: Grundrisse des Rathauses

Den **Marktplatz** bilden mehr als 60 Häuser, überwiegend mit Kernen des 14. und 15. Jh, die auf den in Leutschau etwas breiter ausgefallenen Parzellen vom Marktplatz bis an die nächste Parallelstraße reichen. Das **Thurzo-Haus** (Nr 7) entstand durch die Verbindung zweier gotischer Häuser im 16. Jh, teilweise um 1780 barockisiert und 1824 noch einmal umgebaut, wobei die Kuppel des Treppenhauses von J. Czauczik ausgemalt wurde. 1903-04 entstanden die neorenaissancenen Sgraffitis der Fassade durch Schüler der Kunstschule in Budapest (Entwurf und Leitung St. Groh). Sie bringen u.a. die Wappen der Thurzos, der Csákys, des Zipser Komitates und der Stadt Leutschau und gehen weit über eine Wiederherstellung der ursprünglichen schlichten Renaissancefassade hinaus. Bis 1944 bewohnt, gehört es heute zum Bereichsarchiv. Im **Meister Paul-Haus** (Nr 20) wohnte der erst zu unserer Zeit berühmt gewordene Künstler. Auch ein ursprünglich gotischer Bau, 15. Jh, Fassade im Stil der Renaissance im 16. und 17. Jh umgestaltet, unter Beibehaltung des schlichten gotischen Portals. Heute Meister Paul-Museum. Im ebenfalls gotischen Haus Nr 26 war die **Breuersche Druckerei** untergebracht. Es erfuhr mehrere Umbauten und auch Umgestaltungen der Fassade. Bei der letzten wurde sie unter Beibehaltung einiger wertvoller barocker Elemente so hergestellt, wie sie zZt der Renaissance ausgesehen hat. Heute Hotel.

Ein besonders wertvolles und sehr interessantes Gebäude ist das **Hainsche Haus** (Nr 40), das zu den ältesten Gebäuden Leutschaus zählt und dessen Ursprung noch im 12. Jh liegt. Im Laufe der Jh kam es zu entsprechenden Erweiterungen in die Tiefe und in die Höhe. Nach dem Brand von 1431 wurde das Haus im spätgotischen Stil wiederhergestellt. 1529-41 ist der Propst Johann Horváth der erste namentlich bekannte Besitzer, der mehrere Umbauten und Ergänzungen wie die Errichtung der Arkaden vornehmen und im Obergeschoß ein *FRÜHRENAISSANCEPORTAL* einbauen ließ, das die Jahreszahl 1530 trägt und in seiner Gestaltung sehr an die Arbeiten Meisters Pauls erinnert, so daß seine Beteiligung oder die seiner Werkstatt sicher ist. Das Portal wurde während der Restaurierungs- und Umbauarbeiten 1975-82 freigelegt, bis dahin waren nur die Delfine und die Wandmalerei des oberen Bereiches bekannt gewesen.

Der nächste Besitzer, Ladislaus Polierer, wurde 1544 Richter und war maßgeblich am Durchbruch der Reformation in Leutschau beteiligt. Studierte im Ausland und stieß sich nach der 1535 erfolgten Rückkehr am engstirnigen Konservativismus, so daß die ebenfalls während der oben erwähnten Restaurierung aufgedeckten Wandmalereien als ein Credo seinerseits anzusehen sind. Sie füllen die Segmente zweier später zugemauerter Mauerbögen im Erdgeschoß, in der sogenannten "Stube". Sie sind neben anderen ornamentalen Wandmalereien 1542 und 1543 angebracht worden. Das jüngere Bild zeigt eine schlafende halbnackte Frau, die auf einer Lichtung an einen Baum gekettet ist. Während das an sie gelehnte Kind ebenfalls schläft und ein Hund (Fuchs?, Wolf?) ein Schwert davonträgt, liegt in der Mitte ein zusammengerolltes Lamm, rechts ist ein Raub-

Leutschau: Inneres der evangelische Kirche

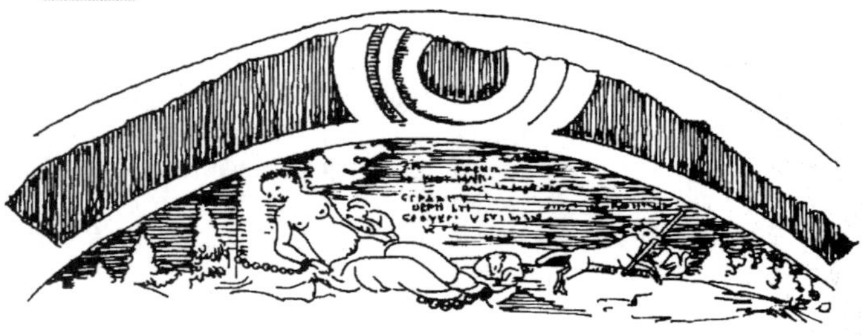

Wandmalerei: Die angekettete Frau

die neue Zweckbestimmung im Laufe der Jahre zahlreiche Veränderungen vornahm, die u.a. auch zur Übermalung, Abdeckung und Beseitigung der schmückenden Elemente des Hauses führten. Heute Museum.

Auch das anschließende **Haus Nr 41** mit den vorgebauten Arkaden wurde als gotischer Bau errichtet und im 14. und 15. Jh im Stil der Renaissance und des Barock umgestaltet. Neben dem Postamt (Nr 42, 1902 Neubau, vom "zweiten Thurzo-Haus" blieb nur das Portal im Flur) steht das **Mariássy-Haus** (Nr 43), spätgotischer Kern und Umbauten aus der Zeit der Renaissance (Portal) und des Barock, mit einem sehr schönen Arkadenhof. Daneben fällt das **Krupek-Haus** (Nr 44) durch die sehr schöne reichgestaltete Renaissancemalerei der Fassade aus dem 16. Jh (zwischen den Fenstern des Obergeschosses Sebastian, Anna Selbdritt und Christophorus) auf.

Das **Spillenberger-Haus** (Nr 45), ebenfalls mit gotischem Kern, erhielt unter Beibehaltung der hohen Renaissanceattika und des Portals aus dieser Zeit eine Barockfassade. Prächtiger Arkadenhof! Weiter n steht das **kath Pfarrhaus** (Nr 52), das durch die Verbindung zweier älterer Bürgerhäuser zuerst als Renaissancebau, der dann mit Elementen des Barock ausgestattet wurde, die Funktion des Pfarrhauses übernahm. Im großen **Eckhaus Nr 54** wurde unter Einbeziehung eines älteren Gebäudes 1590 der städtische Gasthof untergebracht. Im 18. Jh Kaserne, im 19. Jh teilweise zu einem Theater umgebaut, das noch ein Kino und Hotel aufnahm. Zu Beginn der 90-er Jahre wurde die Renaissancefassade wiederhergestellt und in den folgenden Jahren die Restaurierung durchgeführt. Daneben steht das **Schwab-Haus** (Nr 55), dessen Besitzer Hans Schwab, ein Geschäftsmann mit internationalen Verbindungen, im 17. Jh das schon mehrfach umgebaute Haus zu einem Palais ausbaute, in dem die Evangelischen ihre Gottesdienste abhalten konnten. Sehr schöner Arkadenhof! Heute Hotel. Auf der N-Seite

vogel zu sehen. Im etwas älteren Bild wehrt sich eine Eule gegen andere angreifende Vögel. Einer von ihnen, ein kleiner, sitzt schon auf dem Kopf der Eule und hackt sie mit seinem Schnabel. Die Bilder und die nur in Bruchstücken überlieferten d Texte, ein einziger Satz kann sinngemäß zusammengefaßt werden: "...ich schweige und lache, mit Geduld überwinde ich alle meine Schwierigkeiten", sind daher schwer deutbar. Sie zeigen Grobheit, Gewalt, Falschheit, deuten auf den lügenhaften Baum, die Wegnahme der Krone der Gerechtigkeit, versinnbildlichen aber auch Geduld, Schweigen und Hoffnung. Die Frau ist die damalige Gesellschaft, die mit den Ketten des Vorurteils und der Konvention an den Baum der Lüge gebunden ist, und die zwar schon einen Sohn, die Reformation geboren hat, der aber noch zum Schweigen verurteilt ist. Aber sie ist geduldig (Lamm), obzwar das Schwert der Gerechtigkeit fortgetragen wird. Der Vogel kann als Symbol der Falschheit gelten, oder schaut sein Blick in die Zukunft? Die ist vielleicht die Eule, die vorerst noch von den schwächeren Gegnern angegriffen wird? Die nachfolgenden Besitzer des Hauses (Erasmus Lang und seine Erben, sowie ab Mitte des 16. Jh die Familie Mariássy) gaben der "Stube" die schöne Renaissancebalkendecke und gestalteten im Obergeschoß den "Großen Saal", aus dem das bereits erwähnte Portal hinausführt. Sie ließen auch mehrere Wandgemälde anbringen. Größere Umbauten führte der evang Pfarrer Johann Serpilius durch, der das Haus 1667 seinem Schwiegersohn, dem Leutschauer Chronisten Kaspar Hain vermachte. Sein Sohn schenkte das Haus der evang Kirchengemeinde, die nach einem Brand 1752 hier die evang Schule, das Lyzeum einrichtete und für

Arkadenhof im Spillenberger-Haus

des Marktplatzes steht das große 4-flüglige **ehemalige Komitatshaus** (Nr 59), das mit seinem spätklassizistischen Stil des Empire zu den größten Gebäuden dieser Art in der Slowakei gehört (Plan von A. Povolný, gebaut 1806-26). Vor der Errichtung dieses Gebäudes war die Verwaltung des Zipser Komitates in dem danebenstehenden sogenannten **Kleinen Komitatshaus** (Nr 60) untergebracht. Heute Bereichsarchiv. Das schmale Gebäude, auf der Fassade ist ein Sgraffito des Zipser Wappens zu sehen, wurde im 19. Jh umgebaut.

Die **Neue Minoritenkirche** steht in der Nähe des Kaschauer Tores. Der große, im Inneren monumental wirkende spätbarocke Bau wurde nach dem Feuer von 1747 an der Stelle einer älteren Kirche und eines Klostergebäudes, das 1675 die Minoriten erhalten hatten, errichtet. Die Fassade der Kirche mit dem asymmetrisch gestellten Turm und dem voloutenförmigen Giebel wird durch Pilaster gegliedert, die ein reich profiliertes, krönendes Gesims tragen. Die Giebelmitte wird durch ein Bild gebildet, das Liebe, Glaube und Hoffnung darstellen soll. Das Innere ist durch die Ausmalung von A.I. Trtina und durch reiche Stuckarbeiten lebhaft wie auch illusionistisch gestaltet, die das geheimnisvolle Dunkel des Raumes, in den relativ wenig natürliches Licht einfällt, verstärkt. In dem spätbarocken Hauptaltar von 1753 ist 1811 ein Bild von J. Czauczik aufgenommen worden: die Ausgießung des heiligen Geistes. Die 6 Seitenaltäre stammen alle aus dem 18. Jh, nur an einem wurde später ein Bild des Leutschauer Malers T. Boemm aus dem Jahr 1868 eingefügt.

Eine weitere sehr bedeutende Kirche ist die am ehemaligen Polnischen Tor stehende **Alte Minoritenkirche** (auch Gymnasialkirche oder Jesuitenkirche genannt). Ein hervorragender gotischer Bau, der sich in diesem Stil heute allerdings nur noch von außen, und innen nur teilweise zeigt. Die Klostergründung soll 1309 erfolgt sein, und zur Verstärkung der Stadtbefestigungen wurde der Platz an einem Tor gewählt. In der ersten Hälfte des 14. Jh wurde mit dem Presbyterium begonnen und seine Wände bis zur Kämpferhöhe hochgezogen. Nach einem Meisterwechsel nach der Mitte des 14. Jh wird das Presbyterium eingewölbt und das dreischiffige Langhaus angelegt. In einer 3. Etappe bis zum Ende des 14. Jh werden die Kirche und das Kloster, mit dem an die N-Wand der Kirche anschließenden schönen Kreuzgang, vollendet. Während der Zeit der Reformation war die Kirche im Besitz der sl Evangelischen. Sie wies bei der Übergabe an die Katholiken 1671 schwere Schäden auf, da ihr w Teil, der in der Nähe der Kante des Abhanges an dem die Stadtmauer steht, auf relativ unsicherem Baugrund stand. Die Jesuiten trennten das 5. Joch vom Schiff, indem sie eine dicke Wand (1,30 bzw. 1,80 m) zur Entlastung der Gewölbe einzogen und schritten 1694 zu einer barocken Neueinwölbung, die nicht nur die plumpen Kapitelle mit sich brachte, sondern in Bezug auf die Stabilität gerade das Gegenteil bewirkte, was man erreichen wollte. So führte das Ausweichen der Pfeilerköpfe zu laufenden Schwierigkeiten und in den 30-er Jahren unseres Jh zum Einbau einer Verspannung. Die Jesuiten setzten auf den turmlosen Bettelordenbau auch den kleinen Dachreiter. Nach der Auflösung des Ordens verfiel der Bau, so daß 1852 größere Sicherungsarbeiten durchgeführt werden mußten. 1911-13 wurde der N-Flügel des Klosters abgerissen und der Platz für den sezessionistischen Bau des Gymnasiums mitverwendet. Der verbliebene Teil des Klosters wurde "heruntergewohnt", bis schließlich ein Internat eingerichtet wurde.

1933-35 wurden einige gotische Wandmalereien freigelegt und restauriert: N-Wand des n Seitenschiffes, Zyklus der 7 barmherzigen Werke und die Trinität (beide 14. Jh), auf der S-Fassade der Kirche im Tympanon oberhalb des Einganges, gemalte Madonna (15. Jh), auf der N-Wand der Sakristei, Kalvariengruppe (14. Jh), auf der S-Wand und der N-Wand des Kreuzganges, mehrere Malereien (14. und 15. Jh) und an der N-Wand des Presbyteriums Fragment einer barocken Wandmalerei (1730). Die einheitliche Barockeinrichtung der Kirche stammt von O. Engholm, der im Hauptaltar eine gotische Madonna von etwa 1430 untergebracht hat. Auf dem steilen, n der Stadt gelegenen Kegel steht die **Wallfahrtskirche**, 1903-04 errichtet, im Hauptaltar eine gotische Madonna aus der 2. Hälfte des 15. Jh.

Die 1544 nach den Vorstellungen von Melanchthon gegründete evang Gelehrtenschule wurde 1795 zum Lyzeum (Theologie, Philosophie und Jura). Nach 1851 Gymnasium und 1860 als ein solches mit "ungarischer Unterrichtssprache" klassifiziert. 1919 wurde die d Unterrichtssprache wieder eingeführt. Doch bis 1936 wurde das d Gymnasium zu Gunsten des sl stufenweise aufgelassen, so daß den Deutschen in der Slowakei nur die Anstalten in Kesmark und Preßburg blieben.

Zipser Museum: Magdalena aus Densdorf

Zwischen 1875-1908 erschien hier als d Zeitung der "Zipser Bote", davor 1863-74 der "Zipser Anzeiger". In Leutschau befanden sich zZt Ungarns die größten Druckereien der Slowakei (Breuer, Werthmüller oder Mayer). Geburtsort von Josef Czauczik (Maler), Karl Marko (Maler), Gustav und Johann Müller (Maler), Johann Rombauer (Maler). Wirkungsstätte von Meister Paul (Bildhauer), Meister Nikolaus (Maler), Maximilian Hell (Astronom, Physiker). Hier starb David Frölich (Mathematiker).

M *"Spišské múzeum" (=Zipser Museum), wertvolle Sammlungen: 1. Zentrale im Hainschen Haus (Kunst der Zips, u.a. Densdorfer Madonna, eine der lieblichsten, anmutigsten gotischen Frauengestalten), 2. Rathaus (Geschichte), 3. Meister-Paul-Haus (Werk des Meisters). "Múzeum Špeciálneho školstva na Slovensku" (=Museum über das Sonderschulwesen der Slowakei), Nám. M. Pavla (Marktplatz) Nr 28.*

H *Hotels. Winterstadion.*

⊕ Der Beginn des Rückganges des d EW-Anteiles fällt mit der Zeit nach 1710 zusammen, als die Pest 4.000 EW (2/3 der Bevölkerung) dahinraffte. 1857: 5.729 EW (2.124 Sl, 3.111 D, 84 Ma), 1880: 6.603 EW (3.393 Sl, 2.152 D, 627 Ma), 1910: 6.785 EW (3.094 Sl, 1.377 D, 2.310 Ma), 1920: 7.477 EW (5.171 Sl, 1.217 D, 430 Ma), 1930: 8.906 EW (7.182 Sl, 43 Ru, 754 D, 280 Ma, 300 J), 1940: 9.170, 1991: 12.678, 2001: 14.366 EW.

◉ UMGEBUNG: In n R (2-5 km) • LEUTSCHAUER BAD (LEVOČSKÁ DOLINA bzw. LEVOČSKÉ KÚPELE), **T** *Badeteich, Camping- und Zeltplatz, Hüttenkolonie, Touristenhaus, Restaurant, Skilifte.* Weiter 7 km n und ö: • TSCHERNEBLOT (ZÁVADA), kleiner Ort, **T** *Unterkünfte, Restaurant, Wandergebiet, Skilifte.*

◉ ZENTREN IN DER WEITEREN UMGEBUNG: Drauz, Zipser Neudorf, Gorg.

■ **LEWENZ (LEVICE),** 163 m. Bezirkshauptstadt, im offenen, hügeligen Gelände der n Donautiefebene gelegenes wirtschaftliches Zentrum. Straßen- und Eisenbahnknoten, SAD. Von 1321-1580 Sitz der Verwaltung des comitatus Barsiensis/Barscher Gespanschaft/Tekovská stolica bzw. Tekovská župa. Gehörte 1938-45 ohne eindeutige ma Mehrheit zu Ungarn. Namen: ma Léva, 1156 Leua, 1300 Lewa, 1425 Vylewa, 1773 Lewicze, 1920 Levice.

Lewenz: Burgruine

M *"Tekovské múzeum" (=Barscher Mus.), Burg (Regionalgeschichte).*

H *Hotels. Freibad.*

◍ 1930: 12.576 EW (5.956 Sl, 214 D, 4.974 Ma, 954 J), 1940: 12.758, 1991: 33.991, 2001: 36.538 EW.

◉ UMGEBUNG: In sö R (7 km) • KALINČIAKOVO, kleiner Ort, gehört zu Lewenz. Bemerkenswerte ref **romanische Kirche**, 12. Jh, damals als kath Kirche errichtet, mit flacher Decke und halbkreisförmiger Apsis. Die Stützpfeiler und der asymmetrisch an der W-Fassade etwas nach N gerückte Turm wurden nach einem Brand 1833-35 aufgeführt. Das Feuer hat einige alte Wandmalereien freigelegt, die aber leider übertüncht wurden. Die zahlreichen Säulen der Empore lassen auf einen unerfahrenen und ängstlichen Baumeister schließen, der aber im W geschult, neue, bisher in der Slowakei nicht angewandte Elemente verwendete und im Kreis der d Siedler zu suchen ist. **Thermalquellen "Margita-Ilona"** (39°C),

T *Thermalfreibad. Hotel, Hüttenkolonie, Camping- und Zeltplatz.*

In n R (8 km) • ALTBARSCH (STARÝ TEKOV), heute unbedeutende ehemalige Stadt (1.479 EW) mit geringen Resten einer schon früh, an strategisch hervorragender Stelle errichteten Burg, auf der die Komitatsverwaltung bis 1321 residierte. 1244 erhielten die d Siedler Privilegien, die Türkeneinfälle verhinderten eine kontinuierliche Entwicklung. Kath Kirche, gotisch 14. Jh, 1698 klassizistisch umgestaltet. Ref Kirche, Toleranzkirche klassizistisch, um 1790 errichtet.

In w R (18 km) • VRÁBLE, Kleinstadt (9.493 EW): Reste einer Befestigungsanlage aus dem 17. Jh, neoromanische kath Kirche 1899-1911).

◉ ZENTREN IN DER WEITEREN UMGEBUNG: Neutra, Goldmorawitz, St Benedikt, Pukanz, Zelis.

Alter Siedlungsplatz (Jungsteinzeit, Bronzezeit, Quaden- und Völkerwanderungszeit, Großmährisches Reich). Die im Stadtbereich, auf einem felsigen Hügel stehende **Burg**, mit ihrem ältesten Teil gotisch, wurde in der 2. Hälfte des 13. Jh zum Schutz des Weges in die Bergstädte errichtet. Nach einem großen Feuer 1434 wieder aufgebaut und besonders im 16. Jh gegen die Türken stark befestigt und im Renaissancestil öfters erweitert. Erst 1663 konnten die Türken die Burg erobern, die sie aber nach ihrer schweren Niederlage vor den Toren der Stadt (1664) aufgaben. Spätere Auseinandersetzungen führten zu einer teilweisen Zerstörung. Der erhalten gebliebene Teil ist heute Museum. Die **kath Josefs-Kirche** gehörte zu einem Franziskaner-, später Piaristenkloster und wurde im 17. Jh errichtet. Die **kath Pfarrkirche** wurde klassizistisch 1773-80 gebaut. Nach einem Brand (1831) waren die Glocken provisorisch in einem hölzernen Turm untergebracht, der erst 1902, nach dem Bau der Doppeltürme abgerissen wurde. Die **ref Kirche** wurde als klassizistische Toleranzkirche 1785-88 errichtet und der Turm 1824 dazugebaut. Der Bau der **evang Kirche** wurde von den Orthodoxen 1789 begonnen, nach dem Verkauf des unvollendeten Bauwerkes an die Evangelischen führten diese 1843 das Bauwerk im klassizistischen Stil zu Ende. Die **Synagoge** wurde 1857 romantisch-klassizistisch gebaut.

Vor 1945 Standort mehrerer Druckereien. Industrie nach 1945: Lebensmittel, Holz, Chemie, Textil. Umstrittenes Atomkraftwerk in Mochovce (20 km nw).

● **LIBAY, KARL LUDWIG,** *1816 Neusohl, +1888 Wien. Maler, der einer künstlerisch hoch begabten Goldarbeiterfamilie entstammte (Vater: Samuel, Onkel: Paul, Bruder: August Theophil, der ein bekannter Arzt war). Studium: Wien. Arbeitete in Budapest, München, Nürnberg, in Ägypten und Palästina, in der Slowakei (Zyklen über Sliač und die Hohe Tatra), war ein hervorragender naturgetreuer Darsteller.

■ **LIBETHEN (ĽUBIETOVÁ),** Bez Banská Bystrica, 491 m. Ehemaliger alter Bergbauort, heute Landgemeinde, liegt abseits des Grantales in den Bergen des Slowakischen Erzgebirges. SAD. Namen: ma Libetbánya, 1379 Lubetha, 1400 Libeta, 1495 Lubethowa, 1590 Libeth Banya, 1773 Lubjetowa, 1786 Libetha. Der Name des Ortes wurde in die gesamte Welt getragen, nachdem der Bergverwalter Rössner hier ein bisher unbekanntes Mineral entdeckte, dem er den Namen Libethenit gab.

Alter Siedlungsplatz (Bronzezeit). Wahrscheinlich wurden schon sehr früh Oberflächenerze abgebaut. Nach der Niederlassung d Bergleute wurde bereits im 13. Jh der Abbau mit Hilfe von Stollen (Ludwig) betrieben. Ab 1379 freie königliche Bergstadt mit Schemnitzer Recht, später Mitglied der 7 niederungarischen Bergstädte. Bis in das 14. und 15. Jh hinein wurden Golderze abgebaut, aber schon im 15. Jh verlagerte sich die Gewinnung immer mehr auf Kupfererze,

Libethen: Rathaus

zu denen schon im 16. Jh die Förderung von Eisenerzen trat. Ab 1556 gehörten die Gruben, die bis dahin in Privatbesitz waren, der Bergkammer. Schon 1604 arbeiteten sie mit Verlust, und um 1735 ging die Bedeutung Libethens immer mehr zurück, so daß es schließlich 1876 auch die Stadtrechte verlor. Die d Bergleute waren zu diesem Zeitpunkt, zu Libethen gehörten auch die Gemeinden Sailerdorf (Povrazník) und Scheibe (Strelníky, früher Šajba), durch die Türkeneinfälle schon dezimiert und längst slowakisiert, soweit sie nicht schon früher beim Niedergang des Bergbaues in andere Gegenden abgezogen waren.

Etwas abseits des überlangen, zwischen 55-120 m breiten Straßenmarktes, der in seinem ö Bereich später eine Bebauung erhielt, steht die **kath Kirche**, ein schöner, großer Bau, ursprünglich gotisch errichtet, um 1780 umgebaut. In der von einer Mauer umgebenen Kirche stehen ein rokoko-klassizistischer Hauptaltar, von 1873, und eine Marmorstatue der Magdalena, die V. Dunajský 1839 geschaffen hat. Verschiedene andere Werke des Künstlers, die hier standen, sind heute im Museum in Neusohl (u.a. Deckel des Taufsteins mit der Darstellung der Susanna im Bade). Die **evang Kirche**, 1805-07 erbaut, 1899 umgestaltet, fällt durch ihren hohen schlanken Turm auf. Die Leuchter, als kerzentragende Bergleute gestaltet, stammen ebenfalls von V. Dunajský.

Das **Rathaus**, es steht am Marktplatz, heute verborgen zwischen hohen Bäumen, unter denen sich eine Kapelle aus dem Jahre 1803 befindet, wurde im Rokokostil in der Mitte des 18. Jh errichtet.

Die nach der Einstellung des Bergbaues vorhandenen Industriebetriebe (Hochofen seit 1720) und die später eingerichteten Gießereien (J. Puschmann und A. Czilchert) stellten ihre Arbeit zum Ende des 19. Jh bzw. zum Anfang des 20. Jh ein. 1947 gründeten E. Mainhold und J. Filo einen Betrieb zur Herstellung von Majolika, der Libethener und Moderner Keramik herstellt. Geburtsort von Petrus de Lebeta (Miniaturenmaler), J. Messerschmidt (Volkstumsarbeiter, großes Denkmal in der Ortsmitte), V. Dunajský (Bildhauer).

⊕ 1930: 1.670 EW (1.652 Sl, 4 D, 7 Ma), 1940: 1.780, 1991: 980, 2001: 984 EW.

Limbach: Weinkeller

◉ ZENTREN IN DER WEITEREN UMGEBUNG: Neusohl, Slowakischliptsch, Brusno.

■ **LIMBACH (LIMBACH, 1927-57 HLINÍK),** Bez Pezinok, 190 m. Bekannter, in einem Talkessel der Kleinen Karpaten gelegener, von Weinbergen umgebener, ehemals d Weinbauort. Vorzüglicher Wein! SAD. Ausgangspunkt für Wanderungen in den Kleinen Karpaten. Namen: d Limpach, Limpah, Lehmbach, Limpack, ma Limpák, 1927 Hliník, 1957 Limbach. Der Name geht auf "lehmiger Bach" zurück, seltene Entscheidung: Der 1927 eingeführte sl Name "Hliník" wurde wegen der aussichtsreicheren Exporte des "Limbacher Sylvaners" zugunsten des alten d aufgegeben.

1208 bereits erstmals erwähnt, 1663 von den Türken verwüstet. Die Weingärtnerhäuser haben hier ihre Keller im hinteren Bereich, unter dem erhöht liegenden 3. Raum der Wohnung. Die gotische **kath Kirche** stammt aus dem 15. Jh und wurde im 17. Jh wie auch 1802 umgebaut und erweitert. Am Presbyterium befinden sich Fragmente von Wandmalereien und d Texten. Vor der Kirche stehen ein Denkmal für die Gefallenen des 1. Weltkrieges und ein neues Gemeindezentrum. Die **evang Kirche**, klassizistisch, 1802 erbaut, 1839 Änderungen in der Fassadengestaltung, besitzt einen Turm mit einem sehr hohen Helm. Über dem Eingang steht d und sl "Ein feste Burg ist unser Gott".

⊕ 1930: 949 EW (32 Sl, 916 D), 1940: 933, 1991: 904, 2001: 1.141 EW.

◉ ZENTREN IN DER WEITEREN UMGEBUNG: Preßburg, St Georgen, Bösing, Modern.

● **LIPTAK, JOHANN,** *1889 Felka, +1958 Warstein/D. Historiker, Prof. für Geschichte und Latein am Deutschen Evang. Gymnasium AB in Kesmark, ab 1940 erster und letzter Leiter des Institutes für Heimatforschung. Nach der Vertreibung 10 Wochen in U-Haft beim CIC. Engagierter Kulturreferent der Karpatendeutschen Landsmannschaft. Viele tiefschürfende, sorgfältig recherchierte Publikationen, Auszeichnungen.

◆ **LIPTAU (LIPTOVSKÁ STOLICA),** comitatus Lyptoviensis, Liptauer Gespanschaft, Liptó vármegye. Eines der landschaftlich schönsten, im Bereich der oberen Waag gelegenes Gebiet der Slowakei, früher durch den nicht sehr ergiebigen Bergbau geprägt, später (bis zum Ende des 2. Weltkrieges) eines der wenigen Industriezentren.

■ **LIPTAU-SANKT-NIKOLAUS (LIPTOVSKÝ MIKULÁŠ),** 575 m. Bezirkshauptstadt. Sehr schön an der Waag, zwischen der Niederen Tatra und den nicht durch Vorberge verdeckten Liptauer Alpen gelegenes Zentrum. Ausgangspunkt für Wanderungen in den Ausläufern der Niederen Tatra, von denen besonders die Poludnica (1548 m) in das Liptauer Becken hineinragt. Bis 1848 Sitz der Verwaltung des comitatus Liptoviensis/Liptauer Gespanschaft/Liptovská stolica, dann des daraus hervorgegangenen Liptauer Gaues/Liptovská župa bis 1922. 1923-28 Sitz der Verwaltung des Großgaues "Župa XIX (Podtatranská)". Erst nach dem 2. Weltkrieg Sitz des Bez. Industrieort. ŽSR, SAD, Straßenknoten. Namen: d selten Sankt Nikolaus in der Liptau, ma Liptószentmiklós, 1286 Zenthmiklos, 1299 Scentmiklus, 1920 Liptovský Svätý Mikuláš, 1952 Liptovský Mikuláš.

Funde aus der Bronzezeit. Langsame Entwicklung zu einem städtischen Gemeinwesen. Im Spätwinter 1945 lag die Stadt 2 Monate hinter der unmittelbar ö vom Stadtrand zum Stillstand gekommenen Front. Der Kern der **kath Kirche** wurde um 1280 anstelle einer älteren Kapelle gotisch errichtet, in der 2. Hälfte des 15. Jh zu einer dreischiffi-

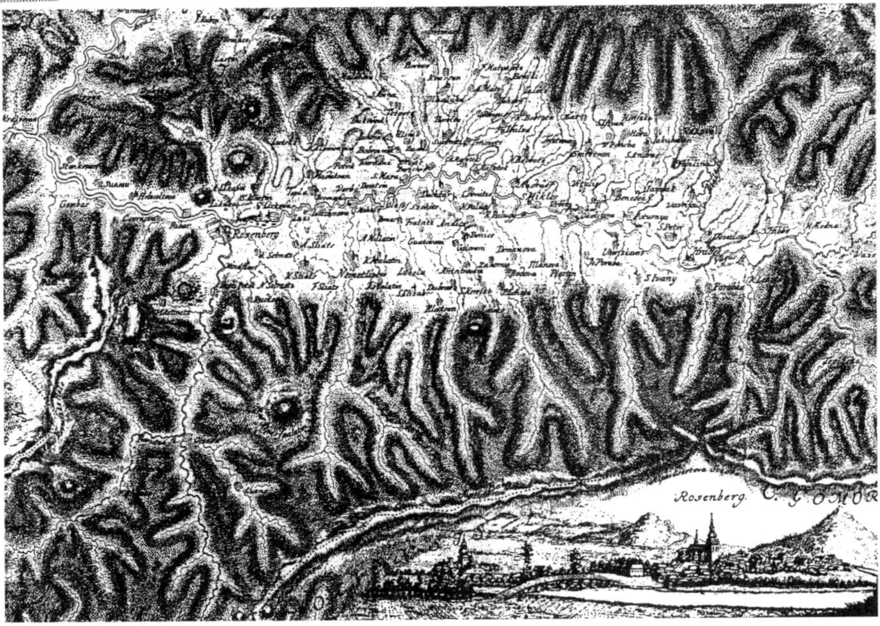

S. Mikovini: Karte der Liptauer Beckens (1736)

gen Anlage erweitert und gleichzeitig eingewölbt, im 18. Jh barockisiert. Die farbigen Glasfenster der Kapellen wurden 1940-43 eingesetzt, die Keramikreliefs der Wappen der Liptauer Adelsfamilien 1942 eingebaut und die Ausmalung des Triumphbogens sowie der Gewölbe besorgte 1903 J. Hanula. Die Skulptur (Nikolaus) und die Flügel (Szenen mit Nikolaus) des neogotischen Hauptaltars von 1903 sind Teile eines gotischen Altars von 1500-10, der in Liptovský Trnovec stand und um 1810 (?) zerlegt wurde. Viel älter ist der Marien-Altar, ein Flügelaltar von 1470-80. In seinem Schrein steht die Maria mit 4 Begleitfiguren (Katharina, Dorothea, Barbara, Margarete), während die 8 Bilder der Flügel und der Predella verschiedene Szenen zeigen. Ein weiterer Seitenaltar ist ebenfalls ein alter Flügelaltar aus der Zeit um 1520. Die **evang Kirche**, als klassizistische Toleranzkirche 1783-85 errichtet, bekam bei dem 100 Jahre später erfolgten Turmbau die von der Neoromanik bestimmte Fassade. Im Inneren dominiert der große spätbarocke Säulenaltar aus der Zeit um 1784. Die klassizistische **Synagoge** wurde am Platz einer älteren 1842-46 gebaut.

Industrie vor 1945: Bedeutender Ort der Lederherstellung und Verarbeitung (Grub & Co., Lacko Georg & Söhne, Pazarini & Co., Lederfabriken AG, Žuffa Andrej), Leim- und Kunstdüngerfabrik. Ab 1945 kamen hinzu: Möbel, Textilien und Lebensmittel.

Hinrichtungsort des Volkshelden Juraj Jánošík (1713). Geburtsort: Samuel Fischer (Gründer des Fischer-Verlages in Berlin), J.B. Klemens (Maler), Janko Kráľ (Dichter), Eduard und Aurel Ballo (Maler). Wirkungsstätte: P.M. Bohúň (Maler), M. Harminc (Architekt), M.M. Hodža (Lehrer, Publizist).

M *"Slovenské múzeum ochrany prírody a jaskyniarstva" (=Slowakisches Museum des Naturschutzes und der Höhlenkunde) Školská 4, sehr interessant!. "Literárnohistorické múzeum Janka Kráľa" (=Literaturhistorisches Museum des Janko Kráľ) Marktplatz, mit drei Expondituren (Tranovského 8: Programm von 1848, Vrbická: Martin*

Rázus, Kastell Vranovo in Paludzka: Jánošík). "Galéria P.M. Bohúňa" (=Galerie des P.M. Bohúň) sehr schöne Exponate!

T *Hotels, Hütten. Hallenbad, Freibad, Strand am Stausee Liptovská Mara bei Liptovský Trnovec (5 km vom Zentrum), sh Liptovská Mara. Winterstadion.*

⊕ 1930: 6.855 EW (5.785 Sl, 13 Ru, 448 D, 63 Ma, 368 J), 1940: 8.941, 1991: 31.725, 2001: 33.007 EW.

◉ UMGEBUNG: Ö vom Stadtkern, eingemeindet: • OKOLIČNÉ. Die **Klosterkirche** ist eines der wertvollsten gotischen Bauwerke der N-Slowakei, das bedeutendste der Liptau. Die dreischiffige, 4 Joche einschließende Hallenkirche hat ein sehr langes Presbyterium, eine Seitenkapelle (neben der Funktion einer Grabkapelle der Familie Okoličány, vermutlich auch als Oratorium verwendet) und ist zusammen mit dem 4-flügligen Franziskanerkloster und seinem rechteckigen Kreuzgang in einer seltenen Geschlossenheit errichtet worden. Nur der schlanke, s des Presbyteriums stehende Turm dürfte von der alten, bereits 1248 erwähnten Pfarrkirche stammen, er wurde mit einem barocken Helm abgeschlossen. Das Stern- und Netzgewölbe der Schiffe ruht auf hohen schlanken, 8-eckigen Pfeilern (die ohne Kapitelle ausgebildet sind) und das des Presbyteriums auf den durch Strebepfeiler verstärkten Wänden. Mit dem Hauptaltar stehen 8 wertvolle Altäre in der Kirche, die im barocken Stil in der 1. Hälfte des 18. Jh aufgestellt wurden. Einzige Ausnahme: der Altar der Himmelfahrt Marias, im Empirestil vom Beginn des 19. Jh. Einige Altäre verwenden ältere Details - so wie der Kreuzigungsaltar, in dem ein großes gotisches Kruzifix aus der Zeit um 1490 steht, oder der Andreas-Altar, in dem 2 hervorragende ca. 80 cm große Plastiken von Meister Paul aus Leutschau, die *BARBARA* und die *KATHARINA* (1510) standen. Die 2 liebreizenden Frauengestalten haben mit einem Tafelbild der Verkündigung, vom Beginn des 16. Jh vom Meister von Okoličné gemalt, eine vom mangelnden Sachverstand und durch die Überheblichkeit der Barockzeit geprägte Vergangenheit. Es ist sicher, daß die 2 Plastiken mit 2 weiteren im Schrein des ehemaligen Hauptaltars gestanden haben, zu dem mehrere Tafeln gehörten, von denen nur die oben erwähnte in Okoličné blieb. Die anderen kamen nach dem Abbau des Altars (keine Beschreibung, unklar ebenfalls, ob Meister Paul neben den 4 Plastiken auch den Altar entworfen und gebaut hatte), in die Museen von Kaschau und Budapest oder verschwanden im Privatbesitz. Den 2 heute nicht mehr hier vorhandenen Plastiken war ein ähnliches Schicksal beschieden. Eine unbekannte Heilige ist schon seit dem 18. Jh verschollen, die andere, wahrscheinlich eine Margarete, kam in schlesischen Privat-

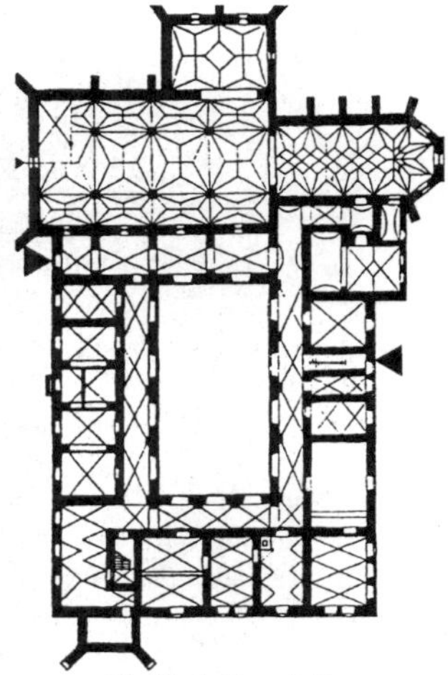

Okoličné: Grundriß der Klosteranlage

Die Heiligen von Okoličné: Barbara, Margarete, Katharina

Stausee Liptovská Mara

5 km länger. Dazu kamen umfangreiche Straßenbauten. Auch eine Beeinträchtigung des Lokalklimas und Schäden durch Versickerungen wurden befürchtet. Nicht alle kunsthistorisch wertvollen Objekte konnten verlagert werden. Die Kirche des Ortes Liptovská Mara, der den Namen für die Anlage gab, wurde im Freilichtmuseum von Pribylina neu aufgebaut. Ihr Turm blieb am N-Ufer direkt am Wasser stehen, aber mangelhafte Sicherungsmaßnahmen ließen ihn absinken. Heute ist der Stausee, neben seiner technischen Funktion, eine Attraktion für die Wassersportler, die sich hier in jeder Form, außer mit Motorbooten, betätigen können. **T** *Ausgedehnte Strände, Camping- und Zeltplätze, Bootshafen, Restaurant am N-Ufer, am S-Ufer, in dessen unmittelbarer Nähe die Autobahn und die Eisenbahnlinie vorbeiführen, volkstümliches Restaurant "Dechtárský salaš", Verkehr mit dem N-Ufer.*

besitz und lange nach dem 2. Weltkrieg in ein Breslauer Museum. Es ist eine Heilige, die mit ihrer Innigkeit neben die Csáky-Madonna in Leutschau zu stellen ist. Die anmutige Gestalt fällt durch ihren schlanken Aufbau, mit der bereichernden Zipfelung unter dem linken, sacht durchgestoßenen Knie auf. "Liebevoll und zart ist alles an ihr behandelt, als hätte es nicht der Darstellung einer Heiligen, sondern dem Abbild einer geliebten Frau gegolten" (Schürer-Wiese). Nach einem langjährigen Zwischenaufenthalt in der P.M. Bohúň -Galerie stehen die beiden noch vorhandenen Plastiken und das Tafelbild heute im Pfarrhaus im Kloster. Zwei Kastelle, von denen das **Alte Kastell**, mit seinen durch Zwiebeln abgedeckten Erkern und dem Eingangsbereich, aus dem 17. bzw. 18. Jh ein interessanter Bau ist (Kulturhaus).

In w Richtung anschließend an die Stadt (bis 11 km): • STAUSEE LIPTOVSKÁ MARA. Liegt sehr schön im Angesicht des Chočgebirges, mit 21,6 km² zwar nicht die flächenmäßig größte Anlage der Slowakei, Inhalt 360 Mill. m³, installierte Leistung von 200 MW. Dazu gehört vor der Sperre (Erddamm ca. 50 m hoch, ca. 1,25 km lang) ein Ausgleichbecken. Anfang der 60-er Jahre geplant und in ca. 20-jähriger Bauzeit verwirklicht. Wurde mit großen, ernsten Vorbehalten aufgenommen! Handelte es sich bei anderen Projekten um sumpfige, nicht genutzte Niederungen, so mußten hier die besten landwirtschaftlichen Böden (ca. 25.000 ha) der Liptau geopfert werden, 9 Orte wurden abgebrochen, 2 mußten teilweise geräumt und abgesichert werden (Umsiedlung von ca. 1.000 Familien). Die Eisenbahnlinie mußte verlegt werden, sie wurde durch eine (für den modernen Verkehr viel zu enge S-Schleife) um

Am n Ufer des Stausees (6 km vom Zentrum) liegt: • LIPTOVSKÝ TRNOVEC (587 EW). Die klassizistische **kath Kirche**, 1810-20 erbaut, besitzt einen Seitenaltar, in dem eine Madonna von ca. 1470 aus einem anderen Altar steht. Die Predella, das Gesprenge (mit Ausnahme von 2 spätgotischen Statuen, die im Pfarrhaus stehen) und die 2 Flügel des Altars sind im Museum von Lipt.-St-Nikolaus. Die Straße auf der buchtenreichen N-Seite des Stausees führt über Bobrovník zum **Kirchturm von Liptovská Mara** (unterwegs Hotel, sehr schöne Lage). Von Bobrovník-Tvarožná kann auch der Gipfel des im Tal stehenden Berges, des • ÚLOŽISKO (742 m) erreicht werden. Sehr schöne und umfassende Aussicht, 15 Min.

Ebenfalls n des Stausees (13 km vom Zentrum): • LIPTOVSKÉ MATIAŠOVCE (277 EW) mit großer **kath Kirche**. Ein reiner Renaissancebau, mit einem mächtigen Turm und einer barocken Befestigungsmauer mit verschiedenen Bastionen, im Inneren reich ausgestattet. Ausgangspunkt für Wanderungen in den Liptauer Alpen und Beginn der neuen aussichtsreichen, sehr schönen Straßenverbindung in die Arwa. Die wenigen, vom Tal nicht sichtbaren Ruinen der 1000 m hoch gelegenen • LIPTAUER BURG (LIPTOVSKÝ HRAD) sind nur zu Fuß erreichbar (gelb mk Weg von Kalameny, 2 Std). Einst eine mächtige Festung, schon zZt der Puchauer Kultur ein fester Platz, bereits 1470 zerstört und nicht mehr aufgebaut. Archäologische Untersuchungen brachten einige sehr interessante Ergebnisse.

Ebenfalls nur zu Fuß sind die zwei romantischen, sehr interessanten, im Charakter unterschiedlichen Karsttäler (n von Prosiek und Kvačany, je 14 km vom Zentrum) die • PROSIECKÁ DOLINA und die • KVAČIANSKA DOLINA, zu erleben. Sehr zu empfehlen, vor allem die verbindende Tour durch beide Täler, mit den historischen Mühlen (Wassermühle und Wassersäge) bei • OBLAZY!

In n R (5-7 km): • BOBROVEC (1.805 EW), kath Kirche, gotisch aus dem 14. Jh, im Renaissance- wie im Barockstil umgebaut, ausgemalt von J.B. Klemens, im Ortsteil Trstené **älteste erhaltene romanische Kirche der Liptau** von 1269 mit hölzernem Glockenturm, und • JALOVEC (312 EW) mit 3 km n gelegener Hüttenkolonie (dorthin nicht durch den Ort fahren!). Beide Orte sind Ausgangspunkte für Wanderungen in den Liptauer Alpen.

In nö R (6-8 km) • SMREČANY und • ŽIAR (616 bzw. 421 EW). **Kath Kirche von Smrečany**, einschiffiger gotischer Bau, letztes Drittel 13. Jh, 4-eckiges Presbyterium mit einem Kreuzrippengewölbe, über dem Schiff flache Holzdecke, die mit Motiven im Stil der Renaissance und der Gotik bemalt ist. Dicker quadratischer Turm mit einem hölzernen Umgang und einem mächtigen barocken Helm aus dem 18. Jh. Außer der genannten Ausmalung wertvolle gotische Malereien, die aus dem 14. Jh stammen, u.a. im Presbyterium eine Pieta, im Schiff eine Schutzmantelmadonna. Der Hauptaltar (Meister des Smrečaner Altars 1480), ein gemalter spätgotischer Flügelaltar, zeigt im Schrein die Madonna neben Barbara und Katharina. Zwei zusammengehörende Seitenaltäre (1510), ebenfalls gemalte Flügelaltäre bringen die Verwandtschaft Christi und sind dem Martin und dem Nikolaus gewidmet. Das schöne Gestühl und eine Kanzel von 1618 vervollständigen mit einem Taufbecken die Einrichtung dieser interessanten Kirche. **Evang Kirche**, Zentralbau in der Form eines Kreuzes von 1880. 1 km weiter liegt der kleine Ort Žiar und nach weiteren 3 km endet die Straße am Ausgang der • ŽIARSKA DOLINA, Ausgangspunkt für Wanderungen in den Liptauer Alpen und zur Žiarska chata. **T** *Hüttenkolonie.*

Unmittelbar sw des Zentrums (auf dem s Waagufer) liegt der Stadtteil • PALÚDZKA mit zwei Kastellen: **Vranovo**, 17. Jh, Gefängnis des J. Jánošík (Gedenkräume) und **Bocian**, rokokoklassizistisch aus dem späten 18. Jh, mit Nebengebäuden (Hotel).

◉ ZENTREN IN DER WEITEREN UMGEBUNG: Rosenberg, Deutschliptsch, Svätý Kríž, Demänovatal, Sankt Johann in der Liptau, Liptovský Hrádok.

▲ **LIPTAUER ALPEN (ZÁPADNÉ TATRY)**, nach der Hohen Tatra, an die sie unmittelbar w anschließen, das zweithöchste Gebirge (Bystrá 2248 m) der Slowakei, ca. 36 km lang, mit einem anderen Relief als die Hohe Tatra: sehr lange, tief eingeschnittene Täler, viele aussichtsreiche Gipfel, im W Dolomitburgen, im zentralen Teil kristalliner Kern mit wilden Bergen, im O ebenmäßige Formen. Hervorragendes Wandergebiet, Skihoch-

Liptovský Hrádok: Burg mit Liptauer Alpen

touren. 3/4 sl und 1/4 p Territorium. Auf 1500 m gedrückte Waldgrenze (Vergrößerung der Weiden).

■ **LIPTOVSKÝ HRÁDOK,** Bez Liptovský Mikuláš, 640 m. Im oberen Waagtal, in der Nähe der Einmündung einiger bedeutender Seitentäler gelegenes Mittelzentrum, das vor allem die Holzverarbeitung zu einem wichtigen Standort machte. Zeitweise Sitz eines eigenen Bez, sonst bei Liptau-St-Nikolaus. ŽSR, SAD, bedeutender Straßenknoten. Namen: ma Liptóújvár, 1341 Ujwar, 1360 Haraduk, 1808 Hrádek, 1927 Liptovský Hrádok.

Alter Siedlungsplatz (Puchauer Kultur) an einem strategisch wichtigen Punkt. Das Schicksal des früher sehr kleinen Ortes war eng mit demjenigen der **Burg** verbunden, die am N-Rand der Stadt, direkt neben der von der Autobahnabfahrt kommenden Straße steht. Sie wurde im 14. Jh erstmals erwähnt und 1600-03 durch ein Renaissancekastell erweitert. Die durch Befestigungen und Wassergräben geschützte Anlage wurde 1803, mit Ausnahme des Kastells (heute Museum), durch einen Brand vernichtet. In der Nähe, unmittelbar unterhalb der Straße, steht auf einem Felsblock ein kleines Kapellchen, eine interessante Komposition! Die klassizistische **kath Kirche** von 1790 erhielt im gleichen Jahr Wandmalereien von J. Lerch, ebenfalls von ihm ist das Altarbild (Kreuzigung), Statue des Franz von Assisi von A. Strobl.

1796 Gründung der ersten forstwirtschaftlichen Schule Ungarns, hauptsächlich zur Ausbildung des Personals der staatlichen Wälder in der N-Slowakei, die von hier aus verwaltet wurden. Unterrichtssprachen: Deutsch, Lateinisch, Magyarisch und Slowakisch. Sie existierte bis 1816 (heute mittlere forsttechnische Schule). Sitz mehrerer Forschungsstellen, u.a. für die Bewirtschaftung von Gebirgsregionen (heute innerhalb des betriebswissenschaftlichen Institutes), ferner für die Aufzucht von Setzlingen und deren Samen, wie auch für die Schafzucht und die Bienenhaltung. Seit langer Zeit Zentrum der Holzindustrie (1786 Wassersäge, später sehr großes Sägewerk) am Endpunkt der 1916-19 gebauten und mehrfach erweiterten (noch 1940) Waldeisenbahn, der Schwarze-Waag-Schmalspurbahn, die bis unter den Königsberg führend (Netz von 104 km, Leistung zeitweise 100-160 000 m^3 Holz/Jahr). Neben Holz und Versorgungsgütern wurden auch Personen befördert. Leider sind von diesem großartigen technischen Werk, das romantische und beschauliche Fahrten vermittelte, nach der Umstellung auf den LKW-Transport 1971 nur ein paar Wagen und Lokomotiven übriggeblieben. Hier war auch der Beginn der Waagflößerei, die sogenannten "Halbflöße" wurden in Rosenberg zu "Ganzflößen" zusammengesetzt, sie transportierten früher auch Waren, die für Innerungarn bestimmt waren, und nahmen auch Personen mit. Nach dem 2. Weltkrieg kamen elektrotechnische Betriebe hinzu.

Geburtsort von Hermann Kern (Maler).

M *"Národopisné múzeum Liptova" (=Volkskundliches Museum der Liptau) in der Burg (Holzverarbeitung, Flößerei etc.).*

T *Hotels, Hütten. Camping- und Zeltplatz.*

⊕ 1930: 1.078 EW (1.019 Sl, 10 D, 12 Ma, 24 J), 1940: 1.235, 1991: 10.927, 2001: 8.232 EW.

◉ UMGEBUNG: In ö R (2 km) ehemalige • VILLA DES BILDHAUERS ALOIS STROBL (in Kráľova Lehota geb), Phantasieburg, neogotischer historisierender Stil, Ende 19. Jh. Umbauten (größere Fenster) zu Beginn der 80-er Jahre haben die Proportionen gestört. Am Turm Statue des Matthias Corvinus (Kopie!). Etwas weiter ö stehen im Talboden: ERZWÄSCHE und KLOPFERIN, barock-

Paß Čertovica (1238 m)

klassizistisch von 1792, hier ist das in der Umgebung gewonnene Erz gesäubert und gewogen worden, zeitweise (1792-1894) Hammerwerk. Im weiteren Verlauf der Straße: Zusammenfluß der Weißen und Schwarzen Waag bei Kráľova Lehota (Straßenknoten). Dort beginnt die landschaftlich sehr schöne, den Hauptkamm der Niederen Tatra überwindende Verbindung zwischen Waag- und Grantal, die höchste Paßstraße der Slowakei, die durch ein altes Bergbaurevier, in dem auch in großer Höhe Erz abgebaut wurde, führt. 1936-41 gebaut (erst nach dem 2. Weltkrieg endgültig fertig), die alte schmale Straße (ein besserer befestigter Feldweg) durchquerte alle Orte des Tales und überwand den Paß mit 2 übersteilen Rampen (nur im Sommer und bei trockenem Wetter befahrbar). Nach 7 km: • MALUŽINÁ, entwickelte sich nach der Gründung eines Hammerwerkes im 18. Jh, das im 19. Jh von einer Glashütte übernommen wurde, zu einer mittleren Siedlung (278 EW). Später kam eine Fabrikation von Bilderrahmen hinzu. **T** *Zeltplatz.* 4-7 km weiter: • UNTERBOTZAU (NIŽNÁ BOCA) und • OBERBOTZAU (VYŠNÁ BOCA), 851 und 951 m hoch, alte Bergbauorte (195 bzw. 102 EW), heute Touristenstandorte, zwei Berghütten in Unter-, drei in Oberbotzau, Wanderungen in der Niederen Tatra. Die Kelten bauten Oberflächenerze ab, die Slawen wuschen Gold, die d Bergeute kamen im 13. Jh (evtl später?). Mitte 16. Jh lebte der Bergbau durch den Abbau von Eisenerz, das in größeren Mengen in 1700-1900 m Höhe (!), am Hauptkamm der Niederen Tatra, gewonnen wurde, wieder auf, ging aber im 19. Jh endgültig ein. Zahlreiche Erzabfuhrwege, die in die höchsten Gebirgsregionen am Ďumbier vorstoßen, eingefallene Stolleneingänge, größere Mengen nicht mehr abgefahrenen Erzes und Halden tauben Gesteins. Das d Element wurde slowakisiert bzw. wanderte im Laufe des Rückganges der Bergbautätigkeit in andere Reviere aus. Mehrere d Familiennamen, Flurnamen und Bauweise der Holzhäuser mit ihren offenen Veranden und Vorräumen sind Reste d Vergangenheit. Mitte der 30-er Jahre begann die Entwicklung zu einem kleinen Wintersportzentrum und einer beliebten Sommerfrische. Die **evang Kirchen** (beide Orte sind fast ausschließlich evang): Unterbotzau, spätklassizistisch, mit einem neoromanischen Turm, 1844 errichtet, Oberbotzau, klassizistisch, 1785 unter Verwendung des Turmes einer etwas älteren Toleranzkirche errichtet. Nach 4 km: Paßhöhe • ČERTOVICA (1238 m), schöne Aussicht nach N und S. **T** *Wanderungen in der Niederen Tatra, je ein Berghotel oberhalb des Passes und 100 m tiefer (N-Rampe), Skilifte.*

Auch das an der S-Rampe gelegene Gebiet gehörte zum Revier von Botzau.

◉ ZENTREN IN DER WEITEREN UMGEBUNG: Liptau-St-Nikolaus, Sankt Johann in der Liptau, Tschirmer Sattel, Bries an der Gran.

■ **LIZENZ (LUČENEC),** 194 m, Bezirkshauptstadt, im Hügelland unweit der u Grenze gelegen. ŽSR, SAD, wichtiger Eisenbahn- und Straßenknoten. Gehörte 1938-45 ohne ma Mehrheit zu Ungarn. Namen: ma Losonc, lat Lossoncium, 1262 Losunc, 1277 Lusunch.

Die Türkenkriege und die anschließenden Auseinandersetzungen übten einen sehr ungünstigen Einfluß aus. Die zeitweise sehr niedrigen EW-Zahlen (1850: nur 810!) und das Wappen (ein Pelikan füttert die Jungen mit seinem eigenen Blut) zeugen davon, und nach dem 2. Weltkrieg verlor Lizenz, ähnlich wie Rosenberg, seinen Platz unter den 10 größten Städten der Slowakei. Am regel-

Lizenz: Reformierte Kirche

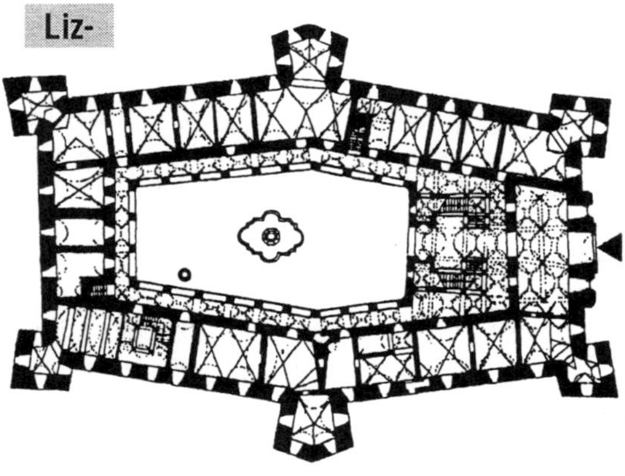

Grundriß des Schlosses Halič

mäßig angelegten Marktplatz (verbreiteter Straßenmarkt, später teilweise zugebaut) stehen schöne Häuser, so die **Redoute** (19. Jh). Die **kath Kirche**, klassizistisch, wurde 1783 gebaut und 1895 erneuert. Sie hat eine, mit Hilfe von Lisenen, schöngegliederte Fassade. Die Ausmalung ist neu (1958). Die **evang Kirche** wurde am Platz einer 1849 abgebrannten Holzkirche aus dem Jahr 1784, unter Beibehaltung der Disposition der alten Kirche, im klassizistischen Stil errichtet. Die **ref Kirche** wurde 1853 im neogotischen Stil gebaut. An ihr fallen der hohe schlanke Turm und die durch schlanke Säulen gegliederte Fassade auf. Die **Synagoge**, ein großer, reich gegliederter sezessionistischer Bau, wurde 1923-26 gebaut (zeitweise Lager!).

Industrie vor 1945: Gerberei (Schöller), Landmaschinen, Lebensmittel, Kunstdünger, Glashütten (auch in der Umgebung), von denen 3 noch heute arbeiten, emailliertes Geschirr (erster Betrieb in Österreich-Ungarn!), nach 1945: Möbel, Textil, Baustoffe.

Wirkungsort: Sándor Petöfi (Dichter), Studienort: Matthias Bél (Historiker).

M *"Novohradské múzeum" (=Neuburger Museum) und "Novohradská galéria" (=Neuburger Galerie), Kubínyho nám (Marktplatz).*

T *Hotels. Campingplatz, Hütten am Stausee Ľadovo, Freibad im Ortsteil Opatová, Erholungsplatz Lučenské kúpele.*

🌐 1930: 15.459 EW (8.725 Sl, 17 Ru, 889 D, 4.007 Ma, 870 J), 1940: 14.988, 1991: 28.891, 2001: 28.332 EW.

◉ UMGEBUNG: In w R (7 km) • HALIČ, kleiner Ort (1.676 EW). Dominante: das auf einer Anhöhe stehende Schloß. Auf den Resten einer seit dem 15. Jh zeitweise bestehenden Burg entstand mit dem Erwerb durch die Familie Forgách (sie war von 1554-1848 der Besitzer) eine mächtige Renaissancefestung, die 1612 den heutigen Grundriß erhielt. Die Ausnutzung der auf dem langgestreckten Hügel zur Verfügung stehenden Fläche führte zu einem nicht ganz regelmäßigen, annähernd einem gestreckten Sechseck entsprechenden Grundriß. Nach drei Eroberungen (E. Thököly, Franz II. Rákóczi, Kaiserliche) wurde 1762 eine Barockisierung durchgeführt, die im Inneren großartigste Zeugnisse dieses Stils hervorbrachte, obzwar wertvolle Wandmalereien durch tiefer angesetzte Gewölbe und Mörtel zugedeckt wurden. Dafür sind aber neue, teilweise illusionistische Wand- und Deckenmalereien angebracht worden. Im Untergeschoß sind schöne bemalte Holzbalkendecken (16. Jh) erhalten geblieben. Reste eines französischen Parkes mit einigen Statuen und fremden Gehölzen. Die Beschädigungen vom 2. Weltkrieg (Winter 1944/45) wurden ausgebessert. Die wesentlichsten Räume sind zugänglich, andere dienen dem Gesundheitsdienst.

Stará Halič: Glockenturm

Fiľakovo um 1610-1620

93 Sitz des Fülöker Sandschaks und wurde 1689 bei der abermaligen Eroberung durch die Türken endgültig zerstört. Von den Ruinen ist der Turm der Bebeks noch am besten erhalten geblieben. Die Dominante des regelmäßig angelegten Ortes ist der hohe Turm der **kath Kirche**, ursprünglich die Kirche des ehemaligen Franziskanerklosters. Der alte Bau von 1513 wurde von den Türken zerstört, und erst 1694-1727 wurde der Neubau vollzogen, der zZt der Errichtung des Turmes (1725-28) auch in der Fassade einige Änderung erfuhr. Die Kirche besitzt eine reiche Inneneinrichtung. Im Ort steht neben einem **Kastell** von 1830, im späten 19. Jh barockisiert (Gymnasium), eine klassizistische **Kurie** vom Ende des 18. Jh (Poliklinik). **T** *Hotel. Zeltplatz. Freibad.*

15 km weiter in sö R: • HAJNÁČKA (1.164 EW). Die Burg, von der noch Ruinen und Felsen, die bearbeitet worden sind (Treppen, Wände), vorhanden sind, hatte nicht die Bedeutung derjenigen von Fiľakovo, obzwar auch sie schon um 1245 existierte. Mehrfach von den Türken besetzt, im 18. Jh ausgebrannt und dem Verfall preisgegeben. Im Ort klassizistisches Kastell von 1810-20.

Noch 2 km weiter in sö R: • GEMERSKÝ JABLONEC (701 EW): Interessante romanische, mit einer halbkreisförmigen Apsis abgeschlossene kleine kath Kirche, Mitte des 13. Jh errichtet. Bemalte schöne Kassettendecke von 1703.

◉ ZENTREN IN DER WEITEREN UMGEBUNG: Veľký Krtíš, Divín, Großsteffelsdorf.

In nw R (10 km) • TOMÁŠOVCE (1.470 EW): Reste einer bei Kriegsende zerstörten, nicht wieder aufgebauten hölzernen Artikularkirche aus dem 17. Jh, Vorläufer wahrscheinlich aus früherer Zeit. **T** *Freibad, Camping- und Zeltplatz "Halier pri Lučenci".*

N von Halič: • STARÁ HALIČ, kleine Gemeinde (684 EW). Interessante gotische kath Kirche von ca. 1300. Das schmale, polygonal abgeschlossene Presbyterium ist mit einem Kreuzrippengewölbe, das Schiff mit einem schönen Netzgewölbe eingedeckt (1551). Die Ausmalung ist von 1913. Bei dieser Maßnahme wurden durch Tünche verdeckte Wandmalereien aus dem 14. Jh gefunden, u.a. ein Teil der Sieben Todsünden. Hauptaltar von 1735, die Nebenaltäre und die Kanzel sowie auch die Taufe sind aus derselben Zeit bzw. aus dem 19. Jh. Ein Blickpunkt bzw. ein wesentliches Detail in der Konzeption der Gesamtanlage ist der freistehende Glockenturm von 1673. Die Holzkonstruktion im Stil der Renaissance steht auf einem gemauerten Fundament. Von den 4 Glocken stammt eine aus dem 15. Jh, die anderen von 1924.

In sö R (13 km) • FIĽAKOVO: Nahe der u Grenze, malerisch in einem geologisch (Vulkanismus) und landschaftlich interessanten und schönen Gebiet gelegene Stadt (10.198 EW), Straßen- und Eisenbahnknoten. Entwickelte sich am Fuß der auf einem steilen Felsen stehenden bedeutenden **Burg**. Nach der Eroberung durch die Türken war sie 1554-

● **LUBOMIRSKY,** eines der mächtigsten p Adelsgeschlechter, deren Mitglieder in höchste Staatsämter aufstiegen und Starosten der verpfändeten Zipser Städte waren: **SEBASTIAN** (*um 1546, +1613 Dobczycze/P), studierte in Leipzig, erwarb Lublau, unterstützte heimlich die Reformation in der Zips, **STANISLAUS** (*1583, +1649), studierte in München, reichster Magnat Polens, gründete in Pudlein das Piaristengymnasium, **GEORG**

SEBASTIAN (*1616, +1667 Breslau), studierte in Krakau, Ingolstadt, Leyden, verstrickte sich in die p Thronauseinandersetzungen, mußte nach Schlesien fliehen, **STANISLAUS HERAKLIUS,** (*1641, +1702), Vertreter der Gegenreformation, lieferte mehrere evang. Geistliche Leopold I. aus, **THEODOR** (*1683, +1745), erhöhte drastisch die Abgaben der Zipser Städte, versuchte Polnisch als Amtssprache einzuführen, kämpfte mit August II. und Franz II. Rákóczi, mußte die Zips verlassen, wurde auf Intervention Josefs I. wieder in seine Ämter eingesetzt.

● **LUDIN, HANNS ELARD,** *1905 Freiburg, +1947 Preßburg. Leutnant der Reichswehr, 1930 im Ulmer Reichswehrprozeß, wegen "nationalsozialistischer Zellenbildung" verurteilt, schlug sich im Gegensatz zu seinen Mitangeklagten bedingungslos auf die Seite Hitlers, 1933 Polizeipräsident in Karlsruhe, bis 1939 SA-Führer Südwest in Stuttgart, ab 1941 Gesandter in Preßburg. Exponent des Nationalsozialismus in der Slowakei. Trotz des rücksichtslosen Auftretens trieb er aber (aus eigenem Antrieb ?) eine Politik des "Nichtverprellens" des kleinsten Verbündeten Hitlers, übersah aus überheblicher Besserwisserei (oder bewußt, wie sein Kollege in Bukarest M.v. Killinger?) die Vorbereitungen der Verschwörer zum SNP. 1947 als Kriegsverbrecher in Preßburg verurteilt und hingerichtet.

● **LUDWIG I., DER GROßE,** *1326, +1382 Tyrnau. 1342 u und 1370 p König. Zweimal verheiratet (Margit, Tochter Karls IV., Elisabeth, Tochter des bosnischen Fürsten Kotromanić), führte mehrere Kriege, festigte die politische und wirtschaftliche Stellung Ungarns, das er auf den Höhepunkt seiner Machtfülle führte.

● **LUDWIG II.,** *1506 Buda, +1526 Mohács auf dem Schlachtfeld. 1508 u König, 1509 böhm. König. Verheiratet mit Maria (Schwester Ferdinands I. und Karls V.), im humanistischem Geist erzogen, mußte die Aufstände Dózsas und der Bergleute niederschlagen, erließ die ersten Protestantengesetze, verlor die Schlacht von Mohács gegen die Türken und sein Leben.

■ **ĽUBOCHŇA,** Bez Ružomberok, 445 m. Sehr schön im windungsreichen oberen Waagtal gelegener Kurort. ŽSR, SAD. Wanderungen in der Großen Fatra. Namen: ma Fenyőháza.

Ende des 19. Jh wurde der kleine Ort zu einer beliebten Sommerfrische und Wasserheilanstalt, in dem heute Stoffwechselkrankheiten behandelt werden. Sehr schöner Park! Am 16.1.1921 hat hier der linke Flügel der Sozialdemokraten den Beitritt zur III. Kommunistischen Internationale beschlossen, unter den Delegierten waren auch 24% Ma und 10% D.

⊕ 1970: 995, 1991: 1.089, 2001: 1.081 EW.

◉ UMGEBUNG: Unmittelbar s schließt die • ĽUBOCHNIANSKA DOLINA an, mit 25 km das längste Tal der Großen Fatra, sehr schön, nur zu Fuß! In w R (3 km) im Waagtal • ROJKOV: mehrere kohlensäurehaltige Quellen, auf einer etwas höher gelegenen Travertinterrasse befindet sich ein kleiner Kratersee, Bademöglichkeit (kaltes Wasser!).

◉ ZENTREN IN DER WEITEREN UMGEBUNG: Kraľovany, Rosenberg.

● **ŁASKI,** p Adelsgeschlecht mit engen Beziehungen zur Zips. **HIERONYMUS** (*1496 Łask, +1541 Kesmark), hervorragender Diplomat, Studium: Rom, Bologna. Weltreisender, beherrschte 7 Sprachen (auch Türkisch). Tolerierte die Reformation, nahm sich der Habaner an. Ab 1527 in Diensten Johann Zapolyas, für den er in ganz Europa verhandelte. Besaß eine eigene Armeeabteilung, mit der er sich mehrfach an der Belagerung von Leutschau, Bartfeld und des Zipser Kapitels beteiligte. Bekam für seine Dienste u.a. Kesmark geschenkt, das er, nach dem Übergang zu Ferdinand I., behalten konnte. War von Zapolya und dem Sultan, mit dem er mehrfach für diesen und dann für Ferdinand I. verhandelte, festgesetzt worden. **ALBERT** (*1536 Kesmark, +1605 in Łask), Humanist, unterstützte zuerst die Reformation, Schriftsteller, Alchemist, war an den Höfen Europas bekannt, wollte das Fürstentum Moldau erringen, besaß eine beachtliche Privatarmee, nach verschiedenen, auch gegen Polen gerichteten Aktionen Starost der verpfändeten Zipser Städte, entledigte sich der zweiten erheblich älteren Gemahlin Beata nach ihrem Ausflug zum Grünen See in der Hohen Tatra (1565), mußte sein ganzes Eigentum verpfänden (Kesmark an Sebastian Thököly), Falschmünzer, starb verarmt in Alchemistenkreisen.

● **MACK, LUDWIG,** *1876 Preßburg, +1963 Flörsheim am Main. Bildhauer. Studium: Wien. 1899 künstlerischer Leiter einer Keramikfirma in Fünfkirchen, nach dem 1. Weltkrieg dauernd in Preßburg, Gründer einer eigenen Schule für Zeichnen und Modellieren, Leiter der keramischen Abteilung der Kunst- und Gewerbeschule. Zahlreiche Großwerke, Gefallenendenkmäler (Erlösung, ohne Heroismus und Pathos), Gedenkplaketten, Porträtplastiken.

● **MAJUNKE, GEDEON,** +1857 Georgenberg, +1921 Georgenberg. Architekt. Studium: Wien. Seine zahlreichen Bauten in den Erholungsorten der Hohen Tatra, wurden mit seinem neoklassizistischen Stil, verbunden mit der Neorenaissance und der Sezession zum Vorbild vieler Objekte.

● **MAKOVICKÝ, DUŠAN,** +1866 Rosenberg, +1921 Rosenberg. Arzt, Publizist, Übersetzer. Studium: Prag, Innsbruck, Berlin. Hatte schon früh Kontakt zu L.N. Tolstoi und seinem Werk, das er verbreiten half, ab 1904 Leibarzt und Vertrauter des Dichters bis zu dessen Tod (1910).

■ **MALATZKA (MALACKY),** Bezirkhauptstadt, 158 m. Zentrum des Záhorie, des Raumes zwischen Kleinen Karpaten und March (auch sogenanntes Matthias-Land). 1935-45 Sitz einiger Dienststellen der Schutzzone des Deutschen Reiches. ŽSR, SAD. Namen: ma Malacka, Maluchka, 1373 Malaczka, 1378 Egyhazasmalachka, 1920 Malacky.

Gräber von Römern und aus der Zeit des Großmährischen Reiches. Im 13. und 14. Jh, wie weite Gebiete des Záhorie, im Besitz der Grafen von Bösing. Hatte noch Ende des Mittelalters einen starken d Einschlag. 1808 ausgebrannt. Auf dem Hauptplatz steht die **Marien-Kirche** von 1653 mit dem Franziskanerkloster, beide stehen auf den Fundamenten eines Renaissancekastells und wurden wegen der Türkengefahr mit hohen Mauern umgeben. In der Kirche befindet sich ein Epitaph für einen Angehörigen der Familie Pálffy, das R. Donner zugeschrieben wird. Die **kath Pfarrkirche** aus dem Jahr 1653 wurde im 18. Jh barockisiert und besitzt ein schönes Barockgestühl. Die **Synagoge**, ein großer Saalbau, angelehnt an die kleinasiatische Architektur, wurde 1886 errichtet, heute Konzertsaal. Abseits des Zentrums liegt das **Schloß**, das 1624 erbaut und 1808 im klassizistischen Stil ganz umgebaut wurde, heute Krankenhaus. Der dazu gehörige englische Park ist einer der ältesten der Slowakei mit über 200 Jahre alten Eichen und Platanen. Metallverarbeitung, Möbel- und Lebensmittelindustrie.

T *Hotel. Freibad.*

⊕ 1930: 7.213 (6523 Sl, 357 D, 115 Ma, 149 J), 1940: 7.276, 1991: 17.543, 2001: 17.773 EW.

◉ UMGEBUNG: In s R (9 km) • ZANKENDORF (PLAVECKÝ ŠTVRTOK) und • LAAB (LÁB), die nebeneinander liegenden Orte (2.177 und 1.416 EW) sind durch Reihengräber bekannt geworden. Die **kath Kirche** Zankendorfs stammt aus dem 14. Jh, ursprünglich gotisch, im 17. und 19. Jh umgebaut, wertvolle steinerne Renaissancekanzel von 1634! Die **kath Kirche** von Laab wurde 1720 umgestaltet. Nö von Zankendorf befindet sich das Naturschutzgebiet Bezedné, Springquelle eines unterirdischen Wasserlaufes. Sw von Laab (3 km) liegt der Laaber Weiher (Lábske jazero), beliebter Badeplatz, schöner Natursee (ca. 1.000 m lang und 100 m breit).

Malatzka: Schloß

In n R (7 km) • GROẞSCHÜTZEN (VEĽKÉ LEVÁRE), Kleinstadt (3.430 EW): Im 16. Jh kamen Kroaten und vor allem d Habaner, die den **Habanerhof** (Bruderhof) mit 35 Lehmhäusern, einer wassergetriebenen Mühle sowie einer Schule, wo sie isoliert ihren

Grundsätzen lebten und ihre hochwertige Keramik herstellten, errichteten. ZZt der Rekatholisierung wurde die Kapelle errichtet (1760). Fast alle Häuser des heute auf 2 Straßen verteilten "Hofes" sind inzwischen in der Dacheindeckung und der Wohnkultur den heutigen Verhältnissen angepaßt worden, nicht ein einziges Haus besitzt noch das originelle Strohdach. Nur ganz wenige Habaner wurden nicht slowakisiert. Sehr schön ist das barocke **Schloß** von 1723, das in einem englischen Park steht (heute psychiatrische Anstalt). Die **kath Kirche**, 1729-33 im Barockstil mit einer reichgestalteten, 2-türmigen W-Fassade gebaut, hat 5 Altäre. Vor ihr steht der **Pranger** mit einem Schwertarm, 18. Jh. **Evang Kirche**, Toleranzkirche von 1787-91, klassizistisch. Nahe der Nachbargemeinde Kleinschützen (Malé Levåre): **T** *Sehr schöner großer Badesee, Campingplatz, Hüttenkolonie.*

In sö R (12 km) • BÄRENECK (PERNEK), (783 EW): Im Gegensatz zu Apfelsbach (Jablonové) und Kuchel (Kuchyňa) ohne nachweisbare d Besiedlung, die in den beiden Nachbargemeinden die Bauweise der Häuser bestimmte. Bergbauort (das Revier reicht bis Bösing), im 16. Jh Gold und Silber, im 18. Jh nahe des Hauptkammes Abbau von Pyrit und Antimon. 1848 erste Schwefelsäurefabrik Ungarns. Letzter großer Aufschwung im 1. Weltkrieg: Abbau des "strategischen" Metalls Antimon, Schmalspurbahn, 1921 Schließung. Ausgangspunkt für Wanderungen in den Kleinen Karpaten. Paßstraße über die Baba (527 m) nach Bösing auf die andere Seite der Kleinen Karpaten. **T** *7 km n, abseits der Straße, Stausee Vývrat (Bademöglichkeit).*

Großschützen: Ein typisches Habanerhaus: Das Hornsche Haus um 1990

In nö R (30 km) • BLASENSTEIN (PLAVECKÉ PODHRADIE), Dorf (660 EW) unter der ausgedehnten **Burgruine Blasenstein**. Im 13. Jh begründet, im 16. Jh (damals im Besitz der Fugger) wesentlich erweitert und umgestaltet. Ende des 16. Jh richtete Peter Bornemisza eine Druckerei ein, die seine geistlichen Schriften druckte. 1705-06 schwer beschädigt und nicht mehr hergerichtet. Auf dem blau mk Weg in 45 Min zu erreichen. Im Ort steht neben einigen alten strohgedeckten Häusern ein kleines **Kastell**, 17. Jh, Renaissance.

In nö R (34 km) • PLAVECKÝ MIKULÁŠ (710 EW): In der nahen Höhle (1 1/4 Std vom Ort, grüne Mk) Hinweise auf eine Besiedlung in der Altsteinzeit. Die kath Kirche wurde 1745 gebaut, die sogenannte "Obere", ebenfalls eine kath Kirche, wurde 1718 errichtet. Ausgangspunkt für Wanderungen in die Kleinen Karpaten. In dem sehr engen Tal, in das eine grüne Mk hineinführt, liegt das ehemalige Forsthaus "Monrepos". **T** *6 km weiter Badesee Buková, Zeltplatz, Hütten, unter der Ruine Scharfenstein (Ostrý kameň) aus dem 13. Jh.*

◉ ZENTREN IN DER WEITEREN UMGEBUNG: Schoßberg, Senitz, Tyrnau, Bibersburg, Modern, Bösing, Stampfen.

▲ **MARCH (MORAVA),** 329 km langer, bedeutender linker Nebenfluß der Donau, in die sie bei Theben mündet, und die von der Mündung nach N auf ca. 100 km die Grenze zwischen der Slowakei und Österreich bildet, während sie weiter n fast ganz Mähren durchfließt.

■ **MARGARETEN (MARGECANY),** Bez Gelnica, 340 m. Kleiner Ort, der durch seine Lage am Zusammenfluß von Hernad und Göllnitz an Bedeutung gewann. ŽSR, SAD, Eisenbahn- und Straßenknoten. Namen: ma Margitfalva, 1338 Szent Margitta, 1353 Zenthmargytaazzunfolua,

Margareten: Stausee Ružín

1460 Margythfalwa, 1588 Margyczіany, 1594 Margeczeny, 1613 Margeczany.

Früher wurden hier Erze abgebaut. Die Vereinigung beider Flüsse vollzieht sich heute im 14 km langen **Stausee Ružín** (Vodná nádrž Ružín). Bei einer Breite zwischen 50-350 m hat er eine Wasserfläche von 6,0 km² (max Tiefe 50 m). Die sehr schöne landschaftliche Lage (er erinnert an den Edersee, ohne dessen Breite zu erreichen) macht den Stausee zu einem bevorzugten Erholungsgebiet und zu einem Ziel der Wassersportler. Bevor er 1969 in Betrieb genommen wurde, mußte die Haupteisenbahnlinie, die hier in diesem windungsreichen Talabschnitt der Hernad allein, ohne eine parallele Straße, geführt wurde, in einen 3,5 km langen Tunnel verlegt werden, mit dem die zahlreichen Schleifen der Hernad umgangen wurden. Vor 1945: Kalkwerk (Fa Franz Fiala).

◍ 1930: 814 EW (736 Sl, 16 D, 4 Ma), 1940: 894, 1991: 2.067, 2001: 2.035 EW.

◉ UMGEBUNG: In sw R (3 km) • JEKELSDORF (JAKLOVCE), schon frühzeitig viel größer (1.958 EW) als Margareten, früher Bergbau, heute Steinbruch, Betonfertigteilwerk. Die Fluten des Stausees erreichen den Ort gerade noch. **Barockkastell** (Nr 122) von der Mitte des 18. Jh, wurde um 1920 aufgestockt (heute für Erholungszwecke genutzt). Die Kurie (Nr 17), ein klassizistischer Bau aus der 1. Hälfte des 19. Jh, besitzt einen Risalit, in dem sich der Eingang befindet. In der Sakristei der kath Kirche (ursprünglich gotisch, umgebaut Mitte 18. Jh) befinden sich Reste von Wandmalereien aus dem 15. Jh. Die Verbindung mit Kaschau führt, landschaftlich sehr schön, über zwei Pässe. Hinter Großfolkmar (Veľký Folkmar) befindet sich der 1. Paß (500 m) mit sehr schöner Aussicht (neben der Bergwelt ist ein kleiner Teil des tief unten liegenden Stausees zu sehen). Die Straße führt hinunter auf das Niveau des Stausees (ein nach S gerichteter Arm wird auf einer Brücke gequert). Hier befand sich die im Wasser versunkende Siedlung • KASCHAUER HAMMER (KOŠICKÉ HÁMRE).

T *Wassersport, zahlreiche Erholungshäuser, Camping- und Zeltplätze, Hüttenkolonie, Hotel.*

◉ ZENTREN IN DER WEITEREN UMGEBUNG: Göllnitz, Krompach, Kaschau.

■ **MARIATAL (MARIÁNKA),** Bez Malacky, 220 m. In den Kleinen Karpaten malerisch gelegener Wallfahrtsort. Ausgangsort für Wanderungen. SAD. Namen: ma Máriavölgy, 1367 Vallis Mariae, 1377 Tol, Thall, dann Maria Thall, Marianka (Ort), Mariatál (Kloster).

1370 erstmals erwähnt, gehörte von da ab dem von Ludwig I. gegründeten Paulanerorden, der hier während der türkischen Herrschaft in Ungarn seine Zentrale hatte. Bis 1650 vorwiegend d besiedelt. Seit dem frühen 18. Jh beliebter Wallfahrtsort. Das Zentrum bilden die gotische **Marien-Kirche** und das **Kloster**. Die sehr reiche barocke Ausstattung wurde 1877 aus dem Presbyterium entfernt. Im neogotischen Altar (1877) steht die verehrte ca. 40 cm hohe Plastik der Madonna (11. Jh ?, Krone von 1694). 5 barocke Seitenaltäre, alle aus der Zeit zwischen 1717-35. Das renaissancene Kloster vom 16. Jh (zeitweise Sommerresidenz der Graner Erzbischöfe) wurde 1788 säkularisiert und klassizistisch umgestaltet, Privatbesitz (Graf von Lippe), im Krieg Lazarett, anschließend Verfall.

Mariatal: Brunnenkapelle (Figuren R. Donners)

S der Kirche stehen die frühbarocke **Anna-Kapelle** (mit einer interessanten baulichen Lösung) sowie eine Nepomuk-Gruppe. Zum Wunderbrunnen führen 14 Kapellen, 1930 bis 1936 errichtet. Vor der **Brunnenkapelle** wurden 2 Statuen von R. Donner, links Paul der Eremit und rechts Anton der Einsiedler, von 1736 aufgestellt, die auf dem barocken, nicht mehr existierenden Hauptaltar der Kirche gestanden haben (heute Kopien, Originale in der SNG in Preßburg). In der Kapelle, hinter dem Altar: Brunnen, in dem um 1300 (?) die Marien-Statue gefunden wurde.

Im 18. Jh Dachschieferbruch und Herstellung von Schiefertafeln für Schulen (einzige Fabrikation in Österreich-Ungarn).

◍ 1930: 993 EW (976 Sl, 4 D, 2 Ma), 1940: 1.024, 2001: 948 EW.

◉ UMGEBUNG: In sw R (3 km) • BISTERNITZ (ZÁHORSKÁ BYSTRICA) (2.086 EW), am W-Fuß der Kleinen Karpaten in der Marchniederung, bereits im Záhorie (=etwa "hinter den Bergen", "Hinterland"), das sich bis nach Skalitz hinaufzieht, gelegen. Gräber aus der Römer- und Awarenzeit. Viele Häuser sind an den Ecken durch die, für diese Gegend typischen Pfeiler verstärkt. Beachtenswertes barockes, kath Pfarrhaus aus dem Jahr 1737. Seit 1972 nach Preßburg eingemeindet.

In nw R (5 km) • STAMPFEN (STUPAVA), Stadt im Záhorie (8.063 EW). In der Jungsteinzeit (Schnurkeramiker) besiedelt, zur Zeit der Römer eine vorgeschobene Wachstation (Fundamente eines Wachgebäudes und eines Bades mit Zentralheizung). Das **Schloß** (17. Jh, ursprünglich Renaissance), steht am Ort einer mittelalterlichen Wasserburg, wurde mehrfach umgebaut und der größte Teil der Fassade im historisierenden Stil mit pseudobarocken Formen gestaltet. Großer englischer Park mit großen, alten Bäumen, künstlicher Teich. Heute Altersheim. **Kath Kirche**, 1.Hälfte 17. Jh, ursprünglich Renaissance, im 18.Jh Barockisierung der Fassade und der Seitenschiffe. Vor der Kirche steinerner **Pranger** von 1766. Barocke **Kalvarienkapelle** (Anfang 18. Jh) mit einem barocken Altar (2. Hälfte 18. Jh) und 3 Holzplastiken (Ecce Homo, Rochus, Sebastian). Lange Tradition in der Herstellung von Keramik, Wohnhaus des bekannten Keramikers Ferd. Kostka (aus einer alten Keramikerfamilie), mit einer Sammlung, im Hof Werkstatt und Brennofen. Auch hier haben viele Häuser verstärkte Ecken. **T** *Hotel.*

In n R (11 km) • BALLENSTEIN (BORINKA), Dorf (519 EW) in den Kleinen Karpaten, Ausgangspunkt für Wanderungen. Reste aus der Römerzeit. Burgruine vom 13. Jh auf einem schwer zugänglichen Felsen, im 17. Jh erweitert und umgebaut, 1810 durch französisches Militär zerstört. Eine Pulvermühle (Reste) befand sich w des Ortes und ö ein Kupferhammer (heute Wohnungen). Auf dem Berghang darüber steht die Ruine eines mittelalterlichen Wachturmes "Drach (=Drachen)- Kugel-Schloß". Im anschließenden 4 km langen Tal befinden sich zahlreiche interessante Karsterscheinungen. **T** *Hütten, Badeplatz.*

In n R (10 km) • KAMENNÝ MLYN, **T** *Erholungs- und Ausflugsort, Wälder, schönes Freibad, Hotel, Restaurants (u.a. alte umgebaute Mühle), Campingplatz.*

◉ ZENTREN IN DER WEITEREN UMGEBUNG: Preßburg, Theben, Malatzka.

● **MARIA THERESIA,** *1717 Wien, +1780 Wien. 1741 u, 1743 böhmische Königin, oft als Kaiserin bezeichnet, obzwar ihr Gemahl Franz Stephan von Lothringen nominell Träger dieser Würde war. Stark am Schulwesen interessiert, energisch. Im

Gegensatz zu ihrem Sohn, Josef II., ihrem späteren Mitregenten, einschneidenden Reformen abgeneigt, konservativ, vertrat die Gegenreformation, Rückkehr der verpfändeten Zipser Städte.

● **MARKO, KARL,** *1791 Leutschau, +1860 Villa Appeggi/I. Hervorragender Landschaftsmaler. Studium: Hermannstadt, Pest (Mathematik, Geometrie), Wien (Kunst). Arbeitete in Lublau und Rosenau (Geodät), in Eisenstadt, Rom, Pisa. Zahlreiche Werke. Klassizistischer Vorromantismus, warme Farben. Die Kinder (3 Söhne, 1 Tochter) waren ebenfalls Maler.

● **MARNAU, ALFRED,** *1918 Preßburg, +1999 London. Lyriker, Romancier, Essayist, Übersetzer sl, tschech., ma und engl. Werke. Bedeutendster karpatendeutscher Literat. Verteidiger der humanistisch-christlichen Werte. 1935 Verbote und Beschlagnahmungen durch die tschechosl. Staatspolizei, 1939 Emigration nach England, 1940 als Ausländer in Haft, anschl. Wohnsitz in London. 3 Gedichtbände, 3 Romane, 9 Erzählungen, 8 Essays, 13 Bühnenstücke, 1 Ballett- und 2 Operntexte mit vielen Bezügen auf seine Geburtsstadt.

◆ **MATICA SLOVENSKÁ,** bedeutendes sl Kulturinstitut, Sitz Turz-St-Martin. 1863 gegründet (1. Vorsitzender Štefan Moyses), 1875 von den u Behörden wegen zu nationaler sl Einstellung geschlossen, nationales Symbol der Slowaken, 1919 erneuert. Zentrale Nationalbibliothek, Forschung, Ausstellungen, Zweigstellen in vielen Städten der Slowakei.

Matthias Corvinus

● **MATTHIAS CORVINUS (MATTHIAS I.),** *1440 Klausenburg/R, +1490 Wien. U König (1458, gekrönt 1464), zweimal (dreimal?) verheiratet: Katharina (Tochter Georg von Podebrads), Beatrix (Tochter des Königs von Neapel), ein unehelicher Sohn Johann (Mutter: Barbara Edelpek, Wien). Einer der großen Herrscher Ungarns, Renaissancefürst, Humanist. Begann mit der erblichen Vergabe der Komitate. Gründer der Preßburger Universität (1465). Die Kaiserwürde zu erlangen, war ihm versagt, trotz großer Landgewinne in Niederösterreich (1485 Wien, wohin er seine Residenz verlegte).

● **MEDNYÁNSZKY (MEDŇANSKÝ), LADISLAUS,** *1852 Beckov, +1919 Wien. Maler. Studien: Zürich, München, Paris. Arbeitete in Nehre, Paris, Wien. Zahlreiche Werke und Ausstellungen, brachte eine neue Note in die Landschaftsmalerei, Porträtist. Einige Werke sind heute im Schloß Nehre zu sehen.

■ **MEDZILABORCE,** Bezirkshauptstadt, 326 m. Abgelegene Kleinstadt im NO der Slowakei, nahe der p Grenze, am obersten Laborec. Früher ein bedeutender Übergang (Eisenbahn, Straße) nach Galizien über den Lupkovpaß (687 m), dem zweiten wichtigen der seit jeher umkämpften Karpatenpässe, über den der Verkehr in der sozialistischen Zeit eingestellt wurde. ŽSR, SAD, Straßenknoten. Namen: ma Mezölaborc, 1557 Mezeulaborc, 1773 Meczy Laborcže, Mezy-Laborszky, 1920 Medzilaborce.

Im 1. Weltkrieg 1914/15, nach der Eroberung der Karpatenpässe, Hauptquartier des russichen Generals Brussilow. Vor 1945 sehr niedriger Lebensstandard (kein einziges Radio!). Drei Kirchen: Eine stillose kath Kirche (1903) mit einem davorstehenden hölzernen Glockenturm, orthod Kirche von 1945, ein monumentaler Zentralbau. Die 2. orthod Kirche, ein klassizistischer Bau stammt vom Ende des 18. Jh. Auf dem Friedhof einige geschnitzte Holzkreuze.

Industrie: Sägewerk, nach 1945: Stahlbau und kleinere Betriebe.

M *"Múzeum moderného umenia rodiny Warholovcov" (=Museum der modernen Kunst der Familie Warhol), die Eltern des Pop-art-Künstlers Andy Warhol (1928-87) stammen aus Miková (17 km w), 1991 gegründet (18 Originale von A.W., Familiengeschichte, Werke des Bruders Paul und des Neffen James).*

T *Hotel. Hallenbad.*

◍ 1930: 2.547 EW (760 Sl, 773 Ru, 18 D, 10 Ma, 680 J), 1940: 2.499, 1991: 6.391, 2001: 6.741 EW.

◉ UMGEBUNG: In s R (4 km) • KRÁSNY BROD (405 EW): Kastell mit einer Fassade im Stil der französischen Wasserschlösser (1696), klassizistische griech-kath Kirche (1809), Holzkirche (Ende 19. Jh), Ruinen eines Klosters mit Kirche aus dem 16 Jh.

◉ ZENTREN IN DER WEITEREN UMGEBUNG: Duklapaß, Stropkov, Homenau.

● **MEISTER,** allgemeiner Begriff und Teil des Namens von zahlreichen bildenden Künstlern des Mittelalters, deren Namen und Lebensdaten nur bruchstückhaft oder überhaupt nicht überliefert sind. In der Slowakei waren von großer bzw. größerer Bedeutung: **MEISTER DER ANTONIUS-LEGENDE** (gleichzusetzen mit **HANS MOLER**), lebte am Umbruch zum 16. Jh, hervorragender Maler, sehr stark von der Renaissance beeinflußt, **MEISTER DER SCHEMNITZER FIGUREN,** um 1500, neben Meister Paul der größte spätgotische Bildschnitzer der Slowakei, **MEISTER DES KASCHAUER ALTARS** (der Elisabeth-Legende), um 1474/77, überregional tätiger bedeutender Maler, von der spätgotischen niederländischen Malerei beeinflußt, **MEISTER DES SMREČANER ALTARS** (des Hauptaltars von Smrečany), um 1460 bis 1490, bedeutender, fruchtbarer (8 Altäre) Künstler, Vertreter der konservativen-lyrischen Tafelmalerei, **MEISTER MS**, seine Werke gehören zum Höhepunkt der Gotik in der Slowakei, ohne Beweise mit verschiedenen namentlich bekannten Malern gleichgesetzt, auch mit dem Meister der Schemnitzer Figuren (Bildhauer), wahrscheinlich Leiter einer Werkstatt in Schemnitz, aus der die Werke stammen, selbst sehr von der Donauschule beeinflußt, um 1500, **MEISTER NIKOLAUS AUS LEUTSCHAU** (nach eigener Signatur "nicolaus de leuczia"), letztes Drittel des 15. Jh, hervorragender Maler, **MEISTER PAUL AUS LEUTSCHAU,** ca. letztes Drittel des 15. Jh bis frühes 16. Jh, einer der größten Bildschnitzer am Übergang der Spätgotik zur Renaissance, **MEISTER VON HONNESHAU**, letztes Drittel 15. Jh, einer der führenden Maler der Mittelslowakei, seine Werke befinden sich heute in Budapester Museen, **MEISTER VON OKOLIČNÉ,** 15./16. Jh, gehörte Ende des 15. Jh mit zu den Großen der Tafelmalerei in der Slowakei.

■ **MENHARD (VRBOV),** Bez Kežmarok, 662 m. Alte Ansiedlung und junger Badeort, am SO-Rand des Zipser Beckens. SAD, Straßenknoten. Namen: d auch Menhardsdorf, ma Ménhárd, 1251 Werbew, 1268 Werben, 1269 Villa Menhardi, 1278 Verbo, 1312 Villa Meynhardi que Virbo appellatur, 1412 Menhartsdorf, 1786 Werbo, 1808 Wrbové, 1920 Verbov, 1927 Vrbov.

Wahrscheinlich erst nach dem Mongoleneinfall, aber vor 1251 von d Siedlern unter dem Lokator Meinhard gegründet. Gehörte zur Bruderschaft der 24 königlichen Pfarrer, zum Bund der 24 Zipser Städte, fiel unter die verpfändeten Städte und war anschließend Mitglied der Provinz der 16 Zipser Städte.

Die **kath Servatius-Kirche**, 2. Hälfte des 13. Jh, in der 1. Hälfte des 15. Jh gotisiert und anschließend (1539?) über 2 neu eingezogene Mittelpfeiler mit einem Kreuzgewölbe versehen, so daß eine zweischiffige Anlage entstand, deren schon etwas starr

Menhard: Taufbecken

gewordenes Schema durch die Rokokodekoration des 17. und 18. Jh eine starke Belebung erfuhr. Vom ursprünglichen Bau sind 2 romanische Portale, der Turmschaft und einige Fenster unverändert erhalten geblieben. Der barocke (1781 ergibt das Chronostikon), in einer 2-stufigen Säulenarchitektur erstellte Hauptaltar, zeigt in seinem Zentralbild die Himmelfahrt des Servatius, die von insgesamt 10 Plastiken, darunter den 4 Evangelisten umgeben ist. Die Bronzetaufe mit dem selten anzutreffenden gedrehten Fuß wurde 1483 von Johann Wagner in Zipser Neudorf gegossen. Neben verschiedenen Figuren und Inschriften wurde auch das Kreuz der Antoniter, das "T", aufgenommen. Der 75 cm hohe Kruzifixus aus der 1. Hälfte des 15. Jh ist eine volkstümliche, aber eindrucksvolle Arbeit, die mit denjenigen von Matzdorf, Hunsdorf und Leutschau verwandt ist. Freistehender **Glockenturm** von 1644 im Renaissancestil mit sehr guten Proportionen. Die barocke **Marien-Säule** wurde zwischen 1724-30 aufgestellt.

Die **evang Kirche**, direkt an der Straße, ist eine turmlose klassizistische Toleranzkirche von 1784. Das Altarbild zeigt einen sehr ernsten, den Trost bringenden Engel kaum wahrnehmenden Christus auf dem Ölberg (Ladislaus Mednyánszky).

Damit die nach dem 2. Weltkrieg angelegten Fischteiche nicht zufrieren, wurde 1981 zur Gewinnung von warmem Wasser eine Bohrung niedergebracht, die zu einem überraschenden Ergebnis führte: 56°C warmes, eisenhaltiges Wasser, das auch für Badezwecke und zur Heilung verwendet werden konnte. Noch 1981 wurde ein 50 m-Becken übergeben, weitere folgten. Eine großzügige Planung zur Schaffung eines Kurortes wurde eingeleitet, deren Verwirklichung am Mangel an Investoren vorerst gescheitert ist.

Geburtsort von Samuel Roth (Geologe).

T *6 Thermalbecken. Hotel, Hüttenkolonie. Camping- und Zeltplatz.*

◍ 1930: 827 EW (356 Sl, 374 D, 1 Ma), 1940: 893, 1991 1.155, 2001: 1.193 EW.

◉ UMGEBUNG: In ö R (5 km) • DURLSDORF (TVAROŽNÁ), Gemeinde (593 EW) mit früher ca. 30%-igem d Anteil, abseits der Hauptverkehrsstraße. Der Name soll auf "Turl" (Käse) zurückgehen, der sl Name entspricht auch dieser Version, aber auch der Name des Lokators Durand, auf den der ma Name (Duránd) hinweist, kann bestimmend gewesen sein. Wahrscheinlich bestand auch hier schon vor dem Mongoleneinfall eine d Siedlung, die noch vor 1268 wiederbegründet wurde. Gehörte zur Bruderschaft der 24 königlichen Pfarrer, zum Bund der 24 Zipser Städte, war an Polen verpfändet und gehörte anschließend zur Organisation der 16 Zipser Städte. Auch in dieser Landgemeinde gab es einen großen Schrumpfungsprozess, 1869: 714 EW, 1880: 666 EW (525 D), 1890: 592 EW.

Durlsdorf: Evangelische Kirche

Die **kath Matthäus-Kirche**, frühgotisch aus dem 13. Jh, wurde 1474 über 2 neu eingezogene Pfeiler eingewölbt, so daß eine Zweischiffigkeit entstand. 1775 nach einem Feuer wieder hergerichtet, 1820 im klassizistischen Stil renoviert. Besonders schöne, in der Zipser Neudorfer Werkstatt gegossene Bronzetaufe (1. Hälfte des 14. Jh) mit einem seltenen Fuß mit ausgemeißelten Durchbrüchen. Hauptaltar aus dem 18. Jh, 2 Seitenaltäre aus der 1. Hälfte des 19. Jh. Nachdem die 1758 errichtete evang Holzkirche 1775 abbrannte, benutzten die Katholiken und die Evangelischen die kath Kirche gemeinsam bis 1778. Erst dann wurde auf dem Platz der Holzkirche die **evang Kirche** gebaut, der barock-klassizistische Baukörper umschließt einen großen Saal, heute verfallen. Die barocke **Marien-Säule** wurde zwischen 1724-30 aufgestellt.

In w R (2 km) • EISDORF (ŽAKOVCE). Eine der ältesten d Gründungen der Zips (1930: 640 EW,

Eisdorf: Ehemalige Evangelische Kirche

621 D; 1991: 581, 2001: 614 EW), vergl "Geschichte", früher in geringen Mengen Abbau von Kupfer und Quecksilber. Das **Kastell** wurde im spätbarocken Stil in der 2. Hälfte des 18. Jh errichtet und die **Nepomuk-Kapelle**, ein klassizistischer Zentralbau, der mit einer laternenbesetzten Kuppel abgeschlossen wurde, entstand 1775. Die **kath Nikolaus-Kirche**, frühgotisch um 1300 gebaut, wurde in den 40-er Jahren des 18. Jh barockisiert. Einrichtung aus dem 18 Jh., bedeutende Madonna vom Beginn des 16. Jh, die stark an diejenige in Leibitz anknüpft. Barock-klassizistische **evang Kirche**, 1793 als Toleranzkirche mit einem kleinen Dachreiter errichtet, heute im Besitz der orthod Kirche.

In s R (4 km) • FARKSDORF (VLKOVÁ, früher Farkušovce), Dorf (635 EW): Zwei **Kastelle** der Familie Wieland: Nr 24, spätbarock, 18. Jh, Nr 14, Renaissance, 17. Jh, mit Empirefassade von 1830. Barocke **kath Kirche** von 1779, mit einem beachtlichen gotischen Flügelaltar von ca. 1480. Viereraltar: Im Schrein stehen, neben der Madonna, jeweils übereinander Katharina/Margarete und Barbara/Dorothea. Zwei Plastiken des Gesprenges wurden gestohlen. Alle Plastiken des im 18.-19. Jh neogotisch umgestalteten Altars sind mit ziemlicher Sicherheit dem Meister des Maria-Schnee-Altars in Leutschau zuzuweisen, dagegen ist der Maler der 8 Tafeln (christologischer Zyklus) nicht zu identifizieren. Der abseits gelegene Ortsteil Ladensdorf (Levkovce) gehörte zu den Lanzenträgerorten.

1 km weiter s, etwas abseits der Straße: • ABRAHAMSDORF (ABRAHÁMOVCE), war auch im Kleinen Komitat der 10 Lanzenträgerorte (219 EW). In der kath Kirche (14. Jh, Änderung der Disposition) steht ein Flügelaltar, dessen Tafeln aus der Werkstatt des Zipser Kapitels stammen dürften, die Plastiken des Schreins sind neu und die Figuren des Gesprenges (Maria, Johannes) um 1383 geschaffen worden.

Die Maria zeigt deutliche Verwandtschaft mit derjenigen von Topporz. S des Ortes steigt die Straße sanft auf die niedrige Höhe der europäischen Wasserscheide (710 m). Aussicht!

◉ ZENTREN IN DER WEITEREN UMGEBUNG: Deutschendorf, Großlomnitz, Kesmark, Leibitz, Drauz, Donnersmark.

● **MESSERSCHMIDT,** Brüder, beide Bildhauer. **FRANZ XAVER** (*1736 Wiesensteig/D, +1783 Preßburg), studierte und arbeitete: Wien, Graz, Rom, und wieder Wien (Prof.), nach einer seelischen Erkrankung in Wiesensteig und ab 1777 endgültig in Preßburg. Hervorragender Porträtist, Hauptwerk 48 Charakterköpfe. **JOHANN ADAM** (*1738 Wiesensteig/D, +1794 Preßburg), studierte und arbeitete: München, Graz, ab 1767 endgültig in Preßburg. Werke in Ungarn, Ausgestaltung des Primatialpalais in Preßburg.

● **METHOD** (*zwischen 813-815 Thessaloniki/G, +885), Geistlicher, Religionsforscher, Bruder des Cyrill (sh diesen). Im juristischen Staatsdienst, 856 Mönch, über seine Tätigkeit im Großmährischen Reich sh "Geschichte".

■ **MICHAĽANY,** Bez Trebišov, 129 m. Unmittelbar an der u Grenze gelegene Gemeinde in der SO-Slowakei, gehörte trotz der sl Mehrheit 1938-45 zu Ungarn. ŽSR, SAD, Eisenbahnknoten. Namen: 1404 Kismihaly, 1409 Mygael, 1459 Mihali, 1773 Mihalanye, 1920 Michaľany, ma Mihályi.

Alte Siedlung. Im Ort steht eine Kurie (Nr 25), die im klassizistischen Stil in der 1. Hälfte des 19. Jh errichtet wurde.

⊕ 1930: 1.181 EW (966 Sl, 1 D, 140 Ma), 1940: 1.130, 1991: 1.778, 2001: 1.749 EW.

◉ UMGEBUNG: In wR (7 km) • BYŠTA, ca. 1 km vom Dorf (170 EW) entfernt, landschaftlich sehr schön in den bewaldeten Ausläufern des Sovarer Gebirges gelegenes ehemaliges Bad, die Mineralquellen wurden zur Behandlung von Magenkrankheiten verwendet. **T** *Freibad. Camping- und Zeltplatz. Wanderungen.*

In nw R (24 km) • MALÁ IZRA, im s Sovarer Gebirge, 448 m hoch, sehr schön, in der Nähe des Veľký Milič (895 m) gelegener natürlich wirkender Stausee (0,04 km^2, 8 m tief). **T** *Wassersport, Wanderungen. Hüttenkolonie, Camping- und Zeltplatz.*

In nw R (24 km) • SLANEC, im s Teil des Sovarer Gebirges. Größerer Ort (1.283 EW) am Fuß der gleichnamigen Burg vom Ende des 13. Jh. Wechselvolles Schicksal, mehrfach zerstört, wieder aufgebaut, 1679 zum letzten Mal zerstört, heute Ruine, von der noch am besten der Turm und die Umfassungsmauern des Hauptgebäudes erhalten sind. Im Turm war von Josef Forgách ein Familienmuseum eingerichtet worden, das 1945 infolge von Kriegshandlungen ausbrannte. Klassizistisches Kastell von der 2. Hälfte des 18. Jh. Kath Kirche von 1754, 1901 in der Art der spätklassizistischen Kirchenbauten umgestaltet. Ref Kirche, entsprechend dem Toleranzpatent als Bethaus 1784 gebaut mit Turm von 1835. In ö R (3 km) • VEĽATY (831 EW): Im 2. Weltkrieg zerstörtes kleines Bad, wo innere Krankheiten behandelt wurden. Heute wird nur noch das Mineralwasser für Trinkzwecke verwendet. **T** *Campingplatz.*

In s R (13 km) • SLOVENSKÉ NOVÉ MESTO, kleiner Ort (1.072 EW): Liegt am S-Rand eines bekannten Weinanbaugebietes, das sich an den W-Hängen und zu Füßen der Sempliner Berge ausbreitet. Der hier erzeugte Tokajer war schon im 13. Jh bekannt und wurde 1913 mit einem besonderen Gesetz geschützt. Im Tuff und Sandstein sind Weinkeller mit einer Länge bis zu 300 m ausgegraben worden. War ein Teil der u Stadt Sátoraljaújhely und wurde durch die Grenzziehung nach dem 1. Weltkrieg, die Eisenbahnlinie sollte als einzige Verbindung in die Karpatenukraine an die ČSR fallen, von dieser abgetrennt. Gehörte 1938-45 zu Ungarn und wurde schon vor Beginn der Verhandlungen von u Truppen besetzt. Internationaler Eisenbahn- und Straßenübergang zwischen der SR und Ungarn. **Kath Kirche**, klassizistisch, 1. Hälfte 19. Jh, war ursprünglich eine Synagoge, die nach dem 2. Weltkrieg in eine christliche Kirche umgewandelt wurde, ohne daß man ihre (für den jüdischen Ritus bestimmte) Disposition verändert hätte. 4-eckiger Saalbau mit einer Altarnische, in der sich früher die Thora befand, dominierendes Element der Silhouette ist ein relativ breiter Nartex, der ein einziges Portal hat.

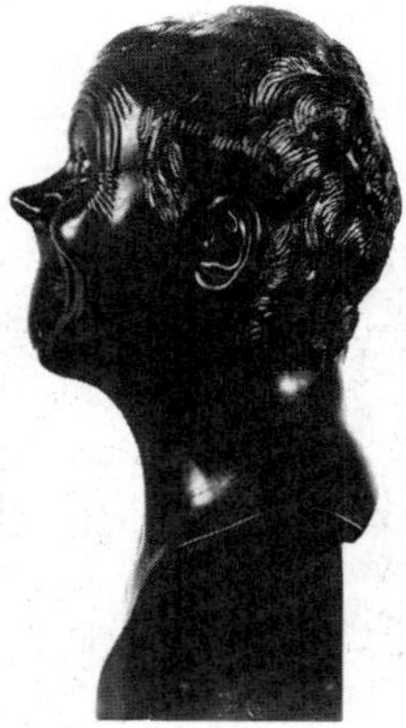

F.X. Messerschmidt: Satirikus (Nr 26)

In s R (16 km) • BORŠA, kleiner Ort (1.298 EW), nahe des tiefsten Punktes der SR (94 m), am Rand eines sumpfigen, von toten Wasserarmen durchzogenen Gebietes (Vogelparadies!): Kastell in U-Disposition, ursprünglich Wasserburg. Hier wurde am 27.3.1676 Franz II. Rákóczi geboren, Büste. Auf der S-Seite der Bodrog (5 km) liegt • STREDA NAD BODROGOM (2.459 EW): romanische Kirche, 2. Drittel des 13. Jh. Noch 6 km weiter, ebenfalls nahe u Grenze: • VEĽKÝ KAMENEC, ausgedehnter kleiner Ort (848 EW). Am S-Rand Ruinen der Burg aus dem 13. Jh, in der Johann Hunyadi und Johann Giskra von Brandies Frieden schlossen, 1672 nach der Wesselényischen Verschwörung zerstört.

◉ ZENTREN IN DER WEITEREN UMGEBUNG: Kaschau, Trebischau, Veľké Kapušany.

● **MIKOVINI, SAMUEL,** *1686 Cinobaňa, +1750 bei Trentschin. Polyhistor, Astronom, Mathematiker, Geodät, Kupferstecher, Pädagoge. Studium: Nürnberg, Jena, Wien. Zeichnete über 100 Karten, viele Ansichten, auch für die Publikation M. Béls. Entwarf Befestigungen, Brücken, hydraulische Maschinen, Flußregulierungen, leitete den Bau der Burg in Ofen, ab 1735 Ingenieur der 7 niederungarischen Bergstädte, die er zu den in der Welt technisch modernsten ausbaute (Stollenbau, Bergbaumaschinen, Teiche für Antriebsenergie, Flößung von Holz auf der Gran u.a.), Prof. an der Bergakademie in Schemnitz.

■ **MODERN (MODRA),** Bez Pezinok 175 m. Alter Weinbauort, mit größter Anbaufläche der Slowakei, am SO-Abhang der Kleinen Karpaten. Ausgangspunkt für Wanderungen. SAD, Straßenknoten. Namen: ma Modor, 1158 Modor, 1256 Modur, 1404 Modra.

Grabstätte aus dem Großmährischen Reich, 1241 von den Mongolen verwüstet, von d Siedlern als unregelmäßiger Straßenmarkt wieder aufgebaut, 1361 Stadtrechte, 1607 königliche Freistadt. Abseits der Eisenbahnlinie Preßburg-Sillein gelegen und von Bösing überflügelt, da ein engstirniger (oder weiser?) Magistrat kein Land zum Bau freigab (nächster Bahnhof Šenkvice, 5 km, Kirche mit Festungsmauer).

Modern: Die evangelischen Kirchen

Von den 1610-46 errichteten Stadtbefestigungen sind einige Mauerreste erhalten, eine Bastei und das **Obere Tor**, Inschrift: "Wo der Herr die Stadt nicht bewacht, wachen die Wächter vergeblich". **Kath Pfarrkirche** am Marktplatz, 1873-76 im historisierenden Stil erbaut. Die zwei nebeneinander stehenden evang Kirchen mußten außerhalb der Stadtmauern errichtet werden: Die einschiffige neoklassizistische **"Deutsche Kirche"** ist auf dem Platz der ehemaligen Holzkirche, Modern war Artikularort, 1834 erbaut worden, schönes Altarbild "Christus auf dem Meer". Die s daneben stehende **"Slowakische Kirche"** wurde im klassizistischen Stil 1826 errichtet. Davor steht auf dem verlängerten Markt eine barocke **Kapelle**, 2. Hälfte 18. Jh, Zentralbau mit Arkaden. Etwa in der Mitte des Marktplatzes steht das Denkmal für Ľ. Štúr. **Kath. Kirche auf dem Friedhof** aus dem 14. Jh.

1648 wurde eine höhere evang Schule gegründet, erster Rektor Andreas Schmecker. 1674 kamen die Benediktiner nach Modern, von denen die Schule übernommen und zu einem kath Gymnasium umfunktioniert wurde.

1883 regte der evang Pfarrer Karl Hollerung die Gründung einer Fachschule für Keramik an, die auf der Grundlage der künstlerischen wie handwerklichen Fertigkeiten der Habaner die sogenannte "Slowakische Keramik" entwickelte.

Keramikherstellung (Majolika). Wirkungsstätte von Ľudovít Štúr (Gründer der sl Schriftsprache).

M *"Múzeum Ľudovíta Štúra" (=Ľ. Štúr-Museum), Literaturmuseum.*

T *Hotel.*

⊕ 1930: 5.685 EW (5.193 Sl, 356 D, 78 Ma), 1940: 5.642, 1991: 8.090, 2001: 8.536 EW.

◉ UMGEBUNG: In nw R liegen in den Kleinen Karpaten zwei beliebte Erholungsgebiete: nach 3 km • HARMONIE (HARMÓNIA), benannt nach der von Karl Hollerung errichteten Erholungsvilla "Harmonie", und nach weitern 4 km • AM SAND (PIESOK), wo sich Mitte des 18. Jh d Holzfäller niedergelassen hatten (von der Familie Pálffy besonders in der Steiermark angeworben).

T *An beiden Orten: Hotels (beliebt, rustikal "Zochová chata" Am Sand), Große Hüttenkolonien, Badeplätze, Wanderungen.*

Schloß Pudmeritz

In nö R (9 km) • PUDMERITZ (BUDMERICE), kleiner Ort (1.969 EW): Sehr schönes, großes Schloß mit einem englischen Park. 1889 von den Pálffys im historisierenden, an französische Loireschlösser erinnernden Stil erbaut. Eines der wenigen Gebäude der Slowakei, an dem der historisierende Eklektizismus in dieser Vollendung verwirklicht wurde. Selbst kleinste Details, wie die Einbeziehung der Schornsteine, wurden hervorragend gelöst. 1946 enteignet, 1956 Renovierung mit Mobiliarergänzung, zur Arbeits- und Tagungsstätte des sl Schriftstellerverbandes.

◉ ZENTREN IN DER WEITEREN UMGEBUNG: Bösing, Bibersburg, Tyrnau.

■ **MOLDAU (MOLDAVA NAD BODVOU),** Bez Košice okolie, 216 m. Am S-Rand des Slowakischen Karstes, im Bereich typischer Karstvegetation, die durch Weinberge aufgelockert ist, nicht weit von der u Grenze gelegene Kleinstadt. Gehörte 1938-45 zu Ungarn. ŽSR, SAD, Straßen- und Eisenbahnknoten. Namen: d auch Moldau an der Bodva (oder Bodwa), ma Szepsi, 1253 Zekeres, 1267 Scepusi, 1317 Sypsi, 1329 Molda, 1630 Szepy, 1786 Moldawa.
Wurde im 12. Jh durch d Siedler gegründet, die stetige Entwicklung (Märkte, Handel) kam durch den Türkeneinfall zum Erliegen, und die Pestepidemie brachte weitere Einbußen. Auf dem großen Marktplatz steht die gotische **kath Kirche**, die im 15. Jh als dreischiffige Anlage errichtet wurde. Mehrere bauliche Veränderungen folgten, die wichtigste: Beseitigung der Dreischiffigkeit zugunsten eines großen, barock umgestalteten Raumes (Ende des 18. Jh). Der diagonale Abschluß der ursprünglichen Seitenschiffe und das unvollendet gebliebene S-Portal beweisen die Planung der Dombauhütte in Kaschau. **Ref Kirche**, klassizistisch von 1773, Turm von 1789, in einem durch eine Mauer begrenzten Bezirk. Industrie nach 1945: Gießerei, Baustoffe, Holzverarbeitung.

T *Hotel. Freibad.*

🌐 1930: 2.172 EW (324 Sl, 32 D, 1.518 Ma, 146 J), 1940: 2.336, 1991: 8.796, 2001: 9.525 EW.

◉ UMGEBUNG: In w R (8 km) • TORNAU AN DER BODVA (TURŇA NAD BODVOU), größerer Ort (3.213 EW) mit einer weithin sichtbaren, auf einem steilen Karstkegel stehenden **Burgruine**. Nach dem Mongoleneinfall errichtet (13.-14. Jh), eroberten sie die Türken 1652, bis sie die Soldaten Thökölys 1685 zerstörten. Gotische **kath Kirche** vom frühen 14. Jh, die durch ein 2. Schiff erweitert wurde, einige Wandgemälde aus dem 18. Jh. Das ehemalige **Komitatsgebäude** (1820-81 war hier der Sitz der Verwaltung des Komitates Tornau, 1882 aufgelassen), ist ein klassizistischer Bau von 1820.

In w R (12 km) • ZÁDIELSKA DOLINA: Schönstes Tal des Slowakischen Karstes. Das romantische, sehr enge Tal führt cañonartig am Bett des Baches Blatnica entlang und wird von bis zu 300 m hohen bizarren Kalkklippen (u.a. "Zuckerhut") begleitet. Seltene wertvolle Flora. Die Länge des Tales beträgt ab dem Parkplatz 3,5 km. **T** *Freibad, Hüttenkolonie, Camping- und Zeltplatz.* Auch das ö Nachbartal die • HÁJSKA DOLINA, ist ein interessantes Tal, das in seinem 2 km langen, oberhalb der Ortschaft Háj gelegenen engen Teil Travertinkaskaden und kleine Wasserfälle vorweisen kann.

In ö R (6 km) • ČEČEJOVCE, Großgemeinde (1.899 EW). Die frühgotische, einschiffige **ref Kirche** (ursprünglich kath) stammt aus der Zeit von 1290-1300 (auf der S-Seite einige romanische Fenster). Das Schiff ist mit einer flachen Decke abgeschlossen (19. Jh), das Presbyterium mit einem Gewölbe. Das gesamte Presbyterium ist mit alten (1300-50), bedeutenden Wand- und Gewölbemalereien bedeckt, die im wesentlichen einen christologischen Zyklus, aber auch andere Szenen (u.a. Auszug aus Ägypten) darstellen. Auch auf der S-Wand des Schiffes sind Fragmente alter Wandgemälde bei den Aufdeckungs- und Restaurierungsarbeiten (1893-98) gefunden worden. **Kath Kirche** von 1800, nach 1945 total umgebaut und erweitert. Vom gleichen Architekten stammt das klassizistische 2-flüglige **Kastell** (Nr 7) von 1800 (heute Heilanstalt).

◉ ZENTREN IN DER WEITEREN UMGEBUNG: Rosenau, Jossau, Metzenseifen, Kaschau.

● **MÓRY (MORY), JOHANN,** *1892 Neusohl, +1978 Preßburg. Komponist. Studien: Budapest, Berlin. Lebte bis zur Enteignung 1945 am Neutschirmer See, wo er ein Hotel geerbt hatte, das er auf eine beachtliche Höhe führte. Schrieb zu seiner Zeit über 200 sehr bekannt gewordene Lieder. Eine Oper und 5 Operetten, dazu 4 Singspiele, die fast alle in Berlin und Hamburg uraufgeführt wurden. 1947-60 Direktor der Musikschule in Zipser Neudorf.

■ **MOŠOVCE,** Bez Turčianske Teplice, 483 m. Am W-Rand des Turzer Beckens, zu Füßen der Großen Fatra gelegene Kleinstadt. SAD, Straßenknoten. Namen: d selten Moschotz, Moschendorf (?), ma Mossóc, 1233 Machyuch, 1264 Mayus, 1277 Moys, 1391 Mossouch, 1476 Mossowecz, 1736 Moschótz.

Bedeutende Funde aus der Bronzezeit. 1378 Stadtrechte (Teschener Recht). Bereits im 15. Jh der Burg Blatnica, dann der Herrschaft Sklabiňa untertan. Die Bewohner betrieben Landwirtschaft, gründeten aber auch 18 Zünfte (u.a. Schuster, Gerber). **Kath Kirche** von 1912-13, im neogotischen Stil an der Stelle einer zweischiffigen gotischen Kirche gebaut, die bis auf Reste an der N-Seite fast ganz abgetragen wurde. Innerhalb einer Einrichtung jüngeren Datums (bzw. höchstens aus dem 18. Jh) steht der besonders wertvolle spätgotische *JAKOBUS-PHILIPPUS-FLÜGELALTAR* (14./ 15. Jh) aus dem Inventar der alten Kirche. Im Schrein stehen in den Nischen, neben Jakobus und Philippus, 4 weitere Heilige (Laurentius, Martin, Stephanus, Sebastian). Die Nähe zu J. Kaschauer ist sichtbar, aber auch eine zu Meister Paul aus Leutschau. Chronologisch durchaus möglich, zumal der Schrein und die Plastiken des Gesprenges (Barbara, Katharina, Margarete) von 1518 stammen. Die gemalten Tafeln gehörten zu einem anderen Altar von 1480. Der heutige Altar ist in der 1. Hälfte des 20. Jh neu zusammengestellt worden, wobei die ursprünglichen Tafeln in das Museum nach Turz-St-Martin kamen. Die Tafeln des ehemaligen Dreieinigkeitsaltares von 1471 befinden sich in Budapest, sie sind Reste des sogenannten *ERNUST-ALTARS*, die mit CH signiert sind.

Mošovce: Schloß

Die **evang Kirche** wurde neoklassizistisch 1864 gebaut, 1871 und 1927 renoviert. In dem flach eingedeckten Raum stehen ein Kanzelaltar, in dessen Mensa sich ein Bild von G. Angyal, das letzte Abendmahl (1932) befindet, und eine klassizistische Taufe (2. Hälfte 18. Jh).

Das rokoko-klassizistische **Schloß** errichtete die Familie Révay in der 2. Hälfte des 18. Jh. Der stilistisch ausgewogene, durch einen Risalit aufgelockerte Bau steht am W-Rand eines ausgedehnten Parkes, in dem sich noch ein klassizistischer Gartenpavillon (um 1800), ein Glashaus (1913), ein sezessionistisches Mausoleum (1911) und eine im romantisierenden Stil geschaffene Frauenstatue (Ende 19. Jh) befinden. Die an den Park anschließenden Alleen und Grünanlagen, die eine Verbindung zu den Wäldern der Großen Fatra suggerieren sollen, stehen mit ihren ca. 100-180 Jahre alten Bäumen unter Naturschutz. Arbeits- und Erholungsstätte der sl Filmwirtschaft.

1560 gründete Franz Révay eine evang Lateinschule, an der u.a. Matthias Palumbiny und als letzter Rektor Ján Kuzmány (1706-08) tätig waren. Geburtsort von Ján Kollár (Dichter).

M *Gedenkzimmer für Ján Kollár. Zünfte und Handwerk im Mausoleum.*

T *Hotel im Schloß. Campingplatz Drienok: Zeltplatz, Hüttenkolonie, Thermalfreibad (22°C, 3 Becken).*

🌐 1930: 1.568 EW (1.526 Sl, 10 D, 22 Ma, 3 J), 1940: 1.542, 1991: 1.330, 2001: 1.380 EW.

◉ UMGEBUNG: In w R (5 km) • JAZERNICA (265 EW): Kath Kirche (ursprünglich romanisch, gotisch umgebaut, mehrmals renoviert) mit wertvollem Hauptaltar von 1517. Im Schrein sehr schöne Plastiken (ca. 1,20 m groß), die eine gewisse Ähnlichkeit mit denen des Helena-Ägidius-Altares in Sachsendorf haben: Links eine Anna-Selbdritt in der seltenen stehenden Darstellung, rechts Barbara. Maria und Barbara haben sehr ähnliche, fast gleiche Gesichtszüge und sind auch durch die gleichgestalteten Kronen beinahe auswechselbar. Im Gesprenge befindet sich eine Darstellung der Kreuzigung mit 3 Plastiken (Christus, Maria, Johannes). Gemalte Tafeln. In der Nähe des Ortes ist ein Stück des alluvialen Flußbettes der Turz erhalten geblieben (interessante Vegetation).

In w R (5 km) • IVANČINÁ, kleines Dorf (95 EW), einst ein Artikularort (evang Artikularschule von ca. 1640 bis ca. 1793). **Kurie**, auffallendes hohes Dach, Anfang des 17. Jh im Renaissancestil errichtet, aber im 20. Jh total umgebaut. **Evang Kirche**, ein moderner Bau, 1920-30 an der Stelle einer hölzernen Artikularkirche errichtet. Schöne Einrichtung: Barocker Altar aus der alten Kirche, besteht aus 2 Teilen, die 1736 zusammengefügt wurden und von denen der obere älter ist als der

Jazernica: Anna-Selbdritt

untere. Barocke Kanzel (1745), klassizistische Taufe, ein interessantes Werk (2. Hälfte 18. Jh), beachtenswerte Orgel (1859), die S. Wagner gebaut hat. Die **kath Kirche** steht auf einem kleinen Hügel, frühgotisch, Beginn des 14. Jh.

In w R (9 km), auf der W-Seite des Turzbeckens: • WINDISCHPROBEN (SLOVENSKÉ PRAVNO), Handwerkerort (938 EW): Marktrecht 1655, Ölhandel (sh Kloster), in der Reformation gab es eine städtische Lateinschule. Rokokokastell von 1754, unter Einbeziehung eines älteren Kerns im Renaissancestil. Kath Kirche vom Ende des 13. Jh, als gotisches Bauwerk aufgeführt, erhielt einen Turm im Renaissancestil und wurde mit einer umlaufenden Mauer versehen. Jüngere Einrichtung mit einer gotischen Pieta von 1520-30, die in der Kapelle steht. Freistehender Glockenturm aus dem 17. Jh, ebenfalls im Renaissancestil, in der 2. Hälfte des 18. Jh ein Stück abgetragen und im oberen Bereich als Holzkonstruktion erneuert. Evang Kirche, ein klassizistischer Bau von 1886, mit einem klassizistischen Altar (1785) und einem neuen Bild (1945).

Noch weiter w (2 km), in den Bergen: • BRIES (BRIEŠTIE) (170 EW) und • HEDWIG (HADVIGA), zwei kleine ehemals d Orte (1930: 357 EW, 256 D bzw. 465 EW, 458 D, 1991: 190 bzw. 0 EW), im Bereich sehr schlechter Böden gelegen. Zählten wegen mangelnder Verdienstmöglichkeiten in der Umgebung zu den ärmsten Gemeinden der ČSR. Da keine Zugtiere zur Verfügung standen, mußten die Frauen (die Männer gingen auf Saisonarbeit) den Pflug ziehen. Nach der Vertreibung der Deutschen gibt es zahlreiche Ferienwohnungen, besonders in Hedwig.

● **MOUSSON, THEODOR JOSEF,** *1887 Högyész/U, +1946 Trentschin. Maler. Studium: Budapest. Ab 1919 freiberuflich tätig, lebte in Großmichel, schuf u.a. zahlreiche Landschaften, Arbeit in der Landwirtschaft, Begebenheiten im Dorf, Studien. 1942 setzte eine linksseitige Lähmung seinem intensiven Schaffen ein Ende.

● **MOYSES (MOYZES), ŠTEFAN**, *1797 Veselé, +1869 Heiligenkreuz. Kath Geistlicher, Bischof, Kulturorganisator. Studium: Tyrnau, Pest, Gran. Nach mehreren Stellen, auch als Pädagoge, 1851-69 Bischof von Neusohl. 1861 Delegationsleiter in Wien bei der Übergabe des Memorandums über die Slowakische Nation und die Herbeiführung der Gleichberechtigung. 1863 erster Vorsitzender der Matica Slovenská. Sehr populäre Persönlichkeit, mehrere Veröffentlichungen.

● **MOYZES,** Komponisten, Vater und Sohn: **MIKULÁŠ** (*1872 Zvolenská Slatina, +1944 Eperies), Studium: Budapest, Prof. der Musik an mehreren Schulen, Organist. Komponierte in verschiedenen Bereichen, sammelte Volkslieder, legte die Grundlagen für die moderne sl Musik, **ALEXANDER** (*1906 Kloster, +1984 Preßburg), Studium: Prag, Preßburg, Paris, Leipzig, Berlin. Prof. und Rektor, Leiter der Volkstanzgruppe SĽUK. Schrieb 12 Symphonien, mehrere Solokonzerte, Kammermusik, Tänze. Sein eigener Stil orientierte sich an der Moderne. Viele Auszeichnungen.

● **MURGAŠ, JOZEF,** *1864 Tajov, +1929 Wilkes Barre/USA. Kath Geistlicher, Erfinder. Studium: Preßburg, Gran, München. Lebte und arbeitete in Amerika, befruchtete wesentlich die Radiotelegraphie durch seine Erfindungen, war auch als Maler tätig.

Myjava: Evangelische Kirche

■ **MYJAVA,** Bezirkshauptstadt, 325 m. Schön im Hügelland der S-Abdachung der Weißen Karpaten, in einer überwiegend evang Gegend gelegene, vom Handel geprägte Kleinstadt. Ausgangspunkt für Wanderungen in die Weißen Karpaten. Namen: d selten Miawa, ma Miava, 1392 Puszta Miava, 1394 Puszta Maenkov, 1773 Miava, 1808 Myjawa.

Alter Siedlungsplatz (Jungsteinzeit, La Téne-Zeit, aus dieser umfangreiche Funde, u.a. goldener Halsschmuck). Im Zentrum des Straßenmarktes steht die **evang Kirche**, 1783 als Toleranzkirche barock-klassizistisch errichtet, der hohe, eine barocke Kuppel tragende Turm kam 1854 hinzu. Die barocke **kath Kirche** wurde 1697-1701 errichtet und hat eine wehrhafte Mauer (nicht mehr vollständig). Im Ort und in der Umgebung gibt es noch einige für die Gegend charakteristische Häuser.

Industrie vor 1945: Ziegelei, danach: Armaturenherstellung.

M *"Múzeum slovenských národných rád" (=Museum der SNR), in dem Haus der Witwe Anna Kolényiová tagte 1848 der erste SNR.*

T *Hotel. Hallenbad, Freibad.*

🌐 1930: 9.323 EW (9.184 Sl, 14 D, 10 Ma), 1940: 9.381, 1991 13.135, 2001: 13.142 EW.

◉ UMGEBUNG: In ö R (12 km) • STARÁ TURÁ (10.291 EW). Für die Gefangennahme des Führers der Brüderbewegung Ján Švehla im Jahr 1467 erteilte Matthias Corvinus die Stadtrechte, 1659 Marktrecht von Leopold I. Hinter dem Ort steht auf einem Hügel der Turm (vulgo "Hussitenturm") einer nicht mehr existierenden, mittelalterlichen Kirche. **Evang Kirche**, klassizistisch mit einigen barocken Anklängen 1784/85 als Toleranzkirche erbaut, Turm von 1797, 1867 verändert. Inneres im romanisierenden Stil umgestaltet. Barocke **kath Kirche** von 1748, Wandmalereien stammen von 1898, der Hauptaltar mit seiner üppigen Säulenarchitektur von 1780. Interessant ist auch das **Haus Nr 220**. Lange Tradition: Feinmechanik, Armaturen (zBsp Brüder Michera). **M** *"Múzeum mesta" (=Stadtmuseum).* **T** *Wanderungen in den Weißen Karpaten. Hotel. Am Stausee Dubník (11 ha, 2 km s der Stadt): Campingplatz und Bademöglichkeit, Hotel und Hütten.*

Die • VEĽKÁ JAVORINA (970 m), höchster Berg der Weißen Karpaten, mit sehr schöner, weiter Aussicht, ist von Stará Turá aus zu erreichen, **T** *Autoverkehr bis zur Holubyho chata (Unterkunft, Restaurant) direkt unter dem Gipfel, Skilifte.*

◉ ZENTREN IN DER WEITEREN UMGEBUNG: Senitz, Skalitz, Neustadt an der Waag, Pistyan.

● NÁDASDY, ELISABETH, geb BÁTHORY, *1560 Nyírbátor/U, +1614 Schächtitz. "Blutgräfin von Schächtitz", Details sh Schächtitz. Gemahl: Franz (1555-1604), nahm an zahlreichen Kämpfen mit den Türken teil, Patron der Protestanten, wußte von den Untaten seiner Frau, stellte sich 1603 unter den Schutz des Palatins Georg Thurzo.

■ NEHRE (STRÁŽKY), Bez Kežmarok, 617 m. Interessante kleine Gemeinde im Zipser Becken, n von Kesmark gelegen. ŽSR, SAD. Seit 1980 nach Zipser Bela eingemeindet. Namen: ma Nagyör, 1251 Eur, 1288 Nyrer, 1437 Nerer, 1773 Straska, 1920 Strážky, 1927 Strážky nad Popradom, 1948 Strážky.

Entstand um 1200 als ein Hauptwachposten am Weg nach Polen. Später kam es 1556 auf dem Wege der Schenkung an Marcus Horvath Stansith de Gradecz, der sich bei der Verteidigung der Festung Szigeth gegen die Türken große Verdienste erworben hatte, und verblieb im Besitz der Familie bzw. in dem der Nachfahren, darunter den Mednyánszkys und schließlich in dem von Margit Czobel de Balogfalva et Nagyör, der "letzten Baronin der ČSSR", die nach der Enteignung in einem schlecht ausgestatteten Raum des Schlosses bis zu ihrem Tod 1972 lebte.

Das **Schloß** wurde 1570-90 von Gregor Horvath Stansith de Gradecz im Renaissancestil mit 3 Flügeln, unter Verwendung von anderen Gebäudeteilen, besonders der 2 Basteien einer gotischen Burg aus dem 15. Jh, gebaut. In der 2. Hälfte des 18. Jh wurden der abschließende 4. Flügel errichtet und auf drei Seiten des Hofes Arkaden eingebaut, die im 20. Jh zugemauert wurden. Die in den 70-er Jahren durchgeführten Restaurierungsarbeiten stellten den ursprünglichen Charakter des sehr heruntergekommenen Gebäudes wieder her, auch die Arkaden wurden wieder geöffnet. Heute Galerie. Den ausgedehnten englischen Park, wegen dem seinerzeit für die Poppertaleisenbahn eine große Schleife mit 2 Brücken eingebaut werden mußte, umschließt eine lange Mauer.

Nehre: Arkadenhof des Schlosses

Die **kath Kirche**, ein kleiner turmloser Bau, wurde Ende des 15. Jh gotisch errichtet und erhielt im 16. Jh eine kleine Vorhalle. Auf der W-Wand des Schiffes sind gotische Wandmalereien aus dem frühen 16. Jh, ein Passionszyklus, aufgedeckt worden. An der S-Wand das Letzte Abendmahl, an der N-Seite die Kreuzigung und das Jüngste Gericht. In der Kirche stehen heute noch 3 wertvolle Altäre. Ein 4., ein gemalter, schon lange unvollständiger Marien-Altar aus der Zeit um 1450-60, befindet sich mit zwei Einzelstatuen (der bekannten *SCHÖNEN MADONNA VON NEHRE* aus dem Jahr 1340 und dem *ANDREAS*, der in den hier noch vorhandenen Marien-Seitenaltar gehört) in der Nationalgalerie in Preßburg. Der spätgotische *HAUPTALTAR*, ein Anna-Altar, ist aus der Zeit um 1520 und hat bewegliche und feststehende Flügel. Hinter der Gruppe der Anna Selbdritt sind die gemalten Gestalten des Joachim und des Josef zu sehen. Auf den Flügeln sind 8 Szenen aus dem Leben der Anna und von der Passion dargestellt. Im Gesprenge befinden sich neben dem Vir dolorum Statuen von 6 Aposteln (18. Jh). Die gemalte Predella zeigt die Anbetung der Könige. Während dieser Altar von der älteren Leutschauer Schule sehr stark beeinflußt ist, ist der *MARIEN-ALTAR* von 1524, ein spätgotischer Flügelaltar, in der Werkstatt Meister Pauls aus Leutschau entstanden. Auch im gemalten Bereich von hoher Qualität, zumal die Flügel (heute fehlen die Standflügel) wahrscheinlich von einem älteren gemalten Altar (8 Szenen aus dem Leben Marias, Teile einer Passion), den der Meister des Matzdorfer Hauptaltars geschaffen hat, stammen. Im Schrein steht eine Madonna die von ihrem Schnitzer einen starken persönlichen Stil eingearbeitet bekam. Zwei weitere Plastiken fehlen, eine ist der bereits erwähnte Andreas, von der zweiten fehlt jede Spur. Die gemalte Predella zeigt einen Marien-Tod. Der *SIMON-JUDAS-ALTAR*, auch ein spätgotischer Flügelaltar von 1500-20, zeigt neben den beiden Plastiken der Heiligen, 8 gemalte Szenen aus ihrem Leben. Das Gesprenge ist unvollständig, angeblich fehlt eine Marien-Statue. Wertvoll ist das *RENAISSANCE-TAUFBECKEN* aus rotem Marmor von 1593. Sehr schön ist der ca. 1,20 m hohe Kruzifixus aus der *KREUZIGUNGSGRUPPE*, früher im Triumphbogen, heute in der Sakristei und um 1500 geschaffen.

Ein sehr schönes Bauwerk ist der neben der Kirche stehende **Renaissanceglockenturm** von 1629, der wahrscheinlich aus einem gemauerten Wachturm entstanden ist. Die Inschrift innerhalb des reichen und geschmackvollen Sgraffitoschmuckes birgt die Initialen HB, die auf denselben Künstler, der in Kesmark die Fassadengestaltung ausgeführt hat, hinweisen.

1584 gründete Gregor Horvath Stansith de Gradecz eine höhere evang Adelsschule, sie ermöglichte den Hochschulzugang und erteilte die Befähigung zu öffentlichen Ämtern im Bereich von Kirche und Schule, wurde um 1711 durch die Gegenreformation aufgelöst. Zeitweiliger Wohnsitz von Ladislaus Mednyánszky (Maler), ständiger von Margit Czobel (Malerin).

M *Galerie im Schloß (Zweigstelle der Nationalgalerie in Preßburg), Werke bedeutender Maler der Zips, vor allem Ladislaus Mednyánszkys und seiner Nichte Margit Czobel.*

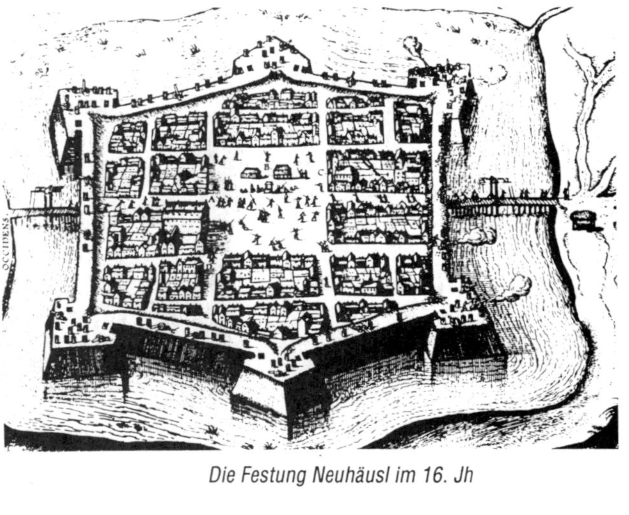

Die Festung Neuhäusl im 16. Jh

🌐 1930: 406 EW (119 Sl, 245 D, 5 Ma), 1940: 393 EW.

◉ ZENTREN IN DER WEITEREN UMGEBUNG: Kesmark, Zipser Bela, Landeck.

◆ **NEUBURG,** steht in dieser d Übertragung für zwei verschiedene Komitate: **1. ABAUJWAR (ABOVSKÁ STOLICA),** comitatus Abaujvariensis, Abaujwarer Gespanschaft, Abaúj vármegye. Am Unterlauf der Hernad gelegen. Erster Sitz war die Burg Abaújvár (=Abas neue Burg) und nach mehreren Wechseln ab Mitte 17. Jh Kaschau. Der s Bereich war durch die Türken beeinträchtigt, der n vom Bergbau, Handel und Handwerk geprägt. Ca die Hälfte fiel nach dem 1. Weltkrieg an die ČSR; **2. NEOGRAD (NOVOHRADSKÁ STOLICA),** comitatus Neogradiensis, Neograder Gespanschaft, Neográd vármegye. Gehört zu den ältesten Komitaten Ungarns, Landwirtschaft und Türkenherrschaft markieren das Geschehen. Erster Sitz war Nógrád, eine Burg n von Vác an der Donau, später zeitweise Lizenz. Nach dem 1. Weltkrieg kam der kleinere Teil an die ČSR.

■ **NEUHÄUSL (NOVÉ ZÁMKY),** Bezirkshauptstadt, 118 m. Zentrum der Donautiefebene, früher bedeutende Festung. ŽSR, SAD. Eisenbahn- und Straßenknoten. Gehörte 1938-45 zu Ungarn. Namen: d auch Neuhäusel, ma Érsekújvár, 1571 Uyuar.

Alter Siedlungsplatz (Jungsteinzeit, Bronzezeit, Quaden, Großmährisches Reich). Entstand neben einer Burg, die 1545 zum Schutz vor den Türken gebaut worden ist. Die 1573-81 an ihrer Stelle angelegte 6-zackige, mit 6 Basteien ausgestattete Festung gehörte damals zu den modernsten ihrer Art in Europa. Sie konnte den Türken auch zehnmal Stand halten, bis diese sie 1663 eroberten und 22 Jahre besetzt hielten. Die Erstürmung der Festung durch die Truppen Karl von Lothringens (10.8.1685) wurde im ganzen Abendland gefeiert. Auch während der antihabsburgischen Aufstände spielte die Festung eine große Rolle. Karl III. ließ sie 1724-25 schleifen, um eine Nutzung bei evtl. weiteren Aufständen zu verhindern. 1944 wurde Neuhäusl durch mehrere alliierte Bombenangriffe sehr schwer beschädigt, und die Bevölkerung hatte zahlreiche Opfer zu beklagen.

Von der **Festung** sind nur minimale Reste übrig: Fragmente der sö Bastei und von den zwei s Festungswerken. Die **Kirche des Franziskanerklosters** ist im barocken Stil Mitte des 17. Jh gebaut worden, und die neoklassizistische **kath Pfarrkirche** ist 1877 durch den Umbau einer barocken Anlage aus der 2. Hälfte des 17. Jh entstanden. Die **evang Kirche** wurde 1905 und die **ref Kirche** 1924 gebaut. Synagoge.

Industrie: Eisenbahnwerkstätten seit 1850, Ziegeleien, Lebensmittelindustrie seit 1865, Leder- und Schuhfabrik seit 1900, Seilerei seit 1906.

M *"Vlastivedné múzeum" (=Heimatkundliches M.), Franziskanerkloster. "Galéria XC" (=Galerie XC), Rathaus.*

T *Hotels. Thermalfreibad, Hallenbad. Winterstadion.*

🌐 1930: 22.457 EW (9.561 Sl, 17 R, 256 D, 10.193 Ma, 1.609 J, 281 Z), 1940: 23.306, 1991: 42.923, 2001: 42.262 EW.

◉ UMGEBUNG: In nw R (13 km) • PALÁRIKOVO, Kleinstadt (4.359). Großes, schönes **Schloß**, barock Mitte des 18. Jh errichtetet und 1866 klassizistisch umgestaltet. Das 3-flüglige Gebäude fällt durch den quadratischen, mit einem Satteldach

Palárikovo: Schloß

abgeschlossenen, 3-achsigen Aufbau auf, der auf einem 7-achsigen Risalit steht, dem ein Portikus mit einem Balkon angesetzt wurde. Ausgedehnter englischer Park. Heute Verwaltung der staatlichen Wälder und Ländereien. Im Park stand etwa 1757-1803 ein Adelstheater. **Kath Kirche**, ein Barockbau von 1754, dreischiffige Anlage, Mittelschiff eingewölbt.

In n R (15 km) • ŠURANY (10.491 EW). Im Stadtteil Nitriansky Hrádok, einer der größten Fundstätten der SR, ist u.a. eine sitzende "Venus" aus der Jungsteinzeit gefunden worden. Kath Kirche, eine dreischiffige, 2-türmige, ursprünglich barocke Anlage, aus der 2. Hälfte des 17. Jh, zu Beginn des 20. Jh weitgehend umgestaltet, so daß nur die barocke Hauptfassade in ihrer alten Form erhalten geblieben ist. Im Ort stehen noch ein Kastell (20. Jh) und eine Kurie (18. Jh). Von einer alten, 1725 geschleiften Burg sind kaum noch Reste vorhanden. Erste Zuckerfabrik Ungarns (1854), von der in das ausgedehnte Zuckerrübenanbaugebiet eine sich mehrfach verzweigende Schmalspurbahn gebaut wurde, die bis Šaľa reichte. Sie transportierte nicht nur Zuckerrüben, sondern auch Material und Personen. In den 60-er Jahren wurden die Anlagen abgebaut, und heute stehen nur noch die kleinen Gebäude der Stationen und (bei der Station Poľný Kesov) ein erhalten gebliebener Wagen. **T** *Hotel.*

In s R (8 km) • BAJČ, Gemeinde (1.219 EW) mit interessanter klassizistischer kath Kirche, 1827-31 durch den Umbau eines 2-geschossigen Kastells, das selbst Reste eines mittelalterlichen Klosters einbezogen hatte, entstanden.

◉ ZENTREN IN DER WEITEREN UMGEBUNG: Diakovce, Neutra, Lewenz, Komorn.

■ **NEUSOHL (BANSKÁ BYSTRICA),** 362 m, Sitz eines Landschaftsverbandes und des Bez Banská Bystrica. Alte berühmte Bergbaustadt des Mittelalters und der Neuzeit, das "Kupferne Neusohl". Bedeutende, heute sechstgrößte Stadt der Slowakei (1930 an 15., 1940 an 11. Stelle). Wertvolle kunsthistorische Denkmäler, die Altstadt steht unter Denkmalschutz (Stadtreservat). Sehr schön am Grankie, am Fuße der Berge der Großen Fatra, der Niederen Tatra, des Slowakischen Erzgebirges und der Kremnitzer Berge gelegen. Univer-

1 Marktplatz
2 Uhrturm
3 Kathedrale
4 Königsberger Haus
5 Dernschwam-Haus
6 Thurzo-Haus
7 Gremmelsches Haus
8 Pribitzer-Haus
9 Beniczky-Haus
10 Bischofspalast
11 Kaiserliches Haus
12 Ebner-Haus
13 Bethlen-Haus
14 Elisabeth-Kirche
15 Stadtturm
16 Rathaus
17 Marien-Kirche
18 Slowakische Kirche
19 Matthias-Haus
20 Kath. Friedhof
21 SNP-Museum

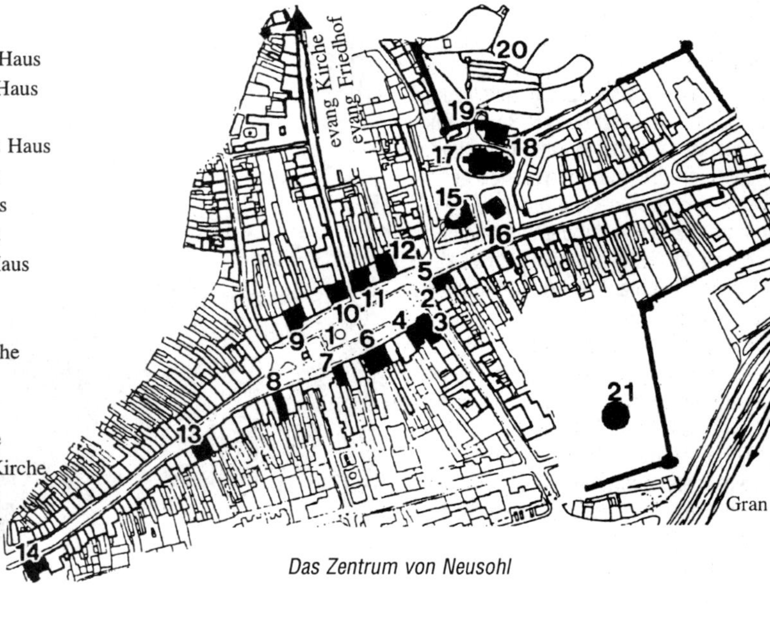

Das Zentrum von Neusohl

sität. Bischofssitz (das Bistum wurde 1776 gegründet). ŽSR, SAD, wichtiger Eisenbahn- und Straßenknoten. Luftverkehr (Flugplatz bei Sliač). Ab 1785 Sitz der Verwaltung des comitatus Zoliensis/Gespanschaft Sohl, in der ČSR und in der SL Sitz übergeordneter Verwaltungen. Ausgangspunkt für Wanderungen. Namen: ma Besztercebánya, 1255 Noua villa Neuisolium, Neosolium, 1303 Bystrice, 1340 Byztricia, 1400 Bystricha, 1446 Nouozolium, 1773 Banská Bystrica.

Alter Siedlungsplatz (Bronzezeit). Oberflächenerze wurden sicher schon früh (Kelten) abgebaut. Nachdem bereits im 12. Jh einige d Bergleute hier tätig waren, kamen nach den Verwüstungen des Mongoleneinfalls zahlreiche d Bergleute (auch in die Umgebung), die den Bergbau mit dem Stollen- und Schachtbau aktivieren sollten und ihn schließlich beherrschten. Die 1255 erteilten Rechte enthielten umfangreiche Privilegien, die später öfters bestätigt wurden. Sie führten zu dem auch in den anderen Bergstädten praktizierten Recht, daß nur die Deutschen ("Waldbürger") sich als Träger des Bergbaues am Marktplatz (als "Ringbürger") niederlassen durften. Zuerst überwog noch die Förderung der Silbererze im Raum von Altgebirg, aber die Ausweitung auf die Gewinnung der Kupfererze (Herrengrund, Altgebirg, Richtersgrund und andere Orte) brachte Neusohl eine marktbeherrschende Position in Europa ein. Einige Familien erscheinen immer wieder in den Akten, wie zBsp die Petermann, Goldner, Jung, Rosenberg, Leymberger, Knoblauch und Königsberger, die letzteren auch als große Mäzene der Stadt. Trotzdem blieb Neusohl mit seiner Einwohnerzahl weit hinter anderen Städten wie Schemnitz und Preßburg zurück. 1542 hatte es nur 168 Häuser 1696 erst 344 Häuser, 1720 sogar weniger, nämlich 337, mit 2.651 EW, 1787: 5.201 EW, 1804: 449 Häuser, und Mitte des 19. Jh 478 Häuser mit 5.288 EW. Als sich die Abbaubedingungen immer schwieriger und kostspieliger gestalteten, übernahm Ende des 15. Jh die Familie Ernust viele Betriebe, die nur mehr mit großen Verlusten arbeiteten oder schon zusammengebrochen waren - quasi als Vorstufe der späteren Konzentration unter der Thurzo - Fuggerschen Gesellschaft (sh "Geschichte").

Nach der glanzvollen Zeit des Bergbaues in Neusohl, auf das ganz Europa mit Neid blickte, trat mit seinem Verfall eine rasche Slowakisierung der verbliebenen d Restbevölkerung ein. Neusohl blieb aber eine offene und lebendige Handelsstadt, die sich allgemein auch sehr liberal gab. Hier fanden im Februar 1936 die 2. (jüdischen) Makkabi-Winterspiele statt, an denen 11 Länder (darunter auch Teilnehmer aus Deutschland!) beteiligt waren. Kurz davor hatte die Winterolympiade in Garmisch-Partenkirchen 16 Nationen vereinigt. Die Wettkämpfe in Neusohl fanden vor dem Hintergrund jener Indiskretionen statt, die von weitgehenden Plänen Hitlers gegen die Juden sprachen und die in der Weltpresse ihren Niederschlag fanden (auch der "Grenzbote" berichtete darüber). So wurde in Neusohl beschlossen, Deutschland auszuschließen. Auch die KdP hatte mit den Deutschen Neusohls ihre Not, denn am 31.12.1938 sehen sich die "Deutschen Stimmen" genötigt gegen dieses "jüdischmarxistische Zentrum", das große "Schwierigkeiten bei der Sammlung der Deutschen und der Gründung einer Ortsgruppe" bereiten würde und wo es eine "Gesellschaft der Sowjetfreunde" gäbe, vorzugehen. Neusohl war Zentrum des SNP und Sitz der Verwaltung während des SNP. Auch heute ist Neusohl eine

Neusohl: Thurzo-Haus

äußerst lebendige Stadt, die als eine der ganz wenigen ehemals bedeutenden Städte der Slowakei nicht in die romantische Abgeschiedenheit einer stagnierenden Entwicklung geriet (wie Schemnitz, Kremnitz, Leutschau, Bartfeld, Kesmark).

Obzwar hier nicht die schwierigen topographischen Verhältnisse wie in Schemnitz vorlagen, gelang es nicht, den **Marktplatz** als eine d Zentralanlage zu verwirklichen. So kam es zur Anlage eines zwar großen, aber nicht einmal exakt rechteckigen Platzes. Bezeichnend dafür sind die vorspringenden Häuserfronten der N-Seite. Trotzdem zählt er zu den schönsten Plätzen in der Slowakei, dessen Häuser mit ihrer herrschaftlichen Monumentalität die Enge von Schemnitz, das beinahe noch Ländliche von Kremnitz und auch das Großbürgerliche von Leutschau überragen. Die Dominante des Platzes bildet der in seiner Achse stehende **Uhrturm**, in dem auch ein Gefängnis untergebracht war. 1552 im Renaissancestil errichtet, erhielt er nach mehreren Bränden 1782-83 die heutige Form. Da der im unteren Bereich des Platzes stehende Obelisk für die gefallenen Sowjetsoldaten politisch keinen weiteren Bezugspunkt duldete, wurde die vor der Kathedrale stehende **Marien-Säule** (18. Jh, die Statue stammt aus dem 19. Jh) in den Bereich der Burg übertragen, aber inzwischen wieder auf ihrem alten Platz aufgestellt.

Die **Kathedrale** (Franz Xaver-Kirche oder Jesuitenkirche genannt) ist 1695-1715 (Unterbrechung 1701-09) errichtet worden. 1844 wurde vor das bestehende Schiff die Hauptfassade mit den 2 Türmen gesetzt, die in den 80-er Jahren des 19. Jh eine Umgestaltung im romantisierenden Stil erfuhr. Die Inneneinrichtung mit dem mächtigen Hauptaltar stammt aus dem 19. und 20. Jh., darunter die pseudoromanische Kanzel, eine Tiroler Arbeit. Nach hinten schließt das Jesuitenkollegium an (1695, klassizistisch umgebaut 1806).

Am Markt steht, direkt neben der Kirche, der nach ihrem Bau übrig gebliebene Teil des **Königsberger-Hauses** (Nr 27, auch Oberhaus genannt), das später-im Besitz der Fuggers von den streikenden Bergarbeitern angezündet wurde. Das rechts neben dem Uhrturm stehende, außen sehr schlichte Haus (Nr 25), die Fassade wurde im 19. Jh geändert, gehört als **städtische Waage** zu den ältesten Häusern der Stadt und ist 1503 mit Mitteln der Bruderschaft vom Leibe Christi errichtet worden. Links vom Uhrturm steht das **Dernschwam-Haus**, das dem Faktor der Thurzo-Fuggerschen Gesellschaft, Hans Dernschwam, gehörte. Zu den schönsten Häusern am Marktplatz gehört das **Thurzo-Haus** (Nr 4, auch Mittelhaus genannt), Sitz der Thurzo-Fuggerschen Gesellschaft, mehrfach umgebaut und stilistisch umgestaltet (Gotik, Renaissance), innen ausgezeichnete Wandmalereien aus dem 16. Jh (Susanna im Bade, Letztes Gericht etc.). Die sehr geschmackvoll ausgestatteten Räume gehören dem Museum. Sehr schön ist auch das **Gremmelsche Haus** (Nr 7) aus dem 16. Jh, vor allem das Mashaus und andere Räumlichkeiten. In dem 3-geschossigen **Pribitzer- Haus** (Nr 11) wohnte der Astronom Jakob Pribitzer. Das ursprüngliche Gebäude des **Kammerhofes** (Nr 8, auch Unterhaus genannt) existiert nicht mehr. An seiner Stelle wurde 1913 das sezessionistische Gebäude (mit Straßendurchfahrt) der Forstverwaltung errichtet. Ein hervorragender Blickfang ist das **Beniczky-Haus** (Nr 16) mit seinem prächtigen Portal und den Arkaden im 1. Obergeschoß. Ursprünglich zwei Häuser (gehörten dem Metzger Stefan Fleischer und dem Weinhändler Hans

Neusohl: Stadtburg

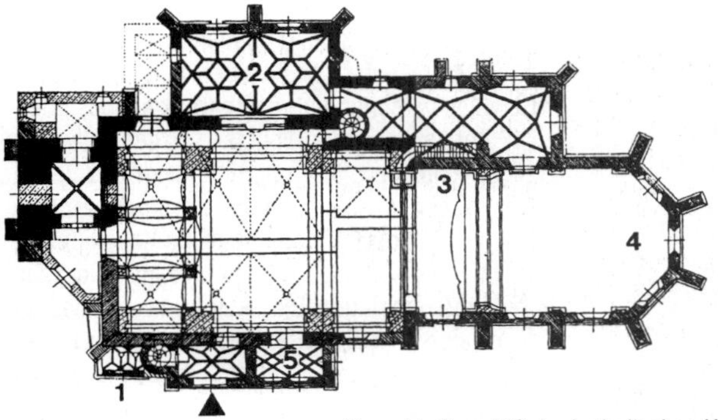

1 Ölbergszene
2 Barbara-Kapelle
3 Oratorium
4 Hauptaltar
5 Mühlstein-Kapelle

13. Jh.
14. Jh.
15. Jh.
18. Jh.

Neusohl: Grundriß der katholischen Kirche

Markus), die in der 2. Hälfte des 16. Jh vereinigt wurden. Zu den größten Umgestaltungen kam es nach 1660, als Thomas Beniczky nach dem Brand von 1768 das Haus erwarb. 1792 kam das Gebäude in den Besitz von Ladislaus Szentiványi (sein Wappen befindet sich über dem Portal), und 1868 gab es eine weitere Umgestaltung. 1959 wurde der ursprüngliche Zustand (so wie das Haus nach 1660 aussah) wieder hergestellt. Im Innern des Gebäudes befinden sich hervorragend ausgestattete Räume. Das **bischöfliche Palais** (Nr 19) wurde 1783 im frühklassizistischen Stil an der Stelle von 2 gotischen Häusern errichtet und mußte nach dem großen Brand erneuert werden (1787). Es besitzt sehr schöne Räume. Ein sehr schönes Mashaus befindet sich im sogenannten **kaiserlichen Haus** (Nr 20), dessen Besitzer u.a. Georg Baumheckel war (heute Textilgeschäft). Ein ganz besonders schöner Renaissanceerker, den der Wallendorfer Steinmetz Johann Weinhardt 1636 schuf, befindet sich am **Ebner-Haus** (Nr 22).

In der Spitalgasse, sie bildet die sw Fortsetzung des Marktplatzes, steht neben anderen interessanten und schönen Gebäuden das **Bethlen-Haus** (Nr 8), das zu dem Typ der großräumigen Bürgerhäuser gehört, bei denen sowohl die Attika als auch die Arkaden erhalten geblieben sind. Vom ältesten Bestand ist auch noch ein Wohnturm aus dem 14. Jh einbezogen worden. Über dem Eingangsportal steht: "BENEDICTO DOMINI DIVITES FACIT 1610". In diesem Haus ist Gábor Bethlen 1620 zum u König ausgerufen worden. Am unteren Ende der Straße steht neben dem ehemaligen städtischen Spital (14. Jh) die **Elisabeth-Kirche** (auch Spitalkirche genannt), die mit zu den ältesten Bauten der Stadt gehört. 1303 im gotischen Stil errichtet, brannte sie 1605 aus, später wurde sie im barocken Stil wieder hergestellt und 1876 neogotisch umgestaltet. Das Altarbild, Elisabeth, malte Jozef Murgaš.

Eine Querstraße zum Marktplatz ist die nach N führende Lazovná - Badengasse, in der neben den Bädern (Nr 7, der Bau entstand auf Kosten von M. Königsberger, Text: "LAVS DEO 1505/MICHAL KVNGS/ BERGER EV DATO") und dem großen **Komitatshaus** (Nr 9), aus 2 Renaissancebauten Mitte des 19. Jh entstanden, ganz am Ende und außerhalb der Stadtmauern die **evang Kirche** steht. Sie wurde an der Stelle einer hölzernen Artikularkirche (1690, ähnlich derjenigen von Kesmark gebaut) 1803-07 im klassizistischen Stil errichtet. Das Altarbild, ein Geschenk Friedrich Wilhelms IV., schuf der Berliner Maler Eduard Daege.

Die 5 Stadttore mußten alle dem Verkehr weichen, aber einige zusammenhängende Abschnitte der Stadtmauern (im SO und N der Altstadt) mit einigen Basteien (Fleischerbastei, Polygonale Bastei) sind erhalten. Auch im Bereich der ehemaligen Burg, zu der die Deutsche und die Slowakische Kirche, das Rathaus und das Matthias-Haus gehören, sind Befestigungen nur auf der N-Seite, als Begrenzung zum katholischen Friedhof erhalten. Hier stehen noch 3 Basteien und ein Teil des Barbakans mit dem mächtigen, einen spätbarocken Helm (1761) tragenden **Stadtturm**. Der Barbakan wurde später zu Läden und für Wohnzwecke umgebaut. Die Burgmauer zum **Rathaus** und die Fortsetzung zur nicht mehr vorhandenen Mühlstein-

Neusohl: Marien-Altar, Hieronymus

Bastei fehlen. Veit Mühlstein finanzierte 1505 auch den Bau des Rathauses. Ursprünglich ein gotischer Bau, Schadenfeuer und Umbauten führten zu wesentlichen Änderungen in der Renaissancezeit und im letzten Drittel des 18. Jh zu einer Barockfassade (im 20. Jh wieder beseitigt), so daß das Gebäude, heute eine Galerie, dem Äußeren nach ein Renaissancebau ist, der innen seine teilweise gotische Herkunft (trotz der neogotischen romantisierenden Ausmalung) nicht verleugnen kann.

Zu den schönsten Kirchen der Slowakei zählt die **Deutsche kath Marien-Kirche** mit dem hohen schlanken Turm, der unten, romanisch von 1255, vom ältesten Bestand stammt. Nach der Aufstockung im 15./16. Jh und dem Feuer von 1761 erhielt er den spätbarocken Helm. Aus der romanischen Zeit ist bei den großzügigen gotischen Erweiterungen des 14. Jh nicht viel übrig geblieben, und die große spätgotische Bautätigkeit (letztes Drittel 15., Beginn 16. Jh) verdeckte letzte ältere Elemente, da auf beiden Seiten des Schiffes Kapellen (Stiftungen der reichen Familien) angebaut wurden. Das große Feuer von 1761, das fast die ganze Stadt überzog, vernichtete wesentliche Teile der Kirche und fast die gesamte Einrichtung, u.a. 10 gotische Altäre. Daraufhin wurde das Schiff und das Presbyterium mit einem neuen barocken Gewölbe versehen und spätbarock ausgestattet. Die hohen gotischen Fenster wurden teilweise zugemauert bzw. in ihrer Höhe gekürzt und mit Rundbogen versehen, so daß neben dem romanischen Turmschaft, spätgotische Kapellen und ein im Innern spätbarockes Schiff eine glückliche Symbiose eingingen. Die Skulpturen und die Epitaphe an der Außenseite, Fragmente einer früheren reichen Ausstattung, sind teilweise verwittert und stehen meistens im Museum, so ein schönes Renaissanceepitaph, das in einem Medaillon die Auferstehung Christi zeigt und dessen längerer d Text auf den 1585 gestorbenen "Samuel Schmeidel von Steyer, Bürger und Handelsmann" hinweist. Auf den Pfeilerabsätzen stehen phantasievolle Plastiken aus dem 15. Jh, und schön ist der 1,70 m hohe Andreas mit der umgebenden Verkündigung Marias vom Beginn des 16. Jh; sie sind nicht von einem Künstler. Anzunehmen ist, daß die 4 Skulpturen, die neben dem obersten S- und W-Fenster des Turmes eingemauert sind (gut zu sehen: Petrus und Paulus) zum Andreas, vielleicht zu einer ehemals vollständigen Gruppe der 12 Apostel gehören. Ein ganz besonders schönes, für die ganze Slowakei bedeutendes Werk ist die in der Außenkapelle aufgestellte, spannungsgeladene spätgotische Gruppe, die Christus auf dem Ölberg darstellt (die ebenfalls M.Königsberger stiftete und die vielfach Veit Stoß zugeschrieben wird). Inmitten einer üppigen, naturalistischen Landschaft mit dem entrückten, betenden Christus ist ein Weg zu sehen, der aus einer Stadt (es ist Neusohl) herausführt und auf dem Judas und die Häscher nahen.

In der reifen spätgotischen **Barbara-Kapelle**, die Kapitelle zeigen Ladislaus, Emmerich, Adalbert, Martin und Hieronymus und werden Meister Paul aus Leutschau zugeschrieben (die des Stefan ist ein Nachtrag aus dem 19. Jh!), blieb ein hervorragendes Werk vor der Vernichtung durch das Feuer verschont, der *MARIEN-ALTAR* (auch Barbara-Altar) von Meister Paul. Ein Flügelaltar, 1509 entstanden, in der Zeit, als der Künstler auch am Hauptaltar für die Leutschauer Jakobs-Kirche arbeitete. So sind nicht alle Elemente des Altars von seiner Hand. Die ikonographische Idee des Altars verdeutlicht das Verlangen nach irdischem Schutz und posthumer Erlösung und ist allgemein typisch für ein Bergbaugebiet. Im Schrein sind stilistisch sehr unterschiedliche Figuren untergebracht: Neben der Maria (1,95 m) und der Barbara (1,79 m), beide im Stil der "schönen Madonnen" (sie sind nicht von Meister Paul, aber aus seiner Werkstatt, wahrscheinlich vom Schnitzer des Kabsdorfer Altars) steht der Hieronymus (1,68 m). Es ist eine der stärksten Figuren Meister Pauls, die in ihrer naturalistischen Darstellung (Adern auf den Händen!) deutlich von der Renaissance geprägt ist. In der Predella ist Meister Paul (wie so oft!) eine vielköpfige Komposition, Christus umgeben von den 14 Nothelfern, jede Figur ein Charakter, meisterhaft gelungen. Rechts stehen die ganz lieblichen Mädchengestalten der Barbara (mit Kelch), Katharina (mit Schwert) und Margarete (mit Drachen). Auf den Relieftafeln (wahrscheinlich von Meister Paul), sind zu sehen: Die Kreuzigung des Petrus, Marter der Zehntausend, Leonhard befreit Gefangene, die Marter der Ursula. Die gemalten Innenseiten der Flügel (Standflügel waren nicht geplant), bringen 4 Szenen mit Paulus/Judas/Thomas, Barbara (zerstört einen Götzen), Helena/Longinus/Elisabeth und nochmal Barbara (Marter). Im Gesprenge wurden zur üblichen Kreuzigungsgruppe zusätzlich die beiden Mörder und Wolfgang mit Laurentius aufgenommen.

Sehr gut fügt sich der *HAUPTALTAR* ein, mit seinen aussagekräftigen zwei Bildern, die J.L.Kracker 1774 gemalt hat: Himmelfahrt Marias und darüber die Dreifaltigkeit. Die *SEITENALTÄRE* stammen von 1775-79. In der *MÜHLSTEIN-KAPELLE* steht ein gemalter Flügelaltar von 1500-10, ein Magdalenen-Altar, der als Hauptfigur Maria Magdalena zeigt. Auf den offenen Flügeln ist ferner Agnes, Barbara, Katharina und Dorothea dargestellt. Die 8 Tafeln der Rückseiten und der Standflügel zeigen: Noli me tangere, dann dreimal Maria Magdalena (wäscht mit ihren Tränen Christus die Füße, Sündenerlaß, Engel tragen sie fort), Schiffbruch, Säugling, sterbender Soldat, dessen Auferstehung. Dieser Altar stand früher im Ortsteil Jakub und kam um 1878 in die Marien-Kirche.

Ein sehr schönes Werk ist die wertvolle spätgotische *BRONZETAUFE* von Meister Jodok (1475). Die auf ihrem Fuß angebrachten Drachen symbolisieren die Erbsünde und werden von den Gestalten der Apostel überragt. Sehr schön ist die illusionistische *AUSMALUNG* des Schiffes und des Presbyteriums, die A. Schmidt schuf. Nicht nur von der konstruktiven Seite her interessant ist das spätgotische Rippengewölbe des *ORATORIUMS*, das sich über der Sakristei befindet. Das Konstruktionselement sind Rippen, die einer Kreislinie folgen. Damals eine Besonderheit und entgegen der Überzeugung, daß mit gekrümmten Systemen keine statisch sicheren räumlichen Tragwerke möglich wären. Der Baumeister, er ist auf einer Konsole mit dem Winkel in der Hand abgebildet, hat damals gewagt, ein heute allgemein angewandtes System (gekrümmte nachlaufende Balken), anzuwenden. Die hervorragende *ORGEL*, ein Werk von M. Podkonický, ist nicht mehr in ihrer ursprünglichen Disposition vorhanden.

Die benachbarte **Slowakische kath Kirche** bildet mit der Bergknappenbastei und dem **Matthias-Haus** eine Einheit, die erst im 16. Jh durch den Umbau und die Erweiterung einer Kapelle entstanden ist, während das Haus, ursprünglich Sitz der königlichen Steuereinzieher, nach dem

Neusohl: Matthias-Haus, Slowakische Kirche

Wappen des Matthias Corvinus so bezeichnet, als Teil der Befestigungen bereits 1479 auf die heutige Höhe gebracht wurde. Die steinerne Renaissancetaufe der Kirche stammt von J. Weinhardt (1652).

Schon 1255 wird eine Pfarrschule erwähnt, im 14. Jh eine städtische Schule, im 16. Jh eine städtische d Schule und eine städtische Lateinschule, die um 1538 evang wurde (Rektoren: Johannes Siegler, Matthias Freundt, Abraham Schremmel, Matthias Bél, und andere). 1678 wurde die evang Gemeinde Trägerin der Schule, nachdem 1645 von den Jesuiten ein kath Gymnasium gegründet wurde, an dem in verschiedenen Sprachen unterrichtet wurde. Im Schuljahr 1866/67 waren unter den Schülern 217 Sl, 58 D, und 26 Ma. An der evang Schule (inzwischen Gymnasium) wurde im 18. Jh Deutsch, Slowakisch und Lateinisch unterrichtet, zu Ende des 19. Jh in Magyarisch. Sitz der Matthias-Bél-Universität.

M *"Stredoslovenské múzeum" (=Mittelslowakisches Museum), nám. SNP 4. im Thurzo-Haus. "Múzeum SNP" (=Museum des SNP), Kapitulská 23 (großer moderner Bau, umfangreiches Archiv, etwas einseitige Darstellung). "Literárne a hudobné múzeum" (=Literatur- und Musikmuseum), Lazovná 44. "Stredoslovenská galéria" (=Mittelslowakische Galerie), Dolná 6. in der Spitalgase.*

🏛 *Theater, Oper, bekanntes Puppentheater.*

Industrie: Vor dem Krieg u.a. Holz (Zündholzfabrik: Verein für chem. u. metall. Produktion); Sägewerke: Brüder Strenitzer, Wünsch Alexander, "Industria"; Möbel: Reif Artur, Rosenberg & Co, Gebauer Nachf.), Baustoffe (2 Ziegeleien, Kunststeinherstellung); nach dem 2. Weltkrieg kam hinzu: Elektrotechnik.

Geburtsort von: Pavol Krížko (Historiker), Pavol Kuzmány (Schriftsteller), Karl L.Libay (Maler), Stefan Lumnitzer (Arzt, Botaniker). Wirkungsort von: Matthias Bél (Polyhistor), Peter Jilemnický (Schriftsteller), Ján Kollár (Dichter), J.B. Klemens (Maler), Martin Rázus (Schriftsteller, Politiker).

T *Hotels. Hallen- und Freibad, Cesta na štadión. Camping- und Zeltplatz mit Hüttenkolonie, Tajovského ul.*

🌐 1930: 11.347 EW (9.520 Sl, 483 D, 434 Ma, 507 J), 1940: 13.045 , 1991: 85.030, 2001: 83.056 EW.

◉ UMGEBUNG: Sw des Zentrums: Ortsteil • BURGSTÄDTL (RADVAŇ), früher Bergbauort. **Renaissanceschloß** (Tihany-Schloß), frühes 16. Jh, 4-flügliges Gebäude mit auffallenden Arkaden. Heute "Štátny oblastný archív" (=Bereichsarchiv) und naturwissenschaftliche Abteilung des Museums. Zahlreiche interessante Dokumente, auch bisher überhaupt nicht oder kaum ausgewertet, u.a. das äußerst interessante Stadtbuch von Neusohl, Statuten der Diözese Neusohl (2 Bände auch in Deutschland, Karlsruhe). Sie sind überwiegend in Latein, vereinzelt aber auch in Deutsch und Ma-

Das vieltürmige Neusohl von Westen

Sachsendorf: Sebastian

gyarisch geführt worden (letzter Eintrag 17.8.1850). Unter den reichen und gemischten Inhalt fallen (neben den formalen Angelegenheiten, die mit der Matrikelführung beginnend alle Bereiche abdeckten, in denen die kath Kirche tätig war) Anweisungen und Handreichungen auf. Da wird darauf aufmerksamgemacht, daß Versammlungen von Lehrern (!) nicht zu politischen Demonstrationen (!) ausarten dürften, oder es werden Fälle dargestellt, die das Verhalten des Beichtvaters bei ernsten Problemen in die richtigen Bahnen lenken soll. Aber auch zahlreiche Personalentscheidungen ragen aus der Masse des Materials heraus, so Anordnungen, die nach zahlreichen Verletzungen des Zölibates getroffen wurden. Gotische **kath Kirche** (ältester Bestand 14.Jh), beim Ausheben der Fundamente des Turmes wurde 1664 ein Schatz mit vielen keltischen Münzen gefunden, im pseudogotischen Altar steht eine gotische (etwas barockisierte) Pieta von1518. **Evang Kirche**, 1785 als klassizistische Toleranzkirche gebaut, zu der 1862 der Turm hinzukam.

Nö der Altstadt Ortsteil: • SACHSENDORF (SÁSOVÁ), mit gotischer kath Kirche (14. Jh, später umgebaut), zwei hervorragende **gotische Altäre**. Der *ANTONIUS-PAULUS-ALTAR* (Hauptaltar von ca. 1500), ein Flügelaltar mit 8 Tafelbildern, 6 Szenen aus dem Leben des Antonius und 2 von Paulus, die von Meister Nikolaus aus Leutschau gemalt wurden. Sehr schön ist das Relief des Schreins, das in einer realistischen, packenden Darstellung den in einer Höhle, vor einem Kruzifix knieenden, im Gebet versunkenen Paulus und den hinzutretenden Antonius darstellt. Bei diesem Altar handelt es sich wahrscheinlich um ein Frühwerk Meister Pauls aus Leutschau, zumal die Komposition der Gestaltung (auch der Maria, die im Gesprenge zwischen König Stefan und einem Bischof eingebaut ist) die Arbeiten des Schnitzers des Kabsdorfer Altars übertreffen.

Auch der *HELENA-ÄGIDIUS-ALTAR* (Seitenaltar von ca. 1510), ebenfalls ein Flügelaltar mit gemalter Predella, hat auf den Innen- und Außenseiten der Flügel 8 Tafelbilder, die Szenen aus dem Leben der beiden Heiligen festhalten (davon 4 mit dem Kreuz) und die von einem in der Gegend sonst nicht nachweisbaren Künstler stammen. Im Schrein steht ein Relief, das die sitzenden Titelheiligen zeigt, über denen die Maria mit dem Kind erscheint. Eine Arbeit, die sicher vom Schnitzer des Kabsdorfer Altares stammt. Besonders anziehend ist aber die im Gesprenge befindliche Plastik des Sebastian. Wahrscheinlich hat sie Meister Paul geschaffen, auf den alle stilkritischen Daten hinweisen. Wer hätte auch sonst dieses prachtvolle Werk schnitzen können? Die Annahme, daß es sich um eine Kopie des Sebastians in der Marien-Kirche in Krakau handeln könnte, ist wohl zu weit hergeholt! Dieser Heilige war in jener Zeit eine beliebte Figur, ein Held, der David, Georg und Tobias ablöste. Die früher so beliebten flatternden Haare wichen auch hier dem wogenden Lendenschurz, und der Körper steht ohne Hintergrund, wie ein sich biegender Baum, mit einer Mischung von Aktwahrheit und Verherrlichung des Fleisches, ganz der Zwiespältigkeit der damaligen Zeit entsprechend, am dramatischen Einbruch der Renaissance.

In sö R (8 km) • HORNÁ MIČINÁ, kleines Dorf (488 EW), vorwiegend evang. Frühgotische kath

Dolná Mičiná: Schloß

Michaels-Kirche, 2. Hälfte des 13. Jh, erhielt geringfügige spätgotische Zutaten wie auch solche aus der Zeit der Renaissance. An der O-Wand des Presbyteriums befindet sich eine wertvolle gotische Wandmalerei mit der Gestalt des Christophorus. Der frühbarocke Hochaltar (um 1700) fällt durch seine Säulenarchitektur auf. Die evangelische Kirche wurde 1784-85 im klassizistischen Stil als einfacher, mit einer umlaufenden Empore und mit einem Kanzelaltar ausgestatteter Saal gebaut. Der freistehende gemauerte Glockenturm kam erst zu Beginn des 19. Jh hinzu.

In sö R (11 km) • DOLNÁ MIČINÁ (340 EW): Das auf einem Hügel stehende Renaissancekastell wurde in der 2. Hälfte des 16. Jh errichtet und ca. 100 Jahre später erweitert. Auffallend sind die 4 wuchtigen, runden Ecktürme und interessant die während der Erweiterung angebaute offene Arkadenloggia mit ihrer Freitreppe, die, sich in 2 Arme teilend, in das Obergeschoß führt. 2 km weiter: • ČERÍN (422 EW), turmlose gotische kath und evang Kirche, frühes 14. Jh. Sie wurde mit dem hölzernen Glockenturm durch eine umlaufende Mauer befestigt. Steht wie fast alle Kirchen der Gegend auf einem Berg (mit PKW schlecht zugänglich). Interessante umfangreiche Wandmalereien (einige noch unter Putz) vom Ende des 14. Jh bzw. Beginn des 15. Jh, von denen diejenigen des Presbyteriums, aus dem Leben Christi und über das letzte Gericht sich durch eine besonders plastische Gestaltung (die,mit der Einbeziehung des Raumes und mit der Einfügung architektonischer Elemente, italienische Vorbilder hat) auszeichnen und vom unbekannten Meister der Čeríner Wandmalereien stammen. Leider ist der gotische Flügelaltar von 1483 nicht mehr in der Kirche, sondern in einem Budapester Museum, die Plastiken gehören noch zu den schönsten Werken der Gotik in der Slowakei, auch wenn sie nicht ganz das Niveau der vergleichbaren von Altgebirg erreichen (selten in der noch "frühen" Zeit: die Maria des Gesprenges ist nach einem Stich M. Schongauers). Kassettendecke. Entfernt stehender hölzerner evang Glockenturm. In der Gegend stehen in Orten ohne Kirchen Glockentürme beider Konfessionen.

In ö R abseits des Grantales (14 km), • PONIK (PONIKY), alter Bergbauort (1.551 EW): Zeitweiser Abbau von nicht sehr ergiebigen Gold- später auch von Silber- und Kupfererzen, im 18. Jh von Eisenerz. Der Ort litt sehr unter den Einfällen der Türken, 1678 wurden über 300 EW entführt. 1732 errichtete S. Keller in dem s gelegenen Tal (Ponická Huta) einen Hochofen, der bis 1870 in Betrieb war.

Die gotische **kath Kirche** mit ihrem auf einem gemauerten Sockel stehenden Holzturm stammt von 1310, erhielt später einige Zubauten, wurde 1752 teilweise barock umgestaltet. Die Rokokoausmalung wurde 1822 ausgeführt und 1895 überarbeitet. Teile der mittelalterlichen Wandmalerei (u.a. Kampf um die Seele eines Verstorbenen, Lebensbaum, Heilszusage), Anfang 15. Jh, im Schiff Ende 14. Jh, kamen in den Dachbereich. Bedeutend ist der gotische Flügelaltar von 1512, in dessen Schrein Skulpturen der Madonna, des Nikolaus und der Barbara (alle um 1,05 m hoch) stehen, während die 8 Tafelbilder eine Sammlung verschiedener Szenen darstellen (vorn: je 2 mit Nikolaus und Katharina, hinten: Georg, Andreas/Paulus, König Stefan/Ladislaus, Johannes d.E./Paulus). Die Predella ist gemalt, ein Gesprenge fehlt. Der Altar wird, etwas kühn, der Werkstatt Meister Pauls aus Leutschau zugeschrieben, zumindest gehört er aber in den Kreis um diesen großen Künstler. Schöne Kanzel (1764) und schönes Taufbecken (1526) sowie ein Bild von J.B. Klemens (1871, Maria mit Kind und Johannes d.T. nach einem ähnlichen Bild von Raf-

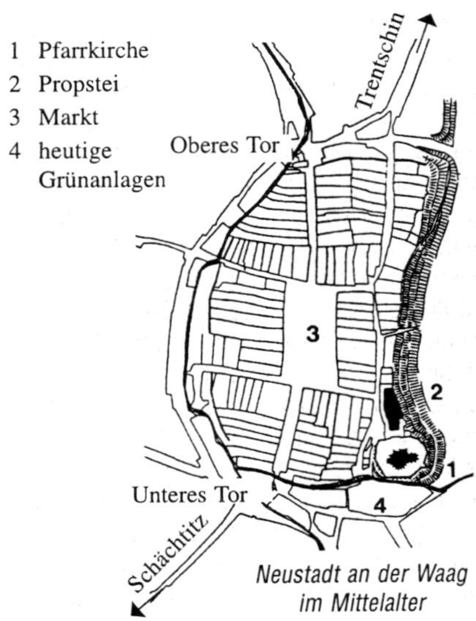

Neustadt an der Waag im Mittelalter

fael). Die Restaurierung der 80-er Jahre stellte den alten Raum wieder her (Kassettendecke) und entfernte die Kanzel.

Evang Toleranzkirche von 1784, 1868 Turmanbau und 1884 Umgestaltung im neogotischen Stil.

◉ ZENTREN IN DER WEITEREN UMGEBUNG: Herrengrund, Slowakischliptsch.

■ **NEUSTADT AN DER WAAG (NOVÉ MESTO NAD VÁHOM),** Bezirkshauptstadt, 195 m. Mittelzentrum am Austritt der Waag aus den Gebirgen, zwischen den Ausläufern der Kleinen Karpaten und dem Inowetz gelegen. ŽSR, SAD, Straßen-und Eisenbahnknoten. 1972-96 kein eigener Bez. Namen: d früher auch Neustadtl, ma Vágújhely, 1253 Vyhel, Villa Regis nuncupatur, Uyhel, 1786 Nowé Mesto nad Váhom.

Siedlungsplatz in der Jungsteinzeit und in der Bronzezeit sowie im Großmährischen Reich. D Gründung mit rechteckiger Zentralanlage, 1414 wurde eine Propstei eingerichtet. Überfälle der Hussiten (1440), der Türken (1530 und 1559) und der kaiserlichen Truppen (1705) setzten der Stadt erheblich zu. 1632 wurde die Propstei erneuert, allerdings nur als Titel. Der starke jüdische Bevölkerungsanteil führte zu einer raschen Entwicklung und Ausweitung des Handels, der Neustadt ad Waag weit über die Grenzen Ungarns hinweg bekannt gemacht hat.

Am **Marktplatz** stehen noch einige schöne alte Renaissance- und Barockhäuser. Die **kath Kirche** hat ihren romanischen Ursprung nur im unteren Teil des Turmes bewahrt. Er ist mit mächtigen, diagonal gestellten Stützpfeilern (in einem ist eine Kapelle untergebracht) und einer zweigeschossigen Laterne versehen. Der ursprünglich gotische Zentralbau von 1414-23 wurde 1667-75 in eine dreischiffige barocke Anlage mit sehr reicher Stuck- und Bildausstattung umgebaut. Nach einer Sage soll die Kirche - nach einem Gelübde des Stibor von Beckov - an der Stelle errichtet worden sein, wo der weiße Schal seiner Tochter, den der Wind fortgetragen hatte, gefunden wurde. Im barocken, 2-stöckigen Hauptaltar stehen neben den Plastiken der Maria, Abraham, Isaak und David, Joseph und Zacharias. Von den übrigen 5 Altären ist derjenige des Jüngsten Gerichtes (Renaissance, mit barocken Elementen) bemerkenswert. Schöne zierliche Rokokokanzel. Das 3-flüglige Gebäude der **Propstei**, ursprünglich gotisch, wurde 1643-94 im barocken Stil vollkommen umgestaltet. Die schlichte Gestaltung der Portale und der Fenster steht im großen Kontrast zu der überaus reichen barocken Ausstattung des Refektoriums und der Kapelle. Klassizistische **evang Kirche**, 1787 als Toleranzkirche errichtet, moderner Turm von 1928.

Nach der Reformation entstand eine städtische Lateinschule nach binnendeutschem Muster. 1862 gründete die jüdische Gemeinde eine Realschule mit d Unterrichtssprache.

Industrie früher: landw. Geräte (Adolf Reiß), Baustoffe (Kalkwerk, Ziegelei), heute: Feinmechanik, Baustoffe, Textilien.

T *Hotels. "Zelená voda": Camping- und Zeltplatz, Hütten, Hotels, Bademöglichkeit.*

🌐 1930: 6.796 EW (5.899 Sl, 153 D, 66 Ma, 569 J), 1940: 8.411, 1991: 20.956, 2001: 21.327 EW.

◉ UMGEBUNG: In nö R (7 km) • BECKOV (1.367 EW): Alter Siedlungsplatz (Bronzezeit, wahrscheinlich noch früher). Sehr schöne Ruine der bereits

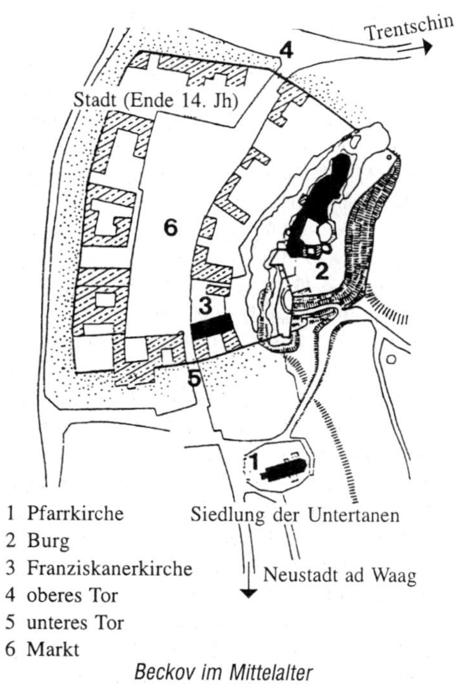

Beckov im Mittelalter

Die Ruine Beckov

1200 erwähnten **Burg**, die - nach einer der zahlreichen Sagen -auf den Wunsch des Narren des Stibor dort errichtet wurde. Im 14. und 15. Jh wurde die Burg großzügig ausgebaut und im 16. Jh im Stile des Renaissance umgestaltet. 1599 hielt die Anlage den Türken stand, wurde nach mehreren Bränden im 18. Jh verlassen. Der jetzige Bestand enthält noch einige wesentliche architektonische Details und Reste von Wandmalereien. Die **Kirche des Franziskanerklosters** wurde 1690-92 als einschiffige, frühbarocke Anlage errichtet, massiver Turm hinter dem Presbyterium. Einheitliche barocke Altäre. Die gotische **kath Pfarrkirche** ist wahrscheinlich um 1400 errichtet worden. Als sie in der 1. Hälfte des 17. Jh den Evangelischen gehörte, wurde sie mit Elementen der Renaissance und mit einer umlaufenden Empore versehen. Der Turm wurde 1770 angebaut, die barocken Altäre stammen ebenfalls aus dieser, wieder kath Epoche. Im Seitenaltar der Maria steht neben den 4 Evangelisten eine alte spätgotische Maria (15. Jh), die barock überschnitzt und 1718 aus der zerstörten Kirche von Haluzice umgesetzt wurde. **Evang Kirche** von 1791-92, als Toleranzkirche errichtet, 1945 umgebaut. Geburtsort des Geologen Dionýz Štúr, des Schriftstellers und Politikers Jozef Miloslav Hurban sowie des Malers Ladislaus Mednyánszky. **M** *"Miestne múzeum" (=Städtisches Museum) in der Ambrov-Kurie.* **T** *Hotel.*

In sw R (5 km) • SCHÄCHTITZ (ČACHTICE), Kleinstadt (3.565 EW): Die grauenhaften Vorkommnisse auf der nahegelegenen Burg haben die Geschichte der Stadt überdeckt. Ein alter Siedlungsplatz (Jungsteinzeit, Bronzezeit, Quaden, Großmährisches Reich), im 17. Jh hatten sich hier d Habaner niedergelassen, die eine Mühle und verschiedene Handwerksbetriebe besaßen (Haus Nr 280). Die **Burg** wurde in der ersten Hälfte des 13. Jh errichtet, mehrfach erweitert, hatte zahlreiche Eigentümer, bis sie 1569 in die Hände der Familie Nádasdy kam.

Die Gattin von Franz Nádasdy, Elisabeth geborene Báthory, gehörte, wie ihr Mann, zu den ersten Familien Ungarns. Sie war die Nichte des p Königs Stefan Báthory und hatte von 1585-1610 in einem beispiellosen Sadismus, der eine sexuell-pathologische Basis hatte, 80 Morde an jungen Mädchen begangen. Sie war allgemein als "Blutgräfin" bekannt, aber erst 1610 unternahm der Palatin Georg Thurzo Schritte gegen sie, überraschte sie auf frischer Tat und ließ sie im Keller der Burg Schächtitz

Die Ruine von Schächtitz

Zemianske Podhradie: Evangelische Kirche

auf Lebenszeit festsetzen. Zu ihren in Europa Aufsehen erregenden Verbrechen fügte Thurzo einen ebenso beispiellosen Justizskandal hinzu, in dem er sie nie vor ein ordentliches Gericht brachte und es bei dem von ihm gesprochenen Urteil beließ. Vor einem ordentlichen Gericht hatten sich dagegen ihre Helfershelfer zu verantworten, von denen drei, durch zahlreiche Zeugenaussagen überführt, hingerichtet wurden. Unzufrieden mit der getroffenen Lösung, ordnete Matthias II. eine weitere Untersuchung an. Während dieser wurden 224 Zeugen vernommen, aber einen Prozeß gegen die Hauptschuldige verhinderte Thurzo abermals. Nicht weil sie unzurechnungsfähig gewesen wäre, sondern weil er die Stellung des Adels nicht beeinträchtigen wollte. Daß sie sich in dem Blut ihrer Opfer gebadet hat, ist wohl eine Erfindung von L. Turóci S.J. (1729). Ausgangspunkt ihrer Untaten soll eine Verletzung gewesen sein, die eine Magd von ihr erlitt. Mehrere Blutspritzer, die sie trafen, ließen sie erkennen, daß ihre Haut viel jünger und schöner geworden war. 1708 wurde die Burg, nachdem sie inzwischen wieder in andere Hände gekommen war, von Soldaten Franz' II. Rákóczi zerstört. Die Ruine ist auf dem grün mk Weg zu erreichen (45 Min), erheblich kürzer, aber steiler ist der grün mk Weg von Višňové.

Kath Pfarrkirche, auf der Kuppe eines Hügels, mit einer Mauer umgeben, von 1373-90, im 17. und 18. Jh mit einem hohen, mit einer Doppelzwiebel abschließenden Turm versehen und barockisiert. Auf demselben Gelände steht noch eine gotische Kapelle aus dem 14. Jh. Das **Kastell**, das zur Burg gehörte, liegt seit 1772 in Trümmern, während zwei weitere Kastelle (Renaissance, 17. Jh) erhalten geblieben sind. In der Umgebung Höhlen, Karsterscheinungen.

In s R (10 km) • BRUNOVCE, Dorf (558 EW): Sehr schönes Schloß, das in einem englischen Park steht. Die heute 3-flüglige (4. Flügel abgerissen), interessante, spätrenaissancene, mit einigen barocken Zutaten versehene Anlage mit 4 schönen Türmen wurde 1695-97 errichtet. Schöne barock ausgestattete Kapelle. Gehörte vor der Vertreibung der Familie Walterskirchen.

In n R (6 km) • TRENČIANSKE BOHUSLAVICE (932 EW): Großfund aus der Bronzezeit. Sehr schöne rokoko-klassizistische Kapelle von 1760-63 (als Teil eines Kastells, das 1905 abgerissen wurde). Das Äußere ist klassizistisch, an den Stil des Kastells gebunden, das Innere mit einer einmaligen geschlossenen Rokokoausstattung, in der die von F.A. Maulbertsch ausgeführten Fresken und die ebenfalls von ihm stammenden Bilder der drei Altäre hervorragende Höhepunkte sind.

Abseits des Waagtales in n R (10 km) • ZEMIANSKE PODHRADIE, kleines unbedeutendes Dorf (780 EW): Sehr interessante klassizistische evang Kirche, die 1784-1801 nach einer Ideenskizze der damaligen Besitzerin des Gutes E. Príleská errichtet wurde. Sie ist ein Rundbau, der außen eine umlaufende Arkade und innen eine ebenfalls umlaufende Empore besitzt. Das mit 2 Türmen ausgestattete, 2-flüglige, mit einer Säulenreihe versehene Kastell aus dem 17. Jh ist im Renaissancestil errichtet und später im Empirestil umgestaltet worden. Die Musikaliensammlung der Familien Príleský und Osztrolúczky gibt einen guten Aufschluß über die Hausmusik der Adelssitze im 18. und 19. Jh. Im nahen, abgelegenen • HALUZICE (62 EW) befindet sich die Ruine einer Kirche, die um 1240 errichtet und um 1800 aufgelassen wurde.

◉ ZENTREN IN DER WEITEREN UMGEBUNG: Pistyan, Trentschin.

Neutra: Eingang der Festung

■ **NEUTRA (NITRA),** 151 m, Bezirkshauptstadt. Am Fuß des weit sichtbaren, kegelförmigen Zobor (Tribetzgebirge), an einer engen Schleife der Neutra gelegene, viertgrößte Stadt der Slowakei. Bedeutende Geschichte. Erste christliche Kirche und erster Bischofsitz der Slowakei. Industrie- und Handelsplatz. Wertvolle Baudenkmäler, die Oberstadt ist eine Denkmalszone (Stadtreservat). ŽSR, SAD, Straßenknoten, Eisenbahnknoten im nahen Zbehy. Früher an einer der radial von Budapest ausgehenden Bahnlinien gelegen, blieb es nach dem 1. Weltkrieg (auch infolge der nicht direkt von Neutra ausgehenden und verfehlten Trassierung der Strecke nach St Benedikt) abseits der durchgehenden Verbindungen. Sitz der Verwaltung eines der ältesten Komitate Ungarns, nach 1928 kein übergeordneter Verwaltungssitz, 1938-45 Sitz des Neutraer Gaues. Namen: ma Nyitria, 808 Nitraua, Nitrava, 826 Nitra, 1111 Nitria.

Die ideale Lage des steilen, von 3 Seiten von der Neutra umgebenen Hügels war schon seit jeher ein bevorzugter, leicht zu verteidigender Siedlungsplatz (Funde aus fast allen Epochen). Erster Sitz einer "Regierung" in der Slowakei (Quaden 396?, Großmährisches Reich 824?). Die engen Kontakte auf geistlichem Gebiet lassen in dieser Zeit ein d Leben, zumindest Ansätze dazu, vermuten. Das Eindringen der Magyaren vernichtete die kirchliche Basis der Stadt, die sich regellos als Burgsiedlung entwickelt hatte und ließ sie bedeutungslos werden. Erst wieder ab 1115 Bischofsitz. Die Burg widerstand 1076 der Belagerung durch Heinrich IV., 1241 den Mongolen, später auch den Türken, die sie erst 1633 einnehmen konnten und während ihrer einjährigen Herrschaft Burg und Stadt, die 1248 königliche Freistadt geworden war, und obzwar sie die Rechte offiziell erst 1873 verlor, bald vom Bistum abhängig wurde, zerstörten (vergl "Geschichte").

Zu den interessantesten Gebäudekomplexen der Slowakei gehört die **Festung** mit ihren ineinander verschachtelten Kirchen, mit dem großen, die charakteristische Silhouette der Stadt bildenden Turm, dem Bischofsitz und den umgebenden Festungswerken. Den Zugang bildet eine Brücke, die mit Skulpturen besetzt ist, die wie die nahe Marien-Säule (M. Vogerl) 1770 geschaffen wurden. Die unmittelbar anschließenden sternförmigen barocken Festungsbauten wurden mit dem Tor 1673-74 errichtet. Dicht hinter dem Tor steht der renaissancene Torbau aus dem 16. Jh, mit der einzigen erhalten gebliebenen Renaissanceattika. Im dahinterliegenden, unregelmäßigen, steilen Hof steht gegenüber vom Wirtschaftsgebäude mit einem niedrigen gotischen Rundturm das 3-geschossige, 1739 beendete, spätbarocke bischöfliche Palais, das aus Platzmangel nur einen kleinen 4-eckigen Hof einschließt und zwischen der Kathedrale und den steilen Rändern des Burghügels hineingestellt wurde.

Eine Treppe führt zur **Kathedrale** hinauf, und der große spätbarocke Turm bildet den Eintritt. Er ist zusammen mit den an die Kirche angelehnten, die s Fassade bildenden Räumen, und dem Palais gebaut worden. Die Kathedrale besteht aus drei Teilen. Der jüngste Abschnitt ist die direkt an den Turm anschließende barocke *UNTERE KIRCHE*, die 1622-42 gebaut wurde. Sie ist reich und geschmackvoll ausgestattet (roter Gipsmarmor an den Wänden, Bilder von G.A. Galliarti, Fresken aus dem 17. und 18. Jh, sehr schöner Altar von J. Pernegger, 1662), hat keine Fenster und bekommt nur über die Laternen der Kuppeln etwas Licht. Sie steht in der Achse einer alten, etwas tiefer

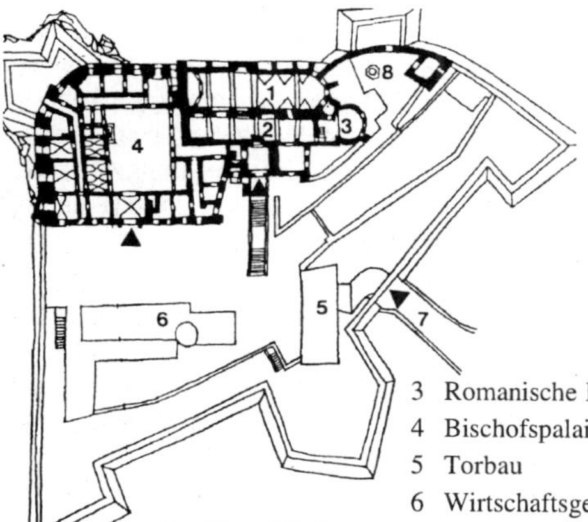

1 Obere Kirche
2 Untere Kirche
3 Romanische Kirche
4 Bischofspalais
5 Torbau
6 Wirtschaftsgebäude
7 Brücke
8 Brunnen

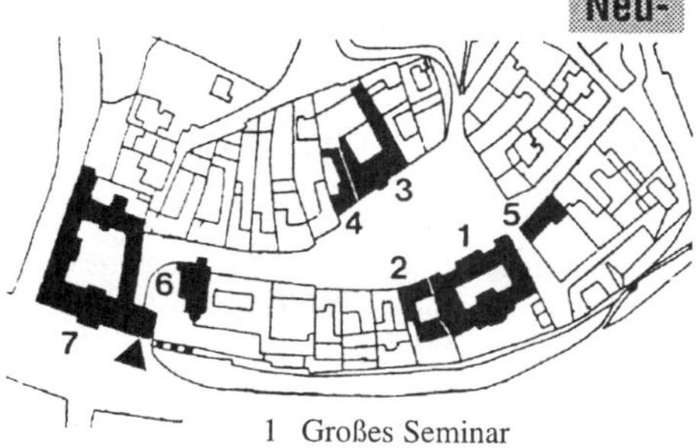

1 Großes Seminar
2 Haus 10/12
3 Kleines Seminar
4 Haus 8/3
5 Kluch-Haus
6 Franziskanerkirche
7 Komitatshaus

Pläne von Neutra: Festung, Oberstadt

liegenden romanischen Kirche, von der aber schon vor dem Bau der Unteren Kirche nur ein Teil stand. Von dieser im O anschließenden *ROMANISCHEN KIRCHE*, im 11. Jh gebaut, stehen noch die halbkreisförmige Apsis und ein kleines Stück des Schiffes mit interessanten Sitznischen und einer späteren Wölbung. Lange Zeit ist fälschlich angenommen worden, daß es sich bei diesem Bau um diejenige Kirche handelt, die Adalram geweiht hat. In den 3. Teil der Kathedrale, die *OBERE KIRCHE*, von der die Stützpfeiler der S-Wand, als Elemente einer Gliederung der N-Wand der Unteren Kirche, in dieser sichtbar sind, führt eine breite Treppe, da ihr Niveau beträchtlich höher liegt, als das der Unteren Kirche. Sie wurde als gotische Halle 1333-35 errichtet, da die Romanische Kirche so große Beschädigungen aufwies, daß sich eine Rekonstruktion nicht mehr lohnte. Im Innern wurde sie zweimal barock umgestaltet (während des Neubaues der Unteren Kirche und 1710-32, diesmal wahrscheinlich von D. Martinelli). Auch in diesem, sehr reich ausgestatteten und sehr schönen Teil der Kathedrale stammen die Bilder, mit Ausnahme derjenigen im W-Teil, von G.A. Galliarti. Neben den mächtigen Altären, und einer sehr schönen Kanzel steht ein Bronzetaufbecken (B. Weigl, 1643).

In der Oberstadt stehen schöne Gebäude. Dominanten des abfallenden kleinen Platzes sind: Das **Große Seminar** (Front zum Platz 18. Jh, monumentale klassizistische Erweiterung nach S Ende 19. Jh), heute wieder Diozösanbibliothek, mit dem 7-achsigen Nachbarhaus 10/12 (1810) sowie das **Kleine Seminar** (1876), mit seinem 6-achsigen Nachbarn 8/3 (19. Jh, Plastik des heiligen Josef), gehörte früher zur Bibliothek. An der Ecke steht das **Kluch-Haus** (1812-21) mit dem großen Atlanten von V. Dunajský und ganz unten die schön disponierte **Franziskanerkirche** (17. Jh). Den Übergang zur Unterstadt vermittelt die Durchfahrt im sezessionistischen **ehemaligen Komitatshaus** (Ende 19. Jh), heute Galerie.

Die Unterstadt beherrscht der mächtige barocke Komplex des Piaristenklosters mit der 2-türmigen **Piaristenkirche** (Piaristická ul.) von 1701-63. Der 4-flüglige Kloster- und Schulbau schließt einen Hof ein, der durch die Kirche in 2 Teile getrennt wird, folgt also in der Anlage süddeutschen bzw. österreichischen Vorbildern. Das reich gegliederte Äußere der Kirche setzt sich im Inneren mit einer spätbarocken Ausstattung und mit spätbarocken Wandmalereien fort. In der Nähe des modernen großen **Theaters** befindet sich das **alte Rathaus**, früheklektisch von 1880, heute Museum. Das Kloster und die neoromanische, 1-türmige, 3-schiffige **Kirche der Vizentinerinnen** steht in der Farská ul. (1852-61). Die **Synagoge** (unweit der Štefánikova) wurde 1911 im orientalischen Stil errichtet. W vom Zentrum steht die turmlose Michaels-Kapelle, ö die spitztürmige evang Kirche.

Nahe des w Randes des Zentrums steht die **Stefans-Kirche von Párovce**, romanisch vom 12. Jh, im 18. Jh barock umgestaltet, wobei einige alte Elemente (Gesims und Fresken) erhalten geblieben sind. Im Stadtteil Mlynárce stand ein großzügiger barocker Klosterbau, 1695-97 auf den Resten einer sehr alten (9. Jh) Abtei errichtet. Er verfiel im 18. Jh, besonders im 19. Jh. Ruinenreste.

Sehr schön ist die Aussicht auf die Stadt und die weite Donautiefebene vom **Zobor** (588 m). Sessellift aus dem gleichnamigen, n gelegenen Stadtteil. Die Benediktiner ließen sich am SW-Abhang des Zobor (oberhalb vom Ende der Puškinova ul.) in vorhandenen Bauten (Salzburger Provinienz 1. Hälfte 9. Jh) schon vor dem Beginn des 11. Jh nieder. Ihr Kloster wurde 1468 aufgelassen und der Besitz vom Bistum übernommen. Die Fundamentreste gehören zu den ältesten Massivbauelementen in der Slowakei. Aus der Zeit von 1111 bis 1113 stammen die ältesten, heute auf sl Boden aufbewahrten Dokumente, die sogenannten "Handschriften vom mons Zobur". In ihr sind, neben den Geschehnissen der Benediktinerabtei, die Einwohner von Neutra am Ende des 11. und zu Beginn des 12. Jh, ihre Berufe und Ämter sowie auch die Orte der Umgebung von Neutra aufgeführt.

Neutra: Piaristenkirche

1698 erfolgte die Gründung eines Piaristengymnasiums, mit zuerst lat, dann d, ab 1850 sl, schließlich ma Unterrichtssprache. Hochschule für Landwirtschaft. Selbständige pädagogische Fakultät. Hier erschienen einige d Zeitungen: "Naturfreund Ungarns", "Neutra-Trentschiner Nachrichten", die zwar nach ein paar Jahrgängen eingingen. Längere Zeit (1876-87) erschien das "Vereinsblatt des neutrathaler landwirtschaftlichen Vereins".

Kleines, sehr altes Weinanbaugebiet. Industrie seit 1911: Asbestzementartikel, nach dem 2. Weltkrieg: Chemie, Kunststoffe, Baustoffe, Textil, Lebensmittel.

Geburtsort: Anton Lehmden (Maler), Brüder Eugen und Adalbert Kalix (Musikpädagogen), Wirkungsstätte: Cyrill und Method, Wiching.

M *"Nitrianske múzeum" (=Neutraer Museum), Rathaus, Štefánikova trieda 1 (Lokalgeschichte). "Slovenské poľnohospodárske múzeum" (=Slowakisches Landwirtschaftsmuseum), Dlhá ul. (umfaßt mit seinen interessanten Darstellungen die gesamte Slowakei, interessanter Skansen im Agrokomplex). "Nitrianska štátna galéria" (=Neutraer Staatsgalerie), ehemaliges Komitatshaus, Župné nám. (alte Kunst, auch 19. und 20. Jh, u.a. Max Schurmann und Julius Bártfay).*

🏛 *Theater (Altbau im 2. Weltkrieg zerstört). Puppentheater.*

T *Hotels. Freibad, Hallenbäder.*

⊕ 1930: 21.283 EW (18.462 Sl, 558 D, 961 Ma, 921 J), 1940: 22.589, 1991: 89.969, 2001: 87.285 EW.

◉ UMGEBUNG: In nö R (6 km) • DRÁŽOVCE, eingemeindetes Dorf (132 EW). Auf dem Hügel steht weit sichtbar ein kleines frühromanisches Kirchlein, an der Wende 11./12. Jh im Bereich einer alten Burgwallanlage errichtet. Halbrunde Apsis, spitzer, bis oben gemauerter Turm. In ihr wurde nach dem

Oberelefant: Schloß

2. Weltkrieg eine wertvolle Plastik der Margarethe aufgestellt, die früher im Hauptaltar der Kirche von Horné Jaseno gestanden hat, sie stammt vom selben Künstler wie der St-Helenen-Altar (heute im Museum von Turz-St-Martin).

In n R (20 km) • OBERELEFANT (HORNÉ LEFANTOVCE), am Tribetzgebirge gelegener Dorfteil von Lefantovce, mit einem sehr schönen **Schloß**. 1369 gründete Michael Elefánthy ein Paulanerkloster, das eine Zuflucht des Ordens für die von den Türken besetzten Gebiete wurde. 1774 barockisiert und um ein Geschoß erweitert. Nach der Auflösung des Ordens durch Josef II. blieb der Bau leer und begann zu verfallen. Erst 1894, in anderen Händen seit 1836, kam es unter dem Architekten J. Hubert zum Umbau, der aus dem Gebäude ein Adelsschloß schuf, wobei die ursprüngliche sehr gute Ausmalung, auch in der Kirche, von Johann Bergl (1774) erhalten blieb. Heute Sanatorium. Das **Renaissancekastell**, Sitz der Familie Elefánthy, entstand 1618 mit vier Flügeln aus einer alten Burg. Im späten 18. Jh wurde ein Flügel abgerissen. Auf dem Friedhof stehen einige interessante, hier angefertigte Holzkreuze. Barockkastell (1774) in • UNTERELEFANT (DOLNÉ LEFANTOVCE).

Weiter n (6 km) • OPONICE, Dorf (878 EW). Die **Burg** stand schon im 13. Jh, und nach mehreren Besitzern bekam sie der Ahnherr der Familie Apponyi, 1645 Brand, Ruine. Inzwischen hatten die Apponyis das befestigte, mit Ecktürmen versehene **Renaissanceschloß** mit vorerst 2 Flügeln errichtet. 1844-46 wurde es um einen Flügel erweitert. 1846 verlegte die Familie ihre wertvolle, 1744 ge- **Neu-** gründete Bibliothek von Preßburg in das Schloß, von der heute noch ca. 13.000 Bände, etwa die Hälfte des ursprünglichen Bestandes, vorhanden sind. Weiter englischer Park, an dessen Eingang eine barocke Statuengruppe (Maria und Anna) von 1769 steht. 1935 gerieten die Apponyis in finanzielle Schwierigkeiten, die sich 1936 nach dem Tod von Heinrich Apponyi, dem Großwildjäger und Abenteurer, infolge seines Schuldenberges noch vergrößerten. Dieser letzte männliche Sproß der Oponicer Linie der Apponyis war bei der Öffnung des Grabes von Tutench-Amun dabei und starb (entsprechend dem angeblichen Fluch) auch keines ganz natürlichen Todes (Beinbruch mit einer hinzutretenden Lungenentzündung). Die Familie mußte große Teile ihres Besitzes, auch wertvolle Bücher, verkaufen. In dieser Situation erhoffte sie sich von der 1938 erfolgten Verlobung und Heirat von Geraldine Apponyi mit dem König Zogu I. von Albanien eine Entlastung. Tatsächlich erwarb Zogu I. für sie (im Grundbuch "Ihre Majestät Königin Geraldine, geborene Gräfin Apponyi"), den Besitz Kowaritz (Kovarce), damals eines der bekanntesten Jagdgebiete Europas, an dem sie vorher nur zu 1/15 beteiligt gewesen war. Dagegen verliefen die Bemühungen um den Rückkauf des benachbarten Oponice (wegen überhöhter Forderungen) erfolglos.

Kastell ö vom Dorf (im 18. und 19. Jh umgebaut), im Treppenhaus und in der ehemaligen Kapelle befinden sich pseudogotische Wandmalereien. 1-schiffige klassizistische **kath Kirche** (letztes Drittel des 18. Jh), davor eine barocke Pieta (1766).

In sw R (20 km) • MOČENOK (4.338 EW. 1951-92 Sládečkovce). D Siedler (ca. 1780-86) wurden bald slowakisiert. Schloß, 1840-50, klassizistisch (Sommerresidenz der Bischöfe von Neutra), reiche Ausstattung, Ende des 2. Weltkrieges gestohlen. Spätbarocke kath Kirche.

◉ ZENTREN IN DER WEITEREN UMGEBUNG: Goldmorawitz, Diakovce.

Niedere Tatra: Felsfenster am Ohnište

▲ **NEUTRA (NITRA),** 197 km langer Fluß, der einen Großteil der Mittel- und S-Slowakei, zuerst in den Mittelgebirgen, dann in der Donautiefebene durchfließt und kurz vor Komorn in die Waag mündet. Sehr stark verunreinigt (chem. Industrie, Zuckerfabriken).

◆ **NEUTRA (NITRIANSKA STOLICA),** comitatus Nitriensis, Neutraer Gespanschaft, Nyitra vármegye. Eines der ältesten Komitate Ungarns, mit einer ungewöhnlichen Flächengestalt, die von der mährischen Grenze, mit einem mehr oder weniger breiten Streifen bis nach Neuhäusl im S, und nach Priwitz im O reicht. Hatte sehr unter den Türken, früheren und späteren Auseinandersetzungen zu leiden.

▲ **NIEDERE TATRA (NÍZKE TATRY),** mehr als 100 km langes, mit einem sehr ausgeprägten kristallinen Hauptkamm versehenes Gebirge, Seitenkämme Kalk und Dolomit, mehrere Höhlen. Überschreitet teilweise die 2000-m-Grenze (Ďumbier 2043 m), hervorragendes Wandergebiet, weite, schöne Aussichten.

■ **NIMNICA,** Bez Púchov, 275 m. Kleines, relativ junges Bad, sehr schön, an einer großen doppelten S-Schleife des mittleren Waagtales, (die sperrenden Bergkämme sind zwischen 500 bis 650 m hoch) am Stausee Nosice gelegen. ŽSR, SAD. Namen: ma Nimnic, 1408 Nywnycze, 1469 Newnicze, 1598 Nywnicza, 1773 Okrut Nemnica, 1808 Nimnica.

Alter Siedlungsplatz (Puchauer Kultur). Der kleine Ort liegt unterhalb der Staumauer, das Bad an der S-Spitze einer Landzunge, die vor der Staumauer in den Stausee Nosice hineinragt. Die alkalischen Säuerlinge wurden zwar schon im 18. Jh erwähnt, blieben aber unbeachtet, bis es beim Bau der Stauanlage (1949-58) zur Wiederentdeckung der Quellen und zur Gründung des Bades kam, in dem Krankheiten der oberen Luftwege und des Verdauungstraktes behandelt werden. Die etwas uniform wirkenden Gebäude werden der schönen, exponierten Lage nicht gerecht. Der 8 km lange, maximal 1 km breite Stausee, der eine Fläche von 6 km^2 bedeckt (12 Mill. m^3 Inhalt) nimmt einen Großteil der Waagschleifen ein und kommt in seinem Charakter etwa dem Edersee (Hessen) nahe. Die Straße führt am N-Ufer entlang, die Eisenbahn, die früher die Waag auf zwei großen Brücken kreuzte, auf dem S-Ufer.

T *Hotel. Bademöglichkeit im Stausee, Wassersport, Bootsverkehr.*

⊕ 1930: 462 EW (450 Sl, 1 D), 1940: 523, 1991: 639, 2001: 619 EW.

◉ ZENTREN IN DER WEITEREN UMGEBUNG: Puchau, Waagbistritz.

● **NITSCH, ANDOR,** *1883 Großlomnitz, +1976 Neusohl. Grundbesitzer, Politiker. Gründete 1920 den Bauernbund der d Landwirte in der Zips, Vorsitzender des d Verbandes der Feuerwehren in der Slowakei, 1924 Stellv. Vorsitzender des d gesamtstaatlichen Verbandes für Feuerwehr- und Rettungswesen, 1925 für die ZDP mit Hilfe eines Wahlblockes Abgeordneter im Prager Parlament, sein Mandat konnte er bei den folgenden Wahlen bis zur Auflösung 1938 halten. Gegner des Nationalsozialismus, nicht vertrieben, aber enteignet. Verwalter von Staatsgütern.

■ **NOVÁKY,** Bez Prievidza, 245 m. Im oberen Neutratal gelegen, sind Nováky und das nahe Zemianské Kostoľany durch den Kohlebergbau und die großen Kohlekraftwerke geprägt worden. ŽSR,

SAD, Straßenknoten. Namen: ma Novák, 1113 Nouac, 1383 Nowak, 1920 Nováky. Alter Siedlungsplatz (Bronzezeit, Großmährisches Reich). Ab 1931 wurde ö des Ortes ein großes Munitionslager mit Gleisanschluß errichtet. Für die Arbeiter entstand ein Barackenlager. 1939 übernahm die d Wehrmacht größere Bestände (vor allem Kampfstoffe), den Rest verlagerte die sl Armee in die O-Slowakei. In die leeren Gebäude wurden Anfang 1942 arbeitslos gewordene und verdrängte Juden eingewiesen, um hier "an die Handarbeit gewöhnt" zu werden. Damit begann die Zeit, wo dieser Ort zu einem Schandfleck der Menschheit wurde. Bis zum 15.10.1942 als Sammelplatz für die Transporte nach Auschwitz benutzt, wurde es nach der Einstellung der Transporte für ca. 1.600 Juden wieder zum Arbeitslager (Näherei, Teppichweberei, Kartonagen). Zu Beginn des SNP wurde die schwache Bewachung (27 Hlinka-Gardisten) ausgeschaltet, und die wehrfähigen Lagerinsassen schlossen sich den Partisanen an und wurden durch besondere Brutalität bekannt. Kaum leer geworden, füllten sich die geplünderten Gebäude mit Deutschen und regimetreuen Slowaken. Waren die Zustände bis zur Befreiung der Juden viel besser als in den KZ's im d Machtbereich, so tobten sich an den neuen Insassen die niedrigsten Instinkte aus. Am 13.9.1944 befreite die Kampfgruppe Schill die Inhaftierten. Dann blieb das Lager leer, und erst nach Kriegsende wurde es abermals zum Schrecken der einheimischen Deutschen, die dort (zeitweise über 5.000 an der Zahl) zusammengepfercht wurden, bis es mit langsam sich bessernden Verhältnissen (1945/46) zum Aussiedlungslager wurde. Im Sommer 1948 wurde das Lager aufgelöst und später restlos beseitigt, heute steht nur ein Holzkreuz im Bereich des ehemaligen Lagerfriedhofes, wo ca. 1.000 Personen begraben sein mögen.

Die 1913 zur Holzabfuhr nach Podhradie gebaute Schmalspurbahn war nur kurz in Betrieb. Die industrielle Entwicklung begann 1938, als der Verein für chemische und metallurgische Produktion den Abbau der hier in Flözen von 5-13 m Dicke vorhandenen Braunkohle (2.366 kcal/kg) begann, die später in den nahen Wärmekraftwerken eingesetzt wurde. Nach dem 2. Weltkrieg weiterer Ausbau sowie Gründung eines großen Chemiewerkes. Heute Abbau, einschließlich der seit 1982 bestehenden Tagebaugrube (sie "schluckt" den Ort Koš) von ca. 1,3 Mill. to/Jahr, in der nahen Grube Cígeľ, der modernsten in der Slowakei, weitere ca. 2,1 Mill. to.

⊕ 1930: 1.132 EW (1.076 Sl, 13 D, 7 Ma, 32 J), 1940: 1.860, 1991: 4.341, 2001: 4.402 EW.

◉ UMGEBUNG: In s R anschließend: • ZEMIANSKE KOSTOĽANY (1.633 EW). Früher Artikularort, evang barocke Kirche (1736), freistehender Glockenturm vom Ende des 18. Jh. Kath Kirche (1699-1701, Frühbarock), 3 kleinere Kastelle. **T** *Stausee: Badeplatz.*

In sw R (15 km) • VEĽKÉ UHERCE (1.964 EW), schön gelegen. Das Schloß im 17. Jh im Renaissancestil errichtet, ist im 18. Jh barockisiert und schließlich 1845-60 von der Familie Thonet im neogotischen Stil umgebaut worden. Aus dem 4-flügligen Gebäude, das in einem Naturpark steht, treten die runden Ecktürme und die Kapelle

Veľké Uherce: Schloß

Oberrauschenbach: Freibad mit Insel

deutlich vor. Holzverarbeitung. 1865 wurde ein Betrieb, der nach dem 2. Weltkrieg in der Bundesrepublik Deutschland weitergeführten Fa Thonet gegründet. Hergestellt wurden Möbel (Stühle) aus gebogenem Holz und Parkettstäbe. Nach der Einstellung der Möbelproduktion wurde eine Großziegelei betrieben. **T** *Stausee: Bademöglichkeit, Zeltplatz.*

In sw R (13 km) • OSĽANY (2.154 EW): In der kath Kirche, die mehrfach umgebaut wurde, steht eine gotische Madonna aus den 80-er Jahren des 15. Jh.

In sw R (9 km) • CHALMOVÁ, Ansiedlung: Wuchtiges, 3-flügliges, mit 2 Rundtürmen versehenes, im Grundriß einem unregelmäßigen "U" entsprechendes Kastell, das in der ersten Hälfte des 17. Jh im Renaissancestil errichtet und zu Beginn des 20. Jh klassizistisch umgestaltet wurde.

In nw R (10 km) • DIVIAKY NAD NITRICOU: Kleiner Ort (1.811 EW), interessante spätromanische kath Kirche, ein schönes Bauwerk, Mitte des 13.Jh. Die 2-türmige Anlage ist kaum verändert worden, aber störend wirkt die auf der Turmseite angebaute, mit einem Pultdach versehene Vorhalle.

Etwas näher an Nováky liegt: • DIVIACKA NOVÁ VES, ein Ort (1.794 EW) mit drei Kastellen. Das größte: Gotische Festung im 16. Jh zu einem 3-flügligen Renaissancegebäude erweitert und umgestaltet. In der Nähe des Portals, zu dem eine Zugbrücke führt, steht ein mit 3 Basteien verstärktes 4-eckiges Bollwerk.

In der selben nw R weiter (15 km): • STAUSEE NITRIANSKE RUDNO, 1951 errichtet (0,5 km², 0,7 Mill. m³), **T** *sehr schöner Bade- und Wassersportplatz, Hütten, Camping- und Zeltplatz.*

In ö R (12 km) • RUINE SIVÝ KAMEŇ: Die unmittelbar oberhalb des kleinen Ortes Podhradie stehende frühere Burg ist so weitgehend verfallen, daß man sich kaum mehr eine Vorstellung von ihrem Ausmaß machen kann. Im 13. und 14. Jh gebaut, brannte sie 1524 aus und ist nach ihrem Wiederaufbau im 18. Jh sehr schnell endgültig zerstört worden.

◉ ZENTREN IN DER WEITEREN UMGEBUNG: Banowitz, Weinitz, Priwitz.

■ **OBERRAUSCHENBACH (VYŠNÉ RUŽBACHY),** Bez Stará Lubovňa. Sehr schön in den Bergen der Zipser Magura, abseits des Poppertales gelegenes Bad. SAD. Namen: ma Felsözúgó, 1329 Nova Rusunbach, 1408 Nova Rausenbach, 1786 Ruszbach, 1808 Horní Rusbachy, 1920 Wyšné Družbachy, 1927 Vyšné Ružbachy.

Alter Siedlungsplatz (Hallstattzeit). Gehörte zur Pudleiner Herrschaft und damit an Polen verpfändet. Unter Josef II. wurden hier 5 d Familien angesiedelt. Die ca. 21°C warme Quelle mit ihrem sulfat- und kohlensäurehaltigem Wasser war schon lange bekannt, wurde aber erst im 15. und 16. Jh genutzt und nach der Übernahme der Statthalterschaft über die verpfändeten Städte durch die Familie Lubomirski planmäßig ausgebaut. Wurde sehr schnell zu einem beliebten Aufenthaltsort des Adels, vor allem des p. Nach dem Aussterben der Lubomirskis (1477) wechselten die Besitzer häufig, und das Bad kam sehr herunter.

Erst 1825, mit Emmerich Jony als Besitzer des inzwischen in keinem einzigen Reiseführer mehr genannten Bades, kam es zu einem Aufschwung, nachdem er an Stelle der verwahrlosten Gebäude Neubauten errichten ließ. Da sein Sohn kein Interesse an dem Bad hatte, vermachte er es dem evang Lyzeum in Kesmark, das es wiederum nicht als seine Aufgabe ansah, ein Bad zu verwalten und daher einen Käufer suchte. 1882 kam der Verkauf an den Grafen Andreas Zamoyski zustande, der 1 Jahr später auch das Schloß Lublau erwarb. Eine Verpachtung an die Kesmarker Bürger Anton Döller und Paul Keler kam wegen Mangels an Aktionären nicht zum Tragen. A. Zamoyski nahm die Führung selbst in die Hand und ließ die Bäder herrichten und das neue Badehaus "Strand" (heute Dukla) bauen. Weitere Häuser kamen hinzu, und mit Hilfe seiner Frau, Prinzessin Karolina de Bourbon, Tochter des letzten Königs von Neapel, machte er aus Oberrauschenbach wieder ein gut geführtes und beliebtes Bad. 1923 kam das seinerzeit größte Freibad in der Slowakei hinzu. Ein paar Jahre später vergrößert und mit einer Gleitschlittenbahn ausgestattet, damals mit dieser, sowie mit der mit Fichten bestandenen Insel, eine Attraktion ersten Ranges und ein großer Anziehungspunkt. Nachdem sein Sohn Johann die Leitung übernommen hatte (er heiratete Isabella de Bourbon, Nichte des spanischen Königs Alfons; ihm zur Seite stand der fähige Badedirektor Kornel Huzsik), wurde eine neue Quelle, der "Isabella-Brunnen" erbohrt, eine der ergiebigsten Mineralquellen Mitteleuropas. Ein weiteres großzügiges Strandhotel und das pompöse Restaurant "Weißes Haus" (heute Verwaltung) wurden errichtet. Ferner wurde ö des Freibades ein Kratersee mit Thermalwasser zugänglich gemacht. 1932 geriet der Besitzer in große finanzielle Schwierigkeiten, der Konkurs drohte. Großes Aufsehen erregte die Summe der Schulden mit 7,5 Mill. Kčs, denen zwar 21 Mill. Kčs an Aktiva gegenüber standen, die aber nicht schnell und nicht in dieser Höhe zu realisieren waren. Zahlreichen Gläubigern in der Zips drohte der Ruin. Nach einem 1-jährigen Moratorium kam es 1935 schließlich zur Versteigerung, bei der ein Kesmarker und ein Leutschauer (Andreas Szanto, Ladislaus Fried) mit 2,2 Mill. Kčs vorn lagen. Aber Johann Zamoyski gelang es noch einmal (mit seiner p und spanischen Verwandtschaft) das Blatt zu wenden, und er blieb bis zur Enteignung nach dem 2. Weltkrieg Besitzer des Bades. Heute werden in dem inzwischen abermals erweiterten Bad Neurosen und Berufskrankheiten behandelt.

Oberstuben: Katholische Kirche

T *Großes Thermalfreibad (frei zugänglich), Kratersee. Campingplatz, Hüttenkolonie, Hotels. Camping- und Zeltplatz, Hüttenkolonie auch in Unterrauschenbach (Dolné Ružbachy).*

⊕ 1930: 739 EW (672 Sl, 19 D), 1940: 811, 1991: 1.104, 2001: 1.260 EW.

◉ ZENTREN IN DER WEITEREN UMGEBUNG: Pudlein, Zipser Bela, Altlublau.

■ **OBERSTUBEN (HORNÁ ŠTUBŇA),** Bez Turčianske Teplice, 627 m. Ort im obersten Turztal. ŽSR, SAD, wichtiger Eisenbahn- und Straßenknoten. Namen: d Neustuben, Ober-Stuben, ma Felsöstubnya. 1390 Wylehotta, 1399 Possessio noviter locata, 1407 Newstub, 1415 Neustuba, 1493 Felsewstubna, 1920 Horná Štubňa. Neustuben bedeutet richtig "neun Stuben" (von 9 Stuben = Häuser).

Glaserhau: Altes Haus

1934 errichtete Denkmal für die Gefallenen des 1.Weltkrieges und an der Außenwand der Kirche befindet sich das Grab des Pfarrers Josef Heimberger (geb 1846) mit einem sehr schönen Metallkreuz.

🌐 1930: 3.149 EW (380 Sl, 2.710 D, 13 Ma), 1940: 3.822 (3.677 D), 1991: 1.598, 2001: 1.606 EW.

◉ UMGEBUNG: In sw R (7 km) • GLASERHAU (SKLENÉ): 1360 als Waldhufengemeinde gegründet, 1405 im Besitz von Kremnitz, früher überwiegend d Gemeinde (1930: 3.254 EW, 2.548 D; 1991: 891, 2001: 816 EW). Die EW lebten von der Lieferung von Holzkohle und Grubenholz, später auch als Bergleute in Krickerhau, und wegen der kargen Böden von der Saisonarbeit. 1933 und 1934 zerstörten Großfeuer zahlreiche Häuser. Während des SNP (21.9.1944) kam es hier zu einem der größten Verbrechen (189 Ermordete), das die Partisanen an den Deutschen verübten (sh "Geschichte"). Beim Durchgang der Front fanden schwere Kämpfe statt, die zur Zerstörung von 250 Häusern führten.

Die **kath Kirche** wurde auf den Fundamenten eines gotischen Bauwerkes (1560 erwähnt), 1626-27, 3-schiffig im Renaissancestil errichtet, 1926 Erneuerung des Turmhelms. Beherrschende Stellung auf einem in das Tal vorspringenden Hügel. Im Presbyterium ein Kammrippengewölbe und im Schiff ein Kreuzgewölbe im Renaissancestil. Von der alten Einrichtung ist besonders das reich verzierte Chorgestühl (Renaissance, 17. Jh) bemerkenswert. Altar und der Schalldeckel: Neogotisch (1900). Das **Richterhaus** (Nr 140) wurde zu Beginn des 17. Jh im Renaissancestil gebaut. Das 2-geschossige Gebäude wurde nach 1912 für Wohnzwecke umgebaut und seine Fassade umgestaltet.

◉ ZENTREN IN DER WEITEREN UMGEBUNG: Krickerhau, Bad Stuben, Altgebirg, Johannesberg, Kremnitz.

Siedlungsplatz in der Bronzezeit. Um 1390 als Waldhufengemeinde gegründet. Die EW befaßten sich mit der Herstellung von Holzkohle und der Zurichtung von Grubenholz, aber teilweise mit dem Bergbau. Große Probleme: Nach einem schlimmen Unwetter 1927 verloren im selben Jahr 1.100 EW Hab und Gut durch ein verheerendes Großfeuer. Die Überschuldung und die große Arbeitslosigkeit führten im November 1933 zum Hungermarsch nach Turz-St-Martin, an dem sich ca. 200 Männer beteiligten, die aber von Gendarmen an der Stadtgrenze abgefangen und zerstreut wurden. Einige Erleichterungen brachte die Verlegung des 2. Gleises der Eisenbahnlinie von Vrútky bis nach Oberstuben (1935-38), für die Weiterführung über Kremnitz hinaus waren keine Mittel vorhanden, zumal 1936 mit dem Bau der Transversale nach Neusohl begonnen wurde (1940 eingeweiht), nachdem die Strecke über Glaserhau nach Krickerhau bereits 1929-31 gebaut worden war.

Die kath Anna-Kirche ist zZt der Reformation als evang Kirche 1650 errichtet worden. Während der Gegenreformation, nach Übernahme der Kirche durch die Katholiken, wurde 1673 der Turm gebaut. Die dreischiffige, gotische Anlage, ist mit Renaissancegewölben versehen. Die 3 pseudogotischen Altäre schuf der Südtiroler Josef Runggaldier 1901, die farbigen Glasfenster Anton Ligeti im selben Jahr. Vor der Kirche, die mit einer wehrhaften Mauer umgeben ist, steht das schlichte

● **OESER, ADAM FRIEDRICH,** *1717 Preßburg, +1799 Leipzig. Maler. Studierte und arbeitete in: Preßburg (Schüler R. Donners), Wien, Dresden, ab 1759 Leipzig (Prof. und Dir. der Kunstschule), Zeichenlehrer J.W. Goethes, Freund J. Winckelmanns. Hatte einen großen Einfluß, stilbildend im Sinne des aufkommenden Klassizismus.

▲ **ONDAU (ONDAVA),** 147 km langer Fluß der O-Slowakei, die er von N nach S fast ganz durchfließt, speist den Domašastausee, bildet mit der Latorica die Bodrog.

▲ **OSTREDOK,** mit 1592 m die höchste Erhebung der Großen Fatra, wo sie im langestreckten, kaum Höhenunterschiede aufweisenden, aussichtsreichen s Hochkamm, der mit subalpinen Wiesen und Weiden bedeckt ist (reiche Flora!), kaum hervortritt.

▲ **OSTSLOWAKISCHE TIEFEBENE (VÝCHODOSLOVENSKÁ ROVINA),** neben der Donautiefebene die zweite umfangreiche, geschlossene Niederung der Slowakei, Landwirtschaft, stellenweise Weinanbau, wird im S durch Ungarn, im O durch die Ukraine begrenzt.

◆ **PALATIN,** höchster Beamter Ungarns, Vertreter des Königs, später Oberbefehlshaber des Heeres, ab 1485 verbunden mit dem Amt des Statthalters, 1848 auch Vorsitzender des u Landtages, nach dem Ausgleich wurde das Amt nicht aufgelöst, aber auch nicht mehr besetzt.

● **PÁLFFY,** ma Adelsgeschlecht, weitverzweigt, große Besitzungen in der SW-Slowakei, in Österreich, verlor durch die Bodenreform in der ČSR ca. 45% seines Besitzes, später durch Finanzprobleme. Hohe und höchste Verwaltungsbeamte, Generäle, Unternehmer. **JOHANN,** *1829?, +1908?, hoher Verwaltungsbeamter, begann mit dem Um- und Ausbau von Weinitz (1899), großzügiger Unterstützer mildtätiger Vereinigungen. **JOSEF,** *1854 Lancut/P, +1919, Reisender, Forscher, Unternehmer, Gründete mehrere Betriebe, rationalisierte viele, auch die Land- und Forstwirtschaft. Begann mit dem Umbau von Smolenitz. **NIKOLAUS,** *1552, +1600 Bibersburg, besuchte im Militärdienst zahlreiche Länder, Gemahl der Maria Fugger, erwarb die Bibersburg.

Pieninen: Dreikronenberg, Dunajezdurchbruch

● **PAULIK, ANTON,** * 1901 Preßburg, +1975 Wien. Dirigent. Studium: zuerst Medizin, dann Musik, bekannter Dirigent am Theater an der Wien (zahlreiche Operettenuraufführungen), Wiener Volksoper, Wiener Staatsoper.

● **PETZVAL, MAXIMILIAN JOSEF,** *1807 Zipser Bela, +1891 Wien. Mathematiker, Physiker, Erfinder. Studium: Kaschau, Pest. Prof. in Wien. Erfand das lichtstarke Fotoobjektiv, das F. Voigtländer verwendete und so die Fotografie Allgemeingut werden ließ.

▲ **PIENINEN (PIENINY),** kleines, interessantes, sehr schönes, in Polen und der Slowakei gelegenes Gebirge, größte Attraktion: Durchbruchsschlucht des Dunajez, stark auffallende Kalkklippen und bizarre Bergformationen, Dreikronenberg (Trzy Koruny) mit 982 m.

● **PILGRAM, ANTON,** *1709, +1761 Wien. Bedeutendster Baumeister und Architekt am Übergang des Barock zum Rokoko. Einige hervorragende Bauten (Elisabethinerinnenkirche Preßburg, Kloster Jossau).

■ **PISTYAN (PIEŠŤANY),** Bezirkshauptstadt, 162 m. Weltbekanntes Bad mit besonders starken heißen Quellen und Schlammvorkommen gegen rheumatische Erkrankungen und Schäden am Bewegungsapparat, bereits außerhalb der Berge an der Waag gelegen. ŽSR, SAD, Straßenknoten.

Flugplatz. Ausgangspunkt für Wanderungen im Inowetz. Namen: ma Pöstyén, d Püschtin, 1113 Pescan, 1263 Pechan, Peschan, 1298 Pecheen, 1773 Pieszcžany, 1920 Piešťany. Der Name wird auf die sl Form von Sand zurückgeführt.

Liegt in einem klimatisch sehr günstigen Gebiet, entbehrt zwar der landschaftlichen Schönheiten anderer sl Bäder, was aber von den teilweise sehr stark gehbehinderten Patienten, die sich auf den Park der Badeinsel und die städtischen Anlagen oder die Halbinsel Lido beschränken müssen, nicht als Mangel empfunden wird. Die starken, sehr wirksamen (1.500 mg Mineralstoffe in 1 Liter Wasser), gips- und schwefelhaltigen heißen Quellen (67°-69°C), die Schwefelwasserstoff und andere freie Gase enthalten, und der thermale Schwefelschlamm waren bereits den Römern und den Quaden bekannt. Genutzt wurden sie erst im 16. Jh, erlitten durch die Türken (1530, 1599 und 1663), und durch das häufige Hochwasser der Waag ernste Schäden, von denen auch später die Gebäude betroffen wurden. Der "Badebetrieb" erfolgte in einfachen, in den Boden gegrabenen Löchern, die sich sehr schnell mit heißem Wasser füllten. Unterkünfte gab es nur bei den Bauern in den Dörfern der Umgebung. Erst als das inzwischen schon bekannt gewordene Bad zu Beginn des 18. Jh in den Besitz der Erdödys kam, wurden die Verhältnisse besser. Neben den Badegruben wurden aus Holz errichtete Badehäuser und bescheidene Unterkünfte gebaut, die später für die vornehme Gesellschaft eingerichtet wurden (um 1820, als das erste massive Badehaus und der erste Park entstanden).

Unter diesen Umständen war 1801 (auf dem Denkmal in Pistyan steht fälschlich 1802!) Beethoven zur Kur und schrieb hier nicht seinen "Brief an die unsterbliche Geliebte" (erst 1812).

Seit 1840 gab es, als Novum in der Slowakei, einen ständigen Badearzt (erster war Franz Scherer). 1889 verpachteten die Erdödys die vorhandenen Einrichtungen an Alexander Winter, der das inzwischen wieder vernachlässigte, sehr provinzielle Bad tatkräftig durch viele bauliche Verbesserungen umgestaltete, so daß es den Hochadel, prominente Personen sowie Könige und Kaiser anzog. 1898 wurden 2.829 Gäste, 1903 bereits 6.680 registriert. Mit seinem Ideenreichtum erschloß Winter dem Bad auch weitere Patienten, und zwar aus den minderbemittelten Kreisen. Mit dem Arzt Eduard Weiß schuf er das erste balneotherapeutische Arbeiterhospital, in dem später, als die allgemeine Krankenversicherungspflicht eingeführt wurde und die Anstalten auch die Kosten für Badekuren übernahmen, die krankenversicherten Arbeiter aufgenommen wurden. Vor dem 1. Weltkrieg hielt sich die Gästezahl bei 17.000/Jahr. Die nach dem 1. Weltkrieg eingeleitete Bodenreform drohte das Werk der Familie Winter zu zerstören. Erst 1929 war die Unsicherheit beseitigt, das Bad blieb im Besitz der Erdödys, Ludwig und Emmerich Winter konnten nach 10 Jahren ohne Investition damit beginnen, die Beeinträchtigungen zu beseitigen. Dazu kamen noch verschiedene andere Hindernisse, so daß erst nach längerer Zeit die

Pistyan aus der Luft

Vorkriegszahlen an Gästen erreicht werden konnten, ja überschritten wurden (1929: 32.374). Mit Beginn der politischen Krisen ging die Zahl der Gäste des inzwischen auch zu einem kulturellen Zentrum gewordenen Bades wieder zurück, und 1939 mußten die Winters aus rassischen Gründen die Leitung aufgeben. Um einen von den Erdödys angestrebten Verkauf an einen d Konzern zu verhindern, griff die Regierung zum Mittel der Enteignung, und am 2.10.1940 wurde Pistyan zum Staatsbad. Heute kommen jährlich ca. 40.000 Patienten, davon 1/3 Ausländer.

Moravany: Schloß

Die Quellen, die meisten alten und älteren Badehäuser (Napoleon-Bad, Pro Patria, Irma, Thermia Palace) wie auch die hochmodernen Badeeinrichtungen und Sanatorien (Balnea Grand, Balnea Esplanade, Balnea Splendid, Balnea Palace) befinden sich auf der sogenannten Badeinsel, die von der Stadt durch den Hauptarm der Waag getrennt ist. Da die Quellen Jahrhunderte hindurch mit dem versickerten Oberflächenwasser und dem Grundwasser (nach der Fertigstellung des Stausees stieg dieses noch höher als bisher) in Berührung kamen und Schwankungen in der Qualität auftraten, wurden Maßnahmen getroffen (Bohrungen, Wehre etc.), die diese Beeinträchtigungen beseitigten.

Die Verbindung zwischen der Stadt und der Badeinsel wird durch die 1930-33 an der Stelle einer alten Holzbrücke errichtete, bei Kriegsende zerstörte und wieder aufgebaute Kolonnadenbrücke hergestellt. Auf der Stadtseite steht die zum Symbol Pistyans gewordene Plastik des "Krückenbrechers" (1934) von R. Kühmayer, der mit ihr die vom Graphiker Arthur Heyer schon 1899 kreierte Figur als Großplastik herausbrachte. Ferner stehen auf der Brücke der Text "Saluberrimae Pistinienses Thermae" und auf der Seite der Bäder der Wunsch bzw. Befehl: "Surge et ambula" (=Steh auf und gehe!).

M *"Balneologické múzeum" (=Balneologisches Museum), viele Exponate, die sich auf die Balneologie beziehen, Funde aus der Römer- und Quadenzeit, vor allem wertvolle Beigaben aus Fürstengräbern der Quaden.*

T *Pistyan liegt noch im Staubereich des großen Waagstausees Sĺňava (430 ha Fläche, 0,7 Mill. m³ Inhalt), Schiffsrundfahrten. Bademöglichkeit im See und im Thermalbad, auf dem linken und rechten Ufer des Stausees, Freibad "EVA" auf der Badeinsel. Hotels, Sanatorien. Campingplätze, Zeltplätze.*

⊕ 1930: 12.080 EW (10.722 Sl, 401 D, 161 Ma, 478 J), 1940: 13.305, 1991: 33.176, 2001: 30.606 EW.

◉ UMGEBUNG: Unmittelbar ö benachbart: • MORAVANY NAD VÁHOM (1.864 EW). Renaissanceschloß mit Park, innen barockisiert, Ende des 16. Jh, 1881 um ein Geschoß vergrößert. Gehört heute dem Verband der bildenden Künstler und Architekten. Im Gebiet der Gemeinde deuten zahlreiche Funde auf den Aufenthalt von Mammutjägern (4. Eiszeit) hin. Der wertvollste Fund, die "Venus von Moravany", eine aus einem Mammutzahn geschnitzte Frauengestalt (1942 gefunden), wird auf ca. 21000 vChr datiert. Sie ist eine der wenigen Darstellungen dieser Art (nur 5 Stück). Seit 1900 Waldeisenbahn (Pferdebetrieb) in den Besitzungen des Grafen Kurt Zedwitz, 1945 enteignet, Dieselbetrieb, 1950 aufgelassen.

In nö R (20 km) kann der Hauptkamm des Inowetz am • BEZOVEC (743 m) erreicht werden: Die Straße führt über Modrová auf den Kamm (SAD-Haltestelle "Stará Lehota-Bezovec", 520 m). In der Nähe Hütten, mehrere Skilifte. Auf dem rot mk Weg dann über die W-Flanke zum Bezovec (30 Min, sehr schöne Aussicht).

Ein blau mk Weg führt in 1 1/4 Std zur Ruine der • TEMATINER BURG (TEMATÍNSKY HRAD), sie wurde einer Sage nach an der Stelle gebaut, wo ein bildhübsches Mädchen, das bei einem Reitunfall ums Leben kam, beigesetzt wurde. Bereits 1270 erwähnt, 1710 von den kaiserlichen Truppen erobert und verwüstet. Schöner Blick zum Waagtal und den Weißen Karpaten.

In sö R (12 km) • RADOSCHIN (RADOŠINA): Ort (2.003 EW) mit interessanter Umgebung. Sehr alter Siedlungsplatz. Funde in der ca. 27 m langen Höhle Čertová pec (=Ofen des Teufels), 2 km vor dem Ort, aus der Altsteinzeit (Neandertaler). In der Nähe Restaurant und Zeltplatz. Weitere Funde im Bereich des Ortes belegen eine Besiedlung in der Jungsteinzeit und in der Bronzezeit (wie auch in späteren Epochen). Am Ort liegt ein Hain mit Speisekastanien (bis zu 150 Jahre alte Bäume). Einfaches Kastell, ursprünglich im Renaissancestil errichtet, im 19. Jh klassizistisch umgebaut.

In sö R (17 km) • OREŠANY: Kleiner Ort (318 EW) mit romanischer Kirche, 1. Drittel 13. Jh, ursprünglich ohne Turm, als typische herrschaftliche Emporenkirche errichtet. An das alte Langschiff wurde 1905-36, im rechten Winkel, ein neues Schiff angesetzt, während auf der anderen Seite ein Turm aufgeführt wurde.

In w R (10 km) • WERBAU (VRBOVÉ): Kleinstadt (6.249 EW) am SO-Abhang der Kleinen Karpaten. Alter Siedlungsplatz. Besaß früher ausgedehnte Weinberge (heute noch Reste), daneben trieben die EW einen umfangreichen Handel. Gotische kath Kirche von 1397, im 17. und 18. Jh umgebaut, erweitert und barockisiert. 1835 wurde der barock-klassizistische Glockenturm, der sich infolge eines Fehlers bei der Gründung schief stellte, errichtet. Synagoge von 1883 und evang Kirche von 1928-29, die an der Stelle einer älteren klassizistischen errichtet wurde. NW der Stadt befindet sich der • STAUSEE ČERENEC (0,46 km²), **T** *Bademöglichkeit, Hüttenkolonie, Camping.*

◉ ZENTREN IN DER WEITEREN UMGEBUNG: Freistadtl, Senitz, Neustadt/Waag, Topoltschan, Neutra.

■ **PLAUTSCH (PLAVEČ),** Bez Stará Ľubovňa, 488 m. Kleinstadt, im Hügelland des mittleren Poppertales, unweit des Popperdurchbruches durch die Karpaten und der p Grenze gelegen. ŽSR, SAD. Namen: ma Palocsa, 1287 Palowcha, 1289 Plauch, 1322 Plaucha, 1773 Plawecz, 1786 Plawec, 1920 Plaveč, 1927 Plaveč nad Popradom, 1948 Plaveč.

Einer der wenigen alten Siedlungsplätze (Mittelsteinzeit) im mittleren Poppertal. Die spätere Ansiedlung entstand als eine u Grenzwache, für die mit den Kumanen nach Ungarn gekommene Ukrainer (Polowetzer) eingesetzt wurden. Den Kern der **Burg** errichtete 1294 Dietrich aus der Zips. Eine 2., gotische Etappe vollzog sich um 1325. Bis 1458 war sie in den Händen von Peter Axamit. Um 1500 kam es zu einigen Veränderungen und Zubauten im Stil der Renaissance, die Umbauten des 17. Jh führten zu einem Schloß, das von der Zerstörung vieler Burgen nach der Niederschlagung der antihabsburgischen Aufstände verschont blieb, aber 1856 total ausbrannte. Seitdem Ruine, die mit ihren leeren Fensterhöhlen, besonders von W, eine schöne Kulisse bildet. **Kath Kirche**, ein gotischer Bau im Stil der Renaissance erweitert, nach 1730 barockisiert. Gediegene Inneneinrichtung aus dem 16.-19. Jh.

🌐 1930: 1.235 EW (1.112 Sl, 2 Ma), 1940: 1.499, 1991: 1.766, 2001: 1.830 EW.

◉ UMGEBUNG: In w R (7 km) • PLAVNICA: Existierte schon 1325, als die Drugeths den Erbrichter Nikolaus beauftragten, die teilweise verlassene Ortschaft zu besiedeln (1.482 EW). Frühgotische kath Kirche von ca 1325, nach 2 Schadenfeuern,

Plautsch: Ruine der Burg

Popperdurchbruch

griech-kath Gläubigen als Gotteshaus diente und in der Disposition den anderen Holzkirchen der NO-Slowakei entspricht (abgesehen von dem deutlich vortretenden Turm). Die Altäre sind ohne große Rücksichtnahme auf die divergierenden Stile aus den Resten in Lublau ausgegliederter Altäre zusammengestellt worden, einige Plastiken könnten von O. Engholm oder J. Lerch sein. Nicht autochtone Blecheindeckung ist ausgetauscht. **T** *Hotel.*

An der Popper (17 km von Altlublau) liegt • RAUZ (MNÍŠEK NAD POPRADOM, 702 EW), Grenzübergang. Bevor es zur Gründung einer Siedlung kam (1412), existierte am Weg nach Polen nur ein Gasthaus, außerdem hausten hier einige Einsiedler (daher die Namen!). Im 19. Jh arbeiteten ein Hochofen und ein kleines Eisenwerk, später eine Glashütte und eine Säge. 1918 besetzte Polen Rauz, Grenzdorf und Krempach, mußte das Gebiet aber wieder räumen. Neben den mit dichter Vegetation überwucherten Resten eines Klosters, das später zu einem Kastell umgebaut wurde, steht eine pseudoromanische kath Kirche aus der Zeit um 1900. Im linken Seitenaltar befindet sich ein Bild von J. Hanula, im rechten eines von F. Staudinger. Das Auto sollte von Rauz nur bis Medzibrodie benutzt werden, von dort weiter zu Fuß, bis ab Sulín, im O-Abschnitt, wieder die Straße zur Verfügung steht.

O-Abschnitt: Von Plavnica 8 km nach • MALÝ LIPNÍK (477 EW) orthod Kirche von 1820, an einer engen Schleife der Popper gelegen. Von hier nach O bis • LEGENAU (LEGNAVA, 156 EW), wo die Straße endet, orthod Kirche 1883 als Massivbau im neoklassizistischen Stil errichtet. In der anderen Richtung führt die Straße von Malý Lipník im Popperdurchbruch flußabwärts, schneidet eine Doppel-S-Schleife ab (schöne Aussicht) und erreicht am Scheitel der nächsten Schleife den • SULÍNSKY PRAMEŇ (=Suliner Quelle, Mineralbrunnen). Nach einer weiteren Schleife wird

nach 1662 und in der ersten Hälfte des 18. Jh barockisiert. Mächtiger Turm mit 2-stufigen Stützpfeilern und frühgotischem Kern. Klassizistische evang Kirche, im Grundriß einem griechischen Kreuz entsprechend, allerdings mit einem gekürzten Querbalken, von 1806. Für die Glocken wurde im engen Zwischenraum zwischen der Straße und der Kirche ein kleines Stahlgerüst errichtet. In nö R (9 km) Grenze zu Polen: • RUSKÁ VOĽA (115 EW), n des Grenzbaches befindet sich auf p Seite eine kleine Holzkirche.

In n R befindet sich der • POPPERDURCHBRUCH (PRIELOM POPRADU) durch den Hauptkamm der Karpaten, nach dem die Popper endgültig nach Polen fließt. Sie bildet in dem ca. 31 km langen Talabschnitt, mit seinen zahlreichen landschaftlich sehr reizvollen Schleifen und Mäandern (mit Ausnahme eines im s Bereich gelegenen p Brückenkopfes) die Staatsgrenze zu Polen. Auch wenn er der dramatischen Großartigkeit des Dunajezdurchbruches entbehrt, ist dieser (zu Unrecht) kaum bekannte Durchbruch ein liebliches, stilles und abgeschiedenes Gebiet für Wanderer mit vielen einsamen Badeplätzen. Nur auf der p Seite verläuft eine Eisenbahnlinie mit einer durchgehenden Straße. Auf sl Seite ist diese unterbrochen, so daß sich der O-Abschnitt (Ausgangspunkt Plavnica) mit dem W-Abschnitt (Ausgangspunkt Altlublau) nur zu Fuß verbinden läßt.

W-Abschnitt: Über • KREMPACH (KREMNÁ, 121 EW), barock-klassizistische orthod Kirche von 1787 nach • GRENZDORF (HRANIČNÉ, 231 EW), mit einer kath Holzkirche von 1785, die auch den

Mäander der Slaná vor den Tafelbergen

• SULÍN erreicht (438 EW), orthod Kirche, neoklassizistisch von 1879. Rest nach O: ca. 10 km, nur zu Fuß, dazwischen Staatsgrenze!

◉ ZENTREN IN DER WEITEREN UMGEBUNG: Altlublau, Bartfeld, Siebenlinden.

■ **PLEISSNITZ (PLEŠIVEC)** Bez Rožňava, 216 m. Im w Teil (im Bereich der großen Tafelberge) des Slowakischen Karstes (Slovenský kras), nahe der u Grenze, an der Slaná gelegene, trotz ihrer wichtigen Lage klein gebliebene Stadt. Vom Beginn des 18. Jh bis 1883 Sitz des Komitates Gemer. Großer Eisenbahnknoten, SAD. Ausgangspunkt für Wanderungen auf den nahen Karsthochflächen der Tafelberge Plešivská planina (zahlreiche tiefe Schächte und Karstformationen) und Silická planina (17 Höhlen, 14 Schächte, zahlreiche Dolinen, Karrenfelder). Namen: d selten Pleschnitz, ma Pelsöc, 1243 Plesuck, 1317 Plesouch, 1320 Plysouch, 1328 Pelsewcz, 1773 Plessuwcze, 1808 Plessiwec.

Auf dem Marktplatz steht neben dem klassizistischen Stadtturm von 1807, der eine unverkennbare Ähnlichkeit mit dem der Kathedrale von Rosenau hat, die ref Kirche ein gotischer Bau von 1320, der von der Familie Bebek als Grabkirche benutzt wurde. Während der Reformation kam sie in die Hand der Reformierten. Nach der Zerstörung durch die Türken erfolgte der Wiederaufbau mit einer flachen Decke. Wertvolle und schöne, teilweise nur als Fragmente erhaltene Fresken (Mitte 14. Jh). Von der ehemaligen Burg (1558 ausgebrannt, 1567 geschleift), die in der Nähe der ref Kirche gestanden hat, blieben nur ein paar Mauer- und Fundamentreste.

Im barock-klassizistischen Gebäude Nr.1 fanden im 18. Jh die Komitatsversammlungen statt, später Gefängnis, heute Schule. Ein auffallendes Gebäude ist das spätklassizistische Stadthaus, ein Eckgebäude mit 5 bzw. 9 Achsen, von denen 7 einen breiten Risalit bilden. Die kath Kirche, 1901 gebaut, hat im Altar eine Kopie eines italienischen Barockmeisters.

Industrie: Baustoffe (u.a. Kalk), Textil.

◍ 1930: 3.032 EW (1.029 Sl, 17 Ru, 53 D, 1.555 Ma, 135 J); 1940: 2.430, 1991: 2.433, 2001: 2.447 EW.

◉ UMGEBUNG: In sö R (11 km) unmittelbar an der u Grenze: • DOMICAHÖHLE (JASKYŇA DOMICA), sehr große, sehr schöne, am S-Rand des Slowakischen Karstes gelegene zugängliche Tropfsteinhöhle (Führung: 2 Std, Beginn und Ende im neuen Eingangsgebäude, ganzjährig). Die 7 km lange Domicahöhle bildet mit der auf u Territorium gelegenen Aggtelekhöhle (ma Baradla) ein ca. 21 km langes System aneinander gereihter Hohlräume. Die Aggtelekhöhle wird schon 1770 erwähnt, und bis 1890 war nur ein einziger Zugang in die sehr verwahrlosten Höhlengänge, deren Tropfsteine rußgeschwärzt und von Dieben verunstaltet waren, bekannt. Ab 1881 übernahm der KV die Höhle und schuf u.a. einen neuen Eingang. Obzwar auch die benachbarte Domicahöhle schon seit ca.1808 bekannt war, geriet sie durch die stark besuchte Aggtelekhöhle in Vergessenheit, und erst die Grenzziehung nach dem 1. Weltkrieg (die Aggtelekhöhle blieb bei Ungarn, die Domicahöhle kam an die neu gegründete ČSR) erweckte sie aus ihrem Dornröschenschlaf (Ján Majko, Ange-

Der Kriváň beherrscht Podbanské

höriger der Finanzwache, Wiederbegehung 1926). Sie wurde bis 1932 zugänglich gemacht. Beide Höhlen werden zum größten Teil durch einen unterirdischen Bach, den "Styx", durchflossen, der in der Domicahöhle einen kleinen See bildet. Als seinerzeit die Verbindung beider Höhlen wieder mehr bekannt wurde, dachte man an eine zwischenstaatliche Zusammenarbeit, zu der es aber nicht kam, denn an der Stelle der Grenze wurde ein Gitter angebracht. Sehr schön sind die reichen, teilweise lebhaft gefärbten, in ihren Formen außerordentlich abwechslungsreichen Tropfsteingebilde. **T** *In der Nähe Campingplatz, Hütten.*

In nö R (7 km): • GOMBASECKER HÖHLE (GOMBASECKÁ JASKYŇA), liegt im Slanátal etwas abseits der Straße. Der charakteristische Schmuck dieser Höhle (Führung ca. 30 Min, 1.4.-31.10.), die 1952 entdeckt und seit 1955 zugänglich ist (ca. 300 m von 1,5 km Gesamtlänge) sind die interessanten fadenähnlichen, bis zu 2,5 m langen und teilweise nur 0.5 cm starken Stalagtiten. **T** *In der Nähe Camping- und Zeltplatz mit Hüttenkolonie.*

◉ ZENTREN IN DER WEITEREN UMGEBUNG: Eltsch, Schittnich, Rosenau, Tornaľa.

■ **PODBANSKÉ**, Bez Poprad, 950 m. Sehr schön, an der Grenze zwischen den Liptauer Alpen und der Hohen Tatra, am Fuß der Berge gelegener, noch relativ junger Erholungsort. Gehört politisch zur Großgemeinde Vysoké Tatry - Smokovec. SAD. Ausgangspunkt für Wanderungen in den Liptauer Alpen und für Wanderungen und Klettertouren in der Hohen Tatra. Namen ma Podbanszkó, Pod Banska, Pod Bánsko, Podbansko. Herkunft: = unter den Gruben.

Die Geschichte hängt mit dem Bergbau zusammen, der u.a. an den Abhängen des Krivan bis über die 2000 m-Grenze hinaufreichte, und wo für die Verhüttung Holzkohle hergestellt wurde. 1871 wurde auf der Terrasse über dem Talboden der Bela das Forsthaus Nadbanské gebaut, in dem den Touristen ein Zimmer zur Verfügung stand. Kurz darauf kamen eine Wassersäge (bis 1887 in Betrieb) und eine Mühle für Fichtenrinde dazu. Pläne, Ende des 19. Jh hier das vom KV propagierte "Liptauer Bad" zu gründen, zerschlugen sich. Nach dem 2. Weltkrieg wurden im Rahmen des Projektes "Forstbetrieb der Jugend" 10 Blockhäuser errichtet, die nach dem Fehlschlagen des Programmes den Touristen zur Verfügung standen und heute für allgemeine Zwecke genutzt werden. Erst der Bau der Straße Liptovský Hrádok - Podbanské - Tschirmer See (Ende der 60-er Jahre) erschloß das Gebiet.

T *Hotels "Kriváň" 1969, "Permont" 1981 (der Name ist eine Verformung aus dem Deutschen, kommt von den Kobolden, den Bergmännchen), Hüttenkolonien.*

🌐 Ca 100 EW.

◉ UMGEBUNG: In sw R (9 km) • PRIBYLINA, kleiner Ort (1.350 EW) im flachen Vorland der Liptauer Alpen. **Kath Kirche**, neobarock von 1910, an der Stelle einer alten Holzkirche errichtet, mit interessantem Seitenaltar (frühes 17.Jh): Zwischen den frühbarocken Säulen steht eine gotische Madonna, auf den Flügeln sind die vier Apostel und ein Passionszyklus gemalt (16. Jh). **T** *Hotel "Esperanto". Campingplatz und Hüttenkolonie im 4 km entfernten Vavrišovo.* In der Nähe des Hotels befindet sich das **M** *"Múzeum liptovskej dediny" (=Museum des Liptauer Dorfes), ein Skansen (Dominante ist die kath Kirche von Liptovská*

Auf den Wiesen bei Pribylina

Mara). Zu sehen ist ein Querschnitt des bäuerlichen und bürgerlichen Lebens, wie auch des kleinen Landadels (Kastell von Parižovce).

3 km n: Eingang in die • RAČKOVÁ DOLINA der Liptauer Alpen. **T** *Camping- und Zeltplatz, zahlreiche Hütten, Restaurant. Hervorragender Ausgangspunkt für Wanderungen in den sö Liptauer Alpen.*

◉ ZENTREN IN DER WEITEREN UMGEBUNG: Liptau-St-Nikolaus, Liptovský Hrádok, Tschirmer See, Tschirmer Sattel.

■ **PODBREZOVÁ**, Bez Brezno, 455 m. In einem engen Talabschnitt der Gran gelegener bedeutender Standort der Stahlerzeugung und der Eisenverarbeitung. ŽSR, Straßenknoten, SAD. Namen: ma Zólyombrezó.

Der im 16. Jh betriebene Bergbau und die anschließende Eisengewinnung mündeten in der Mitte des 19. Jh mit der Errichtung eines Walzwerkes (das als erstes in Ungarn Eisenbahnschienen herstellte) und der laufenden Betriebs- und Produktionserweiterung (Profil-, Stab- und Federstahl, Bleche, später auch Rohre) in einen Betrieb, der zu den größten in Ungarn gehörte und nach Krompach der zweitgrößte der Slowakei war. 1918 übernahm der Staat das Werk, und die veränderte wirtschaftliche Lage zwang zu Einschränkungen und zeitweiligen Stillegungen. Nur aus strategischen Gründen (die meisten anderen Stahlwerke lagen in unmittelbarer Nachbarschaft oder zumindest in der Nähe der Staatsgrenzen) wurde der Betrieb nicht ganz stillgelegt. Nach dem Zerfall der ČSR wurde er zu dubiosen Bedingungen an die Hermann-Göring-Werke angegliedert. Nach dem 2. Weltkrieg kam es zu erheblichen Vergrößerungen, die vor allem die Rohrherstellung auf eine breite Basis stellten.

T *Hotels.*

◍ 1930: 2.323 EW (2.254 Sl, 15 D, 14 J), 1940: 1.819, 1991: 4.176, 2001: 4.295 EW.

◉ UMGEBUNG: In nö R (6 km) • BYSTRAER HÖHLE (BYSTRIANSKA JASKYŇA) die 1923 erforscht, aber schon lange bekannt, ab 1968 zugänglich ist. Und zwar ca. 700 m bei einer Gesamtlänge von 2,5 km (ganzjährig geöffnet). Sie entbehrt teilweise der reichen Ausstattung mit den verschiedensten Tropfsteingebilden, wird aber in einem Abschnitt für Heilzwecke genutzt.

In n R (10 km) • TÁLE (720 m). Unter diesem Namen (stammt von einem früheren Wiesenflur) wird heute das im Zuge der Chopoksessellifte entstandene, mehr als 4 km nach W sich hinziehende, schöne und beliebte Erholungsgebiet zusammengefaßt. Ca. 1 km von der Straße entfernt: **T** *Hotels, Motel, Hüttenkolonien. Freibad.* Ausgangspunkt für Wanderungen in der mittleren Niederen Tatra.

7 km weiter n im Talschluß, direkt unter dem Hauptkamm der Niederen Tatra, das Hotel "Srdiečko" (1248 m) mit der Talstation der • CHOPOKSESSELBAHN-SÜD, die in 2 Sektionen (796 m Höhenunterschied, bei der Mittelstation steht in hervorragender landschaftlicher Lage und zentral in einem herrlichen Wandergebiet das Berghotel "Kosodrevina" auf den Chopok (2024 m) führt. Die Bahn ist eine wertvolle Hilfe bei Wanderungen im zentralen Teil der Niederen Tatra, für den Pistenskilauf auf der S- wie auch der N-Seite, da in Verbindung mit der Chopoksesselbahn-Nord eine Überschreitung des Hauptkammes möglich ist. Vergl. Demänovatal (dort auch Betriebszeiten).

◉ ZENTREN IN DER WEITEREN UMGEBUNG: Brusno, Bries, Demänovatal.

▲ **POPPER (POPRAD)**, 169 km langer, rechter Zufluß des Dunajez, der in der Hohen Tatra, s des Poppersees durch die Vereinigung der Krupa, den Abfluß des erwähnten Sees und des Hinzenbaches entsteht. Sein Einzugsgebiet ist die Oberzips, die er auf einer Länge von 107 km durchfließt, um anschließend 31 km die Grenze mit Polen zu bilden

(Popperdurchbruch). Einziger Fluß der Slowakei, der zur Ostsee fließt, so daß die Europäische Wasserscheide in diesem Bereich den Hauptkamm der Karpaten verläßt und quer durch die Zips verläuft.

■ **PREßBURG (BRATISLAVA)**, 140 m. Hauptstadt und größte Stadt der Slowakei, Sitz der Regierung, des Nationalrates (Parlament), des Staatspräsidenten, zahlreicher Behörden, Institute etc, sowie der Verwaltung des Bez Bratislava I.- IV. Davor Sitz der Verwaltung des Comitatus posoniensis/Preßburger Gespanschaft/Prešporská stolica bzw. Bratislavská župa bis 1922, dazwischen 1850-60 Sitz der Distriktualverwaltung über die 10 w- und mittelslowakischen Komitate, zwischen 1923 bis heute Sitz verschiedener übergeordneter Verwaltungen, der Komenský-Universität und mehrerer Hochschulen.

Schon immer ein bedeutender Platz an der Kreuzung des Wasserweges auf der Donau mit dem Handelsweg Adria-Baltikum. Sehr wichtiger Industriestandort (ca. 13% der gesamten Industrieproduktion der Slowakei). Donauhafen. Der Weinbau spielte bis in die Gegenwart eine bedeutende Rolle, obzwar von den urtümlichen Weingärtnerhäusern, in denen auch Wein ausgeschenkt wird, nur noch wenige erhalten sind. Über die umfangreiche, sich nach NO am Abhang der kleinen Karpaten hinziehende Weinregion ist folgende Charakteristik im Umlauf: Das Preßburger ist das größte, das St Georgener das beste, das Bösinger das prächtigste und das Moderner das trächtigste Gebiet. Sehr bedeutender Eisenbahn- und Straßenknoten, SAD, Flugplatz mit internationalem Luftverkehr. Personenschiffahrt auf der Donau. Wertvolle Baudenkmäler, Altstadt Denkmalszone. Reiche wertvolle Sammlungen in Museen und Galerien. Namen: ma Pozsony, 907 und später Brezalauspurc, Braslawespurch, Braslawsburch (im übertragenen Sinn "Burg des Brazlaw", dieser war ein Slawe, aber ein treuer Parteigänger Kaiser Arnulfs), 1002 Poson, Possendorf, 1072 Brezesburg, 1045 Bosenburg, 1048 Brecesburg, 1052 Brezisburg, Bresburc, 1098 Prespurch, Brespurg, 1143 Bosonium, 1146 Bosan, 1151 lat Posonium, 1197 Pozony, Vorläufer des ma Namens, 1773 Pressporek, aus dem der sl Name Prešporok entstand, 1920 wurde in Erinnerung an den Fürsten Brazlav der Name Bratislava amtlich eingeführt.

Alter Siedlungsplatz mit Spuren einer Besiedlung in der Jungstein-, Bronze- und Hallstattzeit; dann zur Zeit der Kelten, der Römer und der Quaden sowie anderer Germanen. Schließlich zur Zeit der Awaren und im Großmährischen Reich. Die Burg und die sich langsam entwickelnde Stadt (1279 wird der Richter Jakob erwähnt) gehen in ihrer Entwicklung mehr oder weniger getrennte Wege. Unter Karl dem Großem und seinen Nachfolgern wird das bayerische Element immer bestimmender. Als die Magyaren erschienen wird 907 das bayerische Heer in der Schlacht von Preßburg vernichtend geschlagen. Seit dieser Zeit reißen die Auseinandersetzungen um den Besitz Preßburgs nicht mehr ab.

1291 wird Preßburg von Andreas III. zur königlichen Freistadt erhoben. 1491 werden der 1. Preßburger Frieden und der bedeutende Preßburger Erbvertrag geschlossen. 1531 übersiedeln die königlichen Behörden aus dem von den Türken bedrohten Ofen nach Preßburg, das 1536 zur Hauptstadt und Krönungsstadt Ungarns wird. Von

Preßburg von der Donau

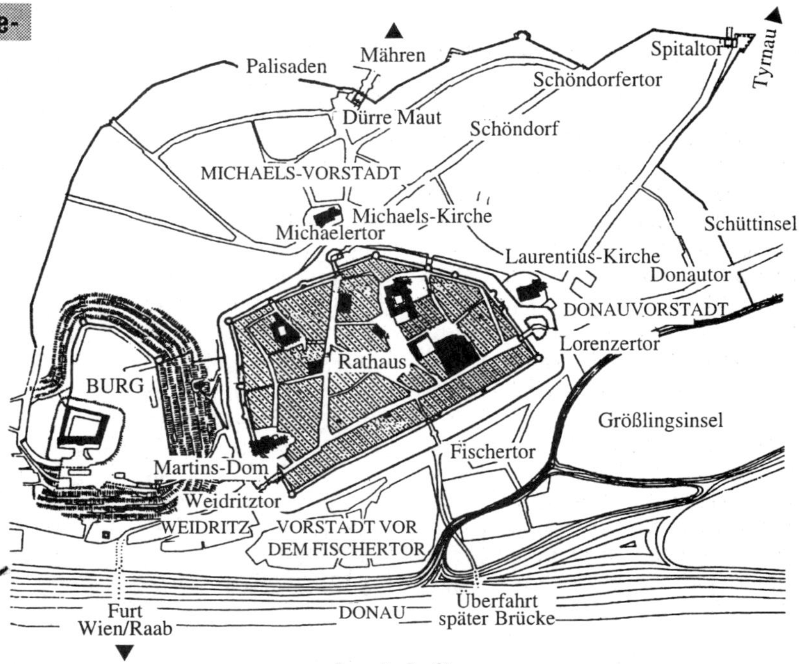

Das alte Preßburg

1563 bis 1830 wurden in Preßburg 10 Könige und eine Königin (Maria Theresia) aus dem Haus Habsburg bzw. Habsburg-Lothringen zu u Herrschern gekrönt. Dazu kamen 8 Gemahlinnen der Kaiser und Könige, die hier gekrönt wurden. Die wichtige Funktion der Hauptstadt bleibt Preßburg bis 1783 erhalten, als Josef II. die Zentralbehörden nach Ofen zurückverlegen läßt (während der Reichstag noch bis 1848 in Preßburg tagt). Damit büßt die Stadt ihre wichtige Stellung ein und wird immer provinzieller. 1805 wurde im Primatialpalais der 2. Friede von Preßburg geschlossen, den - nach der Dreikaiserschlacht bei Austerlitz - Liechtenstein und Talleyrand unterzeichneten. Die verwaltungsmäßige Umgestaltung Preßburgs verlief in 2 Abschnitten. Bereits am 13.2.1945, also noch vor dem Ende des 2. Weltkrieges, wurde die Eingemeindung von Oberufer, Ratzersdorf, Blumenau und Kaltenbrunn beschlossen. Diese Maßnahme wurde aber erst nach dem Ende des Krieges am 1.4.1946 (unter Einbeziehung von Theben und Engerau) verwirklicht. 1971 wurden weitere 6 Gemeinden an Preßburg angeschlossen: Karlburg, Sarndorf, Kroatisch Jahrndorf, sowie Bischdorf, Thebenneudorf und Bisternitz.

Wie im Mittelalter trennt heute wieder die relativ neue, 4-spurige Straße die Burg von der Altstadt. Wie eine riesige Bresche wirkt diese Straße mit der 1972 dem Verkehr übergebenen zweiten Donaubrücke Preßburgs, der **Neuen Brücke**. Mit dem Bau dieser schönen Brücke in der Nähe der uralten ehemaligen Furt (an einer Stelle, die wohl dem seinerzeitigen Verkehrsfluß entsprechend richtig gewählt wurde, aber, wie damals noch vielfach üblich, keine Rücksicht auf die Erhaltung der alten Bausubstanz nahm und die Stadt in zwei Teile spaltete) wurden die Probleme begründet, die mit dem zunehmendem Ausbau der Satellitenstadt Engerau, der Anbindung der Autobahnen und dem Ausbau des Massenverkehrs auf Preßburg lasten. Die Brücke am "falschen Platz" zog den Bau zweier weiterer Großbrücken nach sich, im W einer Autobahnbrücke und im O einer kombinierten Autobahn- und Eisenbahnbrücke, so daß die Donau an dieser schon immer wichtigen Stelle von vier Brücken überspannt wird.

Bis in das 15. Jh hinein war die **Preßburger Furt,** eine der wenigen an der mittleren Donau, die einzige Hilfe bei der Überwindung des damals weitverzweigten und daher einen nur niedrigen Wasserstand aufweisenden Flusses. Sie befand sich knapp n der Neuen Brücke, wo am N-Ufer noch Reste eines **Wachturmes** stehen, den die Römer errichtet hatten und den die Franzosen sprengten. Die ersten Holzbrücken hielten wegen der laufenden Schäden durch den Eisgang nicht lange, erst eine 1825 errichtete Schiffsbrücke hielt bis zum Bau der ersten Stahlfachwerkbrücke die nach dem 2. Weltkrieg wieder aufgebaut wurde ("Alte Brücke").

Das Zentrum der Altstadt befindet sich im Bereich dreier Plätze: Hauptplatz (Hlavné nám., mit vielen "politischen" Namen in der Vergangenheit), Franziskanerplatz (Františkánske nám.) und Primatialplatz (Primaciálne nám.). Die Hauptfassade des **Rathauses** (heute Städtisches Museum) steht am Hauptplatz. Der Bestand ist das Ergebnis Jh dauernder Erweiterungen, Umbauten und Neubauten. Der Bau des O-Flügels erfolgte erst 1912. Keimzelle war das 1370 erstmals erwähnte Haus des Richters Jakob, das die Stadt 1388-1421 in zwei Abschnitten erwarb, umbaute und ab 1434 als Rathaus verwendete. Nachdem das Ungersche Haus in den Komplex des Rathauses einbezogen wurde, kam es zu weiteren Umbauten, die zu einer harmonischen Verbindung älterer gotischer Elemente mit solchen des Barock und schließlich der Renaissance führte. Die 4-flüglige Anlage umschließt einen Hof, der auf der N- und O-Seite durch 2-geschossige Arkaden begrenzt wird, während auf der S-Seite der 4-geschossige Verbindungsbau zum Primatialpalais steht. Im Rathaussaal von 1577 sind eine sehenswerte Kassettendecke und im Gerichtssaal eine überaus reiche spätbarocke Stuck- und Freskenverzierung von 1695. Die Stuckarbeiten stammen von Bastian Carali Orsati und die Fresken von J. Drentwett (Augsburg). Interessant ist auch der 1868 im pseudopompejanischen Stil von C. Engel ausgeschmückte Raum. An die 1733 eingebaute Rathausglocke, die zu Weihnachten 1941 (nach Sanierung ihres morschen Stuhles) nach langer Zeit wieder zu hören war, knüpft sich eine Sage. Sie wurde von Johann Ernst Christelly, der in Preßburg eine Gießerwerkstatt hatte, gegossen. Während des Gusses soll der eifersüchtige Glockengießer (seine schöne Frau hatte ein Verhältnis mit dem Bürgermeister) seinen Nebenbuhler aus Rachsucht in den Schmelzofen gestoßen haben. Nur der Diamant des Ringes, den der Bürgermeister trug, ist erhalten geblieben und angeblich für den schönen Klang der Glocke verantwortlich. Sie ist reich verziert (Stadtwappen, Bildnis Christi, wahrscheinlich von einem Schüler R. Donners) und trägt folgenden Spruch: "Ich dien der Christen Gmein/Durch mein Klang und Ton/ Zeig ich so Wohl des Tags/Alls nachts die Stunden an/Mich ziehrt Christi Bild/Von dem das Heil entsprossen/ Johann Christell hat mich zu Preßburg gegossen/ So oft du mich hörst/O fromm Getreuer Christ/So sprich in Ewigkeit:/Gelobt sei Jesus Christ/Anno 1733".

Als die Verwaltung der Stadt immer mehr Raum benötigte, wurde 1903 das große **Primatialpalais** erworben und in den Rathauskomplex einbezogen. Es wurde 1778-81 auf Veranlassung des Erzbischofs Batthyányi von dem Architekten M. Hefele in einem sehr schönen, monumental geprägten, klassizistischen Stil errichtet. Auf der Attika stehen allegorische Figuren (M. Kögler und Ph.J.

Preßburg: Neue Brücke mit der Burg

Preßburg: Plan der Innenstadt

Prokop), ein Kardinalshut und verzierte Vasen (J. Messerschmidt). Im Tympanon befanden sich Fresken von A.F. Maulbertsch, die - sehr unansehnlich geworden - 1959 durch ein großflächiges Mosaik (unter Beibehaltung der alten Motive) ersetzt wurden. Im Hof steht in Verbindung mit einem Brunnen eine Steinplastik (Renaissance, Heiliger Georg, 17. Jh), die zu Beginn des 20. Jh von ihrem ursprünglichen Aufstellungsort, dem Park der Sommerresidenz der Erzbischöfe hierher gebracht wurde. Ein sehr schönes Treppenhaus führt in das Obergeschoß, in dem sich der sehenswerte Spiegelsaal befindet. Hier wurde 1805 der Preßburger Friede unterschrieben, hier tagte auch das u Parlament und mehrere andere bedeutende Treffen und Verhandlungen fanden hier statt. Zuletzt jene während des Prager Frühlings. Heute finden hier u.a. Trauungen statt. Die anderen prachtvoll ausgestatteten Räume werden für Ausstellungen der Städtischen Galerie verwendet. Besondere Schaustücke sind die 6 Gobelins aus dem 17. Jh, die in der königlichen englischen Weberei in Mortlake hergestellt wurden. Der Zyklus zeigt die Sage von Hero und Leander, und bis 1903 wußte niemand von seiner Existenz, da er erst in jenem Jahr, als die Stadt umfangreiche Restaurierungsarbeiten durchführen ließ, unter Tapeten versteckt gefunden wurde. Wahrscheinlich hat man die 6 Gobelins während der napoleonischen Kriege vor Diebstahl schützen wollen. Sehr schön ist auch das Innere der Kapelle.

Gegenüber steht das **Neue Rathaus**, 1948-52 an Stelle des Jesuitenkollegiums erbaut, nachdem sich weitergehende Pläne (1935 und 1942) zerschlagen hatten (sh Kloster der Barmherzigen Brüder). Daneben befindet sich der Renaissancebau der **ehemaligen Evangelischen Schule** von 1656.

Neben dem Rathaus steht die **Jesuitenkirche** (auch Salvatorkirche, obzwar Margarete geweiht). Der ursprünglich schlichte, durch relativ schlanke Säulen in 3 Schiffe geteilte, hallenartige Bau wurde 1636-38 im Stil der Spätrenaissance von den d Evangelischen errichtet. 1672 verloren sie die Kirche an die Jesuiten, diese entfernten die Emporen und gaben dem hohen Raum die reiche barocke Ausstattung, darunter den sehenswerten Franz-Xaver-Seitenaltar. Das Eingangsportal und der kleine, einen Turm ersetzende Dachreiter (den Evangelischen war es verboten, Türme an ihren Kirchen zu errichten), stammen von den Jesuiten. Als der Orden 1773 aufgelöst wurde, diente sie dem Statthalter Albert von Sachsen-Teschen als Hofkirche.

Preßburg: Altes Rathaus

Am Hauptplatz steht der **Roland-Brunnen**, der - 1572 von A. Luttringer auf Anweisung des Kaisers Maximilian II. geschaffen - an das Unglück erinnern soll, das sich nach seiner Krönung (8.9.1563) bei den festlichen Reiterspielen ereignete. Dabei geriet durch das irrtümliche, vorzeitige Abbrennen der Raketen, die künstliche, hölzerne Burg in Brand, und mehrere Tote waren zu beklagen. Die Plastik selbst stellt den Kaiser dar, und erst in späteren Jahren wurde seine Person mit derjenigen des sagenhaften Ritters Roland verbunden. Der Brunnen wurde zu Beginn des 18. Jh verändert und erhielt u.a. eine neue Schale (die ursprüngliche Renaissanceschale ist erhalten). Zu Beginn der 90-er Jahre wurde der Platz von der Parkanlage befreit und "zurückgebaut" (mittelalterliche Pflasterung). Parallele Ausgrabungen förderten wertvolle Objekte aus der Keltenzeit an das Tageslicht.

Am Platz (in der Anlage vielleicht ein kleiner spindelförmiger Straßenmarkt) stehen einige bemerkenswerte Häuser. So das Haus Nr 2, das noch den alten Wachturm besitzt, und das **Kutschersfeld-Palais** (Nr 7), ein 2-geschossiges Rokokohaus aus dem Jahr 1762, das später in den Besitz der Eszterházys überging. Ferner das **Grünstüblhaus** (Grünstüblgasse 2/Zelená ul.). Das ursprünglich gotische Gebäude wurde schon 1419 erwähnt, es befand sich im Besitz der Stadt, die hier Feste veranstaltete. Der Name kommt von den seinerzeit vorherrschend in Grün gemalten Bildern. Die klassizistische Fassade aus dem Jahr 1781 besitzt einen älteren Giebel von 1775, dessen alttestamentliches Thema, Josua und Kaleb tragen Weintrauben, für Preßburg einmalig ist. Das neobarocke Eckhaus gegenüber, das **Palugyay-Palais** (Grünstüblgasse 1), wurde im 19. Jh von V. Rumpelmayer geplant und an der Stelle des alten Auerschen Hauses errichtet, von dem der im Hof noch vorhandene schöne Wandbrunnen (Marien-Statue der Nische fehlt!) stammen dürfte. Das Haus wurde auch Spukhaus genannt, da hier 12 ermordete Ratsherren umgegangen sein sollen.

Am Franziskanerplatz steht eine schöne **Marien-Säule**, die Leopold I. 1675 nach der Niederschlagung der Wesselenyischen Verschwörung aufstellen ließ (unbekannter österreichischer Meister). Am selben Platz steht das spätgotische

Preßburg: Primatialpalais

Gebäude des Weingärtnervereins (Nr 10, heute Restaurant "Veľkí františkáni"), das als eines der wenigen Gebäude seinen gotischen Charakter bewahrt hat. Daneben befindet sich eines der schönsten Preßburger Häuser, das **Mirbach-Palais** (Nr 11), 1768 -70 von M. Höllrigl erbaut. Die Treppe, die Gänge und die Räumlichkeiten sind von einer seltenen stilsicheren, dem Rokoko verpflichteten Geschlossenheit. Den Namen erhielt es in Erinnerung an den letzten Besitzer, der es der Stadt schenkte (heute Städtische Galerie). Das Gegenstück ist die nahe **Franziskanerkirche** mit dem anschließenden Kloster. Ihre bewegte Geschichte reicht bis in das 13. Jh zurück. Nach mehreren Ergänzungen, die Achse des frühgotischen Presbyteriums wurde im Schiff abgeknickt fortgesetzt, kam im 15. Jh der sehr schöne hochgotische Turm hinzu. 1779 baufällig geworden, wurde er abgetragen und im Aupark von Engerau als Gartenpavillon aufgestellt. Die Kirche erhielt eine von F. Schulek angefertigte Kopie. Erdbeben und Brände führten zu weiteren Schäden, so daß später noch zahlreiche Erneuerungen notwendig wurden. Der schönste Anbau ist die hochgotische 2-geschossige Johannes-Kapelle aus der 2. Hälfte des 14. Jh, mit interessanten Konsolen (eine Männer- und eine Frauenmaske) im Inneren. Unter der barocken Innenausstattung befindet sich vor dem Hintergrund einer düsteren, aber geschmackvollen Wandbehandlung der Seitenaltar der Pieta, mit einer aus dem 1. Viertel des 15. Jh stammenden Sandsteingruppe.

Gegenüber der Rückseite des Franziskanerklosters liegt, getrennt durch die Ursulinengasse (Uršulínska ul.), die **Ursulinenkirche** mit ihrem Kloster. Auch sie wurde auf dem Höhepunkt der Gegenreformation den Evangelischen 1672 abgenommen, nachdem sie von den Magyaren und Slowaken 1659 gebaut worden war. Der schmale, schlichte, einschiffige Bau, die evang Kirchen durften ja nicht an die kath erinnern, wurde barock ausgestattet und mit einem Holzturm versehen.

Etwas w des Altstadtzentrums befindet sich der fast in N-S-Richtung verlaufende Straßenzug der Michaelergasse-Venturgasse (Michalská ul. - Ventúrska ul.). In ersterer steht der in der Fassade auffallend klar gegliederte Renaissancebau der **Segnerschen Kurie** (Nr 7), die 1648 von der reichen Kaufmannsfamilie Segner errichtet wurde. Schade, daß die gemalte Quaderung noch immer fehlt. Zum berühmtesten Vertreter der Familie wurde Andreas Segner, der das Segnersche Rad erfand, die Grundlage für die Turbine. Über dem neoromanischen Holztor vom Ende des 19. Jh steht die lat Inschrift: "HAS AEDES ME PO EX FVNDAMNTO ANDREAS SEGNER ANNO 1648 VIRTVTE PARTA DVRANT".

Ein paar Häuser weiter steht das **Jesenak-Palais** (Nr 3), eines der ersten, klar disponierten Häuser des Hochbarock in Preßburg. Nicht weit entfernt findet sich das große, noch weit nach hinten reichende Gebäude der **Ungarischen Königlichen Kammer** (Nr 1), sie wurde 1753-56 nach Plänen von G.B. Martinelli errichtet und 1772 nach Plänen von F.A. Hillebrand wesentlich erweitert. Auf der Spitze des Risalits stehen zwei allegorische Figuren: Gerechtigkeit und Gesetz. In dem Gebäude fanden auch Tagungen des u Landtages statt, später hatte es nacheinander mehrere Funktionen (u.a. Kaserne, Statthalterei), ab 1953 Universitätsbibliothek.

Den Ausgang aus der Altstadt vermittelt eines der wenigen Relikte der Stadtbefestigungen, das **Michaelertor** (auch Michaelertorturm). Es stammt aus dem 14. Jh, und sein ursprünglich gotischer Turm war niedriger als der heutige, der 1511-17 auf seine jetzige Höhe gebracht wurde. Der barocke Turmhelm mit der Kupferstatue des Erzengels Michael (P. Eller) wurde erst 1758 aufgesetzt. Vor dem Tor liegt der Barbakan mit dem spätbarocken Haus der sehenswerten alten Apotheke "Zum roten Krebs", und anschließend führt eine Steinbrücke, auf der die Skulpturen Nepomuk und Michael stehen, über den alten Graben. In die Universitätsbibliothek wurde auch das Nachbarhaus, das **De Pauli-Palais** (Venturgasse Nr 11, Name der Straße von der italienischen Patrizierfamilie Bonaventura di Salto, die sich während der Blütezeit Preßburgs, hier niedergelassen hat) einbezogen. 1775-76 nach Plänen von F.A. Hillebrand gebaut und später barockisiert. 1820 trat hier Franz Liszt auf (Gedenktafel). Im Hof stehen ein Brunnen und im Garten ein Musikpavillon. Bescheiden wirken die beiden Gebäude der **Academia Istropolitana**, der Universität, die 1465 von Matthias Corvinus gegründet wurde (Nr 3 und 5) - trotz des Erkers am Haus Nr 3, und auch die Höfe sind einfach und nüchtern (heute Kunsthochschule).

Auf der anderen Straßenseite steht das schöne barocke **Pálffy-Palais** (Nr 10), das um 1775 errichtet wurde. Die Fassade des ausgedehnten Gebäudes mit den zwei Innenhöfen wirkt anziehend durch den Kontrast des reichen Portals, in dem sich eine schöne alte Tür befindet, und der klaren Linienführung der Fensterachsen. In dem Haus trat Mozart auf (Gedenktafel). Das Eckhaus der Straße ist das **Erdödy-Palais** (Nr 1), das als 3-geschossiges Rokokogebäude 1770 nach Plänen von M. Walch errichtet wurde. Von den 3 ursprünglich hier stehenden Häusern haben sich nur Reste auf der Hofseite erhalten (Arkaden). Das um 1930 aufgesetzte störende Geschoß wurde 1997 abgetragen.

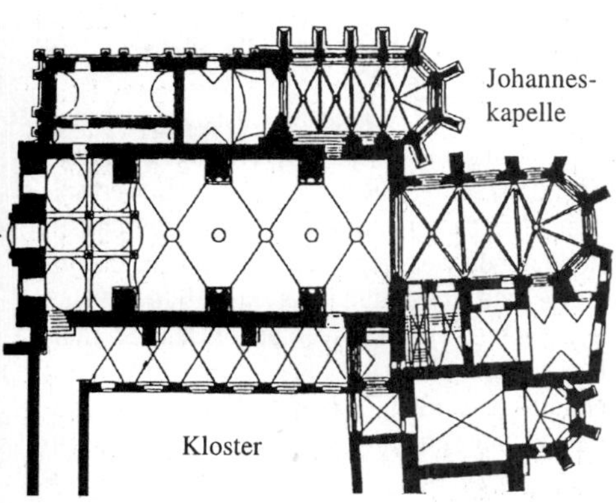

Preßburg: Grundriß der Franziskanerkirche

Quer zur Venturgasse verläuft die Lange Gasse (Panská ul.), an der einige der schönsten und interessantesten Häuser Preßburgs stehen. Dazu gehört die 2-geschossige, ehemalige **Kapelle Corporis Christi** (Nr 11). Schon 1396 stand hier eine Kapelle, die mehrfach beschädigt und an anderer Stelle des Grundstückes wiedererrichtet wurde (Gedenktafel im Hof), Wandmalereien von A. Zallinger. Der heutige Bestand, von M. Walch geschaffen, zeigt zur Straße ein einfaches klassizistisches Portal, in dem sich eine wertvolle alte Tür befindet. Das anschließende hohe, barocke **Eszterházy-Palais** (Nr 13) wurde um 1740 errichtet und erstreckt sich in der Tiefe bis zur nächsten Parallelstraße (Hviezdoslav-Platz). Auch seine Fassade lebt durch das besonders schöne Portal mit seinen alten ursprünglichen Türen.

Eine Rokokofassade aus einem Guß besitzt das anschließende **Balassa-Palais** (Nr 15). Oberhalb des Portals und an der Traufe befinden sich allegorische Figuren (Beständigkeit und Demut, Umsicht und Weisheit). Nachdem das Gebäude, wie viele andere der Altstadt, mehrfach seine Besitzer gewechselt hatte, richtete sich hier 1938 der Pensionsfonds der Unionbank ein, und nur den Auflagen der Stadt ist es zu verdanken, daß die Fassade und im Inneren die alten Fußböden und der Stuckschmuck erhalten geblieben sind (während die Hoftrakte modern umgestaltet wurden). Ein interessantes, noch Teile des alten Bestandes aus dem 13. und 14. Jh aufweisendes Gebäude ist das **Städtische Amt für Denkmalpflege und Naturschutz** (Nr 17), obzwar die spätrenaissancene Fassade die älteren Elemente verdeckt.

Ein prachtvolles Tor besitzt das barocke **Johann Pálffy-Palais** (Nr 19 und 21), das V. Rumpelmayer entworfen hat und das 1885 gebaut wurde. Oberhalb der 2 Altane und des Balkons stehen auf der Attika Juno, Diana, Zeus, Herkules, Venus und Pallas Athene. Reizvoll ist der Gegensatz in der Fassadengestaltung zweier Gebäude, die unmittelbar nebeneinander stehen, dem **Csáky-Palais** (Nr 33) und der **Salvator-Apotheke** (Nr 35). Das die Horizontale betonende spätbarocke Palais wurde 1775 nach Plänen von M. Walch errichtet, während das schmale, in die Höhe strebende Nachbargebäude, im neobarocken Stil von A. Adler geplant und 1904 gebaut wurde. Am Mittelpfeiler steht eine Statue Christi von A. Rigele. Die sehr schöne barocke Inneneinrichtung stammt teilweise aus der ehemaligen Jesuitenapotheke von 1727.

Die Lange Gasse endet unmittelbar an den Auf- und Abfahrten der Neuen Brücke, denen der ganze ehemalige Fischplatz (einschließlich der großen 2-türmigen, 1893-94 errichteten Synagoge) zum Opfer fiel. Lediglich die mehrfach restaurierte und umgestaltete **Dreifaltigkeitssäule**, die zur Abwendung der Pest 1713 aufgestellt wurde, ist erhalten geblieben. Der Fischplatz, früher außerhalb

Preßburg: Michaelertor

der Stadtmauer in der Nähe des Weidritztores und in der Nähe der Anlegestelle der Flößer gelegen, hieß, bezugnehmend auf letztere Zunft "Fletzerstadl". Erst später wurden dort Fische verkauft. Zu einer Oase der Stille ist der kleine Park geworden, in dem das Liszt-Denkmal (1911) steht. Das Modell dazu stammt noch von V. Tilgner aus dem Jahre 1884.

Der gotische **Martins-Dom** entstand im 14. und 15. Jh und wurde an der Stelle einer älteren Kirche aus dem 13. Jh errichtet. Während die n Mauer der dreischiffigen, klar gegliederten gotischen Halle noch im 14. Jh, die s bis 1411, hochgezogen wurde, kamen die Pfeiler erst um 1435 und das sehr schöne Kreuz- und Netzgewölbe (nach Plänen von H. Puchsbaum, damals einmalig in der Slowakei) bis 1452 zur Ausführung. Das durch seine relative Länge beeindruckende Presbyterium wurde 1461-97 errichtet. Da die W-Fassade mit ihrem Turm ein Teil der Stadtmauer war, gibt es auf dieser Seite keine Eingänge. Diese sind auf der S-Seite (spätgotische Vorhalle von 1510) und auf der N-Seite (neogotisches Hauptportal vom Ende des 19. Jh, das nur Fragmente des ursprünglichen Eingangs aus dem 14. Jh verwendete) vorhanden. 1760 vernichtete ein Blitzschlag Teile des Turmes, und der daraufhin aufgesetzte neue barocke Turmhelm brannte 1835 abermals ab. Die heutige Gestalt des hohen Turmhelms, der entgegen seinen Vorgängern den Proportionen des Gebäudes viel besser entspricht, stammt von I. Feigler aus dem Jahre 1835-47. Zur Erinnerung an die im Dom stattgefundenen Krönungen (1563-1830) wurde eine Kopie der u Krone auf der Spitze des Turmes angebracht.

Die schon 1941 begonnenen Freilegungsarbeiten im Bereich der W- und S-Fassade führten zu Auseinandersetzungen über den Wert und Unwert solcher Maßnahmen, aber der Dom hat durch den Abriß minderwertiger Häuser gewonnen! Die gotische Innenausstattung, darunter 16 (evtl waren es noch mehr!) Altäre, wurden (bis auf das Taufbecken von 1409) im Zuge der Barockisierung entfernt. Die 1865-78 durchgeführte Regotisierung konnte den Dom zwar von einigen störenden barocken Zutaten befreien, aber den ursprünglichen Bestand, zumal die alten Altäre nicht mehr vorhanden waren, nicht wieder herstellen. So war

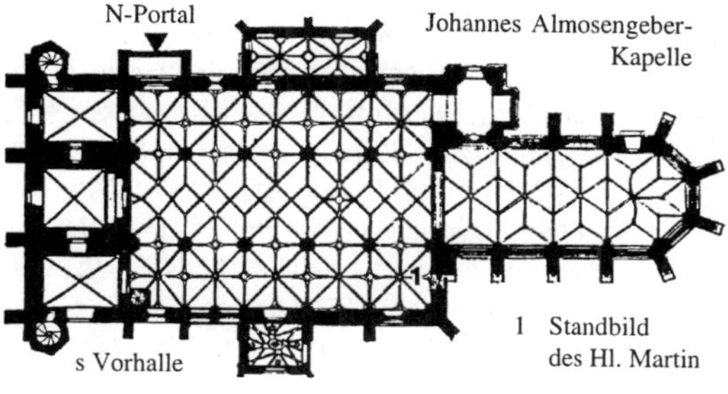

Preßburg: Grundriß des Martin-Domes

auch die Herausnahme des barocken Gestühls, das die Blumentaler Kirche bekam, kein Gewinn, noch weniger die Demontage des barocken Hochaltars, in dem ein Reiterstandbild R. Donners, Martin mit dem Bettler (1734), stand. Nachdem dieses daraufhin sogar im Freien aufgestellt wurde, fand man schließlich 1915 in der SO-Ecke der Halle einen mehr als ungünstigen Platz für dieses hervorragende Werk.

Nicht von der Regotisierung betroffen war die ebenfalls von R. Donner geschaffene barocke Innenausstattung der barocken Seitenkapelle des Johannes des Almosengebers, die 1732-34 auf der N-Seite, im Winkel zwischen der Halle und dem Presbyterium, angebaut wurde. Sie erinnert in ihrem Äußeren sehr stark an die allerdings erheblich größere Grabkapelle, die Balthasar Neumann an den Würzburger Dom anbaute (1721-36). Eine bedeutende spätgotische Steinplastik ist das Epitaph für den Vizekanzler der Universität G. Schomberg, das heute in der Anna-Kapelle steht und einen starken Einfluß des Nicolaus Gerhaert zeigt, so daß mit Sicherheit anzunehmen ist, daß ein Schüler des großen Niederländers das Grabdenkmal geschaffen hat. Unter den anderen Grabreliefs fällt das des Fürstprimas Emmerich Eszterházy (R. Donner) auf, wie auch das 1914 im Presbyterium enthüllte für den Kardinal Peter Pázmány (A.Rigele). Unter dem Dom und über seinen Grundriß nach N ausgreifend befinden sich umfangreiche Katakomben (auch eine Beinkammer), in denen zahlreiche geistliche und weltliche Würdenträger begraben wurden (letztes Begräbnis 1895).

Schräg gegenüber vom Dom und dem restaurierten Abschnitt der Stadtmauer steht, heute etwas verloren, da seiner alten Nachbarn beraubt, das schmale **Haus zum guten Hirten**, eines der schönsten Rokokohäuser der Stadt von 1760 (heute Uhrenmuseum). Nicht weit entfernt, angelehnt an den Burghügel, steht die kleine **Nikolaus-Kirche**. Zwischen dieser und der neuen Schnellstraße lag das ehemalige Ghetto, von dem keine ursprünglichen Häuser erhalten geblieben sind. Die frühbarocke Kirche wurde 1661 auf den Fundamenten einer gotischen Kirche, die während der Türkengefahr, im Vorfeld der Burg stehend, abgerissen wurde, errichtet. Sie besitzt ein schönes Renaissanceportal mit der Statue des Heiligen und einen monumentalen Altar, dessen Bild ebenfalls den Nikolaus zeigt. 1945 brannte die Kirche während des Durchganges der Front aus, 1946 wurde sie restauriert, und heute ist sie, ursprünglich kath, griech-kath.

In der vom Martins-Dom nach N führenden Kapitelgasse (Kapitulská ul.) stehen einige teilweise sehr alte Gebäude. Gleich am Anfang das **Jesuiten-Kollegium** (Nr 1) von 1628-35 (nach Auflösung des Ordens Rechtsakademie, nach dem 1. Weltkrieg juridische Fakultät), heute Röm.-Kath. Theologische Fakultät. Vom ursprünglichen Gebäude ist allerdings nur die Fassade erhalten geblieben. Gegenüber befindet sich der **Große Probsteihof** (Nr 19), der in seiner heutigen Form von 1632 und 1776 (Umbauten in Renaissance und Barock) stammt, heute Internat.

Im Garten steht eine Skulptur der Heiligen Elisabeth von Ungarn (bzw. Thüringen) von A. Rigele (1907). Das mit einem auffallenden Portal ausgestattete und schönen schmiedeeisernen Arbeiten versehene **Kollegium Emericanum** (Nr 20) wurde 1641-42 zur Ausbildung von Laienpriestern errichtet. Im weiteren Verlauf der Kapitelgasse stehen auf der O-Seite sehr alte Häuser (Kleiner Probsteihof), deren Kern auf romanische Bauten zurückgeht. Auf der W-Seite steht das **Szönyi-Haus** (Nr 12), das sich 1926 der Architekt A. Szönyi errichtete (früher u.a. auch Sitz des Preßburger Kunstvereins, Wohnhaus etc). Im Nachbarhaus (Nr 6-8), dem **Palatinalgebäude**,

Preßburg: Haus zum guten Hirten

einem Komplex, der aus mehreren Häusern besteht, residierte der Statthalter Albert von Sachsen-Teschen 1766-70 (bis zur Fertigstellung der Umbauten in der Burg). Das Haus gehörte den Eszterházys, vorher den Thurzos und noch früher den Listis - in deren Familie es einige berüchtigte und krankhaft belastete Personen gegeben hat: Stefan Listi war ein Falschmünzer, Ladislaus Listi wurde als Mörder, Räuber und Giftmischer in Wien hingerichtet, und seine 2. Frau, Anna, war seine ebenbürtige Helfershelferin (eine Freundin von Elisabeth Nadásdy, die ebenfalls im Kerker endete).

In der Nachbarschaft steht in der Klarissergasse (Klariská ul.) die **Kirche der Klarissinnen** mit dem angebauten Kloster. Das einschiffige schlichte gotische Gebäude hat eine bewegte Vergangenheit, und die Klarissinnen hatten wenig Freude an ihm. Den Bau begannen sie Ende des 13. Jh, Einwölbung aber erst 1375, nachdem das Presbyterium (in der räumlichen Gestaltung eine Verlängerung des Schiffes in gleicher Breite) fertiggestellt war. 1515 mußten sie nach einem Feuer eine Neueinwölbung vornehmen. Da sie als Bettelorden keine dominierenden Glockentürme errichten durften, kam ihnen der originelle Einfall, einen Turm als überdimensionale Fiale aus einem der Strebepfeiler herauswachsen zu lassen. Der 5-eckige Turm wurde 1700 nach einem Erdbeben so baufällig, daß er teilweise einstürzte (der umfangreiche gotische Figurenschmuck blieb erhalten). 1702 wurde er durch einen barocken Helm abgeschlossen. Nach der Auflösung des Ordens (1782) durch Josef II. wurde das Kloster von J.J. Tallherr zu einem kath Gymnasium und einer Rechtsakademie umgebaut (1783-84). Das Gymnasium blieb bis 1908, an ihm studierte u.a. Béla Bartók (Gedenktafel), die Akademie nur bis 1851. 1898-99 wurde der Turm von F. Schulek zu seiner heutigen, sehr schönen Gestalt regotisiert. Zahlreiche Wechsel in der Nutzung des Klosters folgten, und weitere Schäden traten an der Kirche ein, so daß die anschließenden Straßen im August 1944 für Autos gesperrt werden mußten. 1957 wurde im Kloster die Pädagogische Bibliothek eingerichtet und in der 1966-73 restaurierten Kirche (viele Jahre Lagerraum!), die auch für Vorträge und kammermusikalische Veranstaltungen genutzt wird, eine Dauerausstellung mittelalterlicher Kunst aufgebaut, in der auch die Originale des figuralen Turmschmuckes zu sehen sind (nachdem am Turm selbst Kopien angebracht wurden).

Am n Ende der Klarissergasse zweigt nach rechts die engste Gasse Preßburgs, die Basteigasse (Baštová ul.) ab, und in Fortsetzung der Klarissergasse führt eine Treppe in die Kapuzinerstraße (Kapucín-

Turm der Klarissinnenkirche

ska ul.). Am unmittelbar anschließenden Komitatshausplatz (Župné nám) steht die **Kapuzinerkirche** mit dem anschließenden Kloster. Die einschiffige barocke Kirche wurde 1708-11 erbaut, aber Schäden an den Fundamenten erforderten schon 1735-37 Sicherungen und Änderungen. Die heutige schlichte Fassade im historisierenden romanischen Stil erhielt die Kirche erst 1861 von I. Feigler dJ. Im Inneren einige schöne und geschmackvolle Altäre, von denen das Bild des Hauptaltars aus dem 18. Jh die Übergabe Ungarns (dargestellt als Silhouette Preßburgs) in die Hand Marias durch Stephan I. zum Thema hat. Die Marien-Säule (1723) vor der Kirche steht erst seit 1984 an diesem Platz, vorher vor dem nahen Gebäude der **Komitatsverwaltung** (zeitweise Gauamt, heute Teil des SNR). An jenem Platz stand ursprünglich ein Kloster von 1721, und als die Räumlichkeiten der Verwaltung nicht mehr genügten, wurde 1844 der heutige Bau von I. Feigler sen errichtet, und nach dem 2. Weltkrieg erheblich erweitert.

Gleich daneben steht am Kohlmarkt (Hurbanovo nám.) - hier wurde früher Holzkohle verkauft, kein Gemüse!, später auch König-Ludwig-Platz genannt - die barocke **Dreifaltigkeitskirche** (auch Kreuzpaterkirche, Trinitarierkirche), die ab 1717 erbaut wurde und zwar an der Stelle, wo einst die gotische Michaelerkirche gestanden hatte, die - vor den Mauern gelegen - zu Beginn der Türkengefahr abgetragen wurde. Der Bau ging nur langsam voran, viele der Nischen der Hauptfassade blieben leer, und für die unvollendet gebliebenen Türme fand man einen einfachen, aber sich in das Gesamtbild gut einfügenden Abschluß. Einladend wirkt die konkav eingezogene Hauptfassade, deren Portal den Eintritt in einen ovalen, nicht überladenen Zentralbau vermittelt. Von der Einladung über den erwartungsvollen Eintritt zu der Erhebung in den Himmel, den die großartige illusionistische Ausmalung der Kuppel von A. Galli Bibiena aus den Jahren 1736-40 suggeriert, wirkt die Idee sehr überzeugend. Die schönen Altäre sind ein besonderer Anziehungspunkt dieser Kirche. Den Hauptaltar schuf 1726 G. Bussi; das Bild (die Gründer des Ordens) ist von Franz Xaver Karl Palko. 1811-12 wurde an der O-Seite der Kirche die Pfarrei angebaut, die 1938 wegen ihres schlechten Zustandes durch einen von A. Szönyi und F. Wimmer geplanten Bau ersetzt wurde. Im Obergeschoß befinden sich die Räume des Pfarramtes und im Erdgeschoß Geschäftsräume (seinerzeit die Fa. Pallehner).

Preßburg: Dreifaltigkeitskirche

Nach O schließt der Marktplatz (Námestie SNP) an, auch Republikplatz (aus 3 benachbarten Plätzen entstanden: Barmherzigenplatz, Tändlerzeile und Getreidemarkt). Im oberen Bereich des Platzes (am ehemaligen Barmherzigenplatz) fand früher ein Teil der Krönungsfeierlichkeiten statt, und zwar wurde hier vom König der Eid auf die u Verfassung geleistet. Am nw Ende des Platzes steht die ref Kirche, die **Kalvinerkirche**, die 1913, im neoromanischem Stil von F. Wimmer geplant, errichtet wurde. Etwas sö von dieser Kirche befindet sich die barocke **Kirche der Barmherzigen Brüder**, eingerahmt von den anschließenden, jeweils einen Hof umschließenden 4-flügligen Klosterbauten. Der gesamte Komplex wurde 1723-28, nach der Vernichtung eines früheren Bestandes durch Feuer (1683), errichtet. In der barocken, noch einige Renaissancedetails aufweisenden Fassade stehen mehrere Plastiken: unten Peter und Paul (Ende des 17. Jh von J. Schwanthaler), in der obersten Nische Christus und - frei auf den Gesimsabsätzen - die Erzengel Michael und Gabriel sowie Johannes der Täufer und Antonius

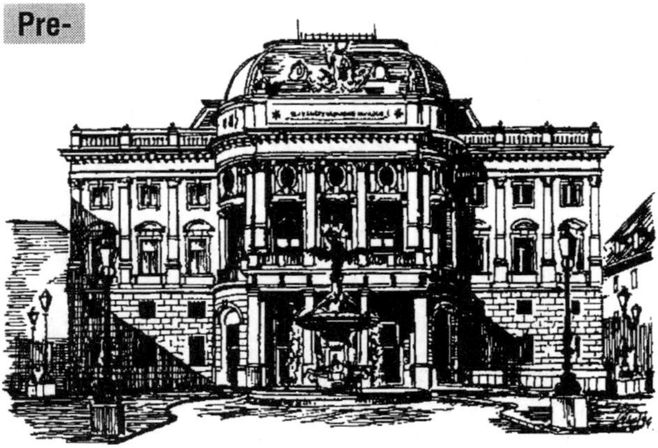

Preßburg: Staatstheater

gebaut), die 1929 nach einem Projekt von M. Harminc zusammengefaßt, umgebaut und aufgestockt wurden, und dem **Staatstheater**. Es wurde an der Stelle des 1774 von M. Walch geplanten, 1793 erweiterten, aber zu kleinen Gebäudes nach Plänen von F. Fellner und H. Helmer errichtet (1886). Mehrere Bildhauer und Maler waren an der Ausstattung beteiligt, so V. Tilgner, T. Friedl, L. Lütgendorf. Von V. Tilgner stammt auch der 1888 errichtete Ganymed-Brunnen vor dem Theater.

von Padua. Die Aufstellung dieser Figuren zog sich bis in die 30-er des 18. Jh hin. Das schlichte Innere des einschiffigen, mit einem Tonnengewölbe abgeschlossenen Raumes wird durch die Altäre beherrscht. 1735-37 wurde der ursprüngliche Hauptaltar durch den jetzigen (mit dem Bild der Heimsuchung von M. Speer) ersetzt. Für 4 der 6 Seitenaltäre lieferte M. Speer ebenfalls die Bilder und für einige Altäre A. Rigele die Statuen, durch die ältere barocke Figuren ersetzt wurden. Während der n Bereich des Klosters durch Geschäfte u.a. Einrichtungen genutzt wird, befindet sich in den übrigen Teilen ein Krankenhaus. Leichtfertig ist in den 40-er Jahren mit der alten Bausubstanz umgegangen worden: Das neue Rathaus sollte auf dem Gelände des Klosters und der Kirche errichtet werden. Der Krieg verhinderte dies. Dagegen wurde schon 1935 im Bereich des unteren Marktplatzes das 11-geschossige Hochhaus von R. Manderla nach einer Planung von Ch. Ludwig und J. Spitzer gebaut, technisch eine beachtliche Leistung! Aber andere, mehr oder weniger schlecht gelungenen Neubauten stören die Harmonie dieses außerhalb der heutigen Denkmalszone gelegenen Platzes.

Die Fischertorgasse (Rybárska brána) bildet die Verbindung zwischen der Altstadt und der s gelegenen großen Promenade (früher Radetzky-, dann Kossuth-Platz, heute Hviezdoslavovo nám.). Den Platz beherrschen zwei große Bauten: Das **Hotel "Carlton"**, früher 3 selbständige Hotels, Carlton, Savoy und National (von I. Feigler jun geplant und

Gegenüber vom Theater steht die **Kirche Notre Dame**, die 1747 begonnen wurde. Das Kloster ist vollendet worden, von der Kirche besteht nur das Presbyterium. Die früher davor stehende Josefs-Säule wurde 1949 abgetragen. Unmittelbar daneben befindet sich das pseudorenaissancene Haus des ehemaligen **Fotoateliers Mindszenty**, das 1905 sein heutiges Aussehen erhielt. Neben anderen sezessionistischen Details ist ein allegorisches Relief über die Kunst der Fotografie zu sehen.

Für das **Hviezdoslav-Denkmal** von 1933-37 schufen den Entwurf V. Ihriský und J. Pospíšil. Früher stand hier das J.N. Hummel-Denkmal, das demjenigen Petöfis weichen mußte und das sich heute im Park des Grassalkovich-Palais befindet. Am sw Platzende steht ein Standbild der **Diana**, das A. Brandl 1876 für den Brunnen vor dem Grassalkovich-Palais geschaffen hatte. Als der dortige Brunnen umgestaltet wurde, kam die Figur zuerst in den Aupark von Engerau.

Die Brückgasse (Mostová ul.), die am Hotel Carlton beginnt, führt zur **Redoute**, 1912-13 nach Plänen von M. Komor und D. Jakab errichtet, heute Sitz der Slowakischen Philharmonie. Sie trat an die Stelle des Schüttkastens (Getreidespeicher), den F.A. Hillebrandt geplant hatte. Die Straße erreicht die Donau und verbreitert sich gleichzeitig zum Krönungshügelplatz (früher Königsbergerplatz, dann Platz des 28. Oktober, Roosevelt-Platz, heute Námestie Ľ.Štúra), einem historischen Platz Preßburgs. Hier nahmen die gekrönten Könige mit symbolischen 4 Schwertstreichen in alle Himmelsrichtungen von Ungarn Besitz. Die **Krönungshügel** befanden sich an verschiedenen Stellen des Platzes. Vor Errichtung des Schüttkastens, auch im Bereich der heutigen Redoute, da sie immer wieder abgetragen wurden. Erst 1775 wurde ein fester, von einer Granitmauer umgebener "Königsberg" an der Stelle errichtet, wo jetzt das Štúr-Denkmal steht. Da die Stadt kein Geld für die Erhaltung des nach 1830 nutzlos gewordenen "Hügels" hatte, wurde er 1870 abgetragen.

1897 wurde an dieser Stelle das beachtliche Reiterstandbild Maria Theresias (J. Fadrusz) errichtet. Es zeigte jenen Moment, wo die u Stände der politisch und militärisch stark bedrängten jugendlichen Königin zuriefen "Vitam et sanguinem pro regina nostro". "Vitam et sanguinem" wurde auch auf die Vorderseite des Sockels gesetzt, während auf der Rückseite die Widmung zu lesen ist: "Errichtet im 1000. Jahr des Bestandes Ungarns durch die Bevölkerung der kön. Freistadt Preßburg zum Andenken an hier erfolgte Krönungen". Nach dem 1. Weltkrieg wurde dieses Denkmal sinnlos zerstört, und es dauerte fast 20 Jahre, bis hier das Štefánik-Denkmal errichtet wurde. Bei den Fundamentierungsarbeiten fand man Reste der Grundmauern des Krönungshügels. Nachdem auch das Štefánik-Denkmal keinen langen Bestand hatte, steht hier seit 1972 das Denkmal Štúrs.

Flußaufwärts befindet sich die **Wasserkaserne**, die 1759-63 von der Stadt errichtet wurde, um die lästigen Einquartierungen auszuschließen. Der einst 4-flüglige, einen großen Hof einschließende, 3-geschossige, mit seinen Arkaden typische Renaissancebau war bis 1939 (als beschlossen wurde, ihn ganz abzureißen) Kaserne. 1941 wurde wegen der Straßenverbreiterung aber nur der Donauflügel weggerissen, so daß ein zum Ufer hin offener Platz entstand. Die restlichen 3 Flügel wurden wieder als Kaserne benützt (1944/45 durch den d Heimatschutz). 1949-51 wurden die 3 Flügel in den Neubau der Slowakischen Nationalgalerie (SNG) einbezogen und u.a. ein moderner brückenähnlicher Flügel auf der Donauseite errichtet. Dieser oben auskragende Flügel setzt erst im 1. Obergeschoß an, so daß der Blick, wie durch ein überdimensionales Fenster, in den jetzt begrünten Hof geht, dessen Begrenzungen die 3 alten Flügel bilden. Eine gewagte, technisch interessante, hinsichtlich der Folgekosten aufwendige Lösung! Das Eckhaus (Café Berlin) gehört seit 1993 auch zur SNG.

Außerhalb der Denkmalszone der Altstadt gibt es noch zahlreiche weitere schöne, interessante, wertvolle Bauten. In der vom sö Ende des Marktplatzes nach NO führenden Spitalgasse (Špitálska ul.) steht gegenüber vom Kaufhaus "Prior" die unauffällige, in die Front des ehemaligen Krankenhauses einbezogene **Bürgerspitalkirche** (auch Ladislaus-Kirche), die I. Feigler sen 1828-30 im klassizistischen Stil geplant hatte. Der Kirchenraum wird durch einen überraschend geräumigen, ovalen, schönen Zentralbau gebildet, der durch eine Kuppel abgeschlossen ist. Das Bild des Hauptaltars, die Apotheose des Ladislaus, wurde 1830 von F. Lütgendorff gemalt.

Ein paar Häuser weiter befindet sich gegenüber vom Hotel "Kyjev" die barocke **Kirche der Elisabethinerinnen**, ein kleiner, aber von A. Pilgram hervorragend disponierter Baukörper, der mit dem

Preßburg: Slowakische Nationalgalerie

anschließenden Kloster und einem Krankenhaus 1739-43 errichtet wurde. Nach einem Feuer (1879), Schäden am Turm (1901) und Bombenschäden (1944) wurde im Inneren der Kirche wieder der ursprüngliche Zustand hergestellt. In der Fassade steht in einer Nische über den Wappen des Kardinals Eszterházy die Elisabeth, ihr zu Füßen liegt ein Bettler. In den beiden anderen Nischen befinden sich die u Könige Stephan I. und Ladislaus I. Die Fresken des Innenraums stammen von P. Troger, auch sie befassen sich mit der Elisabeth (Krönung und Himmelfahrt), ebenso das Bild im Hauptaltar. Die vielen Bezüge in Preßburg auf die Hl. Elisabeth von Ungarn (oder Thüringen) sind begründet: Sie hat als Kind 4 Jahre auf der Preßburger Burg verbracht, bevor sie auf die Wartburg kam. Die Meinungsverschiedenheiten um ihren Geburtsort, Preßburg oder Sárospatak, sind bisher nicht entschieden, obzwar Preßburg immer mehr in Betracht gezogen wird.

Zur Erinnerung an diese Persönlichkeit die durch ihre außergewöhnliche Mildherzigkeit außerhalb aller menschlichen Schemata steht und durch ihre

Preßburg: Elisabeth-Kirche (Blaue Kirche)

Strahlkraft, Menschen aller Zeiten und Stände, über die Grenzen der Konfessionen hinweg angezogen hat, wurde in Preßburg eine zweite Kirche geweiht, die **Elisabeth-Kirche** (die sogenannte "Blaue Kirche"), in der Raneyss-Gasse (Bezručova ul.). Die Kirche, die Pfarrei und das anschließende Gymnasium wurden nach Plänen von E. Lechner 1906-08 im Sezessionsstil errichtet, der mit romanischen Elementen einen "ungarischen Nationalstil" kreieren wollte. Im kreisrunden Mosaik über dem Eingangsportal wird das Rosenwunder dargestellt. Im bewegten Inneren sind zahlreiche Bilder in die zur Verfügung stehenden Flächen integriert worden. Das Altarbild zeigt Elisabeth bei der Verteilung von Liebesgaben an Bettler und Arme.

Am nö Ende der Spitalgasse steht am Amerikaplatz (Americké nám.) das **Aspermont-Palais** (auch Palais Schiffbeck genannt), 1769 von J.J. Tallherr im klassizistischen Stil errichtet. Das zur Straße hin schlichte, unauffällige Gebäude ist zu einem großen, ehemals französischen Garten hin orientiert und auf dieser Seite geschmackvoll gestaltet worden. Heute dient es, nachdem die Eszterházys, dann die Schiffbecks seine Besitzer waren (sie schenkten das Palais der Universität), als Sitz der medizinischen Fakultät, die für ihre Zwecke das sehr schöne Vestibül ungünstig in mehrere Räume aufgeteilt hat. Im Garten stehen einige schöne Skulpturen.

Die eingeschlagene Richtung führt zum Blumentalerplatz (Floriánske nám.) mit der 1885-88 im neoromanischen Stil (nach einem Entwurf von F. Rumpelmayer) errichteten **Blumentaler Kirche**. Der schlanke, innen klassisch sparsam ausgestattete Bau (barockes Gestühl vom Martins-Dom) war die dritte Kirche der rasch wachsenden Vorstadt Blumental. Schön ist auch der Christus am Kreuz von J. Fadrusz. Vor der Kirche steht die **Florians-Säule**, die - 1732 geschaffen - vor dem Lorenzertor, also im unteren Bereich des Marktplatzes, ihren ursprünglichen Standort hatte. 1938 war sie der neuen Verkehrsführung im Wege und wurde auf den Blumentalerplatz umgesetzt. Sie stammt von einem unbekannten Künstler und soll die Einwohner vor Feuer und Dürre bewahren.

Von der Dreifaltigkeitskirche führt die kurze Dürre Maut (Suché Mýto) nach N. Der Name kommt von dem längst nicht mehr bestehenden Stadttor, durch das die Waren nach Preßburg kamen und wo entsprechender Zoll erhoben wurde (früher auch Viereimergasse, oder Vieremergasse, nach einem Brunnen mit 4 Eimern, dann Erzherzog Friedrich-Straße). Am anschließenden Hodža-Platz (Hodžovo nám.), früher auch Grassalkovich-Platz, der im Zuge der Straßenbauten und durch den Abriß einiger Häuser zu einer großen weiten Fläche geworden ist, kommt das **Grassalkovich-Palais** sehr gut zur Geltung, obzwar für den Platz selbst bisher noch keine befriedigende städtebauliche Lösung gefunden wurde. Das barocke, durch seine klare Linienführung bestechende, am Rand eines weiten französischen Parkes stehende Schloß ließ der Präsident der ungarischen königlichen Kammer, Graf Anton Grassalkovich (ein Günstling Maria Theresias, der auf der Basis seiner unzweifelhaften Verdienste zu einem der reichsten Standesherren wurde) nach 1760 durch A. Mayerhofer errichten, wobei eine Mitwirkung F.A. Hillebrandts nicht auszuschließen ist. Dominanten des Bauwerkes sind das prachtvolle, reich mit Skulpturen (Flora, Ceres, Bacchus, etc.) ausgestattete Treppenhaus und der Spanische Saal. 1939 nach einigen Umbauten, Sitz des Staatspräsidenten der SL, nach dem 2. Weltkrieg "Dom pionierov a mládeže K. Gottwalda" (=Haus der Pioniere und der Jugend K. Gottwalds), bis es Ende der 80-er Jahre kulturellen Zwecken diente. Heute Sitz des Staatspräsidenten der SR. Vor dem Schloß Fontäne des Friedensplaneten von Tibor Bártfay, im Park vom gleichen Künstler Fontäne mit badenden Nymphen, und im n Bereich das J.N.-Hummel-Denkmal von Viktor Tilgner von 1885 (stand bis 1904 am Ort des heutigen Hviezdoslav-Denkmals, mußte dann dem Petőfi-Denkmal auf den Platz vor der Kirche Notre Dame weichen, um ab 1945 vor das ehemalige städtische Brauhaus verbannt zu werden).

Preßburg: Park am Grassalkovich-Palais

Nur durch eine Seitenstraße getrennt, schließt an die N-Seite des Parkes der ebenfalls in einem weiten Park stehende Barockbau der **Sommerresidenz** der Erzbischöfe an, der mit den nach dem 2. Weltkrieg errichteten Gebäuden, der Hauptverwaltung der Post (NO-Seite) und der Technischen Hochschule (SO- und SW-Seite) den Freiheitsplatz (Nám. Slobody) bildet und eine beachtliche, sehr gut gelungene Symbiose von Alt und Neu darstellt. Früher auch Fürstenwiese genannt, ein wüster Platz (vulgo "Sahara"), der als Exerzier- und Paradeplatz wie auch als Lagerplatz von Truppen benutzt wurde. 1614 ließ der Fürstprimas F. Forgách, damals weit vor der Stadt, die 3-flüglige Sommerresidenz errichten. Den gediegenen repräsentativen Charakter erhielt das Bauwerk erst durch die Ergänzungen und Umbauten in den folgenden Jh, von denen die letzten großen Arbeiten 1761-65 von F.A. Hillebrandt geleitet wurden. Im Untergeschoß hatte R. Donner seine Werkstatt. Die Kapelle wurde 1740 mit dekorativen Fresken von A. Galli Bibiena ausgemalt. Der seinerzeit aufgestellte neue Hauptaltar befindet sich heute in Kaltenbrunn. Nach der Rückkehr der Erzbischöfe nach Gran wurde 1859 ein Krankenhaus eingerichtet, das bis 1939 erhalten blieb. Dann wurde das Gebäude als Außenministerium der SL umgebaut, nach dem 2. Weltkrieg Sitz der Regierung der Slowakischen Sozialistischen Republik, heute des Ministerpräsidenten der SR.

Auf der W-Seite des Hodža-Platzes beginnt die Nonnenbahn (Panenská ul.), die zusammen mit der Konventgasse (Konventná ul.) und dem Palisadenweg (Palisády) jenen Bereich bildete, in dem sich das evang Leben Preßburgs abspielte bzw. in dem es nach dem Ödenburger Landtag wieder zu wachsen begann. Auf der Nonnenbahn steht die **Große (deutsche) evangelische Kirche**, die in klarer klassizistischer Linienführung (mit einigen spätbarocken Elementen, 1774-77 nach einem Entwurf von M. Walch) am Platz der hölzernen Artikularkirche von 1682 errichtet wurde. Da die evang Kirchen keine Türme haben durften, versuchte der Architekt die Aufmerksamkeit durch das hohe steile Dach, ähnlich wie bei der Jesuitenkirche, auf den Bau zu lenken: mit Erfolg! Der Altar, der gleichzeitig die Kanzel bildet, fügt sich in den mit umlaufenden, teilweise 2-geschossigen Emporen versehenen, dreischiffigen Innenraum sehr gut ein, er stammt von P. Brandenthal. Bemerkenswert ist aber das Altarbild, Christus in Emaus, das A.F. Oeser gemalt hat. Nach S (die klassizistische Hauptfront steht an der Konventgasse bzw. dem Hodža-Platz) schließt das **Alte evang Lyzeum** an (1606 als Lateinschule gegründet), das 1783 nach Plänen von M. Walch, errichtet wurde.

Schon 1778 wurde an der Nonnenbahn (Ecke Lyzeumsgasse) die einfache klassizistische **Kleine evangelische Kirche** für die evang Slowaken und die Magyaren, ebenfalls nach Plänen von M. Walch errichtet. An beiden Kirchen weisen längere lateinische Texte auf ihre Entstehung hin, und auf der Nordseite der Großen Kirche steht zusätzlich: "PRO PRICIPIS PATRIAE ORBISQVE CHRISTIANI SALVTE DEO SVPPLICARE MEMENTO". In der Nähe des alten Lyzealgebäudes, in der Fortsetzung der Konventgasse, steht das klassizistische **Evangelische Lyzeum**, 1854-55 nach Plänen von G. Bendl gebaut. Der laufend steigende Platzbedarf (die theologische Akademie, die bisher im alten Lyzeum untergebracht war, zog in das "neue" Lyzeum um) führte 1896 zu einem weiteren Bau, diesmal am Palisadenweg, in dem zuletzt das Deutsche Gymnasium, das aus dem evang Lyzeum gebildet wurde, untergebracht war.

Die Dominante Preßburgs, die weithin sichtbare **Burg**, ist auf drei Wegen zu erreichen: Mit dem Auto von N, vom Hodža-Platz über den Palisadenweg und die oberste Schloßgasse (Zámocká ul.) zum Wiener Tor von 1712 (auch Karls-Tor) und zu Fuß von SO über die Schloßstiege durch das Corvinus-Tor, das seinen alten gotischen Bestand teilweise erhalten hat (auch Sigismund- oder Matthias-Tor) oder, ebenfalls zu Fuß, von der Nikolaus-Kirche durch Anlagen zur NO-Ecke des Burgareals. Der 4-flüglige einen etwas unregelmäßigen 4-eckigen Hof einschließende Palast wurde nach 1430 unter der Leitung von Konrad Erling von der Wiener Dombauhütte errichtet. In der Folge mehrmals umgebaut und immer repräsentativer ausgestattet (1561 und 1622, als ein weiteres Stockwerk und die 4 Türme errichtet wurden, die heute die charakteristische Silhouette bilden). Die prachtvolle, im Rokokostil gehaltene Innenausstattung (1761-81) erhielt die Burg zur Zeit Maria Theresias, in der auch das nicht erhalten gebliebene Theresianum angebaut wurde, in dem der Statthalter und Schwiegersohn Maria Theresias, Albert von Sachsen-Teschen, gewohnt hat, und der hier die reiche Gemäldegalerie, die spätere "Albertina", anlegte. Die weitere Nutzung brachte dem Gebäude keine Ergänzungen in der Ausstattung, da Josef II. es 1783 zu einem Priesterseminar umbauen ließ.

Preßburg: Altes Evangelisches Lyzeum

Murmann-Höhe: Gefallenendenkmal 1.Weltkrieg

Räume werden zu Repräsentationszwecken vom SNR genutzt, in anderen sind Ausstellungen des Slowakischen Nationalmuseums untergebracht. Vom Burghügel, auf dem die Reste einer dreischiffigen Basilika aus dem 9. bzw. 10. Jh gefunden wurden, ist die Aussicht auf die türmereiche Stadt und die Donau sehr schön.

Am Rand von Preßburg gibt es einige Sehenswürdigkeiten, die es zu besuchen lohnt. So die **Murmann-Höhe** (benannt nach einem Maler und Bildhauer; 253 m). Auf dem W-Teil steht das Denkmal für die im 1. Weltkrieg Gefallenen, das A. Rigele unter Mitarbeit von F. Wimmer und A. Szönyi 1920 schufen. Als Material wurden die Steine des Sokkels des zerstörten Maria Theresia-Denkmals, das am Krönungshügelplatz stand, verwendet. Auf dem O-Teil, dem Slavín, steht das Denkmal für die Gefallenen der Sowjetarmee. Von beiden Orten sehr schöne Aussicht auf die Stadt und die nahe Umgebung. Mit 440 m ist der **Gemsenberg** (Kamzík) wesentlich höher: Fernsehturm, zwei Restaurants, sehr schöne Aussicht (besonders vom Turm). Denkmal für die Gefallenen von 1866. Lifte. Autostraße (zu Fuß 2 Std). W unter dem Gemsenberg liegt in einem malerischen Tal mit mehreren Teichen das **Eisenbrünnl** (Železná studnička), seit jeher ein beliebter Ausflugsort, Restaurant. Autostraße.

Preßburg hatte schon immer ein sehr lebhaftes und reichhaltiges kulturelles Leben, das durch die Nähe Wiens günstig beeinflußt wurde. Seit 1609 traten im Weißen Hof Berufsschauspieler und Wandertruppen auf, und seit 1741 gab es in dem aus Holz errichteten **Theater** vor dem Fischertor ständig Vorstellungen. Im Zuge der Magyarisierung kam es dann zu Einschränkungen der d Vorstellungen, die schließlich nur mehr von den Dilettanten der "Kränzchenburschen" bestritten wurden. Das 1919 gegründete Slowakische Nationaltheater brachte fast ausschließlich tschechische, später auch slowakische Autoren auf die Bühne, so daß ein "Deutsches Theater" im

1802 wurde es schließlich zur Kaserne. Am 30.5.1811 brach durch Unachtsamkeit der Soldaten ein Feuer aus, das den Palast einäscherte, so daß nur die Umfassungsmauern stehen blieben. Die Ruine war dem Verfall preisgegeben, zeitweise wurde sie, wie häufig, als Steinbruch verwendet, und längere Zeit hindurch war das Gelände als militärisches Objekt (die anderen Gebäude wurden weiter als Kaserne genutzt) gesperrt. 1927 wurde die Freigabe unter der Bedingung erreicht, daß die Stadt zwischen der Ruine und dem militärisch genutzten NO-Teil eine Mauer ausführen solle. Bis 1935 geschah nichts. 1940-41 tauchten, wie schon vorher öfters, Pläne auf, die eine Schleifung der Ruine, die immer baufälliger wurde, beinhalten. Eine in der d Presse inszenierte Kampagne für die Erhaltung der Ruine (die Wogen erreichten sogar die "Frankfurter Zeitung"), sprach nicht ganz richtig von der "Erhaltung der deutschen Vergangenheit". 1942 wurde ein Wettbewerb veranstaltet, der zum Ziel hatte das Universitätsviertel von Preßburg auf dem Burghügel zu errichten. Von den 24 Arbeiten erhielt keine den 1. Preis, und die zwei vergebenen 2. Preise (Architekten aus Rom bzw. Berlin) gingen vom Totalabriß der Burg aus. Die Ereignisse des Krieges verhinderten diese Pläne, und bereits 1953 wurde mit der Rekonstruktion der gesamten Anlage auf der Grundlage des Bestandes zur theresianischen Zeit begonnen, wobei nicht alle Details der Ausstattung berücksichtigt wurden. Einige

Das Preßburger Wappen

gleichen Haus eingerichtet wurde. Zuerst gab es in jedem Jahr eine d Spielzeit von 2 Monaten. Später wurden jeden Montag und Donnerstag, schließlich nur jeden Montag d Aufführungen veranstaltet. Um die Organisation kümmerte sich der Deutsche Theaterverein, der sich im August 1938 wegen unüberbrückbarer politischer Gegensätze ("Eingliederung in die Volksgemeinschaft", Judenfrage etc.) spaltete. Opern und Operetten wurden, wie damals üblich, nicht in der Originalsprache, sondern fast ausschließlich in tschechisch aufgeführt. Ausnahmen bildeten d Ensembles oder d Gäste.

Eine Besonderheit Preßburgs sind die Oberuferer Weihnachtsspiele. Die mittelalterlichen Volksschauspiele kamen im 17. Jh mit Zuzüglern aus Oberösterreich in den heute zu Preßburg gehörenden Ort Oberufer (Prievoz) und wurden dort in einer langjährigen Tradition um Weihnachten von den Bauern für die Bauern aufgeführt. K. J. Schroer hat die Spiele (Paradies-, Christgeburts- und Dreikönigsspiel) aufgezeichnet und bekannt gemacht. Von Rudolf Steiner übernommen, wurden sie zum festen Bestandteil der Freien Waldorfschulen. Da es keine mittelalterlichen Aufzeichnungen gibt, wurde um eine möglichst originalgetreue, nicht modernisierte ("verweltlichte") Textfassung und Aufführungspraxis bis in die Gegenwart gerungen und gestritten.

Preßburg ist Sitz des Slowakischen Nationaltheaters und der Slowakischen Philharmonie, eines bekannten Puppentheaters und mehrerer Sprechbühnen. Bedeutende Musikveranstaltung: Preßburger Frühling.

Ab 1919 Komenský-**Universität** (Vorgänger: Die kurzlebige Academia Istropolitana, 1464 von Matthias Corvinus gegründet, und die 1784 von Tyrnau verlegte königliche Akademie, die zur 1914 gegründeten Elisabeth-Universität (2, ab 1915 4 Fakultäten) wurde. Technische Hochschule (1937 in Kaschau gegründet, 1938 nach dem 1. Wiener Schiedsspruch, nach Preßburg verlegt) und mehrere andere Hochschulen (u.a. Musik, bildende Kunst, Wirtschaft). 1606 Gründung des Evang Lyzeums, das später in das Deutsche Staatsrealgymnasium überging. 1850 Gründung der ersten Realschule Ungarns, die ein ausgezeichnetes Niveau hatte. Sitz zahlreicher Institute der Slowakischen Akademie der Wissenschaften SAV (keine Lehrtätigkeit).

Bedeutend für ganz Ungarn ist die **Entwicklung des Zeitungswesens** in Preßburg gewesen. Nachdem bereits 1611 eine Druckerei gegründet wurde, erschien 1705-11 die erste Preßburger Zeitung "Mercurius Veridicus ex Hungaria". Vom 12.3.1721 bis 1723 erschien die Wochenzeitung "Nova Posoniensia", die von Matthias Bél gegründet wurde. 1776 begann die "Preßburger Zeitung" zu erscheinen, 1780-88 erschien die erste Zeitung in ma Sprache "Magyar Hírmondó" und 1783-87 die erste in sl Sprache "Prešpurské noviny", 1879-80 die Arbeiterzeitung "Die Wahrheit", später die Wochenzeitschriften "Volksstimme" und "Rote Fahne", die 1939 verboten wurden. Nachdem die von Johann Michael Landerer gegründete "Preßburger Zeitung" 1928 wegen finanziellen Schwierigkeiten ihr Erscheinen einstellte, hatte sie nur eine indirekte Nachfolgerin, das "Neue Preßburger Tagblatt", das als Kopfblatt des in Brünn herausgegebenen "Tagesboten" erschien. Bald nach der Einstellung dieses Blattes 1935 erschien ein neues

Preßburg: Entenbrunnen von Robert Kühmayer

Blatt, die "Neue Preßburger Zeitung", die in Mährisch-Ostrau gedruckt wurde. Auch sie kam nicht über das Jahr 1940 hinaus. Ganz im Gegensatz dazu das später einzige d Tagblatt, der 1872 von Ivan Simony gegründete "Grenzbote". Zuerst antisemitisch eingestellt, kam es mit einer zunehmend liberaleren Haltung über Laufer an Engyelis und schließlich an Gabriel Feuer (1934), der mit seinem Hauptschriftleiter Eugen Holly einen antinationalsozialistischen und sehr objektiven Kurs steuerte. Im November 1939 wurde das Blatt von einem Konsortium, hinter dem die DP stand, erworben, aber nicht genug "gleichgeschaltet", um in Deutschland vertrieben zu werden.

Bedeutender Industriestandort, (Petrochemie, Maschinenbau, Glas-, Kunstfaser- und Gummiproduktion, Automobil-, Textil- und Holzindustrie, Baustoffproduktion, Chemie, Lebensmittelherstellung). Vor 1945 u.a.: Apollo-Raffinerie, Dynamit-Nobel AG, Emailit Eisengießerei, Erdal-Werke, Maschinenfabrik Feitzelmayer, Bürstenfabrik Grüneberg, Wasser- und Gasmesserfabrik Michera, Müller Möbelfabrik, Kabelfabrik, Stollwerck Schokoladenfabrik, Tungsram AG, Zwirnfabrik AG.

Geburtsort zahlreicher bedeutender Persönlichkeiten, u.a. der Komponisten und Dirigenten: Johann Kusser, Johann N. Hummel, Franz Schmidt, Ernst Dohnanyi, Johann Albrecht, Anton Paulik, ferner u.a. der bildenden Künstler: Adam F. Oeser, Johann Fadrusz, Alois Rigele, Viktor Tilgner, Christian Ludwig-Attersee, sowie u.a. der Forscher: Virgil Klatt, Wolfgang Kempelen, Johann A. Bäumler, Andreas Segner und des bisher einzigen Nobel-Preisträgers der Slowakei Philipp Lenard, Karl Benyovszky, Alfred Marnau, Rudolf Laban etc. Wirkungsstätte vieler hervorragender Kapazitäten, u.a. Johannes Müller-Regiomontanus, Matthias Bél, Raphael Donner, Samuel Mikovini, Alexander Albrecht, Ján Bella, Milan M. Harminc, Franz X. Messerschmidt, Oskar Nedbal. Auftrittsort zahlreicher bedeutender Musiker, u.a. Haydn, Mozart, Liszt, Brahms, Beethoven, Bartók, Rubinstein, Johann und Richard Strauß.

M ***1. "Slovenské národné múzeum", SNM*** *(=Slowakisches Nationalmuseum), besitzt und verwaltet mit ca. 3 Mill. Stücken den größten Museumsbestand der Slowakei, mehrere Einzelmu-*

Preßburg: Nationalmuseum (Hauptgebäude)

seen: 1.1 Prírodovedné múzeum SNM (=Naturwissenschaftliches M.d.SNM), Vajanského nábr. 2 (Hauptgebäude des SNM, Projekt von M.M. Harminc 1930), mit wertvollen Kollektionen, 1.2 Historické múzeum SNM (=Historisches M.d. SNM), in der Burg, deckt alle Bereiche ab (auch Kunst), 1.3 Archeologické múzeum SNM (=Archäologisches M.d.SNM), Žižkova ul. 12 (Kamper-Kurie, 16. Jh) und auf der Burg die Abteilung "Kleinode der ältesten Vergangenheit der Slowakei", sehr wertvolle Exponate (Verkauf von Abgüssen), 1.4 Hudobné múzeum SNM (=Musikmuseum d.SNM), in der Burg, wertvolle Instrumente, Sammlungen zahlreicher Komponisten, 1.5 Múzeum židovskej kultúry na Slovensku (=Museum der jüdischen Kultur der Slowakei), Židovská ul. 17 (Zsigray-Kurie, 17. Jh), 1992 gegründet, mit Kultgegenständen, Archivalien, 1.6 Múzeum kultúry karpatských Nemcov (=Museum der Geschichte der Karpatendeutschen), 1994 gegründet. ***2. "Slovenská národná galéria, SNG"*** *(=Slowakische Nationalgalerie), Riečná 1 (Wasserkaserne und ö Nachbargebäude mit Café Berlin), hervorragende Sammlungen der bildenden Kunst, mit vollständigen Altären, Bruchstücken, Einzelwerken, darunter: Madonna von Kleinlomnitz mit Begleitfiguren, Christi Geburt von Freistadtl,*

Madonna und Andreas von Nehre, Madonnen von Rißdorf, Großschlagendorf, Kreig, und Ďapalovce, Charakterköpfe von F.X. Messerschmidt, Plastiken R. Donners von Mariatal usw. ***3. "Mestské múzeum"*** *(=Städtisches Museum), mehrere Einheiten: 3.1 Geschichte der Stadt, im Rathaus, 3.2 Feudaljustiz, im Rathaus, 3.3 Weinbau und Weinherstellung, Radničná ul. 1 (neben dem Rathaus), 3.4 Johann-Nepomuk-Hummel-Musikausstellung, Klobučnícka ul. 2 (Geburtshaus des Komponisten), 3.5 Kunsthandwerk, Beblavého ul. 1, 3.6 Waffen und Stadtbefestigung, im Michaelertor, 3.7 Pharmazie: Apotheke "Zum roten Krebs" am Michaelertor, 3.8 Historische Uhren, im Haus zum guten Hirten.* ***4. "Galéria mesta Bratislavy"*** *(=Galerie der Stadt Preßburg), Mirbach-Palais, Primatialpalais (Gobelins von Mortlake) und Pálffy-Palais.* ***5. "Múzeum obchodu"*** *(=Handelsmuseum), Linzbothova ul. 16.* ***6. "Múzeum školstva a pedagogiky na Slovensku"*** *(=Museum des Schulwesens und der Pädagogik in der Slowakei), Klariská 5.* ***7. "Múzeum polície Slovenskej Republiky"*** *(=Museum der Polizei der SR), Gunduličova ul. 2.* ***8. "Múzeum telesnej kultúry v Slovenskej Republike"*** *(=Museum der Körperkultur in der SR), Trnavská ul. 31.* ***9. "Krajanské múzeum"*** *(=Museum der Landleute), Štefánikova ul. 25, befaßt sich mit dem Leben der Slowaken im Ausland.*

T *Zahlreiche Stadien. Eisstadion. Drei Schwimmhallen (Vajanského nábr., Junácká ul., Miletičova ul.). Sechs Freibäder (Odbojárov, Ružová dolina, Údernícka ul., Knižkova cesta, in Karlburg-Karlová Ves, und in Ratzersdorf-Rača). Zwei Strandbäder (Zlaté piesky an der Senecká cesta, Veľký Draždiak in Engerau Lúky VI). Skilifte. Zahlreiche Hotels, Restaurants. Motel, Campingplatz Zlaté piesky.*

Preßburg hat eine erstaunliche Bevölkerungsentwicklung:

🌐 1720: 7.152 EW (387 Sl, 6018 D, 702 Ma),

1850: 42.238 EW (7.586 Sl, 31.509 D, 3.154 Ma), 1910: 78.223 EW (12.915 Sl, 32.790 D, 31.705 Ma),

1930: 123.844 EW (60.013 Sl, davon 25.177 Tschechen, 32.801 D, 18.890 Ma, 4.747 J),

1940: 138.536 EW (67.869 Sl, 27.838 D, 13.195 Ma, 12.163 J),

1961: 242.000 EW (230.266 Sl, davon 11.148 Tschechen, 1.268 D, 8.314 Ma), 1991: 446.655 EW (417.128 Sl, davon 11.012 Tschechen, 1.290 D, 20.538 Ma, 25 J), 2001: 428.672 EW.

Kommentar: Sprunghafter Anstieg der Ma bis 1910 (Zuwanderung, Magyarisierung), Abnahme der Ma bis 1930 (Abwanderung, opportunistische Meldung vieler magyarisierter Sl zum neuen Staatsvolk), sprunghafte Zunahme der Sl bis 1930 (Meldungen als Sl, Zuzug tschechischer Beamter), von den 14.882 Konfessionsjuden (1930) ließen sich nur 4.747 als Nationaljuden zählen (die übrigen wahrscheinlich als Sl und D), im Stadtbezirk I (Altstadt) waren die D auch noch 1930 die stärkste Gruppe (8.477 EW: 2.257 Sl, 2.607 D, 1.640 Ma, 1.138 J).

◉ UMGEBUNG: Auf dem s Donauufer • ENGERAU (PETRŽALKA), Brückenkopf, Vorstadt (1930: 14.164 EW; 7.854 Sl, 3.173 D, 2.034 Ma), schließlich Satellitenstadt Preßburgs (117.227 EW), eingemeindet seit 1946. Späte Besiedlung, da das rechte Donauufer Jh hindurch von Wasserarmen, Inseln und Auwäldern sehr stark zergliedert war. Von der Vorkriegsbebauung ist so gut wie nichts mehr übrig. Fiel nach dem Münchner Abkommen an Deutschland, nach dem 2. Weltkrieg zurückgegliedert. Hitler hat Preßburg nie besucht, dafür aber Engerau (Nov. 1938). Vom Donauufer schau-

Schloß Karlburg bei Preßburg

te er nach Preßburg hinüber, wo ihm, als Teil des Štefánik-Denkmals, der auf einem hohen Pfeiler stehende Löwe, das Wappentier Böhmens, der ČSR und der ČSSR auffiel. Nachdem er über die Hintergründe der Tierplastik unterrichtet worden war, hatte er gemurmelt: "Die Katz' muß runter!", und 7 Monate später war sie entfernt und der Pfeiler abgetragen. Beide stehen heute vor dem Slowakischen Nationalmuseum.

In sö R (12 km): • KARLBURG (RUSOVCE) (1.922 EW), kam nach dem 2. Weltkrieg mit den Nachbarorten Kroatisch Jarndorf (Jarové) und Sarndorf (Čunovo) von Ungarn an die Slowakei (1971 nach Preßburg eingemeindet). Besiedlung zur Bronzezeit, nach dem 2. Weltkrieg wurden die Reste der **Römerstation Gerulata** ausgegraben. Das **Schloß** wurde 1813 in Neorenaissance begonnen, im späten 19. Jh vom Züchter englischer Pferderassen, Henckel von Donnersmark, im historisierenden, an die englische Gotik erinnernden Stil total umgestaltet. 1906 Umbauten durch den Grafen Lonay für seine Gemahlin, die Witwe des Kronprinzen Rudolf. Gehört der Folkloregruppe SLUK.

In nw R (6 km) • BLUMENAU (LAMAČ) (6.544 EW), liegt n der Autobahn. Das Gefecht bei Blumenau beendete 1866 den Preußisch-Österreichischen Krieg, der Ort brannte aus, Denkmal am Friedhof. Zwei kath Kirchen: Die jüngere von 1947-49 (M. Harminc), die ältere von 1568-69, mit einem barocken Hauptaltar vom frühen 18. Jh mit Plastiken (Rosalia, Sebastian und Rochus). S der Autobahn liegt • KALTENBRUNN (DÚBRAVKA) (35.199 EW). Kath Kosma-Damian-Kirche von 1723, charakteristisch für die Dynamik des Barock, mit einem über dem elliptischen Grundriß errichteten Zentralbau, Marien-Seitenaltar aus dem Kreis um R. Donner (18. Jh). Beide Orte sind seit 1946 nach Preßburg eingemeindet.

In nö R (7 km) • RATZERSDORF (RAČA), früher kleinere (1930: 6.164 EW; 5.187 Sl, 847 D, 82 Ma; 2001: 20.172), nach der Eingemeindung zu Preßburg (1946) schnell gewachsene Stadt (ca. 16.000 EW) mit alter Weinbautradition. Klassizistische Evang Kirche mit einem schönen spitzen Turm, von 1834-35 (lat und d Text), 1905 umgebaut. Kanzelaltar, Rokoko, mit sehr gutem Bild "Christus auf dem Ölberg". Kath Kirche, gotisch von 1390, 1629 in Renaissance umgebaut. In w R (10 km)

Iwanka an der Donau, Schloß

• IWANKA AN DER DONAU (IVÁNKA PRI DUNAJI), mittlerer Ort (4.989 EW), mit einem zu Unrecht wenig bekanntem Schloß. Im 18. Jh ließen die Grassalkovich's ein Rokokokastell errichten, das Ende des 19. Jh erhebliche Erweiterungen im neogotischen sezessionistischen Stil erfuhr. Sehr schöner Turm! Heute wissenschaftliches Institut. Irreführender Name des Ortes, gemeint ist die Kleine Donau!

◉ ZENTREN IN DER WEITEREN UMGEBUNG: Theben, Mariatal, St Georgen, Wartberg, Bruck.

◆ **PREßBURG (PREŠPORSKÁ,** bzw. **BRATISLAVSKÁ STOLICA),** comitatus Posoniensis, Preßburger Gespanschaft, Pozsony vármegye. Gehört zu den ältesten und bedeutendsten Komitaten, mit fünf königlichen Freistädten und alten wichtigen Verkehrwegen, Weinbau, eine der Kornkammern der Slowakei, relativ frühe Industrialisierung, sehr hohes kulturelles Niveau.

■ **PRIWITZ (PRIEVIDZA),** 280 m, Bezirkshauptstadt, bildet mit Weinitz eine Doppelstadt (administrativ getrennt), Zentrum im Becken der oberen Neutra. Industriestandort. ŽSR, Straßenknoten, SAD. Namen: d auch Priewitz, früher auch Pritz, ma Privigye, 1113 Preuigan, 1289 Preuge, 1352

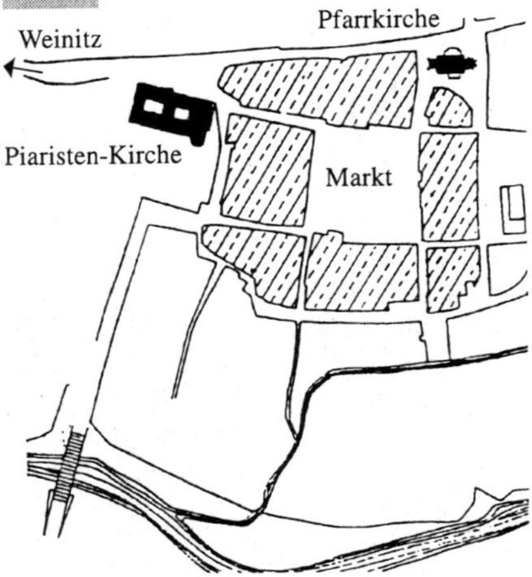

Der mittelalterliche Kern von Priwitz

Preuigia, 1383 Prewge, 1388 Prividia, Priwidya, 1773 Privicza, 1786 Prewicza, 1920 Prievidza.

Die sehr alte Besiedlung reicht nach den Funden in der Propsthöhle von Weinitz, mit einer an die absolute Sicherheit grenzenden Wahrscheinlichkeit bis in die 3. Zwischeneiszeit zurück. Später ein wichtiger Siedlungsplatz (Jungsteinzeit, Bronzezeit, Zeit der Quaden, Puchauer Kultur, Großmährisches Reich). Eine Burg bestand schon im 11. Jh, nach der Zerstörung um 1325 wurden die Steine für andere Bauten verwendet. Im Kreis der königlichen Freistädte konnte sich Priwitz nur ganz kurze Zeit halten. Die Hussiten setzten der Stadt sehr zu, aber trotz dieser Unterbrechung und denjenigen durch die Verwüstungen der Türken und der aufständischen Truppen kam es zur Gründung zahlreicher Zünfte, und im 16. Jh spielte der Weinbau, das Kultivieren von Safran und der bis heute betriebene Anbau von Obst eine große Rolle. 1771 gelang es den Frauen von Priwitz, mit einer großen Demonstration gegen die Weinitzer Herrschaft größere Erleichterungen zu erkämpfen.

Am **Marktplatz**, einer fast quadratischen d Zentralanlage, stehen bereits viele neuere Gebäude, da die älteren nach dem verheerenden Brand von 1678 unter teilweiser Einbeziehung der Ruinen neu hergerichtet wurden. Die Größe des heute sehr stark bepflanzten Platzes wurde in der Erwartung hoher Einkünfte (die der Bergbau der Region liefern sollte, die aber dann nur eine kurze Zeit zum Tragen kamen) als Kern einer zukünftigen großen Stadt angelegt. Die Kirchen stehen abseits des Platzes.

Aus einem Guß erscheint die Fassade der spätbarocken **Piaristenkirche**, die mit dem anschließenden ehemaligen Kloster 1666-1753 errichtet wurde. In der Außenfront stehen in den Nischen Plastiken (Sebastian, Rochus) von D. Stanetti, der auch das Relief der Dreieinigkeit schuf. Im Innern fällt neben dem wandfüllenden Hauptaltar die schöne illusionistische Ausmalung auf, ferner die Seitenaltäre. Die **kath Pfarrkirche** wurde Ende des 14. Jh gotisch errichtet. Später kam es zu mehreren Umbauten und Ende des 17. Jh zur Barockisierung, die auch dem schönen, 3-fach abgesetzten Turm das heutige Aussehen gab. Von den mittelalterlichen Wandmalereien sind nur noch Fragmente erhalten. Eine bedeutende Kirche ist die befestigte **Marien-Kirche** auf dem Friedhof, die im spätromanischen Stil um 1260 errichtet wurde. Mehrfach umgebaut, konnte sie ihre Ursprünglichkeit bewahren und besitzt eine schöne Einrichtung.

Industrie: Lebensmittel (teilweise bereits seit 1907: Fa. Karpatia), Bergbauausrüstungen, Möbel.

M *"Hornonitrianske múzeum" (=Oberneutramuseum) im Kloster (u.a. Exponate des ehemaligen Stadtmuseums von Deutschproben, seinerzeit von Anton Wässerle zusammengestellt).*

T *Hotels. Freibad.*

⊕ 1930: 4.369 EW (4.104 Sl, 58 D, 28 Ma, 138 J), 1940: 4.579, 1991: 53.424, 2001: 53.097 EW.

◉ UMGEBUNG: In w R (2 km): • WEINITZ (BOJNICE), die klein gebliebene Schwesterstadt von Priwitz (5.006 EW). Eine Burg wurde bereits 1113 erwähnt. Sie war wegen ihrer erstklassigen strategischen Lage ein sehr begehrtes und trotz der vielen Besitzwechsel immer weiter ausgebautes Objekt. Das sehr schöne, mit einer wertvollen Einrichtung (Goldener Saal etc.) ausgestattete **Weinitzer Schloß** erhielt sein heutiges ansprechendes, an die französische Gotik erinnerndes Aussehen zwischen 1888-1909, als Johann Pálffy es mit großem Aufwand umbauen ließ. Nach seinem Tod

(1908) führten kostspielige und lange Erbauseinandersetzungen sowie wirtschaftliche Probleme zu einer Finanzkrise, die 1938 mit dem Verkauf der gesamten Herrschaft Weinitz (Schloß, Bad und ca. 17.000 ha Land) an die Baťa-Werke endeten (angebliche Summe: 20 Mill. Kč). 1945 enteignet. Wertvoller "italienischer" Altar mit 10 *TAFELBILDERN VON NARDO ORCAGNA* (Andrea di Cione), 14. Jh, um 1870 von Johann Pálffy erworben. Treppenwitz der Kunstgeschichte und Beispiel für die schwierigen tschechisch-slowakischen Beziehungen: 1933 wurden die Tafeln gestohlen, bald gefunden und zur Restaurierung nach Prag gegeben. Doch gab sie keine der dortigen Regierungen zurück, und erst zähe Verhandlungen nach der Wende ermöglichten, im Tausch (!) gegen Bilder sl Galerien, die Rückkehr nach 62 (!) Jahren. *ZWEI GOTISCHE TAFELBILDER*, wertvoll, stammen von einem verschollenen Flügelaltar (1. Hälfte 15. Jh). Sie wurden wahrscheinlich von einem Künstler gemalt, der mit dem Kreis um Hans von Tübingen Kontakt hatte, evtl in Preßburg oder in seiner Umgebung arbeitete (heute allgemein als der Meister der Preßburger Elisabeth bezeichnet). Schöne gotische Plastiken, darunter eine Marien-Tod-Gruppe. Gruft von Johann Pálffy, prähistorische Höhle.

Das Schloß von Weinitz

Das **Bad Weinitz** (in der Nähe des Schlosses) entwickelte sich auf der Basis der Thermalquellen (34-47,6°C). Schon 1113 als "fervidus fons" erwähnt, errichtete für sie bereits Alexander Thurzo in der 1. Hälfte des 16. Jh zwei Becken aus Marmorblöcken. Aber erst Johann Pálffy schritt zu einem Ausbau des Bades. Sein Tod führte wieder zum Stillstand, und in der kurzen Zeit, in der das Bad im Besitz der Baťas war, wurde von den eingeleiteten Planungen nur ein Neubau verwirklicht. 1950 Staatsbad. Behandlung: Rheumatische Erkrankungen, Nervenkrankheiten.

Ursprünglich gotische **Martins-Kirche** aus der 2. Hälfte des 14. Jh, mehrfach erweitert, schließlich im Renaissancestil umgebaut. Eine schöne Steinplastik befindet sich unter dem Chor. Leider wurde 1949 die Ausmalung des Presbyteriums übertüncht. Neben der Kirche steht eine schöne 2- geschossige Kapelle (17. Jh). **T** *Zoologischer Garten. Sehr schönes Thermalfreibad, Hotel, Motel, Camping- und Zeltplatz, Hütten.*

In nw R (6 km) • NICKELSDORF (PORUBA): Kleiner Ort (1.291 EW), sehr interessante, gotische, kath Nikolaus-Kirche, 1. Hälfte 14. Jh. Dicker, mächtiger Turm mit großer barocker Haube. Das Schiff hat eine flache, bemalte Holzdecke (Spätrenaissance), an den Wänden gotische Gemälde, gemauerte Kanzel von 1633 mit Renaissancebemalung. Im Seitenaltar befinden sich Fragmente des ursprünglichen gotischen Hauptaltars.

◉ ZENTREN IN DER WEITEREN UMGEBUNG: Nováky, Deutschproben, Krickerhau.

■ **PUCHAU (PÚCHOV),** Bezirkshauptstadt, 265 m. Im mittleren Waagtal, ö der Engstellen von Nimnica, gelegene Industriestadt. Bedeutender Eisenbahn- und Straßenknoten, SAD. Namen: ma Puhó, 1243 Puch, 1332 Poho, 1409 Puchou, 1469 Puchow.

Alter Siedlungsplatz (Jungsteinzeit, der Bronzezeit und jüngere Eisenzeit). Nach dem Namen des Ortes wurde der sich in der NW-Slowakei entwickelnde Kulturkreis als Puchauer Kultur bezeichnet.

Nach der Schlacht am Weißen Berg und den in Böhmen und Mähren einsetzenden Protestantenverfolgungen ließen sich hier zahlreiche Flüchtlinge nieder. Das barock-klassizistische 3-flüglige Schloß stammt aus der 2. Hälfte des 18. Jh, ebenso das ehemalige Salzlager. Die kath Kirche wurde 1939-40 nach einem Plan von M. Harminc errichtet, nachdem das Schiff der alten Kirche (Renaissance 17. Jh) abgetragen wurde. In den neuen Bestand wurde nur der Turm und das Presbyterium der alten Kirche eingegliedert. Die neogotische dreischiffige evang Kirche, 1880 erbaut, ist reich gegliedert und besitzt einen sehr wertvollen Renaissancealtar, der 1643 im Stil der sächsischen Altäre des Manierismus geschaffen wurde.

Industrie (Textilien, Gummi, Baustoffe, darunter Asbestzementwerke, die bereits in den 20-er Jahren bestanden haben "Syenit", Edelputz-Terrazzo-Kunststein "Syderolit").

T *Hotels.*

⊕ 1930: 2.712 EW (2.458 Sl, 37 D, 13 Ma, 156 J), 1940: 3.656, 1991: 18.311, 2001: 18.833 EW.

◉ UMGEBUNG: In s R (6 km) • BELUŠA, Kleinstadt (6.052 EW), wenige ältere, interessante Häuser (Nr 28,34,35,37,38,358), die früher einmal mit Stroh gedeckt waren. Kath Pfarrhaus, klassizistisch (Fassade im Empirestil) vom 1. Drittel des 19. Jh. Im benachbarten Ortsteil • BELUŠSKÉ SLATINY: Thermalquellen, die einen Kurbetrieb (Rheuma) ermöglichten, der aber nach dem 2. Weltkrieg nicht wieder aufgenommen wurde.

T *Hotels. Motel.*

In nw R (11 km) • LÚKY, kleiner Ort (968 EW), im landschaftlich schönen Bereich des Lysatales, am S-Rand jenes Gebietes gelegen, das durch den Zuzug von Walachen, Weilerwirtschaften und die "Rastelbinder" geprägt ist (vergl Großbitsch, Makov und Turzovka). Kath Kirche, ursprünglich gotisch vom 15. Jh, im 17. und 18. Jh umgebaut und barockisiert, der alte gotische Taufstein von 1400 steht im Pfarrgarten.

Im Nachbartal liegt nach 4 km • LAZY POD MAKYTOU (1.462 EW), kath Kirche (1901) und evang Kirche (Mitte 19. Jh, 1927 umgestaltet), mit spätbarocken Skulpturen Christus und Moses (Ende 18. Jh). Die kurvenreiche Stichstraße führt auf den Hauptkamm des Javornikgebirges bis zum • SATTEL UNTER DER KOHÚTKA (800 m, Parkplatz). Der w benachbarte Gipfel der Kohútka (913 m) ist auf dem rot mk Kammweg in 10 Min zu erreichen. Unter dem Gipfel steht eine Hütte, die früher dem Maler Hlavica gehörte. Viel schöner und weiter ist jedoch die Aussicht vom Stolečný (953 m), vom Sattel auf dem rot mk Weg in ö Richtung in 3/4 Std zu erreichen. **T** *Berghotel.*

◉ ZENTREN IN DER WEITEREN UMGEBUNG: Trentschin, Trentschinteplitz, Nimnica, Waagbistritz.

■ **PUDLEIN (PODOLÍNEC)**, Bez Stará Ľubovňa, 572 m. Kleines Zentrum im Poppertal. Bedeutende Stadt im Mittelalter. Zentrum der Gegenreformation in der Zips. Stadtreservat. ŽSR, SAD. Namen: ma Podolin, 1244 Podolin, 1256 Podolincz, 1337 Podolinum, 1412 Podolinecz.

Belegte alte Gründung zwischen dem 10.-12.Jh, in die Siedler aus Schlesien über Polen kamen, geriet in der 2. Hälfte des 13. Jh unter p Einfluß. Kunigunde, Tochter Belas IV. und Gemahlin des Neusandezer Woiwoden Boleslaw, brachte zwischen 1272-79 Erbrichter Heinrich nach Pudlein und erteilte einige Rechte. 1285 und 1287 verwüsteten die Mongolen Pudlein und seine Umge-

Pudlein: Katholische Kirche mit Glockenturm

bung, wurden aber 1288 in der Nähe geschlagen. Die Stadtrechte wurden entsprechend dem Magdeburger Recht erneuert, 1292 bekommt Pudlein als erste Stadt der Zips das Stapelrecht, und Heinrich erhält so weitgehende Rechte wie niemand in der Gegend. 1343 und 1345 werden Rechte der königlichen Freistädte erteilt. 1391 erwirbt die Stadt die Rechte des Erbrichters, und 1412 wird sie königliche Freistadt. Die Stadt fällt im selben Jahr unter die Verpfändung und kann während dieser den Großteil seiner Rechte nutzen. Nach der Rückkehr bleibt sie nur kurze Zeit königliche Freistadt, dann wird sie in die Provinz der 16 Zipser Städte eingereiht. Vom 16. bis in das 18. Jh hinein war Pudlein eine sehr rege Handels- und Handwerkerstadt, mit der ältesten Schusterzunft der Slowakei (1415).

Am zu einem Dreieck verbreiterten Straßenmarkt stehen einige schöne **Häuser**, meistens typische Durchfahrtshäuser, die im Stil der Spätrenaissance errichtet wurden. Von der **Stadtbefestigung** sind einige Abschnitte (Mauern, mehrere Basteien) erhalten, die zum Teil als Rückwände von Wohnhäusern und auch als Mittelwände zwischen zwei Häusern verwendet wurden, während die Stadttore schon im 19. Jh dem Verkehr wichen.

Die **kath Pfarrkirche**, etwa Ende des 13. Jh als einschiffiger Bau errichtet, wahrscheinlich um 1380 eingewölbt, wurde in der Renaissance und vor allem nach dem Brand von 1684 umgebaut und im 18. Jh um die seitenschiffartigen Kapellen erweitert und barockisiert. Nach dem Erdbeben von 1789 kam es zu einer klassizistischen Umgestaltung, die das harmonische Äußere des massigen Baukörpers noch besser zur Geltung brachte. Der niedrige Glockenturm wurde 1659 im Renaissancestil (mit einer 2-teiligen reichen Attika) fertig. Die alten Fresken wurden leider nicht mehr erneuert. An den Wänden des Presbyteriums gotische Malereien von 1360-1430 in mehreren Schichten, die 1910-12 aufgedeckt und ergänzt wurden. Die drei übereinander angeordneten Bildreihen zeigen neben einem christologischen Zyklus zahlreiche Szenen, auch die Evangelisten, sowie ihre Zeichen (neu) und viele andere Bilder. Im barocken Hauptaltar von 1700-10 steht eine gotische Madonna aus der Zeit um 1360. Ein sehr schönes Werk mit auffallend scharfen Falten und dem bereits durchscheinenden Knie des Spielbeins. Die übrigen Plastiken erinnern an die Arbeiten O. Engholms. Im Seitenaltar, der links vom Triumphbogen steht, befindet sich eine Kopie der Katharina. Das Original, wahrscheinlich ein Werk des Meisters, der die Madonna in der Leutschauer Alten Minoritenkirche geschaffen hat (um 1430), ist in Budapest. In der Kirche befinden sich vier weitere Altäre (17. und 18. Jh), eine Rokokokanzel (18.-19.Jh) und eine wertvolle, sehr schöne Bronzetaufe (in der 2.Hälfte des 14.Jh in der Zipser Neudorfer Werkstatt gegossen). Abgesehen von den hier nebeneinander angenagelten Füßen Christi, ist sie nahe verwandt mit der Taufe in Göllnitz, nur im Guß besser als diese. Das Kloster und die **Klosterkirche** wurden von den Piaristen 1647-51 nach Plänen von Pochsberger im Barockstil errichtet. Der gesamte Bau, die Kirche teilt auch hier den großen Hof in 2 Teile, blieb ohne größere Änderungen (1762 Erneuerung der Türme). Vor 1950 lange Zeit Kaserne, dann Pflegeheim, heute wieder Kloster der Redemptoristen und Schule. Barockaltar von 1688, die Seitenaltäre wurden diesem entsprechend angepaßt. Interessant ist auch die **Friedhofskapelle**, von der die halbrunde romanische Apsis aus dem 13. Jh stammt und die im 14. und 16. Jh ein Schiff und andere Erweiterungen erhielt. Kleiner sezessionistischer Bau der früheren **Synagoge**. 1642 gründeten die Piaristen ein Gymnasium (als Gegenstück zum evang

Topporz: Evangelische Kirche

Lyzeum in Kesmark), an dem später auch Philosophie vorgetragen wurde und das - später in ein 4-klassiges Gymnasium umgewandelt - bis 1919 existierte.

Sägewerk (früher Müller Josef & Söhne).

⊕ 1930: 2.510 EW (1.528 Sl, 38 Ru, 672 D, 17 Ma, 91 J), 1940: 1.892, 1991: 2.908, 2001: 3.173 EW.

◉ UMGEBUNG: In w R (4 km) • TOPPORZ (TOPOREC), früher teilweise d Gemeinde (1930: 865 EW; 441 Sl, 348 D, 5 Ma, 1991: 1.420, 2001: 1.622 EW), neben Botzdorf einer der 2 Artikularorte des Zipser Komitates. Gründung Jordan von Gargaus, in dem Gebiet, das er für seine Verdienste bei der Wiederbesiedlung der Zips von Bela IV. erhalten hatte. Lange Zeit müssen es zwei Gemeinwesen gewesen sein, die in der großen Spanne zwischen 1400 und 1773 vereinigt wurden. 1322 erhielt Hildebrand Gottschalk das Richteramt in erblicher Folge. Frühgotische **kath Kirche** von 1303-26, Presbyterium mit einem Kreuzrippengewölbe, Schiff mit flacher Holzdecke, barocke Sakristei. Neben Resten mittelalterlicher Wandmalerei eine neue Ausmalung von J. Kern aus der 1. Hälfte des 20. Jh. Gräber der Familienmitglieder der Görgeys. Die frühbarocke Orgel kam nach Kaschau ins Museum und eine frühgotische "schöne Madonna" (Madonna II. von ca. 1430) sowie eine weitere Madonna (Madonna I. vom letzten Drittel des 14. Jh) nach Budapest. Die **evang Kirche**, im barock-klassizistischen Stil 1770-80 errichtet, hat wahrscheinlich als Massivbau den Grundriß der hier vorher stehenden hölzernen Artikularkirche übernommen (sie war die 1. Artikularkirche der Zips). **Kastell** der Görgeys, ein Barockbau aus dem 18. Jh. Um 1630 gründete Ramus de Gary eine Adelsschule, die Paedagogia nobilum Toporczensis, an der Griechisch, Latein und Deutsch unterrichtet wurde und die sich bis 1660 halten konnte.

In sw R (5 km) • MALTERN (PODHORANY), früher eine d Gemeinde (1930: 623 EW; 32 Sl, 559 D, 2001: 1.417 EW), auch eine Gründung des Jordan von Gargau. Kath Kirche gotisch vom Beginn des 15. Jh, Turm mit Attika aus der Renaissancezeit, Barockisierung im 19. Jh. Evang Kirche: Das Schiff hat einen großen Walm, das Querschiff Krüppelwalme, wurde im historisierenden neogotischen Stil 1925-

Maltern: Katholische Kirche und Turm der evangelischen Kirche

26 gebaut und zwar als Ersatz für eine 1806 aus Holz errichtete Toleranzkirche, die man seinerzeit aus finanziellen Gründen nicht zusätzlich erhalten konnte und die 1929 beinahe abgerissen worden wäre. Diese Kirche (öfters falsch als eine Artikularkirche bezeichnet) wurde 1974 nach Turz-St-Martin in das Freilichtmuseum gebracht. Geburtsort von Hans Weiss (Unternehmer, Maler, Mäzen).

Noch etwas weiter abseits: • KREIG (VOJŇANY), liegt am Fuß des auffallenden, isoliert stehenden, sargähnlichen Kreiger Berges, kleines Dorf (248 EW), auch eine Gründung des Jordan von Gargau. Hier stand ein außergewöhnlicher Baldachinaltar von ca. 1300 (heute in der SNG in Preßburg), in seiner Art ein Einzelstück der ganzen Welt, in Preßburg befinden sich ferner mehrere wertvolle gotische Plastiken und Reste von Altären (Tafeln).

In sw R (6 km) • BAUSCHENDORF (BUŠOVCE), kleine, früher überwiegend d Gemeinde (1930: 455 EW; 171 Sl, 241 D, 1991: 316, 2001: 315 EW). Kath Laurentius-Kirche, als gotischer Bau in der 1. Hälfte des 14. Jh errichtet, im 17. Jh umgebaut und schon vorher mit einer Mauer umgeben. Im spätbarocken Säulenaltar stehen im mittleren Feld die Madonna und in den seitlichen Feldern Stephanus und Laurentius (alle ca. 1,20 m groß), die aus dem ehemaligen Hauptaltar von ca. 1520 stammen. Trotz ihrer flachen und derben Gestaltung weisen die Plastiken deutlich auf einen Schnitzer hin, der entweder von Meister Paul aus Leutschau stark beeinflußt war oder sogar zeitweise bei ihm gearbeitet hat, zumal sie in ihrer Gestaltung auch den Übergang von der Spätgotik zur Renaissance vermitteln. Eine liebenswerte Maria aus dem ehemaligen Marien-Altar, der bis 1924 in der Kirche stand und dann achtlos ins Freie (!) gestellt wurde und verkam, steht heute mit vier Heiligen und zwei Standflügeln in Preßburg (SNG). Sie ist eine Arbeit aus der Zeit um 1400, die klar im plastischen Aufbau ist, aber noch nichts vom "weichen Stil" erkennen läßt. Evang Kirche, als Saalkirche mit angebautem Turm im pseudogotischen Stil von 1818.

In ö R (4 km) • KLEINLOMNITZ (LOMNIČKA), größeres, früher d Dorf (1930: 767 EW; 36 Sl, 644 D, 84 Z, 1991: 972, 2001: 1.516 EW), eine Gründung der Görgeys. Zwei Kirchen, eine total verfallen. Barock-klassizistischer linker Seitenaltar (Hälfte des 18. Jh) mit einer starken, verinnerlichten Plastik Christus am Kreuz, die alle Merkmale der Kunst Meister Pauls aus Leutschau trägt und wahrscheinlich am Ende seines Schaffens (um 1520) geschnitzt wurde. Ferner Reste eines gotischen Viereraltars: Die sogenannte Kleinlomnitzer Madonna (ca. 1,40 m), typisch für den "weichen Stil" und in ihrer Natürlichkeit und Ungezwungenheit eine der schönsten Vertreterinnen dieser Richtung sowie begleitende Plastiken (ca. 60 cm groß) Katharina, Dorothea, Margarete und Barbara wirken durch ihre Bewegtheit, trotz der flachen Schnitzweise, recht plastisch. Außerdem weitere Fragmente, zwei Reliefs (Beschneidung, Anbetung). Sie sind Arbeiten des Meisters der Kleinlomnitzer Madonna, die aus der Zeit um 1400 stammen, während die Reliefs, (sie sind etwas oberflächlicher gearbeitet) wahrscheinlich ebenfalls aus seiner Werkstatt nur geringfügig jünger sein dürften. Heute in Preßburg (SNG).

◉ ZENTREN IN DER WEITEREN UMGEBUNG: Zipser Bela, Landeck, Oberrauschenbach.

■ **PUKANZ (PUKANEC),** Bez Levice, 354 m. Kleinstadt mit alter Bergbautradition, schön an der S-Abdachung der Schemnitzer Berge gelegen, mit sehr wertvollen Kunstschätzen. SAD. Namen: d selten Pukkanz, ma Bakabánya, 1075 Baka, 1290 Bakabanya, 1310 Nemeth Baka (=Deutsch Baka), 1331 Pukano, 1492 Pwkancz, 1512 Nemetbacka, 1773 Pukanecz.

Wahrscheinlich wurden hier schon um 1070 im kleinen Umfang Gold- und Silbererze abgebaut. 1325 (sicher aber nach 1321) wahrscheinlich vom österreichischen Herrn von Haslau, in Form eines geschlossenen Straßenmarktes gegründet. Im 14. Jh königliche Freistadt und im 15. Jh in den Kreis der Sieben niederungarischen Bergstädte aufgenommen. Die Entwicklung wurde durch die Türken, die 1664 die Stadt für längere Zeit besetzten, die Bevölkerung (soweit sie nicht geflohen war) ermordeten, die Frauen als Sklavinnen verkauften, unterbrochen und für immer geschädigt, so daß auch in den späteren Jahrzehnten der Bergbau nie mehr richtig in Gang kam. Selbst die Anlage von Teichen brachte keine Verbesserung, so daß er schließlich 1875 ganz eingestellt wurde.

Die **kath Pfarrkirche** wurde als einschiffiger gotischer Bau nach 1321 gebaut, um 1400 durch die "Kleine Kirche" erweitert (heute n Seitenschiff, die trennenden Mauern fielen erst 1940). Hauptschiff mit sehr schönem Netzgewölbe von ca. 1506, erinnert sehr an ähnliche Arbeiten Hans Stettheims (Schüler Peter Parlers) und an die Katharinen-Kirche in Schemnitz. Neuer Turm von 1804. 6 Altäre mit ganz hervorragenden Stücken: Der *HAUPTALTAR*, ein doppelflügliger Kreuzigungsaltar vom Ende des 15. Jh. Im Schrein befindet sich eine eindringliche, lebhafte Kreuzigung,

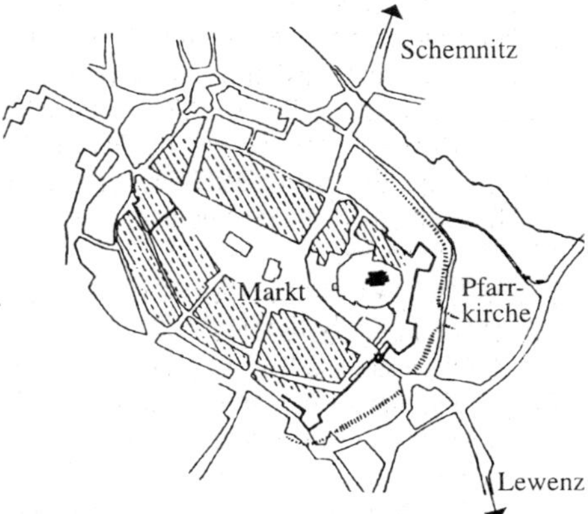

Pukanz im Mittelalter

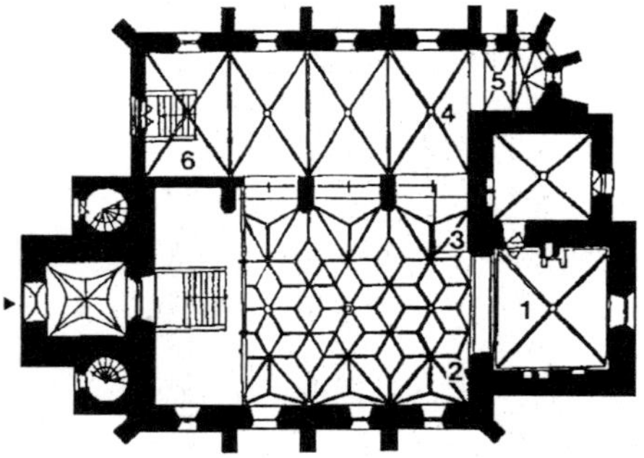

1 Hauptaltar
2 Jesus-Altar
3 Marien -Krönungsaltar
4 Marien-Altar
5 Josef-Altar
6 Nepomuk-Altar

Pukanz: Grundriß der katholischen Kirche

die neben dem großen Kruzifixus, die gekreuzigten Verbrecher, Maria, Johannes und Maria Magdalena sowie den Hauptmann und einen Soldaten zusammenführt. 4 Relieftafeln mit Ausschnitten aus der Passion: Ölberg, Auspeitschung und Gefangennahme, Kreuzweg.

Die im geschlossenen Zustand sichtbaren 4 Bildtafeln sind älter als die Skulpturen und die Reliefs (vielleicht für einen anderen Altar bestimmt?). Sie zeigen je 2 Heilige (Barbara/Katharina, Sebastian/Johannes dE, Dorothea/Margarete, Wolfgang/Laurentius). Gesprenge (Nikolaus, Vir dolorum, Ägidius) erst vom 19. Jh, ebenso die barocke Predella.

Drei weitere Altäre gehören eindeutig zusammen, auch wenn sie nicht zur gleichen Zeit geschaffen wurden: der Marien-Krönungsaltar, der Marien-Altar und der Jesus-Altar (selten als Salvator-Altar bezeichnet). Sie wurden alle in der Zeit zwischen 1470-90 in der Werkstatt, in der auch der Altar in St. Benedikt und der Vir dolorum-Altar in Leutschau entstanden sind, geschaffen. Vielleicht hat alle ein Meister geschnitzt, der wiederum von den Werken Jakob Kaschauers (Freisinger Altar) beeinflußt war. Trotzdem lassen sich Unterschiede feststellen.

Der *MARIEN-KRÖNUNGSALTAR* (Doppelflügelaltar, 1484) zeigt im Schrein die Krönung und auf beiden Seiten, jeweils übereinander: Johannes den Evangelisten, Petrus und Johannes den Täufer, Paulus (die leider fehlen). In diesem Altar hat der Meister die Gesichter der Figuren etwas differenzierter gestaltet als im Marien-Altar. Es ist möglich, daß früher eine andere Gruppe im Schrein gestanden hat. Die gemalten Flügel (4 Bilder vorn, 8 hinten) bringen die Passion Christi. Heute ohne Gesprenge und Predella.

Der *MARIEN-ALTAR* (Doppelflügelaltar von 1470-90) vereinigt im Schrein mit der Maria die paarweise übereinander stehenden Figuren der Barbara, Margarete und Katharina, Dorothea, während die sichtbaren, gemalten Innenflügel einen Marien-Zyklus bringen. Die 5 Plastiken haben fast dieselben Gesichtszüge. Die 8 Tafeln der Rückseiten der beweglichen Flügel und die Standflügel zeigen Heilige und Szenen aus ihrem Leben (Sebastian, Barbara, Maria, Christophorus, Ägidius, Georg, Erzengel Michael, Johannes dT). Das Gesprenge und die Predella sind nicht erhalten geblieben.

In der Auffassung am fortgeschrittensten ist wohl der *JESUS-ALTAR* (Flügelaltar von 1488 ?). Im schmalen Schrein steht der segnende Jesus, auf den Flügeln sind 4 Reliefs mit je 3 Aposteln zu sehen. Das Gesprenge ist unvollständig, in der Predella sind 4 Propheten untergebracht worden.

Die 2 anderen Altäre vervollständigen die Stile, da der *JOSEF-ALTAR* aus 2 Flügeln und einer Predella eines spätgotischen Altars (um 1480) und einer viel jüngeren Plastik im Schrein besteht, während der spätbarocke *NEPOMUK-ALTAR* aus der 2. Hälfte des 18. Jh stammt. In der Kirche befindet sich auch ein Renaissanceepitaph von 1589, der einem Hans Solner gewidmet ist.

Die **evang Kirche** (die Gegend hat teilweise überwiegend evang EW) ist erst 1929-30 an der Stelle einer alten Kirche, von der nur das Altarbild übernommen wurde, gebaut worden. Von den **Stadtbefestigungen**, die den Türken nicht widerstehen konnten, sind nur in der Nähe der kath Kirche einige Reste vorhanden. Das **Rathaus**, ein barock-klassizistischer Bau, stammt aus der Mitte des 18. Jh. Am Marktplatz stehen ferner noch einige schöne Häuser mit Renaissance- und Barockfassaden (Nr 22 u.a.).

Holzindustrie.

◍ 1930: 3.037 EW (3.017 Sl, 5 Ma), 1940: 3.116, 1991: 2.457, 2001: 2.155 EW.

◉ UMGEBUNG: In sö R (3 km) • BOHUNICE, kleiner, nach Pukanz eingemeindeter Ort (158 EW), ref Kirche von 1656, Spätrenaissance, 1703 und 1779 klassizistisch umgestaltet, 1854 Turmbau. Eine der wenigen Kirchen, die nach den Ödenburger Artikeln 1681 den Evangelischen zurückgegeben wurde. Wassermühle, eine Exposition des Tekovské múzeum in Lewenz.

In s R (8 km) • FRAUENMARKT (BÁTOVCE), kleiner ehemaliger Bergbauort (1.077 EW), dessen Entwicklung durch die Türkeneinfälle, hier wurden die Frauen aus der Umgebung zusammengetrieben und als Sklavinnen verkauft (der d Name bezieht sich darauf!), ferner durch die mangelnde Ausbeute im Bergbau und durch die schlechten Erträge aus dem Weinbau gekennzeichnet zu einer raschen Slowakisierung führte. Evang Kirche, 1780-90 als Toleranzkirche errichtet, zu Beginn des 19. Jh mit dem Turm vervollständigt, der heute frei vor der neuen 1873 gebauten, neogotischen Kirche steht. Kath Kirche, gotisch, um 1730 barockisiert, steht am Platz einer alten romanischen Kirche, Bild von P.M. Bohúň. Leider befinden sich die 2 gemalten Altartafeln vom Ende des 15. Jh nicht mehr in der Kirche, sondern im Museum in Gran. **T** *Stausee (2 km ö): Erholungszentrum Lipovina, Hütten, Bademöglichkeit, Camping, Zelten.*

In s R (17 km) • BRHLOVCE, siedlungsgeschichtlich sehr interessantes Dorf (359 EW). In den Tuffsteinwänden gibt es archaische Wohnstätten, die wohl früher einmal als Weinkeller genutzt, in der Türkenzeit aber zu Wohnungen erweitert wurden, während die Wirtschaftsräume in getrennten Höhlen untergebracht waren. Ursprünglich sicher nur als vorübergehende Behausungen gedacht, blieben sie vom ländlichen Proletariat bewohnt. Heute als Keller, Sommerküchen, Waschräume und teilweise noch als Wohnräume genutzt.

In ö R (11 km) • BAĎAN (224 EW): Romanische Rotunde (12. Jh) mit erhaltener Kuppel, eingegliedert in eine Kirche des 17. Jh.

◉ ZENTREN IN DER WEITEREN UMGEBUNG: Lewenz, St Benedikt, Schemnitz, Karpfen, Šahy, Zelis.

Brhlovce: Wohnstätten im Tuffstein

● **RAJTER,** Vater und Sohn, Dirigenten und Komponisten. **LUDWIG** (*1880 Rajka/U, +1945 Preßburg), Musiklehrer und Professor, Dirigent des evang Kirchenchors in Preßburg, nach der Trennung des ma, 1912-22 des Arbeitergesangvereins Liedesfreiheit, schrieb Kantaten, Chöre. **ĽUDOVÍT** (*1906 Bösing), studierte in Preßburg und Wien, Lehrer (Theorie und Cellospiel), Meisterschüler von E. v. Dohnanyi in Budapest, 1933 Dirigent des Ungarischen Rundfunks, 1938/45 des Preßburger Rundfunks, 1960 Chef der Sl. Philharmonie, 1968 des Rundfunksymphonieorchesters.

● **RÁKÓCZI,** bedeutendes, sehr reiches ma Adelsgeschlecht. **SIEGMUND,** *1544 Felsövadasz/U, +1608 ebendort. Vater von Georg I., Teilnahme am Aufstand Bocskays, Fürst von Siebenbürgen, dankte ab (Gesundheit). **GEORG I.,** *1593 Szerencs/U, +1648 Alba Iulia/R. Fürst von Siebenbürgen, ein Zusammenspiel mit Gustav Adolf verhinderte dessen Tod, Aufstand gegen den Kaiser, mit Unterstützung der Schweden, Franzosen und Türken 1644-45, Linzer Friede. **GEORG II.,** *1621 Sárospatak/U, +1660 Oradea/R. Sohn des Vorigen, Fürst von Siebenbürgen, bemühte sich um eine große antihabsburgische Koalition, seine Interessen in Polen (Gemahlin Sofie Batory), brachten ihn in Gegensatz zu den Türken, fiel im Kampf mit diesen. **FRANZ I.**, *1645 Alba Iulia/ R, +1676 Zborov. Sohn des Vorigen (Gemahlin Helene Zriny), vom Vater bereits 1652 zum Fürsten von Siebenbürgen ernannt, konnte sich aber wegen dessen Niederlage gegenüber den Türken nur schwer durchsetzen, Mitglied der Wesselenyischen Verschwörung, der Einfluß der Mutter rettete ihn, galt danach als Verräter der antihabsburgischen Sache. **FRANZ II.**, *1676 Borša, +1735 Tekirgrad/T. Sohn des Vorigen, Fürst von Siebenbürgen, mußte eine Erziehung in Wien über sich ergehen lassen, dann im Ausland, nach der Vermählung (Charlotte A. von Hessen-Rheinfels) durfte er zurückkehren, erhielt einen Teil des konfiszierten Vermögens, entging knapp dem Tod, als seine Verbindung mit Ludwig XIV. dem Wiener Hof verraten wurde. Mit temporärer Unterstützung Frankreichs und Schwedens führte er 1703-11 den antihabsburgischen Aufstand. Nach vergeblichen Versuchen, nach dem Frieden von Sathmar eine Koalition zusammenzubringen, Tod im türkischen Exil.

● **RÁZUS, MARTIN,** *1888 Liptau-St-Nikolaus, +1937 Bries, evang Geistlicher, einer der profiliertesten evang Politiker, Dichter, Publizist. Studien: Neusohl, Kesmark, Preßburg, Edinburgh, ab 1930 Pfarrer in Bries. Ab 1927 Vorsitzender der Slowakischen Nationalpartei, 1929-37 Abgeordneter, gemäßigter Verfechter der sl Autonomie. Zahlreiche Publikationen, Gedichte, Prosa (u.a. "Maroško" und "Maroško študuje", autobiogr. Romane).

■ **REVÚCA,** Bezirkshauptstadt, 318 m. Industriestandort an der oberen Muráň, im mittleren Slowakischen Erzgebirge. Straßenknoten, SAD, ŽSR. Namen: d Groß-Rauschenbach (selten), ma Nagyröcze, 1357 Nagy Reucze, 1435 Reucze, 1451 Rewcze, 1453 Noghrewche, 1558 Rausenbach, 1598 Rewutza Maior, 1773 Welka Rewucza, 1920 Revúca.

Die kath Kirche, spätgotisch aus der 2. Hälfte des 15. Jh, wurde im Stil der Renaissance und des Klassizismus mehrmals geändert bzw. erhielt einige Zubauten (u.a. Turm). Der Hauptaltar ist pseudogotisch, wobei die mittleren Tafelbilder noch aus der Zeit um 1500 (Meister Johann) stammen dürften. Die evang Kirche, klassizistische Toleranzkirche von 1784-85, erhielt den Turm mit seinem barocken Helm 1788. Der Altar und die Kanzel sind im Rokokostil angefertigt worden (1784). Der 4-eckige Platz spricht für eine d Anlage. Das klassizistische Rathaus wurde 1809 gebaut und der neoklassizistische ehemalige städtische Gasthof 1858-61.

Industrie: Bereits im 14. Jh Bergbau, im 16. Jh 5 Hütten und 7 Hammerwerke, die aber im Laufe der Jh den Betrieb einstellten. Später Sägewerk (Michel L. & Co).

Geburtsort von Rudolf Viest (General).

T *Hotel. Freibad. Winterstadion.*

⊕ 1930: 1.691 EW (1.415 Sl, 18 D, 119 Ma, 80 J), 1940: 1.556, 1991: 14.232, 2001: 13.466 EW.

◉ UMGEBUNG: In nw R (9 km) • MURÁŇ: mittlerer Ort (1.250 EW), sehr schön gelegen. Entstand aus einer Ansiedlung unter der mehr als 500 m über der Talsohle gelegenen **Burg** und war von den jeweiligen Besitzern abhängig. Die Herrschaft des verbrecherischen Ritters Matthias Bašo endete 1549 mit seiner Hinrichtung. 1760 brannte die Burg aus. Gut erhalten sind noch der Torturm und auf der O-Seite des Burghofes die "Steinbank der Maria Szécsi". Dichtung und Wahrheit ranken sich um deren Person: Sie hatte sich sehr tapfer gegen Franz Wesselényi verteidigt, bis sie die Burg und ihr Herz an ihn verlor. Auf der Bank soll sie, "die mit Mars verkehrende Venus von Murány", mit ihrem neu gewonnenen Gelieb-

Muráň mit dem steilen Burgberg

ten "den Triumph ihrer unbegrenzten Liebe" gefeiert haben (Istvan Gyöngyösi). Nach seinem Tod (sie waren 23 Jahre verheiratet, sie das dritte, er das zweite Mal) und der Aufdeckung seiner Verschwörung soll sie die Burg auch noch gegen Karl von Lothringen (er war nie vor den Mauern erschienen, sondern sein General Sporka!) tapfer bis zur Übergabe verteidigt haben. 1671 wurde sie als Feindin des Kaisers ihres Vermögens beraubt und interniert. Seit 1816 im Besitz der Familie Coburg, wurde die Burg nicht wieder aufgebaut, nur einige notdürftige Sicherungsarbeiten durchgeführt. Die höchstgelegene Burg der Slowakei (935 m) war nicht leicht zu erreichen (für den Transport schwerer Sachen wurde sogar ein Aufzug installiert). Heute: rot und blau mk Fußweg (ca. 1 1/2 Std) oder Fahrweg. Das **kath Pfarrhaus** (Nr 4) wurde 1801 barock-klassizistisch errichtet, das klassizistische **Rathaus** 1800. Neogotische **kath Kirche** von 1873-93. Industrie: Früher Eisenerzabbau und Verhüttung, später Sägewerk.

An der Straße zwischen Muráň und dem Grantal (Roter Stein) steht auf einer Höhe (schöne Aussicht nach NO) ein 1807 errichtetes **Denkmal des Grafen Franz Koháry**. Seiner Familie gehörte das Gebiet bis zur 1816 erfolgten Heirat seiner Tochter Antonia Maria (einziges Kind) mit Ferdinand Georg August Graf von Sachsen-Coburg-Gotha. Hier zweigt eine Stichstraße zu einem heute als Sanatorium genutzten **Jagdschloß** des Ferdinand Maximilian Fürst von Sachsen-Coburg-Gotha (Enkel von Ferdinand Georg A. und Antonia M., bulgarischer Zar) ab, das er (Pläne: D. Jakab und M. Komor) zu Beginn des 20. Jh bauen ließ. Sw davon (10 Min) steht das hölzerne, 2-geschossige, ursprüngliche **Jagdhaus** (Ende des 19. Jh. auf einer Weltausstellung erworben). In der Nähe **Denkmal**, Bronzetafel mit dem Porträt und dem Wappen des Ferdinand Maximilian.

Ein paar km weiter nö (hinter Muráňska Huta) überschreitet die Straße den Hauptkamm des Slowakischen Erzgebirges, das Sedlo Javorinka (965 m).

◉ ZENTREN IN DER WEITEREN UMGEBUNG: Theißholz, Roter Stein, Eltsch.

▲ **REVÚCA,** 33 km langer, linker Seitenfluß der Waag, der in Rosenberg in diese mündet. Bildet

Ehemaliges Schloß des Zaren Ferdinand von Bulgarien (Fürst von Sachsen-Coburg-Gotha)

an der Grenze zwischen der Niederen Tatra und der Großen Fatra eine der schönsten Talschaften der Slowakei.

● **RIGELE, ALOIS,** *1879 Preßburg, +1940 Preßburg. Bildhauer. Studien: Preßburg, Wien, Rom. Beeinflußt vom Neoklassizismus, der Sezession, später auch vom Kubismus. Hervorragende Werke: Plastiken für Kirchen, Brunnen, Grabmäler, Wegstatuen, Reliefs. Ausgezeichneter Cellist, Förderer Bartóks und Dohnányis.

▲ **RIMA (RIMAVA),** 88 km langer rechter Seitenfluß der Slaná, der unmittelbar vor der u Grenze in diese mündet. Unterhalb seiner Quelle im Slowakischen Erzgebirge hat er den Charakter eines Gebirgsbaches, später eines in der Ebene verlaufenden Flusses.

● **RÖCK, FRIEDRICH,** *1825 Sobotischt, +1884 Graz. Admiral, Ozeanograph. Studien: Wien. 1871 Admiral. Neben verschiedenen kriegerischen Einsätzen war die Fahrt der Fregatte "Novara" um die Erde eine ozeanographische Großtat.

● **ROHBOCK, LUDWIG,** *?, +?, 19. Jh, Maler, Aquarellist, Graphiker, kam aus Nürnberg, Illustrator des Buches: J. Hunfalvy "Ungarn und Siebenbürgen in malerischen Originalansichten" Darmstadt 1863.

● **ROMBAUER, JOHANN,** *1782 Leutschau, +1849 Eperies. Maler. Studien: Leutschau, Eperies (Theologie). Arbeitete in Bartfeld, St Petersburg, Eperies. Hervorragender Porträtist, schuf einige Altarbilder.

■ **ROSENAU (ROŽŇAVA),** 318 m, Bezirkshauptstadt. Am N-Rand eines sich nach S öffnenden Kessels gelegen, der im N durch das Slowakische Erzgebirge, im S durch den Slowakischen Karst begrenzt wird. Alte Bergbaustadt. Administratives und wirtschaftliches Zentrum des Gemer. Gewerbe- und Handelsstadt. Ab 1776, der Gründung des Bistums Rosenau, Bischofsitz. Bedeutender Straßen- und Eisenbahnknoten, SAD. Gehörte 1938-45 zu Ungarn. Namen: lat Rosnavia, ma Rozsnyó, 1291 Rosnoubana, 1320 Rosnobana, 1351 Rosnowbanya, 1773 Rossnawa, 1786 Rožnava.

Im 13. Jh als Bergbaugemeinde gegründet, die sich um den fast 4-eckigen Marktplatz, eine d Zentralanlage, entwickelte. 1410 freie königliche Bergstadt. Infolge der bald eintretenden Stagnation und nach dem Niederbrennen der Stadt durch die Türken blieb die Anlage auf den Bereich des Marktplatzes beschränkt, und bei den späteren Erweiterungen wurde der Plan der schachbrettartig angelegten Straßen nicht eingehalten. Trotzdem (oder vielleicht gerade deswegen) zählt Rosenau zu den vom architektonischen Standpunkt interessantesten Städten der S-Slowakei. Auch in anderen Städten (wie zBsp in Großsteffelsdorf) ist eine "Insel" auf dem Marktplatz vorhanden, bestehend aus Bauwerken (in der Regel einer Kirche), die mit den heute zusätzlich vorhandenen Grünanlagen eine Dominante bilden. Aber Rosenau hat noch eine weitere gestalterisch sehr schöne, aber bestimmt so nicht geplante, nämlich in der N-Ecke des Platzes (mit dem Franziskanerkloster, dem kath Pfarrhaus, den angrenzenden Häusern und der Kathedrale im Hintergrund).

Die **Kathedrale** ist mit ausgezeichneten gotischen Details (u.a. Portal) ausgestattet und hat eine lange Geschichte, die Ende des 13. Jh mit dem ersten turmlosen Bau, der 1304 mit dem leicht abgeknickten großen Presbyterium beendet wurde, beginnt. Die schweren Beschädigungen in der Mitte des 15. Jh führten nur zu den allernotwendigsten Wiederherstellungsarbeiten. Erst Ende des 15. Jh begann die Verwirklichung einer Neuplanung, bei der auch die in der damaligen Zeit noch rasch wachsende Bevölkerung berücksichtigt wurde: Auf der N-Seite wurde das in der Breite nicht ganz der Hälfte der Ausdehnung der Kirche entsprechende Seitenschiff angebaut und anschließend die Kreuzkapelle errichtet; ursprünglich die Kapelle der Bergleute, die erst später als Bakóczy-Kapelle (nach dem Erzbischof, dessen Wappen sich an dem Renaissanceportal befindet) bezeichnet wurde. Eine weitere Kapelle an der SW-Ecke des Hauptschiffes und die Vorhalle mit ihrem prächtigen Portal vervollständigten den Bau. Als Rosenau 1776 Sitz des neugegründeten Bistums wurde, kam es nicht nur zu einer gründlichen Renovierung und Ergänzung der Einrichtung, sondern auch zur Teilung der Kreuzkapelle durch eine Decke, zum Bau des freistehenden Turmes

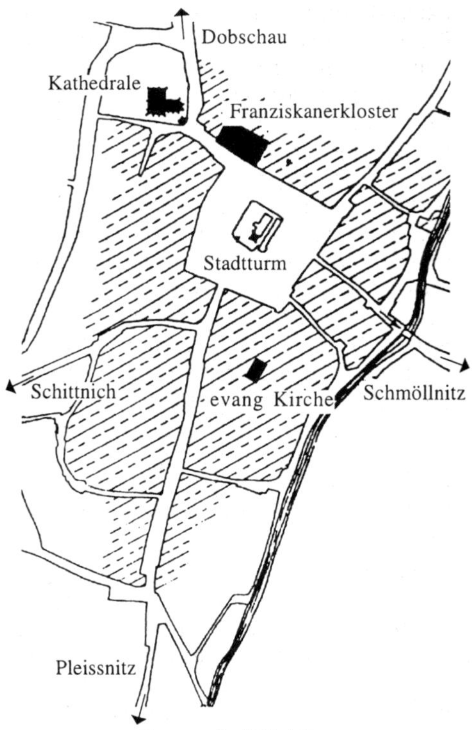

Rosenau im Mittelalter

(bis dahin existierte nur ein hölzerner) und 1828 schließlich zum Anbau der ö an die Vorhalle anschließenden barocken Kapelle. Die verschiedenen Räume haben teils sehr schöne Gewölbe. 1838 wurde die gesamte Kirche von T. Kolbay ausgemalt. Die Gemälde der Wände und des Schiffes sind durch eine ähnliche Arbeit von I. Spöttl, die dieser für Altlerchenfeld bei Wien geliefert hat, beeinflußt. Sie wurden 1930 restauriert, und bei dieser Gelegenheit wurden Reste von mittelalterlichen Malereien gefunden.

Sowohl den spätbarocken *HAUPTALTAR* aus Marmor von 1779, in dem sich eine Kopie eines Tizian-Bildes befindet (Himmelfahrt Marias), wie auch die barock-klassizistische *KANZEL* von etwa 1770 und auch das Gestühl des Presbyteriums aus der selben Zeit schuf J. Gode. Von den vier *SEITENALTÄREN* besitzt der Herz-Jesu-Altar eine Statue von A. Rigele (1936) und der Andreas-Altar ein Bild des Heiligen von T. Kolbay (1863). Je ein Barbara-Bild lieferten J. Czauczik (ursprünglich war es ein Altarbild) und T. Kolbay. Ein weiteres Bild, spätgotisch von 1513, *ANNA SELBDRITT*, signiert mit LA, wird dem Kreis um Meister Paul aus Leutschau zugeschrieben. Nicht dem Maler des Leutschauer Hauptaltars, das ist durch die Initialen widerlegt. Nach den heutigen Erkenntnissen war Hans Mohler der Maler in Leutschau. Nach Archivunterlagen hat Meister Paul wohl für Rosenau gearbeitet, aber ein Werk von ihm ist weder erhalten geblieben noch irgendwo beschrieben worden. Ähnlichkeiten bestehen auch zu den Tafeln des Altars in Chyžné. Das Bild betont die Stellung Annas als Großmutter Christi. Es wird vermutet, daß die Bruderschaft der Bergleute veranlaßt hat, die sehr interessanten, den Hintergrund des Bildes füllenden Szenen aus ihrer eigenen Arbeitswelt, Tätigkeiten aus dem Bereich des Bergbaues und der Verhüttung aufzunehmen. Auch die Kleidungsstücke sind eine wertvolle volkskundliche Quelle.

Interessant ist das *SAKRAMENTSHÄUSCHEN* von 1507. Der profilierte 4-eckige Unterbau trägt den Schrein, der oben von einer 2-fach abgestuften Fiale gekrönt ist. In der in gotischen Majuskeln angebrachten lat Inschrift wird auf den Künstler Bezug genommen, einen gewissen "PETRUM DE

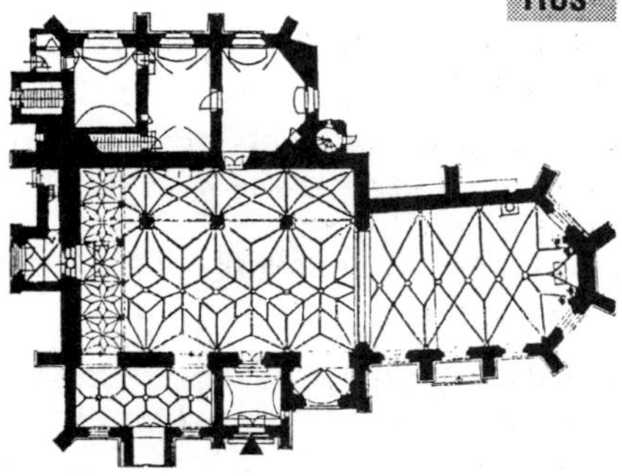

Rosenau: Grundriß der Kathedrale

COLOA". Strittig ist, ob es sich bei dem genannten Ort um Köln oder eine in Italien gelegene Stadt handelt.

Die **Kirche des Franziskanerklosters** ist ein stark hervortretender Bau, der mit dem einfach gestalteten Klostergebäude (heute Altersheim) mehrfach durch Brände zerstört wurde, nach denen jeweils Umgestaltungen erfolgten. Das heutige Bild entstand bei der letzten Restaurierung, die bis 1906 dauerte. Damals wurden auch die gesamte Einrichtung und die Ausmalung überarbeitet, so daß der barocke Bau ein teilweise klassizistisches Aussehen bekam. Mehrere barocke Gemälde, die sich früher in der Kirche befanden, sind im Museum von Großsteffelsdorf.

Eine Dominante des Marktplatzes und das Wahrzeichen Rosenaus ist der **Stadtturm**, der früher Teil des alten, heute nicht mehr existierenden Rathauses war und zZt des Richters M. Weiszer (1643-54) im Stil der Spätrenaissance gebaut wurde. Sein heutiges, schönes Aussehen mit der umlaufenden Holzgalerie erhielt er im letzten Drittel des 18. Jh. In der Nähe befindet sich das Standbild der Franziska von Andrássy (wieder!). An Stelle des seinerzeit abgebrannten Rathauses wurde 1658-87 die barocke **Jesuitenkirche** gebaut, die nach der Auflösung dieses Ordens in die Verwaltung der Franziskaner und später (1. Hälfte 20. Jh) in die Hand der Prämonstratenser kam. Der einschiffige Bau mit einem polygonal abgeschlossenen Presbyterium hat eine relativ neue Einrichtung mit ganz wenigen ursprünglichen Stücken.

Rosenau: Stadtturm

Am Marktplatz und der anschließenden Straße zur Kathedrale stehen einige schöne **Häuser**. So zBsp in unmittelbarer Nähe der Kathedrale das mit Skulpturen verzierte ebenerdige Haus (Nr 6/76) oder die gegenüberliegende Ecke des Marktplatzes sowie ferner andere Häuser (Nr 1-6, 10-12, 13, 15-17, 19, 20-23). Die **bischöfliche Residenz** ist ein 2-geschossiger, barock-klassizistischer Bau, der 1776-78 durch die Einbeziehung mehrerer älterer Häuser entstanden ist. Die zum Markt hin orientierte Fassade hat 13 Fensterachsen, die durch Risalite aufgelockert sind (Rhythmus 2-3-3-3-2). Vor dem Palais steht die barocke **Pestsäule**, die nach der Epidemie aufgestellt wurde. Die Plastiken des Johann Nepomuk und des Florian wurden 1730 als Ergänzung angebracht. Das **Rathaus** wurde 1711 durch den Umbau zweier benachbarter älterer Bürgerhäuser auf der W-Seite des Platzes eingerichtet, und die Umgestaltung der Fassaden und die Aufstockung um ein Geschoß führten zu dem 3-geschossigen, 3-achsigen Bau.

Die Lage der **evang Kirche** (in Bezug auf ihre Umgebung) entspricht den Vorschriften, die mit dem Toleranzpatent verbunden waren, und die hier erhalten gebliebene Situation ist ausgesprochen selten. Der klassizistische Bau von 1784-86 steht in einem abgeschlossenen, von den Straßen nicht direkt zugänglichen Bereich und ist nur durch Häuser und über den Pfarrgarten, in dem auch das klassizistische evang Pfarrhaus steht, zu erreichen. Er ist ein protestantischer Saalbau, versehen mit einer umlaufenden Empore (Baum. J.Mayer). Den Altar mit den Reliefs des letzten Abendmahles und der Auferstehung schuf J. Gode, ebenso die Kanzel und die Taufe. Die **ref Kirche** ist 1904-05 als Ziegelbau im sezessionistischen Stil, der einige neogotische Elemente aufweist, gebaut worden. Auch der Turm ist von der Neogotik inspiriert. In dem saalförmigen Bau sind auf 3 Seiten die üblichen Emporen angebracht worden. Auf dem **Friedhof** stehen einige schöne Grabmale und Denkmale, die häufig mit gußeisernen und schmiedeeisernen Elementen ausgestattet sind.

Entsprechend dem Toleranzpatent wurde eine Lateinschule gegründet, an der Samuel Schröder aus Leutschau längere Zeit als Rektor tätig war.

Während der Türkenkriege stagnierte der Goldbergbau (Stollen befanden sich unter dem Marktplatz). Der Eisenerzbergbau erfuhr im 18. Jh einen großen Aufschwung und hatte nach 1918 große Schwierigkeiten. Zeitweise Gerberei (Mark), Möbelherstellung, Papierfabrik. Nach 1945 Lebensmittelindustrie.

M *"Banícke múzeum" (=Bergbaumuseum), Zusammenschluß mehrerer Museen: Bergbau- und Hüttenwesen, Geologie und Mineralogie, Kultur (Schulwesen und soz. Stellung) der Bergleute, Arbeitsplätze unter Tage, Natur des Slowakischen Karstes, im Museumsbau (Šafárikova ul. 43, Sezessionistischer Bau, 1905 nach Plänen des Bergdirektors A. Müller errichtet), Stadt- und Regionalgeschichte im Hauptgebäude (Šafárikova ul. 31, ursprünglich zwei Gerberhäuser, dann Mark'sche Ledermanufaktur), Bildende Kunst in der Galerie (Nám. baníkov 25, früher ua Tatrabank).*

T *Hotels. Freibad. Winterstadion.*

🌐 1930: 6.668 EW (2.506 Sl, 170 D, 3.211 Ma, 256 J), 1940: 6.835, 1991: 18.647, 2001: 19.261 EW.

◉ UMGEBUNG: In ö R (5 km) • KRÁSNOHORSKÉ PODHRADIE, liegt am NO-Rand des bei Rosenau erwähnten Kessels (2.359 EW). Dominante der Gegend ist die auf dem kegelförmigen Berg gelegene, sehr schöne und interessante **Burg Krásna**

Hôrka. An diesem strategisch bedeutenden Platz stand wahrscheinlich schon vor 1320 eine Befestigungsanlage (massiver 4-eckiger Wohnturm, Burghof und Wehrmauer). Bis 1566, mit 20-jährige Unterbrechung, im Besitz der Bebeks, dann in der Hand der Familie Andrássy (ab 1585 als Lehen und ab 1642 als Erbgut).

Die seinerzeit kleine, die heutige "obere Burg", war schon bis etwa 1546 durch die drei mächtigen Artilleriebasteien und weitere Baulichkeiten, die "mittlere Burg", ergänzt worden. Im 17. Jh setzte dann die Bautätigkeit der Familie Andrássy ein, die den gesamten Komplex zu einem herrschaftlichen Besitz erweiterte bzw. umbaute, in dem ab 1676 auch die Verwaltung des Komitates residierte. In der 2. Hälfte des 18. Jh wurde eine Bastei zur barock-klassizistischen Kapelle umgebaut und im Hauptaltar das Bild der sogenannten "Krásnohorkaer Schwarzen Madonna" von 1739 eingefügt. ZZt der Rekatholisierung Ziel zahlreicher Prozessionen, hier steht auch ein sehr schöner Renaissanceepitaph (1596) für Johann Andrássy, der ihn im Kampf mit den Türken darstellt, mit einem Löwen zu Füßen, der seinen Kampfesmut symbolisiert. Dieser Bestand, damals schon selten bewohnt, wurde 1817 durch ein Feuer (Blitzschlag) sehr stark beschädigt. Nur notdürftig gesichert, blieb er weitere 100 Jahre unbewohnt. Erst nach dem Tode seiner Gemahlin ließ Dionysius Andrássy in Erinnerung an diese (und um ein Familienmuseum zu schaffen) die gesamte Anlage restaurieren, die dann 1910 für die Öffentlichkeit freigegeben wurde. 1945 wurde der gesamte Komplex enteignet.

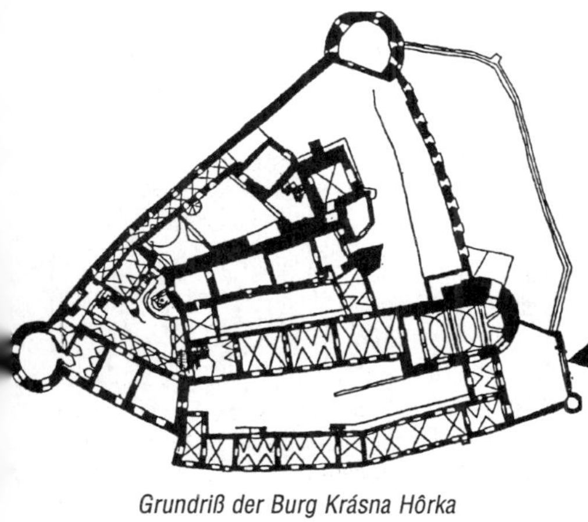

Grundriß der Burg Krásna Hôrka

Heute ein beachtliches Museum mit der alten Einrichtung, Waffen, Kanonen etc. Im Ort ließ Dionysius Andrássy, ein leidenschaftlicher Sammler, 1908-09 die **Galerie** (Obrazáreň) bauen, ein Gebäude im Sezessionsstil (Grundriß ein griechisches Kreuz) für seine Sammlung über das Porträtschaffen (18. und 19. Jh) in Ungarn. Unmittelbar sö des Ortes steht das **Mausoleum**, ein sezessionistischer Bau in einer Parkanlage, zu dem ein schöngestaltetes Tor führt. Das reichgegliederte, einer Rotunde ähnliche Gebäude ließ Dionysius Andrássy 1903-04 für sich und seine Gemahlin Franziska vom Münchner Architekten R. Berndl planen und durch E. Schmucker errichten. Die Plastiken und die Standbilder sowie die Ausstattung (einschließlich der beiden Sarkophage) schuf der Münchner Bildhauer Max Frick. Das gedämpfte Licht fällt durch Fenster mit Alabastertafeln in den Raum und sorgt mit den aus verschiedenfarbigem Marmor bestehenden Wandbekleidungen für eine ganz besondere Stimmung. Im Garten steht die Plastik des Lieblingshundes von Dionysius Andrássy von A. Strobl. Die **kath Kirche** des Ortes, ursprünglich ein gotischer Bau vom 2. Drittel des 15. Jh, von dem das Presbyterium mit seinem Netzgewölbe und der Triumphbogen erhalten geblieben sind, wurde während der gründlichen Renovierung (1787, 1895) klassizistisch umgestaltet bzw. erweitert. **T** *Motel, Hütten.*

In sö R (10 km), sö von Krásnohorské Podhradie, schwingt sich die Straße mit Hilfe einiger langgestreckter Kurven auf jenen Landrücken hinauf, der den Rosenauer Kessel vom Bodvatal trennt: • JABLONOVSKE SEDLO (ca 535 m), weite Aussicht nach W und N, in den Rosenauer Kessel hinunter und zu den Bergen des Slowakischen Erzgebirges, rustikales Restaurant "Koliba".

In s R (4 km) • BRZOTÍN, ehemaliger Industriestandort (1.238 EW), im 18.Jh Erzeugung von Kupferblech, im 19. Jh Hochofen. Von der Burg sind nur noch Reste der Ruinen vorhanden, sie wurde bereits 1573 von den Türken zerstört. Das barocke, 2-geschossige, in seiner Be-

Das Mausoleum Andrássys

scheidenheit aber gediegen wirkende Kastell wurde 1729 als 3-flügliger Bau errichtet. 4 Kurien, kath Kirche (spätbarock 1798-1803) und ref Kirche (ursprünglich frühgotisch aus dem 13. Jh, romanischer Kern, Zubau eines 2. Schiffes 1723, 1790 nach einem Feuer renoviert, Wehrmauer).

◉ ZENTREN IN DER WEITEREN UMGEBUNG: Pleissnitz, Eltsch, Schittnich, Betler, Schmöllnitz, Moldau.

■ **ROSENBERG (RUŽOMBEROK),** 496 m. Landschaftlich einmalig schön, umgeben von den Bergen der Großen Fatra, der Niederen Tatra und des Chočgebirges, im oberen Waagtal am Rand des sich nach O öffnenden Liptauer Beckens gelegenes Zentrum. Früher einer der wenigen großen Industriestandorte der Slowakei. 1939-45 Sitz der neueingerichteten Tatranská župa (=Tatragau, ehemalige Komitate Liptau, Turz, Arwa, Zips). Bedeutender Straßenknoten, SAD. ŽSR (ein Eisenbahnknoten wäre es geworden, wenn der Bau der Strecke Krakau-Neusohl, wegen des 2. Weltkrieges nicht aufgegeben worden wäre). Idealer Standort für Wanderungen in den obigen Gebirgen. Namen: d Rosenperk (alt), ma Rózsahegy, 1232 Rosenbeek, 1233 Reucha, 1337 Rosenberch, 1376 Rosumbergh, 1459 Rozemberg, 1808 Rožmberk, 1920 Ružomberok. Der Name bezieht sich auf eine Sage, in der die Auseinandersetzungen zwischen 2 Prinzen um 1 Mädchen eine Rolle spielen, und die sich auch in dem ganz außergewöhnlichen Stadtwappen, einer von einem goldenen Pfeil durchbohrten Heckenrose (zeitweise eine Zuchtrose), niederschlägt. Eine 1925 von der Kaschau-Oderberger Eisenbahngesellschaft angestrebte Namensänderung in "Ružebreh" sorgte für erregte Auseinandersetzungen und verfiel der Ablehnung.

Alter Siedlungsplatz (Lausitzer und Puchauer Kultur), in der Nähe auch in der 3. Zwischeneiszeit (Riß-Würm). 1318 Verleihung der Stadtrechte, entsprechend dem Recht von Deutschliptsch (Karpfener bzw. Schemnitzer Recht). Die Gründung als d Bergstadt (Bergrecht 1340) erfolgte in der Nähe sl Siedlungen als planmäßig angelegter, aber keineswegs regelmäßig geratener Straßenmarkt auf einer in das Waagtal vorspringenden ca. 20 m hohen, leicht ansteigenden, etwas gekrümmten Geländezunge. Die großen Erwartungen, die an den Bergbau geknüpft wurden, erfüllten sich nicht, und die unergiebigen Gruben wurden, obzwar noch teilweise bis 1824 Erz abgebaut wurde, relativ schnell wieder aufgegeben. Die Stadt selbst verlor schon 1390 durch eine Schenkung einige ihrer Rechte und kam unter die Botmäßigkeit der jeweiligen Herren der nahen Burg Likava, die ihre Stellung in immer stärkerem Maße ausnutzten.

Der Marktplatz (im Zentrum einer modernen Industriestadt gelegen, aber ohne Verkehr - dessen Ströme durch die nach der Jahrhundertwende, besonders aber nach 1919 am Fuß der Tafelzunge errichteten Viertel fließt - mit seinen bescheidenen, kleinen, ebenerdigen Bauernhäusern) ist Zeugnis einer mittelalterlichen Fehlplanung. Schon 1527 wurden die Stadt-

Wappen von Rosenberg

protokolle überwiegend lat und ab 1531 sl geführt, und es wird angenommen, daß das d Element schon damals zu einer Minderheit geworden war (wie es auch die wenigen noch vorhandenen d Namen in den sl aufgezeichneten Artikeln der Schneider- und Tuchmacherzunft von 1598 verdeutlichen). Auch später gingen an Rosenberg manche Entwicklungen vorbei. Trotz seiner Größe, Bedeutung und wirtschaftliche Stellung wurde 1713 Liptau-St-Nikolaus Sitz der Komitatsverwaltung der Liptau. Nach 1945 wurde sie - als "die Stadt Andrej Hlinkas" - durch Vernachlässigung bestraft. Obzwar die Industrie erheblich ausgebaut wurde, kam es zu keiner parallelen Bevölkerungsexplosion: Sie ist von der 8. Stelle 1930 auf die 22. Stelle der sl Städte zurückgefallen.

Am nö Ende des Marktes steht die **kath Andreas-Kirche**, sie wurde 1585, unter teilweiser Verwendung einer bereits 1318 erwähnten gotischen Kirche, für die Evangelischen errichtet, die sie bis 1709 in Besitz hatten. 1902 wurde die Anlage um 2 Schiffe erweitert und bei dieser Gelegenheit im neoromanischen Stil umgestaltet, wobei nur der barocke Turmhelm in seiner ursprünglichen Form (vom Ende des 18. Jh) erhalten blieb. Auch die Einrichtung wurde ausgewechselt, so daß sich Teile von ihr im Museum befinden. Neben der kath Kirche steht das 1895 errichtete **Rathaus**, das sich im Verein mit dem nahen Schulgebäude aus den 20-er Jahren und der Kirche zu einem guten Ensemble zusammenfügt.

In die S-Ecke des Rathauses wurde 1937 ein Denkmal für den englischen Publizisten R.W. Seton-Watson (Scotus Viator), der sich sehr intensiv für das Selbstbestimmungsrecht der Völker Österreich-Ungarns, besonders der Slowaken, eingesetzt hat, eingebaut. 1938 richtet er anläßlich der Gedenkfeier für die Opfer von Černová einen Brief an den Bürgermeister und ein Telegramm an Hlinka. Den Inhalt deutet K. Sidor als gegen die Tschechen gerichtet und als ein Eintreten für die Unabhängigkeit der Slowakei, so daß Seton-Watson sich genötigt sieht, in einem 2. Telegramm seine Meinung zu verdeutlichen und festzustellen, daß er unter "Zusammenarbeit aller" auch die mit den Tschechen gemeint hat. Während einer Kundgebung am 30.10.1938 erinnert der Bürgermeister Anton Mederly an einen Ausspruch, den Hlinka auf dem Totenbett gemacht hatte (er war am 18.8.1938 gestorben, nachdem er noch erlebt hatte, wie der Pittsburgher Vertrag nach Rosenberg gebracht wurde, 28.5.1938), in dem er, angeblich erbost über die "geänderte Einstellung" Seton-Watsons, gesagt haben soll: Wenn er noch einmal aufstünde, dann würde er die Büste von dem Travertinsockel reißen und in die Waag werfen! Noch während der Kundgebung wird der Wunsch Wirklichkeit. An der Stelle Seton-Watsons wurde dann eine Büste A. Hlinkas aufgestellt, aber nach dem Ende des 2. Weltkrieges wurde die Büste des Engländers, begleitet von dem in Travertin gemeißelten slowakisch-englischen Text, wieder an ihren angestammten Platz gestellt. 1939 wurde am S Abhang der Tafelzunge, neben der Kirche, das **Mausoleum Andrej Hlinkas** errichtet. Nach dem 2. Weltkrieg als Gedenkstätte für die Toten umfunktioniert, hat es nach der Wende wieder seine ursprüngliche Bestimmung übernommen. Aber der Marmorsarkophag ist leer, da der Verbleib des abtransportierten Sarges, der nicht in die Hände

Rosenberg: Rathaus, katholische Kirche mit Hlinka-Mausoleum

der Sowjets fallen sollte, bisher nicht ausfindig gemacht werden konnte. Am anderen Ende des Marktplatzes steht das ehemalige Piaristen-, später Jesuitenkloster (1727-1730, 1943 erweitert). Die **Klosterkirche** ist 1806 im Empirestil, auf Kosten des Rosenberger Bürgers A. Zvada-Paračka, gebaut worden.

Das **Sophien-Kastell**, ein schmuckloser, festungsähnlicher Baukomplex, besteht aus 5 Gebäuden, 2 Höfen und 2 Toren und wurde im 16. und 17. Jh errichtet. Es gehörte den Herren der Burg Likava und wurde nach der Zerstörung der Burg zu ihrem Sitz. Im 19. Jh kam es in die Hände des Staates, und nach verschiedenen Funktionen wurde es nach 1919 zur Kaserne - eine Verwendung, die ihm nicht bekam. An der S-Wand stand das im 2. Weltkrieg für den aus Rosenberg stammenden, 1942 am Kuban gefallenen Major Eugen Budinsky (Sportreferent im Verteidigungsministerium) errichtete Denkmal. Die **evang Kirche** wurde 1926 an der Stelle ihrer Vorgängerin von 1873 errichtet. Ein großer, gut proportionierter Bau mit einem schönen Turm. Das Bild des einfachen Kanzelaltars stammt noch aus der alten Kirche.

Kathol. Universität, gegründet 2000. Mittelschule für Papier- und Zelluloseherstellung. Aus der Tradition der 1721 gegründeten und Ende des 19. Jh eingegangenen Papiermühle entwickelten sich 2 Großbetriebe, die nach dem 2. Weltkrieg zusammengelegt und erheblich erweitert wurden und sich zu den größten Zelluloseherstellern (mit entsprechender Geruchsbelästigung!) Europas gesellten: Die 1880 von Jakob Klein gegründete Zellulose- und Papierfabrik (später SOLO, dann ab 1939 innerhalb des Vereins für chemische und metallurgische Produktion Prag) und die 1906 von Rosenberger Bürgern nur mit sl Kapital gegründete Ungarische, nach 1919 Slowakische, Papier- und Zellulosefabrik. Vor allem die SOLO wurde in den Jahren des 2. Weltkrieges modernisiert (u.a. Aufnahme der Spiritus- und Industriehefeproduktion aus der Ablauge), außerdem wurde mit dem Bau einer neuen Siedlung für die Arbeiter begonnen. Ende des 19. Jh wurden die späteren Rosenberger Textilwerke AG von der Familie Mauthner ge-

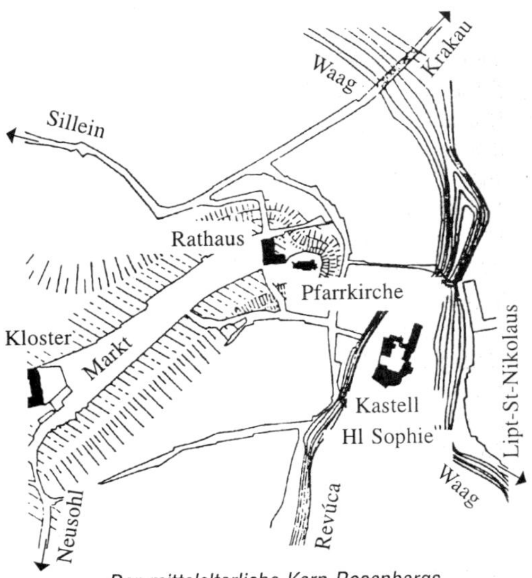

Der mittelalterliche Kern Rosenbergs

gründet und 1900 die Eisenwerke Sandau, die als selbständige Gesellschaft die Herstellung automatischer Webstühle (nach einem amerikanischen Patent, das von den Mauthner-Werken erworben wurde) übernahm. Später als Rüstungsbetrieb in den Verband der Hermann Göring-Werke aufgenommen, in dem Lafetten gefertigt wurden, was möglicherweise während des SNP zu einer Überbewertung seiner Bedeutung geführt hat. Dazu kamen noch eine Ziegelei, weiter 2 Sägewerke (Kapp & Neumann, Rosenberger Säge AG), 1 Holzstoffabrik, 1 Holzwollefabrik (A. Wix) und eine Zündholzfabrik sowie 1 Betrieb zur Herstellung von Papierreklamen (Rotapír).

Geburtsort (Ortsteil Černová) von Andrej Hlinka - auch Wirkungsort (kath Geistlicher, Politiker), Dušan Makovický (1904-10 Leibarzt und Sekretär Tolstois), Ľudovít Fulla (Maler), Róbert Dúbravec jun. (Maler, Graphiker), P. Oberschall (Schriftsteller). Zeitweiliger Wirkungsort von V. Šrobár (Politiker).

M *"Liptovské múzeum" (=Museum der Liptau), Nám. Š.N. Hyroša, mit interessanten Sammlungen: Naturwissenschaft, Archäologie, Feudalismus, Zünfte und Handwerk, Ethnographie, Geschichte der Papierherstellung, Leben und Werk Andrej Hlinkas, Sakrale Kunst (u.a. ein interessantes Bild des Papstes Clemens VI., das als eine* *der ersten Darstellungen die Landschaft, phantastische Berge, in die Bildkomposition einbezieht). Rechts vom Eingang des Museums steht ein Denkmal J. Damkos, P. Oberschall, das auf dem aufgelassenen alten Friedhof seinen Platz hatte. "Galéria Ľudovíta Fullu" (=Galerie des Ľ. Fulla), Májekova 1, die das Werk dieses vielseitig begabten, außergewöhnlichen Künstlers (1902-80) zeigt.*

T *Kabinenbahn zum Malinné (sh unter Umgebung), Badesee bei der Talstation im Hrabovotal, Hotel. Hallenbad, zwei Sprungschanzen (die kleine mit Kunststoffbelag), Eisstadion.*

🌐 1930: 15.663 EW (13.519 Sl, 19 Ru, 1.063 D, 60 Ma, 380 J), 1940: 15.564, 1991: 29.416, 2001: 30.417 EW.

◉ UMGEBUNG: Nahe am Stadtbereich (3 km), schon umgeben von den Bergen der Großen Fatra: • HRABOVO, Badesee, Hotel, Talstation der **Malinnékabinenbahn** (täglich Sommer 8-18, Winter 8-16 Uhr, außerhalb der Saison an Wochenenden), Höhenunterschied 410 m, Bergstation 985 m, oberhalb der **Vlkolíncer Wiesen**. Ein landschaftlich hervorragendes Gebiet. Solange die Wiesen gemäht wurden (bis ca 1955) und dort zahlreiche Heustadeln standen, waren sie, eingebettet zwischen hellen Kalkklippen, dunklen Wäldern und steilen Hängen, allein wegen ihrer Blumenpracht, die heute durch den Weidebetrieb verarmt ist, eine Attraktion! Mit dem Bau der Kabinenbahn (1976) und der Skilifte (1956-66) kamen auch andere Einrichtungen in die früher so idyllische Gegend: **T** *Hotel, Berghaus, Hütten, Freibad.*

Eine prachtvolle Aussicht vermittelt der Gipfel des nahen • MALINNÉ (1209 m, nach dem bodenständigen Malinô, Malinô brdo und Maliné, vielleicht der letzte Name?), der auf dem blau mk Pfad, der über die N-Flanke mit den zwei Skiliften führt, in 40 Min zu erreichen ist.

In s R (8 km) • VLKOLÍNEC (718 m). Der kleine, hoch oberhalb des Revúcatales, isoliert gelegene Ortsteil von Rosenberg ("ulica"=Straße von Rosenberg) wurde schon 1376 gemeinsam mit den anderen 3 Ortsteilen Rosenbergs genannt. Erst vor ein paar Jahren wurde der Fahrweg von Biely Potok (6 km vom Zentrum Rosenbergs nach S) so hergerichtet, daß auch Autos den Ort erreichen können. Hier steht nicht nur ein Ensemble alter schöner Holzhäuser, sondern das ganze Dorf besteht, mit Ausnahme der Schule und der Kapelle, aus besonders schönen alten, mit Schindeln gedeckten, teilweise noch die alten Rauchabzüge besitzenden Bauernhäusern, zwischen denen sich ein kleiner hölzerner Glockenturm befindet. Nachdem Pläne, aus dem Ort eine Hotelkolonie zu machen, fehlgeschlagen sind und das Wohnen in den alten unbequemen Häusern für die Besitzer kein Vergnügen ist, haben viele von ihnen ihren Besitz als Ferienhäuser verkauft.

In s und w R (17 km), Abzweigung im Revúcatal bei Podsuchá (zeitweise Verkehrsbeschränkungen): • SMREKOVICA (ca. 1400 m), ausgedehntes, sehr schönes Erholungsgebiet am Hauptkamm der Großen Fatra, Militärerholungslager.

T *Ausgangspunkt für Wanderungen, sehr schönes Skigebiet, Berghaus, Hütten.*

Das sehr schöne • REVÚCATAL, durch das die Hauptverbindungsstraße nach S führt, konnte seit 1908 bis Korytnica mit einer Schmalspurbahn, die "Korytnička", befahren werden, die leider 1970 abgebaut wurde (Lokomotive am Bahnhof in Rosenberg). In nö R (3 km) • MARTINČEK,

Die Holzhäuser von Vlkolínec

abseits, hinter dem runden Mních (696 m) gelegener kleiner Ort (414 EW), mit der sehr alten, ursprünglich frühgotischen, bereits um 1260 errichteten Martins-Kirche (im 18. Jh teilweise barockisiert), die auf einem kleinen Hügel steht, in dem sich zahlreiche kleine Kellerräume befinden. Schöner Turm, im Innern Fragmente von Fresken.

In sö R (3 km) steht im freien Feld, auf einer Anhöhe (Richtung Liptovská Štiavnica und Ludrová), die

Liptovská Štiavnica: Kastell

• ALLERHEILIGENKIRCHE (KOSTOL VŠECHSVÄTÝCH), die von einer wehrhaften Mauer umgeben ist. Sie wurde gotisch im letzten Drittel des 13. Jh errichtet und durch den Zubau eines weiteren Schiffes auf der S-Seite erweitert. Sehr wertvolle interessante Wandgemälde aus dem frühen 15. Jh, darunter teilweise eine ältere Malschicht mit Konsekrationskreuzen. Beachtenswerter Flügelaltar von 1510-20, im Schrein spätgotische Figurengruppe der Krönung Marias, das Gesprenge und ein beweglicher Flügel sind im Museum in Rosenberg.

In sö R (4 km) • LIPTOVSKÁ ŠTIAVNICA, größeres Dorf (872 EW) mit einem interessanten Kastell, dessen etwas gedrückter Baukörper durch die vier, paarweise verschieden gestalteten Türme gehoben wird. Im Stil der Spätrenaissance im 17. Jh mit zwei Türmen errichtet, 1750 und 1880 barockisiert und durch zwei zusätzliche Türme erweitert. Gehört der kath Kirche.

In n R (3 km) • BURGRUINE LIKAVA. Die Hauptverbindungsstraße nach N, führt nach Umgehung des mit Rosenberg zusammengewachsenen, selbständigen Ortes Likavka, in der Nähe der Ruine vorbei. Schöner Blick aus den Fenstern auf die Liptau und die Umgebung von Rosenberg. Die auf einem Kalkfelsen (657 m) stehende Burg, mehrgeschossiger gotischer Palast, von dem die s Außenwand noch steht (15. Jh), wurde 1315 erstmals erwähnt. 1431-34 in der Hand der Hussiten, später im Besitz verschiedener Adelsgeschlechter (u.a. Zapolya, Thököly), Militärlager und Komitatsgefängnis, 1707 von den Kaiserlichen erobert und zerstört. 5 km weiter überschreitet die Straße den Sattel der • BRESTOVÁ (ca. 800 m), mit sehr schöner Aussicht zum Hauptkamm der Kleinen Fatra und in das Arwatal.

Im W, mit Rosenberg verbunden, liegt eine weitere "ulica", • ČERNOVÁ, das durch die Geschehnisse bei der Einweihung der kath Kirche am 27.10.1907 traurige Berühmtheit erlangte. Großes Denkmal für die Opfer, vergl Geschichte 35. Kap.

In ö R (10 km) • LÚČKY, kleines Bad (1.710 EW), liegt unmittelbar unter dem Počmassiv, 27°-28° warme eisen- und kohlensäurehaltige Quellen, Ende des 18. Jh mit drei Badesälen (Herren, Damen, Juden) entstanden, heute modernes Sanatorium zur Behandlung von Frauenleiden.

In ö R (11 km) • BEŠEŇOVÁ, kleines Dorf (391 EW), schönes 2-geschossiges Renaissancekastell mit vier Ecktürmen von der 1. Hälfte des 17. Jh., Ende 18. Jh barockisiert. Die klassizistische Fassade vom Anfang des 19. Jh wurde 1982 bei der Renovierung beseitigt. Gehört dem Museum in Rosenberg und wird für die Geschichte des Jagdwesens in der Liptau verwendet. Thermalfreibad, gespeist durch eine 1986 bei Erdarbeiten angefahrene 34° warme Quelle. Im ebenso kleinen Nachbardorf • LIPTOVSKÝ MICHAL (273 EW): Ursprünglich gotische Kirche von 1300, Umbauten am Schiff im 19. Jh, Glockenturm (Tor) aus Holz (17. Jh). Bild im Hauptaltar (Erzengel Michael) von J. Hanula, Bilder der vier Kirchenfahnen von P. Bohúň.

◉ ZENTREN IN DER WEITEREN UMGEBUNG: Donovaly, Ľubochňa, Unterkubin, Arwaburg, Liptau-St-Nikolaus, Deutschliptsch.

Bešeňová: Kastell

■ ROTER STEIN (ČERVENÁ SKALA), Ortsteil von Šumiac, Bez Brezno, 824 m. Kleine Ansiedlung, die von 1903 bis 1933, bzw bis 1936, der endgültigen Fertigstellung der Neubaustrecke nach Göllnitz und Margareten, der Endpunkt der Grantaleisenbahnlinie war. Straßenknoten, SAD. War - wie die Muttergemeinde - eine Bergbausiedlung, deren EW später neben der Landwirtschaft in den Eisenwerken der Umgebung, die im Besitz der Familie Coburg waren, Arbeit fanden.

◉ UMGEBUNG: Nach W liegen im Grantal: • ZÁVADKA NAD HRONOM (2.469 EW) mit einem ehemaligen Walzwerk der Eisenwerke Coburg, dann • HEĽPA (3.019 EW), das durch seine schönen Trachten und durch die teilweise noch bewahrte Folklore sowie das alljährliche Folklorefestival bekannt war und geblieben ist. Das gleiche gilt auch für • POHORELÁ (2.677 EW), dessen Kastell der Familie Coburg gehörte, und die anderen kleinen Orte, • POHORELSKÁ MAŠA, • FERDINANDSHÜTTE (NOVÁ MAŠA) und • VAĽKOVŇA (317 EW), gehörten einst mit ihren Hochöfen, Gießereien, Hammer- und Walzwerken ebenfalls zum Komplex der Eisenwerke Coburg.

Auf der ö Seite liegt im freien, sanft ansteigenden Tal der obersten Gran: • TELGÁRT (wieder eingeführter alter Name, in der kommunistischen Zeit hieß es, nach Ján Šverma, Švermovo), um das zu Beginn des SNP heftig gekämpft wurde, wobei der Ort (1.539 EW) abbrannte. Angeblich gab es hier, als die Gegend noch den Vorgängern der Familie Coburg, den Kohárys gehörte, bei dem Mineralbrunnen ein Badehaus und einen Tiergarten, der den Kern des Ortsnamens gegeben haben soll (was mehr als unwahrscheinlich ist, da schon bereits 1549 "Thyrgart" nachgewiesen ist). Oberhalb des Ortes steigt die Straße auf den flachen Sattel • BESNÍK (1005 m, der Wasserscheide zwischen Gran und Göllnitz) hinauf. Die Eisenbahn überwindet die Steigung mit einem technisch interessanten, fast ausschließlich in einem Tunnel geführten Vollkreis. Schöne weite Aussicht! Schon auf dem Territorium des obersten Göllnitztales stehen, weit entfernt von einem Ort (8 km), der höchstgelegene Bahnhof der Slowakei "Vernár" (930 m) und auf der w Talseite ein großes Forsthaus (früher Jagdschlößchen der Familie Coburg).

◉ ZENTREN IN DER WEITEREN UMGEBUNG: Bries, Deutschendorf.

■ ROTES KLOSTER (ČERVENÝ KLÁŠTOR), die eigentlich nur aus dem Kloster bestehende Lokalität gehört politisch zu Unterschwaben (sh Umgebung) Bez Kežmarok, 453 m. In jeder Hinsicht interessantes Kloster: Prachtvoll, nur durch den Dunajez getrennt, am Fuß des gegenüber (in Polen) befindlichen Dreikronenberges (982 m), am Beginn des 10 km langen, mehrfach gewundenen Durchbruches des Dunajez durch die Pieninen und damit durch den Karpatenhauptkamm gelegen. Touristischer Anziehungspunkt ersten Ranges.

Eventuell stand hier schon im 11. Jh ein **Kloster** (historische Quellen, archäologische Funde). Der Kern der heutigen Anlage geht auf den Magister Kakas (ma =Hahn, auch Gallus genannt, oft falsch: Kokos, Kokus) zurück, der, Sohn des Rüdiger von Matrei, nach einem Urteil von 1307 zur Errichtung von 6 Klöstern und dem Bau mehrerer Kirchen verurteilt wurde, da er im Streit Friedrich Görgey erschlagen hatte. 1319 trat er das Gebiet von Lechnitz, in dem eines der Klöster gebaut wurde, an die Karthäuser ab, die schon auf dem Zufluchtstein eine Niederlassung besaßen. Mit dem Bau der Antonius-Klosterkirche wurde um 1330 begonnen, und abgeschlossen wurde er wahrscheinlich noch im 14. Jh. Das Kloster, Lechnitzer Kloster oder Rubrum Claustrum genannt (der Name Rotes Kloster kommt von den ins rötliche gehenden Steinen, denn rote Dachziegel gab es, als der Name aufkam, noch nicht), bekam mehrere Privilegien (Mühle, Fischfang, Bierbrauerei), und ihm gehörte die gesamte Umgebung (auch Weinberge in der Gegend von Kaschau). 1431 und 1433 wird das Kloster von den Hussiten ausgeraubt, die Mönche gefoltert und verschleppt sowie die Anlage teilweise zerstört. Nach dem Wiederaufbau blieben die Karthäuser bis 1565, als der Orden in der Zips infolge der Reformation aufgelöst wurde. Danach befand sich das Kloster in den Händen mehrerer weltlicher Besitzer. 1699 erwarb es schließlich das Bistum von Neutra, das die Anlage und den Landbesitz 1705 an die aus Italien herbeigerufenen Kamaldulenser übergab. Der Orden nannte sich hier "Eremus Conventus Montis Coronae" (die Anfangsbuchstaben ECMC sind heute noch auf mehreren Gebäudeteilen zu sehen).

Die Mönche des Schweigens (mit ihrem Gruß "memento mori") besserten die bestehenden Gebäude aus, errichteten die 10 Zellenhäuser, von denen 2 heute restauriert sind, bauten den Uhrturm, erneuerten das gotische, um 1462 mit einem Netzgewölbe versehene Refektorium, in dem heute noch Reste gotischer ornamentaler und figürlicher Malereien aus der Zeit vor 1520 (Christus auf dem Ölberg, Auspeitschung, Kalvarienberg) zu sehen sind. Sie vergrößerten die Wirtschaftsgebäude und richteten wie ihre Vorgänger ein Fremdenzimmer für Reisende und ein Krankenzimmer sowie eine Bibliothek (heute in Budapest!) ein. Wahrscheinlich stellten die Kamaldulenser das Kloster nie ganz fertig.

Anders die Kirche, die sie von den Karthäusern übernommen hatten. Sie wurde restauriert und barockisiert und 1750 der angebaute Turm errichtet. Aber im Laufe der Jahrhunderte wurde das Kloster fast zur Ruine. Nach der 1781 erfolgten Auflösung des Kamaldulenserordens durch Josef II. erhielt 1820 das griech-kath Bistum in Eperies das Kloster, das nicht in der Lage war, für die Erhaltung dieses großen Komplexes zu sorgen. Nach dem Brand von 1910 trat weiterer Verfall ein - trotz eines Notdaches über der Kirche. Erst 1932 erhielten die Kirche und das Refektorium ein Dach, innen geschah nichts. Kurz danach übernahm der KČST die gesamte Anlage und betreute auch die von ihm für Touristenunterkünfte nicht benötigten Objekte. Nach dem 2. Weltkrieg waren die Schäden so groß, daß der Abriß drohte, bis schließlich 1956 doch die Rekonstruktion begann.

Die **Klosterkirche** folgt - wie gewöhnlich bei den Bauten der Karthäuser - dem Schema des einschiffigen gewölbten Saales mit ganz außergewöhnlichen Maßverhältnissen: Die mit dem Presbyterium einen Raum bildende Kirche ist ca. 35 m lang, nur knapp 7 m breit, aber fast 14 m hoch! Der Eindruck des Außergewöhnlichen wird noch durch die ungegliederten Wände (da die Rippen des Kreuzgewölbes in schön geformte Platten auslaufen und keine Verlängerung durch Dienste erfuhren) unterstützt. Unter der teilweise abgefallenen flächendeckenden barocken Malschicht und den reichen barocken Stuckarbeiten der Kamaldulenser sind Reste der gotischen Freskenzyklen sichtbar. "Wie der Raum, so war also auch das heute klare Licht, durch die farbigen Wände, auf die es fiel, und wohl auch durch bunte Fenster, durch die es einfiel, in eine Sphäre der Unwirklichkeit transponiert. Die Raumform, die hier zu größter Einheitlichkeit und Einfachheit entwickelt ist, wird doch zugleich durch die übersteigerte Proportionierung ins Phantastische gewendet"

Rotes Kloster mit Dreikronberg

(Schürer-Wiese). Zur barocken Version gehörte auch der die ganze Breite der Kirche füllende barocke Hauptaltar, den D. Reismayer 1745 geschaffen hat. Plastiken: Maria, Anton, Benedikt, Stephan und Ladislaus. Im Kloster ist heute ein Museum, die Wirtschaftsgebäude sind eine Außenstelle der Preßburger Schulen.

In enger Verbindung mit dem Kloster steht der **Kamaldulensermönch Cyprian** (Frater Cyprianus), der hier viele Jahre als Klosterarzt, Apotheker und Botaniker (offiziell als "Barbier, Apotheker, Koch, Pfleger der Kranken und Speisesaalverwalter") lebte und dessen Name 1756 erstmals auftauchte. Die von Badern betriebene Chirurgie hatte er sich in Leutschau angeeignet, und als Internist bildete er sich durch Studien in der einschlägigen Literatur. Er sammelte Heilpflanzen und kam bei diesen Gelegenheiten nicht nur in die Pieninen und die Zipser Magura, sondern auch in die Beler Kalkalpen und die Hohe Tatra. Er legte ein Herbarium mit 272 Pflanzen (mehr nach medizinischen, denn nach botanischen Grundsätzen) an und beschrieb in einem 2. d Teil die von ihm angewendeten Heilmethoden bei dieser oder jener Krankheit und allgemeine Verhaltensregeln. In seiner Apotheke, einer der ersten in der O-Slowakei, stellte er Arzneien und Salben her. Weithin bekannt, wurde er auch in die Umgebung zu Kranken geholt. Trotzdem lernte er auch den Undank kennen, denn am Schluß seiner Betrachtungen im Herbarium schreibt er u.a. "..Dieser Letzte (Frater Zoerardus) kackte auf mich und meine Kräuter, dieser Dank von einem geistlichen Bruder!"

Als begabter Autodidakt beschäftigte er sich auch als Alchemist, als Spiegelhersteller ("Zauberspiegel") sowie als Feuerwerker und befaßte sich außerdem mit der Problematik des Fliegens. Während das wertvolle Herbarium erhalten geblieben ist (Museum des TANAP, Tatralomnitz), sind evtl. vorhandene Unterlagen über andere, von seinen Oberen nicht gerne gesehenen Beschäftigungen bei dem Großfeuer nach 1782 verloren gegangen. Ein einziger schriftlicher Nachweis berichtet von einem Spektakel, das angeblich um 1760 auf dem Markt in Zipser Bela stattgefunden haben soll und bei dem ein "Teufelswagen" (der Flugapparat oder die Flügel des Frater Cyprianus) verbrannt wurde. Seine Flugversuche soll er am Dreikronenberg

Rotes Kloster: Kirche in den 30-er Jahren

veranstaltet haben. Auch wenn sich um den "Fliegenden Mönch" zahlreiche Sagen gebildet haben, sind doch die ungeklärten Umstände seines Todes (16.4.1775) ein Hinweis auf die Folgen, die seine wahrscheinliche Nebenbeschäftigung nach sich gezogen hatte. Nicht belegbare Feststellungen verweisen diese Experimente in das Reich der Sagen, und führen die angeblichen Flugversuche auf die phantasiereichen Erzählungen über Kaspar Mohr zurück, die von den aus Schwaben stammenden Siedlern an den Dunajez gebracht und dort weiter gesponnen wurden.

M *"Múzeum Červený Kláštor" (=Museum Rotes Kloster): Geschichte des Klosters, Kulturgeschichte der Umgebung, in einem Zellenhaus ist mit altem Mobiliar eine Apotheke eingerichtet worden.*

T *Hotel. Camping- und Zeltplatz.*

◉ UMGEBUNG: Eine europäische Attraktion ist die **Floßfahrt auf dem Dunajez** durch die Durchbruchschlucht hindurch, die von 300-500 m hohen bewaldeten Flanken gebildet wird, in denen teilweise ganze Fluchten bildende Kalkklippen stehen. Was für die Flußschiffahrt auf der Donau das "Eiserne Tor", ist für die Floßfahrer der Dunajezdurchbruch! Ein "Floß" besteht heute aus mehreren, aus Bohlen zusammengesetzten Pontons von kaum 1 m Breite, über die für die "Passagiere" Sitzbretter gelegt werden. Vorn wird Tannenreisig befestigt, damit die Wasserspritzer der Wellen nicht in das Floß schlagen. Gesteuert wird ein Floß von 2, früher ausschließlich in Goralentracht gekleideten Steuermännern, von denen jeder eine lange Stange handhabt.

Die romantische Fahrt beginnt beim Floßhafen (Prístavište pltí), der unter den uralten, wahrscheinlich 350 Jahre alten großen Linden liegt (andere Flößergemeinschaften starten vor dem Kloster). Der hier noch ruhig dahinfließende Dunajez, er bildet die Grenze zu Polen, ist in diesem Bereich ca. 50 m breit. Nach der Abfahrt geht es zuerst direkt auf den 540 m über dem Dunajez aufragenden Dreikronenberg zu (mit seiner aus 4 ca. 100 m hohen Kalkklippen gebildeten Gipfelpartie). Dicht vor den steilen Abhängen wird der Fluß nach rechts abgedrängt (1. Kehre) und fließt zwischen dem Dreikronenberg und dem Janošíkov skok (=Janošík-Sprung) in den eigentlichen Eingang der Schlucht. Auf der folgenden ca. 1,5 km langen Strecke, links der Facimiech genannte Bergrücken, wird die schmalste und tiefste Stelle passiert, 8 m breit und 12 m tief.

Die 2. Kehre wird durch einen fast halbkreisförmigen Bogen, der den Fluß aus der s in die n Richtung drängt, rund um die Facimiech herum gebildet. Hier ist das Wasser wieder besonders unruhig, und nach mehreren Engstellen fährt das Floß direkt auf eine Felswand zu, vor der es um 90° abgelenkt wird: die 3. Kehre. Nach einigen schönen Uferpartien muß der Dunajez abermals eine ganz scharfe Wendung um 90°, diesmal nach N ausführen (4. Kehre, eine schwer zu steuernde Stelle). Links ziehen die Roten Felsen vorüber, dann folgt wieder ruhigeres Wasser, und in einem großen Bogen verläßt der Fluß die n Richtung, um nach SO abzubiegen (5. Kehre).

Die rechte Begrenzung bilden die steilen, dicht bewaldeten Abhänge der Holica (824 m), während am linken p Ufer 2 der schönsten und wildesten Felsformationen auftauchen. Zuerst die 300 m aufragenden Wände der Sokolica/Falkenstein (747 m), die oben mit einer baumbestandenen Kuppe endet. Dann der spitze Felskegel des 200 m aufragenden Zuckerhutes. Kurz darauf wendet sich der Fluß in einer Haarnadelkurve nach NW. Rechts befindet sich nahe dem Ufer die "100-jährige Quelle". Taucht man in ihr unter, wird man 100 Jahre alt. Davor gibt es noch die "Quelle der Liebe", von der man jeden Tag trinken soll! Die Floßfahrt der sl Flößer (50-80 Min, je nach Wasserstand) endet dicht vor der Stelle, wo die Grenze den Fluß verläßt und der Dunajez mit der 7. Kehre ganz nach Polen hineinfließt. Heute wird die Flößerei von privaten Gemeinschaften betrieben, Karten können in fast allen Hotels der Zips vorbestellt werden. Rustikales "Salaš" 500 m vom Endpunkt im Seitental, das nach Lesnica führt, großer Parkplatz. Rückkehr: Zu Fuß auf dem rot m Uferweg, sehr schön, 2 Std; wenn mehrere Autos zur Verfügung stehen, wird eines am Parkplatz "deponiert"; Autobus; Leihfahrräder.

Floßfahrt auf dem Dunajez

In w R (1 km) • UNTERSCHWABEN (ČERVENÝ KLÁŠTOR), heute ist im Slowakischen der Name des Ortes gleich mit demjenigen des Klosters, früher Nižné Šváby (=Unterschwaben), deutsch früher Sublechnitz, und weiter w (3 km) • OBERSCHWABEN (MAJERE), slowakisch früher Vyšné Šváby. Beide sehr kleinen Orte gehörten zum Roten Kloster, Oberschwaben als Meierei. Interessante Siedlungsgeschichte, früher stark d geprägt (1930 U.Schw: 238 EW; 127 Sl, 67 D, und O.Schw.: 85 EW; 23 Sl, 38 D; 2001: 77 EW).

Nachdem Josef II. den Orden der Kamaldulenser aufgelöst hatte, erließ er 1781 ein "Kaiserliches Patent", das zur Ansiedlung "in unbesetzten, leeren und öden Gründen" (unter Gewährung von großzügigen Erleichterungen) aufrief. Im Zuge der darauf anlaufenden Besiedlungswelle kamen im Juni 1786 auch 24 Familien (58% Württemberger und Schwaben, 25% Hessen, 23% Rheinpfälzer) mit 104 Personen in das Dunajeztal, um sich auf den Ländereien des aufgelösten Roten Klosters niederzulassen. Sie beschäftigten sich mit der Landwirtschaft und später, als die Floßfahrt durch den Dunajezdurchbruch mit Personen aufkam, als Flößer. Diese Betätigung wurde von Ende 1938 bis in den Herbst 1939 hinein unterbrochen, als Polen u.a. die Durchbruchsschlucht erhielt und den "tschechoslowakischen", also fast ausschließlich d Flößern, die Arbeit verbat. Das hatte freilich auch andere Gründe. Hatten doch die tschechoslowakischen Behörden Jahre hindurch zugesehen, wie sich die p Flößer abmühen mußten, ihre Flöße an den Ausgangspunkt zurückzubringen, da auf dem p Ufer kein Weg vorhanden war und die tschechoslowakischen Behörden Polen die Benutzung des Fahrweges auf ihrem Gebiet nicht erlaubten.

In s R (1 km) • BAD KRONENBERG (ČERVENÝ KLÁŠTOR KÚPELE) slowakisch früher Smerdžonka (nach den stinkenden Quellen). Die kohlensäurehaltigen schwefeligen Quellen wurden schon von den Mönchen des Klosters benutzt. Später, ca. ab 1820, wurden in dem kleinen staatlichen Bad Gelenkerkrankungen behandelt. Der 1. Weltkrieg verursachte eine Unterbrechung bis 1928 (bekanntes Hotel "Littmann"), heute eine kleine Erholungsstätte ohne Kurbetrieb.

In sö R (3 km) • HELBINGSAU (HALIGOVCE): Dorf (683 EW). Auf der n Talseite die interessanten, mit einer wertvollen Flora bestandenen, teilweise bizarren Helbingsauer Felsen (mit zahlreichen Höhlen). Die bekannteste ist die nicht zugängliche "Aksamitka" (benannt nach dem Hussitenkapitän Peter Axamit, der auch durch diese Gegend kam). Die ca. 300 m langen Gänge wur-

Die Helbingsauer Felsen

den schon 1874 und 1879 begangen (Samuel Roth), wobei Hinweise auf eine altsteinzeitliche und auf eine mittelalterliche Siedlungsstätte gefunden wurden. **T** *Motorest.*

In sö R (8 km) • ALTENDORF (SPIŠSKÁ STARÁ VES), selten auch Zipser Altendorf genannt, Kleinstadt (2.355 EW), früher Sitz eines Bez. Der Ort und die Umgebung waren wahrscheinlich schon vor dem Mongoleneinfall, von N, von D besiedelt worden. Nach 1308 wurde Altendorf neu gegründet und konnte sich, an dem wichtigen Handelsweg nach Polen gelegen, im Gegensatz zu den Dörfern der Umgebung (sie wurden rasch slowakisiert), einigermaßen entwickeln. 1330 verkauft der Schulze Heinrich sein Erbrichteramt an das Rote Kloster, das 1337 die gesamte Gemeinde erhält. 1399 wird Altendorf in den Bund der 24 Zipser Städte aufgenommen, in dem es sich nicht lange halten konnte. 1423 trafen sich hier Sigismund und Wladislaw II., und 1474 schlossen hier Matthias Corvinus und Kasimir IV. einen Waffenstillstand. 1774-1876 war Altendorf in einer Art Kooperation mit der Provinz der 16 Zipser Städte verbunden.

Die kath Kirche wurde in der 2. Hälfte des 14. Jh errichtet, mehrfach umgebaut und erweitert. Von dem ursprünglichen gotischen Bau existieren noch das Presbyterium, das Außenmauerwerk des Schiffes, die Sakristei und der Turm, der durch 2 mächtige, diagonal angestellte Stützpfeiler, in denen sich je ein Durchgang befindet, stabilisiert wird. Die flache Holzdecke des Schiffes wurde mit Hilfe von 2 neu eingezogenen Mittelstützen durch ein gotisches Gewölbe ersetzt - eine Maßnahme, mit der man bei der Barockisierung nicht zufrieden war. 1772 wurde das Gewölbe herausgerissen und durch ein barockes ersetzt. Spätbarocker Hauptaltar von 1765, die 2 Seitenaltäre mit ihrer neogotischen Ausstattung und den barockisierten Zentralbildern vom 15. Jh wurden Ende des 19. Jh aufgestellt.

Nach 1945 Industrie: Textil, Maschinen. Geburtsort des Malers Ferdinand Katona (-Kleinberger). Talaufwärts liegt weiter nach S (3 km): • MATZAU (MATIAŠOVCE), ein kleiner Ort (810 EW) mit einer interessanten, von einer Mauer, in der die Kapellen untergebracht sind, umgebenen kath Kirche (13. Jh, ursprünglich gotisch, mit einer flachen Decke, im Barockzeitalter etwas verändert, Ausmalung von 1948, wertvolle Monstranz von 1750). Neben der Kirche steht ein Glockenturm vom Ende des 16. Jh, der ebenfalls barockisiert wurde.

In dem sich immer tiefer einschneidenden Tal folgt (2 km) • HENSCHAU (SPIŠSKÉ HANUŠOVCE), kleiner Ort (659 EW) mit kath Kirche, ursprünglich gotisch, gehörte den Kreuzrittern von Landeck. Im 17. Jh und 1858 Änderungen in der Disposition, das heutige Presbyterium befindet sich beim W-Turm, mit gleichzeitiger Erweiterung zur Einschiffigkeit, barock eingewölbt. Interessantes Äußeres. Nach dem letzten Ort im Tal, • RILLEN-HAGEN (REĽOV-HÁGY), kath Kirche von 1787, (322 EW), führt die Straße auf den • MAGURASATTEL (MAGURSKÉ SEDLO), der mit 949 m Höhe den Übergang über die Zipser Magura nach S bildet, sehr schöne Aussicht zur Gipfelkette der Beler Kalkalpen!

Matzau: Kirche mit Glockenturm

In w R (11 km) • NETZDORF (NIEDZICA), liegt heute in P. Es ist nicht nur als Teil der abgetretenen N-Zips, sondern auch historisch mit dem Dunajezgebiet verbunden und von Interesse. Der Grenzübergang ist freilich nur für Angehörige der Anliegerstaaten offen, und andere müssen den Umweg über Lysá Poľana nehmen. Getrennt durch den Dunajezstausee (12,26 km²), standen sich am sogenannten "Kleinen Dunajezdurchbruch", 2 Burgen gegenüber: Czorsztyn auf dem linken Dunajezufer (zur Wahrung der p Interessen) und die Netzerburg auf dem rechten Ufer (zur Wahrung der u Interessen). Heute teilweise Museum, wurde letztere 1320-30 von Johann Berzeviczy errichtet.

Um sie spinnen sich viele Sagen und Geschichten, darunter jene bis nach S-Amerika ausgreifende, mit dem sogenannten "Indianer-" oder "Inkatestament". Sebastian Berzeviczy (stammte er wirklich aus diesem Geschlecht, oder war er ein Usurpator?) bereiste nach der Mitte des 18. Jh S-Amerika, verliebte sich in eine Inkaprinzessin. Sie heirateten und bekamen eine Tochter, Umina. Diese wiederum heiratete den Führer des Inkaaufstandes von 1781 gegen die Spanier, Tupaka Amurua II. Nach der Niederschlagung des Aufstandes lebte das Paar 15 Jahre in Italien, von wo Sebastian Berzeviczy Umina nach der Ermordung des Inkas durch die Spanier (nach spanischen Dokumenten wurde er schon in Peru hingerichtet) auf die abgelegene Netzerburg führte. Dorthin brachten Abgesandte der Inkas angeblich verschiedene Dokumente, in denen auch der Ort des Inkaschatzes verzeichnet gewesen sein soll und die unter einer Treppenstufe versteckt wurden. Doch auch Umina erreichte der Arm der Spanier, sie wurde ermordet. Ihr Kind nahm einen anderen Namen an. 1946 (!) kam ein Nachkomme (war es ein echter?) in die Netzerburg, und behauptete, das Versteck zu kennen. In Gegenwart der p Behörden wurden die Dokumente unter der Stufe hervorgeholt (sind sie echt?), aber bisher

Die Netzerburg

konnte niemand die inzwischen verschwundenen Knotenschnüre lesen, zumal der Nachkomme umgekommen ist. Der Ort des sagenhaften Eldorados bleibt unbekannt.

◉ ZENTREN IN DER WEITEREN UMGEBUNG: Ždiar, Javorina, Altlublau, Oberrauschenbach, Pudlein, Landeck, Höhlenhain.

● **ROTH, SAMUEL,** *1851 Menhard, +1889 Leutschau. Pädagoge, Geologe, Speläologe. Studien: Kesmark, Budapest. Direktor der Realschule in Leutschau. Erforschte viele Höhlen, fand zahlreiche Menschen- und Tierknochen, Keramik etc. Befaßte sich mit der Petrographie sowie mit der Glaziologie der Hohen Tatra. Bewies, daß während der Eiszeiten Polartiere anwesend waren. War für das Museum des KV und für den KV tätig. Zahlreiche Publikationen.

● **RUBIGALL (ROTHAN), PAUL,** *um 1510 Kremnitz, +um 1577 Schemnitz. Politiker, Unternehmer, Wissenschaftler, Reisender, Poet. Studium: Wittenberg, Schüler Melanchthons. Warb bei den evang Ständen um die Unterstützung Österreichs im Kampf gegen die Türken, Delegierter in Konstantinopel, Teilnehmer am Reichstag in Augsburg, Mitorganisator der Verteidigung der Bergstädte gegen die Türken, Burgkapitän von Slowakischliptsch. Bedeutendster lat humanistischer Schriftsteller der Slowakei, wendet in seinen Gedichten meisterhaft die antiken Grundregeln an, Mitarbeiter an der Bergordnung (1573), und Leiter des Familienunternehmens in Schemnitz.

● **RUDOLF I. (II.),** *1552 Wien, +1612 Prag. 1572 u, 1575 böhm. König, 1576 Kaiser (als Rudolf II.). Zwiespältig, häufig krank, versponnen in seine Leidenschaften (Alchemie, Astrologie, Sammler), Vertreter der Gegenreformation, lehnte den Wiener Frieden ab, kümmerte sich wenig um die Staatsgeschäfte, verlor 1608 die u Krone an seinen Bruder Matthias II.

◆ **SAISONARBEIT** (auch Wanderarbeit), war im Bergland der Mittelslowakei (auch in d Gemeinden des Hauerlandes) eine existenzsichernde Notwendigkeit. Gründe: Aufgabe des Bergbaues, karge Böden, Erbteilung und Bevölkerungszunahme, Mangel an anderen Erwerbsquellen. Arbeitsplätze: Bis 1919 in der Landwirtschaft und im Bauwesen in Innerungarn, nach 1919: in der Landwirtschaft in Niederösterreich und später auch in Deutschland, dann im Bauwesen und vor allem Ende der 30-er Jahre und im Krieg in der Industrie.

● **SAMO**, *um 600, +658 (?). Fränkischer Kaufmann, ältester Führer der Slawen (König). Kam 623 mit einem bewaffneten Kaufmannszug in das Land der Slawen, wurde in den Aufstand gegen die Awaren verwickelt, stellte sich auf die Seite der siegreichen Slawen, Führer und Einiger verschiedener slawischer Stämme (Samos Reich: SW- Slowakei, Nieder-Österreich, Mähren, später auch Teile Böhmens). Wurde vom Fränkischen Reich toleriert, die Ermordung von einigen fränkischen Kaufleuten führte unter König Dagobert zum Krieg, den er verlor (Schlacht um Wogastisburg).

■ **SANKT BENEDIKT (HRONSKÝ BEŇADIK),** Bez Žarnovica, 195 m. Berühmte alte Abtei, Dominante am Austritt des Grantales aus dem Gebirge in die Ebene, auf einer strategisch sehr günstigen, in das Tal ragenden Felsterrasse oberhalb eines kleinen Ortes gelegen. ŽSR, SAD. Namen: d auch Sankt Benedikt an der Gran, lat 1075 Monasterium Ecclesia Sancti Benedicti, 1158 M.S.B. de Grana, 1300 S.B. super Gronam, ma Garamszentbenedek, 1366 Zent Beneduk, 1773 Swaty Benedik, 1920 Svätý Beňadik, 1927 Svätý Benedik, 1948 Svätý Beňadik, 1960 Hronský Beňadik.

Sankt Benedikt: Westfront

Alter Siedlungsplatz (Jungsteinzeit, Hallstattzeit), die Benediktiner kamen vor 1075. Entwicklung zu einer bedeutenden, reichen Abtei, das erste Bergbauunternehmen der Mittelslowakei. Unter dem Boden der heutigen gotischen Kirche befinden sich Fundamente einer bereits 1075 geweihten romanischen Basilika, die bis in die Mitte des 14. Jh stand.

Die Einkünfte ermöglichten 1346-75 den großzügigen Neubau der gotischen dreischiffigen **Hallenkirche** und eine kostbare Ausstattung. Sie brannte mehrmals aus und wurde 1483 wieder geweiht. Die Klarheit des Stiles wie auch die Güte der handwerklichen Ausführung erinnern an Peter Parler und seine Bauhütte.

Die Reformation und die Auseinandersetzungen um den umfangreichen Besitz des Klosters und schließlich die eindringenden Türken führten zu einem Niedergang, so daß die Abtei 1565 nur noch dem Namen nach bestand und unter die Verwaltung des Graner Erzbistums kam. Zwischen 1563 und 1588 wurde die Verteidigungsfähigkeit des Klosters erheblich erhöht (u.a. wurden die Fenster des Klosters und die hohen gotischen Fenster der Kirche zugemauert), und im 17. Jh war es ein Ausgangspunkt für die Operationen gegen die Türken. In der Zeit, in der sich die Kämpfe immer weiter nach S verlagerten, verlor die Klosterfestung an Bedeutung, sie begann teilweise zu verfallen, und später eingeleitete Renovierungsarbeiten wurden durch die Aufstände gegen das Haus Habsburg behindert. 1711 setzte eine starke Bautätigkeit ein, die u.a. 1766 zu einer barockklassizistischen Ausgestaltung der Kirche führte. Später kam es abermals zu einem teilweisen Verfall. Von 1881-89 wurde eine puristische Regotisierung durchgeführt, über deren Qualität die Meinungen auseinandergehen, obzwar sie der Kirche u.a. das schöne Portal und durch die Wiederherstellung der hohen gotischen Fenster das Licht in das Schiff zurückbrachte.

Auch die freigelegten Fragmente von Wandmalereien aus der ersten Hälfte des 15. Jh, die in zwei Bildern (Kampf und Sieg) die Georgs-Legende darstellen, sind unzweifelhaft ein Gewinn.

Von der ursprünglichen gotischen Einrichtung sind nicht viele (dafür aber einige hervorragende) Stücke, von der barocken und klassizistischen überhaupt keine erhalten geblieben, da das meiste in die Museen von Gran und Budapest kam (allein 3 wertvolle gotische Flügelaltäre!). Mit zu den besten spätgotischen Holzplastiken der Slowakei gehören die Figuren des *MARIEN-ALTARS* (auch Scholastika-Altar genannt): Maria, Scholastika und Benedikt (1460-70). Sie sind der Rest eines gotischen Altars und wurden in einen bei der Regotisierung errichteten neugotischen Altar eingebaut. Die Dreiergruppe zeigt, trotz ihrer etwas robusten Darstellung, den deutlichen Einfluß, den Jakob Kaschauer auf den Meister der St Benedikter Figuren ausgeübt hat.

Für Verwirrung sorgte die nicht belegte Annahme, daß der Meister MS (seine hervorragenden Tafelbilder - Schemnitz Katharinen-Kirche, Antol kath Kirche, Museum Budapest - gehören zum Höhepunkt der gotischen Malerei in der Slowakei) mit dem Meister der Schemnitzer Figuren und evtl sogar noch mit dem Meister der St Benedikter Figuren identisch sein sollte. Wahrscheinlich waren es aber drei verschiedene Künstler: Der Maler MS, der Meister der Schemnitzer Figuren, von dem auch diejenigen der kath Kirche in Karpfen stammen dürften, und der Meister der St

Benedikter Figuren (der wahrscheinlich auch die Plastiken der 3 Altäre in Pukanz und mit sehr großer Wahrscheinlichkeit den Vir dolorum-Altar in der Jakobs-Kirche in Leutschau geschaffen hat). Letzte Zweifel bleiben (sh Pukanz, Karpfen, Schemnitz, Leutschau).

Das sehr schöne, reich verzierte Grab Christi befindet sich leider im Museum von Gran, während der Leichnam Christ in St Benedikt geblieben ist und etwas älter (ca. 1480) als das Grab sein dürfte. Parallelen zum Meister der St Benedikter Figuren ergeben sich kaum. Eine Madonna aus dem letzten Drittel des 14. Jh, die aus der Zips stammt, ein Kreuz im Triumphbogen (13. Jh) und eine steinerne Taufe (13. Jh) gehören noch zur alten Ausstattung der eindrucksvollen Kirche, an die sich ein festungsähnlicher bescheidener Paradiesgarten und eine Kapelle (Heiligtum) anschließen.

◍ 1930: 1.276 EW (1.181 Sl, 3 D, 22 Ma, 28 J), 1940: 1.398, 1991: 1.241, 2001: 1.220 EW.

◉ UMGEBUNG: St Benedikt liegt im Bereich des • SLOWAKISCHEN TORES (SLOVENSKÁ BRÁNA), einer 10 km langen Engstelle des Grantales, die von Tekovská Breznica bis Kozárovce reicht.

◉ ZENTREN IN DER WEITEREN UMGEBUNG: Goldmorawitz, Königsberg, Pukanz, Lewenz.

■ **SANKT GEORGEN (SVÄTÝ JUR),** Bez Pezinok, 165 m. Bis auf die SO-Seite von Weinbergen umschlossene. Bekannte alte ehemalige königliche Freistadt. Weinbau. Ausgangspunkt für Wanderungen in den Kleinen Karpaten. ŽSR, SAD. Namen: lat Sanctus Georgius, Danum Sancti Georgii, ma Szentgyörgy, 1216 Sengung, 1773 Svätý Jur, 1960 Jur pri Bratislave, heute wieder Svätý Jur.

Siedlung in der Hallstattzeit und zZt der Quaden. Im 13. Jh Wiederbegründung durch d Siedler. Marktrecht von Ludwig I., 1646 königliche Freistadt. Davor hatte es häufig durch die jeweiligen Besitzer der Herrschaft St Georgen (dazu gehörten 21 Orte!), die auf der nahen Burg Weißer Stein (von der nur noch ein paar kümmerliche Ruinenreste vorhanden sind) ihren Sitz hatten, zu leiden. Besonders schlimm sollen es einige Grafen von St Georgen und Bösing getrieben haben! Selbst eine Schwester der Grafen, die "Böse Cäcilie", machte bei den Raubzügen mit! 1663 verwüsteten die Türken die Stadt und zerstörten die Burg, die nicht mehr aufgebaut wurde. Interessant sind die typischen Weingärtnerhäuser mit den relativ hoch gelegenen Wohnungen, unter denen sich die großen Weinkeller befanden.

Die bedeutende, oberhalb des Zentrums stehende kath **Georgs-Kirche** hat einen frühgotischen Bestand vom Ende des 13. Jh, im 14. wurde sie auf 2 Schiffe vergrößert, im 15. Jh eingewölbt, 1465 erfolgte auf der S-Seite der Bau der Dreifaltigkeitskapelle. Nach dem Ende des 16. Jh kam es zu einigen renaissancenen Ergänzungen und 1943 sowie nach dem Krieg zu einigen Änderungen und Ausbesserungen (u.a. Krypta der Grafen von St Georgen und Bösing). Der 1663 abgebrannte Turm wurde nicht wieder erneuert, dafür ein freistehender hölzerner Glockenturm errichtet.

Besonders wertvoll ist der vermutlich aus Österreich importierte, 1514/20 im Stil der Renaissance geschaffene, aus einem großen Kalksteinblock herausgeschlagene monumentale Georgs-Altar, dessen Schrein das Relief Georg mit dem Drachen kämpfend zeigt. In den anderen Feldern sind Szenen aus dem Leben des Heiligen zu sehen. Ein ganz besonders interessantes wie auch schönes Werk ist das aus rotem Marmor gehauene Epitaph des Grafen Georg von St Georgen. Mit dem Epitaph des G. Schomburg im Preßburger Dom ist es ein spätgotisches Werk, das eine gewisse Ähnlichkeit zu verschiedenen Salzburger Arbeiten zeigt, die in der Slowakei keine Vorläufer und auch

St Georgen: Weingärtnerhäuser

St Georgen: Glockenturm an der Georgs-Kirche

keinen Einfluß ausgeübt haben. Das aus Holz geschnitzte Relief des Todes der Maria (ca. 1510) besitzt neben der häufig anzutreffenden Disposition schwäbischen Charakter. Die gotischen Wandmalereien aus dem 15. Jh sind 1920 aufgedeckt worden.

Die **Kirche des Piaristenklosters** wurde 1651-54 von den Evangelischen als Saalkirche, mit einer umlaufenden Empore, erbaut. Sie wurde 1686 den Piaristen übergeben, die sie barockisierten und Anfang des 18. Jh ein Kloster dazubauten. Dazu kamen 1758 noch ein Gymnasium und 1754 der Turm der Kirche.

Die Errichtung einer **evang Kirche** wurde 1783 durch den Umbau eines Wohnhauses realisiert, das die Evangelischen von Balthasar Segner geschenkt bekamen. Der Grundstein des Hauses wurde zum Taufstein und erhielt die Inschrift "PR.BALTH. SZEGNER HAS AEDES AQSIVIT FI: AND. SZEGNER EREXIT. AB. AND. IOH. SZ. PO COME: NE: ALEX. IOSEPH SZEGNER COSERVABIT". B. Segner, als Glaubensflüchtling aus der Steiermark nach St Georgen gekommen, wo sich auch viele Familien aus dem Salzburgischen niedergelassen hatten, wurde mehrfach zum Stadtrichter gewählt.

Am SO-Rand der Stadt befand sich früher das **St Georgener Schwefelbad.** 1680 hatte der St Georgener Bader Teufel die Quelle entdeckt und das Badehaus, in dem er Erkrankungen der Glieder und der Haut behandelte, errichtet. Später verpachtete die Stadt das kleine Bad, bis es Michael Zanger für 600 Gulden erwarb und es zu einem bequemen Bad (Hotel, Restaurant, Badehaus) ausbauen ließ, das allgemein gern aufgesucht wurde. Es war bis 1945 in Betrieb, dann verfielen die Gebäude, die später für andere Zwecke verwendet wurden. Heute eine psychiatrische Anstalt für Jugendliche. **Kastell** von 1609, wurde errichtet, als die Verwaltung die Burg Weißer Stein verließ, war mit den Befestigungen der Stadt verbunden, erfuhr mehrere Veränderungen, heute Wohnungen.

1684 Gründung des Piaristengymnasiums, das Ende des 18. Jh einging, 1865 als Untergymnasium erneuert, unterrichteten die Piaristen bis zur Auflösung 1918.

M *"Vlastivedné a literárne múzeum" (=Heimatkunde- und Literatur- Museum), Letohradská 16 (dem Dichter P. Jilemnický gewidmet). "Mestské múzeum" (=Stadtmuseum) im Rathaus (Stadtgeschichte).*

⊕ 1930: 3.701 EW (2.642 Sl, 918 D, 82 Ma), 1940: 4.423, 1991: 4.600, 2001: 4.614 EW.

◉ UMGEBUNG: Auf der S-Seite der Bahnlinie befindet sich im Bereich der Ebene ein sumpfiges, mit kleinen Tümpeln durchsetztes Gebiet, der • SCHOOR (ŠÚR). Leider trafen diesen in der Welt einmaligen sumpfig-morastigen Erlenwald nicht nur nach dem 2. Weltkrieg, sondern bereits schon früher einschneidende Beeinträchtigungen. Schon 1897-98 werden die Kanäle vertieft, damit das Wasser schneller abläuft. 1936 sollte das Gebiet auf nur 18 ha begrenzt werden, und 1941 wurde mit viel parteipolitischem Tam-Tam ("ein Werk, wie die Trockenlegung der Lepontinischen Sümpfe") der Schoorkanal fertig, der die Überschwemmungen verhindern und eine landwirtschaftliche Nutzung ermöglichen sollte. 1950 nahm die Landwirtschaftliche Genossenschaft 180 ha unter den Pflug und legte in diesem Bereich entsprechende Drainagen an. Die 1952 erfolgte Ausrufung zum Naturschutzgebiet (567 ha, davon 360 ha Wald) führte zur Errichtung verschiedener Vorrichtungen, die das Wasser zurückhalten sollten. Aber schon 1963 hatte die Genossenschaft wieder die Oberhand, und die übermäßige Düngung führte mit der mangelnden Wasserhaltung zu einer we-

Sankt Johann in der Liptau mit der Poludnica

sentlichen Verarmung von Flora und Fauna. 1985 wurde ein neues Projekt ausgearbeitet, das die für die Erhaltung der Arten notwendige Wasserhaltung regeln soll.

◉ ZENTREN IN DER WEITEREN UMGEBUNG: Preßburg, Limbach, Bösing

■ **SANKT JOHANN IN DER LIPTAU (LIPTOVSKÝ JÁN),** Bez Liptovský Mikuláš, 634 m. Sehr schön am N-Rand der Niederen Tatra gelegener Erholungs- und Kurort. Ausgangspunkt für Wanderungen. SAD. Namen: ma Szentiván, 1263 Vezverys, 1286 Vesures, 1358 Zenth Iwan, 1380 Zentyan, 1386 S. Johannes, 1515 Swati Janszky, 1773 Swaty Ján, 1927 Liptovský Svätý Ján, 1948 Liptovský Ján.

Alter Siedlungsplatz (Bronzezeit). Im 16. Jh kurze Zeit ergiebiger Goldabbau. Das **Bad** entwickelte sich nur sehr langsam, obzwar die Schwefelwasserstoff und Kohlensäure enthaltenden Thermalquellen schon im 14. Jh bekannt waren. Sie galten aber als "Giftbrunnen" und wurden als "verzaubert" gemieden, zumal keine Verwesung der Leichen eintrat, da der Boden des Friedhofes vom Quellwasser durchzogen wurde. Erst im 19. Jh wurden sie zur Behandlung von Gelenkerkrankungen und Frauenkrankheiten verwendet.

1930 wurde der Badebetrieb in dem der Familie Szentiványi gehörenden, umgebauten Kastell aus dem frühen 19. Jh auf eine breitere Basis gestellt und ein Thermalfreibad errichtet. Nach der Enteignung nach dem 2. Weltkrieg übernahm die Gewerkschaft die Anlagen und baute weitere Objekte hinzu, die heute wieder der Allgemeinheit offen stehen.

In der 1327 errichteten gotischen **kath Kirche**, im 17. und 18. Jh barockisiert, befindet sich neben dem Marien-Altar vom Ende des 17. Jh (mit einer Madonna aus dem 15. Jh) die Familiengruft der Familie Szentiványi. Im Ort stehen außerdem 9 Kastelle (Nr 13, 17, 18, 21, 22, 25, 70, 107, 176) und 2 Kurien (Nr 46,48-49).

Die Familie Szentiványi gründete 1554 eine Adelsschule, die bis 1710 existierte.

T *Hotels, Hüttenkolonie. Thermalfreibad. 2 Skilifte.*

🌐 1930: 817 EW (806 Sl, 2 D, 7 Ma), 1940: 776, 1991: 864, 2001: 846 EW.

◉ UMGEBUNG: Das • TAL VON SANKT JOHANN (SVÄTOJÁNSKA DOLINA) und seine unmittelbare Umgebung gehören zu den schönsten Talschaften der Slowakei. Es reicht bis zum Hauptkamm der Niederen Tatra und deren höchsten Berg, dem Ďumbier. Die zahlreichen Höhlen, die mit denen des Demänovatales in Verbindung stehen, sind unzugänglich.

◉ ZENTREN IN DER WEITEREN UMGEBUNG: Demänovatal, Liptau-St-Nikolaus, Liptovský Hrádok.

◆ **SCHAROSCH (ŠARIŠSKÁ STOLICA),** comitatus Sarosiensis/Scharoscher Gespanschaft/Sáros vármegye. Ausgedehntes und bedeutendes Komitat zwischen der Zips und Semplin an der wichtigen N-S-Handelsverbindung gelegen, die viel zum Aufschwung der drei königlichen Freistädte Eperies, Bartfeld, Zeben beitrug.

■ **SCHEMNITZ (BANSKÁ ŠTIAVNICA),** Bezirkshauptstadt, 600 m. Alte, berühmte Bergbaustadt des Mittelalters und der frühen Neuzeit: Das "Silberne Schemnitz", mit wertvollen kunst- und kulturhistorischen Denkmälern. Liegt abseits der neuzeitlichen Hauptverkehrswege im Zentrum der Schemnitzer Berge. Sitz der ersten Montanhochschule der Welt. Die Altstadt steht mit einem groß-

Schemnitz

flächigen Stadtreservat unter Denkmalschutz. Ausgangspunkt für Wanderungen in den Schemnitzer Bergen. ŽSR, Straßenknoten, SAD. Namen: lat 1156 terra Basensium, ma Selmecbánya, 1217 Bana, 1255 Schebnyzbana, 1275 Schemnitz, 1286 Zebnech Bana, 1300 Scebusbana, 1346 Sceunichbana, 1446 Schebniczia, 1449 Sczawnicza, 1713 Stawnica, 1920 Banská Štiavnica.

Alter Siedlungsplatz (Spuren aus der Jungsteinzeit). Die offen zu Tage tretenden Erzadern verleiteten schon sehr früh zum Abbau, und die Kelten waren nicht die ersten, die hier das Metall für ihre Münzen gewannen. Diese in Europa einmalige Konstellation schuf die Vorbedingungen für die Aufnahme des Bergbaues, der auch nach der Zeit der Kelten (trotz mancher Unsicherheit und einiger Datierungsfehler) wohl kaum abriß, und der auf die Gewinnung verschiedener Erze zielte: So goldhaltige (Gruner, Goldfahrtner, Baumgartner, Stefan Wolf), silberhaltige (Schöpfer, Colloredo, Finsterort), mit einem geringen Anteil an Gold und Blei (Johann, Theresia), bleihaltige mit einem geringen Anteil an Gold und Silber (Spitaler, Bieber, Bakali) und kupferhaltige (Rosalia). Viele Sagen stehen mit den Schätzen der Berge in Verbindung, u.a. diese: Ein mit Gold und Silber gesprenkelter Salamander soll den Weg zu diesen Metallen gezeigt haben.

Als zu Beginn des 12. Jh die oberflächennahen Erze im Tagebau abgebaut waren, kamen zahlreiche d Bergleute in die Gegend, die mit ihrer weiterentwickelten Technik (Stollen- und Schachtbau) auch die tieferen Lagerstätten erschlossen. Die erteilten Privilegien (u.a. königliche freie Bergstadt) wurden zum Vorbild für die anderen Bergstädte der Mittelslowakei, die sich dann mit Schemnitz zu den 7 oberungarischen Bergstädten zusammenschlossen. Die im 13. Jh gegründete Bergkammer ging zwar 1328 an Kremnitz verloren, kam aber 1587 wieder zurück. Als im 16. Jh die immer tiefer geführten Abbauplätze zunehmend mit dem Wasser zu kämpfen hatten, konzentrierte sich der Bergbau in der Hand mehrerer reicher Waldbürgerfamilien (Rubigall, Rössl, Schall etc.). Aber an der Wende des 17. zum 18. Jh waren die finanziellen Möglichkeiten auch der reicheren Waldbürger erschöpft, und nur der Einsatz der in Schemnitz entwickelten, europaweit modernsten Methoden des Abbaus und der Wasserhaltung (u.a. wurde 1627 erstmals Sprengstoff eingesetzt und die Hunde, die Transportwagen der Bergleute, wurden hier ebenfalls entwickelt) ermöglichte eine Konsolidierung und einen letzten großen Aufschwung, der dann im 19. Jh durch die allgemeine Krise, für die u.a. die sinkenden Weltmarktpreise mitverantwortlich waren, abflaute. Die Ausbeute an Silber betrug zwischen 1740-59: 1.570 kg/Jahr, Ende des 18. Jh sogar ca. 15.500 kg/Jahr, 1790-1863: 6.721 kg/Jahr, dazu kamen noch an Gold 158 kg/Jahr.

Schemnitz und die ihm angeschlossenen Gemeinden der Umgebung - Gerod (Kopanice), Siglisberg (heute ein Teil von Štiavnické Bane), Kohlbach (Banský Studenec), Seken (Žakýl), Kerling (existiert nicht mehr) und zeitweise Dilln (Banská Belá), das seine Unabhängigkeit 1788 verlor - hatten zur Zeit der Blüte mehr als 40.000 Einwohner, so daß Schemnitz nach Preßburg und Debrecen die drittgrößte Stadt Ungarns war. Die Zahl der Beschäftigten im Bergbau des Schemnitzer Reviers paßte sich der allgemeinen Entwicklung an: 1535: ca. 4.000, 1763: ca. 6.000-8.000, Ende des 18. Jh ca. 8.000 - 10.000, 1894 noch 3.369, 1920 nur noch 1.162 Personen. Vor allem die d Bergleute verließen das Revier, und der verbleibende Rest wurde zum großen Teil slowakisiert.

So hatte Schemnitz 1880 bei einer Gesamteinwohnerzahl von 15.266 noch 1.742, 1910 bei kaum veränderter Einwohnerzahl (15.185) nur 453 Deutsche. Der gute Ruf von Schemnitz führte 1786 zum 1. Metallurgischen Weltkongress im nahen Bad Glashütten und kurz darauf zum 1. Weltkongreß für Chemie in Schemnitz.

Eingezwängt zwischen dem Glanzenberg, auf dem das Alte Schloß steht, und seinen fast ebenso steilen Nachbarn (darunter dem Paradiesberg), mußte sich die Stadt in einem Bereich entwickeln, der durch seine ungünstigen topographischen Verhältnisse nur die Anlage eines dreieckförmigen, kleinen Marktplatzes erlaubte, an dem sich die reichsten "Waldbürger" und "Ringbürger" ihre Häuser errichteten. Sie stehen in einem deutlichen Kontrast zu den von der Landwirtschaft bestimmten Durchfahrtshäusern und besitzen häufig einen zentralen überwölbten Raum, der mit dem heute im d Sprachgebrauch nicht mehr verwendeten Begriff "Mashaus" (von der sl wie auch tschechischen Sprache als das "mázhaus" aufgenommen) gekennzeichnet wird und von dem aus die Treppe und die anderen Räume des Erdgeschosses zu erreichen sind.

Den unteren Abschluß des Platzes bilden das freistehende Rathaus und die ebenfalls freistehende spätgotische **Katharinen-Kirche** (die "Slowakische Kirche"). Mit ihrem 1488-91 durchgeführten Bau wurde der zentrale Platz noch weiter eingeengt. Das Sterngewölbe der einschiffigen Kirche geht ohne Triumphbogen fließend in das Gewölbe des Presbyteriums über, während die Seitenkapellen jede für sich mit einer anderen Gewölbeart überdacht sind. Das kleine Türmchen wurde Mitte des 16. Jh angebaut, die Nepomuk-Kapelle 1776. In den 20-er Jahren des 18. Jh begann die Phase der dritten Neueinrichtung der Kirche. Von den 7 barocken Altären blieb nur der Hauptaltar von 1727 übrig. Zu der ersten gotischen Ausstattung gehören das Kreuz (Anfang des 15. Jh) und die Madonna (2,22 m hoch). Sie zählt zum Kreis der "Schönen Madonnen" und stand mit 2 anderen Plastiken, der Katharina und der Barbara, wahrscheinlich im ersten, sehr großen gotischen Hauptaltar. Die 3 Figuren mit ihrem betont natürlichen Aussehen und ihrer lieblichen Darstellung sowie eine Anzahl von Tafelbildern werden dem unbekannten Meister MS zugeschrieben, obzwar nur ein Bild signiert ist (MS 1506). Zu Meister MS und seinen höchstwahrscheinlich vorhanden gewesenen kongenialen Kollegen, die häufig mit ihm zu einer Person vereinigt werden (Meister der Schemnitzer Figuren) sh St Benedikt. Zweifelsfrei gehören die Plastiken (wie auch die Bilder) zu den besten Arbeiten der Gotik in der Slowakei, sie sind noch der auf Gerhaert folgenden spiritualistischen Richtung verpflichtet. Jedenfalls mehr als etwa Meister Paul aus Leutschau, obzwar auch hier schon die Befreiung des Körpers aus der "gotischen Starre" anklingt.

Ebenfalls zur ursprünglichen Einrichtung gehört die spätgotische steinerne Taufe. Vor mehreren Jahren wurden an den Wänden des Hauptschiffes wertvolle Wandmalereien aufgedeckt. Die unter der Kirche vorhandene Krypta ist nicht zugänglich. 1580-1672 war die Kirche im Besitz der Evangelischen. Als Slowakische Kirche wird sie seit 1658

Schemnitz: Am Marktplatz

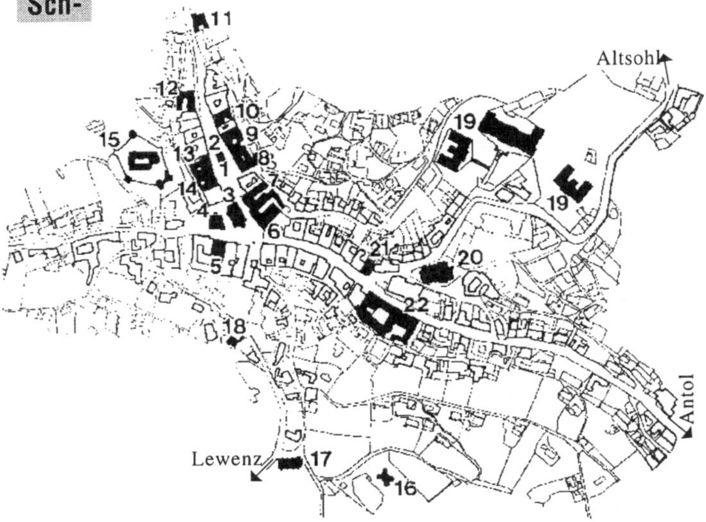

1 Dreifaltigkeitssäule
2 Dreifaltigkeitsplatz
3 Katharinen-Kirche
4 Rathaus
5 Evang. Kirche
6 Fritz-Haus
7 Pischl-Haus
8 Hellenbach-Haus
9 Jonas-Haus
10 Bosányi-Haus
11 Baumgarten-Haus
12 Obereigner-Haus
13 Lienpacher-Haus
14 Rubigall-Haus
15 Altes Schloß
16 Neues Schloß
17 Frauenbergkirche
18 Klopferin
19 Akademiegebäude
20 Himmelfahrtskirche
21 Flemmingsches Haus
22 Kammerhof

Der Kern von Schemnitz

bezeichnet, als man zur Verkündigung in Slowakisch überging.

Das **Rathaus** wurde 1488 unter Einbeziehung des älteren 1-geschossigen Vorgängers errichtet. 1678-79 folgten die Ergänzung mit dem kleinen Türmchen und die Umgestaltung im Renaissancestil, und 1787-88 erhielt es sein heutiges spätbarockes Aussehen. Hier fand 1704, im Beisein des britischen und niederländischen Gesandten, das sogenannte "Tractat" statt, die erfolglose Friedensverhandlung zwischen Franz II. Rákóczy und den Abgesandten Leopolds I. Die Decke des Sitzungssaales trägt ein Gemälde von A. Schmidt, eine allegorische Darstellung der Gerechtigkeit, mit der der Künstler vielleicht eine Verbindung zu den Verhandlungen herstellen wollte. Auf einem Fresko von 1789 ist ein langer lateinischer Text angebracht worden, der älter als die Bemalung ist und wahrscheinlich aus dem 16. Jh stammt (der sogenannte Text des Ptolomäus). Im Türmchen hängt die Anna-Glocke mit der Aufschrift: "ZU DER ERE DER HEILIGEN FRAUN SANT ANNA UND SANT KATTERYNA BYN YCH GOSSE WORDEN 1509".

Die vor dem Rathaus stehende **Marien-Säule** ließ der Stadtrat 1748 von F. Rösser errichten (Chronostikon). Auf dem Marktplatz steht die mächtige, in 6 Einzelsäulen gegliederte **Dreifaltigkeitssäule**, die an der Stelle einer Pestsäule (1711 errichtet) von 1759-64 von D. Stanetti entworfen wurde (Chronostikon mit der Angabe der Kosten: 64.000 Gulden).

Das an der Ecke stehende, ursprünglich im Stil der Renaissance errichtete **Fritz-Haus** (12/II) gehörte der Waldbürgerfamilie Fritz von Friedenlieb. 1891 erwarb es der Staat, der es durch F. Schulek zum Verwaltungsgebäude der Berg- und Forstakademie umbauen ließ. Die reich gegliederte Fassade wird zusätzlich durch ein Sgraffitoband belebt. Im anschließenden **Pischl-Haus** (13/II), das aus der ersten Hälfte des 16. Jh stammt und im

Schemnitz: Detail am Fritz-Haus

18. Jh barockisiert wurde, lernte der sl Dichter A. Sládkovič, damals noch Student in Schemnitz, seine Angebetete Maria Pischl kennen, die ihn zu der Dichtung "Marína" inspirierte.

In der Nähe der Dreifaltigkeitssäule steht das **Hellenbach-Haus** (47/II), das im 16. Jh im Renaissancestil errichtet wurde. Es gehörte der Waldbürgerfamilie Hellenbach, u.a. dem Kammergrafen Gottfried von Hellenbach. Später war hier das Berggericht, dann zeitweise die Bergakademie, und seit 1927 ist hier ein Teil des Bergbaumuseums untergebracht. Daneben steht das **Jonas-Haus** (48/II), ein Renaissancebau mit einigen Wandmalereien, aus der 2. Hälfte des 16. Jh, in dem lange Zeit das Gasthaus "Zum Hirschen" untergebracht war und wo Kaiser Josef II. auf der Rückkehr von den Verhandlungen über die 1. Teilung Polens übernachtet hat.

Auffallend ist ein längerer Spruch, der in das Portal des **Bosányi-Hauses** (50/II) eingemeißelt ist: "ACH GOTT DEIN GENAD DU UNNS VERLEICH / MACH UNNS ZU ERBEN IN DEINEM REICH / ERLÄSS UNNS HIE AUS DISER MUEHSELIGEN ZEIT, DURCH CHRISTUM DEINE BARMHERZIGKHAIT". Aus dem 16. Jh stammt auch das **Baumgartner-Haus** (180/II), das eine sehr schöne Renaissancefassade besitzt - mit dem Hinweis "ZUM AMBROSI PAUMGARTNER IST DAS HAVS GENAND SEIN GLYCK STET IN GOTES HAND". Auf der w Seite des Platzes steht das **Obereigner-Haus** (196/II), das wie alle Häuser dieser Seite 2 Fassaden besitzt, da sie bis zu dem Weg, der zum Alten Schloß führt, durchgehen. Es wurde im 16./17. Jh errichtet und beherbergte die schlesischen Studenten und die Burschenschaft "Silesia". Nach mehreren anderen interessanten Häusern (Lanser, Bernhardini, Goldbrunner, Gruber) folgt in der Reihe abwärts das **Lienpacher-Haus** (201/II), das der Kammergraf Gottfried Lienpacher aus Lienpach 1625-27 im Renaissancestil errichten ließ. Über dem Portal sind das Familienwappen und eine lateinische Inschrift über die Entstehung des Hauses zu finden. Ein bemerkenswertes Portal besitzt auch das **Rubigall-Haus** (202/II), das der Familie Rothan-Rubigall gehörte, mit seinem durch das Familienwappen gekrönten spätgotischen Portal und dem Spruch "SPE ET PATIENTIA".

Gegenüber vom Rathaus und der Katharinenkirche befindet sich die **Mälzerei** (60/I), die aus 3 Teilen besteht. Hier waren eine Brauerei, die städtische Waage, ein Gasthof und ein Teil des städtischen Gefängnisses untergebracht. Das Haus wurde auch als "Hohes Haus" bezeichnet - nach dem sehr steilen hohen Dach, unter dem der Weizen trocknete.

Gleich in der Nähe, innerhalb der geschlossenen Bauweise, steht die klassizistische **evang Kirche**, die 1794-96 errichtet wurde. Diese Kirche befindet sich auf einer Parzelle, die die Evangelischen nach der Wegnahme der Katharinen-Kirche (1672) vom Bürger Matthias Kaiser erwerben konnten und auf der sie 1688 eine hölzerne Artikularkirche errichten durften. Es ist eine Ausnahme, daß so eine Kirche im Zentrum einer Stadt und nicht vor ihren Mauern gebaut werden durfte. Nach dem Erlaß des Toleranzpatentes wurde die Holzkirche abgerissen und eine neue Kirche in Massivbauweise nach einem Plan von J.J. Tallherr gebaut. Der Zentralbau wird von einer Kuppel gekrönt und enthält einen Altar in klassizistischer Säulenarchitektur aus dem 18. Jh mit einem Bild: Christus in Gethsemane, von M. Thana, sowie (als Zeichen des ehemaligen Reichtums) zahlreiche wertvolle Kelche und andere Gegenstände. In der Fassade

Schemnitz: Evangelische Kirche

befindet sich ein Chronostikon mit folgendem Text: "**C**AESARE FRAN**CI**S**C**O S**V**RRE**XI** E**X**STR**VC**TA SEC**V**N**D**O AERE E**V**ANE**LIC**O R**I**TE SA**C**RATA **D**EO".

Im w Teil der Hauptstraße befindet sich das **Haus der Bruderlade der Bergknappen** (151/I), in dem auch der Amtssitz des Bergmeisters untergebracht war, ein gotisch-renaissancener Bau aus dem 16. Jh. Ferner das **Kretschmar-Haus** (153/I). Im Renaissancestil in der 2. Hälfte des 16. Jh errichtet, wurde es im 18. Jh barock umgestaltet. Auf der Rückseite ist in einem schönen Portal die Inschrift eingemeißelt: "WO GOT ZUM HAVS NICHT GIBT SEIN GUNST/SO ARBET IEDERMAN VMSONST WO GOT DIE STAD/NICHT SELBST BEWACHT SO IST VMSONST DER WECHTER MACHT/1557/PSALM 127".

Überragt wird Schemnitz vom Glanzenberg, dort steht das **Alte Schloß**, das einen interessanten Ursprung hat. Schon zu Beginn des 13. Jh wurde hier auf dem Glanzenberg eine dreischiffige romanische Basilika errichtet, die zur Wende des 15. zum 16. Jh. (unter Beibehaltung der romanischen, die Schiffe trennenden Arkaden) zu einer gotischen Kirche umgebaut wurde, die damals schon eine umgebende hohe Mauer erhielt. Die Inschrift bezeugt, daß der Bau unter dem Richter Lorenz Kray 1515 fertig wurde: "ITEM-IN-DEM-GE/RICHT-LORENC-KRAY/SL-IST-DAS-GEPAWT/WORDEN. 1.5.1.5.". Angesichts der vorrückenden Türken wurde die gesamte Anlage in eine Festung umgewandelt (1546-49). Das Gewölbe wurde abgerissen, die Arkaden und Fenster zugemauert und das Mittelschiff zum Burghof umfunktioniert, während die Seitenschiffe 3 Stockwerke erhielten. So ist von der ursprünglichen Anlage nur der romanische Karner, die jetzige Michaels-Kapelle, übrig geblieben. Der große beherrschende Schloßturm wurde 1777 errichtet. Die Bastei "Himmelreich" aus dem 14. Jh diente als Gefängnis.

Auf der anderen Talseite steht das **Neue Schloß**, das als Festung gegen die Türken 1546-79 gebaut wurde (als Jungfernschlössel erst in der Neuzeit nach dem Berg auf dem es steht, bezeichnet). Hier war auch die Feuerwache untergebracht, die den Bürgern die jeweilige Zeit, und zwar jede Viertelstunde, mit Hilfe einer Fanfare anzuzeigen hatte. Scherzhaft wurde angemerkt, daß der wirkliche Grund der wäre, die Bürger am Schlafen zu hindern.

Nicht weit davon entfernt steht die **Frauenbergkirche**, die 1512 der Kammergraf Erasmus Rössl errichten ließ und die neben Neusohl wohl das einzige Rippengewölbe der Slowakei hat, das keinen streng geometrischen, sondern geschwungenen, teilweise von Kreisen abgeleiteten Linien folgt. Nach dem Brand von 1945 (Kriegsereignisse) wird sie nicht mehr als Kirche benutzt.

Noch näher zum Stadtkern steht die renaissancene-barocke **Klopferin** von 1681, die mit den Lauten, die ein geschlagenes Brett erzeugte, die Bergleute zur Arbeit rief. Auf dem Relief steht die Inschrift: "DER GANZEN LÖBLICHEN HAVER BRVDER SHAFFTTH 1681". Das **Siglisberger Tor** wurde 1554 errichtet und 1751 barock umgestaltet. In der Nähe liegen die 7 **Friedhöfe** von Schemnitz, darunter mehrere evang und kath sowie ein jüdischer. Auf dem sogenannten Herrschaftsfriedhof befinden sich im oberen Teil Gräber von d Soldaten aus dem 2. Weltkrieg.

Im ö Bereich der Hauptstraße steht das **Flemmingsche Haus** (20/I), das aus 3 älteren gotischen Gebäuden Ende des 16. Jh zu einem Renaissance-

Schemnitz: Altes Schloß

Schemnitz: Altes Schloß, Innenhof der Kirche

bau umgebaut wurde. Während der kurzen Zeit, in der die Münze von Kremnitz nach Schemnitz verlegt war (1599), war sie hier untergebracht. Die wertvollen Wandmalereien wurden erst vor ein paar Jahren freigelegt. Fast ganz unten im Tal steht das **Eggstein-Haus** (122/I), der schönste Renaissancebau von Schemnitz, den der Waldbürger Siegmund Eggstein von Ehrenegg 1660 errichten ließ. 1756 erwarb das Haus der Richter Johann Belházy (daher öfters Belházy-Haus genannt). Am Erker ist eine sehr schöne Steinmetzarbeit zu sehen, und im Hof befinden sich an der Wand drei barocke Fresken, darunter die Immaculata. In dem Gebäude waren zeitweise die Lehrstühle für Chemie und Physik untergebracht. In der Akademiegasse steht in der Nähe der Abzweigung von der Hauptstraße die kath **Kirche der Himmelfahrt Marias** (die "deutsche Kirche").

Nach 1222 wurde sie als dreischiffige, flachgedeckte romanische Basilika errichtet. Mehrere Umbauten führten Ende des 15. Jh zur gotischen Umgestaltung. In der selben Zeit errichteten die Dominikaner daneben das spätgotische Kloster. Der Orden verließ 1536 Schemnitz, und 1575-1669 war die Kirche im Besitz der Evangelischen, 1669-1773 in dem der Jesuiten, die im Kloster ein Gymnasium einrichteten. 1806 brannte sie aus und wurde nach einem Plan von J.J. Tallherr im Empirestil neu gestaltet, während das Gymnasium nach mehrmaliger Erneuerung 1933 abgetragen werden mußte.

Die Ausmalung des Presbyteriums stammt aus dem 18. Jh, die Fresken des Hauptschiffes von P.J. Kern (1910). Die Einrichtung ist relativ neu, aber sehr geschmackvoll. Der Hauptaltar stammt von 1811, das Bild, Marias Himmelfahrt, schuf V. Fischer 1809. Zwei der Seitenaltäre (Franz Xaver und Ignatius von Loyola) sind aus der 1. Hälfte des 18. Jh und besitzen Bilder von J.G.D. Grasmair, während für den klassizistischen Seitenaltar (Josef-Altar) 1838 F. Lütgendorff das Bild schuf und in einem weiteren klassizistischen Seitenaltar (Nepomuk-Altar) ein Bild von J. Czauczik untergebracht ist. Der neogotische Altar (1896) war ursprünglich in der Frauenbergkirche und wurde 1946 hier aufgestellt. Auch diese Kirche besitzt einen reichen Schatz an Kelchen, Monstranzen und anderen Utensilien.

Unmittelbar an der Abzweigung der Akademiegasse steht auf der S-Seite der Straße der sehr ausgedehnte **Kammerhof**, der 1550 durch den Umbau mehrerer Häuser gegründet wurde. In den folgenden Jahren wurde er noch mehrfach umgebaut, zerstört und wieder aufgebaut sowie erweitert, bis er schließlich seinen heutigen Bestand erhielt, an dem fast alle Baustile Anteil haben. In ihm waren die Bergkammer und (seit dem Ende des 16. Jh) das Amt des Oberkammergrafen untergebracht.

An der Akademiegasse befinden sich weiter oben zahlreiche Schulgebäude. Unterhalb der Straße das ehemalige **kath Gymnasium** (1913-14), in dem heute die mittlere Bergschule untergebracht ist, und oberhalb das **Chemielaboratorium** (1911) der Berg- und Forstakademie, heute Laboratorium der mittleren Chemieschule, dann die **neue Berg- und Forstakademie** (1900), heute mittlere Chemieschule, und die **alte Berg- und Forstakademie** (1892), heute mittlere Forstschule.

Im O, etwas außerhalb der Stadt, liegt der **Kalvarienberg**. Die ganze Anlage, bestehend aus 3 Kapellen und 14 Stationen (links befinden sich diejenigen des Leidens Christi, rechts die des Leidens der Maria), wurde im barocken Stil von 1744-51 sehr einfühlsam und unter hervorragender Ausnutzung des vorhandenen Geländes auf dem Scharfenberg (749 m) errichtet. Die untere

Kapelle dieser Anlage, die den Rahmen ähnlicher Anlagen erheblich übertrifft, besitzt zwei niedrige, dicke, relativ weit auseinander stehende Türme, während die obere den Charakter einer 2-türmigen Kirche hat. Der Blick von der Brüstung der oberen Kapelle auf die Stadt und ihre Umgebung ist außerordentlich schön!

Ein weiterer sehr schöner Aussichtspunkt befindet sich w der Stadt beim zwar nicht großen, aber romantischen **Ottergrunder Teich**, den am höchsten gelegenen Teich des Schemnitzer Reviers (800 m), der in der ersten Hälfte des 18. Jh angelegt wurde (6,6 m tief, 0,04 km², 25.300 m³). Am Weg dorthin: Ein paar kleine Bergmannshäuser und Spuren des alten Tagebaues.

Aus der Zeit der großen Bergbauvergangenheit gibt es heute noch zahlreiche Zeugnisse: Halden, alte Tagebaustellen und zahlreiche Stollen, von denen einige zur Entwässerung verschiedener Reviere dienten. Von den befahrbaren war der Stollen "Josef II.", an dem von 1762-1878, also mehr als 100 Jahre, gebaut wurde, mit 16,31 km damals der längste Europas. Ferner viele Schachtanlagen, von denen die meisten in eine Tiefe von 100-500m unter die Erde führen. Eine ganz besonders liebliche Erbschaft bilden die vielen Teichanlagen, die zum Sammeln des Oberflächenwassers dienten, das für den Antrieb der Maschinen benötigt wurde. Von den 54 Teichen, zu denen mehr als 100 km offene Wasserführungen und Wasserstollen gehörten, existieren heute noch ca. 40 Stück. Einige dienen Erholungszwecken und sportlicher Betätigung.

Auch Schemnitz besaß bzw. besitzt noch heute Teile eines Buches, in dem das Stadt- und das Bergrecht zusammengefaßt ist. Die älteste Handschrift des Schemnitzer Rechtes ist in einer Chronik von 1432 enthalten (wurde erst 1466 niedergeschrieben) und befindet sich, mit einer weiteren Rechtshandschrift, in Budapest. Der 3. Teil mit dem vollständigen Text des Stadt- und Bergrechtes aus dem Jahr 1573 blieb in Schemnitz. Alle 3 Teile wurden vor ein paar Jahren erstmals veröffentlicht, und die Analyse der frühneuhochdeutschen Texte ergab Einflüsse aus dem bayerisch-österreichischen, aber auch aus dem mitteldeutschen Raum (I.T. Piirainen).

Europäische Bedeutung erlangte Schemnitz auch auf dem Gebiet der wissenschaftlichen montanistischen Ausbildung. 1733 wurde hier eine Fach-

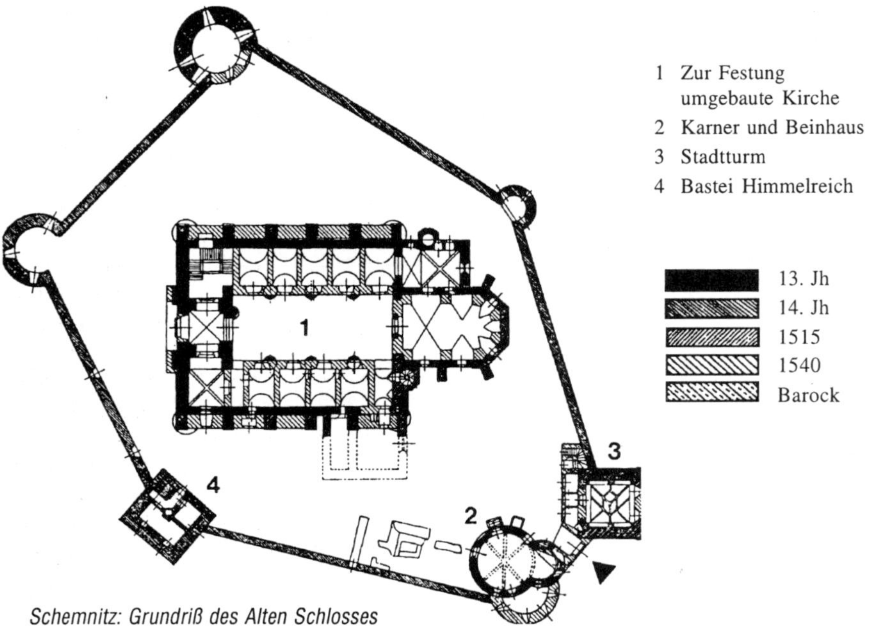

Schemnitz: Grundriß des Alten Schlosses

Schemnitz: Kirche zur Himmelfahrt Marias

schule für den Bergbau gegründet (gleichzeitig mit Joachimsthal und noch vor Freiberg/Sachsen). Obzwar auch andere Orte im Gespräch waren (Prag), entschied Maria Theresia am 22.10.1762, die Fachschule in die 1. Bergakademie der Welt umzuwandeln. Mit der am 12.2.1809 gegründeten Forstakademie entstanden vier Abteilungen (Bergbau, Metallurgie, Eisenhüttenwesen und Forstwissenschaften). Schemnitz erlangte sogar eine fachliche Sonderstellung - ähnlich Bologna (Rechtswissenschaften) oder Pariser Sorbonne (Geisteswissenschaften). Studenten kamen aus ganz Europa und zeitgenössische Berichte sprechen von der lebhaftesten Studentenstadt ö von Heidelberg. Der erste Rückschlag trat im Revolutionsjahr 1848 ein und während der 1-jährigen Einstellung der Vorlesungen zog die Mehrzahl der d Studenten nach Vordernberg (Vorläuferin der Leobener Bergakademie). Auch nach dieser Neugründung und derjenigen von Příbram blieb ein d Studentenleben in Schemnitz bestehen. Erst als 1867 Magyarisch als Unterrichtssprache eingeführt wurde, übersiedelten fast alle d Studenten nach Leoben, wo sie die Schemnitzer Tradition fortsetzten. 1918 wurde die Hochschule nach Ödenburg verlegt, später in der ČSR nicht wieder erneuert, und die heutigen Schemnitzer Fachschulen haben Mittelschulcharakter.

Industrie: Neben verschiedenen Unternehmen (Pfeifen, Stahlseile, Holz), die trotz des großen Bevölkerungsschwundes die notwendigen Arbeitsplätze nicht stellen konnten, sind heute noch Tabak- und Textilindustrie vertreten.

Geburtsort von: Gottfried Hellenbach (Arzt, Kammergraf), Edmund Gwerk und Jozef Kollár (Maler), Maximilian Hell (Astronom, Mathematiker). Wirkungsstätte von: Christian Doppler (Physiker), Josef Karl und Matthias Cornelius Hell (beide Konstrukteure von Maschinen für den Bergbau), Samuel Mikovini (Kartograph), Dionysio Stanetti (Bildhauer) etc.

Studenten waren: Andrej Kmeť (Archäologe, Ethnograph), Sándor Petöfi (ma Dichter), Andrej Sládkovič (sl Dichter), Dionýz Štúr (Geologe) und andere.

M *“Slovenské banské múzeum” (=Slowakisches Bergbaumuseum) mit folgenden Abteilungen: Kammerhof und Klopferin (Geschichte des Bergbaues in der Slowakei, Bergbautechnik, Kartographie, Vermessungswesen), Neues Schloß (Kämpfe mit den Türken in der Slowakei), Altes Schloß (Archäologie, Handwerk, Arbeitswelt der Bergleute), Hellenbach-Haus (Geologie, Mineralogie mit sehr reichen Sammlungen, Mundloch eines alten Stollens im Hof), Jonas-, Richter- und Bosányi-Haus (Galerie mit dem Werk Jozef Kollárs, Kunst mit den herausragenden Plastiken der Barbara und Katharina von MS), Andreas-Schacht und Bartholomäus-Stollen an der Straße in Richtung Lewenz nahe der Stadt (Bergbaufreilichtmuseum mit Maschinen, Stollenwanderung ca. 1,3 km).*

T *Hotel. Hallenbad. Camping- und Zeltplatz “Počúvadlianske jazero” mit Hüttenkolonie, hervorragender Badeplatz, 8 km s von Schemnitz; weitere Zeltplätze an Teichanlagen: “Evičkino jazero”, “Richnavské jazerá”, “Vindšachtské jazero”, 5-6 km s von Schemnitz; “Hodrušské jazero”, landschaftlich sehr schön gelegen, 7 km nw von Schemnitz, “Studenské jazero” 8 km ö von Schemnitz; sh Umgebung und Eisenbad!*

⊕ 1930: 13.395 EW (12.502 Sl, 200 D, 308 Ma, 178 J), 1940: 12.962. 1991: 10.440, 2001: 10.874 EW.

◉ UMGEBUNG: In ö R (8 km) • KOHLBACH (BANSKÝ STUDENEC), alte Bergbaugemeinde, gehört zu Schemnitz, barocke kath Kirche von 1743-45, mit freistehendem hölzernen Glockenturm, erste Hälfte des 19. Jh, seit 1730 zwei Kohlbacher Teiche (Studenské jazerá, früher Kolpašské jazerá), heute beliebte Ausflugsziele, der größere: 15 m tief, 0,11 km², 798.000 m³, der kleinere: 6,6 m tief, 0,02 km², 109.400 m³, **T** *Bademöglichkeit, Hütten, Zeltplatz.* Am selben Weg, aber direkt neben Schemnitz: • KIESHÜBEL (KYSIHYBEL) (477 EW), mit interessantem 0,08 km² großen, 1900 angelegten Arboretum (282 verschiedene Gehölzarten). Untertageabbau eines besonders festen Reoliths.

In w Richtung nach Scharnowitz (Žarnovica): Vorbei an dem sehr schönen Ausblick am 791 m hohen Sattel Rotbrunn (Červená studňa), steil hinunter zu den • HODRITSCHER TEICHEN (HODRUŠSKÉ JAZERÁ); der größere 18,3 m tief, 0,05 km², 641.000 m³, Badeplatz, und weiter nach • HODRITSCH (BANSKÁ HODRUŠA), 450 m, 8 km. Altes, zu Schemnitz gehörendes Bergbauzentrum mit mehreren Stollen ("Finsterort" etc.). Kath Kirche, ursprünglich gotisch von 1387, 1577 neugotisch umgestaltet und mit dem hohen spitzen Turm vervollständigt. Evang Kirche, klassizistisch von 1545, mit einem in der Fassade, hinter dem Tympanon, geduckten Turm.

Neben der Kapelle auf dem Friedhof, der kleinen Kapelle am Wege, der Marien-Säule von 1764 und den drei Steinskulpturen der Kalvariengruppe fällt die Klopferin auf, die im Renaissancestil am Anfang des 17. Jh errichtet wurde. Typische Wohnhäuser der Bergleute, die eigentlich auf zwei Typen zurückgehen, welche je nach Material und je nach

Schemnitz: Ottergrunder Teich

Lage zu den hier in den Schemnitzer Bergen vorherrschenden steilen Hängen (ebene Bauplätze gab es nur wenige) abgewandelt wurden: Die älteren 3-räumigen Häusern sind, meistens mit einem Satteldach versehen und die jüngeren, meist 2-geschossig besitzen einen Laubengang und mehr als 3 Zimmer.

Um den ersten Ort im Tal, • UNTERHAMMER (DOLNÉ HÁMRE), wurde während des SNP schwer gekämpft, als die d Führung, unüberlegt, in dem engen steilen Tal den Durchbruch auf Schemnitz versuchte. Werkstätten der Firma "Sandrik", die zur Verhüttung der Silbererze und zur Herstellung von Artikeln aus Silber und Kupfer (Ende des 19. Jh) gebaut und später zur Erzeugung von Schmuck und Bestecken erweitert wurden.

In s Richtung führt die Straße nach dem Bergbaufreilichtmuseum und dem rechts von der Straße liegenden, von J.K. Hell projektierten Klingerstollner Teich (Jazero Klinger), 11,0 m tief, 0,02 km², 157.000 m³, heute ein beliebter stadtnaher Badeplatz, an Schachtanlagen ("Amalie", "Maximilian") und dem Pulverturm (enthält einen der ersten Blitzableiter der Slowakei) vorbei: • ŠTIAVNICKÉ BANE (827 EW), eine Zusammenfassung verschiedener Bergbausiedlungen: • OBERES FUCHSLOCH (HORNÁ ROVEŇ), • GALLISON (GALIZON), • SIGLISBERG (PIARG), • WINDSCHACHT (VINDŠACHTA). Der Wiener Kaufmann Wilhelm Gallison, der 1611 den Stollen "Andreas" erwarb, war der Namensgeber für Gallison, während der letzte Name auf "Windischer Schacht" zurückgeht.

Das Haus Nr 61, heute für Wohnzwecke genutzt, kann seine Herkunft nicht verleugnen, es war einmal eine Bastei. Das ehemalige 3-flüglige barocke Kloster aus dem 2. Drittel des 18. Jh dient heute kulturellen Zwecken. In der barocken Kirche aus derselben Zeit steht eine hervorragende Orgel, die zu den schönsten Instrumenten dieser Art in der Slowakei gehört. Den Erbauer (M. Podkonický?) zwang das breite W-Fenster, das Hauptwerk und das Pedal in 2 symmetrische Gehäuse aufzuteilen, die weit voneinander entfernt an den Rändern der Empore stehen. Mit dem Spieltisch sind sie mittels einer langen Traktur verbunden, und die Bälge am Kirchenboden wurden von der Empore aus mit Stricken bedient.

Noch weiter im S führt die Straße auf einen Sattel (750 m), vorbei am • UNTEREN WINDSCHACHTER TEICH (EVIČKINO JAZERO), ö der Straße, 10 m tief, 0,02 km², 211.600 m³, dem • OBEREN WINDSCHACHTER TEICH (VINDŠACHTSKÉ JAZERO), 13,5 m tief, 0,04 km², 533.700 m³, und dem • PACHOMI-TEICH (JAZERO BAKOMI), 14 m tief, 0,01 km², 183.000 m³. Alles beliebte Badeplätze, an einigen kann auch gezeltet werden. Auf der anderen Seite des Sattels liegen der • GROßE UND KLEINE RICHNAUER TEICH (VEĽKÉ a MALÉ RICHNAVSKÉ JAZERO), 21,1 m tief, 0,08 km², 960.000 m³ und 7,5 m tief, 0,01 km², 533.700 m³, die S. Mikovíni plante. Heute hervorragende Bade- und Zeltplätze. An einer Seitenstraße liegt unmittelbar unter dem Sitno (1009 m), dem höchsten Berg der Schemnitzer Berge, sehr schön in den Wäldern, der • POCKHAUSER TEICH (POČÚVADLIANSKE JAZERO), 634 m, 8 km. 10,8 m tief, 0,12 km², 745.300 m³. Wurde von J.K. Hell projektiert und 1775-97 angelegt. **T** *Sehr gute Bademöglichkeiten, Campingplatz, Hotels.*

Der • SITNO bietet eine schöne, weitreichende Aussicht und war immer ein Anziehungspunkt gewesen. Schon 1888 hatte die 1882 gegründete Sektion Sitno des KV (damals Szitnya) einen Aussichtsturm mit einem Zimmer als Unterkunft errichtet, und 1929 wurde die erste Hütte vom KČST nach dem Umbau eines Forsthauses den Touristen übergeben. Aufstieg auf grün mk Weg, zuerst bequem, nach der Vereinigung mit der blauen Mk steil, Steinstufen, hinauf zum von Felsklippen gebildeten Gipfelstock, 3/4 Std.

◉ ZENTREN IN DER WEITEREN UMGEBUNG: Pukanz, Königsberg, Eisenbad, Glashütten, Dilln, Antol.

▲ **SCHEMNITZER BERGE (ŠTIAVNICKÉ VRCHY),** gehören zu den Mittelgebirgen vulkanischen Typs, waren mit Erzen außerordentlich reich gesegnet, sind zum großen Teil bewaldet und überwiegend mit tief eingeschnittenen Tälern und ziemlich steilen Hängen versehen. Ein Hindernis für den modernen Verkehr, der sie umgehen muß. Der höchste Punkt, der Sitno (1009 m), ermöglicht, von N,O und W weithin sichtbar, eine ausgedehnte Aussicht.

■ **SCHIGRA (ŽEHRA),** Bez Spišská Nová Ves, 426 m. In der Nähe von Kirchdrauf, auf der O-Seite des Dreveník gelegener kleiner Ort mit sehr interessanter Kirche. SAD. Namen: ma Zsigra, 1245 Sygra, 1297 Sygura, 1337 Villa de Sancto Spirito, 1773 Zehra, 1809 Žehra.

Der Bau der **kath Kirche**, sie fällt durch ihre große Kugelzwiebel auf, wurde 1245 begonnen, durch unbekannte Umstände aber erst 1275 beendet, so daß auf die romanischen Elemente des Baubeginns gotische aufgepfropft wurden. Nachdem das Presbyterium Mitte des 14. Jh eingewölbt wurde, kam es im Bereich des Schiffes ca. 100 Jahre später nach einem Brand zur Beseitigung der flachen Holzdecke und (mit Hilfe der neu eingezogenen Mittelstütze) zur Einwölbung und zur Zweischiffigkeit.

Großartig sind die *FRESKEN*, die dem Schiff und dem Presbyterium eine frohe Bewegtheit geben und die nicht nur zu den schönsten und bedeutendsten der Zips, sondern der Slowakei gehören. Bei der Datierung der in den 50-er Jahren abgedeckten, 1646 nach der Pestepidemie wegen der Desinfektion übertünchten Fresken (die teilweise in zwei und vielleicht noch mehr Schichten aufgetragen sind und einem groß angelegten ikonographischen Programm folgen) kam es zu erheblichen Zeitdifferenzen, obzwar sich fünf Gruppen abzeichen:

Schigra: Katholische Kirche

1. Gruppe: Konsekrationskreuze des Schiffes, letztes Drittel des 13. Jh, Zeit der Fertigstellung der Kirche.

2. Gruppe: Golgatha im Tympanon des S-Portals, des ursprünglichen Einganges, heute nicht mehr von Außen sichtbar, da durch den Anbau des Gottesgrabes (vor 1900) verdeckt, Ende 13. Jh.

3. Gruppe: Fresken des Presbyteriums mit byzantinischem Einfluß, von einem italienischen Maler um 1370, vielleicht unmittelbar nach der Einwölbung entstanden, ikonographisch und von der Datierung her außerordentlich interessant. Besonders die Trinität als 3-köpfiges Wesen, in der n Gewölbekappe, eine Darstellung die bereits auf dem Konzil in Lyon 1274, im Laufe der "ewigen" Auseinandersetzung um die Trinitätslehre, verboten wurde. Um den Maler von einem Sakrileg zu entlasten, hätte das Presbyterium bereits vor 1274 fertig sein müssen, das ist aber nicht der Fall, so daß es sicher ist, daß der Künstler noch ca. 100 Jahre nach dem Verbot diese Darstellung brachte und die Geistlichkeit keine Einwände erhob!

Ferner Abrahams Schoß, in der s Kappe, mit einem alten bärtigen Mann, der ein kahnförmiges gefaltetes Tuch hält, aus dem 9 Kinderköpfe herausschauen, die 9 Gaben des Geistes (1. Korinther 12, V 7-11: Weisheit, Erkenntnis, Glaube, Heilung, Wundertaten, Weissagen, Geisterunterscheidung, Sprachbegabung, Wortauslegung), oder sind es die 9 Früchte des Geistes (Galater 5, V 22: Liebe, Freude, Friede, Geduld, Freundlichkeit, Gütigkeit, Glaube, Sanftmut, Keuschheit)? Der alte Mann ist eine archaische Darstellung, die im 14. und 15. Jh kaum noch zu sehen war! In den beiden übrigen

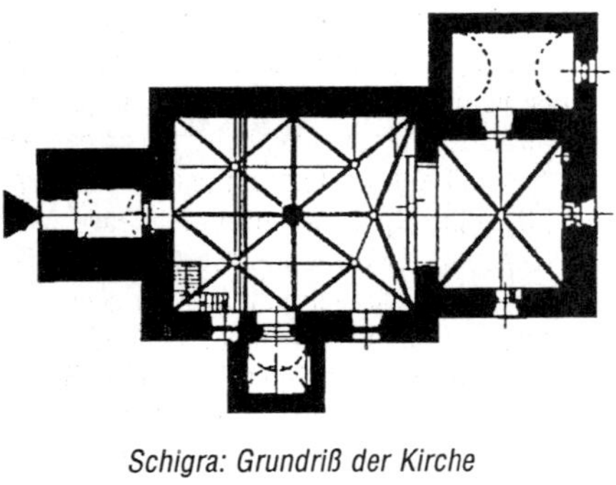

Schigra: Grundriß der Kirche

Schigra: Fresko der Dreieinigkeit

Kappen ist Christus und Maria gemalt worden. Auf den drei Wänden des Presbyteriums ist ein großer Passionszyklus dargestellt worden (Detail: Paulus ist beim Abendmahl!).

Zusätzlich befindet sich auf der N-Seite eine Marienkrönung (interessant als Zeitdokument die Instrumente: Fiedeln), auf der O-Seite eine Verkündigung des Herrn und auf der S-Seite Patrone der Ärzte und Apotheker (Kosmas und Damian mit Patienten). Auf den Innenseiten des Triumphbogens befinden sich Medaillons von Propheten, Stefan I. und Ladislaus I.

4. Gruppe: Lebensbaum und Pieta, zwei Bilder auf der N-Seite des Schiffes, zweite Hälfte 14. Jh, besonders eindrucksvoll der Lebensbaum mit Ecclesia und Synagoge, mit Bildern des Alten und Neuen Testamentes (alter und neuer Bund) und vielen Symbolen (u.a. der Kirche).

5. Gruppe: Ebenfalls auf der N-Seite des Schiffes, Marientod, Marienkrönung, Ladislaus-Legende (Rettung eines Christenmädchens), Verkündigung, Beschneidung, Anbetung der Heiligen drei Könige, in Bändern angeordnet, nach der Einwölbung des Schiffes gemalt, 2. Hälfte des 15. Jh, wobei der Lebensbaum und die Pieta übermalt, aber wieder freigelegt wurden. Vom gleichen Künstler sind die Darstellungen auf der Stirnseite des Triumphbogens, das Jüngste Gericht.

ALTÄRE mit barockem Rahmen. Hauptaltar mit dem gotisch beeinflußten Relief der Ausgießung des heiligen Geistes von 1656, rechter Seitenaltar von 1677 mit gotischer Plastik des Nikolaus und gotischen Tafeln, linker Seitenaltar (Pestaltar) von 1663 mit gotischem Schrein von 1510, aber noch älteren Plastiken. Kanzel, Taufstein und im Fußboden liegende Grabplatten der Familie Sigray.

🌐 1930: 415 EW (397 Sl, 14 D, 1 Ma), 1940: 494, 1991: 1.126, 2001: 1.516 EW.

◉ ZENTREN IN DER WEITEREN UMGEBUNG: Zipser Neudorf, Kirchdrauf, Wallendorf.

■ **SCHITTNICH (ŠTÍTNIK),** Bez Rožňava, 345 m. Kleingebliebenes Städtchen im Grenzbereich zwischen Slowakischem Karst und Slowakischem Erzgebirge. ŽSR, SAD. Namen: ma Csetnek, 1243 Chitnek, 1258 Chytnuk, 1291 Csethnik, 1294 Sytnik, 1330 Olcythnuk, 1331 Schithenik, 1920 Štitník, 1927 Štítnik.

Von d Bergleuten gegründetes Gemeinwesen, in der Form eines Straßenmarktes, der wegen der Wasserburg im S ein langestrecktes Dreieck blieb, erhielt 1328 das Karpfener Stadtrecht. Die Türkeneinfälle, die Pest und die nicht sehr ergiebigen Erzgruben zwangen das d Element zum großen Teil zur Abwanderung, der Rest wurde trotz der vorerst noch d Umgebung mit dieser slowakisiert. Die Stadtprotokolle wurden nur bis 1623 in Deutsch geführt.

Ein bedeutendes Bauwerk ist die **evang Kirche**, die im gotischen Stil als dreischiffige Basilika mit zwei Jochen, die verlängert werden sollten, im 14. Jh begonnen und im letzten Drittel des 15. Jh vorerst fertig wurde. Die Verlängerung wurde nur beim Hauptschiff und dem s Seitenschiff verwirklicht (ähnlich den Einwölbungsarbeiten, die im n Seitenschiff unvollendet geblieben sind, während die anderen Schiffe mit Netzgewölben und sehr reichen Sterngewölben ausgestattet wurden). Nach der endgültigen Niederlage der Türken kam es im 17. Jh zur Wiederaufnahme der Bauarbeiten (nachdem die Kirche im 16. Jh in die Hand der Evangelischen gekommen war) und auch zur Erhöhung des mächtigen, früher zur Verteidigung eingerichteten Turmes, der einen dreistufigen barocken Helm erhielt.

Schittnich: Evangelische Kirche

Bei diesen Baumaßnahmen wurden auch die alten mittelalterlichen, sehr wertvollen und sehr schönen *WANDGEMÄLDE* (Secco und Fresko), die aus 3 verschiedenen Jahrhunderten (14.-16. Jh) stammen und sich teilweise überdecken, übertüncht. Ca. 200-220 m^2 wurden erst 1908-09 aufgedeckt, andere sind noch unter der Tünche verborgen. Die ältesten orientieren sich an italienischen, die jüngsten an deutschen und böhmischen Vorbildern: O-Wand im n Seitenschiff mit Kreuzigung, Triumph des Todes (Schnitter auf dem Schimmel, fallende Menschen); O-Wand im s Seitenschiff mit Kreuzigung (drei Marien), Triumph des Todes, teilweise überdeckt durch Bartolomäus, der seine Haut trägt; N-Wand des n Seitenschiffes mit Barbara und Volto Santo (kleinasiatische Legende, Wunderkreuz von Lucca, sehr selten in Europa!), christologischer Zyklus; W-Wand im n Seitenschiff: Schittnicher Madonna (Verkündigung); N-Wand des Presbyteriums mit christologischem Zyklus (teilweise nur in Umrissen erhalten); Verbindung zwischen n Seiten- und Hauptschiff mit Vir dolorum und sechs Propheten; Triumphbogen mit Taufe Christi, Helena, Martin, Erasmus; N-Wand des Hauptschiffes: Franz von Assisi; Verbindung zwischen s Seiten- und Hauptschiff mit den fünf klugen und fünf törichten Jungfrauen, verschiedene Heilige, 10 Bildnisse (Propheten?); S-Wand des s Seitenschiffes mit Verkündigung, darunter das Wunder von den 10

Aussätzigen und unten das Gleichnis von den Arbeitern im Weinberg (erste Darstellung der Arbeitswelt in der Slowakei mit verschiedenen landwirtschaftlichen Gerätschaften), 7 Sakramente, 7 musische Künste.

Die Kirche besitzt eine besonders reiche *EINRICHTUNG*, die teilweise aus der Umgebung stammt. Der Altar im Übergangsstil der Renaissance zum Barock, (1636) folgt dem Typ der sächsischen Epitaphaltäre. Er hat feste Flügel, und in der Mitte befindet sich ein Bild der Geburt Christi, das eine holländische Vorlage hat. Im Gesprenge befindet sich die Auferstehung, auf den Flügeln die Passion und in der Predella das Letzte Abendmahl. Der Künstler hat mit Erfolg eine Bereicherung der im Mittelalter üblichen christologischen Zyklen durch andere Darstellungen erreicht. Frühbarocke Kanzel von 1693, Bronzetaufe von 1454. Sehr schöne Sitzgruppen und mehrere Epitaphe, darunter das von Johannes Gelitniks (als Säulenaltar gestaltet, die Bilder sollen den Glauben an die Auferstehung wachhalten). Außerdem besitzt die Kirche eine außergewöhnlich wertvolle Musikaliensammlung, die die Entwicklung der Kirchenmusik zZt der Renaissance und der des Barock dokumentiert.

Die **kath Pfarrkirche** wurde im barocken Stil 1749-53 errichtet. Im einschiffigen Bau steht ein Seitenaltar aus dem Kreis der Nachfolger R. Donners. Einige schön gestaltete Fassaden der **Wohnhäuser** fallen auf (Nr 10,17,20,27,68,69), ferner 3 **Kurien** (Nr 28,225, 228) sowie das **Rathaus**, ein barock-klassizistisches Eckhaus. Reste einer **Wasserburg**, die, im Laufe der Jh mehrfach umgebaut, nur noch in einzelnen Teilen erhalten ist.

ZZt der Reformation Gründung einer städtischen Lateinschule, einige bekannte Lehrer (Ende des 17. Jh Elias Sartorius, Mitte des 18. Jh Daniel Sartorius).

Die Industrie entwickelte sich auf der Grundlage der Eisenerzförderung: Kupferblechwalzwerk 1832, zwei Hochöfen (Concordia) 1883 und zahlreiche Hammerwerke, schon Anfang 20. Jh Einstellung der gesamten Metallindustrie. Beschäftigung in den seit langer Zeit vorhandenen Handwerksbetrieben (eine Papiermühle arbeitete im 18. Jh nur kurze Zeit), in der Landwirtschaft.

⊕ 1930: 1.461 EW (963 Sl, 6 Ru, 15 D, 292 Ma, 34 J), 1940: 1.365, 1991: 1.490, 2001: 1.523 EW.

◉ UMGEBUNG: In n R (4 km) • RESTER (ROŠTÁR), kleine Gemeinde (525 EW), d Bergbaugründung im 13. Jh, später Industrie. Evang Kirche vom 13. Jh, im 14. Jh radikal umgebaut, mit 1977 teilweise freigelegten Wandgemälden, 1.Hälfte 14.Jh.

In nw R (4 km) • OCHTINÁ, kleine Gemeinde (527 EW), evang Kirche, mehrfach umgebaut und erweitert, mit sehr schönen Wandmalereien (Fresko und Secco), 2. Hälfte 14. Jh. Im Presbyterium: Mariologisch-christologischer Zyklus; am Triumphbogen: Propheten, Letztes Gericht; S-Wand des Schiffes: Fragmente aus dem 15. Jh.

12 km w • OCHTINSKÁ ARAGONITOVÁ JASKYŇA (=Ochtiner Aragonithöhle) mit bizarren, außergewöhnlichen Gebilden, geöffnet 1.4.-31.10. Hütten.

In n R (6 km) • GETZELSDORF (KOCEĽOVCE), Dorf (248 EW), d Bergbaugründung von 1243, interessante evang Kirche aus der 1. Hälfte des 14. Jh. Die wertvollen, sehr schönen gotischen **Fresken** mit italienischem Einfluß aus dem späten 14. Jh wurden bei der Übernahme der Kirche durch die Evangelischen übertüncht, 1894-95 und 1976 wieder freigelegt. Sehr umfangreiche monumentale Szenen und Einzeldarstellungen, die vielfach auf Details verzichten. Wände des Presbyteriums: Mariologisch-christologischer Zyklus, Heiligenfiguren; am Gewölbe: Engel und Kirchenväter, Symbole der Evangelisten; am Triumphbogen: Heilige; N-Wand des Schiffes: Fragmente von einem christologischen Zyklus. **Barockaltar** (frühes 18. Jh) mit 2-geschossiger Säulenarchitektur. Typisch protestantische Ikonographie der 3 Gemälde (Kreuzigung, Auferstehung) und der

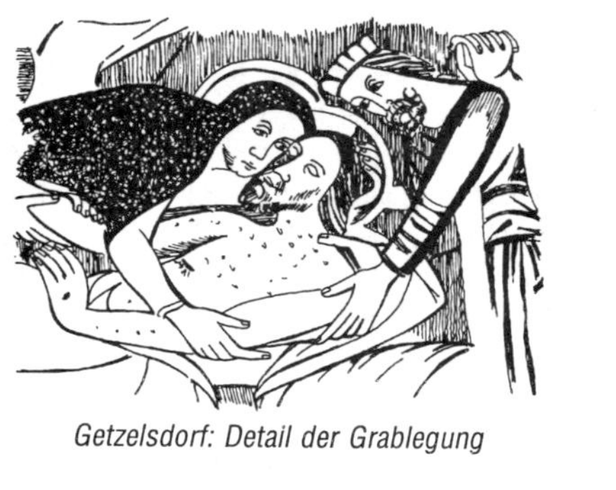

Getzelsdorf: Detail der Grablegung

Plastiken (Moses und Aaron). Einige schöne, in der Gegend nicht übliche schmiedeeiserne Türen und Tore (14., 16. Jh).

◉ ZENTREN IN DER WEITEREN UMGEBUNG: Eltsch, Betler, Rosenau, Pleissnitz.

Compton: Altschmecks um 1905

■ **SCHMECKS (SMOKOVCE)**, Bez Poprad, 1010 m. Besteht aus: • ALTSCHMECKS (STARÝ SMOKOVEC), • NEUSCHMECKS (NOVÝ SMOKOVEC), • SCHÖNE AUSSICHT (HORNÝ SMOKOVEC), • UNTERSCHMECKS (DOLNÝ SMOKOVEC). Altschmecks, der älteste und früher bekannteste Kurort der Hohen Tatra, ist heute mit den anderen Gründungen zu einer Einheit zusammengewachsen. Fremdenverkehrs- und Kurort ersten Ranges, in idealer Lage an der SO-Abdachung der Hohen Tatra. Ausgangspunkt für Wanderungen und Klettertouren, Skihochtouren. Skipiste, Rodelbahn, in Ortsnähe kleinere Schlepplifte. Standseilbahn zum Kämmchen. "Drehscheibe" der Hohen Tatra, Straßenknoten, Knoten der Elektrischen Tatrabahn (Bahnhof "Starý Smokovec", zahlreiche Haltestellen). Gehörte früher zu drei Gemeinden (Mühlenbach, Großschlagendorf, Neuwalddorf), ab 1957 mit Zwischenstufen, heute Sitz der Großgemeinde Starý Smokovec - Vysoké Tatry. Namen: d früher selten Schmöks, ma früher Tátrafüred. Viele Deutungen: Aus der "finsteren Urzeit", mit Hilfe des slawischen Wassergottes Smok, oder mit Hilfe einer nicht belegten Begebenheit (auf einem Bild festgehalten), bei der Graf Csáky beim Anbieten des Schmeckser Wassers gefragt haben soll "Schmeckts?".

In **Altschmecks** (evtl in der unmittelbaren Umgebung) wurde wahrscheinlich, wenn auch vermutlich mit nicht zu großem Erfolg, in der La Téne-Zeit nach Erzen geschürft. Die kohlensauren Quellen waren den Einheimischen bekannt, auch den Jagdgesellschaften, die hier mit Vorliebe rasteten, sowie jenen, die alljährlich zu Peter und Paul (29. Juni, eher am Johannistag, 21. Juni!?) hier zusammen kamen, um für die Errettung der Hirten und ihrer Herden während der Hussitenzeit zu danken (Anknüpfung an einen sehr alten Brauch?). Aber auch Bergsteiger, Schatzsucher und Wilderer übernachteten gerne in der Nähe des "Sauerbrunnens" (auch "saure Brunn"). Von den Quellen ist die Csáky-Quelle (Smokovecká kyselka), durch Jahrzehnte hindurch gefaßt geblieben und heute noch frei zugänglich, allerdings von der Originalquelle etwas entfernt, während die anderen zwei Quellen, 1834 entdeckt, später "Castor und Pollux" genannt, nicht mehr offen sprudeln.

Auf Anraten von Thomas Mauksch (evang Pfarrer in Großschlagendorf), damals der beste Kenner der Hohen Tatra, ließ Stefan Csáky 1793 (falsch 1897) in der Nähe der Quelle eine Jagdhütte und 1795 zwei Blockhäuser bauen. Dem weiteren Bekanntwerden der Quelle soll auch das Verbot, kein Korn zum Brennen von Schnaps zu verwenden, da die Ernte katastrophal schlecht ausgefallen war, geholfen haben (?). 1797 standen das Jagdhaus, zwei Gasthäuser, eine Wagenremise und eine kleine hölzerne Kapelle sowie ein Personalhaus. In den folgenden Jahren, inzwischen war Graf Carl Csáky Besitzer, kam die Ansiedlung nicht so recht voran. So war die 1833 erfolgte Neuverpachtung an den Georgenberger Metzger und Gastwirt Georg Rainer ein Glücksfall. Unter seiner zielstrebigen Leitung, unterstützt durch seine Frau, entstand aus der bisher bunt zusammengewürfelten Siedlung ein Badeort. Dazu gehörte vor allem die Erweiterung der Kapazitäten.

In kurzer Zeit wurden errichtet: "Flora" (den Bau erwarb Rainer 1833 bei der Auflösung der Cholerastation in Blumental und überführte ihn), es ist heute das älteste Gebäude von Altschmecks und wird für Ausstellungszwecke genutzt, das "Schweizer Haus" (heute: Sportgeräte), "Rigi" und "Tunderlak", dann das "Bellevue" (1. Massivbau der Hohen Tatra, 2-geschossig, heute Verwaltung). Die Leitung der um 1840 eingerichteten Kaltwasserheilanstalt übertrug Rainer Dr. Samuel Posewitz, der erkannte, daß auch die nähere Umgebung in die Gestaltung des Kurortes einzubeziehen sei und daß dieser, sollte er nicht dahinvegetieren, sich mit der Preisgestaltung den bürgerlichen Schichten öffnen und den Bergsteigern ein Obdach gewähren müßte. Für letztere errichtete er deshalb die Rainer-Hütte, das erste Schutzhaus in der Hohen Tatra. 1842 konnte sich die Gemeinde Mühlenbach von der Untertanenschaft bei den Csákys freikaufen, und 1846 erwarb sie das Bad. Rainer blieb mit einer kurzen Unterbrechung bis 1867 der Leiter.

Ein aus dieser Zeit (1833-47, sporadisch weitergeführt bis 1874) erhalten gebliebenes Gästebuch verzeichnet für 1834 (Saison 20.5.-14.9.) 186 Gäste (entsprach bei einer Kapazität von ca. 50 Betten und vier Wochen Aufenthalt einer fast 100%-igen Auslastung). Rainers Nachfolger, ein in Wien lebender gebürtiger Zipser, Karl M. Schwarz, ändert die bisher vorherrschenden, aber beliebten "patriarchalischen Verhältnisse" und versucht mit geringem finanziellen Erfolg die mondäne Gesellschaft nach Schmecks zu locken. 1896 wird das elegante Kaffeehaus gebaut (1959 abgerissen für den Neubau des Rathauses), und 1872 kommen die Pensionen "Jägerhorn", "Meerauge" und "Sanssouci", 1873 "Adria" hinzu.

1874 verpachtet Mühlenbach das Bad an die "Borsod-Miskolczer Dampfmühlen AG", und diese überträgt 1875 dem pensionierten Major Anton Döller die Leitung. Nach kurzer Tätigkeit von Dr. Samuel Posewitz und anderen Ärzten erhält Schmecks mit Dr. Alexander Lorx den ersten ständigen Badearzt, dem 1873-75 Dr. Nikolaus Szontagh dÄ folgt. 1878-1900 ist Dr. Ladislaus Jármay, der sich nicht nur durch seine ärztliche Tätigkeit in die Annalen der Hohen Tatra eingetragen hat, Badearzt. Sein Nachfolger wird 1901 Dr. Desider Reichart, der das Amt des Badearztes 30 Jahre hindurch ausfüllt. Später wird Dr. Emil Szász Badearzt, und 1933 wird der Bankdirektor Arthur Polnisch Direktor von Altschmecks.

1881 pachtet die Zipser Kreditbank in Leutschau das Bad und sorgt bis zur Jahrhundertwende für den weiteren Ausbau (u.a. das einige Jahre führende 1. Haus am Platz, die "Scepusia", den W-Teil des späteren "Tatra-Sanatoriums"), so daß in 23 Gebäuden ca. 300 Betten angeboten werden. An größeren Bauten entsteht das "Csáky-Haus", das nach dem 1. Weltkrieg mit der "Scepusia" zum "Tatra-Sanatorium" umgebaut wird, 1980 abbrennt und danach nur mehr 1-geschossig erneuert wird. Dazu kam noch das neue Badehaus (nach dem 1. Weltkrieg Kaufhaus, heute Lebensmittelmarkt).

Um nicht hinter dem Tschirmer See und Tatralomnitz zurück zu bleiben, wo der u Staat zwecks Errichtung zweier Großhotels mit der Internationalen Schlaf- und Speisewagengesellschaft Wagons-Lits Cook einen Vertrag geschlossen hatte, entschließt sich auch die Leutschauer Bank mit derselben Gesellschaft ein Abkommen zu treffen. So entsteht 1904 das Grandhotel, das die Bank nach dem Ausstieg der Gesellschaft übernimmt (Architekt war Guido Hoepfner, Bruder von Gustav, dem Direktor der Leutschauer Bank). Die nach der Jahrhundertwende eintretende Stagnation wird durch die besseren Verkehrsanbindungen, 1908 ist die

Compton: Neuschmecks um 1905

Compton: Unterschmecks um 1905

El. Tatrabahn vom Bahnhof Poprad bis nach Altschmecks in Betrieb, etwas gemildert.

Nach dem 1. Weltkrieg wird 1927 das Hoepfner-Haus (Hotel "Krokus") errichtet und aus der Villa des Erzherzogs Josef (1894 für die Erzherzogin Klothilde gebaut) wird das "Fučík". Nach dem 2. Weltkrieg kommt es zu keinen neuen Hotelbauten. Während früher in Altschmecks ein reger Kurbetrieb herrschte und Stoffwechselerkrankungen, Blutarmut, Erkrankungen der Luftwege (außer Tuberkolose) sowie Rekonvaleszente, und andere Erholungsbedürftige behandelt wurden bzw. Aufnahme fanden, wurde nach dem 2. Weltkrieg der an Sanatorien gebundene Kurbetrieb ausgelagert und Altschmecks zu einem reinen Erholungsort.

Kleine kath Kirche, ein Fachwerkbau, 1888 nach einem Plan von G. Majunke errichtet, und massive Kapelle aus der 2. Hälfte des 19. Jh.

Neuschmecks wurde 1876 durch Dr. Nikolaus Szontagh dÄ mit der Eröffnung der ersten Tuberkuloseheilstätte in den Bergen der Karpaten gegründet. Szontagh war von der damaligen Behandlungsweise der Lungentuberkulose (hatte selbst eine starke Disposition für sie) enttäuscht und wollte die Klimatotherapie, sie steckte damals noch in den "Kinderschuhen" (in Davos wurden in dieser Zeit kaum mehr als 2-3 Patienten versorgt), nach eigenen Vorstellungen in einem eigenen Sanatorium ausbauen und anwenden.

Er hatte die hervorragenden Möglichkeiten, die das Klima an der S-Abdachung der Hohen Tatra bot, erkannt und pachtete von Neuwalddorf zu sehr günstigen Bedingungen, in unmittelbarer Nachbarschaft vom damaligen Schmecks, eine Waldfläche von ca. 20 ha, auf der er 2 Sanatorien (darunter den heute noch bestehende "Pavilón Royal") errichtete. Eine gewisse finanzielle Unabhängigkeit verschaffte dem ursprünglich mittellosen Idealisten, der zu einem weithin bekannten Bahnbrecher auf dem Gebiet der Klimaheilkunde wurde, die Heirat mit einer vermögenden Unternehmerstochter aus Meran. Bei den Ausschachtungsarbeiten wurde eine römische Münze aus der Zeit Marc Aurels gefunden, und bei weiteren Untersuchungen wurden die Reste einer Schmelzanlage aus der La Téne-Zeit freigelegt. 1882 folgte ein weiteres Sanatorium (heute "Branisko"), und es wurde die ganzjährige Behandlung eingeführt. Zuerst von der Fachwelt verlacht und gegen die Zurückhaltung der Patienten kämpfend (1892-99 mußte er den Winterbetrieb einstellen), setzten sich seine Ideen durch, zumal er neben dem Wintersport, den er seinen Patienten "verschrieb", gedeckte Verbindungsgänge und einen phantasievoll ausgestatteten Wintergarten zur Verfügung stellte. Als begeisterter Naturfreund betätigte er sich auch als Bergsteiger, führte die ersten Skihochtouren aus und war bis zu seinem Lebensende Obmann des Tatravereins. 1894 wurde ein 3-geschossiges Gebäude (heute "Európa") als Hotel errichtet, und um die Jahrhundertwende standen in Neuschmecks 38 Gebäude, von denen 26 zum Sanatorium (340 Betten) gehörten. Die übrigen Häuser waren Privatvillen.

1899 war Dr. Nikolaus Szontagh dÄ gestorben. War es eine Ironie des Schicksals, daß es die Tuberkulose war, die seinem Leben ein Ende setzte? Daß er, der so vielen Patienten mit der Klimatotherapie im Hochgebirge geholfen hatte und dieser Behandlung allgemein zum Durchbruch verholfen hat, auf Anraten eines Ärztekonsiliums die letzten 2 Jahre ausgerechnet an der Adria verbrachte?

1909 übernahm sein Sohn Dr. Nikolaus Szontagh dJ, ebenfalls mit einer Meranerin verheiratet, Neuschmecks und modernisierte den in Stagnation geratenen Betrieb. Er erweiterte auch das Patientenspektrum (nachdem bereits sein Vater den ersten Basedowkranken, der in die Hohe Tatra kam, behandelt hatte) und bot für alle Krankheiten der Atmungsorgane Heilverfahren an. Für größere Neubauten fehlten ihm die Mittel, doch während des 1. Weltkrieges fand er in dem späteren Gauhauptmann Dr. Ján Ruman einen Anreger und Helfer, der ihn mit dem Fabrikanten Peter Hubka (Gerberei in Liptau-St-Nikolaus) zusammenführte. Dieser war bereit, in einer Gesellschaft 97% der Aktien zu übernehmen. 1916 begann, nach Plänen von M. Harminc und nach den modernsten medizinischen und technischen Erkenntnissen, der Bau des Großsanatoriums (200 Betten). Wegen der schwierigen Materialbeschaffung (besonders für die Installationen) wurde der Bau 1917 eingestellt.

Nach dem 1. Weltkrieg wurden auch die anderen Kurhäuser und Anlagen in die AG eingegliedert, so daß P.Hubka die Mehrheit verlor. Bei der Freundschaft der beiden Hauptaktionäre und der ausgezeichneten Mitarbeit des administrativen Direktors Ludwig Vágh sowie des Architekten M. Harminc, war dies aber an sich ohne Bedeutung. Doch der Staat wollte nur dann die notwendigen 8 Millionen Kčs zur Verfügung stellen, wenn P. Hubka Mehrheitsaktionär würde, da es ein "slowakischer Bau" werden sollte! 1925 wurde dieser (2/3 der Kapazität stellte ein Belegungsvertrag der Allgemeinen Pensionsanstalt für Privatangestellte zur Verfügung) als "Palace-Sanatorium" eröffnet.

Die Wirtschaftskrise der 30-er Jahre und der Ausfall von Patienten und von Gästen aus Ungarn zwangen die AG, 1933-34 das Sanatorium an die Allgemeine Pensionsanstalt für 15 Millionen Kčs (Baukosten mit Außenanlagen das Doppelte!) zu verkaufen. Der neue Besitzer ließ einige Um- und Zubauten (ebenfalls mit M. Harminc als Architekten) durchführen und den Bau 1935 wieder eröffnen. Von dem Erlös errichtete die AG 1933 (wieder war M. Harminc der Planende) an der Stelle der beiden kleineren Häuser "Erika" und "Cyklamen" das für damalige Begriffe supermoderne, für den Sanatoriums- und Hotelbetrieb konzipierte "Palace" (heute unter demselben Namen).

Nach dem 2. Weltkrieg und der Enteignung wurde Neuschmecks Staatsbad, und heute werden hier nichtspezifische Erkrankungen der Atemwege und des Stoffwechsels behandelt. Neben der Errichtung mehrerer Hotels wurde die 1914 gebaute Villa von Dr. Nikolaus Szontagh dJ zum Kern des Hotels "Tokajík" (heute wieder unter dem Familiennamen im Besitz der Nachkommen).

Die evang Kirche wurde 1887 im neogotischen romantisierenden Stil errichtet. Auf dem Giebel befindet sich das Wahrzeichen der Familie Szontagh, die heilende Sonne, und im Innern das Grab des Gründers.

Unterschmecks fußt auf einer sozialen Initiative. In der Nachbarschaft großer Moore und von 3 kohlensäurehaltigen Quellen, als "Grützkocher" schon lange bekannt, wollte der Kesmarker Lehrer J. Bohuš 1881 billige Unterkünfte für Jugendliche errichten. Als der Bau wegen finanzieller Schwierigkeiten und dem mangelnden Interesse der Gesellschaft an so einem Projekt ins Stocken kam, übernahm die Kesmarker Bank AG den Bau und durch Initiative des Direktors Hugo Payer entstand ein Kurort - allerdings nicht für Jugendliche, sondern für das Bürgertum. Um die Jahrhundertwende standen hier 7 Gebäude (Architekt G. Mayer) mit 250 Zimmern. Behandelt wurden Frauenkrankheiten, Blutarmut und Bleichsucht, Rückenmarks- und Nervenkrankheiten, Krankheiten der Verdauungsorgane und andere Beschwerden,

Compton: Wildbad Kohlbach um 1905

wobei sowohl das Moor wie auch die Quellen herangezogen wurden. 1916 verkaufte die Bank den Kurort an das Ungarische Invalidenamt, das hier ein Lazarett für lungenkranke Soldaten etablierte. Nach dem 1. Weltkrieg richtete das Rote Kreuz mit Hilfe der amerikanischen "Help for children"-Bewegung ein Kindersanatorium ein, dem 1931 ein moderner Neubau und auch eine Schule hinzugefügt wurden. Heute werden nichtspezifische Erkrankungen der Atemwege behandelt. Unterhalb des Kurviertels entstand nach dem 2. Weltkrieg die weitläufige Wohnsiedlung Pod Lesom.

Die **Schöne Aussicht** (auch Oberschmecks) entstand um 1920 durch die Ansiedlung von Privaten, die für Kurgäste kleinere Familienpensionen errichteten. Größere Gebäude waren das 1929 errichtete Kindersanatorium des Dr. Opatrny, das heute noch diesem Zweck dient, während seine Villa zum Erholungsheim der Schriftsteller wurde, dann das 1935 errichtete Sanatorium Bellevue, heute "Mier", sowie das 1934 errichtete Helios, heute "Poľana". Nach dem 2. Weltkrieg wurden hier einige Hotels gebaut.

T *Zahlreiche Hotels. Campingplatz Tatracamp 3 km unterhalb von Altschmecks.*

⊕ 1991: 5.618 EW (für alle Kurorte der Hohen Tatra), 2001: 5.407 EW.

◉ UMGEBUNG: In n R: • KÄMMCHEN (HREBIENOK), 1263 m hoch auf der Kante der Seitenmoräne des ehemaligen Kohlbachgletschers gelegen. Ausganspunkt für Wanderungen, Klettertouren, Skitouren, Touristen- und Skizentrum (Schlepplift, Piste, Slalomhang), Rodelbahn nach Altschmecks. Schöner Blick in das Land, zum Kleinen Kohlbachtal mit der darüber stehenden eindrucksvollen Lomnitzer Spitze.

Mit der **Standseilbahn Altschmecks-Kämmchen** (Pozemná lanovka Starý Smokovec-Hrebienok) leicht zu erreichen (Sommer 6,00-19,40 Uhr, Winter 6,30-19,40 Uhr, Talstation oberhalb des Grandhotels, Fahrzeit 7 Min), 1906-08 erbaut, 1970 mit einem italienischen System und neuen Stationen rekonstruiert. Zu Fuß auf zwei Wegen: grün mk Waldweg und Trasse der Rodelbahn (3/4 bzw. 1 Std), Autoverkehr verboten!. In der Nähe (20 Min) befinden sich die sehr schönen, malerischen Kohlbachwasserfälle (Vodopády Studeného potoka) und die alte Rainer-Hütte.

Alte touristische Tradition, da bereits 1875 unterhalb der Kante (sogenannte "Kanzel"), in der Nähe der heutigen Dr. Guhr-Hütte, die 1. Touristenhütte des KV eröffnet wurde (die populäre Sängerin Rosa Gräfl-Györffy aus Budapest, eine gebürtige Zipserin, spendete einen namhaften Betrag).

Für einen großzügigen Aufbau eines Kurzentrums am Kämmchen gab es Pläne, aber kein Geld, außerdem konnte die Aufteilung des Geländes auf 3 Gemeinden niemanden anlocken. So begnügte sich die Georgenberger Waldbürgerschaft mit dem unterhalb der Kante neben der "Rosa"-Hütte gelegenen Gelände, wo sie 1884 das 2-geschossige Hotel "Kohlbach", die Keimzelle des **Wildbades Kohlbach** (Studenopotocké kúpele), eröffnete und die schadhafte Hütte vom KV erwarb. 1893 beschädigte ein Feuer das Hotel und zerstörte die Hütte.

An ihrer Stelle wurden 1894 das Hotel "Zips" (auch Rosa-Hotel) und ein Badehaus errichtet. Ab 1906 wechselten die Besitzer mehrmals, 1926 erwirbt die Legio-Bank das Bad von der Katholischen Volksbank in Georgenberg, aber ein paar Tage vor der Übergabe brennt in der Nacht des 18.2.1927, während eines Schneesturmes, der ganze Komplex ab. An Stelle des Wiederaufbaus errichtet die Legio-Bank 1928 unmittelbar w der Kante, auf ihrer S-Seite, das heute noch bestehende **Športhotel**, das die Bergstation der Standseilbahn aufnahm.

1930 wurde die w des Hotels gelegene steile Lichtung zu einer Skiübungswiese vergrößert, Ende der 30-er Jahre der darüber liegende Waldgürtel mit einer Abfahrtspiste durchbrochen und 1956, nach einer abermaligen erheblichen Vergrößerung der Wiese, der große Schlepplift gebaut (Talstation 1304 m, Bergstation 1519 m) und entsprechende Einrichtungen für Slalomwettkämpfe geschaffen. Auf dem Gelände des Wildbades Kohlbach, das die Familie Guhr erworben hatte, erfolgte 1933-34 der letzte Hüttenbau des KV. Auf dem von der Familie Guhr dem KV geschenkten Grund wurde die **Dr.-Guhr-Hütte** (Bilíkova chata), 1238 m, errichtet.

Unmittelbar w an Neuschmecks anschließend: • SIBÍR. Keimzelle der Siedlung mit Unterkünften war die große Villa "Szikra" (ma=Funke), die 1910 von Graf Alexander Teleki gebaut wurde. Den Namen erhielt sie vom Pseudonym seiner Frau Julia Kende (sie war Schriftstellerin und Sozialarbeiterin, bürgerlich, daher nicht ebenbürtig und von der Familie nicht anerkannt). Nach seinem Tod (1920) verkaufte sie die Villa an die Elektrische Tatrabahn, die sie unter dem Namen Sibír vermietete.

1 km weiter w: • TATRANSKÉ ZRUBY, 1923 als Militärausbildungsplatz mit einigen Holzbaracken gegründet, und später zu einem Militärerholungslager ausgebaut.

In sö R (3 km) • NEUWALDDORF (NOVÁ LESNÁ), Gemeinde am Fuß der Hohen Tatra, mit früher starkem d Einschlag (1930: 1.159 EW, 594 Sl, 415 D, 1991: 1.027, 2001: 1.435 EW) und alter Bergführertradition, Wirkungsort von Johann Still (Lehrer, Bergführer, Erstbesteiger der Gerlsdorfer Spitze). Kath Kirche, frühgotisch spätes 13. Jh, im 19. Jh umgebaut, evang Kirche von 1792. **T** *Hütten.*

◉ ZENTREN IN DER WEITEREN UMGEBUNG: Weszterheim, Tatralomnitz, Großlomnitz, Georgenberg, Svit.

■ **SCHMIEDSHAU (TUŽINÁ),** Bez Prievidza, 361 m. Langgestreckte am Abhang der Kleinen Magura, unweit von Deutschproben gelegene Waldhufensiedlung. Ausgangspunkt für Wanderungen in der Kleinen Magura (Rajetzer Gebirge), SAD. Namen: d Schmitzhay, Schmieds-Haj, Schmiedshäu, ma Tuzsina, 1393 Villa Fabri, 1430 Kowachlehota, 1489 Twssyna, 1495 Kauorfalwa a. n. Thusina, 1773 Tužina, zum Namen: Siedlung der Schmiede? Oder des Lokators Schmied? Unklar, ob das urkundlich erwähnte Heckelshau nur ein Ortsteil war oder eine bereits genehmigte Gründung, die nicht verwirklicht wurde.

Die EW befaßten sich mit der Landwirtschaft und waren als Holzfäller, die für das Grubenholz und die Holzkohle zu sorgen hatten, tätig. In der neueren Zeit machten sich die EW einen guten Namen als Maurer und Stahlbetonbauer. Die barocke kath Kirche wurde 1788-97 auf mittelalterlichen Fundamenten errichtet. Die Ausmalung (illusionistisch mit konkreten Figuren) stammt aus den 80-er Jahren des 18. Jh, 1925 ergänzt. Im Hauptaltar ein sehr schönes Bild, der heilige Jakobus. Die nicht unerheblichen Kriegsschäden wurden im Laufe der Jahre ausgebessert. Die Marien-Kapelle, sie steht am oberen Ende des Ortes, 1818 errichtet, wurde restauriert.

🌐 1930: 2.506 EW (90 Sl, 2.413 D, 1 Ma), 1940: 3.031 EW (2.962 D), 1991: 1.252, 2001: 1.214 EW.

◉ ZENTREN IN DER WEITEREN UMGEBUNG: Deutschproben, Gaidel.

● **SCHMIDT, CARL EUGEN,** *1865 Preßburg, +1948 Preßburg. Evang Geistlicher, der bedeutendste in Preßburg. Hervorragender Prediger, gewandter Schriftsteller, dem vor allem die Rückbesinnung vom lauen Liberalismus zu den Quellen des Glaubens am Herzen lag. Zahlreiche Publikationen, schrieb auch Gedichte.

● **SCHMIDT, FRANZ,** *1874 Preßburg, +1939 Perchtoldsdorf/Ö, bekannter Komponist. Studien in Preßburg, in Wien (Hellmesberger), Prof. für Cello und Klavier, später Rektor der Hochschule für Musik. Umfangreiches Werk: Opern ("Notre Dame"), Oratorien ("Das Buch mit den sieben Siegeln"), Symphonien, Kammermusik, Klavier- und Orgelkompositionen.

Schmiedshau: Marien-Kapelle

■ **SCHMÖLLNITZ (SMOLNÍK),** Bez Gelnica, 561 m. Durch Jh bekannter Bergbauort der Unterzips. Straßenknoten. Namen: ma Szomolnok. 1327 Semelnech, 1332 Smulnuczbanya, 1344 Smelnycz, 1346 Smulnich, 1375 Smolnykbanya, 1397 Smolnicza, 1437 Smolnycz, 1773 Smolnik. Zum Namen: Ableitung von der Tätigkeit des Schmelzens.

In der Gegend wurden wahrscheinlich zu sehr frühen Zeiten Oberflächenerze abgebaut, im 13. Jh d Bergsiedlung, 1327 freie Bergstadt mit Schemnitzer Recht. Im 15. Jh, ähnlich wie viele der anderen Bergbaustädte der Unterzips, unter der Herrschaft der Zipser Burg. In dieser Zeit kam es, nachdem bereits lange Jahre hindurch Kupfer- und Silbererze abgebaut wurden und es zeitweise zu einem Niedergang infolge abgesoffener Gruben gegeben hatte, zur Ausnutzung des sogenannten "Zementwassers". Ab 1691 staatlicher Besitz verwaltet von der Bergkammer.

Nach einer weiteren Periode des Niederganges großer Aufschwung im frühen 18. Jh, in dem auch die Kupferhütte in Schmöllnitzhütte wieder errichtet wurde. Später Hochofen zur Roheisenerzeugung und Kupferhammer, und 1747 übernahm Schmöllnitz von Göllnitz die Führung der Sieben oberungarischen Bergstädte. Hier arbeitete auch eine Münze, und zur Ausbildung des Führungspersonals wurde 1745 eine Bergschule eingerichtet. Der Höhepunkt dieses Aufschwunges wurde in der 2. Hälfte des 18. Jh erreicht und schwächte sich laufend ab: 1787 hatte Schmöllnitz 6.050 EW, 1828 4.003 EW, aber 1890 nur noch 2.220 EW. Im 19. Jh wurde der Abbau von Antimon und vor allem Pyrit (größte Lagerstätten Ungarns) aufgenommen, 1989 endgültig eingestellt.

Das Gelände setzte der Verwirklichung einer d Zentralanlage mit einem quadratischen Marktplatz große Schwierigkeiten entgegen. Sie gelang nur mit Hilfe von zwei Terrassen, die den Höhenunterschied ausglichen. Durch spätere Zubauten ist die ursprüngliche Anlage kaum mehr auszumachen. In der Mitte steht die **kath Barbara-Kirche**, die an der Stelle einer alten mittelalterlichen Anlage errichtet wurde, die baufällig war und deren Turm 1799 einstürzte. Der 1799-1804 durchgeführte Neubau schuf eine stilsichere barocke Anlage mit

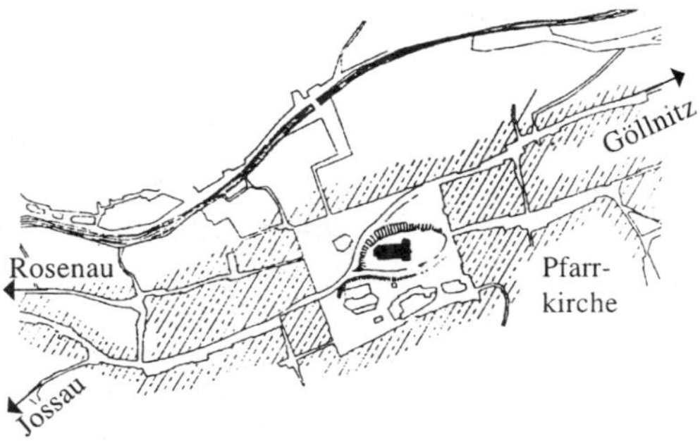

Schmöllnitz: Der mittelalterliche Kern

einem auffallend hohen Turm, der heute nicht mehr den früher viel höheren, mehrfach abgestuften Helm besitzt, (mußte nach einem Brand ersetzt werden). Für die Glocken wurde ein niedriger, freistehender, mit einer barocken Zwiebel abgeschlossener Turm gebaut. Das 2,6x4,8 m große Altarbild mit der Katharina schuf F.H. Füger 1805.

Die **evang Kirche** wurde als Toleranzkirche im barock-klassizistischen Übergangsstil 1787 errichtet. Die Einrichtung stammt aus dem frühen 20. Jh. Siedlungsgeschichtlich interessant sind zwei **Bergarbeiterhäuser** (Nr 436 und 322) aus dem 18. Jh. Die ehemalige **Bergkammer** (Nr 195), war ursprünglich ein Renaissancebau, der im Stil des Theresianischen Barock umgestaltet wurde.

Industrie vor 1945: "Pyrit" Schwefelkies-, Eisenerz- und Kupfergruben AG, Tabakfabrik seit Ende 19. Jh, Eisen- und Kupfervitriol-Gewinnung 1881-1918, Schmöllnitzer Holzindustrie. Nach 1945 weiterhin: Bergbau, Holzverarbeitung und Lebensmittelindustrie.

Geburtsort von Anton Ruprecht von Eggerberg (Professor an der Bergakademie).

◍ 1930: 2.421 EW (512 Sl, 1.685 D, 110 Ma, 15 J), 1940: 2.238 EW (1.414 D),1991: 1.316, 2001: 1.299 EW.

◉ UMGEBUNG: In sw R (5 km) • UHORNAER STAUSEE (VODNÁ NÁDRŽ UHORNÁ), 0,04 km², 8 m tief, im 18. Jh zur Energieversorgung der Grubenmaschinen eingerichtet. **T** *Bademöglichkeit, Zeltplatz.*

In ö R (5 km) schwingt sich die Straße mit zwei großen Kehren (schöner Blick auf die Stadt, barocke Josefs-Kapelle, mit Holztürmchen, Altar von J. Hartmann 1762), auf die • STOßER HÖHE (ŠTÓSKE SEDLO), 798 m, hinauf (Marien-Wallfahrtskapelle von 1755).

In nö R (3 km) • SCHMÖLLNITZHÜTTE (SMOLNÍCKA HUTA), ehemals d Bergbaugemeinde (1930: 1.069 EW; 140 Sl, 879 D, 1991: 521, 2001: 508 EW), Gehörte früher zu Schmöllnitz, 1828 Erwähnung als selbständige Bergstadt. Entwickelte sich zu einer Verarbeitungsstätte der hier und in der Umgebung abgebauten Erze, vor allem für Kupfer, Quecksilber, Blei, Silber, Eisen. 1863 Hochofen (heute Ruine). Beherrschend auf einem Hügel stehende kath Kirche im neoromanischen Stil von 1751 (verwendet wurde eine ältere Anlage), Altar und Kanzel von J. Hartmann.

In nö R (12 km) • EINSIEDEL (MNÍŠEK NAD HNILCOM), alte d Bergstadt (1930: 2.088 EW; 115 Sl, 1.905 D, 1991: 1.518, 2001: 1.691 EW), Straßenknoten. 1230 wurde dem Göllnitzer Bürger Herkul von Andreas IV. ein Wald, in dem Einsiedler gelebt haben, zur Ansiedlung zugeteilt. Schon früh wurde nach Gold geschürft, aber die Glanzzeit des Bergbaues liegt erst zwischen dem 15. und 16. Jh, mit außergewöhnlich hohen Mengen an Eisenerz (1876 noch 352,6 t). In jenem Jh arbeiteten hier auch ein Hochofen und einige mit Dampf betriebene Hammerwerke. Als königliche Bergstadt erhielt Einsiedel ein Bergamt. Bessere Absatzmöglichkeiten brachte der Bau der Schmalspurbahnlinie von Göllnitz über Einsiedel nach Schmöllnitz (1878). 1930 wurde eine d Raiffeisengenossenschaft gegründet (nach Schwedler die 2.). Bei den Gemeindewahlen im Herbst 1931 wurde die erste nationalsozialistische Wahlliste in der Slowakei (Liste 9) eingereicht, auf die immerhin 30 Stimmen entfielen.

Evang Kirche, klassizistische Toleranzkirche von 1785-89, Turm 1901, durch einen hohen segmentförmigen Giebel stark betonte Hauptfassade. Im klassizistischen Altar befindet sich neben dem Predellabild mit dem Letzten Abendmahl als Zentralbild Christus auf dem Ölberg, beide von I. Refész (1901). Barock-klassizistische **kath Kirche** von 1820 unter teilweiser Einbeziehung des Turmes der älteren Kirche (17. Jh), Ausmalung von Hüttner (um 1820).

◉ ZENTREN IN DER WEITEREN UMGEBUNG: Rosenau, Schwedler, Göllnitz, Untermetzenseifen.

■ **SCHOßBERG (ŠAŠTÍN-STRÁŽE),** Bez Senica, 177 m. Alter Wallfahrtsort in der Marchniederung, Doppelgemeinde nahe der österreichischen und tschechischen Grenze. ŽSR, SAD. Namen: d auch Maria-Schossberg, 1218 Saswar, 1392 Wre, Ewr, 1395 Heer alias Strassye, 1524 Sasyn, 1927 Stráže nad Myjavou, ma Sasvár. Der 1. Name ist wahrscheinlich auf sl Schilf (Röhricht) zurückzuführen.

Alter Siedlungsplatz (Jungstein-, Bronze- und Hallstattzeit sowie zZ der Germanen). Gehörte zu einer nicht mehr existierenden Burg. In Stráže ließen sich in der 2. Hälfte des 16. Jh einige d Habanerfamilien nieder. 1736 wurde in Schoßberg eine der ersten Manufakturen (Herstellung von Kattun) der Slowakei gegründet. Zur selben Zeit kamen die Paulaner und gründeten ein Kloster, das aber 1786, bei der Auflösung des Ordens durch Josef II., unvollendet blieb, entgegen der großartigen mächtigen barocken **Klosterkirche** (1753-86), die bis auf die zwei Türme fast fertig war. Die Türme, werden erst 1864 errich-

Einsiedel: Evangelische Kirche

Schoßberg: Klosterkirche

tet. Die ursprüngliche Planung wurde nicht verwirklicht: Ein großer Zentralbau in Form eines griechischen Kreuzes mit einer großen Kuppel, unter der die heilbringende Pieta von 1564 stehen sollte. Dagegen wurde das Langhaus mit seinem Kapellenkranz ausgeführt, F.A. Hillebrandt brachte die Pieta in dem von ihm konzipierten Hochaltar (1764) unter, dessen roter Marmor sehr schön mit der Holzplastik der Pieta kontrastiert, während J.J. Chamant die beachtlichen Fresken, mit zum Teil illusionistischer Raumerweiterung schuf. Für 5 der 6 Seitenaltäre malte J.L. Kracker die Bilder. Schönes barockes Gestühl. Beim Eingang in die Sakristei befindet sich ein Relief der sogenannten Schoßberger Maria.

T *Campingplatz, Hüttenkolonie, Badesee.*

⊕ 1930: 4.100 EW (3.882 Sl, 31 D, 9 Ma, 109 J); 1940: 4.049, 1991: 4.787, 2001: 5.005 EW.

◉ UMGEBUNG: In sw R (13 km) • SANKT JOHANN A.D. MARCH (MORAVSKÝ SVÄTÝ JÁN), mittlerer Ort (2.001 EW). Funde landwirtschaftlicher Geräte vom 8. Jh. Im 16. Jh Ansiedlung d Habaner, der Habanerhof ist etwas bescheidener als in Großschützen. Kath klassizistische Kirche (19. Jh). Das kleine, ursprünglich barocke Kastell wurde 1900 und 1945 total umgebaut. **T** *N der nah benachbarten Gemeinde Sekeln (Sekule) Restaurant "Stop", abseits davon Badesee. Motel.*

In w R (11 km) • KUTTI (KÚTY), Grenzstadt (4.136 EW). Barocke kath Kirche (1716-26) mit Seitenaltären (18. Jh). Am Hauptplatz Denkmal für den sl Schriftsteller Andrej Radlinský. **T** *Motel, Badeplatz an der Autobahn.* N an der March liegt • BRODSKO (BRODSKÉ): Früher eine der ältesten Habanersiedlungen in der Slowakei (2.379 EW), in die italienische Wiedertäufer mit der Technologie der Fayencenherstellung kamen, die dann von den Habanern bis zur Meisterschaft vollendet wurde. Kaum noch Reste der alten Werkstätten. 7 km nö (großer Fichtenwald): **T** *Bei einem See Motel "Adamov".*

◉ ZENTREN IN DER WEITEREN UMGEBUNG: Skalitz, Senitz, Malatzka.

● **SCHRÖER, TOBIAS GOTTFRIED, (CHRISTIAN OESER)**, *1791 Preßburg, +1850 Preßburg, Pädagoge, Schriftsteller. Studium: Halle. Bedeutende Lehrkraft am Evang Lyzeum in Preßburg, verfaßte Lehrbücher, Aufsehen erregte das Drama über Thököly, den "ungarischen Götz von Berlichingen" ("Leben und Thaten Emerich Thökölys und seiner Streitgenossen"). Sein Sohn, **KARL JULIUS**, (1825-1900), Studien in Preßburg, Halle, Leipzig, Berlin, Sprachwissenschaftler, war auch Prof am Evang Lyzeum, befaßte sich mit den d Weihnachtsspielen in Ungarn.

■ **SCHWEDLER (ŠVEDLÁR)**, Bez Gelnica 462 m. Ehemaliger Bergbauort im mittleren Göllnitztal. ŽSR, SAD. Namen: ma Svedlér, 1338 Tres Swetler, 1368 Swedlery, 1773 Swedler, 1920 Švedlár.

Alter Siedlungsplatz (Bronzezeit). Um 1230 gab es wahrscheinlich 3 Einöden, 1338 erhielt Göllnitz Ober-, Mittel- und Unterschwedler (privilegiertes Bergbaugebiet zu dem 14 Orte gehörten). 1520 wird die "Fraternität der Bergstädte" gegründet, zu der Göllnitz, Schmöllnitz, Jeckelsdorf, Krompach, Einsiedel, Schwedler, Stoß, Folkmar und Slovinka gehörten. 1556 wurden die drei Siedlungen vereinigt. Die eingetretene Stagnation des Bergbaues wich erst im 17. Jh wieder einem großen Aufschwung. Um 1697 wurde Schwedler

Schwedler: Taufe

neben Göllnitz, Schmöllnitz, Einsiedel und Stoß zur königlichen Bergstadt. Im 18. und 19. Jh war ein Hochofen in Betrieb, und die Stadt wurde zum Sitz eines Bergamtes. 1787 hatte Schwedler 2.691 EW, 1828 bereits 2.469 EW, bis 1890 der Tiefstand mit 1.586 EW erreicht wurde (resultierend aus einer überproportionalen Auswanderung). 1929 wurde in Schwedler die erste d Raiffeisengenossenschaft der Slowakei gegründet.

Von den alten **Häusern** sind noch einige erhalten geblieben (Nr 320, 325, 340, 376). Andere, wie das Lay-Haus (Nr 401), sind aus der klassizistischen Zeit. Die **kath Kirche**, ursprünglich ein gotischer Bau aus der 2. Hälfte des 14. Jh, wurde im 17. Jh monumental mit einer reichen Ausstattung barockisiert. Im Presbyterium blieb das gotische Gewölbe, mit einer Konsole, die den Kopf eines Bergmannes zeigt (Anfang 16. Jh). Die Ausmalung wurde erst zum Ende des 19. Jh durchgeführt. Die 3 spätbarocken Altäre und die Kanzel schuf um 1750 der Schnitzer J. Hartmann aus Kaschau. Mit ihrem scharfen Schnitt und den schlanken langen Gesichtern erinnern die Plastiken an schlesische Vorbilder. Die sehr schöne *BRONZETAUFE*, eines der besten Werke Meister Konrads aus Zipser Neudorf, wurde 1360 gegossen und stand ursprünglich in Stillbach, dessen EW infolge der Zerstörung ihres Ortes durch die Bebeks (Mitte 16. Jh) nach Schwedler geflohen waren. Sehr schöne Orgel von J. Georg Schwarz (1756), leider unsachgemäß restauriert (1955-56) und kaum spielbar. In der s Vorhalle befindet sich eine alte spätgotische Tür, die heute in den um 1682 von der Kirche abgetrennten leeren Turmraum führt, der in jener Zeit, als die Evangelischen die Kirche in Besitz hatten, den wenigen Katholiken als Betraum überlassen wurde.

Die **evang Kirche**, 1784-87 als klassizistische Toleranzkirche mit einem Grundriß, der einem griechischen Kreuz entspricht, gebaut, erhielt den Turm 1902 angebaut (nach längeren Auseinandersetzungen um die gleichberechtigte Verwendung der in Obhut der kath Kirchengemeinde befindlichen städtischen Glocken).

Nach dem Erlöschen des Bergbaues und des Hüttenwesens sowie dem Eingehen der kurze Zeit arbeitenden Papiermühle wurden 2 Sägewerke, 1 Zündholzfabrik (1923-25, Karl Manouschek) und nach dem 2. Weltkrieg ein Chemiewerk gegründet.

◍ 1930: 1.823 EW (79 Sl, 1.584 D, 9 Ma), 1940: 1.935 (1.920 D), 1991: 1.675, 2001: 1.930 EW.

◉ ZENTREN IN DER WEITEREN UMGEBUNG: Wagendrüssel, Zipser Neudorf, Göllnitz, Schmöllnitz.

● **SEGNER, JOHANN ANDREAS,** *1704 Preßburg, +1777 Halle/D. Polyhistor. Studien (Medizin, Mathematik): Preßburg, Raab, Debrezin, Jena. Ab 1730 Arzt in Preßburg und ab 1731 in Debrezin, 1733 Prof der Mathematik und Physik in Jena, 1735 Prof der Naturwissenschaften in Göttingen, 1754 Prof in Halle. Grundlegende Erkenntnisse über die Strömungslehre, Erfindung: "Segnersches Rad", Vorläufer des Rades der Wasserturbine. Viele Publikationen.

◆ **SEMPLIN (ZEMPLÍNSKA STOLICA)**, comitatus Zempliniensis, Sempliner Gespanschaft, Zemplén vármegye. Das ö Komitat der Slowakei, durch die Landschaft der ostslowakischen Flüsse und eine ausgedehnte Landwirtschaft geprägt. Bei der Gründung der ČSR fiel das reichere Drittel an Ungarn.

■ **SENITZ (SENICA),** 208 m, Bezirkshauptstadt und Wirtschaftszentrum der n SW-Slowakei. ŽSR, Straßenknoten, SAD. Namen: ma Szenic, 1217 Scynte, 1256 Scinze, 1272 Scynthe, 1336 Scynche, 1394 Zenthe, 1773 Sinicza, 1808 Senica. Der Name wird auf "seno" (=Heu), also etwa "Heudorf", zurückgeführt.

Siedlung in der Bronzezeit, zZt der Quaden, im Großmährischen Reich. Im 16. Jh Zuzug einiger d Habaner. **Profanbauten**: Drei Kastelle: 1. spätbarock, theresianisch, 2-geschossig, 3-flüglig, von 1760, F.A. Hillebrandt zugeschrieben (Museum), 2. spätklassizistisch, 3-geschossig, 2-flüglig, 60-er Jahre des 19. Jh, von I. Feigler geplant,

Senitz: Spätbarockes Kastell

3. klassizistisch, 2-geschossig, nach 1782 gebaut. Ferner eine klassizistische Kurie und ein Sommersitz in historisierendem Stil.

Die **kath Kirche** wurde 1631 von den Evangelischen als schlichter dreischiffiger Arkadenbau errichtet, den sie bereits 1654 verloren. Die **Kapelle** stammt noch von der alten gotischen Kirche, die ursprünglich am Platz gestanden hat. Die **evang Kirche** wurde 1783-84 als klassizistische Toleranzkirche, ohne Turm (erst 10 Jahre später gebaut) errichtet. **Synagoge** von 1664-66, orientalischer Stil, während eines Luftangriffes (1945) schwer beschädigt, ihre aufwendige Eindeckung wurde nicht erneuert.

Industrie: Kunstseide. Geburtsort von V. Paulíny-Tóth (Politiker, Schriftsteller), Lad. Novomeský (Schriftsteller).

M *"Záhorská Galéria" (=Galerie des Záhorie), Gemälde der Künstler aus der Region.*

T *Hotels. Freibad. 4 km n Stausee Kunovská priehrada: Salaš, Badeplatz, Hütten.*

🌐 1930: 3.195 EW (3.075 Sl, 38 D, 8 Ma, 32 J), 1940: 4.140, 1991: 20.085, 2001: 21.253 EW.

◉ UMGEBUNG: In s R (10 km) • JABLONITZ (JABLONICA), mittlerer Ort am NW-Rand der Kleinen Karpaten (2.261 EW), 1663 durch die Türken verwüstet, bekannt durch vorzügliche Stickereien und Spitzen, durch Holzschnitzer und Maler (Wandmaler). Barockes Kastell, nach 1663 errichtet (Vorgänger von Türken niedergebrannt), Fassade Ende des 18. Jh barock-klassizistisch (nicht besonders glücklich) umgestaltet. Auf dem Gelände steht ein klassizistisches Benefiziat vom Ende des 18. Jh. dreischiffige kath Kirche, 1750-52 barockisiert, mit interessanter Raumlösung, die eigentlich einen älteren evang Bau voraussetzt (ca. 30-er Jahre 17. Jh). 5 Altäre und reichgegliederte Kanzel, auf dem Schalldeckel Statue der Maria, aus dem Kreis von R. Donner. Beiderseits der Stufen zum Oratorium zwei hervorragende Plastiken, Florian und Wendelin (1750-60). Schönes Rokokogestühl. Die auf einem künstlich erhöhten Platz aufgestellte Kalvariengruppe (1756-58) wird J.G. Dorfmeister zugeschrieben.

In s R (16 km), in der Nähe von Rozbehy (gehört zu Cerová): • KORLATSKÝ HRAD, Ruinen einer alten zum Schutz der Grenze und des Handelsweges (Via Bohemia) errichteten Burg, bis zum Umzug in das im Ort um 1630 errichtete Renaissancekastells bewohnt. 20 Min zu Fuß, gelbe Mk.

In ö R (23 km) • BIRKENHAIN (BREZOVÁ POD BRADLOM), Kleinstadt (5.567 EW), Geburtsort des Generals M.R. Štefánik, Grabmal auf dem Bradlo (543 m, Serpentinenstraße), 1927-28 errichtet (Plan: Dušan Jurkovič). Kath Kirche mit Befestigungen von 1590, von den Evang errichtet, die sie zweimal verloren, Rokokoausstattung von 1773, Gemälde von J. Zanussi (Christus vor Pilatus). Evang Kirche, Toleranzkirche von 1783-85, drei Emporen, Turm von 1795, 1893 neobarock umgestaltet.

In n R (7 km): • SOBOTISCHT (SOBOTIŠTE), Interessanter kleiner Ort (1.537 EW), erlitt große Zerstörungen (Hussiten, Truppen Bocskays, Türken). 1547 kamen d Habaner (neben Keramikern auch Messerschmiede, Gerber, Buchbinder und Weber). Der **Habanerhof** (war das Zentrum der Habaner und Sitz ihres Bischofs, im 17. Jh u.a. Jausling, Andreas Ehrenpreis) bestand aus 53 Wohnhäusern und 64 Wirtschaftsgebäuden, von denen die Mühle, das Rathaus ("Schtibl"), die Schule, eine Töpferei, der Gasthof, zahlreiche Häuser sowie die (nach der Rekatholisierung errichtete) Kapelle erhalten sind.

Grabmal von General M.R. Štefánik auf dem Bradlo

Kastelle und Kurien: Am Marktplatz (früher Park) steht das schloßähnliche große Kastell, an Stelle einer Wasserburg 1663 gebaut, im 2. Drittel des 18. Jh rokoko-klassizistisch umgestaltet (Kastell am Markt). Kleines rokoko-klassizistisches Kastell (2. Hälfte des 18. Jh) und zwei klassizistische Kurien (1642 und Mitte des 19. Jh). **Kath Kirche** von 1635 (Einbeziehung von Resten einer gotischen Kirche, von der auch der Turm stammt), im 19. Jh klassizistisch umgestaltet, schöne Kanzel (1. Hälfte des 17. Jh). Klassizistische, mit barocken Elementen durchsetzte **evang Toleranzkirche** von 1783-84, hölzerner freistehender Glockenturm von 1787, gemauerter angebauter Turm vom 19. Jh. Klassizistische Synagoge von 1763. **M** *Museum: Allgemeines, Habaner.*

4 km ö von Sobotischt: Burgruine • BRANČ, auf einem kegelförmigen Vorsprung (sehr schöne Aussicht), gehörte zum System der Sicherungen der Wege nach und von Mähren bzw. Böhmen. 1674-75 waren hier jene evang Geistlichen eingesperrt worden, die zu Galeerensklaven verurteilt waren. Geheimgang nach Sobitischt? Anfang 18. Jh verlassen, später Steinbruch. 20 Min zu Fuß von Podbranč.

In nw R (7 km) • ROHOV, Dorf (409 EW), klassizistisches Kastell (1. Hälfte des 19. Jh), Vorderfront durch einen mächtigen Portikus und die Hofseite durch einen Risalit mit einem Tympanon hervorgehoben. Kath Kirche (1628-38) mit Wehrmauer, innen monumentales Kruzifix (ca. 1700).

In nw R (8 km) • SMRDÁKY, kleiner Badeort (646 EW) gegen Hautkrankheiten und Beschwerden am Bewegungsapparat. Der Name bezieht sich eindeutig auf die 14 sehr intensiven, stinkenden, jodhaltigen Schwefelquellen (12°C) und Schlammlager, Gründer und Mäzen: Josef Vietors (1832), klassizistisches Badehaus vom Beginn des 19. Jh.

◉ ZENTREN IN DER WEITEREN UMGEBUNG: Malatzka, Schoßberg, Skalitz, Myjava, Tyrnau.

■ **SEREĎ**, Bez Galanta, 129 m. Lebhafte Industriestadt an der unteren Waag. ŽSR, Straßenknoten, SAD. Namen: ma Szered. 1313 Zereth, 1400 Zered.

Alter Siedlungsplatz. Klassizistisches Kastell (1. Hälfte des 19. Jh), früher Wasserburg. Während der SL wurde hier ein Konzentrationslager für Juden eingerichtet. Flußmühlen bis 1938. Endstation der Flößerei auf der Waag. Industrie: Zuckerfabrik seit 1907, vor dem 1. Weltkrieg Fa. Frank (Zichorie- und Malzkaffeefabrik), nach dem 2. Weltkrieg: Nickelhütte (einzige der ČSSR).

T *Hotel. Camping- und Zeltplatz "Ostrov lásky" (=Insel der Liebe").*

⊕ 1930: 5.569 EW (4.551 Sl, 141 D, 269 Ma, 468 J, 34 Z), 1940: 6.962, 1991: 16.612, 2001: 17.406 EW.

◉ UMGEBUNG: In nw R (3 km) • KRÍŽOVANY NAD DUDVÁHOM, kleine Gemeinde (1.747 EW), Fund eines Bronzeanhängers aus der La Téne-Zeit. Sehr interessante **kath Kirche**: An die ursprüngliche romanische Anlage (12. Jh), eine Rotunde mit hufeisenförmiger Apsis, wurde später das barocke Langschiff der neuen Kirche angebaut, 1938 umgestaltet und erweitert.

◉ ZENTREN IN DER WEITEREN UMGEBUNG: Tyrnau, Freistadtl, Neutra, Galanta, Wartberg.

● **SETON-WATSON (SCOTUS VIATOR), ROBERT WILLIAM**, *1879 London, +1951 London. Historiker, Slawist. Studium: Oxford. Prof der Geschichte, hervorragender Kenner der nationalen Verhältnisse in Österreich-Ungarn, unterstützte die nationalen Bestrebungen der Tschechen und Slowaken, Details sh Rosenberg.

Križovany nad Dudváhom: Kirche

■ **SIEBENLINDEN (LIPANY),** Bez Sabinov, 390 m. Kleinstadt im obersten Tal der Torysa, 1909-24 Sitz der Verwaltung eines eigenen Bez. ŽSR, Straßenknoten, SAD. Namen: lat 1312 Septem Tyliis, ma Héthárs, 1315 Sybunberdun, 1352 Hethas, 1773 Lippany, 1786 Hétharsch, 1920 Lipiany, 1948 Lipany. Der Name geht auf die 7 Linden des Wappens zurück.

Der alte Marktplatz existiert nicht mehr, er wurde durch Neubauten und Grünflächen ersetzt. In der Mitte steht die **kath Nikolaus-Kirche**, ein gotischer Bau von der 1. Hälfte des 14. Jh, 1493 Grabkapelle der Familie Tarczay, 1513 schuf Vinzenz von Ragusa die Renaissanceportale und eines der beiden Sakramentshäuschen, 1748 Vervollständigung durch eine barocke Kapelle und nach einem Brand Wiederherstellung Ende des 19. Jh mit zahlreichen Anklängen an den Klassizismus. Hervorragende Altäre und Plastiken! Der *HAUPTALTAR* (auch Martins-Altar) ist ein gotischer Flügelaltar von 1513-20. Im stark von der Renaissance beeinflußten Schrein steht eine Madonna (1,86 m) mit Martin und Nikolaus (beide ca. 1,80 m). Wahrscheinlich arbeitete der Schnitzer in der Werkstatt Meister Pauls in Leutschau. Die Tafeln der Flügel, 4 Bilder mariologischer und 8 Bilder christologischer Zyklus, werden dem Bartfelder Maler H. Köhler zugeschrieben. Im linken *SEITENALTAR DER PIETA* befindet sich eine Gruppe aus den 90-er Jahren des 14. Jh, während die Tafelbilder aus dem 20. Jh stammen. Auch der rechte *SEITENALTAR DER ANNA-SELBDRITT* enthält ein altes Werk von ca. 1500-20, mit der seltenen Darstellung einer kindlichen Maria, während die Tafeln nur um ca. 6 Jahre jünger sind (vorn: Mariologischer Zyklus, hinten 8 Bilder mit Heiligen). Rechts vom Triumphbogen: *CHRISTUS AM KREUZ* vom Ende 15. Jh, in den Nischen der Barockkapelle: *SCHOLASTIKA* und *LAURENTIUS* ursprünglich spätgotische Plastiken Maria und Johannes, im 18. Jh barockisiert. *GRABMAL* des Thomas Tarczay von ca. 1493 aus rotem Marmor, in Anlehnung an die Grabtafeln des Zipser Kapitels.

T *Hotel (Ortsteil Dubovica).*

◍ 1930: 1.445 EW (1.193 Sl, 2 D, 15 Ma, 186 J), 1940: 1.759, 1991: 5.519, 2001: 6.130 EW.

◉ UMGEBUNG: In w R (13 km) • POLOMA, kleiner Ort (946 EW), mit kath Kirche vom 14. Jh, 1851 klassizistisch umgestaltet. In ihr befindet sich ein sehr schöner pseudogotischer Hauptaltar, der eine sehr ansprechend gestaltete und ausgearbeitete Gruppe vereinigt, Gottvater mit dem Leib des toten Christus und 2 Engeln. Während die Engel stark an ähnliche Arbeiten Meister Pauls erinnern (Csáky-Altar), weist die Hauptgruppe nach Bartfeld.

◉ ZENTREN IN DER WEITEREN UMGEBUNG: Zeben, Plautsch, Bartfeld.

■ **SILLEIN (ŽILINA),** Bezirkshauptstadt, 344 m. An der Waag im Silleiner Kessel gelegenes wirtschaftliches und administratives Zentrum der NW-Slowakei. Das Stadtzentrum ist eine Denkmalszone. Bedeutender Eisenbahn- und Straßenknoten. Namen: ma Zsolna, 1208 Selinan, 1267 Sylna, 1318 Zöldvár, 1350 Castrum Sylna, 1361 Sylina, 1407 Selyna, 1414 Solna, Zolna, 1421 Zelyen, 1438 Zilina, 1920 Žilina. Kommt der Name von sl "žila" (=Ader, Erzgang)?

Alter Siedlungsplatz (Jungsteinzeit, Lausitzer Kultur, Puchauer Kultur, Großmährisches Reich). 1312 Erteilung der Stadtrechte, das Stadtwappen (Doppelkreuz mit 2 Sternen) ist vom Ende des 13. Jh, verlor aber schon Mitte des 14. Jh die d Mehrheit, so daß bereits ab 1381 der Stadtrat von D und Sl paritätisch besetzt war.

Die Ende des 17. Jh einsetzende Rekatholisierung - Sillein war zeitweise ein Zentrum des Protestantismus (Synode von Sillein, 1610) - stieß auf heftigen Widerstand und ging mit dem Verlust der Rechte und Privilegien (inzwischen war Sillein eine königliche Freistadt geworden) einher (1691). Nach Bränden, Hochwasserschäden und der Pest verlor Sillein seine Stellung und hatte zeitweise weniger Einwohner (1828: 2.432 EW) als Rajetz oder Großbitsch, nachdem es noch zZt der Blüte doppelt soviel EW und 20 verschiedene Zünfte hatte. Die einmalig günstige Lage zu den neuzeitlichen Verkehrswegen und vor allem die nach dem Bau der Kaschau-Oderberger Eisenbahn einsetzende Gründung von Industriebetrieben, brachte auch dem Handwerk und dem Handel wieder einen relativ raschen Aufschwung. Die Stadt war auch Schauplatz einiger historischer Ereignisse: Neben der erwähnten Synode Verkündung der sl Autonomie am 6.10.1938 sowie der ersten Kämpfe des SNP.

Der große, fast genau quadratische **Marktplatz** ist mit den benachbarten Straßen eine typische d Zentralanlage. Während des Aufschwunges wurde nicht nur das Äußere der Häuser umgestaltet, auch im Innern der Gebäude vollzogen sich umfangreiche Eingriffe, so daß vom alten gotischen Kern kaum etwas vorhanden ist. Während die

Türme von Sillein: Glockenturm, Katholische Kirche

Arkaden des Marktplatzes erhalten geblieben (Sillein ist eine der wenigen Städte der Slowakei, die solche besitzen), wurden sie in den Seitenstraßen, so weit überhaupt vorhanden, meistens zugemauert. Die Geschlossenheit des Marktplatzes ist (auch in Anbetracht des hier und dort durch weitgespannte Konstruktionen gestörten Rhythmuses der Rundbogenarkaden) überraschend gut. Anteil daran haben auch das **alte Rathaus**, das mit seiner barock-sezessionistischen Fassade an der W-Ecke des Platzes steht, sowie die **Jesuitenkirche** mit dem Kloster. Beide nehmen einen großen Teil der SW-Seite des Platzes ein und wurden ab 1743 errichtet. Die 2-türmige barocke, einschiffige Kirche wurde erst in der ersten Hälfte des 20. Jh ausgemalt (Thema: Geheimnis des Rosenkranzes). Die in der Mitte des Platzes stehende barocke Mariensäule wurde 1738 aufgestellt.

Groß und wertvoll ist die knapp nö vom Marktplatz stehende dreischiffige **kath Pfarrkirche**. Um 1400 ursprünglich gotisch errichtet, wurde sie mehrfach umgebaut und war zeitweise eine Festung. Auch sie wurde erst 1914 ausgemalt, besitzt aber 4 Bilder von J.B. Klemens von ca. 1870 (Hauptaltar, beide Seitenaltäre und der Altar unter dem Chor). Der schöne hohe Turm bildet mit dem 1530 in Renaissance errichteten freistehenden Glockenturm, eine schöne Gruppe, zumal der letztere in seinem Äußeren zu Beginn des 20. Jh dem Kirchturm angeglichen wurde. Typisch für die Bauweise des Ordens ist die barocke **Franziskanerkirche**, die turmlos und einschiffig ist. 1704 begonnen, wurde sie 1730 mit dem anschließenden Klosterbau fertiggestellt. Die Bilder des Hauptaltars und der beiden Seitenaltäre stammen vom Ende des 19. Jh, die Altäre von der ersten Hälfte des 18. Jh. Die **evang Kirche** wurde 1935-36 nach einem Plan von M. Harminc gebaut. Die **Synagoge** mit ihrer klaren, die Horizontale betonenden Linienführung wurde vom bekannten Berliner Architekten Peter Behrens geplant und 1933-34 errichtet (heute Kino).

Das **Schloß Budatín** steht im Ortsteil gleichen Namens auf dem n Waagufer. Um den ursprünglich gotischen Wachturm aus dem frühen 14. Jh wurde nach 1545 eine renaissancene, 1713 barockisierte Wasserburg errichtet. Nach dem Brand

Sillein: Schloß Budatín

von 1849, bei dem die gesamte Einrichtung (einschließlich einer wertvollen Bibliothek) vernichtet wurde, kam es zu einer klassizistischen, sich an das Romanische anlehnenden Erneuerung, die erst 1923 (damals war das Schloß im Besitz der Csákys) abgeschlossen wurde. Nach dem 2. Weltkrieg und der Enteignung Museum. Um die mehr als abwechslungsreichen historischen Fakten ranken sich mehrere Sagen, und noch heute kann der Besucher die Mauern sehen, hinter denen die unglückliche Katharina, dem Tod preisgegeben, eingemauert wurde. Wobei, wie könnte es auch anders sein, die Rettung lange auf sich warten ließ!

Im w Ortsteil Závodie steht eine kleine **romanische Kirche**, von ca. 1250. Die ursprünglich flache Decke ist später durch ein barockes Kreuzgewölbe ersetzt worden. Neben der Kirche, im Bereich der umgebenden Mauer, befindet sich eine kleine Renaissancekapelle, die eine in das Freie gerichtete Kanzel besitzt.

Ein hervorragendes Sprachdenkmal ist das **Stadtrechtsbuch**, das aus 3 Teilen besteht. Der erste Teil von 1378, in Spätmittelhochdeutsch, enthält das Magdeburger Recht und einige Gebete. Der zweite Teil von 1473 enthält die Übersetzung des Magdeburger Rechtes in ein Tschechisch, mit vielen Slowakismen (durch Wenzel von Kremsier), und der dritte Teil umfaßt ca. 70 Eintragungen und Urkunden der Jahre 1380-1524, die anfangs in d, dann in lat und seit 1451 in tschechischer Sprache geschrieben sind. Die Existenz des Stadtrechtbuches ist erst seit den 30-er Jahren des 20. Jh bekannt, und der 2. wie auch der 3. Teil gelten heute noch als die ältesten slawischen Aufzeichnungen in der Slowakei. Sie sind Gegenstand zahlreicher Forschungen, während der 1. Teil erst durch den finnischen Germanisten I. Piirainen veröffentlicht wurde.

Hochschule für Verkehr und Kommunikation (1960 von Prag verlegt).

Holzverarbeitung und Holzhandel (u.a. Brüder Feuermann, L. Holzmann, V. Hoffmann, Landesholzprodukte AG, L. Niedoba, Tisa), Industriezentrum mit langer Tradition (seit dem Ende des 18. Jh: Textil, Kunstdünger, Elektromotoren), 1905 wurde die Zellulosefabrik gegründet (Thomas Nečas), ferner A. Stark Schmalspurbahneinrichtungen. Nach dem Krieg kamen andere Branchen hinzu.

M *"Považské múzeum" (=Waagtalmuseum), Schloß Budatín: Vorzeit der NW-Slowakei, Drahtbinder ("Rastelbinder")- und Kesselflickerhandwerk, sakrale Kunst, Möbel, Verkehrsgeschichte. "Považská Galéria Umenia" (=Waagtalkunstgalerie), Štefánikova 2: Gemälde, Plastiken, Graphiken, Zeichnungen.*

T *Hotels. Hallenbad, Freibad.*

🌐 1930: 17.451 EW (13.836 Sl, 1.465 D, 364 Ma, 1.076 J), 1940: 19.329, 1991: 83.911, 2001: 85.400 EW.

◉ UMGEBUNG: In ö R (5 km, n Waagufer): • TEPLIČKA NAD VÁHOM, mittlerer Ort (3.371 EW). Mächtiges **Renaissanceschloß**, O-Flügel vom Ende des 16. Jh, heute verfallen, die anderen 3 Flügel sind im 17. bzw 18. Jh gebaut worden. An den Ecken auf der W-Seite sind niedrige Türme aufgesetzt worden. Die Arkaden wurden zugemauert. Teilweise erhalten gebliebene Sgraffiti des O-Flügels sind 1955 abgenommen worden. War u.a. auch im Besitz des Generals Johannes Löwenburg und soll früher den Verschwörern um F. Wesselenyi als Treffpunkt gedient haben. Heute Wohnungen. Die ursprünglich renaissancene **Kirche** von 1589 erhielt 1750 eine barocke Kapelle und wurde 1926-28 nach einem Projekt von M.

Teplička nad Váhom: Schloß

Harminc erweitert und umgebaut. Der interessante Bau enthält an der S-Wand noch ursprüngliche wertvolle renaissancene Wandmalereien. In der Kapelle ist die 1. Frau (Sofie Bosnyák) von F. Wesselenyi begraben.

Weiter ö (4 km): • GBEĽANY (1.233 EW), dreiflügliges Barockkastell von Mitte des 18 Jh. dreiachsiger Risalit mit Tympanon, heute Verwaltung des Nationalparkes Kleine Fatra.

Noch weiter ö (2 km): • VARÍN, mittlerer Ort (3.387 EW), besaß vor der Zerstörung durch die Hussiten (1431) Stadtrechte, 1501 und 1575 bestätigt, in der Reformationszeit städtische Lateinschule (1659-61 letzter Rektor Nikolaus Fabricius). Ursprünglich gotische kath Kirche, 2. Hälfte des 13. Jh, mit Emporen, die sie während der evang Zeit erhielt, Ausmalung von 1945-46. Auf dem Marktplatz steht die kleine, aber schöne barocke Florians-Kapelle. Ausgangspunkt für Wanderungen in der Kleinen Fatra. Nach dem 2. Weltkrieg ist oberhalb des Ortes das Erholungs- und Skizentrum Pod Jedľovinou entstanden, **T** *Hütten. Camping- und Zeltplatz n vom Ort.*

In nö R von Varín (1 km): • KRASŇANY (1.202 EW), interessantes Kastell, besteht aus zwei verschiedenen Bauten (Mitte und Ende 17. Jh), die 100 Jahre später verbunden wurden, heute naturwissenschaftliche Ausstellung des Silleiner Museums.

In ö R (10 km, s Waagufer): • STREČNO (2.607 EW), mit dem auf dem n Waagufer gelegenen, durch einen Fußgängersteg verbundenen Nezbudzká Lúčka (375 EW) - ein Doppelort, unmittelbar an der Durchbruchsschlucht der Waag durch die Kleine Fatra, beherrscht durch die malerische Ruine gleichen Namens. 1384 erstmalig erwähnt, wahrscheinlich zur Erhebung der Mautgebühren errichtet. Überstand fast alle Schäden, die Einfälle der Hussitten und wechselte später mehrfach die Besitzer. Im 15. und 16. Jh komfortabel ausgebaut, widerstand die Burg Jh hindurch den Angriffen der Kaiserlichen. 1698 ließ sie Leopold I. zerstören, die Befestigungen schleifen, und der Rest verfiel. Herrliche Aussicht in den Waagdurchbruch und zur Ruine Starý hrad. **T** *Hütten und Campingplatz w vom Ort.*

Zur Burgruine • STARÝ HRAD (=Alte Burg) führt von Nezbudzká Lúčka (über den Fußgängersteg von Strečno oder mit dem Auto und SAD von Sillein über Varín zu erreichen) der Weg in den Waagdurchbruch hinein, vorbei an den zwei großen Eisenbahnbrücken. Dicht vor der Ruine befindet sich in einem kleinen Seitentälchen eine Hüttenkolonie, wo der Weg beginnt, 15 Min vom Parkplatz bei den Hütten. Prachtvoller Blick auf den größten Teil der Waagschleife, die Eisenbahnbrücken und die Ruine Strečno. Seit 1321 unter dem Namen Varín bekannt, nach einer 25-jährigen Auseinandersetzung trat Strečno an ihre Stelle, und die Anlage verfiel.

Der • WAAGDURCHBRUCH (PRIELOM VÁHU) mit der großen Flußschleife, der die Straße folgt, während die Eisenbahn sie mit Hilfe der Brücken und Tunnels abschneidet, gehört zu den schönsten Partien des Waagtales und der Slowakei. Entstanden ist er durch das allmähliche Einschneiden des Flusses (am Beginn des Quartärs) in das sich hebende Gebirge. In 564-580 m Höhe, also ca. 200 m über dem Wasserspiegel, sind deutliche Überreste von 3 verschiedenen Flußbettebenen zu sehen. Der Durchbruch war von den Flößern gefürchtet, und an besonders gefährliche Stellen knüpfen sich Sagen. So die von der Besná und Margita, wo die böse Großmutter ihre Enkelin Margarete in den Fluß stürzte und dann selbst hineinsprang, da sie ihr nicht den jungen schönen Liebhaber gönnte. Zu Beginn es SNP erzwangen d Truppen den Durchbruch von Sillein aus (Denkmal für die französischen Verteidiger w der Ruine Strečno), und im April 1945 waren d Truppen die Verteidiger dieses natürlichen Hindernisses, um das mehrere Wochen gekämpft und das erst geräumt wurde, als Krakau von den Sowjettruppen eingenommen war.

In n R (10 km) • KYSUCKÉ NOVÉ MESTO, früher kleine Bezirks-, heute Industriestadt (16.558 EW). Viereckiger Marktplatz (d Zentralanlage, der 1. Richter war Heinrich von Hornitz), klassizistische kath Pfarrkirche vom Ende des 18. Jh, neoromanische Marien-Kirche 1905. Vor dieser steht ein barockes Kreuz von 1776. **T** *Hotels.*

Im s Ortsteil von Sillein • BYTČICA: Barockes Kastell mit reicher Fassade vom 18. Jh, gehörte dem tschechischen Violinvirtuosen Jan Kubelík (heute Krankenhaus). Im anschließenden • LIETAVSKÁ LÚČKA: (1.801 EW) Kastell, klassizistisch, aus dem 19. Jh, mit reichgegliederter Fassade (Portikus mit Tympanon). Am w Gebirgsrand (8 km vom Stadtzentrum), auf einem Felsriegel: • BURGRUINE LIETAVA, Reste einer sehr ausgedehnten Anlage (Beginn 2. Hälfte 13. Jh, 1475-94 erweitert und mit Vorburgen und spätgotischen Befestigungen ausgestattet). Sie hatte den Ruf der Uneinnehmbarkeit, obzwar um sie nie ernsthaft gekämpft wurde. Die gotische Burg wurde, ab 1556 im Besitz der Thurzos, im Renaissancestil und durch weitere Vorburgen ergänzt. Nach Familienstreitigkeiten (1621) und Verlegung des Familienarchives in die Arwaburg (um 1775) wurde die Burg verlassen und dem Verfall preisgegeben. Blau mk Pfad 30 Min zu Fuß.

Ruine Strečno am Waagdurchbruch

◉ ZENTREN IN DER WEITEREN UMGEBUNG: Bad Rajetz, Großbitsch, Čadca, Vrátna, Vrútky.

■ **SKALITZ (SKALICA),** Bezirkshauptstadt, 186 m. Interessante Stadt mit reicher historischer Vergangenheit, in der Nähe der March und der Grenze zur ČR gelegen. ŽSR, Straßenknoten, SAD. Namen: ma Szakolca, 1217 Zaculcza, 1256 Zakolcha, 1398 Sakolcha, 1431 Galicz, 1773 Skalicza. Name nach dem Felsen, auf dem die 1. Ansiedlung errichtet wurde.

Alte Ansiedlung (Jungsteinzeit, Quaden, Großmährisches Reich). D Anlage mit einem sehr seltenen dreieckförmigen Platz, infolge des Zusammentreffens von 3 Straßen. 1372 Stadterhebung. 1428 durch die Hussiten zerstört und die d Bevölkerung ermordet oder vertrieben. Im 16. Jh ließen sich Habaner nieder. 1918 war Skalitz 8 Tage lang Sitz der tschechoslowakischen Regierungsdelegation unter V. Šrobár, der erfolglos versuchte, die Verwaltung der Slowakei zu übernehmen.

Von der Stadtmauer sind nur Reste vorhanden, und zwei große Brände zerstörten viele alte Häuser. Zu den ältesten Bauwerken der Slowakei zählt die interessante romanische **Georgs-Rotunde** aus dem 12. Jh. Diesem Rundbau wurde im 17. Jh eine barocke ("welsche") Haube aufgesetzt, während die Apsis im ursprünglichen Zustand verblieb, Museum.

Die große dreischiffige kath **Michaels-Kirche** wurde als gotischer Bau nach 1372 errichtet. Wegen zahlreicher Brände bekam sie renaissancene und barocke Hinzufügungen, die mit dem ursprünglichen Bestand zu einem harmonischen Ganzen verschmolzen. Die Plastiken des spätbarocken Hauptaltars (1777) stammen von J.A.

Kraus, und das Bild des Michael wird J.L. Kracker zugeschrieben. Von den 7 Seitenaltären ist der Urban-Altar (am 1. Pfeiler s) derjenige der Weingärtner und der Katharinen-Altar (am 1. Pfeiler n) derjenige der Schneider. Neben der Kirche steht ein gotischer, später barockisierter Karner. Das Gebäude und die Kirche des ehemaligen **Franziskanerklosters**, begonnen im 15. Jh, haben eine lange und bewegte Baugeschichte, die erst 1948 zum Abschluß kam. Sie sind teilweise mit der Stadtmauer verbunden. In der einschiffigen Kirche befindet sich neben dem Hauptaltar, der aus frei aufgestellten Statuen des alten Hauptaltars aus dem 18. Jh besteht, noch 4 Altäre.

Es gibt drei weitere Klöster: Das **Kloster der Barmherzigen Brüder** vereinnahmte die ursprünglich von den Evangelischen errichtete Kirche (Mitte des 17. Jh), zu der die Karmeliter noch vor der Übernahme durch die Barmherzigen Brüder, die das Kloster zu einem Krankenhaus (Anfang des 19. Jh) umgestalteten, die Loretto-Kapelle anbauten (1710). Das **Kloster der Paulaner** ist 1777 zur städtischen Schule umgebaut worden. Das **Kloster der Jesuiten** besitzt eine interessante Kirche mit schönen französischen Fenstern auf dem 1. Stock des Oratoriums und einen mächtigen Hauptaltar.

Die heutige **evang Kirche** ist ein klassizistischer Bau von 1796 (Toleranzkirche) mit einigen barocken Anklängen. Bei der **Synagoge** befinden sich noch einige jüdische Gräber. Beachtenswert das ursprünglich spätrenaissancene **Rathaus** (Nr 145) und das **Kulturhaus**, das 1905 im Sezessionsstil erbaut wurde.

Skalitz: Georgs-Rotunde

Industrie. Weinanbaugebiet.

M *"Záhorské múzeum" (=Museum des Záhorie), Regionalmuseum neben dem Kulturhaus. "Rotunda svätého Juraja" (=Rotunde des heiligen Georg) Museum über die Geschichte der Rotunde.*

T *Hotel. In der Zlatnická dolina, schöne Umgebung, Freibad, Hütten.*

⊕ 1930: 5.309 EW (5.088 Sl, 54 D, 24 Ma), 1940: 5.162, 1991: 14.748, 2001: 15.013 EW.

◉ UMGEBUNG: In sw R (6 km) • WEIßKIRCHEN (HOLÍČ), alte Stadt (11.416 EW), am legendären "Böhmischen Handelsweg" (Via Bohemia). Wasserburg. Mitte des 16. Jh kamen Habaner, die Keramik herstellten, 1740-1827 Porzellan- und Majolikamanufaktur. Das barock-klassizistische (theresianische) sehr schöne dreiflüglige **Schloß** wurde auf den Resten der Wasserburg und der späteren renaissancenen Festung errichtet (von der noch größere Teile erhalten sind). Chinesischer Saal (sehr schön), Treppenhaus (technisch interessant, teilweise freitragende Konstruktion). Im Sommer weilte Maria Theresia oft im Schloß. Das Gebäude der ehemaligen Manufaktur stammt von 1747. Die ursprünglich gotische kath Pfarrkirche wurde 1387 errichtet, und die Kirche des ehemaligen Kapuzinerklosters stammt von 1755. Die Evangelischen errichteten 1787 die klassizistische Toleranzkirche, im Altar ein wertvolles Bild, Christus auf dem Ölberg, von unbekannter Hand. Klassizistische Synagoge vom letzten Drittel des 18. Jh.

In sw R (11 km) • KOPTSCHAN (KOPČANY), mittlerer Ort (2.536 EW), der früher durch das erste Gestüt Ungarns, von Karl III. gegründet, bekannt geworden ist, und wo auch für die Hofreitschule in Wien Lipizzaner gezüchtet wurden. Barockes Kastell des Gestüts von der Mitte des 18. Jh. **T** *Seen, Hütten.*

◉ ZENTREN IN DER WEITEREN UMGEBUNG: Myjava, Senitz, Schoßberg.

Weißkirchen: Schloß

▲ **SLANÁ,** nach einer Rosenauer Handschrift d "Die Salz" (Prof. Emil Skala), 229 km langer, davon 110 km auf sl Boden fließender, rechter Seitenfluß der Theiß, entspringt im Slowakischen Erzgebirge, hat einen fast genau s Verlauf.

▲ **SLOWAKISCHER KARST (SLOVENSKÝ KRAS),** Teil des Slowakischen Erzgebirges, Grenzgebirge nach Ungarn, zwischen Eltsch und dem Kaschauer Kessel. Verschiedene Formen mit typischen Karstformationen, zwischen 600-800 m hoch.

▲ **SLOWAKISCHES ERZGEBIRGE (SLOVENSKÉ RUDOHORIE),** flächenmäßig größtes Gebirge der Slowakei, die Mittel- und einen Teil der S-Slowakei ausfüllend, besteht aus 8 Teilgebirgen, die alle (bis auf die zwei Karstgebirge) dicht bewaldet sind, mit knapp 1500 m Höhe.

▲ **SLOWAKISCHES PARADIES (SLOVENSKÝ RAJ),** relativ kleiner Teil des Slowakischen Erzgebirges, mit schönem und interessantem Relief: Klammtäler, Hernaddurchbruch. Erstklassiges Wandergebiet, in dieser Häufung sonst in Europa nicht vorhandene anspruchsvolle Klammtouren mit zahlreichen Leitern, Trittstufen und Kettensicherungen. Bis auf einige große Freiflächen bewaldet. 800-1200 m hoch.

■ **SLOWAKISCHLIPTSCH (SLOVENSKÁ ĽUPČA),** Bez Banská Bystrica, 378 m. Im oberen Grantal gelegen, mit großem festungsähnlichem Schloß, das im SNP zu trauriger, berüchtigter Berühmtheit gelangte. ŽSR, SAD. Namen: d früher auch Lipsch an der Gran, Windisch Liptsch, Böhmisch Liptsch, ma Zólyomlipcse, 1250 Lypcsa, 1255 Lyppcha, 1263 Lipcse, 1272 Lypsche, 1516 Lypcz Sclavonicalis, 1524 Tothlypcha, 1663 Lipcza Slowenska, 1808 Lupča, 1920 Slovenská Ľupča.

1250 wird eine **Burg** erwähnt, die später in der 2. Hälfte des 15. Jh um die n halbkreisförmige Bastei erweitert wurde. Im ö Teil größere Umbauten, einschließlich Einbau einer Kapelle. Die großen äußeren Befestigungen, darunter 3 weitere Basteien mit einem Tor, wurden im 16. Jh errichtet, als die Türkengefahr immer größer wurde. Im 16. und 17. Jh kam es auch im inneren Bereich zu einigen Ergänzungen im Stil der Renaissance und schließlich zu einer Barockisierung der Kapelle und dem Bau der verbindenden Arkaden, die im 18. Jh klassizistisch umgestaltet wurden. 1870 weitere Änderungen und Zubauten, als in den Gebäuden ein Waisenhaus eingerichtet wurde. Eine der ganz wenigen Anlagen, die von ihrer Entstehung bis in die Gegenwart dauernd benutzt bzw. bewohnt und nie zerstört oder ernsthaft beschädigt wurde. Während des SNP wurde hier ein Konzentrationslager für die Deutschen (überwiegend aus dem Hauerland) eingerichtet, wo zeitweise unmenschliche Zustände herrschten. War es den hier Inhaftierten ein Trost, daß auf dem Torbogen steht: "SI DEVS PRO NOBIS: QVIS CONTRA NOS"? Langgezogener, zwischen dem Schloß im O und den von der Vegetation überwucherten Ruinen eines mittelalterlichen Klosters im W, das 1605 einging und nicht mehr erneuert wurde, gelegener Straßenmarkt, scheinbar ohne systematische Planung. Die **kath Kirche** wurde im 14. Jh als gotischer Bau ausgeführt und 1615 zu einer dreischiffigen Anlage umgebaut, sowie eine im Renaissancestil gehaltene Grabkapelle der Familie Tirbelyi eingerichtet. Die reich verzierte **Marien-Säule** wurde im 2. Drittel des 18. Jh aufgestellt. Die **evang Kirche** wurde im romantisierenden neogotischen Stil 1874 errichtet, das Altarbild, ein Segnender Christus, schuf J.B. Klemens.

Slowakischliptsch: Schloß

Industrie und Handwerk vor 1945: Möbel, Papiermühle (1711-1918), Käserei, Messerschmiede, nach 1945: Chemie, Maschinenbau.

◍ 1930: 1.887 EW (1.832 Sl, 10 D, 12 Ma, 26 J), 1940: 2.113, 1991: 2.848, 2001: 3.032 EW.

◉ ZENTREN IN DER WEITEREN UMGEBUNG: Neusohl, Bries, Brusno.

■ **SLIAČ,** Bez Zvolen, 305 m. Bekanntes, sehr schön im Wald gelegenes Bad im mittleren Grantal. ŽSR, SAD. Luftverkehr. Namen: ma Szliács, 1726 Thermae Rybarenses.

Die warmen Quellen, von denen eine einen großen Teich bildete, waren schon früh bekannt (1244), ihre Heilwirkung aber erst spät (16. Jh). 1710 wird ein Badeinspektor erwähnt, der vom Komitat als Besitzer eingesetzt wurde. 1830-50 gehörte Sliač dem u Staat, der es an Ludwig Ketschov verkaufte, während die Oberaufsicht weiterhin bei der Forstbehörde in Schemnitz verblieb. 1868 wurde zum weiteren Ausbau eine AG gegründet, die 1878 André Georg Lenoir aus Kassel übernahm, der das Bad 1893 in die Kasseler Lenoir-Stiftung zur Erziehung von Waisen einbrachte. Im Sommer lebte er in Sliač, im Winter in Meran, und zwar in dem von ihm errichteten, heute nicht mehr existierenden Hotel "Meraner Hof". Zur Zeit der Übernahme durch Lenoir war Sliač ein elegantes und teures Modebad, in dem bereits 1819-20 das Haus "Buda" (heute "Bratislava") und das Kurhaus mit 4 Becken, 1863 das Haus "Pest" (heute "Detva"), 1873 das Haus "Hungaria" (heute "Slovensko") errichtet wurden. Er fügte 1889 das Sanatorium "Panonia" (heute "Poľana") hinzu und ließ die klassizistische Hildegard-Kapelle und die Granbrücke bauen sowie den Kurpark anlegen.

Viele hochgestellte Persönlichkeiten weilten hier zur Kur, darunter mehrere Erzherzöge mit ihren Frauen, viele Dichter (F. Grillparzer, A. Sládkovič, Božena Němcová und später P.O. Hviezdoslav und M. Rázus). Damals wurde die warme (33°C) eisenhaltige, an Kohlensäure reiche (99,28%) Hauptquelle zur Heilung von Herz- und Kreislauferkrankungen sowie auch von Frauenleiden genutzt. Die Indikation ist mit derjenigen von Bad Nauheim vergleichbar, so daß das Bad heute ausschließlich für Herz- und Kreislaufkranke sowie zur Nachbehandlung von Herz- und Gefäßoperationen zur Verfügung steht. Der Anteil an Kohlensäure ist so hoch, daß früher junge Mädchen den Badenden dieselbe wegfächern mußten. Heute wird sie vorher abgepumpt. 4 weitere Quellen (12-23,3°C) werden für Trinkkuren verwendet.

Für die Stiftung war das Bad, auch nach dem Tode Lenoirs (1909), die wichtigste Einnahmequelle, die vor dem 1. Weltkrieg zwischen 50.000-60.000 Kronen Reingewinn im Jahr (bei einer Besucherzahl von ca. 3.000) einbrachte. Trotzdem entschloß sich die Stadt Kassel, 1918 das Bad wegen der schwierigen Verhältnisse zu verkaufen. Kurz vor Kriegsende erwarb es für 2 Millionen Kronen der in Berlin-Wilmersdorf lebende u Jude Justusz. Dieser Verkauf zog mehrere Verwicklungen nach sich, denn als die eben gegründete ČSR dem neuen Eigentümer zuerst das Besitzrecht absprach und 1922 zur Enteignung schritt, verklagte dieser, allerdings erfolglos, die Stadt Kassel auf Schadenersatz. Nach der Übernahme als Staatsbad wurde 1932-38 das Kurhaus "Palace" errichtet, und nach dem 2. Weltkrieg kamen einige weitere Neubauten dazu. Heute werden im Jahr ca. 10.000 Patienten behandelt.

◍ 1930: 790 EW (778 Sl, 6 D, 2 Ma), 1940: 855 EW (gilt für Rybáre, der damaligen politischen Gemeinde, zu der Sliač gehörte), 1991: 4.326, 2001: 4.667 EW (mit Hájniky).

◉ UMGEBUNG: In w R am rechten Granufer (2 km) • HÁJNIKY (Ortsteil von Sliač): Kath Nikolaus-Kirche, frühgotisch, auf einem unregelmäßigen Grundriß 1263 errichtet, mit einem kleinen Dachreiter. Einwölbung vom 17. Jh, ebenso der Bau des dicken, freistehenden Glockenturmes. Beide bilden mit dem nahe gelegenen Kastell in schmuckloser Frührenaissance (16. Jh) ein Ensemble, das die damalige feudale ländliche Besiedlung sehr gut charakterisiert.

◉ ZENTREN IN DER WEITEREN UMGEBUNG: Altsohl, Hronsek, Neusohl.

■ **SOBRANCE,** Bezirkshauptstadt, 122 m. Kleinstadt in der O-Slowakei, am N-Rand der Ostslowakischen Tiefebene, nahe der ukrainischen Grenze. Gehörte 1939-45 zu Ungarn. Weinanbaugebiet. Straßenknoten, SAD. Namen: ma Szobránc, 1344 Vasaros Tyba, 1429 Sabranus, 1458 Zobrancz, 1808 Sobranec, 1920 Sobrance.

Alter Siedlungsplatz (Jungsteinzeit). Die im n Stadtbereich, in **Sobranecké kúpele** vorhandenen Mineralquellen waren schon im 14. Jh bekannt, das Badehaus gehört heute zum Bezirkskrankenhaus.

Sliač: Hildegard-Kapelle

◍ 1930: 1.522 EW (1.082 Sl, 9 D, 103 Ma, 12 Ru), 1940: 1.552, 1991: 5.754, 2001: 6.262 EW.

◉ UMGEBUNG: In nö R (19 km) • INOVCE: Dorf (253 EW), griech-kath Holzkirche von 1836, die drei Räume werden von einem geschweiften Dach überdeckt, kleiner Zwiebelturm und kleiner Dachreiter über dem Altarraum, Ikonostas. In nö R (23 km) • RUSKÁ BYSTRÁ: Dorf (151 EW), wieder griech-kath Holzkirche von 1720-30, ähnlich Inovce, sehr schöner Ikonostas und sehr bedeutender, schöner Altar.

In nö R (24 km) • UBLA, größtes Dorf der gesamten Gegend (881 EW), klassizistische griech-kath Kirche von 1826, neobarocker Turmhelm von 1886. In nö R (26 km) • HRABOVÁ ROZTOKA: kleines Dorf (74 EW), orthod (urspr. griech-kath) Holzkirche vom 18. Jh, ähnlich Inovce, schöner Ikonostas.

In nö R (35 km) • KALNÁ ROZTOKA, Dorf (630 EW), wieder griech-kath, ausnahmsweise verputzte, dreiräumige Holzkirche, Satteldach, kleiner Turm, daneben kleiner hölzerner Glockenturm.

◆ **SOHL (ZVOLENSKÁ STOLICA),** comitatus Zoliensis, Sohler Gespanschaft, Zólyom vármegye. Sehr altes und sehr großes Komitat, zu dem die Gebiete der späteren Komitate Turz, Liptau und Arwa gehörten. Den Kern bildeten umfangreiche königliche Besitzungen im mittleren Grantal. Durch den Bergbau geprägt. Sitz: Altsohl, dann Neusohl.

● **SOVANKA, KARL,** *1883 Uhrovec, +1961 Östringen/D. Maler, Bildhauer. Studien: Budapest, Brüssel, Paris. Entwürfe für die Leinenweberei Wein und die Kunststickerei Schickedanz in Kesmark, dann eigenes Atelier. Umfangreiches gemaltes Werk, Landschaften, Architektur, einer der bekanntesten Tier- und Jagdszenenmaler. Plastiken, Gedenktafeln. Vater: **STEFAN** (1858-1944), Bildhauer und Glasschöpfer, arbeitete für mehrere Glashütten (u.a. Uhrovec).

▲ **SOVARER GEBIRGE (SLANSKÉ VRCHY),** ca. 50 km langer, ca. 16 km breiter zwischen dem Kaschauer Becken und der Ostslowakischen Tiefebene in N-S-Richtung verlaufender Gebirgszug

Inovce: Griechisch-katholische Holzkirche

der O-Slowakei. Um 800-1000 m hoch (Šimonka 1092 m), bewaldet, Mineralquellen, Bodenschätze (Gold, Silber, Antimon, berühmte Opale von Dubník).

● **SPEER, DANIEL,** *1636 Breslau, +1707 Göppingen. Komponist, Barockmusiker. Bereiste die Zips, die Slowakei und verschiedene Teile Ungarns, schrieb 1683 darüber "Der Ungarische oder Dacianische Simplicissimius" und gab eine Liedersammlung heraus "Musikalisch-Türkischer Eulenspiegel", 1688 Hilfskantor in Göppingen, 1686 kurze Zeit inhaftiert wegen eines politischen Flugblattes, vorübergehend in Waiblingen, ab 1694 Kantor in Göppingen. Verfaßte musiktheoretische Schriften. Komponist der Vor-Bachzeit.

◆ **STÄDTISCHE DENKMALSZONEN (MESTSKÉ PAMIATKOVÉ REZERVÁCIE)**, um eine um sich greifende Zerstörung alter Gebäude in besonders gut erhaltenen Altstadtkernen zu verhindern, wurden diese 1958 unter Schutz gestellt. Inzwischen gibt es in 17 Städten geschützte Denkmalszonen, die hauptsächlich die Altstadtkerne umfassen.

■ **STAKČÍN,** Bez Snina, 257 m. Neben Sobrance im S, im N die ö Stadt der Slowakei. Gehörte 1939-45 zu Ungarn. ŽSR, SAD. Namen: ma Sztakcsin, 1567 Ztaxin, 1773 Strakcžin, 1808 Stakčín.

Großes Rokokokastell von der 2. Hälfte 18. Jh, in den 40-er Jahren des 19. Jh um einen weiteren Trakt mit 6-eckigen Türmchen erweitert. Zwei orthod Kirchen: eine neue von 1953-55 im historisierenden russischen Stil und eine barock-klassizistische von 1772, bei der Turm und Schiff ausnahmsweise nicht verbunden sind und damit die übliche dreiräumige Disposition fehlt.

T *Hotel, Freibad. 5 km n "Rybníky": Hotel, Hütten, Camping- und Zeltplatz am Cirochastausee (Vodná nádrž Starina), ca. 4 km².*

◍ 1930: 1.935 EW (1.112 Sl, 5 D, 6 Ma, 624 Ru, 9 J), 1940: 1.898, 1991: 2.437, 2001: 2.385 EW.

◉ UMGEBUNG: In w R (6 km) • SNINA, Industriestadt (21.325 EW), Bezirkshauptstadt. Schlichtes klassizistisches Schloß vom späten 18. Jh (heute Fachschule), Reste eines englischen Parkes, im Hof steht die Statue des Herkules, die 1841 in den Hammerwerken gegossen wurde. Barocke kath Kirche von 1751, 1800 und 1818 klassizistisch umgestaltet, Ausmalung von 1890-1900 und 1950. Technisch interessant: Beim Bau der Brücke über die Cirocha (35 m Spannweite) wurde 1935 erstmalig in der Slowakei eine Vierendeelträgerkonstruktion angewendet. **T** *Hotel.*

In ö R (16 km) • TOPOĽA, Dorf (226 EW), griech-kath Holzkirche von 1780, typische dreiräumige Anlage, vereint unter einem Walmdach mit zwei Neigungen, das auf drei Seiten einen Umgang überdacht, kleiner Turm, barocker Ikonostas.

In ö R (22 km) • RUSKÝ POTOK, Dorf (161 EW), wieder griech-kath Holzkirche von 1740, die drei Räume sind von einem einmal abgesetzten Satteldach, dem ein viereckiger Turm und über dem Altarraum ein Dachreiter entwachsen, überdeckt, Ikonostas. Daneben ein hölzerner Glockenturm.

In ö R (24 km) • ULIČ, größtes Dorf der NO-Ecke der Slowakei (1.078 EW), massive neobarocke orthod Kirche von 1867, Ausmalung, Altar und Ikonostas vom Ende 19. Jh. Kleiner hölzerner Glockenturm.

In ö R (28 km) • ULIČSKÉ KRIVÉ, Dorf (288 EW), bedeutende griech-kath Holzkirche von 1718, Vorbild für die baulich ähnliche Lösung in Ruský

Snina: Schloß

Potok, Ikonostas mit vier Ikonen aus dem 16. Jh. In den beiden im Tal gegen NO folgenden kleinen Gemeinden, • ZBOJ (488 EW) und • NOVÁ SEDLICA (337 EW), den ö der Slowakei, stand je eine Holzkirche, die heute in den Skansen von Bad Bartfeld und in Homenau zu finden sind.

◉ ZENTREN IN DER WEITEREN UMGEBUNG: Homenau, Großmichel, Sobrance.

● **STEINACKER**, Pädagogen- und Historikerfamilie, zahlreiche Publikationen. **GUSTAV**, *1809 Wien, +1877 Buttelstedt/D, evang Seelsorger in Göllnitz, Triest, Schriftführer der 1. Evang Synode Österreichs, mußte emigrieren, lebte in Weimar (im Gartenhaus Goethes, Bekannter von Liszt) und Buttelstedt. **EDMUND**, *1839 Debrezin, +1929 Klosterneuburg, Sohn des Vorigen, Mitbegründer der Ungarländischen Deutschen Volkspartei, Abgeordneter. **ROLAND**, *1870 Pest, +1962 Stuttgart, Sohn des Vorigen, evang Seelsorger in Modern, Schwedler, Kaltenstein, ab 1921 einziger d Prof an der Theologischen Hochschule Preßburg, mehrere Auszeichnungen. **HAROLD**, 1875 Budapest, +1965 Innsbruck, Bruder des Vorigen, Prof in Innsbruck, Dichter und Übersetzer. **RUPRECHT**, *1914 Kaltenstein/Ö, Sohn von Roland, Prof in Zipser Neudorf, Preßburg, Realschuldirektor in Düsseldorf, zeitw. Kulturreferent der Karpatendeutschen Landsmannschaft, Mitarbeit bei mehreren Institutionen.

● **STEPHAN I., DER HEILIGE**, *nach 975 Gran/U, +1038 ?, begraben in Stuhlweißenburg/U, erster u König, Gattin: Gisela, Schwester Kaiser Heinrichs II. Bekam 1000 von Papst Silvester II. die Königswürde. Gründer der u Staatlichkeit und Festiger des Christentums.

● **STEYER, PETER,** *1927 Senitz. Bildhauer. Studien: Wien, Berlin. Am Deutschen Archäologischen Institut in Uruk-Warka und Istanbul. Pädagoge an der Goldschmiedeschule in Pforzheim. Umfangreiches Werk im stilisierten Realismus. Georg-Kolbe-Preisträger.

● **STÖCKEL, LEONHARD,** *1510 Bartfeld, +1560 Bartfeld. Pädagoge von Weltruf, Organisator des evang Schullebens. Studien: Kaschau, Breslau, Wittenberg, Schüler Luthers und Melanchthons. Rektor in Eisleben, Erzieher in Wittenberg, ab 1539 Rektor in Bartfeld, dazwischen ein Jahr in Kesmark. 1549 Verfasser der Confessio Pentapolitana, des Glaubensbekenntnisses des Fünfstädtebundes, und anderer theologischer Schriften, Schuldramen, etc.

● **STROBL, ALOIS,** *1856 Liptovský Hrádok, +1926 Budapest. Bildhauer, vor der Jahrhundertwende der bekannteste Ungarns. Studien: Wien, Italien, Prag, Paris. Prof in Budapest. War oft in seiner Heimat, wo er sich ein burgähnliches Haus baute (sh Lipt. Hrádok). Zahlreiche Werke, zuerst in verschiedenen historisierenden Richtungen, dann im u Sezessionismus.

■ **STROPKOV**, Bezirkshauptstadt, 202 m. Zwischen Domašastausee und dem Karpatenhauptkamm gelegenes mittleres Zentrum. Straßenknoten, SAD. Namen: d auch Stropko, ma Sztropkó, 1245 Ztropko, 1404 Stropko, 1418 Ztropkow, 1773 Stropkowe, 1808 Stropkov.

Die Gemeinde entstand in Verbindung mit einer bestehenden Grenzfestung (1245?), sie war in der Slowakei die größte der weit nach NO vorgeschobenen d Siedlungen, von der noch eine erkennbare Zentralanlage vorhanden ist. Die einst auf dem Marktplatz stehende Burg hinterließ nur Reste innerhalb anderer Gebäude, die teilweise zur Festung gehörten oder später aufgeführt wurden. Dazu Fundamente unter dem Platz.

Das Presbyterium der **kath Kirche** ist die alte Burgkapelle vom 14. Jh, die im 15. Jh das Netzgewölbe

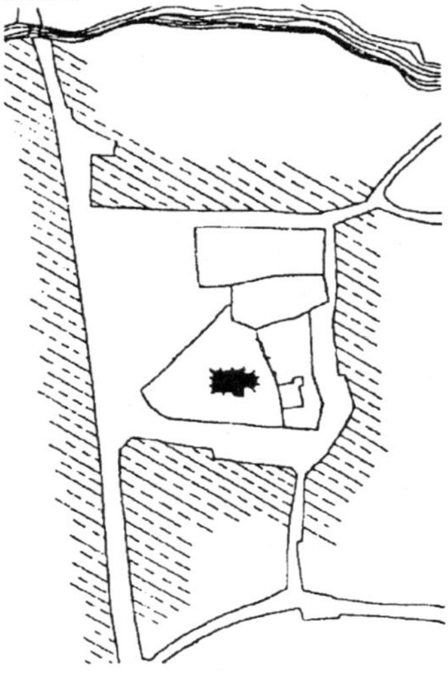

Stropkov im späten Mittelalter

erhielt, und zu Beginn des 16. Jh wurde der auf der S-Seite stehende mächtige Renaissanceturm gebaut, auf dem das Relief des Stifters (als gepanzerter Mann, dem die Madonna in den Wolken schwebend erscheint, mit der Jahreszahl 1675) angebracht wurde. Wahrscheinlich verfiel der benachbarte Teil der Burg im 17. Jh, da 1675 das dreischiffige Langhaus der Kirche errichtet wurde. Das gotische Gewölbe wurde später durch ein barockes ersetzt. Der Hauptaltar, 1. Drittel 18. Jh, stammt aus einer Werkstatt in Eperies und füllt mit dem dreistöckigen Aufbau die ganze Breite des Presbyteriums. Die umfangreiche Architektur, die gedrehten Säulen und die Bilder wie auch die Statuen bilden ein kontrastreiches Kunstwerk, das an die Altäre des späten 17. Jh anknüpft. Der Anna-Seitenaltar stammt von 1762, und die Plastiken (Ladislaus, Margarete), die neben dem Zentralbild der Anna stehen, wurden von Josef Hartmann aus Kaschau geschnitzt. Das Bild des Maria-Seitenaltars von 1754 schuf H. Schweitzer.

1711 zerstörten die Kaiserlichen den Rest der Burg, und teilweise auf bzw. mit ihren Trümmern wurde ö der Kirche (u.a. mit dem gotischen Kern) das barocke **Kastell** errichtet, das außen in der 1. Hälfte des 19. Jh klassizistisch umgestaltet wurde. Die **Franziskanerkirche** des anschließenden ehemaligen Klosters ist ein einschiffiger Barockbau von 1673, der Ende des 18. Jh eine klassizistische Fassade erhielt. Die 3 Rokokoaltäre stammen aus der Werkstatt von Josef Hartmann (60-er Jahre 18. Jh) und wurden im 20. Jh durch einige Bilder ergänzt. Die **orthod Kirche** ist nach 1945 im Stil der altrussischen Kirchen gebaut worden. Industrie: Elektrotechnik, Lebensmittel.

T *Hotels. Freibad. Hüttenkolonie.*

⊕ 1930: 2.772 EW (2.113 Sl, 3 D, 4 Ma, 29 Ru, 328 J), 1940: 3.311, 1991: 9.719, 2001: 10.874 EW.

◉ UMGEBUNG: In n R (6 km) • POTOKY, Dorf (87 EW), schöne griech-kath Holzkirche von 1773. Die Akzente setzende Abstufung der 3 Räume (sowohl in der Breite wie auch in der Höhe) ist deutlich herausgearbeitet. Von der Ausmalung sind nur Fragmente geblieben. Vor dem barocken Hauptaltar steht ein 3-geschossiger Ikonostas mit zahlreichen größeren und kleineren Bildern, die von einer reichen Ornamentik gefaßt sind. Die Kirche ist mit einer Mauer umgeben, in der ein hölzerner Glockenturm aus dem 19. Jh steht.

◉ ZENTREN IN DER WEITEREN UMGEBUNG: Domašastausee, Hanušovce nad Topľou, Svidník, Duklapaß, Medzilaborce.

Ruský Potok: Griechisch-katholische Holzkirche

● **SUCHOŇ, EUGEN,** *1908 Bösing, +1993 Preßburg. Profilierter Komponist, Musikpädagoge. Studien: Preßburg, Prag. Prof. in Preßburg. Umfangreiches Schaffen (ca. 110 Werke), das auch im Ausland große Beachtung fand. Opern - u.a. "Krútňava", "Svätopluk", Symphonische Musik, Kammermusik, vom sl Volkslied beeinflußte Lieder.

■ **SVÄTÝ KRÍŽ,** Bez Liptovský Mikuláš, 630 m. Eine an sich unbedeutende Gemeinde am S-Rand des Liptauer Beckens, die ungewollt das Erbe des im Stausee Liptovská Mara versunkenen Ortes Paludza angetreten hat und zum neuen Standort der großartigen hölzernen Artikularkirche jenes Ortes wurde. SAD. Namen: ma Szentkereszt, 1277 Chermele, 1293 Chermona, 1352 Cherumna, 1360 Sancta Crux, 1396 Kerestur, 1466 Csrmno, 1498 Zenthkezt, 1773 Czmrno Swaty Križ, 1808 Czermnue, 1920 Svätý Kríž, 1948 Liptovský Kríž, 1975 Svätý Kríž. Der einzige Ort der Slowakei, der auch zur kommunistischen Zeit, allerdings mit 7-jähriger Unterbrechung, das Adjektiv "heilig" behielt bzw. wieder bekam.

Artikularkirche Paludza (Svätý Kríž)

Die evang **Artikularkirche** von Paludza ist die größte der noch erhalten gebliebenen Kirchen dieser Art. Etwas größer als die von Kesmark, besticht sie durch ihre stilistische Geschlossenheit. Als 1773 Zimmermeister Josef Lang mit dem Bau dieses hölzernen Pantheons begann, das für die Aufnahme von 6.000 Personen geplant war, stand in der Artikulargemeinde Paludza eine zu klein gewordene hölzerne Artikularkirche von 1693. Lang fing mit dem O-Teil der neuen Kirche an, während die alte Kirche im Bereich des zukünftigen W-Teils noch verwendet wurde und erst in der zweiten Etappe dem Neubau wich. Ob dieser Bauablauf für die Verschiebung des n Teiles des Querschiffes gegenüber dem s Teil um 1,20 m verantwortlich ist, ist nicht bewiesen. Das Gefälle des Bodens der Kirche zum Altar hin (1,30 m) beruht auf der Geländeneigung (die Fundamente durften nur 1 Fuß aus dem Erdboden ragen!). Obwohl Lang die Kesmarker Holzkirche zum Vorbild hatte, ist seine Leistung sehr hoch zu bewerten.

Beide Großbauten sind Anlagen, die im Grundriß dem griechischen Kreuz folgen und den Kirchenraum mit Hilfe der Durchdringung zweier Satteldächer mit Tonnengewölben (Spannweiten 12 bis 13 m) bilden. Während die anderen 3 in der Slowakei erhalten gebliebenen Artikularkirchen (Hronsek, Istebné, Leštiny) erheblich kleiner sind, gab es für die Lösung der statischen Fragen bei der Errichtung dieser beiden großen Kirchen keine empirischen Erfahrungen und mögliche Vorbilder. Drei schlesische Friedenskirchen (im Westfälischen Frieden den schlesischen Protestanten zugestanden) verzichteten teilweise bei kleineren Abmessungen auf Wölbungen (bisher nur im Massivbau), und mit den viel kleineren griech-kath und orthod Holzkirchen der NO-Slowakei haben sie nur das Baumaterial, nicht aber die Bauweise gemeinsam.

Zu beachten ist auch, daß sich neben den Auflagen durch die Artikel des Ödenburger Landtages (1681), in jedem Komitat Ungarns durften nur 2 Kirchen dieser Art und in den königlichen Freistädten zusätzlich eine weitere errichtet werden, den Behörden zahlreiche weitere Möglichkeiten boten, einen solchen Bau weiter zu erschweren: Der Bauplatz mußte außerhalb der Stadtmauern liegen, der Zugang durfte nicht über eine Straße

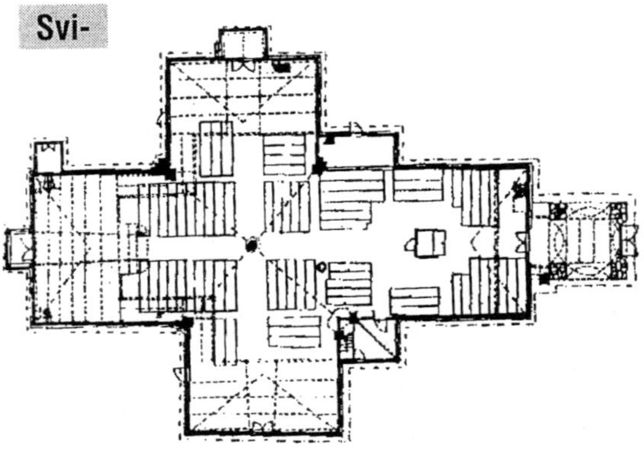

Artikularkirche von Paludza (Svätý Kríž)

erfolgen, als Baustoff durfte nur Holz verwendet werden, Türme und Glocken waren verboten, ebenso die Verwendung metallischer Verbindungsmittel (Nägel, Klammern, Zugstangen etc.), und massive Fundamente wurden nur sehr selten erlaubt. Es grenzt daher fast an ein technisches Wunder, daß diese Bauten nicht nur realisiert werden konnten, sondern die ersten 100 Jahre überstanden, bis später dann die genannten Hilfsmittel zur weiteren Sicherung verwendet werden durften. Manchmal wurden später auch Türme dazugebaut, in Paludza bereits 1781!

Als klar war, daß an der Holzkirche, die zwar außerhalb der vorgesehenen Wasserfläche des Stausees Liptovská Mara stand, durch den zukünftigen höheren Grundwasserspiegel, erhebliche Schäden zu erwarten waren, begann ein Tauziehen um den neuen Standort der Kirche, denn kaum jemand wollte dieses einmalige Bauwerk opfern. Entsprechend der atheistischen Einstellung der Verantwortlichen sollte sie, ihrer Funktion entkleidet, im Freilichtmuseum von Pribylina aufgestellt werden. Die grenzüberschreitenden Aktionen der evang Kirche ("Rettet Paludza") hätten wohl nicht ausgereicht den Bau der evang Gemeinde zu erhalten, wenn nicht Jozef Lenárt, Spitzenfunktionär der KSS, im nahen Liptovská Porúbka geboren, den Verbleib des Bauwerkes als Kirche im angestammten Bereich durchgesetzt hätte. 1974-75 wurde der Abbruch vollzogen und 1976-78 der Wiederaufbau auf einem 1 km s von Svätý Kríž gelegenen Hügel, ca 5 km s des alten Standortes, durchgeführt.

Die sehr volkstümlichen Malereien im Inneren sind ausschließlich an den Brüstungen der Emporen angebracht worden. Neben Kirchenvätern sind Musikanten, darunter König David, Szenen aus der Bibel (Schöpfung, Jona und der Walfisch usw.) sowie Propheten zu sehen. Interessant ist das Bild des vom Teufel und dem Tod verfolgten Menschen (Psalm 6.6 und 9.14), bei dem der lat Hilferuf spiegelverkehrt geschrieben ist. Hat der Künstler die Schablone nur aus Versehen verkehrt angelegt oder konnte er überhaupt nicht lesen? Der schlichte barocke Altar mit seinen 3 gemalten Tafeln und den 2 Plastiken sowie die Kanzel mit gemalten Tafeln und Skulpturen von 1693 stammen aus der alten Kirche, sie werden J. Lerch aus Kesmark zugeschrieben, obzwar einiges dafür spricht, daß die Kanzel nicht sein Werk ist. Ein Luther- und Melanchthon-Bild von 1751 vervollständigen die Einrichtung.

Das nicht mehr existierende **Paludza** (Name vielleicht vom lat Sumpf) hatte eine bekannte Artikularschule, die G. Buchholtz dJ, der hier 1714-23 Rektor war und auch in dieser Zeit mit seinen Schülern Theaterstücke aufführte, zur Blüte führte, bis sie 1805 einging.

🌐 1930: 525 EW (520 Sl), 1940: 541, 1991: 613, 2001: 631 EW.

◉ ZENTREN IN DER WEITEREN UMGEBUNG: Deutschliptsch, Rosenberg, Lipt-St-Nikolaus, Demänovatal.

■ **SVIDNÍK,** 230 m, Bezirkshauptstadt. Einige der wenigen, im Bergland des Karpatenhauptkammes gelegenen größeren Städte der NO-Slowakei. Wichtiger Straßenknoten, Zugang zum Duklapaß, SAD. Namen: ma Felsöszvidnik, 1330 Villa Sudnici, 1355 Scyuidnik, 1357 Syuednik, 1414 Zuydnegh, 1415 Zwydnegh, 1618 Felsö Swidnik, Also Swidnik, 1773 Wissni Swidnik, Nizny Swidnik.

1915 während des 1. Weltkrieges stark beschädigt. Zwei **griech-kath Kirchen**: 1. Spätbarocker Anbau an eine ältere Kapelle (bildet das Presbyterium), 2. Hälfte des 18. Jh, mit reichem Ikonostas, Rokokoornamentik, 4 Bildreihen, die oberen sind aus der 2. Hälfte des 18. Jh, die

Artikularkirche Paludza (Svätý Kríž)

unterste aus dem 19. Jh. Vor der Kirche Nepomuk-Statue vom 19. Jh. 2. Klassizistisch um 1800 errichtet, Turm mit einem Barockhelm. Die **kath Kirche**, im Sezessionsstil in der 1. Hälfte des 20. Jh errichtet, enthält neogotische Elemente. Moderne, 1994 errichtete, 5-türmige **orthod Kirche**.

M *"Štátne múzeum Ukrajinsko-Rusínskej kultúry" (=Staatliches Museum der Ukrainisch-Rusinischen Kultur), in der Fußgängerzone, soziale, politische und kulturelle Entwicklung der Ruthenen. Dazu gehört das Freilichtmuseum (Skansen) am Amphitheater, Häuser und die griech-kath Holzkirche von Nová Polianka von 1766 (dort zum Ende des 2. Weltkrieges stark beschädigt, im Skansen wiederaufgebaut), mit den sehr schön proportionierten und abgestzten drei Gebäudeteilen und einem kleinen Glockenturm. Ein weiterer Teil: Galéria D. Millyho (=D. Milly-Galerie), Barockkastell in der Partizánska ul, Werke des Künstlers, bildende Kunst, Ikonensammlung. "Vojenské múzeum historického ústavu armády Slovenskej Republiky" (=Militärmuseum des historischen Institutes der Armee der Slowakischen Republik), Bardejovská ul, entstand aus dem 1969 eröffneten Museum der Duklapaß-Karpaten-Operation, vorwiegend 2. Weltkrieg, zum Museum gehören die bis zum Duklapaß (sh dieses Stichwort) reichenden Exponate, die Denkmäler, und Rekonstruktionen im Tal des Todes (sh unten unter Umgebung).*

T *Hotel. Hütten, Motel "Makovica". Freibad.*

⊕ 1930: 1.007 EW (161 Sl, 4 D, 16 Ma, 699 Ru, 101 J), 1940: 1.225, 1991: 11.520, 2001: 12.428 EW.

◉ UMGEBUNG: In s R (15 km) • ŠARIŠSKÝ ŠTIAVNIK, kleiner ehemaliger Badeort (292 EW), mit schwefeligen-alkalischen Quellen (16°C), ab dem 18. Jh zur Behandlung von Gelenkerkrankungen verwendet, Badehaus von der Mitte des 18. Jh. Im 2. Weltkrieg ging das Bad ein, heute eine Kindererholungsstätte. Die orthod Kirche ist 1928 im "ukrainischen Barock" auf dem Grundriß eines griechischen Kreuzes errichtet worden. Die Inneneinrichtung stammt aus der seinerzeit abgetragenen alten Kirche und wurde in der 2. Hälfte des 18. Jh geschaffen. Auch der hölzerne Glockenturm stammt von der ehemaligen Holzkirche (mit dieser 1773 errichtet). Die heute noch schwach an einen Park erinnernde mit Bäumen bestandene Fläche gehörte zu einem schon lange nicht mehr bestehenden Kloster.

In s R (18 km) • BEŇADIKOVCE, Dorf (230 EW), mit massiver orthod Kirche von 1700, ursprünglich barock errichtet, um 1800 klassizistisch umgestaltet. Hauptaltar und Ikonostas, Beginn des 19. Jh.

In sw R (25 km) • KOŽANY, kleines Dorf (131 EW), mit griech-kath Holzkirche von ca 1698. Der Bau fällt durch seine abwechslungsreiche Silhouette auf, zumal der schlanke, mehrfach abgesetzte Turm, aus einem mit dem quadratischen Kirchenschiff gleich breiten Vorraum herauswächst, und alle 3 Türme bzw. Türmchen (Turm, Schiff, Presbyterium) jeweils anders gestaltet sind. Im Innern ist die Kuppel mit einer volkstümlichen Ausmalung aus der 2. Hälfte des 18. Jh versehen worden, die Kirchenväter, Evangelisten und das Jüngste Gericht darstellen. Sozialkritik: Aristokraten spielen auch in der Hölle Karten, Bauern, die versehentlich in ein gräfliches Feld gerieten, müssen weiter arbeiten. Ikonostas, Baldachinaltar.

Šemetkovce: Ikonostas in der Holzkirche

In n R (7 km) • TAL DES TODES (DOLINA SMRTI), nach dem 2. Weltkrieg so benannt, da sich dort im Oktober 1944 die erbittertsten, besonders auf sowjetischer Seite verlustreichsten Kämpfe bei den Auseinandersetzungen um den Duklapaß abspielten, wobei es den d Einheiten gelang die durchgebrochenen sowjetischen Einheiten einzukesseln, beinahe auszuhungern und die Front zu stabilisieren. Das Svidníker Museum hat eine Stellung rekonstruiert.

In n R (9 km) • DOBROSLAVA (41 EW), wie Kožany wieder griech-kath Holzkirche von 1705, deren Drei-Räume-Disposition durch den Anbau zweier Kapellen an das Schiff 1932 zu einem Grundriß auf einem griechischen Kreuz verändert wurde. Sehr schöne Silhouette mit immer kleiner werdenden Zwiebeln der drei Räume. Großer Ikonostas.

In ö R (11 km) • ŠEMETKOVCE, kleines Dorf (99 EW), mit wertvoller 3-räumiger griech-kath Holzkirche von 1752, ähnlich wie in Ladomírová ist das Dach des Turmbereiches tief herunter gezogen, kaum ausgeprägte Helme der drei Türme bzw. Türmchen, sehr wertvoller reichhaltiger Ikonostas.

In nö R (5 km) • LADOMIROVÁ, im Okt. 1944 weitgehend zerstörtes großes Dorf (838 EW), mit bedeutender griech-kath, 3-räumiger Holzkirche von 1742, deren Architektur eine reizvolle Lösung durch die deutliche Abstufung der 3 Gebäudeteile (die mit barocken, sich fast gleichenden Turmhelmen versehen sind) bietet. Die Kirche ist auf der W-Seite durch eine Mauer, in der ein kleiner hölzerner Eingangsturm und ein hölzerner Glockenturm stehen, abgeschlossen. Die Inneneinrichtung ist nicht mehr ganz vollständig (Ikonostas). Etwas oberhalb des Ortes steht eine monumentale orthod Klosterkirche, die 1920 gebaut wurde.

In nö R (10 km), • KRAJNÉ ČIERNO, kleines Dorf (84 EW), mit 3-räumiger griech-kath Holzkirche aus der Mitte des 18. Jh; ausnahmsweise ist außen nur eine deutliche Zweigliederung zu sehen. Konische Turmhelme, sehr schöner und reicher Ikonostas mit Rokokoschmuck.

In nö R (10 km) • HUNKOVCE, Dorf (347 EW), mit 3-räumiger griech-kath Holzkirche vom Ende des 18. Jh. Deutliche, sehr schöne Abstufung der drei gleichen Türme, beim Anlegen ist es zu schweren Maßfehlern gekommen, da sowohl kein rechter Winkel, als auch keine gerade Achse vorhanden sind (oder wurde eine bessere Anpassung an das abschüssige Gelände versucht?). Leider nur mit einer kargen Einrichtung. Deutscher Soldatenfriedhof vom 2. Weltkrieg.

In nö R (12 km) • KOREJOVCE, kleines Dorf (70 EW), mit 3-räumiger griech-kath Holzkirche von 1761. Auf den abgestuften Dächern der Räume stehen kleine gleich große Zwiebeln. Ohne Ikonostas, hölzerner Glockenturm.

◉ ZENTREN IN DER WEITEREN UMGEBUNG: Bartfeld, Duklapaß, Stropkov.

■ **SVIT**, Bez Poprad, 730 m. Industriestadt am Fuß der Hohen Tatra, die ihre ehemalige Muttergemeinde Botzdorf, von der sie getrennt wurde, überflügelt hat. ŽSR, Straßenknoten. Namen: Keine, da "Svit" ein Phantasiebegriff für die Industrieansiedlung war.

Der Kern des ausgedehnten Chemiewerkes (das zur Herstellung von Kunstseide im Botzdorfer Gemeindebereich errichtet wurde) und der dazugehörenden Wohnviertel entstand 1934, als typische Gründung "auf der grünen Wiese" des tschechischen Großindustriellen und "Schuh-

Ladomirová: Griechisch-katholische Holzkirche

königs" Baťa. Die damals errichteten Fabrikgebäude fallen auch heute noch durch die typische, seinerzeit hochmoderne, von den Baťawerken bevorzugte Bauweise (mit Klinkern ausgemauerte Stahlbetonskelettkonstruktionen) auf; ebenso die seinerzeit errichteten Wohnhäuser mit den revolutionären Flachdächern. Nach dem 2. Weltkrieg stetig ausgebaut, werden heute neben Kunstfasern und Folien auch Textilien hergestellt. Neue evang Kirche (1995).

T *Hotels, Touristenhütte. Freibad, Hallenbad.*

⊕ 1991: 7.485, 2001: 7.445 EW.

◉ UMGEBUNG: In n R (1 km) • BOTZDORF (BATIZOVCE), ehemalige Muttergemeinde von Svit (2.028 EW). Alte Gründung (ca. 1264) durch Comes Batyz (Ahnherr der Familie Máriassy), bis zum 18. Jh rasche Slowakisierung. Zwei Kastelle der Familie Máriassy: Das "Alte", ein festungsähnlicher, von einer hohen Mauer umgebener Renaissancebau, stammt vom 16. Jh (heute Landwirtschaftliche Genossenschaft), und das "Neue", ein schöner Barockbau von 1756 (heute Altersheim). Kath Kirche, ursprünglich romanisch, 1. Hälfte 13. Jh, im 18. Jh barockisiert, N-Seite: Spätromanische Wandmalerein, S-Seite: Spätromanisches Portal. An Stelle der evang Holzkirche, Botzdorf war ein Artikularort der Zips: Klassizistische Toleranzkirche von 1786-91. Altarbild: Auferstehung Christi, von J. Czauczik.

In n R (4 km) • GERLSDORF (GERLACHOV), alter Ort (781 EW), der im Auftrag der Máriassys durch den Georgenberger Richter Gerlach gegründet wurde. Von der kath Kirche ist nur der Turm alt, da 1876 der ganze Ort niederbrannte. Die evang Kirche von 1800 wurde 1899 restauriert.

◉ ZENTREN IN DER WEITEREN UMGEBUNG: Tschirmer Sattel, Tschirmer See, Weszterheim, Schmecks, Georgenberg, Deutschendorf.

● **SZONTÁGH,** Vater und Sohn, die als Ärzte auf dem Gebiet der Klimatotherapie und als Gründer und Besitzer des Kurortes Neuschmecks Hervorragendes leisteten (sh Schmecks, Absatz Neuschmecks). **NIKOLAUS dÄ**, *1843 Unterkubin, +1899 Neuschmecks. Studium: Wien, Studienreisen: Deutschland, Schweiz, Frankreich, Italien, Türkei. Befaßte sich auch mit Botanik, Meteorologie (Mitbegründer der Station in Neuschmecks), dem Bergsteigen (u.a. Organisation des Führerwesens, Touristenführer), Publikationen. **NIKOLAUS dJ,** *1882 Neuschmecks, +1963 Leutschau. Studium: Budapest. Ausbau und Erweiterungen von Neuschmecks bis zur Enteignung nach dem 2. Weltkrieg. Bergsteiger (mehrere Erstbesteigungen), Skiläufer, nach dem Tod von M. Guhr Obmann des KV.

● **ŠAFÁRIK, PAVOL JOZEF,** *1795 Kobeliarovo, +1861 Prag. Vielseitiger Wissenschaftler, Dichter, Publizist, Prof. Studium: Kesmark, Jena. Nach einigen Zwischenstationen ab 1833 in Prag. 1848 aktiver Teilnehmer am Slawischen Kongreß in Prag, befaßte sich intensiv mit der Geschichte und der Zukunft der Slawen.

■ **ŠAHY,** Bez Levice, 130 m. Bedeutende Grenzstadt am N-Ufer der Eipel, in der Niederung gleichen Namens gelegen, obzwar s der Staatsgrenze die bewaldeten Berge des Börzsönygebirges nahe an diese heranrücken. Internationaler Grenzübergang nach Ungarn, ŽSR, Straßenknoten, SAD. 1817-1922 Sitz des Honter Komitates, dann bis 1960 Expositur Šahy des Bez Krupina. Bei den Verhandlungen auf den Friedenskonferenzen in Paris wurde anschließend an die Donau ihr Nebenfluß, die Eipel, als Staatsgrenze festgelegt. Die tschechoslowakische Grenzkommission erzwang jedoch den Anschluß eines direkt bei Šahy

Pláštovce: Schloß

gelegenen ca. 10 km langen Abschnittes auf dem s Eipelufer, damit die Eisenbahnlinie Štúrovo-Šahy (hier ein kurzes Stück s des Flusses) auf tschechoslowakisches Territorium kam. Gehörte 1938-45 zu Ungarn und wurde schon vor dem Wiener Schiedsspruch von u Truppen besetzt. Namen: d selten Eipelschlag, ma Ipo lyság, 1237 Saag, 1773 Szahy.

Alter Siedlungsplatz (Altsteinzeit, Bronzezeit). Die barocke kath Kirche stammt aus dem Jahr 1736, als in den Neubau der einschiffigen, 2-türmigen Kirche einige Abschnitte der Umfassungsmauern einer alten, frühgotischen Anlage aus dem 13. Jh einbezogen wurden. Im Hauptaltar (pseudoromanisch, Beginn 20. Jh) Bild Himmelfahrt Marias (Kopie eines Bildes von B.E. Murillo). Die Holzplastik der Madonna mit ihrer teilweise noch erhaltenen ursprünglichen Fassung ist gotisch von ca. 1500 und ist wohl dem donauländischen Kreis zuzuschreiben. Das ehemalige Kloster wurde Ende des 17. Jh neu gebaut, nachdem ein schon vor 1238 errichtetes Gebäude von den Türken zerstört wurde. Das Rathaus, ein 2-geschossiges, spätbarockes Gebäude, ist 1888 gebaut worden, die evang Kirche im historisierenden Stil 1900 und die Synagoge (heute Mühle) zu Beginn des 20. Jh. Nach dem 2. Weltkrieg wurden einige Industriebetriebe errichtet (Maschinenbau, Textil).

M *"Hontianské múzeum a galéria" (=Museum und Galerie des Hont), ul. J. Rotaridesa 13, Archäologie, Geschichte, Ethnographie, Bilder von Ľudovít Simonyi.*

T *Hotels. Camping- und Zeltplatz, Hüttenkolonie.*

🌐 1930: 5.804 EW (1.976 Sl, 42 D, 3.185 Ma, 370 J), 1940: 5.027, 1991: 8.551, 2001: 8.061 EW.

◉ UMGEBUNG: In n R (13 km) • PLÁŠTOVCE, mittlerer Ort (735 EW), mit einem ursprünglich barocken Schloß aus dem 18. Jh, das in der 1. Hälfte des 19. Jh klassizistisch umgestaltet wurde (heute Schule). 3-flügliger Bau, dessen Mittelbau einen 3-achsigen Risalit mit abschließendem, reich verzierten, mit Vasen besetzten Tympanon in den Park vorschiebt. Im Ort stehen drei Kurien (Nr 280, 48 und 49) und die kath Kirche (neoromanisch von 1898).

In nw R (9 km) • HORNÉ SEMEROVCE, Dorf (633 EW), schlichtes, großes 3-flügliges Schloß, barock von 1763, im 19. Jh klassizistisch umgestaltet, zum Ende des 2. Weltkrieges schwer beschädigt, als Schule wieder hergestellt, Reste eines englischen Parkes. Einst Besitz Fam. Wilczek.

In nw R (11 km) • DUDINCE, Staatsbad (1.500 EW). Die Quellen mit dem warmen (18°-29°C) kohlensauren, schwefelhaltigen Wasser sind seit Mitte des 19. Jh bekannt, nachdem sie schon früher immer wieder aufgesucht wurden (sicher auch in der Jungsteinzeit). Interessante, offene alte Badegruben werden als "Römisches Bad" bezeichnet. Heute werden Erkrankungen der Gelenke und der Nerven behandelt, besonders für Patienten, die keine heißen Prozeduren vertragen. Neue kath und evang Kirche. **T** *Thermalfreibäder, Hallenbad. Sanatorien, Hotels, Campingplatz, Hüttenkolonie, auch im S-Bereich.*

In nw R (17 km) • LIŠOV, Dorf (273 EW) mit interessanter evang Kirche, die als einschiffiger Bau im 15. Jh gotisch errichtet wurde. Renoviert 1671, vergrößert 1856, Turm von 1869. Klassizistischer Hauptaltar, ein Kanzelaltar, von der Mitte des 19. Jh, dessen Bild, die Himmelfahrt Christi, 1871 gemalt, 1937 übermalt, aber 1948 restau-

Die Basilika von Gran

riert wurde. Steinerner Taufstein (17. Jh) mit Kupferbecken (Ende 15. Jh), mit einem Relief, das Adam und Eva zeigt. Auf dem Friedhof sind interessante und schöne Grabsteine (Ende 19. Jh von einem einheimischen Steinmetzen) zu sehen.

In ö R (16 km) • SEČIANKY, Dorf (421 EW), klassizistisches, auf Fundamenten einer älteren barocken Anlage, in der 1. Hälfte des 19. Jh errichtetes Schloß (heute Schule). Die 3 Trakte treten neben dem stark betonten Portikus, der auf 4 klassizistischen Säulen steht, die einen Tympanon tragen, etwas zurück. Interessante kath Kirche, romanisch Ende 13. Jh, 1754 barock umgestaltet, an den Wänden des flach eingedeckten Baukörpers Wandmalereien, die unter der Tünche verborgen waren, zahlreiche Holzplastiken (18. Jh).

◉ ZENTREN IN DER WEITEREN UMGEBUNG: Zelis, Lewenz, Pukanz, Karpfen.

● **ŠTEFÁNIK, MILAN RASTISLAV,** *1880 Košariská, +1919 Iwanka (mit dem Flugzeug abgeschossen). Astronom, Jagdflieger, General, Politiker. Studium: Preßburg, Ödenburg, Prag, Zürich. Ab 1904 in Paris als Wissenschaftler, mehrmals am Mont Blanc (Observatorium Vallot, das er 1908 räumte). Im 1. Weltkrieg bei der franz Luftwaffe, Mitarbeiter von T.G. Masaryk, zahlreiche Reisen zu den anderen Alliierten, 1918 General, Kriegsminister der ersten Regierung der ČSR. Ungeklärter "Abschuß" beim Anflug auf Iwanka bei Preßburg (sh Geschichte Kap 39).

● **ŠTÚR, ĽUDOVÍT,** *1815 Uhrovec, +1856 Modern (Jagdunfall). Sprachschöpfer, Dichter, Journalist, Pädagoge. Studien: Raab, Preßburg, Halle. Eine der profiliertesten Persönlichkeiten der Slowakei, auch ohne seine Leistung der Schaffung der modernen sl Schriftsprache.

■ **ŠTÚROVO,** Bez Nové Zámky, 110 m. Grenzstadt an der Donau, in der Nähe der Gran- und Eipelmündung in die Donau, sehr schön gegenüber von Gran (ma Esztergom, sl Ostrihom) auf dem u Ufer, mit seiner dominierenden Basilika (Sitz eines Erzbischofs) gelegen. ŽSR, Straßenknoten, SAD. Die 1896 gebaute Straßenbrücke über die Donau wurde im Juni 1919, während der Kämpfe zwischen der Roten Armee B. Kuns und den tschechoslowakischen Einheiten schwer beschädigt, aber 1926 wieder hergestellt. Während der schweren 3-monatigen wechselvollen Kämpfe gegen Ende des 2. Weltkrieges wurde die Brücke am 21.12.1944 zerstört und erst nach bald 60 Jahren als Maria-Valerie-Brücke wieder aufgebaut (bis dahin Fährbetrieb). Gehörte 1938-45 zu Ungarn. Bis 1960 Sitz des Bez Parkan. Namen: ma Párkány, 1543 Cigerdeln Parkani, 1571 Parkan, 1948 Štúrovo (obzwar Ľ. Štúr weder hier gelebt hat, noch hier geboren wurde).

Alter Siedlungsplatz (Jungsteinzeit, Bronzezeit, Quaden, Awaren). Entstand als befestigter Brückenkopf von Gran, die Türken unterhielten hier eine Brücke, und unter den vielen Auseinandersetzungen hatte der Ort sehr zu leiden. Spätbarocke kath Kirche aus dem Jahr 1878, die Kapellen sind erst im 20. Jh angebaut worden. Industrie (vor dem 2. Weltkrieg, Ziegelei, danach: große Papier- und Zellulosefabrik, Baustoffe, Lebensmittel).

T *Hotels. Thermalfreibad. Camping- und Zeltplatz, Hüttenkolonie.*

🌐 1930: 4.479 EW (1.316 Sl, 122 D, 2.536 Ma, 260 J), 1940: 4.221, 1991: 13.347, 2001: 11.708 EW.

◉ UMGEBUNG: In nw R (12 km) • BELÁ, Dorf (443 EW) mit einem großangelegten Schloß, das durch mehrere Bauabschnitte sein heutiges Aussehen erhielt: Die in der langen Straßenfront stehende, zwischen 1732-50 errichtete, hochbarocke Kirche wurde zuerst gebaut, die übrigen

Gebäude (auch nach spätbarocken Vorgaben) bis 1755 fertiggestellt, 1798 erfolgten weitere Baumaßnahmen, eine gründliche Umgestaltung im Stil des Louis-seize und 1834 noch weitere klassizistische Zubauten. Während der letzten Renovierung 1951, nach zahlreichen vorausgegangenen, sind die wahrscheinlich aus der Mitte des 19. Jh stammenden Fresken unverständlicherweise übertüncht worden. In dem an der Straße stehenden Glashaus ist heute ein Kino untergebracht.

In w R (15 km), nahe der Donau: • ČENKOVSKÝ LES, ein ausgedehnter Wald mit zwei Naturschutzgebieten, beachtenswerte Flora! **T** *Im ganzen Bereich Bade- und auch Zeltplätze an der Donau.*

◉ ZENTREN IN DER WEITEREN UMGEBUNG: Komorn, Bíňa, Zelis, Neuhäusl.

■ **TATRALOMNITZ (TATRANSKÁ LOMNICA),** Bez Poprad, 850 m. Sehr schön, im Wald an der O-Abdachung der Lomnitzer Gruppe (Hohe Tatra) gelegenes Fremdenverkehrszentrum, nach Schmecks das größte in der Hohen Tatra.

Ausgangspunkt für Wanderungen und Klettertouren in der nö Hohen Tatra. Politisch gehörte Tatralomnitz früher zu Großlomnitz und kam nach 1947 mit mehreren Zwischenstufen zur neugebildeten Großgemeinde "Vysoké Tatry". Sitz des TANAP. Eisenbahn- und Straßenknoten, Talstation zweier Seilbahnen. Namen: ma Tátralomnic.

Compton: Tatralomnitz um 1905

Im Gegensatz zu anderen Kurorten der Hohen Tatra wurde Tatralomnitz vom u Staat "planmäßig" gegründet, nach dem dieser 1892 ca. 410 ha bewaldete und kahlgeschlagene Flächen, die sogenannten "Sponerschen Matlaren", von Andreas Sponer erwarb, um hier einen Musterforstbetrieb einzurichten und auf einer Fläche von ca. 10 ha einen Fremdenverkehrsort zu gründen. Der Drang der Ungarn, die Ferien im "Ausland" (vornehmlich in Österreich) zu verbringen, sollte eingedämmt werden. Unabhängig von diesen Maßnahmen errichtete noch im selben Jahr die Urbarialgemeinde von Großlomnitz auf ihrem eigenen Gelände ein 1-stöckiges Touristenhaus mit 12 Zimmern. In diesem Bereich (oder in der nächsten Umgebung) stand schon im 13. Jh eine um 1360 eingegangene Siedlung, deren EW (Tiroler) vom Schwager des Probstes Adolf, Rüdiger von Matrei, angesiedelt wurden. Auch nach dem Verschwinden der Siedlung blieb als Flurname die Bezeichnung "Matreier Laren" (also Bergweiden der Matreier) erhalten. Dieser Name verformte sich dann im Laufe der Zeit, und zwar über Maklar, Mekler, Metler, zu Matlaren.

Um dem angestrebten Ziel gerecht zu werden, schnitt das zuständige Ministerium aus der ausgeschiedenen Fläche 69 Parzellen heraus, die nicht nur sehr billig (Nachbargemeinden und private Grundbesitzer verlangten das 5- bis 24-fache!), sondern auch mit mehreren Vergünstigungen ausgestattet angeboten wurden. Mit dieser Maßnahme und durch die Einschaltung des Leiters des Gartenamtes für die Budapester Margareten-Insel wurde eine Zersiedlung verhindert und das so ansprechende Äußere von Tatralomnitz als einer Waldstadt gesichert.

In den folgenden Jahren wurden zahlreiche Villen gebaut, jedoch in der Regel nicht von den vom Ministerium angesprochenen bürgerlichen Kreisen, sondern meist vom Adel und der Aristokratie. 1893 errichtete die Zipser Kreditbank

Tatralomnitz: Kirche mit Lomnitzer Spitze

in Leutschau nach Plänen von G. Majunke das erste größere Hotel der Hohen Tatra, das Hotel Lomnitz (heute "Lomnica"), und 1894 wurde das repräsentative Badehaus im maurischen Stil errichtet. 1895 wurde sehr zum Leidwesen der anderen Kurorte der erste Bahnanschluß mit einer vollspurigen Stichbahn fertig, so daß Tatralomnitz von der Schnellzugstation "Poprad-Veľká" der Kaschau-Oderberger Eisenbahn für damalige Verhältnisse bequem zu erreichen war. Ähnlich wie am Tschirmer See verpachtete 1903 auch hier der u Staat den Kurort an die Internationale Schlaf- und Speisewagengesellschaft Wagons Lits Cook, und diese errichtete bis 1905 auch hier ein Großhotel, das damalige Palasthotel, nach 1918 Grandhotel Praha, das vielleicht schönste (eindrucksvolle große Halle und Speisesäle) Hotel in der Reihe der in dieser Zeit entstandenen Grandhotels. Auch hier war G. Hoepfner der Architekt. Bei dem Bau wurde das erste Mal in Ungarn eine modifizierte Stahlbetonskelettbauweise angewendet, die, noch unvollkommen, zu großen statischen Problemen (Setzungsvorgänge im Bereich der talseitigen Fassade mit Rissen) führte. Ohne daß die Öffentlichkeit davon erfuhr, wurden im 1. Halbjahr 1907 Stahlbetonträger zur Stabilisierung der Wand eingebaut. Nach dem vorzeitigen Ausstieg der Brüsseler Gesellschaft nahm der Staat die Leitung des Kurortes wieder in seine Hand und errichtete 1909 die große Bobbahn mit einem Schlittenaufzug, der zum Start der Bahn (bei der heutigen Seil- und Kabinenbahnmittelstation "Štart") führte. Nach dem 1. Weltkrieg übernahm der tschechoslowakische Staat den Kurort, der unter der Unfähigkeit und der Ignoranz seiner Direktoren zu leiden hatte. 1925 brannte das Touristenhaus der Urbarialgemeinde ab, das dann in der Nähe neu errichtet wurde. 1931 baute der gleiche Besitzer das "Zipserheim", das in den folgenden Jahren mehrmals erweitert wurde (heute "Wolga"). 1933 errichtete die Mährische Lebensversicherung Brünn ein modernes Erholungsheim "Morava" (während der SL "Orava", also ohne den 1. Buchstaben, der nach dem 2. Weltkrieg wieder hinzukam). Die neogotische evang Kirche (Arch. G. Majunke) wurde 1902 von den evang und ref Villenbesitzern gemeinsam errichtet und diente beiden Konfessionen.

M *"Múzeum Tatranského Národného Parku" (=Museum des TANAP), viele interessante, historisch wertvolle Exponate über die Erschließung, die Natur und die Ethnographie der Hohen Tatra,*

Die Lomnitzer Spitze vom Steinbachsee

die zum größten Teil aus dem ehemaligen Museum des KV in Deutschendorf stammen.

T *Zahlreiche Hotels. Hallenbad. Camping- und Zeltplatz "Eurocamp FICC", 3 km sö von Tatralomnitz, mit Unterkünften, daneben "Tatranec" Zeltplatz und Hüttenkolonie und Zeltplatz "Športcamping". Beachtliche Skipisten, Sprungschanzen, Rennrodelbahn.*

Beim Feuerstein

◉ UMGEBUNG: In w R: • STEINBACHSEE (SKALNATÉ PLESO) 1751 m, und • LOMNITZER SPITZE (LOMNICKÝ ŠTÍT) 2632 m, die beide mit der **Luftseilbahn Tatralomnitz - Lomnitzer Spitze** (Visutá lanová dráha Tatranská Lomnica - Lomnický štít) und der Steinbachsee zusätzlich mit der **Kabinenbahn Tatralomnitz-Steinbachsee** (Kabínková lanová dráha Tatranská Lomnica - Skalnaté pleso) zu erreichen sind. Zum Kessel des Steinbachsees führen auch einige mk Wege, auf die Lomnitzer Spitze (zweithöchster Berg der Hohen Tatra, herrliche Aussicht) nur sehr leichte oder schwere Kletterrouten. Der Beschluß zum Bau der ersten Großbahn auf sl Seite, die mit einer Wetterstation verbunden sein sollte, erfolgte 1934 nach einer langen heftigen Diskussion, überraschend (staatlicher Kurort, der Bruder des Kurdirektors war Landespräsident der Slowakei).

Bis zur Mittelstation wurde die Aufzugstrasse der nach dem 1. Weltkrieg aufgelassenen Bobbahn benutzt, am 2.2.1938 wurde der Gegenverkehr auf zwei Tragseilen von Tatralomnitz bis zum Steinbachsee (Höhenunterschied 859 m) aufgenommen. Schwierig gestaltete sich der Bau des Abschnittes Steinbachsee-Lomnitzer Spitze. Bei den 1940 aufgenommen Probefahrten kam es zum Anbruch des Tragseiles, das gegen ein stärkeres ausgewechselt werden mußte, so daß der Verkehr erst 1942 aufgenommen werden konnte (ein Tragseil und kleinere Kabine). Die gesamte Bahn konnte bis 1958 mehrere Rekorde halten: Größter Höhenunterschied, höchste Gipfelstation, längste stützenlose Seilführung (1744 m), größte Tiefe unter der Kabine (240 m zum Erdboden), höchste Stütze (Nr. 7, 37 m hoch).

Kurz vor dem Eintreffen der sowjetischen Truppen wollte der Hauptmann Spindler mit einer Batterie die Stationen am Steinbachsee und am Gipfel zerstören - ein Vorhaben, von dem er abgebracht wurde. Dafür ließ er aber die Talstation und die Stütze 1 beschädigen. Nach dem 2. Weltkrieg mußten 55 d EW der am Fuß der Tatra gelegenen Dörfer, "die auf dem Abschub warteten" (Zeitungsbericht), die Bahn reparieren, und am 3.3.1946 wurde der Verkehr wieder aufgenommen. Um 1973 wurde neben der Luftseilbahn (Talstation beim Grandhotel Praha) die zusätzliche Kabinenbahn eröffnet (Talstation oberhalb der "Morava"). Inzwischen gab es Rekonstruktionen beider Bahnen.

Der wilde Hochgebirgskessel am **Steinbachsee** ist eine der schönsten Szenerien der Hohen Tatra. N vom See steht die nach dem 2. Weltkrieg erweiterte **Sternwarte** von 1943. Zum Lomnitzer Kamm wurde 1959 ein **Sessellift** gebaut, der später verlegt wurde. 1938 fanden die ersten internationalen Slalomwettkämpfe statt und nach Fertigstellung der Piste zum "Štart" hinunter, Abfahrtsläufe und Riesenslalomwettbewerbe (auch im Rahmen des Europacups).

Für das früher abgelegene Gebiet hatte der KV schon 1906 die Errichtung einer Hütte vorgeschlagen, nachdem hier nur unter einem "Feuerstein" übernachtet werden konnte (den überdachenden Raum hatten 4 schlesische Bergsteiger, darunter Karl Lohmeyer, und 2 Bergführer mit einer primitiven Trockenmauer abgeschirmt).

Nach ein paar Verbesserungen 1877 wurde 1914 die Trockenmauer durch eine Betonwand ersetzt. Erst 1932 errichtete der KČST direkt neben der "Feuersteinhütte" die **Steinbachseehütte** (Skalnatá chata), 1935 Vergrößerung, nach dem 2. Weltkrieg Schließung, heute wieder offen. Leider wurden die Wände der historisch interessanten "Feuersteinhütte" abgerissen, so daß nur der vom Ruß geschwärzte Fels zu sehen ist. Bis auf das Restaurant ist das in der Steinbachseestation eingerichtete Hotel **"Encián"** ebenfalls zeitweise geschlossen. Die Auffahrt zur **Lomnitzer Spitze** ist bei fast jedem Wetter ein Erlebnis besonderer Art und die Aussicht bei schönem Wetter einmalig! In der Gipfelstation ist seit 1940 eine meteorologische Beobachtungs- und Forschungsstelle untergebracht, und 1960 kam eine Nebenstelle der Sternwarte hinzu. 1956 wurde die störende Hochspannungsleitung gebaut.

In nö R (1 km) mit Tatralomnitz fast zusammengewachsen: • MATLARENAU (TATRANSKÉ MATLIARE), 885 m. Sehr schön, mit freiem Blick zur Lomnitzer Gruppe gelegener Kurort. Ausgangspunkt für Wanderungen und Klettertouren. Zur Herkunft des Namens sh Tatralomnitz. Gehörte früher zu Großschlagendorf, heute zur Großgemeinde Vysoké Tatry. Die Gründung begann mit dem 1884 vom Hunsdorfer Grundbesitzer Matthias Loisch durchgeführten Bau eines Jagdhauses, das er Freunden und Bekannten zur Verfügung stellte. Schon 5 Jahre später besaß er das

Matlarenau

Touristenhaus "Steinbach", ein Restaurant und das unvermeidliche Badehaus. 1895 kam die Villa "Tatra" hinzu. Nach seinem Tod führten seine Angehörigen das Unternehmen weiter und errichteten nach einer kurzen Stagnation 1912 die Villa "Ratzenberg", ein modernes Haus, das besonders Wintergäste aufnahm.

Weitere Zubauten reichten nicht, so daß 1927 ein ganz großer Schritt mit dem Bau des damals luxuriösen Hotels "Esplanade" gewagt wurde. Verbunden mit den in der Nähe stehenden Gebäuden, entstand eine Hotelgruppe und, aus eigener Kraft, ohne fremde Finanzmittel, mit bewährtem Zipser Fleiß. Diese Einrichtungen wurden zu einer wesentlichen Bereicherung der Reihe der Tatrakurorte. Hier suchte u.a. auch Franz Kafka Erholung. Nach dem 2. Weltkrieg und der Enteignung wurde das Kernstück des Kurortes zeitweise zu einer Militärerholungsstätte und verschiedene Betriebe errichteten eigene Erholungshäuser. In nö R (2 km) • WEIßWASSER (BIELA VODA), Parkplatz, SAD-Haltestelle, Beginn des kürzesten Zugangs zum Kesmarker Grünen See. Auf der Wiese "Räuberei" (hier wurden einst einige Verbrecher gefaßt) stand die Pension des Kesmarker Unternehmers Rudolf Palencsár, die 1948 durch einen Brand zerstört wurde.

Weiter nach 1 km: • KESMARKER TRÄNKE (KEŽMARSKÉ ŽĽABY): Im 18. Jh wurden hier bei einer alten Viehtränke (daher der Name!) ein Hegerhaus und eine Hirtenhütte gebaut. 1881 errichtete die Stadt Kesmark auf Anraten dreier Bürger (u.a. Paul Keler) ein einfaches, aber gemütliches Touristenhaus, das sehr schnell zu einem beliebten Ausflugsziel der Kesmarker wurde (2 1/2 Std Fußweg), zumal in den 20-er Jahren noch andere Gebäude, darunter auch eines von Rudolf Palencsár, hinzukamen. 1930 wurde das städtische Touristenhaus durch ein Feuer zerstört. Im selben Jahr begann der Gastwirt Gustav Frank (von Beruf Schuster, ein Original!) mit dem Bau einer Pension, die im Juni 1931 fertig wurde. Nach dem 2. Weltkrieg und der Enteignung wurde für Kinder eine Erholungsstätte, verbunden mit einer Schule, eingerichtet.

Bei der Kesmarker Tränke zweigt eine schmale Straße nach O ab, auf der, etwa in der Mitte des Weges nach Kesmark, • MÜHLERCHEN

(MLYNČEKY) liegt, ein ebenfalls beliebter Ausflugsort (584 EW) der Kesmarker. Wo früher nur eine städtische Mühle stand, baute Paul Keler nach 1870 einen Meierhof zu einem Touristenhaus um, und in den folgenden Jahren entstanden weitere 6 Häuser.

Im weiteren Verlauf der Straße nach NO wird über eine Abzweigung nach O das Forsthaus • SÜßER FLECKEN (FĽAK) erreicht. In seiner Nähe stand die Lersch-Villa, die der Rokser Landwirt und Vorkämpfer für die Touristik in der Hohen Tatra, Jakob Lersch, 1880 errichten ließ. Seine Enkelin Irma legte hier mit ihrem Mann, dem bekannten Botaniker István Györffy, einen häufig aufgesuchten botanischen Garten an. Ende des 2. Weltkrieges brannte die Villa aus.

In sw R (3 km) • TATRAWALDHEIM (TATRANSKÁ LESNÁ), kleiner Erholungsort, dessen Keimzelle die 1927 von dem Matzdorfer Ehepaar Eichner errichtete Familienpension "Karpatia" war.

In s R (5 km) • ALTWALDDORF (STARÁ LESNÁ), ehemals d geprägter Ort, unmittelbar am Fuß der Hohen Tatra (1930: 585 EW; 36 Sl, 521 D, 3 Ma, 1991: 804, 2001: 893 EW), mit alter Bergführertradition, wurde von den Nachfahren des Rüdiger von Matrei gegründet. Aufstrebender Erholungsort: Am NW-Ortsende Camping- und Zeltplatz sowie zahlreiche private und betriebseigene Hütten. **Kath Kirche**, wahrscheinlich vom späten 14. Jh, aus dieser Zeit stammt der später stark veränderte und zu einem Vorbau umfunktionierte W-Turm, während 1793-94 das Schiff (ursprünglich wahrscheinlich zweischiffig) und das Presbyterium (unter Verwendung eines Teiles der alten Außenwände) im barocken Stil neu errichtet wurden. Auf der S-Seite befindet sich das zugemauerte gotische (ursprüngliche) Hauptportal. Davor steht der an die Kirche angebaute Renaissanceglockenturm von etwa 1600. Interessante Einrichtung dieser kleinen Kirche! Der spätgotische Hauptaltar von etwa 1520 ist im 18. Jh barockisiert und im 19. Jh ergänzt worden. Die Hauptfigur, sie stammt etwa aus dem Jahr 1520, ist ein Paulus (manchmal auch als Nikolaus gedeutet), der vom Schnitzer der Bauschendorfer Madonna stammt. Während die gotischen Bilder der Innenflügel im Rokoko übermalt wurden, blieben diejenigen der Außenflügel unangetastet. Im klassizistischen Marien-Altar von 1793-94 (rechter Seitenaltar) ist der Schrein eines alten spätgotischen Altars von 1480 eingebaut worden. In diesem steht eine Madonna, die von gemalten Begleitfiguren umgeben ist (Katharina, Barbara, Maria Magdalena, Dorothea). Möglicherweise stammen die Flügel auch von einem älteren Altar. Die Madonna wird öfters dem Nachfolger oder einem Schüler des Meisters des Georgenberger Marien-Altars zugeschrieben. Der linke Seitenaltar aus klassizistischer Zeit, der Anna-Altar, hat im Schrein eine Gruppe der Anna-Selbdritt aus der 2. Hälfte des 14. Jh, die vom Schnitzer der Rißdorfer Madonna (heute in Preßburg) und der Drauzer Kreuzigung stammt. Sehr originelle Lösung des nicht leichten Themas, da der Künstler neben der Maria auch das Kind auf einer Seite untergebracht hat. Von dem Bronzetaufbecken, das im 14. Jh in der Zipser Neudorfer Werkstatt gegossen wurde, ist nur das schöne, reich verzierte Becken vorhanden. Die **evang Kirche**, die im klassizistischen Stil als Saalkirche mit einem geraden Abschluß und ohne Turm 1821 gebaut wurde, bildet mit der alten Schule eine Einheit. Daneben steht der kleine hölzerne Glockenturm.

Theben

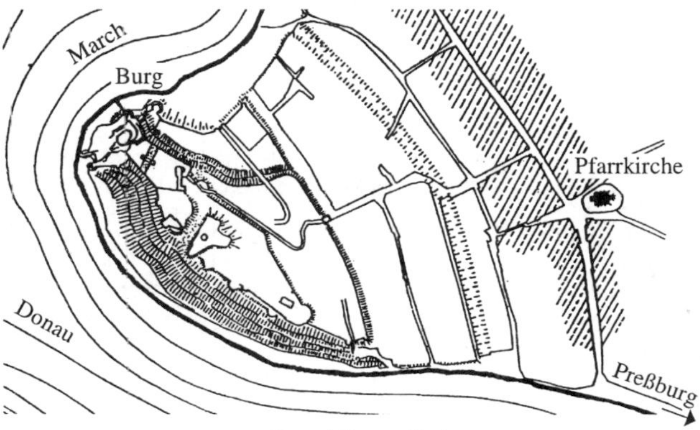

Grundriß von Theben

Im Kanzelaltar befindet sich ein Bild, Christus mit einem Engel, von J. Czauczik.

◉ ZENTREN IN DER WEITEREN UMGEBUNG: Schmecks, Höhlenhain, Landeck, Zipser Bela, Nehre, Kesmark, Großlomnitz, Georgenberg.

■ **THEBEN (DEVÍN),** nach Preßburg eingemeindet, 196 m. Kleiner Ort, mit unmittelbar am Zusammenfluß von March und Donau aufragendem Burgfelsen, an der Thebener Pforte (Devínska brána), in der d Literatur früher oft als Ungarisches Tor, später auch als Hainburger Pforte bezeichnet, der Grenze zwischen den Karpaten (Kleine Karpaten, Thebener Kogel 514 m) und den Alpen (Leithagebirge, Braunsberg 346 m).

Gehörte 1938-45 zu Deutschland. SAD. Namen: lat Divinium, 864 in den Fuldaer Analen Dowina, später verschiedenste Formen: Tewen, Dewen, Deuen, Dywen, Thebun, Deven, Tebeň, ma Dévény, 1808 Devín. Name nach sl "dievka"=Magd, ähnlich Magdeburg, evtl. auch von einem Personennamen.

Die große, ausgedehnte, malerische und mächtige **Burgruine** liegt landschaftlich sehr schön an einem strategisch besonders wichtigen Platz. Bereits in der Jungsteinzeit (Schnurkeramiker) und in der Bronze-, Hallstatt- und Keltenzeit besiedelt. Zur Zeit der Römer war hier ein Wachposten und während des Großmährischen Reiches ein bedeutender Siedlungsplatz mit einer entsprechenden Befestigung. Die Burg, die 1683 den Türken widerstand und die 1809 vom französischen Militär gesprengt wurde, ist teilweise auf den alten aus dem 9. Jh stammenden Fundamenten errichtet und vielfach umgebaut worden. Recht gut erhalten ist noch das Goldene (Wiener) Tor, und interessant ist der isoliert auf einem Felsen stehende Jungfernturm aus dem 15. Jh. 1932 übernahm der Staat die Burgruine von der Familie Pálffy. Die langjährigen Grabungen haben zu großen Erfolgen geführt und von der Jungsteinzeit bis in die Neuzeit hinein wertvolle Erkenntnisse geliefert. Die Entfernung der dicken Betonplatte, die seinerzeit für das Milleniumsdenkmal (bereits nach dem 1. Weltkrieg abgebrochen) aufgebracht wurde, gab alte, in den Kalkfelsen gehauene Räume und den untersten Teil des 6-eckigen Turmes frei. Sehr schöne Aussicht! Im 13. Jh wurde der **Ort** durch D wiederbegründet, das Marktrecht erhielt er im 15. Jh. Hier steht, neben zwei kleineren Kastellen aus dem 17. Jh, eine kath (ursprünglich gotische) Kirche mit einer gediegenen Inneneinrichtung. Eine weite sehr schöne Aussicht bietet der Thebener Kogel (rote Mk ab der Kirche), der Weg führt über sehr interessante Felstreppen.

🌐 1930: 1.402 EW (484 Sl, 784 D, 49 Ma), 1940: 1.402, 1991: 779, 2001: 884 EW.

◉ UMGEBUNG: In n R liegen dicht an der Straße und der March große, weithin sichtbare, heute unter Naturschutz stehende ehemalige Sandgruben, in denen einige bedeutende Funde gemacht wurden. Nach 4 km: • THEBENNEUDORF (DEVÍNSKA NOVÁ VES), nach Preßburg eingemeindete Stadt (15.502 EW), auf der Basis eines mittleren Ortes entstanden. Eisenbahnknoten (Grenzstation nach Österreich). Kath Kirche, ursprünglich im Stil der Renaissance errichtet, vom Anfang des 16. Jh.

◉ ZENTREN IN DER WEITEREN UMGEBUNG: Preßburg, Mariatal.

■ **THEIßHOLZ (TISOVEC),** Bez Rimavská Sobota, 411 m. Alter Montanort im Slowakischen Erzgebirge, an der obersten Rima gelegen. ŽSR,

Theißholz: Inneres der Evangelischen Kirche

Straßenknoten, SAD. Namen: d selten Theisscholz, ma Tiszolc, 1334 Thyzolch.

Mit einem regelmäßigen Marktplatz entstandene Bergbaugemeinde, in der 2. Hälfte des 16. Jh den Türken tributpflichtig. Die monumentale evang Kirche ist 1825-32 an der Stelle einer älteren Kirche gebaut worden. Im Altar aus der Zeit der Errichtung der Kirche befindet sich ein Bild von J. Czauczik, darunter ein Marmorrelief der 12 Apostel von S. Ferenczy, der auch die Kanzel und den Taufstein geschaffen hat. Die kath Kirche, spätklassizistisch, 1845 erbaut, wurde 1863 ausgemalt. Das Rathaus ist ein klassizistischer Bau von 1795, dessen 3 Flügel einen Hof einschließen.

Industriestandort: 17.-18. Jh Papiermühle, 1782 Inbetriebnahme des 1. Hochofens (im 19. Jh der leistungsfähigste Ungarns), um die Jahrhundertwende 4 Hammerwerke. Mitte des 19. Jh zweiter Hochofen. Das Eisenerz kam zum größten Teil über eine lange Seilbahn aus dem Abbaugebiet um Sirk (in der Nähe im 19. Jh Hochofen). In den 20-er Jahren die einzige im Betrieb befindliche Hochofenanlage der Slowakei. Große wirtschaftliche Schwierigkeiten zwangen 1931-35 zur Stillegung. Der Betrieb wurde aber 1936 aus strategischen Gründen wieder aufgenommen und erst 1964 eingestellt. Steinbruch, Kalkwerk, Maschinenfabrik. Geburtsort von V. Clementis (Politiker).

T *Hütten. Freibad.*

🌐 1930: 4.051 EW (3.973 Sl, 8 D, 6 Ma, 21 J), 1940: 4.292, 1991: 4.430, 2001: 4.215 EW.

◉ UMGEBUNG: In s R (12 km) • HNÚŠŤA (Doppelort mit Likier), Industriezentrum (7.557 EW). Angeblich hat hier Marc Aurel zwischen 161 und 180 nChr die Quaden schwer geschlagen und den damaligen Abbau von Oberflächengolderzen in römische Hände gebracht. Klassizistische evang Kirche von 1808, mit pseudoklassizistischem Altar von 1885. Kath Kirche, ebenfalls klassizistisch, von 1802, 1906 ausgemalt. Im 18.Jh waren 2 Hütten und 2 Hammerwerke in Betrieb, im 19. Jh kamen ein Hochofen und eine Gießerei hinzu. Das Eisenerz kam über eine lange Seilbahn aus dem Abbaugebiet um Sirk. Während die Eisenindustrie mit dem Ende des 1. Weltkrieges liquidiert war, traten die chemische Industrie (Dr. Blasberg) und die Magnesitverarbeitung an ihre Stelle (Magnesit-Industrie AG, Talkumindustrie Heinz Josef). Sie wird auch heute noch betrieben, u.a. unmittelbar n von Hnúšťa. Dort ist, auf einer zwar eng begrenzten Fläche, eine total vernichtete Natur, in der zeitweise kein grünes Gras, kein grüner Baum, noch Strauch zu finden waren, die sogenannte "Slowakische Sahara", eine wohl beispiellose Umweltschädigung zu beklagen.

In sö R (20 km) • BRÁDNO, kleines Dorf (77 EW) mit barock-klassizistischer evang Kirche, ursprünglich ein Bethaus, 1794-97 entsprechend dem Toleranzpatent umgebaut und 1810 um den Turm erweitert. Kanzelaltar vom Beginn des 18. Jh, an den beiden Seiten stehen die Plastiken von Moses und Aaron bzw. von Petrus und Paulus.

◉ ZENTREN IN DER WEITEREN UMGEBUNG: Großsteffelsdorf, Detva, Bries, Revúca.

● **THÖKÖLY,** nach einem relativ kurzen Aufstieg mächtiges, reiches Adelsgeschlecht mit großen Besitzungen in der Zips, der Liptau und Arwa und, bedingt durch die Gegnerschaft zum Kaiser, ebenso schnell, eingetretenen Verlusten. **SEBASTIAN**, *um 1540, +1607. Einer der reichsten Pferde- und Weinhändler, sicherte sich die Baronie, erwarb

Schawnik, Kesmark und durch Heirat weite Besitzungen in der Liptau und Arwa. Gefolgsmann Bocskays und Unterhändler beim Wiener Frieden. **STEFAN**, *1623 Kesmark, +1670 Arwaburg. Enkel des Vorigen, an der Verschwörung seines Freundes Franz Wesselenyi beteiligt, fiel bei der Belagerung der Arwaburg durch General Heister, sein Vermögen wurde eingezogen. **EMMERICH,** *1657 Kesmark, +1705 Nikomedia/T. Sohn des Vorigen, Führer des nach ihm benannten Aufstandes gegen Leopold I. (sh Geschichte, Kap 30).

● **THURZO,** Adelsgeschlecht, zur Wende des 15./16. Jh das bedeutendste in der Montanwirtschaft, dem Bergbau und im Handel der Slowakei, aus niederösterreichischem Kleinadel stammend, integrierte es sich im Bereich der privilegierten Lanzenträgerorte (Betelsdorf). Erwarben und bekamen umfangreiche Besitzungen. Bildeten mit den Fuggers (hatten verwandtschaftliche Bindungen) ein Wirtschaftsimperium. Bekleideten höchste Ämter. **JOHANNES I.**, *1437 Leutschau, +1508 Baia Mare/R. Hervorragender Montantechniker, arbeitete in Neusohl, Krakau, Goslar und wieder in der Slowakei, gründete mit Fugger dem Reichen die Thurzo-Fuggersche Gesellschaft. **GEORG II.**, *1467 Krakau, +1521 Augsburg. Sohn des Vorigen, Handelsherr, Nachfolger von Johannes I. bis zu seiner Heirat mit Anna Fugger, dann in Augsburg tätig. **ALEXIUS I.**, *um 1490, +1543, unbekannt wo, begraben in Leutschau. Bruder des Vorigen, Handelsherr, kaiserlicher Kämmerer, Palatin. Schied 1526 aus der Gesellschaft aus. Hatte engen Kontakt zu Erasmus von Rotterdam, Valentin Eck.

● **TILGNER, VIKTOR,** *1844 Preßburg, +1896 Wien. Bildhauer. Studium: Wien. Hervorragender Vertreter des Wiener Neobarocks. Büsten, Denkmale (J.N. Hummel in Preßburg), Brunnen, Fassadenschmuck. Viele Ehrungen.

● **TINAY, PAUL,** *1915 Kesmark, +1986 Deggendorf. Bildhauer, Maler. Studien bei K. Sovanka in Kesmark. Nach der Vertreibung in Deggendorf Schlosser, Modellhersteller, ab 1971 freischaffend. Viele impressionistische Gemälde und markante, urwüchsige Plastiken.

● **TISO, JOZEF,** *1887 Großbitsch, +1947 Preßburg (hingerichtet). Kath Geistlicher, Politiker, Staatspräsident der SL. Studium: Wien. Kaplan an verschiedenen Orten, Feldkurat, Prof der Moraltheologie, Bischofssekretär, 1927-29 Minister für Gesundheit in Prag, 1938 Nachfolger A. Hlinkas im Parteivorsitz der HSLS, 1938-39 Ministerpräsident der Regierung der autonomen Slowakei, 1939 der selbständigen Slowakei, 1939-45 Staatspräsident. Versuchte, gegen die nationalsozialistischen Pressionen aus Berlin und die Radikalen in seiner eigenen Partei einen dem "Volk dienlichen" Kurs zu steuern, der zu manchen Fehlentscheidungen führte, da er sich dem Primat der Politik vor dem Gottes nicht entziehen konnte. Seine Tatenlosigkeit während der staatsrechtlich nicht abgesicherten "Aussiedlung" der Juden, an die er glaubte, führten zu einer Distanzierung des Vatikans. Seine illusionistischen Vorstellungen über ein Ausscheiden der Slowakei aus dem 2. Weltkrieg brachten ihn, im Verein mit dem versäumten Aufbau einer Lobby im Westen und der nicht abgemilderten Gegnerschaft zu Beneš, um den letzten Kredit.

▲ **TÖPL (TOPĽA),** 130 km langer rechter Zufluß der Ondau, der fast die ganze O-Slowakei von N nach S durchfließt.

Topoltschan: Katholische Kirche

■ **TOPOLTSCHAN (TOPOĽČANY)**, Bezirkshauptstadt, 174 m. Aufstrebende, im oberen Neutratal, zwischen Inowetz und Tribetzgebirge gelegene Stadt. Ausgangspunkt für Wanderungen im Inowetz und im Tribetzgebirge. ŽSR, Straßenknoten, SAD. Namen: d früher auch Groß-Topoltschan, ma Nagytapolcsány, 1173 Tupulchan, 1318 Topolchan, 1773 Welke Topoložany, 1920 Topoľčany.

Alter Siedlungsplatz (Jungsteinzeit, Lausitzer Kultur, Bronzezeit, Quaden, Großmährisches Reich). Die Stadt, eine regelmäßige d Zentralanlage mit einem zwar nicht genau quadratischen (heute teilweise verbauten) Platz hat viel gelitten. Von 1431-34 herrschten die Hussiten, 1584 kam es zu einem Aufstand der Untertanen, 1599 richteten die Türken große Verwüstungen an, und weitere Zerstörungen verursachten die Unruhen von 1790. Trotzdem gab es hier im 15. Jh eine bekannte Glockengießerei, und später wurde die Stadt zu einem Zentrum des Safranhandels, sowie zu einer lebhaften Handwerkerstadt mit mehreren Zünften. Im 18. Jh wurde der Einfluß der Juden immer größer, die sich hier zu einem regionalen Zentrum zusammenfanden und den Handel weiter ausbauten.

Auf dem Marktplatz steht die barocke **kath Kirche** von 1740, die nach der Zerstörung 1779-1802 erneuert wurde, ein Blockbau mit Risaliten an den Seitenfronten. Wertvolle Einrichtung.

Das große und monumentale 3-flüglige, mit 4 interessanten, im Grundriß trapezförmigen Türmen versehene **Schloß von Tovarníky** (Ortsteil von Topoltschan) ist 1600-10 als Renaissancebau auf einem älteren Objekt errichtet worden. Im letzten Drittel des 18. Jh wurde es nach Plänen von J.J. Tallherr (F.A. Hillebrandt?) unter Abriß des vierten Flügels barock-klassizistisch umgestaltet, 1945 ausgebrannt. Im großen Park stehen mehrere Skulpturen von A. Rigele. Gehörte bis zur Enteignung der Fam Stummer.

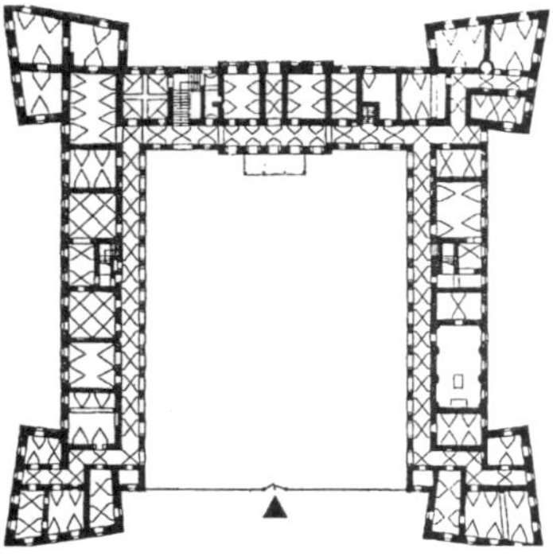

Grundriß des Schlosses von Tovarníky

Industrie: Baustoffe, Holzverarbeitung (Sägewerk, Parkettherstellung, Möbel), Lebensmittel (Zuckerfabrik Stummer, Mälzerei), Kabelherstellung, nach dem 2. Weltkrieg: Elektrotechnik, Textil. Für den Transport des Holzes wurde eine lange Waldeisenbahn in den Inowetz gebaut und für die Zuckerrübenanfuhr eine entsprechende Schmalspurbahn, die die ö und sö gelegenen Dörfer mit der Zuckerfabrik verband. Beide Bahnen existieren nicht mehr.

M *"Vlastivedné múzeum" (=Heimatkundliches Museum), im Rathaus am Marktplatz (Naturwissenschaften, Glassammlung (Uhrovec), Spezialisierung auf das Brauwesen).*

T *Hotels. Hallenbad.*

🌐 1930: 8.731 EW (7.555 Sl, 81 D, 101 Ma, 736 J), 1940: 10.242, 1991: 32.603, 2001: 28.968 EW.

◉ UMGEBUNG: In sö R (4 km) • SOLČANY, Kleinstadt (2.489 EW). In dem vernachlässigten Naturpark steht das klassizistische Schloß vom Beginn des 19. Jh, im 20. Jh umgebaut. Großer Portikus mit einem krönenden Tympanon, auf dem allegorische Figuren angebracht sind. Das teilweise aufgesetzte, wahrscheinlich nicht ursprüngliche 3. Geschoß stört die Proportionen. Kath Kirche, ursprünglich gotisch von 1397, folgt im Grundriß der Kreuzform.

In ö R (12 km) • SÁDOK, Weiler, wenige Häuser, mit einer spätromanischen Kirche, Mitte 13. Jh. Steht auf einem ehemals befestigten Siedlungsplatz. Die Ursprünglichkeit mit dem dicken Turm blieb trotz mehrerer Restaurierungen erhalten.

In ö R (15 km) • STOCKNEUDORF (KLÁTOVÁ NOVÁ VES), Dorf (1.581 EW): Mit seinen Rundtürmen wuchtig wirkendes Kastell, bald nach dem Bau Getreidespeicher. Ersatz: Kleines Schloß aus zwei Teilen: 1. neobarock, 3-flüglig, reichgegliederte Fassade, 18. Jh, 2. Angebauter neobarocker Pavillon, um 1860 (Hundeköpfe über den Öffnungen). Im Ortsteil • KLÍŽ: Kleine

Ruine Topoltschan

(5x10 m), romanische Herrschaftskirche, mit aus der Achse verschobenem Rundturm (Zugang zur Herrschaftsempore), 12. Jh.

In nö R (8 km) • BOŠANY, Industriekleinstadt (4.308 EW). Seit 1866 die 1. (Gründer Adolf Schmidt), später größte Gerberei Ungarns, ab 1931 im Besitz der Baťa-Werke, die sie beträchtlich ausbauten. Wehrhaftes Schloß mit schöner Attika, 1515 als 4-flüglige, typische Renaissanceanlage konzipiert, von der zuerst nur 2 Flügel mit den polygonalen Ecktürmen gebaut und der dritte angefangen wurde. Auf der S-Seite sind noch Reste des ursprünglichen Putzes mit der typischen Quaderung sichtbar. Im Hauptaltar der spätbarocken kath Kirche von 1776 befindet sich ein Bild von J. Zannussi, der heilige Martin. **M** *Museum für Gerbereiwesen.* **T** *Hotel.*

In nw R (14 km) liegen in den Vorbergen des Inowetz zwei Stauseen: • NEMČEKY, 0,14 km^2 groß, landschaftlich sehr schön gelegener Badeplatz, und • DUCHONKA, ebenfalls 0,14 km^2 groß, **T** *Badeplatz, Wassersportarten, Camping- und Zeltplatz, Hüttenkolonie.*

Duchonka benachbart (5 km) steht die • RUINE TOPOLTSCHAN (TOPOĽČIANSKY HRAD) mit dem noch sehr gut erhaltenen Turm (sehr schöne umfassende Aussicht!).

Nach dem die Burg im 17. Jh die heute noch erkennbare Größe erhalten hatte, verlor sie später wegen ihrer Abgelegenheit zunehmend an Bedeutung. Die stufenförmige Gestaltung der Ortgänge des Turmes (in dieser Art in der Slowakei sonst kaum vorhanden) wurde bei einer Restaurierung im 19. Jh angebracht. Bis zur Vertreibung war der letzte Besitzer die Fam Stummer.

In sw R (19 km) • TSCHERMAN (ČERMANY), siedlungsgeschichtlich interessanter Ort mit früher hohem d Anteil (1930: 640 EW; 433 Sl, 205 D, 1991: 402, 2001: 394 EW). Da die Böden nicht den gewünschten Ertrag brachten, entschlossen sich die Besitzer (Baron Heinrich von Splényi und Graf Degenfeld-Schönburg) dieselben zu verkaufen. Ein Makler aus Berlin fand im Münsterland Interessenten. Nachdem 1858 von den beiden Besitzern 345 ha bzw. 336 ha verkauft waren, zogen 44 Familien aus dem hannoverschen Artland und dem oldenburgischen Münsterland nach Tscherman. Sie hatten dort zwischen 1907-28 keine d Schule, konnten aber ihre niederdeutsche Mundart bewahren. 1869 kamen weitere Siedler in die Gegend, die sich im benachbarten • GROßRIPPEN (VEĽKÉ RIPŇANY) niederließen. Mit der Vertreibung der d Bevölkerung endete diese kaum 100 Jahre dauernde Ansiedlung. Die kath Kirche hat mit der Renaissance, dem Barock und dem Klassizismus 3 Stilarten aufgenommen.

In w R (13 km) • HAJNÁ NOVÁ VES, abgelegenes Dorf (357 EW) mit schönem 4-flügligen Renaissanceschloß von 1609, 1816 umgebaut, 1896 und 1924 im historisierenden Stil an die Gotik und Renaissance angepaßt. Innenhof mit Arkaden, Fresken an den Außenwänden. Heute Schule. Ausgedehnter Park mit pseudoromanischer Krypta der Steigers vom Ende 19. Jh, Altar der Wiener Schule und Kapelle mit einem Schnitzaltar aus Tirol (20. Jh) sowie eine barocke Nepomuk-Statue (18. Jh). **T** *In der Nähe mehrere Stauseen, darunter Krtovce, Badeplatz.*

◉ ZENTREN IN DER WEITEREN UMGEBUNG: Neutra, Pistyan, Banowitz.

■ **TORNAĽA** (1948-1990 **ŠAFÁRIKOVO**), Bez Revúca, 181 m. Aufstrebendes Mittelzentrum an der u Grenze, früher selbst Sitz eines Bez. Gehörte 1938-45 zu Ungarn. ŽSR, Straßenknoten, SAD. Namen: ma Tornalya, 1245 Kuuy, 1773 Tornallya, 1920 Tornaľa, 1948 Šafárikovo (obzwar keine Verbindung mit dem sl Dichter!).

Hajná Nová Ves: Schloß

Alter Siedlungsplatz (Bronzezeit). Sehr gut erhaltene d Zentralanlage. Die ref Kirche, im 15. Jh gotisch und kath errichtet, wurde 1894 renoviert und ist mit einer Kassettendecke (1788), die mit Blumenmotiven bemalt ist, abgeschlossen. Neben der Kirche steht ein kleiner klassizistischer Bau, der als Bibliothek genutzt wird. Ein modernes Gebäude ist die evang Kirche von 1933.

Industrie nach 1945: Baustoffe, Kleidung, Lebensmittel.

T *Hotel. Camping- und Zeltplatz, Hüttenkolonie. Strandbad "Králik".*

🌐 1930: 3.469 EW (835 Sl, 133 D, 1.772 Ma, 362 J), 1940: 3.799, 1991: 8.185, 2001: 8.169 EW.

◉ UMGEBUNG: In s R (14 km) • ABOVCE, kleiner Ort (606 EW) mit einem klassizistischen Schloß, mit einigen frühbarocken Einflüssen 1800-10 gebaut, durch einen Risalit gegliederte 11-achsige Hauptfassade, auf der Hofseite eine durch Arkaden gebildete Loggia.

In s R (19 km) • ČÍŽ, kleiner gemütlicher Badeort (690 EW), dessen erste Brom-Jod-Quelle 1862 zufällig beim Graben eines Brunnens entdeckt wurde. Nach der Gründung einer AG (1889) kam es zu einem Aufschwung, 1890 wurde eine neue, sehr ergiebige Quelle entdeckt. Inzwischen sind es drei, die in ihrer Zusammensetzung ähnlich denen von Hall in Tirol sind und die zur Behandlung von Gelenkerkrankungen und solchen von peripheren Gefäßen verwendet werden. Die älteren Badehäuser im "Schweizer Stil" stammen aus dem späten 19. Jh, die neuen aus der Zeit nach dem 2. Weltkrieg.

In sw R (20 km) • ŽÍP, kleines Dorf (231 EW) mit ref Kirche vom 14. Jh, Disposition im 18. bzw 19. Jh verändert, in den 70-er Jahren wurden Seccowandmalerein verschiedenster Darstellungen, u.a. ein mariologischer Zyklus, gefunden und teilweise restauriert.

◉ ZENTREN IN DER WEITEREN UMGEBUNG: Großsteffelsdorf, Eltsch, Pleißnitz.

▲ **TORYSA**, 129 km langer rechter Seitenfluß der Hernad, der in den Leutschauer Bergen entspringt und zuerst in ö R fließend und nach Eperies mehr oder weniger in der Ebene verläuft.

■ **TREBISCHAU (TREBIŠOV)**, Bezirkshauptstadt, 109 m. Im w Bereich der Ostslowakischen Tiefebene gelegenes Zentrum der s O-Slowakei. Bedeutender Eisenbahn- und Straßenknoten, SAD. Namen: ma Töketeres, 1254 Terebes, 1341 Therebes, 1773 Trebissow.

Alter Siedlungsplatz (Jungsteinzeit, Bronzezeit, Großmährisches Reich). Im 14. Jh wuchsen die Burg (1254 erwähnt) und die Gemeinde Paris (1330 so genannt) zusammen, die oft ihre Besitzer wechselten. Im O der Stadt steht in einem weiten Park das 3-flüglige, ursprünglich barock-klassizistische **Schloß**, das Emmerich Csáky 1786 errichten ließ, wobei Steine der alten Wasserburg verwendet wurden. In der 2. Hälfte des 19. Jh, im Besitz der Andrássys, erweitert und im historisierenden Stil (in Anlehnung an die Renaissance) umgestaltet. Die Wandgemälde stammen von J.L. Kracker. Heute Museum. Der **Park** gehörte zu den schönsten in Österreich-Ungarn. In ihm befinden sich unbedeutende Ruinenreste der alten Wasserburg (13.-18. Jh) und neben verschiedenen Erholungseinrichtungen ein See. Ferner steht das schöne neogotische, 1893 nach Plänen von Arthur Meinig (Vertreter der Dresdner Bauschule) errichtete **Mausoleum** des Julius Andrássy. Das Äußere ist sehr reich gegliedert, das schlichte Innere ist mit einem sternförmig angeordneten Rippengewölbe abgeschlossen. Die neobarocken allegorischen Bronzefiguren sollen die Trauer symbolisieren. **Kirchen**: Kath, ursprünglich gotisch, vor 1404 errichtet, mehrfach erneuert und teilweise barockisiert, verbunden mit dem Paulanerkloster von 1502 und nach dem Brand von 1876 in der Fassade umgestaltet, orthod Kirche von 1825.

Bedeutende Lebensmittelindustrie (ab 1912 Zuckerfabrik, ab 1935 Konservenfabrik, ebenfalls vor 1945 Zementwaren, Natursteine).

M *"Vlastivedné múzeum" (=Heimatkundliches Museum) im Schloß, Geschichte der Landwirtschaft der O-Slowakei, Tokajer Weinbau in der Slowakei, Handwerk.*

T *Hotels.*

◍ 1930: 7.162 EW (6.027 Sl, 32 D, 158 Ma, 55 Ru, 273 J), 1940: 7.653, 1991: 8.185. 1991: 20.675, 2001: 22.342 EW.

◉ UMGEBUNG: In n R (11 km) • SEČOVCE, Kleinstadt (7.819 EW), zeitweise calvinistische Schule und bis 1932 eine Rabbinerschule. Kath Kirche, 1494 als gotischer Bau errichtet, oft umgebaut und während des 2. Weltkrieges sehr stark beschädigt, erneuert, 1954 durch den schlanken Turm ergänzt, die heutige dreischiffige Anlage enthält nur ganz wenige Details des ursprünglichen Bauwerkes. Auch die orthod Kirche von 1757 und das kleine klassizistische Schloß aus der 1.

Malé Ozorovce: Glockenturm

Hälfte des 19. Jh wurden durch die Kriegshandlungen sehr in Mitleidenschaft gezogen. **T** *Hotel.* In nw R (15 km) • MALÉ OZOROVCE, Dorf (563 EW). Kath Kirche, turmlos, ursprünglich gotisch zu Beginn des 15. Jh errichtet, im 2. Weltkrieg sehr schwer beschädigt, erhielt 1619 einen interessanten, hölzernen Glockenturm, die im unteren Bereich nicht verschalte Holzkonstruktion steht auf einem massiven Sockel.

◉ ZENTREN IN DER WEITEREN UMGEBUNG: Michaľany, Kaschau, Vronau ad Töpl, Großmichel.

■ **TRENTSCHIN (TRENČÍN),** Bezirkshauptstadt, 211 m. Schon immer ein bedeutender Ort an einem historischen, strategisch wichtigen Platz im mittleren Waagtal, heute ein bedeutendes wirtschaftliches und administratives Zentrum. Bis 1922 Sitz des Komitates Trentschin, dann mit mehreren Unterbrechungen Sitz von Nachfolgeorganisationen, heute, nach Aufhebung der Zentralisierung, wieder übergeordneter Verwaltungssitz. Die Altstadt ist eine Denkmalszone. Eisenbahn- und Straßenknoten, SAD. Namen: 178 lat Laugaricio, Leucaristos, ma Trencsén, 1111 Treinchen, 1113 Trencsin, 1208 Trencin, 1265 Trechin.

Einige Funde lassen auf Wohnsitze in verschiedenen Epochen der Steinzeit schließen. Später war dieser Platz fast durchgehend besiedelt. Bei einem sehr weit in das Quadenland vorgetragenen Angriff lagerten 179 die Römer unter dem Felsen von Trentschin. Aus dieser Zeit stammt die **römische Inschrift**, die erst 1852 am Burgfelsen, hinter dem Hotel Tatra (vom 1. Stock zu sehen), bei der Beseitigung von Bäumen entdeckt wurde: "VICTORIAE/AVGVSTORV(m)/EXERCITVS QVI LAV/GARICIONE SEDIT MIL(ites)/... L(egionis) II DCCCLV/(Marcus Valerius) MAXIMIANVS LEG(atus)/LEG (ionis) II AD(iuticis) CVR(avit) F(acinedum)". In den Klammern stehen, nach der neuesten Interpretation, die fehlenden Buchstaben. Sinngemäß wird berichtet, daß sie zu Ehren des Sieges der Kaiser und der Soldaten, die, 855 an der Zahl, von der zweiten Legion, in Laugaricio waren, von Marcus Valerius Maximianus, Legat der zweiten Hilfslegion, angefertigt wurde. Die Inschrift ist ein einmaliges Dokument, schon die immobile Lage ließ keine Diskussionen um die Herkunft zu. Sie war schon bereits zu Beginn des

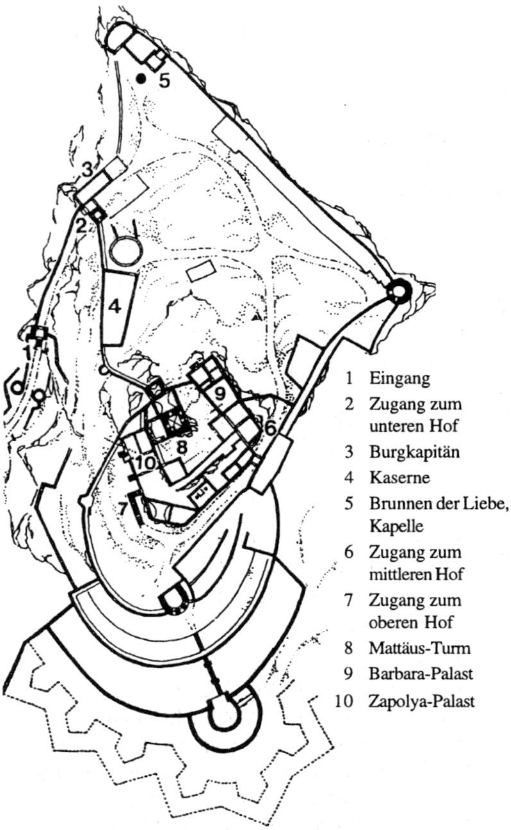

Trentschin: Grundriß der Burg

16. Jh bekannt, wurde dann vergessen. Nach ihrer Wiederentdeckung und unvollständigen Veröffentlichung hielt sie Th. Mommsen für eine Fälschung, erst später erkannte er ihre Echtheit an. Andere ältere Deutungen nennen einen anderen Legaten (Constans), aber heute gibt es keinen Zweifel am Namen, der auch aus einer römischen Inschrift in Algerien bekannt wurde. Abgüsse sind an mehreren Orten in Trentschin zu sehen.

Die Entstehung Trentschins als Marktgemeinde mit einem verbreiterten Straßenmarkt ist eng mit der starken **Burg** verbunden, deren 1973 entdeckte Rotunde schon zu Beginn des 11. Jh errichtet wurde. 1302 kam die Burg in die Hand von Mattäus Csák (als Palatin nutzte er seine Macht rücksichtslos für eigene Zwecke aus). Er ließ den 30 m hohen Turm umbauen (nach ihm Mattäus-Turm benannt) und einen Palast errichten. Nach seinem Tod wurde die Burg wieder königliches Eigentum. 1335 wurde der Trentschiner Vertrag zwischen Böhmen und Polen geschlossen,1412 wird Trentschin durch Sigismund zur königlichen Freistadt und bekommt das Stapelrecht. Auf der Burg ließ er für seine zweite Gemahlin Barbara einen weiteren Palast errichten (Barbara-Palast, Barborin), der mit dem Turm zur heute charakteristischen Silhouette der Burg wurde. Zwischen 1526 bis 1570 wurde der 79 m tiefe "Brunnen der Liebe" hergestellt, den angeblich der türkische Kaufmann Omar zur Auslösung seiner in Gefangenschaft des damaligen Burgherren geratene Braut Fatima grub. 1663 widerstanden die Stadt und die Burg der türkischen Belagerung. Am 2.8.1708 verlor Franz II. Rákóczi vor den Toren Trentschins eine entscheidende Schlacht, und die Stadt brannte wieder einmal ab. 1742 wurde die Burg, inzwischen die drittgrößte Anlage der Slowakei, umgebaut, und ab 1782 wurde sie als Kaserne genutzt, bis sie 1790 bei einem Feuer, das in der Stadt ausbrach, zum größten Teil zerstört wurde. Vor 1900 wurden wesentliche Ruinenreste und in der oberen Burg einige Wandmalereien gesichert. Nach dem 2. Weltkrieg erfolgte eine umfassende Sanierung. Die Aussicht vom Turm ist hervorragend!

Von den Stadtbefestigungen sind nur das **Türkische Tor** (Unteres Tor) von 1543 und wenige Reste der Stadtmauern erhalten geblieben. Die **kath Pfarrkirche** steht am Abhang des Burgberges und wurde 1324 an der Stelle einer unbekannten Kirche im gotischen Stil errichtet. Aus dem 14. Jh blieb aber nur die Umfassung des Presbyteriums übrig, da die Kirche nach dem Brand von 1528 ein neues dreischiffiges Renaissancelanghaus mit einer Empore (sie war bis 1683 im Besitz der Evangelischen) erhielt. In der Illésházy-Kapelle steht ein prachtvoller Alabasteraltar, der häufig R. Donner zugeschrieben wird (zweifelhaft!). Die Kirche besitzt einen wertvollen spätgotischen Kelch, den Ludwig I. von Karl IV. erhalten hatte.

Neben der Kirche steht ein gotischer Karner aus der ersten Hälfte des 15. Jh.

An der SW-Ecke des Marktplatzes steht die 2-türmige barocke **Piaristenkirche**, die 1653-57 von den Jesuiten errichtet wurde. In der Anlage und mit ihrer reichen Ausstattung sowie ihrer illusionistischen Ausmalung von Chr. Tausch ähnelt sie der Universitätskirche in Tyrnau, ohne deren Größe und stilistische Geschlossenheit zu erreichen. Nach der Auflösung des Jesuitenordens (1773) übernahmen die Piaristen die Kirche und das Kloster, das sie um ein Gymnasium erweiterten. Das Refektorium des ehemaligen Klosters hat eine mit Stuck reich verzierte Decke, die als Tonnengewölbe von seitlichen Kappen durchdrungen wird (heute Teil einer Galerie).

Am Marktplatz stehen außerdem die 1712 errichtete **Pestsäule** und das spätbarocke **Komitatsgebäude** und Gauamt von 1761 (heute Museum). Die Geschlossenheit des Platzes hat leider durch mehrere Neubauten aus den 30-er Jahren gelitten. In der Nähe steht die **Synagoge**, die 1911 in einem historisierenden orientalischen Stil errichtet wurde (heute für kulturelle Zwecke genutzt). In der S-Stadt: Klassizistische **evang Toleranzkirche** von 1794, mit einer hervorragenden Rieger-Orgel und einem schönen Turm, **Klosterkirche Notre Dame** von 1909, ausgemalt von P.J. Kern (1924), barocke **Marien-Kapelle** von 1789 (am Ort der Spitalkirche).

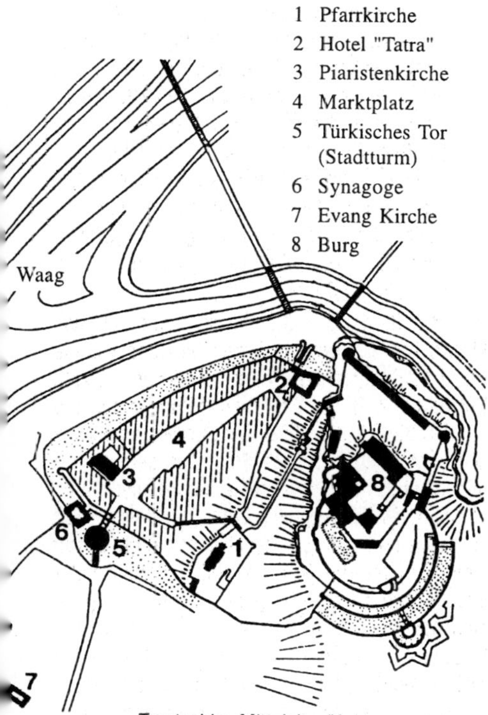

Trentschin: Mittelalter/Heute

Industrie: Textil, Maschinenbau, Lebensmittel, Leder, früher Ziegeleien.

M *"Trenčianske múzeum" (=Trentschiner Museum), Naturwissenschaft im ehemaligen Komitatshaus am Marktplatz, weitere Ausstellungen (Waffen, Justiz, Wappen etc) in der Burg. "Galéria M.A. Bazovského" (=M.A. Bazovský-Galerie), im Kloster am Marktplatz. Neben den Werken des Künstlers bildende Kunst der Region.*

T *Hotels. Motel, Camping- und Zeltplatz, Strandbad auf der Waaginsel. Zwei Freibäder. Hallenbad.*

⊕ 1930: 12.645 EW (10.902 Sl, 609 D, 217 Ma, 641 J), 1940: 14.988, 1991: 56.828, 2001: 57.854 EW:

◉ UMGEBUNG: In sw R (10 km) • ADAMOVSKÉ KOCHANOVCE, mehrere Ortsteile (743 EW). Im Teil Adamovce: In einem englischen Park stehendes spätbarockes Kastell, Ende 18. Jh, mit einem auffallenden, vorgezogenen, mit einer großen Kuppel (die in einer Laterne endet) abgeschlossenen Mittelbau. Zweiter Flügel von 1858 (Altersheim).

In nö R (22 km) zweigt s der Haltestelle "Sedmerovec" ein Weg nach O ab, der die Bahnlinie querend, nach 1 km die Lokalität • POMINOVEC erreicht, wo im freien Feld eine kleine, aus der Mitte des 12. Jh stammende kath Kirche steht, die im Inneren einige barocke Zutaten erfuhr. Eine typische Herrschaftskirche, die zu einem heute nicht mehr existierenden Besitz gehörte.

In nö R (26 km) • PRUSKAU (PRUSKÉ), Kleinstadt (2.089 EW), mit bedeutender **kath Pfarrkirche**, 1780-89 (Chronostikon über dem Portal) im Rokokostil an Stelle einer mittelalterlichen Kapelle gebaut, mit hohem schlanken Turm. Die 4 Altäre stammen aus der Zeit der Errichtung der Kirche, im Nepomuk-Seitenaltar befindet sich ein Bild von J. Zannussi, die Beichte der Königin Böhmens (1776), im Hauptaltar (Tabernakelarchitektur) ein Bild des Abschiedes der Apostel Petrus und Paulus. In Europa einzigartige

Pruskau: Schiffskanzel

Schiffskanzel (Schiff Petri als Symbol der Kirche). Tafel "verlorenes Glück 3.4.1860"? Die Kirche des **Franziskanerklosters**, das von 1636-1950 existierte, ist frühbarock von 1642, mit einer Kapelle aus dem 18. Jh. 4-flügliger, einen Arkadenhof einschließender Klosterbau mit schönem Refektorium. Das **Schloß**, in der Ausdehnung zählt es zu den größten der Slowakei, ist von der Anlage her ein typischer 4-flügliger, einen großen Arkadenhof umschließender Renaissancebau, der im letzten Drittel des 16. Jh errichtet wurde. Der ursprünglich umlaufende Wassergraben wurde teilweise zugeschüttet, um die Verbindung zum englischen Park herzustellen. Während der barock-klassizistischen Umbauten 1787 erhielt die Anlage ihre etwas strenge Außenfassade, und die Arkaden des Hofes wurden leider zugemauert. Heute landwirtschaftliche Fachschule. Früher im Besitz der Grafen Königsegg-Aulendorf.

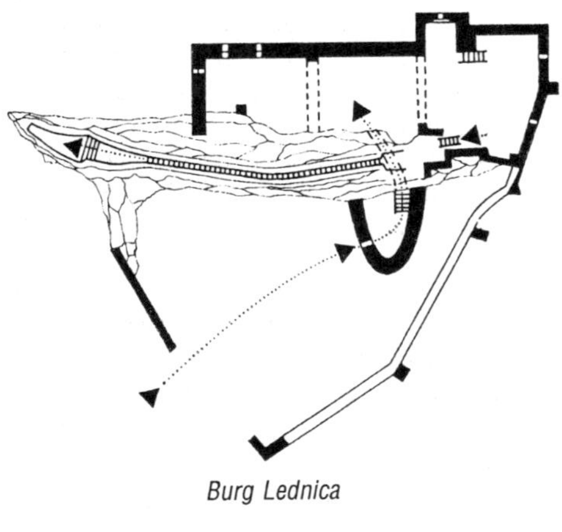

Burg Lednica

In nö R (34 km) • LEDNITZROWNE (LEDNICKÉ ROVNE), Kleinstadt (4.169 EW) mit alter, durch d Glasbläser aus N-Mähren begründeter Glastradition (u.a. Glashütte J. Schreiber & Neffen). Ursprünglich renaissancenes Kastell, 1. Hälfte des 18. Jh, wurde 1860 im romantisierenden Stil umgebaut (gehörte bis zur Enteignung den Schreibers). Im Park neben einigen Gräbern ein Mausoleum (19. Jh) und der Turm einer 1648 errichteten und 1926 abgebrochenen Kirche. Barocke Anna-Kapelle von 1751, 1958 von R.O. Dollinger ausgemalt. Die Michaels-Kirche wurde 1926-27 in Anlehnung an den Neoklassizismus gebaut. **M** *"Slovenské sklárske múzeum" (=Sl Glasmuseum) im Kastell, attraktive Exposition!* **T** *Hotel.*

In n R (42 km) • BURGRUINE LEDNICA (HRAD LEDNICA): Liegt wie Löwenstein im Klippenbereich, dicht oberhalb des großen Dorfes (1.031 EW), in dem sich Protestanten nach der Schlacht am Weißen Berg niedergelassen hatten (1620 Besuch J.A. Komenský's, Tafel an der Schule). Barocke kath Nepomuk-Kirche, 1732-35 als Ersatz für eine alte Holzkirche bzw. für die Burgkapelle errichtet, mit großem Baldachinaltar von 1735 (Krone, Nepomuk-Relief). Die Burg, ab dem 13. Jh auf drei Ebenen errichtet, scheint an die Felsen angeklebt zu sein, war zeitweise in der Hand der Hussiten, später ein Raubritternest, von denen der letzte Räuber 1601 (nach der Festnahme durch Georg Thurzo) in Preßburg hingerichtet wurde.

1710 wurde sie von den kaiserlichen Truppen niedergebrannt. Zum mittleren Teil führt ein Felstunnel, und der höchste Wachturm ist nur über eine steile, aus dem Felsen gehauene Treppe zu erreichen! Auf dem niedrigsten Felskopf ein Kreuz für die unglückliche Katharina, die, dem Recht der ersten Nacht des Burgherren ausweichend, aus einem Fenster in den Tod sprang.

In n R (32 km) • BURGRUINE LÖWENSTEIN (HRAD VRŠATEC): Liegt oberhalb des Dorfes Vršatské Podhradie (258 EW), im Bereich der

Burg Löwenstein

schönen, wilden, malerischen Felsenlandschaft, der Vršatské bradlá (=Vršatetzer Klippen), die mit spitzen Klippen durch die Deckschichten der Weißen Karpaten bricht. Die Burg wurde auf einer unzugänglichen Kalkklippe (805 m) im 13. Jh errichtet, eine der kühnsten Anlagen der Slowakei (Felstreppe zum höchsten Turm), hervorragende Lage, die weite Teile der Umgebung und vor allem das Waagtal kontrollieren konnte. Welche Mühen und wahrscheinlich Opfer waren notwendig, um auf diesem Turm die Mauern, die direkt aus dem Fels herauszuwachsen scheinen, hochzuziehen! Kein Wunder, daß es über die Entstehung der Burg zahlreiche Sagen gibt, die sich auf einen die Gegend in Schrecken versetzenden Löwen (daher der d Name) oder auf einen feuerspeienden Drachen beziehen (der hier einmal gehaust haben soll). 1680 wurde auf Befehl Leopolds I. die zum Schlupfwinkel der Aufständischen gewordene Burg zerstört, die später wieder hergestellt wurde, bis sie ab 1707 endgültig zur Ruine verfiel. Sehr schön ist auch der gelb mk Pfad auf die aussichtsreiche Chmeľová (Sondermk, 925 m, 1/2 Std), reiche Flora.

◉ ZENTREN IN DER WEITEREN UMGEBUNG: Neustadt ad Waag, Trentschinteplitz, Puchau, Banowitz.

◆ **TRENTSCHIN (TRENČIANSKA STOLICA)**, comitatus Trentsiniensis, Trentschiner Gespanschaft, Trentsén vármegye. Sehr altes (früher sehr armes) Komitat mit einigen strategisch sehr wichtigen und mehreren bedeutenden kulturhistorischen Plätzen. Die Bedeutung wechselte im Lauf der Jahrhunderte von Trentschin (Stapelrecht) nach Sillein.

■ **TRENTSCHINTEPLITZ (TRENČIANSKE TEPLICE)**, Bez Trenčín, 268 m. Sehr malerisch gelegenes, weithin bekanntes Bad mit heißen Quellen und Schlammvorkommen gegen rheumatische Erkrankungen und Schäden am Bewegungsapparat. Sehr schöner, ausgedehnter Kurpark. In der Umgebung zahlreiche Spaziergänge und Wanderungen auf bequemen Wegen. ŽSR, SAD. Namen: lat 1379 Aquae Calidae, 1598 Thermae, ma Trencsénteplic, 1784 Teplicz, 1920 Trenčianske Teplice.

Die starken (ca. 2 Mill l/Tag) und warmen (38-40° C, 2700 mg/l gelöste Mineralstoffe, zahlreiche freie Gase) Quellen können direkt für Heilzwecke verwendet werden. Der Schlamm der ausgedehnten Lager war schon lange bekannt (übliche Sage von dem heilungsuchenden Hirsch, der die Menschen aufmerksam gemacht hat). Funde belegen bereits eine jungsteinzeitliche Siedlung sowie Niederlassungen in den späteren Epochen. Jh hindurch gehörte die Gegend den Besitzern der Trentschiner Burg. Die erste Beschreibung von 1580 bestätigt, daß der "Badebetrieb" in 2 unmittelbar von den Quellen gespeisten Tümpeln (einer für die Herrschaften, der andere für das gewöhnliche Volk) stattfand, während für die Übernachtung ein paar mit Stroh gedeckte Blockhäuser und Zelte zur Verfügung standen. Das Bad war bereits Ende des 16. Jh über die Grenzen Ungarns hinaus bekannt, und als die Familie Illésházy den Besitz übernahm, änderte sich wenig. 1623 gab es vier "Bäder" und ein Haus für den "Bademeister".

Ein größerer Aufschwung erfolgte zZt von Josef Illésházy, der, als Hofmarschall und Obergespan der Komitate Trentschin und Liptau, den Ort auf die Stufe anderer Bäder der Monarchie heben wollte. In einer d Beschreibung von 1755 werden

Trentschinteplitz: Bad Hammam

5 Bäder, die bereits überdacht waren, und entsprechende Umkleideräume erwähnt. 1766 erhöhte sich ihre Zahl auf 7. Auch der Sohn von Josef Illésházy, Johann, bemühte sich um den weiteren Ausbau des inzwischen für seine Zeit gut eingerichteten und beliebten Bades, aber ihm fehlte das Geschick und Interesse des Vaters. Erst sein Nachfolger, Stefan Illésházy, sorgte am Beginn des 19. Jh für einen großzügigen Ausbau (2 weitere Badehäuser, 4 Häuser mit 150 herrschaftlichen Wohnungen, Kurkonzerte, kostenlose Bademöglichkeit in 6 Bädern). Um 1834 wurden 4.689 Gäste, die außerhalb Ungarns seßhaft waren, gezählt.

1835 zwangen die finanziellen Probleme Stefan Illésházy, seinen Besitz an den Wiener Bankier Georg Sina zu verkaufen. Dieser, vor allem aber sein Sohn Simon, sorgten für einen weiteren Ausbau und Aufschwung, etwa im Stile Ischls. 1870 wurde das bekannte Badehaus, die "Sina" errichtet. Unter Iphigenie de Castries (später Iphigenie d'Harcourt), der Tochter Simon Sinas, und ihrem leitenden Badearzt J. Heinrich wurde 1888 das Badehaus "Hammam" im maurischen Stil (Architekt Franz Schmoranz) gebaut. 1907 verkaufte sie das Bad an ein u Bankenkonsortium, das eine AG gründete. Nachdem das großzügig ausgestattete Grandhotel den Betrieb aufnahm, standen 500 Hotelbetten zur Verfügung, und 1912 wurden mehr als 12.000 Gäste gezählt. Eine Zahl, die sich in den 30-er Jahren, nachdem tschechische und sl Banken den größten Teil der Aktien übernahmen, noch verdoppelte. Die 1949 erfolgte Verstaatlichung schuf zahlreiche Neubauten, aber auch den kahlen, asphaltierten Platz vor dem Hotel "Jalta".

T *Hotels, Sanatorien. Sehr schönes, teilweise in den Fels gesprengtes Thermalfreibad "Zelená žaba" (=Grüner Frosch).*

⊕ 1930: 2.099 EW (1.845 Sl, 49 D, 35 Ma, 72 J), 1940: 2.215, 1991: 4.436, 2001: 4.438 EW.

◉ UMGEBUNG: In n R (8 km) • DUBNITZ AN DER WAAG (DUBNICA NAD VÁHOM): Früher Kleinstadt (1930: 2.358 EW), 1930-37 Übernahme und Aufbau von Teilen der Škoda-Werke Pilsen (strategische Gründe), 1937 Produktionsbeginn, 1939 im Besitz der Hermann Göring-Werke, während des 2. Weltkrieges Verlagerung von Produktionsstätten aus Bochum, Juli 1944 schwerer alliierter Luftangriff auf die Anlagen, nach dem 2. Weltkrieg große Erweiterungen, begleitet von einer Bevölkerungsexplosion (25.995 EW). Wurde zu einem der drei großen Zentren der Schwerindustrie der Slowakei. Das **Renaissanceschloß** wurde 1642 als etwas unsymmetrische, 4-flüglige Anlage auf älteren Fundamenten errichtet. 1730 Barockisierung der Fassade, vor allem des Einganges mit dem Turm, 1818 Anbau des 5. Flügels. Nach dem Verkauf, den 1835 die Illésházys aus finanziellen Gründen vornehmen mußten, verfiel die Anlage, wurde aber inzwischen wieder restauriert. Ein weiteres kleineres Kastell stammt aus der 1. Hälfte des 17. Jh. Die **kath Kirche** wurde 1754 unter Einbeziehung des Turmes einer älteren Anlage errichtet, Baldachinaltar (barock, 18. Jh) mit Madonna (17. Jh), Tabernakel, u Krone, Rokokoseitenaltar (um 1776), Rokokotaufschrein. **T** *Hotels.*

In nö R (12 km) • KLOBUŠICE, Dorf eingemeindet nach Ilava, mit dem klassizistischen Kastell von 1840, Säulenportikus zum Garten, heute Restaurant. **M** *Im Nebengebäude "Múzeum obchodu" (=Handelsmuseums), Zweigstelle der Preßburger Zentrale, zahlreiche Exponate, besonders aus dem Gastgewerbe, u.a. Waagen, Kassen.*

In nö R (14 km) • ILAVA, schön gelegene Stadt (5.411 EW). Die Festung wurde im 2. Drittel des 16. Jh auf dem Bestand einer mittelalterlichen Burg errichtet, 1693 von den Trinitariern zu einem Kloster mit einem Krankenhaus erweitert, 1701-22 Bau der barocken Kirche, 1725 kam das Kloster in den Besitz der Familie Königsegg, ab 1856 bis heute Verwendung als Strafanstalt, 1938 Konzentrationslager. **T** *Hotel.*

In ö R (32 km): • HOMÔLKA, 907 m hoher Scheitel der Paßstraße (Restaurant) in abwechslungsreicher Landschaft. Blau mk Pfad zum bewaldeten, aber aussichtsreichen Kegel des Vápeč (956 m), 1 Std.

◉ ZENTREN IN DER WEITEREN UMGEBUNG: Trentschin, Puchau, Nováky.

▲ **TRIBETZGEBIRGE (TRÍBEČ),** 58 km langes, das mittlere Neutratal sw begrenzendes, bewaldetes Mittelgebirge. Vom n von Neutra gelegenen Zobor (588 m) steigt es bis auf ca. 830 m (Veľký Tríbeč 829 m) und ist am n Ende bei Hochwies noch um 700 m hoch.

■ **TRSTENÁ,** Bez Tvrdošín, 600 m. An der oberen Arwa, nahe der p Grenze gelegenes Mittelzentrum, das an Bedeutung verlor (früher Sitz eines Bez). ŽSR, Straßenknoten, SAD. Internationaler Grenzübergang nach Polen. Namen: d alt Bringenstadt, 1379 Bingenstedt, ma Trsztena, 1379 Krisina, 1420 Trstená, 1427 Stadtsek, 1520 Trstená.

Der Ort bekam sofort bei der Gründung durch Johann Hertell die Stadtrechte, die später verloren gingen. Wie es zu dieser d Gründung kam (der Marktplatz, der durch spätere Bauten erheblich verkleinert wurde, zeugt davon) und wie lange sich hier d Bewohner halten konnten, ist unklar. Die **kath Kirche**, ursprünglich gotisch, wurde 1641 im Renaissancestil erneuert und 1743-47 barockisiert.

Am S-Rand des Marktplatzes steht das barocke **Franziskanerkloster** mit Kirche, die 1706 bzw. 1776 errichtet wurde. Sie ähnelt im Grundriß der Pfarrkirche, während ihre Fassade später im neoromanischen Stil umgestaltet wurde.

Industrie, 19. Jh - ca. 1927: Erdölraffinerie, Keramik, nach 1945: Textil, Lebensmittel, Holzverarbeitung.

Tvrdošín: Holzkirche auf dem Friedhof

T *Hotel.*

🌐 1930: 2.359 EW (2.245 Sl, 4 D, 23 J), 1940: 2.362, 1991: 6.059, 2001: 7.461 EW.

◉ UMGEBUNG: In sw R (6 km) • TVRDOŠÍN, mittlere aufstrebende Stadt an der oberen Arwa (9.544 EW) Bezirkshauptstadt, mit der ältesten Holzkirche der Slowakei, der **Friedhofskirche**. Sie stammt als kath Kirche (später nie eine Artikularkirche, wie öfters falsch geschrieben!) aus der 2. Hälfte des 15. Jh. Großartiger, nicht gefaßter, barocker Allerheiligenaltar (Plastiken: Anfang 18. Jh, Bild: Mitte 18. Jh). Renaissance- und Barockausmalung vom 18. Jh. Fragmente eines gotischen Flügelaltars (16. Jh) in der Museumkirche auf der Insel im Arwastausee. Die **kath Pfarrkirche**, in der 1. Hälfte des 17. Jh auf den Fundamenten einer älteren, abgerissenen Anlage im Renaissancestil errichtet, hat eine Barockeinrichtung, darunter ein Bild von J.B. Klemens, Ausmalung vom Ende der 30-er Jahre. **T** *Hotel.*

In sw R (11 km): • NIŽNÁ, Kleinstadt (4.073 EW). In der kath Kirche, volkstümliches Relief, das letzte Abendmahl. **T** *Hotel.*

In sw R (13 km) • PODBIEL, großes Dorf (1.218 EW), mit Industrievergangenheit, 1803 3 Eisen-

Podbiel: Alte Holzhäuser

erzgruben, 1836 Hochofen und Hüttenwerk, heute Ruine an der Straße nach Zuberec. Um den Erhalt als Industriedenkmal hat es in der sozialistischen Zeit einen ideologischen Streit gegeben ("...wie käme der Sozialismus dazu die Zwingburgen des Feudalismus zu erhalten"). Alte Holzhäuser mit Luftlöchern im Giebel tw. als Kelch mit Hostie (Hussiteneinfluß). Kath Kirche, barock von 1780-81.

In sö R (28 km, über Podbiel und u.a. Zuberec, früher verbunden mit einer Schmalspurbahn für den Holztransport): • BRESTOVÁ, Forsthaus, **T** *Hüttenkolonie, Skilifte. Restaurant.* In der Nähe befindet sich das **M** *"Múzeum oravskej dediny", ein sehr interessantes Freilichtmuseum über die Volksarchitektur und Wohnkultur der Arwa. Unter den ca. 60 Objekten befinden sich hölzerne Bauernhäuser, die spätgotische Holzkirche aus Zábrež sowie zwei kleinere hölzerne Glockentürme aus Rabčice und Záskalie. Ethnographische Ausstellung.*

In sö R (32 km, über Podbiel, Brestová): • ZVEROVKA (1037 m), hervorragendes Wander- und Skizentrum im n Bereich der Zentralgruppe der Liptauer Alpen, den Roháče. In diesen landschaftlich so großartigen, früher abgelegenen Winkel kamen Jahrzehnte hindurch nur "Kenner", denen die damaligen Mühen des überlangen Zuganges nichts ausmachten. Über eine 1923 auf Initiative von Jozef Maťašák ausgebaute Holzfällerhütte für 20 Personen, die aber bereits 1926 ausbrannte, wurde 1928 die Vorgängerin der heutigen Hütte, die "Maťašákova chata" für 40 Personen gebaut, 1932 vergrößert, fiel sie 8.12.1944 den Auseinandersetzungen während des SNP zum Opfer. **T** *Schon 1945 wurde wieder eine kleine Schutzhütte errichtet und 1951 das heutige Berghotel "Chata Zverovka" in Betrieb genommen. Weitere Unterkünfte: Hüttenkolonie und versteckt im Wald, Berghotel "Primula" (1982 eröffnet, nachdem der Bau, noch bevor er der Öffentlichkeit übergeben werden konnte, abbrannte). Direkt von der Talstraße zu erreichen.*

Mit Privatautos kann von der Straßengabel unterhalb der Zverovka noch 1,5 km weiter in das sehr schöne Tal hineingefahren werden (Parkplatz). Für den ganzen Bereich wurde 1969-71 ein internationaler, hauptsächlich für den Wintersport zugeschnittener, gigantischer Sport- und Erholungsplatz geplant (zahlreiche Hotels, Hüttenkolonien, 2 Kabinenbahnen, 10 Sessel- und Schlepplifte, 1 Rennrodelbahn und 2 Sprungschanzen). Bereits ab 1966 wurde die Straße zum Ťatliakovo pliesko (dort stand mit einer ähnlichen Vorgeschichte wie bei der Zverovka die "Ťatliakova chata", die 1946/47 wieder aufgebaut, 1963 abbrannte), die Kanalisation, Versorgungsleitungen und 1 Skilift, alles ohne endgültige Genehmigung gebaut. Mit dieser "Salamitaktik" (gab es auch im Sozialismus!) sollte das Projekt durchgezogen werden, obzwar die Sonnenstunden in dem O-W-Tal im Winter minimal sind! **T** *Schlepplift.*

Zverovka

In ö R (15 km) • BERGHOTEL CHATA V ORAVICIACH (793 m): Sehr schön gelegener, hervorragender Stützpunkt für Wanderungen in den n Ausläufern der Liptauer Alpen. Anfang des 17. Jh be-

Hohe Tatra: Gerlsdorfer Gruppe von Mengsdorf

gann die Herrschaft der Arwaburg mit dem Abbau von Eisenerz (geringe Qualität!) und legte eine Siedlung an. Von dem fehlgeschlagenen Unternehmen blieb nur die Kapelle übrig. 1930 wurde die erste Unterkunft für Touristen errichtet, die im Krieg zerstört wurde. **T** *1948 wurde das heutige Hotel eröffnet. Campingplatz, Hüttenkolonie.*

◉ ZENTREN IN DER WEITEREN UMGEBUNG: Arwaburg, Arwastausee, Liptau-St-Nikolaus, Unterkubin.

■ **TSCHIRMER SATTEL (TATRANSKÁ ŠTRBA),** Bez Poprad, 915 m. Gehört politisch zu Tschirm. Junge Siedlung auf dem flachen, weiten Sattel, in landschaftlich hervorragender Lage. Europäische Wasserscheide zwischen dem Schwarzen Meer (Waagtal) und der Ostsee (Poppertal). Touristisch wichtiger Straßen- und Eisenbahnknoten, Straße und Zahnradbahn zum Tschirmer See. Bis 1938 die am höchsten gelegene Eisenbahnstation Ungarns und der ČSR (die Station "Vernár" liegt ein paar m höher). Zum Namen: der sl ist ein Kunstname für die junge Siedlung.

Kulminationspunkt der einmaligen Ansicht: Die ca. 2.000 m aus der Hochfläche ragende Hohe Tatra, die durch keine Vorberge verdeckt ist. Diese großartigen, einmaligen Bilder, die sich von Liptovský Hrádok bis nach Zipser Bela um den Tatrabogen herum fortsetzen, ermöglicht ein riesiger Grabenbruch, der die Vorberge, die in anderen Bereichen (p Seite der Hohen Tatra, N-Seite der Niederen Tatra) vorhanden sind, versinken ließ. Ein Anblick, der viele Künstler zu Bildern inspiriert hat und jeden Reisenden, der auf der Straße oder mit der Eisenbahn am Fuß der Liptauer Alpen und vor allem der Hohen Tatra bei einigermaßen gutem Wetter vorbeifährt, beeindrucken wird. Früher standen neben der Station nur ein paar Häuser, nach dem 2. Weltkrieg kamen Unterkünfte für Bedienstete der Tatrakurorte hinzu, dann Touristenhäuser, Hütten, etc.

T *Hotels. Hüttenkolonie, Camping- und Zeltplatz.*

◉ UMGEBUNG: In w R (9 km) • VAŽEC, große Gemeinde (2.395 EW). Sehr schöne Lage am Fuß der Hohen Tatra. Um 1280 vom Lokator Gerhard gegründet (war der 1. Richter), der d Name Waagsdorf ist sehr selten geworden. 1931 brannte fast die gesamte Gemeinde ab, daher keine Holzhäuser wie in den Nachbarorten. **Kirchen**: Kath vom Ende des 13. Jh gotisch errichtet, 1738 barock umgestaltet und 1910 total umgebaut, evang Kirche von 1889, an der Stelle einer älteren Toleranzkirche errichtet. **T** *Hotel, Motel.*

Häufig besucht wird die **Važecer Tropfsteinhöhle** (Važecká jaskyňa), 1.4.-31.10. außer Mo geöffnet, die zwar schon lange bekannt, aber erst 1922 erforscht wurde. Ab 1928 war ein Teil auf private Initiative hin zeitweise zugänglich, und 1954 wurde die Höhle für die breite Öffentlichkeit freigegeben. Von den bislang bekannten 400 m langen Gängen, die von der Weißen Waag, deren heutiger Wasserspiegel 7 m niedriger liegt als der Höhleneingang, ausgewaschen wurden, sind 230 m mit schönen schneeweißen Tropfsteinen zugänglich gemacht worden. Vor dem Eingang Hütte (Unterkunft, Restaurant).

In w R (16 km) • VÝCHODNÁ, große Gemeinde (2.401 EW) mit einigen alten Holzhäusern und langer folkloristischer Tradition mit jährlichen Volkskunstdarbietungen im Freilichtgelände ö des Ortes, deren phantasievolle Holzkonstruktionen sehr an eine indianische Kultstätte erinnern! Kath Kirche, 15. Jh, evang Kirche von 1927 nach Plänen von M. Harminc.

In w R (20 km) • GEIB (HYBE), größeres Dorf (1.617 EW). In der 1. Hälfte des 13. Jh kamen d Bergleute nach Geib, das die Karpfener Stadtrechte erhielt. Der Bergbau war in der nächsten Umgebung wenig erfolgreich, obzwar er öfters (zuletzt im 18. Jh) erneuert wurde. Die Bergleute mußten ihr Auskommen am Krivan und im Bereich von Unter- und Oberbotzau finden. An der Wende des 15./16. Jh war der Ort slowakisiert, und heute gibt es nur noch vereinzelt d Zunamen. Im Laufe der Zeit ging auch das Stadtrecht verloren. Neben Paludza der 2. Artikularort der Liptau, und die heutige **evang Kirche** wurde 1822-28 klassizistisch (mit einigen frühbarocken Details) an der Stelle errichtet, wo die hölzerne Artikularkirche gestanden hat, die abgetragen wurde und von der (ein sehr seltener Fall) noch Unterlagen über das Aussehen vorhanden sind. Die Kanzel, die Taufe und der Altar (bis auf das neue Zentralbild von 1926) stammen aus der alten Kirche und sind im 18. Jh angefertigt worden. Die **kath Kirche**, ursprünglich frühgotisch um 1300 errichtet, wurde barock-klassizistisch umgebaut und 1824 mit dem Turm ergänzt. Die Mauer sollte als provisorische Befestigung dienen. **T** *Motel.*

In s R (18 km) • LIPTOVSKÁ TEPLIČKA, schön an der Schwarzen Waag, am Fuß des Königsberges (1948 m), in der Niederen Tatra gelegene Gemeinde (2.277 EW), früher ein wichtiger Knoten der Schwarze-Waag-Schmalspurbahn. Entstand im 17. Jh durch eine goralische Kolonisation - im Gegensatz zu den im Vorland liegenden Gemeinden • UNTER- und OBERSCHÖNAU (ŠUŇAVA), die relativ rasch slowakisierte ältere d Gründungen waren (1.887 EW). Ausgangspunkt für Wanderungen und Skitouren in der Niederen Tatra. **T** *Touristenhotel.*

In ö R (7-9 km): • MENGSDORF (MENGUSOVCE) und • STOLLEN (ŠTÔLA), an der Zufahrt in die Hohe Tatra gelegene Gemeinden (579 bzw. 545 EW), die eine lange Bergführertradition besitzen.

In ö R (7 km) • LAUTSCHBURG (LUČIVNÁ), kleiner Kurort, abseits der Muttergemeinde (943 EW), den 1873 Adrian Várady-Szakmáry im Blickfeld der Bahnreisenden der Kaschauer-Oderberger-Eisenbahn gründete. Nach 10 Jahren standen 8 Gebäude in einem schön angelegten Park. Wäre 1906 nach dem Tod des Gründers wahrscheinlich eingegangen, aber sein Sohn konnte nach dem 1. Weltkrieg an eine Versicherungsgesellschaft verkaufen, die hier eine Heilstätte für lungenkranke Kinder einrichtete. **T** *Hotel.*

◉ ZENTREN IN DER WEITEREN UMGEBUNG: Tschirmer See, Svit, Deutschendorf, Liptovský Hrádok, Weszterheim.

■ **TSCHIRMER SEE (ŠTRBSKÉ PLESO)**, Bez Poprad, 1355 m. Das in der Hohen Tatra am höchsten gelegene Touristen- und Kurzentrum der Slowakei. Einmalig schöne Lage: Der Blick vom S-Ufer des Tschirmer Sees (Štrbské pleso) über diesen hinweg zur Gipfelreihe der Krivangruppe mit der Pyramide der Tschirmer Spitze und des Mengsdorfer Tales mit der Tatraspitze, gehört zu den schönsten, beschaulichen Ausblicken in der Hohen Tatra! Zahlreiche Künstler haben die sich hier bietenden herrlichen Motive verarbeitet. Auf der S-Seite, über dem weiten, 400 m tiefer liegenden Tschirmer Sattel hinweg, füllt der lange wellige Hauptkamm der Niederen Tatra den Horizont. Der Tschirmer See ist der fünftgrößte See der Hohen Tatra (der zweitgrößter auf der sl Seite, 0,2 km², 20 m tief, 1,28 Mill m³ Inhalt, hat weder einen Zufluß noch einen Abfluß). Hervorragender Ausgangspunkt für Wanderungen und Klettertouren, Skitouren. Wichtige Endstation der Elektrischen Tatrabahn von Deutschendorf und der

Compton: Tschirmer See

Am Tschirmer See

Zahnradbahn vom Tschirmer Sattel, Straßenknoten. Namen: d früher auch Csorber See, Zirbener See (literarische Konstruktion), ma Csorba-tó. Der Name ist von der am Fuße der Hohen Tatra gelegenen Gemeinde Tschirm (Štrba), zu der sie politisch gehörte, "heraufgewandert", über mehrere Zwischenstufen in der Großgemeinde "Vysoké Tatry".

Die Gründung erfolgte 1872, als der Großgrundbesitzer Josef Szentiványi (ihm gehörte, neben St Johann in der Liptau, auch Tschirm) am See eine Jagdhütte errichtete, die ein Jahr später auch Touristen zur Verfügung stand. 1875 unterstützte er den KV beim Bau des Josef-Schutzhauses, das ein Jahr später erweitert und ab 1877 ständig bewirtschaftet war. Die Weiterentwicklung ging langsam vor sich, da der See relativ schwer zu erreichen war und eine Abneigung bestand, sich "in so großer Höhe niederzulassen". 1896 wurde die Zahnradbahn von der Schnellzugstation am Tschirmer Sattel in Betrieb genommen, die mit zwei Lokomotiven (ähnlich der Achenseebahn) den Verkehr, vorerst nur im Sommer (Probleme mit der Schneeräumung), durchführte.

Die Endstation, später auch diejenige der Elektrischen Tatrabahn steht heute noch am S-Ufer. Bis zur Jahrhundertwende entstanden 15 Häuser (ca. 140 Betten), 1880 übernahm J. Szentiványi die Hütte des KV, und errichtete ein komfortables eigenes Jagdhaus, das "Josefhaus" ("Jánošík"). Auch andere Personen errichteten Villen (die heutige "Popelka" und "Tuček"). Nachdem 1897 Fürst Hohenlohe den Komplex des Mengsdorfer Tales erworben hatte, wollte er auch den Besitz Szentiványis übernehmen. Um die weitere Ausdehnung "ausländischen" Besitztums zu verhindern (ein Ziel des damaligen Landwirtschaftsministers Ignác Darányi), erwarb der u Staat die Ländereien Szentiványis im Bereich der Hohen Tatra. Der Staat plante einen großzügigen Ausbau, und der Pächter, die internationale Schlaf- und Speisewagengesellschaft Wagons-Lits Cook, errichtete 1906 den ersten Abschnitt eines großen Grandhotels, das spätere "Kriváň" (Architekt Karl Móry).

Nach dem 1912 die Elektrische Tatrabahn den Tschirmer See erreichte, war er zusammen mit den 2 Straßen (von der Station "Štrba" seit 1876 und von Schmecks seit 1885) und der Zahnradbahn sehr gut erreichbar und zum beliebtesten Wintersportplatz der S-Seite der Hohen Tatra geworden. Aber die Brüsseler Gesellschaft erlitt große Verluste, da sie auf Anweisung Budapests hohen Staatsbeamten erhebliche Ermäßigungen gewähren mußte. Auch wegen der Konzeptionslosigkeit des Ministeriums entschloß sie sich 1908 zum vorzeitigen Ausscheiden aus dem Pachtvertrag. Daraufhin pachtete Jozef Klimo (nach seinem Tode dessen Frau) den Kurort, der 1916 vom u Staat in eigene Regie genommen wurde. Im selben Jahr wurde mit dem Erweiterungsbau begonnen, dem späteren "Hviezdoslav", den aber erst 1923 der tschechoslowakische Staat als damals modernstes Hotel der Hohen Tatra fertigstellte.

1897 erwarb der Architekt Karl Móry auf der unteren Terrasse ca. 44 ha. Auf dem Gelände befand sich einer der zahlreichen, in der Umgebung vorhandenen verlandeten Seen. Diesen ließ er 1900 ausschachten, und durch den Stau des Mlinicabaches entstand ein neuer See, der **Neutschirmer See (Nové Štrbské Pleso)**, 1315 m, 0,02 km², 9 m tief. 1905 errichtete er am S-Ufer das Hotel "Móry", das bei den bürgerlichen Schichten großen Zuspruch fand. Nach seinem Tod (1921) übernahm sein Neffe, der Komponist Johann Móry, das Hotel und ließ in den 30-er Jahren einen großen Neubau errichten. Eine Kapelle und ein Aussichtsturm folgten. Nach dem 2. Weltkrieg und der Enteignung wurde der Bau 1972 abgerissen und 1979 an seiner Stelle das "Baník" eröffnet.

1935 fand die erste internationale Sportgroßveranstaltung statt, die FIS-Weltmeisterschaften in den Nordischen Disziplinen, die schlechtes Wetter und starker Wind beeinträchtigten. 1936 wurde die mit technischen Schwierigkeiten kämpfende Zahnradbahn abgebaut. 1942 kam es zur Eröffnung des 1. Schleppliftes der Slowakei, der vom n Seeufer zur Soliskohütte führte. Nach dem 2. Weltkrieg gab es Jahrzehnte hindurch keine Unterkünfte für Touristen, da alle Gebäude als Sanatorien des Staatsbades (Erkrankungen der oberen Luftwege) genutzt wurden. Das wurde erst anders, als für die 1970 ausgetragenen FIS-Weltmeisterschaften in den Nordischen Disziplinen neben den sportlichen Einrichtungen die Hotels "Panoráma" und "FIS" gebaut wurden. Auch die Zahnradbahn wurde neu errichtet und für beide Bahnen auf der unteren Terasse ein neuer Bahnhof gebaut. Der alte Schlepplift wurde durch einen Sessellift ersetzt und seine Talstation neben das Skistadion verlegt (Bergstation 1830 m, Betriebszeiten: Sommer 8-17, Winter 8-16 Uhr).

T *Hotels. Sanatorien (u.a. das ehemalige Hotel Kriváň-Hviezdoslav). Skipiste, Langlaufloipen, Skistadion für die Nordischen Disziplinen mit dem bezeichnenden Namen "Areál snov" (=Areal der Träume). Sessellifte und Schlepplifte.*

◉ UMGEBUNG: In ö R (6 km) • HOCHHAGI (VYŠNÉ HÁGY), Sanatorium in 1125 m Höhe. Ausgangspunkt für Wanderungen und Klettertouren. 1890 baute Franz Mariássy, Besitzer der Gegend, ein Haus mit 12 Gästezimmern und einem Touristenschlafsaal. 1891 kam ein Badehaus mit 6 weiteren Zimmern hinzu. 1897 erwarb Fürst Hohenlohe den gesamten Besitz, der über das Mengsdorfer Tal und das Trümmertal hinweg bis zum Hauptkamm der Hohen Tatra reichte. 1904 konnte er noch 231 ha nach S anschließendes Wald- und Wiesengelände dazu kaufen. Die hohen Preise in dem von ihm errichteten Hotel sollten die Gäste eher abschrecken als anziehen, da er auf den ungestörten Zustand seiner Jagdgebiete und auf die Abgeschiedenheit seines Jagdschlosses allergrößten Wert legte. Architekt aller Bauten (auch derjenigen F. Máriássyis) war G. Majunke.

Nach dem 1. Weltkrieg kam es infolge finanzieller Schwierigkeiten und den Verhandlungen um die Aufhebung der Zwangsverwaltung zu einer etwas touristenfreundlicheren Einstellung des Fürsten, aber erst die Übernahme des Gebietes durch den tschechoslowakischen Staat führte zur Aufhebung der Beschränkungen. Die nach dem 1. Weltkrieg noch laufend zunehmende Tuberkulose führte zum Entschluß der Arbeitslosenversicherung, hier ein Riesenprojekt (damals das größte in Europa) zu verwirklichen. Nach langen Querelen und Polemiken (auch über die Art der Bauweise, die bei einer Entscheidung für Stahl oder Stahlbeton den einheimischen Bauunternehmen angeblich keine Chancen gegeben hätte) lief der Bau Mitte der 30-er Jahre an. Die Hauptgewerke wurden, trotz der pes-

Turz-St-Martin: Martins-Kirche

simistischen Polemik, von der deutschendorfer Firma Jozef Šašinka ausgeführt. Streiks, laufende Auseinandersetzungen und schwierige politische Verhältnisse führten zu Verzögerungen, so daß das Projekt erst 1941 fertig wurde.

Turz-St-Martin: Matica Slovenská

Die geänderten Voraussetzungen (Böhmen und Mähren fielen für die Belegung aus) verhinderten eine bescheidene Auslastung der riesigen Kapazitäten und die Verwirklichung anderer Vorschläge (u.a. Aufnahme von KdF-Reisenden) hätte wieder andere Betriebe geschädigt. Daher war es ein guter Entschluß (mit ein Verdienst des damaligen Chefarztes Franz Böhm), neben der Behandlung der Tuberkulose die Forschung aufzunehmen. Wurde nach dem 2. Weltkrieg, mit der Behandlung aller Erkrankungen der Luftwege, weiter ausgebaut.

Nur zu Fuß: Zum schönen • POPPERSEE (POPRADSKÉ PLESO) und dem interessanten • SYMBOLISCHEN FRIEDHOF (SYMBOLICKÝ CINTORÍN) für die Toten der Hohen Tatra (schöner Rundweg 3 Std, rot, gelb u blau mk).

◉ ZENTREN IN DER WEITEREN UMGEBUNG: Podbanské, Weszterheim, Tschirmer Sattel.

▲ **TURZ (TURIEC),** 66 km langer linker Seitenfluß der Waag, der in n Richtung das gesamte Turzbecken durchfließt.

◆ **TURZ (TURČIANSKA STOLICA),** comitatus Thurociensis, Turotzer Gespanschaft, Túrótz vármegye. Gehörte wie verschiedene andere Komitate der N-Slowakei, bis zu Beginn des 14. Jh zum großen Komitat Sohl. Das waldreiche, das Einzugsgebiet der Turz abdeckende Gebiet erfuhr durch die Ermordung seiner Abgesandten, die sich gegen die Wirtschaftspolitk Franz II. Rákóczis stellten, schwere Einbußen. Zentrum des Safrananbaues, der Ölhändler ("Doktoren").

■ **TURZ-SANKT-MARTIN (MARTIN),** 394 m, Bezirkshauptstadt. Im n Turzbecken gelegenes Zentrum des sl Kulturlebens (Sitz der Matica Slovenská) und der sl Unabhängikeitsbewegung sowie der Schwerindustrie. Sehr schön gelegen, im W, N und O von den Bergen der Kleinen Fatra und der Großen Fatra umrahmt. Ausgangspunkt für Wanderungen im s Bereich der Kleinen Fatra und im w Bereich der Großen Fatra. Sitz der Verwaltung des 1335 gebildeten Komitates Turz bis 1922, dann bis 1938 Sitz verschiedener übergeordneter Verwaltungen, danach nur noch Sitz eines Bez. ŽSR, SAD. Namen: d auch Sankt Martin in der Turz, ma Turócszentmárton, 1264 Zenthmarton, 1284 Villa Sancti Martini, 1773 Swatý Martin, 1920 Turčiansky Svätý Martin, 1951 Martin.

Siedlungsplatz in der Hallstattzeit, 1340 Stadtrechte, 1431 brannten die Hussiten die Stadt nieder. Da die rasch wachsende Bevölkerung sich nicht von der Landwirtschaft ernähren konnte, zogen viele EW der Turz als "Handerburci" (Händler mit Wurzeln und Heilkräutern), "Olejkári" (Ölhändler und Ölpresser, die sich auch als Kurpfuscher betätigten) und "Safranici" (Safranhändler) durch Europa, vor allem aber nach Rußland. Im 17. und 18. Jh zahlreiche Zünfte. Ort der sogenannten Martiner Deklaration von 1918 und des Verbrechens von 1944, der Ermordung einer d Militärmission, das vorzeitiger Auslöser des SNP wurde.

Die frühgotische kath **Martins-Kirche** stammt aus dem 13. Jh und wurde im 15. Jh durch die Kapellenanbauten erweitert und schließlich durch eine Vorhalle im Renaissancestil ergänzt. Die gleiche (oder eine ähnliche) Konzeption ist in der Turz öfters anzutreffen. Während das Gewölbe des Presbyteriums zur ursprünglichen Ausführung gehört, wurde das Schiff um 1433 neu eingewölbt. Im Presbyterium befinden sich wertvolle Wandmalereien aus der Mitte des 14. Jh, die Apostel mit dem Stifter der Kirche, dem Obergespan des Komitates, Donch und seiner Gemahlin (die Identität der zwei weltlichen Personen ist nicht restlos sicher!). Sie waren mehrmals übertüncht und 1953 freigelegt und restauriert worden. Der neogotische Hauptaltar wurde nach dem Brand von 1871 aufgestellt. Einige Plastiken (Anna, Peter, Paul) des alten Altars sind auf der Kanzel untergebracht worden, während die Barbara im Slowakischen Nationalmuseum steht.

Die klassizistische **evang Kirche** ist als Toleranzkirche errichtet worden. Der relativ große Bau (in vielen Gemeinden der Turz behielten die Evangelischen auch nach der Gegenreformation die Mehrheit) besitzt die übliche umlaufende Empore und erhielt seinen hohen Turm in 2 Bauetappen, 1885 und 1895.

Von den 2 ältesten Gebäuden der **Matica Slovenská** steht das ältere, 1864-65 im neoklassizistischen Stil entstanden, am Marktplatz, das zweite von 1924-25 in der Škultétyho ul. Am Marktplatz steht auch das **Theater** von 1888, ein neoklassizistischer Bau. Die **Synagoge** wurde in der 2. Hälfte des 19. Jh am jüdischen Friedhof, wo sich einige sehr interessante Grabsteine befinden, errichtet.

Ingenieurschule für Maschinenbau, Mittelschule für Ökonomie. Industrie: Zellulosefabrik (seit 1902), Schwermaschinenbau, Rüstung. Seit jeher Sitz von Verlagsanstalten und Druckereien. Geburtsort von: Janko Jesenský (Schriftsteller), Wirkungsstätte von: Andrej Kmeť (Archäologe, Ethnograph), Janko Kráľ (Dichter). Nationalfriedhof mit ca. 200 bekannten sl Persönlichkeiten.

M *"Matica Slovenská", Malá Hora, Neubau von 1977, Slowakische Zentralbibliothek und Handschriftensammlung, Kulturinstitut. "Slovenské národné literárne múzeum Matice Slovenskej" (=Slowakisches nationales Literaturmuseum der Matica Slovenská), Marktplatz (1. Gebäude der Matica Slovenská), in 12 Themen gegliederte Ausstellung. "Etnografické múzeum - Slovenské národné múzeum" (=Ethnographisches Museum - Slowakisches Nationalmuseum), Malá Hora, Neubau 1933 (M. Harminc), Mensch und Boden, M. und Material, M. und Kleidung, ferner Handwerk, Landwirtschaft, Kunst (u.a. Teile des Helena-Altares von 1517), Brauchtum. "Turčianske múzeum Andreja Kmeťa" (=Andrej-Kmeť-Museum der Turz), ul. Andreja Kmeťa (1. Gebäude des Slowakischen Nationalmuseums, 1929-32 von M. Harminc), Rolle der Stadt, Minderheiten (vor allem d) in der Turz. "Turčianska galéria" (=Galerie der Turz), Daxnerova ul, Künstler der Region, Entwicklung des Buches. "Múzeum slovenskej dediny" (=Museum des slowakischen Dorfes), Jahodnícke háje, Skansen mit volkstümlichen Objekten der gesamten Slowakei (u.a. evang Holzkirche von Maltern in der Zips, keine Artikularkirche, wie oft falsch angegeben!). "Múzeum Martina Benku" (=Martin-Benka-Museum), Kuzmányho ul, mit 5200 Werken des Malers.*

Ruine Sklabiňa

T *Hotels. Hallenbad, Freibad.*

🌐 1930: 8.508 EW (7.616 Sl, 39 Ru, 430 D, 49 Ma, 140 J), 1940: 11.307, 1991: 58.393, 2001: 60.133 EW.

◉ UMGEBUNG: In ö R (10 km) • RUINE SKLABIŇA, die nicht bei dem Ort gleichen Namens, sondern noch weiter ö, bei Sklabinský Podzámok (184 EW), idyllisch am Fuß der Großen Fatra liegt. Der Kern der frühgotischen Burg entstand in der 1. Hälfte des 13. Jh. Nach mehreren Bränden in vergrößertem Umfang immer wieder aufgebaut. Im 17. Jh kam das befestigte Renaissancekastell des äußeren Burghofes dazu, in dem bis zur Mitte des 18. Jh die Komitatsverwaltung (bevor sie nach Turz-St-Martin übersiedelte) residierte. Während die obere alte Burg weiter verfiel, blieb das Kastell erhalten.

Vor und während des SNP hielten sich hier Partisanengruppen auf, die am 30.9.1944 von den d Truppen vertrieben wurden, wobei sowohl Teile des Dorfes wie auch das Kastell ausbrannten. Seit damals ist die ganze Anlage, außer den niedrigen Tortürmen, eine Ruine. Neben dem Eingang in das Kastell ist ein sehr schönes, reich verziertes Relief angebracht, das an die Heirat von Peter Révay (seiner Familie gehörten das Kastell und weite Ländereien) mit Maria Forgách erinnert. Bald danach heiratete ihre Schwester Susanne ihren Schwager Franz Révay, also den Bruder von Peter. Susanne lieferte durch ihr romantisches Liebesverhältnis zu Peter Bakics die Vorlage für einen Familienroman, der viel Staub aufwirbelte (Deák Farkas "Forgách Sussanna", 1885). Wegen dieser Liebschaft wurde sie auf dem Schloß in Weißkirchen festgesetzt, aber von ihrem Verehrer und seinem Freund Emmerich Balassa befreit und nach Blasenstein entführt, wo sie 1633 gestorben ist.

In sö R (12 km) • NECPALY, interessanter, sehr schön am Fuß der Großen Fatra gelegener Ort (820 EW). Vom 15. bis 19. Jh im Besitz der Familie Just. Sie waren intensive Förderer der Reformation, Gründer einer evang Lateinschule, die später, als Necpaly ein Artikularort wurde, in ein Artikulargymnasium umgewandelt wurde ("Nationale institutum hungaricum", an dem Georg Ambrozi, Matthias Augustini und andere unterrichteten), das 1834 nach Turz-St-Martin verlegt wurde. Spätklassizistische **evang Kirche**, 1843-63 an der Stelle einer hölzernen Artikularkirche errichtet, eine typische Predigtkirche. Gemalter Renaissancealtar mit festen Flügeln von 1611, mit starken barocken Elementen, stand bis 1752 in der Kapelle der Arwaburg.

Die **kath Kirche** steht auf einem Hügel oberhalb des Ortes, frühgotisch aus dem letzten Drittel des 13. Jh, Ende des 16. Jh, evtl Beginn des 17. Jh, mit einem Renaissancegewölbe versehen, das den Raum des schönen Bauwerkes niedriger ausfallen ließ. Einige alte Wandgemälde aus dem 14. Jh, 1910-12 aufgedeckt und restauriert. Die Holzplastik der Madonna von Necpaly, ein bedeutendes gotisches Werk aus der Zeit um 1490, mit großer Verwandtschaft zur Madonna von Kremnitz und den Arbeiten des Meisters der St Benedikter Figuren, steht in Budapest.

Vier **Schlösser und Kastelle**: Großer Renaissancebau mit zwei Ecktürmen (Nr 149) von 1673 (älterer Kern), ferner ursprünglicher Renaissancebau (Nr 132) vom 17. Jh, mehrere Umbauten führten zu der heutigen schmucklosen nüchternen Fassade, und zwei barock-klassizistische (Nr 65 und 181) mit L- bzw. T-förmigen Grundriß, aus dem 17. und 18. Jh. Im 18. Jh Gründung einer Papiermühle, die den Übergang in das Maschinenzeitalter schaffte, aber 1927 einging. Ausgangspunkt für Wanderungen in die schöne Necpalská dolina und andere Gebiete der Großen Fatra.

N von Necpaly (2 km) liegt • BELÁ-DULICE, Doppelort (1.217 EW), alte Häuser in Belá. 3 km in der sehr schönen parkähnlichen Jasenská dolina aufwärts: **T** *Chata Lysec (550 m, Restaurant, Unterkunft, Parkplatz). Hütten. Skilifte, Langlauf (auch Sommer), Ausgangspunkt für die Besteigung des aussichtsreichen, auch von der Flora sehr interessanten Lysec (1381 m, 1 1/4 Std blau mk).*

Unmittelbar w von Turz-St-Martin: • PODSTRÁNE, Talstation (in der Nähe Hotel, Hütten) des Sessellifte (im Sommer jede Stunde, 8,15 -16,15 Uhr, im Winter von 7,30 Uhr) zur Chata na Martinských holiach (1250 m). Sehr schönes Gebiet! Vom na-

Trebostovo: Schloß

hen Kammgipfel der Veľká lúka (1476 m, gelb, dann rot mk, 30 Min) sehr schöne, weite Aussicht! **T** *Restaurant, Unterkunft, Hütten, Wanderungen, Skilifte. Zeitweise auch mit dem Auto erreichbar (Verkehrsbeschränkungen!) und zwar vom S-Rand von Vrútky.*

In sw R (6 Km) • TREBOSTOVO: kleiner Ort (458 EW), mit einem monumentalen, 3-flügligen Renaissanceschloß, das zu den schönsten Bauten dieses Stils in der Turz zählt, vom 2. Drittel des 17. Jh, Arkadenhof. Die Fenster und die Kanten der zwei mächtigen Türme sind mit Sgraffitis eingefaßt. Park mit mächtigen alten Buchen. Auf dem Friedhof steht ein oktogonales, im historisierenden Stil zu Beginn des 20. Jh errichtetes Mausoleum der Familie Révay.

◉ ZENTREN IN DER WEITEREN UMGEBUNG: Vrútky, Sillein, Kloster, Mošovce.

■ **TYRNAU (TRNAVA),** 146 m. Bezirkshauptstadt, bedeutende Stadt am N-Rand der Donautiefebene (eine der größten Städte der Slowakei). Bedeutende Kunstwerke, die Altstadt ist Denkmalszone (Stadtreservat). Seit der Gegenreformation als das "Slowakische Rom" bekannt. Erzbistum. Großes Industriezentrum. Bedeutender Eisenbahn- und Straßenknoten, SAD. Namen: ma Nagyszombat, d Zumbothal, Sumbothal, Tirnau, 1211 Sumbot, 1212 Scembot, 1240 Turnaw, 1247 Terna, 1248 Tyrna, 1773 Trnava ("trnie" = Wasserlauf, dessen Ufer mit Sträuchern bestanden sind, zutreffend auf die durch Tyrnau fließende Trnavka).

Alter Siedlungsplatz (Jungstein-, Bronze- und La Téne-Zeit, Zeit der Quaden, im Großmährischen Reich). Gehörte Constanze, der Tochter Belas III. und Gemahlin Přemysl Ottokars I. Bereits 1238 königliche Freistadt mit d Stuhlweißenburger Recht, in die nach dem Mongoleneinfall viele d Siedler kamen. In Tyrnau fanden auch mehrere Verhandlungen statt, so zwischen Karl Robert von Anjou und Johann Luxemburg (1327), Ludwig I. und Karl IV. (1360). Außerdem fanden hier 12 Synoden statt. Von Sigismund erhielt es 1402 das Stapelrecht. Während der Hussitenzüge (diese hatten 1432 die Stadt überrumpelt, in dem sie als Händler verkleidet eingedrungen waren) und zur Zeit der Türkenkriege verlor Tyrnau seine d Mehrheit, erfuhr aber einen großen Aufschwung, als 1541 der Erzbischof von Gran seinen Sitz hierher verlegen mußte. 1635 wurde vom Erzbischof Peter Pázmány die Universität (eine theologische und philosophische Fakultät) gegründet. Die juridische Fakultät kam 1667 und die medizinische 1769 hinzu. Nach der Vertreibung der Türken wurde die Universität 1777 nach Buda verlegt, während der Erzbischof erst 1820 nach Gran zurückkehrte.

Damit verlor Tyrnau seine Bedeutung, war aber in der Folge oft eine derjenigen sl Städte, in denen ein reges politisches Leben herrschte. Auch Streiks und andere Auseinandersetzungen (1935 stürmten Kommunisten das Hotel "Pod Kriváňom", wo andere Parteien Versammlungen abhielten) blieben von der Stadt nicht fern. Schon 1495 bzw. von 1539-1800 wurde den Juden die Bewegungsfreiheit eingeschränkt, und 1494 wurden

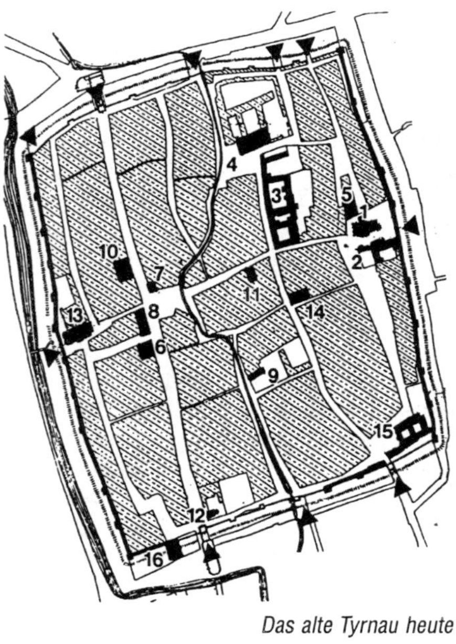

1 Nikolaus-Dom
2 Erzbischöfl. Palais
3 Seminarbauten
4 Universitätskirche
5 Olah-Seminar
6 Rathaus
7 Stadturm
8 Theater
9 Josefs-Kirche
10 Dreifaltigkeitskirche
11 Anna-Kirche
12 Helenen-Kirche
13 Franziskaner-Kirche
14 Synagoge
15 Klarissinnen-Kirche Museum
16 Evang. Kirche

Das alte Tyrnau heute

Tyrnau: Stadtturm

bei einem Pogrom 12 Juden öffentlich verbrannt. 1870 wurde der Hl. Adalbert-Verein gegründet, der als kultureller und religiöser sl Bund große Ausstrahlung erreichte. 1978 Gründung der ersten selbständigen sl Kirchenprovinz (nach 60-jährigem Warten!), mit Sitz des Erzbischofs in Tyrnau.

Die **Befestigungen** des 13. und 14. Jh sind an der W- und O-Seite der Altstadt, geschlossen, an der N-Seite und an der S-Seite am wenigsten erhalten. Das Zentrum der Altstadt ist der Markt, der an der Hauptstraße, dem alten Durchgangsweg liegt. Dominante ist der hohe, spätrenaissancene **Stadtturm** aus dem Jahr 1574, an dem an einigen Stellen noch Reste alter Sgraffiti zu sehen sind. An der W-Seite steht das **Theater**, das 1831 im Empire gebaut wurde (das älteste noch erhaltene Theatergebäude der Slowakei). In seiner Nähe befindet sich das **Rathaus**, dessen klassizistisches Hauptgebäude 1793 auf dem Platz eines älteren renaissancenen Rathauses erbaut wurde. Von diesem ist noch ein in Stein gehauenes Stadtsiegel, das oberhalb der Einfahrt (auf der Hofseite) eingemauert wurde, erhalten geblieben. Mit folgendem lat-d Text: "Sigillum Civium de Zumbothel cum rota fortunae - Deus in rota - A O -Der Stat Drinnen gehör ich zu". An der Hauptstraße stehen einige interessante **Häuser**, die nach dem großen Brand (1666) Ende 17. - Anfang 18. Jh neu errichtet oder umgestaltet wurden.

Die bedeutendsten Bauten befinden sich im sogenannten Universitätsviertel, das im NO der Altstadt liegt. Die mächtige dreischiffige gotische Basilika des **Nikolaus-Domes** wurde um 1380 errichtet. Die Türme, von denen der n nach einem Brand neu aufgebaut, und dicker ausgefallen ist, tragen Renaissancehelme. Die im Grundriß ovale Marien-Kapelle an der N-Seite stammt vom ersten Drittel des 18. Jh, sie wird mit der illusionistisch ausgemalten Kuppel J.L. Hillebrandt zugeschrieben. Die geschmackvolle Inneneinrichtung der Kirche, wie die zahlreichen Grabkapellen, in denen sich beachtliche Gräber kirchlicher Würdenträger befinden, sind barock. Der klassizistische Hauptaltar stammt aus dem Jahr 1778. Von den übrigen 8 Altären ist der klassizistische Abendmahlsaltar durch das Bild A. Zallingers beachtenswert. Rechts vom Nikolaus-Dom steht das **Erzbischöfliche Palais**, das seit 1562 bis in das 18. Jh hinein mehrfach erweitert wurde. Am selben Platz stehen das **kath Pfarrhaus** (1768 erbaut) und n des Domes ein Renaissancehaus (Nr. 10), das 1567 als **Priesterseminar** (Olah-Seminar, heute Museum) errichtet wurde. Der Häuserblock zwischen dem Nikolaus-Dom und dem Universitätsplatz besteht auf der O-Seite der Hollého ul. aus **Konvikt- und Seminarbauten**. Die Nr 1 ist das barocke Adelskonvikt aus dem Jahr 1747/54, die Nr 2 das ursprünglich barocke marianische Seminar von 1700, das im 20. Jh umgestaltet wurde. Das folgende Gebäude Nr 3 ist erst 1914 an Stelle des frühbarocken Generalseminars von 1642 erbaut worden und hat vom alten Gebäude das Hauptportal übernommen, als Nr 4 folgt die Albertina, ein barockes Konvikt, 1623 erbaut, 1710 erweitert und umgestaltet.

Am Universitätsplatz steht die sehr schöne **Universitätskirche**, auch Jesuitenkirche genannt, die erste große Barockkirche der Slowakei (heute noch eine der größten Kirchen des Landes, 70 m lang, 17 m breit und 20 m hoch), sie erinnert in ihrem spätrenaissancenen frühbarocken Äußeren sehr an italienische Vorbilder, (evtl. diente die römische Kirche "Il Gésu" als Vorlage). Das Innere mit den beiderseits des Langhauses in dieses integrierten Kapellen wird durch eine überwältigende

Barockausstattung bestimmt, die von G. Tornini, G.B. Rosso und P.G. Conti sowie dem Maler Ch. Knerr stammt. Zu dieser gehört ein architektonisch einmalig gelungener Hochaltar des Johannes des Täufers. Er wurde 1637-40 von den Schnitzern B. Knillig und V. Stadler angefertigt (mit Gemälden von Ch. Knerr, V. Knoth und Ferdinand aus Ziffer). Das Hauptbild stellt die Taufe Christi dar, und neben den 3 weiteren Bildern befinden sich 27 Skulpturen in dieser großen Altarwand.

Die direkt an die Kirche anschließenden Gebäude des **Rektorats** wurden mit der medizinischen Fakultät, teilweise unter Ergänzung bereits vorhandener Gebäude, von F.A. Hillebrandt geplant. Gegenüber steht die klassizistische **Akademie**, die 1780 nach Plänen von J. Hausmann errichtet wurde. Ein ehemaliges **Konviktgebäude** stand in der Halenárska ul. (Nr 35), das zumindest dem Kreis um J.L. Hillebrandt zugeschrieben wurde, und in der Kapelle befand sich ein Bild von J. Winterhalter.

Das Kloster und die **Kirche der Klarissinnen**, die frühgotisch 1240 begonnen wurden, sind Ende des 17. Jh nach mehreren Bränden barockisiert und erheblich erweitert worden (heute Westslowakisches Museum). Die **Franziskanerkirche** wurde mit dem Kloster an der w Stadtmauer 1619-1749 errichtet und ist mit 13 Altären ausgestattet, im Hauptaltar befindet sich ein Bild von J. Zannussi (Franziskus). In der Mitte der s Altstadt steht die **Josefs-Kirche**, sie wurde 1646 ursprünglich von den Calvinisten als einschiffiger Saal, ohne Turm, frühbarock, mit einigen Anklängen an die schlesische Renaissance errichtet. In der Gegenreformation wurde sie 1671 den Paulanern zugewiesen, die ein Kloster dazubauten. Die barocke zweitürmige **Dreifaltigkeitskirche** errichteten 1710-29, zusammen mit dem Kloster, die Trinitarier, sie war nach der Auflösung des Ordens im Besitz der Benediktiner und dann der Jesuiten (im Kloster ist heute das Staatsarchiv). Im Hauptaltar befindet sich ein Bild von F.A. Maulbertsch.

Tyrnau: Universitätskirche

Die **Anna-Kirche** ist ein barocker Zentralbau mit elliptischem Schiff, der zusammen mit den beiderseitigen Klosterflügeln (1942 wurde der w abgerissen) 1730-76 von den Ursulinerinnen errichtet wurde. Das Bild des Hauptaltars (Anna) und ein weiteres (Christus am Ölberg) schuf J. Zannussi. Schön ausgestattet ist auch die **Helenen-Kirche**, die im 14. Jh, auf der Basis einer älteren Kirche, gotisch als Spitalkirche errichtet wurde. In der Folge barockisiert, ausgebrannt und wieder erneuert.

Die **evang Kirche**, 1923-24 erbaut, ist eines der wenigen Beispiele der puritanischen Architektur der 20-er Jahre des 20. Jh in der Slowakei. Bemerkenswert ist die in den 80-er Jahren erfolgte Restaurierung der **Synagoge** von 1897, die den Bau durch die Zuweisung einer anderen Funktion (Galerie) rettete.

Industrie vor 1945: Zuckerfabrik K. Stummer, Eisenwerk, 6 Ziegeleien, Kalkwerk; nach 1945: weiterhin Lebensmittel (Zucker, Malz) und Baustoffe, Metallverarbeitung, Automobilherstellung, Glas. Umstrittenes Atomkraftwerk in Jaslovské Bohunice (12 km n). Geburtsort von Ludwig Schlesinger (bed. Mathematiker, Prof. in Gießen/D), Geburts- und Wirkungsort von M. Schneider-Trnavský (Komponist), Wirkungsort von Anton Bernolák (Sprachwissenschaftler), Maximilian Hell (Astronom), Peter Jilemnický (Schriftsteller), Ján Koniarek (Bildhauer), Peter Pázmány (Erzbischof). Pädagogische Hochschule.

M *"Západoslovenské múzeum" (=Westslowakisches Museum), im Klarissinnenkloster, Geschichte, Archäologie, Ethnographie, Habanerkeramik, Glasmalereien, Ostasiensammlung (ursprünglich vom St-Adalbert- Verein angelegt, besteht aus Geschenken von Absolventen der Universität, die als Missionare nach Asien gingen), Glocken, Weinbau. Die Abteilung Buchkultur befindet sich im Olah-Seminar n des Nikolaus-Domes, während diejenige des Komponisten M. Schneider-Trnavský in der Ul. M.Schneidra-Tr. untergebracht ist. "Galéria Jána Koniarka" (=Ján Koniarek-Galerie), Synagoge und Zelený kríčok 3, verwaltet das Werk dieses Bildhauers und Malers.*

T *Hotels. Hallen- und Freibad. Strandbad (Hotel) am Kamenný Mlyn, 2 km sw der Stadt.*

⊕ 1930: 23.948 EW (20.225 Sl, 1.044 D, 864 Ma, 1.279 J), 1940: 25.820, 1991: 71.783, 2001: 70.286 EW.

◉ UMGEBUNG: In nw R (17 km) • SMOLENITZ (SMOLENICE): Durch das **Schloß** bekannt gewordene Kleinstadt (3.234 EW). Die ursprüngliche mittelalterliche Burg, die hier die "Via Bohemica" bewachte und von der nur ein Teil der Befestigungen erhalten geblieben ist, wurde am Platz einer älteren Anlage errichtet. Zeitweise im Besitz der Grafen von St Georgen und Bösing, wurde die Burg bei Auseinandersetzungen und Bränden mehrfach beschädigt, bis sie schließlich verfiel und 1777 in die Hände der Pálffys kam. Der Bau der heutigen Anlage begann auf den alten Trümmern und zwar durch den letzten Besitzer, Josef Pálffy, der sich hier einen Herrschaftssitz errichten wollte. Finanzielle Schwierigkeiten (u.a. wurde die Pálffysche Smolenitzer Lackfabrik 1935 mit 10 Mill. Kčs Passiva unter Zwangsverwaltung gestellt) verhinderten eine zügige Fertigstellung, so daß der Eingangsbereich erst lange nach der Enteignung (1945) in den Jahren 1971-73 fertig wurde. Die im historisierenden Stil, der mit romanischen und gotischen Elementen durchsetzt ist, errichtete Anlage, die mit der Landschaft harmoniert, ist mit ihrer prachtvollen Innenausstattung (u.a. Roter und Blauer Salon) Heim und Tagungsstätte der Akademie der Wissenschaften.

Schloß Smolenitz

Die **kath Kirche** (Renaissance) stammt von 1642-44. Neben dem neugotischen Hauptaltar hat die Kirche 5 weitere, teilweise sehr schöne Seitenaltäre, die alle aus der Barockzeit stammen, eine schöne Kanzel und ein barockes Gestühl. Ausgangspunkt für Wanderungen in den Kleinen Karpaten (z Bsp zum Záruby 768 m, dem höchsten Berg der Kleinen Karpaten). Geburtsort von Štefan Banič (Erfinder des Fallschirmes, Grab auf dem Friedhof). Vom sw gelegenen Ortsteil Neustift (Smolenická Nová Ves) ist **Jahodník** zu erreichen (4 km). Landschaftlich sehr schöne Gegend, die nahegelegene schöne Tropfsteinhöhle Driny ist seit 1929 bekannt und ab 1959 auf einer Länge von 550 m zugänglich (ab 1935 waren es nur 175 m). **T** *Freibad, Zeltplatz.* In sö R liegt in 4 km der 0,78 km² große **Stausee Boleráz**, n des Ortes Frauendorf (Boleráz), Badeplätze.

In nw R (20 km) • NADASCH (TRSTÍN), großes Dorf (1.270 EW), Barockkastell mit auffallenden turmähnlichen Gebäudeteilen, die teilweise durch den späteren Anbau eines Treppenhauses entstanden sind (18. Jh)., romanische Kirche von 1245 (17. Jh Umbau) etwas außerhalb des Ortes auf einer Anhöhe.

In n R (13 km) • UNTERKRUPA (DOLNÁ KRUPÁ): Der Ort (2.237 EW) wurde im 18. Jh von der Familie Brunswick erworben, die 1793-95 nach Plänen von J. Hausmann das klassizistische **Schloß** errichten ließ. Strenger, zweigeschossiger Bau, durch einen sehr schönen Portikus gegliedert,

Der hl. Nepomuk und das Atomkraftwerk Jaslovské Bohunice

sehr schöne Räume (Saal im Obergeschoß). Großer englischer Park (Neblien), in dem ein kleines Theater stand (1946 abgerissen). Neben dem Schloß (heute Arbeitsstätte des Komponistenverbandes und Museum für Musikinstrumente) steht der zugängliche Gartenpavillon, das sogenannte Beethoven-Haus. Der große Komponist war 1800, 1801 (und nach ungesicherten Überlieferungen auch 1806 und 1810) bei der Familie Brunswick zu Gast und soll hier die Klaviersonate Nr 14 ("Mondscheinsonate") komponiert haben. Therese Brunswick war nicht die "unsterbliche Geliebte" (sh Brunswick). In der Kirche befindet sich ein klassizistischer Sarkophag (1837) der Familie, und hinter der Kirche steht ein kleines Mausoleum.

In n R (20 km) • DECHTITZ (DECHTICE), kleiner Ort (1.771 EW) mit einigen alten Häusern in der Tradition der Habaner, die sich im 16. Jh hier niederließen. Ursprünglich gotische kath Katharinen-Kirche, 1612 erweitert und barockisiert. Im Hauptaltar (1717) steht eine alte Statue der Katharina, die aus der verfallenen Klosterkirche bei Naháč stammen dürfte (das Kloster wurde 1786 aufgelassen, heute Ruinen n von Naháč). Alte kleine romanische Friedhofskirche (12. Jh), eines der wenigen Beispiele frühmittelalterlicher Baukunst (Turm vom 18. Jh). Im Inneren wurde aus dem sonst rechteckigen Grundriß ein Oval gestaltet, an den Wänden Reste romanischer und frühgotischer Wandmalereien, Altar aus der Klosterkirche von Naháč. Badeplatz.

In n R (27 km), in einem Gebirgskessel: • GUTWASSER (DOBRÁ VODA), Dorf (853 EW). Burgruine (1/2 Std zu Fuß), ehemals frühgotische Anlage mit zentral gelegenem Turm, schon 1316 erwähnt, mehrfach beschädigt und verlassen, 1770 wurde nur noch die Kapelle erneuert. Einige alte Häuser stammen von den d Habanern, die sich auch hier im 16. Jh niedergelassen haben. Hier lebte mehrere Jahre der sl Dichter Ján Hollý, Grabmal auf dem Friedhof. **T** *Hütten, Zeltplatz. Bademöglichkeit.*

◉ ZENTREN IN DER WEITEREN UMGEBUNG: Wartberg, Modern, Bibersburg, Pistyan, Freistadtl, Sereď.

■ **UNTERKUBIN (DOLNÝ KUBÍN),** 468 m. Bezirkshauptstadt, Zentrum der Arwa, Sitz des Komitates (Arwagau) bis 1923. Straßenknoten, SAD, ŽSR. Namen: ma Alsókubin, 1235 Kolbin, 1314 Kublen, 1345 Kubin, 1408 Culbyn, 1773 Dolny Kubin.

Alter Siedlungsplatz (Bronzezeit). Im 16. Jh Zuzug zahlreicher d Angestellter der Arwaburg und von Handwerkern, im 18. Jh kamen viele jüdische Händler. Die pseudogotische **evang Kirche** wurde an der Stelle einer älteren Toleranzkirche 1893-94 gebaut. Die **kath Kirche**, ein ausgedehnter Bau, entstand 1885-86 unter Einbeziehung der n Umfassungsmauern und des Turmes der ursprünglichen alten gotischen Kirche. Im Inneren, die Ausmalung ist von 1939, stehen u.a. ein Epitaph (1622) der Familie Zmeškal (die ursprünglich aus Schlesien stammte) und das Mittelstück eines spätgotischen Flügelaltars aus dem 16. Jh. Im Ortsteil Mokraď (3 km n vom Zentrum) steht ein wuchtiges **Schloß** mit 2 runden, sehr schöne Helme tragenden Ecktürmen. Um 1600 im Renaissancestil erbaut, wurde es 1759 barockisiert (heute Sitz der Touristikvereinigung).

Industrie: Vor 1945 zwei Sägewerke, nach 1945 Elektrotechnik. Alterswohnsitz von P.O. Hviezdoslav (Grab auf dem Friedhof), Sterbe- und Begräbnisort von Peter Bohúň (Maler), Janko Matúška (Dichter, u.a.: Hymne "Nad Tatrou sa blýska").

M *"Oravské múzeum Pavla Országa Hviezdoslava" (=Arwamuseum des P.O. Hviezdoslav), Hauptplatz, literarisch-biographische Ausstellung über das Leben und Schaffen des Dichters, Čaplovič-Bibliothek mit den Sammlungen des Vavrinec Čaplovič. "Oravská Galéria" (=Arwagalerie), Hauptplatz, Volkskunstsammlung, Plastik, Glasmalerei.*

T *Hotels. Camping- und Zeltplatz, Hütten "Tília kemp Gäcel".*

🌐 1930: 2.547 EW (2.152 Sl, 197 D, 3 Ma, 151 J), 1940: 2.561, 1991: 19.091, 2001: 19.948 EW.

◉ UMGEBUNG: In s R (3 km) • OBERKUBIN (VYŠNÝ KUBÍN), kleiner, schön gelegener Ort (527 EW) mit zwei Kastellen: Älterer, ebenerdiger Renaissancebau mit Zwiebeltürmen vom 17. Jh, im 18. Jh barock umgestaltet (heute Ausstellungsgebäude); Jüngerer, zweigeschossiger spätbarock-klassizistischer Bau, vom Ende 18. Jh, Ende 19. Jh neobarock umgestaltet (heute Gemeindeverwaltung). Eine Kurie, einige schöne Bauernhäuser, spätgotische kath Kirche vom Ende des 15. Jh, Geburtsort des großen sl Dichters P.O. Hviezdoslav (an der Stelle seines Geburtshauses steht ein einfaches Denkmal). In s R (4 km): • JASENOVÁ, kleiner Ort (389 EW), Kurie der Familie Makovický, klassizistisch, Mitte 19. Jh, Portikus, Naturpark. Gedenkzimmer für den hier geborenen Martin Kukučín (Dichter).

Leštiny: Evangelische Artikularkirche

In sö R (6 km) • LEŠTINY, Dorf (226 EW) mit **evang Artikularkirche**, die auf einem schmalen Rücken in der abgewandelten Form eines griechischen Kreuzes steht. 1688 ganz aus Holz gebaut. Ab dem Ende des 17. Jh bis 1775 erfolgte die schrittweise Ausmalung der Kirche (Mitte des 18. Jh Ergänzungen, mit IS signiert). Altar und Kanzel aus dem frühen 18. Jh. Zur Kirche führt eine Treppe hinauf. Am oberen Ende steht ein freistehender hölzerner Glockenturm. Einige alte Holzhäuser, Kurie der Familie Zmeškal.

In w R (8 km): • ISTEBNÉ, früher unbedeutendes, abseits der Straße gelegenes größeres Dorf (1.454 EW), einst einer der zwei Artikularorte der Arwa. Die **evang Artikularkirche** wurde 1686 entsprechend den Auflagen des Ödenburger Landtages ganz aus Holz, im Grundriß dem griechischen Kreuz entsprechend, errichtet und 1730 um 1 Schiff erweitert. Auf 3 Seiten Emporen, Ausmalung aus dem 17. und 18. Jh. Altar mit dem Bild des Letzten Abendmahles noch von 1698, Kanzel (1686), eine steinerne Taufe (Ende 18. Jh), teilweise sehr schöne Bänke (18. Jh) und ein Luther-Bild vervollständigen die Einrichtung. Vor der Kirche steht ein Glockenturm aus der 1. Hälfte des 19. Jh. Zwei Kastelle (Nr 43 und 137; Mitte 18. Jh und Ende 18. Jh), von denen eines der Familie Csilagyi gehörte, die hier eine große Ziegelei betrieb. Hüttenwerk. **T** *Thermalfreibad in der Nähe des Hüttenwerkes.*

◉ ZENTREN IN DER WEITEREN UMGEBUNG: Rosenberg, Ľubochňa, Kraľovany, Arwaburg, Trstená.

■ **UNTERMETZENSEIFEN (MEDZEV,** vor der Zusammenlegung mit Obermetzenseifen: **NIŽNÝ MEDZEV**), Bez Košice okolie, 313 m. Doppelort mit Obermetzenseifen, wirtschaftliches Zentrum des oberen Bodvatales, schön in einem Kessel des Slowakischen Erzgebirges gelegen. ŽSR, SAD. Namen: ma Alsómecenzéf, 1320 Mechenseuph, 1376 Mechenzeyfe, 1383 Meschenzeufe, 1397

Untermetzenseifen: Katholische Kirche

Mecsenseyfen, 1427 Alsow-Meschenzef, 1630 Also Meczenzeff, 1773 Nizny Meczenciff, 1920 Nižný Medzev. Name: "Metze"=Hohlmaß (auch Flächenmaß), "Seifen"=Goldwäscherei.

Nach den etwas widersprüchlichen Quellenangaben wird vermutet, daß hier schon vor der Mitte des 13. Jh sl und d Bergleute ansässig waren. Die d erhielten nach dem Mongoleneinfall einen großen Zuzug. Die Besitzverhältnisse waren durch das starke Kloster Jossau bestimmt. Im späten 14. Jh werden neben dem Bergbau die Hammerwerke zum immer mehr dominierenden Betätigungsfeld der Metzenseifener (die Unterscheidung in Unter- und Obermetzenseifen gab es erst seit Mitte des 15. Jh). Die Reformation war Anlaß der Schließung des Klosters, so daß dessen Herrschaft entfiel, aber sie verleitete auch manche übereifrige Fanatiker, unersetzliche Unterlagen, Matrikeln und Chroniken etc. zu vernichten. Nach dem Sieg der Gegenreformation flammte der alte Streit zwischen dem Kloster und der Stadt wieder auf. Auch der in Untermetzenseifen geborene Diözesanbischof Gregorius Sorger konnte diesen nicht schlichten. Seine Bemühungen bezeugt noch heute eine lat Inschrift auf der Decke der kath Kirche. Erst viel später, zZt Maria Theresias, hörten die Auseinandersetzungen auf. Die von wirtschaftlichen Problemen und Unduldsamkeit geprägte parteipolitische Polarisierung ließ in den unruhigen Jahren um 1938 starke Gegensätze aufbrechen (u.a. während Gemeinderatswahlen im Mai 1938 oder bei der Versammlung der DP im Dezember 1938) und führte während des SNP zu einer mehr oder weniger starken Konfrontation.

In der Ecke des unregelmäßigen Marktplatzes mit der Marien-Säule aus dem 18. Jh (die Statuen sind von 1907) steht die **kath Kirche**, die durch ihren interessanten, aus dem Gebäude herauswachsenden und mit einem gedeckten Umgang versehenen Turm auffällt. Der ursprünglich gotische Bau aus dem frühen 15. Jh wurde 1732-35 total umgebaut und 1891 gründlich restauriert, wobei auch der ursprünglich angebaute Turm in den Baukörper einbezogen wurde. Die Kirche erhielt an dieser Seite eine Balustrade und der Turm seine endgültige Gestalt. Die schöne steinerne Kanzel mit dem d Text stammt von Ende des 17. Jh.

Früher Standort zahlreicher (mehr als 100) wassergetriebener Hammerschmieden, die überwiegend landwirtschaftliches Gerät herstellten. Ferner Eisengießerei Bodenlos J.& Söhne, Eisen- und Stahlwerk Pöhm Simon & Co, Möbelherstellung H. Tomasch, Sägewerk M. Frindt, Holzverarbeitung A. Breimer, Eisenerzabbau in der Umgebung. Heute: Maschinenfabrik, Holzindustrie. Nur eini-

Wassergetriebene Hammerschmiede

ge der Hammerschmieden arbeiten heute, eine davon ist in Obhut des Kaschauer Museums.

T *Campingplatz, Hüttenkolonie, Badesee im Seitental Bekov (4 km s).*

🌐 1930 (Unter- und Obermetzenseifen): 4.354 EW (837 Sl, 2.739 D, 408 Ma), 1940: 3.922, 1991: 3.871, 2001: 3.667 EW.

◉ UMGEBUNG: In n R (1 km) mit Untermetzenseifen vereinigt: • OBERMETZENSEIFEN (VYŠNÝ MEDZEV) (529 EW). Am oberen Ende des langgestreckten Straßenmarktes steht die kath Kirche, 1773 im barock-klassizistischen Stil errichtet. Der barocke Hauptaltar vom Ende des 17.Jh stand ursprünglich im Kloster von Jossau und kam um 1760 in die Kirche. Ein Teil der zahlreichen Plastiken dieses breiten Säulenaltars schuf J.A. Krauss. Die Seitenaltäre bilden zum Hauptaltar eine glückliche Ergänzung, sowohl im Stil wie auch in der Architektur. Die Madonna im Marien-Altar malte J.L. Kracker 1778. Auch die Rokokokanzel mit den Plastiken Glaube, Liebe und Hoffnung stammt von J.A. Krauss, ebenso die reichverzierte Rokokotaufe.

In w R (8 km) • STOß (ŠTÓS): Kleiner, im obersten Bodvatal gelegener, früher ebenfalls d bestimmter Ort (1930: 1.182 EW, 711 D; 1991: 730, 2001: 753 EW). 1331 für kurze Zeit königliche Bergstadt, dann abhängig von Schmöllnitz. Neben dem langsamen Niedergang der Kupfer- und Silbererzförderung gingen die Besitzwechsel, auch von Teilgebieten, sowie die damit zusammenhängenden Streitigkeiten weiter, bis wahrscheinlich 1638 endgültig die Unabhängigkeit erreicht wurde. Zur Zeit Maria Theresias erlebte der Kupfer- und Eisenerzbergbau eine 2. Blüte. Schon 1827 wurde die 1. Messerfabrik Ungarns gegründet, später kam eine weitere hinzu (heute SANDRIK). In der Zeit der großen Arbeitslosigkeit, die auf den 1. Weltkrieg folgte, gingen viele EW zur KSL. Kath Kirche, ursprünglich gotisch, wurde um 1500 erweitert und umgestaltet. Der im Kern im Stil der Renaissance 1611 errichtete Turm wurde, ebenfalls barock mit einer mächtigen Zwiebel umgebaut. Schlichte evang klassizistische Toleranzkirche von 1786-88, ohne Turm.

Eingemeindet ist das • BAD STOß (ŠTÓS KÚPELE), 4 km oberhalb des Ortes in dichten Wäldern, 1881 von einer AG (die Mehrheit hielt der damalige kath Pfarrer von Stoß, dazu kamen einige wohlhabende Bürger) als Luftkurort gegründet. 1886 wurde die AG aufgelöst, und die Firma Roxer-Wlaszlowits & Co übernahm den inzwischen beliebten Erholungsort. 1917 erwarb ihn Dr. Albert Nagy, der den ganzjährigen Betrieb einführte, bis schließlich 1927 die Revierbruderlade in Preßburg den Besitz übernahm, die ihn zu einer modernen Lungenheilanstalt für Bergleute ausbaute. Heute werden Erkrankungen der Luftwege und Berufskrankheiten behandelt. **T** *Freibad.*

◉ ZENTREN IN DER WEITEREN UMGEBUNG: Schmöllnitz, Jossau.

▲ **VEĽKÁ JAVORINA**, stark hervortretender höchster Berg der Weißen Karpaten, 970 m. Die freie mit Gras bestandene Gipfelregion bietet eine sehr weite Aussicht. Unter dem Gipfel steht die Holubyho chata (Unterkunft, Restaurant, Skilift, Parkplatz).

■ **VEĽKÉ KAPUŠANY**, 110 m. Ehemalige Bezirkshauptstadt im sö Bereich der Ostslowakischen Tiefebene, Bez Michalovce. ŽSR, Straßenknoten, SAD. Gehörte 1938-45 zu Ungarn. Namen: ma Nagykapos, 1211 Kapos, 1214 Kopus, 1355 Chopus, 1773 Kapossan, 1808 Welké Kapussany, 1920 Kapušany, 1927 Veľké Kapušany.

Alter Siedlungsplatz (Jungsteinzeit), im 11./12. Jh als Wachsiedlung entstanden. Barock-klassizistische ref Toleranzkirche von 1787, 1922 umgebaut.

T *Hotel. Freibad, Hallenbad.*

Leles: Abtei

🌐 1930: 2.555 EW (399 Sl, 1.665 Ma, 378 J), 1940: 3.041, 1991: 9.421, 2001: 9.760 EW.

◉ UMGEBUNG: In s R (12 km) • LELES: größeres Dorf (1.900 EW), mit ehemals bedeutender, um 1190 gegründeter Prämonstratenserabtei. 1241 verwüstet, gotisch wieder aufgebaut, erweitert, zZt der Türkenkriege als Festung ausgebaut. Die Arkaden des Hofes wurden zugemauert. In der gotischen, im 17./18. Jh barockisierten Kirche: Schönes Presbyterium (Kreuzgewölbe, starke Betonung der Vertikalen), Rokokoaltar (Mitte 18. Jh) mit Plastiken von J. Hartmann. Sakristei: spätbarocke Deckengemälde (wahrscheinlich von J.L. Kracker). Kapelle: Reste von drei Bändern gotischer Wandmalereien (um 1400), u.a. Jüngstes Gericht, von einem Maler der mit der Ästhetik der vorherrschenden höfischen Stile vertraut war. Heute landwirtschaftliche Schule.

In s R (18 km) • KRÁĽOVSKÝ CHLMEC: Kleinstadt (8.031 EW), alter Siedlungsplatz mit einem der größten slawischen Grabhügel. 1361 starker Zuzug von d Siedlern, die im Laufe der Zeit magyarisiert wurden. Reste einer Burgruine. Ref Toleranzkirche von 1787 (1900 erweitert und pseudogotisch umgestaltet). Ursprünglich gotische, später barockisierte kath Kirche. Synagoge (20. Jh). **T** *Freibad.*

◉ ZENTREN IN DER WEITEREN UMGEBUNG: Michaľany, Trebischau, Großmichel.

▲ **VEĽKÝ CHOČ**, isoliert stehender, von allen Seiten auffallender höchster Berg des Chočgebirges, 1611 m. Bildet nach S ein großes, teilweise mit Knieholz bewachsenes Dach, nach N steile Graswände und Kare. Sehr weite, sehr schöne Aussicht, Skiberg. Kalkflora.

▲ **VEĽKÝ KRIVÁŇ**, höchster Berg der Kleinen Fatra (1709 m), der weit über die Waldregion hinausragt. Sehr schöne Aussicht. Bis in das Snilovské sedlo führt ein Sessellift, daher leicht zu erreichen. Wander- und Skigebiet.

■ **VEĽKÝ KRTÍŠ**, seit 1968 Bezirkshauptstadt, 200 m. Aufstrebende Industriestadt am Rand der s Ausläufer des Slowakischen Erzgebirges. ŽSR (Korridorverbindung mit Lizenz), Straßenknoten, SAD. Namen: ma Nagykürtös, 1245 Kurtos, 1251 Curtus, 1482 Felsewkwrthes, 1773 Welky Krtiss.

Siedlungsplatz in der Bronzezeit. Die evang Kirche ist 1770 im rokoko-klassizistischen Übergangsstil gebaut worden. Das klassizistische Kastell (Nr 191) entwickelte sich aus einem Bestand der Spätrenaissance.

Industrie: seit Mitte 19. Jh Braunkohlegruben, Sägewerk, nach 1945 zusätzlich Textil.

T *Hotels.*

🌐 1930: 755 EW (718 Sl, 2 D, 28 Ma), 1940: 755, 1991: 14.212, 2001:14.013 EW.

◉ UMGEBUNG: In s R (11 km) • ŽELOVCE: Größeres Dorf (1.307 EW) mit einem barock-klassizistischen Schloß (heute Landwirtschaftsschule) von 1772. Der Risalit der Haupt- sowie auch der Gartenfassade ist teilweise mit einem segmentbogenförmigen Tympanon abgedeckt und beteiligt sich wesentlich an der ausgewogenen Gestaltung. Klassizistische kath Kirche von 1771, das Bild der Grablegung Christi (2. Hälfte 17. Jh) gehörte früher zum Bestand der Sammlung des Schlosses. **T** *Thermalfreibad.*

In w R (3 km) • DOLNÉ PLACHTINCE, mittleres Dorf (600 EW) mit siedlungsgeschichtlich interessanten Bauernhäusern (Nr 31,91,122,141), die durch die jeweils auf der Stirn- und einer Längsseite vorhandenen Galerien (die auf Empiresäulen stehen) auffallen.

Dolné Plachtince: Typisches Bauernhaus

Dolná Strehová: Schloß

dem Typ der Säulenarchitekturaltäre. Auch er erinnert mit seinen 7 Bildpanelen an holländische Arbeiten aus der Zeit des Manierismus. Das rokoko-klassizistische, 3-flüglige, mit herausgeschobenen quadratischen Türmen versehene **Schloß** stammt vom Ende des 18. Jh und war von einem großen englischen Park umgeben. Der bekannte ma Dichter Imre Madách ist hier geboren worden, er lebte und arbeitete (Hauptwerk: Die Tragödie des Menschen) im Schloß, das seiner Familie gehörte. Die Räume sind in Erinnerung an ihn hergerichtet worden (Außenstelle des Museums in Blauenstein), und im Park steht das für ihn von A. Rigele geschaffene Grabmal. Klassizistische **kath Kirche** vom 2.Drittel des 18. Jh, deren Fassade 1903 im historisierenden Stil umgestaltet wurde. **T** *Thermalfreibad mit 5 Becken, Zeltplatz, Salaš (1 km n).*

In n R (3 km) • BLAUENSTEIN (MODRÝ KAMEŇ): alter Ort (1.434 EW), bis 1960 Sitz eines Bez, mit Ruinenresten einer ehemals bedeutenden Burg, die schon 1290 erwähnt, von den Türken 1576 erobert und 1593 zerstört wurde. 1609-12 erneuert, wurde sie um 1683 abermals zerstört. Erst gegen Mitte des 18. Jh kam es zu einem teilweisen Wiederaufbau und zur Errichtung einer Burgkapelle, die zu einem beachtenswerten Bauwerk wurde. Monumental aufgezogene neoromanische kath Kirche von 1879. **M** *"Okresné vlastivedné múzeum" (=Bezirksheimatkundemuseum).* **T** *Hotel.*

In ö R (8 km) • PÔTOR: mittleres Dorf (806 EW) mit bedeutender einschiffiger evang Kirche, ein spätgotischer Bau vom Ende des 15. Jh. Der alleinstehende Eintrittsturm wurde 1599 gebaut. Sehr schöne, flache Kassettendecke, die reich ausgeschmückt ist. Prachtvolles Presbyterium von David Alitis (1607). Der interessante Altar (1681) erinnert an ähnliche manieristische Arbeiten. Im Gesprenge befindet sich ein schönes Bild, die Auferstehung Christi. Die ausgezeichnete Orgel ist ein Werk von M. Podkonický (1764).

In ö R (14 km) • DOLNÁ STREHOVÁ: Mittleres Dorf (1.048 EW) mit interessanter **evang Kirche**, die ursprünglich im Stil der Spätrenaissance 1652 gebaut, 1890 in der Art der Toleranzkirchen mit Gestaltung der barock-klassizistischen Fassade umgebaut wurde. Von den einst vorhandenen Befestigungen der Kirche ist noch einiges erhalten (Schießscharten im Turm etc.). Der sehr schöne Renaissancealtar aus dem Jahr 1654 entspricht

In ö R (20 km) • MUĽA: Unbedeutender Grenzort (273 EW) mit einer sowohl architektonisch wie auch konstruktiv sehr interessanten Kirche, die im Sezessionsstil 1910-18 als 1. Stahlbetonkonstruktion Ungarns gebaut wurde.

◉ ZENTREN IN DER WEITEREN UMGEBUNG: Šahy, Karpfen, Lizenz.

◆ **VERWALTUNGSEINHEITEN, STÄDTEBÜNDE**. Die Privilegien der Deutschen führten zu zahlreichen Selbstverwaltungseinheiten, die (wie die königlichen Freistädte) nicht den Komitaten, sondern dem König direkt unterstanden. Neben den 24 königlichen Freistädten existierten: Die Städte der Zipser Deutschen (24 Zipser Städte, 12.Jh-1412; 11 Zipser Städte, 1412-15.Jh; 13 verpfändete Zipser Städte, 1412-1787; 16 Zipser Städte, 1787-1876), das Kleine Komitat der Lanzenträgerorte (11.Jh-1803), das privilegierte Bergbaugebiet der Unterzips (13.Jh-1487), ferner die Städtebünde: Pentapolitana (Fünfstädtebund), Sieben oberungarische Bergstädte und Sieben niederungarische Bergstädte.

▲ **VIHORLAT (VIHORLATSKÉ VRCHY),** 55 km langes und bis zu 11 km breites, zwischen 400 und 1100 m (Vihorlat 1076 m) hohes, vulkanisches, bewaldetes Gebirge in der SO-Slowakei. Einige Naturschönheiten, u.a. im Bereich des Morské oko.

▲ **VOGELGEBIRGE (VTÁČNIK)**, bewaldeter Gebirgszug zwischen dem oberen Neutratal und dem mittleren Grantal, der im S über ein welliges gegliedertes Hochland in den Block des Veľký Inovetz (heute ein eigenes Gebirge mit dem Namen Pohronský Inovec) übergeht, mit diesem ca 45 km lang und im n Bereich bis zu 15 km breit. Zwischen 400-1400 m hoch (Vtáčnik 1346 m, Veľký Inovec 901 m). Im N stille Wanderungen, im S schöne Aussichten.

■ **VRÁTNA**, Bez Žilina, 600-900 m, gehört mit der winzigen Gemeinde Štefanová politisch zu Terchová. Sehr schönes, im Herzen der Kleinen Fatra, vom Hauptkamm Rozsutec (1610 m) - Stoh (1608 m) - Chleb (1647 m) - Veľký Kriváň (1708 m) überragtes, ausgedehntes Touristikzentrum, eines der schönsten in der Slowakei. SAD. Ausgangsort für Skitouren, im Sommer für Wanderungen.

Vor dem Ende des 2. Weltkrieges bildete nur die schöne Klamm (die den Zugang ermöglicht und wegen dem Straßenbau 1964 an einigen Stellen geringfügig erweitert werden mußte) eine Attraktion für die wenigen Besucher. Im ganzen Bereich gab es nur ein kleines gemütliches Berghaus in Štefanová (damals noch Ištvánová), das 1934 Karel Šteřepský errichtet hatte, und nahe des Hauptkammes zwei größere Hütten. Nach dem 2. Weltkrieg sollte hier ein Touristikzentrum von europäischem Rang entstehen, aber noch rechtzeitig vor der Zerstörung setzten sich andere Einsichten durch, die im Prinzip den Bau weiterer Objekte verhinderten und diese nach Terchová bzw. an den Rand des Gebirges verwiesen. So wird es wohl bei den verstreuten Hotels und Hüttenkolonien, den wenigen Sessel- und Schleppliften bleiben.

T *3 Hotels, Hüttenkolonien, 2 Sessellifte, 11 Schlepplifte, Skipisten. Camping-und Zeltplatz (mit Einschränkungen).*

◉ UMGEBUNG: In s R: • SNILOVSKÉ SEDLO (1520 m), weiter schöner Sattel im Hauptkamm der Kleinen Fatra, Ausgangspunkt für herrliche Wanderungen mit großartiger Aussicht (Chleb 1646 m, 1/2 Std und Veľký Kriváň 1708 m, 3/4 Std), Beginn mehrerer Skipisten und Skitouren. Leicht mit dem **Sessellift "Vrátna-Chleb"** (750 m Höhenunterschied, Sommer 7-19, Winter 9-16 Uhr), der am Berghotel "Chata Vrátna" (am Ende des s Talastes) beginnt und unter dem Sattel endet, zu erreichen. In n R (4-7 km): • TERCHOVÁ, große (4.099 EW), ehemals typische Bergbauerngemeinde am Fuß der Kleinen Fatra, Ende des Krieges abgebrannt, zwei Kirchen (Ende 17. Jh und von 1938, Projekt M. Harminc), Geburtsort des legendären Juraj Jánošík. **T** *Hotels. Hüttenkolonie, Camping- und Zeltplatz in Nižné Kamence.*

◉ ZENTREN IN DER WEITEREN UMGEBUNG: Sillein, Čadca, Unterkubin, Kraľovany, Vrútky.

■ **VRONAU AN DER TÖPL (VRANOV NAD TOPĽOU),** Bezirkshauptstadt, 136 m. Früher eine verschlafene Kleinstadt, heute ein Mittelzentrum im mittleren Töpltal in der O-Slowakei mit beachtlicher Entwicklung. Straßen- und Eisenbahnknoten. Namen: d selten Frönel an der Töpl, 1279 Varano,

Vronau ad Töpel: Paulanerkirche (Kloster)

1323 Ranow, 1361 Vronov, 1383 Warano, 1429 Varanovia, 1927 Vranov nad Topľou, ma Varanno.

Alter Siedlungsplatz (Völkerwanderung), nach der slawischen Welle kam um 1270 eine d, mit darauf folgendem häufigem Besitzwechsel. Das kleine **Schloß**, klassizistisch, 2. Hälfte 18. Jh, steht auf einer kleinen Erhebung an der Stelle eines bereits 1472 erwähnten Gebäudes. Die **kath Kirche** wurde von den Franziskanern, die hier bis zur Reformation ein Kloster hatten, im letzten Drittel des 15. Jh gebaut und nach der Zerstörung 1578 wieder aufgebaut. 1718 brannte die Kirche, seit 1672 in den Händen der Paulaner, abermals ab und wurde zwischen 1735-45 barockisiert. Ende des 19. Jh wurde der Turm im Geist der romantischen Pseudogotik umgestaltet. Im Inneren: Auffallend schöne illusionistische Ausmalung der Gewölbe von J.L. Kracker (1754), im Original ist allerdings nur die Maria erhalten geblieben. Der Hauptaltar, die vier Seitenaltäre und die Kanzel sind gute Arbeiten von J. Hartmann (1744-50).

Das benachbarte **Paulaner-Kloster** errichteten ursprünglich die Franziskaner, es wurde ebenfalls nach dem Brand von 1718 barock wieder aufgebaut. Schönes Barockportal mit zart profilierten Rahmen, erinnert an spätgotische Sattelportale. Hervorragende illusionistische, in den offenen Himmel führende Malerei im Treppenhaus von J.L. Kracker (1756). Neogotische **evang Kirche** von 1930-35, **ref Kirche** im Sezessionsstil vom 1. Drittel des 20. Jh und **Synagoge** von 1923.

Industrie: Früher Sägewerk und Steinbruch, heute Chemie, Baustoffe (Ziegel, Gasbeton), Textil.

T *Hotels, Hüttenkolonie, Freibad.*

⊕ 1930: 2.856 EW (1.988 Sl, 4 Ru, 23 D, 55 Ma, 525 J), 1940: 3.644, 1991: 22.487, 2001: 22.985 EW.

◉ UMGEBUNG: In n R (4 km): • ČIČAVA, kleiner Ort (899 EW), Ruine der Burg des Reinold von Rozgony (Stammvater des gleichnamigen Geschlechts), 1270 erwähnt, auf polygonalem Grundriß vergleichsweise kleines Bauvolumen, 1711 als wichtiger antihabsburgischer Stützpunkt geschleift.

In n R (12 km): • MICHALOK, kleiner (342 EW), siedlungsgeschichtlich interessanter Ort, der 1899 zu einer Tochtersiedlung von Egerländern und Böhmerwäldlern wurde, nachdem diese ihre von kargen Böden umgebenen Dörfer in Galizien (Annaberg, Feliziental und Karsldorf) verlassen hatten (1930: 765 EW; 376 Sl, 389 D). Barocke kath Kirche, 1. Drittel 18. Jh, Inneneinrichtung von ca. 1923 mit einer älteren barocken Madonna.

In nw R (19 km): • BYSTRÉ, Gemeinde (2.650 EW) mit interessanter kath Kirche, gotisch 14. Jh. In den neogotischen Hauptaltar ist eine schöne spätgotische Marien-Gruppe von ca. 1500 integriert, und zu beiden Seiten stehen die noch älteren Plastiken des Petrus und Paulus, die nahe verwandt mit den Arbeiten des Johann Weisz aus Kaschau sind.

◉ ZENTREN IN DER WEITEREN UMGEBUNG: Kaschau, Eperies, Hanušovce nad Topľou, Domašastausee, Homenau, Großmichel.

■ **VRÚTKY,** Bez Martin, 384 m. Wichtiger Verkehrsknoten (Eisenbahn, Straße) an der Mündung der Turz in die Waag, am N-Rand des Turzer Bekkens am Fuß der Kleinen Fatra gelegen. Ausgangspunkt für Wanderungen. Namen: d selten geworden Ruttek, ma Ruttka, 1255 Vrutk, 1271 Vruthk, 1285 Ruthk, 1312 Rutk, 1340 Ruthk, 1361 Wruthk, 1363 Ruthk, 1927 Vrútky.

Industrie: Ausgedehnte Eisenbahnwerkstätten seit 1874.

T *Freibad.*

⊕ 1930: 6.711 EW (6.315 Sl, 46 D, 25 Ma, 107 J), 1940: 6.137, 1991: 7.523, 2001: 7.298 EW.

Waagtal bei Kraľovany

◉ UMGEBUNG: Die Hauptverkehrsstraße (E 50) umgeht Vrútky im W und S. Sie führt nach der großen Straßenkreuzung (Abzweigung von Nr 65 nach Martin) nach O weiter. Ca. 1 km ö der Kreuzung befindet sich s der Straße im ebenen Gelände vor einigen Wohnblöcken das • "GRAB ATTILAS", ein auffälliger großer sargähnlicher Hügel. Trotz der großen Kubatur wurde eine künstliche Anlage mit einer Grabkammer des Hunnenkönigs vermutet. Eine Bestätigung blieb aber aus!.

In ö R (4 km): • SUČANY, großer Ort (4.604 EW), im 14. Jh Stadtrechte, am Übergang der Waag (Brückenzoll bis in das 19 Jh). Schwere Kämpfe während des SNP. Frühgotische kath Kirche, letztes Viertel 13. Jh, mehrfach umgebaut und barockisiert. Evang barock-klassizistische Toleranzkirche von 1783, spätklassizistischer Altar mit Bild von J.B. Klemens (Christus). Pranger als sich verjüngende Säule mit vier eisernen Reifen zur Befestigung der Fesseln. **T** *Hütten, Zeltplatz, Freibad.*

In ö R (8 km): • TURANY, großer Industrieort (4.444 EW). Interessante **kath Kirche**, frühgotisch Ende 13. Jh, im 17. Jh nach einem Brand renoviert. Freistehender, in der Umfassungsmauer stehender Glockenturm aus dieser Zeit. Inneres: Barockisierung im 18. Jh. 1806 wurde der bemerkenswerte Hauptaltar aufgestellt, Predella und Gesprenge fehlen, eine Zipser Arbeit von 1490-1500, die zuerst im Martins-Dom des Zipser Kapitels gestanden hat, im Schrein Katharina (ca. 1,50 m), in den Nischen Barbara, Margarete, Dorothea und Ursula, auf den 8 Tafelbildern teilweise Szenen mit Katharina. **Evang Toleranzkirche** von 1786, 1924 total umgebaut. Klassizistische **Synagoge** aus der 1. Hälfte des 19. Jh. Ausflug zur • CHATA NA MARTINSKÝCH HOLIACH sh Turz-St-Martin.

◉ ZENTREN IN DER WEITEREN UMGEBUNG: Turz-St-Martin, Sillein, Kraľovany.

▲ **WAAG (VÁH)**, 403 km langer linker Seitenfluß der Donau, Hauptfluß der Slowakei, der von der Hohen bzw. Niederen Tatra die N- und W- Slowakei durchfließt und bei Komorn die Donau erreicht. Bildet im oberen und mittleren Bereich sehr schöne Flußlandschaften. Früher wurden ab Liptovský Hrádok Flöße eingesetzt. Beliebter, beschaulicher Wasserwanderweg. Im Generalregulierungsplan 1929/30 wurde die Nutzung der

Maninschlucht

Wasserkraft festgeschrieben und bis zum Kriegsende zwei Waserkraftwerke (Ilava, Waagdubnitz) errichtet, die nach dem 2. Weltkrieg mit 16 weiteren Werken mit großen Stauseen und Kraftwerkskanälen fortgesetzt wurde.

■ **WAAGBISTRITZ (POVAŽSKÁ BYSTRICA),** Bezirkshauptstadt, 288 m. Ausgedehnte Stadt in schöner Lage an der mittleren Waag, die schon in den 30-er Jahren durch die Verlegung von Rüstungswerken aus Mähren zu einem bedeutenden Industriezentrum wurde. Straßenknoten, ŽSR, SAD. Namen: ma Vágbeszterce; 1330 Bistrica, 1332 Bistense, 1368 Bestercha, 1408 Besterce, 1458 Byztricza.

Alter Siedlungsplatz (Lausitzer und Puchauer Kultur). Bis 1928 waren die Landwirtschaft und das Handwerk die Erwerbsquelle, dann die Produktion von Rüstungsgütern. Die **kath Kirche** wurde im 14. Jh gotisch errichtet, später im Stile der Renaissance ergänzt, schließlich barock umgebaut und 1939 nach einem Plan von G. Schreiber vergrößert. Vom alten Bestand blieben nur der Turm, das Presbyterium und ein Teil der N-Wand erhalten. Im Inneren einige sehr schöne Epitaphe (Renaissance und Barock), Fenster von 1951, Ausmalung von 1960. Die barocke **Helenen-Kapelle** wurde 1728 gebaut und mit zwei Rokokoaltären (Mitte 16. Jh) ausgestattet. Die **Synagoge** von 1923 ist 1948 zu einem Geschäftshaus umgebaut worden.

Die Ruinen der auf einem hohen Bergkegel gelegenen **Waagburg** (Považský hrad) stammen von einer Anlage, die bereits im 14. Jh bestanden hat und die den Brüdern Pomanin (Podmanický) für ihre bis nach Mähren und Schlesien führenden Beutezüge diente. Nach dem Brand entstanden 1543 die tiefer gelegenen Bauten, bis sie 1698 auf Befehl Leopolds I. geschleift wurde. Am Fuß des aussichtsreichen Burgberges steht ein schlichtes **Renaissancekastell** von 1631. Es wird wegen seiner zwei Türme und da es der Burgherrschaft als neuer bequemerer Wohnsitz diente, bis heute noch vulgo ("Die Burg") genannt. N davon steht das "Jüngere" **Kastell**, 1750-75 im Rokokostil mit einem dreiflügligen Arkadenhof errichtet. Schöner Risalit, Kapelle. Ebenfalls auf dem n Waagufer steht auf einer kleinen Anhöhe das barocke **Kastell Orlové** mit vier Flügeln, die einen Arkadenhof einschließen, 1612 ursprünglich in Renaissance errichtet. Sehr schöne ausgewogene Fassade, englischer Park (Museum, Repräsentationsräume).

Industrie: 1928 Gründung eines Zweigwerkes der Brünner Waffenfabrik (Brnenská zbrojovka), im 2. Weltkrieg im Besitz der Hermann-Göring-Werke. Heute Schwermaschinenbau.

M *"Vlastivedné múzeum" (=Heimatkundliches Museum) im Kastell Orlové (Archäologie, Ethnographie, Naturkunde, Geschichte der Industrie, Nepomuk-Kapelle).*

T *Hotels, Motel, Hüttenkolonie, Freibad.*

◍ 1930: 4.812 EW (4.727 Sl, 24 D, 11 Ma), 1940: 10.048 EW, 1991: 40.083, 2001: 42.773 EW.

◉ UMGEBUNG: In n R (5 km): •MANINSCHLUCHT (MANÍNSKA TIESŇAVA). Sie liegt zwischen zwei Bergen (Veľký Manín 891 m, Malý Manín 812 m), wildes Karstgebiet, von vielen Felsklippen mit sehr reicher Flora flankiert. Einen besseren Durchgang schuf 1890 der KV, und 1931 wurde die stellenweise nur 1,5-2,5 m breite sehenswerte Schlucht im untersten Bereich für eine 5 m breite Straße aufgefahren. Vor der Errichtung des Naturschutzgebietes haben die EW der umliegenden Gemeinden den Geröllfeldern Steine für Bauzwecke entnommen. **T** *Mineralbrunnen, Campingplatz und Hütten vor dem Schluchteingang.*

◉ ZENTREN IN DER WEITEREN UMGEBUNG: Großbitsch, Nimnica, Puchau.

■ **WAGENDRÜSSEL (NÁLEPKOVO),** Bez Gelnica, 533 m. Kleinstadt an der Göllnitz im ehemals d besiedelten Bergbaugebiet der Unterzips. ŽSR, SAD. Namen: ma Merény; 1272 Vagendrüzel, 1290 Vagendruczul, 1332 Wogendrwssil, 1920 Vondrišel, 1948 Nálepkovo (beziehungslos nach dem Offizier Ján Nálepka, der in der Sowjetarmee kämpfte und in der Ukraine gefallen ist, andere Version: Nach mehreren Untaten in Stillbach gefangen und gerichtet).

Wurde 1290 durch den Lokator Pecoldus gegründet (wahrscheinlich aber älter). Bis 1924 spielte der Bergbau eine große Rolle, 1728 im Bund der königlichen Bergstädte, 1844 konnte es sich von der Familie Mariássy freikaufen. Nach der Schließung mehrerer eisenverarbeitender Betriebe kam es zu einer verstärkten Auswanderung (1870 noch 3.218 EW, 1921 nur 1.989). Einen kleinen

Wagendrüssel: Katholische Kirche, Rathaus, Glockenturm

Ausgleich ermöglichte der Waldreichtum (1940 schenkte die Gemeinde ca. 400 m³ Holz zur Errichtung der Holzhäuser auf der Slowakeiausstellung am Killesberg in Stuttgart).

Die **evang Kirche**, ein turmloser barock-klassizistischer Bau von 1783-85, steht auf dem großen freien Platz. Das Äußere ist durch Lisenen, Risalite und Giebel gegliedert, im Inneren fällt das Bild von J. Czauczik, Christus mit der Samariterin - in dem gemauerten klassizistischen Altar (19. Jh) - auf. Die Glocken stehen frei in einem interessanten, niedrigen, jetzt überdachten Stahlgerüst, das nach dem Verlust des Turmes und der Glocken nach dem Brand von 1859 errichtet wurde. Von den wiederangeschafften vier Glocken mußte die evang Gemeinde drei im 1. Weltkrieg abgeben und zu der verbliebenen Glocke "Glaube" kam 1926 eine zweite, die "Liebe" dazu.

Wallendorf: Katholische Kirche, Rathaus

Die **kath Kirche**, die in Sichtweite des Platzes, auf einem Hügel steht, ist 1770-81 im barocken Stil, am Ort eines niedergerissenen, von 1400 stammenden gotischen Baukörpers, errichtet worden. Die Einrichtung stammt aus dem 18., teilweise aus dem 19. Jh. Das ebenfalls in der Nähe stehende **Rathaus**, ein Bau des späten Barock, wird durch einen Mittelrisalit, dem ein spitzer Turm aufgesetzt ist, hervorgehoben. Am N-Rand des Platzes steht das **Denkmal** für die Gefallenen des 1. Weltkrieges.

🌐 1930: 2.285 EW (1.023 Sl, 1.176 D, 25 Ma), 1940: 2.586, 1991: 2.277, 2001: 2.626 EW.

◉ UMGEBUNG: In w R (3 km): • BAD SCHWARZENBERG (ČIERNA HORA), 664 m hoch gelegen, umgeben von dichten Wäldern, ist 1847 von Ludwig Cornides und Michael Csölder an einer schon lange bekannten Mineralquelle als erste Kaltwasserheilanstalt Ungarns gegründet worden, die nach dem Vorbild von Gräfenberg betrieben wurde. Mangelnde Investitionen führten zu einer schnellen Stillegung, die aber seit 1853, mit einem neuen Besitzer (Wilhelm Lomniczy) in einen neuen Aufschwung mündete. 1881 besaß er 63 Zimmer und hatte einen ständigen Arzt, aber seine Tochter konnte das Bad nicht halten, das die Iglatanbank übernahm und 1922 an Zdenek Fargaš verkaufte. Heute Kindererholung Preßburgs (Kindergarten, Schule).

In nw R (4 km): • RÖSTCHEN und • EISENBACH (HNILČÍK), eine aus mehreren kleinen Ansiedlungen (487 EW) bestehende Gemeinde eines ehemaligen Bergbaugebietes (Erzabfuhrbahn nach Marksdorf, Seilbahn nach Wagendrüssel), die zu einem Erholungsgebiet geworden ist. **T** *Hotel, Hütten, Skilifte und Loipen.*

◉ ZENTREN IN DER WEITEREN UMGEBUNG: Dedinky, Zipser Neudorf, Schwedler, Göllnitz.

■ **WALLENDORF (SPIŠSKÉ VLACHY),** Bez Spišská Nová Ves, 389 m. Früher bedeutende Kleinstadt am Rande der ö Zips. Straßenknoten, ŽSR, SAD. Namen: ma Szepesolaszi, 1243 Olazi, 1258 Olozy, 1270 Latina Villa, 1283 Olosci, 1786 Wlahi, 1808 Wlachy, 1920 Spišské Vlachy.

Alter Siedlungsplatz (Jungsteinzeit, Bronzezeit, Puchauer Kultur). Nach dem Mongoleneinfall von d Siedlern mit der Anlage eines offenen Straßenmarktes wieder begründet. Gehörte zeitweise zur Bruderschaft der 24 königlichen Pfarrer, dann zum Bund der 24 Zipser Städte, ferner zu den an Polen verpfändeten Städten und anschließend zur

Provinz der 16 Zipser Städte. Im 18. Jh wurde das hier abgebaute Kupfererz am Ort weiterverarbeitet. Hatte eine bedeutende Färberzunft. Der Großbrand von 1924 vernichtete 150 Häuser.

Die **kath Kirche** geht auf einen romanischen Bau zurück, der nach dem Mongoleneinfall errichtet wurde. 1434 wurde die inzwischen schwer beschädigte Kirche bis auf unbedeutende Reste abgerissen und eine anspruchsvolle gotische dreischiffige Kirche errichtet (53 m lang, Breite 21,5 m). So entstand eine der schönsten gotischen Kirchen der Zips, die eindrucksvolle, sehr schöne Netzgewölbe (in der Art derjenigen P. Parlers) besitzt. Die Harmonie des Langhauses wird durch den Kontrast der relativ niedrigen Seitenschiffe zu dem stark überhöhten Hauptschiff unterstützt. Der Hauptaltar und die zahlreichen Seitenaltäre stammen aus dem 18. Jh und besitzen in 3 Fällen (Hauptaltar, Michael-Altar, Magdalena-Altar) neue Bilder des Malers L. Tary von 1927-29. Die Kanzel (Rokoko, mit den sitzenden Evangelisten) stammt aus der Mitte des 18. Jh. Die spätgotische Bronzetaufe ist ein sehr schönes, vom Ende des 15. Jh stammendes Stück aus der Zipser Neudorfer Werkstatt, auf der sich auch das "T", das Antoniterkreuz befindet.

Während die kath Kirche nicht auf dem Marktplatz, sondern abgerückt auf einem Hügel errichtet wurde (die älteste Kirche stand früher als der Markt!), steht die große **evang Kirche** auf dem Marktplatz. Entgegen den üblichen Auflagen wurde auf dem Markt, auf dem Platz der heutigen 1787 errichteten Toleranzkirche 1694 eine Holzkirche gebaut, die aber schon 1727 abbrannte.

Unterhalb der kath Kirche steht am Marktplatz das **alte Rathaus**, ein gotischer Bau des 15. Jh. Aus dem früher alleinstehenden interessanten Turm und dem eigentlichen Rathaus wurde im 17. Jh durch die Einfügung eines Zwischentraktes ein geschlossener Baukörper geschaffen, in dem auch die sogenannte slowakische (oder kleine Kirche) untergebracht war. Vom wertvollen Altar dieser Kirche (ca. 1500) sind nur die beweglichen Flügel und die mittlere Tafel erhalten. Die barocke **Marien-Säule** wurde 1728 aufgestellt.

Marmor- und Travertinindustrie. Ziegelei. Geburtsort: Johann Daniel Böhm und Johann Weinhardt (Bildhauer).

T *"Za Horou" Erholungszentrum mit See s in den Bergen.*

🌐 1930: 2.578 EW (2.093 Sl, 237 D, 39 Ma, 71 J), 1940: 2.842, 1991: 3.368, 2001: 3.518 EW.

◉ UMGEBUNG: In ö R (7 km) • KROMPACH (KROMPACHY), Stadt (8.812 EW). Schon vor 1945 ein Zentrum der Eisen- und Stahlerzeugung (größtes Werk der Slowakei), daneben: Krompacher Kupferwerke AG, Zementwaren Franz Beranek, Steinindustrie und Bearbeitung, Sägewerk Eugen Zipser. Nach 1945 zusätzlich: Elektroindustrie. Früher Förderung von Gold- und Silbererzen, im 16. Jh Hochöfen und Hammerwerke. Stillegungen nach dem 1. Weltkrieg. Barock-klassizistische kath Kirche mit hohem Turm (spätes 18. Jh), evang Kirche, pseudogotisch von 1883. Geburtsort von Viktor Lorenz (Ingenieur, erfolgreicher Bergsteiger). **T** *Hotel. Freibad.*

In ö R (11 km) • RICHENAU-KLUCKENAU (RICHNAVA-KLUKNAVA) und • STEFANSHÜTTE (ŠTEFANSKÁ HUTA): Berg- und Montanorte (3.529 EW). Renaissancekastell in Kluckenau mit 4 Ecktürmen aus dem 17. Jh, das im 18. Jh barock umgestaltet wurde (heute Kulturzentrum).

◉ ZENTREN IN DER WEITEREN UMGEBUNG: Zipser Neudorf, Schigra, Kirchdrauf, Margareten, Fritsch.

Schloß Ungarischbiel

Das Schloß von Lanschütz

■ **WARTBERG (SENEC)**, Bezirkshauptstadt, 125 m. Industriestadt im nw Bereich der Donautiefebene. Eine der besuchtesten Sommerfrischen der Slowakei. Straßenknoten, ŽSR, SAD. Gehörte 1938-45 zu Ungarn. Namen: ma Szenc, 1252 Zempch, 1360 Wortperk, 1451 Sempcz, 1920 Senec.

Alter Siedlungsplatz (Hallstattzeit, Zeit der Römer, Awaren). Am 14.9.1763 ließ Maria Theresia das Collegium oeconomicum gründen, in dem in einer 3-jährigen Ausbildungszeit mit d Unterrichtssprache, Finanzwesen, Handel, aber auch technische Fächer gelehrt wurden. Nachdem die Hochschule am 24.6.1776 abgebrannt war, wurde sie nicht mehr erneuert. Auf dem Marktplatz steht das Türkische Haus (Nr 6) aus dem 17. Jh, ein 2-flügliger Renaissancebau. Die kath Kirche stammt aus dem 16. Jh. Ursprünglich gotisch, renaissancen, später barock umgestaltet. Synagoge von 1904, evang Kirche von 1953. Industrie: Lebensmittel, Baustoffe, Eisenartikel.

Geburtsort von Peter Steyer (Bildhauer).

T *Hotels. Alle Wassersportarten können am großen Baggersee (1,16 km²) ausgeübt werden, Campingplätze, Zeltplatz, Hüttenkolonien.*

⊕ 1930: 5.609 EW (1.934 Sl, 70 D, 3.165 Ma, 306 J), 1940: 5.223, 1991: 14.357, 2001: 14.673 EW.

◉ UMGEBUNG: In w R (4 km) • UNGARISCHBIEL (VEĽKÝ BIEL): Mittlerer Ort (2.163 EW) mit einem sehr ausgedehnten **Schloß**. Wenig gegliedert, allein der Risalit des Mitteltraktes tritt mit seinem großen Dachaufbau vor, an den 4 Ecken diagonal gestellte Türme. Wurde auf Veranlassung des Erzbischofs von Gran, 1722-25 nach Plänen von A.E. Martinelli errichtet. Durch Kriegshandlungen 1945 sehr schwer beschädigt und 1958-61 zu einem Altersheim umgebaut. In der kath Pfarrkirche befindet sich eine beachtliche, leider durch eine neuere Fassung vergröberte ca. 1,50 m hohe Holzplastik, **Marias Verkündigung** aus der Preßburger Klarissinnen-Kirche. Ähnlich niederländischen Arbeiten (mit einem auffallenden überlegenen Ausdruck im Gesicht Marias), gehörte diese Plastik aus dem letzten Viertel des 16. Jh einst zu einem großen, wahrscheinlich monumentalen, nicht mehr existierenden Flügelaltar.

In w R (8 km) • LANSCHÜTZ (BERNOLÁKOVO): Kleinstadt (4.627 EW), in der von 1787-91 der sl Sprachwissenschaftler A. Bernolák lebte. Das Schloß, es zählt zu den schönsten spätbarocken Bauten dieser Art, ließen die Eszterházys 1714-22 errichten, angeblich nach einem Plan von J.B. Fischer von Erlach. In der 2. Hälfte des 18. Jh von J. Fellner restauriert, ebenso wurden die Schäden von 1911 (Feuer) und 1945 (Kriegshandlungen) ausgebessert, während die gesamte Einrichtung verloren ging (kriegsbedingter Diebstahl!). Eindrucksvoll ist die Komposition durch die Anordnung der 2 eckigen Türme (die an den Giebelseiten des U-förmigen Gebäudes stehen), ferner durch den ovalen Turm des mittleren Traktes und durch die Balustrade, die den Ehrenhof abschließt. Großer, sehr schöner Park mit Golfanlage.

In nö R (3 km) • BOLDOG (404 EW) (früher Mutter Gottes-Matka Božia) mit kleiner, ursprünglich romanischer Kirche, im 19. Jh klassizistisch eingewölbt und umgebaut. Klassizistische Einrichtung, alter romanischer Taufstein.

In nö R (10 km) • SCHATTEIN (ČATAJ): kleine, volkskundlich interessante Gemeinde (955 EW), vorwiegend evang und einst d bestimmt, jedoch schon seit langem slowakisiert (im sl Dialekt gibt zahlreiche Germanismen). In Verbindung mit den Stickereien auf den Trachten (die der Evang haben Bezüge nach Sachsen, die der Kath entsprechen denen der Umgebung) und der Spitzenklöppelei hat sich der ornamentale Wandschmuck in den Bauernhäusern, teilweise auch an den Außenwänden durchgesetzt. Es war üblich, die Malereien alle 2-5 Jahre zu erneuern, eine Tradition, die leider einschläft. Kath Elisabeth-Kirche, ursprünglich barock 18. Jh, 1820-30 umfangreiche klassizistische Umbauten (u.a. mächtige Kuppel auf dem runden Presbyterium). Evang Kirche von 1936-39.

In n R (12 km) • KAPELLEN (KAPLNA): kleine Gemeinde (703 EW), 1530 durch die Türken verwüstet, Mitte des 16. Jh Zuzug vieler Kroaten. Die kath Elisabeth-Kirche war ursprünglich ein 2-türmiger romanischer Ziegelbau, der gotisch umgestaltet, von den Türken schwer beschädigt wurde. Beim Wiederaufbau wurden nur ein Turm hochgezogen und 1760-62 eine Barockisierung durchgeführt. 1868 Ausmalung von J. Balzer.

◉ ZENTREN IN DER WEITEREN UMGEBUNG: Preßburg, St Georgen, Bösing, Limbach, Modern, Tyrnau, Sereď, Galanta, Bruck.

● **WEBER, SAMUEL,** *1835 Deutschendorf, +1908 Zipser Bela. Evang Pfarrer, Forscher. Studien: Kesmark, Leutschau, Eperies, Jena. Erzieher bei der Fam Csáky, Kaplan in Zipser Bela, Pfr. in Schemnitz und Zipser Bela, Senior. Publikationen: Geschichte vieler Zipser Städte, Biographien berühmter Zipser. Befaßte sich mit der Nomenklatur der Hohen Tatra, verbreitete die Ideen von Schultze-Delitzsch, schrieb Schulbücher, Leiter der botanischen Abt. im KV- Museum, Mitglied und Gründer zahlreicher Vereine.

Weßterheim

▲ **WEIßE KARPATEN (BIELE KARPATY),** ca. 80 km langes, durchschnittlich 15 km breites Grenzgebirge zu Mähren, teilweise frei, sonst bewaldet, vielfältiger geologischer Aufbau (u.a. Felsenriffzone im N), max Höhe 970 m (Veľká Javorina), stilles Wandergebiet.

● **WEISZER STEFAN,** *1920 Königsberg ad Gran, Maler, Pädagoge. Studium: Kesmark, Prag. Ein Jahr Kunstunterricht in Kesmark, nach dem 2. Weltkrieg in Pfarrkirchen. Vielseitiger Künstler: Secco, Fresko, Öl, Sgraffiti, Wand-, Altar- und Bühnenbilder, Landschaften, Gebrauchsgraphik. Mehrere Ausstellungen.

■ **WEßTERHEIM (TATRANSKÁ POLIANKA),** Bez Poprad, 1005 m. An der S-Abdachung der Gerlsdorfer Spitze schön gelegener, bekannter Kurort (Basedowsche Krankheit etc.). Ausgangspunkt für Wanderungen, Kletter- und Skitouren, Talort des Schlesierhauses. Station der Elektrischen Tatrabahn, SAD. Gehörte politisch früher zu Gerlsdorf, heute zur Großgemeinde "Vysoké Tatry". Namen: ma Tátraszéplak. Sl bis 1919 Weszterovo bzw. Westerovo. Der neuere sl Name sucht eine Verbindung mit dem ursprünglichen Flurnamen "Gerlsdorfer Wieschen" (gleich Tatrawieschen), anstatt der traditionellen d Schreibweise "Weßterheim" wäre entsprechend dem Gründer "Weszter-Heim" richtiger!

1881 hatte Paul Weszter aus Großschlagendorf (Gründer des dortigen Weszter-Parkes) das Gerlsdorfer Wieschen erworben und ein Hegerhaus gebaut. 1888 errichtete er mit seinen Schwägern Michael Guhr sen und Samuel Nitsch die später abgebrannte "Marianne" (12 Gästezimmer), nach dem schon 1885 aufgestellten Blockhaus (heute Getränkekiosk). Um 1900 war Weßterheim neben einer Zwischenstation zum Tschirmer See und als Ausgangspunkt zum Schlesierhaus, eine rasch gewachsene Sommerfrische mit 125 Betten in 6 Gebäuden (u.a. "Themis", "Thusculum", "Millenium" heute "Dukla", "Tivoli" heute "Orava", Badehaus - heute "Limba"). Der schnelle Aufstieg von Neuschmecks spornte Paul Weszter an, ebenfalls ein Kurzentrum zu schaffen.

Als Arzt wurde sein Neffe, Dr. Michael Guhr eingestellt und dieser konnte auf der Basis seiner umfangreichen Studien in vielen europäischen Ländern und durch seine Aufgeschlossenheit, auch gegenüber dem sich entwickelnden Wintersport, sein reiches Wissen und Können, sowie die Liebe zur Sache einsetzen, die ihn zu einer bekannten und bedeutenden Persönlichkeit machten. Er war nicht nur Arzt, sondern auch ein unermüdlicher Werber für den Skilauf, ein Bergsteiger und ein Sportfunktionär. Zu allem kam eine stark ausgeprägte persönliche Note. So hob der tschechische Arbeiterdichter Jiří Wolker, der hier um 1922 Heilung suchte, immer wieder die hohen menschlichen Qualitäten von Guhr und seine soziale Einstellung hervor. Unter Guhr wurde Weßterheim zu einem Wintersportplatz, nachdem er den ganzjährigen Kurbetrieb eingeführt hatte, Sprungschanzen und eine Bobbahn baute, richtete er 1911 die ersten internationalen Skiwettkämpfe Ungarns aus. Aber auch die Modernisierung der Kuranlagen, in denen zuerst Nervenkranke und nichtinfektiöse Erkrankungen der Lunge, später Tuberkulose und mit viel Erfolg die Basedowsche Krankheit behandelt wurden, blieb nicht zurück. 1906-08 wurde der erste, 1922 der 2. und 1928 der letzte Abschnitt des großen Sanatoriums errichtet. Nach seinem frühen Tod (1933) wurde sein Neffe Dr. Paul Kunsch sen. sein Nachfolger. Nach dem Ende des 2. Weltkrieges und der Enteignung werden heute allergische Krankheiten der Atemwege behandelt. Die Behandlung der Tuberkulose wurde schon zur Zeit Guhrs aufgegeben. Hier lebte Andor Boruth (Maler).

◉ UMGEBUNG: In nö R (0,5 km) • TATRAHEIM (TATRANSKÝ DOMOV): Eine 1912 von der Familie Reichhart gebaute sehr beliebte Fremdenpension. In w R (3 km) Forsthaus • DANIELLO (DANIELOV DOM): 1898 erwarb der Textilfabrikant Baron Daniel Roland Diergardt (stammte aus dem Rheinland, Krefeld, sein "Diergardt-Samt" wurde lange Jahre vom britischen Königshaus gekauft) von Franz Máriássy bzw. von Botzdorf ein umfangreiches Gebiet, das bis zum Hauptkamm reichte, und errichtete ein Jagdhaus.

Zwischen dem Forsthaus und Weßterheim überquert die Straße den tiefen Graben des Felker Baches, an dessen W-Rand die • GELBE WAND (ŽLTÁ STENA) steht. Eine weithin sichtbare Seitenmoräne des ehemaligen Felker Gletschers, die infolge ihres lockeren Gefüges vom Felker Bach immer mehr ausgewaschen wurde. Erstaunlich ist die geringe Dicke der Humusschicht, die sich im Laufe von einigen zehntausend Jahren auf dem Moränenschutt gebildet hat!

In w R (3,5 km) • NOVÁ POLIANKA: Lungenheilanstalt, die nach dem 2. Weltkrieg (Pläne von M. Harminc) entstanden ist und seit 1956 für Angehörige des Militärs betrieben wird.

◉ ZENTREN IN DER WEITEREN UMGEBUNG: Tschirmer See, Schmecks, Deutschendorf, Botzdorf.

● **WIELAND, GEORG von,** *1763 Farksdorf, +1849 Kesmark, bedeutender Offizier. Teilnahme an zahlreichen Feldzügen (Niederlande, Frankreich etc.) und Schlachten (Aspern, Dresden etc.). Zahlreiche Auszeichnungen, 1831 Feldmarschalleutnant und Generalkommandant von Kaschau, 1838 im Ruhestand. Stellte sich entschieden gegen die literarisch fruchtbare, aber sozial nicht ebenbürtige Verbindung seiner Nichte Barbara Elisabeth (Babette) mit dem Schriftsteller und evang Geistlichen Ján Chalupka.

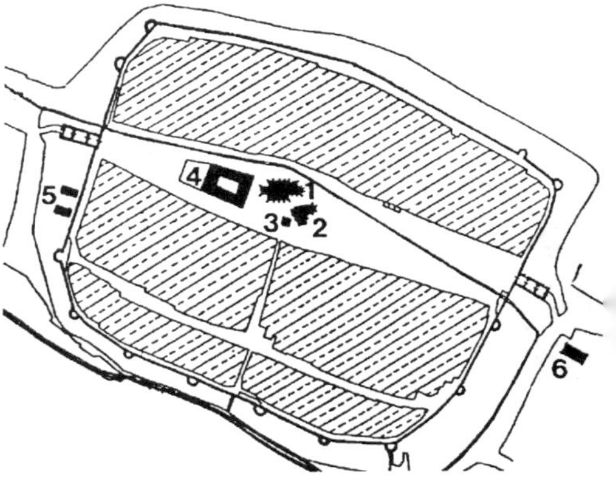

1 Johannes-Kirche	4 Lyzeum
2 Marien-Kirche	5 Evang. Kirchen
3 Glockenturm	6 Griech-kath. Kirche

Zeben im Mittelalter

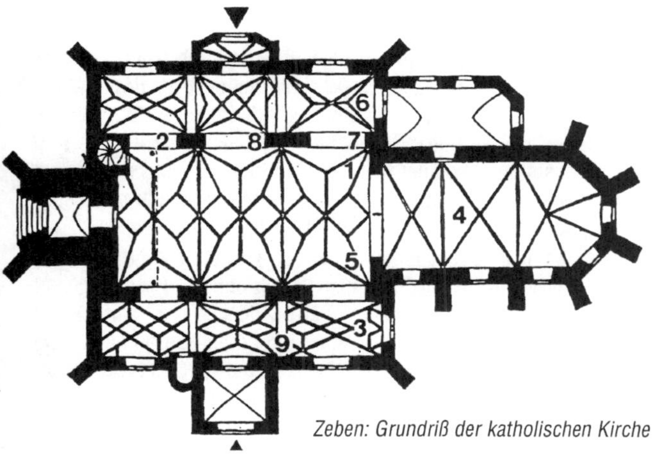

1 Doktorenaltar
2 Stephanus-Valentius-A.
3 Kreuzigungsaltar
4 Hauptaltar
5 Anna-Altar
6 Verkündigungsaltar
7 Johannes
8 Andreas
9 Jakobus

Zeben: Grundriß der katholischen Kirche

● **ZAHLBRUCKNER, ALEXANDER,** *1860 St Georgen, +1938 Wien, weltbekannter Lichenologe. Studien: Tyrnau, Wien. Direktor des Naturhistorischen Museums in Wien, zahlreiche Publikationen und Ehrenämter. Erforschte u.a. die Flechtenfamilien seiner Heimat.

◆ **ZÁHORIE** (d etwa "Land hinter den Bergen", teilweise in älterer Literatur: Matthias-Land), sl Teil der Marchniederung zwischen March und Kleinen Karpaten, teilweise bewaldet, sonst intensive Landwirtschaft, die durch Wassermangel und künstliche Bewässerung begrenzt ist, einige bedeutende Städte, zBsp Malatzka.

● **ZALLINGER, ANDREAS ANTON,** *1738 Wien, +1805 Preßburg, Maler. Studien: Wien. Mitarbeiter und künstlerischer Nachfolger von F.X. Maulbertsch. Zahlreiche Fresken und Altarbilder, Einfluß seines Meisters, später des Klassizismus.

■ **ZEBEN (SABINOV)**, Bezirkshauptstadt, 327 m. Bedeutende Stadt des Mittelalters in der O-Slowakei mit zahlreichen Kunstschätzen. ŽSR, SAD. Bis 1960 Sitz eines eigenen Bez. Namen: ma Kisszeben, 1248 Sceben, 1299 Scybinium, 1322 Zyben, 1324 Zybinium, 1354 Cybinium, 1398 Szben, 1420 Seben, 1437 Czibinium, 1473 Szabinow, 1786 Sabinov.

D Gründung nach dem Mongoleneinfall mit einer zu einem Straßenmarkt verbreiterten Durchgangsstraße (sehr schönes Ensemble im Zentrum), auf der viele Waren zwischen Polen und Ungarn transportiert wurden. Mit Eperies und Großscharosch bildete es einen losen Verband, dem Bela IV. die Stadtrechte erteilte. 1299 erhielt es dieselben Rechte wie die d Zipser Städte, und 1405 wurde es zur königlichen Freistadt erhoben. 1480 Mitglied der Pentapolitana. 1461 von den Raubritterscharen Johann Giskras niedergebrannt. Der folgende Wiederaufstieg wurde durch die katastrophalen EW-Verluste durch die Pest 1710 (2.278 Tote) gestoppt (1787 wieder 2.250 EW).

Auf dem Marktplatz steht die **kath Kirche zur Enthauptung des Johannes**, ein schöner gotischer Bau, dessen Kern, das Mittelschiff zu Beginn des 14. Jh errichtet wurde. Aus dieser Zeit stammt das gotische W-Portal, in dessen oberen Bereich ein Relief mit einem liegenden Lamm (Attribut Johannes des Täufers) angebracht wurde. Nach dem Brand von 1461 wurde die Kirche in den Jahren 1484-1518, unter der Leitung von Johann aus Eperies, im Geist der Spätgotik und der Renaissance, wieder aufgebaut und zu einer dreischiffigen Kirche erweitert sowie die s Vorhalle vervollständigt. Vinzenz von Ragusa arbeitete 1518-20 an der Kanzel, an dem Renaissanceportal (schöne Komposition mit Delphinen und Stempelfiguren) und am Turm. Nach einem abermaligen Brand 1863 kam es 1879 und 1895-97 nach Plänen von F. Schulek zur Renovierung und Regotisierung. Im Innern bilden die Konsolen mit den sich kreuzenden Gewölberippen eine interessante architektonische Lösung.

Drei hervorragende **Originalaltäre**: Der sogenannte *DOKTOREN-ALTAR* (Altar der Kirchenväter) von 1510-20, der aus der Werkstatt Meister Pauls aus Leutschau stammt. Im Schrein dieses Doppelflügelaltars stehen Hieronymus, Augustinus und Ambrosius. An den sehr guten Plastiken hat vielleicht Meister Paul selbst gearbeitet, trotzdem besitzt der Hieronymus von Zeben nicht die Aussagekraft seiner Neusohler Plastik. Die Tafelbilder (verschiedene Heilige) stammen teilweise aus der Leutschauer Schule und aus der Barockzeit. In der Predella befinden sich neuere Figuren von Maria, Christus und Johannes.

Die Bilder des *STEPHANUS-VALENTINUS-ALTARS* von ca. 1500-05 stammen vom Meister der Antonius-Legende (mit den für den Künstler so typischen Wolkenkringeln) und sind in diesem jüngeren neogotischen Altar untergebracht worden. Das Hauptbild zeigt die beiden Heiligen und auf den Flügelvorderseiten: Leonhard, Christophorus sowie Eustachius, Erasmus, auf den Rückseiten: einen Engel und eine Maria aus der Verkündigung.

Im Schrein des doppelflügeligen *KREUZIGUNGSALTARS* von ca. 1520 befindet sich eine geschnitzte, neugefaßte (?) Kreuzigungsgruppe (Christus, Maria, Johannes, Maria Magdalena), in der Predella ein kreuztragender Christus, eingerahmt von einem gemalten Petrus und Paulus. Auf den Vorderseiten der Flügel sind verschiedene Szenen (hauptsächlich Passion), auf den Innenseiten 8 Heilige zu sehen.

Die Kirche verlor im 19. Jh viele wertvolle Stücke an die Museen in Budapest und Gran, von drei Altären wurden **Kopien** angefertigt: *HAUPTALTAR JOHANNES DES TÄUFERS* (Original von 1510-16, Madonna, Johannes dT, Petrus, mit Barbara/Margarete und Katharina/Dorothea, 24 Tafelbilder), *ANNA-ALTAR* (Original von ca. 1520, Anna-Selbdritt mit Engel, 8 Tafelbilder) und *VERKÜNDIGUNGSALTAR* (Original ca. um 1520, Verkündigung, Gottvater mit Engeln, Dorothea/Barbara und Margarete/Dorothea, 8 Tafelbilder).

Auf den pseudogotischen Konsolen stehen beachtliche **freie Plastiken**: Johannes der Evangelist, Jakobus, Andreas, die aus der Zeit um 1510 aus der Werkstatt Meister Pauls aus Leutschau stammen und wahrscheinlich unter Mithilfe Meister Pauls vom Meister des Kabsdorfer Altars geschnitzt wurden (standen in einem demontierten Altar). Die anderen spätbarocken Plastiken sind von der Mitte des 18. Jh: Der barocke Kruzifixus in der Vorhalle von 1751, die Madonna aus der Mitte des 18. Jh.

Sö von der Johannes-Kirche steht die **kath Marien-Kirche**, die 1375 als gotische Kapelle gebaut, 1484 erweitert und schließlich 1738 barockisiert wurde. Die Altäre stammen aus dem 18. und 19. Jh. Vor den beiden Kirchen steht der **Glockenturm**, der im Stil der Renaissance 1657 gebaut wurde, aber seine Attika bei der Barockisierung einbüßte. W der Hauptkirche steht das ehemalige **Lyzeum**, Renaissance, im 18. Jh umgebaut zum Kollegium des Piaristengymnasiums, ein Blockbau mit Hof. Zeben besitzt 2 **evang Kirchen**, die beide in der gleichen Art als klassizistische Toleranzkirchen 1796-1802 errichtet wurden und zwar die sogenannte deutsche Kirche und die slowakische. Die klassizistische **griech-kath Kirche** wurde 1902-04 gebaut. Am Markt stehen mehrere alte, teilweise sehr schöne **Häuser**, erhalten sind auch Teile der **Stadtmauern**.

Zur Zeit der Reformation hatte die städtische Schule ein sehr hohes Niveau.

Pečovská Nová Ves: Kirche

Im 18. Jh arbeitete eine Papierfabrik. Ziegelei. Nach 1945: Lebensmittelindustrie (Konservenfabrik), Herstellung von Leder- und Gummiwaren.

Geburtsort von Georg Buchholtz dÄ (evang Pfarrer, Naturforscher).

M *"Mestské múzeum" (Stadtmuseum) am Marktplatz im ehemaligen Piaristenkloster (Volkskunde, Handwerk, Bibliothek des ehemaligen piaristischen Gymnasiums).*

T *N vom Stadtkern, hinter dem Dorf Drienica: Erholungszentrum (Hotels, Hütten, Schwimmhalle, Kabinenbahn, Skilifte), Ausgangspunkt für Wanderungen.*

⊕ 1930: 4.312 EW (3.133 Sl, 284 Ru, 163 D, 125 Ma, 318 J), 1940: 4.422, 1991. 10.657, 2001: 12.290 EW.

◉ UMGEBUNG: In nw R (4 km) • PEČOVSKÁ NOVÁ VES: größerer Ort (2.203 EW), interessante kath Kirche (Renaissance 2. Hälfte 16. Jh, im 18. Jh mehrfach erweitert und teilweise barockisiert, zahlreiche spätbarocke Altäre), 4 Kastelle (Nr 78/81 Spätrenaissance, Nr 90 Renaissance mit Turm und Schießscharten, Nr 143/201 barockklassizistisch, Nr 213 Spätrenaissance, eingeschossig mit· Eckturm), 1 Kurie (Nr 20 klassizistisch, Park mit Tor).

◉ ZENTREN IN DER WEITEREN UMGEBUNG: Eperies, Fritsch, Siebenlinden, Bartfeld.

■ **ZELIS (ŽELIEZOVCE)**, Bez Levice, 137 m. Kleinstadt in der Granniederung am O-Rand der Donautiefebene. ŽSR, SAD. Bis 1960 Sitz des Bez Želiezovce. Gehörte 1938-45 zu Ungarn. Namen: ma Zselis, 1274 Selyz, 1293 Selez, 1307 Zelys, 1828 Zelizow, 1920 Želiezovce.

Alter Siedlungsplatz (Bronzezeit, Quaden, Großmährisches Reich). Die Stadt wurde 1945 während der Kämpfe schwer in Mitleidenschaft gezogen. Im **Schloß** von Johann Karl Eszterházy weilte während der Sommermonate 1818 und 1824 Franz Schubert, der den Töchtern Maria und Karoline Musikunterricht erteilte. Der 4-flüglige, einen Innenhof einschließende Bau, 1720 barock errichtet, wurde Ende des 18. Jh klassizistisch umgestaltet. Vor dem 3-achsigen Risalit steht ein kleiner, mit einem Tympanon abgeschlossener Portikus.

Zelis: Schubert-Haus

W außerhalb des ausgedehnten schönen Parkes steht das **Schubert-Haus** ("Eulenschlößchen"), in dem der Komponist gewohnt hat. Hier entstanden auch einige seiner Kompositionen (Sonaten, Lieder, Klavierstücke für 4 Hände). Die **kath Kirche** ist noch vor 1337 als gotischer Bau entstanden, wurde nach den ernsten Kriegsschäden 1954 ohne die Wiedereinwölbung des Schiffes wieder hergestellt. Einige alte gotische Wandmalereien aus der Zeit um 1430 sind erhalten geblieben, andere sind ein Opfer der Kriegsgeschehnisse geworden. Der Hauptaltar besitzt als Mensa einen mit Reliefs reich verzierten römischen Sarkophag, der aus Budapest kam.

Herstellung von Glaserzeugnissen (Bijouterie).

M *"Pamätná izba Franza Schuberta" (=Franz-Schubert-Erinnerungsstube) im Schubert-Haus.*

⊕ 1930: 3.116 EW (665 Sl, 22 D, 2208 Ma, 101 J), 1940: 3.112, 1991: 8.373, 2001: 7.522 EW.

◉ UMGEBUNG: In s R (6 km) • HRONOVCE: ausgedehnte Gemeinde (1.470 EW). Im Ortsteil Čajakovo steht eine Benediktinerabtei, die bereits 1256 erwähnt wurde, sich aber über das 16. Jh hinaus nicht halten konnte. An der dreischiffigen romanischen Basilika, die 1220-40 errichtet wurde, traten im 16. Jh große Schäden auf, die (wie in Bíňa) erst 1726-27 beseitigt wurden. Nach einer abermaligen Schließung der Kirche (1731) kam es dann 1757-59 zu einem barocken Umbau und der Hinzufügung eines neuen Turmes, wobei das schwerbeschädigte romanische Gewölbe durch flache Decken ersetzt wurde (die Ansätze der Gewölbe sind noch deutlich zu sehen). Die Seitenschiffe behielten nach dem Umbau ihre Apsis.

In nö R (27 km) • SANTOVKA: Kleiner Badeort (864 EW). Die warmen (28°C) kohlensauren Quellen waren schon um 1570 bekannt und wurden von den EW benutzt. Heute wird das Wasser zur Behandlung von Schäden am Bewegungsapparat, bei Herz- und Nervenkrankheiten verwendet. 2 Kirchen (kath von 1755, barock, evang von 1911) und 2 Kurien (Nr 1 barock-klassizistisch, 1. Hälfte 18. Jh, Nr 15 spätbarock, 2. Hälfte 18. Jh). **T** *Hotel, Zeltplatz, Hüttenkolonie, Thermalhallenbad.*

◉ ZENTREN IN DER WEITEREN UMGEBUNG: Bíňa, Lewenz, Karpfen, Šahy.

◆ **ZIPS (SPIŠSKÁ STOLICA)**, comitatus Scepusiensis, Zipser Gespanschaft, Szepes vármegye. Bedeutendes Komitat, geprägt vom Abbau und der Verwertung reicher Bodenschätze, Handel, Handwerk, weniger von der Landwirtschaft, aber von einem hochstehenden Schulwesen, und in der Neuzeit vom Fremdenverkehr. Die Privilegien der vielfältigen Selbstverwaltungen beschränkten die Komitatsverwaltung bis zum Ende des 19. Jh auf die weniger begünstigten Landstriche.

Zipser Bela: Petzval-Museum

■ **ZIPSER BELA (SPIŠSKÁ BELÁ)**, Bez Kežmarok, 625 m. Auf einer Geländeschwelle oberhalb der Popper, am Fuß der Hohen Tatra gelegener Straßenknoten, ŽSR. Namen: ma Szepesbéla, d Beel Wiederausgrabung), 1263 Bela, 1920 Spišská Belá.

Alter Siedlungsplatz (Jungsteinzeit, Bronzezeit). Gehörte zur Bruderschaft der 24 königlichen Pfarrer, zum Bund der 24 Zipser Städte, war bei den verpfändeten Städten und danach in der Provinz der 16 Zipser Städte. Bedeutende Gemeinde, die auch während der Verpfändung ihren Reichtum behielt. Zipser Bela war Sitz einer der ältesten nachmittelalterlichen Bruderschaften in der Zips, der "Römisch-Katholischen Assistentenbruderschaft" von 1666.

Die **kath Kirche** wurde als spätromanischer Bau um 1264 errichtet, von dem nur die Umfassungsmauern und das W-Portal (vor dem der Turm mit dem neuen Eingang zu stehen kam) erhalten geblieben sind. Nach Umbauten im 14. und 15. Jh, bei denen das Presbyterium eingewölbt wurde, erhielt das Langschiff seine Zweischiffigkeit durch das Einziehen von 2 Säulen, die zur Einwölbung benötigt wurden. Die Ausmalung ist neu (J. Hanula, 1. Drittel des 20. Jh). Ebenso auch der größte Teil der Einrichtung. Sehr schön sind die Bronzetaufe aus der Zipser Neudorfer Gießerei (Mitte 15. Jh), einige Bänke und auch eine Statue des Nikolaus von ca. 1500, die zwar ernster ist, aber doch eine große Ähnlichkeit mit derjenigen im Bartfelder Museum aufzuweisen hat. Vor dem 1. Weltkrieg wurden Teile des damaligen Hauptaltars nach Budapest verkauft. Der dicht neben der Kirche stehende, schlank wirkende **Renaissanceglockenturm** wurde Ende des 16. Jh gebaut.

Die große **evang Kirche** ist ein barock-klassizistischer, heute von hohen Bäumen umgebener Bau aus dem Jahr 1784. Die Einrichtung stammt aus der Zeit der Gründung. Am langgestreckten **Markt**, aber auch in den angrenzenden Straßen stehen noch einige schöne alte Häuser.

Das städtische **Bad Zipser Bela** (Belianské kúpele), ca. 1 km ö vom Zentrum, entstand im 17. Jh, einige Mineralquellen. Später wurden hier auch Moorbäder verabreicht, so daß Gelenk- und Hauterkrankungen behandelt wurden. Es erlosch mit dem Ende des 2. Weltkrieges.

Im 18. Jh ein Zentrum der Lederverarbeitung. Damals arbeiteten hier auch ein Hochofen und ein Hammer. Ab 1778 Herstellung von Borovička (=Wachholderbranntwein), ab 1878 staatliche Tabakfabrik, Konservenfabrik.

Geburtsort von J.M. Petzval (Mathematiker, Schöpfer der modernen, lichtstarken, achromatischen Fotoobjektive, Erfinder des Theaterglases) und Samuel Weber (evang Pfarrer, Historiker). Wirkungsort von M. Greisiger (Arzt, Forscher, der sich intensiv mit der prähistorischen Besiedlung befaßte).

M *"Múzeum J.M. Petzvala" (=J.M. Petzval-Museum).*

T *Hotel. Im benachbarten Šarpanec (ca. 6 km w): Hotel, Hütten, Campingplatz.*

⊕ 1930: 3.690 EW (2.161 Sl, 10 Ru, 1.269 D, 31 Ma, 42 J), 1940: 3.706, 1991: 5.408, 2001: 6.136 EW.

◉ ZENTREN IN DER WEITEREN UMGEBUNG: Nehre, Kesmark, Landeck, Pudlein.

▲ **ZIPSER MAGURA (SPIŠSKÁ MAGURA)**, vorwiegend bewaldetes, relativ niedriges Zwischenstück (Repisko 1295 m) des Karpatenhauptkammes, n der Beler Kalkalpen/Hohe Tatra und s der Pieninen, mit Mittelgebirgscharakter, abgelegen und dünn besiedelt.

■ **ZIPSER NEUDORF (SPIŠSKÁ NOVÁ VES)**, 430 m. Bezirkshauptstadt, alte sehr verkehrsgünstig an der oberen Hernad gelegene Zipser Kommune, die, im Mittelalter im Schatten von Leutschau und Kesmark stehend, in der Neuzeit große Bedeutung erlangt hat. Heute das wirtschaftliche Zentrum der Zips, auch in der Industrie und bis vor kurzem auch im Bergbau (obzwar am N-Rand des einstigen Bergreviers gelegen). ŽSR, wichtiger Straßenknoten, SAD. Namen: ma Igló, d alt Neudorf, Neuendorf (Wiederausgrabung), lat

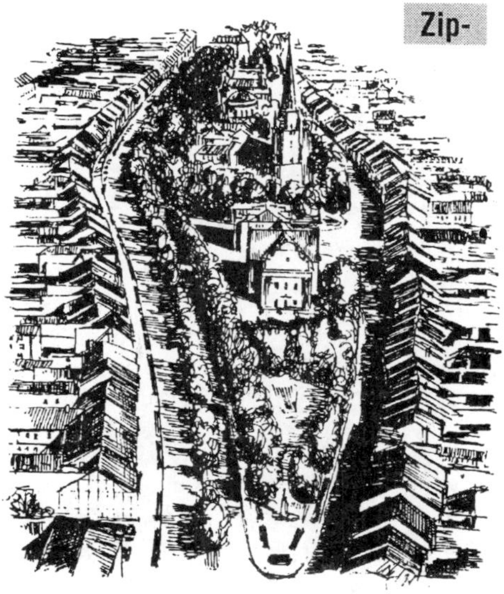

Der Straßenmarkt von Zipser Neudorf

Iglovia, 1268 Nova Villa, 1279 Igloszasza, 1297 Igluhaza, 1312 Iglo, 1399 Newendorf, 1412 Neudorff, 1786 Nowa Wes, 1920 Spišská Nová Ves.

Alter Siedlungsplatz (Großmährisches Reich). Nach dem Mongoleneinfall von d Siedlern "neu" gegründet (wahrscheinlich bestand schon vor dem Mongoleneinfall eine d Niederlassung neben einer sl Siedlung). Die neuen Siedler verwirklichten den größten Straßenmarkt der Slowakei. Mitglied der Bruderschaft der 24 königlichen Pfarrer, des Bundes der 24 Zipser Städte, war bei den an Polen verpfändeten Städten, danach Sitz der Organisation der Provinz der 16 Zipser Städte. 1380 Bergstadt, Entwicklung immer mehr in Richtung des Bergbaues, zumal das große, weit nach S reichende Gemeindegebiet nur in einem eng begrenzten Bereich im N landwirtschaftlich genutzt werden konnte. Die d Mehrheit blieb bis in das 19. Jh erhalten, um dann relativ rasch abzubröckeln.

Das Wahrzeichen der Stadt ist der weithin sichtbare, schlanke, sehr schöne und mit 87 m höchste Kirchturm der Slowakei, der zur **kath Kirche** gehört, die an der Stelle einer älteren Kirche in der 2. Hälfte es 14. Jh errichtet wurde. Die dreischiffige gotische pseudobasilikale Hallenkirche erhielt ihr heutiges Aussehen durch die verschie-

Zipser Neudorf: Turm der katholischen Kirche

denen Um- und Ergänzungsarbeiten, die nach dem Feuer von 1435 und dem großen Erdbeben von 1441 notwendig wurden. Im letzten Drittel des 18. Jh wurden noch einmal das Presbyterium umgebaut und der barocke Turm erhöht, der 1849 einem Feuer zum Opfer fiel. Erst 1892-93 erhielt er seine heutige Gestalt. In den Nischen stehen 3 m hohe von J. Fuhrmann aus Stein gehauene 4 Evangelisten.

In den 50-er Jahren unseres Jh wurden im Inneren der Kirche die nicht ursprünglichen Anstriche entfernt, die altgotische Ausmalung und die von der Frührenaissance geprägte des Presbyteriums (von F. Dabert, 1887) freigelegt. Die Kirche ist verwandt mit den Leutschauer Kirchenbauten, sie zeigt wahrscheinlich das bei der Jakobs-Kirche beabsichtigte Raumschema, während das ehemalige Presbyterium dem von Leutschau entsprochen haben dürfte. Der neogotische Haupt- und Seitenaltar wurden von dem Schnitzer Dominik Demetz aus St Ulrich im Grödnertal gefertigt (Ende 19. Jh), während der heimische J. Fuhrmann die Kanzel und den Altar zum hl. Grab schuf.

Die Figuren der von Meister Paul aus Leutschau um 1520 geschaffenen *KREUZIGUNGSGRUPPE* (1,60-1,90 m große Plastiken) sind sehr beeindruckend, da in den Gesichtern von Maria und Johannes (trotz der Trauer über das Geschehen auf Golgatha) eine verklärte Gewißheit der Erlösung zu lesen ist (vergl Kreuzigungsgruppe von Bartfeld). Auch hier ist wieder die große Spannweite der Darstellungskunst Meister Pauls, besonders die der menschlichen Empfindungen überwältigend! Die Gruppe ist später geschaffen worden als die Bartfelder, so daß aus ihr vielleicht auch die Weisheit und Abgeklärtheit des Künstlers spricht! Heute hängt sie (zu ihr gehörte auch eine Maria Magdalena, die nach Verlorenseifen kam) innen auf der s Außenwand.

Ein gotisches Tafelbild, Maria mit Vir dolorum, wurde von Meister Nikolaus aus Leutschau gemalt (Ende 15. Jh), und eine spätgotische Plastik eines Apostels stammt aus der 2. Hälfte des 14. Jh (stand viele Jahre im Zipser Kapitel). Im Bereich der Sakristei sind vor kurzem alte gemalte Konsekrationskreuze und alte Architekturteile abgedeckt worden. Ebenso sind alte, in der Reformationszeit übermalte Fresken (sieben gute Werke) auf dem heutigen Speicher der n Eingangskapelle gefunden worden. Beide Funde stammen aus der Zeit vor den großzügigen Umbauten im 14. bzw. 15. Jh. Die Bronzetaufe von 1549 zeigt in einem unscharfen Guß neben einigen kleinen Modeln aus dem alten Vorrat der Gießerei auch Renaissancebilder, sie ist ein Abglanz der chronologisch davor liegenden hervorragenden Arbeiten der Zipser Neudorfer Gießerei.

In der Achse des Marktplatzes steht auch die **evang Kirche**, ein klassizistischer Saalbau, im Grundriß dem griechischen Kreuz entsprechend, mit massiven Emporen, die 1790 als Ersatz für die baufällig gewordene Holzkirche von etwa 1700 (die im Hof der heutigen Gewerbeschule für Geologie und Bergbau gestanden hat) errichtet wurde. Im klassizistischen Altar befindet sich ein Bild von J.J. Stunder, Christus auf dem Ölberg (1797). Wertvoll sind auch das Alabasterrelief, Christus mit der Samariterin am Brunnen, und die umfangreiche Bibliothek, die früher dem evang Gymnasium gehört hat. Die Bänke schuf T. Thern, der auch diejenigen der kath Kirche hergestellt hat.

Frei auf dem Marktplatz steht außerdem das **Rathaus**, ein klassizistischer Bau von 1777-79, der einen monumentalen Risalit besitzt. Ebenfalls

Zipser Neudorf: Haus der 16 Zipser Städte

In der Šestnástka ul (in der Nähe der Hernad) stehen die 16 Häuser der Vertreter der Städte, in denen sie während der Sitzungen wohnten. Moderne griech-kath Kirche nö der Redoute.

Die älteste Schule war die lat Pfarrschule, die im 16. Jh ein gutes Niveau hatte. Verschiedene Stufen führten 1852 zu einem evang Gymnasium. Nach dem 1. Weltkrieg Einführung der d Unterrichtssprache anstatt der ma, 1920 zusätzliche sl Klassen, 1923 Verstaatlichung und anschließende Umwandlung in eine sl Schule.

am Marktplatz steht die große, 1900-05 im Sezessionsstil errichtete **Redoute** (Stadttheater), die durch ihre 4 Ecktürme repräsentativ wirkt. Zu dem Gesamteindruck des Platzes tragen neben den erwähnten Großbauten und den heutigen Grünanlagen mit ihrem Baumbestand aber auch einige sehr schöne alte **Häuser** bei. Viele haben ihren gotischen Kern behalten und sind nur in der Fassade umgestaltet worden. Die meisten sind aber im Stil der Renaissance und im Barockstil errichtet worden.

In der Sommerzeile (n Häuserreihe) fällt das reich verzierte und eine Straßenabzweigung überbrückende **Haus der Provinz der 16 Zipser Städte** (heute Museum) auf. Dieser im Kern mittelalterliche Bau wurde 1763-65 im Rokokostil für die Verwaltung der Zipser Städte umgebaut und die Fassade mit Ornamentschmuck und 6 allegorischen Reliefs und lat Texten (PONDERE SOLO, UTQUIS MERETUR, SUUM CUIQUE, DIE NOCTUQUE, IN SOMNIS CUSTOS, HINC OCULOS NUSQUAM) versehen. Sie sind die Richtschnur für die Provinzialbeamten, die gerecht, nur der materiellen und moralischen Seite verpflichtet, zu jeder Zeit, ohne den Schlaf zu stören, nach den Gesetzen handeln sollten. Davor diente das Gebäude als Rathaus, in dem 1443 der Friede zwischen Johann Giskra und Wladislaw I. geschlossen wurde.

Die kleine, nicht am Markt stehende, sogenannte slowakische kath Kirche wurde 1723-31 im Barockstil als Kapelle gebaut und 1869-73 erweitert.

Früher gehörten die Gruben einzelnen Familien, später Genossenschaften und in der 2. Hälfte des 19. Jh großen Gesellschaften (Witkowitz, Kattowitz, ab 1924 Holz- und Bergbauindustrie Marksdorf, dann ab 1936 Berg- und Hütten AG. Kotterbach gehörte schon ab 1895 der Witkowitzer Berg- und Hütten AG). Kunsthandwerk (seit 1357 bis in das 14. Jh bekannte Glockengießerei, Konrad Gaal, Weygel, Wagner), und später Industrie (Papiermühle von 1676 bis Ende 19. Jh, 1860 Walzenmühle, 1869 Färberei Lingsch, Hammerwerke, Werkstätten für landwirtschaftliche Maschinen, Gießerei Robert Reich, Ziegelei, Konservenfabrik Cornides, ab 1908 Eisenbahnwerkstätten, "Iglovia" Sägewerk, Holzschachtelherstellung Schmidt Josef Nachf.). Nach 1955 Ausweitung der Eisenbahnwerkstätten und Neugründung verschiedener Betriebe (Textil, Möbel).

M *"Vlastivedné múzeum" (=Heimatkundliches M.), Natur und Geschichte der Stadt und seiner Umgebung. "Galéria umelcov Spiša" (=Galerie der Zipser Künstler), u.a. Hanula, Boruth und Moderne. Beide Museen befinden sich auf dem Markt.*

T *Hotels. Hallenbad und Freibad mit Thermalwasser (beide Za Hornádom), Winterstadion.*

⊕ 1930: 12.258 EW (9.395 Sl, 29 Ru, 1.458 D, 618 Ma, 326 J), 1940: 14.667, 1991: 39.218, 2001: 39.193 EW.

◉ UMGEBUNG: In w R (6 km) • TSCHINGO (ČINGOV), der Name geht auf die ma Lanzenträgerfamilie Csengö zurück. Ausgedehnter Erholungsplatz und hervorragender Ausgangspunkt für Wanderungen im Slowakischen Paradies. **T** *Hotels, Campingplatz und Hüttenkolonie, Zeltplatz in Čingov-Ďurkovec.*

Marksdorf: Gartenschloß Dardanella

In w R (3 km) • SCHMÖGEN (SMIŽANY): Kleinstadt (7.847 EW) mit Montanvergangenheit (im 19. Jh 3 Hochöfen, der letzte bis 1886), bekannter gelber und grauer Marmor, gehörte zum Bund der 24 Zipser Städte, dann Mitglied der 11 Zipser Städte. Frühgotische kath Kirche aus der 2. Hälfte des 13. Jh, wurde 1436 über einen neu eingezogenen Mittelpfeiler mit einem Kreuzgewölbe versehen, so daß eine Zweischiffigkeit entstand. Von der alten, auseinandergenommenen Kanzel blieb das Relief des Sämanns erhalten, das außerordentlich nah und frisch den Menschen und die Natur darstellt. **M** *"Národopisné múzeum" (=Volks-kundliches M.) über die Mittelzips, Fotosammlung, originale Einrichtung des dazugehörenden Bauernhauses (Geburtshaus Ján Nálepkas und Keimzelle des zur kommunistischen Zeit eingerichteten, 1991 umgewandelten heutigen Museums).*

In nw R (6 km) • SPERNDORF (ILIAŠOVCE), Dorf (962 EW). Außer dem Kastell am W-Rand errichtete 1773 Stephan Csáky ein Lustschloß, das "Ungarische Sanssouci", auf dem sw gelegenen Hügel (rote Mk von Zipser Neudorf 1 Std). Dort wurden große Feste veranstaltet, entsprechend der sozialen Einstellung des Grafen auch für seine Untertanen. Der Aufwand, seine Frau Julia Erdödy hatte kein Verständnis für Sparmaßnahmen, brachte ihn an den Rand des Ruins. Ein Seitensprung von ihr führte zum Bruch, und er ließ 1803 alles zerstören. Nur Ruinenreste blieben (auch vom Kastell).

In sö R (7 km) • MARKSDORF (MARKUŠOVCE): Große interessante Gemeinde (3.243 EW). Nach dem Mongoleneinfall von d Siedlern um 1280 wiederbegründet. Gehörte der Familie Mariássy, später der Familie Wieland. Von der **Burg** (13. Jh), die später zerstört und nach dem Wiederaufbau ausgebrannt und restauriert wurde, sind noch wesentliche Reste erhalten. Das 3-geschossige, schön gegliederte, mit vier runden Ecktürmen versehene Renaissanceschloß wurde 1643 gebaut und erhielt 1770-75 die vom Rokoko beeinflußte Fassade und den im selben Stil umgestalteten Turm. Auf der Gartenseite befinden sich die Wirtschaftsgebäude und gegenüber dem Schloß (dazwischen liegt ein über 3 Terrassen ansteigender französischer Park) steht das Gartenschloß Dardanella (Name nach der Heiligen), ein 2-geschossiger sehr schöner Rokokobau. Vom ursprünglichen Plan wurde 1778 nur der Mittelpavillon realisiert (da ein Besuch Josefs II. nicht stattfand, wurde der Bau eingestellt), und die beiden, einrahmenden Anbauten wurden erst in den 70-er Jahren unseres Jh angebaut. Die alten Räume besitzen sehr schöne Wand- und Deckenmalereien. In der kath Kirche, ursprünglich spätromanisch von 1280, mehrfach abgebrannt und erweitert, befinden sich mehrere Grabplatten der Familie Mariássy, und an der umgebenden Mauer steht ein Mausoleum der Familie. **M** *Im Schloß Möbel, im Gartenschloß Tasteninstrumente.*

In ö R (7 Km) • DIRN (ODORÍN): Dorf (872 EW) mit interessanter kath Kirche, spätromanischgotisch 13. Jh, im 15. Jh über einen Mittelpfeiler eingewölbt, zweischiffig. Turm mit schlanker Zwiebel. In der n Kapelle klassizistischer Altar mit einer Madonna von ca 1470. Die EW beteiligten sich an der Revolte von 1831. Nach Cholerafällen ermordeten sie den Pfarrer, den sie zum Beweis, daß das vorsorglich bereitgestellte Desinfektionsmittel (Chlorkalk) Gift sei (Meinung: Für die Ermordung der Bevölkerung vorgesehen), zwangen, eine Lösung davon zu trinken.

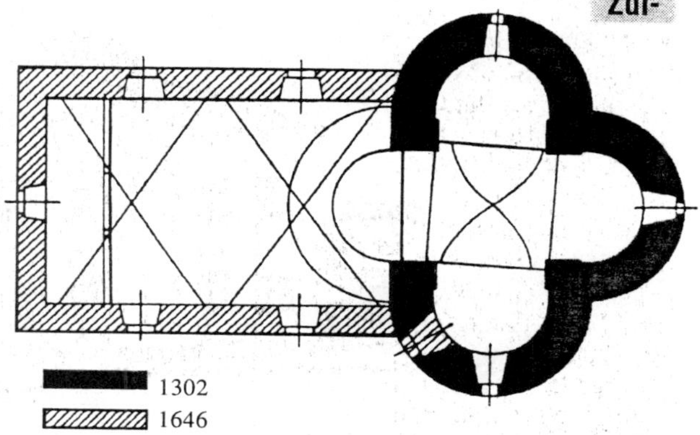

Hrost: Grundriß der katholischen Kirche

In ö R (13 km) • HROST (CHRASŤ NAD HORNÁDOM): Dorf (727 EW) mit einer seltsamen kath Kirche, die aus einem Turm vom 13. Jh besteht, der auf die ursprüngliche kleine Kirche (vier halbkreisförmige Apsiden, die einen ca. 4 mal 4 m kleinen Raum umgeben) aufgesetzt wurde. Drei Apsiden sind heute erhalten und an die Stelle der 4. trat im 17. Jh ein ca.12 m langes Schiff. Wahrscheinlich sind beim Bau der Apsiden Fehler in Bezug auf die Berücksichtigung der Mauerstärke gemacht worden, so daß sich diese gegenseitig bedrängen. In der Nähe steht zwischen den Dörfern Jemnig (Jamník) und Birndorf (Spišský Hrušov), an der Straße zwischen Zipser Neudorf und Wallendorf, auf freiem Feld, die Ruine eines Kirchturmes. Dort befand sich früher einmal eine Gemeinde, die im 16. Jh wegen Wassermangels aufgegeben wurde.

In ö R (4 km) • DENSDORF (DANIŠOVCE): kleines Dorf (357 EW) mit einer kleinen kath Kirche, eine der ältesten gotischen Kirchen der Zips. Zweischiffig über eine Mittelstütze eingewölbt, schönes Portal.

In s R (6 km) • NEUDORFER BAD (NOVOVESKÁ HUTA): Kleiner nach Zipser Neudorf eingemeindeter Ort. Entstand im 19. Jh als kleiner Luftkurort mit einer Kaltwasserheilanstalt (Behandlung von inneren Krankheiten, Nervenkrankheiten, Erkrankungen der Luftwege), heute Erholungsstätte verschiedener Organisationen. S davon überschreitet die Straße das Slowakische Erzgebirge auf der 821 m hohen • GRETL (GRETLA), Name von Grat, Grätli.

◉ ZENTREN IN DER WEITEREN UMGEBUNG: Donnersmark, Drauz, Leutschau, Gorg, Kirchdrauf, Schigra, Wallendorf, Wagendrüssel.

■ **ŽDIAR,** 895 m. 5 km langer Gebirgsbauern- und Erholungsort am Fuß der Beler Kalkalpen, in freier Lage mit sehr schönem Blick zu ihrer Gipfelkette. Ausgangspunkt für Wanderungen in den Beler Kalkalpen und in der Zipser Magura, Wintersportplatz. SAD. Namen: ma Zsdjár, d alt und sehr selten Morgenröte, 1281 Stragar, 1773 Zdyar, 1808 Žjar, 1920 Ždiar.

Entstand durch eine wallachische Siedlung, deren EW sich hauptsächlich der Weidewirtschaft widmeten, später der Vermietung von Zimmern an Touristen und Erholungssuchende. In früheren Jahren spielte die Forstwirtschaft eine große Rolle, der Abtransport des Holzes erfolgte über eine zwischen Podspády und Landeck (über Ždiar) verlaufende Seilbahn. Die neue Straße umgeht den Ort, in dem verschiedene Haustypen zu finden sind: Auf allen vier Seiten geschlossene Höfe und Blockhäuser mit Verzierungen und starkem goralischen Einschlag. Am W-Ende liegender Sattel Strednica, sehr schöne Aussicht (1022 m) und ein paar km weiter die Wasserscheide Sedlo pod Príslopom (1088 m), ohne Aussicht.

T *Hotel, zahlreiche Privatzimmer, Skilifte.*

⊕ 1930: 1.091 EW (1.065 Sl, 2 D, 13 J), 1940: 948, 1991: 1.527, 2001: 1.319 EW.

◉ ZENTREN IN DER WEITEREN UMGEBUNG: Javorina, Höhlenhain, Landeck, Tatralomnitz.

"21.8.1968"

Das Datum der Besetzung der ČSSR während des "Prager Frühlings" ist im Bild integriert, in dem die Unterdrückung der zaghaft aufgebrochenen Freiheit (Menschen, Augen) dargestellt ist. Kein zeitgenössischer Künstler hat den Mut gehabt die Ereignisse zu verarbeiten, außer die in Kaschau (Košice) lebende Deutsche Herta Ondrušová-Victorin (1912-1999) mit ihrem sechs Bilder umfassenden Zyklus.

DIE SLOWAKEI UND EUROPA

GESCHICHTE VON DER VORZEIT BIS HEUTE

1. GESCHICHTE

1.1 DIE ERSTEN MENSCHEN IN DER SLOWAKEI

Nach einer bedeutenden Klimaverschlechterung während der 2. Eiszeit (Mindel, 300.200-230.000 vChr), die in der Hohen Tatra und in den Liptauer Alpen zu Vergletscherungen führte und sonst durch ausgedehnte, kühle Waldgebiete und Tundren charakterisiert war, kam es zu einer beachtlichen Erwärmung während der 2. Zwischeneiszeit (Mindel-Riß, 230.000-195.000 vChr), in der auch die Hochgebirge bis in die höchsten Lagen mit einer Grasnarbe überzogen waren. In der 3. Eiszeit (Riß, 195.000-130.000 vChr) stellte sich eine der 2. Eiszeit ähnliche Situation ein, allerdings mit einer noch etwas größeren Vergletscherung.

In der 3. Zwischeneiszeit (Riß-Würm, 130.000-115.000 vChr) war das Klima deutlich wärmer als heute, und der Wald stieg in die allerhöchsten Regionen hinauf. Funde belegen das erste Auftreten von Menschen, die in kleinen Gruppen als Sammler und Gelegenheitsjäger die Wälder durchstreiften. Während der späteren, äußerst schütteren Besiedlung wurde die Nähe warmer Quellen und für kürzere Zeitspannen auch Höhlen als Siedlungsplätze bevorzugt. Weite Bereiche der Mittel-, SW-, NW- und NO-Slowakei sind entsprechend den Fundstandorten nicht besiedelt gewesen. Einen nicht gleich deutbaren Fund machte 1926 Jaroslav Petrbok (eigentlich der Steinbruchmeister Koloman Koki, ein Zigeuner) im Travertinhügel von Gehansdorf in der mittleren Zips, der in den 50-er Jahren großes Aufsehen erregte, als erkannt wurde, daß es sich um die Travertinfüllung der Hirnschale eines Neandertalers handelte.

Die folgende 4. Eiszeit (Würm, 115.000-10.000 vChr) zerstörte, abgesehen von einigen wärmeren Perioden, die bisherigen Lebensgrundlagen nachhaltig. Sie führte zur größten Vergletscherung und die Tundren sowie die kühlen Waldgebiete nahmen ungefähr dieselbe Ausdehnung ein wie in der 3. Eiszeit. Der Kohlbachgletscher reichte bis in die Gegend des heutigen Kurortes Tatralomnitz, der Mengsdorfer Gletscher weit über den heutigen Tschirmer See hinunter und der Koprova- und Kamenista-Gletscher bis vor das heutige Podbanské. Das liebliche Bild der in Gletschernähe duftenden frischen Hochgebirgswiesen, das von manchen Literaten gezeichnet wurde, hat es mit Sicherheit nicht gegeben.

1.2 MENSCHEN IN DER STEINZEIT (MITTELSTEINZEIT 8.000-5.000 vChr, JUNGSTEINZEIT 5.000-1900 vChr)

Während der Herausbildung der verschiedenen Rassen führte in der Slowakei die langsame Verbesserung der klimatischen Verhältnisse zu einer Wiederbesiedlung, die sich hauptsächlich in der S-Slowakei, im unteren Waagtal, in der Zips und in der NO-Slowakei nachweisen läßt. Die zuerst auch wegen dem Nahrungsmangel weit auseinander gelegenen Siedlungsplätze wurden mit der Jagd und dem Fischfang dichter. Viele Funde belegen die Folge verschiedener bzw. das Nebeneinander unterschiedlicher Kulturen.

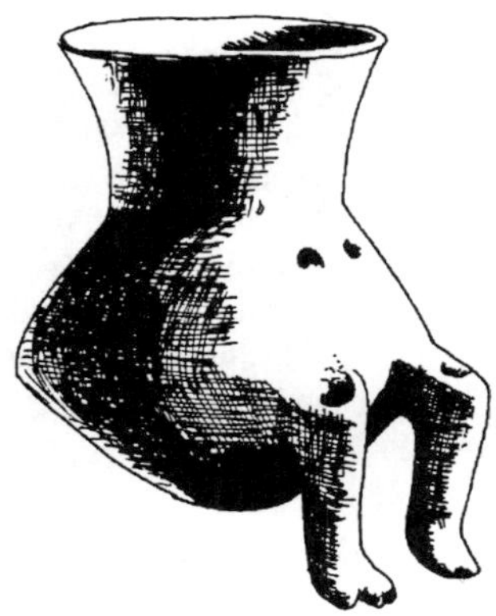

Gefäß mit Merkmalen einer sitzenden Frau, bemalter Lehm, Jungsteinzeit (Svodín)

Gegenüber der Mittelsteinzeit kam es mit dem Übergang zum Bauerntum (durch den Ackerbau, der Kultivierung von Wildgetreide, der Viehzucht, der Domestikation von Tieren) zur "Neolithischen Revolution" (G. Childe). Die sprunghaft steigende Bevölkerung führte auch in der Slowakei zu einer wesentlichen Ausweitung des besiedelten Gebietes (Liptau, mittleres Grantal usw.). Die relativ großen Siedlungen, mit großen Häusern, wurden wegen der raschen Erschöpfung des Bodens häufig geräumt, um nach einer Erholungsphase wieder eingenommen zu werden. Die S-Slowakei gehört zum Zentrum der Bandkeramiker, deren Ausstrahlungen in der O-Slowakei unter den dortigen örtlichen Einfluß gerieten. Die Funde belegen zahlreiche unterschiedliche lokale Kulturen. Einzelfunde belegen aber auch die Anwesenheit von Schnurkeramikern und von Glockenbecherleuten.

1.3 DAS ERSTE METALL
(BRONZEZEIT, 1900-700 vChr)

Aus dem vorderen Orient drang die Kenntnis der Bronzeverarbeitung über Kreta und Mykene nach N, wo in der Slowakei Einflüsse aus dem SO wie aus Mykene belegt sind. Infolge des Reichtums an Erzen wurde die Slowakei neben Siebenbürgen zu einem bedeutenden Zentrum. Mit der Ergänzung des Bauerntums durch Handwerk und Handel ging die Differenzierung der Gesellschaft weiter. In der weitgehend besiedelten Slowakei, nur die ausgedehnten Gebirgslandschaften blieben frei, bildeten sich zahlreiche lokale Kulturen. Überregionale Kulturen erfaßten einige Gebiete - so die Hügelgräberkultur die SO-Slowakei, die in die Lausitzer Kultur mündet, die zum Großkreis der Urnenfelderkultur gehörte. Abweichend von w Hügelgräberkulturen sind in der Slowakei nur wenig Waffen und kaum Gebrauchsgegenstände gefunden worden.

1.4 DER MENSCH UND DAS EISEN, DIE KELTEN IN DER SLOWAKEI
(EISENZEIT, 700 vChr - Christi Geburt)

Die Eisenverarbeitung kam auf zwei Wegen in die Slowakei, von O (Schwarzes Meer) und von SW (Italien). Die Hallstattkultur (700-400 vChr) brachte eine große Ausweitung des Handels (u.a. Salz) und eine weitere soziale Gliederung. Die ersten historisch faßbaren Völker traten in der Slowakei auf; zwei indogermanische Reitervölker, die Kimmerier (diese streifen die SO-Slowakei) und die Skythen (die mit ihrer überlegenen Kampftechnik den Nordkarpatenraum nachhaltig beeinflußten). Sie hinterließen die mächtigen Fürstengräber, die Kurgane, die vom Kaukasus über die Ukraine und die S-Slowakei (Mischdorf) bis in den österreichischen und schlesischen Raum reichen.

Goldene Spange der Quaden (Krakovany)

Die Kelten kamen um 400 vChr in die Slowakei, besetzten die gesamte SW-Slowakei und keltisierten die vorhandene Bevölkerung, während der N unter keltischem Einfluß eine eigene Entwicklung durchmachte und zum Zentrum der Puchauer Kultur wurde. Um 50 vChr kam es zu einem kurzen Einfluß der Daker, die aber schon um Christi Geburt von den Römern und Quaden verdrängt wurden.

1.5 GERMANEN UND RÖMER
(QUADEN, WANDALEN, DIE VÖLKERWANDERUNG, Christi Geburt - 568 nChr)

Zwischen 13-9 vChr wurde Pannonien römische Provinz und die mittlere Donau zur Reichsgrenze. Schon 6 nChr erscheinen die Römer (L. Sentius Saturninus) n der Donau in der Slowakei, als Tiberius

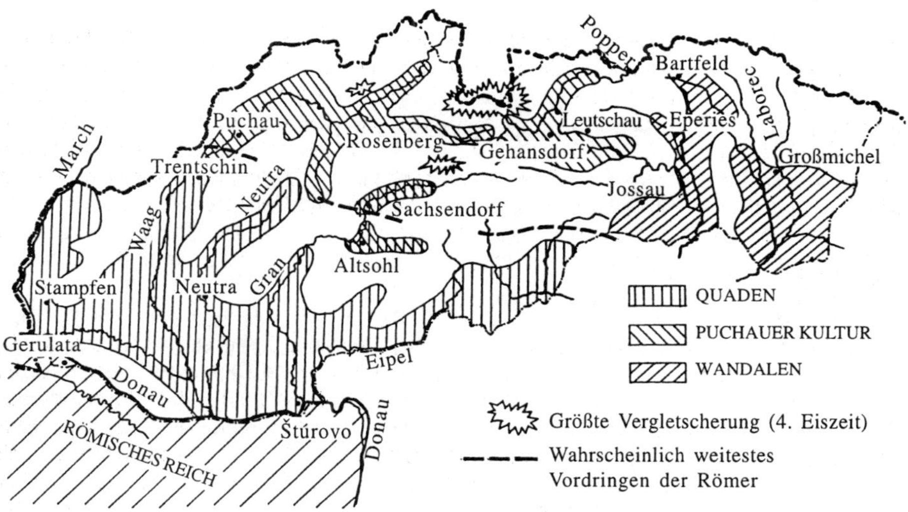

Die Slowakei von Christi Geburt bis 400 nChr

einen Kriegszug gegen die Markomannen und die mit ihnen verbundenen Quaden, die den SW der Slowakei besiedelten, unternahm. Später bildeten sich in der Slowakei verschiedene Siedlungsgebiete, die teilweise großräumige Übergänge hatten: Im SW das immer größer werdende Gebiet der Quaden, mit dem in der Breite wechselnden Streifen der Römer n der Donau. In der Mittel- und NO-Slowakei verschmolzen die Träger der Puchauer Kultur mit Resten von Dakern und Kelten und Splittern anderer germanischer Stämme (Karpen, Buren, Osser), obzwar selbst heute, trotz vieler Hypothesen, eine abschließende ethnographische Wertung dieses Raumes nicht möglich ist.

Die Römer bezogen 179 im 2. Markomannenkrieg vor Trentschin ihr Winterquartier, während Marc Aurel "apud Granuas" (=irgendwo an der Gran) sein philosophisches Hauptwerk "Wege zu sich selbst" schrieb. Sein Nachfolger Commodus gab die eroberten Gebiete wieder auf.

Um 200 erreichten die Wandalen die SO- und NO-Slowakei, wo sie die dortige abseits der großen Auseinandersetzungen in ruhiger Entwicklung befindliche, auf keltisch-dakisch-germanischer Grundlage aufbauende Kultur nachhaltig beeinflußten. Die weitgreifenden Beziehungen bewirkten einen starken wirtschaftlichen Aufschwung, u.a. wurde die Slowakei zu einem wichtigen Bindeglied zwischen den Quaden und ihren Verbündeten, den zwischen Donau und Theiß siedelnden sarmatischen Jazygen.

380 nahmen die Quaden unter dem Einfluß des Bischofs Ambrosius von Mailand den christlichen (athanasianischen) Glauben an. Die Existenz eines Bistums in Neutra zZt der Königin Fritigil (Friedhilde) und ihres Gemahls Rosemund ist unwahrscheinlich. 406 schlossen sich die Quaden dem Zug der Wandalen nach W an, nachdem 375 ein weit in die Slowakei führender Feldzug unter Valentinian I. nach seinem Tod abgebrochen wurde. Die an der Donau gelegenen römischen Stützpunkte (u.a. Gerutata bei Karlburg) sind laufend ausgebaut worden. Zurückbleibende Reste der Quaden werden von den Hunnen und den Goten aufgesogen, womit eine 400-jährige quadische Epoche, die durch 300 Siedlungsplätze und 800 Gräber belegt ist, endete.

Die Völkerwanderung hat in der Slowakei nur geringe Spuren hinterlassen, aber, nach dem Grab Attilas wird auch hierzulande gesucht (Vrútky). Um 500 kamen die Langobarden in die Slowakei, die sie bereits 568 wieder verließen. So sind außer den Ostgoten und den Skiren (Odoaker, der spätere germanische König Roms, hat vielleicht am Strand der Popper als Kind "Pogatscherln" Kuchen gebacken) bisher keine eindeutigen Zeugnisse anderer Stämme gefunden worden.

1.6 DIE SLAWEN MÜSSEN SICH DER AWAREN ERWEHREN (7.-8. Jh)

Wann die ersten Slawen in der Slowakei auftauchten, ist noch nicht ganz geklärt, größere Gruppen wahrscheinlich nicht vor 500 (Justinian hatte ihnen 558 Wohnsitze zwischen Sawe und Drau zugewiesen), Splitter wahrscheinlich schon erheblich früher, da ihre Geschichte eng mit derjenigen der Goten, Hunnen, Alanen und verschiedener Turkvölker verbunden war, mit denen sie oft eine fruchtbare Symbiose eingingen.

Um 600 konnte das Reitervolk der Awaren den größten Teil des Donaubeckens erobern und sich die Slawen untertan machen, die nur ganz langsam in die lange Zeit nur dünn von Zurückgebliebenen besiedelt gewesenen Räume im SW und N der Slowakei vorstießen. 20 Jahre später wurde der fränkische Kaufmann Samo in den Slawenaufstand verwickelt. Für seine Verdienste wurde er zum König der Slawen (Zentrum: S-Mähren und SW-Slowakei) ausgerufen. Das Frankenreich Dagoberts I. tolerierte ihn so lange, wie Samo gegen die Awaren ausgespielt werden konnte. 631 kam es bei Wogastisburg (Ort bis heute nicht lokalisiert) zur Schlacht, die Dagobert I. verlor.

Nach Samos Tod kam es zur abermaligen Herrschaft der Awaren, die wahrscheinlich kaum weiter als zur Linie Tyrnau-Neutra-Lewenz-Kaschau reichte, so daß wahrscheinlich nur 10-12% der heutigen Slowakei dichter besiedelt waren. Erst Karl dem Großen gelang es, die Awaren in drei Feldzügen zu unterwerfen. Wahrscheinlich kam es damals, zumindest in der SW-Slowakei, zu einer schütteren d Besiedlung, nachdem d Missionare in das Land gekommen waren.

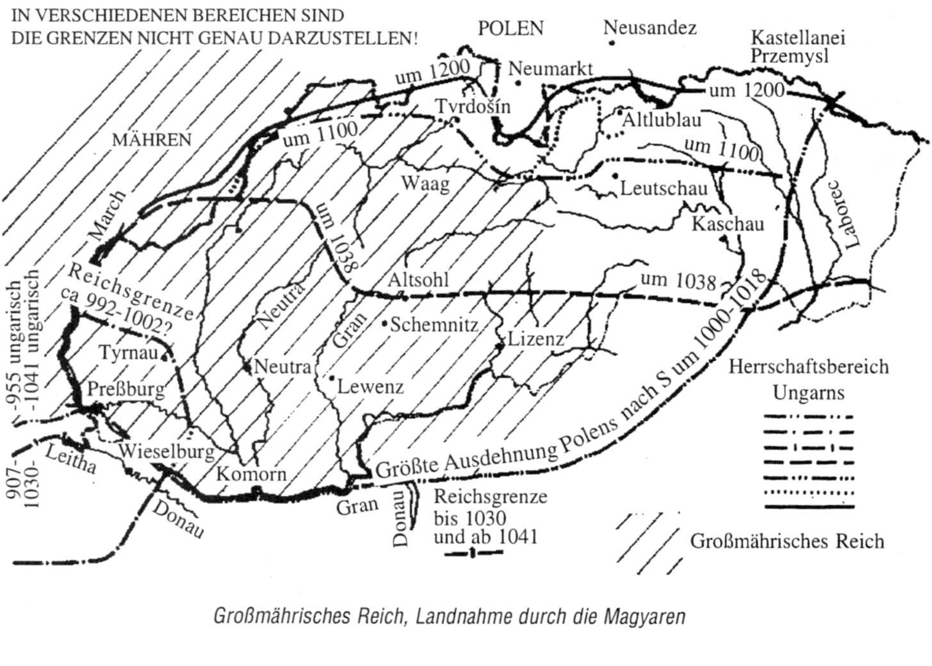

Großmährisches Reich, Landnahme durch die Magyaren

1.7 EIN NEUER MACHTFAKTOR: DAS GROẞMÄHRISCHE REICH (CYRILL UND METHOD 800-907)

Der Salzburger Bischof Adalram weihte 828 in Neutra, am Sitz des slawischen Fürsten Pribina, dessen Gemahlin bayerischer Herkunft und mit Adalram verwandt war, die erste Kirche in der Slowakei, obzwar er selbst erst auf dem Totenbett Christ wurde. Nach 830 vertrieb der über Mähren herrschende christliche Slawenfürst Mojmir I. seinen Nachbarn aus Neutra - er wurde mit einem Teil Pannoniens belehnt - und vereinigt beide Fürstentümer. Schon 822 waren auf dem von Ludwig dem Frommen nach Frankfurt einberufenen Reichstag "legati moravani" erschienen, aber in der Folge versuchte das Großmährische Reich, so genannt vom byzantinischen Kaiser Konstantin Porphyrogenetes, die politische und kirchliche Abhängigkeit vom Ostfränkischen Reich zu lösen. Mehr als einmal gelang dieses Vorhaben, wenn auch nicht auf längere Zeit, obzwar das Großmährische Reich zu einem Machtfaktor wurde, der heute in einem deutlicheren Licht erscheint als früher - was den erstaunlich reichen Goldschmuck einer ganz dünnen Oberschicht im großen Kontrast zur Armut der Bevölkerung erscheinen läßt.

Rastislav, Neffe und Nachfolger Mojmirs I., verjagte 850 die d Priester, doch blieb 855 ein Kriegszug Ludwigs des Deutschen erfolglos. Die angestrebte selbständige Kirchenprovinz wurde vom Papst Nikolaus I. abgelehnt. Dagegen erzielte Rastislav beim byzantinischen Kaiser Michael III., der die Gelegenheit zur Machterweiterung am Vorabend der sich schon abzeichnenden Kirchenspaltung gern aufgriff, einen Teilerfolg. Er schickte den Philosophen Konstantin (später Cyrill) und den Abt Method - ein Brüderpaar - an den Hof Rastislavs. Konstantin entwickelte das erste slawische Alphabet mit zahlreichen Ergänzungen aus den Minuskeln des griechischen, die Glagolotische Schrift (hlaholica), und fixierte die erste slawische Gesetzessammlung. Beide übersetzten die Bibel und die Liturgie in das Altslawische, das an Stelle des Lateinischen zur Kirchensprache erhoben wurde, so daß erstmalig in Europa eine eigene liturgische Sprache zur Anwendung kam.

864 unterlag Rastislav einem fränkischen Heer und mußte nun die Aktivitäten d Priester, die Rom verpflichtet waren, parallel zu dem Wirken Konstantins und Methods dulden, die sich jetzt um die Anerkennung Roms bemühten. Hadrian II. sanktionierte die Übersetzungen ins Altslawische und ernannte 869 Method zum Bischof von Syrmien.

Nach einem erfolglosen Einfall eines fränkisch-bayerischen Heeres wurde Rastislav von seinem Neffen Svätopluk gestürzt und dem Ostfränkischen Reich ausgeliefert, das ihn in Regensburg blenden ließ und in ein Kloster steckte. Nach 4-jährigen Auseinandersetzungen, in denen Method und Svätopluk festgenommen wurden, durften beide in die Slowakei zurückkehren (Forchheimer Friede 874). Von Johannes VIII. wurde die Genehmigung der altslawischen Liturgie widerrufen, aber 880 erreichte Method als Bischof von Neutra noch einmal die Parallelität - die Stephan VI. endgültig aufhob, während der d Priester Wiching Bischof von Neutra wurde und Method 885 starb.

Brustkreuz (Trinität), byzantinischer Einfluß 9.-10. Jh

Streitigkeiten und Kriegszüge leiteten den Niedergang des Großmährischen Reiches ein, das kurze Zeit, außer der Slowakei und Mähren, auch Böhmen, Teile von Schlesien und Pannonien umfaßte. Es war kein Nationalstaat im modernen Sinn, und von einem Prototyp eines "tschechoslowakischen

Staates" zu sprechen ist unhaltbar. Damals waren ca. 20% der Slowakei dichter besiedelt, und in diesem Bereich sollen 120.000-150.000 Menschen gelebt haben.

1.8 EIN NEUES, FREMDES VOLK ERSCHEINT AUF DER BÜHNE EUROPAS: DIE MAGYAREN (um 900-1000)

Zur Sicherung der Grenze gegen die unberechenbaren Aktivitäten der Slawen setzte das Ostfränkische Reich auch Vasallen ein, u.a. den Fürsten Brazlaw (um 896), die aber den ungebärdig auftretenden Magyaren nicht standhalten konnten. Diese hatten sich im 9. Jh, hart bedrängt von den Petschenegen, die ihre Siedlungsplätze in der S-Ukraine eingenommen hatten, unter Arpads Führung in den Donauraum gerettet. Dort und in der S-Slowakei zerstörten die 7 heidnischen Stämme, denen sich auch 3 Chabarenstämme und Splitter anderer ethnischer Gruppen (Chasaren, Türken, Bulgaren, Juden) angeschlossen hatten, die bereits vorhandenen Steinkirchen und die kirchliche Organisation. Der Stamm Megyeri wurde zum Namensgeber für das Volk, während der Begriff Ungarn von der lat Form der slawischen Territorialbezeichnung stammt, so daß seine ethnische Verwendung unzutreffend ist.

Ausgedehnte Feldzüge, 907 wurde in der Schlacht bei Preßburg das bayerische Heer vernichtend geschlagen, sein Führer Herzog Luitpold fiel, führten die Magyaren nach Zentralmitteleuropa sowie nach W- und S-Europa. Diese Züge fanden erst mit ihrer Niederlage auf dem Lechfeld 955 und dem Sieg Heinrich des Zänkers 991 langsam ein Ende. Danach wurde die Seßhaftmachung, die sogenannte "Landnahme", eingeleitet. Geza, dem Enkel Arpads, gelang es die Fürstengewalt mit Hilfe zahlreicher d "Entwicklungshelfer" gegenüber anderen Ansprüchen zu festigen.

1.9 DER ERSTE CHRISTLICHE KÖNIG UNGARNS: STEPHAN I. DER HEILIGE (997-1038)

Stephan I. begründete die christliche Königsgewalt in Ungarn, und das 1001 gegründete Erzbistum Gran wurde von Passau durch zahlreiche d Missionare gestützt. Viele d Ritter, von denen mehrere zu Ahnherren ma Adelsgeschlechter wurden, wie auch d Bauern und Handwerker, waren eine bedeutende Hilfe beim Aufbau des neuen Königreiches. 1002 heiratete Stephan I. die Bayernprinzessin Gisela, Tochter Heinrichs des Zänkers und Schwester Kaiser Heinrichs II., die das, vor der Schlacht bei Preßburg und nach 991 (?) wieder bayerische, Gebiet an der unteren Leitha (mit Preßburg, Ödenburg und Steinamanger) in die Ehe brachte. Abgesehen von der ungeklärten Rechtsfrage, Mitgift oder Brautgeschenk, wurde eine bis in unser Jh reichende Auseinandersetzung um dieses Gebiet programmiert. Schon unter Stephan I. kam es zu Grenzverschiebungen, und Ungarn konnte vorerst die Grenze an der Fischa stabilisieren.

Wie im W gab es auch im N keine "historische" Grenze, und die Gewinnung des Karpatenhauptkammes als Grenze gegenüber Polen erfolgte in verschiedenen Etappen. Um 1000 bis ca. 1018 (?) konnte Polen die Donau als Grenze halten, aber noch Stephan I. konnte, vielleicht nicht überall, die s Gebirgsränder erreichen. Während dessen herrschte p Einfluß an der Kischütz, der Arwa und in der Zips, zumal die Zips im 11. Jh noch dem Krakauer Bischof

Die Krone Ungarns (Stephans-Krone)

unterstand. Das Vorrücken der Magyaren erfolgte nicht durch "menschenleere" Räume, wie eine ethnozentrische Geschichtsschreibung oft behauptet hat. Natürlich gab es große zusammenhängende Waldgebiete, aber die Zahl der Slowaken wird immerhin auf 175.000 geschätzt.

1.10 GROßE PROBLEME DES JUNGEN KÖNIGREICHES (VON STEPHAN I. ZU BELA IV., 1038-1235)

Unter Koloman (1095-1116) wurde wahrscheinlich die Waag-Hernad-Linie erreicht und überschritten und mit Grenzwächtersiedlungen (eventuell Chabaren, alttürkisches Hilfsvolk) und Verhausiedlungen (wahrscheinlich niederer Adel, der Begriff "Lanzenträger" kam erst im 14. Jh auf) gesichert. Ihre Städte verloren mit dem Bau der Burgen ihre Bedeutung, sie wurden nach einem teilweisen d Einfluß slowakisiert, konnten sich aber, zumindest im w Bereich, noch Jh hindurch ihre Selbstverwaltung, das sogenannte "Kleine Komitat", bewahren. Ob die Zips (ohne den n Teil) bereits im frühen 12. Jh zu Ungarn kam, auf dem Tauschweg gegen die Kastellanei Przemysl oder als Mitgift der p Königstochter Judith, die 1108 Kolomans Gattin wurde, ist fraglich.

Die Auseinandersetzungen mit dem Reich rissen nicht ab, und zwischen 1043-53 griff Heinrich III. 6-mal ein. Außer der Bestätigung seiner Lehenshoheit erreichte er kaum etwas. Daran änderte auch eine Intervention des Papstes Leo IX., der selbst nach Preßburg kam, nichts. Er konnte zwar eine weitere Heiratsvereinbarung, diesmal zwischen den Kleinkindern Judith (später Sophie, Tochter Heinrichs III.) und Salomon (Sohn Andreas' I. und u König 1063-1074) treffen.

In der turbulenten Zeit der Thronstreitigkeiten, Morde, Blendungen und Wortbrüche in Ungarn konnte Heinrich IV. (wegen seiner eigenen Probleme mit dem Papst) seinem Schwager Salomon nur beschränkt Hilfe leisten, so daß dieser auch exkommuniziert wurde. 1146 besetzte der Bayernherzog Heinrich II. Preßburg, aber anschließend wurden die Bayern und Österreicher an der Leitha geschlagen, und zu Beginn seines Kreuzzuges ließ sich Friedrich I. Barbarossa vor Preßburg die Lehenshoheit bestätigen. In jenem Jh nützten die Magyaren, trotz der verwandtschaftlichen Bande, jede auch noch so kleine Schwäche des Reiches, um ihr Gebiet im Bereich von March-Donau-Leitha zu erweitern bzw. Lehensverpflichtungen abzuschütteln.

Unter Geza II. (1141-1162) kam es zur ersten schütteren d Besiedlung der Zips, als einige über Polen kommende, nach Siebenbürgen ziehende Siedler in der Zips blieben. Zu einer etwas größeren Ansiedlung kam es durch die Gemahlin Andreas' II. (1204-1235), Gertrud von Andechs-Meran, die ihrem Bruder, dem vor den Anhängern des Philipp von Schwaben flüchtenden Bischof von Bamberg, Ekbert von Andechs-Meran, Zuflucht und Grund in der Zips zuwies, wo er mit Leuten seiner Besitzungen Eisdorf gründete. Als er nach Bamberg zurückkehren konnte, hinterließ er seine Besitzungen in der Zips dem Hofkaplan seiner Schwester und ersten Zipser Propst, Adolf. Auch dieser gründete mit seinem Schwager Rüdiger von Matrei einige Orte. In diesen Kreis gehört auch Jordan von Gargau, der u.a. 1241 große Teile der Bevölkerung der Zips auf dem Zufluchtstein vor den Mongolen in Sicherheit brachte. Zu dieser Zeit war es also nicht nur die königliche Initiative, die für einen weiteren d Zuzug sorgte.

Dražovce: Typische frühromanische Kirche, 11./12. Jh

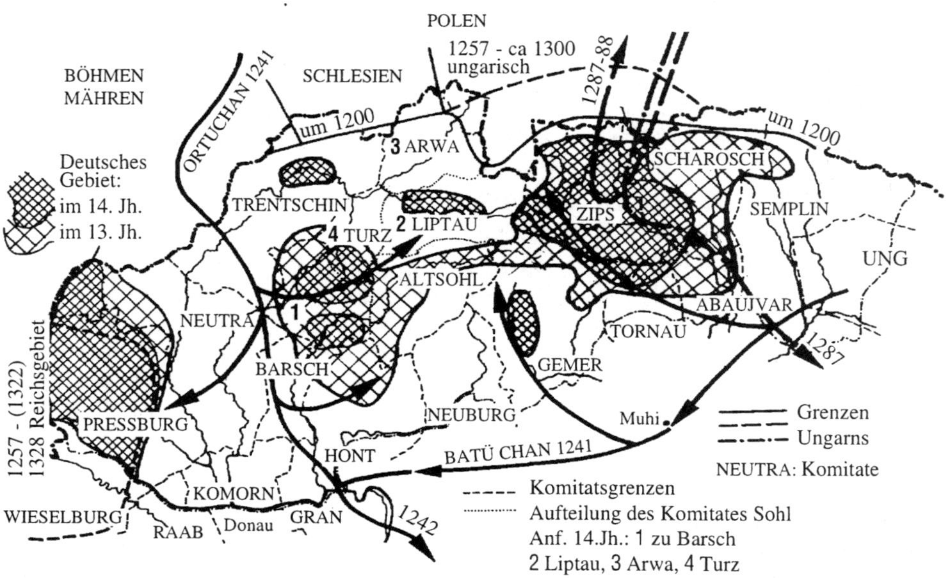

Mongolen - Deutsche Besiedlung - Komitate

1.11 DIE MONGOLEN, DEUTSCHE BESIEDLUNG (BELA IV., 1235-1270)

Mit Bela IV. sind nicht nur das dramatische Geschehen des furchtbaren Mongoleneinfalls verbunden, sondern auch die großangelegte Ansiedlung von Deutschen. Die u Könige verfolgten mit ihrer Besiedlungspolitik wirtschaftliche und politische Ziele. Auf Grund der schwachen Population, bei der Landnahme waren es ca. 200.000 Seelen (Zahlen um 500.000 sind ganz bestimmt überzogen, denn mit diesen wäre Ungarn eine ganz andere Expansionspolitik möglich gewesen!), konnte nur mit Hilfe von Fremden an eine Sicherung und Nutzung der von den Slowaken schütter besiedelten Gebiete bzw. der unbewohnten Gebirgsgegenden gedacht werden. Neben den Deutschen wurden auch andere Gruppen angesiedelt. So kamen Teile der Petschenegen u.a. auch in die Gegend von Neutra, ferner die Kumanen, ein asiatisches Reitervolk, das (von den Mongolen geschlagen) im 11. Jh auch in Ungarn eindrang, wo es mehrere Niederlagen hinnehmen mußte, so durch Ladislaus I.(1077-1095). Daran knüpft sich die Ladislaus-Legende. Von Bela IV. wurden 1239 ca. 40.000 Kumanen angesiedelt (noch heute trägt ein innerungarisches Komitat ihren Namen). Da mit den Magyaren auch Juden nach Ungarn gekommen waren, wurden Ende des 11. Jh größere Gruppen, die vor den Pogromen in W-Europa flüchteten, wie auch Ismaeliten angesiedelt.

Während sich in diesen Jahren in der Zips schon die ersten kirchlichen und politischen Zusammenschlüsse vollzogen, lassen sich auch in der Mittelslowakei d Siedlungen nachweisen. Dort sind es die Klöster, besonders die Abtei St Benedikt und die Stätten des Bergbaues, die für einen stärkeren d Zuzug sorgten. So waren schon damals Dilln und natürlich Schemnitz Zentren des Bergbaues. Wie zahlreich die D in Ungarn waren, verdeutlicht die Tatsache, daß 1210 Andreas II. auf Anraten seiner Gemahlin binnen kürzester Zeit ein Heer aus den im Lande lebenden D aufstellen konnte.

Am Vorabend des Mongoleneinfalles gab es in der Slowakei keine größeren unbesiedelten Gebiete, die engen Gebirgstäler und die Gebirge ausgenommen. Auch die kirchliche Organisation wurde erneuert und teilweise erweitert. Während bereits Stephan I., neben der Gründung von 10 Bischofssitzen, in

Flucht Belas IV. vor den Mongolen

Neutra ein Kapitel einrichtete, erneuerte Ladislaus I. das Neutraer Bistum. Aber die schon recht frühen Bestrebungen, die Zipser Propstei in ein Bistum umzuwandeln, blieben lange (bis 1776) erfolglos.

1241 war durch den Einbruch der Mongolen (teilweise auch als Tataren bezeichnet) markiert, der über weite Teile O- und SO-Europas Verwüstung und Totschlag durch die erstmals großflächig angewandte Taktik der "Verbrannten Erde" brachte. Sie eroberten 1240 Kiew und schickten Boten zu Bela IV. - mit der Forderung nach Herausgabe der Kumanen. Die Magyaren begannen mit den Vorbereitungen zur Abwehr eines bevorstehenden Einfalles. Aber die heraufziehende Gefahr wurde überall unterschätzt, und das Auftreten Belas IV. gegen den Adel nahm diesem die Motivation. Zu diesen Maßnahmen zählte u.a. die Überprüfung der Rechtmäßigkeit erworbener Güter wie auch das rücksichtslose Vorgehen gegenüber den Mördern seiner Mutter Gertrud von Andechs-Meran, denen die Macht der d Familie ein Dorn gewesen war (Gertruds Bruder Berthold war Erzbischof von Kalocsa, Ban von Kroatien). Der Mord diente Franz Grillparzer als Vorlage für sein Werk "Ein treuer Diener seines Herren".

Batü-Chan (Enkel Dschingis-Chans) überwand die Grenzsicherung in den Karpaten, während ein zweites Heer unter Ortu durch Polen nach Schlesien zog. Nur um ein paar Tage verschoben, kam es zu den 2 entscheidenden Schlachten. Am 9. April wurde das d Heer unter dem Schlesierherzog Heinrich II. bei Liegnitz vernichtet, und am 11. April wurde das 60.000-Mann-Heer der Magyaren am Fluß Sajó (sl Slaná) beim Dorf Muhi (falsch Mohi Puszta), unweit des heutigen Miskolc, so vernichtend geschlagen, daß Bela IV. sich nur mit knapper Not über Wien nach Agram retten konnte. Die Mongolen waren die Herren des Landes, und nur Teile der Bevölkerung der Zips konnten sich durch Flucht und Verstecken in den Gebirgswäldern retten. Einige Burgen hielten, darunter auch Preßburg. Nachdem Ortu mit seiner Streitmacht über Mähren in die Slowakei gezogen war und Batü-Chan beide Heere vereinigt hatte, hielt Europa den Atem an. Man erwartete, daß er, wie vor ihm viele andere, den Weg donauaufwärts nach W einschlagen würde. Doch 1242 kehrte er in die Ukraine zurück, um nach dem Tode des Groß-Chans seine Ansprüche durchzusetzen.

Die Verluste an Menschen und Gütern waren furchtbar, allein von der auf 4.000 Personen geschätzten Bevölkerung der Zips war die Hälfte umgekommen. Die Geretteten, Hunger und Epidemien dezimierten sie zusätzlich, begannen sofort mit dem Wiederaufbau. Bela IV. schickte Werber nach Deutschland, die den Siedlern große Sonderrechte zusagten. Er konnte so nicht nur die stark gelichteten Reihen auffüllen, sondern eine großzügige Besiedlung durchführen, mit der die Siedlungsgebiete vor 1241 erheblich erweitert wurden. Besonders Spezialisten wurden benötigt: Bergleute (denn weder die Magyaren noch die Slowaken beherrschten den Stollen- und Schachtbau, der nach dem Abbau der Oberflächenerze notwendig wurde), Wasserbauer aus Flandern für die Trockenlegung der nassen Niederungen (Schüttinsel), Winzer für die Weiterentwicklung des Weinanbaues, Handwerker aller Richtungen (das Handwerk war den Magyaren fremd) und natürlich Bauern. Die D kamen wahrscheinlich gerne, stammten sie in der Regel doch aus Gegenden, die, gemessen an den damaligen wirtschaftlichen Verhältnissen übervölkert waren.

Die vielleicht schon vor dem Mongoleneinfall 1204 eingerichtete, aber sicher seit 1239 bestehende geistliche Organisation der "Bruderschaft der 24 königlichen Pfarrer", die vom Propst zahlreiche Privi-

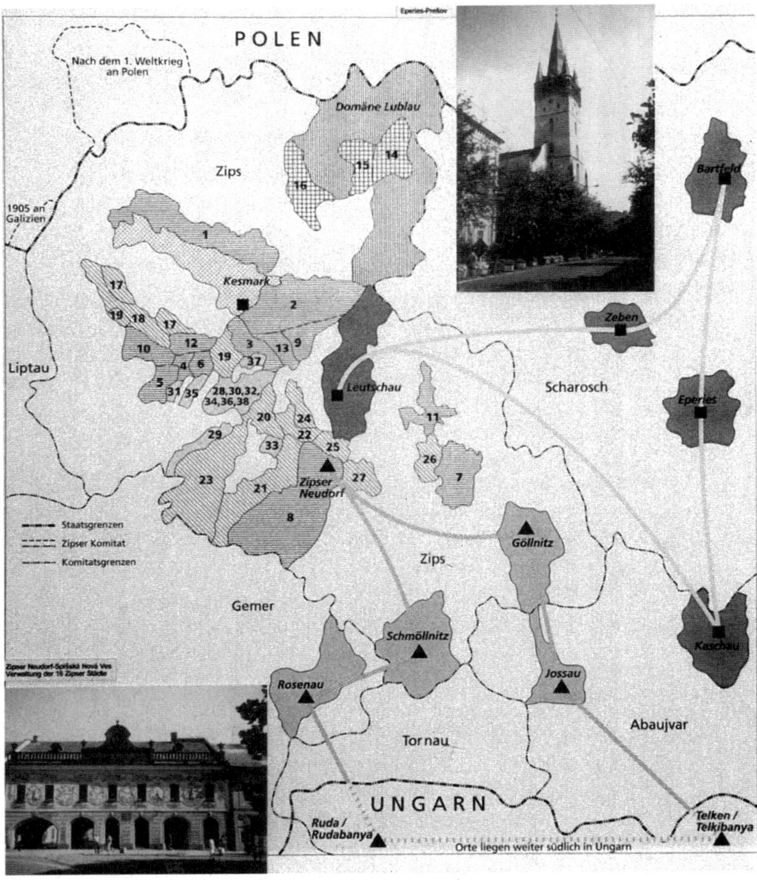

Städtebünde und Selbstverwaltungen in der Zips und den angrenzenden Gebieten

DER BUND DER 24 ZIPSER STÄDTE BIS 1412

Kesmark, Leutschau,
1-13, 17-27

DIE 13 VERPFÄNDETEN ZIPSER STÄDTE 1412-1770

1 Zipser Bela
2 Leibitz
3 Menhard
4 Georgenberg
5 Deutschendorf
6 Michelsdorf
7 Wallendorf
8 Zipser Neudorf
9 Rißdorf
10 Felka
11 Kirchdrauf
12 Matzdorf
13 Durlsdorf

DIE VERPFÄNDETE DOMÄNE LUBLAU

14 Lublau
15 Kniesen
16 Pudlein

DIE 11 NICHTVERPFÄNDETEN ZIPSER STÄDTE (AB 1412)

17 Mühlenbach
18 Großschlagendorf
19 Eisdorf
20 Donnersmark
21 Schmögen
22 Sperndorf
23 Kabsdorf
24 Kirn
25 Palmsdorf
26 Eulenbach
27 Dirn

DIE STÄDTE DER 11 LANZENTRÄGER (KLEINES KOMITAT)

28 Abrahamsdorf
29 Betelsdorf
30 Zunkendorf
31 Fillendorf
32 Primsdorf
33 Hedersdorf
34 Horke
35 Hoheselz
36 Johannesdorf
37 Ladensdorf

DIE PROVINZ DER 16 ZIPSER STÄDTE (AB 1770)

1-13, 14-16

▲ **DIE SIEBEN OBERUNGARISCHEN BERGSTÄDTE**

Zipser Neudorf, Göllnitz, Schmöllnitz, Rosenau, Jossau, Ruda, Telken

■ **DIE KÖNIGLICHEN FREIEN STÄDTE**

DIE PENTAPOLITANA

Leutschau, Zeben, Bartfeld, Eperies, Kaschau

legien eingeräumt bekam (u.a. die freie Pfarrerwahl), wurde 1248 wiederbelebt. Parallel dazu entwickelte sich eine weltliche, politische Organisation, der "Bund der 24 Zipser Städte", an deren Spitze der Zipser Graf stand, der von den Richtern der Städte gewählt wurde. Der Bund erhielt eine Selbstverwaltung, die etwa derjenigen der königlichen Freistädte entsprach.

In der Unterzips und in der Mittelslowakei bewirkte die Welle d Einwanderer eine tiefgreifende Umgestaltung, denn mit der Errichtung bzw. Erneuerung der Bergwerke wurde in der Mittelslowakei eine vorerst fast rein d Landschaft geschaffen, deren Zentrum immer noch Schemnitz war, da Kremnitz erst nach 1300 gegründet wurde, während sich in der Unterzips Göllnitz zu einer schnellen Blüte entwickelte. Aber auch in den anderen Bereichen kam es zu d Gründungen: im oberen Waagtal und am S-Rand des Slowakischen Erzgebirges. Die meisten dieser Städte sind in Zusammenhang mit dem Bergbau, von dem überall sehr viel erwartet wurde, gegründet worden, teilwiese mit großzügigen Zentralanlagen. Aber in vielen Fällen brachten die mangelnde Ergiebigkeit der Lagerstätten und die schweren Abbaubedingungen nicht einmal einen Bruchteil der Erträge in der Mittelslowakei und in der Unterzips. Dazu kam später die Türkengefahr. Ohne einen Rückhalt in der ländlichen Bevölkerung zu haben, die durchwegs sl bzw. ma war, wurden diese Städte schnell slowakisiert (bzw. im S magyarisiert). Typische Beispiele sind Rosenberg, Deutschliptsch, Großsteffelsdorf, Siebenbrot und andere.

Zipser Kapitel: Leo albus, die älteste Steinplastik der Slowakei, um 1270

An der Grenze zum Reich blieb es unruhig. Herzog Friedrich II. unterstrich seinen Anspruch auf die Komitate Wieselburg, Preßburg, Ödenburg mit Feuer und Schwert. Es handelt sich um Gebiete, die ihm Bela IV. in der Notlage infolge des Mongoleneinfalls versprochen hatte. In der entscheidenden Schlacht an der Leitha (nach neueren Forschungen bei Ebenfurth) siegten zwar die Österreicher, aber Friedrich II., der letzte Babenberger, fiel. So kamen neue Auseinandersetzungen, diesmal mit dem starken und umsichtig handelnden böhmischen König Přemysl Ottokar II. Eine Teilung des Babenberger Erbes blieb nicht von langer Dauer, und bei Groißenbrunn auf dem Marchfeld brachte Ottokar II. Bela IV. eine schwere Niederlage bei (1260). An der N-Grenze blieben bei Polen nur Lublau und Kniesen, der sogenannte "districtus Podoliensis". 1257 wurde dieser mit dem gesamten Sandezer Gebiet von Boleslaw Wstydliwy an seine Gemahlin Kunigunde, einer Tochter Belas IV. übertragen, die umfangreiche Rodungen durchführen ließ. Nach ihrem Tode wurde das Gebiet offiziell wieder mit Polen vereinigt, verfiel jedoch einer allmählichen Angleichung an die übrige Zips und wurde stillschweigend von Ungarn vereinnahmt. Auch die geistliche Herrschaft verlor Krakau, nachdem selbst ein päpstlicher Schiedsspruch (1333) zu Gunsten Krakaus de facto unerfüllt geblieben war.

1.12 KÖNIG OTTOKARS GLÜCK UND ENDE UND DIE SLOWAKEI (1270-1307)

Mit Andreas III. (1290-1301) starben die Arpaden im Mannesstamme aus. Für die schwachen Nachfolger Belas IV. Stephan V. (1270-1272) und Ladislaus IV. (1272-1290) hatten sich die Gegebenheiten sehr ungünstig entwickelt. 1271 wurden die Privilegien der Deutschen in der Zips von Stephan V. bestätigt und neu gefaßt, sie bildeten später die Grundlage für die "Zipser Willkür". Im selben Jahr rächte sich Ottokar II. für einen Einfall Stephans V. indem er im Handstreich Preßburg und weite Teile seiner Umgebung eroberte. Der geschlossene Friede hielt nicht lange, denn unter Ladislaus IV. ("Der Kumane", seine Mutter war eine Kumanin) brach der Krieg wieder aus. Abermals eroberte Ottokar II. u.a. Preßburg und Neutra, wo er österreichische Adelige als Verwalter einsetzte. Erst 1276, 3 Jahre nach der 1273 erfolgten Wahl Rudolfs von Habsburg zum d König, räumte Ottokar II., der selbst mit der deutschen Königswürde gerechnet hatte und dem Rudolf die österreichischen Länder streitig machte, das eroberte Gebiet in der Slowakei kampflos. 1278, in der mörderischen Schlacht auf dem Marchfeld, bei Dürnkrut, in der Ladislaus IV. auf der Seite des Königs kämpfte, verlor Ottokar II. alle seine Hoffnungen, das Blatt noch einmal wenden zu können, und sein Leben.

Infolge der Schwäche der letzten Arpadenkönige schufen sich viele Adelsgeschlechter in verschiedenen Gegenden Ungarns ihre eigenen Machtbereiche. Im NO die Aba und in dem zwischen Reich und Ungarn umstrittenen Grenzgebiet die Grafen von Güssing (und mit ihnen Jakob von Gutkeled mit seinem Sohn Iwein). Gereizt durch die Einfälle Iweins in Österreich und alarmiert durch die für Ladislaus IV. ungünstig ausgegangene kriegerische Auseinandersetzung mit Iwein, eroberte 1287 Herzog Albrecht (Sohn des d Königs Rudolf) Preßburg und das gesamte Burgenland. In seiner Not rief Ladislaus IV., der in Vorstellungen von einer Herrschaft im byzantinischen Stil befangen war, die Mongolen als Verbündete ins Land. Zwei kleinere Einfälle (1287, 1287/88) in die ö Grenzbereiche, wo es zu Verwüstungen kam, wurden von den dortigen Machthabern zurückgeschlagen. Albrecht wurde aber 1290 vom Nachfolger des ermordeten Ladislaus IV., Andreas III., überrumpelt und zur Aufgabe der besetzten Gebiete gezwungen. 1295 heiratet Andreas III. Agnes, die Tochter Albrechts, und es ist eine Ironie der Geschichte, daß diese als Mitgift wieder den wesentlichen Teil derjenigen Giselas (wenn es eine solche gewesen ist) erhielt. Die Verbindung zwischen dem Reich und Ungarn wurde wieder einmal so eng, daß 1298 in der Schlacht bei Göllheim, Magyaren auf der Seite Albrechts gegen den d König Adolf von Nassau kämpften und Albrecht damit zur d Königswürde verhalfen.

Mattäus Csák hatte im Bereich von Trentschin und Neutra große Besitztümer geerbt und erworben. Nach einer abwartenden Haltung gegenüber Andreas III. gab er 1297 das erst ein Jahr vorher erworbene Amt des Palatins auf, da er mit der Politik des Königs nicht einverstanden war, und stellte sich offen gegen ihn.

1.13 KARL ROBERT VON ANJOU, DER ERSTE NICHTMAGYARE AUF DEM THRON UNGARNS, SCHAFFT STABILE VERHÄLTNISSE UND EINE BERÜHMTE WÄHRUNG, DEN "KREMNITZER DUKATEN" (1307-1342)

Mehr als kompliziert gestaltete sich die Nachfolge, denn erst nach 6-jährigen Auseinandersetzungen wurde 1307 Karl Robert von Anjou von den Magnaten Ungarns als Karl I. anerkannt, obzwar Papst Bonifatius VIII. frühzeitig Einfluß genommen hatte, indem er schon 1300 den 12-jährigen Karl Robert in Gran krönen ließ. Er war Enkel des Königs von Neapel, Karl II., und Maria, der Tochter Stephans V., also ein "Viertelarpade". Aber es gab noch andere Interessenten, die Verwandte werden wollten oder waren: Mattäus Csák favorisierte den ebenfalls 12-jährigen Wenzel (Sohn des böhmischen Königs Wenzel II.), der mit Elisabeth, der einzigen Tochter Andreas' III. verlobt war, und verhalf ihm zu einem Sieg über Karl Robert sowie zur Krönung als Ladislaus V. Da er vom Papst nicht anerkannt wurde, nützte die Unterstützung der damaligen Machthaber nichts, so daß er schließlich von seinem Vater aus Ungarn herausgeholt werden mußte (er wurde dessen Nachfolger: Wenzel III.) und zu Gunsten des Bayernherzogs Otto III. (Sohn von Elisabeth, einer Tochter Belas IV.) verzichtete. Dieser wurde 1305 gekrönt, geriet, Unterstützung suchend, in die Gefangenschaft des Fürsten von Siebenbürgen und mußte Ungarn verlassen.

Nach der Anerkennung Karl Roberts sandte der Papst den Kardinal Gentile nach Ungarn, um Mattäus Csák für den König zu gewinnen. Die zusagte Loyalität war nur Täuschung; er nahm an der 2. Krönung (1310) nicht teil, und seine Ämter (Palatin, Hofkämmerer) nutzte er rücksichtslos für sich aus. Bereits

Die Krönung Karl Roberts von Anjou, Fresko in der Martins-Kathedrale im Zipser Kapitel (Kirchdrauf), 1317

Die Trentschiner Burg heute

1311 entkleidete ihn der König aller Ämter, und der Kardinal Gentile belegte ihn mit dem Kirchenbann. Aber der König war zu schwach, um den fast die gesamte Slowakei mit über 30 Burgen uneingeschränkt beherrschenden Oligarchen zu bezwingen. 1312 unternahm Karl Robert einen Zug in die O-Slowakei, um Kaschau, das zu ihm stand, zu helfen. Er konnte sich nicht durchsetzen, und als ein Heer Mattäus Csáks nahte, halfen ihm die Zipser Deutschen. In der Nähe von Rozhanovce (ma Rozgony) nö von Kaschau kam es am 15. Juni 1312 zur entscheidenden Schlacht, die Karl Robert nach großen Problemen und mit großem Einsatz der Zipser für sich entscheiden konnte. Die Macht Mattäus Csáks (der nicht teilgenommen hatte), obzwar auf die Mittel-, N- und SW-Slowakei verkleinert, war aber nicht gebrochen. Karl Robert suchte keine weiteren kriegerischen Auseinandersetzungen, nachdem er ihm die Mittelslowakei und Komorn abgenommen hatte. So konnte Mattäus Csák bis zu seinem Tod (1321) ungestört in Trentschin residieren. Für die Zerstörung der Neutraer Burg und der dortigen Kirche (1317) wurde er abermals (und wieder wirkungslos) exkommuniziert. Nach seinem Tod verfiel sein "Reich" innerhalb kürzester Zeit.

Einige sl Literaten glorifizieren Mattäus Csák als einen Unabhängigkeitskämpfer und einen Verfechter sl Ansprüche. Abgesehen davon, daß Mattäus Csák seine Herkunft aus der Führungsschicht einer der 7 ma Stämme herleitete, handelte es sich hier eindeutig um eine rein machtpolitische Auseinandersetzung ohne jeden nationalen Hintergrund.

Kremnitzer Dukat aus der Zeit Karl Roberts Vorderseite: Inschrift KAROLU REX

Nach der Herstellung geordneter Verhältnisse ging Karl Robert mit großer Tatkraft, unterstützt von einem verläßlichen, teils fremden Beraterstab, an die Weiterführung der Besiedlung. Zur Erhöhung der Edelmetallförderung gründete er weitere Bergstädte mit besonderen Stadt- und Bergrechten. 1325 führte er die Goldwährung ein und die Dukaten (3,52 Gramm, 23,75 Karat) wurden 1338 gesetzliches Zahlungsmittel. Da sich ihr hoher Edelmetallgehalt nur geringfügig änderte, gehörten die später "Kremnitzer Dukaten" genannten Goldstücke bis 1919 zu den begehrtesten Währungen. 1328 gründete er in Kremnitz die bis heute existierende Münze.

Von 1307 stammt die bisher älteste d Urkunde der Slowakei, eine Vereinbarung der Kürschner mit der Stadt Kaschau, die höchstwahrscheinlich aus dem Lateinischen übersetzt wurde. In der d Politik hielt er sich an der Seite Friedrichs des Schönen von Habsburg, der zusammen mit Ludwig dem Bayern zum d König (Doppelwahl von 1314) gewählt wurde und den er in der Schlacht bei Mühldorf (1322) unterstützte. Obzwar Friedrich der Schöne diese verlor, gelang es Karl Robert als Gegenleistung Preßburg und seine Umgebung, die mehr als 20 Jahre (seit dem Tode Andreas III. und als Mitgift seiner Gemahlin Agnes) in österreichischer Hand waren, wieder an Ungarn anzugliedern (endgültig 1328 nach der vorübergehenden Besetzung Preßburgs 1327 durch Herzog Albrecht den Weisen). Abgesehen von der Heirat mit Elisabeth, der Tochter des p Königs Władysław Łokietek (dadurch wurde er Schwager des späteren p Königs, Kasimir dGr), leitete er eine Annäherung Böhmens mit Polen und mit Ungarn in die Wege. Bei dem Treffen der 3 Könige in Visegrád 1335 (Johann v Böhmen, Karl Robert und Kasimir dGr) wurden die böhmisch-polnischen Differenzen beigelegt und bedeutende Handelsvereinbarungen getroffen. Karl Robert vermittelte auch den Vertrag von Trentschin (24.8.1335), in dem Beauftragte Kasimirs dGr dem böhmischen König Johann und seinem Sohn versicherten, auf "ewige Zeiten" auf Schlesien zu verzichten. 1332 konnte Karl Robert die zwei letzten Burgen aus dem "Reich" Mattäus Csáks, die in böhmischer Hand waren, zurückbekommen. Er starb 1342, und eigentlich hätte ihm der Beiname "Der Große" gebührt, mit dem Ungarn seinen Sohn und Nachfolger auszeichnete.

1.14 LUDWIG I., AUCH DIE MAGYAREN GABEN EINEM IHRER HERRSCHER DEN BEINAMEN "DER GROßE" (1342-1382)

Unter ihm erreichte Ungarn (auf der von seinem Vater geschaffenen Grundlage) den Höhepunkt seiner Machtentfaltung. Als 1370 sein Onkel Kasimir dGr starb, wurde er auch König Polens (Vertrag 1339). Der Bergbau erfuhr eine stetige Ausweitung und gemeinsame Interessen der königlichen freien Bergstädte führten zu einer immer engeren Zusammenarbeit. So wurde unter Ludwig I. die Grundlage für die Vereinigungen der "7 niederungarischen Bergstädte" (Kremnitz, Schemnitz, Neusohl, Pukanz, Königsberg, Libethen, Dilln) und der "7 oberungarischen Bergstädte" (Göllnitz, Schmöllnitz, Ruda (heute Rudabánya/U), Jossau, Telken (heute Telkibánya/U), Rosenau, Zipser Neudorf) gelegt. Neben diesen Bergstädten, mit ihren, sich im Laufe des 14. und 15. Jh bildenden Vereinigungen, waren noch viele andere Orte der Mittelslowakei und der Unterzips am Bergbau beteiligt. Das erreichte hohe Niveau, ca. 1/4 der Gesamtförderung an Gold und Silber in Europa, bestritt damals Ungarn und damit fast ausschließlich die d Bergstädte der Slowakei, war die Grundlage für einen der glücklichsten Zeitabschnitte der Slowakei.

Schemnitz: Neues Schloß und Siglistor

1.15 DIE DEUTSCHEN IN DER SLOWAKEI. DIE "ZIPSER WILLKÜR" - EIN BEDEUTENDES SELBSTVERWALTUNGSGESETZ (1370)

Ludwig I. veranlaßte 1370 die Zusammenfassung der Privilegien der Zipser Städte in einem Gesetzbuch, der "Zipser Willkür", die sich an den Sachsenspiegel anlehnte. Dazu kamen die königlichen Freistädte (in späteren Jh zusammen 24 an der Zahl), die nach dem Magdeburger, aber auch teilweise nach dem Nürnberger Recht verwaltet wurden. Auch ihre Einwohner hatten eine Selbstverwaltung und unterstanden unmittelbar der Krone, und sie waren "Freie" (was im "Meer der Leibeigenschaft" häufig untergeht).

Der Zuzug weiterer D kam, auch wegen der anarchischen Verhältnisse, Ende des 14. Jh zu einem gewissen Abschluß. Die ethnische Situation war vielfältig. Es gab in der Preßburger Gegend, in der Mittelslowakei und in der Zips d Städte, die von einem Kranz d Dörfer umgeben waren. In der übrigen Slowakei zahlreiche d Städte in sl Umgebung. Andere Städte hatten nur eine d Oberschicht, die aber

Leutschau: Halle im Rathaus

auch hier die Verwaltung und das Handwerk in der Hand hatte, denn die Privilegien der Deutschen erlaubten den Slowaken und Magyaren keinen Hausbesitz, keine Teilnahme an der Verwaltung und die zahlreichen, sich langsam bildenden Zünfte nahmen nur d Meister auf und bildeten nur D aus. Diese Rechte fielen erst 1608, als den vielen vor den Türken geflohenen Magyaren, aber auch Slowaken die Rechte der D zugestanden werden mußten. Aber in einigen wenigen Städten erreichten schon im 14. und 15. Jh die Slowaken die Teilnahme an den Privilegien. In Sillein genehmigte Ludwig I. 1381 den Slowaken, die Hälfte der Ratsteilnehmer zu stellen. Ähnlich war die Lage in St Benedikt schon seit 1328.

Die neugegründeten Dörfer erhielten nach der Vermessung und der Landzuweisung durch den Lokator (meistens ein D, während die Siedler teilweise auch gemischter Nationalität waren) die Vergünstigung einer beschränkten Abgabenfreiheit (oft 17 Jahre), die sich vielfach im Namen widerspiegelte, die d mit der Endung "-hau", die sl mit dem Zusatz "Lehota".

Über die Zahl der Deutschen in der mittelalterlichen Slowakei sind verschiedenste Vorstellungen geäußert worden. Die höchste Annahme, nennt ca. 1 Million mit einem mehr oder weniger geschlossenen d Siedlungsgebiet (P. Krížko). Realistischer sind 200.000-250.000 D (H. Grothe), vielleicht 300.000, während neueste "Hochrechnungen", mit erheblich niedrigeren Zahlen, untertrieben sind. Für die beiden anderen Nationen stehen die Schätzungen bei 350.000-400.000 Slowaken und 200.000-250.000 Magyaren.

Ein wichtiges Zeugnis sind Äußerungen namhafter Historiker und Forscher, so heißt es u.a., daß: "...ein sehr großer Teil des Landes von Preßburg und Waitzen bis Kaschau und Bartfeld hauptsächlich deutsch war" (P. Hunfalvy), oder "Es gibt wenige Länder, die von der Kolonisation und Germanisierung in diesem Maße durchdrungen und verändert wurden wie gerade die Slowakei. Nicht nur alle Städte von Preßburg bis Kaschau, die vor allem in der 2. Hälfte des 13. Jh gegründet wurden, waren deutsch, nicht nur alle Bergbauunternehmen lagen in fast ausschließlich deutschen Händen, sondern die Deutschen begannen seit dem 14. Jh die Berge und Wälder zu besiedeln, indem sie zwischen den Tälern der Waag, Neutra und Gran sich ausbreiteten, einen bedeutenden Teil des Komitates Preßburg, den größten von Altsohl und Zips überschwemmten und sich in Gömör, in der Liptau und in den oberen Teilen des Komitates Trentschin niederließen" (V. Chaloupecký). Ferner: "Dieses Reich bewohnen Germanen, die gerne arbeiten und im allgemeinen betriebsam sind. Von ihnen sagt man, daß sie den größten Teil des Reiches besitzen, weil die Ungarn sich durch mäßigen Fleiß auszeichnen, zumal das Volk, das Überfluß an Lebensmitteln hat, darüber hinaus um nichts sorgt. Die Deutschen betreiben aber alle Gewerbe und Handel und graben aus den Bergen allerlei Metalle, Gold, Silber, Kupfer und Blei. Dadurch haben sie erreicht, daß sie den größten Teil der Güter des Reiches besitzen. Sie haben feste, gemauerte Städte mit guten Häusern, daß man mit Recht sagen kann: außer den deutschen Städten ist nichts der Erwähnung wert" (der päpstliche Nuntius 1463). Dann: "Die Deutschen wohnen gegenwärtig zerstreut im Lande, besonders aber in den Städten. Es gibt unter ihnen auch Vornehme, doch sind die meisten Kaufleute und Handwerker, also Menschen, die zur Erhaltung des Staates besonders notwendig sind" (1735). Und: "..sie sind zu den nützlichsten Mitgliedern des Staates zu zählen. Wir Ungarn sind undankbar, wenn wir, voreingenommenen Anschauungen folgend, den Ruhm der Deutschen schmähen. Allgemein können wir von den freien und königlichen Städten sagen, daß sie in dem Maße Reichtum und Kultur aufweisen, in welchem sie Deutsche Aussiedler aufnahmen. Es steht fest, daß die meisten Städte Ungarns durchaus Ansiedlungen der Deutschen waren, die durch das Handwerk und den Handel gefördert wurden. Die Könige förderten die Sachsen zumeist, weil sie sahen, daß sie ein fleißiges und in der Erfüllung der Pflichten gewissenhafteres Volk als die Ungarn waren" (M. Bél). Stephan I. hat in seinem Testament allgemein gemahnt, die fremden Ankömmlinge gut aufzunehmen und stellte fest :"....regnum unius linguae imbecille et fragile est" (=ein Reich einer Zunge ist kraftlos und gebrechlich). Die Deutschen kamen nicht als Eroberer, nicht um eine Kolonie zu errichten, nicht um jemanden auszubeuten, auch nicht als Abenteurer oder als Söldner einer Macht, um andere zu bekriegen! Nicht in die Slowakei! Dorthin wurden sie von den u Königen gerufen und nur dem Nationalismus und dem Nationalsozialismus blieb auch für diesen Bereich vorbehalten, aus den großen Leistungen d Bergleute, Kaufleute und Siedler glorreiche, heroische Taten zu formen, von der "Wiedergewinnung germanischen Bodens" zu sprechen, den "Schild des Reiches" zu apostrophieren, und plakativ zu verkünden "Als Säer wir kamen" sowie eine ganze Reihe historisch nicht haltbare Geschichten aufzutischen!

1.16 NEBEN SEINEN NICHT GERINGEN PROBLEMEN IM REICH MUß SICH SIGISMUND AUCH MIT UNGARN UND DER SLOWAKEI BEFASSEN (1387-1437)

Schon die endgültige Erringung der u Krone war mit 5-jährigen chaotischen Verhältnissen verbunden, obzwar der plötzlich verstorbene Ludwig I., (Pest? Lepra?) entsprechend vorgesorgt hatte: Die zwei Töchter von ihm und Elisabeth von Bosnien sollten die beiden Reichshälften erben. Aber, anders als vorgesehen, bekam die jüngere Hedwig Polen, und Maria wurde 1382 Königin von Ungarn. Sie war 12 Jahre alt und mit Sigismund (15 Jahre), dem jüngeren Sohn Kaiser Karls IV., verlobt. Den Polen war Hedwig, die 1386 den Großfürsten Jagiello von Litauen (p König Władisław II.) heiratete, lieber. In Ungarn führte vorerst die Mutter Marias mit dem mächtigen Palatin Nikolaus Garay das Regiment, aber dessen Gegenpartei, die Horváths, setzten 1385 den König von Neapel, Karl III. (von Durazzo, der Kleine), Neffe Ludwig I., als Karl II. auf den u Thron. Seine 55-tägige Herrschaft endete mit seiner Ermordung, die Elisabeth und Maria veranlaßten. Beide wurden gefangen genommen, Elisabeth ermordet, Maria aber von Sigismund befreit. Das Glück des jungen Paares endete aber schon 1395 mit dem Tod Marias.

Nicht glücklich entwickelten sich die Verhältnisse weiter, zumal Hedwig den Verlust Ungarns nicht verschmerzen konnte, dazu kamen der erfolglose Entsatzversuch Konstantinopels, die 1396 verlorene Schlacht gegen die Türken bei Nikopol, 1401 die Gefangenschaft in einer Oligarchenclique, aus der ihn eine andere befreite, 1403 der Aufstand in S-Ungarn und Kroatien, der ihm noch einmal einen Gegenkönig, Ladislaus von Neapel (diesmal mit Hilfe des Papstes Bonifatius IX.), bescherte.

Dann ging es aufwärts: 1408 konnte sich Sigismund auf Kosten der breiten Massen mit den 24 mächtigsten

Bauern aus Ungarn bringen Sigismund Geschenke

u Magnaten ausgleichen, 1410 wurde er d König, nachdem sein Bruder Wenzel (der Faule) abgesetzt wurde (1410) und Ruprecht von der Pfalz für das Ansehen des Reiches nichts tat. Seinem Schwager Wladislaw II., dem Gemahl Hedwigs, wollte er die Schwierigkeiten, die sie ihm bereiteten, vergelten, indem er sich 1410 in der Schlacht bei Tannenberg auf die Seite des Deutschen Ordens stellte und Neusandez besetzte. Die Niederlage des Ordens zwang Sigismund zum Einlenken, und am 15.3.1412 kam es in Altlublau zwischen den Schwägern zu einem Friedens- und Bündnisvertrag.

1.17 DIE VERPFÄNDUNG DER ZIPSER STÄDTE AN POLEN (8.11.1412) SOLLTE, WIE ÜBLICH, NICHT LANGE DAUERN. ES VERGINGEN ABER 360 JAHRE

Die nicht abreißenden finanziellen Nöte zwangen Sigismund zur Verpfändung von 13 Zipser Städten und von 3 königlichen Domänen an Władisław II. für 37.000 Schock böhmischer Groschen (entsprachen 88.800 u Dukaten, einer Goldmenge von ca. 310 kg = ca. 7,8 Mill. DM, bei ca. 25.000 DM/ kg). Polen erhielt das Recht, die Städte durch einen Starosten in Altlublau zu verwalten, und, da es sich teilweise um ein nicht zusammenhängendes Gebiet handelte, die wichtigsten Kreuzungen auch außerhalb der verpfändeten Region zu bewachen. Nominell gehörten diese Städte zu Ungarn, da nur die Steuereinnahmen, also die wirtschaftliche Nutzung der Städte, in der Form eines privatrechtlichen Aktes verpfändet waren. Auch an der kirchlichen Zugehörigkeit zum Zipser Propst änderte sich nichts.

Eine kurze Verpfändung war damals keine Seltenheit, und Sigismund praktizierte sie mehrmals (Teile des Komitates Neutra, das ganze Komitat Preßburg, die Mark Brandenburg und die Neumark). Er benötigte das Geld Polens zur kriegerischen Wiedergewinnung von Dalmatien, das Ladislaus von Neapel an Venedig verkauft hatte. Die geliehene Summe sollte mehrmals zurückgegeben werden (1419, 1426 und 1436). Polen verfolgte weitreichende Ziele und dachte nicht ernsthaft an eine Rückgabe. In der Folge entwickelte sich die Verpfändung zu einem u Politikum. Jeder trat für die Auslösung ein, ohne aber das Geld bereitstellen zu wollen!

Über die Folgen der Verpfändung gibt es viele Meinungen. Positiv war sicher der weitere wirtschaftliche Aufschwung der Städte, sie behielten ihre Privilegien, konnten eine Mittlerrolle einnehmen, und sie organisierten sich im "Bund der 13 Zipser Städte". Auch das Studium an einer Universität wurde infolge der Nähe Krakaus erleichtert, so daß innerhalb von 200 Jahren ca. 400 Studenten aus der Zips sich dort bildeten. Negativ wirkte sich die lange Dauer der Verpfändung (360 Jahre) aus, während der die p Starosten versuchten, das d Element in den Städten zurückzudrängen, zumal mit Hilfe der p Sprache manche Vergünstigungen zu erreichen waren. Sicher ist, daß die Verpfändung den nicht verpfändeten Städten, die sich im "Bund der 11 Zipser Städte" organisierten, sehr geschadet hat. Sie konnten ihre privilegierte Stellung nicht halten und gerieten bereits 1465 in die Abhängigkeit der Zipser Burg. Dieses Untertanenverhältnis und die Eingliederung in das Komitat ließen sie teilweise auf das Niveau bedeutungsloser Dörfer sinken, und mit Ausnahme von Großschlagendorf, Mühlenbach und Eisdorf verloren sie auch ihren d Charakter.

1.18 KRIEGERISCHE EINFÄLLE: HUSSITEN UND FRIEDLICHER ZUZUG: WALACHEN

Auf dem Konzil zu Konstanz (1414-1418) gelang Sigismund die Beseitigung des Schismas, aber keine Reform und auch nicht die Wiederherstellung der Reinheit der Lehre (selbst um den Preis des Wortbruches gegenüber Johann Hus). Von den Folgen der aufbrechenden antideutschen Gesinnung in Böhmen blieb die Slowakei nicht verschont. 1428 erschienen die ersten größeren Gruppen der Hussiten, sie zerstörten Skalitz und zogen brennend und mordend bis vor die Mauern Preßburgs, wo sie nach der Zerstörung der Umgebung keinen Versuch unternahmen, die befestigte Stadt anzugreifen und über das mittlere Waagtal nach Mähren zurückkehrten. 1429 bleiben die Verhandlungen in Preßburg zwischen Sigismund und Prokop dem Kahlen ohne Ergebnis, so daß es bereits 1430 zu einem weiteren Einbruch der Hussiten kam, der sich auf das mittlere Waagtal und Teile der S-Slowakei erstreckte. Nach der Schlacht bei Tyrnau (28.4. 1430), in der die Hussiten den Truppen Sigismunds eine empfindliche Niederlage beibrachten (2000 Tote bei den Hussiten, 9000 bei den Ungarn), zogen sie sich zurück. Um Ostern 1431 erschienen sie, von Polen kommend, in der Zips und brannten das Rote Kloster und Leutschau nieder. Schon im September 1431 zogen sie von Mähren aus durch die Liptau, wo sie die Burg Likava überrumpelten und eroberten.

Burgruine Likava bei Rosenberg

Neu war das Zurücklassen von Besatzungen in der Slowakei, so in der Burg Likava und im weiteren Verlauf dieses Zuges, der schließlich sehr verlustreich endete (ca. 5.000 Tote und 250 verlorene Wagen mit Beute) in Priwitz und Topoltschan. 1432 nahmen sie mit Hilfe einer List Tyrnau, wo sie ebenfalls eine starke Besatzung stationierten. In den folgenden Jahren scheiterten 2 Versuche der Hussiten, sich in den Besitz von Preßburg zu bringen. Dagegen erreichte ein weiterer 1433 von Polen aus vorgetragener Einfall Kesmark, das erobert und ausgeraubt wurde. Bei diesem Zug erschienen sie auch vor Kremnitz, das sie nicht einnehmen konnten.

1433 wurde Sigismund Kaiser, bereits 1419 hatte er die böhmische Krone nach dem Tode seines Bruders Wenzel geerbt. Als nach den "Prager Kompaktaten" (Konzil von Basel) und der selbstmörderischen Schlacht bei Lipany (1434) die Kraft der Hussiten nachließ, gelang es Sigismund bis 1435, allmählich, teilweise unter Zahlung von hohen Lösegeldern, die Besatzungen aus der Slowakei zu verdrängen. Nach ihrem endgültigen Abzug blieben eine schwer geschädigte Wirtschaft zurück und erhebliche Einbußen am d Bevölkerungsanteil. In vielen Städten sank das d Element durch Wegzug oder durch Slawisierung bis auf die Ebene der Bedeutungslosigkeit (Rosenberg, Sillein, etc.). Um eine rasche Wiederbelebung zu erreichen, wurde mehreren Städten Hilfen zugesagt. So erhielt 1435 Kesmark das Stapelrecht, allerdings nicht in der umfassenden Art wie es Leutschau besaß.

Behauptungen, es hätte in der Slowakei eine "hussitische Reformation" gegeben, entbehren jeder Grundlage. Nur ganz selten kam es neben dem Kriegshandwerk zu einer missionarischen Tätigkeit. Der Zuzug d Siedler war längst versiegt, als im 14. Jh Hirten in die Slowakei kamen, die mit dem Sammelbegriff "Walachen" belegt worden sind. In der nicht stetig verlaufenden Besiedlung von bisher nichtbewirtschafteten Hochflächen der Karpaten, die sich nur als Weiden eigneten, und die sich über mehr als 2 Jh erstreckte, kamen anfangs Hirten rumänischer Nationalität aus der Walachei, später auch Ukrainer in die Slowakei. Viele Ortsnamen, aber auch Namen von Gegenständen des Weidebetriebes erinnern an diese Besiedlung. Die Neuankömmlinge wurden alle im Laufe der Jh slowakisiert und katholisiert.

1.19 WAS HINTERLIEß SIGISMUND SEINEN ERBEN?

Mehr als 2/3 des Besitzes der Krone wurden von Sigismund an den Hochadel vergeben oder veräußert. Beachtliche Flächen, da noch um 1400 ca. 25-30% des Bodens königlicher Besitz war und erst 20-25% den Magnaten gehörte. Die Kirche besaß 10-15% und der mittlere und niedere Adel 35-40%.

Ohne die Gewinnung der beträchtlichen Mengen an Gold (1500-2000 kg/Jahr) und Silber (10.000 kg/Jahr), die inzwischen beim Gold 40% und beim Silber 30% der damaligen Weltproduktion ausmachten, hätte das Staatswesen die enormen Verluste, die im Laufe der Jahre (auch durch persönliche Bereicherung) eintraten, nicht verkraften können.

Verschiedene Monopole (Bartfelder Leinen, Kaschauer Barchent) brachte neben dem stark entwickelten Handwerk manchen Städten erhebliche Einkünfte. In Preßburg gab es zu dieser Zeit ca. 250 Meister in 50 verschiedenen Berufen, in Kaschau 250 bis 300 Meister, und das bei einer im Vergleich zu verschiedenen Landesteilen in Deutschland noch recht bescheidenen Bevölkerung. So wurden 1439 in Preßburg 663 Häuser gezählt, mit einer Bevölkerung von ca. 5.000 Seelen. Kaschau, als die damals größte Stadt der Slowakei, hatte ca. 7.000 Einwohner und andere Städte wie Tyrnau, Bartfeld oder Eperies, an die 3.000 Einwohner.

Sigismunds Nachfolger, Herzog Albrecht V. von Österreich, hatte Elisabeth (Tochter Sigismunds) geheiratet und wurde d, böhmischer und u König (Albrecht II.). Zum ersten Mal vereinigte das Haus Habsburg Böhmen und Ungarn in einer Hand. Leider starb dieser tatkräftige und zielstrebige König schon nach 2 Jahren, in denen er sein Erbe in Böhmen und Mähren gegen p Ansprüche (trotz eines p Einfalles in der Zips), durchsetzen konnte. Auf einem Feldzug gegen die Türken (Verlust der Donaufestung Semendria) mußte er sein Heer wegen der sich ausbreitenden Ruhr, deren Opfer er selbst wurde, auflösen.

1.20 DIE KÜHNHEIT EINER KAMMERFRAU VERSCHAFFT LADISLAUS POSTUMUS DIE STEPHANS-KRONE (1439-1457)

Der 1. Teil der abermaligen langen Auseinandersetzungen um den u Thron ist mit der Witwe Albrechts II., Elisabeth, und ihrem Sohn Ladislaus Postumus (1440 nach dem Tode des Vaters geboren) verbunden. Es begann mit der Meinungsänderung von Elisabeth, die zuerst den p König Wladislaw III. heiraten wollte, aber, nach der Geburt ihres Sohnes, diesen im Alter von 2 Monaten in Stuhlweißenburg krönen ließ (15.5.1440). Die Krone beschaffte ihre Kammerfrau Helene Kottanner (die Kottannerin), die in ihren "Denkwürdigkeiten", die sie einem Schreiber diktierte, den Raub in Visegrád und die Entführung der Krone beschrieben hat. Angeblich kommt die Schiefstellung des Kreuzes von einem Sturz vom Pferd.

Krönung des kleinen Ladislaus Postumus auf dem Schoß seiner Mutter

Wladislaw III. war inzwischen nach Ungarn aufgebrochen und wurde von einem großen Teil der Magnaten, ebenfalls in Stuhlweißenburg (17.7.1440), zum u König Wladislaw I.gekrönt. Die Streitigkeiten um die Vormundschaft, für die Albrecht II. seine Gattin und seinen Vetter, Herzog von Steiermark und Kärnten, Friedrich V. (1440 d König Friedrich IV., 1452 Kaiser Friedrich III.) eingesetzt hatte, mit seinem Bruder Herzog Albrecht VI., der ebenfalls die Vormundschaft beanspruchte, führten 1440 im Vertrag zu Hainburg zum Verzicht Albrechts VI.

Friedrich IV. sagte Elisabeth finanzielle Unterstützung zu, damit sie den Ansprüchen Ladislaus' Postumus Nachdruck verleihen konnte. Dazu schickte sie noch 1440 Johann Giskra von Brandeis mit bunt gewürfelten Söldnern (fast alles "abgerüstete" Hussiten) in die Slowakei, wo dieses große militärische Talent, Katholik aus niederem tschechischen Adel, alle strategisch wichtigen Burgen und Wirtschaftszentren eroberte und sich in Altsohl niederließ.

1445 wurde der 5-jährige Ladislaus Postumus endlich anerkannt, und die Ausübung der Macht übernahm ein 7-köpfiges Kapitanat, zu dem auch Johann Giskra gehörte. Im Lager seiner Gegner, der nationalen antihabsburgischen Partei, wird Johann Hunyadi zur zentralen Gestalt, der, aus rumänischem Landadel stammend, einer der fähigsten Heerführer seiner Zeit war und zahlreiche Feldzüge gegen die Türken führte, die er meistens für sich entscheiden konnte. 1446 wurde er zum Reichsverweser berufen, damit endete das Kapitanat, obzwar sich Johann Giskra selbst zum "Großkapitän" machte. Alle Versuche, die Macht Giskras zu brechen scheiterten, zumal er die Schlacht bei Lizenz (1451) gewann und Johann Hunyadi im selben Jahr auf dem Amselfeld von den Türken schwer geschlagen wurde. 1452 kam Ladislaus Postumus als 12-jähriger endgültig nach Ungarn, Johann Giskra wurde entlassen, und der Enttäuschte verließ Ungarn. Da jedoch niemand seine zurückgelassenen, weiterhin raubenden und brennenden Haufen, die immer mehr in das Fahrwasser der hussitisch beeinflußten Brüderbewegung gerieten, zu pazifieren vermochte, wurde er zurückgerufen (1455). Diesmal, um die Slowakei von seinen ehemaligen Söldnern zu säubern, die um 1455, neben mehreren Burgen, 36 feste Feldlager besaßen.

Johann Hunyadi

Als Johann Hunyadi nach der Eroberung von Belgrad und seinem glänzenden Sieg über die Türken in Semlin an der Pest starb (11.8.1456), traf sein größter Widersacher, Ulrich von Cilli (Burggraf von

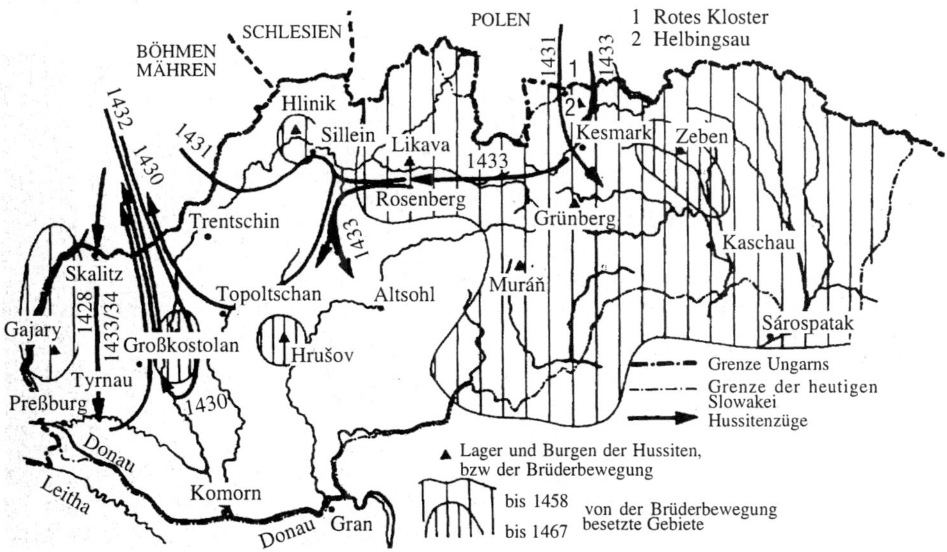

Hussiten und Brüderbewegung

Tyrnau: Nikolaus-Dom

Preßburg, Stiefonkel von Ladislaus Postumus - Sigismund war nach dem Tode Marias mit Barbara von Cilli verheiratet), Vorbereitungen, die Hunyadis auszulöschen. Aber in Belgrad wurde er im Auftrag der Söhne Hunyadis, Ladislaus und Matthias, ermordet. Beide wurden gefangen und Ladislaus von seinen Widersachern verurteilt und hingerichtet. War schon beim überraschenden Tod von Elisabeth (1442) das Gerücht aufgekommen, daß sie vergiftet worden wäre, gingen nach dem plötzlichen Tod (1457) des energischen Ladislaus Postumus (1453 König von Böhmen, ab 1452 regiert er auch im Land ober und unter der Enns) in Prag, wo er eine Tochter des französischen Königs Karl VII. heiraten und einige selbstherrlich schaltende Vertreter in die Schranken weisen wollte, Vermutungen in die gleiche Richtung. Aber es war Leukämie.

1.21 DER TATKRÄFTIGE MATTHIAS CORVINUS WIRD KÖNIG UND GREIFT NACH DER KAISERWÜRDE (1458-1490)

Das Vorspiel zum 2. Teil der Auseinandersetzungen war die Konsolidierung, die dem jüngeren Sohn Johann Hunyadis, Matthias (nach dem Raben im Wappen mit dem Beinamen "Corvinus") gelang und der in seiner relativ langen Regierungszeit Ungarn zu einem wirtschaftlichen und vom Humanismus geprägten geistigen Aufschwung führte. Dem Hause Habsburg bereitete er sehr schlimme Jahre, die es aber, wie so oft, doch noch zu seinen Gunsten wenden konnte.

Als die meisten u Magnaten ihn zum König wählten, war er in Prag im Gewahrsam des Georg v Podebrad (kurz darauf König von Böhmen), der ihn für 50.000 Dukaten entließ und mit seiner Tochter Katharina verlobte. Entschlossen wandte sich Matthias gegen die Brüderbewegung in der Slowakei. Seine Truppen bringen dem Gegner 1458 bei Sárospatak eine schwere Niederlage bei (Peter Axamit fiel). Der Gegenspieler seiner Familie, Johann Giskra, versuchte zuerst den p König Kasimir IV. für ein Eingreifen in Ungarn zu gewinnen, dann den Wiener Hof. Aber selbst die Episode der Wahl Kaiser Friedrichs III. zum u König und die von ihm gewonnene Schlacht bei Körmend (7.4.1459) konnten Matthias Corvinus nicht hindern, sich mit dem von vielen Seiten bedrängten Friedrich III., gegen die Zusage der Erbfolge für das Haus Habsburg, im 1. Wiener Neustädter Vertrag (24.7.1463) auszugleichen. Und Johann Giskra? Um nicht "zwischen alle Stühle zu fallen", trat er in die Dienste von Matthias Corvinus und an der S-Grenze Ungarns, wo er Güter erhielt und gegen die Türken kämpfte, verlieren sich seine Spuren.

Nachdem Georg von Podebrad der Ketzerei bezichtigt wurde (1466), erkämpfte sich Matthias Corvinus gegen eine Verschwörung und gegen p Ansprüche, die von zwei Einfällen in die Slowakei begleitet waren, Mähren, Schlesien und die Lausitz (1487). Zwischendurch fiel 1467 auch das letzte Lager der Brüderbewegung, Großkostolan. Im Endstadium dieser in hussitischer Tradition gegen die Feudalherren und die Klöster gerichteten sozialrevolutionären, teilweise vorreformatorischen Bewegung fanden Banden, entsprungene Häftlinge und Abenteurer aus verschiedenen Ländern unter ihrem Dach Zuflucht. Wie weit ihre Auswirkungen zur Bildung eines sl Nationalgefühls beitrugen, wie vielfach behauptet, ist noch zu klären.

Nachdem sich Matthias Corvinus der laufenden Einfälle der Türken durch die Eroberung der Festung Sabacz (1476) und einen Friedensschluß erwehrt hatte, konnte er sich seinem höchsten Ziel, der Erringung der Kaiserwürde, zuwenden. 1477 erklärte er Friedrich III. den Krieg, eroberte 30 Städte und 100 Burgen, 1482 Baden und 1485 Wien, wohin er seinen Hof verlegte. Aber, ähnlich wie bei Přemysl Ottokar II., stellte sich der Reichstag von Nürnberg (1486) gegen ihn und wählte Maximilian I., den Sohn Friedrichs III., zum d König, dem designierten Nachfolger des Kaisers.

Georg Schomberg, Vizekanzler der Universität

Nicht nur die große Politik war das Feld der Betätigungen von Matthias Corvinus. Er ordnete die zerrütteten Finanzen (freilich um den Preis höherer Belastungen der breiten Massen), und die Gerichtsbarkeit wurde wieder aufgebaut. Die verbesserten Verhältnisse führten auch zu einer enormen Belebung der Wirtschaft, die besonders den Städten mit dem straff in Zünften organisierten Handwerk eine hohe Blüte bescherte. In der O-Slowakei schlossen sich 5 expandierende königliche Freistädte (Kaschau, Leutschau, Eperies, Bartfeld und Zeben) zur Pentapolitana zusammen, und die 7 oberungarischen Bergstädte konnten nachträglich ihre Statuten fixieren (1487).

Der aufwendige Hof war ein Mittelpunkt des Humanismus, zu dessen Entfaltung auch seine zweite Gemahlin, Beatrix von Neapel, beitrug. Sie und er waren große Förderer der Baukunst und der bildenden Kunst und legten die Grundlagen für einige bedeutende Ausbildungsstätten. Matthias Corvinus gründete 1467 in Preßburg die erste Universität auf sl Boden, die "Academia Istropolitana", nach Fünfkirchen und Ofen die dritte Ungarns, die sich stark an Bologna anlehnte. Während ihres kurzen Bestandes, die Wirren nach dem Tod von Matthias Corvinus ließen sie eingehen, hatte sie einige hervorragende Lehrer.

1.22. "AEIOU", DAS SYMBOL KAISER FRIEDRICHS III., NUR EIN ZEICHEN DER VERSPONNENHEIT?

In Verbindung mit seinem Zaudern, seiner Entschlußlosigkeit und dem mangelnden Agieren gab die Vokalreihe, die der Kaiser überall anbringen ließ, Rätsel auf, zumal eine schlüssige Deutung bisher nicht erfolgt ist. Aber die große Zahl der in jenen Jahren geschaffenen Kunstwerke, ob in der Malerei, der Plastik oder Architektur, steht im Kontrast zu den teilweise chaotischen Zuständen, die in Österreich herrschten! Er holte den Niederländer Nikolaus Gerhaert an seinen Hof, der mit seinem plastischen Werk weit in den N und O hineinwirkte. Manche Anregung griff auch Meister Paul aus Leutschau auf.

1.23 NACH DEM TOD VON MATTHIAS CORVINUS: DIE UNGARN SUCHEN EINE WENIGER STARKE PERSÖNLICHKEIT. DAS ERGEBNIS: EIN FOLGENSCHWERES HEIRATSPROJEKT

Interessenten gab es mehrere: Johann Corvinus (unehelicher Sohn, vom Vater für die Nachfolge ausersehen), das Haus Habsburg (Anspruch nach dem 1. Wiener Neustädter Vertrag), den p König Johann Albert und seinen Bruder, den böhmischen König Wladislaw II. Auf diesen fiel schließlich die

Die Doppelhochzeit von 1515: Maximilian I. (als Vertreter Ferdinands) und Anna, sowie vor dem Primas von Ungarn, Maria und Ludwig II.

Wahl, die anderen gaben aber nicht gleich auf. Johann Albert überfiel die O-Slowakei, verlor aber 1492 die Schlacht bei Eperies gegen Stephan Zapolya, und Maximilian I. eroberte die verlorenen Gebiete Österreichs zurück und zog in Preßburg ein.

Der Preßburger Friede vom 7.11.1491 bestätigte den 1. Wiener Neustädter Vertrag, und der Beschluß des u Landtages von 1505, in Zukunft nur mehr einen Ungarn auf den Thron zu erheben, ging ins Leere, da im 2. Wiener Neustädter Vertrag von Wladislaw II. und Maximilian I. (20.3.1506) u.a. ein doppeltes Eheversprechen beschlossen wurde: Ferdinand - zuerst Karl (beide Enkel Maximilians I.) - wird Anna (Tochter Wladislaws II.) heiraten, und falls Wladislaw II. noch ein Sohn geboren werden sollte (was eintritt, der spätere Ludwig II.), wird dieser Maria (Schwester von Ferdinand und Karl) heiraten. Damit ist das Fundament für die Österreich-Ungarische Monarchie gelegt! Doch Maximilian I. ist mißtrauisch und besetzte noch einmal Preßburg, um im Wiener Frieden (19.7.1506) eine weitere Bestätigung zu erhalten.

Der Umgang mit den Untertanen wurde am Vorabend der Reformation immer härter. Im Okt. 1514 legte Stephan Verböczy dem u Landtag das Gesetz "Tripartitum opus iuris consuetudinarii inclyti regni Hungariae...", das nur noch zwei Stände vorsah: Den Adel und "das elende steuerzahlende Volk" (entgegen den drei: Adel, Stadtbürger und Bauern). Für das d Bürgertum war im Weltbild des ma Adels kein Platz! Obzwar 66% Bauern und 12% Häusler, 16% städtische Bürger und 6% Adlige waren! Sogar die Magnaten und der König schreckten vor der Annahme zurück, aber die 1517 im Druck erschienene Vorlage wurde zum Leitfaden und zu einer Wurzel der Magyarisierung.

Ein 3/4 Jahr nach dem Tod Wladislaw II. fand die Doppelhochzeit in Wien statt. Obzwar ein Teil der u Magnaten Stephan Zapolya auf dem Thron sehen wollte, wurde 1516 der 10-jährige, bereits als Säugling gekrönte Sohn Wladislaws II. als Ludwig II. u König.

1.24 EIN KREUZZUGSHEER OHNE WAFFEN, DER AUFSTAND DÓZSAS (1514)

Nachdem Papst Leo X. sowie der Graner Erzbischof und Kanzler Thomas Bakócs zu einem Kreuzzug aufgerufen hatten, versammelten sich ca. 100.000 Kreuzfahrer, überwiegend Magyaren, aber auch Slowaken und Deutsche. Zum Anführer wurde Georg Dózsa bestimmt. In Anbetracht des prächtigen, an Renaissancefürsten erinnernden Lebens, das die mächtigsten Geschlechter Ungarns führten und der bedeutenden Werte, die durch den Ausbau von Burgen und Schlössern sowie in der Kunst geschaffen wurden (beides legte den breiten Massen, aber auch den Städten immer neue Lasten auf), wurde die Angst vor Racheakten so groß, daß dem Heer die Waffen verweigert wurden. Sie sollten ohne diese in den Kampf gegen die Türken ziehen, mit der Folge, daß es zum Aufruhr kam, dem sich zahlreiche Bauern anschlossen und der zuerst in geordneten Bahnen ablief, dann aber in immer schlimmere Exzesse ausartete. So wurden auch die Maßnahmen, die Johann Zapolya bei der längere Zeit dauernden Niederwerfung ergriff, immer härter. Bis schließlich die aufgesplitterten Gruppen teilweise massakriert wurden. Schätzungen nennen 50.000 Tote, Dózsa kam auf den Scheiterhaufen.

1.25 GOLD, SILBER UND KUPFER. DIE FUGGER UND DIE THURZOS

Der Höhepunkt der wirtschaftlichen Entwicklung schien überschritten, als zu den allgemeinen Problemen solche in den Bergstädten dazukamen. Die sich schon längere Zeit abzeichnende Krise hatte mehrere Ursachen. Wesentlich sind die zunehmenden Abbauschwierigkeiten, die mit der immer größer werdenden Tiefe und der immer schwieriger werdenden Wasserhaltung die kleinen kapitalschwachen Bergbauunternehmer ("Waldbürger") vor unlösbare Probleme stellte. Sie waren auch nicht in der Lage, das im Neusohler Bereich im Kupfer vorhandene Silber auszuscheiden, so daß sie es nur als Rohkupfer ("Schwarzkupfer") verkaufen konnten. In dieser Situation war es ein Glücksfall, daß sich 1493 in Nürnberg (nicht Venedig!) 2 Männer begegneten, Jakob Fugger der Reiche und Johannes Thurzo, die in den folgenden Jahren ein frühkapitalistisches Wirtschaftsimperium aufbauten, das die Verhältnisse in den Bergstädten noch einmal grundlegend ändern konnte.

Johannes Thurzo hatte sich in Venedig das Geheimnis der Scheidekunst angeeignet, aber zu einem Ausbau seiner Schmelzen fehlte ihm das notwendige Kapital, das Jakob Fugger beibringen konnte. Der von beiden Männern - die Familien traten auch in verwandtschaftliche Beziehungen, Katharina Thurzo heiratete Raymund Fugger (Neffe Jakob Fuggers) und seine Schwester, Anna Fugger, Georg Thurzo - gegründete Thurzo-Fuggersche "gemeine ungarische Handel" erwarb viele Kupfergruben, pachtete zahlreiche und wurde zum größten Kupferhersteller in Europa. Die jährliche Produktion betrug bis 1526 im Durchschnitt pro Jahr 1550 t Kupfer und 2,6 t Silber (Höhepunkt 1510-1530: ca. 1700 t Kupfer, 2,9 t Silber pro Jahr). Der Gewinn dieser Jahre lag bei ca. 870.000 Gulden, die notwendigen Investitionen bei ca. 200.000 Gulden, der Wert des Unternehmens wurde 1526 mit 300.000 Gulden veranschlagt. Kein Wunder, daß sich der damals häufig verwendete Spruch bilden konnte: "Das Goldene Augsburg ruht auf dem Kupfernen Neusohl" und daß die 3 Städte der Mittelslowakei, entsprechend der jeweils vorherrschenden Metallerzeugung, Ergänzungen ihres Namens erhielten: "Goldenes Kremnitz", "Silbernes Schemnitz", "Kupfernes Neusohl". Die Gesellschaft trieb Handel mit den verschiedensten Artikeln und versorgte die eigenen Arbeiter auch mit Textilien und Lebensmitteln.

Loy Hering (Eichstätt): Grabmal von Alexius Thurzo (Jakobs-Kirche, Leutschau) nach 1543

Der Aufstand von 1514 und die Unruhen im Mansfelder Revier und in Tirol sowie der Bauernkrieg in Deutschland führten unter den Bergleuten der Mittelslowakei zu einem Streik, dessen Hintergrund auch durch andere Sachverhalte vervollständigt wurde: Der kleine Waldbürger, inzwischen auf die Stufe eines Lieferanten gesunken, und der u Adel schauten begehrlich auf die Gewinne der Gesellschaft, und wie immer wurde die eigene mangelnde Qualifikation übersehen! Unter dem Vorwurf der Unredlichkeit wurde Alexius Thurzo (Hofkämmerer und ab 1508 Partner Fuggers) in den Kerker geworfen, Beschlagnahmungen durchgeführt und Pachtverträge gelöst. Wieder kam es zu Streiks und zum Aufruhr, als 1526 bewaffnete Bergleute Neusohl besetzten. Ludwig II. rief die Fugger zurück (die Thurzos hatten sich aus der Gesellschaft zurückgezogen), Anton Fugger erhielt alle Rechte zurück (15.4.1526), und der überaus fähige Faktor Hans Dernschwam (Humanist, Zeitungsverleger, Mäzen) führte die Betriebe wieder auf das alte Niveau. Todesurteile an Führern und Teilnehmern des Aufruhrs (da finden sich d und sl Namen) wurden noch bis 1527 vollstreckt. Stephan Verböczy ließ auf seinen Besitzungen in Libethen den Pfarrer Nikolai und den Lehrer Gregory hinrichten, auch weil sie Anhänger Luthers waren. Aber damit beginnt ein neues Kapitel in der Geschichte der Slowakei!

Die unruhigen Zeiten und die billigen Überseemetalle veranlaßten 1546 die Fugger zur Aufgabe. Bemühungen Ferdinands I., Anton Fugger für eine Verlängerung zu gewinnen, blieben erfolglos.

1.26 LUTHER, ERASMUS VON ROTTERDAM, UND UNGARN

Trotz der Bemühungen des Erziehers Ludwigs II., des Markgrafen Georg von Brandenburg, und des von ihm am Hof in Ofen versammelten Kreises humanistischer Gelehrter vermochten diese den Verfall der Kirche nicht aufzuhalten. Nötigung, Ämterkauf, Umgehung des Zölibates, Pfarrerkinder, Verkauf von Kircheneigentum etc waren alltäglich.

1517 hallten die Schläge von Luthers Thesenanschlag auch durch die Slowakei. Für eine rasche Verbreitung der Thesen sorgten die regen geistigen und wirtschaftlichen Verbindungen, sie fielen in einen aufnahmebereiten Boden, der durch den Gegensatz der verfallenden kirchlichen Ordnung zu der tiefen Gläubigkeit der breiten Massen, die eine Verbesserung ihres harten Loses erwarten, geprägt war. Ludwig II. sandte 1521 Stephan Verböczy zum Reichstag nach Worms, wo er mit Luther ein Gespräch führte, in dem er ihn "ermahnte", und 1522 zum Reichstag nach Nürnberg. Unter seinem antilutherischen Einfluß erließ der u Landtag die ersten Gesetze: Kopien des Wormser Edikts gegen die Anhänger Luthers. Vorerst sah der Hof Luther noch im Gefolge des Erasmus von Rotterdam, und auch der Beichtvater der Königin Maria, Konrad Credatus, beeinflußte sie im reformatorischen Sinne, aber die strengen Gesetze zwangen ihn, den Hof zu verlassen. Sein Nachfolger Johannes Henkel, der mit Erasmus in Verbindung stand, verließ den Hof nach der 1525 erfolgten Abgrenzung zwischen Luther und Erasmus, die eine weitere Gleichsetzung beider unmöglich machte.

1.27 DIE KATASTROPHE VON MOHÁCS AM 29.8.1526

1521 hatten die Türken wieder einmal Belgrad erobert, und für Ungarn entstand eine ähnliche Situation wie vor der Schlacht am Sajó (1241). Auch Ludwig II. wurde teilweise die Gefolgschaft verweigert und die Gefahr unterschätzt. Nach mehr als 115 Jahren zur Gewohnheit gewordenen Auseinandersetzungen mit den Türken würde es "so schlimm nicht werden".

Ludwig II. konnte ca. 25.000 Mann aufbieten, fast genau so viel hatte Johann Zapolya an der Theiß stehen, ohne sich aber nach Mohács in Bewegung zu setzen. Die ganztägige Schlacht endete mit einem Sieg Suleimans II., der zwar 15.000 Mann verloren hatte, aber fast das gesamte u Heer vernichten konnte. Ludwig II. ertrank in dem Flüßchen, das das Schlachtfeld n begrenzte (ermordet?). 28 Magnaten, 2 Erzbischöfe und 5 Bischöfe waren unter den Toten. Suleiman II. besetzte Ofen, das er plünderte und anzündete. Nach 2 Wochen zog er sich nach Kleinasien zurück, aber die Türken sollten wiederkommen - und nicht nur einmal!

Luther schrieb der Witwe Maria einen Trostbrief und widmete ihr 4 Psalmen (37, 62, 94, 109). 1530 vertrat sie Ungarn auf dem Reichstag in Augsburg, in ihrer Begleitung war u.a. auch Johannes Henkel, der noch einmal in ihre Dienste getreten war, freilich nicht wegen Glaubensfragen, sondern als Hilfe im

Kampf gegen die Türken. In Augsburg wurde sie zur Statthalterin der Niederlande bestellt. Sie verließ Ungarn, wo ihr Bruder Ferdinand I. großen Problemen gegenüberstand.

1.28 JOHANN ZAPOLYA UND FERDINAND I.: UNGARN HAT ZWEI KÖNIGE (1526-1570)

Nach dem Tod Ludwigs II. auf dem Schlachtfeld von Mohács war der Termin der Verwirklichung der Wiener Neustädter Vereinbarungen und des Preßburger Friedens, die Vereinigung von Österreich mit Böhmen, Mähren und Ungarn gekommen. Sie war von schweren "Kinderkrankheiten" begleitet, zumal die nationale Gruppe im u Landtag schon im Nov. 1526 Johann Zapolya (Fürst von Siebenbürgen, Zipser Graf) in Stuhlweißenburg krönen ließ. Wer wurde Kanzler? Stephan Verböczy! Mit Unterstützung von Maria gelang es ihrem Bruder Ferdinand I., der im Okt. böhmischer König wurde, ebenfalls in Stuhlweißenburg, vom gleichen Bischof gekrönt zu werden und seinen Widersacher sogar für kurze Zeit aus der Slowakei zu verdrängen. Dieser war auf diplomatischem Gebiet viel erfolgreicher. Während nach London und Lissabon ausgestreckte Fühler erfolglos blieben, kam es mit Franz I. von Frankreich zu einem Bündnis, und beim Sultan Suleiman II. verhandelte Hieronymus Łaski, der für seine Dienste Kesmark geschenkt bekam, mit dem Ergebnis, daß Zapolya Vasall des Sultans wurde.

Das Zusammenspiel verschaffte den Türken trotzdem nicht den krönenden Erfolg, denn die 1. Belagerung Wiens (1529) scheiterte, und eine 2. blieb vor dem heldenhaft verteidigten Güssing (1532) stecken. Als die beiden u Könige, nahe der Erschöpfung, 1538 den Großwardeiner Frieden schlossen, blieben Zapolya Siebenbürgen und die O-Slowakei und Ferdinand I. die übrige Slowakei und die von den Türken nicht besetzten Gebiete Ungarns.

Mehr als 600 Jahre magyarisch geprägter Politik gingen zu Ende, und trotz der 2 Jh dauernden Aufstände, die sich fast ausschließlich auf dem Boden der Slowakei abspielten, so daß die breiten Massen, laufend zwischen die Mühlsteine der anti- und prohabsburgischen Mächte gerieten, setzte sich die vom Haus Habsburg bestimmte Politik durch. Die königlichen Freistädte kamen besser weg, sie stellten sich auf diese oder jene Seite. Nur bei Nachbarn wie Leutschau (kaisertreu) und Kesmark (antihabsburgisch) kam es zu sinnlosen 5-jährigen kriegerischen Auseinandersetzungen, die auch durch andere Aspekte genährt wurden, wie der vermeintlichen Benachteiligung Kesmarks, da Leutschau schon 60 Jahre früher königliche Freistadt wurde (1323 gegen 1380) und das bedeutende Stapelrecht erhielt Leutschau bereits 1321, Kesmark erst 1435, und noch dazu auf einer niedrigeren Stufe. Preßburg erfuhr eine große Aufwertung: Nach dem Verlust von Ofen und Stuhlweißenburg wurde es 1536 Hauptstadt und 1563 Krönungsstadt Ungarns, die Hofkammer übersiedelte bereits 1529. Eine ähnliche Verbesserung erfuhr Tyrnau: Der Erzbischof von Gran mußte 1543 seine Residenz dorthin verlegen.

Johann Zapolya

Mit dem Tod Johann Zapolyas 1540 räumte wohl ein König das Feld: Das Problem blieb, denn die Witwe Isabella, beraten von dem fähigen Diplomaten Georg Martinuzzi Utjessenjovic, Erzbischof von Gran, der schon ihrem Mann erfolgreich gedient hatte, ließ entgegen den Absprachen ihren 14 Tage alten Sohn Johann Siegmund krönen. Wieder erscheinen die Türken, formal um Isabella zu helfen, und Ferdinand I. muß im zweiten Großwardeiner Frieden (1547) die Dreiteilung Ungarns abermals anerkennen und zusätzlich jährlich 30.000 Golddukaten zahlen. Erst nach dem Frieden von Adrianopel (1568) verzichtete Johann Siegmund endgültig auf die u Krone (1570), aber da war

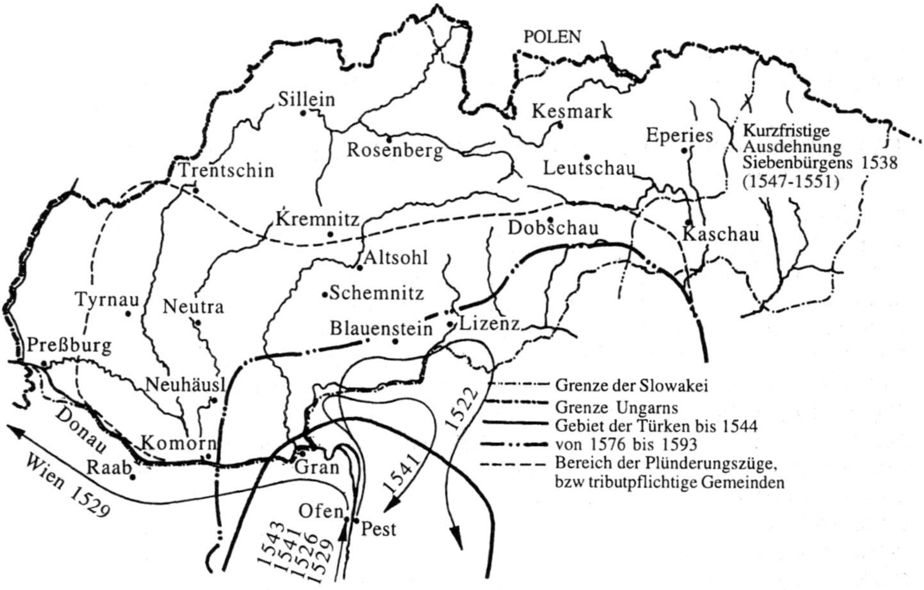

Ungarn und die Türken bis 1593

Ferdinand I. schon nicht mehr am Leben (1564) und Maximilian II. sein Nachfolger (1563 König Ungarns), der 1566 dem heldenhaft die Festung Sziget verteidigenden Nikolaus Zrinyi zu Hilfe eilte. Am Schauplatz angekommen, waren beide Kontrahenten tot, Suleiman II. starb, und Zrinyi wurde bei einem Ausfall gefangen und enthauptet. Auch ihn hat die Weltliteratur verewigt und zwar Th. Körner.

1.29 DURCHBRUCH DER REFORMATION

Die Reformation konnte sich in den kriegerischen Jahren um die Mitte des 16. Jh schnell ausbreiten, und sie erfuhr im Laufe der Jahre durch die Führer der antihabsburgischen Aufstände eine große Unterstützung. Auch tatkräftige, glaubensstarke Persönlichkeiten waren am Durchbruch beteiligt. In Neusohl wirkte Georg Baumheckel, in der Zips Georg Leudischer, Thomas Preisner und Lorenz Quendel-Serpilius. Um Auswüchse und Vorwürfe der Ketzerei zu verhindern, wurden nach dem Vorbild der Confessio Augustana drei Bekenntnisschriften aufgestellt: 1549 verfaßte Leonhard Stöckel aus Bartfeld die Confessio Pentapolitana des Fünfstädtebundes, 1559 folgte die Confessio Montana der sieben niederungarischen Bergstädte, der Turz und der Liptau, und 1569 die Confessio Scepusiana der Zipser Städte, die sich am weitesten absetzte.

Die Magyaren wandten sich unter dem Einfluß von Matthias Dévay, zuerst ein Schüler Luthers, dann ein Anhänger Calvins, dessen Auslegungen zu und bildeten die heute sehr starke Reformierte Kirche, während die ma Lutheraner bedeutungslos blieben.

Die großen Verluste an der d Substanz konnte auch der Zuzug der Habaner (Hebräisch: "ha-banim" = wahre Kinder Gottes) nicht ausgleichen. Sie waren Wiedertäufer (Anabaptisten), und nannten sich selbst, nach ihrem Märtyrer Jakob Hutter, Hutterer. Aus Tirol, der Schweiz und Kärnten vertrieben, kamen sie über Mähren in die S- und SW-Slowakei, wo mehrere Gemeinden gründeten (u.a. Großschützen, Sobotischt), wo sie sich als hervorragende Keramiker (Fayence, Majolika) und bekannte Handwerker (Messerschmiede) betätigten. Im Laufe der Zeit wurden viele katholisiert und slowakisiert, und nur der harte Kern zog im 17. Jh weiter nach O, von wo sie im 19. Jh in die USA und nach Kanada gingen. In Deutschland gründenten sie u.a. den Ort Hof im Westerwald (Rheinland-Pfalz).

1.30 THÖKÖLYS GRIFF NACH DER WELTMACHT UND RÁKÓCZIS ERFOLGLOSE ANSTRENGUNGEN

Die immer wieder neuen Friedensschlüsse änderten nichts an den laufenden Einfällen der Türken, die auf ihren Raubzügen bis in die Zips und die Mittelslowakei vorstießen und sich weite Bereiche der S-Slowakei in ihr Reich eingliederten. In den Gebieten der häufigen Veränderungen der Herrschaftsbereiche der Türken und der Kaiserlichen mußten die Bewohner die Drangsal und die Ausplünderung beider Seiten ertragen. Die schwierige Finanzierung der Kriege legte immer neue Lasten auf, u.a. die "Arbeit umsonst" (ein früher Arbeitsdienst!). Auch die 200 Jahre dauernden antihabsburgischen Aufstände erfuhren durch die Friedensschlüsse nur kurzfristige Unterbrechungen.

Stephan Bocskay, Fürst von Siebenbürgen, war nach Johann Zapolya der nächste, der sich in die Auseinandersetzung zwischen dem Kaiser und dem Sultan einschaltete. Das Streben nach persönlicher Machterweiterung verband er mit den Ansprüchen der Protestanten. Ohne Hilfe der d Städte drang er bis nach Mähren vor und zwang dem Kaiser den wichtigen Wiener Frieden (23.6.1606) ab, der dem Adel und den Städten Ungarns die Religionsfreiheit gab, so daß der folgende Landtag von Preßburg (1608) den Protestanten eine eigene Organisation mit Superintendenten ermöglichte, die auf der Synode von Sillein (1610), unter der Leitung von Palatin Georg Thurzo, für die drei Distrikte der W-Slowakei gewählt wurden. Auf der bedeutenden Synode von Kirchdrauf (1614) erfolgte die Abgrenzung gegenüber den Reformierten und die Neuwahl der Superintendenten der N- und O-Slowakei, Peter Zabler und Stephan Xylander. Im 30-jährigen Krieg stellte sich Gabriel Bethlen, Nachfolger Bocskays, gegen den Kaiser, eroberte mehrmals die Slowakei, und obzwar seine Truppen in der schicksalsträchtigen Schlacht am Weißen Berg (8.11.1620) versagten und seine weitgreifenden Pläne, orientiert an den Reichen des Ottokar II. und des Matthias Corvinus, scheiterten, bekam er im Frieden von Nikolsburg (1621) den Wiener Frieden bestätigt. Zusätzlich wurde er nach Aufgabe des u Königstitels (1620 in Neusohl gewählt) Herzog von Ratibor und Oppeln, und Siebenbürgen erhielt die ostslowakischen Komitate. Noch zweimal griff er ohne weitere Gewinne zu den Waffen, 1623 schloß er Wallenstein in Göding ein, und 1626 mißlang ein Zusammenspiel mit dem an der Dessauer Brücke geschlagenen Ernst Mansfeld, da dieser von Wallenstein bis in die Gegend von Neuhäusl verfolgt wurde.

Der nächste Fürst von Siebenbürgen, Georg I. Rákóczi, verbündete sich 1643 mit Frankreich und Schweden, eroberte fast die ganze Slowakei und kann nach zahlreichen Rückschlägen (Mißlingen der Vereinigung mit den Schweden und der geplanten Belagerung Wiens, zu der er zu spät aufbrach) im Frieden von Linz (1645), gegen Aufgabe der eroberten Gebiete die Religionsfreiheit der Städte und die Rückgabe der Kirchen, die allerdings nur unvolkommen verwirklicht wurde (von 400 nur 90!), erreichen.

Kesmark: Haas-Gäßchen

Die Niederschlagung der dilettantisch eingefädelten Verschwörung Wesselenyis gab Kaiser Leopold I. die Möglichkeit, überaus hart gegen die Protestanten vorzugehen. Einfluß hatten die schwere Niederlage der Türken bei St. Gotthard (Mogersdorf), der Waffenstillstand, den Peter Zriny durch seinen "Privatkrieg" gegen Großwesir Achmed Körpeli störte,

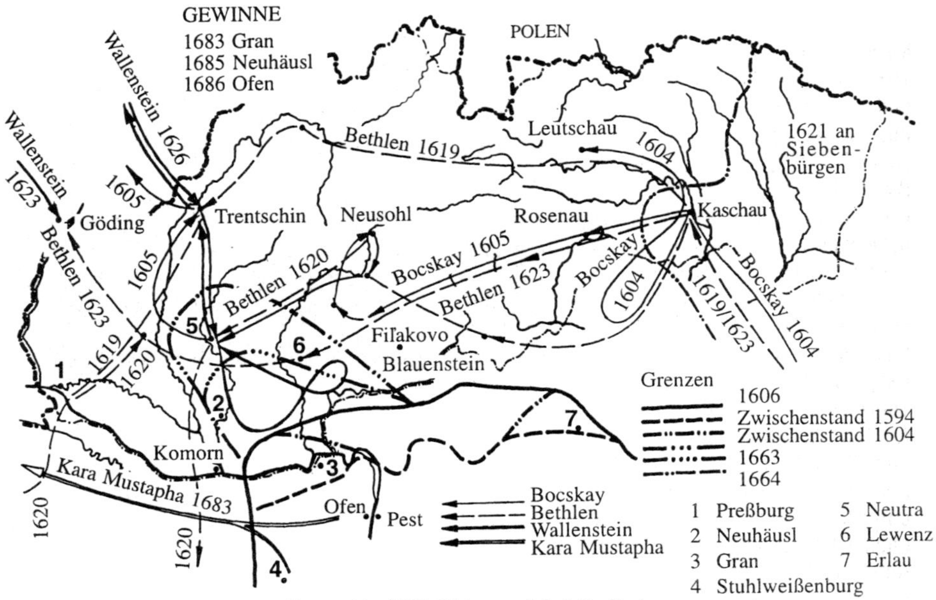

Ungarn bis 1686, Türken und Aufständische

mit dem damit verbundenen "Schandfrieden von Vasvár" Ende 1664. Mehr als 2000 Mitglieder des Hochadels wurden eingekerkert, ihr Vermögen wurde eingezogen, sie wurden verjagt und in Prozesse verwickelt. Großes Aufsehen erregten diejenigen gegen die evang Pfarrer, von denen 41, zu Galeerensklaven verurteilt, erst in Neapel infolge der Empörung der protestantischen Länder freikamen. Erst 1676 wurden die Sondergerichte aufgelöst. Zwei Jahre früher endete auch die Bruderschaft der 24 Pfarrer der Zips, nachdem die Pfarrstellen zunehmend mit Katholiken besetzt wurden. Im Laufe der Jahre traten mehrere Umschichtungen ein, der Großteil des u Adels wurde wieder kath (zwei prominente Fälle: Die Witwe Gábor Bethlens, Katharina von Brandenburg, und die Gemahlin Georgs II. Rákóczi, Sofie Batory), das d Element wurde durch die zahlreichen vor den Türken geflüchteten Magyaren und die stark anwachsenden Slowaken zurückgedrängt, so daß 1608, mit einigen früheren Ausnahmen (u.a. Sillein), die Niederlassungsprivilegien der Deutschen in den königlichen Freistädten fielen.

Zahlreiche Belastete der Wesselenyischen Verschwörung flohen nach Siebenbürgen, wo sie ein Heer aufstellten, mit dem sie auch Streifzüge in die Slowakei unternahmen. Emmerich Thököly, Sohn Kesmarks, wurde schließlich ihr Führer. Tapfer, maßlos ehrgeizig, intelligent und verschlagen, mit einer großen rhetorischen Begabung, war er weder Staatsmann noch selbstloser Patriot, sondern der Typ eines Condottiere der Renaissancezeit. Sein Ziel war nicht nur die u Krone, die er selbst um den Preis der Abhängigkeit von den Türken, die er aber mit Hilfe Ludwig XIV. auszuspielen hoffte, erringen wollte, sondern mehr! Seine militärischen Erfolge zwangen den widerstrebenden Leopold I., den Landtag nach Ödenburg einzuberufen (1681), wo die Rechtsnormen (Amt des Palatin, Wiener Friede) wieder eingesetzt wurden. Im 26. Artikel wurde den Protestanten Ungarns zugestanden, zwei Holzkirchen je Komitat und in den königlichen Freistädten zu bauen. Sie mußten ganz aus Holz, ohne metallische Verbindungsmittel, massive Fundamente, Glockentürme sein und durften nur vor den Stadtmauern, an einem Nebenweg, errichtet werden. Fünf dieser eigenartigen großartigen Bauten (nach den Artikeln des Ödenburger Landtages werden sie "Artikularkirchen" genannt) sind erhalten geblieben. Aber die

Niederlage der Türken vor Wien 1683 war auch das politische Ende Thökölys, der 1705 im türkischen Exil starb, nachdem seine Gemahlin Helene Zriny (Witwe Franz' I. Rákóczis) die Festung Munkatsch bis 1688 heldenhaft verteidigt hatte und er selbst auf eigene Faust, ohne Abstimmung mit den Türken, einen Ausgleich mit Leopold I. suchte. Abermals rächte sich Leopold I.: Die tapfere Frau Thökölys ließ er erst 1691, im Austausch gegen den von Thököly gefangenen General Heister, zu ihrem Mann, und in Eperies ließ er den Eroberer, General Anton Caraffa, gewähren, der dort das "Eperieser Blutgericht" (1687) zu verantworten hatte, bei dem 24 unschuldige evang Bürger öffentlich hingerichtet wurden. Die minimalen Rechte der Protestanten hob er wieder auf, obzwar ihr Anteil noch bei 80-90% lag. 1699 wurde der Karlowitzer Friede geschlossen, und die Türken verloren endgültig Ungarn, aber die Unruhen in dem geschundenen und ausgebluteten Land gingen weiter. 1703 setzte sich Franz II. Rákóczi (verheiratet mit Charlotte Amalia von Hessen-Rheinfels) an die Spitze aufrührerischer Bauern und anderer Unzufriedener. Obzwar ihm der Spanische Erbfolgekrieg zu Hilfe kam und im Laufe der Auseinandersetzungen auch der Adel zu ihm stieß und er französische Hilfe erhielt, verlor er nach großen Erfolgen eine Stadt nach der anderen, auch Kesmark (Hinrichtung von drei promineten Bürgern), schließlich Leutschau (Geschichte um die "Weiße Frau"). 1711 wird ohne ihn der Friede von Sathmar geschlossen. Auch er stirbt im türkischen Exil.

Hronsek: Evangelische Artikularholzkirche

1.31 DAS FRIEDENSJAHRHUNDERT BIS ZUR REVOLUTION VON 1848

Die Last des Wiederaufbaues mußten die Städte und die Hörigen der Slowakei tragen, während der Adel es fertigbrachte, nur ca. 8 % aufzubringen. Damals war das Wirtschaftspotential der Slowakei noch 15-mal höher als das des wiedergewonnenen Ungarns, und um 1700 lebten in der Slowakei ca. 1 Mill Menschen, 50% der Gesamtbevölkerung Ungarns. Aber ca. 70% der Handwerker und Kaufleute Ungarns waren noch in der Slowakei ansässig.

Die wirren Verhältnisse und die Not der breiten Massen begünstigte die Bildung von Räuberbanden. Die bekannteste war die des Juraj Jánošík. 1713 in Lipt-St-Nikolaus hingerichtet, wurde er zum sl Volkshelden, ein sl Michael Kohlhaas.

Die 1. Teilung Polens 1772 brachte nach 360 Jahren die verpfändeten Zipser Städte, die in den letzten Jahren schamlos ausgenutzt wurden (u.a. von Theodor Konstantin Lubomirski, der p Königin Maria Josepha und vom Grafen Heinrich Brühl), ohne daß Polen eine Ablösesumme erhielt, zurück. Diese Tatsache nutzte Polen bei jeder Gelegenheit aus und stellte immer wieder Ansprüche auf die Zips, wobei von p Seite großzügig "vergessen" wurde, daß es sich nur um 13 Städte und nur um eine Verpfändung gehandelt hat. Eine Unterstellung unter die Komitatsverwaltung konnten die Städte verhindern, und 1778 wurde eine neue Selbstverwaltungseinheit, die "Provinz der 16 Zipser Städte" mit Sitz in Zipser Neudorf eingerichtet. Vorerst galten die Privilegien von 1271, sie wurden im Laufe der Zeit immer mehr ausgehöhlt, so daß ca. 100 Jahre später Freiheiten nur noch auf kirchlichem und kulturellem Gebiet bestanden. Nachdem die Evang unter den Nachfolgern Leopolds I. (Karl III., Maria

Zipser Neudorf: Evangelische Toleranzkirche

Theresia) kaum Erleichterungen erreichen konnten, brachte 1781 das Toleranzpatent Josefs II. erheblich erweiterte Rechte, an dem auch die Calvinisten und Orthodoxen beteiligt wurden. Es erlaubte den Bau massiver Kirchen ohne Türme und Glocken in Gemeinden mit mehr als 500 evang EW oder mit mindestens 50 evang Familien, die sogenannten Toleranzkirchen, die im Stil der Zeit klassizistisch errichtet wurden. Die neuen Möglichkeiten waren leider das Ende so mancher hölzernen Artikularkirche. Die übrigen Bestimmungen waren von denen des Wiener Friedens noch weit entfernt, aber aus Verfolgten wurden Geduldete. Die Juden erreichten die sich nur langsam verwirklichende Niederlassungsfreiheit in den Königlichen Freistädten, aber nicht in den Bergstädten.

Leopold II. erweiterte das Toleranzpatent. Die Beschränkungen im Kirchenbau fielen, und der Kirche wurde eine einheitliche Leitung gegeben. Der Generalkonvent geriet aber in zunehmendem Maße unter den Einfluß des Adels, so wurde das Amt des Dieners am Wort zur Dienstbarkeit der Geistlichen für die Interessen des Adels, als des Schutzpatrons der Kirche, umfunktioniert. Im kath Bereich kam es zu der noch heute gültigen Gliederung: 1776 wurden die Bistümer Neusohl, Rosenau, Zips (Zipser Kapitel) und 1804 Kaschau geschaffen. 1816 enstand das griech-kath Bistum Eperies.

Die Slowakei verlor ihre Vormachtstellung im Bereich wichtiger Positionen. Nachdem bereits 1777 die Universität Tyrnau nach Ofen verlegt wurde, kehrte 1822 der Erzbischof nach Gran zurück, und Josef II. setzte die Statthalterei und andere Ämter nach Ofen um; ab 1872 durch Vereinigung von Pest, Ofen (ma Buda) und Altbuda (ma Ó-Buda) zu Budapest, das 1783/84 wieder zur Hauptstadt Ungarns wurde. Die letzte Krönung in Preßburg erfolgte 1830.

Die Aufklärung und der Josefinismus begünstigten die Bestrebungen zur Schaffung einer einheitlichen sl Schriftsprache, die auch als Antwort auf die mit dem Ausbau des Zentralismus erfolgte Einführung des Deutschen als Amtssprache gedacht war. Die Arbeiten Anton Bernoláks von 1787-1790 führten jedoch nicht zum Durchbruch, der erst 1844 Ľudovít Štúr auf der Basis der nord-mittelslowakischen Dialekte gelang. Im kirchlichen Bereich blieben die Evang, in der Tradition der Ablehnung des "kath" Lateins, bei dem Tschechisch der Kralitzer Bibel - und das bis zu einer Übergangszeit nach 1990!

Die Napoleonischen Kriege berührten auch die Slowakei: Durchzug russischer Truppen (1789-1800), Zerstörung Thebens und Beschuß, sowie Besetzung Preßburgs durch Franzosen (12.7.1809 Besuch Napoleons).

1.32 1848-1849 REVOLUTION UND AUFSTAND

Nach den schweren Unterdrückungsmaßnahmen gegen die "ungarischen Jakobiner", dem Bauernaufstand in der O-Slowakei (1831), und infolge der stagnierenden Wirtschaft Ungarns, an der die Zollschranken Österreichs, die Interesselosigkeit des u Adels am Unternehmertum, die Ablösung der Zünfte durch Manufakturen und erste Fabriken, ferner die miserable Infrastruktur (1848 hatte Ungarn nur 28 km Eisenbahnen!) Anteil hatten, kam es auch in Budapest zu Revolten, die Ferdinand I.(V.) zur Nachgiebigkeit zwangen. Die Märzgesetze (15.3.1848) schufen einen unabhängigen, nur noch durch die Krone und die Armee mit Österreich verbundenen ungarischen Nationalstaat, in dem der Feudalis-

Gesellenbrief der Gerberzunft in Kesmark 1820

mus praktisch beendet war und die Religionsfreiheit zugesichert wurde. Das neue Wahlrecht, gebunden an den Besitz, konnte nur von ca. 6% der Bevölkerung genutzt werden. Nicht ein einziger Passus berücksichtigte die staatsrechtlichen, kulturellen und sprachlichen Forderungen der nichtmagyarischen Nationen Ungarns. Da den Magyaren die Gesetze nicht weit genug gingen, war eigentlich niemand zufriedengestellt.

Nach den am 1.5.1848 in Liptau-St-Nikolaus erfolglos konzipierten Forderungen der Slowaken, scheiterte im September eine Nachbesserung der Märzgesetze. Lajos Kossuth und die Heißsporne seiner Umgebung heizten die gespannte Atmosphäre mit ihren überzogenen Forderungen weiter an, bis schließlich der Aufstand losbrach. In diesem standen die Slowaken auf der Seite des Kaisers (aber niemand sollte es ihnen danken!) und die Deutschen traditionsgemäß auf der Seite des revolutionären Ungarns. Der Oberbefehlshaber der Revolutionsarmee, Arthur von Görgey, stammt aus einem alten d Geschlecht der Zips und sprach schlechter Magyarisch als Deutsch. Die wechselvollen Kämpfe spielten sich nur teilweise auf dem Gebiet der Slowakei ab, bis schließlich die Ausrufung der Republik Ungarn Franz Josef I. die Internationalisierung des Konfliktes (Hilfe der anderen Herrscherhäuser, vor allem der Russen) ermöglichte und die Aufständischen am 3.10.1849 bei Arad kapitulieren mußten. Das Arader Blutgericht verhängte zahlreiche drastische Strafen, Kossuth floh über die Türkei nach Italien, und Görgey wurde wegen seiner maßvollen Haltung nur interniert und später begnadigt, beide wurden übrigens 98 Jahre alt!

1.33 VERPAßTE CHANCEN: 1849-67 RESTAURIERUNG UND ÖSTERREICHISCH-UNGARISCHER AUSGLEICH

Die Vertreter des ma Nationalismus, verhaftet in der Idee der Gleichsetzung von Land und Sprache (unter Ignorierung der anderen ethnischen Bestandteile des Landes), verhinderten die mögliche

Bodružal: Griechisch-Katholische Holzkirche

Zusammenfassung aller Kräfte Ungarns während der Revolution. Aber auch der junge unerfahrene, von seinen erzkonservativen Beratern abhängige Franz Josef I. konnte sich, die Gewährung einiger Rechte (28.7.1849) kam viel zu spät, nicht zu einer Neuorientierung auf der Basis der Gleichberechtigung aller Nationen durchringen. Obwohl mehrere Ansätze in dieser Richtung da waren: Franz Stadion wollte Ungarn in Kronländer mit nationaler Abgrenzung zerlegen. Nach weiteren erfolglosen Versuchen arbeitete die Verschlechterung der politischen Lage Österreichs, u.a. durch den Krieg mit Preußen (das abschließende Gefecht bei Blumenau am 22.7.1866 verhinderte die Besetzung Preßburgs durch Preußen, kurz vor Eintreten des Waffenstillstandes) den zentralistischen Vorstellungen Ungarns in die Hände.

Das 1867 wirksam gewordene neue staatsrechtliche Verhältnis, der "Ausgleich", besiegelte zwar die Aussöhnung mit den Magyaren, löste aber nicht die Nationalitätenfragen. Der optisch sichtbare Übergang der "k.k." (=kaiserlich-königlich) zur "k.u.k." (=kaiserlich und königlichen) Monarchie, wobei lokale Behörden in Österreich beim "k.k." und in Ungarn beim "kgl." (=königlich) bleiben, brachte den anderen Nationen nichts und war nur eine Besiegelung weiterer verpaßter Chancen.

1876 wurde auch die Provinz der 16 Zipser Städte aufgelöst. Der letzte frei gewählte Zipser Graf war Jonathan Schmör, der allerletzte Alexander von Breuer, der schon ernannt wurde. Mit dieser Verwaltungsreform endet auch die Sonderstellung der königlichen Freistädte.

1.34 AUS "KLEIN" WIRD "KISS", AUS "KÖNIG" WIRD "KIRALY": DIE NAMENSÄNDERUNGEN UND DIE MAGYARISIERUNG

Der seinerzeitige Übergang von der lat zur d, sl und ma Unterrichtssprache führte zu einem kurzen Niedergang der Allgemeinbildung. Ein bezeichnendes Zitat jener Zeit, die Begrüßung eines Bürgermeisters: "Hát servus bonum mane pane Consul! Ugyan jak sa maju? Jak oni prziśli, či na Vorspann, či na eigene Gelegenheit?" (=Also servus -ihr Diener- guten Morgen Herr Konsul! Wie geht es ihnen? Wie sind sie gekommen, mit Vorspann -Gemeindefuhrwerk-, oder auf eigene Gelegenheit?). Ein lateinisch-deutsch-slowakisch-magyarisches Kauderwelsch. Wenn auch die Bildung, dank des hervorragenden Schulsystems, schnell wieder ihre angestammte Qualität erreichte, eine Differenzierung blieb: Untereinander sprachen die Deutschen im Dialekt, in der Gesellschaft Magyarisch (das ähnlich dem Französischen als fein galt), mit den Händlern und Dienstboten Slowakisch. Die Negierung der Existenz der Nationen Ungarns führte über zahlreiche Gesetze zur Isolation der anderen Sprachen, die auf das Niveau von Mundarten gedrückt werden sollten.

1879-91 wurde in den Volks- und Mittelschulen sowie in den Kindergärten das Magyarische eingeführt, 1907 folgte mit den Apponyischen Schulgesetzen (benannt nach dem zuständigen Minister) der Abschluß. 1913 wurde nur noch an 22 Volksschulen (von 867) ein paar Wochenstunden Deutsch und an 260 (von 1800) Slowakisch gegeben. Noch schlimmer war die Situation an den Mittelschulen und den Gymnasien, wo kaum eine Schule Deutsch, nicht einmal als Wahlfach, anbieten konnte. Verheerende Folgen hatten die Gesetze an der Montanhochschule in Schemnitz, der ersten ihrer Art in der Welt, wo die zahlreichen ausländischen Studenten, hauptsächlich Deutsche, den Vorlesungen nicht mehr folgen konnten und ausziehen mußten (Vordernberg, Leoben).

Parallel zum Schulwesen wurden alle anderen Bereiche einbezogen, und d oder sl Namen förderten nicht gerade die Aufstiegsmöglichkeiten im Staatsdienst, nachdem schon sehr früh das Magyarische im Verkehr mit den Ämtern eingeführt wurde und die Kirchen ihre Matrikeln ma führen mußten.

Aber nicht alles war Zwang! Angezogen durch die freiheitlichen Ideen der Magyaren, mit denen sich eine Einstufung dessen, was in Wien seinen Ursprung hatte, als rückständig und reaktionär verband, lernte besonders die Jugend eifrig das Magyarische, bevorzugte die magyarische Mode und kopierte das magyarische Wesen, legte sich magyarische Vornamen zu, und lange bevor der Staat an die Magyarisierung der Zunamen dachte, wurde dies praktiziert. Das geschah alles trotz der Voreingenommenheit der Magyaren gegenüber den anderen Nationen, die sich u.a. in zahlreichen beleidigenden Sprichworten und in der Literatur (Verbrecher waren immer Nichtmagyaren!) ausdrückte. Alle fühlten sich als ungarische Patrioten und wollten mit stolzem Selbstbewußtsein ihrem Vaterland Ungarn treu dienen (Hungarusdenken). Das alles ließ das d Volksbewußtsein verkümmern. Man war räumlich und auch geistig, bedingt durch die Jahrhunderte währende unterschiedliche Entwicklung, zersplittert und, stark heimatverbunden, in erster Linie "Preschburger", "Kremnitzer", "Deutschprobener" oder "Zepser".

Natürlich waren die Städter mehr für die Magyarisierung anfällig als die Masse der Landbevölkerung, so daß der Verlauf in den drei Sprachinseln und bei den zerstreut lebenden Deutschen verschieden war. Im Hauerland gab es infolge der schlechteren Bildungsmöglichkeiten kaum mehr einen d Mittelstand, so daß dort die Magyarisierung weniger schwerwiegend war als in Preßburg (trotz der Nähe Wiens!) oder in der fernen Zips. Die Juden wurden eine leichte Beute der Magyarisierung, und 1910 gaben 75% Magyarisch als Muttersprache an. Sie kopierten das Leben des u Adels, nachdem ihnen der soziale Aufstieg nach der Gewährung der vollen staatsbürgerlichen und religiösen Rechte (1849, 1867 und 1895) gelungen war. Die Slowaken fanden sich mit den Problemen der Magyarisierung besser ab, obzwar sie, verglichen mit den Deutschen, nur eine dünne, vielfach evangelisch gebildete und in der Politik wie im Zeitungswesen starke Impulse ausstrahlende Intelligenzschicht besaßen. Viele dieser Tätigkeiten wurden von den u Behörden mit dem Schreckgespenst des Panslawismus belegt - wie im Fall der Matica Slovenska in Turz-St-Martin, dem ersten sl Kulturinstitut, das 1863 gegründet, bereits 1875 verboten und rücksichtslos verfolgt wurde.

Aber nicht nur die Magyarisierung brachte den Deutschen einen nicht mehr auszugleichenden Aderlaß, den die Slowaken infolge ihrer Anspruchslosigkeit und mit ihren hohen Geburtenraten wieder egalisieren konnten, auch die wirtschaftlichen Verhältnisse ließen viele auswandern. Während ca. 25.000 Deutsche aus der Zips nach Budapest zogen (mitverantwortlich war der sich immer mehr verstärkende Zentralismus!),

Lizenz: Synagoge

waren unter den ca. 50.000 Auswanderern nach Übersee (hauptsächlich nach Nordamerika) ca. 8.000 Deutsche.

Die evang Kirche erhielt 1891-94 eine einheitliche Verfassung, aber die Neueinteilung der vier Distrikte wurde so vorgenommen, daß die Vertreter der Slowaken und der Deutschen nicht geschlossen auftreten konnten. 1885 erhielten die Superintendenten der Luth. und Ref. Kirche den Bischofstitel, da sie nur so, wie bereits ihre kath Kollegen, in das Oberhaus berufen werden konnten.

1.35 AM VORABEND DES 1. WELTKRIEGES

Das ruhig dahinplätschernde Leben der Bevölkerung der Slowakei, der gewohnte andauernde innenpolitische Streit und die Auseinandersetzungen auf dem Balkan interessierten nur eine dünne Schicht, wurde durch zwei außerordentliche Ereignisse beflügelt bzw. aufgescheucht. 1896 wurden mit einem Pomp sondergleichen die Feierlichkeiten des Milleniums begangen, der 1000-jährigen Wiederkehr der Landnahme durch die Magyaren, und zahlreiche, später in der ČSR beseitigte Erinnerungsstätten (u.a. Theben) geschaffen und mit einem vielfach geheuchelten Personenkult Franz Josef I. gehuldigt (u.a. erhielt die Gerlsdorfer Spitze in der Hohen Tatra, höchster Berg Ungarns und der Karpaten, seinen Namen). Dagegen sorgten 1907 die Vorkommnisse in Černová bei Rosenberg für ein weltweites, für Ungarn ungünstiges Echo. Als der von Andrej Hlinka, kath Pfarrer in Rosenberg, initiierte Kirchenbau eingeweiht werden sollte, konnte er die Handlung nicht vornehmen, da er wegen politischer Betätigung suspendiert war (ab officio et ordine, wurde aber 1909 rehabilitiert). Da eine Verschiebung abgelehnt wurde, wollten die aufgebrachten Leute die Einweihung verhindern, so daß Gendarmen in die Masse schossen und 15 Tote zu beklagen waren.

1.36 DER 1. WELTKRIEG 1914-18

In der Slowakei verurteilten alle Kreise einhellig die Ermordung des Erzherzogs Franz Ferdinand und seiner Gemahlin in Sarajewo, der sich durch die "Werkstatt" (ein Schattenkabinett) mit Angehörigen verschiedener Nationen (darunter Milan Hodža als Slowake) beraten ließ und von dem grundlegende Änderungen der staatsrechtlichen Struktur der Monarchie unter Berücksichtigung der Nationen, sollte er die Nachfolge Franz Josefs I. angetreten haben, erwartetet wurden. Allerdings wurde von der Mehrheit ein selbst begrenzter Krieg gegen Serbien abgelehnt. Umsonst! Schon die ersten Kriegsmonate forderten von Truppenteilen, in denen Deutsche aus der Slowakei und Slowaken dienten, einen hohen Blutzoll. Noch im Herbst erkämpften sich die Russen den Übergang über die Karpaten und eroberten, gestützt auf den Dukla- und Lupkovpaß, einen schmalen Streifen der NO-Slowakei, den sie aber bereits in den Winterschlachten 1914/15 wieder verloren, so daß die Slowakei von weiteren direkten Kriegseinwirkungen verschont blieb.

Zborov nach der Winterschlacht 1914/15

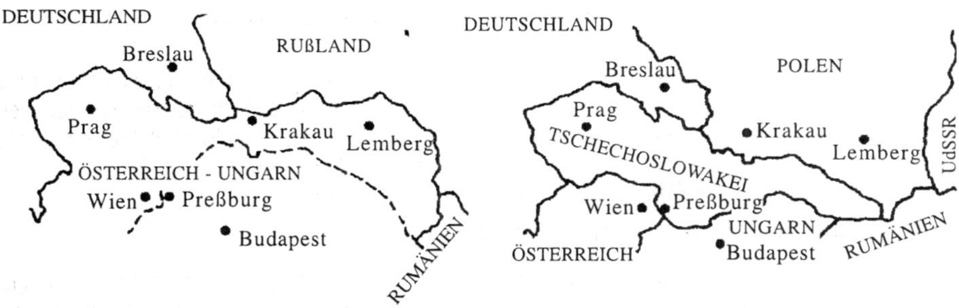

Länder und Grenzen vor und nach 1918

1.37 DIE 1. TSCHECHOSLOWAKISCHE REPUBLIK (ČSR) WIRD GEBOREN

Bei Beginn des 1. Weltkrieges dachten kaum ein Tscheche und kein Slowake an einen selbständigen gemeinsamen Staat, war doch der zum Trialismus (Deutsche-Magyaren-Slawen) erweiterte Dualismus (Deutsche-Magyaren) das höchste Ziel und nicht die Zerschlagung der Donaumonarchie. Im Ausland verlief die Entwicklung anders, dort hatten sich besonders die Tschechen eine Staatsgründung vorgenommen. Und nicht nur wegen der ungeschickten d Propaganda, die von einem Entscheidungskampf der Germanen und Slawen sprach (das sollte sich in noch drastischerer Form im 2. Weltkrieg wiederholen!), sondern auch wegen dem äußerst geschickten Taktieren der tschechischen Exilpolitiker kam es am 22.10.1915 zur Erklärung von Cleveland, in der Vertreter des Tschechischen Nationalverbandes im Ausland und der Slowakischen Liga in Amerika sich auf einen zukünftigen gemeinsamen Staat festlegten. Die Erklärung wurde vom 1916 von den Alliierten anerkannten Tschechischen Nationalrat unterstützt. Im klarer gefaßten Pittsburgher Vertrag vom 30.5.1918, den T.G. Masaryk für den Nationalrat mit den tschechischen und slowakischen Organisationen aushandelte, wurde u.a. die Autonomie der Slowaken festgeschrieben.

So kamen das Versprechen Kaiser Karls I., die Monarchie auf einer föderativen Basis umzugestalten (17.10.1918) oder die vagen Erklärungen des u Ministerpräsidenten Sándor Wekerle (19.10.1918) wie diejenigen des Wiener Außenministers Julius Andrássy über die Achtung der Wünsche der Nationalitäten (27.10.1918) um Jahre zu spät. Der

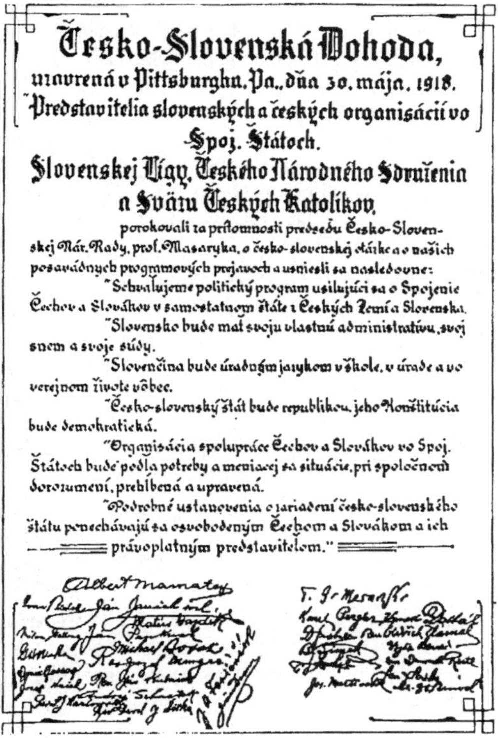

Česko-Slovenská Dohoda,
uzavrená v Pittsburghu, Pa., dňa 30. mája, 1918.
"Predstavitelia slovenských a českých organisácií vo Spoj. Štátoch.
Slovenskej Lígy, Českého Národného Sdruženia a Sväzu Českých Katolíkov,
porokovali za prítomnosti predsedu Česko-Slovenskej Nár. Rady, prof. Masaryka, o česko-slovenskej otázke a o našich posavádnych programových prejavoch a usniesli sa nasledovne:
"Schvalujeme politický program usilujúci sa o Spojenie Čechov a Slovákov v samostatnom štáte z Českých Zemí a Slovenska.
"Slovensko bude mat svoju vlastnú administratívu, svoj snem a svoje súdy.
"Slovenčina bude úradným jazykom v škole, v úrade a vo verejnom živote vôbec.
"Česko-slovenský štát bude republikou, jeho Konštitúcia bude demokratická.
"Organisácia spolupráce Čechov a Slovákov vo Spoj. Štátoch bude podla potreby a meniacej sa situácie, pri spoločnom dorozumení, prehlbená a upravená.
"Podrobné ustanovenia o zariadení česko-slovenského štátu ponechávajú sa osvobodeným Čechom a Slovákom a ich právoplatným predstavitelom."

Albert Mamatey
T. G. Masaryk

Der Pittsburgher Vertrag vom 30.5.1918

Krieg hatte zu lange gedauert, die Atmosphäre war vergiftet, für die Vernunft kein Platz! In Preßburg kam es zu Umzügen, Demonstrationen, zur Bildung des Nationalrates und von Garden (auch einer jüdischen). Am 28.10.1918, sechs Tage vor dem Waffenstillstand, wurde in Prag die Tschechoslowakei ausgerufen. Aber als in der Slowakei der am 12.9.1918 gegründete Slowakische Nationalrat in Turz-St-Martin zusammentrat (30.10.1918) und dort, zuerst in Unkenntnis der Vorgänge in Prag, für das Selbstbestimmungsrecht beider Völker des "tschecho-slowakischen Stammes" eintrat, hatte dieser noch keine Vorstellungen von einem gemeinsamen Staat.

Es dauerte nicht lange, bis beide Vereinbarungen bzw. Erklärungen, die von Pittsburgh und von Turz-St-Martin, zu Zankäpfeln der Slowaken und Tschechen wurden. Masaryk scheute sich nicht, die enttäuschten Slowaken mit der Ungültigkeit des Pittsburgher Vertrages abzuspeisen, da seine Vertragspartner "Ausländer" gewesen wären, und hinter der beschränkten Aussagekraft der Martiner Erklärung wurden Machenschaften, geheime Zusätze, nachträgliche Änderungen (tatsächlich wurde die Forderung der Slowaken nach einer Vertretung auf der Friedenskonferenz "herausredigiert") vermutet.

1.38 DIE SCHWIERIGE EINBINDUNG DER SLOWAKEI IN DIE ČSR

Ungarn akzeptierte die nur auf dem Papier stehenden neuen Festlegungen nicht, es übte in der Slowakei die Macht aus, und der u Ministerpräsident Mihály Károlyi bot eine bescheidene Autonomie an. Am 2.11.1918 befahl Masaryk aus dem Ausland (er kam erst am 12.12.1918 nach Prag) die Besetzung der Slowakei. Doch schon nach 8 Tagen mußte der Leiter der provisorischen Verwaltung der Slowakei, Vavro Šrobár, der am 6.11. in den W-Winkel der Slowakei gekommen war, Skalitz wieder verlassen, da die Ungarn im Einklang mit den günstigeren Bedingungen des in Belgrad ausgehandelten Waffenstillstandsvertrages mit ihrem Gegenstoß vom 11.11. fast die ganze Slowakei besetzten. Die Frage der S-Grenze wollte die ČSR so schnell wie möglich lösen, aber Milan Hodža erreichte in den Verhandlungen mit Ungarn nicht mehr als eine Demarkationslinie, die Preßburg, Komorn und Kaschau bei Ungarn ließ, und daß die Slowakei vorerst durch den schwachen Slowakischen Nationalrat verwaltet werden sollte. Das war der Regierung viel zu wenig, er wurde desavouiert, und sie suchte wieder ihr Heil bei den Alliierten. In jenen Monaten kam es zu zahlreichen Treueerklärungen von Komitaten und Städten für den Verbleib bei Ungarn, die meistens von Deutschen und Magyaren organisiert wurden. Erfolglos blieben die Bemühungen des Preßburger Nationalrates, denn am 6.12. hatten die Alliierten die von Eduard Beneš verfolgte Donau-Eipel-Demarkationslinie anerkannt, und die Bildung einer freien Stadt konnte auch nicht realisiert werden. In Kesmark versuchte der Zipser Deutsche Volksrat, den Verbleib bei Ungarn unter Festhalten am angestammten d Charakter zu erreichen, und sein Nachfolger, der Oberungarische Volksrat der Deutschungarn, schlug die Gründung einer selbständigen Republik "Scepusia" (lat Name der Zips) vor. Ebenso führte die Ausrufung der Ostslowakischen Republik in Kaschau zu keinem Erfolg, auch weil Ungarn nicht in der Lage war, diese Pläne zu unterstützen, die außerdem der u Zentralstaatsidee nicht gerecht wurden.

Im Dezember besetzten bunt zusammengewürfelte tschechische Einheiten unter alliierten Befehlshabern die N-, O- und Mittel-Slowakei, am 1.1.1919 Preßburg, und am 4.2. kam die slowakische Landesregierung unter Vavro Šrobár nach Preßburg. Ungarn gab sich noch nicht geschlagen, und die am 22.3.1919 von Béla Kun in Budapest ausgerufene Räterepublik konnte mit ihren Truppen den schlecht ausgebildeten und mangelhaft ausgerüsteten tschechischen Einheiten abermals 2/5 der Slowakei abnehmen und in Eperies die Slowakische Räterepublik ausrufen (16.6.1919), deren Regierung auch zwei Deutsche angehörten (Gustav Fleischner und Eduard Krompasky). Die Drohung der Alliierten, Budapest von Rumänien aus zu besetzen, zwang Ungarn schließlich zur Aufgabe, und am 24.7.1919 war die Slowakei endgültig unter tschechischer Kontrolle.

Aber nicht nur mit Ungarn kam es im S um die nichtvorhandene historische Grenze zu Auseinandersetzungen, sondern auch um die historische N-Grenze mit dem erneuerten Polen entstand Streit.

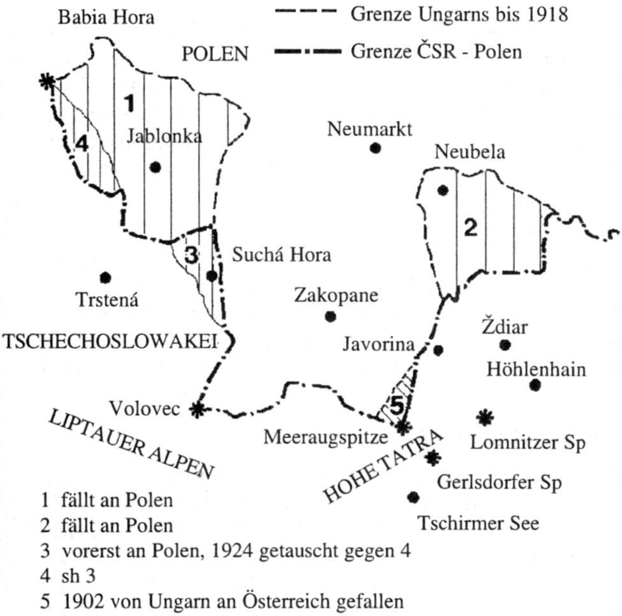

Verluste im Bereich der Zips und Arwa

Polen wollte sich die Zips einverleiben und begann am 6.11.1918 einzumarschieren, aber das verlorene Gefecht bei Kesmark (7.12.1918) und die Inanspruchnahme der p Truppen im Krieg mit der UdSSR zwangen Polen zur Räumung der besetzten Gebiete. Im Juni 1919 erschienen die Polen abermals in der N-Zips und in der N-Arwa. Da die ČSR mit allen Mitteln eine Volksabstimmung wegen der anderen strittigen Gebiete verhindern wollte, gelang es Beneš mit der Preisgabe von 12 Dörfern in der NW-Zips (195 km², 8.747 EW) und 13 Dörfern an der oberen Arwa (389 km², 16.133 EW) Zeit zu gewinnen. Erst die Entscheidung des Internationalen Gerichtshofes (3.12.1924) führte über den Tausch eines Landstükkes zum zwischenstaatlichen Vertrag (24.4.1925), der Polen aber nicht zufriedenstellte.

Von Österreich beharrlich vorgetragene Forderungen nach der Angliederung der geschlossenen d Siedlungsgebiete der Komitate Preßburg, Wieselburg, Ödenburg und Eisenburg führten nur zu einem Teilerfolg (Burgenland), der die Slowakei nicht berührte, zumal Engerau (gegenüber von Preßburg auf dem s Donauufer) zur ČSR geschlagen wurde, die ein 5-mal so großes Gebiet gefordert hatte - mit der Auflage, diesen Brückenkopf nicht zu befestigen.

Die binnenstaatliche Grenze zur Karpatenukraine, deren Angliederung von der ČSR als "Klotz am Bein" zuerst nicht gewollt war, dann aber aus geopolitischen Gründen (keine gemeinsame Grenze zwischen Polen und Ungarn, Landbrücke zu Rumänien!) mit einer auf dem Papier stehenden Autonomie angestrebt wurde, führte in Ermangelung einer historischen Grenze zu Streitigkeiten, da bei der willkürlichen Festlegung dieser Ländergrenze durch die Alliierten 90.000 Ruthenen im sl Landesteil blieben.

1.39 SCHWERE KONSOLIDIERUNG, ERNÜCHTERUNG UND ENTTÄUSCHUNG

Die Befriedung des Landes, der Aufbau einer neuen Verwaltung und die Einkehr geordneter wirtschaftlicher Verhältnisse gingen nur mit großen Schwierigkeiten voran, und umfangreich sind die Ursachen, die schnell zu einer immer tiefgreifenderen Enttäuschung unter den Slowaken, und nicht nur unter diesen, führte. Als wesentlich sind hervorzuheben:

- Die Ignorierung und Auflösung (23.1.1919) des Slowakischen Nationalrates,
- Die Nichteinhaltung der Zusagen des Pittsburgher Vertrages und der Versprechen vor der Friedenskonferenz, die ČSR als ein Land wie die Schweiz zu gestalten (in dieser Sache unternahm Andrej Hlinka im Sept 1919, mit einem p Paß, da er keinen tschechoslowakischen erhalten konnte, einen Alleingang zur Friedenskonferenz. Erfolglos, da in Paris Masaryk und Beneš alle Fäden in der Hand hielten und ihn nach seiner Rückkehr verhaften und 6 Monate im Gefängnis festhalten konnten),

- Die verfehlte Bildung der 6 Großgaue (1923) als Ersatz für die 16 ehemaligen Komitate, deren Entwicklung zu Selbstverwaltungsinstanzen verhindert wurde,
- Die Erfindung einer "Tschechoslowakischen Nation", um die hauchdünne Mehrheit der Tschechen besser aussehen zu lassen (1921: 13,374.354 EW, davon 50,2% Tschechen, 23,4% Deutsche, 15,3% Slowaken, 5,6% Magyaren, 3,5% Ruthenen, 1,3% Polen), da aus einem Vielvölkerstaat ein neuer entstanden war. Dazu kommt die Unterschlagung des Bindestriches im neuen Staatsnamen, wie er auf dem Titelblatt des Friedensvertrages von St Germain verzeichnet ist, "Tschecho-Slowakei",
- Die Konstruktion einer "Tschechoslowakischen Sprache", in der das Slowakische, zwar in der Slowakei offiziell verwendet, nur eine Mundart des Tschechischen sein sollte,
- Der Tod Rastislav Milan Štefániks, der als sl Gelehrter während des 1. Weltkrieges in französischen Diensten bis zum General aufstieg und Kriegsminister der ČSR wurde. Am 4.5.1919 flog er mit drei italienischen Offizieren nach Preßburg, das von den Truppen Béla Kuns bedroht war, und wurde kurz vor der Landung "versehentlich" abgeschossen (angeblich wurde die italienische Trikolore mit der ungarischen verwechselt). Er wurde zum Märtyrer der Slowaken, dem auch die Tschechen, um noch Schlimmeres zu verhüten, Achtung zollen mußten,
- In der ernannten (nicht gewählten) Revolutionären Nationalversammlung saßen nur 54 Slowaken, von denen 14 tschechischer Herkunft waren, obzwar die Slowakei nach der Bevölkerungszahl 70 zu stellen hätte. Aber nicht ein einziger Deutscher war Delegierter dieser jeder demokratischen Legitimation entbehrenden Versammlung. Die von ihr ausgearbeitete Verfassung, nach französischem Muster (der Präsident der ČSR hatte zwar größere Rechte), wurde ohne Mitwirkung und Stellungnahme der d und ma Minderheit ohne Plebiszit wirksam, so daß staatsrechtliche Bedenken der Minderheiten im Nichtvorhandensein einer Verpflichtung gegenüber dieser Verfassung laut wurden,
- Verbitterung hinterließ die 1919 beschlossene Landreform, von der Besitzer mit mehr als 150 ha Ackerboden oder mehr als 250 ha sonstiger Liegenschaften betroffen waren und deren Abwicklung 10 Jahre in Anspruch nahm. In der Slowakei sollte vor allem der ma Großgrundbesitz getroffen werden, in Böhmen/Mähren/Schlesien galt sie als Wiedergutmachung des "Unrechtes von 1620", also die Übernahme des damals in d Hände gekommenen Besitzes. Wäre die Aufteilung (ca. 1,4 Mill ha, 29% der land- und forstwirtschaftlich genutzten Fläche, von ca. 1.000 Besitzern) restlos durchgeführt worden und nicht nur zu ca. 50%, wäre sie eine große soziale Tat gewesen. Die Minderheiten blieben ausgeschlossen, sie diente tschechischen Interessen, zumal die interessanten Restgüter (Flächen mit den Gebäuden, ca. 130.000 ha) zu billigsten Preisen an Politiker und sonstige Nutznießer gingen,

Silhouette Preßburgs in den 20-er Jahren (Synagoge abgebrochen, Fischmarkt verändert)

- Der Aufbau der Verwaltung und des Schulwesens war wegen des Mangels an ausgebildeten Slowaken nur mit dem Einsatz zahlreicher Tschechen möglich, deren als zeitlich begrenzt deklarierter Aufenthalt zu einem dauernden wurde. Ungeschicklichkeiten verletzten das sl Nationalgefühl, indem sich die Entwicklungshelfer vielfach als Träger einer höher stehenden Kultur ausgaben und in der Regel der laizistischen Staatsraison in der tief gläubigen Slowakei zum Durchbruch verhelfen wollten,
- Nach den Plänen der Regierung sollte die Slowakei die landwirtschaftliche Autarkie sichern, da den wenigen Industriebetrieben, die (auf die Bedürfnisse Ungarns ausgerichtet) ihre Märkte verloren hatten, gegenüber den moderner eingerichteten Großbetrieben Böhmen und Mährens keine Chance gegeben, ja - diese durch verschiedene Manipulationen (Frachten, Zölle) noch verschlechtert wurde.

Mit den Friedensverträgen (Trianon mit Ungarn 4.6.1920, St Germain mit Österreich 10.9.1919) sollte ein dauerhafter Schlußstrich unter das Ringen der Völker gesetzt werden. Nicht gelöste, durch schlechte Kompromisse vorerst beigelegte Fragen sollten die Beteiligten selbst lösen, dazu fehlte als wichtigste Voraussetzung das Selbstbestimmungsrecht. In Verbindung mit Fehlern und Pannen blieben, trotz ernsthafter Versuche und auch vorhandenen guten Willens, gravierende Fragen offen, von denen einige später, mangels einer sich nicht bildenden echten staatlichen Gemeinschaft und mangels einer Angleichung des Wirtschafts- und Kulturgefälles, zur Bedrohung der Staaten werden sollten.

1.40 DER WEG DER SLOWAKEN IN DEN AKTIVISMUS (REGIERUNGSBETEILIGUNG AB 1927)

Die Slowaken teilten sich sehr schnell in zwei Lager, die sich mit kurzen Ausnahmen unversöhnlich gegenüber standen, die "Regierungsslowaken", die in ganzstaatlichen Parteien mitarbeiteten, und die "Autonomisten", zu denen die 1918 von Hlinka in Rosenberg erneuerte, 1905 entstandene, 1913 auf dem "Papier" reaktivierte (A. Hlinka Vorsitzender, Ferdinand Juriga Stellvertreter) "Slovenská ľudová strana" SĽS (=Slowakische Volkspartei), ab 1925 "Hlinková slovenská ľudová strana" HSĽS (=Hlinkas slowakische Volkspartei) gehörte. Standen zuerst die Abwehr bzw. Abminderung von geplanten oder erlassenen Gesetzen der liberalen laizistischen Regierung und wirtschaftliche Fragen im Vordergrund, dominierten bald die sl nationalen Interessen. Hlinka gelang die Schaffung einer Volkspartei, deren uneingeschränkter Führer er war und in der er mit der Kraft seiner Persönlichkeit die Auseinandersetzungen um den Weg der Partei unterdrücken und Gegenspieler ausschalten konnte (u. a. Juriga). Gestützt auf den konservativen Klerus mit seinem kleinbäuerlichen Anhang, trugen seine volkstümlichen, gefühlvollen Reden zu seiner großen Beliebtheit bei. Strebte er, in Anerkennung des neuen Staates, kompromißbereit, aber in der Sache unbeugsam, entsprechend dem Pittsburgher Vertrag eine Autonomie der Slowakei an, glaubten seine intellektuellen Gegenspieler um den Juristen Vojtech Tuka nur an eine Verwirklichung des sl Eigenlebens in einem selbständigen Staat und konspirierten mit u und p Kreisen, die natürlich ein großes Interesse an der Schwächung der ČSR hatten. Ende der 30-er Jahre wurde das faschistische Italien zum großen Vorbild der radikalen Gruppe, die dann kritiklos Hitler nacheiferte und einen "Slowakischen Nationalsozialismus" anstrebte.

Von den anderen Parteien erreichte die Slowakische Nationalpartei unter Martin Rázus, die sich vor allem auf die evang Slowaken stützte, geringe Bedeutung. Sie war regierungsfreundlich, vertrat aber in maßvoller Weise ebenfalls die schrittweise Verwirklichung

Die Kleine Entente: Gedenkbriefmarke 1937

der Autonomie, an der, und das ist hervorzuheben, alle Nationen der Slowakei gleichen Anteil haben sollten, während die HSĽS diesen nur eine beschränkte "Unterautonomie" innerhalb der von ihr beanspruchten "Mutterautonomie" zugestehen wollte. Die 1921 in Ľubochňa für die Slowakei gegründete kommunistische Partei KSS vereinigte sich noch im selben Jahr mit den Kommunisten Böhmens und Mährens zur Kommunistischen Partei der Tschechoslowakei KSČ. Sie ging den Nationalitätenfragen vorerst aus dem Weg und konnte zeitweise beachtliche Erfolge erzielen.

Um die revisionistischen Ansprüche Ungarns abblocken zu können, gelang Beneš die Gründung der Kleinen Entente, an der sich neben der ČSR Jugoslawien und Rumänien beteiligten (Polen blieb wegen seiner unerfüllten Gebietsansprüche fern), die Ungarn politisch isolierte und auf wirtschaftlichem Gebiet einiges erreichte.

Bei den Parlamentswahlen 1925 erzielte die HSĽS 33,4%. Zwei Jahre später trat sie in die Regierung ein und erhielt zwei Ministerien (Gesundheit: Jozef Tiso, Unifikation: Marek Gažík). Hlinka, der in den USA weilte und, Juriga übergehend, Tiso in das Stellvertretergremium nominiert hatte, wurde von diesem vor vollendete Tatsachen gestellt. Die HSĽS hoffte auf eine Wende, zumal als Konzession für den Eintritt die unbeliebten, dem Zentralismus dienenden Großgaue (die nur in der Slowakei eingeführt wurden), zu Gunsten einer Gliederung der ČSR in Länder (Böhmen, Mähren, Slowakei, Karpatoukraine; Schlesien verlor seine angestammte Rolle) zur Auflösung kamen. Aber auch hier trog die Hoffnung, denn die Selbstverwaltung blieb auf einem relativ niedrigen Niveau (Gesundheit, Straßen, untergeordnete Wirtschaftsfragen). Im Prinzip wurde die Fiktion der "Tschechoslowakischen Nation" und damit die Lösung der sl Frage durch Assimilation von der "Burg" in Prag nicht aufgegeben. Die dort herrschenden Kreise zeichneten sich durch eine verhängnisvolle Geschichtsfremdheit aus, die zahlreiche Legenden in die Welt setzte und bereits entlarvte Fälschungen weiter propagierte. Einer leicht überschaubaren Gruppe von Masaryk genehmen Politikern, Professoren, Advokaten und Großgrundbesitzern, verbunden durch den Atheismus, war es gelungen, die traditionsbewußten Tschechen, die während der Monarchie teilweise höchste Ränge einnahmen, zu verdrängen.

Das Ausscheiden der HSĽS aus der Regierung 1929 hatte mehrere Gründe, u.a. die Verluste bei den Gemeindewahlen und die "Tuka-Affaire". Tuka (er sprach ein schlechtes Slowakisch!) hatte im "Slovák" (1.1.1928) behauptet, daß die Martiner Deklaration unvollständig sei und daß seinerzeit eine 10-jährige Probe, nach der die Slowakei sich frei entscheiden könne, vereinbart worden wäre. Beweise fehlen bis heute. Nachdem er wegen Hochverrats (auch seine Kontakte zu Ungarn und Polen wurden einbezogen) zu 15 Jahren Zuchthaus verurteilt wurde, wollte die HSĽS das, als Beweis für die Verfolgung der Slowaken, bei den Parlamentswahlen 1929 ausnützen. Sie konnte so den Schaden, der ihr durch die aktivistische Zeit entstanden war begrenzen, indem sie noch auf 28% kam.

Altes Evangelisches Lyzeum in Kesmark

1.41 WIE FANDEN SICH DIE DEUTSCHEN DER SLOWAKEI MIT DEN NEUEN, UNGEWOHNTEN VERHÄLTNISSEN AB?

Verschiedene Umstände führten von den Folgen der Magyarisierung zur Wiedererweckung bzw. zur Stärkung des d Volksbewußtseins. Dazu gehörte auch das Zusammensein mit den Soldaten aus Deutschland und Österreich während des Krieges. Aber wesentlich waren doch die traditionellen Bindungen in den Vereinen, Gesangvereinigungen, schließlich die Zusammenarbeit mit den Sudetendeutschen, die als Lehrer in die Slowakei kamen, um den Mangel an d Lehrern auszugleichen. Gute Kontakte schufen auch die Reisen sudetendeutscher Jugendgruppen, des "Wandervogels" und der "Staffelsteiner", die zu ähnlichen Gründungen in der Slowakei führten. Auch Fachkräfte und Journalisten kamen in die Slowakei. Viele konnten sich nicht immer an die anders gelagerten Verhältnisse anpassen. Dazu bedurfte es eines beiderseitigen Lernprozesses zweier von den historischen, kulturellen, staats- und volkspolitischen wie auch von den wirtschaftlichen Grundlagen her unterschiedlicher Gruppen einer Nation. Zu einem starken Antrieb des d Lebens wurde der Deutsche Kulturverband, der unpolitisch u.a. das Schulwesen, die Kindergärten, die Heimatpflege unterstützte, Veranstaltungen organisierte, das Turnen, das Wandern und den Volksgesang pflegte. Begünstigt durch die zuerst vom Staat kommende Hilfe, die das Ziel hatte, den Hang nach Ungarn zu brechen, konnte sich relativ schnell ein d Leben entfalten. Wo die d Minderheit mehr als 20% nachweisen konnte, wurden d Schulen eingerichtet. Aber, dort, wo diese Möglichkeiten nicht sofort erkannt wurden, kam es zu einem bleibenden Schaden für das d Volkstum (Kremnitz), denn nach ein paar Jahren fielen alle Rücksichten und es mußte um jede d Klasse oft erbittert gerungen werden. So verlor manche inzwischen d gewordene Schule ihren d Charakter, manche konnte ihn nicht einmal richtig entfalten (Gymnasien in Leutschau, Zipser Neudorf). Beim schwierigen Wiederaufbau des d Schulwesens leistete das d Luthertum in der Slowakei große Hilfen. Die meisten Volksschulen und das traditionsreiche Kesmarker Lyzeum konnten ihren kirchlichen Charakter auch nach Übernahme der staatlichen Lehrpläne bewahren, während die Preßburger Kirchengemeinde ihr d Gymnasium an den Staat abgeben mußte.

Bald setzte sich die Erkenntnis durch, daß zum Realisieren der Ziele in der noch ungewohnten parlamentarischen Demokratie Parteien notwendig wären. Die vor den ersten Wahlen 1920 gegründete "Zipser Deutsche Partei" ZDP wurde in den folgenden Jahren ein entscheidender Faktor in der Zips, nachdem die Deutschen sich nur durch die d Sektionen einiger ganzstaatlicher Parteien vertreten lassen konnten, da die sl Parteien nur ihre eigenen Interessen sahen. Sie war bis zu ihrem erzwungenen Ende 1939 eine deutsche, bürgerliche, christliche, die Auswüchse des Nationalismus und später des Nationalsozialismus verurteilende, demokratische, wohl ungarnfreundliche Partei. Da das Wahlgesetz die kleinen Parteien sehr stark benachteiligte und die 7 Wahlkreise der Slowakei so zugeschnitten waren, daß keine der Minderheiten eine beherrschende Stellung einnehmen konnte, war es für die Deutschen schwer möglich, ein Mandat zu erringen. Dazu waren Wahlbündnisse mit anderen, teilweise

Preßburg: Die deutsche große evangelische Kirche

auch andersnationalen Parteien notwendig. Es kam zwar in den 20-er Jahren unter Samuel Frühwirt zur Bildung einer Arbeitsgemeinschaft der d Parteien, in der neben der ZDP weitere drei d Parteien und die d Sektion einer ganzstaatlichen Partei mitarbeiteten. Mißtrauen, Anschuldigungen, und in den späteren Jahren erbitterter persönlicher Streit vor dem Hintergrund sich immer intensiver ausbreitenden nationalsozialistischen Gedankengutes ließen die erfolgversprechende gemeinsame Zusammenarbeit einschlafen.

Bei den Parlamentswahlen 1925 konnte die ZDP im Wahlblock mit zwei weiteren d Parteien und der Ungarischen Nationalpartei einen beachtlichen Erfolg erzielen und Andor Nitsch in das Parlament entsenden. Die zwei Minister der d aktivistischen Parteien wurden von der ZDP unterstützt, auch als die Magyaren ihre regierungsfreundliche Haltung aufgaben.

Auch im evang Bereich gestaltete sich der Neubeginn für die Deutschen schwierig. Die 1921 in Trentschinteplitz tagende Synode gab der Kirche eine neue Verfassung, lehnte aber die Forderung nach einem d Distrikt ab. Unverändert erhalten blieben die zwei alten d Zipser Seniorate (Zipserstädter, Subkarpathisches), und erst nach dem Scheitern eines Anschlusses an die d evang Kirche in Böhmen/Mähren/Schlesien wurde 1923 unter C.E. Schmidt das d Preßburger Seniorat aus dem alten städtischen und 7 weiteren Gemeinden gebildet. Ein d Pfarrerverein konnte 1923 gegründet werden.

1.42 DER WEG DER ČSR IN DIE WELTWIRTSCHAFTSKRISE 1929 UND IN DIE STAATSKRISE 1938

Im Juli 1928 wurde in Wagendrüssel die "Karpathendeutsche Partei" KdP gegründet, die mit dem Anspruch auftrat, als Volkspartei alle Deutschen in der Slowakei und in der Karpatenukraine zu erfassen und zu vertreten. Trotzdem vieles nach 1938/39 verschwiegen und umgedeutet wurde und keine Dokumente vorhanden sind, ist wohl sicher, daß Roland Steinacker, Siegmund Keil und Karl Manouschek die Gründer gewesen sind, aber nicht Franz Karmasin, seit 1927 Sekretär des Deutschen Kulturverbandes, der sich später als wesentlicher Faktor in die Gründerriege hineindrängte. Die KdP war vorerst absolut staatstreu und loyal, gab sich national, antisozialistisch und antimarxistisch, äußerte sich nicht zum Nationalsozialismus und zu den Juden und bekannte sich zur christlichen Weltanschauung. Grundlagen, die auch den Geistlichen beider Konfessionen die Mitarbeit erlaubte und die Ende der 20-er Jahre, nach der schweren Anlaufphase, auch außerhalb des Preßburger Raumes, für einen verstärkten Zulauf sorgten, zumal viele die ZDP als zu "zipserisch" ansahen und den übrigen d Parteien und d Sektionen kein Durchsetzungsvermögen in den seit Mitte der 20-er Jahre immer schärfer werdenden Auseinandersetzungen zugetraut wurde.

Diese fanden durch Übergriffe untergeordneter Dienststellen und die immer schwieriger werdenden Schulprobleme, wo die Schaffung von d

Slovenské Zvesti
POLITICKÉ, HOSPODÁRSKE, SOCIÁLNE, KULTÚRNE ZO SLOVENSKA I ZO SVETA
40 hal.
Čitateľom do pozornosti
Pozadie mnichovského diktátu
Čo obetovaly a čo zachránily?
Hitler v Sudetoch

Zensierte slowakische Zeitung

Schulinspektoraten ständig verhindert wurde (da solche sonst auch den Magyaren zustanden), und zahlreiche Ungeschicklichkeiten, auch im Rahmen der Wiederwahl Masaryks zum Staatspräsidenten (1925), reichliche Nahrung.

Deutschproben: Marktplatz um 1935

Dazu kam der groteske Formen annehmende Sprachenstreit zwischen Slowaken und Tschechen wie auch zwischen dem "Tschechoslowakischen" auf der einen und dem Deutschen und Magyarischen auf der anderen Seite: U.a. wurde den Beamten verboten, im Beisein des Publikums untereinander ihre Muttersprache zu verwenden, Schüler sl Schulen bekamen schlechte Sittennoten, wenn sie sich deutsch oder magyarisch unterhielten, die d Theateraufführungen wurden behindert, ca. 2300 Bücher und ca. 170 Lieder verboten, und die Zeitungen mußten eine mehr als kleinliche Zensur hinnehmen.

Gravierend wurden auch die Probleme in der Wirtschaft, die nach Jahren eines bescheidenen, aber stetigen Aufschwunges zusammenbrach, als die Auswirkungen des "Schwarzen Freitags" (4.10.1929) die Slowakei recht spät, aber umso heftiger erreichten. Durch zahlreiche Stillegungen, drastische Einschränkungen, starke Einbußen im Handel und im Fremdenverkehr und durch den Engpaß des Saisonarbeitermarktes wegen der parallel verlaufenden, klimatisch bedingten schlechten Ernten (davon waren besonders die Deutschen des Hauerlandes betroffen) stieg die Zahl der Arbeitslosen sprunghaft auf mehr als 250.000, und es dauerte fast 10 Jahre, bis in der Slowakei wieder 15% mehr Arbeitnehmer als 1913 (!) gezählt wurden. In dieser kritischen Situation gelang es Beneš, die im Friedensvertrag der ČSR auferlegten Verbindlichkeiten ("Befreiungstaxe", Anteil an den österreichisch-ungarischen Vorkriegsschulden, Ablöse für übernommenes Staatseigentum) auf nur 4% von insgesamt 750 Mill Goldfrancs zu drücken.

Unerfreuliche Auseinandersetzungen gab es in mehreren kath d Gemeinden, wo der Gottesdienst abwechselnd in beiden Sprachen gehalten wurde und wo die Kirchenleitungen zu rein sl Kulthandlungen kommen wollten. Dazu gehörte auch die Praxis, öfters Pfarrer mit entsprechenden Sprachkenntnissen in rein sl Gegenden zu versetzen, während in die d Gemeinden nur sl sprechende Geistliche kamen. Vor diesem Hintergrund organisierte Jakob Bauer 1934 den 1. Deutschen Katholikentag in Deutschproben, zu dem mehr als 15.000 Teilnehmer kamen und mit dem der Verwässerung des Glaubens und der Bedrohung der d Kulturwerte durch die Radikalisierung des Zeitgeistes Einhalt geboten werden sollte. Das zentrale Ereignis des Jahres 1935 waren die vorgezogenen Wahlen, denen der bisher härteste, an Verunglimpfungen und ehrabschneiderischen Verdächtigungen überreiche Wahlkampf vorausging. Sachfragen traten in den Hintergrund, und in dem leidenschaftlichen Streit bildeten sich unselige Klischees, die selbst den 2. Weltkrieg überdauerten. Großen Raum beanspruchte, zum mokanten Wohlgefallen der sl Presse, der Zank zwischen der ZDP und der KdP, in der Karmasin die Führung übernommen hatte, der ab 1934 das Kampfblatt "Deutsche Stimmen" herausgab. Die KdP ging mit der Sudetendeutschen Partei Konrad Henleins eine Listenverbindung ein und erzielte eine Verdoppelung der Stimmen, die Karmasin in das Parlament und Siegmund Keil in den Senat brachte. Der Block der ZDP erzielte wohl ein besseres Ergebnis als 1929, und Andor Nitsch und Pfarrer E. Varga kamen in das Parlament und den Senat, aber daran war die ZDP selbst nicht beteiligt, da sie

Die Eisen- und Stahlwerke
in Podbrezová nach dem 1. Weltkrieg

viele Stimmen an die KdP verloren hatte. Auch die Kommunisten konnten, besonders in einigen d Gemeinden des Hauerlandes und der Unterzips sowie im ma Siedlungsraum, Zugewinne verzeichnen, nachdem der seit 1929 tätige Generalsekretär Klement Gottwald die Partei nach bolschewistischem Muster ausgerichtet und nach zahlreichen Schwankungen zwischen der Lostrennung der Slowakei und dem Zentralismus die "Selbstbestimmung bis zur Lostrennung" propagierte.

Nach den Wahlen schlug die KdP einen Weg ein, auf dem sie schrittweise den Boden der Demokratie verließ. Eine erste Maßnahme: Der Parteitag verlor seine Funktion über alle Angelegenheiten zu entscheiden. Zahlreiche Persönlichkeiten, die am Aufstieg der Partei beteiligt waren, hielten sich zurück und überließen viele Stellen in der Partei den Sudetendeutschen, da sie mit dem sich langsam breitmachenden nationalsozialistischen Gedankengut nicht einverstanden waren, zumal sich Henlein auch noch zum Vorsitzenden der KdP machte und Karmasin die Rolle des Statthalters überließ. Auch viele Arbeiter waren mit dem immer unduldsamer werdenden Kurs, Kritikern wurde die Mitgliedschaft entzogen, nicht einverstanden und schrieben einen Beschwerdebrief.

Nach einer abermaligen, nur kurzen Beauftragung von Jan Malypetr, wurde der erste Slowake Ministerpräsident der ČSR, Milan Hodža. Nachdem bisher alle Eingaben der Slowaken (1922, 1930, 1934) nicht zur Beratung gekommen waren bzw. der Ablehnung verfielen, waren die ernsthaften und auch aufrichtigen, vom Präsidenten Beneš mißtrauisch beobachteten Angebote Hodžas, die eine "Slowakische Nationalindividualität" und Slowakisch als Sprache anerkannten, aber die sl Nationalität immer noch nicht akzeptierten, der HSĽS zu mager und für eine Regierungsbeteiligung unattraktiv. Eine Lösung der Nationalitätenfragen wäre aber noch möglich gewesen, trotz der Verbitterung über den Wortbruch von Beneš, der sich, in Ermangelung einer ausreichenden Mehrheit, auch von den Slowaken und Magyaren, denen er die Befriedigung ihrer Ansprüche versprach, zum Staatspräsidenten wählen lassen mußte (18.5.1935), gegen Bohumil Němec, einen "ausgetretenen" Atheisten. Eine geschlossene Minderheitenfront existierte nicht. Sogar noch am 8.2.1938 verlief eine Zusammenkunft in Hlinkas Pfarrhaus in Rosenberg, an der u.a. Karl Hermann Frank und Karmasin teilnahmen, ohne klares Ergebnis, was nicht allein auf die Reserve Hlinkas allem "Deutschen" gegenüber, sondern eher dem zu forschen Auftreten beider Sudetendeutschen anzulasten ist. So war nach der Beauftragung Hodžas, ähnlich gegenüber Henlein und der Sudetendeutschen Partei, eine der letzten Chancen zu einer Bereinigung der Verhältnisse, ohne den später immer massiver werdenden Druck des Auslandes, zu kommen, vertan.

Inzwischen hatte sich die außenpolitische Lage der ČSR durch die "Machtübernahme" Adolf Hitlers verschlechtert, obzwar dieser die Möglichkeiten und Ansatzpunkte, die sich im Bereich der ČSR boten, lange nicht erkannt hatte. Noch als Außenminister suchte Beneš nach einer weiteren Absicherung der ČSR über Verhandlungen mit der UdSSR, die nach einem Nichtangriffspakt mit der Kleinen Entente und der damit verbundenen de-facto-Anerkennung des Sowjetregimes zum Defensivvertrag vom 18.5.1935 führte. In der Tuchatschewski-Affaire mit den großen Säuberungen in der Sowjetarmee konnte Beneš den Dank Stalins einholen, obzwar er in eine geschickte Falle des d Geheimdienstes geraten war und die Haltlosigkeit der Anschuldigungen nicht erkannte bzw. diese nicht überprüfen ließ.

1.43 12 MINUTEN VOR 12 UHR

Die Vernebelung der Geister ging weiter, und in der Zeit der maßlosen Forderungen und großen Schlagworte verlangten die Radikalen in der HSĽS die Einreihung "in die antikommunistische Front" jener Nationen, die "nach den christlichen (!) Grundsätzen geführt würden" (Pistyan 19./20.9.1936), während die Straße schrie "Hitler-Horthy-Hlinka to je jedna linka". Welche Verblendung, drei gegensätzliche Naturen in "eine Linie" zu stellen! Dagegen blieben die breiten Massen mit ihren alltäglichen Sorgen und Wünschen auf der Strecke, denn was bedeuteten u.a. den Deutschen der Notstandsgebiete das hohle Wortgeklingel und die vorgetragenen utopisch anmutenden politischen Ziele. Dazu kamen die Begleiterscheinungen des Anschlusses Österreichs (12.3.1938), mit denen besonders Preßburg konfrontiert wurde, als neben zahlreichen Politikern, viele Flüchtlinge (darunter zahlreiche Juden) über die nahe Grenze kamen. Die damals noch umfassend informierende Preßburger Zeitung "Der Grenzbote" widmete, ähnlich wie die Wochenzeitung "Die Karpathen-Post" in Kesmark, diesen Vorgängen oder den Auswüchsen des Nationalsozialismus oder der Blomberg-Fritsch-Krise sowie der Affaire um Pastor Niemöller, sehr zum Mißfallen der "Deutschen Stimmen", eine breite Aufmerksamkeit. Doch die vorletzten, weithin sichtbaren Brandzeichen blieben von den Verantwortlichen in der Regierung, aber auch im radikalen Flügel der HSĽS und in der Führung der KdP unbeachtet! Widerspruch, der sich regte (u.a. Plakate und Tumulte in Zeche, Steine auf Karmasin in Untermetzenseifen), konnte allein wegen der drastischen Begleiterscheinungen diskreditiert werden.

In das Zentrum der Bemühungen der HSĽS rückte immer deutlicher der Pittsburgher Vertrag, der in der Verfassung verankert werden sollte. Tiso fuhr in die USA und nach Kanada, wo er für sein gemäßigtes Autonomieprogramm warb und die Kontakte mit der Slowakischen Liga fester knüpfen konnte. Ab März 1938 weilte dann eine Delegation dieser Auslandsorganisation, die das Original des Vertrages mit sich führte, 8 Wochen in der Slowakei. Aber außer einer "moralischen Anerkennung" des Vertragstextes geschah von tschechischer Seite nichts. So verstärkten die Radikalen in der HSĽS und die KdP ihre Kontakte zu deutschen Stellen, die oft nicht immer konform mit der augenblicklichen Politik Hitlers arbeiteten, u.a. zum Sicherheitsdienst und der Volksdeutschen Mittelstelle, während Karol Sidor inzwischen offen für eine slawisch-katholische Union mit Polen warb.

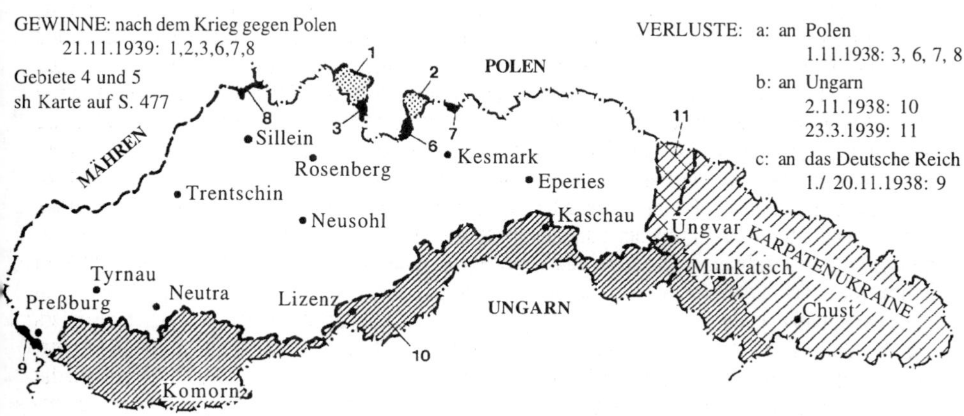

Die neuen Grenzen der Slowakei 1938-45

In dieser hektischen Atmosphäre fanden im Mai 1938 die Gemeindewahlen statt, die der ZdP und den Kommunisten, zu Gunsten der KdP und der HSĽS, erhebliche Verluste brachten. Im Hochgefühl des errungenen Sieges rückte die KdP ganz von den demokratischen Grundsätzen ab, führte das Führerprinzip auf allen Ebenen ein und bekannte sich offen zu den "nationalsozialistischen Grundauffassungen des Lebens".

Am 16.8.1938 starb Hlinka, nach einem langen, seine Arbeitsfähigkeit stark einschränkenden Leiden. Sein höchstes Ziel, die Autonomie der Slowakei, sollte er nicht mehr erleben.

1.44 6.10.1938-14.3.1939: AUTONOMIE DER SLOWAKEI, DIE KURZLEBIGE TSCHECHO-SLOWAKEI

Auch nach dem Tode Hlinkas konnten sich die Radikalen weder im Parteipräsidium noch im erweiterten Parteivorstand durchsetzen, und Jozef Tiso wurde, entgegen dem Wunsch Hlinkas, dem damals "radikal" eingeschätzten, propolnisch denkenden Sidor, den er zu seinem Erben eingesetzt hatte (u.a. eine Druckerei), zum Nachfolger bestellt. Der am 19.8.1938 eingebrachte Antrag auf eine Verfassungsänderung blieb in zähen Verhandlungen stecken, und erst als Beneš erkannte, daß England die Forderungen Hitlers unterstützte und daß weder Frankreich, noch die UdSSR (diese erhielt kein Durchmarschrecht von Polen und Rumänien) in der Lage waren, bei einem Angriff Hitlers einzugreifen, mußte er sich den Rücken freimachen. So ging er auf einige Forderungen der HSĽS ein, ließ zwei sl Minister in die Regierung aufnehmen (Imrich Karvaš und Matúš Černák) und begann lange, für die Slowaken unergiebige Verhandlungen, obzwar sie und besonders Sidor die slowakische Frage vor der sudetendeutschen gelöst sehen wollten, während die Entscheidung schon längst an anderer Stelle gefallen war, in Berlin! Seit Hitler entschlossen war, nicht ohne einen territorialen Gewinn den Streit um mehr Rechte für die Sudetendeutschen zu beenden, waren alle Bemühungen von Beneš, seine vier Pläne, von denen der 4. weitgehend die Forderungen Henleins erfüllte und Hitler noch das Konzept verderben konnte, umsonst. Am 15.9.1938 fiel der mit Hitler abgestimmte fatale Satz Henleins: "Wir wollen heim ins Reich!". Daraufhin wurden die Sudetendeutsche Partei und die KdP verboten. Den einzigen Ausweg, den Krieg (wegen dem Kräfteverhältnis beider Kontrahenten und der vorteilhaften geopolitischen Lage der ČSR durchaus nicht aussichtslos) wollte Beneš nicht beschreiten. Am 5.10.1938 trat er zurück und überließ die Verantwortung anderen, die dafür nach dem 2. Weltkrieg auf sein Betreiben hin schwer büßen mußten, obzwar er die ČSR in die Katastrophe geführt hatte!

Am 29./30.9.1938 mußte die ČSR vor dem Hintergrund einer hysterischen Anspannung sondergleichen, das Münchner Abkommen hinnehmen, und Polen wie auch Ungarn schickten sich an, die ihnen in München zugestandenen Rechte, die die ČSR verpflichteten, die Ansprüche der p und ma Minderheit nach den für die Sudetendeutschen angewandten Grundsätzen innerhalb von drei Monaten zu befriedigen, mit maßlosen Forderungen anzumahnen. Polen verlangte Gebiete in der N-Slowakei, Ungarn wollte sich die ganze Slowakei einverleiben. Auch Karmasin meldete sich, er wollte Preßburg und seine Umgebung lieber an Deutschland angliedern.

Um nicht wegen mangelnder Initiative ungehört aufgeteilt zu werden, rief Tiso die Parteigremien der HSĽS und die anderen sl Parteien (sie kamen, um das Feld nicht der HSĽS zu überlassen) in Sillein ein. Nach schweren Auseinandersetzungen, begleitet von den radikalen Feststellungen von Pistyan (1936), konnten sich die Gemäßigten um Tiso durchsetzen und das Silleiner Manifest, das wesentlich auf dem Pfingstprogramm fußte, am 6.10.1938 absegnen lassen. Die Slowakei konstituierte sich als autonomes Land der ČSR mit einer eigenen Regierung, deren vier Minister gleichzeitig Minister der Prager Zentralregierung sein sollten. Tiso wurde Ministerpräsident und Innenminister, die anderen Ressorts übernahmen: Ferdinand Ďurčanský (Justiz, Soziales, Gesundheit), Pavol Teplanský (Finanzen, Landwirtschaft, öffentliche Arbeiten, Handel), Ján Lichner (Verkehr) und Černák (Unterricht), so daß in der

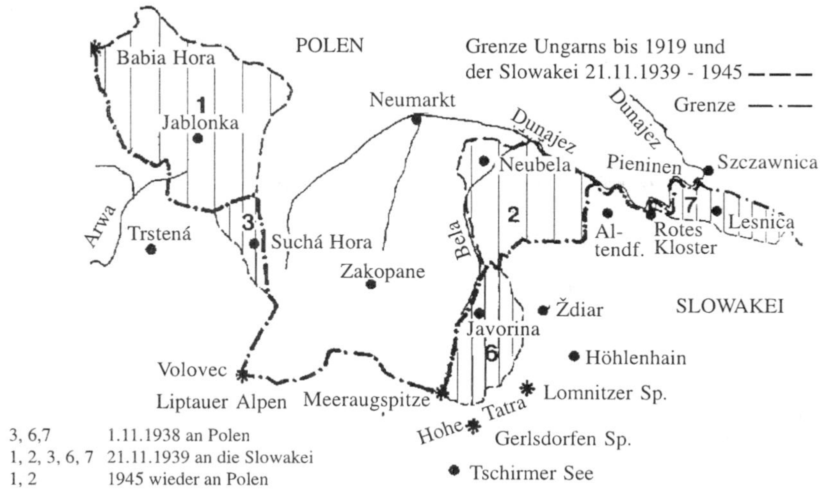

Grenzänderungen: In der Arwa und der Zips...

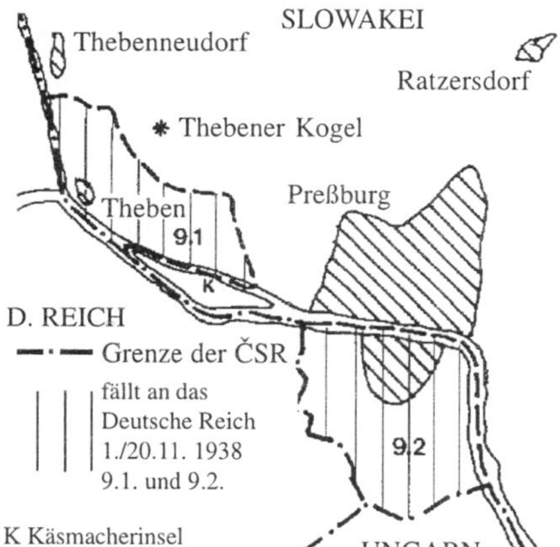

... bei Preßburg

1. Regierung Tiso, neben drei HSĽS-Angehörigen, zwei Agrarier vertreten waren. Sidor fehlte überraschend, da er seinen Einfluß als Chefredakteur des "Slovák" erhalten wollte.

Am folgenden Tag (7.10.) wurde das Silleiner Manifest von Prag anerkannt, und am 19.11.1938 folgte das Autonomiegesetz, mit dem die Tschecho-Slowakische Republik Č-SR geschaffen wurde. Schnell konzipiert, war es unausgewogen und in manchen Teilen auch unklar, so daß Probleme programmiert waren. Die ČSR war tot, sie war an der von Anfang an verfehlten Nationalitätenpolitik zerbrochen!

Die Ereignisse überstürzten sich: Aufhebung des Verbotes der KdP, die als Deutsche Partei DP wieder auftrat, Erteilung weitgehender Rechte an die Karpatendeutschen (Staatssekretariat für ihre Angelegenheiten, Leiter: Karmasin), Verbot der kommunistischen Partei. Mit der endgültigen Grenzfestlegung gegenüber Deutschland (20. 10.) geht überraschend auch Theben verloren, nachdem noch als Folge des Münchner Abkommens Engerau durch d Truppen (10.10.) besetzt worden war. Damit war auch die Frage Preßburgs erledigt, und Karmasin "teilte mit" (so die Presse), daß "der Führer an Preßburg kein Interesse habe". Eine groteske Situation, daß ein Staatssekretär so etwas publik machen mußte, aber die Regierung hat ihm diese Aufgabe gerne zugeschoben, damit er die Geister, die er gerufen, auch zu besänftigen hatte. Wohnten in den an Deutschland abgetretenen Orten wenigstens ca. 50% Deutsche, so lebten in sieben Gemeinden, die an vier Stellen an Polen fielen

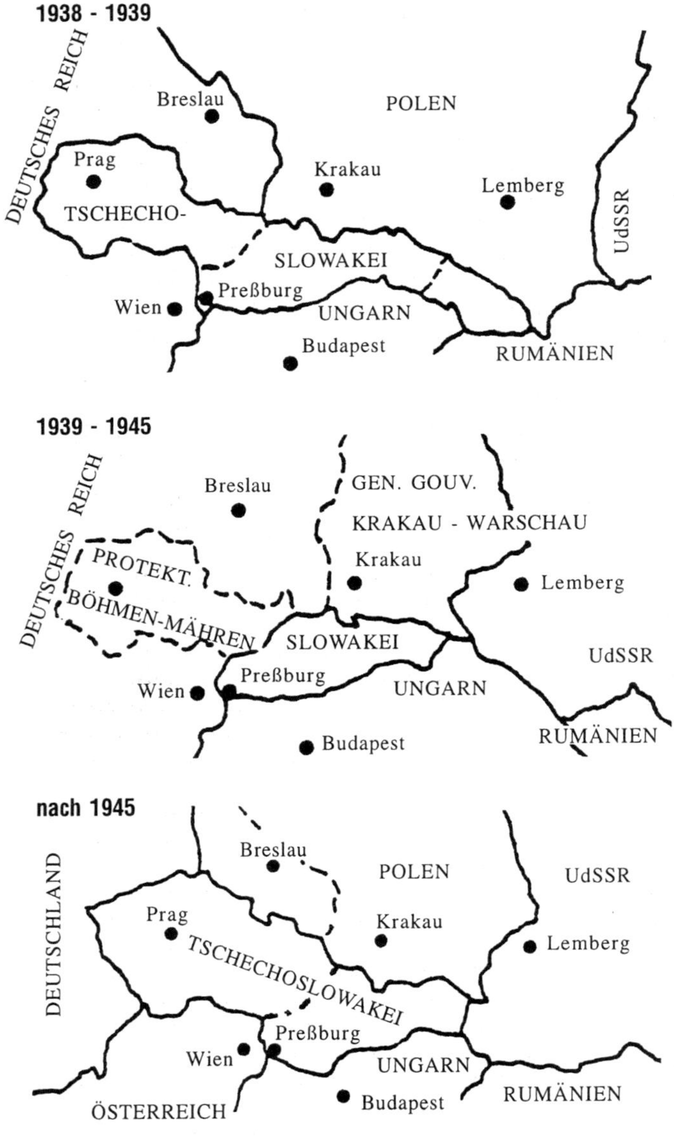

Die Nachbarn der Slowakei 1938-45

(1.11) nicht einmal 0,3% Polen. Die ergebnislosen Verhandlungen mit Ungarn (die Prager Regierung überließ diese ihren sl Ministern!) mündeten in den 1. Wiener Schiedsspruch, der am 2.11.1938 von Ribbentrop und Ciano gefällt wurde, und der die Č-SR (die Slowakei und die Karpatoukraine) 12.051 km² und 1.060.000 EW kostete. Das war mehr als das 3. Angebot während der Verhandlungen. Die Enttäuschung war groß, ca. 285.000 Slowaken kamen zu Ungarn, während nur ca. 70.000 Magyaren in der Slowakei verblieben. Aber auch Ungarn war nicht zufrieden, eine Absicht Hitlers, um beide je nach Belieben gegeneinander ausspielen zu können. An Gelegenheiten dazu sollte es nicht fehlen! In Sillein glaubten die Parteien, der HSĽS, die sich den neuen Namen "Slowakische Volkspartei - Partei der Slowakischen Nationalen Einheit" zulegte, die Zügel anlegen zu können. Sie wurden bitter enttäuscht, eingegliedert oder zur "freiwilligen" Aufgabe gezwungen. Während die DP nur knapp dem Ansinnen, in die Einheitspartei eintreten zu müssen, entkommen konnte, indem sie selbstherrlich als Gesamtvertretung aller Karpatendeutschen auftrat, blieb die ZDP vorerst als "einsamer Rufer in der Wüste" ungeschoren. Seit Sillein erschienen auf den Straßen bei jeder Gelegenheit die uniformierten, allerdings nicht bewaffneten Verbände der Hlinková garda HG (Stabschef: Sidor) der HSĽS und der Freiwilligen Schutzstaffel FS der DP.

1.45 OKTOBER 1938 - MÄRZ 1939: DER WEG IN DIE STAATSKRISE

Am 30.11.1938 wurde nach langem Tauziehen Emil Hácha zum Staatspräsidenten der Č-SR und am 1.12.1938 Rudolf Beran zum Ministerpräsidenten der Zentralregierung (Stellvertreter wurde Sidor) in Prag gewählt. Die in diesem Zusammenhang neugebildete Landesregierung, das 2. Kabinett Tiso, verminderte etwas den Einfluß der Radikalen, obzwar der glücklose Lichner geopfert wurde: Tiso (Ministerpräsident, Inneres), F. Ďurčanský (Verkehr, Post, öffentliche Arbeiten, Gesundheit, erlitt also Einbußen), Miloš Vančo (Justiz), Teplanský (Landwirtschaft, Finanzen, Handel), Černák (Unterricht).

Sehr schnell verließen die Landesregierung und zahlreiche Institutionen den demokratischen Boden, wobei die Sorge, daß Hitler zum Eingreifen provoziert werden könnte, von der einen Seite vorgeschoben, von der anderen herbeigewünscht wurde. Im allgemeinen Niedergang und im Tiefstand demokratischer Prinzipien in Europa erschienen damals undemokratische Praktiken nicht so gravierend. Sie geschahen aber unter den Augen Tisos, dessen christlich-ethischen Ideale immer wieder herausgestellt wurden, die aber von den notwendigen (oft vermeintlichen) Entscheidungen korrumpiert wurden.

Die am 18.12.1938 durchgeführten Parlamentswahlen, verbunden mit der plebiszitären Frage "Willst Du eine neue freie Slowakei?", wurden in der Absicht, den absoluten Herrschaftsanspruch der Einheitspartei zu zementieren, kräftig manipuliert. Die zu späte Ausschreibung verhinderte das Einreichen anderer Listen, und die D und Ma wurden ultimativ aufgefordert, sich auf die Einheitsliste setzen zu lassen. Auf dieser wurden die Radikalen in den Hintergrund gedrängt und Tuka überhaupt nicht aufgestellt. Sehr zum Leidwesen der d und radikalen Presse durften nach längeren Auseinandersetzungen Juden und Tschechen in gesonderten Räumen wählen. Die Einheitsliste erhielt nach offener Abstimmung 98%, die Gegenstimmen (ungültige wurden nicht genannt) kamen hauptsächlich aus den evang Gebieten. Von den 63 Gewählten (auf 20.000 Stimmen kam ein Abgeordneter) waren 58 kath, 5 evang, 2 Deutsche (Karmasin, Pfr. Josef Steinhübl), 1 Magyare (Graf János

047

Deutsches Konsulat

Preßburg-Bratislava, den 30.10.1938.

Bericht Nr. 462/1938

2 Durchdrucke.

Auswärtiges Amt
... IV 7847
eing. 31. OKT. 1938
Anl. (fach) Dopp. d. Eing.

Gestern abend fand hier auf dem Fischplatz eine Massenkundgebung der "Deutschen Partei" statt, über die das DNB berichtet haben dürfte.

Mit Einverständnis der slowakischen Behörden war der Platz und die Rednertribüne mit Hakenkreuzfahnen geschmückt. Die Teilnehmer trugen Hakenkreuzfähnchen, aus Engerau war ein SA Vertreter in Uniform erschienen. Zum Schluss wurde das Horst-Wessellied gesungen.

Diese Aeusserlichkeiten zeigen, dass die slowakischen Behörden mit der von ihnen von Anfang an geäusserten Absicht, den Deutschen Betätigung im nationalsozialistischen Geiste zu ermöglichen, Ernst machen. Die Hlinka-Partei, insbesondere ihr "Nationalrat" und die Hlinka-Garde zeigen deutlich den Wunsch, ihrer Bewegung ebenfalls einen faschistisch-nationalsozialistischen Charakter zu geben. Man wird diese Tendenz aufgreifen und verwerten können.

Die deutsche Versammlung hatte den Zweck, die unter weiten Kreisen der eigenen Anhängerschaft entstandene Unzufriedenheit über den nichterfolgten und anscheinend nicht mehr beabsichtigten Anschluss Pressburgs

An
das Auswärtige Amt
Berlin.

442357

Seite eines Berichtes des Konsuls von Druffel vom 30.10.1938

Eszterházy), 1 Ruthene (Pfr. Anton Simko), 48 kamen von der HSĽS, und 12 hatten anderen sl Parteien angehört.

Gedenkmarke zur Eröffnung des Slowakischen Landtages (ČSR-Dauerserie mit Überdruck)

Probleme entstanden in der Verwaltung und im Schulwesen, da sich die Slowakei die Zustimmung zum Ermächtigungsgesetz der Zentralregierung mit der Freistellung von 9.000 tschechischen Beamten und von 4.000 Planstellen für sl Offiziere honorieren ließ. Unter Bezugnahme auf die eingetretenen Schwierigkeiten wurde die Verwaltung der Städte "gleichgeschaltet", indem ernannte Regierungskommissare an die Stelle der gewählten Bürgermeister traten und die Bürger ihren Einfluß auf die örtlichen Organe einbüßten. Zur politischen Ausrichtung wurde ein Propagandaamt eingerichtet (Leiter: Alexander Mach), und bereits im November 1938 bestand in Ilava ein Konzentrationslager.

Die während der Eröffnung des sl Landtages am 18.1.1939 (Gäste u.a. von der Zentralregierung: Ministerpräsident Beran und Verteidigungsminister Syrový) im versöhnlichen Tenor gehaltenen Reden erregten das Mißfallen der Radikalen, die ihre Macht mit "Ehrenwachen" der HG, zu der auch die FS hinzugezogen wurde, demonstrieren wollten. Angesichts dieser äußerte Tiso, daß man keiner fremden Ideologie dienen würde und daß die einzige "die real verstandenen Interessen der slowakischen Nation" wäre. Die Radikalen legten das so aus, daß Tiso schon zu diesem Zeitpunkt bereit wäre, den gemeinsamen Staat zu opfern. Aber auch das 3. Kabinett Tiso erfüllte nicht die Wünsche der Radikalen, zumal Černák dem maßvollen Jozef Sivák weichen mußte, dafür mußte Teplanský den Handel an den neu aufgenommenen Mikuláš Pružinský abgeben, so daß das Kabinett einen Minister mehr hatte als im Autonomiegesetz vorgesehen. Auch der Stuhl Karmasins wackelte, aber man hatte gegenüber Berlin keinen Mut, sich seiner zu entledigen, zumal er für die Radikalen ein äußerst williger Erfüllungsgehilfe zur Herstellung von Kontakten in Deutschland und von Reisen dorthin war, deren Kosten die Volksdeutsche Mittelstelle übernahm.

Begleitet von laufenden hochtrabenden Worttiraden mußte sich Karmasin der Lösung wichtiger Tagesfragen widmen. In der sich dahinschleppenden Schulfrage kam es am 19.12.1938 zur Zusage für die Errichtung einer selbständigen d Abteilung innerhalb des Unterrichtsministeriums (Genehmigung 27.2.1939 wegen Ministerwechsel und Zögern der Regierung). Leiter wurde Paul Wodilla, bislang Prof. in Kesmark, mit dem die DP später schwer zurecht kam. Von den Massenentlassungen (von Nov. 1938 bis Februar 1939 stieg die Zahl der Arbeitslosen von 20.000 auf 62.000) waren überproportional Karpatendeutsche betroffen, aber begleitet von massiven Drohungen Karmasins gab die Regierung klein bei. Sie verfügte eine paritätische Behandlung und die Einrichtung einer gemischten Schlichtungsstelle. Am 26.1.1939 wurde die "Deutsche Gewerkschaft" gegründet (Satzung Mai 1940, Umbenennung in "Arbeitsfront der Volksdeutschen in der Slowakei" Ende 1940, Verlust aller gewerkschaftlichen Aufgaben). Vollkommen überrascht wurde Karmasin (ebenso Eszterházy) von der Volkszählung, vom 31.12.1938, die als "vorläufige administrative Maßnahme" kaschiert war.

Die Regierung verschaffte sich, unbeeinflußt von jeder Werbung, die aktuellen Bevölkerungszahlen: 2.773.000 EW (2.291.000 Sl, 128.000 D, 87.000 J, 87.000 Ma, 79.000 Ru). Die immer noch zahlreich in der Slowakei lebenden Sudetendeutschen, durch Verordnungen in Deutschland und in der Slowakei staatenlos geworden, erhielten schließlich die sl Staatsbürgerschaft.

1.46 DER 14. UND DER 15. MÄRZ: DIE SLOWAKEI WIRD SELBSTÄNDIG, HITLER LIQUIDIERT DIE Č-SR

Das größte Problem war die Erhaltung des gemeinsamen Staates geblieben, die für viele Verantwortliche keine Herzensangelegenheit war. Für sie war die Č-SR eine Durchgangsstation auf dem Weg zur vollkommenen Selbständigkeit, zumal bei jeder Gelegenheit Konfrontationen entstanden, denn weder "Die Tschechen" noch "Die Slowaken" waren bereit, dem anderen etwas zu "schenken", und das mit viel nationalem Gehabe garnierte unnötige Streiten brachte insgesamt der einen oder anderen Seite nur einen Pyrrhus-Sieg ein.

Nicht das letzte Mal wurden die wirtschaftlichen Probleme, die sich zwischen den beiden Landesteilen aufbauten, zum entscheidenden Faktor der Trennung. Nach dem Münchner Abkommen, dem Wiener Schiedsspruch, der politischen Unsicherheit, verbunden mit der allgemeinen antisemitischen Hetze der Presse und der Radikalen der Einheitspartei und der DP, waren die Investitionen rapide gesunken und erhebliche Kapitalabflüsse eingetreten, die den Finanzausgleich immer schwieriger gestalteten. Noch bei dem Aufenthalt Háchas in der Slowakei (Jahreswende 1938/39) schien eine Lösung durch entsprechende Zusagen der Zentralregierung möglich, obzwar beide Seiten die üblichen Gegenrechnungen aufmachten (Wer bezahlt wem was?). Die Gemäßigten in der Regierung wollten ohne ausländisches (deutsches) Kapital auskommen, aber als das sl Budgetdefizit energische Maßnahmen erforderte (Fehlbetrag im Februar 1939: ca 1.160 Mill. Kčs), suchten die Radikalen in Deutschland Kredite (12.2.1939: Tuka und Karmasin bei Hitler, Ribbentrop und Göring und 1.3.1939: F. Ďurčanský und Pružinský bei Göring, Ribbentrop und Staatssekretär Wilhelm Keppler).

Nachdem Hitler relativ spät erkannt hatte, daß die slowakische Frage der Hebel für die endgültige Zerschlagung der Č-SR war, sorgte die Agitation des Reichsstatthalters für die Ostmark Arthur Seyss-Inquart und des Gauleiters der Ostmark Joseph Bürckel und anderer für eine weitere Unterhöhlung der abbröckelnden Loyalität. Dazu kamen laufend neue "Nadelstiche" Berlins (Tauschangebot an Polen, Danzig gegen die Slowakei, keine wirtschaftliche Hilfe für die Slowakei ohne eine Lossagung von Prag). Tuka, immer noch "Privatmann", wollte sich mehr profilieren und Einfluß auf den Lauf der Dinge nehmen, indem er die "Deutsch-Slowakische Gesellschaft" gründete, der fast alle Gemäßigten fern blieben, und ein von Devotheit triefendes Telegramm an Hitler sandte.

Vor diesem Hintergrund begannen am 1.3.1939 die Verhandlungen in Prag, wo von der Slowakei für den Finanzausgleich eine Loyalitätserklärung und die Einstellung der separatistischen Umtriebe verlangt wurde, während diese zusätzlich eine eigene Armee und die Sanktionierung aller Gesetze (also auch derjenigen, die die Slowakei nicht betrafen) forderte. Im Ministerrat am 4.3.1939 konnte sich Tiso mit seinem Prinzip der "legalen Evolution" durchsetzen, während die Radikalen weiterhin auf Berlin setzten (7.3.1939: Tuka und F. Ďurčanský bei Göring und Keppler), das

Preßburg: Regierung, heute Philosophische Fakultät

aber seine starre Haltung nicht aufgab. Auf der anderen Seite wurden Tiso und Sidor von Seyss-Inquart in Preßburg und in Bruck ad Leitha erfolglos bedrängt, sofort die Souveränität auszurufen.

Nach Fortsetzung der Prager Verhandlungen am 8.3.1939 mit Sidor und Teplanský (Tiso nahm trotz Zusage nicht teil) löste Beran in der Nacht 9./10.3., mit Wissen Berlins, aber in naiver Unkenntnis der wahren Absichten Hitlers, einen lange vorbereiteten selbstmörderischen Coup aus, indem er den "unbotmäßigen" Tiso und die "separatistischen" Minister F. Ďurčanský, Pružinský und Vančo entließ und durch die Armee, die den Ausnahmezustand verhängte, wichtige Objekte der Slowakei besetzen ließ. Tiso wurde im Jesuitenkloster in Preßburg unter Hausarrest gestellt, Tuka, Mach, Černák und andere verhaftet und in Mähren eingesperrt, während F. Ďurčanský nach Wien entweichen konnte und dort mit einem der üblichen "Hilferufe" auftrat und im Sinne der Wiener Stellen agitierte.

Einen Tag war Teplanský geschäftsführender Ministerpräsident (der von Hácha verfassungswidrig, ohne Konsultation mit dem Preßburger Landtagspräsidium ernannte Sivák lehnte ab), der sich den laufenden Pressionen aus Wien und denen der Straße zu erwehren wußte. Der dann legal beauftragte Sidor bildete - gegen die Zusage den Ausnahmezustand aufzuheben, die Gefangenen freizulassen und die besetzten Gebäude zu räumen (gelang teilweise nur mit der HG und der FS) - aus Verfechtern einer großzügigen Autonomie die vierte Regierung der autonomen Slowakei, die am 11.3.1939 bestätigt wurde: Martin Sokol (Inneres), Alexander Hrnčár (Finanzen), Gejza Fritz (Justiz), Peter Zaťko (Industrie, Handel, Landwirtschaft, Ernährung), Július Stano (Verkehr, öffentliche Arbeiten), Sivák (Unterricht).

In 36 Stunden höchster Anspannung und wilder Hysterie hielt Sidor dem Druck der deutschen Stellen stand: Seyss-Inquart, Bürckel, Keppler (der im Auftrag Berlins die Lage vor Ort erkunden sollte) und 10-15 weitere Personen (darunter Karmasin) bekamen ein klares Nein zu den Aufforderungen, die Souveränität auszurufen (das erste eines Politikers Hitler gegenüber!). An seiner Haltung änderten auch die Ausschreitungen auf der Straße nichts (Anschläge und Bomben, u.a. auch auf das Wohnhaus Sidors, ca. 1.000 Gewehre wurden über Engerau eingeschleust, Unruhen in der Provinz, wo u.a. am 13.3. in Kesmark mit den Rufen "My chceme Hitlera" (=Wir wollen Hitler) demonstriert und Schaufenster jüdischer Geschäfte eingeschlagen wurden), die ihn bewogen, als Stabschef der HG den radikalen Karol Murgaš durch den gemäßigten Pavol Čarnogurský zu ersetzen. Auch die Hetzreden F. Ďurčanskýs im Wiener Rundfunk, und die Pressekonferenzen verschiedener Radikaler und Karmasins (der Graf Eszterházy erfolglos überreden wollte, erfundene Repressalien Magyaren gegenüber zu veröffentlichen) erreichten nichts.

Als Hitler in Zeitnot geriet, da die sl Karte nicht stechen wollte, lud er Tiso nach Berlin ein. Mit Zustimmung der sl Regierung fand am 13.3.1939 der Besuch statt, bei dem Tiso mit der sofortigen ("blitzschnellen") Ausrufung der Souveränität oder der "Überlassung der Slowakei ihrem Schicksal" konfrontiert wurde. Das gezeigte Desinteresse Hitlers war eine Lüge, denn er hätte sich mit Polen und Ungarn an der Beute beteiligt, aber die Pseudoselbständigkeit versprach ihm eine unvergleichlich bessere wirtschaftliche Ausbeutung. Tiso widerstand Hitlers Druck (fingierte Truppenbewegungen Ungarns), indem er sich darauf berief, zZt "nur ein einfacher

Eine der vier von der Č-SR (ČESKO-SLOVENSKO) vorgesehenen, nicht in Umlauf gekommenen Briefmarken mit dem späteren Überdruck SLOVENSKÝ ŠTÁT

Abgeordneter" zu sein und daß nur das Parlament entscheiden könne.

Auf der schon früher einberufenen Sitzung vom 14.3.1939 stimmten 57 Abgeordnete (4 fehlten) offen für die Selbständigkeit. Es war kein freier Entschluß eines schon nicht frei gewählten Gremiums. Aber wie hätten sie sich anders entscheiden können, auch wenn sie gewußt hätten, daß Ungarn noch nicht am folgenden Tag marschieren würde, oder wenn das noch in Berlin aufgezwungene und konzipierte "Schutzansuchen" nicht verschwiegen worden wäre? So blieb der Slowakei das Odium, doch noch der Hebel Hitlers zur Zerschlagung der Č-SR gewesen zu sein, denn am folgenden Tag wurde das Protektorat Böhmen-Mähren errichtet. Hitler begab sich damit vom Boden des bisher eingehaltenen Selbstbestimmungsrechtes der Deutschen auf den der imperialistischen Machtpolitik, obzwar ihm ein weiterer Vasall in seiner auch später nie richtig definierten und nur als Konglomerat von Ideen vorhandenen "neuen Ordnung in Europa" dienlicher gewesen wäre!

Die Karpatoukraine (früher offiziell "Karpathenrußland"), das ö Glied der Č-SR, wurde geopfert. Am 14.3.1939 hatte sie sich unabhängig erklärt, und am Tag darauf marschierten die Ungarn ein und eroberten in erbitterten Kämpfen gegen die ruthenische Miliz "Sič" das Land. Die Č-SR hatte zu bestehen aufgehört!

1.47 MÄRZ - AUGUST 1939: FREUDE UND ENTTÄUSCHUNG, DER SCHWERE GANG IN DEN 2. WELTKRIEG

Die noch am 14.3.1939 gebildete Regierung war nach dem Willen Tisos ein Kabinett der Versöhnung. So erhielten neben ihm als Ministerpräsidenten auch Kontrahenten der vergangenen Tage ein Ressort: Tuka (Stellvertretender Ministerpräsident), Sidor (Inneres), F. Ďurčanský (Äußeres), Pružinský (Finanzen), Fritz (Justiz), Gejza Medrický (Wirtschaft), Stano (Verkehr), Oberstleutnant Ferdinand Čatloš (Verteidigung), Sivák (Unterricht). Keinen Kabinettsrang erhielten: Murgaš (Stabschef der HG), Mach (Propagandaamt), Karmasin (Staatssekretär für die Belange der Deutschen).

In der allgemeinen Freude über die errungene Selbständigkeit gingen besonders für die breiten Massen negative Geschehnisse in einem dichten Gestrüpp der Propaganda, Beschönigungen und Zwecklügen unter. Dazu gehörte die überraschende Besetzung des Marchbeckens und des w der mittleren Waag gelegenen Streifens durch d Truppen am 15.3.1939, die mit "vorher erteilten Befehlen" bemäntelt wurde, aber bestehen blieb. Vom 17.-18.3.1939 wurde in Wien über den vereinbarten Schutzvertrag verhandelt (auf sl Seite: Tiso, Tuka, Mach und F. Ďurčanský, der schnell den Platz Sidors, der Berlin nicht genehm war und auf den Posten des Botschafters beim Vatikan abgeschoben wurde, eingenommen hatte). Die Gebiete wurden, nachdem ein Anschluß an das Protektorat nur mit großer Mühe verhindert werden konnte, sehr zum Ärger der Slowaken,in eine "Schutzzone" umgewandelt, die nur das Deutsche Reich militärisch nutzen durfte. Auch den Abtransport einiger "tschechischer Beutewaffen" mußte die Slowakei hinnehmen. Die kühnen Hoffnungen, Teile SO-Mährens, in denen teilweise tschechisierte Slowaken wohnten, anzuschließen, blieben eine Illusion. Nachdem die Außenpolitik in "engem Einvernehmen" mit Berlin zu erfolgen hatte, waren die geheimen Protokolle über die wirtschaftliche und finanzielle Zusammenarbeit

Eine der ersten Briefmarken der Slowakei: ČSR-Dauerserie mit Überdruck "Slovenský štát 1939"

von einschneidender, entmündigender Bedeutung, da in allen Ministerien d Berater eingesetzt werden sollten.

Preßburg: Sommerresidenz der Erzbischöfe, seit 1939 Regierungsgebäude

Das Verhalten Karmasins (mit Berlin abgesprochene "Nadelstiche" und eigene Profilierung) führte u.a. mit der abermals aufgewärmten Preßburger Frage zu Irritationen, und mit Mühe konnte er auf der Kundgebung vom 16.3.1939 die Geister, die er schon zum zweiten Mal gerufen hatte, besänftigen, da Hitler sich entschieden hatte, den Bestand der Slowakei zu "garantieren" und auch eine Umsiedlung der Karpatendeutschen in das Deutsche Reich ablehnte.

Am 23.3.1939 kam es zu einer ernsten Bedrohung des jungen Staates: Ungarn wollte sich die O-Slowakei bis "zur Gerlsdorfer Spitze" einverleiben. Im "Ungarisch-Slowakischen Krieg" konnten sl Truppen unter Oberstleutnant Augustín Malár dieses Ansinnen verhindern und nach einigen ma Luftangriffen (24.3.1939 auf Zipser Neudorf) mit dem Protokoll vom 4.4.1939 so begrenzen, daß die Slowakei einen größeren Streifen im O verlor (491 km², 35.900 EW, davon nur 0,1% Ma, aber 55% Sl und 45% Ru).

Die am 21.7.1939 verkündete Verfassung war ein Konglomerat aus Elementen päpstlicher Sozialenzykliken, der Ständestaatslehre Othmar Spanns, den Verfassungen Portugals und Österreichs, garniert mit einigen faschistischen und nationalsozialistischen Floskeln. Es gab wesentlich undemokratischere, aber wie so oft ist das Handeln und nicht der Text maßgebend. Die Standesorganisationen (Landwirtschaft, Industrie, Handel, Bauwesen, freie Berufe, öffentliche Bedienstete) blieben, obzwar im Parlament vertreten, einflußlose "Frühstücksvereine". Zahlreiche Probleme wurden auf dem Verordnungsweg gelöst, und in der Verwaltung wurden die Bezirkskörperschaften zu Erfüllungsgehilfen der wiederbelebten sechs Gauverwaltungen degradiert. Vakanzen im Parlament (erweitert auf 80 Abgeordnete) wurden unter Umgehung unliebsamer Kandidaten durch Ernennungen erledigt (als dritter D zog Siegmund Keil ein). Obzwar Entnationalisierungsversuche verboten waren, kam es nicht zur Anlage des vorgesehenen Nationalitätenkatasters, und in der Praxis wurden Ma und P jene Rechte eingeräumt, die Sl in den betreffenden Ländern genossen.

Schon im Januar 1939 hatte sich Karmasin auch in die Angelegenheiten der evang Kirche eingemischt, indem er dort eine völkische Lösung vorschlug (Besuch bei Tiso im Beisein von Senior Johannes Scherer und Pfr. Desider Alexy und Überreichung einer Denkschrift, wobei die Beauftragung der beiden Geistlichen unklar blieb). Ohne sein Zutun (als Nationalsozialist mußte er auch Distanz wahren) wurden auf dem Generalkonvent vom 9.2.1939 die Weichen für das Ausscheiden der d evang Gemeinden gestellt und am 14.6.1939 auf der Synode in Liptau-St-Nikolaus die Vereinbarung zum "schiedlich-friedlichen Auseinandergehen" angenommen, dem die Gründung der "Deutschen Evangelischen Landeskirche Augsburgischen Bekenntnisses in der Slowakei" folgte, deren Satzung allerdings erst am 28.6.1942 genehmigt wurde. Landesbischof wurde Johannes Scherer und Landeskirchenrat Wilhelm Grüneberg. Obzwar die Gründung dieser Kirche nicht von politischen und nationalistischen Motiven bestimmt war, sondern die über ein Jh ungelöste Sprachenfrage zu Gegensätzen und Problemen im Dienst geführt hatte, dauerte es nach dem 2. Weltkrieg lange, bis die seinerzeit auf sl Seite entstandene Verstimmung, die während der kommunistischen Herrschaft zusätzlich durch unseriöse Aussagen und falsche Beschuldigungen, die oft genug auch unreflektiert in westliche Publikationen gelangt sind, in brüderlichem Einverständnis beseitigt wurde.

Bis zum Beginn des 2. Weltkrieges hatten die Slowakei 27 Staaten de jure und drei de facto anerkannt, und über alle ideologischen Grenzen hinweg bestanden mit der UdSSR sehr gute Beziehungen. Die breite Akzeptanz ist allerdings kein Gradmesser (genauso wie bei den zahlreichen anderen Vasallen- und Satellitenverhältnissen) für den Handlungsspielraum, den die Slowakei besaß.

1.48 DIE SLOWAKEI FÜNF JAHRE IM ZWEITEN WELTKRIEG (1939-1945)

Die eingetretene Konsolidierung war nur oberflächlich. Während Tiso seine Ablehnung aller totalitären Maßnahmen mit penetranten Lippenbekenntnissen kaschierte, war den Radikalen um Tuka fast jedes Mittel recht, um ihn zu Fall zu bringen und ihr Ziel, die Verwirklichung eines sl Nationalsozialismus, das wohl äußerlich weitgehend erreicht wurde, auch staatsrechtlich durchzusetzen.

Die Wahl Tisos zum Staatspräsidenten (vom Vatikan genehmigt) brachte Tuka zwar das Ministerpräsidium ein, veränderte aber die Stellung der Kontrahenten nicht wesentlich.

Die sl Armee war mit Hilfe der d Berater unter dem inzwischen zum General beförderten Čatloš auf zwei Divisionen mit ca. 40.000 Mann gebracht worden. Der Kriegseintritt wurde mit der Zurverfügungstellung der N-Slowakei als Aufmarschgebiet der Heeresgruppe List (die ihr Quartier in Rosenberg aufschlug), obzwar es zu einigen Befehlsverweigerungen kam und die sl Truppen nicht in das Landesinnere vorstießen, einigermaßen akzeptiert, zumal die Slowakei die nach dem 1. Weltkrieg und 1938 abgetretenen Gebiete zurück bekam.

Karpatendeutsche waren am Krieg gegen Polen nicht beteiligt, obzwar das Gesetz der Č-SR (25.2.1939), nach dem sie vom Militärdienst suspendiert waren, am 24.7. schon aufgehoben war. Zu spät, denn nur in der Zips konnte Karmasin eine Selbstverteidigungseinheit aufstellen (ca. 1.000 Mann), die als "Regiment Zips" noch während des Polenfeldzuges wieder aufgelöst wurde. Die vereinbarte Bildung eines d Bataillons (ein Regiment Artillerie in Kesmark und ein Regiment Infanterie in Kremnitz) zog sich sehr lange hin. Da fehlten zuerst Unterkünfte und laufend eigenes Führungspersonal (75% der Offiziere und 90% der Unteroffiziere waren Sl) für die genügend vorhandenen Mannschaften, obzwar viele Karpatendeutsche freiwillig (vorerst illegal, aber von der Slowakei geduldet) bei der Waffen-SS dienten. Dort gab es höheren Sold und keine Zurücksetzungen, Schikanen und Querelen, denen D bei den d Einheiten der sl Armee durch sl Vorgesetzte ausgesetzt waren.

Kesmark: Neue evangelische Kirche

Die Positionskämpfe zwischen den Gemäßigten und Radikalen brachten letzteren einen Zugewinn, als Hitler am 29.7.1940 zum "Rapport" nach Salzburg geladen hatte. Vorausgegangen war die Entlassung Machs als Führer der HG (21.5.1940), um die er selbst schon am 21.2.1940, aus Verärgerung über die Rücknahme ungesetzlicher Maßnahmen der HG (Einrichtung von vier Judencafes in Preßburg) eingekommen war und die vorsichtige Anlehnung der Slowakei an die UdSSR, die F. Ďurčanský im Hinblick auf die vage "Europäische Ordnung" Hitlers oder für den Fall einer Niederlage des Deutschen Reiches anstrebte. Tiso, er wollte zurücktreten, mußte Mach wieder einsetzen und ihn sogar zum Innenminister machen, während F. Ďurčanský, zur Unperson gestempelt, entlassen wurde und sein Ressort zusätzlich in die Hände Tukas kam.

Preßburg: Grassalkovich-Palais, Sitz des Staatpräsidenten

Die mit viel Vehemenz vorgetragenen polemischen Angriffe brachten nur einige bescheidene Veränderungen, u.a. das Verbot der Dreifelderwirtschaft. Dagegen scheiterte die Bodenreform, die Fehler derjenigen der ČSR ausräumen sollte. Die Latifundien der kath Kirche und der Großgrundbesitz blieben unangetastet. Die hohen Ankaufssummen schlossen gerade die armen Bauern und Landarbeiter aus. Im selben Jahr (1940) wurde auch noch der Arbeitsdienst vom 18.- 60. Lebensjahr eingeführt. Obzwar Tiso schon bald als "vodca" (=Führer) bezeichnet wurde, gelang die Verwirklichung des Führerprinzips im Staat erst 1942. Ergänzt wurden 1943 diese Maßnahmen durch die Bildung der Staatsverteidigungswache (Zusammenfassung von Polizei, Gendarmerie und Grenzschutz), der allgemeinen Wehrerziehung und der Einrichtung von Arbeitslagern für assoziale Elemente.

Anfang 1941 wurde ein von Tuka, unter Mitwisserschaft (nur?) des d Gesandten Manfred von Killinger vorbereiteter Putsch, bei dem Tiso uU auf den nicht existierenden Stuhl eines Erzbischofs abgeschoben werden sollte, aufgedeckt. Der Nachfolger in der Gesandtschaft, Hanns Elard Ludin, kam mit strengen Direktiven in die Slowakei, die vorhandene Ordnung aufrecht zu erhalten, obzwar auch er sich zuerst nicht scheute, Tiso massiv anzugreifen. Später beruhigten sich die Verhältnisse, und der Machtkampf Tiso-Tuka war scheinbar zu Gunsten von Tiso entschieden, da Berlin wegen der Pflege der optimalen Voraussetzungen für eine größtmögliche Ausbeutung keine Auseinandersetzungen duldete. Auch Karmasin mußte sich danach richten, obwohl manches nicht immer in seinem Interesse bzw.überhaupt nicht zum Wohle der Karpatendeutschen geschah. Am 6.11.1941 wurde endlich die Magyarische Partei offiziell zugelassen.

Die insgeheim belächelte Kriegserklärung an die USA und Großbritannien (31.12.1941) war verfassungswidrig, da sie von Tuka und nicht vom Präsidenten, nach Zustimmung durch das Parlament ausgesprochen wurde. Wollte sich Tiso der Verantwortung entziehen, zumal er in den Nachkriegsprozessen u.a. von Ludin der Mitwisserschaft beschuldigt wurde? Auch für die vorausgegangene Kriegserklärung an die UdSSR (22.6.1941) gab es keine stichhaltige Begründung. Die Slowakei unternahm keinen Versuch, den Weg Bulgariens einzuschlagen, um den äußerst unpopulären Kriegszustand mit einem slawischen Land zu vermeiden. Sie stellte zuerst ca.51.000 Mann, nachdem sie großspurig 90.000 Mann mobilisierte, für die es keine Ausrüstung gab. Eine Maßnahme, die das Funktionieren der Wirtschaft beeinträchtigte und die Ernte bedrohte. Die noch im Umbruch befindliche, desolate, kämpfende

Truppe wurde sehr schnell auf ca.20.000 Mann vermindert. Bei den tapfer durchgestandenen, verlustreichen Kämpfen von Zagrus und Lipowec fielen auch zahlreiche Karpatendeutsche. Im Febr. 1942 wurde die sl "Schnelle Division" aus dem Vorfeld des Kaukasus in die große Absetzbewegung hineingerissen, demoralisiert und von der sowjetischen psychologischen Kriegführung zu Übertritten aufgefordert. Auf Wunsch der Regierung später nicht mehr an der Front eingesetzt, gerieten die sl Einheiten bei einer turbulenten Frontverlagerung bei Melitopol (30.10.1943) in ein Debakel, bei dem, nach Verlusten, ca.2.800 Mann überliefen oder sich gefangen nehmen ließen. Sie bildeten den Grundstock für die in der UdSSR aufgestellten tschechoslowakischen Verbände. Danach wurden die sl Einheiten nur noch für Sicherungsaufgaben und bei Schanzarbeiten eingesetzt, u.a. 2 Divisionen im Sommer 1944 bei der Befestigung der Karpatenpässe (Arpad-Linie) in der O-Slowakei.

Hatte die Slowakei in Polen nur ca.40 Gefallene, so kostete der Einsatz gegen die UdSSR ca.8.800 Mann (1.180 Gefallene, 2.970 Verwundete, 4.560 Überläufer und Vermißte).

1.49 AUGUST BIS OKTOBER 1944: DER SLOWAKISCHE NATIONALAUFSTAND

Kaum ein historisches Ereignis großer Tragweite wurde in der Darstellung seiner Gründe, seiner Ziele, seines Ablaufes und in seiner Bewertung jeweils mit so viel Lob und Begeisterung, mit Heuchelei und Lobhudelei, mit Lügen und Geschichtsklitterung, mit parteipolitischen Verkürzungen und Verzeichnungen, mit Schuldzuweisungen und Gegenbeschuldigungen, mit falschen Alibis und verlogener Unkenntnis bedacht. Dafür gibt es viele Gründe: Die offizielle, später ausschließlich kommunistisch geprägte Geschichtsschreibung brauchte selbst Jahre, um eine genehme Interpretation zu finden, die hohe Zahl der Beteiligten, die entsprechend ihrem Blickwinkel, von ihren Taten, Enttäuschungen und Leiden, von vielen Dingen verschiedene Darstellungen verbreiteten (Anhänger und Gegner des Regimes, Aufständische, Partisanen, Exilpolitiker, die d Botschaft, die d Truppen, die Bevölkerung, besonders die drangsalierten Karpatendeutschen), ferner die schwierige Quellenlage (fehlende Dokumente, zweifelhafte Archivalien), der eine Flut von Publikationen gegenübersteht (überwiegend unhistorische Aussagen), keine Angaben im Wehrmachtsbericht (nur einmal war von "Bandenkämpfen" die Rede, während der Warschauer Aufstand laufend erwähnt wurde), nicht ganz fehlerfreie Kriegstagebücher und weit überzogene Meldungen der Aufständischen.

Drei vollkommen getrennte Ereignisse, die zufällig zeitlich ineinander flossen, beeinflußten sich gegenseitig: 1. Das Bemühen der Verschwörer, aus der Hitler-Koalition auszuscheiden, um nicht mit dem "sinkenden Schiff" unterzugehen, 2. Die Tätigkeit der vom Stab der Ukrainischen Partisanenbewegung in Kiew, bei dem mehrere tschechische Kommunisten arbeiteten, eingeflogenen Kader, 3. Die nach dem Ausscheiden Rumäniens von der d Heeresgruppe durchgeführte Entwaffnung und Gefangennahme der zwei sl Divisionen, die in der O-Slowakei Schanzarbeiten ausführten. Daher die Legion an Namen: Bandenkämpfe, Partisanenaufstand, Militär-

Nižná Šebastová bei Eperies: Kloster

putsch, Angriff gegen den eigenen Staat und der offizielle: Slowakischer Nationalaufstand SNP (obzwar das Volk nie "aufstand"). Nachdem Oppositionelle auf einflußlose Posten abgeschoben waren, emigrierten oder im Ausland ihre Posten verließen, formierte sich langsam die Opposition im Land. Zuerst stark behindert durch die Staatsorgane, später unter der sich ausbreitenden Milde umso rascher. Sie bildete ein breites Band von Gruppen mit unterschiedlichen Zielsetzungen, von denen die mit dem niedrigsten Organisationsgrad offen auftraten (antideutsche und antimagyarische Demonstrationen in Preßburg, Flugblattaktionen, kleine Sabotageakte, Verunglimpfung der Nazisymbole und derjenigen des Staates, Wurf einer nichtexplodierten Bombe in das Haus der DP in Rosenberg durch Gymnasiasten etc.). Die Gründe wurden im Laufe der Jahre immer zahlreicher: Alte politische Gegnerschaft, die katastrophalen Rückschläge des Deutschen Reiches auf den Kriegsschauplätzen, die offen diskutierten Sendungen der Alliierten, der ignorant vorgetragene d Anspruch auf das Herrenmenschentum, die Berichte heimkehrender sl Soldaten über die guten Kontakte mit der Bevölkerung in der UdSSR, die tschechophile Einstellung der Offiziere in Armee und Gendarmerie, die rasch wachsende Abneigung zu allem "Deutschen", die durch das tatsächlich überproportionale Auftreten der DP (Staat im Staat) und die ungerechtfertigte Belastung mit der Schuld am heraufziehenden Unglück der SR gesteigert wurde, die Behandlung der Juden, die den vorhandenen Antisemitismus teilweise in Mitleid umschlagen ließ, die mißlungene Landreform. Versorgungsschwierigkeiten, die "den Deutschen" zur Last gelegt wurden, und die sich weiter öffnende Schere der Einkünfte zwischen einer dünnen Oberschicht und den breiten Massen ließen diese nur noch auf eine "gerechte Aufteilung" durch die Kommunisten hoffen.

Eperies: Evangelische Kirche

Entgegen der Situation anderer Staaten im Einflußbereich Hitlers war die Lage der Slowakei sehr schwierig. Von Hitlers Gnade entstanden, hatte sie eine viel zu schwache Lobby im nicht vom Deutschen Reich beherrschten Ausland, wo der meisterhaft taktierende Beneš alle Fäden in der Hand hielt. Nach den inzwischen gegenüber seiner tschechoslowakischen Exilregierung in London gegebenen Zusagen der Alliierten (1942), die ČSR in den Grenzen von 1937 wieder herzustellen, konnten nur realitätsferne Illusionisten (darunter auch Tiso, der auf die w Alliierten und den Vatikan hoffte, dafür aber nichts tat) glauben, daß die Slowakei ihre Selbständigkeit bewahren könnte, so daß die Gemäßigten an der Spitze des Staates "nur" auf eine Autonomie (ähnlich Sillein) hofften.

Dem 1943 geschlossenen "Weihnachtsabkommen" und dem neugegründeten Slowakischen Nationalrat (SNR) blieben tschechoslowakisch-zentralistische Gruppen (u.a. Šrobár, "pani Flóra") vorerst fern, da dieser (drei Bürgerliche: Ján Ursíny, Jozef Lettrich, Matej Josko und drei Kommunisten: Karol Šmidke, Gustáv Husák, Ladislav Novomeský) wohl von der Erneuerung der ČSR ausging, aber die volle Gleichberechtigung der Sl forderte. Hohe und höchste sl Offiziere hatten sehr gute Kontakte zur Exilregierung in London, so daß sich mit diesen, ihr Kopf war der Stabschef des Oberkommandos des Landheeres in Neusohl, Oberstleutnant Ján Golian, die SNR verband.

Der beachtliche Plan Golians (er war ein hervorragender Stratege, ein weniger guter Taktiker) sah die Öffnung der Karpatenpässe (Dukla und Lupkov) "von hinten" durch die zwei o-slowakischen Divisionen zu jenem Zeitpunkt vor, an dem die sowjetischen Verbände nahe genug an die Karpaten herangekommen waren. Die Garnisonen der Slowakei, d Truppen (nichteinsatzfähige Ersatzeinheiten) gab es nur in der Schutzzone, sollten die Macht an sich reißen und den Weg den sowjetischen Panzerverbänden freimachen, die im günstigsten Fall, ohne Zerstörungen in der Slowakei, in 24-36 Stunden vor Wien stehen konnten. Die Verlegung von Material, kleineren Truppenteilen, Verpflegung und Geld in die Mittelslowakei, in das Zentrum des vorgesehenen Aufstandes, verlief unter den Augen d Stellen, die nach dem schweren alliierten Luftangriff auf Preßburg (16.6.1944, er galt der Apollo-Raffinerie, traf auch Wohngebiete, 300 Tote) Verständnis für eine Dislokation hatten.

Aber auch andere Personen hatten sich ihre Pläne gemacht, so Čatloš, der in Unkenntnis der Verschwörung eine ähnliche Taktik einschlagen wollte, und Malár, dem als Kommandeur der o-slowakischen Divisionen eine Schlüsselstellung zukam, der sich aber wahrscheinlich noch eine eigene Variante ausgedacht hatte.

Vollkommen unabhängig und in Unkenntnis der Vorbereitungen der illegalen Militärzentrale und des SNR hatte Kiew die Mittel- und O-Slowakei als Partisanengebiet ausgewählt. Dort gab es in den Wäldern bereits ca.500 Mann (Deserteure, Straffällige, entflohene Kriegsgefangene, eingesickerte Partisanen aus Galizien etc.) unter populären sl Führern, in kleinen Gruppen, die aber noch nicht so weit waren, daß sie größere Unternehmungen ausführen konnten. Erst Anfang August kam es in der O-Slowakei zu einigen Überfällen auf Posten, Magazine, kath Pfarrer und zu einigen Morden. Verschärft wurde die Situation nach dem planmäßigen Absetzen von Partisanenkadern in der Mittelslowakei (Beginn: 25./26.7. Liptovská Osada, Gruppe Veličko), die unter sowjetischem Kommando standen. Die Suche nach diesen blieb, ähnlich wie in der O-Slowakei, absichtlich erfolglos. Nachdem dort die Überfälle zu einer täglichen Angelegenheit geworden waren, setzte die Partisanentätigkeit auch in der Mittel- und N-Slowakei ein, nachdem die Gruppen sich in jeder Hinsicht "aus dem Land ergänzt" hatten: Straßenkontrollen, Überfälle, Verschleppungen, Morde (hauptsächlich an D: Sojka, Achberger) etc.

Die Regierung, die Gesandtschaft und die Spitze der DP erkannten trotz laufender Meldungen über die Ereignisse die Gefahr nicht bzw. wollten diese nicht zur Kenntnis nehmen. Die von der Regierung

VYHLÁŠKA

vlády Slovenskej republiky o stannom práve (štatáriume).

Vláda Slovenskej republiky podľa čl. I. zák. č. 168/1922 Sb. z. a n., § 1 zák. č. 203/1930 Sb. z. a n., dielu tretieho čl. 6 zák. č. 33/1940 Sl. z. a nariadenia bývalého uhorského ministerstva pravosúdia č. 9.550/1915 I. M. sa usniesla vyhlásiť s platnosťou počínajúc dňom 12. augusta 1944

stanné právo

(štatárium)

na celé územie Slovenskej republiky pre tieto trestné činy:

a) pre zločiny vzbury podľa §§ 153–155 zák. čl. V/1878 (v ďalšom texte „Trz").

b) pre zločiny vraždy (§ 278 Trz.), [illegible] zabitia (§§ 279 a 280 Trz.), lúpeže (§§ 344 až 349 Trz.), [illegible] (§§ 422–424 Trz.), [illegible] na [illegible] dielach, železniciach, lodiach, telegrafoch, telefónoch a [illegible] (§§ 428, 434 – 436, 438, 444 Trz. a § 14 zák. č. 197/1928 Sb. z. a n.) a zločiny proti verejnému zdraviu podľa § 315 Trz.

Každý sa vyzýva, aby sa chránil od páchania trestných činov, na ktoré sa vzťahuje stanné právo.

Každá osoba podliehajúca občianskemu trestnému súdnictvu, ktorá po vyhlásení stanného práva na území Slovenskej republiky spácha niektorý z uvedených trestných činov, bude postavená pred stanný súd a potresce sa trestom smrti.

V Bratislave 11. augusta 1944

Alexander Mach,
minister vnútra
[illegible] predsedu vlády

Standrecht

ergriffenen Maßnahmen, darunter das am 12.8.1944 verhängte Standrecht, stießen ins Leere, die Befehle wurden nicht ausgeführt, der Staat war in eine ernste Krise geraten.

In dieser Situation des tatenlosen Zusehens kam es zu mehreren Besuchen führender d Wirtschaftler und Industrieller aus der N-Slowakei in Preßburg. Ihre Darstellungen stießen nicht nur auf "taube Ohren", sondern wurden besonders von der Gesandtschaft und von Karmasin als "Miesmacherei" und "Schwarzseherei" abqualifiziert. Auch Berlin gegenüber wurde vieles beschönigt und heruntergespielt, zumal der in der Slowakei ohne Wissen der Regierung und der Gesandtschaft arbeitende SD keine alarmierenden Nachrichten weitergab.

Für die Verschwörer war das ungebetene Auftreten der Partisanen zu einer sehr ernsten Gefahr geworden, da diese trotz der Gleichgültigkeit in Preßburg schließlich doch ein Eingreifen d Truppen und damit die Zerstörung der Basis des Aufstandes heraufbeschworen. Um provokative Handlungen zu verhindern, traf Golian am 13.8. das 1. Mal mit Veličko zusammen, der ihm aber, Befehle aus Kiew vorschiebend, wohin er in maßloser Überschätzung seiner Fähigkeiten und Möglichkeiten die Errichtung einer Partisanenrepublik in der Turz bis zum 25.8. gemeldet hatte, nur ein Stillhalten bis zum 20.8. zusagte.

Um Moskau über den geplanten Aufstand zu unterrichten und eine Terminabsprache zu erreichen, die Front war inzwischen bei Krosno, weit vor den Karpatenpässen zum Stehen gekommen, hatte die Militärzentrale (in einer an Zufällen und Kuriositäten überaus reichen Geschichte) ihre Pläne und auch den in ihre Hände gelangten Plan von Čatloš in die UdSSR geschickt. Viel zu spät, da sie nicht mit der Schwerfälligkeit der Politiker und Militärs der UdSSR sowie mit dem abgrundtiefen Mißtrauen gerechnet hatten. So wurde eine wesentliche Voraussetzung des Aufstandes, das Zusammenspiel mit der Sowjetarmee, hinfällig, zumal in der Slowakei die Ereignisse eskalierten.

Am 21.8. hatte der unbeherrschte Veličko Sklabiňa besetzt und zu seinem "Hauptquartier" gemacht. Vom 23.-25.8. verrammelte er die Tunnels der in die Turz führenden Eisenbahnlinien, in der Hoffnung, selbst einen Aufstand inszenieren zu können. Aber die zwei Hauptstrecken waren nach zwei Tagen wieder befahrbar, da die dilettantisch zur Entgleisung gebrachten Waggons sich leicht wegräumen ließen. Außerdem gehorchten die Garnisonen Golian. In der Nacht zum 24.8. wurde die Preßburger Garnison am N- und O-Rand der Stadt postiert, da Čatloš Nachrichten über auf die Slowakei gerichtete d Truppenbewegungen erhalten hatte und er sich nicht in Straßenkämpfe verwickeln lassen wollte. Als Ludin davon erfuhr, ging er noch in der Nacht zu Tiso, der die Angelegenheit unzutreffend als "Alarmübung" bemäntelte, da Ludin die Bewegungen als nicht gegen die Slowakei gerichtet (Frontwechsel Rumäniens) darstellen konnte. Aber er war erstmals wankend geworden und forderte in Berlin Truppen an, auf die er später wieder verzichtete. Am Abend des 26.8. waren in Rosenberg Partisanen erschienen, die mit Hilfe örtlicher Kommunisten die Gefangenen des Gefängnisses (u.a. die aus dem Reich stammenden Kommunisten Hans Schwarz und Karl H. Fomferra) befreiten, sich aber nach Eingreifen des zum Verschwörerkreis gehörenden Garnisonskommandanten Major Miloš Vesel wieder zurückzogen. Sie kamen aber am Sonntag (27.8.) um die Mittagszeit wieder, nahmen d EW und einige Sl fest, raubten Wohnungen aus, verhafteten in den Zügen d Zivilisten und Militärs, von denen viele in der

Von Partisanen zerstörte Eisenbahnbrücke in der O-Slowakei

Kaserne ermordet wurden, erschossen angeblich eine kleine durchziehende SS-Einheit (in der Stadt gab es außer einer Streife von vier Mann kein d Militär).

Im nahen Ľubochňa wurden von ca. 100 Partisanen und sympathisierenden sl Soldaten einige d Soldaten, ein Jugendführer und eine Nonne (die Kinder des KLV-Lagers, waren mit allen anderen in der Liptau am 24.8. abtransportiert worden), zusammen 18 Personen, nach einer 14-stündigen Belagerung (!) ermordet. Der sofort gebildete revolutionäre städtische Nationalausschuß und die Garnison waren gegenüber dem Treiben der Partisanen machtlos, obzwar zwei raubende Soldaten standrechtlich erschossen wurden. Rosenberg konnte für sich in Anspruch nehmen, die erste aufständische Stadt zu sein, obzwar der Aufstand noch nicht ausgebrochen war, und Vesel konnte Mach beruhigen, daß alles "in Ordnung" wäre (jeder dachte an seine "Ordnung"!).

Neusohl: Benitzky-Haus

Ebenfalls am 27.8. wurde in Turz-St-Martin die mit dem Schnellzug Bukarest-Berlin aus Rumänien heimreisende d Gruppe von Militärs unter Oberstleutnant Otto mit der Lüge, der Zug könne wegen unterbrochener Strecke nicht weiterfahren, zum Übernachten in die Kaserne gebeten. Am 28.8. wurden die 32 Personen (oder: 23 Offiziere und 1 Frau - ein paar überlebten) von Soldaten des Oberleutnants Cyril Kuchta rücksichtslos ermordert. Zu dem nach internationalem Recht ungeheuren Verbrechen fühlte er sich von Veličko beauftragt und prahlte damit.

Am 25.8. war, aufgescheucht vom Ausscheiden Rumäniens (23.8.), von der Heeresgruppe der Befehl gegeben worden, die in der O-Slowakei (Operationsgebiet seit 4.8.) schanzenden zwei sl Divisionen zu entwaffnen und gefangen zu nehmen ("Kartoffelernte mit Beute" und "Schwarzwald"). Die am 31.8. begonnene Aktion stieß kaum auf Gegenwehr (Malár war in Preßburg, der Aufstand hatte inzwischen begonnen) und war nach 5 Tagen abgeschlossen. Damit war eine weitere Säule des Aufstandes eingestürzt.

Auf dem Höhepunkt der hektischen Krise kam es am 29.8. durch den Vorstoß in Berlin von Karl H. Frank, der ein Übergreifen auf Böhmen und Mähren befürchtete, zum Eingreifen rasch zusammengewürfelter d Einheiten, die - in Unkenntnis des bevorstehenden Aufstandes - eine Strafexpedition gegen Turz-St-Martin durchführen und Rosenberg zurückerobern sollten, wo sich die einzige Großlafettenfertigung befand (dort lagerten ca. 900 Stück). Ludin bat Tiso um die rechtliche Erlaubnis für den Einmarsch d Truppen. Beide waren über die tatsächliche Lage nicht orientiert, aber hätte Tiso anders gehandelt, wenn ihm das Vorhaben Golians bekannt gewesen wäre? Die als Vergeltung vorgesehene Bombardierung von drei sl Städten konnte Tiso verhindern und die 200 zu erschießenden Geiseln auf 48 vermindern.

Auch Golian mußte handeln, das vereinbarte Stichwort durchgeben und den Aufstand in seiner ungünstigsten Variante auslösen (keine Überraschung, keine Koordination mit der UdSSR, Entwaffnung der ca. 25.000 Mann der zwei o-slowakischen Divisionen, von denen sich nur wenige nach dem W durchschlugen). Dazu kam viel persönliches Versagen: Čatloš, im Präsidentenpalais festgehalten, mußte den Einmarsch bekannt geben und die Armee auffordern, keinen Widerstand zu leisten. Er konnte zwar fliehen, ohne der Preßburger Garnison Befehle zu geben, begab er sich nach Neusohl, dem Zentrum des Aufstandes, wo ihn aber die Verschwörer als "Quisling" nicht annahmen. Der nach Preßburg bestellte Malár hielt eine irritierende Rundfunkansprache, er sprach von einer "vorzeitigen" Aktion, und in die O-Slowakei zurückgekehrt, geriet er in die "Kartoffelernte" und wurde sofort auf dem Flugplatz verhaftet.

Um die Motivation der Soldaten zu erhöhen, verbreiteten die Aufständischen, daß Tiso von den D ermordet worden wäre. Tatsächlich wollten das die Aufständischen tun. Ihre drei Beauftragten kamen aber nicht in seine Nähe. Einige für die Unkenntnis der Lage und das Durcheinander der ersten Tagen charakteristische Ereignisse: Züge fuhren auf der Waagtalstrecke ungehindert bis zum 1.9., von Preßburg in Richtung Neusohl bis zum 4.9. Am 31.8. hatte Karmasin mit einer motorisierten Gruppe versucht, Waffen in das Hauerland zu bringen, wurde aber unmittelbar ö von Goldmorawitz in einen Kampf mit einer von Altsohl nach SW rekognoszierenden Einheit der ehemaligen Garnison Pystian verwickelt, wobei, hart bedrängt, mehrere der Gruppe ums Leben kamen (u.a. der Führer der FS Ferdinand Klug) und das Material verlorenging.

Die ersten Kampfhandlungen waren eine große Enttäuschung für Golian. D Einheiten zogen in Sillein ein, andere entsetzten Kesmark, und in Preßburg wurde die starke Garnison entwaffnet, so daß bis zum 6.9.1944 noch Tyrnau, Neutra, Trentschin, Vrútky, Liptau-St-Nikolaus, Rosenberg und die Zips nach leichten Kämpfen besetzt wurden. Nur um den Waagdurchbruch bei Strečno, den aus Ungarn eingeschleuste, entflohene französische Kriegsgefangene verteidigten, gab es schwere Kämpfe. Dann konsolidierte sich die Lage, und ein schnelles Ende der "Strafexpedition" schien immer unwahrscheinlicher, so daß für den nach einer Woche nicht mehr vom Erfolg begünstigten Schreibtischgeneral SS-Obergruppenführer Gottlob Berger der General der Polizei Hermann Höfle das Kommando übernahm, während in das Aufstandsgebiet General Rudolf Viest eingeflogen wurde. Erst am 28.10. konnte die Kampfgruppe "Schill" das von den Aufständischen geräumte Neusohl besetzen.

1.50 DIE BILANZ DES SNP

Die langen, teilweise harten und verlustreichen Kämpfe, bei denen in dem schwierigen Gebirgsgelände von d Seite einige grobe Fehler gemacht wurden, waren fast ausschließlich mit leichten und mittelschweren Waffen ausgetragen worden. Die Luftüberlegenheit konnten die Aufständischen, soweit genügend Benzin vorhanden war, durch das zu spät aus der UdSSR eingeflogene I. Tschechoslowakische Jagdfliegergeschwader erreichen.

Viest und Golian standen in wechselnder Stärke ca. 20.000-30.000 Mann zur Verfügung, für weitere 10.000 fehlten die Waffen. Eine bescheidene Verstärkung bildete die ebenfalls zu spät und ohne schwere Waffen eingeflogene II. Tschechoslowakische Luftlandebrigade. Die ca. 7.000 Partisanen waren, sich als Staat im Staate gebärdend, die große Enttäuschung. Sie versagten mit ganz wenigen Ausnahmen und waren der "größte Feind des SNP". Ca. 4.500 sl Soldaten waren gefallen, ca. 1.000 waren übergelaufen und ca. 15.000 (ohne "Kartoffelernte") gerieten in Gefangenschaft. Viele schlugen sich nach Hause durch, andere gingen zu den Partisanen in die Berge und verübten Überfälle auf d Truppen, so daß die Verkehrswege unsicher blieben.

Absichtlich gering war die Hilfe der UdSSR, die das SNP (wie den Warschauer Aufstand) ausbluten lassen wollte, da an der Befreiung der Slowakei keine Bürgerlichen Anteil haben sollten. Den Amerikanern und Briten wurde die Hilfe verwehrt, so daß von ihnen nur 16 t kamen, von der UdSSR 639 t (davon 300 t der Luftlandebrigade). Im Vergleich zu anderen Luftversorgungen des 2. Weltkrieges eine lächerliche Größenordnung (Bedarf ca. 2.200 t/Monat). Viel zu spät entschied sich Stalin (2.9.), die Duklapaßoperation doch noch zu beginnen. Er mußte doch gewußt haben, daß es die zwei o-slowakischen Divisionen nicht mehr gab. Vertraute er auf Planungen, nach denen vom Beginn der Offensive (8.9.) nur 1 Woche veranschlagt war, um Eperies zu erreichen? Nach 7 Tagen waren in diesem beispiellosen harten Ringen nicht einmal 20% der Distanz geschafft, und Eperies wurde erst am 19.1.1945 besetzt, nachdem die ungarische Tiefebene schon längst von S erreicht war.

Eine starke Verdunkelung erfuhr das SNP durch die barbarischen, unmenschlichen Verbrechen, die fast alle von Partisanen, vorwiegend an der d Bevölkerung der Mittel- und N-Slowakei, begangen wurden (ca. 2.000 Ermordete). Neben vielen Einzelfällen kam es zu einigen Massenmorden, die - nicht zentral gesteuert - von der Laune der betreffenden Partisanenführer abhingen (die niemand bestraft hat): 28.8./1.9.1944 Rosenberg, in Podsuchá und Biely Potok 168 Personen (darunter einige Frauen, verwendet wurde Dum-Dum-Munition), 1.-2.9.1944 Neusohl, in Horná Mičiná 82 Personen (viele Sl), 5.(6.?)9.1944 Deutschliptsch 32 Personen, 21.9.1944 Glaserhau, ö des Ortes 189 männliche EW von 15-59 Jahren, 26./27.9.1944 Bahnhof Schemnitz 83 EW der Orte Hochwies und Paulisch, 27.10.1944 Magurka, w des Ortes 69 Männer aus Kuneschhau. An den Standorten der Partisanenführer gab es laufend "Hinrichtungen" (zBsp wurden in Sklabiňa 150 Personen ermordet). Manche der Verbrechen sind der hysterischen Angst, die d EW könnten sich bewaffnen, entsprungen, obzwar diese überhaupt keine tauglichen Waffen besaßen (ein FS-Sturm in der N-Slowakei besaß zwei Luftgewehre!). Waren einige dieser Untaten schnell bekannt geworden, so wurden Morde an Sl fast immer vertuscht, die ebenfalls die Zahl 2.000 erreichen dürfte. Nur ein Fall (17.9.1944 Sliač) wurde bestraft. Aber auch einige Magyaren, u.a. ca. 150 Soldaten und Ukrainer wurden ermordet. In diesem Meer des Hasses gab es auch Menschlichkeit, die sich unter Bedrohung des eigenen Lebens (u.a. ließ man selbst aus Marschkolonnen Jugendliche entfliehen) äußerte.

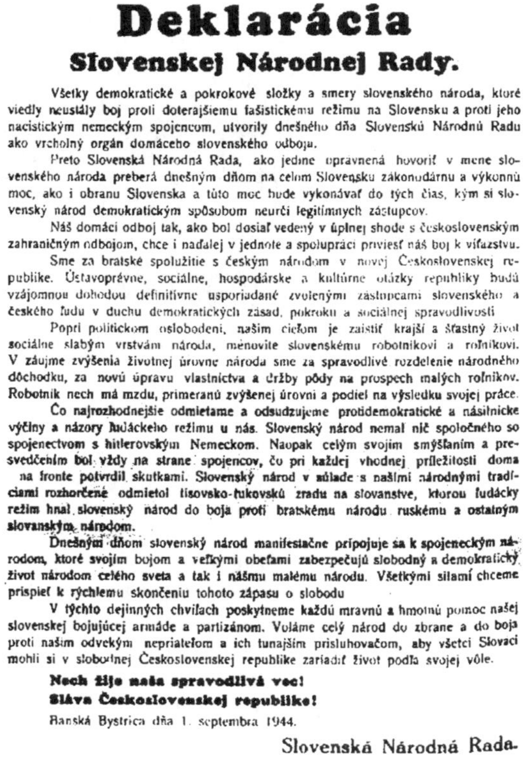

Deklarácia

Slovenskej Národnej Rady.

Všetky demokratické a pokrokové složky a smery slovenského národa, ktoré viedly neustály boj proti doterajšiemu fašistickému režimu na Slovensku a proti jeho nacistickým nemeckým spojencom, utvorily dnešného dňa Slovenskú Národnú Radu ako vrcholný orgán domáceho slovenského odboja.

Preto Slovenská Národná Rada, ako jedine oprávnená hovoriť v mene slovenského národa preberá dnešným dňom na celom Slovensku zákonodárnu a výkonnú moc, ako i obranu Slovenska a túto moc bude vykonávať do tých čias, kým si slovenský národ demokratickým spôsobom neurčí legitímnych zástupcov.

Náš domáci odboj tak, ako bol dosiaľ vedený v úplnej shode s československým zahraničným odbojom, chce i naďalej v jednote a spolupráci priviesť náš boj k víťazstvu.

Sme za bratské spolužitie s českým národom v novej Československej republike. Ústavoprávne, sociálne, hospodárske a kultúrne otázky republiky budú vzájomnou dohodou definitívne usporiadané zvolenými zástupcami slovenského a českého ľudu v duchu demokratických zásad, pokroku a sociálnej spravodlivosti

Popri politickom oslobodení, našim cieľom je zaistiť krajší a šťastný život sociálne slabým vrstvám národa, menovite slovenskému robotnikovi a roľnikovi. V záujme zvýšenia životnej úrovne národa sme za spravodlivé rozdelenie národného dôchodku, za novú úpravu vlastníctva a držby pôdy na prospech malých roľnikov. Robotník nech má mzdu, primeranú zvýšenej úrovni a podiel na výsledku svojej práce.

Čo najrozhodnejšie odmietame a odsudzujeme protidemokratické a násilnícke výčiny a názory ľudáckeho režimu u nás. Slovenský národ nemal nič spoločného so spojenectvom s hitlerovským Nemeckom. Naopak celým svojim smýšľaním a presvedčením bol vždy na strane spojencov, čo pri každej vhodnej príležitosti doma na fronte potvrdil skutkami. Slovenský národ v súlade s našimi národnými tradíciami rozhorčene odmietol tisovsko-tukovskú zradu na slovanstve, ktorou ľudácky režim hnal slovenský národ do boja proti bratskému národu ruskému a ostatným slovanským národom.

Dnešným dňom slovenský národ manifestačne pripojuje sa k spojeneckým národom, ktoré svojim bojom a veľkými obeťami zabezpečujú slobodný a demokratický život národom celého sveta a tak i nášmu malému národu. Všetkými silami chceme prispieť k rýchlemu skončeniu tohoto zápasu o slobodu

V týchto dejinných chvíľach poskytneme každú mravnú a hmotnú pomoc našej slovenskej bojujúcej armáde a partizánom. Voláme celý národ do zbrane a do boja proti našim odvekým nepriateľom a ich tunajším prisluhovačom, aby všetci Slováci mohli si v slobodnej Československej republike zariadiť život podľa svojej vôle.

Nech žije naša spravodlivá vec!

Sláva Československej republike!

Banská Bystrica dňa 1. septembra 1944.

Slovenská Národná Rada.

Deklaration des SNR über die Erneuerung der ČSR vom 1.9.1944

Nachdem die d Kampfeinheiten die Slowakei verlassen hatten, führten Einsatzgruppen des SD (u.a. "Edelweiß" mit vielen weißrussischen Gardisten und Wlassow-Leuten) und Bereitschaftsabteilungen der HG die "Jagd" nach Partisanen, Kollaborateuren, unzuverlässigen Elementen. Ca. 3.000 wurden ermordet, andere kamen in Konzentrationslager, wo auch die alliierten Verbindungsoffiziere endeten. Viele wurden Opfer persönlicher Abrechnungen und der Rachsucht an den vorhergehenden Verantwortlichen. In zahlreichen Dörfern wurden Brände gelegt.

1.51 DIE KARPATENDEUTSCHEN UND DIE DP IM 2. WELTKRIEG

Nachdem die Verfassung großzügige Bestimmungen über die Rechte der Minderheiten enthielt, die für die D scheinbar das Ende des Kampfes um die Erhaltung der Identität und die Lösung aller nationalen (und wirtschaftlichen) Probleme versprachen, war es für die DP leicht, einen großen Teil der D für sich

Preßburg: Ankerpalais, ehemaliger Sitz der DP

zu gewinnen. Während der großen Masse das Symbol, unter dem die scheinbare Freiheit angebrochen war, gleichgültig blieb (es hätte auch ein anderes sein können!), setzte die DP alles daran, um aus ihren Mitgliedern eine dem Motto "Du bist nichts, dein Volk ist alles" entsprechende, manipulierbare Masse für die Ziele des nationalsozialistischen Deutschen Reiches zu schaffen. Gesetze über den in der Verfassung verankerten Nationalitätenkataster und zum Verbot der Entnationalisierung wurden nicht erlassen, so daß beide Seiten eine gegeneinander gerichtete "Wiedergewinnung verlorenen, schlafenden Volkstums" betrieben, obzwar die Auslegung, ein Deutscher ist derjenige, der sich 1930 als solcher hatte zählen lassen (Bescheinigungen stellte die DP, aber auch die Gemeindeämter aus) gültig blieb. Rechtlich war eine Zwangsmitgliedschaft nach dem Motto "Deutscher ist nur der, der Mitglied der DP ist", erweitert durch die simple Gleichung "Deutscher = Mitglied der DP = Nationalsozialist" nicht durchzusetzen (Ausnahme: Wehrerziehung, zu ihr konnten "gemeinschaftsunwillige Elemente" herangezogen werden). Da die DP niemanden zur Rechenschaft ziehen konnte (dafür waren allein die sl Gerichte zuständig), war ein Leben ohne die DP möglich (Ausnahmen: D Lehrer, die nicht Mitglied der DP werden wollten, wurden an sl Schulen versetzt, zum Studium an einer Hochschule im Deutschen Reich waren ein Gutachten und die Mitgliedschaft im 1942 gegründeten Deutschen Studentenbund notwendig).

Neben zahlreichen Mitläufern und Opportunisten gab es Distanzierte und Oppositionelle, gegen die (mit wechselnden Zielgruppen) in der Presse und in Ansprachen eine wüste Polemik, die immer stärker einen bösen Unterton annahm, betrieben wurde. Da gab es die Kommunisten, die besonders während des SNP aktiv in Erscheinung traten (d Partisanengruppen), die anderen politischen Gegner (einige betätigten sich aktiv im Ausland), dann diejenigen, die aus weltanschaulichen und religiösen Gründen Distanz wahrten und denen der mit einem Sendungsbewußtsein und einem Größenwahn sondergleichen vorgetragene Anspruch des Herausgehobenseins zuwider war, schließlich jene in der DP selbst, die gegen den undemokratischen Führungsstil opponierten. Dann jene, die glaubten, bessere Nationalsozialisten zu sein und alles besser machen wollten als Karmasin und schließlich manche, die ihn wegen seiner charakterlichen Schwächen ablehnten. Dazu kamen noch jene, die sich nicht mit der aufgeblähten Führungsbürokratie und der Slowakeifremdheit zahlreicher, aus dem Sudetenland stammender Funktionäre (nur vier von 15 Personen der Spitze, waren Karpatendeutsche!), die keine oder außerhalb der Mauern Preßburgs nur geringe Vorstellungen von der Vielschichtigkeit der d Siedlungsgebiete hatten, welche alle "über einen Kamm geschoren" werden sollten, anfreunden konnten.

Vieles, auch seine Enttäuschungen, zu denen die nicht hoch eingeschätzte Linientreue der DP (u.a. durften d Zeitungen der Slowakei im Reich nicht verkauft werden!)

Preis 1 Ks
10 Seiten
Grenzbote
Deutsches Tagblatt für die Karpathenländer
Preßburg, Freitag, 1. September 1939
69. Jahrgang
Folge 235

Die einzige d Tageszeitung der Slowakei nach 1939

und die Nichterfüllung seines Wunsches ein "Deutsches Ministerium" aus der "Hand des Führers" zu bekommen, gehörte, versuchte Karmasin mit immer neuen Anstrengungen zu überspielen. Diese betrafen nicht nur die von Berlin diktierte Aufrechterhaltung von "Ruhe und Ordnung", mit der die letzte Faser der D für die Kriegswirtschaft ausgenutzt werden sollte, sondern dienten auch seinem Ziel, "seine Karpatendeutschen" als "Muster" für die anderen "Volksgruppen im Südosten" vorzuführen. Das geschah im Wetteifer mit anderen übereifrigen Volksgruppenführern zum Schaden der Karpatendeutschen. Eine moderatere Gangart, die es unter seinen Kollegen auch gab, wäre den Interessen der D viel dienlicher gewesen.

Tyrnau: Evangelische Kirche

In der Wehrdienstfrage hätte er gerne eine Ausdünnung der FS (keine Menschenfreundlichkeit) vermieden, mußte aber alles unternehmen, um die Karpatendeutschen in die Waffen-SS einzureihen, wo sie bis zum 7.6.1944 (Abschluß des zwischenstaatlichen Vertrages) freiwillig (wurde oft unterschlagen) und vom Staat geduldet dienten, zusammen ca. 8.500 Mann. Dazu kam der 1944 gegründete Heimatschutz mit ca. 8.100 Mann, die 1945 in Waffen-SS-Einheiten eingereiht wurden.

Zwiespältig war das Verhältnis der DP zu den Kirchen, öffentlich korrekt (schließlich brauchte man die tiefgläubigen Karpatendeutschen!), aber mit den "unnützen Bindungen" wollte die DP nach dem Krieg "fertig werden". Wenn auch einzelne evang Pfarrer politische Bekenntnisse abgaben (wo gab und wo gibt es diese nicht?), blieb doch Jesus Christus der Zentralpunkt der Verkündigung. Ein Verbrechen war die "Säuberung der Volksgruppe" (1943) bei der ca. 700 "Assoziale" und "geistig Minderwertige" in das Deutsche Reich gebracht wurden, mit weitgehend ungeklärtem Schicksal.

Zu den verfehlten bzw. nicht verwirklichten Maßnahmen zählen: Der Versuch, das Gesundheitswesen aus dem Innenministerium herauszulösen, der Flaksoldateneinsatz, der Arbeitsdienst (teilweise an Samstagnachmittagen abgeleistet, wurde er vielfach zu einer nutzlosen Beschäftigungstherapie), Aufforderung an Junggesellen, zu heiraten, die Sonntagsarbeit (und das in einem kath Land!), schließlich die Umwandlung der Konfessionsschulen in Schulen der politischen Gemeinden (die nur dort den Zweck erfüllte, die notwendige d Kinderzahl zu erreichen, wo mehrere Schulen im Ort waren). Sehr gute Erfolge brachten Maßnahmen, die weitgehend ideologiefrei abliefen: Die Volkswohlfahrt, die Arbeitsplatzablöse (eine Hilfe für berufstätige Frauen), das Genossenschaftswesen (dort waren auch zahlreiche SI Mitglieder) und Gemeinschaftsleistungen (Stadionbau in Preßburg, Einrichtung von 7 Genesungsheimen und Frauenkliniken, sozialer Wohnungsbau, Wiederaufbau der abgebrannten Gemeinde Meierhöfen etc.).

1.52 DIE JUDEN IN DER SLOWAKEI

Auch in der kath bestimmten Slowakei konnten die Juden, begleitet von der Hetze der radikalen Presse und dem schon lange vorhandenen Antisemitismus, nicht ihrem Schicksal entgehen. Auf illegale, konzeptionslose und fehlgeschlagene Maßnahmen 4./5.11.1938 (Versetzung in Gebiete, die sicher an Ungarn fallen würden, Abtransport nach Ungarn in Autos von Privatleuten) sollte der in manchen Branchen

(Ärzte, Anwälte, Holzwirtschaft, Textilhandel) bis zu 44% reichende Anteil "evolutionär", ohne Schäden und ohne Übernahme der freiwerdenden Positionen durch D, bis auf einen Bevölkerungsanteil von 4% heruntergedrückt werden.

Zuerst (18.4.1939) wurde der Begriff "Jude" noch auf religiöser, nicht auf rassischer Basis definiert und Übertritte zum Christentum akzeptiert. Dann begann die schrittweise Entrechtung, und mit dem Arisierungsgesetz (1.6.1940) wurde in die Besitzverhältnisse eingegriffen ("freiwilliger" Verkauf oder Aufnahme eines nichtjüdischen Partners mit mindesten 51% Anteilen), wobei der Mangel an geeigneten "Arisatoren" zu vielen belächelten Auswüchsen führte. Wohnverbote in nach Hlinka oder Hitler benannten Straßen folgten, und die Verdrängten wurden in Arbeitslager eingewiesen. Der Druck Berlins (Besuche von Karl Eichmann, Hans Globke, Dieter Wisliceny) führte zum "Judenkodex" (fußte auf den Nürnberger Gesetzen, gab dem Staatspräsidenten aber das Recht auf Befreiungen). Die Proteste der Bischöfe und des Vatikans verhallten ungehört.

Liptau-St-Nikolaus: Katholische Kirche

Als die Slowakei 1942 nicht in der Lage war die von Berlin geforderten Arbeitskräfte zu garantieren, wurden als Ersatz 20.000 Juden angeboten. Die Regierung und der Staatsrat gingen noch weiter und beschlossen (3./6.3.1942) bei Zusicherung der Ansiedlung die Abgabe aller Juden unter Zahlung von RM 500/Kopf als Ansiedlungshilfe. Ohne gesetzliche Grundlage wurden die Transporte abgewickelt und arglos angenommen, daß die Ansiedlung auch durchgeführt würde. Erst am 15.5.1942 wurde das Gesetz verabschiedet (Graf Eszterházy stimmte dagegen, Prälat Ján Ferenčík, Domherr Eugen Filkorn und Pavol Čarnogurský blieben der Abstimmung fern) und bis Ende Oktober ca. 58.000 Juden deportiert, ca. 12.000 konnten sich verstecken, ca. 20.000 waren getauft, unabkömmlich beschäftigt und in Arbeitslagern, ca. 1000 hatten Schutzbriefe.

Über die kath Kirche wurde bekannt (die Nachricht soll sich schon Ende März in den Händen Machs befunden haben!), daß die Juden umgebracht würden. Daraufhin wurden weitere Transporte verboten, obzwar die Radikalen Vorbereitungen für die Fortführung machten und die Presse gegen die "Ausnahmejuden" hetzte. Nach dem Zusammenbruch des SNP lebten die Transporte noch einmal unter der Regie des SD auf, der ohne Rücksicht auf Vergünstigungen alle Juden, die er finden konnte, ca. 12.000 Personen, deportierte. Von der vereinbarten Ansiedlungshilfe war vor dem "Wegfall der Geschäftsgrundlage" nur 1/3 gezahlt worden.

1.53 AGONIE UND ENDE

Die Regierung vom 5.9.1944, Ministerpräsident Štefan Tiso (Vetter des Präsidenten) zusätzlich Justiz und Äußeres, Tuka erlitt im Sommer einen Schlaganfall, hatte nur noch drei frühere, durch den SNP nicht belastete Minister: Mach, Medrický, Pružinský. Neu waren: Aladár Kočiš (Schulen), Ľudovít Led-

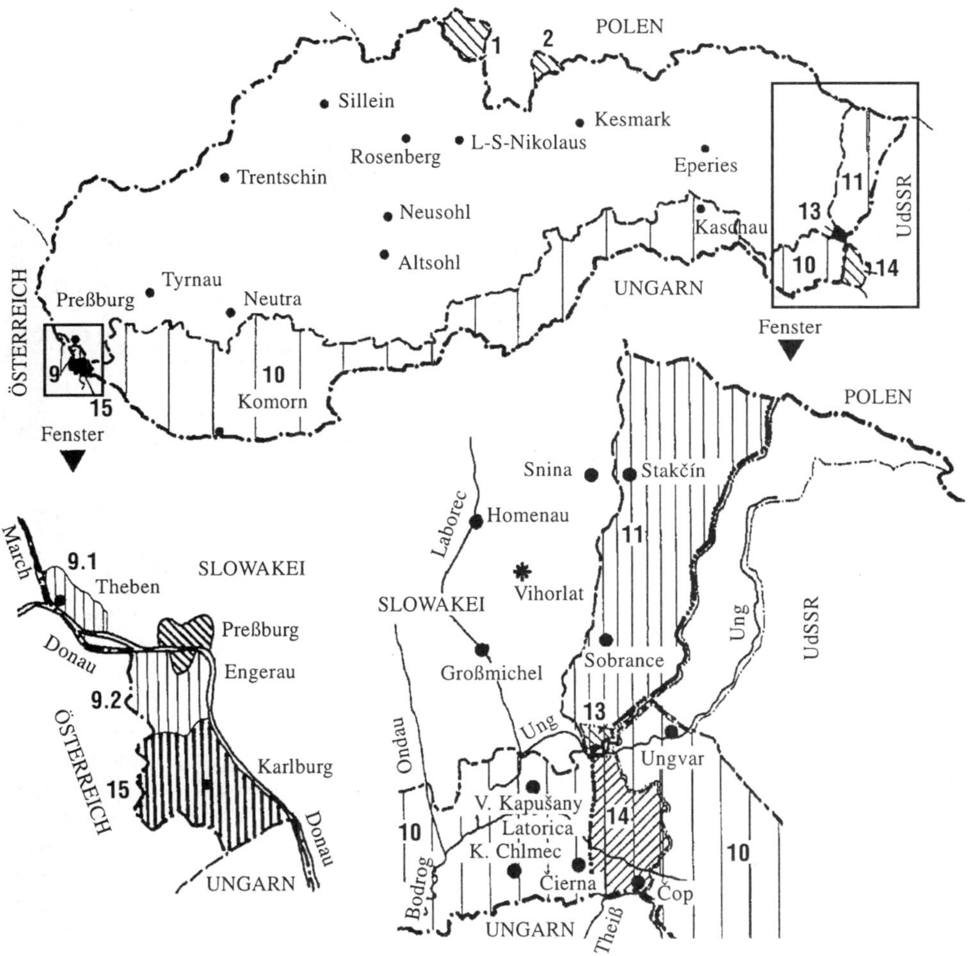

Zurückgegliederte Gebiete:
9, 10 und 11 (mit Ausnahme von 14)

Abgegebene Gebiete:
1 und 2 wieder an Polen
14 an die UdSSR

Neu erworbene Gebiete: 13, 15

10 2.11. 1938 an Ungarn
11 23.3. 1939 an Ungarn
13 nach dem 2. Weltkrieg an die Tschechoslowakei
14 nach dem 2. Weltkrieg an die UdSSR

Grenze der Tschechoslowakei bis 1938/39

provisorische Verwaltungsgrenze zwischen der Slowakei und der Karpatenukraine nach dem 1. Weltkrieg bis 1930

Ländergrenze zwischen der Slowakei und der Karpatenukraine ab 1930

Grenze zwischen der Slowakei und Ungarn 1938/39 bis 1945

Ostgrenze der Tschechoslowakei nach dem 2. Weltkrieg

Die Grenzen nach dem 2. Weltkrieg

nár (Verkehr, öffentliche Arbeiten), Štefan Haššík (Verteidigung), Otomar Kubala (Chef der HG und verschiedener Abt. des Inneren bzw. der Verteidigung). Sie war nur noch ein Vollzugsorgan der d Behörden, zumal die Schäden und die nach W fortschreitende Front zu großen Behinderungen führte. Nachdem die Ausrüstung der Armee unter Protest als "Kriegsbeute" vereinnahmt worden war, wurde die reorganisierte Armee (ca. 30.000 Mann, ca. 50.000 folgten dem Gestellungsbefehl nicht) nur zu Befestigungsarbeiten eingesetzt. Deren Kosten und die der d Truppen in der Slowakei mußte der Staat tragen.

Kaschau: Nikolaus-Gefängnis

Immer neue Pläne für die "vorübergehende Evakuierung der Karpatendeutschen" kosteten wertvolle Zeit, und die etwas absonderliche "Ansetzung der Deutschen" in der Marchebene lehnte Tiso ab, da er den Sl nicht die schlechteren Böden der Mittel- und N-Slowakei zumuten wollte. Die Zipser verdanken viel der Initiative Adalbert Wanhoffs und den Vorbereitungen des Bischöflichen Amtes der d evang Kirche. Die Unter- und die Oberzips wurden von Mitte Nov 1944 bis zum 21.1.1945 geräumt. Dann kam es zu einer ca. 4-wöchigen Stabilisierung der Front quer durch die Slowakei (Liptauer Alpen bis zur Granmündung): Am 2.3.1945 konnten sowjetische Truppen Lipt-St-Nikolaus erobern, mußten es aber am 12.3. räumen und konnten es erst nach Wiederaufnahme des Bewegungskrieges am 4.4. endgültig gewinnen. Die Stadt war mit der 10-tägigen Sowjetherrschaft zu einem Anschauungsobjekt geworden, das viele hochgestellte Persönlichkeiten besuchten. Die D des Hauerlandes verließen Ende März ihre Orte, und die D Preßburgs wurden nach langen Verzögerungen im Januar und Februar evakuiert und zwar mit viel Begleitpropaganda Karmasins, der mit seinen Getreuen noch am 25.3.1945 im Hof der Burgruine ein feierliches Gelöbnis auf Hitler ablegte, das niemand von ihm verlangt und überhaupt keinen Wert hatte! Ca. 21.000 D blieben in der Slowakei zurück. Am 4.4. 1945 wurde Preßburg erobert und am 30.4. Sillein besetzt, nachdem sich die Regierung nach Kremsmünster abgesetzt hatte.

Vieles war in diesem Staat mit seinem faschistischen Anstrich und seinem klerikalen Gehabe möglich. Da wurde keine Todesstrafe verhängt und von denjenigen, die nach geltendem Recht als Hochverräter einzustufen waren, wurden nur jene verurteilt, die im Exil waren. Die kleinen politischen Gegner wanderten ins Gefängnis, die großen verkehrten mit den Größen des Regimes freundschaftlich, spielten mit ihnen Karten und feierten Feste. Regisseure konnten sich erlauben, in ihren Inszenierungen Spitzen gegen den Staat anzubringen (u.a. "Wilhelm Tell"). Unvereinbar blieben aber wieder einmal christlicher Glaube und nationalistisches und faschistisches Gedankengut, Kirche und Politik - so oft es auch versucht wurde. Tisos Ausspruch "...dem Bösen muß man stets mit allen Mitteln wehren", und man darf vor dem Bösen nur dann zurückweichen, "wenn der Nation ein größeres Übel drohe", wurde vom Vatikan korrigiert: "...es gibt nämlich Gesetze, die trotz größter Liebe zum Vaterland unbedingt einzuhalten sind. Höher als die Liebe zum Vaterland stehen die von Gott dem Einzelnen verliehenen Rechte und das Gebot der christlichen Liebe". Am Zögern des Vatikans, bedingt auch durch die sich wandelnde Kriegssituation und den "nicht stabilen Grenzen" für die Begründung einer Kirchenprovinz, scheiterte auch der Abschluß eines Konkordates, dem Berlin, nach langem Hin und Her schließlich zugestimmt hatte.

1.54 DER WEG VOM HAKENKREUZ UND DOPPELKREUZ ZU HAMMER UND SICHEL

Anfang April 1945 kamen Beneš mit seiner Mannschaft von London über Moskau sowie die tschechischen und sl Kommunisten von Moskau nach Kaschau. Die am 4.4. ernannte Regierung der neuen ČSR (mehr als 25 Minister, davon nur vier Sl!) war schon vor ihrem Amtsantritt um ein Land ärmer. Um die Karpatoukraine, die sich die UdSSR auf "Wunsch der Bevölkerung" einverleibte. Im Bereich der Slowakei kam es auf der Basis von 1937 nur zu einigen geringfügigen Änderungen; bei Preßburg ein kleiner Zuwachs auf Kosten Ungarns, im O kleine Korrekturen gegenüber dem neuen Nachbarn, der UdSSR. Das "Kaschauer Programm" bildete mit der Gründung der "Nationalen Front " (Klub der zugelassenen Parteien) die Basis für die spätere Machtübernahme der Kommunisten.

Von Prag aus begann das rücksichtslose Aufräumen: Nationalisierung der Industrie, der Banken und Versicherungen, Bodenreform, Nationalausschüsse an Stelle der Gemeindeverwaltungen, Arbeitspflicht, Strafverfolgung der Kollaborateure und Feinde des Staates, Enteignung und Aberkennung der Staatsbürgerschaft der D und Ma sowie Vorbereitung zu deren Vertreibung. Obzwar hier sehr bald Differenzierungen auftraten. Denn die nach Böhmen und Mähren wie die D, zwangsverpflichteten Ma flohen bereits 6-8 Wochen nach der Deportation wieder nach Hause und tauchten unter. Der Staatsvertrag (27.2.1946) sah dann einen Bevölkerungsaustausch vor, und nach einer weiteren Zwangsverpflichtung in Böhmen (ohne Schulbesuch der Kinder!) wurden ca. 89.000 Ma zwangsweise nach Ungarn und ca. 70.000 Sl freiwillig in die Sl umgesiedelt. Dagegen wurden die Karpatendeutschen, soweit sie noch im Land waren, ca. 32.000, vor allem in die amerikanische Zone Deutschlands vertrieben, während ca. 20.000 infolge besonderer Umstände in der Slowakei blieben. In den Sammellagern der D, vor allem in Nováky, gab es schreckliche Verhältnisse, die erst durch das Rote Kreuz eine Milderung erfuhren. Viele Tote waren zu beklagen, und auch Ma wurden in einem Fall (ca. 100 Personen) ermordet.

Die Gleichberechtigung der Sl blieb ohne echte Selbstverwaltung auf dem Papier. Die zentralistisch eingestellten Kommunisten gewannen schrittweise überproportional an Einfluß, trotzdem sie bei den ersten und letzten freien Wahlen nur ca. 30%, die sl Demokraten dagegen ca. 60% der Stimmen erringen konnten. Die Prozesse gegen "faschistische Okkupanten", "Hochverräter", "Verräter am SNP", "Kollaborateure", "aktive Mitläufer des Regimes" etc., führten zu fast 28.000 Anklagen, 11.800 Urteilen, darunter ca. 8.000 mit unterschiedlich hohen Strafen: Tiso wurde in einem subjektiven Prozeß mit der Todesstrafe belegt, die weder Beneš noch die Regierung mildern wollten. Ludin, General Höfle, Tuka, Kubala, Siegmund Keil und Pfr. Steinhübl wurden ebenfalls zum Tode verurteilt und nur der letzte begnadigt. Gegen Karmasin, F. Ďurčanský, Haššík und Graf Eszterházy wurde in Abwesenheit die Todesstrafe verhängt, der letzte begnadigt.

Das naive, dilettantische Vorgehen von Beneš und der demokratischen Parteien sowie die begünstigende Nichteinmischung der Armee unter General Ludvík Svoboda führte Ende Februar 1948 zur Machtübernahme der Kommunisten und im Juni zum zweiten, unrühmlichen Rücktritt von Beneš.

Preßburg: Geburtshaus von J.N. Hummel

1.55 "DEFORMATION DES SOZIALISMUS", "PRAGER FRÜHLING", "NORMALISIERUNG"

Die Verfassung vom 9.5.1948 beschnitt die sl Rechte weiter und leitete den Umbau des Staates zu einem sozialistischen Gebilde ein. Die neue Verwaltungsgliederung (1.1.1949) schuf die Länder zu Gunsten der "kraje" (=Landschaften) ab, in der Slowakei waren es sechs. Große Schwierigkeiten bereitete die Einführung der landwirtschaftlichen Genossenschaften (JRD), die nur mit dem systematischen Ruin der unwilligen Bauern möglich wurde (Slowakei: 40.000 Mitglieder 1950, bereits 330.000 im Jahr 1975). 1949 wurde die ČSR zum gründenden Mitglied des Rates für gegenseitige Wirtschaftshilfe (RVHP, auch RGW, im Westen: COMMECON). Am 28.4.1950 wurde die relativ große griech-kath Kirche aufgelöst und in die orthod Kirche "überführt", was 1968 wegen Erfolglosigkeit (die Gläubigen gingen zum größten Teil in die Illegalität) rückgängig gemacht wurde, allerdings ohne Rückgabe der Kirchen (teilweise erst nach der "Wende"). 1952/53 sank der Lebensstandard drastisch, die Zeit der "grauen Mäuse" war angebrochen, die optisch unübersehbar war. 1953 wurde vom Staatspräsidenten Antonín Zápotocký der Kriegszustand gegenüber der DDR für beendet erklärt und ein vorerst distanziertes Verhältnis eingeleitet.

Die panische, vom schlechten Gewissen getriebene, in Hysterie ausartende Angst, die Macht wieder zu verlieren, führte zu einer Flut von Schauprozessen gegen alle möglichen Gruppen - auch gegen Kommunisten und Teilnehmer am SNP. Ca. 100.000 Personen wurden zu Unrecht belangt, 200 Todesurteile vollstreckt.

Karol Bacílek setzte sich für die Ausmerzung des "letzten sl Separatismus" ein, so daß das SNR-Gesetz (1956) nur "Augenauswischerei" war, während die Verfassung (11.7.1960) die ČSSR schuf, in der die Selbstverwaltung weitgehend aufgelöst wurde (Verminderung der 6 Landschaften auf drei und Abschaffung des schon ausgehöhlten Begriffes Landeshauptstadt Preßburg).

Mit der sehr zögernd einsetzenden Entstalinisierung war nach der "Deformation" mit ihren Auswüchsen die Zeit reif für vorsichtige Reformen. 1963 wurde in Preßburg Bacílek durch Alexander Dubček ersetzt und die Verurteilten rehabilitiert, bis schließlich Dubček 1968 auch zum obersten Parteichef der ČSSR bestellt wurde. Mit dem Programm vom 5.4.1968 begann die Zeit des "Sozialismus mit menschlichem Antlitz", der "Prager Frühling". Die Reformpolitiker sprachen eine ehrliche Sprache, sie belebten die demokratischen Grundrechte neu, und sie führten die Meinungsfreiheit ein. Selbstverständliche Dinge, die aber nach der Zwangs- und Willkürherrschaft zu einem mit elementarer Wucht vorwärts stürmenden Aufbruch der Sehnsucht nach Freiheit und Gerechtigkeit anschwollen. Diese Flut konnten die Reformer nicht kanalisieren, so daß die UdSSR, in der Sorge um den Bestand des Sozialismus, nach Konsultationen (23.3. Dresden, 8.5. Moskau, 29.7. Čierna nad Tisou, 3.8. Preßburg) Gewalt anwandte. Nach einem angeblichen "Hilferuf" und tatsächlichen "flankierenden Maßnahmen" der Moskautreuen (Vasil Biľak,

Zipser Neudorf: Theater

Alois Indra) kam es zur Besetzung der ČSSR durch die UdSSR, DDR, Ungarn und Bulgarien (20./ 21.8.1968).

Die schnell abbröckelnde Solidarität gegenüber dem kaum agierenden Dubček brachte ihn und Jozef Smrkovský rasch in die Isolation, zumal die "Realisten" unter den Reformern Husák an die Parteispitze brachten (17.4.1969). Er wurde zum Totengräber der Freiheit sowie zum Exponenten der "Normalisierung", und die "vorläufig" in die ČSSR eingerückten ca. 65.000 UdSSR-Soldaten blieben bis 1989! Begleitet von phantastische Dimensionen annehmenden "Reinigungen" (ca. 250.000 Personen!) führten "Zuckerbrot und Peitsche" das Land in einen agonieähnlichen Zustand und zu einem Doppelleben nie gekannten Ausmaßes (Verstellung nach außen, Offenheit nur im engsten Familien- und Freundeskreis). Das kulturelle Leben sank auf ein nie dagewesenes Niveau. Im Gegensatz zu dieser Unterdrückung stand die im gesamten Ostblock größte Erhöhung des Lebensstandards (u.a. verdreifachte sich in 10 Jahren die Zahl der Privatautos und die der beliebten privaten Hütten verdoppelte sich). Aber das Leben von der Substanz, das Investitionen drastisch herabsetzte, führte zur Überalterung der Produktionsmittel und mit der unechten Vollbeschäftigung (die Stellen waren überbesetzt, 95% der Männer und 88% der Frauen standen in einem Arbeitsverhältnis), die den Arbeitskräftemarkt leergefegt hatte, an den Rand des Ruins.

Das Wohlverhalten der Slowaken wurde mit der Föderalisierung des Staates (1.1.1969), neben der Föderalregierung und dem Föderalparlament gab es in jeder Teilrepublik die gleichen Organe, Parlament und Regierung, teilweise aber doch nur äußerlicher Symmetrie belohnt. Nachdem die den Ru nach Kriegsende eingeräumte kulturelle Betätigung schnell wieder abgebaut wurde, wurde erst 1960 den Ma eine, die auch das Schulwesen umfaßte, zuerkannt. Mit der Föderalisierung kam es zu einer bescheidenen Anerkennung der Minderheiten, und die D konnten den Deutschen Kulturverband gründen, der aber wegen seiner kommunistischen Indoktrinierung wenig Anklang fand. Die D und Ma diskriminierenden Beneš-Dekrete wurden nicht aufgehoben.

Am 11.12.1973 kam es nach dreijährigen, oft unterbrochenen Verhandlungen zum Vertragsabschluß mit der Bundesrepublik Deutschland. Die ČSSR konnte die Ungültigkeit des Münchner Abkommens "von Anfang an", nur durch die "Nullitätsklausel" umschrieben, mit Mühe durchsetzen.

1.56 DIE "SAMTENE REVOLUTION" ("DIE WENDE") UND IHRE FOLGEN

Auf die Dauer ließ sich der Geist selbst in der pessimistisch verschlafenen Gesellschaft nicht knebeln. Großes Aufsehen und einen Anstoß zu einem beachtlichen kulturellen Aufschwung bewirkte die "Charta 77" (10.12. 1976). Auch "perestroika" und "glasnost" ließen sich von den verkrusteten Strukturen nicht aussperren, und am 17.12.1987 löste Miloš Jakeš den senil gewordenen Husák als Parteichef (er blieb Staatspräsident) ab. Dubček konnte nach 20 Jahren eine Rehabilitierung des "Prager Frühlings" fordern, und es kam zu den ersten Demonstrationen, u.a. zu der in Preßburg von František Miklośko organisierten "Kerzendemonstration" (25.3.1988). Als die wirtschaftlichen Probleme kaum noch zu lösen waren, der Flüchtlingsstrom aus der DDR über die ČSSR nach Ungarn immer mehr anschwoll, Demonstrationen fast zum Tagesgeschehen wurden, begannen sich die Ereignisse im Herbst 1989 zu überstürzen, und innerhalb von nur

Pudlein: Stadtbefestigung

zwei Monaten wurden die bisherigen Machthaber in den Hintergrund gedrängt:

- 19.11.1989: Gründung des "Občanské forum" OF (=Bürgerforum) in Prag, Vorsitz: Václav Havel, in der Slowakei "Verejnosť proti násiliu" VPN (=Öffentlichkeit gegen Gewalt),
- 24.11.1989: Rücktritt von Jakeš, Nachfolger Karel Urbánek,
- 27.11.1989: Zweistündiger Generalstreik für eine breite Koalitionsregierung,

Zipser Kapitel: Martins-Kathedrale

- 29.11.1989: Streichung der Verfassungsklauseln über die führende Rolle der KPČ und des Marxismus-Leninismus als Bildungsprinzip,
- 7.12.1989: Rücktritt des Ministerpräsidenten der Föderalregierung Ladislav Adamec,
- 10.12 1989: Husák vereidigte mit der letzten Amtshandlung vor seinem Rücktritt den Sl Marián Čalfa als Nachfolger von Adamec, in den Regierungen der Teilrepubliken gerieten die Kommunisten ebenfalls in die Minderheit, in der Slowakei wurde Milan Čič Vorsitzender der Regierung, 700.000 verließen die Partei,
- 12.12.1989: Auflösung der regimekonformen kath Priesterorganisation "Pacem in terris" und des Regierungssekretariats für kirchliche Angelegenheiten,
- 20.12.1989: Regierungserklärung Čalfas: Übergang zur parlamentarischen Demokratie, Auflösung des Warschauer Paktes, Abzug der Truppen der UdSSR, freie Marktwirtschaft,
- 29.12.1989: Havel wurde Staatspräsident, Dubček mußte sich mit dem Vorsitz des Föderalparlamentes begnügen.

In den folgenden Monaten des Jahres 1990 ging die Umstrukturierung aller Bereiche und die Umorientierung der Außenpolitik zügig weiter, obzwar in der Wirtschaft und vielen Institutionen die "alten Strukturen" mangels entsprechenden Ersatzes erhalten blieben:

- 2.2.1990: Wiederzulassung der geistlichen Orden,
- 14.2.1990: Besetzung der vakanten Bischofssitze,
- 27.2.1990: Havel vereinbart in Moskau die Nichtverlängerung des Freundschafts- und Beistandspaktes, die gleichberechtigte Zusammenarbeit, den Abzug der Truppen bis zum 20.6.1991 (Schäden ca. 5 Mrd. Kčs),
- 19.3./20.4.1990: Annahme des neuen Staatsnamens nach hitzigen, langen Diskussionen zwischen Tschechen und Sl; "Tschechische und Slowakische Föderative Republik" (in der Slowakei mit Bindestrich Č-SFR),
- 20.4./30.8.1990: Aufhebung der Planwirtschaft, Liberalisierung des Handels, Entflechtung der Konzerne, Privatisierung, Rückgabe des nach 1948 konfiszierten Vermögens (Ausschluß der D und Ma!),
- 22.4.1990: Erster Besuch Papst Johannes Paul II. in Preßburg,
- 19.7.1990: Rückgabe der Klöster.

1.57 SLOWAKEN UND KARPATENDEUTSCHE

Die Karpatendeutschen konnten sich in den w Besatzungszonen unter großen Entbehrungen einrichten und zusammenschließen (1946/1948 kirchliche Hilfsorganisationen, 1949 Landsmannschaft in Stuttgart, 1969 Karpatendeutsches Kulturwerk in Karlsruhe). Sie begannen mit der sachlichen, auch ungeschminkten, nur teilweise in einer Verteidigungsposition verharrenden Aufarbeitung der jüngsten Geschichte. Dagegen führten die Rechtslosigkeit und der Assimilationsdruck die in der Slowakei verbliebenen D, mit der Verbannung der deutschen Sprache an die Gymnasien und der Verteufelung alles Deutschen, in die Vereinzelung und zur Vereinsamung - bis hin zum schleichenden Identitätsverlust. Aber die geheimen privaten Kontakte rissen nicht ab. Nach der "Wende" waren sie um Erfahrungen reicher als ihre vertriebenen Landsleute, mit denen sie die Ausbeutung unter dem Hakenkreuz ertragen hatten: Mußten sie doch Jahrzehnte die Drangsal unter Hammer und Sichel erdulden.

Der schnell erfolgte Ausbau von Verbindungen riß die Mauer der Isolation ein, und für das von den Machthabern über Jahrzehnte gestörte Verhältnis zwischen Sl und D wurde eine Klärung eingeleitet. Am 5.5.1990 erfolgte die 1. Teilnahme von Beauftragten der sl Regierung (Pavel Pollák, Anton Snahničan) an einer Veranstaltung der Karpatendeutschen Landsmannschaft in Stuttgart. Pollák erklärte im Auftrag von Čič u.a.: "Es gibt keine größere Tragödie für Menschen als den Verlust der Heimat, in der sie seit Jahrhunderten mit ihren Wurzeln fest verankert waren. Es ist unsere erste Aufgabe, uns bei den Karpatendeutschen für all ihr Leid und das Unglück der Jahre 1944-46 ehrlich zu entschuldigen. Wir möchten damit den Weg frei machen, um in Brüderschaft, in Freiheit, in christlicher Achtung und Liebe weiterzuschreiten". Es folgte der erste Besuch des Vorsitzenden der Karpatendeutschen Landsmannschaft (Isidor Lasslob) in der Slowakei, u.a. bei Čič (4./5.6.1990). Die 1. Informationsfahrt zu den Deutschen in der Slowakei (5.- 15.6.1990) führte zur Gründung des Karpatendeutschen Vereins in der Slowakei (30.9.1990). Anschließend an den Festakt zum Tag der Versöhnung in der Slowakei (31.10.1990) entschuldigte sich F. Mikloško (Präsident des Nationalrates) "stellvertretend für das Slowakische Volk" bei den karpatendeutschen Vertretern für das zugefügte Unrecht.

Nach der vor Weihnachten 1990 erfolgten Erklärung des Nationalrates und der Regierung der Slowakischen Republik zur Deportation der Juden aus der Slowakei, kam es am 12.2.1991 zur Erklärung des Slowakischen Nationalrates über die Slowakeideutschen (Karpatendeutschen). Die ausführliche, sachliche Würdigung der kulturellen und wirtschaftlichen Leistungen, die Verurteilung der Kollektivschuld, das Bedauern über den Verlust einer ethnischen Gruppe wurden durch einige historisch nicht haltbare oder einseitig gefaßte Feststellungen ergänzt. Sie wurde von der Karpatendeutschen Landsmannschaft, die bereits vorher (8.1.1991) erklärt hatte, daß die Vertreibung "als Verletzung der Menschenrechte zu verurteilen und eine Wiedergutmachung anzustreben" wäre und daß im Aussöhnungsprozeß und den Verhandlungen "die materielle Wiedergutmachungsfrage" nicht "in den Vordergrund" gestellt werden sollte, mit den obigen Einschränkungen begrüßt (13. 3.1991). Dazwischen lag die Konferenz in Turz-St-Martin

Haus der Begegnung des Karpatendeutschen Vereins in Kesmark

(15.-17.2. 1991) mit Vertretern der Karpatendeutschen Landsmannschaft, des Karpatendeutschen Vereins in der Slowakei, der Regierung und des Nationalrates. Mit beachtlichen Beträgen wurden von Deutschland in der Slowakei sieben Begegnungsstätten eingerichtet, Existenzgründungshilfen gegeben und Sozialfälle unterstützt. Ein beispielgebendes, von einem Karpatendeutschen (Oskar Marczy) entwickeltes Konzept für den Deutschunterricht wurde auf den Weg gebracht. Besuche und Veranstaltungen dienten nicht nur der lange entbehrten Information, sondern führten zum besseren Verständnis für viele Sachverhalte und erleichterten manche Entscheidung. Über den Wert wird die Geschichte urteilen, so daß nur eine auf die ersten fünf Jahre begrenzte chronologische Zusammenstellung folgt:

- Stuttgart und Karlsruhe (einbezogen waren die Landsmannschaft und das Kulturwerk) besuchten der Leiter des Ausschusses für internationale Beziehungen Ján Truban und der Direktor des Slowakischen Nationalrates Richard Schin (16.-19.1.1991)
- Zu einem offiziellen Besuch der Stadt Karlsruhe kam der Präsident des Slowakischen Nationalrates F. Mikloško (14.5.1991)
- Am 22. Karpatendeutschen Bundestreffen in Karlsruhe nahmen teil: Ministerpräsident Ján Čarnogurský, Kardinal Ján Korec, Vizepräsident des Nationalrates Milan Zemko, Truban und Pollák (31.5.- 2.6.1991)
- Der 1. Karpatendeutsche Tag in Preßburg führte eine große Zahl an Gästen (Slowakei, Deutschland, Österreich) zusammen (22./23. 8.1992)
- Die 11. Europäischen Kulturtage -Slowakei- in Karlsruhe hatten mit ihren hervorragenden Präsentationen eine überregionale Ausstrahlung (3.4.-21.5.1993). Zahlreiche sl Gäste waren zur Eröffnung und zu anderen Veranstaltungen gekommen
- Die Eröffnung der neuen Dauerausstellung des Karpatendeutschen Museums in Karlsruhe-Durlach erfolgte durch den Oberbürgermeister Gerhard Seiler und den Kulturminister der Slowakei Dušan Slobodník (4.4.1993).
- Am 23. Karpatendeutschen Bundestreffen in Karlsruhe beteiligten sich: Kanzler der Präsidialkanzlei Ján Findra, Bischof Rudolf Baláž, Generalbischof der Evang. Kirche Pavel Uhorskai, Staatssekretär Roman Zelenay, Geschäftsträgerin in Bonn Klára Novotná, Generalkonsul in München Vladimír Kopiníč (21.5.-23.5.1993)
- Die 1. Zipser Kulturtage in Kesmark befaßten sich u.a. mit den Jubiläen Alfred Grosz, Michael Guhr, Karpathenverein (1.-3.10. 1993)
- Zum 24. Karpatendeutschen Bundestreffen in Karlsruhe waren gekommen: Vorsitzender des außenpolitischen Ausschusses Dušan Slobodník, Bischof František Tondra, Botschafter in Bonn Pavol Hamžík, Kopiníč (10./11.6.1995)

Slowakische Briefmarke, die noch vor der Selbständigkeit in Umlauf kam

Ergänzt wurden diese Veranstaltungen durch zahlreiche wissenschaftliche Symposien in der Slowakei (Preßburg, Kesmark, Schemnitz, Zipser Bela, Eperies), durch die jährlichen Tagungen des Deutsch-Europäischen Bildungswerkes Hessen in der Slowakei, wie auch durch die alle zwei Jahre stattfindenden Jahrestagungen der Karpatendeutschen Landsmannschaft und die Jahrestagungen der kirchlichen Organisationen der Karpatendeutschen. Alle haben beachtenswerte Ergebnisse geliefert.

Die zwischenstaatliche Historikerkommission gab zwei Erklärungen ab und publizierte die Vorträge ihrer Tagungen. Die vom Slowakischen Nationalrat und der Karpatendeutschen Landsmannschaft (beteiligt waren auch verschiedene sl Institute und das Karpatendeutsche Kulturwerk) gegründete Kommission tagte nur zweimal, da für die weiteren Arbeiten keine Mittel bewilligt wurden. Die wahrheitsgemäße, historisch fundierte Aufarbeitung der jüngsten Geschichte läuft, sie benötigt aber Zeit und Geduld, zumal sie auch einer Flut an "Bewältigungsliteratur" mit schlecht recherchierten Behauptungen und Verdrehungen entgegentreten muß. Auf beiden Seiten müssen einige Barrieren überwunden und manche liebgewordene Anschauung korrigiert werden.

1.58 DIE AUFLÖSUNG DES GEMEINSAMEN STAATES, DER WEG IN DIE ZUKUNFT

Die Politiker der ersten Stunde gaben kein geschöntes Bild von den zu erwartenden Entbehrungen und der erforderlichen langen Zeit zur Beseitigung der Mißwirtschaft und der Folgen der politischen Unterdrückung. Aber die Wähler glaubten ihnen, angesichts des Wohlstandes an ihren w Grenzen, nicht. Die Vorbereitungen auf dem Weg zum "Einzug in das Europäische Haus", mit der Zusammenarbeit mit EWG und EURATOM (27.5.1990), die Aufnahme in den Internationalen Währungsfonds (20.9.1990), die Mitgliedschaft im Europarat (21.2.1991), die Auflösung der RGW (COMMECON) und des Warschauer Paktes (28.6./1.7.1991) konnten vorerst den wirtschaftlichen Niedergang nicht aufhalten und den langen, teilweise unerfreulichen Umbau des Staates nicht beschleunigen, so daß die Wähler, auf der Suche nach einem vermeintlich besseren Kandidaten, immer wieder überraschende Entscheidungen trafen.

Die ersten freien Parlamentswahlen (8./9.6.1990) lieferten eine erste Standortbestimmung, deren Stabilität für die Zukunft weit überschätzt wurde. Ergebnis in der Slowakei: VPN ca. 29%, Christlich demokratische Union KDH ca. 19%, Slowakische Nationalpartei SNS ca. 14%, Kommunisten ca. 13%. Vladimír Mečiar (VPN, bisher Innenminister) wurde Ministerpräsident der Slowakei, J. Čarnogurský (KDH) 1. Stellvertreter, Čalfa blieb Ministerpräsident der Föderalregierung. Es war sehr nobel, den Wähler nach zwei Jahren schon wieder an die Urne zu rufen, aber politisch äußerst unklug. In dieser seit langem schwierigsten Situation waren zwei Jahre viel zu kurz, um Erfolge zu erreichen. In der Slowakei gab es sogar zwei Regierungen mit unterschiedlichen Konzeptionen, J. Čarnogurský löste Mečiar ab, der die VPN verlassen hatte (6.3.1991) und die spätere HZDS (Bewegung für eine demokratische Slowakei) gründete. Die ersten Kommunalwahlen (24.11.1990) hatten die KDH mit ca. 27% (VPN ca. 20 %, Kommunisten ca. 14%) noch in Sicherheit gewogen, mit den zweiten Parlamentswahlen (6./7.6.1991) kam der Einbruch: HZDS ca. 37%, SDL (Demokratische Linke) ca. 15%, KDH ca. 9%. Zum Zankapfel zwischen Sl und Tschechen wurde der Nachbarschaftsvertrag Deutschland - Č-SFR, gegen dessen Formel, daß die ČSR seit 1919 nie zu bestehen aufgehört habe, die Slowakei vergeblich anging (7.10.1991). Am falschen Vorzeichen des Neuanfangs änderten auch die Besuche Weizsäckers und Kohls in Preßburg nichts. Mečiar wurde wieder Ministerpräsident (24.6.1991) und begann mit seinem tschechischen Kollegen (Václav Klaus) die Modalitäten der Trennung beider Teilrepubliken auszuhandeln. Als Verfechter einer schnellen Auflösung hatten sie über diejenigen eines evolutionären Auseinandergehens (J. Čarnogurský, Havel) gesiegt. So zerbrach die Vernunftehe der Slowaken mit den Tschechen im Kompetenzgerangel und wieder an scheinbar unauflösbaren wirtschaftlichen Problemen. Die staatsrechtliche Auflösung bewegte sich hart

Erste slowakische Briefmarken 1993

an der Grenze der Legalität, da beide (Mečiar und Klaus) eine Volksabstimmung mit einem eher negativen Ergebnis vermeiden mußten. Am 1.1.1993 war die Trennung vollzogen und die Tschechische und die Slowakische Republik geboren.

Wie erwartet, brachen für die Slowakei noch härtere wirtschaftliche (Arbeitslosenquote ca. 13%) und schwere außenpolitische Zeiten an, zumal die vereinbarten letzten Gemeinsamkeiten in Anbetracht der Realitäten sehr schnell aufgegeben werden mußten. Aber mit einer Zähigkeit sondergleichen und gestützt auf eine qualifizierte Arbeiterschaft, auf eine selbstbewußte Handwerkerschaft sowie auf die geringe Auslandsverschuldung wurden Zuwächse erwirtschaftet und Positionen geschaffen, die in die Spitzenregion der ehemaligen RGW-Staaten führten. Das war umso überraschender, da durch innenpolitische Auseinandersetzungen und Verfassungsfragen (u.a. wurde Michal Kováč erst am 2.3.1993 Staatspräsident, scheinbar eine Verlegenheitslösung, die durch den ominösen tödlichen Verkehrsunfall Dubčeks, der diesen Posten wahrscheinlich eingenommen hätte, programmiert schien), Probleme mit den Magyaren, einen weiteren Regierungswechsel (Beauftragung von Jozef Moravčík, 11.3.1994) und vorgezogene Wahlen (1./2.10.1994), die Mečiar mit einer Koalition wieder an die Regierung brachten, dunkle Schatten entstanden und eine kontinuierliche Regierungsarbeit erschwert wurde.

Das Rahmenabkommen über die Minderheiten von 1995 wird deren Rechte ausbauen und gewährleisten, daß ihre Leistungen der vergangenen Jahrhunderte respektiert werden. Von zwischenstaatlichen Verhandlungen wird erwartet, daß diskriminierenden Gesetzen einer unrühmlichen Vergangenheit die Spitzen genommen werden. Alle, die guten Willens sind, werden die zukünftige Zusammenarbeit in Europa unterstützen (auch die Karpatendeutschen in der Bundesrepublik Deutschland, Eingabe an das Auswärtige Amt vom 30.3.1996). Die Geschichte der Slowakei lehrt, daß mit Nüchternheit die Freiheit und die Selbstbestimmung, die Menschlichkeit und die Toleranz, die Gerechtigkeit, das uneigennützige Handeln und Arbeiten verteidigt werden und wachsen können.

2. NAMEN

"Mir gilt es als Axiom, daß jeder Eigenname einst ein Appelativum war, sonst würde er rationell betrachtet, nicht existieren". Diese Feststellung des großen Gelehrten Gottfried W. Leibniz charakterisiert die Namen der Slowakei, deren Ursprung sich in der Vorzeit verliert oder aber mehrere Jh zurückliegt. Bereitet eine Erklärung der Namen aus der neueren Zeit nur selten Schwierigkeiten, so wird bei allen alten Namen eine Deutung problematisch. Denn selbst in geschlossenen Sprachgebieten (zBsp Binnendeutschland) kam es zu erheblichen Verwischungen, die den Sinn und die Herkunft eines Namens verschleiern. Um vieles gravierender waren aber die Einflüsse, die Namen im Bereich der Slowakei ausgesetzt waren, da sie nicht nur von mehreren Nationen verwendet wurden, sondern auch falsche Transskriptionen, sinnentstellende Mißverständnisse bei dem Versuch wörtlicher Übersetzungen, sowie die falsche Zuordnung von Artikeln über sich ergehen lassen mußten. Die Versuche, Namen zu erklären sind alt, aber zum Ende des 19. Jh, kam es zu einer Euphorie

*Kremnitzer Stadtrechtsbuch,
eines der ältesten deutschen Schriftdenkmale*

auf diesem Gebiet, die verstärkt durch den aufkommenden Nationalismus glaubte, alles erklären zu können und zwar ohne Rücksicht auf die häufig vorhandene Mehrdeutigkeit. Für jeden beliebigen Namen wurde ein "Kern" gefunden, der in die eigene, meist nationalistisch gefärbte Konzeption paßte. Inzwischen ist eine weitaus nüchternere Beurteilungsweise eingetreten.

Die Geschichte der Slowakei gibt Aufschluß darüber, welche Völkerschaften an der Namensgebung und Verformung beteiligt sein können. Selbst unter der Annahme, daß nach dem Abzug dieses oder jenes Volkes oder Stammes weite Landstriche fast entvölkert zurückgeblieben sind, sind bei späteren Wiederbesiedlungen Namen der Vorgänger (wenn auch noch so verstümmelt überliefert) verwendet worden. So sind die verschiedensten Völker verantwortlich für das, was heute in der Slowakei vorgefunden wird, nachdem selbst noch in der Neuzeit d, sl, ma, p und rumänische Einflüsse zur Geltung kamen.

Die Namen der Gebirge und Flüsse sind teilweise sehr alt und vielen Deutungen unterworfen. Die Karpaten, bis 1945 Karpathen geschrieben, werden mit den germanischen Karpen (lat carpi), dem keltischen Wort "carp" (=Felsen) wie auch mit "parkûnion" (=Berg) in Verbindung gebracht.

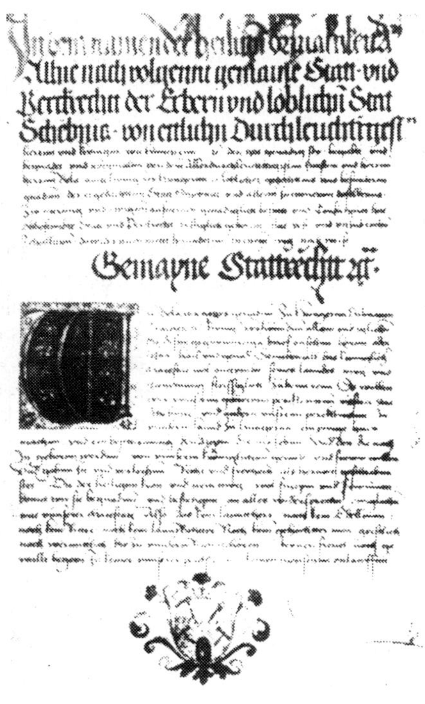

Stadt- und Bergrecht von Schemnitz, 14. Jh.

Wenig befriedigend ist die Erklärung für den Namen des höchsten Gebirges der Karpaten, der Hohen Tatra. In einem Dokument Heinrichs IV. von 1086 steht "montes...Triti". Mit falschen Übersetzungen hängt der sinnentstellende ma und sl Name der Niederen Tatra zusammen. Dionýz Štúr hat das "nieder", entsprechend der Lage auf dem Globus unterhalb der Hohen Tatra, richtig in "Nižnie" übertragen, aber Johann Hunfalvy übersetzte falsch in das Ma, indem er von "niedrigere" (Alacsony Tátra) ausging, und durch Rückübersetzung in das Sl entstand das "Nízke Tatry".

Der Kern des Namens der Großen und Kleinen Fatra (1930: "Kriwaner Fatragebirge") hat seinen Ursprung in dem Namen eines früher sehr häufig verwendeten Überganges zwischen der Liptau und der Turz. Die Liptauer Alpen trugen verschiedene Namen, bzw. Namen von Teilbereichen wurden für das gesamte Gebirge verwendet.

Früher lat nur "alpes" genannt, dann Nördliche Liptauer Alpen, dann nur Liptauer Alpen, schließlich Liptóer Karpaten, dann Roháče bzw. Roháčegebirge und heute in Übereinstimmung mit dem p Namen: Západné Tatry (=Westliche Tatra). Schon 1772 taucht der Name "Chočberge" auf, trotzdem war man sich lange nicht über den Namen einig (1904: Liptóer Magura). Auch der Name der Zipser Magura existiert bereits seit 1780, derjenige der Pieninen erst seit 1898. Der Begriff "Magura" stammt von den walachischen Wanderhirten, die damit einen kleinen Berg bzw. grasige Kämme, die sie als Weidegebiet benutzten, bezeichneten. Bei dem nach der Stadt Zipser Bela benannten n Nachbarn der Hohen Tatra (1719: Beeler Gebürg) kam es zu mehreren Änderungen in der Schreibweise, von Belanské Tatry zu Belianske Tatry und von Belaer Kalkalpen zu Beler Kalkalpen.

Der Name des Hauptflusses, der Waag (Váh), wird auf die Quaden ("Woge" vom mittelhochdeutschen vâl=Bewegung) zurückgeführt. Derjenige der Gran (Hron) auf das germanische "grana" (=Nadel, Fichte) oder Hernad (Hornád) auf das slawische "hrnati" (etwa: aus dem Gebirge kommend), und Neutra (Nitra) wird mit dem slawischen "Schoß" in Verbindung gebracht, Popper (Poprad) mit dem p Begriff des Auswaschens bzw. des Aushöhlens, Rima mit dem althochdeutschen "hrinan" (=Fluß).

Einfach ist es mit den Hauptbergen der Hohen Tatra, die fast alle den Namen des Ortes tragen, auf dessen Gemarkung sie liegen. Bei den Namen der Komitate reichen die Deutungen von der Zurückführung auf Personen, über Tiere (tur=Auerochs für Turz), Reliefformen (lipati=durchgewühlt, zernagt, für Liptau), zu slawisch "zlom" (=Bruch, für Sohl) und "dornig" (für Tornau). Leichter ist es mit der Zips, zumindest bei der Herkunft, da es in Deutschland bis zu 10 Lokalitäten mit diesem Namen gibt und er außerdem als Zuname (Zips, Zipser) anzutreffen ist.

Manche Namen wandern durch die Sprachen des Großraumes zBsp der Begriff für "Gemarkung". Aus dem ma "határ" entstanden das heute noch übliche sl "chotár" und das mundartliche d Wort "Hottert" (oder "Hotter").

Siedlungsgeschichtliche Besonderheiten verbergen sich in sl Ortsnamen die mit "Lehota" (seltener "Poruba") oder "Vola" gebildet sind, welche ihre d Entsprechung im Enden der Namen mit "-hau" haben (im binnendeutschen Raum: "-rode", "-reuth", "-rat"). Oft d Gründungen, die d Recht erhielten, und 16 bis 17 Jahre ("Freijahre") keine Abgaben zu leisten hatten. In vielen Fällen waren neben einem d Lokator nur eine begrenzte Zahl oder gar keine d Siedler ansässig. Der Begriff "Hauerland" ist relativ jung und hat sich erst in den 30-er Jahren unseres Jh eingebürgert.

Die Entwicklung der Namensgebung war im Laufe der Jh durch verschiedene, wechselnde, aber zwingende Gründe für die Bildung von Namen bestimmt:

- sie wurden als Orientierungshilfen bei den wichtigsten Tätigkeiten wie der Jagd, der Fischerei und der Rodung benötigt,
- sie standen später mit dem Ackerbau, der Weidewirtschaft, der Schatz- und Erzsuche, ferner mit dem Bergbau in Zusammenhang,
- sie wurden von Forschern (oft sehr willkürlich, oder stark verformend) für ihre Beschreibungen gebraucht,
- sie wurden im Bereich der sich ausbreitenden Touristik (die ein dichtes Netz verlangte, um jeden topographischen Punkt ansprechen zu können) zu einer Notwendigkeit.

Die keiner Beeinflussung unterliegende Bildung von Namen in ältester und alter Zeit mündete zwar später in eine Periode mit loser Reglementierung, aber erst in jüngster Zeit in eine mit strengen Grundsätzen. Neben dem so überaus fruchtbaren Gebiet der Straßennamen (mit der dort geübten Praxis der laufenden, an die jeweils Herrschenden gebundenen Änderungen), blieben Namen geographischer Orte von relativ kurzen und vereinzelt auftretenden Konzessionen an den Zeitgeist verschont. Die Benennung der besonders in der Hohen Tatra zahlreichen namenlosen Objekte führte im ausgehenden 19. Jh zu vielen Auswüchsen, die für die heutige Vielfalt verantwortlich sind. Für fast jeden topographischen Punkt gibt es Namen in vier Sprachen (d, sl, p und ma). Selten deckt sich die Bedeutung der Namen, oft ist sie nur in zwei Sprachen gleich, da sie meistens von den verschiedenen Nationen ohne Rücksicht auf die Meinung der anderen Beteiligten und ohne den Versuch einer Absprache (teilweise aber auch nach dem unverbrieften Recht der Namensgebung der Erstersteiger) gebildet wurden. D und Ma bedachten neben "verdienten" Personen, die mit dem Objekt absolut nichts tun hatten, auch die Erstbesteiger, die aber häufig mit einem anderen Objekt vor-

Venus von Moravany (ca. 22.000 vChr)

lieb nehmen mußten. P und später Sl vermieden weitgehend die Bindung an Personen und halfen sich mit bodenständigen Namen der näheren und weiteren Umgebung. Schließlich (bei immer größer werdenden Bedarf) mit Ableitungen. In allerjüngster Zeit kommt es nach der Periode der Negierung aller d Namen vereinzelt zu einer 5. Namensbildung, bei der sl Namen, in Unkenntnis der vorhandenen alten d, wortwörtlich ins D übersetzt werden.

3. ARCHITEKTUR, BILDENDE KUNST, KUNSTHANDWERK

Das Kunstschaffen in der Slowakei ist überaus reichhaltig; in Europa ist kaum eine ähnliche Dichte zu finden. Die Objekte sind nicht nur in den großen kunsthistorischen Zentren, sondern auch in sehr vielen kleinen Dörfern und kleinen Orten zu finden. Zeugnisse **vormittelalterlicher Kunst** sind nur sehr selten erhalten geblieben, obzwar Ausgrabungen öfters einen reichverzierten, künstlerisch bearbeiteten Gebrauchsgegenstand oder ein Schmuckstück an das Tageslicht fördern. Neben einigen als Venus bezeichneten Darstellungen des weiblichen Körpers (22.000 bis 3.000 vChr) sind die schönen reichverzierten Schwerter aus der Keltenzeit, der massive bronzene Schmuck der Puchauer Kultur, Schmuckstükke der Quaden, Sarkophage und Reliefs der Römer und zahlreiche Zeugnisse aus der Zeit der Völkerwanderung wie die reichen, wertvollen Gegenstände des Großmährischen Reiches beachtenswert.

Reste damaliger Architektur sind nur noch an einigen Stellen als Fundamente vorhanden. Die nicht abreißenden politischen Umwälzungen, Unverständnis und Gleichgültigkeit führten oft zur Zerstörung und zum Vergessen.

Mit dem Einsetzen der **Romanik** beginnt die 1. Epoche, die wesentliche Kunstwerke (hauptsächlich im Bereich der Architektur) hinterlassen hat. Sie und die folgenden Epochen erscheinen im Geschehen der Kunst in der Slowakei mit nur teilweise geringen Verzögerungen gegenüber dem Ablauf im binnendeutschen Raum. Sie zeigen deutliche Einflüsse dieses Raumes, aber auch solche aus Italien und teilweise Frankreich und England, die in zahlreichen Objekten zu typischen und eigenständigen Zügen umgeformt und verarbeitet wurden. Neben kleinen Rotunden (Bíňa, Skalitz) und den Kernen der großen Burganlagen (Trentschin, Zipser Burg etc.) hinterließ die Romanik einige beachtenswerte Basiliken (Bíňa etc.). Unvergleichlich gering ist der heute sichtbare Bestand an Wandmalereien aus dieser Zeit, da vieles der Barockisierung zum Opfer gefallen ist (Rotunde in Bíňa, Kostoľany pod Tríbečom). Einige in letzter Zeit mehr oder weniger durch Zufall aufgedeckte Malereien ließen die Hoffnung wachsen, daß noch so manches unter Tünche und Putz verborgen sein mag.

Gering ist die Zahl der Werke aus dem Bereich der Plastik dieser Zeit. Neben dem bekanntesten, dem "leo albus" (Kathedrale des Zipser Kapitels, Kirchdrauf), gibt es einige Portale, Konsolen, Taufbecken und Grabplatten.

Diejenige Epoche, die die Kunstlandschaft der Slowakei am nachhaltigsten geprägt hat, ist die **Gotik**. Ihre Werke sind nicht nur überall zu finden, sondern sie gehören in allen Bereichen

Bíňa: Romanische Rotunde

(besonders aber in der Plastik) in die erste Reihe des europäischen Kunstschaffens. Bei den großen Kirchenbauten (Preßburg, Leutschau, Kaschau, St Benedikt, Tyrnau, Bartfeld, Eperies etc.) finden wir die verschiedensten Einflüsse, so aus Prag, Wien und dem westfälischen Raum. Schließlich haben sich an vielen Orten die Baugewohnheiten der Bettelorden (Rotes Kloster etc.) durchgesetzt. Eine Besonderheit ist das seltene Vorhandensein von 2 Türmen, dann der stark einspringende Chor wie auch der immer sichtbare Verzicht auf ein Querschiff. Eine Sonderstellung nehmen die zweischiffigen, über eine oder mehrere Mittelstützen gewölbten Kirchen der Zips ein. Bei den 17 Kirchen dieser Art gelang so die Einwölbung eines relativ breiten Kirchenraumes, den man sich nicht wie früher mit den flachen Holzdecken, stützenlos zu überspannen traute. Auffällig ist auch die nach außen hin häufig anzutreffende erdgebundene Schwere, die nur innen lichten und mit feingliedrigen, reichdetailierten Netzgewölben überdeckten Räumen weicht. Selten sind die äußerlich leicht und reich gegliedert in die Höhe strebenden Bauten. Die Gotik der Slowakei entbehrt der reichen Steinplastik des binnendeutschen Raumes und Frankreichs. Wo sie sich auffällig präsentiert, stammt sie nicht aus gotischer Zeit. Dafür finden wir in keiner europäischen Landschaft eine derartige Fülle an Holzplastiken wie in der Slowakei. In der Entwicklung von der Früh- zur Hochgotik und zum sogenannten floriden Stil der Gotik (Sondergotik, Neogotik) bildet Meister Paul aus Leutschau mit seinen hervorragenden Altären den krönenden Abschluß, die Vollendung, aber auch schon einen deutlichen Schritt in die Renaissance. Erstaunlich und ganz ungewöhnlich ist die auffällige Häufung an gotischen Altären in vielen Kirchen der Slowakei (Jakobs-Kirche Leutschau 14 Stück, Ägidius-Kirche Bartfeld 12 Stück, Georgs-Kirche Georgenberg etc.). Früher standen aber auch in anderen Kirchen oft mehr als 10 Altäre (Neusohl, Kaschau und Preßburg).

Bedeutend ist auch die Wandmalerei der gotischen Epoche (Leutschau, Schigra, Großlomnitz, Drauz, Sliače, Schittnich, Ludrová etc.). Mit der Tafelmalerei befaßten sich einige, zu Meister Paul aus Leutschau kongeniale Künstler (Hans Moler - Antonius-Meister, Meister Nikolaus aus Leutschau etc.).

Preßburg: Johannes-Kapelle von Raphael Donner

Obzwar König Matthias Corvinus die **Renaissance** nach Ungarn brachte und dort die ersten in diesem Stil errichteten Bauten n des Alpenhauptkammes entstanden, setzte sie sich in der Slowakei nur sehr zögernd durch. Erst mit der raschen Annahme der Reformation kam es zum Durchbruch, und die Renaissance wurde zum "Stil des evangelischen Bürgers". In keiner Epoche kam es zu so tiefgreifenden Eingriffen in den Organismus bestehender Wohn- und Geschäftshäuser. Neben mehreren Großbauten, hauptsächlich Rathäusern (Bartfeld, Leutschau, Preßburg) und Umbauten bestehender Schlösser und Burgen, wurden zahlreiche Kastelle errichtet, zumal die Renaissance in der Slowakei länger anhielt als in anderen europäischen Ländern. Besonders in der Zips und den ö und s benachbarten Komitaten kam es aufgrund des italienischen Einflusses zu den schmückenden Attikazonen, die auch bei den zahlreichen, meistens in der 2. Hälfte des 16. Jh errichteten Glockentürmen anzutreffen sind. Diese freistehenden Türme, die zur Aufnahme neuer und schwerer Geläute dienten, für die in den alten Türmen der Kirchen weder die räumlichen noch die statischen Voraussetzungen gegeben waren), wurden an vielen Orten der Zips errichtet. Einige bedeutende Altäre (St Georgen etc.) und eine Vielzahl an Portalen und zahlreiche Grabplatten sind im Stil der Renaissance geschaffen worden.

Karl Frech: Das alte Theater in Preßburg (1886 durch einen Neubau ersetzt)

Mit der Errichtung der Universitätskirche in Tyrnau faßte der **Barock** in der Slowakei Fuß, konnte sich aber als Fanal der Gegenreformation nur sehr langsam durchsetzen. Die Tyrnauer Kirche war schließlich das Vorbild für eine ganze Reihe an Jesuitenkirchen in der Slowakei. Einige Großbauten (Kloster Jossau, Kirche der Elisabethinerinnen Preßburg) führte Anton Pilgram aus, andere (Grassalkovich-Palais und die erzbischöfliche Sommerresidenz, beide in Preßburg) werden Franz Anton Hillebrandt zugeschrieben. Zu diesen Bauten kamen eine ganze Anzahl an Adelspalästen in Preßburg und viele Kastelle auf dem Lande. In diese Zeit fällt auch die Errichtung der evang hölzernen Artikularkirchen, von denen noch einige erhalten geblieben sind. Die Tätigkeit Raphael Donners in Preßburg hinterließ das Reiterstandbild des Hl Martin und die Kapelle des Johannes des Almosengebers, während der in Georgenberg geborene Johann Brokoff das Modell für die Statue des Hl Nepomuk auf der Karlsbrücke in Prag schuf. Viele Pest- und Mariensäulen und zahlreiche Altäre entstanden. Die Malerei des Barock hatte einige beachtliche Vertreter, so Adam Friedrich Oeser (Altarbild d evang Kirche Preßburg). Mehrere Altarbilder und zahlreiche Wandmalereien schufen Johann Lukas Kracker, Franz Anton Maulbertsch, Anton Schmidt, Andreas Zallinger, A.I. Kejetan Trtina.

Langsam verdrängte der **Klassizismus** den Barock und das Rokoko. Zahlreiche Paläste Preßburgs (Mirbach-Palais, Primatialpalais etc.), wie auch Kastelle wurden im neuen Stil erbaut, und unübersehbar, die zahlreichen evang Toleranzkirchen. Zahlreich sind die Maler und Bildhauer dieser Zeit (Josef Czauczik, Johann Rombauer, Johann Jakob Stunder, Josef Klemens, Franz Xaver Messerschmidt etc.).

Viele Bauwerke hinterließ der **historisierende bzw. sezessionistische Stil.** Die Schlösser von Karlburg oder Galanta erinnern an England, die neue evang Kirche in Kesmark an Sizilien. Die Redoute und das Theater in Preßburg wurden im neobarocken, bzw neorenaissancenen Stil errichtet, ebenso die Synagoge in Lizenz. Die Blumentaler Kirche in Preßburg dagegen im neoromanischen Stil, während die Elisabeth-Kirche in Preßburg typisch für den Sezessionsstil ist.

Beachtlich sind die Zeugnisse der **Volkskunst** in der Slowakei, die in der ländlichen Bauweise zahlreiche Besonderheiten aufzuweisen hat. In vielen Dörfern, besonders in der N-Slowakei, befinden sich heute noch eine Anzahl der schmalen Holzhäuser, und einige kleine Dörfer werden nur durch sie gebildet (Vlkolínec bei Rosenberg). Deutlich tritt zBsp in den kleinen Orten der Arwa und in Ždiar der Einfluß der goralischen Bauweisen auf, während die bemalten Holzhäuser in Zimmermannshau nur für diese Gemeinde und nicht für die ganze Slowakei typisch sind. Oberdeutschen Einfluß verraten die alten, mit Glasveranden versehenen Häuser in und um Donovaly. Typisch sind die großen Unterschiede der Bauweisen verschiedener Bevölkerungsgruppen: wie die der Habaner in der SW-Slowakei, die der Weingärtner im Preßburger Raum, die der Bergleute in der Mittelslowakei und die der Bauern in der Zips. Zum Sakralbau gehören die aus dem 18. Jh stammenden griech-kath und orthod

Holzkirchen der NO-Slowakei. Ebenfalls räumlich begrenzt sind die geschnitzten und bemalten Holzkreuze auf dem Friedhof in Detva und in den Ortschaften der Umgebung.

In der weiteren Entwicklung der Plastik und der Malerei finden sich in der Slowakei alle **Stilrichtungen**, die sich in den europäischen Ländern herausgebildet haben, und die Exponate in den zahlreichen Galerien und Museen vermitteln einen ausgezeichneten Überblick über das Schaffen sl, d und ma Künstler der letzten Jahrzehnte. Mehr als eine lokale Bedeutung erreichten die Maler Karl Libay, Andor Boruth, G. Friedrich Keleti, Johann Kupecky, Ladislaus Mednyánszky, Peter Michal Bohúň, Edmund Gwerk, Geza Angyal, Ľudovít Fulla, Martin Benka, Nikolaus Galanda, Karl Sovánka, Stefan Weiszer und andere, sowie die in Österreich berühmt gewordenen Maler Anton Lehmden und Christian Attersee (Ludwig).Im Bereich der Graphik ist das reiche Schaffen Karl Frechs beachtenswert, zumal er zahlreiche, heute längst nicht mehr existierende alte Winkel Preßburgs verewigt hat. Zahlreich sind auch die Bildhauer der jüngsten Vergangenheit bzw. der Gegenwart, so u.a. Viktor Tilgner, Johann Fadrusz, Alois Strobl (Štróbl), Alois Rigele, Jozef Pospíšil, Ludwig Mack, Josef Damko, Paul Tinay, Peter Steyr. Als Architekten kamen u.a. Friedrich Schulek, Gedeon Majunke und Milan M. Harminc besonders zur Geltung.

In einem Land, in dem der Bergbau und die Metallverarbeitung eine so bedeutende Rolle spielten, und der Handel viele Städte reich machte, konnte sich das **Kunsthandwerk** auf besonders hohem Niveau entwickeln - mit bekannten Glockengießern, zahlreichen Medailleuren und Stempelschneidern, Kunstschmieden und Edelsteinschleifern.

4. LITERATUR UND MUSIK

Das literarische und musikalische Schaffen war zuerst eng mit der Kirche verbunden und löste sich erst später von dieser, um sich den weltlichen Raum zu erschließen. Davon ist vieles verschollen. Mündlich überliefert wurden Spiele aus Oberufer (vielleicht aus der Zeit von Hans Sachs): Christgeburt, Paradies, Dreikönige. Im Verhältnis zu ihrer Größe ist die Slowakei sehr reich an Schriftstellern und Tonsetzern, von denen die Literaten nicht jenen Bekanntheitsgrad in der Welt erreichen konnten wie die Komponisten, zumal von diesen einige im Ausland lebten oder dort ihre Werke zur Uraufführung brachten.

Aus der Fülle der Verfasser von lat, sl, d und ma (seit 1945 auch ukrainisch) geschriebener Literaturerzeugnisse sollen nur einige genannt werden, um einen Überblick zu ermöglichen: Daniel Klesch (Poet), Anton Bernolák (Vorkämpfer für die sl Schriftsprache), Ján Hollý (Dichter), Ján Kollár (Poet), Jozef Miloslav Hurban (Schriftsteller, Publizist), Ľudovít Štúr

HUDOBNÝ SPOLOK CIRKEVNÝ SV. MARTINA — KIRCHENMUSIKVEREIN ZU SKT. MARTIN
SZT. MÁRTONRÓL CIMZETT EGYHÁZI ZENEEGYESÜLET

1833 **1933**

CENTENARIUM

Pod protektorátom apoštolského admin. biskupa Dra. PAVLA JANTAUSCHA, krajinského prezidenta JOZEFA ORSZÁGHA a RADY MESTA BRATISLAVY

Unter dem Protektorate des Herrn Bischofs, apost. Administrators Dr. PAUL JANTAUSCH, des Herrn Landespräsidenten JOSEF ORSZÁGH und des MAGISTRATES der STADT BRATISLAVA

Dr. JANTAUSCH PÁL püspök, apost. adminisztrátor, ORSZÁGH JÓZSEF országos elnök és BRATISLAVA VÁROS TANÁCSÁNAK VÉDNÖKSÉGE alatt

PROGRAM

II. slávnostného koncertu hudobného spolku cirkevného usporiadaného 7. novembra 1933 o 8. hod. večer v Mestskej Redute.

PROGRAMM

des am 7. November 1933 abends 8 Uhr in der städt. Redoute abzuhaltenden II. Festkonzertes des Kirchenmusikvereines.

Az egyházi zeneegyesület 1933. évi november hó 7.-én este 8 órakor a városi Vigadóban megtartandó II. ünnepi hangversenyének

MÜSORA:

1. *RICHARD WAGNER: »Meistersingervorspiel«*
2. *FRANT. LISZT: »Les Preludes«*
3. *GIUSEPPE VERDI: »La forza del destino«.* Aria *»Pace, pace mio Dio«.* Sopransolo a orchester
   Solo: Maria Németh kom. spev. – Kammersängerin – kamaraénekesnő, Wien
4. *DVOŘÁK-NILIUS: »Zigeunermelodien«.* Sopransolo, Orchester
   Solo: Maria Németh kom. spev. – Kammersängerin – kamaraénekesnő, Wien
   Dirigent: Prof. RUDOLF NILIUS, Generalmusikdirektor, Wien
5. *ALEXANDER ALBRECHT:* Drei Gedichte aus dem Liedercyklus *»Marienleben«* von Rainer Maria *Rilke*: 1. Geburt Mariä – 2. Pieta – 3. Vom Tode Mariä
   pre sopransolo, miešaný sbor, a orchester – für Sopransolo, gem. Chor und grosses Orchester Szopránszóló, vegyes- és zenekar számára
   Sopransolo: *Maria Németh* kom. spev. – Kammersängerin, – kamaraénekesnő, Wien
   Dirigent: Prof. ALEXANDER ALBRECHT

SPOLUÚČINKUJE – MITWIRKEND – KÖZREMÜKÖDÖK:
Zväčšený spoločný sbor a Bratislavský simf. orchester – Verstärkter Vereinschor und das Bratislavaer Symphonie-Orchester – A megerösitett egyleti énekkar és a bratislavai szimfónikus zenekar

Cena – Preis – Ára: Kč 2.–

Programm einer Preßburger Veranstaltung

(Schöpfer der sl Schriftsprache), Svetozár Hurban Vajanský (Schriftsteller, Rezensent), Pavel Ország Hviezdoslav (der wohl größte sl Dichter), Tobias Gottfried Schröer (=Christian Oeser, Dramatiker), Janko Kráľ (Poet), Andrej Sládkovič (=Braxatoris, Dichter), Martin Rázus (Dichter), Karl Benyovsky (Schriftsteller), Laco Novomeský (Dichter), Alfred Marnau (Dichter), Ladislav Mňačko (Romancier), Helga Blaschke-Pal (Dichterin), Erwin Pohl (Dichter). Dazu kommen im d Bereich zahlreiche Mundartdichter und Heimatschriftsteller: Friedrich Lam, Aurel Hensch, Rudolf Weber, Julius Haug, Franz Ratzenberger, Samuel Weber, Alfred Grosz, Julius Greb, Rudolf Musik und andere.

Unter den vielen, die sich mit der Musik befaßt haben, schufen Beachtenswertes: Anton Zimmermann (Singspiele), Johann Nepomuk Hummel (Klavier- und Orchesterwerke), Mikuláš Schneider-Trnavský (Lieder), Franz Schmidt (Opern, Orchesterwerke), Alexander Moyzes (Symphonien), Franz Lehar (Operetten), Ernst von Dohnanyi (Dirigent, Komponist), Leo Kestenberg (Komponist, Pädagoge), Johann Móry (Operetten, Lieder, Balladen), Anton Paulik (Dirigent), Ludwig Rajter (Dirigent, Komponist), Rudolf Laban (Choreograph, Pädagoge), Kurt Freitag (Organist, Chorleiter), Eugen Suchoň (Opern, Lieder), Ján Cikker (Opern, Kammermusik, Lieder), Michael Karin (=Knechtsberger), Heinrich Baumgartner und Narcisse Prokopec (Pianisten), Lucia Popp, Magda Hajóssyová, Ľuba Orgonasová, Peter Dvorský, Sergej Kopčák (Vokalsolisten), Edith Huth-Schuh (Folkloresängerin und Tänzerin).

Mehrere Ensembles der Slowakei nehmen einen internationalen Rang ein, u.a. Opernhäuser, Philharmonische Orchester und Chöre, Puppentheater, Zigeunerkapellen und Folkloregruppen.

5. FORSCHUNG UND WISSENSCHAFT

Auf diesem Gebiet wurde Außerordentliches geleistet, und viele Anstöße bildeten die Grundlage für weitere Erkenntnisse, zumal zahlreiche in der Slowakei tätig gewordene "gebietsfremde" Forscher auf die Hilfe der "einheimischen" Kenner angewiesen waren. Von Bedeutung sind: Christian Augustini ab Hortis (Arzt, Naturforscher), David Frölich (Mathematiker), Laurentius Koch (Theologe an der 1. Preßburger Universität), dann mehrere bahnbrechende Erfinder im Bereich des Bergbaues: Kaspar Weindl (1. Verwendung von Schießpulver im Abbau) und die Hell-Familie (die Brüder Matthias Cornelius und Joseph Karl bauten Wasserhebemaschinen, der Vater Maximilian war ein bedeutender Astronom und Mathematiker), Ignaz Born (neue Methode der Silbergewinnung), und Samuel Mikovini (Ingenieur). Große Beachtung fand Matthias Bél (Geograph, Historiker, Pädagoge), oder Johann Andreas Segner ("Segnersches Rad" - Vorläufer der Wasserturbine), und auch der trickreiche Wolfgang Kempelen (Wasserbau), weiter Anián Jedlik (Prototyp des Dynamos), Maximilian Josef Petzval (erstes fotographisches Objektiv mit großer Lichtstärke), Adalbert Alexander (Verbesserung des Röntgengerätes), Jozef Murgaš (Radiotelegraphie) und Philipp Eduard Lenard (Nobelpreis 1905 Kathodenstrahlen - bisher der einzige der Slowakei). Naturforscher sammelten immer wieder neue Erkenntnisse, u.a. die Buchholtz-Familie, die Genersich-Familie, Paul Kitaibel, Samuel Roth, Michael Greisiger, Johann Andreas Bäumler und Alexander Zahlbruckner. Zu erwähnen sind als Geisteswissenschafler Adalbert Hudak und Johann Liptak sowie Friedrich Gottas und Jörg Hoensch und in früheren Jahren Leonhard Stöckel sowie Georg Bohus. Die Einführung der Klimatotherapie und deren Umsetzung in die Praxis ist Michael Guhr und Nikolaus Szontágh dÄ zu verdanken; neue Wege für die Chirurgie des Herzens fand Josef Koncz. Samuel Fischer gründete

Adalbert Hudak

den Fischer-Verlag, und Gustav Heckenast war der Pionier auf dem Gebiet des Buchhandels in Ungarn.

6. SCHULWESEN

Über mögliche Anfänge während des Großmährischen Reiches in Neutra (evtl. Schreibschule) führte die Ausbildung über die Klöster- und Pfarrschulen und wenige städtische Schulen zum großen Aufschwung in der Reformationszeit. An vielen Orten wurde das Melanchthonsche Gymnasium eingeführt, und als Organisator der evangelischen Schulen hat sich Leonhard Stöckel einen überregionalen Namen gemacht. Nach mehreren, nur teilweise eingeführten oder lässig verwirklichten Reformen (1777 erster einheitlicher Lehrplan, 1850 Organisation der Mittelschulen mit der Einführung der Muttersprache im Unterricht durch Leo Thun, 1868 6-jährige Schulpflicht und staatliche Lehrpläne mit vorgeschriebenen Fächern) kam mit der Magyarisierung der Streit um die Muttersprache, der besonders zwischen den Sl und Ma die Atmosphäre vergiftete und unter anderen Vorzeichen (nach dem 1. Weltkrieg nach Wiederaufnahme des d und sl Unterrichtes), zwischen den D und den Schulbehörden zu einem Kampf um jede d Klasse führte.

1921 waren von 3682 Volkschulen 110 d und 98 d-ma, von 110 Bürgerschulen 6 d und d-ma (keine einzige in der Mittelslowakei), ferner gab es 2 d Gymnasien, Kesmark und Preßburg, nachdem sich Leutschau nicht halten konnte (Abbau der d Unterrichtssprache 1933-37) und in Zipser Neudorf eine Konstituierung wegen Unstimmigkeiten in der gemischtsprachigen evang Kirchengemeinde scheiterte, so daß ca. 80% der d Schulpflichtigen auch d Schulen besuchen durften. 1939 erhielt das d Schulwesen durch eine eigene Abteilung im Schulministerium eine beträchtliche Aufwertung und Ausweitung zu 114 Volksschulen, 23 Bürgerschulen, 1 Lehrerakademie, 2 Handelsschulen, 2 Frauenfachschulen, 59 Kindergärten, bei unveränderter Zahl der Gymnasien. Nach dem 2. Weltkrieg wurde Deutsch nur als Fremdsprache gegeben, und erst nach der Wende kam es 1992-94 zu einem Neuanfang mit einigen d Kindergärten, bilingualen Volksschulen und Gymnasien.

Die ma Minderheit konnte in der ČSR alle Schultypen behalten, mußte aber nach dem 2. Weltkrieg eine mehrjährige Unterbrechung hinnehmen, da ihr zuerst das gleiche Schicksal wie den D zugedacht war, bis nach 1948 wieder ma Schulen eingerichtet werden konnten. Dagegen hatte die ru Minderheit schon in der ČSR keine Möglichkeit bekommen, ein eigenes Schulwesen aufzubauen, und nach dem 2. Weltkrieg wurde in den Minderheitsschulen bis 1951/52 nur Rus-

Ältestes Matrikelbuch (1711) des Kesmarker Lyzeums

sisch, dann Ukrainisch, ab 1968 Slowakisch (Ukrainisch wurde Wahlfach) unterrichtet, bis die Wende auch hier einen Neuanfang ermöglichte.

Die erste Universität, die Academia Istropolitana, wurde 1465 in Preßburg von Matthias Corvinus gegründet. Sie existierte trotz einiger hervorragender Professoren (Johannes Müller-Regiomontanus, Laurentius Koch) nur bis ca. 1490. 1635 erhielt Tyrnau eine Universität, die 1777 nach Budapest verlegt wurde, während die 1657 in Kaschau gegründete Universität 1777 in eine Akademie umgewandelt wurde und erst nach dem 2. Weltkrieg eine Wiederbelebung erfuhr. 1914 wurde in Preßburg die Elisabeth-Universität gegründet, die nach den Weltkriegen als Komenský-Universität groß ausgebaut wurde. 1937 wurde in Preßburg die Technische Hochschule gegründet, und heute gibt es insgesamt 21 Hochschulen mit ca. 70 Fakultäten.

International bekannt war Jh hindurch das hohe Niveau der Schulen, einige erwarben sich einen hervorragenden Ruf, den sie bis in unser Jh hinein bewahren konnten, u.a. die unter ihrem letzten Namen -Deutsches Evang. Gymnasium A.B. in Kesmark- bis 1945 bestehende, 412 Jahre alte Anstalt (Lateinschule, im 18. Jh Hochschule: Theologie, Philosophie, Rechtswissenschaften, Lyzeum). Vor dem 1. Weltkrieg besuchten sie viele Sl und Ma, darunter bekannte Persönlichkeiten (Hviezdoslav, Rázus etc.), danach war sie das einzige d Gymnasium in kirchlichem (evangelischem) Besitz.

Große Bedeutung errang die erste Montanhochschule der Welt, die 1762 in Schemnitz aus der bereits 1733 gegründeten Fachschule für Bergbau hervorging und die neben dem Bergbau, der Metallurgie, und dem Eisenhüttenwesen (ab 1809) als vierte Fakultät die Forstwissenschaften erhielt. 1867 wurde an Stelle der d Sprache die ma eingeführt, so daß fast alle d und ausländischen Studenten nach Leoben gingen. Nachdem sie noch 1918 nach Ödenburg verlegt wurde, kam es in der ČSR und auch später zu keiner Erneuerung.

7. ZEITUNGSWESEN

Zur Herausgabe von Zeitungen kam es in Ungarn erst relativ spät: Dagegen sprachen ein zahlenmäßig unbedeutendes Bürgertum, ein desinteressierter Adel, die Übernahme der Nachrichten von Wien (Verspätung!) und die zeitweise strengen Zensurbestimmungen. Als erste periodische Zeitung in Ungarn, die eine lange Lebensdauer (bis 1929) haben sollte, erschien am 14.7. 1764 die d "Preßburger Zeitung" und als erste ma Zeitung erschien 1780 der "Magyar Hírmondó" sowie als erste sl erst 1845 die "Slovenskje národňje novini", die beide recht kurzlebig waren. Die Aktivierung des politischen Lebens brachte dann mehrere d Neugründungen, die um 1900 einen Höhepunkt (21 Stück) erreichten. Einige Bedeutung erreichten und über einen längeren Zeitraum erschienen: "Zipser Anzeiger" 1863 (ab 1873 "Zipser Bote", ab 1908 ma als "Szepesi Hirnök"), "Preßburger Tagblatt" (1870-73, 1896-1924). Drei existierten bis in die 40-er Jahre: "Westungarischer Grenzbote" (1872-1918), ab 1919-1945 als "Grenzbote", liberal, nach 1939 "gleichgeschaltet" mit einigem Spielraum, "Karpathen-Post"

Preßburger Zeitung,
Erstes Stück.
Sonnabend, den 14. Julii 1764.

Titelblatt der 1. "Preßburger Zeitung"

(1880-1942), liberal, "Deutsche Stimmen" (1934-1945), Organ der KdP und DP. Bis 1945 insgesamt erschienen 533 Blätter, Gründe für die Vielfalt: Abwehrhaltung gegen Magyarisierung, Tschechisierung.

8. WIRTSCHAFT

Die Slowakei war neben dem besonders ertragreichen Bergbau ein besonders guter Standort für die Leinen- und Barchenterzeugung wie auch für die Papierherstellung, wobei nur wenige Betriebe den Übergang von der Handarbeit in das Maschinenzeitalter schafften. Aus dem hochstehenden Handwerk entwickelten sich einige beinahe marktbeherrschende Unternehmen - wie C.A. Scholtz in Matzdorf (Eisen- und Haushaltswaren), Wein & Co in Kesmark (Textil) oder Karl Grüneberg in Preßburg (Bürsten).

Mit dem Aufschwung der Industrie war derjenige der "neuen" Rohstoffe verbunden. 1865 wurden in der Slowakei ca. 8.400 t Roheisen (75% der u Produktion) hergestellt, 1900 waren es ca. 21.000 t und 1930 ca. 31.000 t. Der 1907 aufgenommene Abbau von Braunkohle in Krickerhau führte fast zu einer Verdreifachung der Einwohner. Das Grundkapital aller Gesellschaften verdoppelte sich 1900-13 auf 1515 Mill. Kronen, wobei 40-64% in inländischer Hand waren. Trotzdem blieb die Slowakei ein Agrarland, aber in vielen Gebieten, besonders im d Hauerland, war der Boden nicht in der Lage, die Bevölkerung zu ernähren, so daß sich viele als Saisonarbeiter nach Innerungarn, später nach Deutschland verdingen mußten.

Die Folgen des 1. Weltkrieges und die Weltwirtschaftskrise führten in der Slowakei zu zahlreichen Konkursen, Stillegungen, Einschränkungen und zu ca. 70.000 Arbeitslosen. Erst die Bedürfnisse des 2. Weltkrieges führten zu einem raschen Abbau der Arbeitslosigkeit, obzwar es durch zeitweise unterbrochene Rohstoffzufuhren zu Entlassungen und Produktionseinschränkungen kam.

Die vier sl Banken besaßen einen minimalen Einfluß, und die polemisch vorgetragene Forderung nach der "Brechung der tschechischen Kapitalknechtschaft" ging ins Leere. Über die Beteiligungen der in Böhmen und Mähren übernommenen Firmen kam das d Kapital in die Slowakei (wie nach dem 1. Weltkrieg das tschechische an Stelle des ungarischen und österreichischen), wo es bald eine beherrschende Stellung einnahm (1938: 4%, 1942: 51%, 1945: 62%).

Papierfabrik in Deutschendorf um 1907

Den größten Einfluß erreichten die Reichswerke Hermann Göring. In ihren Besitz kamen die größten Betriebe der Slowakei, das Škoda-Werk Dubnitz a.d. Waag (15.000 Arbeiter), die Maschinenfabrik Waagbistritz (10.000 Arbeiter), und 1941 erwarben sie die staatlichen Hüttenwerke und Erzgruben Podbrezová und Theißholz für einen weit unterbewerteten Preis von nur 70 Mill. Kronen (der außerdem von den Gewinnen abzutragen war). Und da keine ausgewiesen wurden, kam der Kauf einer Schenkung gleich! Bedeutende Positionen hielten auch die IG-Farben und der Verein für chemische und metallurgische Produktion, die Preußische Bergwerk und Hütten AG sowie die Wietscher Magnesitwerke, so daß 99% der Gruben und Hütten, 78% der chemischen Industrie, 60% des Maschinenbaus und 40% der Zellulose- und Papierfabrikation in d Hand waren.

Mit Deutschland wurden je 2/3 der Aus- und Einfuhren abgewickelt. Unter den neutralen Staaten bestanden zur Schweiz gute Handelsbeziehungen, die angeblich von den Alliierten auch zum Schaden der d Kriegswirtschaft genutzt wurden. Die Slowakei mußte erhebliche Verluste hinnehmen (u.a. Überbewertung der Reichsmark, Guthabenanhäufung für Auszahlung nach dem Krieg). Die Staatsschulden stiegen auf 8.600 Mill. Kronen, und der Geldumlauf verzehnfachte sich! Probleme bereitete auch die Beschränkung der Überweisungen der ca. 70.000 im Deutschen Reich Arbeitenden.

Für den Großteil der Bevölkerung war die Slowakei eine Oase, in der es nur wenige, sehr großzügig gehandhabte Rationierungen und nur einige temporäre Einschränkungen gab, zumal der "Schwarze Markt" fast alle nicht zum täglichen Bedarf zählenden Artikel anbot. Die steil ansteigenden Löhne blieben bei Berufen mit körperlicher Schwerstarbeit immer mehr hinter den sich verdoppelnden Lebenshaltungskosten zurück und konnten die sich auch verdoppelnde Inflationsrate nicht ausgleichen, so daß nur eine dünne Oberschicht vom Kaufkraftschwund verschont blieb. Größere Unternehmungen gingen dazu über, ihren Arbeitern billige Lebensmittel zur Verfügung zu stellen. Trotzdem kam es zu einigen größeren Streiks.

Die Gründe für den relativ schnellen Aufschwung der Wirtschaft lagen nicht in der Staatsgründung, sondern in der für Kriegszeiten besonders günstigen Struktur: Bisher nicht genutzte Kapazitäten erlaubten Ausweitungen ohne große Investitionen. Viele Industrieobjekte, die in der ČSR aus strategischen Gründen in die Slowakei verlagert wurden, konnten um 1939 die Produktion aufnehmen, teilweise veraltete Produktionsmittel konnten ohne Konkurrenz voll genutzt werden, und die Slowakei blieb bis Mitte 1944 außerhalb der Reichweite der alliierten Bombergeschwader.

Die nach 1948 ohne Rücksichten auf Standorte, Ökologie und Raumordnungen durchgeführte Industrialisierung, die vor allem der Schwer- und Grundstoffindustrie und der Chemie zahlreiche neue Standorte bescherte, führte zu einer schnellen Umschichtung der Beschäftigten, von denen 1940 noch 39% in der Landwirtschaft und nur 24% in der Industrie arbeiteten, dagegen waren es 1980 20% zu 44%. Aber die zahlreichen, meist ideologisch begründeten, fehlerhaften Maßnahmen, das zur Sicherung des später bescheidenen Auskommens notwendige "Leben über die Verhältnisse", das konstant kleiner werdende Wirtschafts-

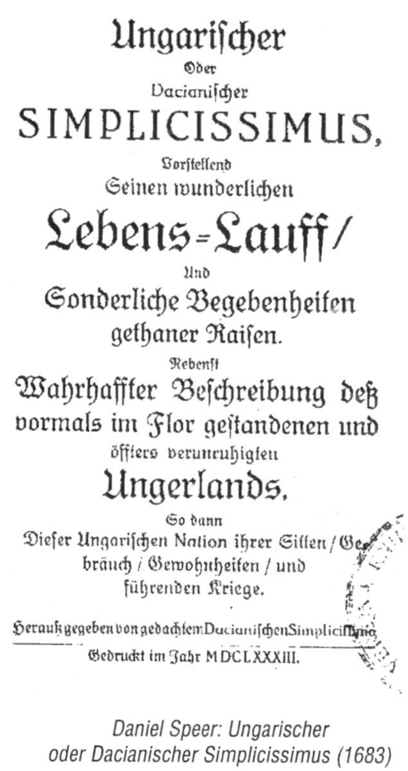
Ungarischer
Oder
Dacianischer
SIMPLICISSIMUS,
Vorstellend
Seinen wunderlichen
Lebens-Lauff/
Und
Sonderliche Begebenheiten
gethaner Raisen.
Nebenst
Wahrhaffter Beschreibung deß
vormals im Flor gestandenen und
öffters beunruhigten
Ungerlands.
So dann
Dieser Ungarischen Nation ihrer Sitten/Gebräuch/ Gewohnheiten/ und
führenden Kriege.
Herauß gegeben von gedachtem Dacianischen Simplicissimo.
Gedruckt im Jahr MDCLXXXIII.

Daniel Speer: Ungarischer oder Dacianischer Simplicissimus (1683)

wachstum, die immer unbefriedigender werdende Wirtschaftsstruktur, der einseitig auf die UdSSR ausgerichtete Warenaustausch (ca. 45%), die Bürokratie und Schwerfälligkeit, unwirtschaftliche Autarkiebestrebungen (trotz RGW!) und mehrere andere systembedingte Mechanismen verhinderten später immer dringender werdende größere Investitionen und ließen den Abstand zum Niveau der freien Weltwirtschaft immer größer werden, obzwar in der Slowakei noch lange nicht jene desolate Situation wie zBsp in der DDR oder in Polen entstanden war. Die sehr unterschiedliche Struktur der tschechischen und sl Wirtschaft und die durch eine jahrzehntelange Benachteiligung entstandene Vorzugsstellung des tschechischen Teilstaates führten nach dem Zusammenbruch des Sozialismus und besonders nach der Trennung zu unterschiedlichen Maßnahmen.

9. VERKEHRSENTWICKLUNG

Die Slowakei war immer ein Durchgangsland gewesen, und schon im Altertum führten Nebenlinien und Abzweige der Bernsteinstraße durch die w Gebiete, während der sehr rege mittelalterliche Handel hauptsächlich zwei Linien bevorzugte: Zentralungarn - Kaschau - Zips - Polen und Westungarn/Niederösterreich - Waagtal - Krakau. Auf der Donau bestand schon seit dem 10. Jh ein starker Verkehr (Salz, Güter, Kreuzritterheere, "Ulmer Schachteln" z.Zt. der Schwabenzüge usw.), und noch vor dem 1. Weltkrieg war eine Fahrt mit dem Donauschiff von Wien nach Serbien oder Rumänien und Bulgarien angenehmer, einfacher und kaum länger als mit der Eisenbahn. Auf den anderen Flüssen wurde viel Holz geflößt, auf der Waag nahmen die Flößer auch Güter und Personen mit, da sich der Verkehr im Landesinneren auf sehr schlechten und daher zeitraubenden Wegen abspielte. Die 1558 eingerichtete Postverbindung von Preßburg nach Kaschau benötigte 1850 nach Rosenberg 120 Std, nach Leutschau 170 Std und nach Kaschau 210 Std.

An das Eisenbahnnetz wurde die Slowakei infolge der radial auf Budapest ausgerichteten Linien relativ spät angeschlossen. Nach der 1846 fertiggestellten, als Vollbahn geplanten, aber bis 1873 mit Pferden (Hafer war billiger, als Kohle!) betriebenen Strecke Preßburg - Tyrnau - Sereď folgte 1850 die Verbindung nach Wien und Budapest, und 1860 wurde von Budapest ausgehend Kaschau erreicht. Große Impulse löste die Kaschau-Oderberger-Bahn (1872 fertiggestellt) aus, die zur wichtigsten Verkehrsader der Slowakei wurde (zweigleisiger Ausbau 1915-56, Elektrifizierung 1946-56). 1872 wurde an diese eine Querverbindung angeschlossen: Lizenz - Altsohl - Kremnitz - Vrútky, und 1873 wurden Altsohl - Neusohl, sowie Kaschau - Čop und schließlich Micheľany - Homenau - Medzilaborce, mit dem Ende des 2. Weltkrieges eingestellten Anschluß nach Polen fertig. 1871-74 wurde Dobschau mit Fiľakovo verbunden und die Strecke Eperies - Orlov dem Verkehr übergeben, die 1876 bis nach Tarnow verlängert wurde. 1883 wurde die Verbindung zwischen Tyrnau und Sillein hergestellt und die Strecke von Preßburg nach Kutti gebaut, die erst nach dem 1. Weltkrieg den Anschluß an das nahe Lundenburg

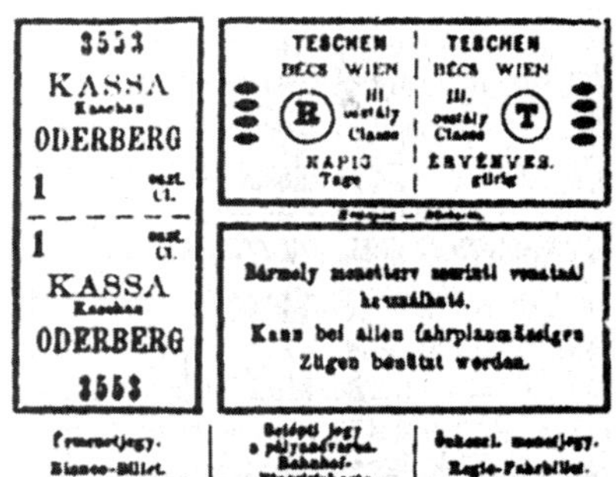

Alte Fahrkarten der Kaschau-Oderberger-Eisenbahn

und damit die Verbindung mit Brünn und Prag fand, während schon seit 1888 die Verbindung zwischen Trentschin und Brünn existierte. Mit dem Bau der Arwatalbahn (1898-99), der Göllnitzbahn (1884) und der Grantalbahn (1893) sowie den Stichbahnen nach Deutschproben und Krickerhau (1909-13), ferner der Poppertalbahn (Deutschendorf - Kesmark - Pudlein, 1889-92) kam es zu einem vorläufigen Abschluß.

Für den Touristenverkehr wurden die Tatrabahnen gebaut: 1895 die Vollbahn Studený Potok - Tatralomnitz, 1896 die Zahnradbahn Bahnhof Tschirm - Tschirmer See (1932 abgebrochen, 1970 erneuert), 1906-12 die "Schlagader" des Tatraverkehrs, die Elektrische Schmalspurbahn Deutschendorf - Altschmecks - Tschirmer See, mit dem Abzweig von Altschmecks nach Tatralomnitz (eine Verlängerung nach Zakopane wurde nicht verwirklicht). Zwischen Deutschendorf und Altschmecks hatte Wilhelm Krieger (Pächter der Elektrozentrale) schon 1904-06 einen Oberleitungsbus im Einsatz, der aber abgebrochen werden mußte, weil die Pferde der Erzherzogin Isabella vor dem Wagen scheuten! Auch die schmalspurige Korytnicabahn Rosenberg - Korytnica (1905) diente neben der Holzabfuhr hauptsächlich dem Ausflugsverkehr, sie wurde nach dem 2. Weltkrieg leider abgebrochen.

Die Grenzziehungen nach dem 1. Weltkrieg schufen in der Slowakei neue Verhältnisse. Während im S die nach Budapest ausgerichteten, abgeschnittenen Äste vorerst "in der Luft" hängen blieben, war die Kaschau-Oderberger-Bahn in ihrem w Bereich von der p Artillerie bedroht, und die in die Karpatoukraine führende Strecke konnte von Ungarn leicht unterbrochen werden. Das von der ČSR ausgearbeitete Neubauprogramm war daher sehr stark von strategischen Gedankengängen beeinflußt, und eine grenzferne Transversale wurde mit Hilfe der Verknüpfung bestehender Strecken verwirklicht: 1921 Bánovce nad Ondavou - Ungvar, 1923-29 Weseli an der March (Mähren) - Neustadt an der Waag, 1921-31 Krickerhau - Oberstuben, 1931-36 Roter Stein - Göllnitz (zwei Strecken mit vielen Kunstbauten, Streiks mit teilweise blutigen Auseinandersetzungen), 1935-37 Oberlitsch (Mähren) - Puchau, und 1936-40 Neusohl -Diviaky (eine sehr anspruchsvolle Verbindung, Teilstück der damals kürzesten Verbindung Berlin - Budapest). Mehrere andere Projekte, besonders diejenigen, die 1938 nach dem Verlust der S-Slowakei an Ungarn aufgelegt wurden, blieben mit einer Ausnahme, der Strecke Eperies - Kapušany - Strážske (1939-43), kaum begonnen unvollendet oder wurden überhaupt nicht realisiert, zumal nach dem Ende des 2. Weltkrieges durch die Rückkehr der S-Slowakei wieder die alten Gegebenheiten vorlagen und einige Pläne an Bedeutung verloren.

Während die ziemlich desolaten, vom Bahnreisenden viel Geduld verlangenden Verhältnisse noch vor dem 1. Weltkrieg mitteleuropäischen Standard erreichten, blieb der Straßenverkehr lange Zeit das Stiefkind des Staates. 1854 hatte ganz Ungarn nur 800 km staatliche Wege, und 1922 gab es in der Slowakei nur 621 Automobile aller Klassen. Nur die Hälfte der staatlichen Wege hatte eine feste Decke, von der nur 10% staubfrei ausgebaut waren. Zahlreiche Projekte blieben auf der Strecke, bis schließlich 1939 wieder aus militärischen Gründen mit einem Aufwand sondergleichen mit Begradigungen, Decken- und Brückenverstärkungen, dem Einbau von Asphaltbelägen usw. eine gründliche Sanierung durchgeführt wurde. Das Ziel war die Verbesserung der Infrastruktur für eine mögliche Auseinandersetzung mit Polen bzw. später mit der UdSSR, die von zahlreichen namhaften d Tiefbaufirmen (ca. 150 Ingenieure, ca. 800 Poliere und mehr als 5.000 einheimische Arbeiter) durchgeführt wurde. Sie bildete die Grundlage für den nach dem 2. Weltkrieg fortgeführten weiteren großzügigen Ausbau, der mit einigen Neubaustrecken, darunter auch Autobahnen, der Slowakei eine Sonderstellung im damaligen sozialistischen Herrschaftsbereich verschafft hat, deren hohes Niveau auch weiterhin gehalten wurde. Während in der Slowakei alle Kanalprojekte, schon Josef II. wollte eine schiffbare Verbindung über die Waag und die Popper zwischen Preßburg und Lemberg schaffen, scheiterten, wurde das Land sehr früh in den aufblühenden, auf den Erfahrungen des 1. Weltkrieges fußenden Luftverkehr einbezogen. 1923 wurde die Linie Prag -Preßburg und 1926 ihre Verlängerung nach Kaschau eröffnet. 1935 wurde Pistyan einbezogen, und 1938 wurde nach langen hitzigen Diskussionen um den Standort eines Flugplatzes in der Nähe der Hohen Tatra mit dem Bau von "Tatry-Poprad" bei Deutschendorf begonnen.

10. ERSCHLIEẞUNG DES HOCHGEBIRGES ENTWICKLUNG DES KARPATHENVEREINS

Wie in anderen Hochgebirgen Europas waren Schatzsucher, Jäger und schließlich Hirten die ersten, die in das Innere der Gebirge vordrangen, sich aber erst relativ spät zutrauten, den einen oder anderen Gipfel zu betreten. In Verbindung mit der Schatzsucherei kam es zu den ersten Beschreibungen von Routen, vornehmlich solchen, die zu den fieberhaft gesuchten Schätzen führen sollten. Mit diesen "Testamenten" kam es zu einem schwunghaften Handel, teilweise zu blutigen Auseinandersetzungen, aber fast immer war der Käufer der Betrogene.

Die älteste überlieferte Erstbesteigung ist diejenige der Kesmarker Spitze, die 1615 David Frölich mit 2 Gefährten ausführte. 1664 erreichte Georg Buchholtz dÄ mit mehreren Studenten die Schlagendorfer Spitze, und zwischen 1760-90 stand der Kesmarker Schuhmacher und Schatzsucher Jakob Fabry als erster auf der Lomnitzer Spitze. Nach einer längeren Pause bestieg 1834 der Neuwalddorfer Lehrer Johann Still den höchsten Berg der Hohen Tatra und der Karpaten, die Gerlsdorfer Spitze (bis heute öfters zu Unrecht angezweifelt), ferner bestiegen 1840 Eduard Blásy und Ján Ruman die Meeraugspitze, 1867 erreichte der Pfarrer von Zakopane Józef Stolarczyk mit 3 Begleitern die Grünseespitze und 1870 mit mehreren Führern die Samuel-Roth-Spitze.

Nach der romantischen Pionier- und Forschungsepoche kam es Mitte des 19. Jh mit dem wachsenden Interesse an der Bergwelt und den dort sich bietenden gesundheitlichen Vorteilen zur Gründung der großen europäischen Touristenvereine. Vorerst erfolglose Anregungen für die Schaffung der ersten Organisation, die sich nicht mit den Alpen, sondern mit den Karpaten beschäftigen sollte, gingen 1871 von einem in Kaschau stationierten Regimentsarzt, dem Salzburger Heinrich Wallmann aus. Ein weiterer Anlauf, diesmal vom Villacher Alpinisten Gustav Jäger, zur Bildung eines die gesamten Karpaten umfassenden, multinationalen Vereins führte wenigstens dazu, daß sich das Professorenkollegium des Kesmarker Lyzeums der Sache annahm, bis schließlich, mit mehreren weiteren Interessenten am 10.8.1873 in Schmecks der "Ungarische Karpathenverein" gegründet wurde (allerdings nicht in der angestrebten umfassenden und übergreifenden Form). So waren von Beginn an die Magyaren und die Deutschen die bestimmenden Nationen, während der Anteil der Slowaken bei ca. 15% lag und das Tätigkeitsgebiet auf das damalige Ungarn (aber ohne Siebenbürgen), beschränkt blieb. Die Folge war die noch am Jahresende von Polen vorgenommene Gründung des "Galizischen Tatravereins" (schon 1 Jahr später nur "Tatraverein", nach dem 1. Weltkrieg "Polnischer Tatraverein") und später eines Vereins in Siebenbürgen. Die Ziele des Karpathenvereins waren: Erschließung und Zugänglichmachung der Hohen Tatra, Bekanntmachung ihrer Schönheiten (einschließlich der Schaffung eines Museums), Förderung aller Zweige der Touristik und Hebung des Fremdenverkehrs.

Simplicissimus mit seinen Freunden auf der Kesmarker Spitze 1664

Die Verwirklichung der Vereinsziele konnte nur mit unerhörtem Idealismus und dem Einsatz persönlicher Mittel in Angriff genommen werden, obzwar die Beiträge nicht niedrig waren. "Gründende" Mitglieder zahlten einmalig 30-50 Gulden, alle anderen 3, später 2 Gulden jährlich. Zum Vergleich: 1 Sack

Getreide kostete ca. 80 Kreutzer, eine Gans ca. 55! Die ca. 250 Mitglieder (Lehrer, Beamte, Kaufleute, Handwerker) brachten ca. 600 Gulden als Startkapital auf. Der "Motor" des Vereins war Anton Döller (Kassierer, 1876 geschäftsführender Vizepräses, 1880 1. Vizepräses), der nicht nur viele Anregungen gab, sondern diese auch mit Elan und Geschick umzusetzen verstand. In den ersten 10 Jahren wurden 8 Schutzhütten und mehrere Wege gebaut, und 1887 wurde in Deutschendorf das Museum (auf einem von David Husz geschenkten Grundstück) der Öffentlichkeit übergeben. Die Zahl der Mitglieder stieg auf ca. 3000, ferner wurden vier Sektionen gegründet und eine (der bereits seit 1863 in Schemnitz bestehende älteste Touristenklub Ungarns, "Szittnya" (=Sitno) 1882 als Sektion aufgenommen. In der "klassischen Zeit" des Tatrabergsteigens, bis ca. 1891, gab es 31 Erstbesteigungen durch Deutsche, 38 durch Polen und 10 durch Magyaren. Zu einer ersten großen Belastung wurde die "Javorina-Affaire", die 1880 durch die vom Fürsten Hohenlohe für seinen umfangreichen Besitz ausgesprochene Aussperrung aller Touristen und Fremden, ferner durch die Auflassung aller Fremdenzimmer in Javorina und das Betätigungsverbot für die Sektion Javorina ausgelöst wurde. Trotzdem der Fürst Ehrenmitglied des Vereins war, dauerte es mehr als 22 Jahre, bis es gelang, wenigstens einige wenige Hauptwege freizubekommen.

Karpathenvereinsabzeichen im Laufe der Zeit

Im Gefolge der Wirtschaftskrise im letzten Drittel des 19. Jh kam es zu Unstimmigkeiten in der Vereinszentrale in Kesmark. Nachdem 1882 die Generalversammlung mehr Sorgfalt bei der Verwirklichung der touristischen Ziele angemahnt hatte, wurde 1884 die Zentrale nach Leutschau verlegt. In der bis 1891 dauernden "Leutschauer Epoche", die von den adligen Kreisen der Komitatsverwaltung geprägt war, kam es aber zu einer weiteren Vernachlässigung der Vereinsziele, und in Erwartung höherer öffentlicher Zuschüsse wurde 1880 der Obergespan des Komitates Zips, Graf Albin Csáky, zum Präses gewählt - sehr zur Verärgerung der bürgerlichen Kreise und Anton Döllers, der sich mit Recht übergangen fühlte und 1883 resignierte.

Nach dem Erlaß einer Führerordnung (1875 gab es 27 d und 10 sl Bergführer), der Pachtung des Blumengartens im Felker Tal, um eine weitere Überweidung zu verhindern, dem Verbot des Edelweißpflückens - eine Einstellung der Jagd auf Gemsen und Murmeltiere kam nicht durch - wurde 1876 von Karl Kolbenheyer der erste d Wanderführer geschrieben (eine ma Ausgabe folgte) und die ersten brauchbaren Karten herausgegeben. Die seit dem Gründungsjahr erscheinenden Jahrbücher kamen zuerst in einem Band d und ma geschrieben heraus, sie wurden erst später auf vier Hefte pro Jahr und auf eine d und eine ma Ausgabe (ca. 40:60%) aufgeteilt.

Ein möglicher, weit über das Lokale hinausgreifender Vereinsbund mit dem Österreichischen und Deutschen Alpenverein sowie dem Österreichischen Alpenclub wurde 1882 wegen befürchteter finanzieller Einbußen (Gegenseitigkeitsrecht) und wegen nationaler Eitelkeiten ("Außerachtlassung der ungarischen Staatlichkeit") ausgeschlagen. Weitaus größere Probleme, die zu laufenden Auseinandersetzungen führten, entstanden durch die Organisation des KV (Verhältnis der Zentrale zu den Sektionen). Die zahlreichen, immer wieder neuen Modelle brachten erst sehr spät eine einigermaßen befriedigende Lösung. Ein Problem, das den KV an den Rand seiner Existenz brachte, entstand mit dem Bau der Vorläuferin der Gürtelstraße (Touristenweg, Klothilden-Weg, heute Cesta Slobody). Um eine direkte Verbindung zwischen Schmecks und dem Tschirmer See zu schaffen wurde der Bau eines Weges auf zwei verschiedenen, immer wieder verbesserten Trassen (1877 "Oberer Weg", 1879 "Unterer Weg") durchgeführt. Schließlich kam es zum Bau eines etwa in der Mitte beider Trassen verlaufenden

Bergführer um 1930

2 m breiten Reitweges. Ab der Hälfte der Distanz wurde er als 4 m breiter Fahrweg weitergebaut, während das bereits fertige Stück entsprechend verbreitert werden sollte. Die ins Uferlose gestiegenen Kosten zehrten sämtliche Reserven des KV auf, so daß der Staat den Weg fertigstellen und ihn 1891 in das Straßennetz des Komitates aufnehmen mußte.

In Verbindung mit diesem Problem führen die Forderungen der neugegründeten Sektion Budapest (Präses: Eötvös Loránd), die Zentrale zwecks besserer Verwirklichung der Vereinsziele nach Budapest zu verlegen, 1891 zum Bruch. Fünf Sektionen (Budapest, Mátra, Szittnya, Eisenburg, Fiume) verließen den KV und gründeten in Budapest den Magyarischen Touristenverein (MTE). In dieser schweren Situation wurde die Zentrale des KV nach Zipser Neudorf verlegt, wo es dem Vizepräses Nikolaus Fischer, einer der großen Gestalten des KV, gelang, nicht nur eine Konsolidierung, sondern auch eine freundschaftliche Zusammenarbeit mit dem MTE zu ermöglichen, der als Arbeitsgebiet das Kleine Kohlbachtal erhielt und in Kesmark die Sektion Tatra gründete. So konnte der KV, trotz der Konzentration auf die Bewahrung des Bestandes, beachtliche Erfolge erzielen. 1894 baute die Sektion Schlesien (Breslau) das Schlesierhaus, dazu kamen die Erschließung der wesentlichen Teile des Slowakischen Paradieses und einige größere Wegebauten in der Hohen Tatra, während der MTE 1898-99 die Téry-Hütte errichtete. Für den weiteren Ausbau (Höhen- und Radialwege, Hütten, Regelung der Grundbesitzverhältnisse der Hüttenstandorte) legte Nikolaus Fischer 1907 eine Denkschrift vor, die aber in den Schubladen der Behörden verschwand, ohne daß es zu einer finanziellen Unterstützung kam.

Die alltäglichen Probleme waren von vielfältiger Natur, von denen die "Schlesische" und die "Rosenberger Affaire" von der Magyarisierung und nationalen Eitelkeiten beeinflußt waren. Die Sektion Schlesien sprach sich 1901 gegen die neuen, nur ma Wegtafeln aus und forderte, daß bei der Post und den Bäderverwaltungen auch Beamte mit d Sprachkentnissen im Dienst sein müßten. In der ausbrechenden Polemik fielen Bemerkungen über die Verdrängung der d Sprache und Kultur. Während der Vorbereitungen zur Reorganisation des Bergführerwesens schlug die Sektion erfolglos vor, die Führer am Wegebau zu beteiligen, um sie finanziell besserzustellen. Im Dienst der gemeinsamen Sache wurden diese Gegensätze immer wieder überbrückt und schließlich beigelegt. 1898 erschien in einem Rosenberger Verlag von Karol Salva das sl Buch "Tatry". Der Autor trat wohl für die Schönheiten ein, die auch die Heimat der Sl seien, aber deswegen das damalige Schreckgespenst des Panslawismus zu zitieren und nach dem Staatsanwalt zu rufen, war aus heutiger Sicht lächerlich! Ähnlich zu bewerten ist das Vorgehen der Verwaltung des KV gegen den Budapester Akademischen Touristenklub (eine Sektion des MTE, ab 1909 selbständig) wegen der laufenden "ungebührlichen" Verwendung des Namens Gerlsdorfer Spitze an Stelle von Franz-Josef-Spitze (seit 1896).

Bis in die ausländische alpine Presse drang die Auseinandersetzung um die am Ende der in die Höhe führenden, ausgebauten Wege fehlenden Markierungen (damals sehr häufig). Ihr Fehlen sollte im beginnenden Zeitalter des führerlosen Bergsteigens den Bergführern einen Teil ihrer Arbeit erhalten, wurde aber beim Verzicht auf einen Führer, zumal die Tarife für Routen im Ödland beträchtlich höher lagen als auf ausgebauten Wegen, als sehr unfallfördernd angesehen. Schließlich setzte sich die allgemein in den Alpenländern übliche Praxis durch, die Markierungen auch im Ödland bis zu einem bestimmten Ziel weiterzuführen. Die Neugestaltung der Tarife überließ die Bezahlung schwieriger Routen der freien Vereinbarung und brachte nur eine Zusammenstellung gängiger Routen, so kostete zBsp der Rote Turm 10 Kronen, die Gerlsdorfer Spitze 12, die Lomnitzer Spitze 20 und die Tatraspitze 16 Kronen. Interessant ist, daß damals auch zwei weitere Routen auf die Gerlsdorfer Spitze verzeichnet waren, die heute kaum mehr begangen werden.

Während um die Jahrhundertwende die Interesselosigkeit und der "kalte Indifferentismus" (Nikolaus Fischer) bei der großen Masse immer größer wurden, waren gerade in diesen Jahrzehnten vor dem 1. Weltkrieg, im "Goldenen Zeitalter", hervorragende bergsteigerische Leistungen zu verzeichnen - mit 845 Teilnahmen an Erstbesteigungen und Erstbegehungen (darunter 390 p, 295 d, 157 ma, und 3 sl). Die letzten Berge und Türme wurden bestiegen, die meisten Grate begangen und zahlreiche mittelschwere und auch schon schwerere Erstbegehungen ausgeführt. Es war die große Zeit von Alfred Grosz (mit über 120 Neuanstiegen) und von Karl Artur Englisch, dann die der Brüder Komarnicki und Żuławski. oder die von Simon Häberlein, von Günter Oskar Dyhrenfurth, von Aleksander Znamięcki und anderer hervorragender Bergsteiger. Besonderes Aufsehen erregten die Erstbesteigung des lange "belagerten" Spitzen Turmes durch K.A. Englisch, an der sich seine Mutter und zwei Führer beteiligten, sowie die führerlose Erstbesteigung des Simon-Turmes durch Simon Häberlein und Katharina Bröske.

Der 1. Weltkrieg führte zu einer großen Zäsur, durch die fast jede Tätigkeit in den Bergen und im KV ruhte, dessen erste Schritte in der jungen ČSR, infolge der Gegnerschaft des KČST, auf sehr schwankendem Boden erfolgten. Der Ablehnung des p Tatravereins, eine Auflösung zu unterstützen, ist es zu danken, daß der KV bestehen blieb. Der Wiederanfang war sehr schwer: 7 Sektionen fielen an Ungarn, die Sektion Liptau schloß sich dem neuen "Tatranský spolok turistický", der dann im KČST aufging, an, zahlreiche Hütten waren zerstört, andere von der Grenzbestimmungskommission beschlagnahmt. Mit der neuen Satzung, die erst 1922 genehmigt wurde, verlor der KV einige Aufgaben ganz, andere wurden eingeschränkt, während die Aufnahme der "tschechoslowakischen Sprache" als Amtssprache neben dem D abgewehrt werden konnte.

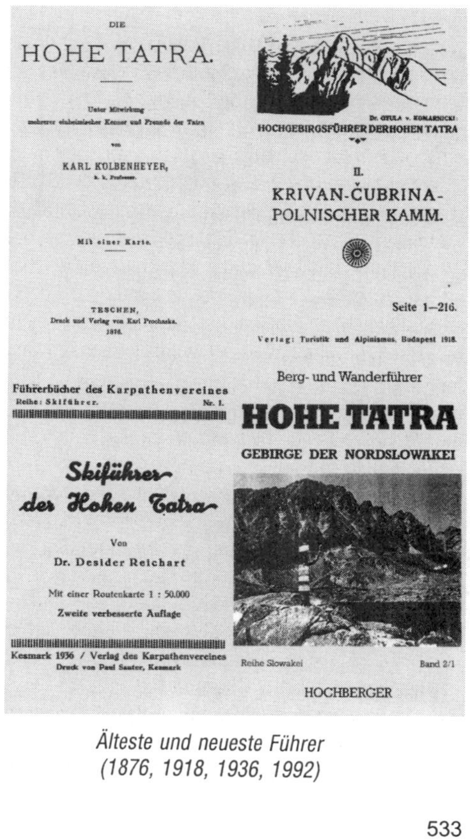

Älteste und neueste Führer (1876, 1918, 1936, 1992)

Kesmark wurde wieder Vereinssitz, und der Tatraverein des MTE kam als Sektion zum KV, trotzdem verlor er seine Téry-Hütte. Die überragende Persönlichkeit Michael Guhrs, sein Ansehen als Arzt und sein überaus diplomatisches Vorgehen, das von Männern, wie Julius Andreas Hefty, Alfred Grosz, Artur Wiegand, Theodor Sauter etc. unterstützt wurde, brachte dem KV sein altes Ansehen zurück und ließ ihn aus dem vom Staat vorgesehenen Schattendasein heraustreten. Er war im "Hauptverband der Deutschen Gebirgs- und Wandervereine in der Tschechoslowakei" und in demjenigen der Wintersportvereine organisiert, und Michael Guhr vertrat den letztgenannten Verband bei zahlreichen Gelegenheiten, Kongressen und Winterolympiaden. Auch das Verhältnis zum KČST wurde freier, wenn auch nicht ganz spannungslos. 1923 wurde anläßlich des 50-jährigen Jubiläums des KV der hervorragende Pionier des sl Bergsteigens, Miloš Janoška, zum Ehrenmitglied gewählt.

Der Versuch, die Jugend des KV in einer Bergpfadfinderschaft zu organisieren, scheiterte am Widerstand des Staates. Trotzdem gelang es dem Leiter des Jugendausschusses, Alfred Grosz, die Sammlung der sogenannten "Kaicheln" (steht in der Zipser Mundart für Küken) durchzuführen, und unter seiner Obhut wurden fast zwei Jahrzehnte lang junge Menschen mit den Schönheiten der Natur, mit dem Bergsteigen und dem Skilauf vertraut gemacht.

1921 erschien auch wieder eine Vereinszeitschrift, "Touristik und Alpinismus", die zuerst drei Jahre lang von Theodor Sauter verlegt wurde, bis der KV selber in der Lage war, sie als "Touristik, Alpinismus und Wintersport" herauszugeben. Später wurde der Titel in "Die Karpathen" geändert.

Trotz des damals noch schwach entwikkelten Bewußtseins für den Naturschutz fand sich unter Alfred Grosz eine Gruppe zusammen, die gegen den Plan einer Großseilbahn und gegen die neuen "Randgebiete" des KV (Tennis-, Motorsport- und Reiseabteilung), die zur Hebung des Fremdenverkehrs und zur Stützung der d Unternehmer auf diesem Gebiet eingerichtet wurden, entsprechend Stellung bezog. So wurde 1933 in einer Denkschrift die Konzentration auf die touristischen Aufgaben verlangt. Die aufkommenden Auseinandersetzungen und die Verärgerungen veranlaßten Alfred Grosz, die Leitung des Jugendausschusses aufzugeben und mit seinen "Kaicheln" privat weiter zu machen, bis er schließlich 1935 auch den Vorsitz des Tatravereins Kesmark niederlegte. Noch ruhten die verhängnisvollen politischen Leidenschaften, obzwar schon 1926 im Hauptverband der Antrag gestellt wurde, den Begriff "deutsch" durch "deutsch-

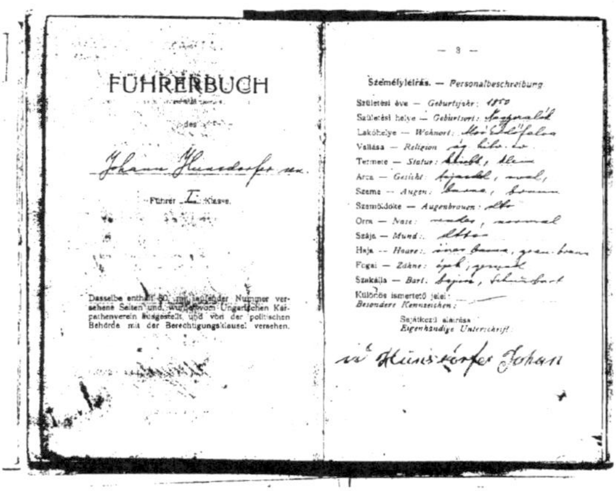

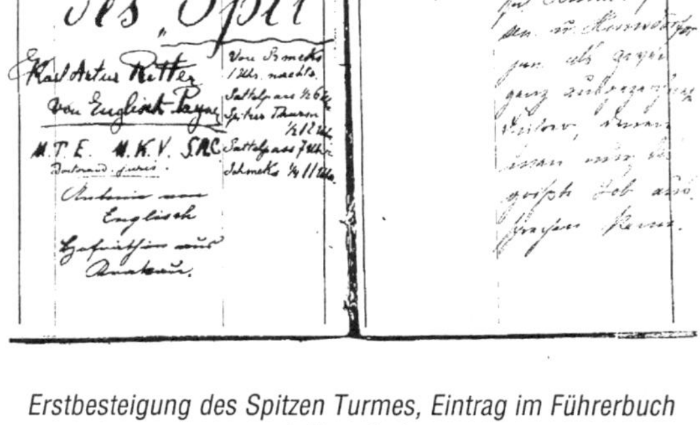

Erstbesteigung des Spitzen Turmes, Eintrag im Führerbuch von J. Hunsdorfer sen

Bergführerabzeichen im Laufe der Jahrzehnte

arisch" zu ersetzen. Der Antrag kam zwar wegen formaler Gründe nicht durch (der KV stimmte auch dagegen), war aber eine Parallele zum bereits 1924 erfolgten Ausschluß der "jüdischen, unbotmäßigen" Sektion Donauland aus dem Deutschen und Österreichischen Alpenverein.

1933 endete mit dem frühen Tod von Michael Guhr eine Epoche, die als "Silbernes Zeitalter" bezeichnet und die von der Erstürmung der schwersten Tatrawände geprägt wurde. Unter den 658 Beteiligten an ca. 250 Erstbegehungen sind nur mehr 96 D und 12 Ma, dafür aber 532 P und 18 Tschechen bzw. Sl zu finden. Erstrangige Bergsteiger, wie u.a. die P Wincenty Birkenmajer, Wiesław Stanisławski, Zbigniew Korosadowicz, Stanisław Motyka, Jan Sawicki, die D Georg Lingsch, Artur Wiegand, Oskar Zuber und auch noch Alfred Grosz, die Ma Gyula und Roman Komarnicki sowie die Sl Zoltan Brüll und Štefan Zamkovský vollbrachten Beachtliches. Große Beachtung fanden der erste Durchstieg in der W-Wand der Lomnitzer Spitze, der O-Wand der Gerlsdorfer Spitze und die erste Route in der Ganekgalerie.

Mit der Obmannschaft von Nikolaus Szontágh dJ setzte eine durch zahlreiche äußere, von der Vereinsleitung nicht abwendbare Einflüsse bedingte Stagnation ein, in der 1937, nach mehrmaligen Forderungen der Jugend nach mehr touristischer Betätigung und wegen den finanziellen Schwierigkeiten sowie dem mangelnden Interesse weiter Kreise, die Touristik als alleiniges Tätigkeitsfeld des KV herausgestellt wurde. 1938 begann für den KV die Auseinandersetzung mit den sich rapide polarisierenden politischen Leidenschaften. Die "reichsdeutschen" Sektionen waren schon in den beherrschenden Reichsbund für Leibeserziehung eingegliedert worden, als der Hauptverband auch an den KV die Anfrage richtete, ob dieser sich nicht "in die Volksgemeinschaft" eingliedern möchte. Praktisch bedeutete so eine Entscheidung die Unterordnung unter die KdP bzw. SdP, die für den multinationalen, wenn auch inzwischen deutlich d bestimmten, liberalen KV (auch wegen der Satzung), nicht möglich war. Von dem inzwischen auf 28 Sektionen mit ca. 4.000 Mitgliedern angewachsenen KV sprachen sich nur zwei Sektionen für dieses Angebot aus: Prag und Mährisch-Ostrau.

Der Zerfall der ČSR verursachte laufend neue Schwierigkeiten: Verlust der in Aussig ad Elbe ansässigen Hauptverbände, ferner von vier Hütten außerhalb der Hohen Tatra (darunter der am Thebener Kogel), dann fielen zwei große Zweigverbände an Ungarn. Die Vereinsarbeit kam zum Erliegen, und Nikolaus Szontágh dJ, dem politische Hitzköpfe den Vorwurf der "Magyarophilie" machten, trat zurück. Nachdem Alfred Grosz im August 1938 zum Mitobmann gewählt wurde, fiel ihm die Geschäftsführung zu, und auf einer für den 13.4.1939 einberufenen außerordentlichen Hauptversammlung sollte über den Beitritt zum "Deutschen Turn- und Sportverband in der Slowakei" als neuer Dachorganisation, über den Arierparagraphen und über einen neuen Obmann entschieden werden. Die Wahl wäre wohl auf den angesehenen, unpolitischen, liberalen Alfred Grosz gefallen, war er doch die einzige Persönlichkeit, auf die sich die widerstrebenden Gruppen hätten einigen können. Nachdem die Slowakei am 14.3.1939 selbständig geworden war, wurde schon am 16.3., auf Grund einer Eingabe der DP beim

MAGYARORSZÁGI KÁRPÁTEGYESÜLET.

JAHRBUCH
DES
UNGARISCHEN
KARPATHENVEREINES

XXXVI. JAHRGANG 1909.
MIT 2 BEILAGEN.

REDIGIERT VON:
ADALBERT KISS UND MORIZ LÖVY.

DEUTSCHE AUSGABE.

SELBSTVERLAG DES VEREINES.
SITZ DER ZENTRALE: IGLÓ.

Publikationen des Karpathenvereins (Jahrbuch)

Bezirksamt in Kesmark,der stellvertretende Schriftleiter des KV, Tibor Braisz, zum Regierungskommissar des KV bestellt, der alle Funktionäre absetzte und die Hauptversammlung absagte. Als diese am 6.8.1939 in Tatralomnitz stattfand (anwesend war auch Paul Bauer als Vertreter des Deutschen Alpenvereins) war der Widerstand (erregte Auseinandersetzungen, Zwischenrufe, Pfeifkonzerte) gegen die Maßnahmen vom 16.3. und gegen den eingebrachten Wahlvorschlag, der Alfred Grosz auf den bedeutungslosen Posten eines Ehrenobmannes abschieben wollte, so groß, daß Tibor Braisz die Versammlung kurzerhand auflöste.

Auf der erst am 17.3.1940 in Kesmark stattfindenden außerordentlichen Hauptversammlung ging man, nach privaten Äußerungen von Tibor Braisz aus den 60-er Jahren, "geschickter, aber nicht fair vor", um den "eventuellen Untergang des KV, an dem sich vielleicht Volksfremde bereichern würden", zu verhindern und um den "geänderten Verhältnissen Rechnung zu tragen". Dort wurden der Deutschendorfer Rechtsanwalt Geza Klein zum Hauptobmann, Tibor Braisz zum Hauptschriftleiter und Alfred Grosz, wie bereits in Tatralomnitz vorgesehen, auf den Posten eines Ehrenobmannes als "Aushängeschild" gewählt. Die Ergebnisse sind durch einige illegale Maßnahmen herbeigeführt worden, indem man den Saal schon lange vor Beginn der Versammlung mit Jugendlichen füllte, die wegen der Aufnahmesperre, die bis zum 26.6.1941 dauerte, nicht alle Mitglieder sein konnten, und indem man die vielen, vor den Türen stehenden Mitglieder von der Wahl ausschloß. Auf der 68. ordentlichen Hauptversammlung in Matlarenau am 4.8.1940 wurden die Kesmarker Wahl und eine neue, nach dem Führerprinzip ausgerichtete Satzung - gegen die immer noch starke Opposition - bestätigt. Die Arbeit begann mit den dem damaligen Zeitgeist entsprechenden großen Worten und führte über schmerzhafte Auseinandersetzungen, ohne daß eine vollständige Gleichschaltung erreicht wurde, zu einer Konsolidierung, die der sachlichen und objektiven Führung durch Geza Klein, aber auch der selbstlosen Mitarbeit jener, denen die Schlagworte der damaligen Zeit nur leere Worthülsen waren und die sich der Sache wegen nicht zurückgezogen hatten (trotzdem manche von ihnen als "nichtdeutsch" oder als "Magyaronen" und "Judenfreunde" bezeichnet wurden), zu danken ist. Die Basis bildeten 2 Sektionen, 12 Zweigvereine mit ca. 6.000 Mitgliedern, nachdem in Matlarenau 2.000 genannt wurden, wobei der niedrigste Stand 1.500 gewesen sein soll. Eine Erhöhung konnte in Matlarenau überhaupt nicht ausgewiesen werden, da damals immer noch die Aufnahmesperre bestand! Besonders fruchtbar entwickelte sich die enge Verbindung mit dem Deutschen Alpenverein, der u.a. wesentlich zum Aufbau einer eigenen Bergwacht (Leiter Nikolaus Gattinger) beigetragen hatte.

Nach dem 2. Weltkrieg bildete sich im Rahmen des Deutschen Alpenvereins leider kein Traditionsverband, der an die großen Leistungen des KV erinnern könnte. Wie bei anderen Gebirgsvereinen waren viele Entscheidungen vom jeweiligen Zeitgeist geprägt. Die Entscheidung, gegenüber dem Totalitätsanspruch des Staates bzw. der Partei zu kapitulieren oder unterzugehen, war schwer. Sie konnte (auch die Lehren aus der kommunistischen Zeit, in der die Vereine ebenfalls rücksichtslos gleichgeschaltet und mißbraucht wurden, sind eine Bestätigung) also eigentlich nur für den bedingten Erhalt, auch bei niedrigstem Niveau, fallen.

11. ENTWICKLUNG DES FREMDENVERKEHRS

Die ca. 1.200 Mineralquellen -in kaum einem anderen Land gibt es diese Dichte- bilden mit der Landschaft und den hervorragenden Kunstwerken die breite Basis für die Entwicklung. Ca. 70% der Quellen werden in den Badeorten für Heilzwecke (darunter in weltbekannten wie Pistyan und Trentschinteplitz), die anderen aber für viele Freizeitbäder verwendet. Entsprechend zahlreich sind auch die angebotenen Mineralwassersorten. Viele Quellen sind frei zugänglich, so daß sich jedermann kostenlos bedienen kann. Obzwar viele Kurorte schon Ende des 18. Jh bekannt waren, kam es erst später zu ihrem Ausbau. 1891 gehörten noch 34% der Besucher dem Adel und der höheren Geistlichkeit an. 67% aller Gäste kamen nicht aus Ungarn, ein Zeichen für die Beliebtheit der Bäder in der Slowakei!

Das zunehmende Interesse am Hochgebirge führte zwischen 1867 und 1882 zur Gründung von beachtlichen Sommerfrischen am Fuß der Hohen Tatra, die wagemutige Unternehmer vollzogen (Husz-Park in Deutschendorf, Krompecher-Park in Felka, Greb-Park in Georgenberg etc.). Als später die höher gelegenen Kurorte der Hohen Tatra gegründet waren und sich entwickelten, verloren jene ihre Gäste an die Kurorte. 1887 kamen ca. 5.600 Besucher in die Hohe Tatra, von denen 22% Ausländer waren, die später bis zu 42% und noch mehr ausmachen sollten. Ähnliche Zahlen sind von Pistyan und Trentschinteplitz überliefert.

Lange Zeit war der Mangel an entsprechenden Einrichtungen, vor allem an Unterkünften, ein Hindernis für die Entwicklung von Bädern. So mußte Beethoven 1801, bei seinem Aufenthalt in Pistyan, noch die ausgehobenen primitiven Badegruben benutzen. Aber das änderte sich schnell, sobald tatkräftige und einfallsreiche Unternehmer die Geschicke in die Hand nahmen. An der Entwicklung der Kurorte und der zahlreichen Einzelobjekte waren fast ausschließlich private Geschäftsleute beteiligt, öfters auch die politischen Gemeinden und nur in wenigen Fällen der Staat.

1889 pachtete Alexander Winter Pistyan, das er mit seiner Familie auf die Höhe eines Weltbades führte, bis es 1940 Staatsbad wurde. In Trentschinteplitz, dem zweiten weit über die Landesgrenzen hinaus bekannten Rheumabad, war es Georg Sina, der das Bad 1835 erwarb und ganz wesentlich zu seinem Ausbau beitrug, den dann sein Sohn und seine Enkelin vollendeten, die es 1907 veräußerte. Sliač übernahm 1878 der aus Kassel stammende André Georg Lenoir (er lebte im Sommer in Sliač und im Winter in Meran, wo er auch tätig war), der das damals schon beliebte Modebad (Herz- und Kreislaufkrankheiten) wesentlich erweiterte und ihm die heutige Bedeutung verschaffte. 1893 brachte er das Bad in die Kasseler Lenoir-Stiftung zur Erziehung von Waisen ein, die es 1918 verkaufte. Mehrere Bäder der Mittelslowakei waren im Besitz der Bergstädte, so gehörte Bad Stuben Kremnitz, während Schemnitz Glashütten und Eisenbad besaß, das vom Schemnitzer Unternehmer E. Rössl 1497 gegründet wurde. Während Glashütten noch heute existiert, ist Eisenbad 1945 während der Kriegshandlungen ausgebrannt und nicht wieder in Betrieb genommen worden. In diese Kategorie gehört auch das sehr geschätzte Bad Bartfeld, das immer im Besitz der Stadt Bartfeld war. Manche

Bobfahrer um 1906

DE ADMIRANDIS
HVNGARIAE AQVIS HY-
POMNEMATION.

AD GENEROSVM ET VERE MAGNIFICVM
D. Sigiſmundum in Herberſtain, Neiperg,
& Guttenhag Baronem, inclyti Roman.
Hung. & Boem. &c. Regis, D. FER-
DINANDI Conſiliarium, & Fi-
ſci in Auſtria Præfectum.

GEORGIO WERNHERO
AVTORE.

Bericht über die bewundernswerten Quellen Ungarns, Georg Wernher, Basel 1549

Bäder blieben durch verschiedene Umstände - wie häufigen Besitzwechsel - kleine, überschaubare und in der Abgeschiedenheit ruhige Plätze: Brusno (wesentliche Impulse durch Ludwig Rosenauer um 1880), Korytnica, Bad Rajetz, Bad Schwarzenberg (1847 von Ludwig Cornides und Michael Czölder als 1. Kaltwasserheilanstalt Ungarns gegründet) oder Bad Thurzo bei Göllnitz. Die beiden letzten haben den Kurbetrieb eingestellt und andere Funktionen übernommen, ähnlich wie St Georgen, das (als beliebtes Schwefelbad von Michael Zanger ausgebaut) bis 1945 existierte.

Zuerst waren die Heilung oder die Linderung von Krankheiten fast ausschließlich die Grundlage der Tatraniederlassungen. Eine Großtat waren die Einführung der damals noch in den "Kinderschuhen" steckenden Klimatotherapie und der Ausbau derselben, an der Michael Guhr in Weszterheim, 1888 von seinem Onkel Paul Weszter gegründet, wesentlich beteiligt war. Beachtenswert ist, daß sich zu jener Zeit kaum ein halbes Dutzend Patienten in Davos aufgehalten hat. Für das benachbarte Altschmecks war die 1833 erfolgte Verpachtung an Georg Rainer ein Glücksfall, denn diese schuf aus der bisher bunt zusammengewürfelten Ansiedlung einen Kurort ersten Ranges. Ähnlich wie bei Tatrawaldheim, dessen Keimzelle 1927 von dem Ehepaar Eichner gebaut wurde, entstand 1884 Matlarenau durch die Initiative von Matthias Loisch, dessen Familie eine Hotelgruppe schuf, die eine wesentliche Bereicherung der Tatrakurorte bildet. Aus ganz kleinen Anfängen entwickelte sich der gleichnamige Kurort, das heutige Staatsbad am Tschirmer See, an dem 1872 Josef Szentiványı eine Jagdhütte, die er auch Touristen zur Verfügung stellte, errichtete. Am benachbarten Neutschirmer See baute 1905 Karl Móry ein großes Hotel, das sein Neffe, der Komponist Johann Móry, wesentlich erweiterte. Neuschmecks wurde in unmittelbarer Nachbarschaft von Altschmecks durch Nikolaus Szontagh dÄ gegründet, während das unterhalb der Moränenkante am Kämmchen seit 1884 im Ausbau begriffene Wildbad Kohlbach, das zuerst der Georgenberger Waldbürgerschaft gehörte, 1927 ein Raub der Flammen wurde. Im Gegensatz zu anderen Kurorten kam es in Tatralomnitz zu einer vom u Staat geplanten Gründung, die nach 1892 schrittweise vollzogen wurde. Für Höhlenhain war das Häuschen des Führers der Beler Tropfsteinhöhle, die ab 1882 zugänglich war, die Keimzelle.

Um eine bessere Auslastung zu erreichen, wurden in der Hohen Tatra um 1882 die ersten Versuche gemacht, den Winterbetrieb aufzunehmen, der durch die Einführung des Rodel-, Bob- und Skisports eine wesentliche Stütze erhielt. Auch hier waren Michael Guhr und Nikolaus Szontágh dÄ die Pioniere. 1911 wurden die ersten internationalen Skiwettkämpfe veranstaltet, die über 1935 und 1970 (mit der Ausrichtung der FIS-Weltmeisterschaften in den Nordischen Disziplinen) eine Fortsetzung bis in die Gegenwart gefunden haben.

Viele Gründe waren für die nicht kontinuierlich verlaufende Entwicklung maßgebend. Maßnahmen des u Staates sorgten schon recht früh für eine Verunsicherung, so zBsp die Eindämmung von Landkäufen "fremder Ausländer", die eine Niederlassung von D verhindern sollte (von der Störungen der

Anzeige über Altschmecks um 1922

Magyarisierung befürchtet wurden). Dazu kam das Preisniveau der Zeit vor dem 1. Weltkrieg, als Aufenthalte im Salzkammergut oder in der Steiermark billiger waren als in der Slowakei. Für viel Verärgerung sorgte in den 20-er Jahren das Fehlen einer Zollstelle in Deutschendorf, um die jahrzehntelang gerungen wurde. Ein Zeichen für die unfreundliche Haltung des Finanzministers in Prag. Große Rückschläge verursachte auch die 1933-37 bestehende rigorose Devisenbewirtschaftung in Deutschland (Reichsmark-Sperre).

Ernster Natur war die immer wieder aufkommende Frage der "Rayonisierung" der Hohen Tatra, durch die sich besonders die d Kurorte bedroht fühlten, nachdem sie bei der Trennung von Heilung und Erholung den vermeintlich ungünstigeren Teil, den "Tuberkuloserayon" bilden sollten. Ungeschickte Äußerungen des damaligen Gesundheitsministers Jozef Tiso, aber auch solche von Andrej Hlinka, die gegen die D gerichtet waren, führten zu teilweise sehr polemisch geführten Auseinandersetzungen. Auch wenn es erst nach dem 2. Weltkrieg zu einer solchen Regelung kam, verunsicherte die offene Frage Anleger und Kreditgeber, zumal alle Kurorte und die Besitzer kleinerer Sanatorien schon die nach langen Auseinandersetzungen 1935-41 errichtete Lungenheilanstalt in Hochhagi - der damals größten Anlage Europas - verkraften mußten.

Unruhe verursachten auch die Pläne, eine eigene politische Tatragroßgemeinde zu schaffen und so das auf 32 Gemeinden aufgesplitterte Gebiet unter eine einheitliche Verwaltung zu stellen. Begründet wurde dieser nach dem 2. Weltkrieg unter anderen Voraussetzungen und unter Zwang verwirklichte Vorschlag auch damit, daß die Kurorte die finanziellen Lasten ihrer Muttergemeinden tragen und sie aushalten müßten, ohne daß diese auch nur eine Krone investieren würden. Wenig Zustimmung fand außerdem der erst nach dem 2. Weltkrieg verwirklichte Plan, die Tatrastraße vom Tschirmer See nach Liptovský Hrádok zu verlängern, da eine "Kaltstellung" Deutschendorfs befürchtet wurde. Das war ein großer Irrtum, die heutige Stellung Deutschendorfs belegt das eindeutig! Auch die Bereisung durch das staatliche Denkmalschutzamt, die Normen, wo und wie überhaupt noch in der Tatra gebaut werden dürfte, nie ausgewertet und in verbindliche Vorschriften gefaßt hat, sorgte auch für eine Beunruhigung.

Nach dem Zusammenbruch des Sozialismus kam es zu einer weitgehenden Privatisierung der Unterkünfte. Im Bereich der Großgemeinde Hohe Tatra erhielten die ehemaligen grundbesitzenden

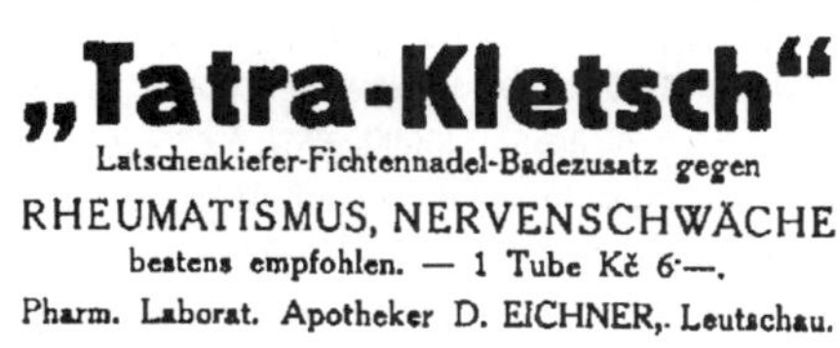

Anzeige für Knieholzkiefernöl

Gemeinden ihre Besitzungen zurück, beauftragten aber fast ausnahmslos den TANAP mit der Verwaltung ihres Eigentums.

12. NATIONALPARKE, LANDSCHAFTSSCHUTZGEBIETE

Die Ende des 19. Jh auftretenden Naturschutzfragen konnten nur in Teilbereichen gelöst werden, zumal kein Verantwortungsbewußtsein im heutigen Sinn vorhanden war, und die wenigen konsequenten Mahner - wie der D Alfred Grosz, der Tscheche Karel Domin oder der P Walery Goetel - galten im Zeitalter der zwei Gleichungen: “Fremdenverkehr - Geldverdienst”, “Naturschutz - Luxus” als Träumer (wenn nicht als Schädlinge). Dazu kam für die d Gemeinden und d Fremdenverkehrsbetriebe die nicht abwegige Vermutung, daß der Naturschutz ihren Interessen mehr schaden würde als den anderen Gemeinden. Ferner spielten die Interessen der Wald- und Weidewirtschaft eine erhebliche Rolle. Beides schlug sich in einer Vereinbarung von 1929 nieder, in der die ZdP für die Stimmen, die sie bei der Wahl Milan Hodža gab, die Zusicherung der Blockierung des Parkprogrammes erhielt. Damit blieben alle weiteren Initiativen von Privaten und von halbstaatlichen Stellen wirkungslos. Die enormen Schäden durch die Überweidung (noch 1946 waren im p Bereich ca. 40.000 Schafe auf Hochgebirgsweiden, die auf die Dauer kaum ein Viertel ernähren konnten!) sind heute noch an vielen Stellen sichtbar. Auch nach dem 2. Weltkrieg dauerte es noch Jahre, bis zwischen 1948-87 die geänderten gesellschaftspolitischen Verhältnisse die Nationalparkpläne Wirklichkeit werden ließen: Die Parks in der Hohen Tatra/Beler Kalkalpen/Liptauer Alpen, in den Pieninen, in der Niederen Tatra, dem Slowakischen Paradies und in der Kleinen Fatra. Parallel dazu wurden mehrere großräumige Schutzzonen eingerichtet und viele lokale Einzelobjekte geschützt. Die Frage der Abhaltung sportlicher Großveranstaltungen in der Hohen Tatra und in der Niederen Tatra sorgt für immer wiederkehrende Diskussionen. Ebenso auch die kompromißlose, auf Ausgrenzung angelegte Auslegung der Ordnung des TANAP. Diese ist, nachdem die Tabus des ideologisch bedingten Massentourismus gefallen sind, so lange überzogen, bis in verschiedenen Bereichen die Voraussetzungen geschaffen werden, die notwendig sind, um eine ernste Behinderung des Fremdenverkehrs auszuschließen.

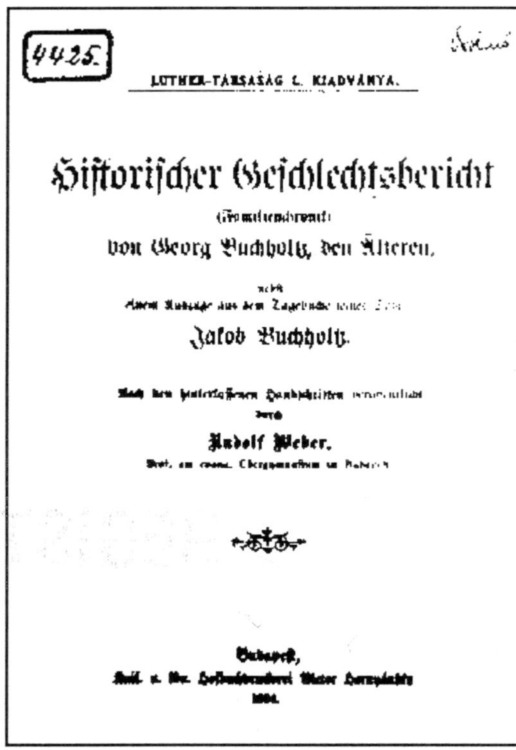
4425.

LUTHER-TÁRSASÁG L. KIADVÁNYA.

Historischer Geschlechtsbericht

von Georg Buchholtz, den Älteren,

Jakob Buchholtz.

Rudolf Weber.

Georg Buchholtz dÄ: Historischer Geschlechtsbericht (1703-1710)

REGISTER

HINWEISE ZUR ORDNUNG DER STICHWORTE

- Stichworte mit „CH" befinden sich unter „C"
- Namen und Seiten von Beschreibungen sind **"fett"** gedruckt
- Namen und Seiten von Erwähnungen sind "mager" gedruckt
- Seiten mit Farbfotos stehen fett in der Klammer: **(35)**
- Seiten mit Schwarz-Weiß-Darstellungen stehen mager in der Klammer: (280)
- Gruppe 1. und 2.:
  - ○ Die Ordnung entspricht derjenigen der Gruppe 4.1.1
- Gruppe 3. -Personen-:
  - ○ Bei den Namen werden z.T. weitergehende, im Text nicht vorhandene Angaben gemacht: Vornamen, Tätigkeiten, Verwandschaftsgrade und andere Schreibweisen des Namens
- Gruppe 4.1.1 -Deutsche und slowakische Ortsnamen-:
  - ○ Soweit ein d Name vorhanden ist, steht der sl neben dem d in der Klammer, nur hier sind alle Seiten (Beschreibungen und Erwähnungen) zu finden
  - ○ Alle sl Namen sind alphabetisch erfaßt und enthalten neben der Seite der Beschreibung einen Hinweis (sh) auf den eventuell vorhandenen d Namen, wo alle Seiten stehen

    Beispiel: **Botzdorf (Batizovce) 379,** 378 (d Version)
    Batizovce 379 sh **Botzdorf** (sl Version)
- Gruppe 4.1.2 -Magyarische Ortsnamen-:
  - ○ Es sind nur die magyarischen Namen alphabetisch erfaßt, daneben steht die Seite der Beschreibung und der Hinweis auf den eventuell vorhandenen d, sonst den sl Namen, wo alle Seiten stehen

    Beispiel: **Kassa 166** sh **Kaschau**
    Ipolyság 379 sh **Šahy**

1. SACHEN

2.GEBIRGE, BERGE, FLÜSSE, STAUSEEN, BURGRUINEN etc.

▲ E

▲ F

▲ G

▲ H

▲ I

▲ J

▲ K

▲ L

▲ M

▲ N

▲ O

▲ P

▲ R

▲ S

▲ Š

▲ T

▲ U/V

▲ W

▲ Z

▲ Ž

3. PERSONEN

● A

● B

● C

● Č

● D

● E

● F

● G

● H

● I

● J

● K

● L

● M

● N

● Š

● T

● U

● V

● W

● X

● Z

● Ž

4.1 ORTE IN DER SLOWAKEI
4.1.1 Deutsche und slowakische Namen

■ A

■ B

■ C

■ Č

■ D

■ E

■ F

■ G

■ H

■ I

■ J

■ K

■ L

■ Ľ

■ M

■ N

■ O

■ P

■ R

■ S

■ Š

■ T

U

V

W

4.1 ORTE IN DER SLOWAKEI
4.1.2 Magyarische Namen

■ A

Alsókubin 412 sh Unterkubin
Alsómeczenzéf 413 sh Untermetzenseifen
Aranyosmanót 134 sh Goldmorawitz
Árvaváralja 63 sh Arwaburg

■ B

Bártfá 65 sh Bartfeld
Bélabánya 96 sh Dilln
Bény 78 sh Bíňa
Bakabánya 313 sh Pukanz
Barlangliget 153 sh Höhlenhain
Bazin 80 sh Bösing
Besztercebánya 258 sh Neusohl
Betlér 77 sh Betler
Bös 122 sh Gabčíkovo
Borcszno 83 sh Brusno
Breznóbánya 81 sh Bries an der Gran

■ C, D

Csáca 85 sh Čadca
Csetnek 349 sh Schittnich
Csorba-tó 402 sh Tschirmer See
Csütörtökhely 101 sh Donnersmark
Deáki 96 sh Diakovce
Dévén 97 sh Divín
Devény 387 sh Theben
Dunaszerdahely 109 sh Dunajská Streda
Dettva 87 sh Detva
Dobsina 97 sh Dobschau

■ E, F

Eperjes 113 sh Eperies
Érsekújvár 257 sh Neuhäusl
Felsöstubnya 277 sh Oberstuben
Felsöszvidnik 376 sh Svidník
Felsözúgó 276 sh Oberrauschenbach
Fenyöháza sh Ľubochňa
Frics 120 sh Fritsch

■ G, H

Galgóc 119 sh Freistadtl
Galánta 127 sh Galanta
Garamszeg 155 sh Hronsek
Garamszentbenedek 333 sh Sankt Benedikt
Garamszentkereszt 148 sh Heiligenkreuz
Gölnicbánya -Stadt- 136 sh Göllnitz -Stadt-
Görgö 137 sh Gorg
Héthárs 363 sh Siebenlinden
Hidas 82 sh Bruck
Homonna 154 sh Homenau

■ I, J

Igló 431 sh Zipser Neudorf
Ipolyság 379 sh Šahy
Jánoshegy 159 sh Johannesberg
Jászó 160 sh Jossau
Jávorkert 157 sh Javorina
Jolsva 111 sh Eltsch

■ K

Kassa 166 sh Kaschau
Késmárk 176 sh Kesmark
Kisszeben 427 sh Zeben
Komárom 193 sh Komorn
Körmöcbánya 198 sh Kremnitz
Korpona 164 sh Karpfen
Kralován 197 sh Kraľovany

■ L

Lándok 208 sh Landeck
Leibic 210 sh Leibitz
Léva 228 sh Lewenz
Libetbánya 230 sh Libethen
Limpák 231 sh Limbach
Liptószentmiklós 231 sh Liptau-St-Nikolaus
Liptóújavár 235 sh Liptovský Hrádok
Losonc 237 sh Lizenz
Löcse 212 sh Leutschau

■ M

Margitfalva 242 sh Margareten
Máriavölgy 243 sh Mariatal
Matlárháza 385 sh Matlarenau
Ménhárd 246 sh Menhard
Mezölaborc 245 sh Medzilaborce

4.2 ORTE IM AUSLAND

ABKÜRZUNGEN

BH	Bosnien-Herzegovina	G	Griechenland	P	Polen	Sch	Schweden
CS	Tschechei	GB	Großbritanien	Po	Portugal	T	Türkei
D	Deutschland	I	Italien	R	Rumänien	U	Ungarn
Dä	Dänemark	J	Jugoslawien	Rus	Rußland	Uk	Ukraine
F	Frankreich	Ö	Österreich	S	Schweiz	USA	USA

■ A, B

■ C, D

■ E, F

■ G, H

■ K

■ L

■ M

■ N

■ O, P

■ R, S

■ T, U, V

■ W, Z

DER WEG

MIT DIESEM BUCH DURCH DIE SLOW